Kamal/Roggenkamp
Polizeirecht Berlin

Polizeirecht Berlin

Die wichtigsten Rechtsgrundlagen für das Studium
des Eingriffsrechts, die Ausbildung
und die Praxis

Textausgabe

herausgegeben von

Dipl.-Verww. Alan Kamal
Polizeihauptkommissar und Lehrbeauftragter
an der Hochschule für Wirtschaft und Recht Berlin

und

Dr. Jan Dirk Roggenkamp
Professor für Öffentliches Recht
an der Hochschule für Wirtschaft und Recht Berlin

2. Auflage

KSV Medien

FSC
www.fsc.org
MIX
Papier | Fördert gute Waldnutzung
FSC® C019821

Die Herstellung bei KSV Medien erfolgt weitgehend digital und in dem Bewusstsein, eine möglichst ressourcenschonende Produktion zu gewährleisten.

Bibliografische Information der Deutschen Nationalbibliothek
Die Deutsche Nationalbibliothek verzeichnet diese Publikation in der Deutschen Nationalbibliografie; detaillierte bibliografische Daten sind im Internet über http://dnb.dnb.de abrufbar.

Konrad-Adenauer-Ring 13 • 65187 Wiesbaden
info@ksv-medien.de • www.ksv-medien.de

Satz: Kumpernatz + Bromann • Schenefeld b. Hamburg
Druck: Druckerei C.H. Beck • Nördlingen

ISBN 978-3-8293-2066-5

Vorwort

Das so genannte Eingriffsrecht ist neben dem materiellen Straf- und Ordnungswidrigkeitenrecht das praktisch relevante Rechtsgebiet im Polizeialltag. Es gibt kein einheitliches „Eingriffsrechtsgesetzbuch" (oder gar ein „Eingriffsrechtsgesetzbuch Berlin"). Das Eingriffsrecht ist vielmehr eine Querschnittsmaterie unterschiedlicher Normen des Polizei- und Ordnungsrechts, des Strafverfahrensrechts sowie des Staats- und Verfassungsrechts. Das verbindende Element dieser Regelungen ist ihr Kontext: Der Eingriff in Grundrechte durch den Polizeivollzugsdienst zum Zweck der Gefahrenabwehr, Straftatenverhütung, Gefahrenvorsorge oder Straf- bzw. Ordnungswidrigkeitenverfolgung.
Wann und unter welchen Voraussetzungen ein solcher Eingriff zulässig ist, ergibt sich in der Regel aus dem Zusammenspiel unterschiedlichster Normen. Sowohl im Studium als auch in der Praxis muss man diese (zumindest physisch) „parat haben". In Berlin gibt es jedoch, soweit ersichtlich, keine handliche Kompilation speziell der eingriffsrechtlichen Regelungen. Die Studierenden und Praktiker haben die Wahl zwischen einer Vielzahl von ausgedruckten Normtexten aus den unterschiedlichsten Internetquellen oder einer umfänglichen Loseblattsammlung. Eine wirklich praktische Lösung für Rucksack, Aktentasche und/oder Handschuhfach existiert nicht.
Diese Lücke möchte diese Sammlung füllen. Wir haben versucht, die aus Sicht der Praxis und des Studiums wichtigsten Regelungen des „Eingriffsrechts" (so die Bezeichnung in der polizeilichen Ausbildung) in dem Ihnen vorliegenden Band zu sammeln. Ein Schwerpunkt liegt hierbei auf Berliner Regelungen und solchen, für die es bisher keine vergleichbaren „Rechtstaschenbücher" gibt. Sollten Sie eine (oder mehrere) Norm(en) vermissen, freuen wir uns auf Ihre Ergänzungs- und Änderungswünsche. Schreiben Sie uns einfach eine Mail an *info@ksv-medien.de*.
Wir hoffen, dass Ihnen diese Sammlung mit Stand 15. Januar 2026 sowohl in der Praxis als auch im Studium eine Hilfe und Unterstützung ist.

Berlin, Januar 2026

Dipl.-Verww. Alan Kamal
Polizeihauptkommissar und Lehrbeauftragter
an der Hochschule für Wirtschaft und Recht Berlin

Dr. Jan Dirk Roggenkamp
Professor an der Hochschule für Wirtschaft und Recht Berlin

Inhalt

Teil 1:
Berliner Regelungen

Verfassung von Berlin (VvB)

vom 23. November 1995
zuletzt geändert durch Gesetz vom 10. Juli 2025 (GVBl. S. 269)

– Auszüge –

Abschnitt I
Die Grundlagen

Artikel 1

(1) Berlin ist ein deutsches Land und zugleich eine Stadt.
(2) Berlin ist ein Land der Bundesrepublik Deutschland und als solches Teil der Europäischen Union. Berlin bekennt sich zu einem geeinten Europa, das demokratischen, rechtsstaatlichen, sozialen und föderativen Grundsätzen sowie dem Grundsatz der Subsidiarität verpflichtet ist, die Eigenständigkeit der Städte und Regionen wahrt und deren Mitwirkung an europäischen Entscheidungen sichert. Berlin arbeitet mit anderen europäischen Städten und Regionen zusammen.
(3) Grundgesetz und Gesetze der Bundesrepublik Deutschland sind für Berlin bindend.

Artikel 2

Träger der öffentlichen Gewalt ist die Gesamtheit der Deutschen, die in Berlin ihren Wohnsitz haben. Sie üben nach dieser Verfassung ihren Willen unmittelbar durch Wahl zu der Volksvertretung und durch Abstimmung, mittelbar durch die Volksvertretung aus. Die Vorschriften dieser Verfassung, die auch anderen Einwohnern Berlins eine Beteiligung an der staatlichen Willensbildung einräumen, bleiben unberührt.

Artikel 3

(1) Die gesetzgebende Gewalt wird durch Volksabstimmungen, Volksentscheide und durch die Volksvertretung ausgeübt, die vollziehende Gewalt durch die Regierung und die Verwaltung sowie in den Bezirken im Wege von Bürgerentscheiden. Die richterliche Gewalt liegt in den Händen unabhängiger Gerichte.
(2) Volksvertretung, Regierung und Verwaltung einschließlich der Bezirksverwaltungen nehmen die Aufgaben Berlins als Gemeinde, Gemeindeverband und Land wahr.

Artikel 4

(1) Berlin gliedert sich in zwölf Bezirke Diese umfassen die bisherigen Bezirke
1. Mitte, Tiergarten und Wedding,

2. Friedrichshain und Kreuzberg,
3. Prenzlauer Berg, Weißensee und Pankow,
4. Charlottenburg und Wilmersdorf,
5. Spandau,
6. Zehlendorf und Steglitz,
7. Schöneberg und Tempelhof,
8. Neukölln,
9. Treptow und Köpenick,
10. Marzahn und Hellersdorf,
11. Lichtenberg und Hohenschönhausen,
12. Reinickendorf.

(2) Jede Änderung seines Gebietes bedarf der Zustimmung der Volksvertretung. Eine Änderung der Grenzen der Bezirke kann nur durch Gesetz vorgenommen werden. Für Grenzänderungen von geringerer Bedeutung, denen die beteiligten Bezirke zustimmen, kann durch Gesetz Abweichendes bestimmt werden.

Artikel 5

Berlin führt Flagge, Wappen und Siegel mit dem Bären, die Flagge mit den Farben Weiß-Rot.

Abschnitt II
Grundrechte, Staatsziele

Artikel 6

Die Würde des Menschen ist unantastbar. Sie zu achten und zu schützen ist Verpflichtung aller staatlichen Gewalt.

Artikel 7

Jeder hat das Recht auf freie Entfaltung seiner Persönlichkeit, soweit er nicht die Rechte anderer verletzt und nicht gegen die verfassungsmäßige Ordnung oder das Sittengesetz verstößt.

Artikel 8

(1) Jeder hat das Recht auf Leben und körperliche Unversehrtheit. Die Freiheit der Person ist unverletzlich. In diese Rechte darf nur auf Grund eines Gesetzes eingegriffen werden.

(2) Jeder Verhaftete oder Festgenommene ist binnen 24 Stunden darüber in Kenntnis zu setzen, von welcher Stelle und aus welchem Grunde die Entziehung der Freiheit angeordnet wurde. Die nächsten Angehörigen haben das Recht auf Auskunft über die Freiheitsentziehung. Auf Verlangen des Verhafte-

ten oder Festgenommenen ist auch anderen Personen unverzüglich von der Verhaftung oder Festnahme Kenntnis zu geben.
(3) Jeder Verhaftete oder Festgenommene ist binnen 48 Stunden dem zuständigen Richter zur Entscheidung über die Haft oder Festnahme vorzuführen.

Artikel 9

(1) Ein Beschuldigter kann sich in jeder Lage des Verfahrens des Beistandes eines Verteidigers bedienen.
(2) Ein Beschuldigter gilt nicht als schuldig, solange er nicht von einem Gericht verurteilt ist.

Artikel 10

(1) Alle Menschen sind vor dem Gesetz gleich.
(2) Niemand darf wegen seines Geschlechts, seiner Abstammung, seiner Rasse, seiner Sprache, seiner Heimat und Herkunft, seines Glaubens, seiner religiösen oder politischen Anschauungen oder seiner sexuellen Identität benachteiligt oder bevorzugt werden.
(3) Frauen und Männer sind gleichberechtigt. Das Land ist verpflichtet, die Gleichstellung und die gleichberechtigte Teilhabe von Frauen und Männern auf allen Gebieten des gesellschaftlichen Lebens herzustellen und zu sichern. Zum Ausgleich bestehender Ungleichheiten sind Maßnahmen zur Förderung zulässig.

Artikel 11

Menschen mit Behinderungen dürfen nicht benachteiligt werden. Das Land ist verpflichtet, für die gleichwertigen Lebensbedingungen von Menschen mit und ohne Behinderung zu sorgen.

Artikel 12

(1) Ehe und Familie stehen unter dem besonderen Schutz der staatlichen Ordnung.
(2) Andere auf Dauer angelegte Lebensgemeinschaften haben Anspruch auf Schutz vor Diskriminierung.
(3) Pflege und Erziehung der Kinder sind das natürliche Recht der Eltern und die zuvörderst ihnen obliegende Pflicht.
(4) Gegen den Willen der Erziehungsberechtigten dürfen Kinder nur auf Grund eines Gesetzes von der Familie getrennt werden, wenn die Erziehungsberechtigten ihrem Erziehungsauftrag nicht nachkommen.
(5) Wer in häuslicher Gemeinschaft Kinder erzieht oder für andere sorgt, verdient Förderung.
(6) Jede Mutter hat Anspruch auf den Schutz und die Fürsorge der Gemeinschaft.

(7) Frauen und Männern ist es zu ermöglichen, Kindererziehung und häusliche Pflegetätigkeit mit der Erwerbstätigkeit und der Teilnahme am öffentlichen Leben zu vereinbaren. Alleinerziehende Frauen und Männer, Frauen während der Schwangerschaft und nach der Geburt haben Anspruch auf besonderen Schutz im Arbeitsverhältnis.

Artikel 13

(1) Jedes Kind hat ein Recht auf Entwicklung und Entfaltung seiner Persönlichkeit, auf gewaltfreie Erziehung und auf den besonderen Schutz der Gemeinschaft vor Gewalt, Vernachlässigung und Ausbeutung. Die staatliche Gemeinschaft achtet, schützt und fördert die Rechte des Kindes als eigenständiger Persönlichkeit und trägt Sorge für kindgerechte Lebensbedingungen.
(2) Den nichtehelichen Kindern sind durch die Gesetzgebung die gleichen Bedingungen für ihre leibliche und seelische Entwicklung und ihre Stellung in der Gesellschaft zu schaffen wie den ehelichen Kindern.

Artikel 14

(1) Jedermann hat das Recht, innerhalb der Gesetze seine Meinung frei und öffentlich zu äußern, solange er die durch die Verfassung gewährleistete Freiheit nicht bedroht oder verletzt.
(2) Jedermann hat das Recht, sich über die Meinung anderer, insbesondere auch anderer Völker, durch die Presse oder Nachrichtenmittel aller Art zu unterrichten.
(3) Eine Zensur ist nicht statthaft.

Artikel 15

(1) Vor Gericht hat jedermann Anspruch auf rechtliches Gehör.
(2) Eine Tat kann nur bestraft werden, wenn die Strafbarkeit gesetzlich bestimmt war, bevor die Tat begangen wurde.
(3) Niemand darf wegen derselben Tat auf Grund der allgemeinen Strafgesetze mehrmals bestraft werden.
(4) Wird jemand durch die öffentliche Gewalt in seinen Rechten verletzt, so steht ihm der Rechtsweg offen. Soweit eine andere Zuständigkeit nicht begründet ist, ist der ordentliche Rechtsweg gegeben. Artikel 10 Abs. 2 Satz 2 des Grundgesetzes bleibt unberührt.
(5) Ausnahmegerichte sind unstatthaft. Niemand darf seinem gesetzlichen Richter entzogen werden.

Artikel 16

Das Briefgeheimnis sowie das Post- und Fernmeldegeheimnis sind unverletzlich.

Artikel 17

Das Recht der Freizügigkeit, insbesondere die freie Wahl des Wohnsitzes, des Berufes und des Arbeitsplatzes, ist gewährleistet, findet aber seine Grenze in der Verpflichtung, bei Überwindung öffentlicher Notstände mitzuhelfen.

Artikel 18

Alle haben das Recht auf Arbeit. Dieses Recht zu schützen und zu fördern ist Aufgabe des Landes. Das Land trägt zur Schaffung und Erhaltung von Arbeitsplätzen bei und sichert im Rahmen des gesamtwirtschaftlichen Gleichgewichts einen hohen Beschäftigungsstand. Wenn Arbeit nicht nachgewiesen werden kann, besteht Anspruch auf Unterhalt aus öffentlichen Mitteln.

Artikel 19

(1) Niemand darf im Rahmen der geltenden Gesetze an der Wahrnehmung staatsbürgerlicher Rechte oder öffentlicher Ehrenämter gehindert werden, insbesondere nicht durch sein Arbeitsverhältnis.
(2) Der Zugang zu allen öffentlichen Ämtern steht jedem ohne Unterschied der Herkunft, des Geschlechts, der Partei und des religiösen Bekenntnisses offen, wenn er die nötige Eignung besitzt.

Artikel 20

(1) Jeder Mensch hat das Recht auf Bildung. Das Land ermöglicht und fördert nach Maßgabe der Gesetze den Zugang eines jeden Menschen zu den öffentlichen Bildungseinrichtungen, insbesondere ist die berufliche Erstausbildung zu fördern.
(2) Das Land schützt und fördert das kulturelle Leben.

Artikel 21

Kunst und Wissenschaft, Forschung und Lehre sind frei. Die Freiheit der Lehre entbindet nicht von der Treue zur Verfassung.

Artikel 22

(1) Das Land ist verpflichtet, im Rahmen seiner Kräfte die soziale Sicherung zu verwirklichen. Soziale Sicherung soll eine menschenwürdige und eigenverantwortliche Lebensgestaltung ermöglichen.
(2) Die Errichtung und Unterhaltung von Einrichtungen für die Beratung, Betreuung und Pflege im Alter, bei Krankheit, Behinderung, Invalidität und Pflegebedürftigkeit sowie für andere soziale und karitative Zwecke sind staatlich zu fördern, unabhängig von ihrer Trägerschaft.

Artikel 23

(1) Das Eigentum wird gewährleistet. Sein Inhalt und seine Schranken ergeben sich aus den Gesetzen.
(2) Eine Enteignung kann nur zum Wohle der Allgemeinheit auf gesetzlicher Grundlage vorgenommen werden.

Artikel 24

Jeder Mißbrauch wirtschaftlicher Macht ist widerrechtlich. Insbesondere stellen alle auf Produktions- und Marktbeherrschung gerichteten privaten Monopolorganisationen einen Mißbrauch wirtschaftlicher Macht dar und sind verboten.

Artikel 25

Das Mitbestimmungsrecht der Arbeiter und Angestellten in Wirtschaft und Verwaltung ist durch Gesetz zu gewährleisten.

Artikel 26

Alle Männer und Frauen haben das Recht, sich zu gesetzlich zulässigen Zwecken friedlich und unbewaffnet zu versammeln. Für Versammlungen unter freiem Himmel kann dieses Recht durch Gesetz oder auf Grund eines Gesetzes beschränkt werden.

Artikel 27

(1) Alle Männer und Frauen haben das Recht, Vereinigungen und Gesellschaften zu bilden. Vereinigungen dürfen keine Zwecke verfolgen oder Maßnahmen treffen, durch welche die Erfüllung von Aufgaben verfassungsmäßiger Organe und öffentlich-rechtlicher Verwaltungskörper gefährdet wird.
(2) Das Streikrecht wird gewährleistet.

Artikel 28

(1) Jeder Mensch hat das Recht auf angemessenen Wohnraum. Das Land fördert die Schaffung und Erhaltung von angemessenem Wohnraum, insbesondere für Menschen mit geringem Einkommen, sowie die Bildung von Wohnungseigentum.
(2) Der Wohnraum ist unverletzlich. Eine Durchsuchung darf nur auf richterliche Anordnung erfolgen oder bei Verfolgung auf frischer Tat durch die Polizei, deren Maßnahmen jedoch binnen 48 Stunden der richterlichen Genehmigung bedürfen.

Artikel 29

(1) Die Freiheit des Glaubens, des Gewissens und die Freiheit des religiösen und weltanschaulichen Bekenntnisses sind unverletzlich. Die ungestörte Religionsausübung wird gewährleistet.

(2) Rassenhetze und Bekundung nationalen oder religiösen Hasses widersprechen dem Geist der Verfassung und sind unter Strafe zu stellen.

Artikel 30

(1) Handlungen, die geeignet sind, das friedliche Zusammenleben der Völker zu stören, widersprechen dem Geist der Verfassung und sind unter Strafe zu stellen.
(2) Jedermann hat das Recht, Kriegsdienste zu verweigern, ohne daß ihm Nachteile entstehen dürfen.

Artikel 31

(1) Die Umwelt und die natürlichen Lebensgrundlagen stehen unter dem besonderen Schutz des Landes.
(2) Tiere sind als Lebewesen zu achten und vor vermeidbarem Leiden zu schützen.

Artikel 32

Sport ist ein förderungs- und schützenswerter Teil des Lebens. Die Teilnahme am Sport ist den Angehörigen aller Bevölkerungsgruppen zu ermöglichen.

Artikel 33

Das Recht des einzelnen, grundsätzlich selbst über die Preisgabe und Verwendung seiner persönlichen Daten zu bestimmen, wird gewährleistet. Einschränkungen dieses Rechts bedürfen eines Gesetzes. Sie sind nur im überwiegenden Allgemeininteresse zulässig.

Artikel 34

Jeder hat das Recht, sich einzeln oder in Gemeinschaft mit anderen mit schriftlichen Anträgen, Anregungen oder Beschwerden an die zuständigen Stellen, insbesondere an das Abgeordnetenhaus, den Senat, die Bezirksverordnetenversammlungen oder die Bezirksämter, zu wenden.

Artikel 35

(1) Der Sonntag und die gesetzlichen Feiertage sind als Tage der Arbeitsruhe geschützt.
(2) Der 1. Mai ist gesetzlicher Feiertag.

Artikel 36

(1) Die durch die Verfassung gewährleisteten Grundrechte sind für Gesetzgebung, Verwaltung und Rechtsprechung verbindlich.
(2) Einschränkungen der Grundrechte sind durch Gesetz nur insoweit zulässig, als sie nicht den Grundgedanken dieser Rechte verletzen.

(3) Werden die in der Verfassung festgelegten Grundrechte offensichtlich verletzt, so ist jedermann zum Widerstand berechtigt.

Artikel 37

Auf die Artikel 14, 26 und 27 darf sich nicht berufen, wer die Grundrechte angreift oder gefährdet, insbesondere wer nationalsozialistische oder andere totalitäre oder kriegerische Ziele verfolgt.

Abschnitt III
Die Volksvertretung

Artikel 38

(1) Das Abgeordnetenhaus ist die von den wahlberechtigten Deutschen gewählte Volksvertretung.
(2) Das Abgeordnetenhaus besteht aus mindestens 130 Abgeordneten.
(3) Die Opposition ist notwendiger Bestandteil der parlamentarischen Demokratie. Sie hat das Recht auf politische Chancengleichheit.
(4) Die Abgeordneten sind Vertreter aller Berliner. Sie sind an Aufträge und Weisungen nicht gebunden und nur ihrem Gewissen unterworfen.

Artikel 39

(1) Die Abgeordneten werden in allgemeiner, gleicher, geheimer und direkter Wahl gewählt.
(2) Parteien, für die im Gebiet von Berlin insgesamt weniger als fünf vom Hundert der Stimmen abgegeben werden, erhalten keine Sitze zugeteilt, es sei denn, daß ein Bewerber der Partei einen Sitz in einem Wahlkreis errungen hat.
(3) Wahlberechtigt sind alle Deutschen, die am Tage der Wahl das 16. Lebensjahr vollendet und seit mindestens drei Monaten in Berlin ihren Wohnsitz haben.
(4) Wählbar sind alle Wahlberechtigten, die am Tage der Wahl das 18. Lebensjahr vollendet haben.
(5) Alles Nähere, insbesondere über den Ausschluß vom Wahlrecht und von der Wählbarkeit sowie über das Ruhen des Wahlrechts, wird durch das Wahlgesetz geregelt.
[...]

Artikel 51

(1) Kein Abgeordneter darf zu irgendeiner Zeit wegen seiner Abstimmung oder wegen Äußerungen in Ausübung seines Mandats gerichtlich oder dienstlich oder sonst außerhalb des Abgeordnetenhauses zur Verantwortung gezogen werden. Dies gilt nicht für verleumderische Beleidigungen.

(2) Jeder Abgeordnete hat das Recht, Angaben über Personen, die ihm in seiner Eigenschaft als Abgeordneter Mitteilung gemacht haben, und die Herausgabe von Schriftstücken zu verweigern, die ihm in seiner Eigenschaft als Abgeordneter übergeben wurden.
(3) Kein Abgeordneter darf ohne Genehmigung des Abgeordnetenhauses zur Untersuchung gezogen oder verhaftet werden, es sei denn, daß er bei Ausübung der Tat festgenommen wird.
(4) Jede Haft oder sonstige Beschränkung der persönlichen Freiheit eines Abgeordneten ist auf Verlangen des Abgeordnetenhauses aufzuheben.
[...]

Allgemeines Gesetz zum Schutz der öffentlichen Sicherheit und Ordnung in Berlin (Allgemeines Sicherheits- und Ordnungsgesetz – ASOG Bln)

In der Fassung vom 11. Oktober 2006, zuletzt geändert durch Artikel 1, Artikel 2 des Gesetzes vom 11. Dezember 2025 (GVBl. S. 590)

Inhaltsübersicht

Dritter Abschnitt
Vollzugshilfe

Vierter Abschnitt
Verordnungen zur Gefahrenabwehr sowie zu Waffen- und Messerverbotszonen

Fünfter Abschnitt
Schadensausgleich, Erstattungs- und Ersatzansprüche

Sechster Abschnitt
Gerichtliche Verfahren

Siebter Abschnitt
Straf- und Bußgeldvorschriften

Achter Abschnitt
Übergangs- und Schlussbestimmungen

Erster Abschnitt
Aufgaben, Zuständigkeiten und allgemeine Vorschriften

§ 1
Aufgaben der Ordnungsbehörden und der Polizei

(1) [1]Die Ordnungsbehörden und die Polizei haben die Aufgabe, Gefahren für die öffentliche Sicherheit oder Ordnung abzuwehren (Gefahrenabwehr). [2]Sie haben im Rahmen dieser Aufgabe auch die erforderlichen Vorbereitungen für die Hilfeleistung und das Handeln in Gefahrenfällen zu treffen.
(2) Die Ordnungsbehörden und die Polizei haben ferner die Aufgaben zu erfüllen, die ihnen durch andere Rechtsvorschriften übertragen sind.
(3) Die Polizei hat im Rahmen der Gefahrenabwehr auch Straftaten zu verhüten sowie für die Verfolgung von Straftaten vorzusorgen (vorbeugende Bekämpfung von Straftaten).
(4) Der Schutz privater Rechte obliegt der Polizei nach diesem Gesetz nur dann, wenn gerichtlicher Schutz nicht rechtzeitig zu erlangen ist und wenn ohne polizeiliche Hilfe die Verwirklichung des Rechts vereitelt oder wesentlich erschwert würde.
(5) Die Polizei leistet anderen Behörden und sonstigen öffentlichen Stellen Vollzugshilfe (§§ 52 bis 54).

§ 2
Sachliche Zuständigkeit der Ordnungsbehörden; Verordnungsermächtigung

(1) Für die Gefahrenabwehr sind die Ordnungsbehörden zuständig (Ordnungsaufgaben).
(2) Ordnungsbehörden sind die Senatsverwaltungen und die Bezirksämter.
(3) Nachgeordnete Ordnungsbehörden sind die Sonderbehörden der Hauptverwaltung, die für Ordnungsaufgaben zuständig sind.
(4) [1]Die Zuständigkeit der Ordnungsbehörden wird im Einzelnen durch die Anlage zu diesem Gesetz (Zuständigkeitskatalog Ordnungsaufgaben) bestimmt. [2]Im Vorgriff auf eine Katalogänderung kann der Senat durch Rechtsverordnung einzelne der Hauptverwaltung vorbehaltene Ordnungsaufgaben den Bezirken zuweisen.
[Red. Anmerkung: Zukünftige Fassung (Stand 01/2026). Inkrafttreten an dem Tag, an dem die Rechtsverordnung mit dem zusammenfassenden Zuständigkeitskatalog nach § 13 Absatz 1 und 2 des Landesorganisationsgesetzes vom 10. Juli 2025 (GVBl. S. 270) in Kraft tritt.]
(4) Die Zuständigkeit der Ordnungsbehörden wird im Einzelnen nach § 13 Absatz 1 und 2 des Landesorganisationsgesetzes vom 10. Juli 2025 (GVBl. S. 270) in der jeweils geltenden Fassung bestimmt.

(5) Bei Gefahr im Verzug kann die zuständige Senatsverwaltung die Befugnisse einer nachgeordneten Ordnungsbehörde wahrnehmen.
(6) [1]Der Senat kann durch Rechtsverordnung bestimmen, dass die den bezirklichen Ordnungsbehörden durch dieses Gesetz und andere Gesetze zugewiesenen Aufgaben und Befugnisse für die Dienstkräfte im Außendienst einheitlich geregelt und beschränkt werden. [2]Durch die Rechtsverordnung können unterschiedliche Regelungen für Dienstkräfte im Parkraumüberwachungsdienst, für Dienstkräfte im Rahmen des Verkehrsüberwachungsdienstes und für Dienstkräfte im Rahmen des allgemeinen Ordnungsdienstes getroffen werden. [3]Durch die Rechtsverordnung ist ferner die Ausrüstung der Dienstkräfte entsprechend den ihnen zugewiesenen Aufgaben und Befugnissen einheitlich zu regeln. [4]In der Rechtsverordnung ist der Gebrauch bestimmter Ausrüstungsgegenstände für Notwehr und Nothilfe auf Grund des § 32 des Strafgesetzbuches und des § 227 des Bürgerlichen Gesetzbuches für die Dienstkräfte im Rahmen des Verkehrsüberwachungsdienstes sowie die Dienstkräfte im Rahmen des allgemeinen Ordnungsdienstes der bezirklichen Ordnungsämter zu begrenzen.

§ 3
Hilfszuständigkeit der Berliner Feuerwehr

(1) [1]Die Berliner Feuerwehr wird im Rahmen der Gefahrenabwehr hilfsweise tätig, soweit im Zusammenhang mit den ihr obliegenden Aufgaben eine Gefahr abzuwehren ist, deren Abwehr durch eine andere Behörde nicht oder nicht rechtzeitig möglich erscheint. [2]Sie unterrichtet die zuständige Behörde unverzüglich von allen diese betreffenden Vorgängen; § 44 bleibt unberührt.
(2) Die Berliner Feuerwehr leistet anderen Behörden und sonstigen öffentlichen Stellen Vollzugshilfe (§§ 52 bis 54).

§ 4
Verhältnis der Polizei zu den Ordnungsbehörden

(1) [1]Die Polizei wird im Rahmen der Gefahrenabwehr mit Ausnahme der Fälle des § 1 Abs. 1 Satz 2 und Abs. 3 in eigener Zuständigkeit nur tätig, soweit die Abwehr der Gefahr durch eine andere Behörde nicht oder nicht rechtzeitig möglich erscheint. [2]Sie unterrichtet die zuständige Behörde unverzüglich von allen diese betreffenden Vorgängen; § 44 bleibt unberührt.
(2) [1]Die Bezirksämter stellen der Polizei Berlin auf deren Ersuchen im Wege der Amtshilfe die ihnen zugeordneten Dienstkräfte im Verkehrsüberwachungsdienst zur Verfügung. [2]Die Dienstkräfte werden hierbei im Rahmen der ihnen allgemein eingeräumten Befugnisse tätig.

§ 5
Dienstkräfte der Polizei; Verordnungsermächtigung

(1) Polizei im Sinne dieses Gesetzes ist die Polizei Berlin.

(2) [1]Mit der Wahrnehmung bestimmter polizeilicher Aufgaben kann der Senat durch Rechtsverordnung Dienstkräfte der Polizei, die nicht Polizeivollzugsbeamte sind, betrauen, soweit dafür ein Bedürfnis besteht. [2]Die Rechtsverordnung bestimmt die ihnen zur Erfüllung ihrer Aufgaben zugewiesenen polizeilichen Befugnisse.

(3) Der Senat kann sonstigen Personen durch Rechtsverordnung bestimmte polizeiliche Befugnisse nur übertragen, wenn sie damit einverstanden sind und ihre Heranziehung zu polizeilichen Aufgaben gesetzlich vorgesehen ist.

§ 5a
Legitimations- und Kennzeichnungspflicht

(1) Auf Verlangen der von einer polizeilichen Maßnahme betroffenen Person haben sich Polizeidienstkräfte auszuweisen, soweit der Zweck der Maßnahme dadurch nicht beeinträchtigt wird.

(2) [1]Polizeidienstkräfte der Polizei Berlin in Dienstkleidung tragen bei Amtshandlungen nach ihrer Wahl ein Schild mit dem Familiennamen oder ein Schild mit einer fünfstelligen Dienstnummer, die nicht mit der Personalnummer identisch ist. [2]Dienstkräfte, die in Einsatzeinheiten tätig sind, tragen anstatt des Namens- oder Dienstnummernschildes eine taktische Kennzeichnung, die bestehend aus Buchstaben und Ziffernfolge geeignet ist, eine nachträgliche Identifizierung zu ermöglichen. [3]Die Kennzeichnungspflicht nach den Sätzen 1 und 2 besteht nicht, wenn eine nachträgliche Identifizierbarkeit der Dienstkräfte auf anderem Wege gewährleistet oder diese im Hinblick auf die Amtshandlung nicht erforderlich ist.

(3) [1]Bei der Vergabe der Dienstnummern und der taktischen Kennzeichnungen werden diesen jeweils die personenbezogenen Daten der Polizeidienstkräfte fest zugeordnet und gespeichert. [2]Zweck der Verarbeitung personenbezogener Daten ist die Sicherstellung einer nachträglichen Identifizierung der Dienstkräfte, wenn tatsächliche Anhaltspunkte die Annahme rechtfertigen, dass bei der Durchführung einer Amtshandlung eine strafbare Handlung oder eine nicht unerhebliche Pflichtverletzung begangen worden ist und die Identifizierung auf andere Weise nicht oder nur unter erheblichen Schwierigkeiten möglich ist.

(4) [1]Die personenbezogenen Daten sind ein Jahr nach Beendigung der Nutzung der Dienstnummer oder taktischen Kennzeichnung zu löschen, sofern ihre Speicherung nicht für den Erhebungszweck weiterhin erforderlich ist. [2]§ 44 Absatz 3 und 4 des Berliner Datenschutzgesetzes findet Anwendung.

(5) Die für Inneres zuständige Senatsverwaltung kann Näheres hinsichtlich Inhalt, Umfang und Ausnahmen der Kennzeichnungspflicht durch Ausführungsvorschriften regeln.

§ 6
Örtliche Zuständigkeit der Polizei

Die Dienstkräfte der Polizei sind befugt, Amtshandlungen im gesamten Land Berlin vorzunehmen.

§ 7
Amtshandlungen von Polizeidienstkräften außerhalb des Landes Berlin

(1) [1]Polizeidienstkräfte des Landes Berlin dürfen im Zuständigkeitsbereich eines anderen Landes oder des Bundes nur in den Fällen des § 8 Abs. 1 und des Artikels 91 Abs. 2 des Grundgesetzes und nur dann tätig werden, wenn das jeweilige Landesrecht oder das Bundesrecht es vorsieht. [2]Außerhalb der Bundesrepublik Deutschland dürfen Polizeidienstkräfte des Landes Berlin im Zuständigkeitsbereich eines anderen Staates Amtshandlungen vornehmen, soweit völkerrechtliche Verträge oder Rechtsakte der Europäischen Union dies vorsehen, oder soweit die für Inneres zuständige Senatsverwaltung im Einvernehmen mit den zuständigen Stellen des anderen Staates einer Tätigkeit von Berliner Polizeidienstkräften im Ausland allgemein oder im Einzelfall zustimmt.
(2) Einer Anforderung von Polizeidienstkräften durch ein anderes Land oder den Bund ist zu entsprechen, soweit nicht die Verwendung der Polizei im eigenen Lande dringender ist als die Unterstützung der Polizei des anderen Landes oder des Bundes, sofern die Anforderung alle für die Entscheidung wesentlichen Merkmale des Einsatzauftrages enthält.

§ 8
Amtshandlungen von Polizeidienstkräften anderer Länder, des Bundes sowie ausländischer Staaten in Berlin

(1) [1]Polizeidienstkräfte eines anderen Landes oder des Bundes können im Land Berlin Amtshandlungen vornehmen
1. auf Anforderung oder mit Zustimmung der Polizei Berlin,
2. in den Fällen des Artikels 35 Abs. 2 und 3 und des Artikels 91 Abs. 1 des Grundgesetzes,
3. zur Abwehr einer gegenwärtigen erheblichen Gefahr, zur Verfolgung von Straftaten auf frischer Tat sowie zur Verfolgung und Wiederergreifung Entwichener, wenn die Polizei die erforderlichen Maßnahmen nicht rechtzeitig treffen kann,
4. zur Erfüllung polizeilicher Aufgaben bei Gefangenentransporten,

5. zur Verfolgung von Straftaten und Ordnungswidrigkeiten und zur Gefahrenabwehr in den in Verwaltungsabkommen mit anderen Ländern oder mit dem Bund geregelten Fällen.

[2]In den Fällen der Nummern 3 bis 5 ist die Polizei Berlin unverzüglich zu unterrichten.

(2) [1]Werden Polizeidienstkräfte eines anderen Landes oder des Bundes nach Absatz 1 tätig, haben sie die gleichen Befugnisse wie die des Landes Berlin. [2]Ihre Maßnahmen gelten als Maßnahmen der Polizei Berlin; sie unterliegen insoweit deren Weisungen.

(3) Die Absätze 1 und 2 gelten entsprechend für Zollbedienstete in den Vollzugsbereichen der Zollverwaltung im Sinne von § 10a Absatz 1 des Zollverwaltungsgesetzes vom 21. Dezember 1992 (BGBl. I S. 2125; 1993 I S. 2493), das zuletzt durch Artikel 210 der Verordnung vom 19. Juni 2020 (BGBl. I S. 1328) geändert worden ist, und für Bedienstete ausländischer Staaten mit polizeilichen Aufgaben, soweit völkerrechtliche Verträge oder Rechtsakte der Europäischen Union dies vorsehen oder die für Inneres zuständige Senatsverwaltung Amtshandlungen dieser Bediensteten allgemein oder im Einzelfall zustimmt.

§ 9
Aufsichtsbehörden; Eingriffsrecht

(1) [1]Die Dienst- und Fachaufsicht über die nachgeordneten Ordnungsbehörden führen die Senatsverwaltungen innerhalb ihrer Zuständigkeitsbereiche. [2]Die Vorschriften der §§ 21 bis 23 des Landesorganisationsgesetzes gelten auch für Ordnungsaufgaben der Bezirksverwaltungen. [3]Dies gilt ebenso für § 17a des Ausführungsgesetzes zum Baugesetzbuch in der jeweils geltenden Fassung.

(2) Die Dienst- und Fachaufsicht über das Landesamt für Bürger- und Ordnungsangelegenheiten, das Landesamt für Einwanderung und die Polizei führt die für Inneres zuständige Senatsverwaltung; soweit dem Landesamt für Bürger- und Ordnungsangelegenheiten und der Polizei nach § 2 Absatz 4 Ordnungsaufgaben zugewiesen sind, führen die Senatsverwaltungen die Fachaufsicht innerhalb ihrer Zuständigkeitsbereiche.

(3) Die Aufsichtsbehörden können innerhalb ihrer Zuständigkeitsbereiche Verwaltungsvorschriften erlassen.

(4) Bei bezirklichen Ordnungsaufgaben des Einwohnerwesens kann auch das Landesamt für Bürger- und Ordnungsangelegenheiten einen Eingriff nach § 23 Absatz 1 und 2 des Landesorganisationsgesetzes vornehmen.

§ 10
Informationspflicht; Fachaufsicht

(1) Ordnungsbehörden, nachgeordnete Ordnungsbehörden, Polizei und zuständige Aufsichtsbehörden unterrichten sich gegenseitig von allen wichtigen Wahrnehmungen auf dem Gebiet der Gefahrenabwehr (Informationspflicht).

(2) Die Fachaufsicht erstreckt sich auf die recht- und ordnungsmäßige Erledigung der Aufgaben der nachgeordneten Ordnungsbehörden und der Polizei und auf die zweckentsprechende Handhabung des Verwaltungsermessens.

(3) In Ausübung der Fachaufsicht kann die Aufsichtsbehörde

1. Auskünfte, Berichte, die Vorlage von Akten und sonstigen Unterlagen fordern und Prüfungen anordnen (Informationsrecht),
2. Einzelweisungen erteilen (Weisungsrecht),
3. eine Angelegenheit an sich ziehen, wenn eine erteilte Einzelweisung nicht befolgt wird (Eintrittsrecht);
4. die Kosten für Aufsichtsmaßnahmen, die über die allgemeinen Verwaltungskosten hinausgehen, der pflichtigen Behörde auferlegen.

§ 11
Grundsatz der Verhältnismäßigkeit

(1) Von mehreren möglichen und geeigneten Maßnahmen haben die Ordnungsbehörden und die Polizei diejenige zu treffen, die den Einzelnen und die Allgemeinheit voraussichtlich am wenigsten beeinträchtigt.

(2) Eine Maßnahme darf nicht zu einem Nachteil führen, der zu dem erstrebten Erfolg erkennbar außer Verhältnis steht.

(3) Eine Maßnahme ist nur solange zulässig, bis ihr Zweck erreicht ist oder sich zeigt, dass er nicht erreicht werden kann.

§ 12
Ermessen, Wahl der Mittel und der Adressaten

(1) Die Ordnungsbehörden und die Polizei treffen ihre Maßnahmen nach pflichtgemäßem Ermessen.

(2) [1]Kommen zur Abwehr einer Gefahr mehrere Mittel in Betracht, so genügt es, wenn eines davon bestimmt wird. [2]Der betroffenen Person ist auf Antrag zu gestatten, ein anderes ebenso wirksames Mittel anzuwenden, sofern die Allgemeinheit dadurch nicht stärker beeinträchtigt wird.

(3) Die Auswahl der von einer Maßnahme betroffenen Person anhand gruppenbezogener Merkmale im Sinne von Artikel 3 Absatz 3 des Grundgesetzes, Artikel 10 Absatz 2 der Verfassung von Berlin und § 2 des Landesantidiskriminierungsgesetzes ohne hinreichenden sachlichen, durch den Zweck der jeweiligen Maßnahme gerechtfertigten Grund ist unzulässig.

§ 13
Verantwortlichkeit für das Verhalten einer Person

(1) Verursacht eine Person eine Gefahr, so sind die Maßnahmen gegen diese Person zu richten.

(2) [1]Ist diese Person noch nicht 14 Jahre alt, so können die Maßnahmen auch gegen die Person gerichtet werden, die zur Aufsicht über sie verpflichtet ist. [2]Ist für die Person ein Betreuer bestellt, so können die Maßnahmen auch gegen den Betreuer im Rahmen seines Aufgabenbereichs gerichtet werden.

(3) Verursacht eine Person, die zu einer Verrichtung bestellt ist, die Gefahr in Ausübung der Verrichtung, so können Maßnahmen auch gegen die Person gerichtet werden, die die andere Person zu der Verrichtung bestellt hat.

(4) Die Absätze 1 bis 3 sind nicht anzuwenden, soweit andere Vorschriften dieses Gesetzes oder andere Rechtsvorschriften abschließend bestimmen, gegen wen eine Maßnahme zu richten ist.

§ 14
Verantwortlichkeit für Tiere oder den Zustand einer Sache

(1) Geht von einem Tier oder von einer Sache eine Gefahr aus, so sind die Maßnahmen gegen den Inhaber der tatsächlichen Gewalt zu richten.

(2) Die Vorschriften dieses Gesetzes, die sich auf Sachen beziehen, sind auch auf Tiere anzuwenden.

(3) [1]Maßnahmen können auch gegen den Eigentümer oder einen anderen Berechtigten gerichtet werden. [2]Das gilt nicht, wenn der Inhaber der tatsächlichen Gewalt sie ohne den Willen des Eigentümers oder Berechtigten ausübt.

(4) Geht die Gefahr von einer herrenlosen Sache aus, so können die Maßnahmen auch gegen denjenigen gerichtet werden, der das Eigentum an der Sache aufgegeben hat.

(5) Die Absätze 1 bis 4 sind nicht anzuwenden, soweit andere Vorschriften dieses Gesetzes oder andere Rechtsvorschriften abschließend bestimmen, gegen wen eine Maßnahme zu richten ist.

§ 15
Unmittelbare Ausführung einer Maßnahme

(1) [1]Die Ordnungsbehörden und die Polizei können eine Maßnahme selbst oder durch einen Beauftragten unmittelbar ausführen, wenn der Zweck der Maßnahme durch Inanspruchnahme der nach den §§ 13 oder 14 Verantwortlichen nicht oder nicht rechtzeitig erreicht werden kann. [2]Die von der Maßnahme betroffene Person ist unverzüglich zu unterrichten.

(2) [1]Die durch die unmittelbare Ausführung einer Maßnahme entstehenden Kosten werden von den nach den §§ 13 oder 14 Verantwortlichen erhoben. [2]Mehrere Verantwortliche haften als Gesamtschuldner. [3]Die Kosten können im Verwaltungsvollstreckungsverfahren beigetrieben werden. [4]Die Erhe-

bung von Kosten nach dem Gesetz über Gebühren und Beiträge bleibt unberührt.
(3) [1]Wird eine Maßnahme durch einen Beauftragten ausgeführt, so bestehen die Kosten in dem Betrag, der an den Beauftragten zu zahlen ist. [2]Wird eine Maßnahme durch die Ordnungsbehörde oder die Polizei selbst ausgeführt, so bestehen die Kosten in ihren durch die Maßnahme unmittelbar entstehenden zusätzlichen personellen und sächlichen Aufwendungen.

§ 16
Inanspruchnahme von nicht verantwortlichen und nicht verdächtigen Personen

(1) Die Ordnungsbehörden und die Polizei können Maßnahmen auch gegen andere Personen als die nach den §§ 13 oder 14 Verantwortlichen richten, wenn
1. eine gegenwärtige erhebliche Gefahr abzuwehren ist,
2. Maßnahmen gegen die nach den §§ 13 oder 14 Verantwortlichen nicht oder nicht rechtzeitig möglich sind oder keinen Erfolg versprechen,
3. sie die Gefahr nicht oder nicht rechtzeitig selbst oder durch Beauftragte abwehren können und
4. die Personen ohne erhebliche eigene Gefährdung und ohne Verletzung höherwertiger Pflichten in Anspruch genommen werden können.

(2) Die Maßnahmen nach Absatz 1 dürfen nur aufrecht erhalten werden, solange die Abwehr der Gefahr nicht auf andere Weise möglich ist.
(3) Die Absätze 1 und 2 sind nicht anzuwenden, soweit andere Vorschriften dieses Gesetzes oder andere Rechtsvorschriften abschließend bestimmen, gegen wen eine Maßnahme zu richten ist.

Zweiter Abschnitt
Befugnisse der Ordnungsbehörden und der Polizei

Erster Unterabschnitt
Allgemeine und besondere Befugnisse

§ 17
Allgemeine Befugnisse, Begriffsbestimmungen

(1) Die Ordnungsbehörden und die Polizei können die notwendigen Maßnahmen treffen, um eine im einzelnen Falle bestehende Gefahr für die öffentliche Sicherheit oder Ordnung (Gefahr) abzuwehren, soweit nicht die §§ 18 bis 51b ihre Befugnisse besonders regeln.
(2) [1]Zur Erfüllung der Aufgaben, die den Ordnungsbehörden und der Polizei durch andere Rechtsvorschriften übertragen sind (§ 1 Abs. 2), haben sie die dort vorgesehenen Befugnisse. [2]Soweit solche Rechtsvorschriften Befugnisse der Ordnungsbehörden und der Polizei nicht abschließend regeln, haben sie die Befugnisse, die ihnen nach diesem Gesetz zustehen.

(3) Straftaten von erheblicher Bedeutung sind
1. alle Verbrechen, alle weiteren in § 100a der Strafprozessordnung genannten Straftaten sowie alle weiteren terroristischen Straftaten,
2. Straftaten nach den §§ 176a, 176b, 180a, 181a Absatz 1, § 182 Absatz 1 und 2, §§ 224 und 233 des Strafgesetzbuches,
3. Straftaten nach den §§ 243 und 244 Absatz 1 Nummer 1 und 3 des Strafgesetzbuches, soweit sie organisiert, insbesondere banden-, gewerbs- oder serienmäßig begangen werden.

(4) Straftaten, die sich auf eine Schädigung der Umwelt oder auf gemeinschaftswidrige Wirtschaftsformen, insbesondere illegale Beschäftigung beziehen und geeignet sind, die Sicherheit der Bevölkerung zu beeinträchtigen, stehen Straftaten von erheblicher Bedeutung im Sinne des Absatzes 3 gleich.

(5) Terroristische Straftaten sind
1. Straftaten nach den §§ 89a, 89c, 129a und 129b des Strafgesetzbuches, die im In- oder Ausland begangen werden, sowie
2. die in § 129a Absatz 1 und 2 des Strafgesetzbuches genannten Straftaten, die im In- oder Ausland begangen werden, sofern sie dazu bestimmt sind,
   a) die Bevölkerung auf erhebliche Weise einzuschüchtern
   b) eine Behörde oder eine internationale Organisation rechtswidrig mit Gewalt oder durch Drohung mit Gewalt zu nötigen oder
   c) die politischen, verfassungsrechtlichen, wirtschaftlichen oder sozialen Grundstrukturen eines Staates, eines Landes oder einer internationalen Organisation zu beseitigen oder erheblich zu beeinträchtigen,

und durch die Art ihrer Begehung oder ihre Auswirkungen einen Staat, ein Land oder eine internationale Organisation erheblich schädigen können.

(6) Setzt eine Maßnahme nach diesem Gesetz eine Sachlage voraus, bei der
1. Tatsachen die Annahme rechtfertigen, dass eine Person innerhalb eines übersehbaren Zeitraums auf eine zumindest ihrer Art nach konkretisierte Weise oder
2. das individuelle Verhalten einer Person die konkrete Wahrscheinlichkeit begründet, dass sie innerhalb eines übersehbaren Zeitraums

eine Straftat begehen wird, so muss in den Fällen nach den §§ 84, 85, 89a, 89c, 96, 127 Absatz 3 und 4, §§ 129, 129a und 129b des Strafgesetzbuches zudem eine solche konkretisierte Gefahr für das durch den jeweiligen Straftatbestand geschützte Rechtsgut bestehen.

§ 17a
Kriminalitätsbelastete Orte; Verordnungsermächtigung

(1) [1]Die für Inneres zuständige Senatsverwaltung wird ermächtigt, durch Rechtsverordnung bestimmte Straßen, Wege, Plätze oder sonstige Bereiche als kriminalitätsbelastete Orte einzustufen. [2]Dies ist nur für solche Orte zulässig, die öffentlich zugänglich sind und von denen Tatsachen die Annahme recht-

fertigen, dass dort Personen Straftaten von erheblicher Bedeutung verabreden, vorbereiten oder verüben.

(2) [1]Die Polizeipräsidentin oder der Polizeipräsident oder die Vertretung im Amt kann die Einstufung eines Bereichs als kriminalitätsbelasteter Ort unter den Voraussetzungen des Absatzes 1 für die Dauer von insgesamt höchstens einem Monat im jeweiligen Kalenderjahr durch Allgemeinverfügung vornehmen, wenn Maßnahmen nach diesem Gesetz, die diese Einstufung voraussetzen, keinen Aufschub dulden und der Erlass einer Rechtsverordnung voraussichtlich nicht rechtzeitig erfolgen würde. [2]In besonderen Eilfällen kann die öffentliche Bekanntgabe der Allgemeinverfügung dadurch erfolgen, dass ihr verfügender Teil auf der Internetseite der Polizei Berlin zugänglich gemacht und zusätzlich durch weitere geeignete Nachrichtenmittel verbreitet wird. [3]Dabei kann bestimmt werden, dass die Allgemeinverfügung mit der Zugänglichmachung auf einer Internetseite der Polizei Berlin als bekanntgegeben gilt. [4]Über den Erlass jeder Allgemeinverfügung unterrichtet die für Inneres zuständige Senatsverwaltung unverzüglich das Abgeordnetenhaus.

(3) [1]Die für Inneres zuständige Senatsverwaltung unterrichtet das Abgeordnetenhaus über die Gründe, die zur Einstufung als kriminalitätsbelasteter Ort geführt haben. [2]Der Senat unterrichtet das Abgeordnetenhaus zudem jährlich über die an den kriminalitätsbelasteten Orten nach diesem Gesetz getroffenen Maßnahmen.

§ 18
Ermittlungen, Befragungen, Datenerhebungen

(1) [1]Die Ordnungsbehörden und die Polizei können zur Klärung des Sachverhalts in einer bestimmten ordnungsbehördlichen oder polizeilichen Angelegenheit Ermittlungen anstellen, insbesondere Befragungen nach den Absätzen 4 bis 6 durchführen. [2]Sie können in diesem Zusammenhang personenbezogene Daten erheben,

1. über die in den §§ 13, 14 und 16 genannten und andere Personen, wenn das zur Abwehr einer Gefahr oder zur Erfüllung der ihnen durch andere Rechtsvorschriften übertragenen Aufgaben erforderlich ist,
2. wenn die betroffene Person die Daten offensichtlich öffentlich gemacht hat oder
3. wenn die betroffene Person in Kenntnis des Zwecks der Erhebung in diese eingewilligt hat.

(2) [1]Die Polizei kann ferner personenbezogene Daten erheben, soweit dies erforderlich ist

1. zur Verhütung von Straftaten, wenn tatsächliche Anhaltspunkte die Annahme rechtfertigen, dass die betroffene Person
   a) innerhalb eines überschaubaren Zeitraums auf eine zumindest ihrer Art nach konkretisierte Weise Straftaten begehen oder daran teilnehmen wird,

b) mit einer in Buchstabe a genannten Person nicht nur in einem flüchtigen oder zufälligen Kontakt, sondern in einer Weise in Verbindung steht, die die Erhebung ihrer personenbezogenen Daten zur vorbeugenden Bekämpfung solcher Straftaten erfordert; dies ist der Fall, wenn Tatsachen die Annahme einer individuellen Nähe der Person zu solchen Straftaten rechtfertigen, insbesondere weil eine in Buchstabe a genannte Person sich dieser Person zur Begehung der Straftaten bedienen könnte oder die Person von der Planung oder Vorbereitung der Straftaten Kenntnis hat oder daran mitwirkt (Kontakt- und Begleitperson),
c) als Zeugin oder Zeuge, Hinweisgeberin oder Hinweisgeber oder sonstige Auskunftsperson in Betracht kommt,
d) Opfer einer solchen Straftat werden könnte oder
e) sich im räumlichen Nahbereich einer Person aufhält, von der auf Grund tatsächlicher Anhaltspunkte anzunehmen ist, dass sie besonders gefährdet und die Maßnahme zu ihrem Schutz erforderlich ist,

2. im Falle der Ausschreibung der Person zur Ermittlungsanfrage,
3. zum Schutz privater Rechte oder
4. zur Leistung von Vollzugshilfe.

(3) [1]Ermittlungen sind offen durchzuführen. [2]Verdeckt dürfen sie außer in den in diesem Gesetz zugelassenen Fällen nur durchgeführt werden, wenn ohne diese Maßnahme die Erfüllung der Aufgaben gefährdet wäre oder wenn anzunehmen ist, dass dies dem überwiegenden Interesse der betroffenen Person entspricht.

(4) [1]Die Ordnungsbehörden und die Polizei können eine Person befragen, wenn Tatsachen die Annahme rechtfertigen, dass die Person sachdienliche Angaben machen kann, die für die Erfüllung einer bestimmten ordnungsbehördlichen oder polizeilichen Aufgabe erforderlich sind. [2]Für die Dauer der Befragung kann die Person angehalten werden. [3]Sie ist verpflichtet, Namen, Vornamen, Geschlecht, Tag und Ort der Geburt, Staatsangehörigkeit und Wohnungsanschrift anzugeben. [4]Eine weitere Auskunftspflicht besteht nur für die nach den §§ 13 oder 14 Verantwortlichen und unter den Voraussetzungen des § 16 für die dort genannten Personen sowie für Personen, für die gesetzliche Handlungspflichten bestehen.

(5) [1]Befragungen sind grundsätzlich an die betroffene Person zu richten. [2]Ohne deren Kenntnis können Dritte befragt werden, wenn die Befragung der betroffenen Person

1. nicht oder nicht rechtzeitig möglich ist,
2. einen unverhältnismäßig hohen Aufwand erfordern würde und schutzwürdige Belange der betroffenen Person nicht entgegenstehen,
3. die Erfüllung der Aufgaben gefährden würde.

(6) [1]Der Befragte ist in geeigneter Weise auf

1. die Rechtsgrundlagen der Befragung,
2. eine bestehende Auskunftspflicht oder die Freiwilligkeit der Auskunft

hinzuweisen. [2]Der Hinweis kann unterbleiben, wenn hierdurch die Erfüllung der ordnungsbehördlichen oder polizeilichen Aufgaben erheblich erschwert oder gefährdet würde. [3]Werden bei der Befragung personenbezogene Daten zu Zwecken außerhalb des § 30 des Berliner Datenschutzgesetzes erhoben, bestimmen sich Umfang und Grenzen der Hinweispflicht im Übrigen nach den Artikeln 13 und 14 der Verordnung (EU) 2016/679 des Europäischen Parlaments und des Rates vom 27. April 2016 zum Schutz natürlicher Personen bei der Verarbeitung personenbezogener Daten, zum freien Datenverkehr und zur Aufhebung der Richtlinie 95/46/EG (Datenschutz-Grundverordnung) (ABl. L 119 vom 4.5.2016, S. 1, ABl. L 314 vom 22.11.2016, S. 72, ABl. L 127 vom 23.5.2018, S. 2, ABl. L 74 vom 4.3.2021, S. 35) sowie nach § 23 des Berliner Datenschutzgesetzes. [4]Bei Datenerhebungen zu Zwecken des § 30 des Berliner Datenschutzgesetzes bleibt die allgemeine Informationspflicht nach § 41 des Berliner Datenschutzgesetzes unberührt.

(7) [1]Die §§ 52 bis 55 und 136a der Strafprozessordnung gelten entsprechend. [2]Jedoch ist eine in § 53 Absatz 1 Nummer 3, 3a, 3b oder Nummer 5 der Strafprozessordnung genannte Person nicht zur Verweigerung der Auskunft berechtigt, soweit die Auskunft zur Abwehr einer Gefahr für den Bestand oder die Sicherheit des Bundes oder eines Landes oder für Leib, Leben, Freiheit oder sexuelle Selbstbestimmung einer Person erforderlich ist. [3]Für Personen nach § 53 Absatz 1 Satz 1 Nummer 3 der Strafprozessordnung gilt Satz 2 nur, soweit es sich nicht um Rechtsanwälte oder Rechtsanwältinnen oder Kammerrechtsbeistände handelt. [4]Die Sätze 2 und 3 gelten entsprechend, soweit die in § 53a Absatz 1 Satz 1 der Strafprozessordnung genannten Personen das Zeugnis verweigern dürften.

(8) [1]Die Erhebung personenbezogener Daten nach Absatz 1 Satz 2 Nummer 3 ist unter Beachtung des § 36 des Berliner Datenschutzgesetzes unbeschadet spezieller Rechtsvorschriften nur dann zulässig, wenn die betroffene Person eine echte Wahlfreiheit hat und nicht aufgefordert oder angewiesen wird, einer rechtlichen Verpflichtung nachzukommen. [2]Die betroffene Person ist auf die Freiwilligkeit hinzuweisen.

§ 18a
Schutz zeugnisverweigerungsberechtigter Berufsgeheimnisträgerinnen und Berufsgeheimnisträger

(1) [1]Maßnahmen nach diesem Abschnitt, die sich gegen eine in § 53 Absatz 1 Satz 1 der Strafprozessordnung genannte Person richten und voraussichtlich Erkenntnisse erbringen würden, über die diese Person das Zeugnis verweigern dürfte, sind unzulässig. [2]Dennoch erlangte Erkenntnisse dürfen nicht verwertet werden. [3]Aufzeichnungen hierüber sind unverzüglich zu löschen. [4]Die Tatsache ihrer Erlangung und Löschung ist zu dokumentieren. [5]Die Sätze 2 bis 4 gelten entsprechend, wenn durch eine Maßnahme, die sich nicht gegen eine in § 53 Absatz 1 Satz 1 der Strafprozessordnung genannte Person richtet, von ei-

ner dort genannten Person Erkenntnisse erlangt werden, über die sie das Zeugnis verweigern dürfte.

(2) [1]Abweichend von Absatz 1 Satz 1 sind Maßnahmen nach diesem Abschnitt, die sich gegen eine in § 53 Absatz 1 Satz 1 Nummer 3, 3a, 3b oder Nummer 5 der Strafprozessordnung genannte Person richten, zulässig, soweit sie zur Abwehr einer Gefahr für den Bestand oder die Sicherheit des Bundes oder eines Landes oder für Leib, Leben, Freiheit oder sexuelle Selbstbestimmung einer Person erforderlich sind und die Verhältnismäßigkeit unter Würdigung des öffentlichen Interesses an den von dieser Person wahrgenommenen Aufgaben und des Interesses an der Geheimhaltung der dieser Person anvertrauten oder bekannt gewordenen Tatsachen gewahrt ist. [2]Für Personen nach § 53 Absatz 1 Satz 1 Nummer 3 der Strafprozessordnung gilt Satz 1 nur, soweit es sich nicht um Rechtsanwälte oder Rechtsanwältinnen oder Kammerrechtsbeistände handelt.

(3) Die Absätze 1 und 2 gelten entsprechend, soweit die in § 53a Absatz 1 Satz 1 der Strafprozessordnung genannten Personen das Zeugnis verweigern dürften.

(4) Die Absätze 1 bis 3 gelten nicht, sofern konkrete Tatsachen die Annahme rechtfertigen, dass die zeugnisverweigerungsberechtigte Person für die Gefahr verantwortlich ist.

(5) § 18 Absatz 7 und die Bestimmungen über die Löschung von Aufzeichnungen nach § 24c Absatz 7 und 8 bleiben unberührt.

§ 18b
Gefährderansprache; Gefährderanschreiben

(1) [1]Die Ordnungsbehörden und die Polizei können eine Person zur Abwehr einer von ihr ausgehenden Gefahr über die Rechtslage informieren und ihr mitteilen, welche Maßnahmen sie ihr gegenüber zur Abwehr der Gefahr bei ungehindertem Geschehensablauf oder im Rahmen strafprozessualer Maßnahmen bei Verwirklichung einer Straftat voraussichtlich ergreifen würden. [2]Zu diesem Zweck können die Ordnungsbehörden und die Polizei die Person ansprechen (Gefährderansprache) oder anschreiben (Gefährderanschreiben). [3]Soweit es den Zweck der Maßnahme nicht gefährdet, soll die Gefährderansprache außerhalb der Hör- und Sichtweite Dritter erfolgen. [4]Die betroffene Person darf zur Durchführung der Gefährderansprache für die Dauer der Maßnahme angehalten und ihre Identität festgestellt werden.

(2) Die Polizei kann Maßnahmen nach Absatz 1 auch gegenüber einer Person treffen, wenn Tatsachen die Annahme rechtfertigen, dass diese innerhalb eines übersehbaren Zeitraums auf eine zumindest ihrer Art nach konkretisierte Weise eine Straftat begehen oder an ihr teilnehmen wird.

§ 19
Erhebung von Daten zur Vorbereitung für die Hilfeleistung in Gefahrenfällen

[1]Die Ordnungsbehörden und die Polizei können über
1. Personen, deren Kenntnisse oder Fähigkeiten zur Gefahrenabwehr benötigt werden,
2. Verantwortliche für Anlagen oder Einrichtungen, von denen eine erhebliche Gefahr ausgehen kann,
3. Verantwortliche für gefährdete Anlagen oder Einrichtungen,
4. Verantwortliche für Veranstaltungen in der Öffentlichkeit, die nicht dem Versammlungsfreiheitsgesetz Berlin unterliegen,

Namen, Vornamen, akademische Grade, Anschriften, Telefonnummern und andere Daten über die Erreichbarkeit sowie nähere Angaben über die Zugehörigkeit zu einer der genannten Personengruppen erheben, soweit das zur Vorbereitung für die Hilfeleistung und das Handeln in Gefahrenfällen erforderlich ist. [2]Eine verdeckte Datenerhebung ist unzulässig. [3]Sind die Daten nicht bei der betroffenen Person erhoben worden, ist die Informationspflicht nach Artikel 14 der Verordnung (EU) 2016/679 zu beachten.

§ 20
Vorladung

(1) Die Ordnungsbehörden und die Polizei können eine Person schriftlich, elektronisch oder mündlich vorladen, wenn
1. Tatsachen die Annahme rechtfertigen, dass die Person sachdienliche Angaben machen kann, die für die Erfüllung einer bestimmten ordnungsbehördlichen oder polizeilichen Aufgabe erforderlich sind,
2. das zur Durchführung erkennungsdienstlicher Maßnahmen erforderlich ist.

(2) [1]Bei der Vorladung soll deren Grund und die Art der beabsichtigten erkennungsdienstlichen Maßnahmen angegeben werden. [2]Bei der Festsetzung des Zeitpunkts soll auf den Beruf und die sonstigen Lebensverhältnisse der betroffenen Person Rücksicht genommen werden.

(3) Leistet eine betroffene Person der Vorladung ohne hinreichenden Grund keine Folge, so kann die Polizei die Vorladung zwangsweise durchsetzen,
1. wenn die Angaben zur Abwehr einer Gefahr für den Bestand oder die Sicherheit des Bundes oder eines Landes, für Leib, Leben, Freiheit oder sexuelle Selbstbestimmung einer Person oder für Sachen von bedeutendem Wert, deren Erhaltung im öffentlichen Interesse liegt, erforderlich sind,
2. um erkennungsdienstliche Maßnahmen durchzuführen.

§ 21
Identitätsfeststellung

(1) Die Ordnungsbehörden und die Polizei können die Identität einer Person feststellen, wenn das zur Abwehr einer Gefahr oder zur Erfüllung der ihnen durch andere Rechtsvorschriften übertragenen Aufgaben (§ 1 Abs. 2) erforderlich ist.

(2) [1]Die Polizei kann ferner die Identität einer Person feststellen, wenn die Person

1. sich an einem kriminalitätsbelasteten Ort oder in dessen unmittelbarer Nähe aufhält,
2. sich an einem Ort aufhält, von dem Tatsachen die Annahme rechtfertigen, dass
   a) sich dort gesuchte Straftäter verbergen oder
   b) dort mutmaßlich Geschädigte von Straftaten nach den §§ 177, 180, 180a, 181a, 182, 232, 232a, 232b, 233, 233a des Strafgesetzbuches anzutreffen oder untergebracht sind.
3. sich in einer Verkehrs- oder Versorgungsanlage oder -einrichtung, einem öffentlichen Verkehrsmittel, Amtsgebäude oder einem anderen besonders gefährdeten Objekt oder in dessen unmittelbarer Nähe aufhält und Tatsachen die Annahme rechtfertigen, dass in oder an einem Objekt dieser Art Straftaten begangen werden sollen, durch die Personen oder dieses Objekt gefährdet sind, und die Identitätsfeststellung auf Grund der Gefährdungslage oder personenbezogener Anhaltspunkte erforderlich ist,
4. an einer Kontrollstelle angetroffen wird, die von der Polizei eingerichtet worden ist, um eine Straftat nach § 129a des Strafgesetzbuches, eine der in dieser Vorschrift genannten Straftaten oder eine Straftat nach § 250 Abs. 1 Nr. 1 oder 2 oder nach § 255 des Strafgesetzbuches in Verbindung mit der vorgenannten Straftat zu verhüten, und Tatsachen die Annahme rechtfertigen, dass solche Straftaten begangen werden sollen, oder
5. sich in einem Fahrzeug befindet, das zur gezielten Kontrolle ausgeschrieben ist.

[2]Die Einrichtung der Kontrollstelle nach Satz 1 Nummer 4 ist außer bei Gefahr im Verzug nur mit Zustimmung der für Inneres zuständigen Senatsverwaltung zulässig. [3]Die Polizei kann mitgeführte Sachen in Augenschein nehmen.

(3) Überdies kann die Polizei die Identität einer Person feststellen, wenn das zum Schutz privater Rechte (§ 1 Absatz 4) oder zur Leistung von Vollzugshilfe (§ 1 Absatz 5) erforderlich ist.

(4) [1]Die Ordnungsbehörden und die Polizei können die zur Feststellung der Identität erforderlichen Maßnahmen treffen. [2]Sie können die Person insbesondere anhalten, sie nach ihren Personalien befragen und verlangen, dass sie Angaben zur Feststellung ihrer Identität macht und mitgeführte Ausweispapiere zur Prüfung aushändigt. [3]Die Polizei kann die Person festhalten und zur Dienststelle bringen, wenn die Identität auf andere Weise nicht oder nur unter

erheblichen Schwierigkeiten festgestellt werden kann. [4]Unter den Voraussetzungen des Satzes 3 können die Person und die von ihr mitgeführten Sachen durchsucht werden.

§ 21a
Medizinische und molekulargenetische Untersuchungen

(1) [1]Die Polizei kann medizinische Untersuchungen anordnen, wenn eine nach § 21 zulässige Identitätsfeststellung einer Person, die
1. verstorben ist oder
2. sich erkennbar in einem die freie Willensbestimmung ausschließenden Zustand oder sich sonst in hilfloser Lage befindet,

auf andere Weise nicht oder nur unter erheblichen Schwierigkeiten möglich ist. [2]§ 81a Abs. 1 Satz 2 der Strafprozessordnung gilt entsprechend.
(2) [1]An dem durch Maßnahmen nach Absatz 1 erlangten Material sowie am aufgefundenen Spurenmaterial von Vermissten dürfen zum Zwecke der Identitätsfeststellung molekulargenetische Untersuchungen durchgeführt sowie die gewonnenen DNA-Identifizierungsmuster in einer Datei gespeichert werden. [2]Die DNA-Identifizierungsmuster sind unverzüglich zu löschen, wenn der Zweck der Maßnahme nach Absatz 1 erreicht ist. [3]§ 81g Abs. 2 der Strafprozessordnung gilt entsprechend.
(3) [1]Molekulargenetische Untersuchungen bedürfen der gerichtlichen Anordnung. [2]§ 81f Absatz 2 der Strafprozessordnung gilt entsprechend.

§ 21b
Körperliche Untersuchungen

(1) [1]Eine Person darf körperlich untersucht werden, wenn Tatsachen die Annahme rechtfertigen, dass von ihr Krankheitserreger übertragen worden sein können, die Leib oder Leben einer anderen Person gefährden. [2]Zu diesem Zweck sind Entnahmen von Blutproben und andere körperliche Eingriffe zulässig, wenn sie durch einen Arzt oder eine Ärztin nach den Regeln der ärztlichen Kunst vorgenommen werden und kein Nachteil für die Gesundheit der betroffenen Person zu befürchten ist.
(2) [1]Maßnahmen nach Absatz 1 bedürfen der gerichtlichen Anordnung. [2]Bei Gefahr im Verzug kann die Anordnung durch die Polizei getroffen werden. [3]In diesem Fall ist die gerichtliche Bestätigung der Anordnung unverzüglich einzuholen; dies gilt auch, wenn die Maßnahme bereits beendet ist. [4]Die Anordnung tritt außer Kraft, wenn sie nicht binnen drei Werktagen gerichtlich bestätigt wird. [5]In diesem Fall dürfen die bereits erhobenen Daten nicht mehr verwendet werden; sie sind unverzüglich zu löschen. [6]Sind bereits Daten übermittelt worden, die zu löschen sind, so ist die empfangende Stelle darüber zu unterrichten.

(3) Im Antrag und in der Anordnung sind schriftlich anzugeben:
1. die Person, gegen die sich die Maßnahme richtet, soweit möglich, mit Namen und Anschrift,
2. Art und Umfang der Maßnahme,
3. der Sachverhalt sowie
4. eine Begründung.

(4) [1]Die bei der Untersuchung gewonnenen personenbezogenen Daten dürfen nur für den in Absatz 1 Satz 1 genannten Zweck verwendet werden. [2]Sobald sie hierfür nicht mehr benötigt werden, sind sie unverzüglich zu löschen; desgleichen sind die entnommenen Proben unverzüglich zu vernichten.

§ 22
Prüfung von Berechtigungsscheinen

[1]Die Ordnungsbehörden und die Polizei können verlangen, dass ein Berechtigungsschein zur Prüfung ausgehändigt wird, wenn die Person auf Grund einer Rechtsvorschrift oder einer vollziehbaren Auflage in einem Erlaubnisbescheid verpflichtet ist, diesen Berechtigungsschein mitzuführen. [2]Die betroffene Person kann für die Dauer der Aushändigung des Berechtigungsscheins angehalten werden.

§ 23
Erkennungsdienstliche Maßnahmen

(1) Die Polizei kann erkennungsdienstliche Maßnahmen vornehmen, wenn
1. eine nach § 21 zulässige Identitätsfeststellung auf andere Weise nicht oder nur unter erheblichen Schwierigkeiten möglich ist,
2. das zur vorbeugenden Bekämpfung von Straftaten erforderlich ist, weil die betroffene Person verdächtig ist, eine Straftat begangen zu haben, und wegen der Art oder Begehensweise der Tat die Gefahr der Begehung weiterer Straftaten besteht.

(2) Ist die Identität festgestellt, so sind in den Fällen des Absatzes 1 Nr. 1 die im Zusammenhang mit der Feststellung angefallenen erkennungsdienstlichen Unterlagen zu vernichten und die Daten zu löschen, es sei denn, ihre weitere Aufbewahrung ist zu Zwecken des Absatzes 1 Nr. 2 oder nach anderen Rechtsvorschriften zulässig.

(3) Erkennungsdienstliche Maßnahmen sind insbesondere
1. die Abnahme von Finger- und Handflächenabdrücken,
2. die Aufnahme von Lichtbildern,
3. Messungen und die Feststellung anderer äußerer körperlicher Merkmale.

(4) Eingriffe in die körperliche Unversehrtheit sind unzulässig.

§ 24
Datenerhebung bei öffentlichen Veranstaltungen und Ansammlungen

(1) [1]Die Polizei kann bei oder im Zusammenhang mit öffentlichen, nicht dem Versammlungsfreiheitsgesetz Berlin unterliegenden Veranstaltungen oder Ansammlungen personenbezogene Daten durch Ermittlungen oder durch den Einsatz technischer Mittel zur Anfertigung von Bild- und Tonaufzeichnungen von Teilnehmern erheben, wenn Tatsachen die Annahme rechtfertigen, dass dabei Straftaten begangen werden. [2]Dabei dürfen auch personenbezogene Daten über Dritte erhoben werden, soweit das unvermeidbar ist, um eine Datenerhebung durchführen zu können. [3]Verdeckte Bild- und Tonaufzeichnungen sind unzulässig. [4]Die Polizei kann die angefertigten Bildaufnahmen und -aufzeichnungen auch automatisiert auswerten; § 24e Absatz 4 gilt entsprechend.
(2) [1]Bild- und Tonaufzeichnungen, daraus sowie bei Ermittlungen nach Absatz 1 gewonnene personenbezogene Daten sind spätestens zwei Monate nach der Datenerhebung zu löschen oder zu vernichten, soweit diese nicht zur Verfolgung von Straftaten oder Ordnungswidrigkeiten benötigt werden oder Tatsachen die Annahme rechtfertigen, dass die Person künftig Straftaten von erheblicher Bedeutung begehen wird. [2]Die §§ 42c, 42d und 48 Absatz 6 bleiben unberührt, ebenso § 44 Absatz 3 des Berliner Datenschutzgesetzes.
(3) [1]Bei oder im Zusammenhang mit öffentlichen, nicht dem Versammlungsfreiheitsgesetz Berlin unterliegenden Großveranstaltungen, die im Rahmen einer vom übrigen Straßenland sichtbar unterschiedenen Sondernutzung durchgeführt werden, dürfen Polizei und Rettungsdienste zur Erfüllung ihrer jeweiligen Aufgaben die Bildaufnahmen verarbeiten, die von der Veranstalterin oder dem Veranstalter gemäß § 20 des Berliner Datenschutzgesetzes oder § 4 des Bundesdatenschutzgesetzes zur ordnungsgemäßen Durchführung der Veranstaltung gefertigt werden. [2]Großveranstaltungen sind Veranstaltungen, die nach Art und Größe die Annahme rechtfertigen, dass erhebliche Gefahren für die öffentliche Sicherheit entstehen können.
(4) § 24f bleibt unberührt.

§ 24a
Datenerhebung an und in gefährdeten Objekten

(1) [1]Zur Erfüllung ihrer Aufgaben nach § 1 Absatz 3 kann die Polizei an oder in einem gefährdeten Objekt, insbesondere einem Gebäude, auch einem Amts- oder Dienstgebäude, oder einem sonstigen Bauwerk von öffentlichem Interesse, einer Religionsstätte, einem Denkmal oder einem Friedhof, einschließlich der jeweils zugehörigen Parkplätze und sonstigen Außenflächen, oder, soweit zur Zweckerreichung zwingend erforderlich, den unmittelbar im Zusammenhang mit dem Objekt stehenden Grün- oder Straßenflächen personenbezogene Daten durch Anfertigung von Bildaufnahmen erheben und die Bilder zur Beobachtung übertragen und aufzeichnen, wenn tatsächliche Anhaltspunkte die

Annahme rechtfertigen, dass an oder in einem Objekt dieser Art Straftaten drohen. [2]Die Polizei kann die angefertigten Bildaufnahmen und -aufzeichnungen auch automatisiert auswerten; § 24e Absatz 4 gilt entsprechend.
(2) Der Umstand der Beobachtung und Aufzeichnung und die datenverarbeitende Stelle sind durch Beschilderung kenntlich zu machen.
(3) [1]Bildaufnahmen- und -aufzeichnungen sind spätestens nach einem Monat zu vernichten oder zu löschen, soweit sie nicht zur Verfolgung von Straftaten benötigt werden oder Tatsachen die Annahme rechtfertigen, dass die Person künftig Straftaten von erheblicher Bedeutung begehen wird. [2]§ 24 Absatz 2 Satz 2 gilt entsprechend.
(4) Werden durch eine Maßnahme nach Absatz 1 erhobene Daten einer bestimmten Person zugeordnet, so ist diese nach § 42 des Berliner Datenschutzgesetzes über eine Verarbeitung zu benachrichtigen, soweit die Daten nicht nach Absatz 3 zu einem der dort genannten Zwecke benötigt oder gelöscht oder vernichtet werden. [2]§ 27d Absatz 3 Satz 3 bis 5 gilt entsprechend.

§ 24b
Datenerhebung in öffentlichen Verkehrseinrichtungen

(1) Zur vorbeugenden Bekämpfung von Straftaten von erheblicher Bedeutung kann die Polizei in öffentlich zugänglichen Räumen des öffentlichen Personennahverkehrs personenbezogene Daten durch Anfertigung von Bildaufnahmen erheben und die Bilder zur Beobachtung übertragen und aufzeichnen, wenn sich aus einer nachvollziehbar dokumentierten Lagebeurteilung ein hinreichender Anlass für die Datenerhebung ergibt.
(2) § 24a Abs. 2 bis 4 gilt entsprechend.

§ 24c
Bild- und Tonaufnahmen und -aufzeichnungen zur Eigensicherung und zum Schutz von Dritten

(1) Bei der Durchführung von Maßnahmen zur Gefahrenabwehr und zur Verfolgung von Straftaten oder Ordnungswidrigkeiten kann die Polizei im öffentlich zugänglichen Raum personenbezogene Daten mit offen in einem Dienstfahrzeug eingesetzten technischen Mitteln durch Anfertigung von Bild- und Tonaufnahmen erheben und zur Beobachtung übertragen und aufzeichnen, wenn

1. tatsächliche Anhaltspunkte für die Entstehung einer Gefahr für Leib, Leben oder Freiheit der Person bestehen und
2. die Maßnahme zur Abwehr dieser Gefahr erforderlich erscheint.

(2) Unter den gleichen Voraussetzungen kann die Polizei sowohl im öffentlich zugänglichen Raum als auch an Orten, die nicht öffentlich zugänglich sind, personenbezogene Daten mit offen körpernah getragenen technischen Mitteln

durch Anfertigung von Bild- und Tonaufnahmen erheben und zur Beobachtung übertragen und aufzeichnen.

(3) [1]Eine Aufzeichnung personenbezogener Daten, die dem Kernbereich privater Lebensgestaltung zuzurechnen sind, ist unzulässig. [2]Die Aufzeichnung ist unverzüglich zu unterbrechen, sofern sich während der Aufzeichnung tatsächliche Anhaltspunkte dafür ergeben, dass Daten im Sinne des Satzes 1 erfasst werden. [3]Dennoch aufgezeichnete Daten im Sinne von Satz 1 dürfen nicht nach Absatz 8 genutzt werden. [4]Die Tatsache der Aufzeichnung dieser Daten ist zu dokumentieren. [5]Die Dokumentation darf ausschließlich für Zwecke der Datenschutzkontrolle verwendet werden.

(4) [1]Die Datenverarbeitung nach den Absätzen 1 und 2 kann auch dann erfolgen, wenn Dritte unvermeidbar betroffen sind; sie erfolgt bis zum Abschluss der Maßnahme. [2]Der Umstand der Beobachtung und Aufzeichnung ist unverzüglich durch geeignete Maßnahmen erkennbar zu machen oder der betroffenen Person mitzuteilen. [3]§ 41 des Berliner Datenschutzgesetzes bleibt unberührt.

(5) [1]Eine Datenverarbeitung nach Absatz 2 soll, sofern die Polizeivollzugsbeamtin oder der Polizeivollzugsbeamte entsprechend ausgestattet ist, erfolgen, wenn

1. sie oder er unmittelbaren Zwang gegen eine Person anwendet oder
2. die von einer polizeilichen Maßnahme betroffene Person eine solche Datenverarbeitung verlangt, es sei denn, diese Person ist bei einer Maßnahme an einem nicht öffentlich zugänglichen Ort offenkundig nicht alleinige Inhaberin oder alleiniger Inhaber oder sonstige alleinig berechtigte Person des erfassten Ortes.

(6) [1]Von der Polizei bei der Erfüllung ihrer Aufgaben eingesetzte oder mitgeführte technische Mittel im Sinne der Absätze 1 und 2 dürfen im Bereitschaftsbetrieb in ihrem Zwischenspeicher Bild- und Tonaufnahmen kurzzeitig erfassen. [2]Diese Daten sind automatisch nach höchstens 60 Sekunden spurenlos zu löschen, es sei denn, es erfolgt eine Aufzeichnung nach den Absätzen 1, 2 oder 5. [3]Für diesen Fall dürfen die nach Satz 1 erfassten Daten bis zu einer Dauer von 60 Sekunden vor dem Beginn der Aufzeichnung gespeichert werden.

(7) [1]Bild- und Tonaufzeichnungen nach dieser Vorschrift sind verschlüsselt und gegen Veränderung gesichert anzufertigen und aufzubewahren. [2]Durch technische und organisatorische Maßnahmen ist sicherzustellen, dass an der Anfertigung von Bild- und Tonaufzeichnungen nach dieser Vorschrift beteiligte oder von dieser betroffene Polizeivollzugsbeamtinnen und Polizeivollzugsbeamte die gespeicherten Bild- und Tonaufzeichnungen weder bearbeiten noch löschen können. [3]Bild- und Tonaufzeichnungen, die an nicht öffentlich zugänglichen Orten angefertigt wurden, sind besonders zu kennzeichnen. [4]Die Bild- und Tonaufzeichnungen werden ab dem Zeitpunkt ihrer Anfertigung 30 Tage gespeichert und sind danach unverzüglich zu löschen, soweit sie nicht benötigt werden

1. für die Verfolgung von Straftaten und Ordnungswidrigkeiten von erheblicher Bedeutung für die Allgemeinheit,
2. im Einzelfall, insbesondere auf Verlangen der betroffenen Person, für die Überprüfung der Rechtmäßigkeit von aufgezeichneten polizeilichen Maßnahmen,
3. für die Aufklärung eines Sachverhalts durch die Berliner Polizeibeauftragte oder den Berliner Polizeibeauftragten nach § 16 des Gesetzes über den Bürger- und Polizeibeauftragten,
4. für die Aufgaben des oder der Berliner Beauftragten für Datenschutz und Informationsfreiheit gemäß § 11 des Berliner Datenschutzgesetzes oder
5. zur Abwehr einer Gefahr für Leib, Leben oder Freiheit der Person.

[5]Die Löschung der Bild- und Tonaufzeichnungen ist zu dokumentieren. [6]Die Dokumentation darf ausschließlich für Zwecke der Datenschutzkontrolle verwendet werden; sie ist frühestens nach Abschluss der Datenschutzkontrolle und spätestens nach zwei Jahren zu löschen.

(8) [1]Die Nutzung der Bild- und Tonaufzeichnungen ist nur zu den in Absatz 7 Satz 4 genannten Zwecken zulässig. [2]§ 42 Absatz 4, §§ 42c, 42d und 48 Absatz 6 bleiben unberührt, ebenso § 44 Absatz 3 des Berliner Datenschutzgesetzes. [3]Die Nutzung von Bild- und Tonaufzeichnungen nach den Sätzen 1 und 2, die an nicht öffentlich zugänglichen Orten angefertigt wurden, ist nur zulässig, wenn zuvor die Rechtmäßigkeit der Datenerhebung gerichtlich festgestellt wurde. [4]Bei Gefahr im Verzug kann diese Entscheidung durch die Polizeipräsidentin oder den Polizeipräsidenten oder die Vertretung im Amt getroffen werden. [5]Die gerichtliche Bestätigung der Entscheidung ist in diesem Fall unverzüglich einzuholen. [6]Bild- und Tonaufzeichnungen, deren Nutzung unzulässig ist, sind unverzüglich zu löschen. [7]Absatz 7 Satz 5 und 6 gilt entsprechend.

(9) [1]Die Absätze 1 bis 4 und 6 bis 8 gelten für Einsatzkräfte der Feuerwehr und des Rettungsdienstes bei Erfüllung ihrer Aufgaben entsprechend. [2]Die Absätze 1 bis 8 gelten für Dienstkräfte der bezirklichen Ordnungsämter bei der Erfüllung ihrer Aufgaben im Außendienst entsprechend, Absatz 2 mit der Maßgabe, dass eine Datenverarbeitung nicht in Wohnräumen erfolgen darf.

§ 24d
Anlassbezogene automatisierte Kennzeichenfahndung

(1) [1]Die Polizei kann im öffentlichen Verkehrsraum vorübergehend und nicht flächendeckend die Kennzeichen von Fahrzeugen ohne Wissen der Person durch den Einsatz technischer Mittel automatisiert erheben, wenn
1. dies zur Abwehr einer gegenwärtigen Gefahr für Leib, Leben, Freiheit oder sexuelle Selbstbestimmung einer Person erforderlich ist,
2. dies zur Abwehr einer gegenwärtigen Gefahr erforderlich ist und die Voraussetzungen für eine Identitätsfeststellung nach § 21 Absatz 2 Satz 1 Nummer 1, 3 oder 4 vorliegen oder

3. eine Person oder ein Fahrzeug nach § 27 Absatz 1 und 2 polizeilich ausgeschrieben wurde und Tatsachen die Annahme rechtfertigen, dass die für die Ausschreibung relevante Begehung von Straftaten von erheblicher Bedeutung unmittelbar bevorsteht.

[2]Die für die Maßnahme wesentlichen Entscheidungsgrundlagen sind für Kontrollzwecke zu dokumentieren.

(2) [1]Die erhobenen Daten können mit zur Abwehr der Gefahr nach Absatz 1 gespeicherten polizeilichen Daten automatisch abgeglichen werden; der Abgleich ist auf diejenigen Datenbestände zu beschränken, die für den Zweck der jeweiligen Kennzeichenkontrolle Bedeutung haben können. [2]Sofern das ermittelte Kennzeichen nicht in diesem Datenbestand enthalten ist, sind die erhobenen Daten sofort nach Durchführung des Datenabgleichs automatisiert zu löschen. [3]Im Trefferfall ist unverzüglich die Datenübereinstimmung zu überprüfen. [4]Bei Datenübereinstimmung können die Daten polizeilich verarbeitet und im Falle des Absatzes 1 Nummer 3 zusammen mit den gewonnenen Erkenntnissen an die ausschreibende Stelle übermittelt werden. [5]Andernfalls sind sie sofort zu löschen.

§ 24e
Datenerhebung an kriminalitätsbelasteten Orten

(1) [1]Zur Erfüllung ihrer Aufgaben nach § 1 Absatz 3 kann die Polizei an kriminalitätsbelasteten Orten personenbezogene Daten durch Anfertigung von Bildaufnahmen erheben und die Bilder zur Beobachtung übertragen und aufzeichnen. [2]Die Maßnahme erfolgt auf Anordnung der Polizeipräsidentin oder des Polizeipräsidenten oder der Vertretung im Amt. [3]Die Auswirkungen einer solchen Maßnahme auf die Kriminalität an dem jeweiligen Ort sind mindestens alle zwei Jahre zu untersuchen; anschließend ist über die Maßnahme unverzüglich erneut zu entscheiden. [4]Über die Ergebnisse unterrichtet der Senat das Abgeordnetenhaus.

(2) [1]Die Anordnung der Datenerhebung ist zu dokumentieren. [2]Der Umstand der Beobachtung und Aufzeichnung sowie die datenverarbeitende Stelle sind zudem durch Beschilderung kenntlich zu machen. [3]Die Polizei Berlin gibt öffentlich bekannt, an welchen Orten Datenerhebungen nach dieser Vorschrift erfolgen.

(3) § 24a Absatz 3 und 4 gilt entsprechend.

(4) [1]Die Polizei kann die nach Absatz 1 angefertigten Bildaufnahmen und -aufzeichnungen auch automatisiert auswerten. [2]Die automatisierte Auswertung darf nur auf das Erkennen solcher Verhaltensmuster ausgerichtet sein, die auf die Begehung einer Straftat oder den Eintritt eines Unglücksfalls im Sinne von § 323c Absatz 1 des Strafgesetzbuches hindeuten. [3]Ein automatisiertes Auslösen behördlicher Maßnahmen auf Grund einer automatisierten Auswertung, die automatisierte biometrische Fernidentifizierung sowie die Nutzung der Bildaufnahmen und -aufzeichnungen für das Testen oder Trainieren von Pro-

grammen zur biometrischen Fernidentifizierung sind ausgeschlossen. [4]Erst nach Sichtung der betreffenden Bildaufnahmen und -aufzeichnungen oder der Inaugenscheinnahme der Lage vor Ort dürfen weitere Maßnahmen ergriffen werden, die sich gegen bestimmte Personen richten. [5]Absatz 1 Satz 2 sowie Absatz 2 Satz 1 gelten entsprechend.

§ 24f
Übersichtsaufnahmen zur Vorbereitung, Lenkung und Leitung von Einsätzen von Polizei und Feuerwehr

[1]Die Polizei und die Feuerwehr können an Orten, an denen die Notwendigkeit einer Wahrnehmung ihrer gesetzlichen Aufgaben besteht, insbesondere bei oder im Zusammenhang mit öffentlichen, nicht dem Versammlungsfreiheitsgesetz Berlin unterliegenden Veranstaltungen und Ansammlungen (Einsatzorte), einschließlich des unmittelbaren Umfelds, personenbezogene Daten mittels Übersichtsaufnahmen anfertigen, wenn dies im Einzelfall zur Vorbereitung, Lenkung und Leitung des Einsatzes erforderlich ist. [2]Die Anfertigung von Aufnahmen zum Zweck der Identifikation von Personen sowie die Aufzeichnung der gefertigten Aufnahmen sind nur zulässig, wenn dies zur Abwehr einer Gefahr erforderlich ist; § 24 Absatz 2 und § 24a Absatz 4 gelten entsprechend. [3]Die Aufnahmen sind grundsätzlich offen anzufertigen. [4]Die Polizei und die Feuerwehr können die angefertigten Bildaufnahmen und -aufzeichnungen auch automatisiert auswerten; § 24e Absatz 4 gilt entsprechend. [5]Die §§ 24, 24a und 24e bleiben im Übrigen unberührt.

§ 24g
Einsatz mobiler Sensorträger zur Datenerhebung

(1) [1]Sind die Voraussetzungen zur Erhebung personenbezogener Daten unter Einsatz technischer Mittel nach Vorschriften dieses Gesetzes erfüllt, kann die Datenerhebung durch die Polizei und die Feuerwehr auch mittels mobiler Sensorträger erfolgen. [2]Dies gilt nicht, sofern die zur Datenerhebung ermächtigende Vorschrift die Art des Einsatzes des technischen Mittels abschließend bestimmt oder den Einsatz mobiler Sensorträger ausschließt.

(2) [1]Darf die Erhebung von personenbezogenen Daten nach der ermächtigenden Vorschrift nur offen erfolgen, ist die Offenheit der Maßnahme auch bei dem Einsatz mobiler Sensorträger zu wahren. [2]In diesen Fällen soll auf die Verwendung mobiler Sensorträger gesondert hingewiesen werden.

§ 24h
Einsatz technischer Mittel gegen unbemannte Fahrzeuge oder Geräte

[1]Die Polizei kann technische Mittel gegen ein unbemanntes Fahrzeug oder sonstiges Gerät, welches an Land, in der Luft oder zu Wasser betrieben wird,

einschließlich der Steuerungseinheit oder -verbindung einsetzen, wenn tatsächliche Anhaltspunkte für eine von diesem Fahrzeug oder Gerät ausgehende Gefahr für die öffentliche Sicherheit bestehen und andere Maßnahmen, insbesondere gegen die nach den §§ 13 oder 14 Verantwortlichen, aussichtslos oder wesentlich erschwert wären. [2]Die Polizei kann technische Mittel auch zur Erkennung einer Gefahrenlage im Sinne von Satz 1 einsetzen. [3]Soweit erforderlich, kann die Polizei durch Maßnahmen nach den Sätzen 1 und 2 personenbezogene Daten erheben und in Funkverbindungen eingreifen. [4]Die nach dieser Vorschrift erhobenen personenbezogenen Daten sind spätestens einen Monat nach Beendigung der Maßnahme zu löschen, soweit sie nicht nach den Vorschriften des Zweiten Unterabschnitts weiterverarbeitet werden.

§ 25
Datenerhebung durch längerfristige Observation

(1) [1]Die Polizei kann personenbezogene Daten durch eine planmäßig angelegte Beobachtung einer Person, die durchgehend länger als 24 Stunden oder an mehr als zwei Tagen durchgeführt werden soll (längerfristige Observation), erheben über

1. eine Person,
   a) die nach § 13 oder § 14 verantwortlich ist, wenn dies erforderlich ist zur Abwehr einer Gefahr für den Bestand oder die Sicherheit des Bundes oder eines Landes, für Leib, Leben, Freiheit oder sexuelle Selbstbestimmung einer Person oder für Sachen von bedeutendem Wert, deren Erhaltung im öffentlichen Interesse liegt,
   b) bei der Tatsachen die Annahme rechtfertigen, dass sie innerhalb eines übersehbaren Zeitraums auf eine zumindest ihrer Art nach konkretisierte Weise eine Straftat von erheblicher Bedeutung, die voraussichtlich auch im Einzelfall nach Art und Schwere geeignet ist, den Rechtsfrieden empfindlich zu stören, begehen oder an ihr teilnehmen wird, oder
   c) deren individuelles Verhalten die konkrete Wahrscheinlichkeit begründet, dass sie innerhalb eines übersehbaren Zeitraumes eine terroristische Straftat begehen oder an ihr teilnehmen wird,
2. Kontakt- oder Begleitpersonen der in Nummer 1 genannten Person oder
3. andere Personen unter den Voraussetzungen des § 16 Absatz 1, wenn das zur Abwehr einer gegenwärtigen Gefahr für Leib, Leben, Freiheit oder sexuelle Selbstbestimmung einer Person erforderlich ist.

[2]Die Maßnahme ist nur zulässig, wenn die Abwehr der Gefahr oder die Verhütung der Straftat auf andere Weise aussichtslos oder wesentlich erschwert wäre; sie darf nicht außer Verhältnis zur Bedeutung des aufzuklärenden Sachverhalts stehen. [3]Die Maßnahme darf auch durchgeführt werden, wenn andere Personen unvermeidbar betroffen werden.

(2) [1]Maßnahmen nach Absatz 1 bedürfen der gerichtlichen Anordnung, die von der Polizeipräsidentin oder dem Polizeipräsidenten oder der Vertretung im

Amt zu beantragen ist. [2]Bei Gefahr im Verzug kann die Anordnung durch die Polizeipräsidentin oder den Polizeipräsidenten oder die Vertretung im Amt getroffen werden. [3]Die gerichtliche Bestätigung der Anordnung ist in diesem Fall unverzüglich einzuholen; dies gilt auch, wenn die Maßnahme bereits beendet ist. [4]Die Anordnung tritt außer Kraft, wenn sie nicht binnen drei Werktagen gerichtlich bestätigt wird. [5]In diesem Fall dürfen die bereits erhobenen Daten nicht mehr verwendet werden; sie sind unverzüglich zu löschen. [6]Sind bereits Daten übermittelt worden, die nach Satz 5 zu löschen sind, so ist die empfangende Stelle darüber zu unterrichten. [7]Die Polizeipräsidentin oder der Polizeipräsident kann die Antragsbefugnis auf die Leitung des Landeskriminalamtes sowie die Leitungen der Direktionen und deren jeweilige Vertretung im Amt übertragen.

(3) [1]Die Anordnung ist auf höchstens drei Monate zu befristen. [2]Eine Verlängerung um jeweils nicht mehr als drei weitere Monate ist auf Antrag zulässig, soweit die Voraussetzungen der Anordnung fortbestehen. [3]Liegen die Voraussetzungen der Anordnung nicht mehr vor, ist die Maßnahme unverzüglich zu beenden.

§ 25a
Datenerhebung durch den verdeckten Einsatz technischer Mittel außerhalb von Wohnungen

(1) [1]Die Polizei kann unter den Voraussetzungen des § 25 Absatz 1 über die dort genannten Personen personenbezogene Daten durch einen verdeckten Einsatz technischer Mittel

1. zur Anfertigung von Bildaufnahmen oder -aufzeichnungen,
2. zur Feststellung des Aufenthaltsortes oder der Bewegungen einer Person oder einer beweglichen Sache

erheben. [2]Darüber hinaus können personenbezogene Daten durch einen verdeckten Einsatz technischer Mittel zur Anfertigung von Bildaufnahmen oder -aufzeichnungen, der nicht durchgehend länger als 24 Stunden oder an mehr als zwei Tagen erfolgt, über eine Person sowie deren Kontakt- und Begleitpersonen auch dann erhoben werden, wenn Tatsachen die Annahme rechtfertigen, dass diese Person innerhalb eines übersehbaren Zeitraums auf eine zumindest ihrer Art nach konkretisierte Weise eine Straftat begehen oder an ihr teilnehmen wird, die Maßnahme zur Verhütung dieser Straftat unerlässlich ist und nicht die Erstellung eines Bewegungsbilds ermöglicht; § 25 Absatz 1 Satz 3 gilt entsprechend.

(2) [1]Die Polizei kann unter den Voraussetzungen des § 25 Absatz 1 Satz 1 personenbezogene Daten durch einen verdeckten Einsatz technischer Mittel zum Abhören oder Aufzeichnen des nicht öffentlich gesprochenen Wortes erheben. [2]Dabei gilt § 25 Absatz 1 Satz 1 Nummer 1 Buchstabe b mit der Maßgabe, dass eine konkretisierte Gefahr der Begehung

1. einer terroristischen Straftat oder

2. einer in § 100a Absatz 2 der Strafprozessordnung genannten und auch im Einzelfall voraussichtlich schwerwiegenden Straftat

bestehen muss.

(3) [1]Maßnahmen nach

1. Absatz 1, die jeweils durchgehend länger als 24 Stunden oder an mehr als zwei Tagen durchgeführt werden oder die die Erstellung eines Bewegungsbilds ermöglichen, und
2. Absatz 2

bedürfen der gerichtlichen Anordnung, die von der Polizeipräsidentin oder dem Polizeipräsidenten oder der Vertretung im Amt zu beantragen ist. [2]Bei Gefahr im Verzug kann die Anordnung durch die Polizeipräsidentin oder den Polizeipräsidenten oder die Vertretung im Amt getroffen werden. [3]Die gerichtliche Bestätigung der Anordnung ist in diesem Fall unverzüglich einzuholen; dies gilt auch, wenn die Maßnahme bereits beendet ist. [4]Die Anordnung tritt außer Kraft, wenn sie nicht binnen drei Werktagen gerichtlich bestätigt wird. [5]In diesem Fall dürfen die bereits erhobenen Daten nicht mehr verwendet werden; diese Daten sind unverzüglich zu löschen. [6]Sind bereits Daten übermittelt worden, die nach Satz 5 zu löschen sind, so ist die empfangende Stelle darüber zu unterrichten. [7]Im Übrigen dürfen Maßnahmen nach Absatz 1 nur von der Polizeipräsidentin oder dem Polizeipräsidenten oder der Vertretung im Amt angeordnet werden. [8]Die Polizeipräsidentin oder der Polizeipräsident kann die Antragsbefugnis im Falle von Maßnahmen nach Absatz 1 sowie die Anordnungsbefugnis im Falle von Maßnahmen im Sinne von Satz 7 auf die Leitung des Landeskriminalamtes sowie die Leitungen der Direktionen und deren jeweilige Vertretung im Amt übertragen.

(4) [1]Die Anordnung ist auf höchstens drei Monate zu befristen. [2]Eine Verlängerung um jeweils nicht mehr als drei weitere Monate ist auf Antrag zulässig, soweit die Voraussetzungen der Anordnung fortbestehen. [3]Liegen die Voraussetzungen der Anordnung nicht mehr vor, ist die Maßnahme unverzüglich zu beenden.

(5) [1]Soll eine Maßnahme nach den Absätzen 1 und 2 ausschließlich zum Schutz von Leib, Leben oder Freiheit der bei einem polizeilichen Einsatz tätigen Personen erfolgen, darf die Maßnahme auch durch die Leitung des Landeskriminalamtes sowie die Leitung einer Direktion oder deren jeweiliger Vertretung im Amt oder durch von dieser besonders beauftragte Beamtinnen oder Beamten des höheren Dienstes angeordnet werden. [2]Eine anderweitige Verwendung der nach Satz 1 erlangten Erkenntnisse ist nur zum Zweck der Strafverfolgung oder der Gefahrenabwehr und nur dann zulässig, wenn zuvor die Rechtmäßigkeit der Maßnahme gerichtlich festgestellt wurde. [3]Bei Gefahr im Verzug kann die Entscheidung nach Satz 2 durch die Polizeipräsidentin oder den Polizeipräsidenten oder die Vertretung im Amt getroffen werden. [4]Absatz 3 Satz 3 bis 6 gilt entsprechend.

§ 25b
Verdeckter Einsatz technischer Mittel zur Erhebung von Daten in oder aus Wohnungen

(1) [1]Die Polizei kann personenbezogene Daten ohne Kenntnis der betroffenen Personen durch den verdeckten Einsatz technischer Mittel zur Anfertigung von Bildaufnahmen oder -aufzeichnungen und zum Abhören oder Aufzeichnen des nicht öffentlich gesprochenen Wortes in oder aus Wohnungen nur erheben, wenn

1. das zur Abwehr einer gegenwärtigen Gefahr für den Bestand oder die Sicherheit des Bundes oder eines Landes oder für Leib, Leben oder Freiheit einer Person unerlässlich ist,
2. sich die Maßnahme gegen eine Person richtet,
   a) die nach § 13 oder § 14 für die Gefahr verantwortlich ist, oder
   b) bei der konkrete Vorbereitungshandlungen für sich oder zusammen mit weiteren Tatsachen die begründete Annahme rechtfertigen, dass sie terroristische Straftaten begehen oder an ihnen teilnehmen wird, und
3. die Daten erhoben werden
   a) in oder aus der Wohnung der in Nummer 2 genannten Person oder
   b) in oder aus Wohnungen anderer Personen, wenn auf Grund von Tatsachen anzunehmen ist, dass sich eine in Nummer 2 genannte Person dort aufhält und eine Datenerhebung allein in oder aus deren Wohnung nicht zur Abwehr der Gefahr führen wird.

[2]Die Maßnahmen dürfen auch durchgeführt werden, wenn andere Personen unvermeidbar betroffen werden.

(2) Soweit dies zur Durchführung der Maßnahme erforderlich ist, sind unter den Voraussetzungen des Absatzes 1 auch das verdeckte Durchsuchen von Sachen sowie das verdeckte Betreten und Durchsuchen von Räumlichkeiten der betroffenen Personen zulässig.

(3) [1]Maßnahmen nach Absatz 1 und 2 bedürfen der gerichtlichen Anordnung, die von der Polizeipräsidentin oder dem Polizeipräsidenten oder der Vertretung im Amt zu beantragen ist. [2]Bei Gefahr im Verzug kann die Anordnung durch die Polizeipräsidentin oder den Polizeipräsidenten oder die Vertretung im Amt getroffen werden. [3]Die gerichtliche Bestätigung der Anordnung ist in diesem Fall unverzüglich einzuholen; dies gilt auch, wenn die Maßnahme bereits beendet ist. [4]Die Anordnung tritt außer Kraft, wenn sie nicht binnen drei Werktagen gerichtlich bestätigt wird. [5]In diesem Fall dürfen die bereits erhobenen Daten nicht mehr verwendet werden; diese Daten sind unverzüglich zu löschen. [6]Sind bereits Daten übermittelt worden, die nach Satz 5 zu löschen sind, so ist die empfangende Stelle darüber zu unterrichten.

(4) [1]Die Anordnung nach Absatz 3 ist auf höchstens einen Monat zu befristen. [2]Eine Verlängerung um jeweils nicht mehr als einen weiteren Monat ist auf Antrag zulässig, soweit die Voraussetzungen der Anordnung fortbestehen.

[3]Liegen die Voraussetzungen der Anordnung nicht mehr vor, ist die Maßnahme unverzüglich zu beenden.

(5) [1]Das anordnende Gericht ist fortlaufend über den Verlauf der Maßnahme, ihre Ergebnisse, die auf diesen beruhenden weiteren Maßnahmen sowie die Beendigung der Maßnahme zu unterrichten. [2]Sämtliche mit einer Maßnahme nach Absatz 1 erhobenen personenbezogenen Daten sind dem anordnenden Gericht zudem unverzüglich vorzulegen und dürfen bis zu der Entscheidung des Gerichts nicht verwendet werden. [3]Das Gericht entscheidet unverzüglich über die Verwertbarkeit oder Löschung dieser Daten zum Schutz des Kernbereichs privater Lebensgestaltung nach § 27a Absatz 1 und 3 sowie zum Schutz zeugnisverweigerungsberechtigter Berufsgeheimnisträgerinnen und Berufsgeheimnisträger nach § 18a; es unterrichtet die Polizei unverzüglich über den Inhalt der verwertbaren Daten. [4]§ 27a Absatz 5 gilt entsprechend.

(6) [1]Erfolgt eine Maßnahme nach Absatz 1 ausschließlich zum Schutz von Leib, Leben oder Freiheit der bei einem polizeilichen Einsatz tätigen Personen, darf die Maßnahme auch durch die Leitung des Landeskriminalamtes sowie die Leitung einer Direktion oder deren jeweiliger Vertretung im Amt oder durch von dieser besonders beauftragte Beamtinnen oder Beamten des höheren Dienstes angeordnet werden. [2]Eine anderweitige Verwendung der nach Satz 1 erlangten Erkenntnisse ist nur zum Zweck der Strafverfolgung oder der Gefahrenabwehr und nur dann zulässig, wenn zuvor die Rechtmäßigkeit der Maßnahme gerichtlich festgestellt wurde. [3]Bei Gefahr im Verzug kann die Entscheidung nach Satz 2 durch die Polizeipräsidentin oder den Polizeipräsidenten oder die Vertretung im Amt getroffen werden. [4]Absatz 3 Satz 4 bis 6 gilt entsprechend.

§ 25c
Datenerhebung durch Personen, deren Zusammenarbeit mit der Polizei Dritten nicht bekannt ist, und durch Verdeckte Ermittler

(1) [1]Die Polizei kann personenbezogene Daten unter den in § 25 Absatz 1 Satz 1 Nummer 1 und 2 genannten Voraussetzungen durch

1. Personen, deren Zusammenarbeit mit ihr Dritten nicht bekannt ist (V-Personen),
2. Polizeivollzugsbeamte, die unter einer Legende eingesetzt werden (Verdeckte Ermittler),

erheben, wenn die Abwehr der Gefahr oder die Verhütung der Straftat auf andere Weise aussichtslos oder wesentlich erschwert wäre und die Maßnahme nicht außer Verhältnis zur Bedeutung des aufzuklärenden Sachverhalts steht. [2]Die Maßnahme darf auch durchgeführt werden, wenn andere Personen unvermeidbar betroffen werden.

(2) [1]Soweit es für den Aufbau oder zur Aufrechterhaltung der Legende unerlässlich ist, dürfen entsprechende Urkunden hergestellt oder verändert werden. [2]Verdeckte Ermittler dürfen unter der Legende zur Erfüllung ihres Auftrages am Rechtsverkehr teilnehmen.

(3) [1]Verdeckte Ermittler dürfen unter ihrer Legende mit Einwilligung der berechtigten Person deren Wohnung betreten. [2]Die Einwilligung darf nicht durch ein über die Nutzung der Legende hinausgehendes Vortäuschen eines Zutrittsrechts herbeigeführt werden. [3]Eine heimliche Durchsuchung ist unzulässig. [4]Im Übrigen richten sich die Befugnisse Verdeckter Ermittler nach diesem Gesetz oder anderen Rechtsvorschriften.
(4) [1]Maßnahmen nach Absatz 1 Nummer 1, die sich gegen eine bestimmte Person richten, bedürfen der gerichtlichen Anordnung, die von der Polizeipräsidentin oder dem Polizeipräsidenten oder der Vertretung im Amt zu beantragen ist. [2]Gleiches gilt für Maßnahmen nach Absatz 1 Nummer 2, die sich gegen eine bestimmte Person richten oder in deren Rahmen der Verdeckte Ermittler auch zum Betreten nicht allgemein zugänglicher Wohnungen befugt sein soll. [3]Bei Gefahr im Verzug kann die Anordnung durch die Polizeipräsidentin oder den Polizeipräsidenten oder die Vertretung im Amt getroffen werden. [4]Die gerichtliche Bestätigung der Anordnung ist in diesem Fall unverzüglich einzuholen; dies gilt auch, wenn die Maßnahme bereits beendet ist. [5]Die Anordnung tritt außer Kraft, wenn sie nicht binnen drei Werktagen gerichtlich bestätigt wird. [6]In diesem Fall dürfen die bereits erhobenen Daten nicht mehr verwendet werden; diese Daten sind unverzüglich zu löschen. [7]Sind bereits Daten übermittelt worden, die nach Satz 5 zu löschen sind, so ist die empfangende Stelle darüber zu unterrichten. [8]Im Übrigen dürfen Maßnahmen nach Absatz 1 durch die Polizeipräsidentin oder den Polizeipräsidenten oder die Vertretung im Amt angeordnet werden. [9]Die Anordnung ist bei Maßnahmen nach Absatz 1 Nummer 1 auf höchstens sechs Monate, bei Maßnahmen nach Absatz 1 Nummer 2 auf höchstens ein Jahr zu befristen. [10]Die Anordnung einer Maßnahme nach Absatz 1 Nummer 1 kann um jeweils höchstens sechs Monate, die Anordnung einer Maßnahme nach Absatz 1 Nummer 2 um jeweils höchstens ein Jahr verlängert werden, soweit die Voraussetzungen der Anordnung fortbestehen. [11]Liegen die Voraussetzungen der Anordnung nicht mehr vor, ist die Maßnahme unverzüglich zu beenden.

§ 26
Datenerhebung durch Telekommunikationsüberwachung

(1) [1]Die Polizei kann ohne Wissen der betroffenen Person deren Telekommunikation überwachen und aufzeichnen, wenn

1. die Person nach den §§ 13 oder 14 verantwortlich ist, und die Maßnahme zur Abwehr einer dringenden Gefahr für den Bestand oder die Sicherheit des Bundes oder eines Landes, für Leib, Leben, Freiheit oder sexuelle Selbstbestimmung einer Person oder für Sachen von bedeutendem Wert, deren Erhaltung im öffentlichen Interesse liegt, geboten ist,
2. Tatsachen die Annahme rechtfertigen, dass die Person innerhalb eines übersehbaren Zeitraums auf eine zumindest ihrer Art nach konkretisierte Weise
   a) eine terroristische Straftat oder

   b) eine in § 100b Absatz 2 der Strafprozessordnung genannte und voraussichtlich auch im Einzelfall besonders schwerwiegende Straftat

   begehen oder an ihr teilnehmen wird,
3. das individuelle Verhalten der Person die konkrete Wahrscheinlichkeit begründet, dass sie innerhalb eines übersehbaren Zeitraumes eine terroristische Straftat begehen oder an ihr teilnehmen wird, oder
4. Tatsachen die Annahme rechtfertigen, dass
   a) die Person Mitteilungen, die für eine in den Nummern 1 bis 3 genannte Person bestimmt sind oder die von dieser herrühren, entgegennimmt oder weitergibt, oder
   b) der Telekommunikationsanschluss oder das Endgerät der Person von einer in den Nummern 1 bis 3 genannten Person genutzt wird.

[2]Die Maßnahme ist nur zulässig, wenn die Abwehr der Gefahr oder die Verhütung der Straftat auf andere Weise aussichtslos oder wesentlich erschwert wäre; sie darf nicht außer Verhältnis zur Bedeutung des aufzuklärenden Sachverhalts stehen. [3]Die Maßnahme darf auch durchgeführt werden, wenn andere Personen unvermeidbar betroffen werden.

(2) [1]Die Maßnahme bedarf der gerichtlichen Anordnung, die von der Polizeipräsidentin oder dem Polizeipräsidenten oder der Vertretung im Amt zu beantragen ist. [2]Bei Gefahr im Verzug kann die Anordnung durch die Polizeipräsidentin oder den Polizeipräsidenten oder die Vertretung im Amt getroffen werden. [3]Die gerichtliche Bestätigung der Anordnung ist in diesem Fall unverzüglich einzuholen. [4]Die Anordnung tritt außer Kraft, wenn sie nicht binnen drei Werktagen gerichtlich bestätigt wird. [5]In diesem Fall dürfen die bereits erhobenen Daten nicht mehr verwendet werden; sie sind unverzüglich zu löschen. [6]Sind bereits Daten übermittelt worden, die nach Satz 5 zu löschen sind, so ist die empfangende Stelle darüber zu unterrichten.

(3) [1]Die Anordnung ist auf höchstens drei Monate zu befristen. [2]Eine Verlängerung um jeweils nicht mehr als drei weitere Monate ist auf Antrag zulässig, soweit die Voraussetzungen der Anordnung fortbestehen. [3]Liegen die Voraussetzungen der Anordnung nicht mehr vor, ist die Maßnahme unverzüglich zu beenden.

(4) Auf Grund der Anordnung hat jeder, der geschäftsmäßig Telekommunikationsdienste erbringt oder daran mitwirkt, der Polizei die Maßnahme zu ermöglichen und die erforderlichen Auskünfte unverzüglich zu erteilen.

§ 26a
Datenerhebung durch Telekommunikationsüberwachung informationstechnischer Systeme

(1) [1]Maßnahmen nach § 26 Absatz 1 können in der Weise erfolgen, dass mit technischen Mitteln in von den genannten Personen genutzte informationstechnische Systeme eingegriffen wird, wenn

1. Tatsachen die Annahme rechtfertigen, dass die Person innerhalb eines übersehbaren Zeitraums auf eine zumindest ihrer Art nach konkretisierte Weise
   a) eine terroristische Straftat oder
   b) eine in § 100b Absatz 2 der Strafprozessordnung genannte und voraussichtlich auch im Einzelfall besonders schwerwiegende Straftat organisiert, insbesondere banden-, gewerbs- oder serienmäßig,

   begehen oder an ihr teilnehmen wird,
2. das individuelle Verhalten einer Person die konkrete Wahrscheinlichkeit begründet, dass sie innerhalb eines übersehbaren Zeitraums eine terroristische Straftat begehen oder an ihr teilnehmen wird, oder
3. Tatsachen die Annahme rechtfertigen, dass
   a) die Person Mitteilungen, die für eine in den Nummern 1 oder 2 genannte Person bestimmt sind oder die von dieser herrühren, entgegennimmt oder weitergibt, oder
   b) der Telekommunikationsanschluss oder das Endgerät der Person von einer in den Nummern 1 oder 2 genannten Person genutzt wird,

und der Eingriff notwendig ist, um die Telekommunikation insbesondere in unverschlüsselter Form überwachen und aufzeichnen zu können.

(2) [1]Es ist technisch sicherzustellen, dass
1. ausschließlich laufende Telekommunikation überwacht und aufgezeichnet wird,
2. an dem informationstechnischen System nur Veränderungen vorgenommen werden, die für die Datenerhebung unerlässlich sind, und
3. die vorgenommenen Veränderungen bei Beendigung der Maßnahme, soweit technisch möglich, automatisiert rückgängig gemacht werden.

[2]Das eingesetzte Mittel ist nach dem Stand der Technik gegen unbefugte Nutzung zu schützen. [3]Kopierte Daten sind nach dem Stand der Technik gegen Veränderung, unbefugte Löschung und unbefugte Kenntnisnahme zu schützen.

(3) [1]Soweit dies zur Durchführung der Maßnahme erforderlich ist, sind verdeckte Durchsuchungen von Sachen sowie das verdeckte Betreten und Durchsuchen von Räumlichkeiten der betroffenen Personen zulässig. [2]Hierfür gilt § 26 Absatz 2 entsprechend.

§ 26b
Datenerhebung durch verdeckten Eingriff in informationstechnische Systeme

(1) Unter den gleichen Voraussetzungen wie in § 26a Absatz 1 kann die Polizei durch den verdeckten Einsatz technischer Mittel in von einer in § 26a Absatz 1 Nummer 1 oder 2 genannten Person genutzte informationstechnische Systeme eingreifen und aus ihnen Daten erheben.

(2) In informationstechnische Systeme anderer Personen darf die Maßnahme nur eingreifen, wenn Tatsachen die Annahme rechtfertigen, dass eine in § 26a Absatz 1 Nummer 1 oder 2 genannte Person dort relevante Informationen

speichert, und die Maßnahme zur Abwehr der Gefahr oder zur Verhütung der Straftat unerlässlich ist.

(3) [1]Die Maßnahme ist nur zulässig, wenn die Abwehr der Gefahr oder die Verhütung der Straftat auf andere Weise aussichtslos oder wesentlich erschwert wäre; sie darf nicht außer Verhältnis zur Bedeutung des aufzuklärenden Sachverhalts stehen. [2]Die Maßnahme darf auch durchgeführt werden, wenn andere Personen unvermeidbar betroffen werden.

(4) [1]Soweit dies zur Durchführung der Maßnahme erforderlich ist, kann die Polizei unter den dort genannten Voraussetzungen technische Mittel einsetzen, um erforderliche Verkehrsdaten, insbesondere spezifische Kennungen oder Standortdaten eines informationstechnischen Systems, zu erheben. [2]Personenbezogene Daten Dritter dürfen dabei nur erhoben werden, wenn dies aus technischen Gründen unvermeidbar ist. [3]Nach Beendigung der Maßnahme sind diese personenbezogenen Daten Dritter unverzüglich zu löschen. [4]Die Löschung ist zu dokumentieren.

(5) Soweit dies zur Durchführung der Maßnahme erforderlich ist, sind verdeckte Durchsuchungen von Sachen sowie das verdeckte Betreten und Durchsuchen von Räumlichkeiten der betroffenen Personen zulässig.

(6) [1]Die Maßnahmen nach den Absätzen 1 bis 5 bedürfen der gerichtlichen Anordnung, die von der Polizeipräsidentin oder dem Polizeipräsidenten oder der Vertretung im Amt zu beantragen ist. [2]Bei Gefahr im Verzug kann die Anordnung durch die Polizeipräsidentin oder den Polizeipräsidenten oder die Vertretung im Amt getroffen werden. [3]Die gerichtliche Bestätigung der Anordnung ist in diesem Fall unverzüglich einzuholen. [4]Die Anordnung tritt außer Kraft, wenn sie nicht binnen drei Werktagen gerichtlich bestätigt wird. [5]In diesem Fall dürfen die bereits erhobenen Daten nicht mehr verwendet werden; sie sind unverzüglich zu löschen. [6]Sind bereits Daten übermittelt worden, die nach Satz 5 zu löschen sind, so ist die empfangende Stelle darüber zu unterrichten.

(7) [1]Die Anordnung ist auf höchstens einen Monat zu befristen. [2]Eine Verlängerung um jeweils nicht mehr als einen weiteren Monat ist auf Antrag zulässig, soweit die Voraussetzungen der Anordnung fortbestehen. [3]Liegen die Voraussetzungen der Anordnung nicht mehr vor, ist die Maßnahme unverzüglich zu beenden.

(8) [1]Sämtliche mit einer Maßnahme nach Absatz 1 erhobenen personenbezogenen Daten sind dem anordnenden Gericht unverzüglich vorzulegen und dürfen bis zu der Entscheidung des Gerichts nicht verwendet werden. [2]Das Gericht entscheidet unverzüglich über die Verwertbarkeit oder Löschung dieser Daten zum Schutz des Kernbereichs privater Lebensgestaltung nach § 27a Absatz 1 und 3 sowie zum Schutz zeugnisverweigerungsberechtigter Berufsgeheimnisträgerinnen und Berufsgeheimnisträger nach § 18a; es unterrichtet die Polizei unverzüglich über den Inhalt der verwertbaren Daten. [3]§ 27a Absatz 5 gilt entsprechend.

(9) § 26 Absatz 4 und § 26a Absatz 2 Satz 1 Nummer 2 und 3 sowie Satz 2 und 3 gelten entsprechend.

§ 26c
Bestandsdatenauskunft

(1) Die Polizei kann Auskunft verlangen
1. von demjenigen, der Telekommunikationsdienste erbringt (Telekommunikationsdiensteanbieter) oder daran mitwirkt, über Bestandsdaten im Sinne des § 3 Nummer 6, § 172 des Telekommunikationsgesetzes,
2. von demjenigen, der eigene oder fremde digitale Dienste erbringt, an der Erbringung mitwirkt oder den Zugang zur Nutzung von eigenen oder fremden digitalen Diensten vermittelt (Anbieter von digitalen Diensten), über Bestandsdaten im Sinne des § 2 Absatz 2 Nummer 2 des Telekommunikation-Digitale-Dienste-Datenschutz-Gesetzes.

(2) [1]Die Auskunft darf nur verlangt werden, soweit die Daten im Einzelfall erforderlich sind
1. zur Abwehr einer Gefahr für die öffentliche Sicherheit,
2. zum Schutz von Bestand oder Sicherheit des Bundes oder eines Landes, von Leib, Leben, Freiheit oder sexueller Selbstbestimmung einer Person, von Sachen von bedeutendem Wert, deren Erhaltung im öffentlichen Interesse liegt, oder von nicht unerheblichen Sachwerten, wenn Tatsachen den Schluss auf ein wenigstens seiner Art nach konkretisiertes sowie zeitlich absehbares Geschehen zulassen, an dem bestimmte Personen beteiligt sein werden,
3. zum Schutz von Bestand oder Sicherheit des Bundes oder eines Landes, von Leib, Leben, Freiheit oder sexueller Selbstbestimmung einer Person, von Sachen von bedeutendem Wert, deren Erhaltung im öffentlichen Interesse liegt, wenn das individuelle Verhalten einer Person die konkrete Wahrscheinlichkeit begründet, dass sie in einem übersehbaren Zeitraum eine gegen ein solches Rechtsgut gerichtete Straftat begehen wird,
4. zur Verhütung einer Straftat von erheblicher Bedeutung, sofern Tatsachen die Annahme rechtfertigen, dass eine Person innerhalb eines übersehbaren Zeitraums auf eine ihrer Art nach konkretisierte Weise eine solche Straftat begehen oder an ihr teilnehmen wird, oder
5. zur Verhütung einer in § 100a Absatz 2 der Strafprozessordnung bezeichneten schweren Straftat, sofern das individuelle Verhalten einer Person die konkrete Wahrscheinlichkeit begründet, dass die Person innerhalb eines übersehbaren Zeitraums die Tat begehen wird.

[2]Werden Bestandsdaten zur Vorbereitung oder Durchführung einer anderweitigen Maßnahme benötigt, darf die Auskunft nur verlangt werden, wenn zudem im Einzelfall die gesetzlichen Voraussetzungen für die konkret beabsichtigte Nutzung der Daten im Zeitpunkt des Auskunftsverlangens vorliegen.

(3) [1]Bezieht sich ein Auskunftsverlangen auf Daten, mittels derer der Zugriff auf Endgeräte oder auf Speichereinrichtungen, die in diesen Endgeräten oder hiervon räumlich getrennt eingesetzt werden, geschützt wird, darf Auskunft über Bestandsdaten nach Absatz 1 Nummer 1 nur unter den Voraussetzungen des Absatzes 2 und nur dann verlangt werden, wenn im Einzelfall im Zeitpunkt des Ersuchens auch die gesetzlichen Voraussetzungen für die konkret beabsichtigte Nutzung der Daten vorliegen. [2]Auskunft nach Absatz 1 Nummer 2 über Passwörter oder andere Daten, mittels derer der Zugriff auf Endgeräte oder auf Speichereinrichtungen, die in diesen Endgeräten oder hiervon räumlich getrennt eingesetzt werden, geschützt wird, darf nur verlangt werden

1. zur Abwehr einer Gefahr für den Bestand des Bundes oder eines Landes, für Leib, Leben, Freiheit oder sexuelle Selbstbestimmung einer Person oder für Sachen von bedeutendem Wert, deren Erhaltung im öffentlichen Interesse liegt, und
2. wenn im Einzelfall die gesetzlichen Voraussetzungen für die konkret beabsichtigte Nutzung der Daten im Zeitpunkt des Auskunftsverlangens vorliegen.

(4) [1]Die Auskunft kann auch anhand einer zu einem bestimmten Zeitpunkt zugewiesenen Internetprotokoll-Adresse verlangt werden,

1. soweit dies im Einzelfall erforderlich ist, bei
   a) Bestandsdaten nach Absatz 1 Nummer 1 zur Abwehr einer Gefahr für den Bestand oder die Sicherheit des Bundes oder eines Landes, für Leib, Leben, Freiheit oder sexuelle Selbstbestimmung einer Person, für Sachen von bedeutendem Wert, deren Erhaltung im öffentlichen Interesse liegt, oder für nicht unerhebliche Sachwerte oder zur Verhütung einer Straftat,
   b) Bestandsdaten nach Absatz 1 Nummer 2 zur Abwehr einer Gefahr für den Bestand oder die Sicherheit des Bundes oder eines Landes, für Leib, Leben, Freiheit oder sexuelle Selbstbestimmung einer Person, für Sachen von bedeutendem Wert, deren Erhaltung im öffentlichen Interesse liegt, oder für nicht unerhebliche Sachwerte oder zur Verhütung einer Straftat,
2. bei
   a) Bestandsdaten nach Absatz 1 Nummer 1 zum Schutz des Bestandes oder der Sicherheit des Bundes oder eines Landes, von Leib, Leben, Freiheit oder sexueller Selbstbestimmung einer Person oder von Sachen von bedeutendem Wert, deren Erhaltung im öffentlichen Interesse liegt, oder zur Verhütung einer in § 100a Absatz 2 der Strafprozessordnung bezeichneten schweren Straftat,
   b) Bestandsdaten nach Absatz 1 Nummer 2 zum Schutz des Bestandes oder der Sicherheit des Bundes oder eines Landes, von Leib, Leben, Freiheit oder sexuelle Selbstbestimmung einer Person, von Sachen von bedeutendem Wert, deren Erhaltung im öffentlichen Interesse liegt, oder zum Schutz nicht unerheblicher Sachwerte oder zur Verhütung einer in § 100a Absatz 2 der Strafprozessordnung bezeichneten schweren Straftat,

wenn im Einzelfall Tatsachen den Schluss auf ein wenigstens seiner Art nach konkretisiertes sowie zeitlich absehbares Geschehen zulassen, an dem bestimmte Personen beteiligt sein werden, oder

3. bei
   a) Bestandsdaten nach Absatz 1 Nummer 1 zum Schutz des Bestandes oder der Sicherheit des Bundes oder eines Landes, von Leib, Leben, Freiheit oder sexuelle Selbstbestimmung einer Person oder von Sachen von bedeutendem Wert, deren Erhaltung im öffentlichen Interesse liegt, oder zur Verhütung einer in § 100a Absatz 2 der Strafprozessordnung bezeichneten schweren Straftat,
   b) Bestandsdaten nach Absatz 1 Nummer 2 zum Schutz des Bestandes oder der Sicherheit des Bundes oder eines Landes, von Leib, Leben, Freiheit oder sexuelle Selbstbestimmung einer Person oder von Sachen von bedeutendem Wert, deren Erhaltung im öffentlichen Interesse liegt, oder zur Verhütung einer in § 100a Absatz 2 der Strafprozessordnung bezeichneten schweren Straftat,

   wenn im Einzelfall das individuelle Verhalten einer Person eine konkrete Wahrscheinlichkeit begründet, dass die Person in einem übersehbaren Zeitraum eine solche Gefährdung verursachen wird.

[2]Die Auskunft darf bei Satz 1 Nummer 2 Buchstabe b und Nummer 3 Buchstabe b nur dann verlangt werden, wenn tatsächliche Anhaltspunkte dafür vorliegen, dass die betroffene Person Nutzerin oder Nutzer des digitalen Dienstes ist, bei dem die Daten erhoben werden sollen.

(5) [1]Auskunftsverlangen nach Absatz 3 bedürfen der gerichtlichen Anordnung, die von der Polizeipräsidentin oder dem Polizeipräsidenten oder der Vertretung im Amt zu beantragen ist. [2]Bei Gefahr im Verzug kann die Anordnung durch die Polizeipräsidentin oder den Polizeipräsidenten oder die Vertretung im Amt getroffen werden. [3]Die gerichtliche Bestätigung der Anordnung ist in diesem Fall unverzüglich einzuholen. [4]Die Anordnung tritt außer Kraft, wenn sie nicht binnen drei Werktagen gerichtlich bestätigt wird. [5]In diesem Fall dürfen die bereits erhobenen Daten nicht mehr verwendet werden; sie sind unverzüglich zu löschen. [6]Sind bereits Daten übermittelt worden, die nach Satz 5 zu löschen sind, so ist die empfangende Stelle darüber zu unterrichten. [7]Einer gerichtlichen Anordnung bedarf es im Falle von Bestandsdaten nach Absatz 3 Satz 1 nicht, wenn die betroffene Person von dem Auskunftsverlangen bereits Kenntnis hat oder haben muss oder wenn die Verarbeitung der Daten bereits durch eine gerichtliche Entscheidung gestattet wird. [8]Das Vorliegen der Voraussetzungen nach Satz 7 ist aktenkundig zu machen.

(6) § 26 Absatz 3 gilt entsprechend.

(7) [1]Die rechtlichen und tatsächlichen Grundlagen der Auskunftsverlangen nach den Absätzen 1 bis 4 sind aktenkundig zu machen. [2]Im Auskunftsverlangen ist die jeweilige Rechtsgrundlage des Ersuchens anzugeben. [3]Die Anbieter haben die verlangten Daten auf dem angegebenen Weg unverzüglich und unter

Berücksichtigung sämtlicher unternehmensinterner Datenquellen vollständig zu übermitteln.

§ 26d
Erhebung von Verkehrs- und Nutzungsdaten; Unterbrechung der Telekommunikation

(1) [1]Unter den Voraussetzungen des § 26 Absatz 1 kann die Polizei von jedem Telekommunikationsdiensteanbieter oder demjenigen, der an der Erbringung von Telekommunikationsdiensten mitwirkt, verlangen, ihr vorhandene oder zukünftig anfallende Verkehrsdaten, auch in Echtzeit, der dort genannten Personen zu übermitteln. [2]Verkehrsdaten sind alle Daten nach § 9 Absatz 1 Satz 1 des Telekommunikation-Digitale-Dienste-Datenschutz-Gesetzes.

(2) Unter den gleichen Voraussetzungen kann die Polizei technische Mittel einsetzen, um die spezifischen Kennungen, insbesondere die Geräte- und Kartennummer, von Mobilfunkendgeräten oder den Standort eines Mobilfunkendgerätes zu ermitteln.

(3) [1]Zur Abwehr einer gegenwärtigen Gefahr für Leib, Leben, Freiheit oder sexuelle Selbstbestimmung einer gefährdeten, vermissten oder sonst in hilfloser Lage befindlichen Person können die Polizei und die Feuerwehr Maßnahmen nach den Absätzen 1 und 2 treffen, um den Standort eines Telekommunikationsendgerätes dieser Person zu ermitteln. [2]Unter den gleichen Voraussetzungen kann der Standort eines Telekommunikationsendgerätes einer anderen als der in § 26 Absatz 1 Satz 1 genannten Person ermittelt werden, wenn Tatsachen die Annahme rechtfertigen, dass sie sich am selben Ort aufhält wie die gefährdete, vermisste oder sonst in hilfloser Lage befindliche Person, sofern eine Ortung des Telekommunikationsendgerätes jener Person nicht möglich ist oder nicht geeignet erscheint, um die Gefahr abzuwehren. [3]Die Maßnahmen sind nur zulässig, wenn die Abwehr der Gefahr auf andere Weise aussichtslos oder wesentlich erschwert wäre. [4]Sie dürfen auch durchgeführt werden, wenn andere Personen unvermeidbar betroffen werden. [5]§ 164 Absatz 1 des Telekommunikationsgesetzes und § 46a Absatz 4 bleiben unberührt.

(4) [1]Unter den Voraussetzungen des § 26 Absatz 1 Satz 1 Nummer 1 und 3 sowie Satz 2 kann die Polizei

1. von jedem Telekommunikationsdiensteanbieter oder demjenigen, der an der Erbringung von Telekommunikationsdiensten mitwirkt, verlangen, Telekommunikationsverbindungen zu unterbrechen, zu verhindern oder die Verfügungsgewalt darüber in anderer geeigneter Weise zu entziehen, oder
2. technische Mittel einsetzen, um Telekommunikationsverbindungen zu unterbrechen, zu verhindern oder die Verfügungsgewalt darüber in anderer geeigneter Weise zu entziehen.

[2]Hierbei dürfen personenbezogene Daten Dritter nur erhoben und Telekommunikationsverbindungen Dritter nur unterbrochen oder verhindert werden, wenn dies zur Durchführung der Maßnahme unvermeidbar ist und nicht außer

Verhältnis zum Zweck der Maßnahme steht. [3]Bei der Maßnahme erhobene Daten sind zu löschen, sobald sie nicht mehr benötigt werden.

(5) [1]Die Polizei kann von jedem Anbieter digitaler Dienste verlangen, ihr vorhandene und zukünftig anfallende Nutzungsdaten im Sinne des § 2 Absatz 2 Nummer 3 des Telekommunikation-Digitale-Dienste-Datenschutz-Gesetzes der in § 26 Absatz 1 Satz 1 genannten Personen, auch in Echtzeit, zu übermitteln, soweit die Daten im Einzelfall erforderlich sind

1. zur Abwehr einer Gefahr
   a) für die öffentliche Sicherheit, wobei die Auskunft auf die Merkmale zur Identifikation des Nutzers oder der Nutzerin beschränkt ist, oder
   b) für den Bestand oder die Sicherheit des Bundes oder eines Landes, für Leib, Leben, Freiheit oder sexuelle Selbstbestimmung einer Person, für Sachen von bedeutendem Wert, deren Erhaltung im öffentlichen Interesse liegt, oder für nicht unerhebliche Sachwerte,
2. zum Schutz des Bestandes oder der Sicherheit des Bundes oder eines Landes, für Leib, Leben, Freiheit oder sexuelle Selbstbestimmung einer Person, für Sachen von bedeutendem Wert, deren Erhaltung im öffentlichen Interesse liegt, oder für nicht unerhebliche Sachwerte, wenn Tatsachen den Schluss auf ein wenigstens seiner Art nach konkretisiertes sowie zeitlich absehbares Geschehen zulassen, an dem bestimmte Personen beteiligt sein werden,
3. zum Schutz des Bestandes oder der Sicherheit des Bundes oder eines Landes, für Leib, Leben, Freiheit oder sexuelle Selbstbestimmung einer Person oder für Sachen von bedeutendem Wert, deren Erhaltung im öffentlichen Interesse liegt, wenn das individuelle Verhalten einer Person die konkrete Wahrscheinlichkeit begründet, dass sie in einem übersehbaren Zeitraum eine gegen ein solches Rechtsgut gerichtete Straftat begehen wird,
4. zur Verhütung einer Straftat von erheblicher Bedeutung, die voraussichtlich auch im Einzelfall nach Art und Schwere geeignet ist, den Rechtsfrieden empfindlich zu stören, sofern Tatsachen die Annahme rechtfertigen, dass eine Person innerhalb eines übersehbaren Zeitraums auf eine ihrer Art nach konkretisierte Weise eine solche Straftat begehen oder an ihr teilnehmen wird, oder
5. zur Verhütung einer in § 100a Absatz 2 der Strafprozessordnung bezeichneten und voraussichtlich auch im Einzelfall schwerwiegenden Straftat, sofern das individuelle Verhalten einer Person die konkrete Wahrscheinlichkeit begründet, dass sie diese innerhalb eines übersehbaren Zeitraumes begehen wird.

(6) [1]Maßnahmen nach den Absätzen 1, 2 und 3 Satz 2 sowie den Absätzen 4 und 5 bedürfen der gerichtlichen Anordnung, die von der Polizeipräsidentin oder dem Polizeipräsidenten oder der Vertretung im Amt zu beantragen ist. [2]Bei Gefahr im Verzug kann die Anordnung durch die Polizeipräsidentin oder den Polizeipräsidenten oder die Vertretung im Amt getroffen werden. [3]Die ge-

richtliche Bestätigung der Anordnung ist in diesem Fall unverzüglich einzuholen. [4]Die Anordnung tritt außer Kraft, wenn sie nicht binnen drei Werktagen gerichtlich bestätigt wird. [5]In diesem Fall dürfen die bereits erhobenen Daten nicht mehr verwendet werden; sie sind unverzüglich zu löschen. [6]Sind bereits Daten übermittelt worden, die nach Satz 5 zu löschen sind, so ist die empfangende Stelle darüber zu unterrichten. [7]Maßnahmen nach Absatz 3 Satz 1 werden durch eine Beamtin oder einen Beamten des höheren Dienstes angeordnet. [8]Erforderlichkeit und Zweck der Maßnahme sind durch die anordnende Beamtin oder den anordnenden Beamten zu dokumentieren.
(7) [1]Die Anordnung nach Absatz 4 ist auf höchstens drei Tage zu befristen. [2]Eine Verlängerung um jeweils nicht mehr als drei weitere Tage ist auf Antrag zulässig, soweit die Voraussetzungen der Anordnung fortbestehen. [3]Liegen die Voraussetzungen der Anordnung nicht mehr vor, ist die Maßnahme unverzüglich zu beenden. [4]Für die übrigen in dieser Vorschrift behandelten Anordnungen gilt § 26 Absatz 3 entsprechend.
(8) § 26 Absatz 4 gilt entsprechend.

§ 26e
Funkzellenabfrage

(1) [1]Die Polizei kann ohne Wissen der Betroffenen von jedem Telekommunikationsdiensteanbieter oder demjenigen, der an der Erbringung von Telekommunikationsdiensten mitwirkt, verlangen, ihr alle in einem bestimmten Zeitraum in einem bestimmten örtlichen Bereich in Funkzellen angefallenen Telekommunikationsverkehrsdaten zu übermitteln, soweit die Daten im Einzelfall erforderlich sind,

1. um eine dringende Gefahr für den Bestand oder die Sicherheit des Bundes oder eines Landes, für Leib, Leben, Freiheit oder sexuelle Selbstbestimmung einer Person, soweit diese durch Straftatbestände geschützt ist, bei denen die Tat mit Freiheitsstrafe nicht unter sechs Monaten bedroht ist, oder für Sachen von bedeutendem Wert, deren Erhaltung im öffentlichen Interesse liegt, abzuwehren,
2. sofern Tatsachen die Annahme rechtfertigen, dass eine Person innerhalb eines übersehbaren Zeitraums auf eine zumindest ihrer Art nach konkretisierte Weise eine in § 100g Absatz 2 Satz 2 der Strafprozessordnung bezeichnete und voraussichtlich auch im Einzelfall besonders schwerwiegende Straftat begehen oder an ihr teilnehmen wird, oder
3. sofern das individuelle Verhalten einer Person die konkrete Wahrscheinlichkeit begründet, dass sie innerhalb eines übersehbaren Zeitraumes eine terroristische Straftat begehen oder an ihr teilnehmen wird.

[2]Die Maßnahme ist nur zulässig, wenn die Abwehr der Gefahr oder die Verhütung der Straftat auf andere Weise aussichtslos oder wesentlich erschwert wäre und die Maßnahme nicht außer Verhältnis zur Bedeutung des aufzuklärenden Sachverhalts steht.

(2) [1]Die Maßnahme bedarf der gerichtlichen Anordnung, die von der Polizeipräsidentin oder dem Polizeipräsidenten oder der Vertretung im Amt zu beantragen ist. [2]Bei Gefahr im Verzug kann die Anordnung durch die Polizeipräsidentin oder den Polizeipräsidenten oder die Vertretung im Amt getroffen werden. [3]Die gerichtliche Bestätigung der Anordnung ist in diesem Fall unverzüglich einzuholen. [4]Die Anordnung tritt außer Kraft, wenn sie nicht binnen drei Werktagen gerichtlich bestätigt wird. [5]In diesem Fall dürfen die bereits erhobenen Daten nicht mehr verwendet werden; sie sind unverzüglich zu löschen. [6]Sind bereits Daten übermittelt worden, die nach Satz 5 zu löschen sind, so ist die empfangende Stelle darüber zu unterrichten.
(3) [1]Die Anordnung ist auf höchstens zehn Tage zu befristen. [2]Eine Verlängerung um jeweils nicht mehr als weitere zehn Tage ist auf Antrag zulässig, soweit die Voraussetzungen der Anordnung fortbestehen. [3]Liegen die Voraussetzungen der Anordnung nicht mehr vor, ist die Maßnahme unverzüglich zu beenden.
(4) [1]Die verlangten Daten sind der Polizei unverzüglich und vollständig zu übermitteln. [2]§ 26 Absatz 4 gilt entsprechend.

§ 27
Ausschreibung zur polizeilichen Beobachtung, zur Ermittlungsanfrage und zur gezielten Kontrolle; Durchführung der polizeilichen Beobachtung

(1) [1]Die Polizei kann personenbezogene Daten, insbesondere die Personalien einer Person, amtliche Kennzeichen und sonstige Merkmale von Kraftfahrzeugen unabhängig von der Antriebsart, Daten über Anhänger mit einem Leergewicht von mehr als 750 Kilogramm, Wohnwagen, Wasserfahrzeuge, Container, Luftfahrzeuge, Schusswaffen, amtliche oder gefälschte Blankodokumente, amtliche oder gefälschte Identitätsdokumente und bargeldlose Zahlungsmittel sowie den Anlass der Ausschreibung in einer als Teil des polizeilichen Fahndungstatbestandes geführten Datei speichern, damit andere Polizeibehörden sowie, soweit sie Aufgaben der Grenzkontrolle wahrnehmen, die Zollbehörden

1. Erkenntnisse über Ort und Zeit des Antreffens der Person, etwaiger Begleitpersonen, des Fahrzeugs, in dem diese sich befinden, und der dieses führenden Person, mitgeführte Sachen oder die oben genannten Sachen sowie bargeldlose Zahlungsmittel und Umstände des Antreffens bei Gelegenheit einer Überprüfung aus anderem Anlass melden (Ausschreibung zur polizeilichen Beobachtung),
2. eine Befragung der Person auf der Grundlage von Informationen oder spezifischen Fragen, die von der Polizei zur Erforschung des Sachverhalts in die Ausschreibung aufgenommen wurden, nach Maßgabe der geltenden Rechtsvorschriften vornehmen (Ausschreibung zur Ermittlungsanfrage) oder
3. die Person, das Fahrzeug, in dem diese sich befindet, und die dieses führende Person, mitgeführte Sachen oder die oben genannten Sachen sowie

bargeldlose Zahlungsmittel nach Maßgabe der geltenden Rechtsvorschriften durchsuchen (Ausschreibung zur gezielten Kontrolle).

(2) Eine Personenausschreibung zur polizeilichen Beobachtung, zur Ermittlungsanfrage oder zur gezielten Kontrolle ist zulässig bezüglich

1. einer Person, bei der Tatsachen die Annahme rechtfertigen, dass sie innerhalb eines übersehbaren Zeitraums auf eine zumindest ihrer Art nach konkretisierte Weise eine Straftat von erheblicher Bedeutung begehen wird,
2. einer Person, bei der das Verhalten die konkrete Wahrscheinlichkeit begründet, dass sie innerhalb eines übersehbaren Zeitraumes eine terroristische Straftat begehen wird, oder
3. einer Person, deren Gesamtwürdigung und ihre bisher begangenen Straftaten erwarten lassen, dass sie künftig Straftaten von erheblicher Bedeutung begehen wird,

soweit die Maßnahme zur Verhütung der Straftaten erforderlich ist.

(3) [1]Eine Ausschreibung der in Absatz 1 genannten Sachen oder bargeldlosen Zahlungsmittel zur polizeilichen Beobachtung oder gezielten Kontrolle ist zulässig, wenn Tatsachen die Annahme rechtfertigen, dass sie im Zusammenhang mit Straftaten im Sinne von Absatz 2 stehen. [2]Unter den gleichen Voraussetzungen können diese Ausschreibungen mit Personenausschreibungen nach Absatz 2 verknüpft werden.

(4) [1]Beim Antreffen einer zur polizeilichen Beobachtung ausgeschriebenen Person oder Sache können erlangte Erkenntnisse über Ort und Zeit des Antreffens der Person, Anlass der Überprüfung, Reiseweg und Reiseziel, gemeinsam mit der ausgeschriebenen Person angetroffene Personen oder Insassen des Fahrzeugs sowie mitgeführte Sachen an die ausschreibende Polizeidienststelle übermittelt werden. [2]Beim Antreffen einer zur gezielten Kontrolle ausgeschriebenen Person oder Sache können zusätzlich auch solche aus Maßnahmen nach den §§ 34 und 35 übermittelt werden. [3]Beim Antreffen einer zur Ermittlungsanfrage ausgeschriebenen Person können zusätzlich Erkenntnisse aus Maßnahmen nach § 18 übermittelt werden.

(5) [1]Eine Personenausschreibung darf nur durch die Polizeipräsidentin oder den Polizeipräsidenten oder die Vertretung im Amt angeordnet werden. [2]Die Anordnung ergeht schriftlich oder elektronisch und ist auf höchstens zwölf Monate zu befristen. [3]Spätestens nach Ablauf von sechs Monaten ist zu prüfen, ob die Voraussetzungen für die Anordnung noch bestehen. [4]Das Ergebnis dieser Prüfung ist zu dokumentieren. [5]Die Verlängerung der Laufzeit einer Personenausschreibung zur polizeilichen Beobachtung über insgesamt zwölf Monate hinaus bedarf der gerichtlichen Anordnung.

(6) Liegen die Voraussetzungen für die Ausschreibung nicht mehr vor, ist der Zweck der Maßnahme erreicht oder zeigt sich, dass er nicht erreicht werden kann, ist die Ausschreibung unverzüglich zu löschen.

§ 27a
Schutz des Kernbereichs privater Lebensgestaltung bei verdeckten Datenerhebungsmaßnahmen

(1) [1]Verdeckte Maßnahmen der Erhebung personenbezogener Daten, die in den Kernbereich privater Lebensgestaltung eingreifen, sind unzulässig. [2]Äußerungen und Gespräche über begangene Straftaten und Verabredungen oder Aufforderungen zu Straftaten sowie solche mit unmittelbarem Bezug zu der für die Maßnahmen Anlass gebenden Gefahr sind in der Regel nicht dem Kernbereich privater Lebensgestaltung zuzurechnen.

(2) [1]Maßnahmen nach den §§ 25, 25a, 25c, 26, 26a, 26b und 26d dürfen nur angeordnet werden, wenn nicht tatsächliche Anhaltspunkte für die Annahme vorliegen, dass allein Erkenntnisse aus dem Kernbereich privater Lebensgestaltung erlangt werden oder dass die Maßnahme anderweitig in den Kernbereich privater Lebensgestaltung eingreifen wird. [2]Vor Durchführung von Maßnahmen nach §§ 25c und 26b ist unter Berücksichtigung der informations- und ermittlungstechnischen Möglichkeiten sicherzustellen, dass die Erhebung von Erkenntnissen aus dem Kernbereich privater Lebensgestaltung unterbleibt, es sei denn, dass dies mit einem trotz des Gewichts des Eingriffs unverhältnismäßigem Aufwand verbunden wäre. [3]Bei Maßnahmen nach § 25c haben die eingesetzte Person sowie polizeiliche Führungspersonen vor Weitergabe erhobener Daten zu prüfen, ob die Daten oder die Art und Weise ihrer Erhebung den Kernbereich privater Lebensgestaltung berühren. [4]Bestehen bei der Prüfung nach Satz 3 Zweifel, entscheiden besonders beauftragte Dienstkräfte des höheren Dienstes im Einvernehmen mit der oder dem behördlichen Datenschutzbeauftragten über die Verwertbarkeit oder Löschung der Daten; Absatz 5 Satz 3 gilt entsprechend.

(3) [1]Maßnahmen nach § 25b dürfen nur angeordnet werden, wenn auf Grund tatsächlicher Anhaltspunkte, insbesondere der Art der zu überwachenden Räumlichkeiten und des Verhältnisses der zu überwachenden Personen zueinander, anzunehmen ist, dass durch die Überwachung keine personenbezogenen Daten erfasst werden, die dem Kernbereich privater Lebensgestaltung zuzurechnen sind. [2]Gespräche in Betriebs- oder Geschäftsräumen sind in der Regel nicht dem Kernbereich privater Lebensgestaltung zuzurechnen. [3]Eine Durchführung von Maßnahmen nach § 25b allein mittels automatisierter Aufzeichnung ist unzulässig.

(4) [1]Ergeben sich bei der Durchführung einer Maßnahme tatsächliche Anhaltspunkte, dass Inhalte erfasst werden, die dem Kernbereich privater Lebensgestaltung zuzurechnen sind, oder dass die Maßnahme anderweitig in den Kernbereich privater Lebensgestaltung eingreift, ist sie unverzüglich zu unterbrechen oder zu beenden,

1. sobald dies ohne Gefährdung von Leib, Leben oder weiterer Verwendung der bei der Durchführung einer polizeilichen Maßnahme tätigen Personen möglich ist und

2. soweit sich die Erfassung kernbereichsrelevanter Inhalte bei der Durchführung einer Maßnahme mit praktisch zu bewältigendem Aufwand erkennen und vermeiden lässt.

[2]Unterbleibt eine Beendigung oder Unterbrechung auf Grund einer Gefährdung nach Satz 1 Nummer 1, sind die Tatsache des Eindringens in den Kernbereich privater Lebensgestaltung sowie die Gründe und näheren Umstände der Fortsetzung der Maßnahme zu dokumentieren; Absatz 6 Satz 2 bis 4 gilt entsprechend. [3]Erlangte kernbereichsrelevante Daten dürfen nicht weiterverarbeitet werden. [4]Unterbrochene Maßnahmen dürfen fortgesetzt werden, wenn zu erwarten ist, dass die Gründe, die zu ihrer Unterbrechung geführt haben, nicht mehr vorliegen. [5]Wurde eine Maßnahme nach § 25c wegen einer Gefährdung nach Satz 1 Nummer 1 unterbrochen oder beendet oder unterblieb die Beendigung oder Unterbrechung gefährdungsbedingt, sind die erhobenen Daten und die Durchführung der Maßnahme auf ihre Kernbereichsrelevanz zu prüfen; Absatz 2 Satz 4 gilt entsprechend. [6]Bestehen bei der Durchführung von Maßnahmen nach den §§ 25, 25a, 25b, 26 und 26a Zweifel an der Kernbereichsrelevanz der zu erhebenden Daten, darf anstelle des Abbruchs oder der Unterbrechung eine automatisierte Aufzeichnung fortgesetzt werden. [7]Die automatisierte Aufzeichnung ist dem anordnenden Gericht unverzüglich zur Entscheidung über die Verwertbarkeit oder Löschung vorzulegen und darf bis zu dieser Entscheidung nicht verwendet werden; § 25b Absatz 5 bleibt unberührt. [8]Wurden personenbezogene Daten im Falle der in Satz 6 genannten Maßnahmen nicht im Wege einer automatisierten Aufzeichnung erhoben und bestehen im Nachhinein Zweifel, ob diese Daten dem Kernbereich privater Lebensgestaltung zuzurechnen sind, gilt Satz 7 entsprechend.

(5) [1]Bei Gefahr im Verzug kann die Polizeipräsidentin oder der Polizeipräsident oder die Vertretung im Amt im Benehmen mit der oder dem behördlichen Datenschutzbeauftragten der Polizei über die Verwertung von Erkenntnissen im Sinne von Absatz 4 Satz 5 und 7 entscheiden. [2]Bei der hierfür vorzunehmenden Sichtung der erhobenen Daten kann sie oder er sich der Unterstützung von besonders beauftragten Dienstkräften des höheren Dienstes bedienen. [3]Diese Dienstkräfte sind zur Verschwiegenheit über die ihnen bekannt werdenden Erkenntnisse, die nicht verwertet werden dürfen, verpflichtet. [4]Die gerichtliche Entscheidung nach Absatz 4 Satz 5 und 7 ist unverzüglich nachzuholen. [5]Lehnt das Gericht die Verwertung der Erkenntnisse ab, dürfen die bereits erhobenen Daten nicht mehr verwendet werden; diese Daten sind unverzüglich zu löschen; Absatz 6 gilt entsprechend. [6]Sind bereits Daten übermittelt worden, die nach Satz 5 zu löschen sind, so ist die empfangende Stelle darüber zu unterrichten.

(6) [1]Personenbezogene Daten, die dem Kernbereich privater Lebensgestaltung zuzurechnen sind, dürfen nicht verwertet werden und sind unverzüglich zu löschen. [2]Wurden personenbezogene Daten, die dem Kernbereich privater Lebensgestaltung zuzurechnen sind, durch Maßnahmen gewonnen, sind die Tatsachen ihrer Erhebung und Löschung zu dokumentieren. [3]Die Dokumentation

darf ausschließlich zur Datenschutzkontrolle nach § 51b verwendet werden. [4]Sie ist sechs Monate nach Benachrichtigung nach § 27d Absatz 1 oder sechs Monate nach Erteilung der gerichtlichen Zustimmung über das endgültige Absehen von der Benachrichtigung nach § 27d Absatz 3 Satz 5 zu löschen. [5]Ist die Datenschutzkontrolle nach Ablauf der in Satz 3 genannten Fristen noch nicht beendet, ist die Dokumentation bis zu deren Abschluss aufzubewahren.

§ 27b
Inhalt von Antrag und Anordnung bei eingriffsintensiven verdeckten Datenerhebungsmaßnahmen; Geltung landesfremder gerichtlicher Anordnungen

(1) [1]Bedarf eine Maßnahme nach den §§ 25 bis 27, 28a und 47 gerichtlicher Anordnung, sind im Antrag anzugeben:

1. die Person, gegen die sich die Maßnahme richtet, soweit möglich, mit Namen und Anschrift,
2. bei Maßnahmen nach § 25b Absatz 1 und 3 zudem die Wohnung oder Räume, in oder aus denen Daten erhoben werden, sowie die Art der durch die Maßnahme zu erhebenden Daten,
3. bei Maßnahmen nach § 26 Absatz 1, § 26a Absatz 1, § 26c Absatz 4 Satz 1, § 26d Absatz 1 zudem, soweit möglich, die Rufnummer oder eine andere Kennung des Telekommunikationsanschlusses oder des Endgerätes, wobei eine räumlich und zeitlich hinreichende Bezeichnung der Telekommunikation genügt, sofern anderenfalls die Erreichung des Zwecks der Maßnahme aussichtslos oder wesentlich erschwert wäre,
4. bei Maßnahmen nach § 26a Absatz 1 und 3, § 26b Absatz 1 bis 5 zudem die wesentlichen Gründe dafür, dass der Eingriff in das informationstechnische System notwendig ist, eine möglichst genaue Bezeichnung des informationstechnischen Systems, auf das zugegriffen werden soll, und, soweit möglich, auch eine Bezeichnung der Sachen und die Anschrift der Räumlichkeiten der betroffenen Person,
5. bei Maßnahmen nach § 26d Absatz 4 und § 26e Absatz 1 Satz 1 zudem die Rufnummer oder eine andere Kennung des Anschlusses oder des Endgerätes, dessen Telekommunikation unterbrochen, verhindert oder erhoben werden soll, im Falle einer Unkenntnis der Rufnummer oder einer Kennung die möglichst genaue räumliche und zeitliche Bezeichnung der Telekommunikationsverbindungen, die unterbrochen, verhindert oder erhoben werden sollen, sofern anderenfalls die Erreichung des Zwecks der Maßnahme aussichtslos oder wesentlich erschwert wäre,
6. bei Maßnahmen nach § 26d Absatz 5 anstelle der Rufnummer, soweit möglich, eine eindeutige Kennung des Nutzerkontos der betroffenen Person, ansonsten eine möglichst genaue Bezeichnung des digitalen Dienstes, auf den sich das Auskunftsverlangen bezieht,

7. bei Maßnahmen nach § 28a Absatz 1 Satz 1 zudem
   a) die Person, zu deren Identifizierung oder Aufenthaltsermittlung die Maßnahme angeordnet wird,
   b) die biometrischen Daten aus dem Vorgang, die dieser Person zuzuordnen sind und die zum Abgleich herangezogen werden sollen,
   c) die eingesetzte automatisierte Anwendung zur Datenverarbeitung,
8. bei Maßnahmen nach § 47 Absatz 1 zudem die Maßnahmen zur Gewährleistung der Datensicherheit der erhobenen Daten, wobei die jeweilige Errichtungsanordnung nach § 49, die Risikoanalyse und das Datenschutzkonzept nach § 50 Absatz 4 des Berliner Datenschutzgesetzes beizufügen sind,
9. Art, Umfang und Dauer der Maßnahme, bei Maßnahmen nach § 26e Absatz 1 Satz 1 unter Benennung ihres Endzeitpunktes,
10. der Sachverhalt,
11. eine Begründung, die insbesondere Ausführungen zur Verhältnismäßigkeit der beantragten Maßnahme enthält; sollen personenbezogene Daten einer Person durch mehrere zeitgleiche Maßnahmen im Sinne dieses Absatzes erhoben werden, ist ein dadurch im Einzelfall erhöhtes Eingriffsgewicht der Maßnahmen zu berücksichtigen; entsprechendes gilt hinsichtlich der Dauer einer zu beantragenden Maßnahme.

[2]Dies gilt entsprechend für den Antrag auf gerichtliche Bestätigung einer polizeilichen Anordnung, die wegen Gefahr im Verzug ergangen ist.

(2) [1]Die gerichtliche Anordnung einer in Absatz 1 bezeichneten Maßnahme und die gerichtliche Bestätigung einer polizeilichen Anordnung einer solchen Maßnahme wegen Gefahr im Verzug ergehen schriftlich. [2]Hierbei sind anzugeben:

1. die Person, gegen die sich die Maßnahme richtet, soweit möglich, mit Namen und Anschrift,
2. bei Maßnahmen nach § 25b Absatz 1 und 3 zudem die Wohnung oder Räume, in oder aus denen Daten erhoben werden, sowie die Art der durch die Maßnahme zu erhebenden Daten,
3. bei Maßnahmen nach § 26 Absatz 1, § 26a Absatz 1, § 26c Absatz 4 Satz 1, § 26d Absatz 1 zudem, soweit möglich, die Rufnummer oder eine andere Kennung des Telekommunikationsanschlusses oder des Endgerätes, wobei eine räumlich und zeitlich hinreichende Bezeichnung der Telekommunikation genügt, sofern anderenfalls die Erreichung des Zwecks der Maßnahme aussichtslos oder wesentlich erschwert wäre,
4. bei Maßnahmen nach § 26a Absatz 1 und 3, § 26b Absatz 1 bis 5 zudem eine möglichst genaue Bezeichnung des informationstechnischen Systems, auf das zugegriffen werden soll, und, soweit möglich, auch eine Bezeichnung der Sachen und die Anschrift der Räumlichkeiten der betroffenen Person,
5. bei Maßnahmen nach § 26d Absatz 4 und § 26e Absatz 2 zudem die Rufnummer oder eine andere Kennung des Anschlusses oder des Endgerätes, dessen Telekommunikation unterbrochen, verhindert oder erhoben werden

soll, im Falle einer Unkenntnis der Rufnummer oder einer Kennung die möglichst genaue räumliche und zeitliche Bezeichnung der Telekommunikationsverbindungen, die unterbrochen, verhindert oder erhoben werden sollen, sofern anderenfalls die Erreichung des Zwecks der Maßnahme aussichtslos oder wesentlich erschwert wäre,

6. bei Maßnahmen nach § 26d Absatz 5 anstelle der Rufnummer, soweit möglich, eine eindeutige Kennung des Nutzerkontos der betroffenen Person, ansonsten eine möglichst genaue Bezeichnung des digitalen Dienstes, auf den sich das Auskunftsverlangen bezieht,
7. bei Maßnahmen nach § 28a Absatz 1 Satz 1 zudem
   a) die Person, zu deren Identifizierung oder Aufenthaltsermittlung die Maßnahme angeordnet wird,
   b) die biometrischen Daten aus dem Vorgang, die dieser Person zuzuordnen sind und die zum Abgleich herangezogen werden sollen,
   c) die eingesetzte automatisierte Anwendung zur Datenverarbeitung,
8. bei Maßnahmen nach § 47 Absatz 1 zudem die zur Übermittlung verpflichtete Stelle sowie alle benötigten Daten und Merkmale,
9. Art, Umfang und Dauer der Maßnahme, bei Maßnahmen nach § 26e Absatz 1 Satz 1 unter Benennung ihres Endzeitpunktes,
10. der Sachverhalt,
11. die wesentlichen Gründe einschließlich der wesentlichen Abwägungsgesichtspunkte; sollen personenbezogene Daten einer Person durch mehrere zeitgleiche Maßnahmen im Sinne dieses Absatzes erhoben werden, ist ein dadurch im Einzelfall erhöhtes Eingriffsgewicht der Maßnahmen zu berücksichtigen; entsprechendes gilt hinsichtlich der Dauer einer zu beantragenden Maßnahme.

[3]Bei Gefahr im Verzug kann die Anordnung auch mündlich erfolgen. [4]In diesem Fall ist eine schriftliche Dokumentation der Anordnung nach Maßgabe von Satz 2 unverzüglich nachzuholen. [5]Satz 3 gilt nicht für die Anordnung einer Maßnahme nach § 47 Absatz 1.

(3) [1]Bedarf eine in Absatz 1 genannte Maßnahme keiner gerichtlichen Anordnung oder ordnet die Polizei eine Maßnahme nach Absatz 1 wegen Gefahr im Verzug selbst an, gilt für die polizeiliche Anordnung Absatz 2 entsprechend. [2]Gleiches gilt für die polizeiliche Anordnung einer Maßnahme nach § 24d.

(4) [1]Eine Maßnahme nach Absatz 1 bedarf keiner gerichtlichen Anordnung nach den Bestimmungen dieses Gesetzes, wenn

1. sie in einem anderen Land auf Grund polizeirechtlicher Rechtsvorschriften gerichtlich angeordnet wurde,
2. diese Anordnung nicht ausdrücklich auf das Gebiet des Landes, in dem sie ergangen ist, beschränkt ist,
3. ihre Fortsetzung auf dem Gebiet des Landes Berlin erforderlich ist, und
4. sie nach den Bestimmungen dieses Gesetzes im jeweiligen Fall auch durch Gerichte des Landes Berlin angeordnet werden dürfte.

§ 27c
Besondere Protokollierungspflichten bei eingriffsintensiven verdeckten Datenerhebungsmaßnahmen

(1) Bei der Erhebung von personenbezogenen Daten durch Maßnahmen nach den §§ 24d, 25, 25a Absatz 1 Satz 1 und Absatz 2, §§ 25b, 25c, 26 bis 26b, 26c Absatz 2, §§ 26d, 26e, 27, 28a oder 47 sind zu protokollieren:
1. das zur Datenerhebung eingesetzte Mittel,
2. der Zeitraum des Einsatzes,
3. die Angaben, die die Feststellung der erhobenen Daten ermöglichen, sowie
4. die Organisationseinheit, die die Maßnahme durchführt.

(2) Zu protokollieren sind zudem bei
1. Maßnahmen nach § 24d Absatz 1:
   – die Personen, deren personenbezogene Daten auf Grund eines Trefferfalls erhoben oder weiterverarbeitet wurden;
2. Maßnahmen nach § 25 Absatz 1 und § 25a Absatz 1 Satz 1 und Absatz 2:
   a) die Zielperson und
   b) erheblich mitbetroffene Personen;
3. Maßnahmen nach § 25b Absatz 1:
   a) die Zielperson,
   b) erheblich mitbetroffene Personen,
   c) die Personen, die die überwachte Wohnung zur Zeit der Durchführung der Maßnahme innehatten oder bewohnten, und
   d) die Bezeichnung der überwachten Wohnung;
4. Maßnahmen nach § 25a Absatz 5 und § 25b Absatz 6:
   a) die Personen, deren personenbezogene Daten erhoben wurden, und
   b) im Falle der Datenerhebung in einer Wohnung
      aa) die Personen, die die Wohnung zur Zeit der Durchführung der Maßnahme innehatten oder bewohnten,
      bb) die Bezeichnung der Wohnung;
5. Maßnahmen nach § 25c:
   a) die Zielperson,
   b) erheblich mitbetroffene Personen und
   c) die Personen, deren nicht allgemein zugängliche Wohnung betreten wurde;
6. Maßnahmen nach § 26:
   a) die Zielperson und
   b) die Beteiligten der überwachten Telekommunikation, deren personenbezogene Daten im Rahmen einer solchen Maßnahme erhoben und verarbeitet wurden;
7. Maßnahmen nach § 26a und § 26b:
   a) die Zielperson,

b) die Beteiligten der überwachten Telekommunikation, deren personenbezogene Daten im Rahmen einer solchen Maßnahme erhoben und verarbeitet wurden,
c) die Angaben zur Identifizierung des informationstechnischen Systems und die daran vorgenommenen nicht nur flüchtigen Veränderungen;
8. Maßnahmen nach § 26c Absatz 4 und § 26d Absatz 1, 2, 3 Satz 2, Absatz 4 und 5:
   a) die Zielperson,
   b) diejenigen, deren personenbezogene Daten im Rahmen einer solchen Maßnahme erhoben und verarbeitet wurden;
9. Maßnahmen nach § 26e:
   – diejenigen, deren personenbezogene Daten im Rahmen einer solchen Maßnahme erhoben und verarbeitet wurden;
10. Maßnahmen nach § 27 und § 28a:
   a) die Zielperson und
   b) die Personen, deren personenbezogene Daten gemeldet worden sind;
11. Maßnahmen nach § 47:
   a) die im Übermittlungsersuchen nach § 47 Absatz 2 enthaltenen Merkmale und
   b) die Personen, gegen die nach Auswertung der durch die Maßnahme erlangten Daten weitere Maßnahmen getroffen wurden.

(3) [1]Nachforschungen zur Feststellung der Identität einer in Absatz 2 bezeichneten Person sind nur vorzunehmen, wenn dies unter Berücksichtigung der Eingriffsintensität der Maßnahme gegenüber dieser Person, des Aufwands für die Feststellung ihrer Identität sowie der daraus für diese oder andere Personen folgenden Beeinträchtigungen geboten ist. [2]Die Zahl der Personen, deren Protokollierung unterblieben ist, ist im Protokoll anzugeben.

(4) [1]Die Protokolldaten dürfen nur verwendet werden zum Zweck der Benachrichtigung nach § 27d und um der betroffenen Person oder einer dazu befugten öffentlichen Stelle die Prüfung zu ermöglichen, ob die Maßnahme rechtmäßig durchgeführt worden ist. [2]Sie sind bis zum Ablauf der Datenschutzkontrolle nach § 51b aufzubewahren und sodann automatisiert zu löschen, es sei denn, dass sie zu den in Satz 1 genannten Zwecken noch erforderlich sind.

(5) Die Bestimmungen über die Protokollierung der Verarbeitung personenbezogener Daten in automatisierten Verarbeitungssystemen nach § 62 des Berliner Datenschutzgesetzes bleiben unberührt.

§ 27d
Benachrichtigung bei eingriffsintensiven verdeckten Datenerhebungsmaßnahmen

(1) Hat die Polizei personenbezogene Daten durch Maßnahmen nach den §§ 24d, 25, 25a Absatz 1 Satz 1 und Absatz 2, §§ 25b, 25c, 26 bis 26b, 26c Absatz 3 und 4, §§ 26d, 26e, 27, 28a oder 47 erlangt, sind die in § 27c Absatz 2

jeweils bezeichneten betroffenen Personen hierüber nach Abschluss der Maßnahme gemäß § 42 des Berliner Datenschutzgesetzes zu benachrichtigen.

(2) [1]Dies gilt nicht,

1. wenn die Feststellung der Identität aus den Gründen des § 27c Absatz 3 Satz 1 unterblieben ist, oder
2. soweit der Benachrichtigung überwiegende schutzwürdige Belange einer betroffenen Person entgegenstehen.

[2]Zudem kann die Benachrichtigung einer in § 27c Absatz 2 Nummer 6 Buchstabe b, Nummer 7 Buchstabe b, Nummer 8 Buchstabe b oder Nummer 9 bezeichneten Person unterbleiben, wenn diese von der Maßnahme nur unerheblich betroffen ist und anzunehmen ist, dass sie kein Interesse an der Benachrichtigung hat. [3]Entscheidungen nach den Sätzen 1 und 2 bedürfen der gerichtlichen Zustimmung.

(3) [1]Eine Benachrichtigung ist zurückzustellen, solange sie

1. den Zweck der Maßnahme,
2. ein wegen des zugrunde liegenden Sachverhalts eingeleitetes strafrechtliches Ermittlungsverfahren,
3. den Bestand oder die Sicherheit des Bundes oder eines Landes,
4. Leib, Leben, Freiheit oder sexuelle Selbstbestimmung einer Person oder
5. Sachen von bedeutendem Wert, deren Erhaltung im öffentlichen Interesse liegt,

gefährden würde. [2]Bei einer Maßnahme nach § 25c erfolgt die Benachrichtigung erst, sobald dies auch ohne Gefährdung der Möglichkeit der weiteren Verwendung der V-Person oder des Verdeckten Ermittlers möglich ist. [3]Im Falle des Satzes 1 Nummer 2 erfolgt die Zurückstellung und die Nachholung der Benachrichtigung in Abstimmung mit der zuständigen Staatsanwaltschaft; die Benachrichtigung ist nachzuholen, sobald der Stand des Ermittlungsverfahrens dies zulässt. [4]In diesem Fall gelten die Regelungen der Strafprozessordnung; im Übrigen gilt Absatz 2 Satz 4 entsprechend. [5]Wird die Benachrichtigung zurückgestellt, sind die Gründe hierfür zu dokumentieren.

(4) [1]Erfolgt die Benachrichtigung nicht innerhalb von sechs Monaten nach Beendigung der Maßnahme, bedarf die weitere Zurückstellung der Benachrichtigung der gerichtlichen Zustimmung; das Gleiche gilt nach Ablauf von jeweils weiteren sechs Monaten. [2]Zuständig ist das die jeweilige Maßnahme anordnende Gericht, im Falle von Maßnahmen, die nicht der gerichtlichen Anordnung vorbehalten sind, das Amtsgericht Tiergarten. [3]Das Gericht bestimmt die Dauer der weiteren Zurückstellung; diese darf bei Maßnahmen nach § 25b und § 26b nicht länger als sechs Monate betragen. [4]Verlängerungen der Zurückstellungsdauer sind zulässig. [5]Fünf Jahre nach Beendigung der Maßnahme kann mit gerichtlicher Zustimmung endgültig von der Benachrichtigung abgesehen werden, wenn die Voraussetzungen für die Benachrichtigung mit an Sicherheit grenzender Wahrscheinlichkeit auch in Zukunft nicht eintreten werden, eine weitere Verwendung der Daten gegen die betroffene Person ausgeschlossen ist

und die Daten gelöscht wurden. [6]Sind mehrere Maßnahmen in einem engen zeitlichen Zusammenhang durchgeführt worden, beginnt die in Satz 1 genannte Frist mit der Beendigung der letzten Maßnahme.
(5) [1]Auch nach Erledigung einer der in Absatz 1 genannten Maßnahmen können betroffene Personen binnen zwei Wochen nach ihrer Benachrichtigung die Überprüfung der Rechtmäßigkeit der Anordnung der Maßnahme sowie der Art und Weise ihres Vollzugs beantragen. [2]Hierauf ist in der Benachrichtigung hinzuweisen. [3]Über den Antrag entscheidet das Gericht, das für die Anordnung der Maßnahme zuständig gewesen ist; war die Maßnahme nicht der gerichtlichen Anordnung vorbehalten, entscheidet das Amtsgericht Tiergarten. [4]Gegen die Entscheidung ist die sofortige Beschwerde statthaft.

§ 27e
Löschung personenbezogener Daten aus eingriffsintensiven verdeckten Datenerhebungsmaßnahmen

(1) [1]Sind die durch Maßnahmen nach den §§ 24d, 25, 25a Absatz 1 Satz 1 und Absatz 2, §§ 25c bis 26a, 26c Absatz 3, § 26d Absatz 1, 2, 3 Satz 2 und Absatz 5, §§ 26e, 27, 28a oder 47 erlangten personenbezogenen Daten, die nicht dem Kernbereich privater Lebensgestaltung zuzuordnen sind, zur Erfüllung des der Anordnung der Maßnahme zugrunde liegenden Zwecks und für eine Überprüfung der Rechtmäßigkeit der Maßnahme durch eine hierzu berufene öffentliche Stelle nicht mehr erforderlich, sind sie unverzüglich zu löschen und die zugehörigen Unterlagen zu vernichten, soweit keine zulässige Weiterverarbeitung der Daten erfolgt und sich aus den Absätzen 3 und 4 nichts Abweichendes ergibt. [2]An die Stelle der Löschung und der Vernichtung tritt die Einschränkung der Verarbeitung, solange die betroffene Person über die Maßnahme noch nicht nach § 27d benachrichtigt worden ist oder die Überprüfung der Rechtmäßigkeit der Maßnahme noch nicht abgeschlossen ist; die betreffenden Daten und Unterlagen dürfen nur zur Benachrichtigung nach § 27d und zur Überprüfung der Rechtmäßigkeit der Maßnahme verwendet werden.
(2) [1]Personenbezogene Daten, deren Weiterverarbeitung der gerichtlichen Entscheidung nach § 25a Absatz 5 Satz 2, § 25b Absatz 5 Satz 3 und Absatz 6 Satz 2 oder § 26b Absatz 8 Satz 2 bedarf, sind unverzüglich zu löschen, soweit eine solche Entscheidung nach Abschluss der Maßnahme nicht beantragt oder soweit sie versagt wird; die zugehörigen Unterlagen sind zu vernichten. [2]Absatz 1 Satz 2 gilt entsprechend.
(3) Bild- und Tonaufzeichnungen, die mit einem selbsttätigen Aufzeichnungsgerät angefertigt wurden und ausschließlich Personen betreffen, gegen die sich die Datenerhebungen nicht richteten, sind unverzüglich, sofern technisch möglich, automatisch zu vernichten; dies gilt nicht, soweit sie zur Strafverfolgung verwendet werden.
(4) Durch Maßnahmen nach § 26d Absatz 3 Satz 1 erhobene personenbezogene Daten sind nach Beendigung der Maßnahme unverzüglich zu löschen.

(5) [1]Die Tatsache der Löschung oder der Einschränkung der Verarbeitung ist zu dokumentieren. [2]Die Dokumentation darf ausschließlich zur Datenschutzkontrolle nach § 51b verwendet werden. [3]Sie ist sechs Monate nach der Benachrichtigung nach § 27d Absatz 1 oder sechs Monate nach Erteilung der gerichtlichen Zustimmung über das endgültige Absehen von der Benachrichtigung nach § 27d Absatz 4 Satz 6 zu löschen. [4]Ist die Datenschutzkontrolle nach § 51b noch nicht beendet, ist die Dokumentation bis zu ihrem Abschluss aufzubewahren.
(6) Die Absätze 1 bis 5 gelten entsprechend für personenbezogene Daten, die der Polizei übermittelt worden sind und durch Maßnahmen erlangt wurden, die den Maßnahmen nach den §§ 24d, 25, 25a Absatz 1 Satz 1 und Absatz 2, §§ 25b bis 26b, 26c Absatz 2, §§ 27, 28a und 47 entsprechen.

§ 27f
Berichtspflicht gegenüber dem Abgeordnetenhaus bei eingriffsintensiven verdeckten Datenerhebungsmaßnahmen

[1]Der Senat unterrichtet das Abgeordnetenhaus jährlich über die nach den §§ 24d, 25, 25a Absatz 1 Satz 2 und Absatz 2, §§ 25b bis 26b, 26c Absatz 3, § 26d Absatz 1 und 2, §§ 26e, 27, 28a und 47 getroffenen Maßnahmen. [2]In den Berichten ist insbesondere darzustellen, in welchem Umfang von den Maßnahmen aus Anlass welcher Gefahrenlagen Gebrauch gemacht wurde und inwieweit die betroffenen Personen hierüber benachrichtigt wurden. [3]Die parlamentarische Kontrolle auf der Grundlage dieses Berichts wird von einem Kontrollgremium ausgeübt. [4]Die Vorschriften des Fünften Abschnitts des Verfassungsschutzgesetzes Berlin gelten entsprechend.

§ 28
Datenabfragen, Datenabgleich

(1) [1]Die Ordnungsbehörden und die Polizei können personenbezogene Daten der in den §§ 13, 14 sowie in § 18 Absatz 2 Nummer 1 Buchstabe a und b genannten Personen in Dateisystemen, die sie zur Erfüllung der ihnen jeweils obliegenden Aufgaben allein oder gemeinsam mit anderen Stellen führen oder für die sie die Berechtigung zum Abruf haben, abfragen und mit dem Inhalt dieser Dateisysteme abgleichen, wenn Tatsachen die Annahme rechtfertigen, dass dies für die Erfüllung einer bestimmten ordnungsbehördlichen oder polizeilichen Aufgabe erforderlich ist. [2]Die Polizei kann ferner im Rahmen ihrer Aufgabenerfüllung rechtmäßig erlangte personenbezogene Daten im Fahndungsbestand abfragen und mit dessen Inhalt abgleichen, wenn die Annahme gerechtfertigt ist, dass die Abfrage oder der Abgleich sachdienliche Hinweise erwarten lässt. [3]Die betroffene Person kann für die Dauer der Abfrage und des Abgleichs angehalten werden. [4]§ 21 bleibt unberührt.

(2) Besondere Rechtsvorschriften über die Datenabfrage und den Datenabgleich bleiben unberührt.

§ 28a
Nachträglicher biometrischer Abgleich mit öffentlich zugänglichen Daten aus dem Internet

(1) [1]Die Polizei kann biometrische Daten zu Gesichtern und Stimmen der in den Nummern 1 bis 3 genannten Personen und deren Kontakt- und Begleitpersonen, auf die sie zur Erfüllung ihrer Aufgaben zugreifen darf, mittels einer automatisierten Anwendung zur Datenverarbeitung zum Zweck der Identifizierung und der Ermittlung des Aufenthaltsorts biometrisch mit allgemein öffentlich zugänglichen personenbezogenen Daten aus dem Internet abgleichen, wenn
1. eine Person nach den §§ 13 oder 14 verantwortlich ist für eine Gefahr für
   a) den Bestand oder die Sicherheit des Bundes oder eines Landes,
   b) Leib, Leben oder Freiheit einer Person,
   c) die sexuelle Selbstbestimmung einer Person, soweit sie durch Straftatbestände geschützt ist, bei denen die Tat mit Freiheitsstrafe nicht unter sechs Monaten bedroht ist, oder
   d) Sachen von bedeutendem Wert, deren Erhaltung im öffentlichen Interesse geboten ist,
2. tatsächliche Anhaltspunkte die Annahme rechtfertigen, dass eine Person innerhalb eines übersehbaren Zeitraums auf eine zumindest ihrer Art nach konkretisierte Weise
   a) eine terroristische Straftat oder
   b) eine in § 100b Absatz 2 der Strafprozessordnung genannte und voraussichtlich auch im Einzelfall besonders schwerwiegende Straftat

   begehen oder an ihr teilnehmen wird, oder
3. das individuelle Verhalten einer Person die konkrete Wahrscheinlichkeit begründet, dass sie innerhalb eines übersehbaren Zeitraums eine terroristische Straftat begehen oder an ihr teilnehmen wird.

[2]Die Maßnahmen sind nur zulässig, wenn die Abwehr der Gefahr oder die Verhütung der Straftat auf andere Weise aussichtslos oder wesentlich erschwert wäre und die jeweilige Maßnahme nicht außer Verhältnis zur Bedeutung des aufzuklärenden Sachverhalts steht. [3]Allgemein öffentlich zugängliche personenbezogene Daten aus dem Internet dürfen zu diesem Zweck erhoben, gespeichert und aufbereitet werden.

(2) [1]Für die mit Maßnahmen nach Absatz 1 Satz 1 abzugleichenden Daten gilt § 42a Absatz 2 und 3 entsprechend. [2]Maßnahmen nach Absatz 1 Satz 1, die sich auf im Internet öffentlich zugängliche Echtzeit-Lichtbild- und Echtzeit-Videodateien beziehen, sind unzulässig.

(3) [1]Führt eine Maßnahme nach Absatz 1 Satz 1 zu einer Datenübereinstimmung, so dürfen weitere Maßnahmen erst nach Identifikation der betroffenen Person durch Inaugenscheinnahme erfolgen. [2]Führt eine Maßnahme nach Ab-

satz 1 Satz 1 nicht zu einer Datenübereinstimmung oder kann die Datenübereinstimmung durch die in Satz 1 vorgesehene Überprüfung nicht bestätigt werden, sind die erhobenen Daten sofort technisch spurenlos und im Fall einer bereits nach erfolgter Durchführung eines Datenabgleichs nach Absatz 1 fehlenden Datenübereinstimmung automatisiert zu löschen.

(4) [1]Maßnahmen nach Absatz 1 Satz 1 bedürfen der gerichtlichen Anordnung, die von der Polizeipräsidentin oder dem Polizeipräsidenten oder der Vertretung im Amt zu beantragen ist; diese Befugnis kann von der Polizeipräsidentin oder dem Polizeipräsidenten auf die Leitung des Landeskriminalamtes und die Vertretung im Amt übertragen werden. [2]Bei Gefahr im Verzug kann die Anordnung durch die Polizeipräsidentin oder den Polizeipräsidenten oder die Vertretung im Amt getroffen werden. [3]Die gerichtliche Bestätigung der Anordnung ist in diesem Fall unverzüglich einzuholen. [4]Die Anordnung tritt außer Kraft, wenn sie nicht binnen drei Werktagen gerichtlich bestätigt wird. [5]In diesem Fall dürfen die bereits erhobenen Daten nicht mehr verwendet werden; sie sind unverzüglich zu löschen und die Löschung ist zu protokollieren. [6]Sind bereits Daten übermittelt worden, die nach Satz 5 zu löschen sind, so ist die empfangende Stelle darüber zu unterrichten.

(5) [1]Maßnahmen nach Absatz 1 Satz 1 dürfen nur von ausgewählten und geschulten Polizeidienstkräften durchgeführt werden. [2]Nach Beendigung der Maßnahme ist die oder der behördliche Datenschutzbeauftragte zu unterrichten. [3]Lässt die Polizei Maßnahmen nach Absatz 1 durch Auftragsverarbeitende oder zur Verarbeitung eingesetzte Dritte durchführen, ist § 42d Absatz 3 Satz 3 bis 8 entsprechend anzuwenden.

(6) [1]Verwaltungsvorschriften bestimmen das Nähere insbesondere

1. hinsichtlich des Verfahrens nach Absatz 1 Satz 1 zu
   a) dem technischen Verfahren nach Absatz 1,
   b) der Eingabe- und Zugangsberechtigung,
   c) den sonstigen Sicherungsmaßnahmen zur Verhinderung unbefugter Datenzugriffe,
   d) den Speicher- und Löschfristen,
   e) der Art der zu speichernden Daten,
   f) dem Personenkreis, der von der Speicherung betroffen ist,
   g) der Dauer der Speicherung,
   h) der Protokollierung sowie
2. hinsichtlich des Verfahrens nach Absatz 1 Satz 3 zu Art, Umfang und Dauer einer Speicherung der abzugleichenden, öffentlich zugänglichen Lichtbild-, Video- und Audiodateien.

[2]Die Verwaltungsvorschriften treten an die Stelle der Errichtungsanordnung nach § 49. [3]Die oder der Berliner Beauftragte für Datenschutz und Informationsfreiheit ist vor dem Erlass oder einer Änderung der Verwaltungsvorschriften anzuhören. [4]Die Verwaltungsvorschriften sind zu veröffentlichen.

§ 29
Platzverweisung; Aufenthaltsverbot

(1) [1]Die Ordnungsbehörden und die Polizei können zur Abwehr einer Gefahr eine Person vorübergehend von einem Ort verweisen oder ihr vorübergehend das Betreten eines Ortes verbieten. [2]Die Platzverweisung kann ferner gegen eine Person angeordnet werden, die den Einsatz der Polizei, der Feuerwehr oder von Hilfs- oder Rettungsdiensten behindert.
(2) [1]Die Polizei kann zur Verhütung von Straftaten einer Person untersagen, ein bestimmtes Gebiet innerhalb von Berlin zu betreten oder sich dort aufzuhalten, wenn Tatsachen die Annahme rechtfertigen, dass diese Person dort eine Straftat begehen wird (Aufenthaltsverbot). [2]Das Verbot ist zeitlich und örtlich auf den zur Verhütung der Straftat erforderlichen Umfang zu beschränken. [3]Es darf räumlich nicht den berechtigten Zugang zur Wohnung der betroffenen Person umfassen. [4]§ 29[1] und die Vorschriften des Versammlungsrechts bleiben unberührt.

§ 29a
Besondere Maßnahmen zum Schutz bei Gewalttaten und Nachstellungen

(1) [1]Die Polizei kann eine Person aus ihrer Wohnung und dem unmittelbar angrenzenden Bereich verweisen und ein entsprechendes Betretungsverbot anordnen, wenn Tatsachen, insbesondere ein von der Person begangener tätlicher Angriff, die Annahme rechtfertigen, dass dies zur Abwehr einer von der wegzuweisenden Person ausgehenden Gefahr für Körper, Gesundheit, Freiheit oder sexuelle Selbstbestimmung von Bewohnerinnen oder Bewohnern derselben Wohnung erforderlich ist. [2]Unter den gleichen Voraussetzungen kann die Polizei der Person untersagen, sich in einem bestimmten Umkreis dieser Wohnung aufzuhalten. [3]Ergänzend können Maßnahmen zur Durchsetzung der Wegweisung, des Betretungsverbots oder des Aufenthaltsverbots verfügt werden.
(2) [1]Unter den in Absatz 1 genannten Voraussetzungen kann die Polizei eine Person aus einer anderen als der in Absatz 1 Satz 1 genannten Wohnung, in der die gefährdete Person wohnt, und dem unmittelbar angrenzenden Bereich verweisen und ein diesbezügliches Betretungsverbot anordnen. [2]Solche Maßnahmen sind auch zulässig, wenn das Verhalten einer Person die Voraussetzungen von § 1 Absatz 2 Satz 1 Nummer 2 des Gewaltschutzgesetzes erfüllt. [3]Absatz 1 Satz 3 gilt entsprechend. [4]§ 29 Absatz 2 bleibt unberührt.
(3) [1]Unter den Voraussetzungen des Absatzes 2 kann die Polizei einer Person untersagen:
1. sich in einem bestimmten Umkreis der Wohnung nach Absatz 2 aufzuhalten,

1 Anm. Red.: Gemeint ist wohl der § 29a ASOG, vgl. AGH-Drs. 19/2553, S. 241.

2. zu bestimmende andere Orte aufzusuchen, an denen sich die gefährdete Person regelmäßig aufhält,
3. Kontakt zu der gefährdeten Person, auch unter Verwendung von Fernkommunikationsmitteln, aufzunehmen oder
4. Zusammentreffen mit der gefährdeten Person herbeizuführen.

[2]Absatz 1 Satz 3 und Absatz 2 Satz 4 gelten entsprechend.

(4) [1]Die Polizei hat die von einer Maßnahme nach Absatz 1 betroffene Person aufzufordern, eine Anschrift oder eine zustellungsbevollmächtigte Person zum Zwecke von Zustellungen behördlicher oder gerichtlicher Entscheidungen, die zur Abwehr einer Gefahr im Sinne des Absatzes 1 ergehen, zu benennen. [2]Die Polizei hat der gefährdeten Person die Angaben zu übermitteln.

(5) [1]Maßnahmen nach den Absätzen 1 bis 3 enden spätestens 14 Tage nach ihrer Anordnung, in jedem Fall jedoch bereits mit einer gerichtlichen Entscheidung über einen zivilrechtlichen Antrag auf Erlass einer einstweiligen Anordnung. [2]Das Zivilgericht unterrichtet die Polizei unverzüglich von seiner Entscheidung. [3]Eine einmalige Verlängerung der Maßnahme um bis zu 14 Tage ist zulässig, sofern die Anordnungsvoraussetzungen fortbestehen.

§ 29b
Elektronische Aufenthaltsüberwachung

(1) Die Polizei kann eine Person dazu verpflichten, sich technische Mittel, mit denen der Aufenthaltsort dieser Person elektronisch überwacht werden kann, anlegen zu lassen, sie ständig in betriebsbereitem Zustand am Körper bei sich zu führen und deren Funktionsfähigkeit nicht zu beeinträchtigen, wenn

1. Tatsachen die Annahme rechtfertigen, dass diese Person innerhalb eines übersehbaren Zeitraums auf eine zumindest ihrer Art nach konkretisierte Weise
   a) eine terroristische Straftat, eine Straftat gegen das Leben oder eine Straftat nach den §§ 176, 177 Absatz 4 bis 8, § 226 Absatz 2 oder § 239b des Strafgesetzbuches begehen wird oder
   b) Körper, Gesundheit, Freiheit oder sexuelle Selbstbestimmung einer anderen Person in einem erheblichen Maße verletzen wird und die Person nach polizeilichen Erkenntnissen bereits zuvor eine in Buchstabe a benannte Straftat oder eine Straftat nach den §§ 176a, 176b, 177 Absatz 1 bis 3, §§ 182, 224, 238 Absatz 2 oder § 239 des Strafgesetzbuches oder nach § 4 des Gewaltschutzgesetzes begangen hat, oder
2. das individuelle Verhalten dieser Person die konkrete Wahrscheinlichkeit begründet, dass sie innerhalb eines übersehbaren Zeitraums eine in Nummer 1 Buchstabe a genannte Straftat begehen wird,

und die Verpflichtung erforderlich ist, um diese Person durch die Überwachung und die Datenverarbeitung von der Begehung der Straftat oder der Rechtsgutsverletzung abzuhalten. [2]Die Verpflichtung ist nur zulässig, wenn sie nicht außer Verhältnis zu dem mit ihr verfolgten Zweck steht.

(2) [1]Die Polizei erhebt und speichert durch die nach Absatz 1 mitzuführenden technischen Mittel die Daten über den Aufenthaltsort der überwachten Person und über etwaige Beeinträchtigungen der Datenerhebung; dies geschieht automatisiert. [2]Soweit dies zur Erfüllung des Überwachungszwecks erforderlich ist, dürfen die nach Absatz 1 Satz 1 Nummer 1 Buchstabe a und Nummer 2 erhobenen Daten auf Grund gerichtlicher Anordnung zu einem Bewegungsbild verbunden werden. [3]Soweit es technisch möglich ist, ist sicherzustellen, dass innerhalb der Wohnung der überwachten Person keine über den Umstand ihrer Anwesenheit hinausgehenden Aufenthaltsdaten erhoben werden. [4]Die Daten nach den Sätzen 1 und 2 dürfen, soweit dies für die folgenden Zwecke erforderlich ist, ohne Einwilligung der überwachten Person nur verarbeitet werden

1. zur Verfolgung der in Absatz 1 Satz 1 Nummer 1 genannten Straftaten oder von Straftaten von mindestens gleichem Gewicht sowie zur Verfolgung einer Straftat nach § 65b,
2. zur Abwehr einer gegenwärtigen Gefahr für den Bestand oder die Sicherheit des Bundes oder eines Landes, für Leib, Leben, Freiheit oder sexuelle Selbstbestimmung einer Person oder für Sachen von bedeutendem Wert, deren Erhaltung im öffentlichen Interesse liegt,
3. zur Überwachung einer Anordnung nach § 29 Absatz 2, § 29a oder einer Anordnung nach § 1 des Gewaltschutzgesetzes und zur Ahndung von Verstößen gegen eine solche Anordnung und
4. zur Aufrechterhaltung der Funktionsfähigkeit des technischen Mittels.

[5]Zur Einhaltung dieser Zweckbindung hat die Verarbeitung der Daten automatisiert zu erfolgen. [6]Die in den Sätzen 1 und 2 genannten Daten sind zu kennzeichnen und gegen unbefugte Kenntnisnahme und Verarbeitung besonders zu sichern. [7]Sie sind spätestens acht Wochen nach Beendigung der Maßnahme zu löschen, soweit sie nicht zu den in Satz 4 genannten Zwecken verwendet werden; die §§ 42c, 42d, 48 Absatz 6 bleiben unberührt, ebenso § 44 Absatz 3 des Berliner Datenschutzgesetzes. [8]Jeder Abruf der Daten ist nach § 62 des Berliner Datenschutzgesetzes zu protokollieren; die Protokolldaten sind nach Ablauf von zwei Jahren zu löschen. [9]Werden innerhalb der Wohnung der überwachten Person über den Umstand ihrer Anwesenheit hinausgehende Aufenthaltsdaten erhoben, sind diese Daten unverzüglich zu löschen und bis dahin nicht weiter zu verarbeiten. [10]Die Tatsache ihrer Erhebung und Löschung ist zu dokumentieren. [11]Die Dokumentation darf ausschließlich zur Datenschutzkontrolle verwendet werden. [12]Sie ist frühestens nach Abschluss der Datenschutzkontrolle und spätestens nach zwei Jahren zu löschen. [13]Die Sätze 3 und 9 bis 12 gelten entsprechend, soweit durch die Datenerhebung nach Satz 1 der Kernbereich privater Lebensgestaltung betroffen ist.

(3) [1]Wird die Maßnahme nach Absatz 1 zum Schutz einer bestimmten gefährdeten Person angeordnet, können mit Einwilligung dieser Person auch Daten über deren Aufenthaltsort durch von ihr mitzuführende technische Mittel automatisiert erhoben, gespeichert und mit den von der überwachten Person er-

hobenen Daten abgeglichen werden. ²Für die Datenverarbeitung gilt Absatz 2 Satz 3 bis 13 entsprechend.

(4) ¹Maßnahmen nach den Absätzen 1 und 3 bedürfen der gerichtlichen Anordnung, die von der Polizeipräsidentin oder dem Polizeipräsidenten oder der Vertretung im Amt zu beantragen ist. ²Die Polizeipräsidentin oder der Polizeipräsident kann die Antragsbefugnis auf die Leitung des Landeskriminalamtes sowie die Leitungen der Direktionen und deren jeweilige Vertretung im Amt übertragen. ³Bei Gefahr im Verzug kann die Anordnung durch die Polizeipräsidentin oder den Polizeipräsidenten oder die Vertretung im Amt getroffen werden. ⁴Die gerichtliche Bestätigung der Anordnung ist in diesem Fall unverzüglich einzuholen; dies gilt auch, wenn die Maßnahme bereits beendet ist. ⁵Die Anordnung tritt außer Kraft, wenn sie nicht binnen drei Werktagen gerichtlich bestätigt wird. ⁶In diesem Fall dürfen die bereits erhobenen Daten nicht mehr verwendet werden; diese Daten sind unverzüglich zu löschen. ⁷Sind bereits Daten übermittelt worden, die zu löschen sind, so ist die empfangende Stelle darüber zu unterrichten.

(5) ¹Im Antrag und in der gerichtlichen Anordnung sind anzugeben:
1. die zu überwachende Person mit Namen sowie ihrer Anschrift oder ihrem Geburtsdatum,
2. Art, Umfang und Dauer der Maßnahme,
3. bei einer Anordnung nach § 29 Absatz 2, § 29a oder einer Anordnung nach § 1 des Gewaltschutzgesetzes insbesondere die Bezeichnung der Orte, an denen sich die Person nicht mehr aufhalten darf, sowie der Person, mit der der überwachten Person der Kontakt untersagt ist,
4. ob eine Datenverarbeitung nach Absatz 3 erfolgen soll, sowie
5. die wesentlichen Gründe für die Anordnung einschließlich der wesentlichen Abwägungsgesichtspunkte; bei einer polizeilichen Anordnung nach Absatz 4 Satz 3 muss sich die Begründung auch auf die Gefahr im Verzug beziehen.

²Die Anordnung ist auf höchstens drei Monate zu befristen. ³Eine Verlängerung um jeweils höchstens drei weitere Monate ist möglich, soweit die Voraussetzungen für die Maßnahme fortbestehen. ⁴Die Maßnahme ist zu beenden, wenn ihre Voraussetzungen nicht mehr vorliegen.

(6) ¹Die Polizei kann die Wohnung der zu überwachenden Person betreten, um die zur Überwachung des Aufenthalts in der Wohnung erforderlichen technischen Mittel aufzustellen. ²Nach Abschluss der Maßnahme hat die überwachte Person auf Anforderung die technischen Mittel an die Polizei unverzüglich herauszugeben.

§ 29c
Meldeauflage

¹Die Polizei kann gegenüber einer Person anordnen, sich an bestimmten Tagen zu bestimmten Zeiten bei einer bestimmten Polizeidienststelle zu melden (Meldeauflage), wenn Tatsachen die Annahme rechtfertigen, dass die Person im Zu-

sammenhang mit einem zeitlich oder örtlich begrenzten Geschehen eine Straftat begehen wird und die Meldeauflage zur vorbeugenden Bekämpfung der Straftat erforderlich ist. [2]Die Meldeauflage ist auf höchstens einen Monat zu befristen. [3]Eine Verlängerung um jeweils nicht mehr als denselben Zeitraum ist zulässig, sofern die Voraussetzungen der Anordnung weiterhin vorliegen. [4]Die Verlängerung der Maßnahme bedarf der gerichtlichen Anordnung.

§ 30
Gewahrsam

(1) Die Polizei kann eine Person in Gewahrsam nehmen, wenn
1. das zum Schutz der Person gegen eine Gefahr für Leib oder Leben unerlässlich ist, insbesondere weil die Person sich erkennbar in einem die freie Willensbestimmung ausschließenden Zustand oder sonst in hilfloser Lage befindet,
2. das unerlässlich ist, um die unmittelbar bevorstehende Begehung oder Fortsetzung einer Ordnungswidrigkeit von erheblicher Bedeutung für die Allgemeinheit oder einer Straftat zu verhindern,
3. das unerlässlich ist, um eine Platzverweisung oder ein Aufenthaltsverbot nach § 29 oder besondere Maßnahmen zum Schutz bei Gewalttaten und Nachstellungen nach § 29a durchzusetzen,
4. das unerlässlich ist, um private Rechte zu schützen, und eine Festnahme oder Vorführung der Person nach den §§ 229, 230 Abs. 3 des Bürgerlichen Gesetzbuches zulässig ist.

(2) Die Annahme, dass eine Person eine Ordnungswidrigkeit von erheblicher Bedeutung für die Allgemeinheit oder eine Straftat begehen oder zu ihrer Begehung beitragen wird, kann sich insbesondere darauf stützen, dass
1. die Person die Begehung der Tat angekündigt oder dazu aufgefordert hat,
2. bei der Person Waffen, Werkzeuge oder sonstige Gegenstände aufgefunden werden, die ersichtlich zur Tatbegehung bestimmt sind oder
3. die Person bereits in der Vergangenheit mehrfach aus vergleichbarem Anlass bei der Begehung von Ordnungswidrigkeiten von erheblicher Bedeutung für die Allgemeinheit oder Straftaten als verantwortliche Person betroffen worden ist und nach den Umständen eine Wiederholung dieser Verhaltensweise mit überwiegender Wahrscheinlichkeit zu erwarten ist.

(3) Die Polizei kann Minderjährige, die sich der Obhut der Sorgeberechtigten entzogen haben, in Gewahrsam nehmen, um sie den Sorgeberechtigten oder dem Jugendamt zuzuführen.

(4) Die Polizei kann eine Person, die aus dem Vollzug von Untersuchungshaft, Freiheitsstrafen oder freiheitsentziehenden Maßregeln der Besserung und Sicherung entwichen ist oder sich sonst ohne Erlaubnis außerhalb der Justizvollzugsanstalt aufhält, in Gewahrsam nehmen und in die Anstalt zurückbringen.

§ 31
Gerichtliche Entscheidung

(1) [1]Wird eine Person auf Grund von § 20 Absatz 3, § 21 Absatz 4 Satz 3 oder § 30 festgehalten, hat die Polizei unverzüglich eine gerichtliche Entscheidung über Zulässigkeit und Fortdauer der Freiheitsentziehung herbeizuführen. [2]Der Herbeiführung der gerichtlichen Entscheidung bedarf es nicht, wenn anzunehmen ist, dass die Entscheidung des Gerichts erst nach Wegfall des Grundes der polizeilichen Maßnahmen ergehen würde.
(2) Ist die Freiheitsentziehung vor Erlass einer gerichtlichen Entscheidung beendet, kann die festgehaltene Person innerhalb eines Monats nach Beendigung der Freiheitsentziehung die Feststellung beantragen, dass die Freiheitsentziehung rechtswidrig gewesen ist, wenn hierfür ein berechtigtes Interesse besteht.
(3) [1]In Fällen des Absatzes 2 ist die Rechtsbeschwerde gegen die Entscheidung des Landgerichts Berlin II über eine Beschwerde nur statthaft, wenn das Landgericht Berlin II sie wegen der grundsätzlichen Bedeutung der zur Entscheidung stehenden Frage zulässt. [2]Für die Gerichtskosten gelten die Vorschriften über die Kostenerhebung in Angelegenheiten der freiwilligen Gerichtsbarkeit entsprechend. [3]Gebühren werden nur für die Entscheidung, die die Freiheitsentziehung für zulässig erklärt, sowie das Beschwerdeverfahren erhoben.

§ 32
Behandlung festgehaltener Personen

(1) [1]Wird eine Person auf Grund von § 20 Absatz 3, § 21 Absatz 4 Satz 3 oder § 30 festgehalten, ist ihr unverzüglich der Grund bekanntzugeben. [2]Sie ist über die zulässigen Rechtsbehelfe zu belehren. [3]Zu der Belehrung gehört der Hinweis, dass eine etwaige Aussage freiwillig erfolgt.
(2) [1]Der festgehaltenen Person ist unverzüglich Gelegenheit zu geben, einen Angehörigen oder eine Person ihres Vertrauens zu benachrichtigen, soweit dadurch der Zweck der Freiheitsentziehung nicht gefährdet wird. [2]Unberührt bleibt die Benachrichtigungspflicht bei einer gerichtlichen Freiheitsentziehung. [3]Die Polizei soll die Benachrichtigung übernehmen, wenn die festgehaltene Person nicht in der Lage ist, von dem Recht nach Satz 1 Gebrauch zu machen, und die Benachrichtigung ihrem mutmaßlichen Willen nicht widerspricht. [4]Ist die festgehaltene Person minderjährig oder ist ein Betreuer für sie bestellt, so ist in jedem Falle unverzüglich derjenige zu benachrichtigen, dem die Sorge für die Person oder die Betreuung der Person nach dem ihm übertragenen Aufgabengebiet obliegt.
(3) [1]Die festgehaltene Person soll gesondert, insbesondere ohne ihre Einwilligung nicht in demselben Raum mit Straf- oder Untersuchungsgefangenen untergebracht werden. [2]Männer und Frauen sollen getrennt untergebracht werden. [3]Der festgehaltenen Person dürfen nur solche Beschränkungen auferlegt

werden, die der Zweck der Freiheitsentziehung oder die Ordnung im Gewahrsam erfordert.

§ 33
Dauer der Freiheitsentziehung

(1) Die festgehaltene Person ist zu entlassen,
1. sobald der Grund für die Maßnahme weggefallen ist,
2. wenn die Fortdauer der Freiheitsentziehung durch gerichtliche Entscheidung für unzulässig erklärt wird,
3. in jedem Falle spätestens bis zum Ende des Tages nach dem Ergreifen, wenn nicht vorher die Fortdauer der Freiheitsentziehung nach Absatz 2 oder auf Grund eines anderen Gesetzes durch gerichtliche Entscheidung angeordnet ist.

(2) [1]Über das Ende des Tages nach dem Ergreifen hinaus kann die Fortdauer der Freiheitsentziehung auf Grund von § 30 Absatz 1 Nummer 2 durch gerichtliche Entscheidung nur angeordnet werden, wenn Anhaltspunkte dafür vorliegen, dass die oder der Betroffene terroristische Straftaten, Straftaten gegen Leib oder Leben oder in § 100a Absatz 2 Nummer 1 Buchstabe f und i der Strafprozessordnung bezeichnete Straftaten begehen oder sich hieran beteiligen wird. [2]In der Entscheidung ist die höchstzulässige Dauer der Freiheitsentziehung zu bestimmen. [3]Sie darf im Fall einer bevorstehenden terroristischen Straftat nicht mehr als sieben Tage und in den anderen in Satz 1 genannten Fällen nicht mehr als fünf Tage betragen.

(3) Eine Freiheitsentziehung zum Zwecke der Feststellung der Identität darf die Dauer von insgesamt zwölf Stunden nicht überschreiten.

§ 34
Durchsuchung von Personen

(1) Die Ordnungsbehörden und die Polizei können eine Person durchsuchen, wenn
1. Tatsachen die Annahme rechtfertigen, dass sie Sachen mit sich führt, die sichergestellt werden dürfen,
2. sie sich erkennbar in einem die freie Willensbestimmung ausschließenden Zustand oder sonst in hilfloser Lage befindet.

(2) Die Polizei kann außer in den Fällen des § 21 Absatz 4 Satz 4 eine Person durchsuchen, wenn
1. sie nach diesem Gesetz oder anderen Rechtsvorschriften festgehalten werden kann,
2. sie sich an einem der in § 21 Absatz 2 Satz 1 Nummer 1 und 2 genannten Orte aufhält,
3. sie sich in einem Objekt im Sinne des § 21 Absatz 2 Satz 1 Nummer 3 oder in dessen unmittelbarer Nähe aufhält und Tatsachen die Annahme rechtfer-

tigen, dass in oder an einem Objekt dieser Art Straftaten begangen werden sollen, durch die Personen oder dieses Objekt gefährdet sind,
4. sie an einer Kontrollstelle nach § 21 Absatz 2 Satz 1 Nummer 4 angetroffen wird und Tatsachen die Annahme rechtfertigen, dass Straftaten der in jener Vorschrift genannten Art begangen werden sollen,
5. sie zur gezielten Kontrolle ausgeschrieben ist oder Tatsachen die Annahme rechtfertigen, dass sie Sachen mit sich führt, die zur gezielten Kontrolle ausgeschrieben sind.

(3) [1]Die Polizei kann eine Person, deren Identität nach diesem Gesetz oder anderen Rechtsvorschriften festgestellt werden soll, nach Waffen, anderen gefährlichen Werkzeugen und Explosivmitteln durchsuchen, wenn das nach den Umständen zum Schutz des Polizeivollzugsbeamten oder eines Dritten gegen eine Gefahr für Leib oder Leben erforderlich ist. [2]Dasselbe gilt, wenn eine Person vorgeführt oder zur Durchführung einer Maßnahme an einen anderen Ort gebracht werden soll.

(4) [1]Personen dürfen nur von Personen gleichen Geschlechts oder Ärztinnen und Ärzten durchsucht werden. [2]Bei berechtigtem Interesse soll dem Wunsch, die Durchsuchung einer Person bestimmten Geschlechts zu übertragen, entsprochen werden. [3]Die Sätze 1 und 2 gelten nicht, wenn die sofortige Durchsuchung zum Schutz gegen eine Gefahr für Leib oder Leben erforderlich ist.

§ 35
Durchsuchung von Sachen

(1) Die Ordnungsbehörden und die Polizei können eine Sache durchsuchen, wenn
1. sie von einer Person mitgeführt wird, die nach § 34 durchsucht werden darf,
2. Tatsachen die Annahme rechtfertigen, dass sich in ihr eine Person befindet, die widerrechtlich festgehalten wird oder hilflos ist,
3. Tatsachen die Annahme rechtfertigen, dass sich in ihr eine andere Sache befindet, die sichergestellt werden darf.

(2) Die Polizei kann außer in den Fällen des § 21 Absatz 4 Satz 4 eine Sache durchsuchen, wenn
1. Tatsachen die Annahme rechtfertigen, dass sich in ihr eine Person befindet, die in Gewahrsam genommen werden darf,
2. sie sich an einem der in § 21 Absatz 2 Satz 1 Nummer 1 und 2 genannten Orte befindet,
3. sie sich in einem Objekt im Sinne des § 21 Absatz 2 Satz 1 Nummer 3 oder in dessen unmittelbarer Nähe befindet und Tatsachen die Annahme rechtfertigen, dass in oder an einem Objekt dieser Art Straftaten begangen werden sollen, durch die Personen oder dieses Objekt gefährdet sind,
4. es sich um ein Land-, Wasser- oder Luftfahrzeug handelt, in dem sich eine Person befindet, deren Identität nach § 21 Absatz 2 Satz 1 Nummer 4 fest-

gestellt werden darf; die Durchsuchung kann sich auch auf die in dem Fahrzeug enthaltenen Sachen erstrecken,
5. sie zur gezielten Kontrolle ausgeschrieben ist, von einer Person mitgeführt wird, die zur gezielten Kontrolle ausgeschrieben ist, oder Tatsachen die Annahme rechtfertigen, dass sich in ihr eine Person oder eine Sache befindet, die zur gezielten Kontrolle ausgeschrieben ist.

(3) [1]Bei der Durchsuchung von Sachen hat der Inhaber der tatsächlichen Gewalt das Recht, anwesend zu sein. [2]Ist er abwesend, so soll sein Vertreter oder ein anderer Zeuge hinzugezogen werden. [3]Dem Inhaber der tatsächlichen Gewalt ist auf Verlangen eine Bescheinigung über die Durchsuchung und ihren Grund zu erteilen.

§ 36
Betreten und Durchsuchung von Wohnungen

(1) [1]Die Ordnungsbehörden und die Polizei können eine Wohnung ohne Einwilligung des Inhabers betreten und durchsuchen, wenn
1. Tatsachen die Annahme rechtfertigen, dass sich in ihr eine Sache befindet, die nach § 38 Absatz 1 Nummer 1 sichergestellt werden darf,
2. von der Wohnung Emissionen ausgehen, die nach Art, Ausmaß oder Dauer geeignet sind, die Gesundheit in der Nachbarschaft wohnender Personen zu beschädigen,
3. das zur Abwehr einer gegenwärtigen Gefahr für Leib, Leben, Freiheit oder sexuelle Selbstbestimmung einer Person oder für Sachen von bedeutendem Wert erforderlich ist.

[2]Die Wohnung umfasst die Wohn- und Nebenräume, Arbeits-, Betriebs- und Geschäftsräume sowie anderes befriedetes Besitztum.

(2) Die Polizei kann eine Wohnung ohne Einwilligung des Inhabers betreten und durchsuchen, wenn Tatsachen die Annahme rechtfertigen, dass sich in ihr eine Person befindet, die nach § 20 Abs. 3 vorgeführt oder nach § 30 in Gewahrsam genommen werden darf.

(3) Während der Nachtzeit (§ 104 Abs. 3 der Strafprozessordnung) ist das Betreten und Durchsuchen einer Wohnung nur in den Fällen des Absatzes 1 Nr. 2 und 3 zulässig.

(4) Wohnungen können jedoch zur Abwehr dringender Gefahren jederzeit betreten werden, wenn Tatsachen die Annahme rechtfertigen, dass
1. dort Personen Straftaten von erheblicher Bedeutung verabreden, vorbereiten oder verüben,
2. sich dort gesuchte Straftäter verbergen oder
3. dort mutmaßlich Geschädigte von Straftaten nach den §§ 177, 180, 180a, 181a, 182, 232, 232a, 232b, 233, 233a des Strafgesetzbuches anzutreffen oder untergebracht sind.

(5) Arbeits-, Betriebs- und Geschäftsräume sowie andere Räume und Grundstücke, die der Öffentlichkeit zugänglich sind oder zugänglich waren und den

Anwesenden zum weiteren Aufenthalt zur Verfügung stehen, können zum Zwecke der Gefahrenabwehr (§ 1 Abs. 1) während der Arbeits-, Geschäfts- oder Aufenthaltszeit betreten werden.

§ 37
Verfahren bei der Durchsuchung von Wohnungen

(1) Durchsuchungen bedürfen der gerichtlichen Anordnung; dies gilt nicht bei Gefahr im Verzug.
(2) [1]Bei der Durchsuchung einer Wohnung hat der Wohnungsinhaber das Recht, anwesend zu sein. [2]Ist er abwesend, so ist, wenn möglich, sein Vertreter oder ein erwachsener Angehöriger, Hausgenosse oder Nachbar zuzuziehen.
(3) Dem Wohnungsinhaber oder seinem Vertreter ist der Grund der Durchsuchung unverzüglich bekanntzugeben, soweit dadurch der Zweck der Maßnahme nicht gefährdet wird.
(4) [1]Über die Durchsuchung ist eine Niederschrift zu fertigen. [2]Sie muss die verantwortliche Stelle, Grund, Zeit und Ort der Durchsuchung und das Ergebnis der Durchsuchung enthalten. [3]Die Niederschrift ist von einem durchsuchenden Beamten und dem Wohnungsinhaber oder der zugezogenen Person zu unterzeichnen. [4]Wird die Unterschrift verweigert, so ist hierüber ein Vermerk aufzunehmen. [5]Dem Wohnungsinhaber oder seinem Vertreter ist auf Verlangen eine Abschrift der Niederschrift auszuhändigen.
(5) Ist die Anfertigung der Niederschrift oder die Aushändigung einer Abschrift nach den besonderen Umständen des Falles nicht möglich oder würde sie den Zweck der Durchsuchung gefährden, so sind der betroffenen Person lediglich die Durchsuchung unter Angabe der verantwortlichen Ordnungsbehörde oder Polizei sowie Zeit und Ort der Durchsuchung schriftlich oder elektronisch zu bestätigen.

§ 37a
Umsetzung von Fahrzeugen

(1) [1]Die Ordnungsbehörden und die Polizei können ein abgestelltes Fahrzeug zur Abwehr einer von diesem ausgehenden Gefahr selbst oder durch eine oder einen Beauftragten an eine Stelle im öffentlichen Verkehrsraum verbringen, an der das Parken gestattet ist (Umsetzung). [2]§ 15 Absatz 2 und 3 gilt entsprechend.
(2) [1]Ist eine Umsetzung nach Absatz 1 mangels Erreichbarkeit einer geeigneten Stelle im öffentlichen Verkehrsraum nicht möglich, kann das Fahrzeug sichergestellt werden. [2]§ 38 bleibt unberührt; die §§ 39 bis 41 gelten entsprechend.
(3) Die Absätze 1 und 2 gelten entsprechend für die Umsetzung und Sicherstellung eines stillliegenden Wasserfahrzeugs oder eines stillliegenden sonstigen Schwimmkörpers.

§ 37b
Nutzungsbeschränkende Maßnahmen an gefährdeten Objekten

(1) Die Polizei kann an einem gefährdeten Objekt im Sinne von § 24a Absatz 1 und auf den unmittelbar im Zusammenhang mit diesem Objekt stehenden Grün- oder Straßenflächen durch Allgemeinverfügung das Abstellen von Fahrrädern, E-Scootern und anderen Gegenständen beschränken oder verbieten, wenn Tatsachen die Annahme rechtfertigen, dass an einem Objekt dieser Art Straftaten von erheblicher Bedeutung drohen und deren Verhütung auf andere Weise wesentlich erschwert wäre.

(2) [1]Die Allgemeinverfügung ist auf höchstens ein Jahr zu befristen. [2]Eine Verlängerung um jeweils höchstens ein Jahr ist zulässig, soweit die Voraussetzungen gemäß Absatz 1 weiterhin vorliegen.

§ 38
Sicherstellung

(1) Die Ordnungsbehörden und die Polizei können eine Sache sicherstellen,
1. um eine gegenwärtige Gefahr abzuwehren,
2. um den Eigentümer oder den rechtmäßigen Inhaber der tatsächlichen Gewalt vor Verlust oder Beschädigung einer Sache zu schützen,
3. wenn sie von einer Person mitgeführt wird, die nach diesem Gesetz oder anderen Rechtsvorschriften festgehalten wird, vorgeführt oder zur Durchführung einer Maßnahme an einen anderen Ort gebracht werden soll und die Sache verwendet werden kann, um
   a) sich zu töten oder zu verletzen,
   b) Leben oder Gesundheit anderer zu schädigen,
   c) fremde Sachen zu beschädigen,
   d) die Flucht zu ermöglichen oder zu erleichtern.

(2) Die Sicherstellung hat die Wirkung eines Veräußerungsverbots im Sinne des § 136 des Bürgerlichen Gesetzbuches.

(3) [1]Unter den Voraussetzungen des Absatzes 1 Nummer 1 und 2 kann die Polizei auch Forderungen sowie andere Vermögensrechte sicherstellen. [2]Die Vorschriften der Zivilprozessordnung über die Zwangsvollstreckung in Forderungen und andere Vermögensrechte gelten entsprechend.

§ 39
Verwahrung

(1) [1]Sichergestellte Sachen sind in Verwahrung zu nehmen. [2]Lässt die Beschaffenheit der Sachen das nicht zu oder erscheint die Verwahrung bei der Ordnungsbehörde oder der Polizei unzweckmäßig, sind die Sachen auf andere geeignete Weise aufzubewahren oder zu sichern. [3]In diesem Falle kann die Verwahrung auch einem Dritten übertragen werden.

(2) [1]Der betroffenen Person ist eine Bescheinigung auszustellen, die den Grund der Sicherstellung erkennen lässt und die sichergestellten Sachen bezeichnet. [2]Kann nach den Umständen des Falles eine Bescheinigung nicht ausgestellt werden, so ist über die Sicherstellung eine Niederschrift aufzunehmen, die auch erkennen lässt, warum eine Bescheinigung nicht ausgestellt worden ist. [3]Der Eigentümer oder der rechtmäßige Inhaber der tatsächlichen Gewalt ist unverzüglich zu unterrichten.
(3) [1]Wird eine sichergestellte Sache verwahrt, so ist nach Möglichkeit Wertminderungen vorzubeugen. [2]Das gilt nicht, wenn die Sache durch den Dritten auf Verlangen eines Berechtigten verwahrt wird.
(4) Die verwahrten Sachen sind zu verzeichnen und so zu kennzeichnen, dass Verwechslungen vermieden werden.

§ 40
Verwertung, Vernichtung, Einziehung

(1) Die Verwertung einer sichergestellten Sache ist zulässig, wenn
1. ihr Verderb oder eine wesentliche Wertminderung droht,
2. ihre Verwahrung, Pflege oder Erhaltung mit unverhältnismäßig hohen Kosten oder Schwierigkeiten verbunden ist,
3. sie infolge ihrer Beschaffenheit nicht so verwahrt werden kann, dass weitere Gefahren für die öffentliche Sicherheit oder Ordnung ausgeschlossen sind,
4. sie nach einer Frist von einem Jahr nicht an einen Berechtigten herausgegeben werden kann, ohne dass die Voraussetzungen der Sicherstellung erneut eintreten würden,
5. der Berechtigte sie nicht innerhalb einer ausreichend bemessenen Frist abholt, obwohl ihm eine Mitteilung über die Frist mit dem Hinweis zugestellt worden ist, dass die Sache verwertet wird, wenn sie nicht innerhalb der Frist abgeholt wird.

(2) [1]Die betroffene Person, der Eigentümer und andere Personen, denen ein Recht an der Sache zusteht, sollen vor der Verwertung gehört werden. [2]Die Anordnung sowie Zeit und Ort der Verwertung sind ihnen mitzuteilen, soweit die Umstände und der Zweck der Maßnahmen es erlauben.
(3) [1]Die Sache wird durch öffentliche Versteigerung verwertet; § 979 Abs. 1 des Bürgerlichen Gesetzbuches gilt entsprechend. [2]Bleibt die Versteigerung erfolglos, erscheint sie von vornherein aussichtslos oder würden die Kosten der Versteigerung voraussichtlich den zu erwartenden Erlös übersteigen, so kann die Sache freihändig verkauft werden. [3]Der Erlös tritt an die Stelle der verwerteten Sache. [4]Lässt sich innerhalb angemessener Frist kein Käufer finden, so kann die Sache einem gemeinnützigen Zweck zugeführt werden.
(4) [1]Sichergestellte Sachen können unbrauchbar gemacht, vernichtet oder eingezogen werden, wenn
1. im Falle einer Verwertung die Gründe, die zu ihrer Sicherstellung berechtigten, fortbestehen oder Sicherstellungsgründe erneut entstehen würden,

2. die Verwertung aus anderen Gründen nicht möglich ist.
[2]Absatz 2 gilt entsprechend.

§ 41
Beendigung der Sicherstellung; Kosten

(1) [1]Sobald die Voraussetzungen für die Sicherstellung weggefallen sind, sind die Sachen an diejenige Person herauszugeben, bei der sie sichergestellt worden sind. [2]Ist die Herausgabe an diese nicht möglich, können sie an eine andere Person herausgegeben werden, die ihre Berechtigung glaubhaft macht. [3]Sofern bestimmte Tatsachen die Annahme rechtfertigen, dass es sich beim letzten Gewahrsamsinhaber nicht um den Eigentümer oder sonstigen Berechtigten an der Sache handelt, kann die Herausgabe verweigert werden; § 40 gilt entsprechend. [4]Satz 1 gilt in den Fällen des § 38 Absatz 3 entsprechend. [5]Die Beendigung der Sicherstellung ist ausgeschlossen, wenn dadurch erneut die Voraussetzungen für eine Sicherstellung eintreten würden.
(2) [1]Die Sicherstellung im Sinne des § 38 Absatz 3 darf nicht länger als ein Jahr aufrechterhalten werden. [2]Kann die Forderung oder das Vermögensrecht nach Ablauf eines Jahres nicht freigegeben werden, ohne dass die Voraussetzungen der Sicherstellung erneut eintreten, kann die Sicherstellung mit gerichtlicher Zustimmung um jeweils ein weiteres Jahr verlängert werden.
(3) [1]Sind die Sachen verwertet worden, ist der Erlös herauszugeben. [2]Ist eine berechtigte Person nicht vorhanden oder nicht zu ermitteln, ist der Erlös nach den Vorschriften des Bürgerlichen Gesetzbuches zu hinterlegen. [3]Der Anspruch auf Herausgabe des Erlöses erlischt drei Jahre nach Ablauf des Jahres, in dem die Sache verwertet worden ist.
(4) [1]Die Kosten der Sicherstellung und Verwahrung fallen den nach den §§ 13 oder 14 Verantwortlichen zur Last. [2]Mehrere Verantwortliche haften als Gesamtschuldner. [3]Die Herausgabe der Sache kann von der Zahlung der Kosten abhängig gemacht werden. [4]Ist eine Sache verwertet worden, können die Kosten aus dem Erlös gedeckt werden. [5]Die Kosten können im Verwaltungsvollstreckungsverfahren beigetrieben werden. [6]Die Erhebung von Kosten nach dem Gesetz über Gebühren und Beiträge bleibt unberührt.
(5) § 983 des Bürgerlichen Gesetzbuches bleibt unberührt.

§ 41a
Operativer Opferschutz

(1) [1]Die Polizei kann für eine Person Urkunden und sonstige Dokumente zum Aufbau oder zur Aufrechterhaltung einer vorübergehend geänderten Identität herstellen, vorübergehend verändern sowie die geänderten personenbezogenen Daten verarbeiten, wenn dies zur Abwehr einer konkretisierten und voraussichtlich nicht nur vorübergehenden Gefahr für Leib, Leben, Freiheit oder sexuelle Selbstbestimmung der Person erforderlich und die Person für die

Schutzmaßnahme geeignet ist und in sie einwilligt. [2]Maßnahmen nach Satz 1 können auf Angehörige der Person und ihr sonst nahestehende Personen erstreckt werden, soweit dies zu den dort genannten Zwecken erforderlich ist und die Personen in die Maßnahmen einwilligen.

(2) Personen nach Absatz 1 dürfen unter der vorübergehend geänderten Identität am Rechtsverkehr teilnehmen.

(3) § 25c Absatz 2 findet Anwendung auf diejenigen Polizeivollzugsbeamtinnen und Polizeivollzugsbeamten, die mit Maßnahmen nach Absatz 1 betraut sind, soweit dies zur Vorbereitung oder Durchführung dieser Maßnahmen erforderlich ist.

(4) Über Maßnahmen nach Absatz 1 entscheidet die Polizeipräsidentin oder der Polizeipräsident oder die Vertretung im Amt.

(5) [1]Wird eine Schutzmaßnahme beendet, unterrichtet die Polizei unter Berücksichtigung der Belange des Opferschutzes die beteiligten öffentlichen und nicht-öffentlichen Stellen. [2]Die Polizei zieht die nach Absatz 1 hergestellten oder veränderten Urkunden und Dokumente ein, deren Verwendung nicht mehr erforderlich ist.

§ 41b
Verarbeitung personenbezogener Daten und Geheimhaltung bei operativem Opferschutz

(1) Die Polizei kann Auskünfte über personenbezogene Daten einer nach § 41a Absatz 1 Satz 1 zu schützenden Person verweigern, soweit dies aus Gründen des Opferschutzes erforderlich ist und schutzwürdige Interessen Dritter an der Übermittlung der Auskunft nicht überwiegen.

(2) [1]Behörden und andere öffentliche Stellen sind berechtigt, auf Ersuchen der Polizei die Verarbeitung personenbezogener Daten einer zu schützenden Person einzuschränken oder diese Daten nicht zu übermitteln. [2]Sie sollen dem Ersuchen entsprechen, soweit entgegenstehende öffentliche Interessen oder schutzwürdige Interessen Dritter nicht überwiegen. [3]Die Beurteilung der Erforderlichkeit der Maßnahme durch die Polizei ist für die ersuchte Stelle bindend.

(3) Die Polizei kann von nicht-öffentlichen Stellen verlangen, personenbezogene Daten einer zu schützenden Person einzuschränken oder nicht zu übermitteln, sofern nicht schutzwürdige Interessen Dritter an der Übermittlung der Auskunft oder an der Übermittlung überwiegen.

(4) Bei der Datenverarbeitung innerhalb der öffentlichen und nicht-öffentlichen Stellen ist sicherzustellen, dass der Opferschutz nicht beeinträchtigt wird.

(5) Die öffentlichen und nicht-öffentlichen Stellen teilen der Polizei jedes Ersuchen um Bekanntgabe von eingeschränkten oder sonst von ihr bestimmten Daten unverzüglich mit.

(6) [1]Wer mit dem Opferschutz befasst wird, darf die ihm bekannt gewordenen Erkenntnisse über Maßnahmen des operativen Opferschutzes auch über den Zeitpunkt der Beendigung des Opferschutzes hinaus nicht unbefugt offenba-

ren. [2]Personen, die nicht Amtsträgerin oder Amtsträger (§ 11 Absatz 1 Nummer 2 des Strafgesetzbuches) sind, sollen nach § 1 des Verpflichtungsgesetzes verpflichtet werden, sofern dies geboten erscheint.

§ 41c
Sicherheitsmitteilung, Sicherheitsgespräch

[1]Die Polizei kann eine Person auf geeignete Weise, insbesondere durch mündliche, schriftliche oder elektronische Mitteilung oder Signale informieren, dass Tatsachen die Annahme rechtfertigen, eine andere Person werde in einem absehbaren Zeitraum eine Straftat begehen oder an ihrer Begehung teilnehmen, sofern die zu informierende Person als Opfer der drohenden Straftat in Betracht kommt oder ihre Kenntnis von der drohenden Straftat unbedingt erforderlich ist, um ihr ein gefahrenangepasstes Verhalten zu ermöglichen. [2]Soweit es den Zweck der Maßnahme nicht gefährdet, soll das Sicherheitsgespräch außerhalb der Hör- und Sichtweite Dritter erfolgen. [3]§ 45 bleibt unberührt.

Zweiter Unterabschnitt
Befugnisse für die weitere Datenverarbeitung

§ 42
Allgemeine Befugnisse für die Datenweiterverarbeitung

(1) [1]Die Ordnungsbehörden und die Polizei können rechtmäßig erhobene personenbezogene Daten weiterverarbeiten,
1. soweit das
   a) zur Erfüllung ihrer Aufgaben,
   b) zu einer befristeten Dokumentation oder
   c) zur Vorgangsverwaltung

   erforderlich ist oder
2. wenn die betroffene Person nach Maßgabe von § 18 Absatz 8 und in Kenntnis des Zwecks der Weiterverarbeitung in diese eingewilligt hat.

[2]Dies gilt auch für personenbezogene Daten, die die Ordnungsbehörden oder die Polizei unaufgefordert durch Dritte erlangt haben. [3]Bei der zur Aufgabenerfüllung erforderlichen Weiterverarbeitung ist § 42a zu beachten, soweit Vorschriften dieses Gesetzes oder andere Rechtsvorschriften nicht entgegenstehen oder keine besonderen Voraussetzungen vorsehen.

(2) Weiterverarbeitung im Sinne dieses Gesetzes ist die Organisation, das Ordnen, die Speicherung, die Anpassung oder Veränderung, das Auslesen, das Abfragen, die Verwendung, der Abgleich oder die Verknüpfung von Daten.

(3) [1]Die Polizei kann personenbezogene Daten, die sie im Rahmen von strafrechtlichen Ermittlungen gewonnen hat, nach Maßgabe von § 42a Absatz 2 bis 4 weiterverarbeiten, soweit das zur Gefahrenabwehr, insbesondere zur vorbeugenden Bekämpfung von Straftaten, erforderlich ist und Vorschriften dieses Gesetzes oder andere Rechtsvorschriften nicht entgegenstehen. [2]Bei der Wei-

terverarbeitung dieser Daten zur vorbeugenden Bekämpfung von Straftaten gilt ergänzend Absatz 4.

(4) [1]Soweit dies zur vorbeugenden Bekämpfung von Straftaten erforderlich ist, kann die Polizei personenbezogene Daten nach Maßgabe von § 42a Absatz 1 bis 4 weiterverarbeiten von Personen,

1. bei denen auf Grund tatsächlicher Anhaltspunkte eine hinreichende Wahrscheinlichkeit dafür besteht, dass sie eine Straftat begehen oder an ihr teilnehmen werden,
2. bei denen auf Grund tatsächlicher Anhaltspunkte der Verdacht besteht, dass sie eine Straftat begangen oder an einer solchen teilgenommen haben,
3. die unter § 18 Absatz 2 Nummer 1 Buchstabe b bis e fallen.

[2]In den Fällen des Satzes 1 Nummer 2

1. ist die Weiterverarbeitung unzulässig, sofern die Person rechtskräftig freigesprochen wurde, die Eröffnung des Hauptverfahrens gegen sie unanfechtbar abgelehnt wurde oder das Verfahren nicht nur vorläufig eingestellt wurde und sich aus den Gründen der Entscheidung ergibt, dass sie die Straftat nicht oder nicht rechtswidrig begangen hat,
2. entfällt nach Ablauf von zwei Jahren die Erforderlichkeit der Weiterverarbeitung zur vorbeugenden Bekämpfung von Straftaten, es sei denn, es besteht auf Grund tatsächlicher Anhaltspunkte eine hinreichende Wahrscheinlichkeit dafür, dass die Person weitere Straftaten begehen oder an solchen teilnehmen wird.

(5) Werden wertende Angaben über eine Person in Dateisystemen gespeichert, muss feststellbar sein, bei welcher Stelle die den Angaben zugrunde liegenden Informationen vorhanden sind.

(6) Sind bereits Daten zu einer Person vorhanden, können zu dieser Person auch

1. personengebundene Hinweise, die zu ihrem Schutz oder zum Schutz der Bediensteten der Ordnungsbehörden und der Polizei erforderlich sind, und
2. weitere Hinweise, die geeignet sind, dem Schutz Dritter oder der Gewinnung von Ermittlungsansätzen zu dienen,

weiterverarbeitet werden.

§ 42a
Zweckbindung und Grundsatz der hypothetischen Datenneuerhebung

(1) [1]Die Ordnungsbehörden und die Polizei können personenbezogene Daten, die sie selbst erhoben haben, jeweils selbst weiterverarbeiten

1. zur Erfüllung derselben Aufgabe, der die Ermächtigungsgrundlage dient, die der Erhebung zugrunde lag,
2. zum Schutz derjenigen Rechtsgüter oder Rechte, den die der Erhebung zugrunde liegende Ermächtigungsgrundlage bezweckt, und

3. zur vorbeugenden Bekämpfung solcher Straftaten oder Ordnungswidrigkeiten, deren Verhütung die der Erhebung zugrunde liegende Ermächtigungsgrundlage bezweckt.

[2]Das Gleiche gilt für personenbezogene Daten, die die Ordnungsbehörden und die Polizei nicht selbst erhoben haben, mit der Maßgabe, dass für die Weiterverarbeitung der Zweck der rechtmäßigen Speicherung zu berücksichtigen ist.

(2) [1]Die Ordnungsbehörden und die Polizei können zur Erfüllung ihrer Aufgaben personenbezogene Daten zu anderen Zwecken als denjenigen, zu denen diese erhoben worden sind, weiterverarbeiten, wenn bezogen auf die Ermächtigungsgrundlage, die der Erhebung der weiterzuverarbeitenden Daten im Einzelfall zugrunde lag,

1. mindestens
   a) Straftaten oder Ordnungswidrigkeiten von vergleichbarem Gewicht verhütet oder verfolgt oder
   b) Rechtsgüter oder sonstige Rechte von vergleichbarer Bedeutung geschützt
2. sich im Einzelfall konkrete Ermittlungsansätze zur
   a) Verhütung oder Verfolgung solcher Straftaten oder Ordnungswidrigkeiten ergeben oder
   b) Abwehr von in einem übersehbaren Zeitraum drohenden Gefahren für mindestens vergleichbar bedeutsame Rechtsgüter oder sonstige Rechte erkennen lassen,

[2]soweit nicht Vorschriften dieses Gesetzes oder andere Rechtsvorschriften die zweckändernde Weiterverarbeitung besonders regeln oder eine Datenerhebung zu dem anderen Zweck mit vergleichbaren Mitteln zulassen. [3]Abweichend von Satz 1 können die vorhandenen zur Identifizierung dienenden Daten einer Person, wie insbesondere Namen, Geschlecht, Geburtsdatum, Geburtsort, Staatsangehörigkeit, Anschrift, auch weiterverarbeitet werden, um entsprechende Identifizierungen vorzunehmen. [4]Die Sätze 1 und 2 gelten entsprechend für personenbezogene Daten, denen keine Erhebung vorausgegangen ist, mit der Maßgabe, dass für die Weiterverarbeitung der Zweck der Speicherung zu berücksichtigen ist. [5]Eine Weiterverarbeitung zu anderen Zwecken liegt nicht vor, wenn sie der Wahrnehmung von Aufsichts- und Kontrollbefugnissen, der Rechnungsprüfung oder der Durchführung von Organisationsuntersuchungen dient. [6]Der Zugriff auf personenbezogene Daten ist insoweit nur zulässig, als er für die Ausübung dieser Befugnisse unverzichtbar ist. [7]§ 15 Absatz 1 Satz 1 und Absatz 5 sowie § 34 des Berliner Datenschutzgesetzes finden keine Anwendung.

(3) [1]Die Weiterverarbeitung personenbezogener Daten nach Absatz 1 oder Absatz 2, die durch einen verdeckten Einsatz technischer Mittel in oder aus Wohnungen oder durch einen verdeckten Eingriff in informationstechnische Systeme erlangt wurden, ist zudem nur zulässig, wenn im Einzelfall die jeweilige Gefahrenschwelle im Sinne von § 25b Absatz 1 Satz 1 beziehungsweise § 26b Absatz 1 in Verbindung mit § 26a Absatz 1 erreicht ist. [2]Erfolgt die Weiterver-

arbeitung nach Satz 1 zweckändernd, muss die Zweckänderung im Einzelfall festgestellt und dokumentiert werden. [3]Bildaufnahmen oder -aufzeichnungen, die aus einer Maßnahme nach § 25b Absatz 1 erlangt wurden, dürfen nicht zu Strafverfolgungszwecken weiterverarbeitet werden.

(4) Bei der Weiterverarbeitung von personenbezogenen Daten ist durch organisatorische und technische Vorkehrungen sicherzustellen, dass die Absätze 1 bis 3 eingehalten werden.

§ 42b
Kennzeichnung

(1) [1]Bei der Speicherung in Informationssystemen sind personenbezogene Daten wie folgt zu kennzeichnen:

1. Angabe des Mittels der Erhebung einschließlich der Angabe, ob die Daten offen oder verdeckt erhoben wurden,
2. Angabe der Kategorie betroffener Personen bei denjenigen Personen, zu denen der Identifizierung dienende Daten, wie insbesondere Namen, Geschlecht, Geburtsdatum, Geburtsort, Staatsangehörigkeit, Anschrift, angelegt wurden,
3. Angabe der Rechtsgüter oder sonstigen Rechte, deren Schutz die Erhebungsvorschrift bezweckt, oder der Straftaten oder Ordnungswidrigkeiten, deren Verfolgung oder Verhütung die Erhebungsvorschrift bezweckt,
4. Angabe der Stelle, die die Daten erhoben hat.

[2]Die Kennzeichnung nach Satz 1 Nummer 1 kann durch die Angabe der Rechtsgrundlage der jeweiligen Mittel der Datenerhebung ergänzt werden. [3]Personenbezogene Daten, denen keine Erhebung vorausgegangen ist, sind, soweit möglich, nach Satz 1 zu kennzeichnen; darüber hinaus sind die erste diese Daten verarbeitende Stelle und, soweit möglich, diejenige Stelle, von der die Daten erlangt wurden, anzugeben. [4]§ 51a Absatz 2 bleibt unberührt.

(2) Personenbezogene Daten, die nicht nach Absatz 1 gekennzeichnet sind, dürfen nicht weiterverarbeitet oder übermittelt werden.

(3) Nach einer Übermittlung an eine andere Stelle hat diese die Kennzeichnung aufrechtzuerhalten.

(4) [1]Die Absätze 1 bis 3 gelten nicht, soweit eine Kennzeichnung

1. tatsächlich nicht möglich ist,
2. technisch nicht möglich ist oder einen unverhältnismäßigen technischen Aufwand erfordern würde.

[2]Auf Datenverarbeitungen nach § 42d findet dies keine Anwendung.

[Red. Anmerkung: Fassung ab 1. Januar 2031:]

(4) Die Absätze 1 bis 3 gelten nicht, soweit eine Kennzeichnung tatsächlich nicht möglich ist. Auf Datenverarbeitungen nach § 42d findet dies keine Anwendung.

§ 42c
Übermittlung und Weiterverarbeitung personenbezogener Daten zu wissenschaftlichen und historischen Forschungszwecken, zu archivarischen und statistischen Zwecken sowie zur Aus- und Fortbildung

(1) [1]Die Ordnungsbehörden und die Polizei können zu im öffentlichen Interesse liegenden wissenschaftlichen und historischen Forschungszwecken sowie zu archivarischen und statistischen Zwecken personenbezogene Daten, einschließlich besonderer Kategorien personenbezogener Daten, an Hochschulen, an andere Einrichtungen, die wissenschaftliche oder historische Forschung betreiben, und an öffentliche Stellen übermitteln,

1. wenn die betroffene Person eingewilligt hat oder
2. wenn
   a) dies für die Durchführung bestimmter wissenschaftlicher oder historischer Forschungsarbeiten, für archivarische oder statistische Zwecke erforderlich ist,
   b) eine Übermittlung anonymisierter oder pseudonymisierter Daten zu diesem Zweck nicht möglich ist und das öffentliche Interesse an der Durchführung des Vorhabens das schutzwürdige Interesse der betroffenen Person an dem Ausschluss der Übermittlung erheblich überwiegt und
   c) der jeweilige Zweck nicht auf andere Weise erreicht werden kann.

[2]§ 59 des Berliner Datenschutzgesetzes sowie § 42a Absatz 1, 2 und 4 finden insoweit keine Anwendung.

(2) Nicht übermittelt werden dürfen personenbezogene Daten, die durch

1. gefahrenabwehrende medizinische, molekulargenetische oder körperliche Untersuchungen,
2. eine Aufzeichnung mit offen körpernah getragenen technischen Mitteln in nicht öffentlich zugänglichen Räumen,
3. einen verdeckten Einsatz technischer Mittel in oder aus Wohnungen oder
4. einen verdeckten Eingriff in informationstechnische Systeme

erlangt wurden.

(3) [1]Eine Übermittlung personenbezogener Daten nach Absatz 1 darf nur an Amtsträgerinnen und Amtsträger (§ 11 Absatz 1 Nummer 2 des Strafgesetzbuches), an für den öffentlichen Dienst besonders Verpflichtete oder an Personen erfolgen, die zur Geheimhaltung verpflichtet worden sind. [2]Die Übermittlung erfolgt erst dann, wenn die empfangende Stelle der übermittelnden Stelle ein Datenschutzkonzept vorgelegt hat, in dem sie geeignete Maßnahmen zur Erfüllung der Vorgaben des Absatzes 5 vorsieht und sich zu deren Umsetzung verpflichtet.

(4) [1]Die Daten dürfen nur für den Zweck weiterverarbeitet werden, für den sie nach Absatz 1 übermittelt worden sind. [2]Die Weiterverarbeitung für andere Vorhaben im Sinne des Absatzes 2 oder die Weitergabe richten sich nach den

Absätzen 1 bis 3 und bedürfen der Zustimmung der Stelle, die die Daten übermittelt hat. [3]Die empfangende Stelle ist auf die Bestimmungen dieses Absatzes sowie diejenigen des Absatzes 6 hinzuweisen.

(5) [1]Die empfangende Stelle hat durch organisatorische und technische Maßnahmen zu gewährleisten, dass

1. die Daten gegen unbefugte Kenntnisnahme geschützt sind und
2. bei besonderen Kategorien personenbezogener Daten § 51a Absatz 2 beachtet wird.

[2]Sobald der jeweilige Zweck es erlaubt, sind die personenbezogenen oder pseudonymisierten Daten zu anonymisieren, es sei denn, berechtigte Interessen der betroffenen Person stehen dem entgegen. [3]Solange die Anonymisierung noch nicht möglich ist, sind die Merkmale gesondert aufzubewahren, mit denen Einzelangaben über persönliche oder sachliche Verhältnisse einer bestimmten oder bestimmbaren Person zugeordnet werden können. [4]Sie dürfen mit den Einzelangaben nur zusammengeführt werden, soweit der jeweilige Zweck dies erfordert. [5]Die Merkmale sind zu löschen, sobald der jeweilige Zweck dies erlaubt.

(6) Die empfangende Stelle darf die personenbezogenen Daten nur veröffentlichen, wenn

1. die betroffene Person eingewilligt hat oder
2. dies für die Darstellung von Forschungsergebnissen über Ereignisse der Zeitgeschichte unerlässlich ist und die übermittelnde Stelle zugestimmt hat.

(7) [1]Die in den §§ 48, 48a und 50, in den Artikeln 15, 16, 18 und 21 der Verordnung (EU) 2016/679 und in den §§ 41 bis 44 des Berliner Datenschutzgesetzes vorgesehenen Rechte der betroffenen Person sind insoweit beschränkt, als sie voraussichtlich die Verwirklichung der Forschungs- oder Statistikzwecke unmöglich machen oder ernsthaft beeinträchtigen und die Beschränkung für die Erfüllung der Forschungs- oder Statistikzwecke notwendig ist. [2]Das Auskunftsrecht nach Artikel 15 der Verordnung (EU) 2016/679 und nach § 43 des Berliner Datenschutzgesetzes besteht darüber hinaus nicht, wenn die Daten zu Zwecken der wissenschaftlichen Forschung erforderlich sind und die Auskunftserteilung einen unverhältnismäßigen Aufwand erfordern würde.

(8) [1]Die Ordnungsbehörden und die Polizei können im Rahmen ihrer Aufgaben bei ihnen vorhandene personenbezogene Daten über die zulässige Speicherdauer hinaus unter den Voraussetzungen des Absatzes 1 zu den dort genannten Zwecken weiterverarbeiten. [2]§ 59 des Berliner Datenschutzgesetzes sowie § 42a Absatz 1, 2 und 4 finden insoweit keine Anwendung. [3]Personenbezogenen Daten aus Maßnahmen nach Absatz 2 Nummer 1 dürfen nicht, personenbezogene Daten aus Maßnahmen nach Absatz 2 Nummer 2 bis 4 nur insoweit weiterverarbeitet werden, wie dies für die ordnungsbehördliche oder polizeiliche Forschung in eigenen Angelegenheiten oder für die Evaluation der Effektivität der ordnungsbehördlichen oder polizeilichen Aufgabenerfüllung unerlässlich ist. [4]Absatz 5 gilt entsprechend.

(9) [1]Die Ordnungsbehörden und die Polizei können personenbezogene Daten über die zulässige Speicherdauer hinaus zur Aus- oder Fortbildung in anonymisierter Form weiterverarbeiten. [2]Die Anonymisierung kann unterbleiben, wenn diese

1. nicht mit vertretbarem Aufwand möglich ist oder
2. dem Aus- und Fortbildungszweck entgegensteht

und jeweils die berechtigten Interessen des Betroffenen an der Geheimhaltung der Daten nicht überwiegen. [3]Absatz 8 Satz 2 und 3 gilt entsprechend.

§ 42d
Training und Testung von KI-Systemen

(1) [1]Polizei und Feuerwehr können die bei ihnen jeweils rechtmäßig gespeicherten personenbezogenen Daten auch über die vorgesehene Speicherdauer hinaus weiterverarbeiten, wenn dies erforderlich ist, um KI-Systeme, die der Erfüllung ihrer jeweiligen Aufgaben dienen, unter Verwendung dieser Daten zu trainieren und zu testen. [2]Bei der Weiterverarbeitung ist sicherzustellen, dass diskriminierende Algorithmen weder herausgebildet noch verwendet werden. [3]Soweit wie technisch möglich, muss die Nachvollziehbarkeit des verwendeten Verfahrens sichergestellt werden. [4]Die Weiterverarbeitung von personenbezogenen Daten, die aus in § 42c Absatz 2 genannten Maßnahmen erlangt wurden, ist unzulässig. [5]Personenbezogene Daten nach Satz 1 dürfen nicht zum Trainieren oder Testen von KI-Systemen weiterverarbeitet werden, wenn die Daten nicht mit Hilfe solcher KI-Systeme erhoben oder verarbeitet werden dürften.

(2) [1]Personenbezogene Daten sind für die Verwendung zu Test- oder Trainingszwecken zu anonymisieren. [2]Kann der Zweck des Tests oder Trainings mit anonymisierten Daten nicht erreicht werden oder ist die Anonymisierung nur mit unverhältnismäßigem Aufwand möglich, sind sie zu pseudonymisieren. [3]Kann der Zweck des Tests oder Trainings auch mit pseudonymisierten Daten nicht erreicht werden oder ist auch die Pseudonymisierung nur mit unverhältnismäßigem Aufwand möglich, dürfen personenbezogene Daten verwendet werden. [4]Besondere Kategorien personenbezogener Daten dürfen nur unter Gewährleistung von Garantien im Sinne des § 51a Absatz 2 verwendet werden. [5]Die Daten sind unverzüglich zu löschen oder unumkehrbar zu anonymisieren, sobald sie zu Test- oder Trainingszwecken nicht mehr benötigt werden, sonst spätestens nach zwei Jahren, es sei denn, ihre Weiterverarbeitung ist nach anderen Rechtsvorschriften zulässig. [6]Die Löschung ist zu protokollieren. [7]Es ist unzulässig,

1. aus den nach Absatz 1 trainierten oder getesteten KI-Systemen die ursprünglichen personenbezogenen Daten wiederherzustellen,
2. personenbezogene Daten, die gemäß Satz 1 anonymisiert wurden, zu deanonymisieren.

(3) [1]Zur Durchführung von Maßnahmen nach Absatz 1 und nach Maßgabe von Absatz 2 dürfen Polizei und Feuerwehr personenbezogene Daten an Auftragsverarbeitende weitergeben, wenn eine Verarbeitung durch sie selbst nicht

oder nur mit unverhältnismäßigem Aufwand möglich ist. [2]Ist die Verarbeitung durch Polizei und Feuerwehr auch unter Zuhilfenahme Auftragsverarbeitender nicht oder nur mit unverhältnismäßigem Aufwand möglich, dürfen Polizei und Feuerwehr personenbezogene Daten auch an Dritte zu dem in Satz 1 genannten Zweck übermitteln. [3]Auftragsverarbeitende oder zur Verarbeitung eingesetzte Dritte müssen ihren Sitz in einem Mitgliedstaat der Europäischen Union oder in einem Schengen-assoziierten Staat haben; die Daten dürfen nur dorthin weitergeleitet und nur dort weiterverarbeitet werden. [4]§ 42c Absatz 3, 4 und 5 Satz 1 gilt entsprechend. [5]Die bei Auftragsverarbeitenden oder zur Verarbeitung eingesetzten Dritten eingesetzten Personen sind nach § 1 des Verpflichtungsgesetzes zu verpflichten, sofern dies geboten erscheint. [6]Die Übermittlung von Daten nach Absatz 1 Satz 4 ist unzulässig. [7]Auftragsverarbeitende und zur Verarbeitung eingesetzte Dritte dürfen die übermittelten Daten nur im Rahmen des jeweiligen Trainings und der jeweiligen Tests verarbeiten. [8]Sie dürfen die trainierten Modelle für eigene Zwecke weiternutzen, wenn Polizei oder Feuerwehr dem zugestimmt haben und sichergestellt werden kann, dass aus den trainierten Modellen keine Trainingsdaten abgeleitet werden können.

(4) [1]Verwaltungsvorschriften bestimmen das Nähere insbesondere zu
1. dem technischen Verfahren nach Absatz 1,
2. der Art und dem Umfang der zu verarbeitenden Daten,
3. dem Personenkreis, der von der Verarbeitung betroffen ist,
4. den Sicherungsmaßnahmen zur Datenaktualität und -qualität,
5. den Sicherungsmaßnahmen zur Verhinderung unbefugter Datenzugriffe,
6. den Mindeststandards zur technischen Durchführung der Anonymisierung und Pseudonymisierung von Daten,
7. der Beschreibung eines etwaigen unverhältnismäßigen Aufwands im Sinne von Absatz 2 Satz 2 und 3 und
8. den Lösch- und Protokollierungspflichten.

[2]Die oder der Berliner Beauftragte für Datenschutz und Informationsfreiheit ist vor Erlass oder einer Änderung der Verwaltungsvorschriften anzuhören. [3]Die Verwaltungsvorschriften sind zu veröffentlichen.

§ 43
Allgemeine Grundsätze der Datenübermittlung

(1) [1]Übermitteln die Ordnungsbehörden oder die Polizei personenbezogene Daten nach den Vorschriften dieses Gesetzes, gelten die nachfolgenden Regelungen; ferner ist § 42a Absatz 2 bis 4 entsprechend anzuwenden. [2]Datenübermittlung im Sinne dieses Gesetzes ist auch die Weitergabe personenbezogener Daten innerhalb einer Behörde zwischen Stellen, die unterschiedliche gesetzliche Aufgaben wahrnehmen.

(2) [1]Für die Übermittlung personenbezogener Daten zur vorbeugenden Bekämpfung von Straftaten gilt § 42 Absatz 4 entsprechend. [2]Werden personen-

bezogene Daten zu Zwecken außerhalb des § 30 des Berliner Datenschutzgesetzes übermittelt, gilt § 60 des Berliner Datenschutzgesetzes entsprechend.
(3) [1]Werden besondere Kategorien personenbezogener Daten übermittelt, hat die übermittelnde Stelle die empfangende Stelle darauf hinzuweisen, dass die Kennzeichnung der Daten nach § 51a Absatz 2 Satz 1 aufrechtzuerhalten ist. [2]Die Hinweispflicht nach § 60 Absatz 2 des Berliner Datenschutzgesetzes bleibt unberührt.
(4) [1]Die empfangende Stelle darf die übermittelten personenbezogenen Daten, soweit gesetzlich nichts anderes bestimmt ist, nur zu dem Zweck verarbeiten, zu dem sie ihr übermittelt worden sind. [2]Eine Verarbeitung zu anderen Zwecken ist unter Beachtung des § 42a Absatz 2 bis 4 zulässig; im Falle des § 45 gilt dies nur, soweit zusätzlich die übermittelnde Ordnungsbehörde oder die Polizei zustimmt. [3]Bei Übermittlungen nach den §§ 44a, 44b und 45 ist die empfangende Stelle auf die Bestimmungen dieses Absatzes gemäß § 60 Absatz 2 des Berliner Datenschutzgesetzes hinzuweisen.
(5) [1]Personenbezogene Daten über die in § 18 Absatz 2 Nummer 1 Buchstabe b bis e genannten Personen sowie wertende Angaben dürfen nur an andere Ordnungs- und Polizeibehörden übermittelt werden. [2]Das gilt nicht, wenn Vorschriften dieses Gesetzes oder andere Rechtsvorschriften eine solche Übermittlung erlauben.
(6) [1]Die übermittelnde Stelle hat die Zulässigkeit der Übermittlung zu prüfen. 2Erfolgt die Übermittlung auf Grund eines Ersuchens, hat die übermittelnde Stelle nur zu prüfen, ob dieses im Rahmen der Aufgaben der empfangenden Stelle liegt. [3]Im Übrigen hat sie die Zulässigkeit der Übermittlung nur zu prüfen, wenn Zweifel an der Rechtmäßigkeit der Verarbeitung durch die empfangende Stelle bestehen. [4]Die empfangende Stelle hat der übermittelnden Stelle die erforderlichen Angaben zu machen.
(7) [1]Erfolgt die Übermittlung durch ein automatisiertes Verfahren auf Abruf, trägt die abrufende Stelle die Verantwortung für deren Rechtmäßigkeit. [2]Die übermittelnde Stelle prüft die Zulässigkeit der Abrufe nur, wenn dazu Anlass besteht. [3]Die übermittelnde Stelle gewährleistet, dass die Übermittlung personenbezogener Daten zumindest durch geeignete Stichprobenverfahren festgestellt und überprüft werden kann.
(8) [1]Sind mit personenbezogenen Daten, die nach den §§ 44 bis 45 übermittelt werden dürfen, weitere personenbezogene Daten der betroffenen oder einer dritten Person in Akten so verbunden, dass eine Trennung nicht oder nur mit unvertretbarem Aufwand möglich ist, so ist die Übermittlung auch dieser Daten zulässig, soweit nicht berechtigte Interessen der betroffenen oder der dritten Person an der Geheimhaltung offensichtlich überwiegen. [2]Eine Verwendung dieser Daten ist unzulässig.

§ 44
Datenübermittlung an öffentliche Stellen im Inland

(1) Zwischen den Ordnungsbehörden sowie zwischen den Ordnungsbehörden und der Polizei können im Land Berlin personenbezogene Daten übermittelt werden, soweit das zur Erfüllung ordnungsbehördlicher oder polizeilicher Aufgaben erforderlich ist; dies gilt auch für die Übermittlung von Daten an Gefahrenabwehr- oder Polizeibehörden eines anderen Landes oder des Bundes.

(2) Im Übrigen können die Ordnungsbehörden und die Polizei personenbezogene Daten an Behörden oder sonstige öffentliche Stellen übermitteln, soweit das

1. zur Erfüllung ordnungsbehördlicher oder polizeilicher Aufgaben,
2. zur Abwehr einer Gefahr für oder durch den Empfänger,
3. zur Abwehr erheblicher Nachteile für das Gemeinwohl oder
4. zur Abwehr einer schwerwiegenden Beeinträchtigung der Rechte einer Person

erforderlich ist.

(2a) § 45 Absatz 2 bis 6 gilt entsprechend für die Übermittlung personenbezogener Daten der dort genannten Personen durch die Polizei an eine von der zuständigen Senatsverwaltung bestimmte öffentliche Beratungs- oder Vermittlungsstelle.

(3) [1]Auf Ersuchen übermitteln die Ordnungsbehörden und die Polizei personenbezogene Daten an Sachverständige oder sonstige Beauftragte im Sinne von § 35a des Berliner Datenschutzgesetzes zur Erfüllung von deren Aufgaben. [2]Abweichend von § 43 Absatz 1 Satz 1 findet § 42a Absatz 2 bis 4 bei diesen Übermittlungen keine Anwendung.

(4) [1]Die Ordnungsbehörden und die Polizei können ferner im Inland zur Erfüllung ihrer Aufgaben personenbezogene Daten an öffentliche Stellen übermitteln, wenn die betroffene Person nach Maßgabe von § 18 Absatz 8 und in Kenntnis des Zwecks der Übermittlung in diese eingewilligt hat. [2]Absatz 3 Satz 2 gilt entsprechend.

(5) [1]Andere Behörden und sonstige öffentliche Stellen können im Land Berlin personenbezogene Daten an die Ordnungsbehörden und die Polizei übermitteln, soweit das zur Erfüllung ordnungsbehördlicher oder polizeilicher Aufgaben erforderlich erscheint und die von der übermittelnden Stelle zu beachtenden Rechtsvorschriften nicht entgegenstehen. [2]Sie sind zur Übermittlung verpflichtet, wenn diese zur Abwehr einer Gefahr für den Bestand oder die Sicherheit des Bundes oder eines Landes, für Leib, Leben, Freiheit oder sexuelle Selbstbestimmung einer Person oder für Sachen von bedeutendem Wert, deren Erhaltung im öffentlichen Interesse liegt, erforderlich ist.

(6) Andere Rechtsvorschriften für die Datenübermittlung im Inland bleiben unberührt.

§ 44a
Datenübermittlung an öffentliche Stellen der Europäischen Union, ihrer Mitgliedstaaten und der Schengen-assoziierten Staaten

(1) Die Ordnungsbehörden und die Polizei können personenbezogene Daten unter den gleichen Voraussetzungen wie im Inland an
1. Behörden und sonstige öffentliche Stellen der Mitgliedstaaten der Europäischen Union,
2. Stellen der Europäischen Union, die mit Aufgaben zur Erfüllung der Zwecke des § 30 des Berliner Datenschutzgesetzes befasst sind, sowie
3. Polizeibehörden oder sonstige für die Zwecke des § 30 des Berliner Datenschutzgesetzes zuständige öffentliche Stellen der Schengen-assoziierten Staaten

übermitteln.

(2) Eine Übermittlung hat zu unterbleiben,
1. wenn hierdurch wesentliche Sicherheitsinteressen des Bundes oder eines Landes beeinträchtigt würden,
2. wenn hierdurch der Erfolg laufender Ermittlungen gefährdet würde,
3. soweit Grund zu der Annahme besteht, dass durch sie gegen den Zweck einer gesetzlichen Regelung verstoßen würde,
4. wenn tatsächliche Anhaltspunkte dafür vorliegen, dass sie zu den in der Charta der Grundrechte der Europäischen Union enthaltenen Grundsätzen in Widerspruch stünde, insbesondere weil durch die Nutzung der Daten im Empfängerstaat Menschenrechte oder elementare rechtsstaatliche Grundsätze verletzt zu werden drohen, oder
5. wenn überwiegend schutzwürdige Interessen einer betroffenen Person entgegenstehen.

§ 44b
Informationsaustausch zwischen Mitgliedstaaten der Europäischen Union und Schengen-assoziierten Staaten gemäß der Richtlinie (EU) 2023/977

(1) [1]Für den unmittelbaren Informationsaustausch zur Verhütung von Straftaten zwischen der Polizei und den Polizeibehörden oder sonstigen für die Verhütung oder Verfolgung von Straftaten zuständigen öffentlichen Stellen der Mitgliedstaaten der Europäischen Union und der Schengen-assoziierten Staaten sowie deren zentralen Kontaktstellen im Anwendungsbereich der Richtlinie (EU) 2023/977 des Europäischen Parlaments und des Rates vom 10. Mai 2023 über den Informationsaustausch zwischen den Strafverfolgungsbehörden der Mitgliedstaaten und zur Aufhebung des Rahmenbeschlusses 2006/960/JI (ABl. L 134 vom 22.5.2023, S. 1) gelten ergänzend zu den Bestimmungen dieses Gesetzes die folgenden Absätze. [2]Soweit der Informationsaustausch über das Bundeskriminalamt als zentrale Kontaktstelle im Anwendungsbereich der

Richtlinie (EU) 2023/977 erfolgt, gelten die Vorschriften des Bundeskriminalamtgesetzes.

(2) [1]Informationsersuchen an die zentrale Kontaktstelle eines in Absatz 1 Satz 1 genannten Staates sind dem Landeskriminalamt als benannter Stelle im Sinne von Artikel 4 Absatz 1 der Richtlinie (EU) 2023/977 vorbehalten. [2]Solche Ersuchen müssen mindestens folgende Angaben enthalten:

1. die Angabe, ob das Ersuchen dringend ist, und gegebenenfalls die Gründe für die Dringlichkeit,
2. eine Präzisierung der angeforderten mutmaßlich verfügbaren Informationen, die so detailliert ist, wie dies unter den gegebenen Umständen in angemessener Weise möglich ist,
3. die Beschreibung des Zwecks, zu dem die Informationen angefordert werden, einschließlich einer Beschreibung des Sachverhalts und der zugrundeliegenden Straftat und
4. etwaige Beschränkungen einer Verwendung der in dem Ersuchen enthaltenen Informationen zu anderen Zwecken als denen, für die sie übermittelt wurden.

[3]Ersuchen sind in einer Sprache zu übermitteln, die der ersuchte Staat für diese Zwecke zugelassen hat. [4]Eine Kopie des Ersuchens ist zugleich dem Bundeskriminalamt zu übermitteln.

(3) Wird ein Informationsersuchen unmittelbar an eine Polizeibehörde oder sonstige für die Verhütung oder Verfolgung von Straftaten zuständige öffentliche Stelle eines in Absatz 1 Satz 1 genannten Staates gerichtet, die nicht zugleich zentrale Kontaktstelle ist, ist dem Bundeskriminalamt sowie der zentralen Kontaktstelle des jeweiligen Staates jeweils zugleich eine Kopie zu übermitteln.

(4) Daten mit oder ohne Personenbezug (Informationen), die die Polizei zuvor von einem der in Absatz 1 Satz 1 genannten Staaten oder von einem Drittstaat erlangt hat, dürfen nur mit Einwilligung dieses Staates und nur unter den von ihm festgelegten Voraussetzungen für die Verwendung der Informationen übermittelt werden.

(5) [1]Bei der Übermittlung von Informationen ist mitzuteilen, dass die Verwendung als Beweismittel in einem Gerichtsverfahren unzulässig ist, es sei denn,

1. es liegt eine Zustimmung derjenigen Stelle vor, die für eine Zustimmung der Verwendung als Beweismittel zuständig ist, oder
2. die Verwendung als Beweismittel ist durch eine anwendbare völkerrechtliche Vereinbarung oder einen unmittelbar anwendbaren Rechtsakt der Europäischen Union zugelassen.

[2]Die Zuständigkeit für die Zustimmung einer Verwendung als Beweismittel nach Satz 1 Nummer 1 richtet sich nach den Vorschriften über die internationale Rechtshilfe in Strafsachen.

(6) [1]Eine Übermittlung von Informationen an die zentrale Kontaktstelle eines in Absatz 1 Satz 1 genannten Staates erfolgt in einer Sprache, die dieser Staat für diese Zwecke zugelassenen hat; eine Kopie dieser Informationen ist zu-

gleich dem Bundeskriminalamt zu übermitteln. [2]Werden Informationen an eine andere Polizeibehörde oder an sonstige für die Verhütung oder Verfolgung von Straftaten zuständige öffentliche Stelle eines in Absatz 1 Satz 1 genannten Staates übermittelt, ist dem Bundeskriminalamt sowie der zentralen Kontaktstelle des jeweiligen Staates jeweils zugleich eine Kopie zu übermitteln.
(7) Die Polizei hat verfügbare Informationen im Sinne von Artikel 2 Absatz 5 der Richtlinie (EU) 2023/977 von sich aus an die zentrale Kontaktstelle oder eine Polizeibehörde oder sonstige für die Verhütung von Straftaten zuständige Stelle eines in Absatz 1 Satz 1 genannten Staates zu übermitteln, wenn tatsächliche Anhaltspunkte dafür vorliegen, dass diese Informationen für den jeweiligen Staat zum Zwecke der Verhütung von Straftaten im Sinne von Artikel 2 Absatz 3 der Richtlinie (EU) 2023/977 von Bedeutung sein können, keine der in § 44a Absatz 2 genannten Gründe vorliegen und die Informationen diesem Staat nicht bereits anderweitig übermittelt wurden.
(8) [1]Informationen, die personenbezogene Daten darstellen, dürfen nur unter den Voraussetzungen des § 44a übermittelt werden; die Übermittlung ist auf solche Daten beschränkt, die unter die in Anhang II Abschnitt B der Verordnung (EU) 2016/794 aufgeführten Kategorien fallen. 2Eine für die Übermittlung personenbezogener Daten im Einzelfall erforderliche gerichtliche Erlaubnis ist unverzüglich einzuholen.

§ 44c
Datenübermittlung an öffentliche Stellen in Drittstaaten und an sonstige über- und zwischenstaatliche Stellen

(1) [1]Die Ordnungsbehörden und die Polizei können unter Beachtung der §§ 64 bis 66 des Berliner Datenschutzgesetzes personenbezogene Daten zu Zwecken des § 30 des Berliner Datenschutzgesetzes an für diese Zwecke zuständige öffentliche Stellen in anderen als den in § 44a Absatz 1 genannten Staaten (Drittstaaten) übermitteln,
1. soweit das erforderlich ist
   a) zur Erfüllung ihrer Aufgabe oder
   b) zur Abwehr einer erheblichen Gefahr für oder durch die empfangende Stelle

   oder
2. soweit sie hierzu auf Grund über- oder zwischenstaatlicher Vereinbarungen berechtigt oder verpflichtet sind.

[2]Das Gleiche gilt für die Übermittlung personenbezogener Daten an andere als die in § 44a Absatz 1 Nummer 2 genannten über- und zwischenstaatlichen Stellen.
(2) Unter den Voraussetzungen des Absatzes 1 und nach Maßgabe von § 67 des Berliner Datenschutzgesetzes können die Ordnungsbehörden und die Polizei personenbezogene Daten zu Zwecken des § 30 des Berliner Datenschutz-

gesetzes auch an solche in Absatz 1 genannte Stellen übermitteln, die nicht für jene Zwecke zuständig sind.

(3) Unter den Voraussetzungen des Absatzes 1 können die Ordnungsbehörden und die Polizei den in Absatz 2 genannten Stellen personenbezogene Daten auch zu Zwecken außerhalb des § 30 des Berliner Datenschutzgesetzes übermitteln, sofern die Artikel 44 bis 49 der Verordnung (EU) 2016/679 eingehalten werden.

(4) § 44 Absatz 4 und § 44a Absatz 2 gelten entsprechend.

(5) [1]Die Übermittlung personenbezogener Daten nach den Absätzen 1 bis 3 ist zu protokollieren. [2]Das Protokoll hat

1. den Zeitpunkt der Übermittlung,
2. die empfangende Stelle,
3. den Grund der Übermittlung und
4. die übermittelten personenbezogenen Daten

zu enthalten. [3]Die Protokolle sind der oder dem Berliner Beauftragten für Datenschutz und Informationsfreiheit auf Anforderung zur Verfügung zu stellen. [4]§ 27b Absatz 4 gilt entsprechend. [5]Die Bestimmungen über die Protokollierung der Verarbeitung personenbezogener Daten in automatisierten Verarbeitungssystemen nach § 62 des Berliner Datenschutzgesetzes bleiben unberührt.

(6) [1]Der Senat unterrichtet das Abgeordnetenhaus jährlich über Übermittlungen personenbezogener Daten nach den Absätzen 1 bis 3. [2]Die parlamentarische Kontrolle wird auf der Grundlage dieses Berichts von einem Kontrollgremium ausgeübt. [3]Die Vorschriften des Fünften Abschnitts des Verfassungsschutzgesetzes Berlin gelten entsprechend.

§ 45
Datenübermittlung an nicht-öffentliche Stellen

(1) Die Ordnungsbehörden und die Polizei können personenbezogene Daten an nicht-öffentliche Stellen im Inland übermitteln, soweit

1. dies zu den in § 44 Absatz 2 genannten Zwecken erforderlich ist,
2. die oder der Auskunftsbegehrende ein rechtliches Interesse an der Kenntnis der zu übermittelnden Daten glaubhaft macht und die schutzwürdigen Interessen der betroffenen Person nicht überwiegen oder
3. die oder der Auskunftsbegehrende ein berechtigtes Interesse geltend macht und offensichtlich ist, dass die Datenübermittlung im Interesse der betroffenen Person liegt.

(2) [1]Hat eine Person nach polizeilichen Erkenntnissen vorsätzlich den Körper, die Gesundheit, die Freiheit oder die sexuelle Selbstbestimmung einer anderen Person widerrechtlich verletzt oder eine andere Person widerrechtlich mit Gewaltanwendung bedroht, soll die Polizei die für eine Kontaktaufnahme erforderlichen personenbezogenen Daten

1. jeder volljährigen Person, von der die widerrechtliche Handlung ausgegangen ist, sowie

2. jeder volljährigen Person, gegen die sich die widerrechtliche Handlung gerichtet hat,

(betroffene Personen) an eine von der jeweils zuständigen Senatsverwaltung bestimmte Beratungsstelle in nicht-öffentlicher Trägerschaft übermitteln, wenn dies nach den Umständen des Einzelfalles zur Verhütung weiterer solcher widerrechtlicher Handlungen oder wegen eines spezifischen Schutz- oder Hilfsbedarfs einer verletzten oder bedrohten betroffenen Person erforderlich erscheint. [2]Dies gilt nicht, wenn überwiegende öffentliche Interessen oder schutzwürdige Belange einer betroffenen Person der Übermittlung offensichtlich entgegenstehen.

(3) Mit Einwilligung einer betroffenen Person kann die Polizei bei anderen als den in Absatz 2 genannten Rechtsgutsverletzungen die personenbezogenen Daten dieser Person in entsprechender Anwendung von Absatz 2 übermitteln.

(4) [1]Empfangende Stelle der Datenübermittlung nach den Absätzen 2 oder 3 kann auch eine von der jeweils zuständigen Senatsverwaltung bestimmte Vermittlungsstelle in nicht-öffentlicher Trägerschaft sein, welche die Daten an eine mit ihr kooperierende, nach den Umständen des Einzelfalles geeignete Beratungsstelle in nicht-öffentlicher Trägerschaft weiterübermittelt. [2]Die Vermittlungsstelle darf die Daten nur nutzen

1. zur Übermittlung an eine geeignete Beratungsstelle,
2. sofern erforderlich, zur vorherigen Kontaktaufnahme mit der betroffenen Person, um deren Beratungsbedarf zu konkretisieren.

(5) Beratungsstellen dürfen die übermittelten Daten ausschließlich dazu nutzen, der betroffenen Person unverzüglich ein Beratungsangebot mit dem Ziel der Verhütung weiterer widerrechtlicher Handlungen oder zur Erfüllung des festgestellten spezifischen Schutz- oder Hilfsbedarfs zu unterbreiten.

(6) [1]Lehnt in den Fällen der Absätze 2 bis 4 eine betroffene Person eine Beratung ab, sind die zu ihr übermittelten Daten unverzüglich zu löschen. [2]Das Gleiche gilt, wenn eine betroffene Person das Beratungsangebot nicht innerhalb von drei Monaten annimmt. [3]Nimmt eine betroffene Person das Beratungsangebot an, speichert die jeweils empfangende Stelle deren personenbezogene Daten so lange, wie dies erforderlich ist, um die jeweilige Unterstützungsleistung zu erbringen, höchstens jedoch bis zu zwölf Monaten nach dem letzten Kontakt zwischen ihr und der betroffenen Person. [4]Die Polizei protokolliert die Datenübermittlung und weist die jeweils empfangende Stelle auf die Pflichten zur Beachtung der jeweiligen Zweckbestimmung sowie zur Löschung hin.

(7) Für die Übermittlung personenbezogener Daten durch die Ordnungsbehörden und die Polizei an nicht-öffentliche Stellen in einem Mitgliedstaat der Europäischen Union oder eines Schengen-assoziierten Staates gelten Absatz 1 sowie § 44a Absatz 2 entsprechend.

(8) [1]Unter den Voraussetzungen des § 44c Absatz 1 Satz 1 können die Ordnungsbehörden und die Polizei personenbezogene Daten zu Zwecken des § 30 des Berliner Datenschutzgesetzes unter Beachtung des § 67 des Berliner Da-

tenschutzgesetzes auch an nicht-öffentliche Stellen in Drittstaaten übermitteln. [2]§ 44a Absatz 2 und § 44c Absatz 5 und 6 gelten entsprechend.

(9) Unter den Voraussetzungen des § 44c Absatz 1 Satz 1 können die Ordnungsbehörden und die Polizei personenbezogene Daten auch zu Zwecken außerhalb des § 30 des Berliner Datenschutzgesetzes an nicht-öffentliche Stellen in Drittstaaten übermitteln, sofern die Artikel 44 bis 49 der Verordnung (EU) 2016/679 eingehalten werden.

(10) § 44 Absatz 4 gilt entsprechend.

§ 45a
Zuverlässigkeitsüberprüfungen

(1) Die Polizei kann personenbezogene Daten zur Überprüfung der Zuverlässigkeit einer Person verarbeiten, wenn hieran auf Grund einer auf tatsächlichen Anhaltspunkten beruhenden besonderen Gefährdungslage ein öffentliches Sicherheitsinteresse besteht und eine Sicherheitsüberprüfung nicht bereits durch eine andere Rechtsvorschrift vorgesehen oder eine Zuverlässigkeitsüberprüfung anderweitig abschließend geregelt ist.

(2) Eine Zuverlässigkeitsüberprüfung kann insbesondere in folgenden Fällen durchgeführt werden:

1. privilegierter Zugang zu einer Veranstaltung, wenn dies auf Grund tatsächlicher Anhaltspunkte für eine besondere Gefährdungslage erforderlich ist,
2. unbegleiteter Zutritt zu Liegenschaften von
   a) Behörden mit Sicherheits- und Vollzugsaufgaben,
   b) Justizbehörden und Gerichten oder
   c) anderen öffentlichen Stellen, wenn dies auf Grund tatsächlicher Anhaltspunkte für eine besondere Gefährdungslage erforderlich ist (anderen besonders gefährdeten öffentlichen Stellen),
3. Erbringung selbstständiger Dienstleistungen zur Unterstützung oder Beratung der in Nummer 2 genannten öffentlichen Stellen,
4. Zugang zu Vergabe- und Vertragsunterlagen, aus denen sich sicherheitsrelevante Funktionszusammenhänge, insbesondere aus baulichen und betrieblichen Anforderungen für Liegenschaften, der in Nummer 2 genannten öffentlichen Stellen ergeben.

(3) [1]Die Datenverarbeitung zur Durchführung der Zuverlässigkeitsüberprüfung erfolgt

1. auf Ersuchen der über die Zulassung der betroffenen Person entscheidenden Stelle, sofern nicht die Polizei selbst über die Zulassung zu entscheiden hat, oder
2. in den Fällen des Absatzes 2 Nummer 1 auch auf Anordnung der Polizei gegenüber der Veranstalterin oder dem Veranstalter, wenn die Veranstaltung nicht von einer öffentlichen Stelle durchgeführt wird und die Veranstalterin oder der Veranstalter nicht selbst um die Überprüfung der Zuverlässigkeit ersucht.

[2]Die Polizei kann von der ersuchenden Stelle oder im Falle des Absatzes 2 Nummer 1 von der Veranstalterin oder dem Veranstalter verlangen, die tatsächlichen Anhaltspunkte für das Vorliegen einer besonderen Gefährdungslage darzulegen. [3]Widerspruch und Klage gegen eine Anordnung nach Satz 1 Nummer 2 haben keine aufschiebende Wirkung.

(4) [1]Die Datenverarbeitung zur Durchführung der Zuverlässigkeitsüberprüfung bedarf der schriftlichen oder elektronischen Einwilligung der betroffenen Person. [2]Die über die Zulassung der betroffenen Person entscheidende Stelle hat die betroffene Person vor Erteilung der Einwilligung über Anlass, Ablauf und Inhalt der Überprüfung, über die hiermit verbundene Datenverarbeitung, die mitwirkenden Stellen sowie die in Absatz 8 Satz 1 bis 3 genannten Kriterien zu informieren. [3]Dies gilt nicht, wenn die Information auf andere Weise, insbesondere durch eine andere öffentliche Stelle, sichergestellt ist. [4]§ 41 des Berliner Datenschutzgesetzes bleibt unberührt.

(5) [1]Zur Durchführung der Zuverlässigkeitsüberprüfung erhebt die Polizei folgende personenbezogene Daten der betroffenen Person, die ihr von der über die Zulassung der Person entscheidenden Stelle übermittelt werden:

1. Funktion oder Tätigkeit,
2. Geschlecht,
3. Nummer des Personalausweises, des Reisepasses oder eines amtlichen Ersatzdokumentes,
4. Name und Geburtsname,
5. Vornamen,
6. Geburtsdatum und -ort,
7. aktueller Wohnort und
8. Wohnorte in den letzten fünf Jahren mit Angabe des Zeitraums, der Straße, der Hausnummer, der Postleitzahl, eines etwa vorhandenen Zusatzes, des Landes und des Staates.

[2]Soweit dies im Einzelfall erforderlich ist, kann die Polizei die Identität der betroffenen Person verifizieren. [3]Zu diesem Zweck kann sie mit deren Einwilligung Kopien der Ausweisdokumente anfertigen oder anfordern sowie manuell oder im Wege des automatisierten Verfahrens auf Abruf einen Abgleich mit den Meldedaten nach den §§ 34, 38 des Bundesmeldegesetzes und § 32 Absatz 1 der Verordnung zur Übermittlung von Meldedaten in Berlin vornehmen.

(6) [1]Soweit dies im Einzelfall mit Blick auf den Anlass und die Tätigkeit der betroffenen Person erforderlich und angemessen ist, gleicht die Polizei die erlangten Daten mit den Datenbeständen

1. der Polizeien des Bundes und der Länder,
2. der Justizbehörden und ordentlichen Gerichte, wenn Erkenntnisse über Strafverfahren vorliegen,
3. der Nachrichtendienste des Bundes und der Länder,
4. des Bundesamtes für Migration und Flüchtlinge, sofern die zu überprüfende Person eine ausländische Staatsangehörigkeit besitzt, sowie

5. der zuständigen Polizeien im Ausland, wenn die zu überprüfende Person ihren Wohnsitz im Ausland hat,

ab und prüft, welche Erkenntnisse zu der betroffenen Person vorliegen. [2]Soweit die Polizei Erkenntnisse nicht unmittelbar automatisiert erlangt, übermittelt sie die nach Absatz 5 erhobenen Daten an die in Satz 1 genannten Behörden und ersucht diese um Übermittlung etwaig vorliegender Erkenntnisse. [3]Die Mitteilung, welche Erkenntnisse vorliegen, erfolgt nach den für die übermittelnde Stelle geltenden Rechtsvorschriften.

(7) [1]Obliegt der Polizei in eigenen Angelegenheiten die Entscheidung über die Zulassung der betroffenen Person, entscheidet sie über deren Zuverlässigkeit. [2]Hierbei nimmt sie anhand der aus dem Abgleich nach Absatz 6 gewonnenen Erkenntnisse eine Gesamtwürdigung der Umstände des Einzelfalles vor.

(8) [1]An der Zuverlässigkeit fehlt es der Person in der Regel

1. bei einer rechtskräftigen Verurteilung wegen eines Verbrechens,
2. bei einer rechtskräftigen Verurteilung wegen eines Vergehens, das im Einzelfall nach Art und Schwere geeignet ist, den Rechtsfrieden besonders zu stören, soweit die Tat
   a) sich gegen Leben, Gesundheit, Freiheit oder sexuelle Selbstbestimmung einer Person oder gegen bedeutende fremde Sach- oder Vermögenswerte gerichtet hat, oder
   b) auf den Gebieten des unerlaubten Waffen- oder Betäubungsmittelverkehrs, der Geld- oder Wertzeichenfälschung, soweit dieses gewerbs-, gewohnheits-, serien-, bandenmäßig oder sonst organisiert begangen wurde,
3. bei einer rechtskräftigen Verurteilung wegen eines Staatsschutzdelikts,
4. bei früherer Mitgliedschaft
   a) in einem Verein, der nach dem Vereinsgesetz als Organisation unanfechtbar verboten wurde oder der einem unanfechtbaren Betätigungsverbot nach dem Vereinsgesetz unterliegt, oder
   b) in einer Partei, deren Verfassungswidrigkeit das Bundesverfassungsgericht nach § 46 des Bundesverfassungsschutzgesetzes festgestellt hat,

   wenn seit der Beendigung der Mitgliedschaft zehn Jahre noch nicht verstrichen sind, oder
5. bei Vorliegen von tatsächlichen Anhaltspunkten dafür, dass die betroffene Person
   a) in Beziehung zum internationalen Terrorismus oder zur organisierten Kriminalität steht,
   b) in den letzten fünf Jahren Bestrebungen oder Tätigkeiten im Sinne von § 3 Absatz 1 des Bundesverfassungsschutzgesetzes verfolgt oder unterstützt hat oder Mitglied oder Anhänger einer Vereinigung war, die solche Bestrebungen verfolgt oder verfolgt hat.

[2]Bei anderweitigen rechtskräftigen Verurteilungen oder sonstigen Erkenntnissen ist im Wege der Gesamtwürdigung zu prüfen, ob sich daraus im Hinblick auf die Sicherheit der betroffenen Stelle oder der betroffenen Veranstaltung

Zweifel an der Zuverlässigkeit der betroffenen Person ergeben. [3]Als sonstige Erkenntnisse kommen insbesondere in Betracht:

1. laufende oder eingestellte Ermittlungs- oder Strafverfahren,
2. Erkenntnisse aus den für den Staatsschutz, die Bekämpfung der organisierten Kriminalität oder der Rauschgiftkriminalität zuständigen Bereichen,
3. Alkohol-, Rauschmittel- oder Medikamentenabhängigkeit oder regelmäßiger Missbrauch dieser Substanzen oder
4. Erkenntnisse, dass die betroffene Person eine Gefahr für sich selbst darstellt oder zukünftig darstellen wird.

(9) [1]Obliegt in den Fällen des Absatzes 2 Nummer 1 einer nichtöffentlichen Stelle die Entscheidung über die Zulassung der betroffenen Person, entscheidet die Polizei nach Maßgabe von Absatz 7 Satz 2, Absatz 8 über die Zuverlässigkeit dieser Person. [2]Die Polizei teilt der nicht-öffentlichen Stelle ausschließlich mit, ob es der betroffenen Person an der erforderlichen Zuverlässigkeit fehlt oder nicht; die der Gesamtwürdigung zugrunde liegenden Erkenntnisse werden nicht mitgeteilt. [3]Fehlt es einer Person danach an der Zuverlässigkeit, darf sie nicht zugelassen werden; das Gleiche gilt, wenn die betroffene Person keine Einwilligung zur Zuverlässigkeitsüberprüfung erteilt hat. [4]Hierauf weist die Polizei die betreffende Stelle hin.

(10) [1]Obliegt einer Behörde oder sonstigen öffentlichen Stelle die Entscheidung über die Zulassung der betroffenen Person, entscheidet diese Stelle nach Maßgabe von Absatz 7 Satz 2, Absatz 8 über die Zuverlässigkeit dieser Person. [2]Zu diesem Zweck unterrichtet die Polizei sie über die ihr aus den eigenen Datenbeständen vorliegenden Erkenntnisse, soweit kein öffentliches Interesse an der Geheimhaltung dieser Erkenntnisse entgegensteht, gegebenenfalls durch Angabe von

1. Deliktsbezeichnung,
2. Tatort,
3. Tatzeit,
4. Ausgang des Verfahrens, soweit feststellbar, sowie
5. Name und Aktenzeichen der sachbearbeitenden Justiz- oder Polizeibehörde.

[3]Erhält die Polizei im Verfahren nach Absatz 6 Kenntnis davon, dass einer der dort genannten mitwirkenden Stellen Erkenntnisse im Sinne der in Absatz 8 Satz 1 bis 3 genannten Kriterien zu der betroffenen Person vorliegen, teilt sie dies der ersuchenden Behörde oder öffentlichen Stelle unter Nennung der erkenntnishaltenden Stelle mit.

(11) [1]Die Polizei kann ihre Datenbestände in angemessenen Abständen bis zum Eintritt des für die Überprüfung Anlass gebenden Ereignisses automatisiert auf das Vorliegen neuer Erkenntnisse abfragen. [2]Liegen neue Erkenntnisse vor, ist die Zuverlässigkeit der betroffenen Person unter Berücksichtigung dieser Erkenntnisse erneut zu bewerten. [3]Im Verfahren nach Absatz 9 ist die betreffende Stelle über ein von der Mitteilung nach Absatz 9 Satz 1 abweichendes Ergebnis

der Bewertung zu unterrichten. [4]Im Verfahren nach Absatz 10 teilt die Polizei der ersuchenden Behörde oder öffentlichen Stelle die neuen Erkenntnisse mit.
(12) [1]Die von der Polizei übermittelten Daten dürfen nur für die Entscheidung über die Zulassung der betroffenen Person in den Fällen der Absätze 1 und 2 verarbeitet werden. [2]Die Polizei hat die empfangende Stelle schriftlich oder elektronisch auf die Einhaltung dieser Zweckbestimmung hinzuweisen.
(13) [1]In den Fällen des Absatzes 7 hat die Polizei die bei ihr vorhandenen Daten ab dem Zeitpunkt der Entscheidung über die Zulassung der betroffenen Person zu Dokumentationszwecken bis zum Ende des Jahres, das dem Jahr der Entscheidung folgt, zu speichern. [2]In den Fällen des Absatzes 9 gilt dies mit der Maßgabe, dass die Frist mit Abschluss der Übermittlung an die ersuchende Stelle beginnt. [3]Eine längere Speicherung ist zulässig, soweit und solange sie auf Grund eines bereits anhängigen oder zu erwartenden Rechtsstreits erforderlich ist. [4]Im Übrigen darf die Polizei die von ihr gespeicherten Daten zu anderen Zwecken nur dann verarbeiten, wenn dies zur Abwehr dringender Gefahren oder zur Verfolgung von Straftaten von erheblicher Bedeutung erforderlich ist.

§ 45b
Zuverlässigkeitsüberprüfungen von Bewerberinnen und Bewerbern bei Polizei und Feuerwehr

(1) Geeignete Bewerberinnen und Bewerber, die eine Tätigkeit bei der Polizei oder der Feuerwehr anstreben, werden vor ihrer Einstellung durch die jeweils für die Einstellung zuständige Stelle nach dieser Vorschrift auf ihre Zuverlässigkeit überprüft.
(2) [1]Zur Durchführung der Zuverlässigkeitsüberprüfungen erhebt die in Absatz 1 genannte Stelle jeweils folgende personenbezogene Daten der betroffenen Person:
1. Funktion oder Tätigkeit,
2. Geschlecht,
3. Nummer des Personalausweises, Reisepasses oder eines amtlichen Ersatzdokumentes,
4. Name und Geburtsname,
5. Vornamen,
6. Geburtsdatum und -ort,
7. aktueller Wohnort,
8. Wohnorte in den letzten fünf Jahren mit Angabe des Zeitraums, der Straße, der Hausnummer, der Postleitzahl, eines etwa vorhandenen Zusatzes, des Landes und des Staates.

[2]Diese Daten dürfen nur für diesen Zweck verarbeitet werden.
(3) Die in Absatz 1 genannte Stelle übermittelt die in Absatz 2 Satz 1 Nummer 4 bis 7 genannten Daten an die zuständige Senatsverwaltung und ersucht diese, eine unbeschränkte Auskunft aus dem Bundeszentralregister zu der betroffe-

nen Person einzuholen und ihr diese zum Zweck der Zuverlässigkeitsüberprüfung nach Maßgabe von § 43 des Bundeszentralregistergesetzes mitzuteilen.

(4) [1]Soweit dies für die Überprüfung der Zuverlässigkeit erforderlich ist, kann die in Absatz 1 genannte Stelle die nach Absatz 2 erlangten Daten abgleichen mit den Datenbeständen

1. der Polizeien des Bundes und der Länder,
2. der Justizbehörden und ordentlichen Gerichte,
3. des Bundesamtes für Migration und Flüchtlinge, sofern die zu überprüfende Person die ausländische Staatsangehörigkeit besitzt,
4. der zuständigen Polizeien im Ausland, sofern die zu überprüfende Person ihren Wohnsitz im Ausland hat und der Abgleich im Einzelfall erforderlich ist, sowie
5. der Nachrichtendienste des Bundes und der Länder, wenn im Einzelfall tatsächliche Anhaltspunkte die Annahme rechtfertigen, dass dort Erkenntnisse zu der betroffenen Person vorliegen könnten.

[2]Soweit die in Absatz 1 genannte Stelle die Erkenntnisse nicht selbst unmittelbar automatisiert erlangt, übermittelt sie die in Absatz 2 Satz 1 genannten Daten an die in Satz 1 genannten Stellen und ersucht diese um Übermittlung etwaig vorliegender Erkenntnisse. [3]§ 45a Absatz 6 Satz 3 gilt entsprechend.

(5) [1]Auf der Grundlage der erlangten Erkenntnisse entscheidet die in Absatz 1 genannte Stelle in jeweils eigener Zuständigkeit über die Zuverlässigkeit der Bewerberinnen und Bewerber in einer Gesamtwürdigung der Umstände des Einzelfalles. [2]§ 45a Absatz 8 gilt entsprechend.

(6) [1]Zuverlässigkeitsüberprüfungen nach Absatz 1 bedürfen der schriftlichen oder elektronischen Einwilligung der betroffenen Person. [2]Diese ist von der in Absatz 1 genannten Stelle über den Anlass, den Ablauf und den Inhalt der Verarbeitung ihrer personenbezogenen Daten rechtzeitig und umfassend nach Maßgabe von Artikel 13 der Verordnung (EU) 2016/679 zu informieren.

(7) [1]Nach Abschluss der Überprüfung speichert die in Absatz 1 genannte Stelle die hierzu bei ihr jeweils vorhandenen Daten, insbesondere die zu den betroffenen Personen übermittelten Erkenntnisse, sowie das Ergebnis der Überprüfung zu Dokumentationszwecken bis zum Ende des Jahres, das dem Jahr des Abschlusses des Auswahlverfahrens folgt. [2]Eine darüber hinausgehende Speicherung ist nur zulässig, soweit und solange dies auf Grund eines bereits anhängigen oder zu erwartenden Rechtsstreits erforderlich ist. [3]Die dienstrechtlichen Bestimmungen zur Aufbewahrung von Auskünften, die nach dem Bundeszentralregistergesetz erteilt wurden, bleiben unberührt.

§ 45c
Fallkonferenzen

(1) [1]Die Ordnungsbehörden und die Polizei können personenbezogene Daten im Rahmen von einzelfallbezogenen Fallkonferenzen erheben und personenbezogene Daten, die sie rechtmäßig erhoben oder erlangt haben, übermitteln,

wenn der Austausch dieser Daten zugleich zwischen mehreren Behörden oder sonstigen öffentlichen Stellen des Landes Berlin, anderer Länder oder des Bundes für die gemeinsame Erarbeitung, Abstimmung oder Durchführung einzelfallbezogener Maßnahmen zur Erfüllung ordnungsbehördlicher oder polizeilicher Aufgaben zwingend erforderlich ist. [2]Dies gilt auch für besondere Kategorien personenbezogener Daten. [3]Andere Rechtsvorschriften über die Datenerhebung und Datenübermittlung bleiben unberührt.
(2) Soweit andere Rechtsvorschriften nicht entgegenstehen, können die Ordnungsbehörden und die Polizei personenbezogene Daten einschließlich besonderer Kategorien personenbezogener Daten unter den Voraussetzungen des Absatzes 1 auch an nicht-öffentliche Stellen übermitteln und von diesen erheben, wenn deren Teilnahme an einer einzelfallbezogenen Fallkonferenz zwingend erforderlich ist, um deren Zwecke zu erreichen.
(3) Die Gründe für die zwingende Erforderlichkeit der einzelfallbezogenen Fallkonferenz, deren wesentliche Ergebnisse und die teilnehmenden Stellen sind zu dokumentieren.

§ 46
Gemeinsames Verfahren, automatisiertes Verfahren auf Abruf und regelmäßige automatisierte Datenübermittlungen; Verordnungsermächtigung

(1) [1]Für die Einrichtung eines automatisierten Verfahrens, das mehreren öffentlichen Stellen die Verarbeitung personenbezogener Daten in oder aus einem gemeinsamen Datenbestand (gemeinsames Verfahren) oder die Übermittlung an Dritte auf Abruf (automatisiertes Verfahren auf Abruf) ermöglicht, sowie für die Zulassung regelmäßiger automatisierter Datenübermittlungen durch die Ordnungsbehörden und die Polizei gelten die §§ 21 und 40 des Berliner Datenschutzgesetzes nach Maßgabe der folgenden Absätze. [2]Die Vorschriften über die Zulässigkeit der Datenverarbeitung in und aus den in Satz 1 genannten Verfahren bleiben unberührt.
(2) [1]Nicht-öffentliche Stellen können sich nach Maßgabe dieser Vorschrift an Verfahren nach Absatz 1 beteiligen, soweit dies unter Berücksichtigung der Rechte und Freiheiten der betroffenen Personen und der Aufgaben der beteiligten Stellen angemessen ist und durch technische und organisatorische Maßnahmen Risiken für diese Rechte und Freiheiten vermieden werden können. [2]Die nicht-öffentlichen Stellen haben sich insoweit den Vorschriften des Berliner Datenschutzgesetzes zu unterwerfen.
(3) Bei automatisierten Verfahren auf Abruf hat die speichernde Stelle zu gewährleisten, dass die Übermittlung zumindest durch geeignete Stichprobenverfahren festgestellt und überprüft werden kann.
(4) [1]Die Einrichtung eines automatisierten Verfahrens, das den Abruf personenbezogener Daten aus einem von der Polizei geführten Dateisystem ermög-

licht, ist nur auf der Grundlage einer Rechtsverordnung nach Absatz 6 zulässig. [2]Der Abruf darf nur anderen Polizeibehörden gestattet werden.

(5) [1]Die Einrichtung eines automatisierten Verfahrens, das den Abruf personenbezogener Daten aus einem von einer Ordnungsbehörde geführten Dateisystem ermöglicht und das ein hohes Risiko für die Rechte und Freiheiten der betroffenen Personen im Sinne von § 21 Absatz 1 Satz 3 des Berliner Datenschutzgesetzes beinhalten kann, ist nur auf der Grundlage einer Rechtsverordnung nach Absatz 6 zulässig. [2]Der Abruf darf nur öffentlichen Stellen gestattet werden.

(6) [1]Der Senat bestimmt durch Rechtsverordnung die Einzelheiten der Einrichtung von Verfahren nach den Absätzen 4 und 5. [2]Die Rechtsverordnung hat den Datenempfänger, die Art der Daten und den Zweck des Abrufs festzulegen. [3]Sie hat die nach § 26 oder § 57 des Berliner Datenschutzgesetzes erforderlichen technischen und organisatorischen Maßnahmen sowie Maßnahmen zur Datensicherung und zur Kontrolle vorzusehen; diese müssen in einem angemessenen Verhältnis zu dem angestrebten Schutzzweck stehen.

(7) [1]Die Polizei kann mit den Polizeien des Bundes und der Länder einen Datenverbund vereinbaren, der eine automatisierte Datenübermittlung ermöglicht. [2]Solche Vereinbarungen bedürfen der Zustimmung der für Inneres zuständigen Senatsverwaltung.

(8) [1]Beinhaltet ein gemeinsames Verfahren ein hohes Risiko für die Rechte und Freiheiten der betroffenen Personen im Sinne von § 21 Absatz 1 Satz 3 des Berliner Datenschutzgesetzes, ist § 21 Absatz 1 Satz 1 des Berliner Datenschutzgesetzes einzuhalten. [2]Gleiches gilt für die Zulassung regelmäßiger automatisierter Datenübermittlungen aus einem von den Ordnungsbehörden oder der Polizei geführten Dateisystem, die ein solches Risiko beinhalten.

(9) Für die Einrichtung gemeinsamer Verfahren und automatisierter Abrufverfahren zu verschiedenen Zwecken innerhalb einer öffentlichen Stelle gelten die Absätze 3 bis 6 und 8 entsprechend.

§ 46a
Aufnahme und Aufzeichnung von Anrufen und Notrufen; Verordnungsermächtigung

(1) [1]Die Ordnungsbehörden und die Polizei können Anrufe über Notrufeinrichtungen sowie den Funkverkehr ihrer Leitstellen auf Speichermedien aufzeichnen. [2]Der zentrale Dauerdienst der Polizei hat in dieser Funktion alle eingehenden und ausgehenden Telefon- und Funkgespräche aufzuzeichnen. [3]Eine Aufzeichnung von Anrufen im Übrigen ist nur zulässig, soweit sie im Einzelfall zur Erfüllung der jeweiligen Aufgaben erforderlich ist. [4]Auf die Aufzeichnung der Anrufe nach Satz 3 soll hingewiesen werden, soweit dadurch die Aufgabenerfüllung nicht gefährdet wird. [5]Die Leit- und Befehlsstellen der Polizei haben in dieser Funktion sämtliche Telefon- und Funkgespräche aufzuzeichnen, wenn eine herausragende Einsatzlage auf Grund ihrer Art und ihres Umfangs diese Art der

Dokumentation erforderlich macht; die Entscheidung hierüber trifft die Einsatzleitung.

(2) [1]Wird über eine ihrer stationären Notrufeinrichtungen eine Notrufverbindung aufgebaut, kann die Polizei für deren Dauer personenbezogene Daten durch Anfertigung von Bild- und Tonaufnahmen des unmittelbaren räumlichen Umfelds dieser Notrufeinrichtung erheben, übertragen und aufzeichnen. [2]Dies gilt auch für personenbezogene Daten Dritter, soweit die Erhebung den Umständen nach unvermeidbar ist. [3]Die Datenerhebung darf auch automatisiert erfolgen. [4]Auf die Möglichkeit der Datenerhebung ist auf der Notrufeinrichtung hinzuweisen; verdeckte Bild- und Tonaufnahmen sind unzulässig.

(3) [1]Die Aufzeichnungen sind spätestens nach drei Monaten zu löschen, es sei denn,

1. sie werden zur Verfolgung von Straftaten oder zur Dokumentation behördlichen Handelns benötigt oder
2. Tatsachen rechtfertigen die Annahme, dass die Aufbewahrung zur vorbeugenden Bekämpfung von Straftaten von erheblicher Bedeutung erforderlich ist.

[2]Die §§ 42c, 42d, 48 Absatz 6 sowie § 48a Absatz 6 bleiben unberührt, desgleichen § 44 Absatz 3 des Berliner Datenschutzgesetzes.

(4) [1]Die Polizei kann die nach Anwahl der Notrufnummer 110 angefallenen Standortdaten eines mobilen Telekommunikationsendgerätes automatisiert erheben und speichern. [2]Sie kann diese Daten weiterverarbeiten, wenn dies zur Abwehr einer Gefahr erforderlich ist. [3]Absatz 3 gilt entsprechend. [4]§ 26d Absatz 3 bleibt unberührt.

(5) Um eine gleichwertige Notrufkommunikation von Menschen mit Behinderungen zu gewährleisten, kann die für Inneres zuständige Senatsverwaltung durch Rechtsverordnung Regelungen für die Annahme und Beantwortung von Notrufen über die Notrufnummer 110 treffen, insbesondere zur Form der Annahme und zur Zeit bis zur Annahme.

§ 47
Besondere Formen des Datenabgleichs

(1) [1]Die Polizei kann von öffentlichen oder nicht-öffentlichen Stellen zur Abwehr einer durch Tatsachen belegten gegenwärtigen Gefahr für

1. den Bestand oder die Sicherheit des Bundes oder eines Landes,
2. Leib, Leben, Freiheit oder sexuelle Selbstbestimmung einer Person, soweit diese durch Straftatbestände geschützt ist, bei denen die Tat mit Freiheitsstrafe nicht unter sechs Monaten bedroht ist, oder
3. für Sachen von bedeutendem Wert, deren Erhaltung im öffentlichen Interesse geboten ist,

die Übermittlung von zulässig speicherbaren personenbezogenen Daten bestimmter Personengruppen aus bestimmbaren Dateisystemen zum Zwecke des Abgleichs mit anderen Datenbeständen verlangen, soweit Tatsachen die An-

nahme rechtfertigen, dass dies zur Abwehr der Gefahr erforderlich ist. [2]Die ersuchte Stelle hat dem Verlangen zu entsprechen. [3]Rechtsvorschriften über ein Berufs- oder besonderes Amtsgeheimnis bleiben unberührt.
(2) [1]Das Übermittlungsersuchen ist auf Namen, Anschriften, Tag und Ort der Geburt sowie auf im einzelnen Falle festzulegende Merkmale zu beschränken. [2]Werden wegen technischer Schwierigkeiten, die mit angemessenem Zeit- oder Kostenaufwand nicht beseitigt werden können, weitere Daten übermittelt, dürfen diese nicht verwertet werden.
(3) [1]Die Maßnahme bedarf der gerichtlichen Anordnung, die von der Polizeipräsidentin oder dem Polizeipräsidenten oder der Vertretung im Amt zu beantragen ist. [2]Wird eine Anordnung unanfechtbar aufgehoben, sind bereits erhobene Daten zu löschen. [3]Andere Behörden sind von der Unzulässigkeit der Speicherung und Verwertung der Daten zu unterrichten. [4]§ 44 Absatz 3 und § 61 Absatz 3 Satz 1 des Berliner Datenschutzgesetzes gelten nicht.
(4) [1]Die oder der Berliner Beauftragte für Datenschutz und Informationsfreiheit ist durch die Polizei fortlaufend über die Maßnahmen zu unterrichten. [2]Die §§ 27b und 51b bleiben unberührt.

§ 47a
Automatisierte Anwendung zur Analyse vorhandener Daten

(1) [1]Die Polizei kann rechtmäßig gespeicherte personenbezogene Daten ausschließlich zur Vorbereitung der automatisierten Datenanalyse nach Absatz 2 Satz 1 auf einer Analyseplattform automatisiert zusammenführen, verknüpfen und aufbereiten. [2]Diese zusammengeführten Daten kann die Polizei, auch gemeinsam mit weiteren rechtmäßig erhobenen personenbezogenen Daten, nach Absatz 2 Satz 2 verknüpfen, aufbereiten und auswerten sowie für statistische Zwecke anwenden (automatisierte Datenanalyse),

1. wenn die Maßnahme zur Abwehr einer Gefahr für den Bestand oder die Sicherheit des Bundes oder eines Landes, für Leib, Leben, Freiheit oder sexuelle Selbstbestimmung einer Person oder für Sachen von bedeutendem Wert, deren Erhaltung im öffentlichen Interesse geboten ist, erforderlich ist,
2. wenn tatsächliche Anhaltspunkte die Annahme rechtfertigen, dass innerhalb eines übersehbaren Zeitraumes auf eine zumindest ihrer Art nach konkretisierte Weise
   a) eine terroristische Straftat oder
   b) eine in § 100a Absatz 2 der Strafprozessordnung genannte und voraussichtlich auch im Einzelfall schwerwiegende Straftat

   begangen werden soll und die Maßnahme zur Verhütung dieser Straftat erforderlich ist, oder
3. wenn das individuelle Verhalten einer Person die konkrete Wahrscheinlichkeit begründet, dass sie innerhalb eines übersehbaren Zeitraums eine terroristische Straftat begehen oder an ihr teilnehmen wird, und die Maßnahme zur Verhütung dieser Straftat erforderlich ist.

[3]In den Fällen des Satzes 2 ist die Maßnahme nur zulässig, wenn sie nicht außer Verhältnis zur Bedeutung des aufzuklärenden Sachverhalts steht. [4]Die automatisierte Anwendung zur Auswertung vorhandener Daten erfolgt anhand von Suchbegriffen, die sich aus einem konkreten Sachverhalt, bezogen auf einen Anlass im Sinne des Satzes 2 ergeben. [5]Unter den Voraussetzungen von Satz 2 Nummer 1 und 3 ist auch die Nutzung selbstlernender Systeme zulässig, im Übrigen jedoch nur, wenn tatsächliche Anhaltspunkte die Annahme rechtfertigen, dass innerhalb eines übersehbaren Zeitraumes auf eine zumindest ihrer Art nach konkretisierte Weise

1. eine terroristische Straftat oder
2. eine in § 100b Absatz 2 der Strafprozessordnung genannte und voraussichtlich auch im Einzelfall besonders schwerwiegende Straftat

begangen werden soll und die Maßnahme zur Verhütung dieser Straftat erforderlich ist. [6]Es ist durch geeignete Maßnahmen sicherzustellen, dass bei der automatisierten Datenanalyse diskriminierende Algorithmen weder herausgebildet noch verwendet werden. [7]Es werden nur mit den Suchparametern übereinstimmende Daten angezeigt. [8]Automatisierte Entscheidungsfindungen und Sachverhaltsbewertungen sind unzulässig. [9]Alle Ergebnisse der automatisierten Datenanalyse müssen aus den in Absatz 2 Satz 1 bis 4 genannten Daten durch menschliche Gedankengänge nachvollziehbar sein. [10]Sollen in der Folge der automatisierten Datenanalyse Maßnahmen gegen Personen getroffen werden, dürfen diesen Maßnahmen allein Daten in einer nicht nach dem hiesigen Absatz verarbeiteten Fassung zugrunde gelegt werden.

(2) [1]Bei der automatisierten Datenanalyse können auf der Analyseplattform rechtmäßig gespeicherte Vorgangsdaten, Falldaten, Daten aus den polizeilichen Auskunftssystemen, Telekommunikationsdaten, Daten aus Asservaten, Daten aus dem polizeilichen Informationsaustausch, soweit sie der polizeilichen Aufgabenerfüllung dienen, und in den Fällen des Absatzes 1 Satz 2 Nummer 1 auch Nutzungs- und Verkehrsdaten weiterverarbeitet werden. [2]Datensätze aus gezielten Abfragen in Datenverbünden der Polizei und gesondert geführten staatlichen Registern können, auch automatisiert, erhoben und in die Weiterverarbeitung einbezogen werden. [3]Eine direkte Anbindung an Internetdienste mit Ausnahme geschlossener behördlicher Datennetze ist ausgeschlossen. [4]Einzelne gesondert gespeicherte Datensätze aus Internetquellen können in die Weiterverarbeitung einbezogen werden. [5]Nicht in die Datenanalyse einbezogen werden Vorgangsdaten von Unbeteiligten. [6]§ 42a Absatz 1 bis 4, § 42b und § 42c Absatz 1 gelten entsprechend; § 48 bleibt unberührt. [7]In einem Konzept der Kategorisierung und Kennzeichnung personenbezogener Daten ist anhand der Maßstäbe des Veranlassungszusammenhangs und der Grundrechtsrelevanz vorzusehen, welche personenbezogenen Daten in welcher Weise in eine automatisierte Anwendung zur Datenanalyse einbezogen werden dürfen. [8]Die Höchstspeicherdauer richtet sich nach den Speicherfristen der Ursprungsdaten.

[9]Für Verkehrsdaten in der Analyseplattform beträgt sie höchstens zwei Jahre, sofern die Daten nicht für die Fallbearbeitung weiter benötigt werden.
(3) [1]Zugriff auf die automatisierte Datenanalyse dürfen nur ausgewählte und geschulte Polizeidienstkräfte haben. [2]Werden selbstlernende Systeme eingesetzt, so darf die automatisierte Datenanalyse nur durch die Leitung des Landeskriminalamtes, deren Vertretung im Amt oder durch von dieser besonders beauftragte Beamtinnen oder Beamte des höheren Dienstes angeordnet werden. [3]Durch organisatorische und technische Maßnahmen sind die Zugriffsmöglichkeiten der eingesetzten Polizeidienstkräfte auf das erforderliche Maß zu beschränken. [4]In einem Rollen- und Rechtekonzept ist die zweckabhängige Verteilung der Zugriffsrechte zu bestimmen; diese müssen sachlich auf das erforderliche Maß eingeschränkt werden. [5]Die Zugriffe sind zu begründen und zu protokollieren; dabei ist auch das Vorliegen der Voraussetzungen nach den Absätzen 1 und 2 zu dokumentieren. [6]Personen, deren personenbezogene Daten nach Absatz 1 weiterverarbeitet wurden und gegen die anschließend weitere Maßnahmen nach diesem Gesetz getroffen wurden, sind nach Abschluss der Folgemaßnahmen gemäß § 42 des Berliner Datenschutzgesetzes über die Datenverarbeitung nach Absatz 1 zu benachrichtigen; § 27d Absatz 2, 3 und 5 gilt entsprechend. [7]Die oder der behördliche Datenschutzbeauftragte führt spätestens alle zwei Jahre stichprobenartige Kontrollen durch.
(4) [1]Die Polizei kann von ihr rechtmäßig gespeicherte personenbezogene Daten nach Absatz 2 Satz 1 und 2 weiterverarbeiten, wenn dies erforderlich ist, um die automatisierte Datenanalyse zu testen. [2]Personenbezogene Daten sind für die Verwendung zu Testzwecken zu anonymisieren. [3]Kann der Zweck des Tests mit anonymisierten Daten nicht erreicht werden oder ist die Anonymisierung nur mit unverhältnismäßigem Aufwand möglich, sind die Daten zu pseudonymisieren. [4]Kann der Zweck des Tests auch mit pseudonymisierten Daten nicht erreicht werden oder ist auch die Pseudonymisierung nur mit unverhältnismäßigem Aufwand möglich, dürfen personenbezogene Daten verwendet werden. [5]Besondere Kategorien personenbezogener Daten dürfen nur unter Beachtung des § 51a Absatz 2 verwendet werden. [6]Die Weiterverarbeitung von personenbezogenen Daten, die durch einen verdeckten Einsatz technischer Mittel in oder aus Wohnungen oder durch einen verdeckten Eingriff in informationstechnische Systeme erlangt wurden, ist unzulässig.
(5) [1]Die Einrichtung und jede wesentliche Änderung der automatisierten Datenanalyse erfolgen durch Anordnung der Polizeipräsidentin oder des Polizeipräsidenten oder der Vertretung im Amt; diese Befugnis kann auf die Leitung des Landeskriminalamtes oder ihre Vertretung im Amt übertragen werden. [2]Die oder der Berliner Beauftragte für Datenschutz und Informationsfreiheit ist vor der Einrichtung oder wesentlichen Änderungen nach Satz 1 anzuhören; bei Gefahr im Verzug ist die Anhörung unverzüglich nachzuholen. [3]Im Übrigen bleiben die Aufgaben und Befugnisse der oder des Berliner Beauftragten für Datenschutz und Informationsfreiheit unberührt.

(6) [1]Das Nähere zu den Absätzen 2 bis 4 bestimmen zu veröffentlichende Verwaltungsvorschriften. [2]Die oder der Berliner Beauftragte für Datenschutz und Informationsfreiheit ist vor dem Erlass oder einer Änderung der Verwaltungsvorschriften anzuhören.
(7) [1]Der Senat unterrichtet das Abgeordnetenhaus jährlich über die nach Absatz 1 getroffenen Maßnahmen. [2]In dem Bericht ist insbesondere darzustellen, in welchem Umfang von den Maßnahmen aus Anlass welcher Gefahrenlagen Gebrauch gemacht wurde. [3]Die parlamentarische Kontrolle auf der Grundlage dieses Berichts wird von einem Kontrollgremium ausgeübt. [4]Die Vorschriften des Fünften Abschnitts des Verfassungsschutzgesetzes Berlin gelten entsprechend.

§ 48
Berichtigung, Löschung und Einschränkung der Verarbeitung personenbezogener Daten, die zu den in § 30 des Berliner Datenschutzgesetzes genannten Zwecken verarbeitet werden; Verordnungsermächtigung

(1) Für die Berichtigung, Löschung und Einschränkung der Verarbeitung personenbezogener Daten, die zu Zwecken des § 30 des Berliner Datenschutzgesetzes verarbeitet werden, und der zugehörigen Unterlagen gelten ergänzend zu den §§ 44 und 61 des Berliner Datenschutzgesetzes die folgenden Absätze.
(2) Sind personenbezogene Daten in nicht-automatisiert geführten Dateisystemen zu berichtigen oder in ihrer Verarbeitung einzuschränken, ist ein entsprechender Vermerk anzubringen.
(3) Sind personenbezogene Daten zu löschen, weil ihre Speicherung von Anfang an unzulässig war, ist die betroffene Person vor der Löschung zu hören.
(4) [1]Sind personenbezogene Daten in nicht-automatisiert geführten Dateisystemen zu löschen, tritt an die Stelle der Löschung die Einschränkung ihrer Verarbeitung. [2]Nicht-automatisiert geführte Dateisysteme, welche die speichernde Stelle insgesamt nicht mehr zur Erfüllung ihrer Aufgaben benötigt, sind zu vernichten.
(5) [1]Die Prüfung, ob personenbezogene Daten in Dateisystemen zu löschen sind, weil ihre Kenntnis für die speichernde Stelle zur Erfüllung ihrer Aufgaben nicht mehr erforderlich ist, erfolgt aus Anlass einer Einzelfallprüfung oder nach Ablauf hierfür bestimmter Fristen. [2]Die jeweils zuständige Senatsverwaltung wird ermächtigt, diese Prüffristen durch Rechtsverordnung zu regeln. [3]Bei in Dateisystemen suchfähig gespeicherten personenbezogenen Daten dürfen die Fristen regelmäßig

1. bei Erwachsenen zehn Jahre,
2. bei Jugendlichen fünf Jahre und
3. bei Kindern zwei Jahre

nicht überschreiten, wobei nach Art und Zweck der Speicherung, nach Art und Bedeutung des Anlasses sowie nach der Kategorie der Person, zu der die Daten gespeichert sind, zu unterscheiden ist. [4]Die Frist beginnt regelmäßig mit dem

letzten Anlass der Speicherung, jedoch nicht vor Entlassung der betroffenen Person aus einer Justizvollzugsanstalt oder Beendigung einer mit Freiheitsentziehung verbundenen Maßregel der Besserung oder Sicherung. [5]Personenbezogene Daten über die in § 42 Absatz 4 Satz 1 Nummer 3 genannten Personen in automatisiert geführten Dateisystemen können ohne deren Einwilligung nur für die Dauer eines Jahres gespeichert werden. [6]Die Speicherung für jeweils ein weiteres Jahr ist zulässig, soweit die Voraussetzungen für die Weiterverarbeitung weiterhin vorliegen. [7]Die Speicherung nach den Sätzen 5 und 6 darf jedoch insgesamt drei Jahre nicht überschreiten. [8]§ 42 Absatz 1 Satz 1 Nummer 2 bleibt unberührt.
(6) Die Regelungen des Archivgesetzes über die Aussonderung und Anbietung von Unterlagen sowie den Umgang mit Archivgut bleiben unberührt.
(7) Die Mitteilungspflichten des Verantwortlichen nach § 44 Absatz 5 Satz 2 und § 61 Absatz 3 Satz 2 des Berliner Datenschutzgesetzes entfallen, wenn deren Erfüllung sich als unmöglich erweist oder mit einem unverhältnismäßigen Aufwand verbunden ist.

§ 48a
Berichtigung, Löschung und Einschränkung der Verarbeitung personenbezogener Daten, die zu Zwecken außerhalb des § 30 des Berliner Datenschutzgesetzes verarbeitet werden

(1) Für die Berichtigung, Löschung und Einschränkung der Verarbeitung personenbezogener Daten, die zu Zwecken außerhalb des § 30 des Berliner Datenschutzgesetzes verarbeitet werden, sowie der zugehörigen Unterlagen gelten ergänzend zu den Artikeln 16 bis 19 der Verordnung (EU) 2016/679 und zu § 25 des Berliner Datenschutzgesetzes die folgenden Absätze.
(2) [1]Bezogen auf die Artikel 16 und 18 Absatz 1 Buchstabe a der Verordnung (EU) 2016/679 betrifft die Frage der Richtigkeit insbesondere im Falle von Aussagen oder Bewertungen nicht deren Inhalt. [2]Wenn die Richtigkeit oder Unrichtigkeit personenbezogener Daten nicht festgestellt werden kann, tritt an die Stelle der Berichtigung nach Artikel 16 der Verordnung (EU) 2016/679 die Einschränkung der Verarbeitung nach Artikel 18. [3]Die oder der Verantwortliche hat die betroffene Person, die ihr Recht auf Berichtigung geltend gemacht hat, über die an die Stelle der Berichtigung tretende Einschränkung der Verarbeitung schriftlich zu unterrichten; dies gilt nicht, soweit bereits die Unterrichtung eine Gefährdung im Sinne von § 23 Absatz 1 des Berliner Datenschutzgesetzes mit sich bringen würde. [4]Die Unterrichtung ist zu begründen; § 24 Absatz 3 des Berliner Datenschutzgesetzes gilt entsprechend.
(3) Sind personenbezogene Daten in nicht-automatisiert geführten Dateisystemen nach Artikel 16 der Verordnung (EU) 2016/679 zu berichtigen oder nach Artikel 18 in ihrer Verarbeitung einzuschränken, ist ein entsprechender Vermerk anzubringen.

(4) Ergänzend zu den Artikeln 16 und 19 der Verordnung (EU) 2016/679 gelten hinsichtlich der Berichtigungs- und Mitteilungspflichten bezogen auf übermittelte personenbezogene Daten § 44 Absatz 5 und § 61 Absatz 3 Satz 2 des Berliner Datenschutzgesetzes entsprechend.

(5) Ergänzend zu den Artikeln 17 und 18 der Verordnung (EU) 2016/679 gilt für die Löschung personenbezogener Daten § 48 Absatz 3 und 4 entsprechend.

(6) [1]Die Prüfung, ob personenbezogene Daten in Dateisystemen zu löschen sind, weil ihre Kenntnis für die speichernde Stelle zur Erfüllung ihrer Aufgaben nicht mehr erforderlich ist, erfolgt aus Anlass einer Einzelfallprüfung oder nach Ablauf hierfür bestimmter Fristen. [2]Die jeweils zuständige Senatsverwaltung wird ermächtigt, diese Prüffristen durch Rechtsverordnung zu regeln. [3]§ 48 Absatz 5 gilt entsprechend.

(7) [1]Anstelle der Löschung nach Artikel 17 Absatz 1 der Verordnung (EU) 2016/679 kann die Verarbeitung personenbezogener Daten eingeschränkt werden, wenn

1. Grund zu der Annahme besteht, dass eine Löschung schutzwürdige Interessen einer betroffenen Person beeinträchtigen würde,
2. die Daten zu Beweiszwecken weiter aufbewahrt werden müssen oder
3. eine Löschung wegen der besonderen Art der Speicherung nicht oder nur mit unverhältnismäßig hohem Aufwand möglich ist.

[2]In ihrer Verarbeitung eingeschränkte Daten dürfen nur zu dem Zweck, der ihrer Löschung entgegenstand, oder sonst mit Einwilligung der betroffenen Person verwendet werden. [3]Die betroffenen Personen sind über die nach den Sätzen 1 und 2 vorgenommene Einschränkung der Verarbeitung entsprechend Absatz 2 Satz 3 bis 6 zu unterrichten. [4]Bei personenbezogenen Daten in automatisierten Dateisystemen sind die in § 44 Absatz 4 des Berliner Datenschutzgesetzes vorgesehenen technischen Maßnahmen zu treffen.

§ 49
Errichtungsanordnung

(1) [1]Für jedes bei der Polizei nach diesem Gesetz geführte automatisierte Dateisystem über personenbezogene Daten ist jeweils eine Errichtungsanordnung zu erlassen. [2]Diese hat folgende Festlegungen zu enthalten:

1. Bezeichnung des Dateisystems,
2. Angaben nach § 56 Absatz 1 Nummer 1 bis 11 des Berliner Datenschutzgesetzes,
3. Prüffristen nach § 48 Absatz 5 Satz 1,
4. Art der Datenverarbeitung sowie
5. Angaben über die Verfahren zur Übermittlung, zur Prüfung der Fristen und zur Auskunftserteilung.

[3]Dies gilt nicht für Dateisysteme, die nur vorübergehend vorgehalten und innerhalb von drei Monaten nach ihrer Erstellung gelöscht werden.

(2) Die Errichtungsanordnung tritt an die Stelle des Verfahrensverzeichnisses nach Artikel 30 der Verordnung (EU) 2016/679 und § 56 Absatz 1 des Berliner Datenschutzgesetzes.
(3) [1]Die für Inneres zuständige Senatsverwaltung regelt das Nähere durch Ausführungsvorschriften. [2]Die Polizei übersendet die Errichtungsanordnung der oder dem Berliner Beauftragten für Datenschutz und Informationsfreiheit sowie der für Inneres zuständigen Senatsverwaltung zur Kenntnis.
(4) [1]Die Speicherung personenbezogener Daten in automatisiert geführten Dateisystemen ist auf das erforderliche Maß zu beschränken. [2]Die Notwendigkeit der Weiterführung oder Änderung der Dateisysteme ist in angemessenen Abständen zu überprüfen.

§ 50
Information und Auskunft über die Verarbeitung personenbezogener Daten

(1) [1]Für die Information und Auskunft betroffener Personen zu personenbezogenen Daten, die zu Zwecken des § 30 des Berliner Datenschutzgesetzes verarbeitet werden, gelten ergänzend zu den §§ 41 und 43 des Berliner Datenschutzgesetzes die Absätze 2 bis 4. [2]Werden personenbezogene Daten zu Zwecken außerhalb des § 30 des Berliner Datenschutzgesetzes verarbeitet, gelten ergänzend zu den Artikeln 13 bis 15 der Verordnung (EU) 2016/679 die Absätze 2, 4 und 5 sowie § 15 Absatz 3, § 23 und § 24 des Berliner Datenschutzgesetzes.
(2) In dem Antrag auf Auskunft soll die Art der Daten, über die Auskunft erteilt werden soll, näher bezeichnet werden.
(3) [1]Bei personenbezogenen Daten in nicht-automatisiert geführten Dateisystemen, die zu Zwecken des § 30 des Berliner Datenschutzgesetzes verarbeitet werden, können die Ordnungsbehörden und die Polizei, statt eine Auskunft zu erteilen, der betroffenen Person Einsicht in das betreffende System gewähren. [2]§ 43 Absatz 4 des Berliner Datenschutzgesetzes bleibt unberührt.
(4) Sind die personenbezogenen Daten in ein anhängiges Strafverfahren eingeführt, so ist vor Erteilung der Auskunft an die betroffene Person die Zustimmung der Staatsanwaltschaft herbeizuführen.
(5) [1]Werden personenbezogene Daten von Kindern gespeichert, nachdem sie ohne Kenntnis der Sorgeberechtigten erhoben worden sind, sind die Sorgeberechtigten hierüber in Kenntnis zu setzen, sobald die Aufgabenerfüllung dadurch nicht mehr erheblich gefährdet wird. [2]Dies gilt nicht, solange zu besorgen ist, dass die Unterrichtung zu erheblichen Nachteilen für das Kind führt. [3]Werden die Daten zu Zwecken des § 30 des Berliner Datenschutzgesetzes gespeichert, gilt § 42 Absatz 1 des Berliner Datenschutzgesetzes entsprechend. [4]Bei Datenspeicherungen zu Zwecken außerhalb des § 30 des Berliner Datenschutzgesetzes gelten Artikel 14 der Verordnung (EU) 2016/679 und § 23 des Berliner Datenschutzgesetzes entsprechend.

§ 51
Anwendung des Berliner Datenschutzgesetzes und der Verordnung (EU) 2016/679

(1) Verarbeiten die Ordnungsbehörden und die Polizei personenbezogene Daten zu Zwecken des § 30 des Berliner Datenschutzgesetzes, gelten, soweit dieses Gesetz keine oder keine abschließende Regelung trifft, die Teile 1 und 3 des Berliner Datenschutzgesetzes.

(2) Verarbeiten die Ordnungsbehörden und die Polizei personenbezogene Daten zu Zwecken außerhalb des § 30 des Berliner Datenschutzgesetzes, gelten, soweit dieses Gesetz keine oder keine abschließende Regelung trifft, die Verordnung (EU) 2016/679 sowie die Teile 1 und 2 des Berliner Datenschutzgesetzes.

§ 51a
Verarbeitung besonderer Kategorien personenbezogener Daten

(1) [1]Besondere Kategorien personenbezogener Daten im Sinne von Artikel 9 Absatz 1 der Verordnung (EU) 2016/679 und § 31 Nummer 14 des Berliner Datenschutzgesetzes dürfen sowohl zu Zwecken des § 30 des Berliner Datenschutzgesetzes als auch zu Zwecken außerhalb des § 30 des Berliner Datenschutzgesetzes nach den Vorschriften dieses Gesetzes verarbeitet werden, wenn dies

1. dort unmittelbar zugelassen ist oder
2. zur Erfüllung des Zwecks der jeweiligen Vorschrift unbedingt erforderlich ist.

[2]Die Verarbeitung besonderer Kategorien personenbezogener Daten zu Zwecken des § 30 des Berliner Datenschutzgesetzes ist ferner zulässig, wenn die betroffene Person gemäß § 36 Absatz 5 des Berliner Datenschutzgesetzes eingewilligt hat. [3]§ 14 Absatz 2, § 15 Absatz 5, § 17, § 33 Absatz 1 und § 35 des Berliner Datenschutzgesetzes finden keine Anwendung.

(2) [1]Werden besondere Kategorien personenbezogener Daten verarbeitet, sollen diese besonders gekennzeichnet und der Zugriff darauf besonders ausgestaltet werden, soweit dies zum Schutz der betroffenen Personen erforderlich und technisch mit verhältnismäßigem Aufwand umsetzbar ist. [2]Die an der Verarbeitung Beteiligten sind für die besondere Schutzwürdigkeit dieser Kategorien zu sensibilisieren. [3]Darüber hinaus sind weitere Garantien im Sinne von § 14 Absatz 3 und § 33 Absatz 2 des Berliner Datenschutzgesetzes vorzusehen, die je nach Art der Verarbeitung geeignet sind, die betroffenen Personen zu schützen.

§ 51b
Datenschutzkontrolle

[1]Die oder der Berliner Beauftragte für Datenschutz und Informationsfreiheit führt unbeschadet der sonstigen Aufgaben und Kontrollen spätestens alle zwei Jahre zumindest stichprobenartig Kontrollen durch bezüglich

1. der Verarbeitung personenbezogener Daten bei nach § 27c Absatz 1 und 2 sowie nach § 47a Absatz 3 Satz 5 zu protokollierenden Maßnahmen sowie
2. der Übermittlung personenbezogener Daten nach § 44c und § 45 Absatz 8 durch die Polizei.

[2]Hierfür sind ihr oder ihm die diesbezüglichen Protokolle und Dokumentationen von Datenlöschungen und Vernichtungen von Unterlagen in auswertbarer Weise zur Verfügung zu stellen.

Dritter Abschnitt
Vollzugshilfe

§ 52
Vollzugshilfe

(1) Die Polizei leistet Behörden und sonstigen öffentlichen Stellen auf Ersuchen Vollzugshilfe, wenn unmittelbarer Zwang gegen Personen anzuwenden ist und die anderen Behörden oder Stellen nicht über die hierzu erforderlichen Dienstkräfte verfügen oder ihre Maßnahmen nicht auf andere Weise selbst durchsetzen können.
(2) Die Berliner Feuerwehr leistet nach Absatz 1 Vollzugshilfe, soweit diese im Zusammenhang mit den ihr obliegenden Aufgaben steht.
(3) [1]Die Polizei und die Berliner Feuerwehr sind nur für die Art und Weise der Durchführung verantwortlich. [2]Im Übrigen gelten die Grundsätze der Amtshilfe entsprechend.
(4) Die Verpflichtung zur Amtshilfe bleibt unberührt.

§ 53
Verfahren

(1) [1]Vollzugshilfeersuchen sind schriftlich oder elektronisch zu stellen. [2]Sie haben den Grund und die Rechtsgrundlage der Maßnahme anzugeben.
(2) [1]In Eilfällen kann das Ersuchen formlos gestellt werden. [2]Es ist jedoch auf Verlangen unverzüglich schriftlich oder elektronisch zu bestätigen.
(3) Die ersuchende Behörde ist von der Ausführung des Ersuchens zu verständigen.

§ 54
Vollzugshilfe bei Freiheitsentziehung

(1) Hat das Vollzugshilfeersuchen eine Freiheitsentziehung zum Inhalt, so ist auch die gerichtliche Entscheidung über die Zulässigkeit der Freiheitsentziehung vorzulegen oder in dem Ersuchen zu bezeichnen.
(2) Ist eine vorherige gerichtliche Entscheidung nicht ergangen, so hat die Polizei die festgehaltene Person zu entlassen, wenn die ersuchende Behörde diese nicht übernimmt oder die gerichtliche Entscheidung nicht unverzüglich nachträglich beantragt.
(3) Die §§ 32 und 33 gelten entsprechend.

Vierter Abschnitt
Verordnungen zur Gefahrenabwehr sowie zu Waffen- und Messerverbotszonen

§ 55
Verordnungsermächtigung

Der Senat kann Rechtsverordnungen zur Abwehr von Gefahren für die öffentliche Sicherheit oder Ordnung (§ 1 Abs. 1) erlassen.

§ 56
Inhalt

(1) [1]Verordnungen zur Gefahrenabwehr dürfen nicht lediglich den Zweck haben, die den zuständigen Behörden obliegende Aufsicht zu erleichtern. [2]Von mehreren möglichen und geeigneten allgemeinen Geboten oder Verboten sind diejenigen zu wählen, die den Einzelnen oder die Allgemeinheit am wenigsten beeinträchtigen. [3]Eine Verordnung zur Gefahrenabwehr darf nicht zu einem Nachteil führen, der zu dem angestrebten Erfolg erkennbar außer Verhältnis steht.
(2) [1]Verordnungen zur Gefahrenabwehr müssen in ihrem Inhalt bestimmt sein. [2]Hinweise auf Anordnungen außerhalb von Verordnungen zur Gefahrenabwehr sind unzulässig, soweit diese Anordnungen Gebote oder Verbote von unbeschränkter Dauer enthalten. [3]In Verordnungen zur Gefahrenabwehr, die überwachungsbedürftige oder sonstige Anlagen betreffen, an die bestimmte technische Anforderungen zu stellen sind, kann hinsichtlich der technischen Vorschriften auf Bekanntmachungen besonderer sachverständiger Stellen unter Angabe der Fundstelle verwiesen werden.

§ 57
Zuwiderhandlungen gegen Verordnungen

In Verordnungen zur Gefahrenabwehr können für den Fall einer vorsätzlichen oder fahrlässigen Zuwiderhandlung Geldbußen bis zu fünfzigtausend Euro und die Einziehung der Gegenstände, auf die sich die Ordnungswidrigkeit bezieht oder die zu ihrer Vorbereitung oder Begehung verwendet worden sind, angedroht werden, soweit die Verordnung für einen bestimmten Tatbestand auf diese Bußgeldvorschrift verweist.

§ 58
Geltungsdauer

[1]Verordnungen zur Gefahrenabwehr sollen eine Beschränkung ihrer Geltungsdauer enthalten. [2]Die Geltungsdauer darf nicht über zehn Jahre hinaus erstreckt werden. [3]Verordnungen zur Gefahrenabwehr, die keine Beschränkung der Geltungsdauer enthalten, treten zehn Jahre nach ihrem Inkrafttreten außer Kraft. [4]Eine Verlängerung lediglich der Geltungsdauer ist unzulässig.

§ 58a
Verordnungen zu Waffen- und Messerverbotszonen

(1) Die in § 42 Absatz 5 des Waffengesetzes erteilte Ermächtigung, durch Rechtsverordnung das Führen von Waffen und Messern zu verbieten oder zu beschränken, wird auf die für Inneres zuständige Senatsverwaltung übertragen.
(2) [1]Rechtsverordnungen nach Absatz 1 bedürfen der Zustimmung des Abgeordnetenhauses. [2]Sie sind dem Abgeordnetenhaus unverzüglich zuzuleiten. [3]Die Zustimmung gilt als erteilt, wenn das Abgeordnetenhaus nicht innerhalb von 21 Tagen nach Zustellung der Rechtsverordnung an die Mitglieder des Abgeordnetenhauses die Zustimmung verweigert.

Fünfter Abschnitt
Schadensausgleich, Erstattungs- und Ersatzansprüche, Entschädigung

§ 59
Zum Schadensausgleich verpflichtende Tatbestände

(1) Erleidet jemand
1. infolge einer rechtmäßigen Inanspruchnahme nach § 16,
2. als unbeteiligter Dritter durch eine rechtmäßige Maßnahme der Ordnungsbehörde oder der Polizei,
3. bei der Erfüllung einer ihm nach § 323c des Strafgesetzbuches obliegenden Verpflichtung zur Hilfeleistung

einen Schaden, ist ihm ein angemessener Ausgleich zu gewähren.
(2) Das Gleiche gilt, wenn jemand durch eine rechtswidrige Maßnahme einen Schaden erleidet.
(3) Der Ausgleich ist auch Personen zu gewähren, die mit Zustimmung der Ordnungsbehörden oder der Polizei bei der Wahrnehmung von Aufgaben dieser Behörden freiwillig mitgewirkt oder Sachen zur Verfügung gestellt und dadurch einen Schaden erlitten haben.

(4) Weitergehende Ersatzansprüche, insbesondere aus Amtspflichtverletzung, bleiben unberührt.

§ 60
Inhalt, Art und Umfang des Schadensausgleichs

(1) [1]Der Ausgleich nach § 59 wird grundsätzlich nur für Vermögensschaden gewährt. [2]Für entgangenen Gewinn, der über den Ausfall des gewöhnlichen Verdienstes oder Nutzungsentgeltes hinausgeht, und für Nachteile, die nicht in unmittelbarem Zusammenhang mit der Maßnahme der Ordnungsbehörde oder der Polizei stehen, ist ein Ausgleich zu gewähren, wenn und soweit dies zur Abwendung unbilliger Härten geboten erscheint.
(2) Bei einer Verletzung des Körpers oder der Gesundheit oder bei einer Freiheitsentziehung ist auch der Schaden, der nicht Vermögensschaden ist, angemessen auszugleichen; dieser Anspruch ist nicht übertragbar und nicht vererblich, es sei denn, dass er rechtshängig geworden oder durch Vertrag anerkannt worden ist.
(3) [1]Der Ausgleich wird in Geld gewährt. [2]Hat die zum Ausgleich verpflichtende Maßnahme die Aufhebung oder Minderung der Erwerbsfähigkeit oder eine Vermehrung der Bedürfnisse oder den Verlust oder die Beeinträchtigung eines Rechts auf Unterhalt zur Folge, so ist der Ausgleich durch Entrichtung einer Rente zu gewähren. [3]§ 760 des Bürgerlichen Gesetzbuches ist anzuwenden. [4]Statt der Rente kann eine Abfindung in Kapital verlangt werden, wenn ein wichtiger Grund vorliegt. [5]Der Anspruch wird nicht dadurch ausgeschlossen, dass ein anderer dem Geschädigten Unterhalt zu gewähren hat.
(4) Stehen dem Geschädigten Ansprüche gegen Dritte zu, so ist, soweit diese Ansprüche nach Inhalt und Umfang dem Ausgleichsanspruch entsprechen, der Ausgleich nur gegen Abtretung dieser Ansprüche zu gewähren.
(5) [1]Bei der Bemessung des Ausgleichs sind alle Umstände zu berücksichtigen, insbesondere Art und Vorhersehbarkeit des Schadens und ob der Geschädigte oder sein Vermögen durch die Maßnahme der Ordnungsbehörde oder der Polizei geschützt worden ist. [2]Haben Umstände, die der Geschädigte zu vertreten hat, auf die Entstehung oder Ausweitung des Schadens eingewirkt, so hängt die Verpflichtung zum Ausgleich sowie der Umfang des Ausgleichs insbesondere davon ab, inwieweit der Schaden vorwiegend von dem Geschädigten oder durch die Ordnungsbehörde oder die Polizei verursacht worden ist.

§ 61
Ansprüche mittelbar Geschädigter

(1) Im Falle der Tötung sind im Rahmen des § 60 Abs. 5 die Kosten der Bestattung demjenigen auszugleichen, dem die Verpflichtung obliegt, diese Kosten zu tragen.

(2) [1]Stand der Getötete zur Zeit der Verletzung zu einem Dritten in einem Verhältnis, auf Grund dessen er diesem gegenüber kraft Gesetzes unterhaltspflichtig war oder unterhaltspflichtig werden konnte, und ist dem Dritten infolge der Tötung das Recht auf Unterhalt entzogen, so kann der Dritte im Rahmen des § 60 Abs. 5 insoweit einen angemessenen Ausgleich verlangen, als der Getötete während der mutmaßlichen Dauer seines Lebens zur Gewährung des Unterhalts verpflichtet gewesen wäre. [2]§ 60 Abs. 3 Satz 3 bis 5 ist entsprechend anzuwenden. [3]Der Ausgleich kann auch dann verlangt werden, wenn der Dritte zur Zeit der Verletzung gezeugt, aber noch nicht geboren war.

§ 62
Verjährung des Ausgleichsanspruchs

Der Anspruch auf den Ausgleich verjährt in drei Jahren von dem Zeitpunkt an, in welchem der Geschädigte, im Falle des § 61 der Anspruchsberechtigte, von dem Schaden und dem zum Ausgleich Verpflichteten Kenntnis erlangt, ohne Rücksicht auf diese Kenntnis in dreißig Jahren von dem Eintritt des schädigenden Ereignisses an.

§ 63
Ausgleichspflichtiger, Erstattungsansprüche

(1) Ausgleichspflichtig ist die Körperschaft, in deren Dienst derjenige steht, der die Maßnahme getroffen hat (Anstellungskörperschaft).
(2) Hat der Bedienstete für die Behörde einer anderen Körperschaft gehandelt, so ist die andere Körperschaft ausgleichspflichtig.
(3) Ist in den Fällen des Absatzes 2 ein Ausgleich nur wegen der Art und Weise der Durchführung der Maßnahme zu gewähren, so kann die ausgleichspflichtige Körperschaft von der Anstellungskörperschaft Erstattung ihrer Aufwendungen verlangen, es sei denn, dass sie selbst die Verantwortung für die Art und Weise der Durchführung trägt.

§ 64
Rückgriff gegen den Verantwortlichen

(1) Die nach § 63 ausgleichspflichtige Körperschaft kann von den nach den §§ 13 oder 14 Verantwortlichen Ersatz ihrer Aufwendungen verlangen, wenn sie aufgrund des § 59 Abs. 1 oder Abs. 3 einen Ausgleich gewährt hat.
(2) Sind mehrere Personen nebeneinander verantwortlich, so haften sie als Gesamtschuldner.

§ 64a
Entschädigung

(1) Für die Entschädigung von Personen, die auf Vorladung als Zeugen erscheinen oder die als Sachverständige herangezogen werden, gilt das Justizvergütungs- und -entschädigungsgesetz entsprechend.

(2) Anbieter von Telekommunikationsdiensten und Anbieter von digitalen Diensten, die nach den Vorschriften dieses Gesetzes zu Maßnahmen verpflichtet oder zur Auskunft über Daten herangezogen werden, erhalten Entschädigung nach Maßgabe von § 23 des Justizvergütungs- und -entschädigungsgesetzes.

Sechster Abschnitt
Gerichtliche Verfahren

§ 65
Zuständigkeit und Verfahren bei gerichtlichen Anordnungen, Maßnahmen und sonstigen gerichtlichen Entscheidungen

(1) [1]Vorbehaltlich des Absatzes 2 und soweit dieses Gesetz nichts Abweichendes bestimmt, ist für eine nach diesem Gesetz vorgesehene

1. gerichtliche Anordnung polizeilicher Maßnahmen,
2. gerichtliche Bestätigung der polizeilichen Anordnung einer Maßnahme wegen Gefahr im Verzug und
3. sonstige gerichtliche Entscheidung

das Amtsgericht Tiergarten zuständig.

(2) [1]Für die in § 25b Absatz 3 und 5 sowie § 26b Absatz 6 und 8 vorgesehenen gerichtlichen Anordnungen, Bestätigungen und sonstigen Entscheidungen ist die in § 74a Absatz 4 des Gerichtsverfassungsgesetzes genannte Strafkammer des Landgerichts Berlin I zuständig. [2]§ 120 Absatz 4 des Gerichtsverfassungsgesetzes gilt entsprechend.

(3) Für Verfahren nach den Absätzen 1 und 2 einschließlich etwaiger Kostenentscheidungen gelten die Vorschriften des Gesetzes über das Verfahren in Familiensachen und in den Angelegenheiten der freiwilligen Gerichtsbarkeit entsprechend.

§ 65a
Rechtsweg bei Schadensausgleich, Entschädigung, Erstattung und Ersatz von Aufwendungen

Für Ansprüche auf Schadensausgleich und Entschädigung ist der ordentliche Rechtsweg, für Ansprüche auf Erstattung und Ersatz von Aufwendungen nach § 63 oder § 64 ist der Verwaltungsrechtsweg gegeben.

Siebter Abschnitt
Straf- und Bußgeldvorschriften

§ 65b
Strafvorschrift

(1) Mit Freiheitsstrafe bis zu zwei Jahren oder mit Geldstrafe wird bestraft, wer einer vollstreckbaren gerichtlichen Anordnung nach § 29b Absatz 4 Satz 1 oder einer vollziehbaren Anordnung nach § 29b Absatz 4 Satz 3 zuwiderhandelt und dadurch die ununterbrochene Feststellung ihres oder seines Aufenthaltsortes verhindert.
(2) Bei Anordnungen nach § 29b Absatz 4 Satz 3 entfällt die Strafbarkeit, wenn die Anordnung nicht gerichtlich bestätigt wird.
(3) [1]Die Tat wird nur auf Antrag der Polizeipräsidentin oder des Polizeipräsidenten oder der Vertretung im Amt verfolgt. [2]§ 29b Absatz 4 Satz 9 gilt entsprechend.

§ 65c
Bußgeldvorschriften

(1) Ordnungswidrig handelt, wer vorsätzlich oder fahrlässig
1. einer vollziehbaren Anordnung nach § 29, § 29a Absatz 1 bis 3 oder § 29c Satz 1 zuwiderhandelt und dadurch den Zweck der Anordnung gefährdet,
2. den Beschränkungen und Verboten einer nach § 37b Absatz 1 erlassenen Allgemeinverfügung zuwiderhandelt oder
3. entgegen § 45a Absatz 9 Satz 3 eine Person, der es an der hierfür erforderlichen Zuverlässigkeit fehlt oder die in eine Zuverlässigkeitsüberprüfung nicht eingewilligt hat, zu einer Veranstaltung nach § 45a Absatz 2 Nummer 1 zulässt.

(2) Die Ordnungswidrigkeit kann in den Fällen von Absatz 1 Nummer 1 und 3 mit einer Geldbuße von bis zu fünftausend Euro, im Falle von Absatz 1 Nummer 2 mit einer Geldbuße von bis zu fünfhundert Euro geahndet werden.
(3) Zuständige Verwaltungsbehörde im Sinne von § 36 Absatz 1 Nummer 1 des Gesetzes über Ordnungswidrigkeiten ist in den Fällen des Absatzes 1 Nummer 1 und 2 die Behörde, die die Anordnung erlassen hat, im Falle des Absatzes 1 Nummer 3 die Polizei.

Achter Abschnitt
Übergangs- und Schlussbestimmungen

§ 66
Einschränkung von Grundrechten

Durch dieses Gesetz werden die Grundrechte auf Freiheit der Person (Artikel 2 Absatz 2 Satz 2 des Grundgesetzes), der körperlichen Unversehrtheit (Artikel 2

Absatz 2 Satz 1 des Grundgesetzes), des Fernmeldegeheimnisses (Artikel 10 Absatz 1 des Grundgesetzes), der Freizügigkeit (Artikel 11 des Grundgesetzes) und der Unverletzlichkeit der Wohnung (Artikel 13 des Grundgesetzes) eingeschränkt.

§ 67
Zuständigkeit für den Erlass des Widerspruchsbescheids; Nachprüfung straßenverkehrsbehördlicher Verwaltungsakte im Widerspruchsverfahren

(1) [1]Über den Widerspruch gegen einen der Anfechtung nach den §§ 68 ff. der Verwaltungsgerichtsordnung unterliegenden Verwaltungsakt einer Sonderbehörde oder der Polizei entscheidet deren Leiter oder eine von ihm dafür bestimmte, ihm unmittelbar zugeordnete Stelle. [2]Über den Widerspruch gegen einen Verwaltungsakt der Bezirksverwaltung entscheidet das Bezirksamt oder das von ihm dafür bestimmte Mitglied, sofern dieses Mitglied nicht selbst den Verwaltungsakt erlassen hat.
(2) [1]Gegen einen Verwaltungsakt der Straßenverkehrsbehörde ist der Widerspruch nach den §§ 68 ff. der Verwaltungsgerichtsordnung auch dann zulässig, wenn der Verwaltungsakt nach Nummer 11 Absatz 3 oder Absatz 4 der Anlage zu diesem Gesetz (Zuständigkeitskatalog Ordnungsaufgaben) von der für Verkehr zuständigen Senatsverwaltung erlassen worden ist. [2]In diesem Fall entscheidet die für Verkehr zuständige Senatsverwaltung auch über den Widerspruch.

§ 68
Zuständigkeit zum Erlass von Verwaltungsvorschriften

[1]Die Verwaltungsvorschriften zur Ausführung dieses Gesetzes erlässt die für Inneres zuständige Senatsverwaltung im Einvernehmen mit den zuständigen Senatsverwaltungen, wenn die Vorschriften den Geschäftsbereich mehrerer Senatsverwaltungen betreffen. [2]Die Verwaltungsvorschriften zur Ausführung dieses Gesetzes erlässt die zuständige Senatsverwaltung im Einvernehmen mit der für Inneres zuständigen Senatsverwaltung, wenn die Vorschriften nur den Geschäftsbereich der zuständigen Senatsverwaltung betreffen.

§ 69
Übergangsregelung aus Anlass des Gesetzes zur Reform des Berliner Polizei- und Ordnungsrechts und zur Änderung des Gesetzes zu Artikel 29 der Verfassung von Berlin

(1) [1]Orte im Sinne von § 21 Absatz 4 Satz 1 dieses Gesetzes in der bis zum Ablauf des 23. Dezember 2025 geltenden Fassung gelten bis zum Ablauf des 30. Juni 2026 als kriminalitätsbelastete Orte im Sinne von § 17a, sofern die Polizei die ab dem 24. Dezember 2025 geltende genaue räumliche Abgrenzung dieser Orte bis zum Ablauf des 31. Januar 2026 im Internet veröffentlicht. [2]§ 17a Absatz 3 gilt für diese Orte bis zum Ablauf des 30. Juni 2026 nicht.

(2) [1]Auf bis zum Ablauf des 24. Dezember 2025 angeordnete und begonnene Maßnahmen nach den §§ 24d, 25 bis 26 sowie nach den §§ 27 und 47 finden bis zum Ablauf ihrer Anordnungsdauer, längstens bis zum Ablauf des 31. März 2026, vorbehaltlich des Satzes 2 die bis zum Ablauf des 23. Dezember 2025 geltenden Vorschriften dieses Gesetzes weiter Anwendung. [2]§ 25b Absatz 5 sowie die §§ 27a und 27f finden ab dem 24. Dezember 2025 Anwendung.
(3) Auf bis zum Ablauf des 23. Dezember 2025 gespeicherte personenbezogene Daten findet § 42 Absatz 4 mit der Maßgabe Anwendung, dass der Lauf der Zweijahresfrist nach § 42 Absatz 4 Satz 2 Nummer 2 mit dem 24. Dezember 2025 beginnt.
(4) Auf bis zum Ablauf des 23. Dezember 2025 erhobene personenbezogene Daten findet § 42b Absatz 2 bis zum Ablauf des 1. Januar 2026 nur soweit Anwendung, wie dieser in Verbindung mit § 42b Absatz 4 die Weiterverarbeitung nach § 42d von nicht nach § 42b Absatz 1 gekennzeichneten personenbezogenen Daten untersagt.

§ 70
[aufgehoben]

§ 71
Inkrafttreten und Außerkrafttreten von Vorschriften

Dieses Gesetz tritt am Tage nach der Verkündung im Gesetz- und Verordnungsblatt für Berlin in Kraft.[2]

2 Die Vorschrift betrifft das Inkrafttreten dieses Gesetzes in der ursprünglichen Fassung des Gesetzes vom 14. April 1992 (GVBl. 119).

Zuständigkeitskatalog Ordnungsaufgaben (ZustKatOrd)

Anlage zu § 2 Abs. 4 Satz 1 ASOG

[*Red. Anm.: Wird an dem Tag aufgehoben, an dem die Rechtsverordnung mit dem zusammenfassenden Zuständigkeitskatalog nach § 13 Absatz 1 und 2 des Landesorganisationsgesetzes vom 10. Juli 2025 (GVBl. S. 270) in Kraft tritt.*]

Erster Abschnitt
Ordnungsaufgaben der Senatsverwaltungen

Nummer 1
Bau- und Wohnungswesen

Zu den Ordnungsaufgaben der für Bau- und Wohnungswesen zuständigen Senatsverwaltung gehören:

(1) die Bauaufsicht und die Feuersicherheitsaufsicht, soweit sie betreffen

a) die Zustimmung im Einzelfall zur Verwendung oder Anwendung neuer Baustoffe, Bauteile, Einrichtungen und Bauarten,

b) die Anerkennung von Prüfingenieurinnen und Prüfingenieuren für Standsicherheit und Brandschutz,

c) die Prüfung schwieriger statischer Berechnungen einschließlich der konstruktiven Bauüberwachung,

d) folgende überbezirkliche Anlagen, soweit Baugenehmigungsverfahren, vereinfachte Baugenehmigungsverfahren, Genehmigungsfreistellungen, Entscheidungen nach § 68 der Bauordnung für Berlin, Teilbaugenehmigungen, Vorbescheide oder planungsrechtliche Bescheide betroffen sind, bis zur Aufnahme der Nutzung:

  aa) Anlagen des Bundes einschließlich der Verfassungsorgane und die Anlagen der Länder mit Ausnahme der Anlagen der Berliner Bezirksverwaltungen, soweit nicht einer der Fälle des § 76 der Bauordnung für Berlin gegeben ist,

  bb) Anlagen im Zusammenhang mit Botschaften und Konsulaten,

  cc) Anlagen der Hochschulen, auf die das Berliner Hochschulgesetz Anwendung findet, mit einer Geschossfläche von mehr als 1500 m2,

  dd) Anlagen der Stiftung Preußischer Kulturbesitz und der Stiftung Preußische Schlösser und Gärten Berlin-Brandenburg, jeweils mit einer Geschossfläche von mehr als 1500 m^2,

  ee) Anlagen der Stiftung „Deutsches Historisches Museum", der Stiftung „Stadtmuseum Berlin – Landesmuseum für Kultur und Geschichte Berlins", der Stiftung „Deutsches Technikmuseum Berlin", der Stiftung „Berliner Philharmoniker", der in der „Stiftung Oper in Berlin" erfassten Opernhäuser und Gebäude der „Messe Berlin GmbH", jeweils mit einer Geschossfläche von mehr als 1500 m²,

ff) Anlagen zur Unterbringung von Flüchtlingen, Asylbegehrenden und Obdachlosen der Berlinovo Immobilien Gesellschaft mbH, einer vom Land Berlin benannten Landesgesellschaft zur Errichtung modularer Unterkünfte für Flüchtlinge und landeseigener Wohnungsbauunternehmen,

e) die Anerkennung von Prüfsachverständigen für technische Anlagen und Einrichtungen und Prüfsachverständigen für den Erd- und Grundbau,

f) die Prüfung der Standsicherheit für bauliche Anlagen oder Bauteile, die in gleicher Ausführung an mehreren Stellen errichtet oder verwendet werden (Typenprüfung);

(2) die Aufgaben der Marktüberwachungsbehörde des Landes Berlin nach dem Bauprodukte-Marktüberwachungsdurchführungsgesetz.

(3) die Ordnungsaufgaben nach dem Wohnungsbindungsgesetz, soweit sie die Mietpreisbildung und Mietpreisüberwachung sowie die Sicherung des zur Zweckbestimmung des Wohnraums erforderlichen baulichen Zustandes betreffen;

(4) die Ordnungsaufgaben nach dem Wohnraumförderungsgesetz, soweit sie die Mietpreisbildung und Mietpreisüberwachung betreffen;

(5) die Ordnungsaufgaben nach § 5 des Gesetzes zur Mietenbegrenzung im Wohnungswesen in Berlin.

Nummer 2
Finanzen

Zu den Ordnungsaufgaben der für Finanzen zuständigen Senatsverwaltung gehören:

die Aufgaben der Vollzugsbehörde nach dem Dritten Abschnitt des Vereinsgesetzes nach Eintritt der Unanfechtbarkeit von Verboten und Einziehungsanordnungen.

Nummer 3
Gesundheitswesen

Zu den Ordnungsaufgaben der für Gesundheitswesen zuständigen Senatsverwaltung gehören:

(1) die gesundheitsaufsichtlichen Aufgaben der obersten Landesgesundheitsbehörde hinsichtlich

a) des Infektionsschutzgesetzes, der Trinkwasserverordnung sowie der Badegewässerverordnung,

b) der internationalen Gesundheitsvorschriften,

c) der europäischen Verordnungen und Richtlinien hinsichtlich des Gesundheitsschutzes der Bevölkerung in den Bereichen Luft, Wasser, Boden, Geräusche, Erschütterungen, Licht, Strahlen, Chemikalien und andere Stoffe;

(2) die Zivilschutzvorkehrungen im Gesundheitswesen;
(3) die Anerkennung von Beratungsstellen und beratenden Ärztinnen und Ärzten nach den §§ 9 und 10 des Schwangerschaftskonfliktgesetzes;
(4) die Benennung von benannten Stellen nach § 15 Absatz 1 Satz 2 des Medizinproduktegesetzes, die Anerkennung von Mindestkriterien nach Absatz 5 des Medizinproduktegesetzes und die Benennung von Konformitätsbewertungsstellen für Drittstaaten nach § 15a Absatz 2 und 3 des Medizinproduktegesetzes.

Nummer 4
Naturschutz

Zu den Ordnungsaufgaben der für Naturschutz zuständigen Senatsverwaltung gehören:
(1) die Ordnungsaufgaben der obersten Behörde für Naturschutz und Landschaftspflege einschließlich solcher, die aus dem Vollzug internationaler Übereinkommen und Rechtsvereinbarungen über den Natur- und Artenschutz resultieren, soweit nicht die Bezirksämter (Nummer 18 Absatz 11) zuständig sind, sowie die Ordnungsaufgaben der Behörden für Naturschutz und Landschaftspflege, soweit diese Ordnungsaufgaben ein Vorhaben eines Verfassungsorgans des Bundes zur Wahrnehmung seiner Aufgaben betreffen;
(2) die Ordnungsaufgaben nach den Rechtsvorschriften über das Jagdwesen, soweit nicht die Polizei Berlin (Nummer 23 Absatz 8) oder die Berliner Forsten (Nummer 27 Absatz 2 und 3) zuständig sind;
(3) die Ordnungsaufgaben nach dem Forstvermehrungsgutgesetz und den auf Grund des Forstvermehrungsgutgesetzes erlassenen Rechtsverordnungen;
(4) die Genehmigung zur Anlegung und Erweiterung sowie die Erklärung des Einvernehmens zur Widmung, Schließung und Aufhebung öffentlicher Friedhöfe nach § 3 Absatz 1 des Friedhofsgesetzes; die Beleihung mit dem hoheitlichen Bestattungsrecht nach § 3 Absatz 2 des Friedhofsgesetzes.

Nummer 5
Inneres

Zu den Ordnungsaufgaben der für Inneres zuständigen Senatsverwaltung gehören:
(1) die Aufgaben der Verbotsbehörde und der Vollzugsbehörde nach dem Vereinsgesetz, soweit nicht die für Finanzen zuständige Senatsverwaltung (Nummer 2) zuständig ist;
(2) die Ordnungsaufgaben nach dem Rettungsdienstgesetz, soweit nicht die Berliner Feuerwehr (Nummer 25 Absatz 2) oder das Landesamt für Bürger- und Ordnungsangelegenheiten (Nummer 33 Absatz 7) zuständig sind;
(3) die Erteilung von Zustimmungen zur Mitwirkung privater Hilfsorganisationen beim Katastrophenschutz nach § 12 Absatz 2 Satz 1 des Katastrophenschutzgesetzes;

(4) die Ordnungsaufgaben bei der Veranstaltung, Vermittlung und Bewerbung von öffentlichen Glücksspielen, einschließlich der Aufgaben nach dem Ausführungsgesetz zum Glücksspielstaatsvertrag und nach dem Glücksspielstaatsvertrag (Glücksspielaufsicht),

a) in Angelegenheiten, die ländereinheitliche, länderübergreifende oder gebündelte Verfahren, Veranstaltungen oder Aktivitäten zum Gegenstand haben, mit Ausnahme des Verfahrens nach § 9 Absatz 1 Satz 4 und 5 des Glücksspielstaatsvertrages und der Gewinnsparvereine,

b) für die vom Land Berlin oder unter Beteiligung des Landes Berlin veranstalteten Glücksspiele, mit Ausnahme der Genehmigung, der Beaufsichtigung und der Kontrolle von Annahmestellen;

(5) die Glücksspielaufsicht und die Ordnungsaufgaben nach dem Gesetz über die Deutsche Klassenlotterie Berlin und die Stiftung Deutsche Klassenlotterie Berlin und nach dem Spielbankengesetz einschließlich der Staatsaufsicht über die Deutsche Klassenlotterie Berlin sowie die Aufsicht nach dem Geldwäschegesetz über die Deutsche Klassenlotterie Berlin und die Spielbanken.

Nummer 6
Jugend und Familie

Zu den Ordnungsaufgaben der für Jugend und Familie zuständigen Senatsverwaltung gehören:

(1) die Inobhutnahme (§ 42 des Achten Buches Sozialgesetzbuch) von unerlaubt neu eingereisten alleinstehenden minderjährigen Ausländerinnen und Ausländern mit tatsächlichem Aufenthalt in Berlin und von minderjährigen Asylsuchenden für eine Höchstdauer von bis zu drei Monaten;

(2) die Inobhutnahme von neu eingereisten alleinstehenden minderjährigen Ausländerinnen und Ausländern nach § 23 Absatz 2 oder § 24 des Aufenthaltsgesetzes bis zu drei Monaten;

(3) die Inobhutnahme von Kindern und Jugendlichen, die keinen gewöhnlichen Aufenthalt in Berlin haben, sowie von Kindern und Jugendlichen mit gewöhnlichem Aufenthalt in Berlin außerhalb der Geschäftszeiten der bezirklichen Jugendämter;

(4) die Sicherung des Betriebs von Unterkünften für die in den Absätzen 1 bis 3 genannten Personenkreise;

(5) die Erteilung, der Widerruf und die Rücknahme der Erlaubnis für den Betrieb einer Einrichtung sowie die Erteilung nachträglicher Auflagen und die damit verbundenen Aufgaben (§§ 45 bis 47, 48a des Achten Buches Sozialgesetzbuch);

(6) die Tätigkeitsuntersagung (§§ 48, 48a des Achten Buches Sozialgesetzbuch);

(7) die Erteilung, der Widerruf und die Rücknahme der Erlaubnis zur Übernahme von Vereinsvormundschaften (§ 54 des Achten Buches Sozialgesetzbuch);

(8) die Warnung vor Gefahren durch konfliktträchtige Angebote auf dem Lebenshilfemarkt.

Nummer 7
Kulturelle Angelegenheiten

Zu den Ordnungsaufgaben der für Kulturelle Angelegenheiten zuständigen Senatsverwaltung gehören:
(1) die Untersagung der unberechtigten Führung von Ehrentiteln für Künstlerinnen und Künstler;
(2) der Kulturgutschutz im Rahmen des Zivilschutzes;
(3) die Ordnungsaufgaben nach § 6 Absatz 5 Satz 3 des Denkmalschutzgesetzes Berlin.

Nummer 8
Schulwesen

Zu den Ordnungsaufgaben der für Schulwesen zuständigen Senatsverwaltung gehören:
(1) die Maßnahmen zur Sicherung des Schulbesuchs und zur Verhütung und Beseitigung von außen kommender Störungen des Schulbetriebs an zentral verwalteten Schulen;
(2) die Ordnungsaufgaben in Bezug auf Schulen in freier Trägerschaft (§ 102 Absatz 4, § 104 Absatz 4 und § 126 Absatz 1 Nummer 2 bis 4 des Schulgesetzes).

Nummer 9
Berufsbildung

Zu den Ordnungsaufgaben der für Berufsbildung zuständigen Senatsverwaltung gehören:
die Wahrnehmung der Aufgaben nach § 27 Absatz 2 des Jugendarbeitsschutzgesetzes, § 33 Absatz 1 und 2 des Berufsbildungsgesetzes und § 24 Absatz 1 und 2 der Handwerksordnung.

Nummer 10
Umweltschutz

Zu den Ordnungsaufgaben der für Umweltschutz zuständigen Senatsverwaltung gehören:
(1) die Ordnungsaufgaben auf dem Gebiet der Reinhaltung der Luft unbeschadet der Zuständigkeit der für Gesundheitswesen zuständigen Senatsverwaltung (Nummer 3 Absatz 1), der Bezirksämter (Nummer 16 Absatz 1 Buchstabe a und Nummer 18 Absatz 1) und des Landesamtes für Arbeitsschutz, Gesundheitsschutz und technische Sicherheit Berlin (Nummer 24 Absatz 3);
(2) die Lärmbekämpfung, soweit nicht die Bezirksämter (Nummer 16 Absatz 1 Buchstabe a, Nummer 18 Absatz 1 und 2) zuständig sind oder Rechtsvorschriften die Zuständigkeit anderer Verwaltungen begründen;
(3) die Ordnungsaufgaben nach dem Bundes-Immissionsschutzgesetz und dem Landes-Immissionsschutzgesetz Berlin, soweit nicht die Bezirksämter (Num-

mer 15 Absatz 1 Buchstabe c und Nummer 18 Absatz 1 und 2) oder das Landesamt für Arbeitsschutz, Gesundheitsschutz und technische Sicherheit Berlin (Nummer 24 Absatz 3) zuständig sind ; dazu gehören insbesondere die Bekanntgabe nach § 29b des Bundes-Immissionsschutzgesetzes von Stellen im Sinne von § 26 des Bundes-Immissionsschutzgesetzes und Sachverständigen im Sinne des § 29a des Bundes-Immissionsschutzgesetzes sowie von Messgeräteprüfstellen nach § 13 Absatz 3 der Ersten Verordnung zur Durchführung des Bundes-Immissionsschutzgesetzes (1. BImSchV);

(4) die Ordnungsaufgaben nach dem Kreislaufwirtschaftsgesetz und den dazu erlassenen Rechtsverordnungen, nach der europäischen Abfallverbringungsverordnung, nach dem Abfallverbringungsgesetz, nach dem Verpackungsgesetz, nach dem Batteriegesetz, nach dem Elektro- und Elektronikgerätegesetz und nach dem Kreislaufwirtschafts- und Abfallgesetz Berlin und den dazu erlassenen Verordnungen, soweit nicht die Bezirksämter (Nummer 18 Absatz 3 bis 5) zuständig sind, und der entsprechenden Anordnungen und Überwachungen nach den §§ 62 und 47 des Kreislaufwirtschaftsgesetzes;

(5) die Ordnungsaufgaben nach dem Bundes-Bodenschutzgesetz und dem Berliner Bodenschutzgesetz in der jeweils geltenden Fassung sowie den darauf gestützten Rechtsverordnungen auf Grundstücken in Trinkwasserschutzgebieten, nachdem auf Grund einer gemäß § 9 Absatz 2 des Bundes-Bodenschutzgesetzes durchgeführten Gefährdungsabschätzung eine Gefahr für das Grundwasser festgestellt wurde, außerhalb von Trinkwasserschutzgebieten nach Nachweis einer Grundwassergefährdung in einem angrenzenden Trinkwasserschutzgebiet sowie bei landeseigenen Altablagerungen mit überwiegend Hausmüll, auf Grundstücken, die sich innerhalb der Siemensstadt[2] befinden, sowie auf an die Siemensstadt[2] unmittelbar angrenzenden Grundstücken, bei denen eine Grundwassergefährdung nachgewiesen wurde, die Ordnungsaufgaben bei Grundwasserschäden, wenn kein Schadstoffeintrag über den Pfad Boden nachweisbar ist, sowie auf Grundstücken, bei denen ein Freistellungsverfahren nach dem Umweltrahmengesetz anhängig ist, und die Freistellungsverfahren nach dem Umweltrahmengesetz;

(6) die sonstigen Ordnungsaufgaben zur Ermittlung und Abwehr von schädlichen Umwelteinwirkungen, soweit nicht die für Gesundheitswesen zuständige Senatsverwaltung (Nummer 3 Absatz 1) oder die Bezirksämter (Nummer 18 Absatz 1 bis 7) zuständig sind oder Rechtsvorschriften die Zuständigkeit anderer Verwaltungen begründen;

(7) die Ordnungsaufgaben nach dem Wasserhaushaltsgesetz, dem Abwasserabgabengesetz, dem Berliner Wassergesetz und sonstigen wasserrechtlichen Vorschriften (Gewässeraufsicht einschließlich Eisaufsicht), soweit nicht die für Verkehr zuständige Senatsverwaltung (Nummer 11 Buchstabe k) oder die Bezirksämter (Nummer 18 Absatz 7 bis 10 und 14) zuständig sind, die Ordnungsaufgaben nach dem Wasserverbandsgesetz und dem Wassersicherstellungsgesetz;

(8) die von den Ländern wahrzunehmenden Ordnungsaufgaben bei der Genehmigung von und der Aufsicht über Anlagen im Sinne von § 7 Absatz 1 des Atomgesetzes und im Zusammenhang mit Kernbrennstoffen im Sinne von § 2 Absatz 1 des Atomgesetzes, der Strahlenschutz im Zusammenhang mit ionisierender Strahlung, soweit es sich um die Anerkennung von Sachverständigen und die Bestimmung von Messstellen und sonstigen Stellen nach der Strahlenschutz- und der Röntgenverordnung handelt und sonstige Ordnungsaufgaben, die der obersten Landesbehörde im Strahlenschutz durch Bundesgesetz zugewiesen werden, sowie die Ordnungsaufgaben im Bereich der Umweltradioaktivitätsbestimmung nach § 3 des Strahlenschutzvorsorgegesetzes;

(9) die Ordnungsaufgaben nach dem Gentechnikgesetz und den auf Grund des Gentechnikgesetzes erlassenen Rechtsverordnungen, soweit nicht das Pflanzenschutzamt (Nummer 29 Absatz 2) zuständig ist,

a) bei gentechnischen Anlagen und gentechnischen Arbeiten, soweit ein gemeinsamer Anlagenteil mit einer nach dem Bundes-Immissionsschutzgesetz genehmigungsbedürftigen Anlage vorliegt,
b) beim Inverkehrbringen und bei den Freisetzungen gentechnisch veränderter Organismen, die in den unter Buchstabe a genannten Anlagen erzeugt wurden;

(10) die Einteilung, Auflösung sowie Ausschreibung der Schornsteinfeger-Kehrbezirke, die Auswahl, die Bestellung und die Aufhebung der Bestellung zur bevollmächtigten Bezirksschornsteinfegerin oder zum bevollmächtigten Bezirksschornsteinfeger für einen Kehrbezirk sowie die hiermit zusammenhängenden Ordnungsaufgaben und die Durchführung von Bußgeldverfahren nach § 24 Absatz 1 Nummer 6 des Schornsteinfeger-Handwerksgesetzes.

Nummer 11
Verkehr

Zu den Ordnungsaufgaben der für Verkehr zuständigen Senatsverwaltung gehören:

(1) die Ordnungsaufgaben der obersten und höheren Landesbehörde, der Anerkennungsbehörde, der Genehmigungsbehörde, der Anordnungsbehörde, der fachlichen und technischen Aufsichtsbehörde, der Anhörungsbehörde, der Planfeststellungsbehörde und der Tilgungsbehörde

a) nach dem Berliner Straßengesetz und dem Bundesfernstraßengesetz, soweit die Aufgaben der Planfeststellungsbehörde oder der Straßenaufsicht betroffen sind, die Straßenaufsicht nach dem Berliner Straßengesetz jedoch nur für Bauten und Anlagen der Hauptverwaltung,
b) nach dem Kraftfahrsachverständigengesetz,
c) nach dem Fahrlehrergesetz,
d) nach dem Personenbeförderungsgesetz sowie nach europäischen und internationalen Vorschriften über die Beförderung von Personen mit Straßenbahnen, Oberleitungsbussen und Kraftfahrzeugen,

e) nach dem Güterkraftverkehrsgesetz,
f) nach dem Gesetz über die Beförderung gefährlicher Güter sowie dem Gesetz zu dem Europäischen Übereinkommen über die internationale Beförderung gefährlicher Güter auf der Straße,
g) nach dem Übereinkommen über internationale Beförderungen leicht verderblicher Lebensmittel und über die besonderen Beförderungsmittel, die für diese Beförderungen zu verwenden sind,
h) nach dem Gesetz zu dem Übereinkommen über sichere Container,
i) nach dem Allgemeinen Eisenbahngesetz, nach dem Gesetz über Kleinbahnen und Privatanschlussbahnen, nach dem Eisenbahnkreuzungsgesetz sowie bei sonstigen Ordnungsaufgaben in Angelegenheiten des Eisenbahnverkehrs,
j) nach dem Luftverkehrsgesetz und dem Luftsicherheitsgesetz,
k) nach § 28 des Berliner Wassergesetzes in Schifffahrts- und Hafenangelegenheiten,
l) nach dem Verkehrssicherstellungsgesetz,
m) nach dem Bundesleistungsgesetz,
n) nach dem Berufskraftfahrer-Qualifikations-Gesetz,
o) nach dem Landesseilbahngesetz,

soweit nicht die Polizei Berlin (Nummer 23 Absatz 5), das Landesamt für Gesundheit und Soziales Berlin (Nummer 32), das Landesamt für Bürger- und Ordnungsangelegenheiten (Nummer 33 Absatz 8 bis 10) oder die Gemeinsame Obere Luftfahrtbehörde Berlin-Brandenburg (Nummer 35) zuständig sind;

(2) die Aufgaben der obersten Landesbehörde und höheren Verwaltungsbehörde nach dem Straßenverkehrsgesetz sowie der Straßenverkehrsbehörde nach dem Bundes-Immissionsschutzgesetz;

(3) die Aufgaben der Straßenverkehrsbehörde im übergeordneten Straßennetz, soweit nicht die Bezirksämter (Nummer 22b Absatz 4 bis 7) oder das Landesamt für Bürger- und Ordnungsangelegenheiten (Nummer 33 Absatz 8 Buchstabe k) zuständig sind;

(4) die Aufgaben der Straßenverkehrsbehörde im untergeordneten Straßennetz bei Maßnahmen mit Auswirkungen auf das übergeordnete Netz sowie bei

a) verkehrlichen Maßnahmen nach § 45 der Straßenverkehrs-Ordnung im Zusammenhang mit obersten Bundesbehörden, parlamentarischen Einrichtungen, diplomatischen und konsularischen Vertretungen und besonders gefährdeten Objekten,
b) Maßnahmen zur Beschleunigung des ÖPNV und des Wirtschaftsverkehrs sowie bei Maßnahmen im Zusammenhang mit Straßenbahnen und der Linienführung des ÖPNV einschließlich der dafür erforderlichen Anordnungen,
c) Maßnahmen für überörtliche Radwegeführungen,
d) Maßnahmen im Zusammenhang mit der Wegweisung und Wegeleitsystemen mit Ausnahme der Anordnung von Straßennamensschildern,

e) Maßnahmen zur Erforschung des Unfallgeschehens, des Verkehrsverhaltens, der Verkehrsabläufe sowie zur Erprobung geplanter verkehrssichernder oder verkehrsregelnder Maßnahmen,
f) Verkehrsbeeinflussungsanlagen einschließlich der Parkleitsysteme,
g) der Anordnung von Lichtzeichenanlagen sowie von lichtsignaltechnischen Maßnahmen einschließlich der flankierenden Maßnahmen,
h) der Erteilung von Anordnungen, Erlaubnissen und Ausnahmegenehmigungen im Zusammenhang mit Filmdreharbeiten;

(5) die Bestimmung des Fahrweges für den Militärverkehr und nach § 35a Absatz 3 der Gefahrgutverordnung Straße, Eisenbahn und Binnenschifffahrt;
(6) Verkehrsbeschränkungen und -verbote nach dem Energiesicherungs- und dem Bundesleistungsgesetz;
(7) die Aufgaben zur Steuerung und Lenkung des Straßenverkehrs, insbesondere durch Lichtzeichen und Verkehrsbeeinflussungsanlagen (Verkehrsregelungszentrale);
(8) die Aufgaben der Landesmeldestelle für Verkehrswarndienst;
(9) die Ermittlung und Bergung nicht-chemischer Kampfmittel sowie die Ermittlung und Beseitigung ehemaliger Kampf- und Schutzanlagen.

Nummer 12
Wirtschaft

Zu den Ordnungsaufgaben der für Wirtschaft zuständigen Senatsverwaltung gehören:
(1) die Zulassung von Totalisatorunternehmen, Buchmacherinnen und Buchmachern sowie Buchmachergehilfinnen und Buchmachergehilfen für Pferderennen einschließlich der Aufsicht nach dem Geldwäschegesetz;
(2) die Vereidigung und öffentliche Bestellung von Versteigerinnen und Versteigerern;
(3) die Ordnungsaufgaben zur Durchführung des personellen Geheim- und Sabotageschutzes nach dem Berliner Sicherheitsüberprüfungsgesetz bei nichtöffentlichen Stellen;
(4) die allgemeine Verlängerung, Verkürzung oder Aufhebung der Sperrzeit für öffentliche Vergnügungsstätten und Schank- und Speisewirtschaften;
(5) die Ordnungsaufgaben der Kartellbehörde, soweit sie der obersten Landesbehörde zugewiesen sind;
(6) die Verfolgung und Ahndung von Ordnungswidrigkeiten nach dem Gesetz zur Regelung der Wohnungsvermittlung;
(7) die Ordnungsaufgaben auf den Gebieten der Preisbildung und der Preisüberwachung, soweit sie nicht der für Bau- und Wohnungswesen zuständigen Senatsverwaltung (Nummer 1 Absatz 3 und 4) zugewiesen sind;
(8) die Ordnungsaufgaben nach dem Energiewirtschaftsgesetz;
(9) die Ordnungsaufgaben der obersten Bergbehörde;

(10) die Durchführung des Geldwäschegesetzes, soweit Finanzunternehmen im Sinne des § 2 Absatz 1 Nummer 6 des Geldwäschegesetzes, Dienstleister für Gesellschaften im Sinne des § 2 Absatz 1 Nummer 13 des Geldwäschegesetzes oder Versicherungsvermittler, Immobilienmakler und Güterhändler im Sinne des § 2 Absatz 1 Nummer 8, 14 und 16 des Geldwäschegesetzes betroffen sind;
(11) die Ordnungsaufgaben der obersten Landesbehörde gemäß § 7 Absatz 2 des Energieverbrauchsrelevante-Produkte-Gesetzes;
(12) die Ordnungsaufgaben der obersten Landesbehörde nach dem Energieverbrauchskennzeichnungsgesetz.

Nummer 13
Wissenschaft

Zu den Ordnungsaufgaben der für Wissenschaft zuständigen Senatsverwaltung gehören:
(1) die Untersagung der unberechtigten Führung von in- und ausländischen Hochschulgraden, Hochschultitel- und Hochschultätigkeitsbezeichnungen, Professorentiteln sowie von entsprechenden ehrenhalber verliehenen Bezeichnungen;
(2) die Ordnungsaufgaben nach § 125 des Berliner Hochschulgesetzes.

Nummer 14
Arbeit

Zu den Ordnungsaufgaben der für Arbeit zuständigen Senatsverwaltung gehören:
(1) der Schutz der in Heimarbeit Beschäftigten, soweit die Zuständigkeit der obersten Landesbehörden gegeben ist;
(2) die Aufgaben der obersten Landesbehörde hinsichtlich des europäischen und nationalen Rechts im Arbeitsschutz und der technischen Sicherheit. Dazu gehören
a) die Zulassung von Ausnahmen nach § 6 Absatz 1 des Berliner Ladenöffnungsgesetzes,
b) die Zulassung von Ausnahmen durch Rechtsverordnung nach § 13 Absatz 2 des Arbeitszeitgesetzes,
c) die Genehmigung von Unfallverhütungsvorschriften nach § 15 Absatz 4 Satz 3 des Siebten Buches Sozialgesetzbuch,
d) die Zulassung von Bauarten nach § 17 Absatz 4 und 5 des Sprengstoffgesetzes.

Nummer 14a
Verbraucherschutz

Zu den Ordnungsaufgaben der für Verbraucherschutz zuständigen Senatsverwaltung gehören:

(1) die Aufgaben der obersten Landesbehörde hinsichtlich des europäischen und nationalen Rechts in den Bereichen

a) Lebensmittel, kosmetische Mittel und sonstige Bedarfsgegenstände sowie Tabakerzeugnisse,
b) Futtermittel,
c) Tierseuchen,
d) Tierschutz und
e) Beseitigung tierischer Nebenprodukte;

(2) die Ordnungsaufgaben der obersten Landesbehörde zur Durchführung des europäischen Milchrechts, des Milch- und Margarinegesetzes;

(3) die Ordnungsaufgaben der obersten Landesbehörde zur Durchführung des Fleischgesetzes;

(4) die Beauftragung von Stellen nach dem Tierseuchenrecht.

Zweiter Abschnitt
Ordnungsaufgaben der Bezirksämter

Nummer 15
Bau- und Wohnungswesen

Zu den Ordnungsaufgaben der Bezirksämter gehören auf dem Gebiet des Bau- und Wohnungswesens:

(1) die Bauaufsicht und die Feuersicherheitsaufsicht, soweit nicht die für Bau- und Wohnungswesen zuständige Senatsverwaltung (Nummer 1 Absatz 1) oder die für Umweltschutz zuständige Senatsverwaltung (Nummer 10 Absatz 10) zuständig ist, einschließlich

a) der Bauaufsicht hinsichtlich der Wasserversorgung und Entwässerung von Grundstücken,
b) der Bauaufsicht bei elektrischen und Aufzugsanlagen,
c) der Ordnungsaufgaben für nicht genehmigungsbedürftige Feuerungsanlagen im Sinne der §§ 22 ff. des Bundes-Immissionsschutzgesetzes, sofern sie nicht Teile von überwachungsbedürftigen Anlagen im Sinne des § 2 Nummer 30 des Produktsicherheitsgesetzes sind,
d) der Brandsicherheitsschau und der Betriebsüberwachung,
e) der Genehmigung von ortsfesten Behältern für brennbare oder sonstige schädliche Flüssigkeiten, soweit nicht das Landesamt für Bergbau, Geologie und Rohstoffe Brandenburg (Nummer 30 Absatz 2) zuständig ist,
f) der Schutzmaßnahmen bei Ausführung der nach der Bauordnung genehmigungspflichtigen Bauten in bautechnischer Hinsicht,

g) des Schutzes gegen Verunstaltung,
h) der Ordnungsaufgaben nach dem Schornsteinfeger-Handwerksgesetz, insbesondere der Aufsicht über die für einen Bezirk bestellte Schornsteinfegerin oder den für einen Bezirk bestellten Schornsteinfeger einschließlich des Erlasses der Widerspruchsbescheide bezüglich der Feuerstättenbescheide,
i) der Zulassung von Ausnahmen von Bauverboten nach dem Gesetz zum Schutz gegen Fluglärm,
j) der Ordnungsaufgaben auf Grund des Gebäudeenergiegesetzes sowie der hierzu erlassenen Rechtsverordnungen, soweit nicht Rechtsvorschriften eine andere Zuständigkeit begründen,
k) der Ausstellung von Bescheinigungen nach dem Wohnungseigentumsgesetz

(2) die Ordnungsaufgaben nach dem Berliner Straßengesetz, soweit keine Zuständigkeit der Hauptverwaltung besteht;

(3) die Wohnungsaufsicht einschließlich der Aufsicht über Gemeinschaftsunterkünfte, die Arbeitgeberinnen und Arbeitgeber den bei ihnen beschäftigten Arbeitnehmerinnen und Arbeitnehmern selbst oder auf Grund eines Rechtsverhältnisses mit Dritten durch diese zum Gebrauch überlassen;

(4) die Ordnungsaufgaben nach dem Gesetz über das Vermessungswesen in Berlin, soweit keine Zuständigkeit der Hauptverwaltung besteht, und der Verordnung über die Grundstücksnummerierung;

(5) die Verwaltung und Unterhaltung öffentlicher Schutzbauten;

(6) die Ordnungsaufgaben nach dem Wohnungsbindungsgesetz, dem Wohnraumförderungsgesetz sowie dem Zweckentfremdungsverbot-Gesetz, soweit nicht die für das Bau- und Wohnungswesen zuständige Senatsverwaltung (Nummer 1 Absatz 3 und 4) zuständig ist;

(7) die Ordnungsaufgaben nach dem Gesetz zur Mietenbegrenzung im Wohnungswesen in Berlin, soweit nicht die Investitionsbank Berlin oder die für das Wohnungswesen zuständige Senatsverwaltung zuständig sind.

Nummer 16
Gesundheitswesen

Zu den Ordnungsaufgaben der Bezirksämter gehören auf dem Gebiet des Gesundheitswesens:

(1)

a) die gesundheitsaufsichtlichen Aufgaben zur Durchführung des Gesundheitsschutzes nach dem Infektionsschutzgesetz, der Trinkwasserverordnung, den internationalen Gesundheitsvorschriften, den europäischen Verordnungen und Richtlinien in den Bereichen Luft, Wasser, Boden, Geräusche, Erschütterungen, Licht, Strahlen, Chemikalien und andere Stoffe, soweit nicht der für das Gesundheitswesen zuständigen Senatsverwaltung (Nummer 3 Absatz 1) oder dem Landesamt für Gesundheit und Soziales Berlin (Nummer 32 Absatz 14) zugewiesen,

b) die Einleitung von Maßnahmen zur Unterbringung von psychisch erkrankten Personen sowie die Aufsicht über die Durchführung der Unterbringung zur Gefahrenabwehr gemäß § 20 des Gesetzes über Hilfen und Schutzmaßnahmen bei psychischen Krankheiten;

(2) die Überwachung des Einzelhandels mit frei verkäuflichen Arzneimitteln außerhalb der Apotheken und außerhalb der tierärztlichen Hausapotheken;

(3) die Durchführung der Schädlingsbekämpfung und die Überwachung der Anwendung von Schädlingsbekämpfungsmitteln;

(4) die Besichtigung von Krankenhäusern, die Anordnung zur Beseitigung von Mängeln in diesen Einrichtungen, soweit nicht Betriebs- oder Teilbetriebseinstellungen, bauliche Veränderungen, Nutzungsänderungen von Räumen oder Bettensperren erforderlich werden;

(5) die Ordnungsaufgaben in Angelegenheiten des Leichen- und Bestattungswesens;

(6) die Ordnungsaufgaben bei Überlastung der Einrichtungen des Gesundheitswesens durch Schadensereignisse;

(7) der Erlass von Badeverboten in stehenden Gewässern aus hygienischen Gründen.

Nummer 16a
Verbraucherschutz

Zu den Ordnungsaufgaben der Bezirksämter gehören auf dem Gebiet des Verbraucherschutzes:

(1)

a) die Aufsicht über den Verkehr mit Lebensmitteln, Tabakerzeugnissen, kosmetischen Mitteln und sonstigen Bedarfsgegenständen sowie Futtermitteln einschließlich der Entnahme von Proben und die Durchführung des Nationalen Kontrollprogramms gemäß Artikel 22 der Richtlinie 95/53/EG,

b) die Überwachung der Einhaltung der vorgeschriebenen allgemeinen und spezifischen lebensmittelhygienerechtlichen Anforderungen sowie der futtermittelrechtlichen Anforderungen in den Betrieben,

c) die gesundheits- und veterinäraufsichtlichen Aufgaben der Ortspolizeibehörde zur Durchführung des Milch- und Margarinegesetzes,

d) die Registrierung von Betrieben nach dem EU-Lebensmittelrecht sowie die Anerkennung, Registrierung und Zulassung von Betrieben nach dem Futtermittelrecht;

(2) die Aufgaben der Veterinär-Grenzkontrollstelle;

(3) die Überwachung der Einhaltung der Handelsklassenverordnungen;

(4) die Veterinäraufsicht, soweit nicht dem Landesamt für Gesundheit und Soziales Berlin (Nummer 32 Absatz 8 Buchstabe e) zugewiesen, die Überwachung der Beseitigung tierischer Nebenprodukte und der Tierschutz, soweit nicht dem Landesamt für Gesundheit und Soziales Berlin (Nummer 32 Absatz 9) zugewiesen;

(5) die Erlaubnis zum Arbeiten und zum Verkehr mit Krankheitserregern sowie Tierseuchenerregern, die Untersagung des Arbeitens mit Krankheitserregern sowie Tierseuchenerregern und ihrer Aufbewahrung;
(6) der Hunde- und Katzenfang;
(7) die Durchführung und Überwachung der Einhaltung des Gesetzes über das Halten und Führen von Hunden in Berlin.

Nummer 17
Jugend und Familie

Zu den Ordnungsaufgaben der Bezirksämter gehören auf dem Gebiet von Jugend und Familie:
(1) die Durchführung des Jugendschutzgesetzes;
(2) – aufgehoben –;
(3) die Inobhutnahme von Kindern und Jugendlichen (§ 42 des Achten Buches Sozialgesetzbuch), sofern nicht die für Jugend und Familie zuständige Senatsverwaltung (Nummer 6) zuständig ist;
(4) die Erteilung, der Widerruf und die Rücknahme der Erlaubnis zur Kindertagespflege (§ 43 des Achten Buches Sozialgesetzbuch);
(5) die Erteilung, der Widerruf und die Rücknahme der Pflegeerlaubnis (§ 44 des Achten Buches Sozialgesetzbuch).

Nummer 18
Umweltschutz

Zu den Ordnungsaufgaben der Bezirksämter gehören auf dem Gebiet des Umweltschutzes:
(1)
a) die Ordnungsaufgaben nach dem Bundes-Immissionsschutzgesetz und nach dem Landes-Immissionsschutzgesetz Berlin für nicht genehmigungsbedürftige Anlagen mit Ausnahme von Anlagen in dem Zeitraum, in dem sie für Veranstaltungen im Freien von gesamtstädtischer Bedeutung benutzt werden, von Anlagen in Betriebsbereichen, die aus genehmigungsbedürftigen und nicht genehmigungsbedürftigen Anlagen bestehen, und von Baustellen und Baumaschinen im Sinne der Allgemeinen Verwaltungsvorschrift zum Schutz gegen Baulärm – Geräuschimmissionen – vom 19. August 1970 sowie mit Ausnahme der durch das Landesamt für Arbeitsschutz, Gesundheitsschutz und technische Sicherheit Berlin (Nummer 24 Absatz 3 Buchstabe a) oder durch das Landesamt für Bergbau, Geologie und Rohstoffe Brandenburg (Nummer 30 Absatz 2) zu überwachenden Anlagen,
b) die fachliche Begleitung bei der Erstellung und die Prüfung von Ausgangszustandsberichten im Sinne des § 10 Absatz 1a des Bundes-Immissionsschutzgesetzes in Genehmigungs- und Änderungsgenehmigungsverfahren,
c) die Ordnungsaufgaben nach dem Gefahrenbeherrschungsgesetz;

(2) die Bekämpfung verhaltensbedingten Lärms, soweit der Lärm nicht von Veranstaltungen im Freien von gesamtstädtischer Bedeutung ausgeht oder auf Baustellen oder im Zusammenhang mit der Verwendung von Baumaschinen im Sinne der Allgemeinen Verwaltungsvorschrift zum Schutz gegen Baulärm – Geräuschimmissionen – vom 19. August 1970 erzeugt wird;
(3) die Ordnungsaufgaben nach § 28 Absatz 1 des Kreislaufwirtschaftsgesetzes, mit Ausnahme von Maßnahmen gegen Betreiberinnen und Betreiber von Anlagen, die nach dem Bundes-Immissionsschutzgesetz oder dem Kreislaufwirtschaftsgesetz einer Genehmigung oder Planfeststellung bedürfen, die Überwachung der Getrennthaltung von gewerblichen Siedlungsabfällen gemäß §§ 3, 4 und 7 der Gewerbeabfallverordnung, mit Ausnahme von Maßnahmen gegen Betreiberinnen und Betreiber von Anlagen, die nach dem Bundes-Immissionsschutzgesetz oder dem Kreislaufwirtschaftsgesetz einer Genehmigung oder Planfeststellung bedürfen, die Ordnungsaufgaben gemäß § 5 Absatz 2, § 7 Absatz 7 Satz 2 und 3, § 9 Absatz 5 Satz 2 und 3 und §§ 31 bis 34 des Verpackungsgesetzes sowie die Ordnungsaufgaben nach § 3 Absatz 4 Satz 1, §§ 9 bis 11, 17 und 18 des Batteriegesetzes, nach §§ 6 und 7 Absatz 4, §§ 9, 10, 12, 17, 17a und 18 Absatz 3 und 4 des Elektro- und Elektronikgerätegesetzes, nach der Einwegkunststoffkennzeichnungsverordnung, nach der Einwegkunststoffverbotsverordnung und nach der Elektro- und Elektronikgeräte-Stoff-Verordnung, mit Ausnahme der Aufgaben nach § 3 Absatz 1;
(4) die ordnungsgemäße Straßenreinigung, die Beseitigung und Verwertung von Fahrzeugen ohne gültige amtliche Kennzeichen, gültige Versicherungskennzeichen oder gültige Versicherungsplaketten nach § 14 des Berliner Straßengesetzes sowie die Entsorgung von Altfahrzeugen nach den §§ 3 und 20 Absatz 4 des Kreislaufwirtschaftsgesetzes;
(5) die Beseitigung unzulässig gelagerter oder abgelagerter Abfälle auf öffentlichen Straßen und Privatstraßen sowie auf öffentlichen Grünflächen, soweit nicht § 4 des Kreislaufwirtschafts- und Abfallgesetzes Berlin etwas anderes regelt;
(6) die sonstigen Ordnungsaufgaben zur Ermittlung und Abwehr von schädlichen Umwelteinwirkungen im Rahmen von Erstermittlungen zur Feststellung des Verursachers bei unbekannten Quellen, soweit nicht Rechtsvorschriften die Zuständigkeiten anderer Verwaltungen begründen;
(7) die Ordnungsaufgaben nach dem Bundes-Bodenschutzgesetz und dem Berliner Bodenschutzgesetz in den jeweils geltenden Fassungen sowie den auf Grund dieser Gesetze ergangenen Rechtsverordnungen, sofern nicht die für Umweltschutz zuständige Senatsverwaltung (Nummer 10 Absatz 5) zuständig ist, sowie die Ordnungsaufgaben nach dem Wasserhaushaltsgesetz und den auf Grund dieses Gesetzes ergangenen Rechtsvorschriften bei Boden- und Grundwasserverunreinigungen von örtlicher Bedeutung, die Entgegennahme von Meldungen nach dem Berliner Bodenschutzgesetz;
(8) die Ordnungsaufgaben nach der Verordnung über Anlagen zum Umgang mit wassergefährdenden Stoffen und über Fachbetriebe, sofern nicht die für

Umweltschutz zuständige Senatsverwaltung (Nummer 10 Absatz 7) oder das Landesamt für Bergbau, Geologie und Rohstoffe Brandenburg (Nummer 30 Absatz 2) zuständig sind;

(9) die Ordnungsaufgaben hinsichtlich der Genehmigung und Überwachung des Einleitens von Abwässern in öffentliche Abwasseranlagen sowie von Abwasserbehandlungsanlagen zum Einleiten von Abwasser in öffentliche Abwasseranlagen;

(10) Sportbootsstege an Gewässern;

(11) die Ordnungsaufgaben der unteren Behörde für Naturschutz und Landschaftspflege, soweit nicht die für Naturschutz zuständige Senatsverwaltung (Nummer 4 Absatz 1) zuständig ist, sowie Kontroll- und Überwachungsaufgaben, die aus dem Vollzug internationaler Übereinkommen und Rechtsvereinbarungen über den Natur- und Artenschutz resultieren;

(12) die Ordnungsaufgaben nach dem Grünanlagengesetz;

(13) die Genehmigung von Erdbestattungen und von Urnenbeisetzungen außerhalb öffentlicher Friedhöfe;

(14) die Gewässeraufsicht und die Eisaufsicht (jeweils Ordnungsaufgaben und technische Aufsicht) für die stehenden Gewässer zweiter Ordnung, soweit nicht die für Verkehr zuständige Senatsverwaltung (Nummer 11 Buchstabe k) zuständig ist.

Nummer 19
Sozialwesen

Zu den Ordnungsaufgaben der Bezirksämter gehören auf dem Gebiet des Sozialwesens:

(1) die Ordnungsaufgaben bei Obdachlosigkeit, soweit nicht das Landesamt für Gesundheit und Soziales Berlin (Nummer 32 Absatz 1) oder die für Jugend und Familie zuständige Senatsverwaltung (Nummer 6) zuständig ist;

(2) die Ordnungsaufgaben, die durch Wegfall des notwendigen Lebensunterhalts infolge von Schadensereignissen entstehen;

(3)

a) der Schutz der Sonn- und Feiertage und die Erteilung von Ausnahmen von den zum Schutz der Sonn- und Feiertage erlassenen Verboten nach der Feiertagsschutzverordnung,

b) die Bewilligung von Ausnahmen vom Verbot der Beschäftigung an Sonn- und Feiertagen nach § 13 Absatz 3 Nummer 2 des Arbeitszeitgesetzes,

c) die Überwachung der Einhaltung des Berliner Ladenöffnungsgesetzes, soweit nicht das Landesamt für Arbeitsschutz, Gesundheitsschutz und technische Sicherheit Berlin (Nummer 24 Absatz 1 Buchstabe b) zuständig ist,

d) die Überwachung der Einhaltung des Verbots der Beschäftigung von Personen unter 18 Jahren mit sittlich gefährdenden Tätigkeiten;

(4) die Überwachung von Schankanlagen;

(5) die Ordnungsaufgaben nach dem Sprengstoffgesetz, soweit sie betreffen

a) den nichtgewerblichen Umgang und nichtgewerblichen Verkehr mit pyrotechnischen Gegenständen, mit Ausnahme der Erteilung von Erlaubnissen nach § 27 des Sprengstoffgesetzes,

b) die gewerbliche Überlassung pyrotechnischer Gegenstände an Andere zum nichtgewerblichen Umgang.

Nummer 20
Schulwesen

Zu den Ordnungsaufgaben der Bezirksämter gehören auf dem Gebiet des Schulwesens: die Maßnahmen zur Sicherung des Schulbesuchs, der Teilnahme an der Sprachstandsfeststellung und vorschulischen Sprachförderung und zur Verhütung und Beseitigung von außen kommender Störungen des Schulbetriebs, soweit nicht die für Schulwesen zuständige Senatsverwaltung (Nummer 8) zuständig ist.

Nummer 21
Wirtschaft

Zu den Ordnungsaufgaben der Bezirksämter gehören auf dem Gebiet der Wirtschaft:

die Ordnungsaufgaben in Gewerbeangelegenheiten, soweit nicht die Zuständigkeit einer anderen Behörde begründet ist, insbesondere

a) die Entgegennahme von Anzeigen über den Beginn, die Aufgabe und die Veränderung von Gewerbebetrieben und gewerblichen Tätigkeiten, soweit nicht die Polizei Berlin (Nummer 23 Absatz 6) zuständig ist,

b) die Erteilung gewerberechtlicher Erlaubnisse, die Untersagung von Gewerbebetrieben und gewerblichen Tätigkeiten mit Ausnahme der in Nummer 11 Buchstabe a bis i, Nummer 12 Absatz 3, Nummer 23 Absatz 1 und 5, Nummer 32 Absatz 2, 4 und 7 und Nummer 33 Absatz 8 bis 10 bezeichneten Aufgaben,

c) die Erteilung der Erlaubnis für gewerbsmäßig veranstaltete Schaustellungen von Personen mit nicht überwiegend künstlerischem, sportlichem, akrobatischem oder ähnlichem Charakter sowie die Hergabe von Räumen für derartige Veranstaltungen,

d) die Erteilung der Erlaubnis zur Aufstellung von Spielgeräten und zur Veranstaltung anderer Spiele mit Gewinnmöglichkeit, ausgenommen Glücksspiele und Ausspielungen, die nicht Bestandteile von Volksbelustigungsveranstaltungen sind, und Lotterien, sowie zum Betrieb von Spielhallen, Spielkasinos und ähnlichen ausschließlich oder überwiegend dem Spielbetrieb dienenden Unternehmen mit Ausnahme von Spielbanken,

e) die Ordnungsaufgaben nach dem Gaststättengesetz und der Gaststättenverordnung, soweit nicht die für Wirtschaft zuständige Senatsverwaltung

(Nummer 12 Absatz 6) oder die Polizei Berlin (Nummer 23 Absatz 6) zuständig sind; die ortspolizeilichen Aufgaben zur Durchführung des Milch- und Margarinegesetzes,

f) die Ausstellung von Gewerbelegitimationspapieren aller Art,
g) die Festsetzung von Messen, Ausstellungen, Großmärkten, Wochenmärkten, Spezialmärkten, Jahrmärkten und Volksfesten; die Untersagung der Teilnahme von Ausstellerinnen und Ausstellern sowie Anbieterinnen und Anbietern an diesen Veranstaltungen; die Aufsicht auf den Wochenmärkten,
h) die Verlängerung der Fristen zur Verwertung von Pfändern und zur Abführung von Überschüssen aus Pfandverwertungen sowie die Entgegennahme der Überschüsse,
i) die Zulassung von Ausnahmen von dem Erfordernis der Reisegewerbekarte für besondere Verkaufsveranstaltungen; die Zulassung von Ausnahmen im Einzelfall nach § 56 Absatz 2 Satz 3 der Gewerbeordnung,
j) die Entgegennahme von Anträgen auf Auskunft aus dem Gewerbezentralregister über juristische Personen und Personenvereinigungen sowie über natürliche Personen,
k) die Überwachung der Einhaltung von Preisauszeichnungsvorschriften,
l) die Überwachung der gewerblichen Verwendung pyrotechnischer Gegenstände außerhalb ständiger Betriebsstätten mit Ausnahme der Aufgaben nach § 23 Absatz 6 und 7 der Ersten Verordnung zum Sprengstoffgesetz sowie die Überwachung des Lagerns pyrotechnischer Gegenstände in Verbindung mit offenen Verkaufsstellen

Nummer 22
Denkmalschutz

Zu den Ordnungsaufgaben der Bezirksämter gehören auf dem Gebiet des Denkmalschutzes:

die Ordnungsaufgaben nach dem Denkmalschutzgesetz Berlin, soweit nicht das Landesdenkmalamt Berlin (Nummer 34) zuständig ist.

Nummer 22a
Einwohnerwesen

Zu den Ordnungsaufgaben der Bezirksämter gehören auf dem Gebiet des Einwohnerwesens:

(1) die Aufgaben des Melde-, Pass- und Personalausweiswesens, sowie die Aufgaben der eID-Karte-Behörde, soweit nicht das Landesamt für Bürger- und Ordnungsangelegenheiten (Nummer 33 Absatz 1 bis 4) zuständig ist; die Bezirksämter beauftragen das Landesamt für Bürger- und Ordnungsangelegenheiten

a) mit der Erteilung von Melderegisterauskünften nach den §§ 44 und 45 und von Auskünften nach § 50 Absatz 4 des Bundesmeldegesetzes in den Einzelfällen, in denen beim Landesamt für Bürger- und Ordnungsangelegenheiten der Anlass für die Amtshandlung entsteht sowie

b) den Übermittlungen nach § 10 Absatz 5 Nummer 2 des Personalausweisgesetzes in den Einzelfällen, in denen beim Landesamt für Bürger- und Ordnungsangelegenheiten der Anlass für die Amtshandlung entsteht sowie
c) mit der Wahrnehmung der Informationspflichten nach § 11 Absatz 5 Halbsatz 1 des Personalausweisgesetzes gegenüber den Polizeibehörden;

(2) von den Aufgaben der Ausländerbehörde nach ausländerrechtlichen Bestimmungen:

a) die Entgegennahme von Aufenthaltsanzeigen und die Ausstellung von Freizügigkeitsbescheinigungen,
b) die Erteilung von Aufenthaltstiteln für im Bundesgebiet geborene Kinder von Amts wegen, wenn zum Zeitpunkt der Geburt beide Elternteile oder der allein personensorgeberechtigte Elternteil im Besitz eines vom Landesamt für Einwanderung erteilten Aufenthaltstitels als eigenständiges Dokument mit elektronischem Speicher- und Verarbeitungsmedium (elektronischer Aufenthaltstitel) und nach einem einheitlichen Vordruckmuster sind,
c) die Ausstellung von Aufenthaltstiteln als elektronischer Aufenthaltstitel und nach einem einheitlichen Vordruckmuster für vom Landesamt für Einwanderung ausgestellte und noch gültige Aufenthaltstitel bei Ablauf des bisherigen Passes oder Passersatzpapiers und Vorlage eines neu ausgestellten oder verlängerten Passes oder Passersatzpapiers, im Falle des Verlusts oder der Beschädigung des elektronischen Aufenthaltstitels und bei Ablauf von dessen Gültigkeit aufgrund der Überschreitung der maximalen Geltungsdauer von zehn Jahren,
d) die Bescheinigung des Aufenthaltsrechts bei Inhaberinnen und Inhabern von Aufenthaltstiteln, sofern die Aufenthaltstitel vom Landesamt für Einwanderung erteilt oder verlängert wurden;
e) die Änderung der Wohnanschrift auf dem elektronischen Speicher- und Verarbeitungsmedium des elektronischen Aufenthaltstitels und auf dem Kartenkörper im Falle einer An- oder Ummeldung,
f) die Aktivierung und Deaktivierung, Sperrung und Entsperrung der Funktion der elektronischen Identität (eID-Funktion) des elektronischen Aufenthaltstitels und die Änderung der persönlichen Identifikationsnummer (PIN);

die Bezirksämter beauftragen das Landesamt für Einwanderung mit der Wahrnehmung der unter den Buchstaben a bis f genannten Aufgaben in den Einzelfällen, in denen beim Landesamt für Bürger- und Ordnungsangelegenheiten der Anlass für die Amtshandlung entsteht.

Nummer 22b
Verkehr

Zu den Ordnungsaufgaben der Bezirksämter gehören auf dem Gebiet des Verkehrswesens:

(1)

a) die Außerbetriebsetzung von Fahrzeugen nach § 14 Absatz 1 der Fahrzeug-Zulassungsverordnung,
b) die Eintragung von Adressenänderungen in Zulassungsbescheinigungen Teil I,
c) die Entgegennahme von Anträgen auf Neuausstellung von Zulassungsbescheinigungen Teil I nach Verlust oder Diebstahl;

(2)

a) die Entgegennahme von Anträgen auf Erteilung, Erweiterung und Verlängerung der Fahrerlaubnis und der Fahrerlaubnis zur Fahrgastbeförderung,
b) die Entgegennahme von Anträgen auf Neuerteilung der Fahrerlaubnis und der Fahrerlaubnis zur Fahrgastbeförderung,
c) die Entgegennahme von Anträgen auf Umschreibung der Fahrerlaubnis,
d) die Entgegennahme von Anträgen auf Umstellung der Fahrerlaubnis,
e) die Entgegennahme von Anträgen auf Ausstellung eines Ersatzführerscheins (Umtausch, Verlust oder Diebstahl),
f) die Ausstellung von internationalen Führerscheinen,
g) die Aushändigung aufgefundener Führerscheine;

(3) die straßenverkehrsbehördlichen Maßnahmen im untergeordneten Straßennetz, soweit nicht die für Verkehr zuständige Senatsverwaltung (Nummer 11 Absatz 4) oder das Landesamt für Bürger- und Ordnungsangelegenheiten (Nummer 33 Absatz 8 Buchstabe k) zuständig ist;

(4) im übergeordneten Straßennetz die Anordnung von

a) Haltverboten für Lieferzwecke, Umzüge und ähnliche Bedürfnisse,
b) Überholverboten,
c) Sicherungsmaßnahmen an Brücken,
d) Parkraumbewirtschaftungsgebieten,
e) Fußgängerzonen,
f) Taxenständen,
g) Maßnahmen für den ruhenden Verkehr einschließlich Behindertenparkplätzen,
h) Maßnahmen zur Sicherung von Ein- und Ausfahrten, abgesenkten Gehwegen oder Parkflächen,
i) Maßnahmen zum Gewässerschutz und aus Gründen des Arten- und Biotopschutzes,
j) Straßennamensschildern

sowie die Durchführung von Verkehrsschauen für diese Anordnungen;

(5) im übergeordneten Straßennetz die Ausgabe von Bewohnerparkausweisen nach § 45 Absatz 1b Nummer 2a Straßenverkehrs-Ordnung;

(6) im übergeordneten Straßennetz die Erteilung von Erlaubnissen sowie Genehmigung von Ausnahmen

a) nach § 29 Absatz 2 Straßenverkehrs-Ordnung für Veranstaltungen auf Gehwegen ohne Auswirkungen auf den Fahrzeugverkehr,
b) nach § 46 Absatz 1 Nummer 1, 3, 4, 4a, 4b, 5, 5a, 5b, 6, 8, 9, 10 und 12 der Straßenverkehrs-Ordnung sowie nach dem Bundes-Immissionsschutzgesetz, soweit nicht das Landesamt für Bürger- und Ordnungsangelegenheiten (Nummer 33 Absatz 8 Buchstabe k) zuständig ist,
c) nach § 46 Absatz 1 Nummer 7 der Straßenverkehrs-Ordnung und nach der Ferienreiseverordnung, soweit sie nicht Großveranstaltungen nach § 29 Absatz 2 oder den Großraum- und Schwerverkehr nach § 29 Absatz 3 der Straßenverkehrs-Ordnung betreffen,
d) nach § 46 Absatz 1 Nummer 11 der Straßenverkehrs-Ordnung, soweit sie nicht Bussonderfahrstreifen betreffen;

(7) im übergeordneten Straßennetz Anordnungen zur Sicherung von Arbeitsstellen nach § 45 Absatz 6 der Straßenverkehrs-Ordnung in Ergänzungsstraßen entsprechend ihrer Festlegung im Stadtentwicklungsplan Verkehr.

Die Bezirksämter beauftragen das Landesamt für Bürger- und Ordnungsangelegenheiten mit der Wahrnehmung der in den Absätzen 1 und 2 genannten Aufgaben in den Einzelfällen, in denen beim Landesamt für Bürger- und Ordnungsangelegenheiten der Anlass für die Amtshandlung entsteht.

Nummer 22c
Fundwesen

Zu den Ordnungsaufgaben der Bezirksämter gehören auf dem Gebiet des Fundwesens:

die Ordnungsaufgaben der zuständigen Behörde nach den §§ 965 ff. des Bürgerlichen Gesetzbuches und den sonstigen in diesem Zusammenhang ergangenen Rechtsvorschriften.

Dritter Abschnitt
Ordnungsaufgaben der Sonderbehörden

Nummer 23
Polizei Berlin

Zu den Ordnungsaufgaben der Polizei Berlin gehören:

Aus dem Bereich Inneres:

(1) die Ordnungsaufgaben in Angelegenheiten des Waffenrechts und nach § 9 Absatz 1 des Beschussgesetzes sowie den in diesem Zusammenhang ergangenen Rechtsvorschriften, soweit nicht nach Waffen- oder Beschussrecht anderen Behörden zugewiesen;

(2) die Versammlungsaufsicht; die Aufgaben der Anmeldebehörde nach der Verordnung zur Durchführung des Vereinsgesetzes;

(3) die presserechtlichen Ordnungsaufgaben;
(4) die Ermittlung, Bergung und Beseitigung von abgelagerten chemischen Kampfmitteln sowie die Beseitigung von nichtchemischen Kampfmitteln;
(4a) die Aufgaben der nationalen Kontaktstelle im Land Berlin nach der Verordnung des Europäischen Parlaments und des Rates über die Vermarktung und Verwendung von Ausgangsstoffen für Explosivstoffe.
Aus dem Bereich Verkehr:
(5) die Mitwirkung bei der Genehmigung von Veranstaltungen insbesondere durch Prüfung und Bewertung von Sicherheitskonzepten, soweit Aufgaben der Polizei berührt sind;
(6) die Durchführung von
a) Verkehrskontrollen und die Erstellung von Kontrollberichten nach den §§ 4, 5 und 6 der Verordnung über technische Kontrollen von Nutzfahrzeugen auf der Straße,
b) Kontrollen nach den Unterabschnitten 1.8.1.1 und 1.8.1.4 zum Europäischen Übereinkommen über die internationale Beförderung von gefährlichen Gütern auf Binnengewässern (ADN) in Verbindung mit § 1 Absatz 1 Nummer 3 und Absatz 3 Nummer 3 der Gefahrgutverordnung Straße, Eisenbahn und Binnenschifffahrt.
Aus dem Bereich Wirtschaft:
(7) die Überwachung von Gewerbebetrieben und gewerblichen Tätigkeiten, soweit sie nicht dem Landesamt für Arbeitsschutz, Gesundheitsschutz und technische Sicherheit Berlin (Nummer 24), dem Landesamt für Bergbau, Geologie und Rohstoffe Brandenburg (Nummer 30) oder dem Landesamt für Gesundheit und Soziales Berlin (Nummer 32) obliegt;
(8) die Entgegennahme von Anzeigen über Schusswaffengebrauch im Bewachungsgewerbe.
Aus dem Bereich Naturschutz:
(9) die Erteilung, die Ungültigkeitserklärung und die Einziehung von Jagdscheinen sowie die Festsetzung einer Sperrfrist für die Wiedererteilung von Jagdscheinen und das Verbot der Jagd wegen Störung der öffentlichen Sicherheit und Ordnung oder wegen Gefährdung von Menschen.

Nummer 24
Landesamt für Arbeitsschutz, Gesundheitsschutz und technische Sicherheit Berlin

Zu den Ordnungsaufgaben des Landesamtes für Arbeitsschutz, Gesundheitsschutz und technische Sicherheit Berlin gehören:
(1)
a) die Ordnungsaufgaben nach dem Arbeitsschutzgesetz, dem Gesetz über Betriebsärzte, Sicherheitsingenieure und andere Fachkräfte für Arbeitssicherheit, dem Jugendarbeitsschutzgesetz, dem Mutterschutzgesetz, dem Arbeitszeitgesetz, dem Heimarbeitsgesetz und den aufgrund dieser Gesetze

erlassenen Rechtsverordnungen, insbesondere der Betriebssicherheitsverordnung, soweit nicht die für Arbeit zuständige Senatsverwaltung (Nummer 14 Absatz 2), die Bezirksämter (Nummer 18 Absatz 1 und Nummer 19 Absatz 3) oder das Landesamt für Bergbau, Geologie und Rohstoffe Brandenburg (Nummer 30 Absatz 2) zuständig sind,

b) die Überwachung der Pflichten nach § 7 des Berliner Ladenöffnungsgesetzes,

c) die Zulässigkeitserklärung von Kündigungen nach § 18 des Bundeselterngeld- und Elternzeitgesetzes, nach § 5 Absatz 2 des Pflegezeitgesetzes sowie nach § 9 Absatz 3 des Familienpflegezeitgesetzes,

d) die Ordnungsaufgaben nach der Eisenbahn-Fahrpersonalverordnung für den in § 1 Absatz 1 Nummer 1 dieser Verordnung genannten Personenkreis;

(2)

a) die Ordnungsaufgaben bei überwachungsbedürftigen Anlagen im Sinne des § 2 Nummer 30 des Produktsicherheitsgesetzes und nach § 1 Absatz 2 der Betriebssicherheitsverordnung sowie bei Anlagen nach § 4 Absatz 1 der Verordnung über den Betrieb von baulichen Anlagen des Landes Berlin, soweit nicht die Bauaufsichtsbehörden (Nummer 1 Absatz 1 und Nummer 15 Absatz 1) oder das Landesamt für Bergbau, Geologie und Rohstoffe Brandenburg (Nummer 30 Absatz 2) zuständig sind,

b) die Ordnungsaufgaben nach dem Produktsicherheitsgesetz in Verbindung mit den nur aufgrund des Produktsicherheitsgesetzes erlassenen Rechtsverordnungen, die der nach § 24 Absatz 1 Satz 1 des Produktsicherheitsgesetzes zuständigen Behörde obliegen, sofern nicht gemäß § 24 Absatz 1 Satz 2 oder Satz 3 des Produktsicherheitsgesetzes eine durch andere Rechtsvorschriften begründete Zuständigkeit gegeben ist,

c) der Vollzug des Abschnitts 2 der 32. Verordnung zur Durchführung des Bundes-Immissionsschutzgesetzes (Geräte- und Maschinenlärmschutzverordnung);

(3) die Ordnungsaufgaben nach dem Bundes-Immissionsschutzgesetz

a) bei Anlagen im Sinne der §§ 4 und 22 Absatz 1 des Bundes-Immissionsschutzgesetzes, sofern sie Teile von überwachungsbedürftigen Anlagen im Sinne von § 2 Nummer 30 Buchstabe a des Produktsicherheitsgesetzes sind und soweit nicht das Landesamt für Bergbau, Geologie und Rohstoffe Brandenburg (Nummer 30 Absatz 2) zuständig ist,

b) bei Anlagen im Sinne der Vierten Verordnung zur Durchführung des Bundes-Immissionsschutzgesetzes (Verordnung über genehmigungsbedürftige Anlagen), sofern sie auf einem Kraftwerksgelände betrieben werden;

(4) die Ordnungsaufgaben nach dem Sprengstoffgesetz, soweit nicht die für Arbeit zuständige Senatsverwaltung (Nummer 14 Absatz 2 Buchstabe e), die Bezirksämter (Nummer 19 Absatz 5 und Nummer 21 Buchstabe n) oder das Landesamt für Bergbau, Geologie und Rohstoffe Brandenburg (Nummer 30 Absatz 2) zuständig sind;

(5) der Strahlenschutz bei ionisierender Strahlung, soweit nicht die für Umweltschutz zuständige Senatsverwaltung (Nummer 10 Absatz 8) zuständig ist;
(6) die Durchführung der Sozialvorschriften im Straßenverkehr und des Europäischen Übereinkommens über die Arbeit des im internationalen Straßenverkehr beschäftigten Fahrpersonals (AETR);
(7) die Ordnungsaufgaben nach Europäischen Verordnungen und Richtlinien über gefährliche Stoffe, auf die in Arbeitsschutzvorschriften und im Chemikaliengesetz verwiesen wird, sowie nach dem Chemikaliengesetz und den aufgrund des Chemikaliengesetzes erlassenen Rechtsverordnungen, die dem Schutz von Personen (Beschäftigte und Andere) dienen und die nicht ausschließlich zum Zweck des Umweltschutzes erlassen wurden, soweit nicht das Landesamt für Bergbau, Geologie und Rohstoffe Brandenburg (Nummer 30 Absatz 2) zuständig ist;
(8) die Ordnungsaufgaben nach der Chemikalien-Ozonschichtverordnung, der Chemikalien-Klimaschutzverordnung, der Chemikalienrechtlichen Verordnung zur Begrenzung der Emissionen flüchtiger organischer Verbindungen (VOC) durch Beschränkung des Inverkehrbringens lösemittelhaltiger Farben und Lacke und nach Europäischen Verordnungen und Richtlinien, auf die in diesen drei Verordnungen verwiesen wird, soweit es nicht Ordnungsaufgaben nach dem Kreislaufwirtschafts- und Abfallrecht sind;
(9) die Ordnungsaufgaben nach dem Energieverbrauchskennzeichnungsgesetz, der Energieverbrauchskennzeichnungsverordnung, der Pkw-Energieverbrauchskennzeichnungsverordnung und der Verordnung (EG) Nr. 1222/2009 des Europäischen Parlaments und des Rates vom 25. November 2009 über die Kennzeichnung von Reifen in Bezug auf die Kraftstoffeffizienz und andere wesentliche Parameter, soweit nicht Rechtsvorschriften die Zuständigkeit anderer Behörden begründen;
(10) die Ordnungsaufgaben nach dem Energieverbrauchsrelevante-Produkte-Gesetz, mit Ausnahme der in § 7 Absatz 2 des Energieverbrauchsrelevante-Produkte-Gesetzes dargestellten Aufgaben der obersten Landesbehörde;
(11) die Ordnungsaufgaben nach dem Gesetz zum Schutz vor nichtionisierender Strahlung bei der Anwendung am Menschen sowie den aufgrund dieses Gesetzes erlassenen Rechtsverordnungen;
(12) die Ordnungsaufgaben nach der Verordnung des Europäischen Parlaments und des Rates über die Vermarktung und Verwendung von Ausgangsstoffen für Explosivstoffe in der jeweils geltenden Fassung, soweit nicht die Polizei Berlin (Nummer 23 Absatz 4a) zuständig ist.

Nummer 25
Berliner Feuerwehr

Zu den Ordnungsaufgaben der Berliner Feuerwehr gehören:
(1) die Abwehr von Gefahren, die durch Brände, Explosionen, Überschwemmungen, Unfälle und ähnliche Ereignisse entstehen;

(2) der Notfallrettungsdienst;
(3) die Mitwirkung bei der Brandsicherheitsschau;
(4) die Aufgaben der Katastrophenschutzbehörde nach § 15 Satz 2 bis 4 des Zivilschutz- und Katastrophenhilfegesetzes;
(5) die Aufgaben der zuständigen Behörde nach § 13a des Wehrpflichtgesetzes und § 14 des Zivildienstgesetzes;
(6) die Mitwirkung bei der Genehmigung von Veranstaltungen insbesondere durch Prüfung und Bewertung von Sicherheitskonzepten, soweit Aufgaben der Feuerwehr berührt sind.

Nummer 26
Landesamt für Mess- und Eichwesen Berlin-Brandenburg

Zu den Ordnungsaufgaben des Landesamtes für Mess- und Eichwesen Berlin-Brandenburg gehören:
(1) die Ordnungsaufgaben nach dem Gesetz über Einheiten im Messwesen;
(2) die Ordnungsaufgaben nach dem Eichgesetz;
(3) die Ordnungsaufgaben nach dem Medizinproduktegesetz und den auf Grund dieses Gesetzes erlassenen Rechtsverordnungen, soweit Belange der Messgenauigkeit und der Messbeständigkeit der Medizinprodukte betroffen sind.

Nummer 27
Berliner Forsten

Zu den Ordnungsaufgaben der Berliner Forsten gehören:
(1) der Forstschutz;
(2) der Jagdschutz;
(3) die Aufgaben nach § 5 Absatz 3 des Landesjagdgesetzes Berlin.

Nummer 28
Fischereiamt

Zu den Ordnungsaufgaben des Fischereiamtes gehören:
die Ordnungsaufgaben nach den Rechtsvorschriften über die Fischerei.

Nummer 29
Pflanzenschutzamt

Zu den Ordnungsaufgaben des Pflanzenschutzamtes gehören:
(1) die Ordnungsaufgaben nach dem Pflanzenschutzgesetz und den auf Grund dieses Gesetzes erlassenen Rechtsverordnungen;
(2) die von den Ländern wahrzunehmenden Ordnungsaufgaben bei Freisetzung gentechnisch veränderter Pflanzen nach dem Gentechnikgesetz und den auf Grund des Gentechnikgesetzes erlassenen Rechtsverordnungen.

Nummer 30
Landesamt für Bergbau, Geologie und Rohstoffe Brandenburg

Zu den Ordnungsaufgaben des Landesamtes für Bergbau, Geologie und Rohstoffe Brandenburg gehören:

(1) die Bergaufsicht;

(2) die Ordnungsaufgaben nach Nummer 15 Absatz 1 Buchstabe e, Nummer 18 Absatz 1 und 8, Nummer 23 Absatz 6, Nummer 24 Absatz 1 Buchstabe a, Absatz 2 Buchstabe a, Absatz 3 Buchstabe a, Absatz 4 und 7 in den der Bergaufsicht unterstehenden Betrieben;

(3) die Ordnungsaufgaben nach § 10 Absatz 3 Satz 5 der Gesundheitsschutz-Bergverordnung;

(4) die Ordnungsaufgaben nach der Markscheider-Bergverordnung;

(5) die Maßnahmen zur Abwehr von Gefahren aus früherer bergbaulicher Tätigkeit in Bereichen stillgelegter bergbaulicher Anlagen, die nicht mehr der Bergaufsicht unterliegen; ausgenommen davon sind Gebäude an der Geländeoberfläche.

Nummer 31
Landesamt für Flüchtlingsangelegenheiten

Zu den Ordnungsaufgaben des Landesamtes für Flüchtlingsangelegenheiten Berlin gehören:

die Ordnungsaufgaben der Zentralen Aufnahmeeinrichtung für Asylbewerberinnen und Asylbewerber nach dem Asylgesetz, die Ordnungsaufgaben der Zentralen Aufnahmeeinrichtung für unerlaubt eingereiste Ausländerinnen und Ausländer nach dem Aufenthaltsgesetz, die Ordnungsaufgaben nach dem Aufenthaltsgesetz bei Aufnahme von Ausländerinnen und Ausländern nach § 23 Absatz 2 oder § 24 des Aufenthaltsgesetzes, die Ordnungsaufgaben bei Obdachlosigkeit von Asylbewerberinnen und Asylbewerbern sowie nach den §§ 15a, 22, 23 oder 24 des Aufenthaltsgesetzes aufgenommenen Ausländerinnen und Ausländern; die Ordnungsaufgaben bei Obdachlosigkeit von Opfern der in § 25 Absatz 4a und 4b des Aufenthaltsgesetzes genannten Straftaten während der Ausreisefrist nach § 59 Absatz 7 des Aufenthaltsgesetzes bis zur Erteilung einer Aufenthaltserlaubnis, sowie gegebenenfalls von den mit ihnen in häuslicher Gemeinschaft lebenden minderjährigen Kindern; die Ordnungsaufgaben zur Sicherung des Betriebs von Unterkünften für die vorstehend genannten Personenkreise, soweit nicht die für Jugend und Familie zuständige Senatsverwaltung (Nummer 6) zuständig ist.

Nummer 32
Landesamt für Gesundheit und Soziales Berlin

Zu den Ordnungsaufgaben des Landesamtes für Gesundheit und Soziales Berlin gehören:

(1) die Überwachung der Anzeigepflicht für Angehörige der Berufe und Einrichtungen des Gesundheitswesens, die Rücknahme und der Widerruf der Berufserlaubnis, der Erlaubnis zur Führung einer gesetzlich geschützten Berufsbezeichnung und der staatlichen Anerkennung sowie der Heilpraktikererlaubnis, die Anordnung des Ruhens der Approbation, das vorläufige Verbot der Berufsausübung und die Feststellung mangelnder Eignung oder Zuverlässigkeit für Ärztinnen und Ärzte, Zahnärztinnen und Zahnärzte, Psychologische Psychotherapeutinnen und Psychotherapeuten und Kinder- und Jugendlichenpsychotherapeutinnen und -psychotherapeuten, Medizinalfachpersonal, Tierärztinnen und Tierärzte und Veterinärfachpersonal sowie Apothekerinnen und Apotheker und pharmazeutisches Fachpersonal sowie staatlich geprüfte Lebensmittelchemikerinnen und Lebensmittelchemiker;

(2) die Untersagung der unberechtigten Führung einer gesetzlich geschützten Berufsbezeichnung auf den Gebieten des Gesundheits-, Pharmazie- und Veterinärwesens und der Lebensmittelchemie sowie einer gesetzlich geschützten Weiterbildungsbezeichnung in den Medizinalfachberufen;

(3) die Erteilung der Konzession zum Betrieb von Krankenhäusern sowie die Aufsicht über diese Einrichtungen, soweit nicht die Bezirksämter (Nummer 16 Absatz 4) zuständig sind;

(4) die staatliche Anerkennung von Ausbildungsstätten für Psychologische Psychotherapeutinnen und Psychotherapeuten und Kinder- und Jugendlichenpsychotherapeutinnen und -therapeuten nach § 6 des Psychotherapeutengesetzes;

(5) die Ordnungsaufgaben nach dem Wohnteilhabegesetz und den auf Grund des Wohnteilhabegesetzes erlassenen Rechtsverordnungen;

(6) die Erteilung der Erlaubnis zum Betrieb von Apotheken und Krankenhausapotheken einschließlich der Genehmigung der Versorgungsverträge, die Erteilung der Genehmigung zur Verwaltung von Apotheken, die Erteilung der Erlaubnis zum Versand von apothekenpflichtigen Arzneimitteln, die Schließung und Abnahme von Apotheken und Krankenhausapotheken sowie die Apothekenaufsicht;

(7)

a) die Erteilung der Erlaubnis zur Herstellung und zur Einfuhr von Arzneimitteln, Testsera oder Testantigenen oder Wirkstoffen, die menschlicher, tierischer oder mikrobieller Herkunft sind oder auf gentechnischem Wege hergestellt werden, sowie anderen zur Arzneimittelherstellung bestimmten Stoffen menschlicher Herkunft und die entsprechende Überwachung der Herstellung und der Einfuhr,

b) die Überwachung der Werbung auf dem Gebiet des Heilwesens im Rahmen seiner Zuständigkeiten,

c) die Überwachung des Verkehrs mit Arzneimitteln und Betäubungsmitteln, soweit nicht die Bezirksämter (Nummer 16 Absatz 2) zuständig sind,
d) die Erteilung der Erlaubnis zum Großhandel mit Arzneimitteln, Testsera oder Testantigenen und die entsprechende Überwachung des Großhandels,
e) die Erteilung der Erlaubnis zur Herstellung und zur Einfuhr von Sera, Impfstoffen und Antigenen im Sinne des § 17c Absatz 1 Satz 1 des Tierseuchengesetzes zum Zwecke der Abgabe an andere, und die entsprechende Überwachung der Herstellung und der Einfuhr; Anordnungen nach § 17c Absatz 5 des Tierseuchengesetzes bezüglich Mittel, die von im Land Berlin ansässigen pharmazeutischen Unternehmen in Verkehr gebracht werden; Aufgaben der zuständigen Behörde beim Erfassen und Auswerten von Risiken und bei der Rücknahme der Freigabe nach den §§ 30 und 34 der Tierimpfstoffverordnung für Mittel, die von im Land Berlin ansässigen pharmazeutischen Unternehmen in Verkehr gebracht werden;

(8) die Erteilung der Erlaubnis nach Artikel 4 Absatz 2 des Übereinkommens über internationale Beförderungen leichtverderblicher Lebensmittel und über die besonderen Beförderungsmittel, die für diese Beförderungen zu verwenden sind;

(9)

a) die Entgegennahme von Anzeigen und Meldungen über Versuche an lebenden Tieren sowie die Erteilung entsprechender Genehmigungen, die Anordnung der Einstellung von Tierversuchen, die Erteilung der Erlaubnis zur Zucht und Haltung von Wirbeltieren zu Versuchszwecken sowie deren Untersagung, die Überwachung der Einrichtungen, in denen Tierversuche durchgeführt werden, sowie die tierschutzrechtliche Aufsicht über Versuchstierzuchten und Versuchstierhaltungen, die Genehmigung des Imports von Versuchstieren aus Drittländern nach § 11a des Tierschutzgesetzes,
b) die Erteilung von Ausnahmegenehmigungen für das Schlachten von Tieren ohne Betäubung, die Zulassung von Ausnahmen für die Betäubung bei Eingriffen an warmblütigen Tieren;

(10) die hygienische Überwachung der Badegewässer und der Erlass von Badeverboten in fließenden Gewässern; weitere Aufgaben als „benannte Stelle“ im Sinne der Badegewässerverordnung;

(11) die Ordnungsaufgaben nach dem Gentechnikgesetz und den auf Grund des Gentechnikgesetzes erlassenen Rechtsverordnungen, soweit nicht die für Umweltschutz zuständige Senatsverwaltung (Nummer 10 Absatz 9) oder das Pflanzenschutzamt (Nummer 29 Absatz 2) zuständig sind;

(12) die Zulassung von Betrieben nach dem Lebensmittel- und Futtermittelrecht und dem EU-Lebensmittelrecht, die Aufgaben als Länderkontaktstelle nach dem Europäischen Schnellwarnsystem für Lebensmittel und Futtermittel (RASFF) und als Länderkontaktstelle zur Kontrolle der im Internet gehandelten Erzeugnisse des Lebensmittel- und Futtermittelgesetzbuches und Tabakerzeugnisse (G@ZIELT) sowie die Weiterbearbeitung von Meldungen für gefährliche Ver-

braucherprodukte (RAPEX) im Geltungsbereich des Lebensmittel- und Futtermittelgesetzbuches;

(13)

a) die Überwachung von Wasserversorgungsanlagen nach der Trinkwasserverordnung, soweit sie Teil der zentralen Trinkwasserversorgung sind,

b) die Überprüfung der Untersuchungsstellen nach § 15 Absatz 4 und 5 der Trinkwasserverordnung;

(14) die Ordnungsaufgaben nach dem Transfusionsgesetz;

(15) die Ordnungsaufgaben nach dem Medizinproduktegesetz und den nur auf Grund des Medizinproduktegesetzes erlassenen Rechtsverordnungen, soweit nicht die für Gesundheitswesen zuständige Senatsverwaltung (Nummer 3 Absatz 4) oder das Landesamt für Mess- und Eichwesen Berlin-Brandenburg (Nummer 26 Absatz 3) zuständig sind;

(16) die Ordnungsaufgaben nach dem Transplantationsgesetz;

(17) die Zulassung von Zentren zur Durchführung der Präimplantationsdiagnostik nach § 3a Absatz 3 des Embryonenschutzgesetzes in Verbindung mit § 3 der Präimplantationsdiagnostikverordnung;

(18) die Erteilung von Genehmigungen zur Durchführung künstlicher Befruchtungen nach § 121a des Fünften Buches Sozialgesetzbuch;

(19) die Ordnungsaufgaben nach der Verordnung (EG) Nr. 834/2007 des Rates vom 28. Juni 2007 über die ökologische/biologische Produktion und die Kennzeichnung von ökologischen/biologischen Erzeugnissen und zur Aufhebung der Verordnung (EWG) Nr. 2092/91 (ABl. L 189 vom 20.7.2007, S. 1), der Nachfolgeverordnung (EU) 2018/848 des Europäischen Parlaments und des Rates vom 30. Mai 2018 über die ökologische/biologische Produktion und die Kennzeichnung von ökologischen/biologischen Erzeugnissen sowie zur Aufhebung der Verordnung (EG) Nr. 834/2007 des Rates (ABl. L 150 vom 14.6.2018, S. 1) und den entsprechenden Folgeverordnungen;

(20) die Ordnungsaufgaben nach dem Hebammengesetz, dem Pflegeberufegesetz, dem Pflegefachassistenzgesetz und den auf Grund dieser Gesetze erlassenen Vorschriften;

(21) die Ordnungsaufgaben nach dem Gesundheitsschulanerkennungsgesetz und den auf Grund des Gesundheitsschulanerkennungsgesetzes erlassenen Vorschriften sowie nach dem Pflegeschulanerkennungsgesetz und den auf Grund des Pflegeschulanerkennungsgesetzes erlassenen Vorschriften.

Nummer 33
Landesamt für Bürger- und Ordnungsangelegenheiten

Zu den Ordnungsaufgaben des Landesamtes für Bürger- und Ordnungsangelegenheiten gehören:

Aus dem Bereich Inneres:

(1)

a) die IT-Verfahrensverantwortung für das zentrale elektronische Melderegister nach § 1 Absatz 3 des Berliner Ausführungsgesetzes zum Bundesmeldegesetz,
b) die Bereitstellung der Verfahren des automatisierten Abrufs nach den §§ 39 und 49 des Bundesmeldegesetzes,
c) die Wahrnehmung der Aufgaben als zentrale Stelle für das Land Berlin im Zusammenhang mit allen Anfragen nach § 38 sowie nach § 49 des Bundesmeldegesetzes (Portalanbieter),
d) die Errichtung, Überwachung und Ablehnung von Auskunftssperren nach § 51 Absatz 1 und Absatz 5 des Bundesmeldegesetzes,
e) Datenübermittlungen nach den §§ 33 bis 36, 42 und 43 des Bundesmeldegesetzes und das Erteilen von Melderegisterauskünften nach den §§ 46, 50 Absatz 1 bis 3 und §§ 51, 52 Absatz 2 des Bundesmeldegesetzes; das Landesamt für Bürger- und Ordnungsangelegenheiten beauftragt die Bezirksämter mit der Wahrnehmung der Aufgaben in den Einzelfällen nach den §§ 34, 35 und 42 des Bundesmeldegesetzes, in denen bei den Bezirksämtern der Anlass für die Amtshandlung entsteht und kein Fall nach den §§ 51 und 52 des Bundesmeldegesetzes vorliegt,
f) die Aufgaben der Wehrerfassungsbehörde nach § 15 des Wehrpflichtgesetzes,
g) das Erteilen von Meldebescheinigungen nach § 18 des Bundesmeldegesetzes, wenn der Antrag über das Service-Portal Berlin gestellt wurde;

(2)

a) die IT-Verfahrensverantwortung für das zentrale elektronische Passregister nach § 21 des Passgesetzes,
b) die Aufgaben der Passbehörde für in Berlin nicht gemeldete Personen,
c) die Versagung und Entziehung von Pässen nach den §§ 7 und 8 des Passgesetzes,
d) die Erteilung von Ermächtigungen nach § 19 Absatz 4 des Passgesetzes,
e) die Ausstellung von Reisepässen in Fällen von besonderem öffentlichen Interesse,
f) Datenübermittlungen aus dem automatisiert geführten Passregister nach § 22 Absatz 2 des Passgesetzes; das Landesamt für Bürger- und Ordnungsangelegenheiten beauftragt die Bezirksämter mit der Wahrnehmung dieser Aufgaben in den Einzelfällen, in denen bei den Bezirksämtern der Anlass für die Amtshandlung entsteht;

(3)

a) die IT-Verfahrensverantwortung für das zentrale elektronische Personalausweisregister nach § 23 des Personalausweisgesetzes,
b) die Aufgaben der Ausweisbehörde für in Berlin nicht gemeldete Personen,
c) Anordnungen von Ausweisbeschränkungen nach § 6 Absatz 7 und § 6a des Personalausweisgesetzes,
d) die Ausstellung von Personalausweisen in Fällen von besonderem öffentlichen Interesse,
e) die Datenübermittlungen aus dem elektronisch geführten Personalausweisregister nach § 24 Absatz 2 des Personalausweisgesetzes; das Landesamt für Bürger- und Ordnungsangelegenheiten beauftragt die Bezirksämter mit der Wahrnehmung dieser Aufgabe in den Einzelfällen, in denen bei den Bezirksämtern der Anlass für die Amtshandlung entsteht;

(4) die IT-Verfahrensverantwortung für das zentrale eID-Karte-Register nach § 19 des eID-Karte-Gesetzes;

(5) die Ordnungsaufgaben bei der Veranstaltung, Vermittlung und Bewerbung von Lotterien, Ausspielungen, Toto, Sportwetten und Pokerspielen, die nicht von den Spielbanken veranstaltet werden, einschließlich der Aufgaben nach dem Ausführungsgesetz zum Glücksspielstaatsvertrag und nach dem Glücksspielstaatsvertrag, soweit diese dort nicht ausschließlich anderen Behörden zugewiesen und soweit nicht die für Inneres zuständige Senatsverwaltung (Nummer 5 Absatz 4) oder die Bezirksämter (Nummer 21 Buchstabe d) zuständig sind, die Ordnungsaufgaben und die Aufsicht nach dem Geldwäschegesetz gegenüber Veranstaltern und Vermittlern von Glücksspielen, soweit das Landesamt für Bürger- und Ordnungsangelegenheiten nach der vorstehenden Zuweisung über Aufsichtszuständigkeiten im Bereich des Glücksspielrechts verfügt;

(6) die Untersagung der unberechtigten Führung eines Namens oder einer gesetzlich geschützten Berufsbezeichnung, soweit nicht die für Kulturelle Angelegenheiten (Nummer 7 Absatz 1) oder für Wissenschaft (Nummer 13 Absatz 2) zuständige Senatsverwaltung oder das Landesamt für Gesundheit und Soziales Berlin (Nummer 32 Absatz 3) zuständig sind;

(7) die Ordnungsaufgaben auf dem Gebiet des Rettungsdienstes mit Krankenkraftwagen nach dem Rettungsdienstgesetz.

Aus dem Bereich Verkehr:

(8)

a) die nicht der obersten Landesbehörde vorbehaltenen Aufgaben nach der Straßenverkehrs-Zulassungs-Ordnung und der Fahrzeug-Zulassungsverordnung, soweit nicht die Bezirksämter (Nummer 22b Absatz 1) zuständig sind, einschließlich der Wahrnehmung des Weisungsrechts entsprechend § 46 Absatz 1 Satz 2 der Fahrzeug-Zulassungsverordnung,
b) die Aufgaben nach § 70 Absatz 1 Nummer 2 und Absatz la der Straßenverkehrs-Zulassungs-Ordnung, nach § 47 Absatz 1 der Fahrzeug-Zulassungsverordnung, der Anerkennung und Aufsicht über Hersteller, Importeure,

Kraftfahrzeugwerkstätten, Schulungsstätten und Schulungen sowie die Aufsicht über das Anerkennungsverfahren, über die Durchführung der Abgasuntersuchungen und der Schulungen nach den Anlagen VIIIc, XVII, XVIIa, XVIIIc und XVIIId der Straßenverkehrs-Zulassungs-Ordnung, der Genehmigungsbehörde nach § 2 Absatz 2 der Verordnung über die EG-Genehmigung für Kraftfahrzeuge und ihre Anhänger sowie für Systeme, Bauteile und selbstständige technische Einheiten für diese Fahrzeuge,

c) die Aufgaben der höheren Verwaltungsbehörde und der Fahrerlaubnisbehörde nach § 73 der Fahrerlaubnis-Verordnung, soweit nicht die Bezirksämter (Nummer 22b Absatz 2) zuständig sind, einschließlich der Wahrnehmung des Weisungsrechts,

d) die Aufgaben der sperrenden Behörde nach § 43 der Fahrzeug-Zulassungsverordnung,

e) die Führung der Fahrzeugregister nach § 32 Absatz 1 Nummer 4 des Straßenverkehrsgesetzes in Verbindung mit § 31 der Fahrzeug-Zulassungsverordnung,

f) die Datenübermittlungen nach § 28 Absatz 5 und den §§ 59 und 64 des Straßenverkehrsgesetzes,

g) die Maßnahmen nach § 7 der Verordnung über technische Kontrollen von Nutzfahrzeugen auf der Straße,

h) die Bearbeitung von Anträgen und die Ausgabe von Fahrer-, Werkstatt- und Unternehmenskarten nach § 4a des Fahrpersonalgesetzes,

i) die Anerkennung, der Widerruf der Anerkennung und die Überwachung von Ausbildungsstätten nach § 7 Absatz 2 bis 4 des Berufskraftfahrer-Qualifikations-Gesetzes sowie die Erteilung der Bescheinigung nach § 5 Absatz 4 Satz 4 der Berufskraftfahrer-Qualifikations-Verordnung,

j) die Ausgabe der Carsharingplaketten gemäß § 39 Absatz 11 Satz 2 der Straßenverkehrs-Ordnung,

k) die Genehmigung von Ausnahmen nach § 46 Absatz 1 Nummer 4a der Straßenverkehrsordnung für Beschäftigte mit ungünstigen Einsatz- oder Arbeitszeiten der Polizei Berlin, der Berliner Feuerwehr und der Berliner Justiz;

(9) die Aufgaben der höheren und unteren Verwaltungsbehörde

a) nach dem Fahrlehrergesetz,

b) nach dem Güterkraftverkehrsgesetz,

c) nach dem Verkehrssicherstellungsgesetz,

d) nach dem Bundesleistungsgesetz,

e) nach dem Gefahrgutbeförderungsgesetz sowie dem Gesetz zu dem Europäischen Übereinkommen über die internationale Beförderung gefährlicher Güter auf der Straße,

f) nach dem Gesetz zu dem Übereinkommen über sichere Container,

g) nach dem Übereinkommen über internationale Beförderung leicht verderblicher Lebensmittel und über die besonderen Beförderungsbedingungen, die für diese Beförderung zu verwenden sind;

(10) der Vollzug des Personenbeförderungsgesetzes und der auf Grund dieses Gesetzes erlassenen Rechtsverordnungen sowie der europäischen und internationalen Vorschriften über die Beförderung von Personen mit Kraftfahrzeugen, mit Ausnahme der Aufgaben im Zusammenhang mit Straßenbahnen, der Genehmigung für Tarife und Beförderungsbedingungen für den ÖPNV sowie der Ermächtigung zum Erlass von Rechtsverordnungen.

Nummer 34
Landesdenkmalamt Berlin

Zu den Ordnungsaufgaben des Landesdenkmalamtes Berlin gehören:
die Ordnungsaufgaben nach dem Denkmalschutzgesetz Berlin, soweit es sich um Aufgaben von hauptstädtischer Bedeutung handelt.

Nummer 35
Gemeinsame Obere Luftfahrtbehörde Berlin-Brandenburg

Zu den Ordnungsaufgaben der Gemeinsamen Oberen Luftfahrtbehörde Berlin-Brandenburg gehören:
(1) die Bauschutzangelegenheiten außerhalb der Flughäfen, für die der Bund gemäß § 27d Absatz 1 des Luftverkehrsgesetzes einen Bedarf aus Gründen der Sicherheit und aus verkehrspolitischen Interessen anerkennt, mit Ausnahme der Flughäfen Berlin-Tempelhof und Berlin-Tegel;
(2) die Ordnungsaufgaben der Anhörungsbehörde für alle Flugplätze;
(3) die Zulassungen nach § 22a Absatz 2 Luftverkehrs-Ordnung;
(4) die Flugplatzangelegenheiten – mit Ausnahme der Flughäfen, für die der Bund gemäß § 27d Absatz 1 des Luftverkehrsgesetzes einen Bedarf aus Gründen der Sicherheit und aus verkehrspolitischen Interessen anerkennt;
(5) die Luftaufsicht gemäß § 29 des Luftverkehrsgesetzes;
(6) die Erlaubnisse für die besondere Benutzung des Luftraums mit Ausnahme der Erlaubnisse, die von der für die Flugsicherung zuständigen Stelle erteilt werden;
(7) die Genehmigung von Luftfahrtveranstaltungen, soweit diese nicht auf Flughäfen stattfinden, für die der Bund gemäß § 27d Absatz 1 des Luftverkehrsgesetzes einen Bedarf aus Gründen der Sicherheit und aus verkehrspolitischen Interessen anerkennt;
(8) die allgemeinen Aufgaben nach § 2 Satz 1 des Luftsicherheitsgesetzes außerhalb der Verkehrsflughäfen Berlin-Tegel, Berlin-Tempelhof und Berlin-Schönefeld;
(9) die Zuverlässigkeitsüberprüfungen gemäß § 7 des Luftsicherheitsgesetzes;
(10) sämtliche Aufgaben im Zusammenhang mit der Ausbildung, Schulung und Prüfung von Personal nach § 8 Absatz 1 Nummer 6 des Luftsicherheitsgesetzes;
(11) die Durchführung von Inspektionen, Tests und Erhebungen zur Kontrolle der Eigensicherungsmaßnahmen der Flughafenunternehmer gemäß Artikel 7

in Verbindung mit Artikel 2 Nummer 2, 5, 10 und 11 der Verordnung (EG) 1217/2003 der Kommission vom 4. Juli 2003 zur Festlegung gemeinsamer Spezifikationen für nationale Qualitätskontrollprogramme für die Sicherheit der Zivilluftfahrt im Rahmen der Durchführung des nationalen Qualitätssicherungsprogramms gemäß Artikel 7 Absatz 1 der Verordnung (EG) Nummer 2320/2002 des Europäischen Parlaments und des Rates vom 16. Dezember 2002 zur Festlegung gemeinsamer Vorschriften für die Sicherheit in der Zivilluftfahrt;

(12) die übrigen Luftsicherheitsangelegenheiten, die nicht im Zusammenhang mit Flughäfen stehen, für die der Bund einen Bedarf gemäß § 27d Absatz 1 des Luftverkehrsgesetzes anerkennt;

(13) die Luftfahrtpersonalangelegenheiten;

(14) die Angelegenheiten der Luftfahrerschulen und die Ausbildungserlaubnisse;

(15) die Angelegenheiten der Luftfahrtunternehmen und die Betriebsgenehmigungen gemäß § 20 Absatz 1 des Luftverkehrsgesetzes;

(16) die Zulassung von Luftsicherheitsplänen nach § 8 des Luftsicherheitsgesetzes mit Ausnahme der Flughäfen, für die der Bund gemäß § 27d Absatz 1 des Luftverkehrsgesetzes einen Bedarf aus Gründen der Sicherheit und aus verkehrspolitischen Interessen anerkennt;

(17) die Hindernisangelegenheiten außerhalb von Flugplatzbauschutzbereichen im Land Brandenburg;

(18) die Regelung des Flugplatzverkehrs gemäß § 21a der Luftverkehrs-Ordnung;

(19) die Angelegenheiten der Einrichtungen zur Kommunikation, Navigation und Überwachung (CNS)

sowie die Ordnungsaufgaben nach den auf Grund der vorgenannten Bestimmungen erlassenen Rechtsverordnungen.

Nummer 36
Landesamt für Einwanderung

Zu den Ordnungsaufgaben des Landesamtes für Einwanderung gehören die Aufgaben der Ausländerbehörde nach ausländerrechtlichen Bestimmungen, soweit nicht die Bezirksämter gemäß Nummer 22a Absatz 2 zuständig sind.

Vierter Abschnitt
Schlussbestimmungen

Nummer 37
Sonstige Ordnungsaufgaben

Für die Erledigung der in den Nummern 1 bis 36 nicht genannten Ordnungsaufgaben sind zuständig:

(1) die fachlich zuständige Senatsverwaltung, soweit die Aufgaben in Rechtsvorschriften des Reichs, des Bundes oder Landes der obersten Reichs- oder Landesbehörde, der obersten Landesbaubehörde, dem Regierungspräsidenten, der Landespolizeibehörde, der höheren Baupolizeibehörde, der Polizeiaufsichtsbehörde, der höheren Verwaltungsbehörde oder an Stelle einer dieser Behörden der Polizei Berlin zugewiesen sind;

(2) die Bezirksämter, soweit die Aufgaben in Rechtsvorschriften des Reichs, des Bundes oder Landes der unteren Verwaltungsbehörde, der Kreis- oder Ortspolizeibehörde übertragen sind, und in allen übrigen Fällen.

Gesetz über die Anwendung unmittelbaren Zwanges bei der Ausübung öffentlicher Gewalt durch Vollzugsbeamtinnen und Vollzugsbeamte des Landes Berlin (UZwG Berlin)

Vom 22. Juni 1970,
zuletzt geändert durch Artikel 3 des Gesetzes vom 20. Dezember 2023 (GVBl. S. 459)

– Auszüge –

Erster Abschnitt
Allgemeine Vorschriften

§ 1
Zulässigkeit der Anwendung unmittelbaren Zwanges

(1) Die Vollzugsbeamtinnen und Vollzugsbeamten des Landes Berlin dürfen in rechtmäßiger Ausübung ihres Dienstes unmittelbaren Zwang anwenden, soweit die Anwendung gesetzlich, insbesondere durch § 8 Absatz 1 des Gesetzes über das Verfahren der Berliner Verwaltung vom 21. April 2016 (GVBl. S. 218) in der jeweils geltenden Fassung, zugelassen ist.
(2) Die Art und Weise der Anwendung unmittelbaren Zwanges richtet sich nach den Vorschriften dieses Gesetzes.
(3) Soweit andere Gesetze Vorschriften über die Art und Weise der Anwendung unmittelbaren Zwanges enthalten, bleiben sie unberührt.

§ 2
Begriffsbestimmungen

(1) Unmittelbarer Zwang ist die Einwirkung auf Personen oder Sachen durch körperliche Gewalt, durch Hilfsmittel der körperlichen Gewalt und durch Waffen.
(2) Körperliche Gewalt ist jede unmittelbare körperliche Einwirkung auf Personen oder Sachen.
(3) Hilfsmittel der körperlichen Gewalt sind insbesondere Fesseln, Reiz- und Betäubungsstoffe, Diensthunde, Dienstpferde, Dienstfahrzeuge, Wasserwerfer und technische Sperren sowie zum Sprengen bestimmte explosionsfähige Stoffe (Sprengmittel).
(4) Waffen sind dienstlich zugelassene Schusswaffen (Pistolen, Revolver, Gewehre, Maschinenpistolen), Hiebwaffen (Schlagstöcke) und Distanzelektroimpulsgeräte.

§ 3
Vollzugsbeamtinnen und Vollzugsbeamte des Landes Berlin

Vollzugsbeamtinnen und Vollzugsbeamte des Landes Berlin im Sinne dieses Gesetzes sind

1. die Polizeivollzugsbeamtinnen und Polizeivollzugsbeamten,
2. die Bediensteten im Justizvollzugsdienst mit Ausnahme der im Jugendstrafvollzug tätigen Bediensteten,
3. Beamtinnen und Beamte des Justizwachtmeisterdienstes sowie des allgemeinen Justizdienstes, soweit diese mit Sicherheitsaufgaben betraut sind,
4. die Hilfsbeamtinnen und Hilfsbeamten der Staatsanwaltschaft, soweit nicht für sie das Gesetz über den unmittelbaren Zwang bei Ausübung öffentlicher Gewalt durch Vollzugsbeamte des Bundes gilt,
5. die Bediensteten oder Gruppen von Bediensteten anderer Berliner Behörden, die der Senat mit bestimmten Befugnissen der Polizeibehörde ausgestattet hat,
6. die sonstigen Bediensteten, insbesondere die Dienstkräfte im Rahmen des allgemeinen Ordnungs- und Verkehrsüberwachungsdienstes der bezirklichen Ordnungsämter, die mit der Anwendung des Verwaltungszwanges beauftragt sind,
7. die verkehrsrechtlich besonders ausgebildeten Beschäftigten der Berliner Verkehrsbetriebe (BVG) im Sinne des § 23 des Berliner Mobilitätsgesetzes vom 5. Juli 2018 (GVBl. S. 464) in der jeweils geltenden Fassung.

§ 4
Grundsatz der Verhältnismäßigkeit

(1) [1]Bei der Anwendung unmittelbaren Zwanges sind von den möglichen und geeigneten Maßnahmen diejenigen zu treffen, die den Einzelnen und die Allgemeinheit am wenigsten beeinträchtigen. [2]Jede Maßnahme darf nur so lange und so weit durchgeführt werden, wie ihr Zweck es erfordert.

(2) Eine Maßnahme des unmittelbaren Zwanges darf nicht durchgeführt werden, wenn der durch sie zu erwartende Schaden erkennbar außer Verhältnis zu dem beabsichtigten Erfolg steht.

§ 5
Hilfeleistung für Verletzte

Den bei der Anwendung unmittelbaren Zwanges Verletzten ist Beistand zu leisten und ärztliche Hilfe zu verschaffen, sobald es die Lage zuläßt.

§ 6
Handeln auf Anordnung

(1) [1]Die Vollzugsbeamtinnen und Vollzugsbeamten sind verpflichtet, unmittelbaren Zwang so anzuwenden, wie er im Vollzugsdienst von den Vorgesetzten

oder von sonst dazu befugten Personen angeordnet wird. [2]Dies gilt nicht, wenn die Anordnung die Menschenwürde verletzt oder nicht zu dienstlichen Zwecken erteilt worden ist.
(2) [1]Eine Anordnung darf nicht befolgt werden, wenn dadurch eine Straftat begangen werden würde. [2]Hat die Vollzugsbeamtin oder der Vollzugsbeamte eine solche Anordnung trotzdem befolgt, begründet dies eine Schuld nur dann, wenn sie oder er erkannt hat oder wenn es nach den persönlich bekannten Umständen offensichtlich gewesen ist, dass sie oder er durch die Befolgung eine Straftat begehen werde.
(3) Bedenken gegen die Rechtmäßigkeit der Anordnung hat die Vollzugsbeamtin oder der Vollzugsbeamte den Anordnenden gegenüber vorzubringen, soweit ihm dies nach den Umständen möglich ist.
(4) § 36 Absatz 2 und 3 des Beamtenstatusgesetzes ist nicht anzuwenden.

§ 7
Einschränkung von Grundrechten

Durch dieses Gesetz werden die Grundrechte auf Leben und körperliche Unversehrtheit (Artikel 2 Abs. 2 Satz 1 des Grundgesetzes, Artikel 8 Abs. 1 Satz 1 der Verfassung von Berlin), der Freiheit der Person (Artikel 2 Abs. 2 Satz 2 des Grundgesetzes, Artikel 8 Abs. 1 Satz 2 der Verfassung von Berlin) und der Unverletzlichkeit der Wohnung (Artikel 13 Abs. 1 des Grundgesetzes, Artikel 28 Abs. 2 Satz 1 der Verfassung von Berlin) eingeschränkt.

Zweiter Abschnitt
Vorschriften über den Gebrauch der Schußwaffen

§ 8
Befugnis zum Gebrauch der Schußwaffen

(1) Der Gebrauch der Schußwaffen ist nur den Vollzugsbeamtinnen und Vollzugsbeamten gestattet, die dienstlich damit ausgerüstet sind.
(2) Der Gebrauch der Schußwaffen ist nur unter den besonderen Voraussetzungen der §§ 9 bis 16 zulässig.
(3) Das Recht zum Gebrauch von Schußwaffen auf Grund anderer gesetzlicher Vorschriften bleibt unberührt.

§ 9
Allgemeine Vorschriften für den Schußwaffengebrauch

(1) [1]Schußwaffen dürfen nur gebraucht werden, wenn andere Maßnahmen des unmittelbaren Zwanges erfolglos angewendet sind oder offensichtlich keinen Erfolg versprechen. [2]Gegen Personen ist ihr Gebrauch nur zulässig, wenn der Zweck nicht durch Waffeneinwirkung auf Sachen erreicht wird.
(2) [1]Zweck des Schusswaffengebrauchs darf nur sein, angriffs- oder fluchtunfähig zu machen. [2]Ein Schuss, der mit an Sicherheit grenzender Wahrschein-

lichkeit tödlich wirken wird, ist nur zulässig, wenn er das einzige Mittel zur Abwehr einer gegenwärtigen Lebensgefahr oder einer gegenwärtigen Gefahr einer schwerwiegenden Verletzung der körperlichen Unversehrtheit ist. [3]Der Schusswaffengebrauch ist unzulässig, wenn dadurch erkennbar Unbeteiligte mit hoher Wahrscheinlichkeit gefährdet werden; dies gilt nicht, wenn der Schusswaffengebrauch das einzige Mittel zur Abwehr einer gegenwärtigen Lebensgefahr ist.

(3) [1]Gegen Personen, die sich dem äußeren Eindruck oder der Kenntnis nach im Kindesalter befinden, dürfen Schusswaffen nicht gebraucht werden. [2]Dies gilt nicht, wenn der Schusswaffengebrauch das einzige Mittel zur Abwehr einer gegenwärtigen Lebensgefahr ist.

(4) [1]Die Vorschriften über Notwehr und Notstand bleiben unberührt. Verletzt eine Polizeivollzugsbeamtin oder ein Polizeivollzugsbeamter in diesen Fällen die ihr oder ihm einem Dritten gegenüber obliegende Amtspflicht, so trifft die Verantwortlichkeit nach den Vorschriften der Amtshaftung das Land Berlin. [2]Das Land Berlin gewährleistet in Fällen des Satzes 1 als Teil der staatlichen Fürsorgepflicht angemessenen Rechtsschutz in Ermittlungs- und Strafverfahren, die gegen Polizeivollzugsbeamtinnen und Polizeivollzugsbeamte geführt werden; Näheres hierzu wird in Ausführungsvorschriften der für das Dienstrecht zuständigen Senatsverwaltung geregelt. [3]Die Gewährung von Rechtsschutz in anderen Fällen bleibt unberührt.

§ 10
Androhung des Gebrauchs von Schusswaffen

(1) [1]Der Gebrauch von Schusswaffen ist anzudrohen. [2]Als Androhung gilt auch die Abgabe eines Warnschusses.

(2) Von der Androhung kann abgesehen werden, wenn dies zur Abwehr einer gegenwärtigen Gefahr für Leib oder Leben erforderlich ist.

(3) Der Gebrauch von Schusswaffen gegen eine Menschenmenge ist stets anzudrohen; die Androhung ist vor dem Schusswaffengebrauch zu wiederholen.

§ 11
Schusswaffengebrauch zur Verhinderung rechtswidriger Taten und in besonderen Gefahrenlagen

Eine Vollzugsbeamtin oder ein Vollzugsbeamter darf auf einzelne Personen schießen, um

1. sie an der unmittelbar bevorstehenden Ausführung oder der Fortsetzung einer rechtswidrigen Tat zu hindern, die sich den Umständen nach als
   a) ein Verbrechen
   oder
   b) ein Vergehen unter Anwendung oder Mitführung von Schusswaffen oder Explosivmitteln
   darstellt, oder

2. eine gegenwärtige Lebensgefahr oder eine gegenwärtige Gefahr einer schwerwiegenden Körperverletzung abzuwehren.

§ 12
Schußwaffengebrauch zum Anhalten flüchtender Verdächtiger

Eine Vollzugsbeamtin oder ein Vollzugsbeamter darf auf einzelne Personen schießen, um sie anzuhalten, wenn sie sich ihrer Festnahme oder Feststellung durch die Flucht zu entziehen versuchen und sie dringend verdächtig sind

a) eines Verbrechens

oder

b) eines Vergehens und Anhaltspunkte dafür vorhanden sind, daß sie auf der Flucht Schußwaffen oder Explosivmittel mit sich führen.

§ 13
Schußwaffengebrauch zum Anhalten flüchtender Straftäter

Eine Vollzugsbeamtin oder ein Vollzugsbeamter darf auf einzelne Personen schießen, die zu Freiheitsstrafe verurteilt sind oder deren Sicherungsverwahrung angeordnet ist und gegen die ein Vorführungs- oder Haftbefehl oder ein Steckbrief zur Vollstreckung der verhängten Freiheitsstrafe oder zum Vollzug der Sicherungsverwahrung erlassen worden ist, wenn sie sich ihrer Festnahme durch die Flucht zu entziehen versuchen.

§ 14
Schußwaffengebrauch gegen Ausbrecher

Eine Vollzugsbeamtin oder ein Vollzugsbeamter darf auf einzelne Personen schießen, um deren Flucht zu vereiteln oder sie wiederzuergreifen, wenn sie sich in amtlichem Gewahrsam befinden oder befanden

a) zur Verbüßung einer Freiheitsstrafe,
b) zum Vollzug der Unterbringung in einer sozialtherapeutischen Anstalt oder der Sicherungsverwahrung,
c) auf Grund eines strafrichterlichen Haftbefehls oder eines Steckbriefes,
d) wegen des dringenden Verdachts eines Verbrechens oder
e) wegen des dringenden Verdachts eines Vergehens, wenn Anhaltspunkte dafür vorhanden sind, daß sie Schußwaffen oder Explosivmittel mit sich führen.

§ 15
Schußwaffengebrauch bei Befreiungsversuchen

Eine Vollzugsbeamtin oder ein Vollzugsbeamter darf auf einzelne Personen schießen, die gewaltsam einen Gefangenen oder jemanden,

a) dessen Unterbringung in einem psychiatrischen Krankenhaus (§§ 63, 71 des Strafgesetzbuches, § 126 a der Strafprozeßordnung),

b) dessen Unterbringung in einer Entziehungsanstalt (§§ 64, 71 des Strafgesetzbuches, § 126 a der Strafprozeßordnung) oder
c) dessen Sicherungsverwahrung (§ 66 des Strafgesetzbuches)
angeordnet ist, aus dem amtlichen Gewahrsam zu befreien versuchen.

§ 16
Schußwaffengebrauch gegen eine Menschenmenge

Schußwaffen dürfen gegen eine Menschenmenge nur dann gebraucht werden, wenn von ihr oder aus ihrer Mitte Gewalttaten begangen werden oder unmittelbar bevorstehen und andere Maßnahmen gegen sie oder einzelne nicht zum Ziele führen.

§§ 17, 18
(aufgehoben)

Dritter Abschnitt
Vorschriften über den Gebrauch von Hiebwaffen, Distanzelektroimpulsgeräten und Hilfsmitteln der körperlichen Gewalt

§ 19
Allgemeine Vorschriften

Der Gebrauch von Hiebwaffen, Distanzelektroimpulsgeräten und der in § 2 Abs. 3 einzeln genannten Hilfsmittel der körperlichen Gewalt ist nur den Vollzugsbeamtinnen und Vollzugsbeamten gestattet, die dienstlich damit ausgerüstet sind.

§ 19a
Distanzelektroimpulsgeräte

(1) Distanzelektroimpulsgeräte dürfen nur gebraucht werden,
1. wenn dadurch ein zulässiger Gebrauch
   a) von Schusswaffen oder
   b) von Hiebwaffen, bei dem eine erhebliche Gesundheitsbeeinträchtigung zu besorgen ist,

   vermieden werden kann oder
2. wenn dies zur Verhinderung einer unmittelbar bevorstehenden Selbsttötung oder erheblichen Selbstbeschädigung der betroffenen Person erforderlich ist.

(2) Distanzelektroimpulsgeräte dürfen nicht gebraucht werden
1. gegen Personen, die dem äußeren Eindruck nach noch nicht 14 Jahre alt sind, erkennbar Schwangere und Personen mit bekannten oder dem äußeren Anschein nach vorhandenen Vorerkrankungen des Herzkreislaufsystems, sofern der Gebrauch des Distanzelektroimpulsgerätes nicht zur Ab-

wehr einer von der betroffenen Person ausgehenden gegenwärtigen Lebensgefahr erforderlich ist, oder
2. in sonstigen Fällen, in denen ihr Gebrauch Leib oder Leben von Personen unverhältnismäßig gefährden würde.

(3) Der Gebrauch von Distanzelektroimpulsgeräten ist anzudrohen. Von der Androhung kann abgesehen werden, wenn die Umstände es nicht zulassen, insbesondere wenn dies zur Abwehr einer gegenwärtigen Gefahr für Leib oder Leben erforderlich ist.

§ 20
Fesselung von Personen

(1) Personen, die im Gewahrsam von Vollzugsbeamtinnen oder Vollzugsbeamten sind, dürfen gefesselt werden, wenn
a) die Gefahr besteht, daß sie Personen angreifen, Sachen beschädigen oder tätlichen Widerstand leisten;
b) sie zu fliehen versuchen oder besondere Umstände die Besorgnis begründen, daß sie sich aus dem Gewahrsam befreien werden oder von anderen Personen befreit werden sollen;
c) die Gefahr der Selbsttötung oder der Selbstbeschädigung besteht.

(2) Bei Überführungen, Vorführungen und Ausführungen von Gefangenen, die wegen eines Verbrechens zu Freiheitsstrafe von 1 Jahr oder darüber verurteilt sind, und von Sicherungsverwahrten gelten die Voraussetzungen des Absatzes 1 Buchst. b als erfüllt.

§ 21
Androhung des Gebrauchs von Hiebwaffen und Hilfsmitteln der körperlichen Gewalt

[1]Der Gebrauch von Hiebwaffen und Hilfsmitteln der körperlichen Gewalt mit Ausnahme der technischen Sperren ist anzudrohen. [2]Von der Androhung kann abgesehen werden, wenn die Umstände sie nicht zulassen, insbesondere wenn die sofortige Anwendung des Zwangsmittels zur Abwehr einer gegenwärtigen Gefahr notwendig ist. [3]Gegenüber einer Menschenmenge ist die Androhung wiederholt vorzunehmen.

§ 21a
Sprengmittel

Sprengmittel dürfen nicht gegen Personen angewendet werden.

§ 21b
Reizstoffe

Als Reizstoffe werden Capsaicin und verwandte Stoffe (Pfefferspray) eingesetzt, sofern nicht der Einsatz herkömmlicher Reizstoffe (Tränengas) zwingend erforderlich ist.

Vierter Abschnitt
Zwangsuntersuchung, Zwangsbehandlung und Zwangsernährung

§ 22
Zwangsuntersuchung und Zwangsbehandlung

(1) Gefangene dürfen auch gegen ihren Willen durch einen Arzt untersucht werden.
(2) Sie dürfen gegen ihren Willen medizinisch nur behandelt werden, wenn für sie selbst oder ihre Umgebung Gefahr für Leib oder Leben besteht.
(3) [1]Die erforderlichen Maßnahmen dürfen nur auf Anordnung und unter Leitung eines Arztes getroffen werden. [2]Ist ein Arzt nicht erreichbar und ein Aufschub mit Lebensgefahr verbunden, so dürfen Maßnahmen nur durchgeführt werden, wenn sie zumutbar und nicht mit Lebensgefahr verbunden sind.

§ 23
Zwangsernährung

(1) Die in § 22 Abs. 1 genannten Personen dürfen gegen ihren Willen nur ernährt werden, wenn für sie Gefahr für Leib oder Leben besteht.
(2) Für die erforderlichen Maßnahmen gilt § 22 Abs. 3 entsprechend.

Fünfter Abschnitt
Schlußvorschriften

§ 24
Verwaltungsvorschriften

Verwaltungsvorschriften zur Ausführung dieses Gesetzes erläßt für die Polizeivollzugsbeamtinnen und Polizeivollzugsbeamten das nach § 9 Abs. 2 des Allgemeinen Sicherheits- und Ordnungsgesetzes zuständige Mitglied des Senats. Im übrigen erläßt das jeweils zuständige Mitglied des Senats die Verwaltungsvorschriften im Einvernehmen mit dem nach Satz 1 zuständigen Senatsmitglied.
[…]

Ausführungsvorschriften für Vollzugsdienstkräfte der Polizeibehörde zum UZwG Bln (AV Pol UZwG Bln)

vom 6. September 2021

Auf Grund des § 24 Satz 1 des Gesetzes über die Anwendung unmittelbaren Zwanges bei der Ausübung öffentlicher Gewalt durch Vollzugsbeamte des Landes Berlin (UZwG Bln) vom 22. Juni 1970 (GVBl. S. 921), zuletzt geändert durch Artikel 2 des Gesetzes vom 22. März 2021 (GVBl. S. 318) wird bestimmt:

Einleitung:

Das Recht zur Anwendung unmittelbaren Zwangs ist die sichtbarste Ausprägung des staatlichen Gewaltmonopols. Dass dieses Gewaltmonopol in jeder Lage verantwortungsvoll ausgeübt wird, ist entscheidend für die Akzeptanz und die Unterstützung der Bevölkerung, auf die die Polizei bei ihrer Arbeit angewiesen ist.

I. Abschnitt
Allgemeine Vorschriften

Zu § 1

1. Unmittelbarer Zwang darf nur von Vollzugsdienstkräften angewendet werden. Die Vollzugsdienstkräfte sind in § 3 abschließend aufgezählt.
2. Das UZwG Bln ist ein Verfahrensgesetz (Absatz 2): Es regelt, wie bei der Anwendung unmittelbaren Zwanges zu verfahren ist.
3. Das UZwG Bln regelt nicht, ob unmittelbarer Zwang angewendet werden darf. Voraussetzung hierfür ist eine Ermächtigung in einem anderen Gesetz:
   a) Zur Durchsetzung von Verwaltungsakten ist Rechtsgrundlage für die Anwendung unmittelbaren Zwanges § 8 Absatz 1 Satz 1 des Gesetzes über das Verfahren der Berliner Verwaltung (VwVfG BE) in Verbindung mit § 6 Absatz 1, §§ 9 und 12 des Verwaltungs-Vollstreckungsgesetzes (VwVG). Das Zwangsmittel darf nur angewendet werden, wenn die in § 6 Absatz 1 und §§ 13, 14 VwVG festgelegten formellen Voraussetzungen erfüllt sind.
   b) Ohne vorausgehenden Verwaltungsakt kann unmittelbarer Zwang nach § 6 Absatz 2 VwVG angewendet werden, wenn der sofortige Vollzug zur Verhinderung einer rechtswidrigen Tat, die einen Straf- oder Bußgeldtatbestand verwirklicht, oder zur Abwehr einer drohenden Gefahr erforderlich ist und die Maßnahme im Rahmen der gesetzlichen Befugnisse der zuständigen Behörde (zum Beispiel der Polizei) liegt.

c) Für Strafverfolgungs- und Strafvollstreckungsmaßnahmen ergibt sich die Ermächtigung zur Anwendung unmittelbaren Zwanges insbesondere aus den Vorschriften der StPO (zum Beispiel §§ 81 bis 81c, 94, 102, 127, 164, 457).

d) Für Maßnahmen bei der Verfolgung von Ordnungswidrigkeiten ergibt sich die Ermächtigung aus Vorschriften wie §§ 97, 98 OWiG sowie §§ 94, 102 StPO in Verbindung mit § 46 OWiG.

e) Ferner kann die Ermächtigung in Spezialgesetzen enthalten sein.

4. Das UZwG Bln begründet keine Verpflichtung, unmittelbaren Zwang anzuwenden. Liegen die gesetzlichen Voraussetzungen vor, hat die Vollzugsdienstkraft vielmehr nach pflichtgemäßem Ermessen über die Anwendung unmittelbaren Zwanges zu entscheiden.

4a. Wenn Vollzugsbedienstete, die mit einer Bodycam ausgestattet sind, im öffentlich zugänglichen Raum unmittelbaren Zwang gegen eine Person anwenden, so sollen sie die Aufzeichnungsfunktion ihrer Bodycams auslösen. Wenn nicht außergewöhnliche Umstände hinzutreten, bedeutet dies, dass eine Aufzeichnung im Fall einer Anwendung unmittelbaren Zwanges erfolgen muss. Lediglich in atypisch gelagerten Ausnahmefällen ist den Vollzugsbediensteten ein Ermessen hinsichtlich der Anfertigung einer Aufzeichnung eingeräumt, beispielsweise dann, wenn aufgrund der Eilbedürftigkeit einer Maßnahme eine Aktivierung der Kamera nicht mehr möglich ist.

5. In rechtmäßiger Ausübung ihres Dienstes handeln Vollzugsdienstkräfte der Polizei, wenn sie Aufgaben der Gefahrenabwehr (§ 1 Absatz 1 ASOG Bln) oder Aufgaben, die ihnen durch andere Rechtsvorschriften übertragen sind (§ 1 Absatz 2 ASOG Bln), in Übereinstimmung mit den Sach- und Verfahrensvorschriften (Gesetze, Verordnungen, Verwaltungsvorschriften) oder Anordnungen, Weisungen oder Befehlen erfüllen oder Vollzugshilfe (§ 1 Absatz 5 ASOG Bln) leisten.

6. Vorschriften über die Art und Weise der Anwendung unmittelbaren Zwanges in anderen Gesetzen gehen dem UZwG Bln vor.

6a. Unberührt bleiben die Vorschriften über die Notwehr und die Nothilfe (§§ 32, 33 StGB, § 227 BGB), den Notstand (§§ 34, 35 StGB, §§ 228, 904 BGB) und die Selbsthilfe (§ 229 BGB). Auch unter diesen Voraussetzungen dürfen die zur dienstlichen Ausrüstung gehörenden Waffen und Hilfsmittel der körperlichen Gewalt eingesetzt werden.

Zu § 2

7. Absatz 1 zählt die Formen des unmittelbaren Zwanges abschließend auf. Andere Arten der Einwirkung sind nicht zulässig.

8. Unmittelbare körperliche Einwirkung auf Personen ist zum Beispiel die Anwendung von Festnahme- und Festlegetechniken oder von Schlag- und Tritttechniken. Auf Sachen wird unmittelbar körperlich eingewirkt zum Bei-

spiel bei dem Eintreten einer Tür oder dem Einschlagen einer Fensterscheibe.

9. Die Aufzählung in Absatz 3 ist nur beispielhaft und nennt Hilfsmittel, mit denen die Polizei dienstlich ausgerüstet wird. Grundsätzlich kann jeder körperliche Gegenstand als Hilfsmittel in Betracht kommen, der geeignet ist, die Anwendung körperlicher Gewalt zu unterstützen oder zu verstärken. Es sind stets nur solche Gegenstände als Hilfsmittel der körperlichen Gewalt zu verwenden, deren Wirkung in einem angemessenen Verhältnis zu dem entsprechenden Erfolg steht. Unabhängig von der technischen Bau- und Funktionsweise sind Distanzelektroimpulsgeräte nicht als Hilfsmittel der körperlichen Gewalt anzusehen.
10. entfallen, vgl. Nummer 80a
11. Die Aufzählung der in Absatz 4 zugelassenen Waffen (Schusswaffen und Hiebwaffen) ist abschließend. Distanzelektroimpulsgeräte, die mittels Druckgas oder Treibladung an Drähten geführte Elektroden verschießen (wie zum Beispiel der Advanced Air Taser M 26), sind als Schusswaffen anzusehen, solange deren Gebrauch nicht speziell im Gesetz geregelt ist. Andere Waffen dürfen nicht verwendet werden. Dienstlich zugelassen sind die Waffen, die von der Polizeibehörde von Amts wegen beschafft worden sind. Mit den dienstlich zugelassenen Waffen dürfen nur Vollzugsdienstkräfte der Polizei ausgerüstet werden, die daran ausgebildet sind.
12. Zulässige Reizstoffe sind Pfefferextrakt (Oleoresin Capsicum – OC), Pelargonsäurevanillylamid (PAVA), Tränengas (CN – Chloracetophenon) und – zur Bekämpfung von Schwerstkriminalität – o-Chlorbenzylidenmalondinitril (CS). Zu den Einzelheiten der Anwendung vgl. Nummer 80b.

Zu § 3

13. Vollzugsbeamte der Polizeibehörde im Sinne des UZwG Bln (im Folgenden: Vollzugsdienstkräfte) sind
    a) als Polizeivollzugsbeamte nach § 3 Nummer 1: die Vollzugsbeamtinnen und -beamten der Schutzpolizei, der Kriminalpolizei und des Gewerbeaußendienstes (§ 100 LBG),
    b) als sonstige Bedienstete nach § 3 Nummer 6: die Polizeibeschäftigten, soweit sie mit der zwangsweisen Durchsetzung hoheitlicher Befugnisse durch besondere Dienstanweisung beauftragt sind.
14. Zu den Vollzugsdienstkräften im Sinne von Nummer 13 Buchstabe b gehören
    a) die Polizeibeschäftigten im Objektschutz oder Gefangenenbewachungsdienst,
    b) die Polizeibeschäftigten im Sicherheits- und Ordnungsdienst.

    Die Befugnisse der Vollzugsdienstkräfte im Sinne von Nummer 13 Buchstabe b bei der Ausübung unmittelbaren Zwangs richten sich nach der Verordnung über die Wahrnehmung bestimmter polizeilicher Aufgaben durch Dienstkräfte der Polizei (PDieVO) in ihrer jeweils geltenden Fassung.

Zu § 4

15. Durch unmittelbaren Zwang kann die betroffene Person insbesondere in ihren Rechtsgütern wie Leib, Leben, Freiheit und Eigentum sowie ihren sonstigen Rechten schwerwiegend beeinträchtigt werden. Auf die Verhältnismäßigkeit der Mittel ist deshalb vor und bei Anwendung unmittelbaren Zwanges besonders sorgfältig zu achten.
16. Vor Anwendung von Zwang ist zu prüfen, ob das Ziel nicht mit anderen Mitteln (zum Beispiel gütliches Zureden, energisches Auftreten) erreicht werden kann.
17. Unmittelbarer Zwang darf nur angewendet werden, wenn die jeweilige polizeiliche Aufgabe damit überhaupt erfüllt werden kann.
18. Weitere Einschränkungen für die Anwendung unmittelbaren Zwanges mit Schuss- und Hiebwaffen, Reizstoffen und anderen Hilfsmitteln der körperlichen Gewalt folgen aus §§ 8 bis 16 und 19 bis 21b. Der Grundsatz der Verhältnismäßigkeit ist jedoch auch innerhalb dieser Vorschriften zu beachten. Beim Gebrauch von Schusswaffen stellt grundsätzlich jede Schussabgabe eine neue Maßnahme dar, die im Hinblick auf die möglichen, besonders schweren Folgen bei Abgabe mehrerer Schüsse stets auf ihre Verhältnismäßigkeit überprüft werden muss. Bei der Entscheidung über den Einsatz von Dauerfeuer, Feuerstößen und mehreren Schüssen in unmittelbarer Abfolge ist eine Gesamtbewertung der Abgabe mehrerer Schüsse vorzunehmen. Die Abgabe von Dauerfeuer oder Feuerstößen ist ultima ratio und nur zur Abwehr einer gegenwärtigen Gefahr für Leib oder Leben zulässig.

Zu § 5

19. Nach dieser Vorschrift besteht die allgemeine Verpflichtung, Beistand zu leisten und ärztliche Hilfe zu verschaffen, ohne dass die Erforderlichkeit zu prüfen ist. Lediglich der Zeitpunkt für die Beistandsleistung hängt von der jeweiligen Lage ab.
    a) Inwieweit die Lage die Beistandsleistung zulässt, ist insbesondere danach zu entscheiden, ob die Situation, die zur Anwendung unmittelbaren Zwanges Anlass gegeben hat, fortbesteht. Im Einzeldienst wird das zum Beispiel der Fall sein, wenn bei einem bewaffneten Überfall eine Täterin oder ein Täter verletzt worden und fluchtunfähig ist und eine Mittäterin oder ein Mittäter unter Bedrohung von Unbeteiligten die Flucht fortsetzen. Im Einsatz aus besonderem Anlass wird es zum Beispiel der Fall sein, solange die Lage noch nicht unter Kontrolle ist.
       Als Grundsatz gilt, dass die Lebensrettung der Strafverfolgungspflicht vorgeht.

b) Inwieweit die Lage eine Beistandsleistung zulässt, richtet sich ferner danach, ob die Vollzugsdienstkraft sich dabei einer erheblichen Gefahr aussetzt (zum Beispiel durch Schüsse oder Steinwürfe).
c) Die Verpflichtung, Verletzten Beistand zu leisten und ärztliche Hilfe zu verschaffen, ist in der Regel vordringlicher als die Verpflichtung zur Beweissicherung und Berichterstattung.

20. Beistand wird geleistet, indem die Vollzugsdienstkraft sich um die verletzte Person kümmert (zum Beispiel sie von der Fahrbahn geleitet, Neugierige fernhält). Jede Vollzugsdienstkraft ist grundsätzlich verpflichtet, Erste-Hilfe-Maßnahmen zu ergreifen. Sofern die Sachlage es gebietet, beinhaltet dies die Alarmierung des Notfallrettungsdienstes über die Leitstelle der Berliner Feuerwehr. Treffen Vollzugsdienstkräfte, die in Erster Hilfe ausgebildet sind, vor dem Rettungsdienstpersonal an der Einsatzstelle ein, sollen diese die Erstversorgung übernehmen. Die Feststellung von Verletzungen und ihre Behandlung ist einer Ärztin oder einem Arzt oder dem Rettungsdienstpersonal zu überlassen.

21. Ärztliche Hilfe wird verschafft, indem über die Leitstelle der Berliner Feuerwehr der Notfallrettungsdienst alarmiert wird, der nach dem Eintreffen die weitere Versorgung der verletzten Person übernimmt. Von der Verschaffung ärztlicher Hilfe kann im Einzelfall nur abgesehen werden, wenn die verletzte Person ausdrücklich erklärt, selbst eine Ärztin oder einen Arzt aufsuchen zu wollen oder auf ärztliche Hilfe verzichtet und lediglich eine offensichtlich geringfügige Verletzung vorliegt. In beiden Fällen ist das, soweit möglich, aktenkundig zu machen (zum Beispiel Eintragungen in POLIKS Anwendungsfall Tätigkeitsbericht, Anwendungsfall Strafanzeige). In Zweifelsfällen oder in Situationen, in denen eine innere Verletzung nicht ausgeschlossen werden kann, ist der Rettungsdienst zu alarmieren.

Zu § 6

22. Wendet die Vollzugsdienstkraft unmittelbaren Zwang auf Grund eigener Entscheidung an, trägt sie dafür die persönliche Verantwortung (§ 36 BeamtStG).

23. Für das Handeln auf Anordnung bei der Anwendung unmittelbaren Zwanges trifft § 6 eine besondere Regelung über Anordnungsbefugnisse und ihre Grenzen sowie über die Verantwortlichkeiten.

24. Inhalt der Anordnung kann sein,
a) unmittelbaren Zwang überhaupt anzuwenden oder
b) ein bestimmtes Zwangsmittel oder
c) ein Zwangsmittel in einer bestimmten Art und Weise anzuwenden.

25. Die Pflicht, eine Anordnung zu befolgen, besteht nicht, wenn
a) die Anordnung die Menschenwürde der Person verletzt, gegen die unmittelbarer Zwang angewendet werden soll (Absatz 1 Satz 2),

b) die Anordnung die Menschenwürde der Vollzugsdienstkraft verletzt (Absatz 1 Satz 2),
c) die Anordnung nicht zu dienstlichen Zwecken erteilt worden ist (Absatz 1 Satz 2),
d) die Ausführung eine Straftat darstellen würde (Absatz 2 Satz 1).

26. Wird die Anordnung gleichwohl befolgt, trägt die Verantwortung
a) im Falle Nummer 25 Buchstabe a die oder der Vorgesetzte (§ 36 BeamtStG), ist die Verletzung der Menschenwürde zugleich eine Straftat, gilt Buchstabe d,
b) im Falle Nummer 25 Buchstabe b die oder der Vorgesetzte (§ 36 BeamtStG),
c) im Falle Nummer 25 Buchstabe c die oder der Vorgesetzte (§ 36 BeamtStG), wird bei der Ausführung eine Straftat begangen, gilt Buchstabe d,
d) im Falle Nummer 25 Buchstabe d die oder der Vorgesetzte (§ 36 BeamtStG) sowie unter den Voraussetzungen von Absatz 2 Satz 2 die Vollzugsdienstkraft, welche eine Anordnung befolgt hat.

27. Wer die Vorgesetztenfunktion besitzt, richtet sich nach der Gliederung der Polizeibehörde oder nach besonderen Anordnungen, durch die ein Unterstellungsverhältnis begründet wird (zum Beispiel gemeinsamer Einsatz von Vollzugsdienstkräften der Kriminalpolizei und Schutzpolizei unter Leitung einer Vollzugsdienstkraft der Schutzpolizei). Ist im Einsatz eine einsatzleitende Vollzugsdienstkraft nicht bestimmt oder fällt sie aus, ohne dass eine andere Person als Vertreterin oder Vertreter bestellt ist, tritt die anwesende Vollzugsdienstkraft mit der höchsten Amtsbezeichnung, bei gleichem Amt die dienstälteste und bei gleichem Dienstalter die lebensältere Vollzugsdienstkraft an ihre Stelle. Ist dies nach den Umständen nicht sofort feststellbar, darf insbesondere in drängender Lage jede Vollzugsdienstkraft die Einsatzleitung einstweilen übernehmen. Die Übernahme der Leitung ist bekannt zu geben.

28. a) Zu den „sonst dazu befugten Personen" gehört für den Bereich des Abgeordnetenhauses von Berlin die Präsidentin oder der Präsident des Abgeordnetenhauses.
b) Zu den „sonst befugten Personen" gehört auch die Staatsanwältin oder der Staatsanwalt nach Maßgabe der Gemeinsamen Allgemeinen Verfügung über die Anwendung unmittelbaren Zwanges durch Polizeidienstkräfte auf Anordnung der Staatsanwältin oder des Staatsanwaltes.
c) Die für die Aufsicht über die Polizei zuständige Senatsverwaltung erteilt ihre Einzelweisungen der Polizeibehörde (§ 10 Absatz 3 Nummer 2 ASOG Bln). Einzelne Vollzugsdienstkräfte werden nicht angewiesen.

29. Befindet sich die anordnende Person nicht am Ort des Vollzugs, darf sie unmittelbaren Zwang nur anordnen, wenn sie durch Lageinformation die Voraussetzungen der Zwangsanwendung so zuverlässig feststellen kann, dass ein Irrtum nicht zu befürchten ist. Ändert sich zwischen Anordnung und Ausführung die Lage und kann die anordnende Person vor Ausführung

nicht mehr verständigt werden, entscheidet die oder der Vorgesetzte am Einsatzort über die Anwendung unmittelbaren Zwanges. Die anordnende Person ist unverzüglich zu verständigen. Die Verwendung der Schusswaffen darf nur am Einsatzort angeordnet werden.

II. Abschnitt
Vorschriften über den Gebrauch der Schusswaffen

Zu § 8

30. Schießen ist, abgesehen von der Schießausbildung, nur zulässig
    a) nach § 1 Absatz 3 und § 8 Absatz 3 auf Grund gesetzlicher Vorschriften außerhalb des UZwG Bln (vgl. Nummern 6a, 34, 37 Buchstabe d);
    b) bei der Anwendung unmittelbaren Zwanges als Warnschuss oder zur Einwirkung auf Sachen oder Personen unter den Voraussetzungen der §§ 8 bis 16 oder
    c) zu Alarmzwecken (Signalschuss) nur dann, wenn eine Verwechslungsgefahr mit Warnschüssen oder mit Schüssen einer tatbeteiligten Person nicht besteht.
31. Zum Begriff der dienstlichen Ausrüstung vgl. Nummer 11.
32. Mit Schusswaffen können die Vollzugsdienstkräfte der Schutzpolizei, der Kriminalpolizei und des Gewerbeaußendienstes, die Polizeibeschäftigten im Objektschutz oder Gefangenenbewachungsdienst und die Polizeibeschäftigten im Sicherheits- und Ordnungsdienst dienstlich ausgerüstet werden.
33. Die Berechtigung zum Führen von Schusswaffen wird im Dienstausweis vermerkt.
34. a) Bei der Verwendung der Schusswaffen in den in Nummer 6a genannten Fällen (zum Beispiel Notwehr, Notstand) ist die Erforderlichkeit des Waffengebrauchs besonders sorgfältig abzuwägen.
    b) Ist der Gebrauch einer Schusswaffe erforderlich, um einen gegenwärtigen rechtswidrigen Angriff von sich oder anderen abzuwenden, ist die angreifende Person vorher zu warnen, sofern dies nach den Umständen, insbesondere ohne Gefährdung der angegriffenen Person, möglich ist.
    c) Weigert sich eine angehaltene Person, Waffen oder gefährliche Werkzeuge aus der Hand zu legen oder versucht sie, niedergelegte Waffen oder gefährliche Werkzeuge ohne Erlaubnis wiederaufzunehmen, stellt dies in der Regel den Beginn eines gegenwärtigen Angriffs dar, der erforderlichenfalls auch mit der Schusswaffe abgewehrt werden darf. Angehaltenen Personen, die mitgeführte Waffen oder gefährliche Werkzeuge niedergelegt haben, ist sobald es die Umstände zulassen, der Gebrauch der Schusswaffe für den Fall anzukündigen, dass sie versuchen sollten, die niedergelegten Waffen oder gefährliche Werkzeuge ohne Erlaubnis aufzunehmen.

Zu § 9

35. Der Gebrauch der Schusswaffen ist nach § 9 in Verbindung mit § 4 und §§ 10 bis 16 stets äußerstes Mittel zur Erfüllung polizeilicher Aufgaben.

36. Gewehre oder Maschinenpistolen werden in der Regel nur auf Grund besonderer Weisung eingesetzt. Ohne eine solche Weisung können sie benutzt werden
    a) gegen Personen, um sie an der unmittelbar bevorstehenden Ausführung oder der Fortsetzung einer Gewalttat mit konkreter Lebensgefahr zu hindern,
    b) gegen Personen, die wegen einer solchen Tat unmittelbar verfolgt werden, wenn die Gefahr nicht auf andere Weise zu beseitigen ist.

37. Auch der Schusswaffengebrauch gegen Sachen ist auf das erforderliche Mindestmaß zu beschränken. Kein Schusswaffengebrauch gegen Sachen, sondern ein Schusswaffengebrauch gegen Personen liegt vor, wenn mit Wahrscheinlichkeit damit gerechnet werden muss, dass hierdurch Personen verletzt werden.
    a) Der Schusswaffengebrauch gegen ein Fahrzeug soll dieses nur fahruntauglich machen, weil hierdurch in der Regel der Zweck der Maßnahme, eine weitere Gefährdung anderer zu verhindern oder eine tatbeteiligte Person festzunehmen, erreicht werden kann. Der Schusswaffengebrauch gegen Fahrzeuge ist daher nur zulässig, wenn die Verletzung von Personen unwahrscheinlich ist oder die Voraussetzungen des Schusswaffengebrauchs gegen Personen vorliegen. Diese müssen gegenüber jeder in dem Fahrzeug befindlichen Person gegeben sein. Beim Schusswaffengebrauch gegen fahrende Fahrzeuge besteht in der Regel die Wahrscheinlichkeit der Verletzung von Insassen.
    b) Bei Kraftfahrzeugen ist daher grundsätzlich auf Bereifung, Motor oder Kühler zu zielen. Vom Schusswaffengebrauch ist abzusehen, wenn das Kraftfahrzeug erkennbar explosive oder ähnlich gefährliche Güter befördert oder nach seiner Kennzeichnung zur Beförderung solcher Güter bestimmt ist. Diese Einschränkung gilt nicht, wenn durch die Weiterfahrt größere Gefahren zu entstehen drohen als durch den Schusswaffengebrauch.
    c) Bei Wasserfahrzeugen ist die Schusswaffe möglichst auf die Ruderanlage oder die Bordwand in Höhe der Wasserlinie zu richten. Der Schusswaffengebrauch gegen ein bemanntes Luftfahrzeug ist nur zulässig, um den Start zu verhindern. Dabei ist nach Möglichkeit die Bereifung zu beschädigen.
    d) Der Schusswaffengebrauch gegen Tiere ist zulässig, wenn der Verdacht der Infektionsgefahr besteht oder sonst von ihnen eine Gefahr ausgeht, sie insbesondere Menschen bedrohen, und die Gefahr nicht auf andere Weise zu beseitigen ist. Verletzte oder kranke Tiere dürfen ohne Einwil-

ligung der berechtigten Person nur erschossen werden, wenn sie sonst unter Qualen verenden würden oder weder die berechtigte Person noch tierärztliche Unterstützung kurzfristig zu erreichen ist. Gewehre oder Maschinenpistolen dürfen eingesetzt werden, wenn dies wegen der Ziel- und Treffsicherheit erforderlich ist oder die erhöhte Trefferwirkung notwendig ist, den angestrebten Zweck zu erreichen.

e) Im Übrigen dürfen Gewehre oder Maschinenpistolen nur eingesetzt werden, wenn von Sachen oder Tieren eine gegenwärtige Gefahr für Leib und Leben ausgeht.

38. Wird die Schusswaffe unter den Voraussetzungen der §§ 1 bis 16 gegen Personen gebraucht, ist nach dem in Absatz 2 Satz 1 niederlegten Grundsatz auf die Arme oder Beine zu zielen, sofern Umstände, insbesondere die Art des Angriffs, dies nicht ausschließen.

39. Eine Gefährdung Unbeteiligter mit hoher Wahrscheinlichkeit ist auch dann erkennbar im Sinne von Absatz 2 Satz 2, wenn nach den Umständen mit der Anwesenheit Unbeteiligter gerechnet werden muss (unübersichtliche öffentliche Parkanlage)

40. Zum Begriff der Menschenmenge vgl. Nummer 66, zur Gefährdung Unbeteiligter vgl. auch Nummer 68.

41. Eine bewaffnete Gruppe (Absatz 2 Satz 2) bilden mehrere Personen, die in engem zeitlichem oder örtlichem Zusammenhang gemeinsam vorgehen und Waffen im technischen Sinne führen. Auch eine geringere Personenzahl (mindestens aber drei) ist eine bewaffnete Gruppe im Sinne von Absatz 2 Satz 2, sofern die nach dem Grad der Bewaffnung und dem Maß der gemeinsamen Aktivität von ihr ausgehende Gefährdung der Allgemeinheit größer ist als die durch Schusswaffengebrauch der Vollzugsdienstkräfte.

42. Gegen Kinder ist der Schusswaffengebrauch stets unzulässig (Absatz 3). Im Kindesalter befindet sich, wer jünger als 14 Jahre ist (§ 19 StGB). Soweit die Personalien nicht bekannt sind, ist nach dem äußeren Eindruck zu urteilen. Bleiben Zweifel, ist davon auszugehen, dass es sich um ein Kind handelt.

43. Kommt die Anwendung von Schusswaffen gegen Jugendliche und Gebrechliche in Betracht, ist besondere Zurückhaltung geboten.

43a. Distanzelektroimpulsgeräte sind eingriffsrechtlich als Schusswaffen anzusehen. Solange deren Gebrauch nicht speziell im Gesetz geregelt ist, gelten folgende ergänzende Regelungen:

a) Der Gebrauch ist nur Vollzugsdienstkräften gestattet, die nach spezieller Ausbildung dienstlich damit ausgestattet sind und grundsätzlich einen planvollen Geräteeinsatz (Schusssicherung, Fallsicherung und Fixierung der betroffenen Person) gewährleisten können.

b) Der Gebrauch unterliegt den gleichen Voraussetzungen wie der aller anderen Schusswaffen.

c) Das Gerät darf nicht gegenüber erkennbar Schwangeren eingesetzt werden.

44. Das Land Berlin gewährleistet bei Gebrauch von Schusswaffen durch Vollzugsbedienstete in den Fällen der Notwehr und des Notstands als Teil der staatlichen Fürsorgepflicht angemessenen Rechtsschutz in Ermittlungs- und Strafverfahren. Näheres hierzu wird dabei in Ausführungsvorschriften der für das Dienstrecht zuständigen Senatsverwaltung geregelt.

Zu § 10

45. Die Androhung des Schusswaffengebrauchs, insbesondere durch Warnschuss, ist nur zulässig, wenn auch die Voraussetzungen für die Abgabe eines gezielten Schusses vorliegen. Der Schusswaffengebrauch ist durch Zuruf, zum Beispiel „Polizei! Keine Bewegung oder ich schieße!" oder eine andere lageangepasste Aufforderung anzudrohen, aber niemals durch die Aufforderung „Hände hoch!" Als Androhung des Einsatzes eines Distanzelektroimpulsgerätes gilt auch das Erzeugen eines Lichtbogens mit dem Gerät.
46. Statt des Zurufs kann zur Androhung des Schusswaffengebrauchs ein Warnschuss abgegeben werden, wenn der Zuruf zum Beispiel wegen der Entfernung, wegen Lärms oder wegen sprachlicher Verständigungsschwierigkeiten nicht verstanden werden würde. Der Warnschuss ist in der Regel steil in die Luft oder in das lockere Erdreich zu feuern, um eine Gefährdung, insbesondere durch Querschläger, zu vermeiden.
47. Die Androhung des Schusswaffengebrauchs soll der Anwendung unmittelbar vorausgehen. Zwischen der Androhung und der Anwendung soll aber nach Möglichkeit eine den Umständen nach angemessene Zeitspanne liegen. Die Androhung des Schusswaffengebrauchs durch Zuruf oder Warnschuss kann wiederholt werden. Sie ist zu wiederholen, wenn Zweifel bestehen, ob die Person den Zuruf oder Warnschuss verstanden hat.
48. Zur Androhung gegenüber einer Menschenmenge (§ 16 Absatz 2) vgl. Nummer 69.

Zu § 11

49. § 11 lässt den Schusswaffengebrauch zu, um die unmittelbar bevorstehende Ausführung oder Fortsetzung eines Verbrechens (vgl. Nummern 50 bis 51) oder eines Vergehens unter Anwendung oder Mitführung von Schusswaffen oder Explosivmitteln (vgl. Nummer 53) zu verhindern.
50. Nach § 12 Absatz 1 StGB sind Verbrechen rechtswidrige Taten, die im Mindestmaß mit einer Freiheitsstrafe von einem Jahr oder darüber bedroht sind. Maßgebend ist die für den Grundtatbestand angedrohte Strafe. Milderungen (zum Beispiel „in minderschweren Fällen", § 249 Absatz 2 StGB) oder Schärfungen (zum Beispiel „in besonders schweren Fällen", § 263 Absatz 3 StGB) bleiben außer Betracht (§ 12 Absatz 3 StGB).

51. Eine Handlung stellt sich den Umständen nach als Verbrechen oder Vergehen dar, wenn nach der Situation, welche die Vollzugsdienstkraft im Augenblick der Entscheidung über den Schusswaffengebrauch vorfindet, der weitere Geschehensablauf die Tatbestandsmerkmale eines Verbrechens oder Vergehens erfüllen würde. Es kommt dabei auf den objektiven, tatsächlich vorhandenen Anschein eines Vergehens oder Verbrechens an. Der rein subjektive Eindruck der Vollzugsdienstkraft, ohne dass ihre persönliche Annahme durch tatsächliche Anhaltspunkte gerechtfertigt wäre, reicht nicht aus. Abgesehen von § 9 Absatz 3 kommt es auf die Schuldfähigkeit der Täterin oder des Täters nicht an.

52. a) Das unmittelbare Bevorstehen der Ausführung einer rechtswidrigen Tat entspricht der „gegenwärtigen Gefahr" in § 38 Nummer 1 ASOG Bln und dem „gegenwärtigen Angriff" in § 32 StGB.
    b) Die Verhinderung der Fortsetzung einer rechtswidrigen Tat bedeutet insbesondere die Verhinderung weiterer Tathandlungen oder bei Dauerdelikten die Beendigung des strafbaren Zustandes.

53. Vergehen sind rechtswidrige Taten, die im Mindestmaß mit einer Freiheitsstrafe unter einem Jahr oder die mit Geldstrafe bedroht sind (§ 12 Absatz 2 StGB). Stellt sich die Handlung als Vergehen dar, darf von der Schusswaffe nur Gebrauch gemacht werden, wenn die Täterin oder der Täter bei der Tatausführung eine Schusswaffe oder ein Explosivmittel anwendet oder mit sich führt.
    a) Explosivmittel sind Stoffe oder Gegenstände, die nach Zündung eine plötzliche Druckwirkung entfalten. Es können Stoffe sein, die nach ihrer chemischen Zusammensetzung schon bei Erwärmung oder bei nicht außergewöhnlicher mechanischer Beanspruchung explodieren (explosionsgefährliche Stoffe, zum Beispiel Dynamit, TNT). Es kann sich auch um Gegenstände handeln, die so hergerichtet worden sind, dass sie zur Explosion gebracht werden können. Dabei kommt es nicht darauf an, ob die Stoffe oder Gegenstände industriell hergestellt (zum Beispiel Handgranaten) oder selbst gefertigt sind (zum Beispiel sogenannte Rohrbomben als Unkonventionelle Spreng- oder Brandvorrichtung).
    b) Brandflaschen (sog. Molotow-Cocktails) stellen keine Explosivmittel dar. Der Schusswaffengebrauch ist aber zulässig, wenn die Verwendung einer Brandflasche den Tatbestand eines Verbrechens (zum Beispiel der schweren Brandstiftung, § 306a StGB) erfüllt.

Zu § 12

54. Die Vorschrift ermächtigt zum Schusswaffengebrauch im Fall des dringenden Tatverdachts hinsichtlich eines Verbrechens oder eines Vergehens, bei dem Anhaltspunkte für ein Mitführen von Schusswaffen oder Explosivmitteln auf der Flucht vorliegen. Schusswaffen dürfen unmittelbar im An-

schluss an die Tat oder bei Verfolgung der dringend verdächtigten Person auch zu einem späteren Zeitpunkt eingesetzt werden.

55. Wegen der Begriffe „Verbrechen" und „Vergehen" vgl. Nummer 50. Auch der strafbare Versuch (§ 22, 23 StGB) und die strafbare Vorbereitungshandlung (zum Beispiel §§ 80, 83, 87, 149, 234a Absatz 3 StGB) sind Verbrechen und Vergehen. „Dringender Verdacht" besteht, wenn mit hoher Wahrscheinlichkeit angenommen werden muss, dass die flüchtende Person die Täterin oder der Täter ist.

56. Bei dem Verdacht eines Vergehens ist im Unterschied zu § 11 der Schusswaffengebrauch zulässig, wenn Anhaltspunkte dafür vorhanden sind, dass die verdächtige Person bei der Flucht eine Schusswaffe oder ein Explosivmittel mit sich führt. Es genügt nicht, wenn sie lediglich bei der Tatausführung eine Schusswaffe mit sich geführt oder verwendet hat (zum Beispiel im Fall des Diebstahls mit Waffen nach § 244 Absatz 1 Nummer 1 und 2 StGB).

Zu § 13

57. Die Vorschrift lässt den Schusswaffengebrauch bei der Verfolgung rechtskräftig verurteilter Straftäterinnen oder Straftäter zu, die sich ihrer Festnahme durch Flucht entziehen wollen.

a) Bei der Verurteilung muss auf Freiheitsstrafe (§ 38 StGB), wozu auch die Jugendstrafe (§ 5 Absatz 2, § 17 JGG) gehört, erkannt oder Sicherungsverwahrung (§ 66 StGB) angeordnet worden sein.

b) Zur Vollstreckung der Strafe oder der Sicherungsverwahrung muss die Vollstreckungsbehörde (§ 451 StPO) nach § 457 StPO einen Vorführungs- oder Haftbefehl erlassen haben.

c) Bei der Entscheidung über den Schusswaffengebrauch ist die Dauer der noch nicht vollstreckten Freiheitsstrafe zu berücksichtigen. Der Schusswaffengebrauch zur Erzwingung des Antritts einer Freiheitsstrafe von wenigen Tagen steht in der Regel erkennbar außer Verhältnis zu dem durch einen Schusswaffengebrauch zu erwartenden Schaden (§ 4 Absatz 2). Ferner ist auch der Schusswaffengebrauch gegenüber Personen, gegen die anstelle einer uneinbringlichen Geldstrafe eine Ersatzfreiheitsstrafe verhängt wurde (§ 43 StGB), in der Regel unverhältnismäßig im Sinne von § 4 Absatz 2.

d) § 13 betrifft nur die erstmalige Festnahme einer Straftäterin oder eines Straftäters auf der Flucht. Soll nach der Festnahme die Flucht der Straftäterin oder des Straftäters verhindert oder die Straftäterin oder der Straftäter auf der Flucht wiederergriffen werden, ist ein Schusswaffengebrauch nach § 14 zu beurteilen.

Zu § 14

58. Die Vorschrift lässt den Schusswaffengebrauch zu, um eine Straftäterin oder einen Straftäter mit rechtskräftiger Verurteilung oder eine verdächtige Person in amtlichem Gewahrsam zu halten oder in amtlichen Gewahrsam zurückzubringen.

59. Amtlicher Gewahrsam ist die hoheitliche Freiheitsentziehung gegen den Willen der betroffenen Person. Amtlicher Gewahrsam wird insbesondere durch die Festnahme begründet. Er besteht ebenso während Transporten (zum Beispiel in Fahrzeugen oder zu Fuß) wie in Gebäuden (zum Beispiel Untersuchungshaft- und Strafanstalten, Polizeigewahrsam).

60. Die Fälle der Buchstaben a und b betreffen rechtskräftig Verurteilte.
   a) Der amtliche Gewahrsam besteht im Falle des Buchstabens a zur Verbüßung einer Freiheitsstrafe (§ 38 StGB), wozu auch die Jugendstrafe (§ 5 Absatz 2, § 17 JGG) gehört.
   b) Im Falle des Buchstabens b muss der Gewahrsam zum Vollzug der Sicherungsverwahrung begründet worden sein.
   c) Amtlicher Gewahrsam zur Verbüßung einer Strafe oder zum Vollzug der Sicherungsverwahrung besteht bereits, wenn die Vollzugsdienstkraft die betroffene Person festgenommen hat, um sie der Verbüßung oder dem Vollzug zuzuführen.
   d) § 14 Buchstabe a bezieht sich nicht auf Strafgefangene, die nicht rechtzeitig aus einem von der Strafanstalt gewährten Urlaub, Freigang oder Ausgang zurückgekehrt sind, solange diese lediglich auf Grund eines Vollzugshilfeersuchens der Strafanstalt festzunehmen sind. In diesen Fällen darf von der Schusswaffe nur Gebrauch gemacht werden, wenn weitere Umstände vorliegen, die einen Schusswaffengebrauch nach anderen Vorschriften rechtfertigen.

61. Im Falle des Buchstabens c muss der amtliche Gewahrsam auf Grund folgender strafrichterlicher Haftbefehle oder Ausschreibungen zur Festnahme wegen des Verdachts eines Verbrechens oder Vergehens begründet gewesen sein:
   a) Haftbefehle nach § 114 StPO oder § 72 JGG wegen eines Tatverdachts unter den besonderen Voraussetzungen der §§ 112, 112a, 113 StPO oder § 72 JGG,
   b) Haftbefehle nach den §§ 230 Absatz 2, 236, 329 StPO wegen Fernbleibens der oder des Angeklagten von der Hauptverhandlung,
   c) Haftbefehle nach § 17 des Gesetzes über die internationale Rechtshilfe in Strafsachen (IRG) zum Zwecke der Auslieferung (§§ 15, 16 IRG) und zur Durchführung der Auslieferung (§ 34 IRG),
   d) Ausschreibungen zur Festnahme nach § 131 StPO und nach § 18 IRG.

Andere Haftbefehle fallen nicht unter diese Vorschrift.

62. In den Fällen der Buchstaben d und e muss der Gewahrsam wegen des dringenden Verdachts eines Verbrechens oder Vergehens (vgl. Nummer 50) nach den §§ 127, 163b Absatz 1 StPO begründet worden sein.
Ist die Festnahme wegen des Verdachts eines Vergehens erfolgt, darf die Schusswaffe nur verwendet werden, wenn Anhaltspunkte dafür vorhanden sind, dass Flüchtende Schusswaffen oder Explosivmittel mit sich führen. Nummer 56 gilt entsprechend. Der Hinweis „Macht von der Schusswaffe Gebrauch" bei Fahndungsdurchsagen oder der personengebundene Hinweis „Bewaffnet" im Polizeilichen Landessystem zur Information, Kommunikation und Sachbearbeitung sind derartige Anhaltspunkte.

Zu § 15

63. Die Vorschrift regelt den Schusswaffengebrauch zur Verhinderung einer gewaltsamen Befreiung aus amtlichem Gewahrsam (vgl. Nummer 59) durch Dritte.
64. Gefangene sind Personen, denen auf Grund einer öffentlich-rechtlichen Ermächtigungsnorm zwecks Abwehr von Gefahren oder Ahndung von Gesetzesverstößen durch Hoheitsorgane des Staates die Freiheit beschränkt oder entzogen wurde. Zur Bestimmung der den „Gefangenen" gleichgestellten „Untergebrachten" vgl. Nummer 65. Bei der Entscheidung über den Schusswaffengebrauch ist die restliche Dauer der Freiheitsbeschränkung oder Freiheitsentziehung der oder des zu Befreienden zu berücksichtigen (§ 4 Absatz 2).
Insbesondere gehören zu den Gefangenen
    a) Personen, die in Gewahrsam genommen worden sind (§ 30 ASOG Bln) oder sonst festgehalten werden (§§ 21 Absatz 3 Satz 3, 20 Absatz 3 ASOG Bln).
    b) Personen, die vorläufig festgenommen worden sind und sich in behördlichem Gewahrsam befinden (§ 127 StPO) oder zu Zwecken der Identitätsfeststellung festgehalten werden (§ 163 b Absatz 1 StPO),
    c) Personen, die auf Grund eines Haftbefehls oder eines Vorführungsbefehls (§§ 114, 230 Absatz 2, 236, 329, 457 StPO) oder einer Ausschreibung zur Festnahme (§§ 131 StPO) festgenommen worden sind,
    d) vorgeführte Beschuldigte (§§ 134, 163 a Absatz 3 Satz 2 StPO),
    e) vorgeführte oder verhaftete Angeklagte (§§ 230 Absatz 2, 236, 239 Absatz 1 StPO),
    f) vorgeführte Zeuginnen und Zeugen (§§ 51 Absatz 1 Satz 3, 161a Absatz 2 Satz 1 StPO, § 380 Absatz 2 ZPO),
    g) in Haft Genommene (§§ 390, 888 ZPO).
65. Untergebracht sind Personen in amtlichem Gewahrsam (vgl. Nummer 59), deren Unterbringung in einem psychiatrischen Krankenhaus oder einer Entziehungsanstalt im Zuge von Maßregeln der Besserung und Sicherung (§§ 63,

64, 71 StGB) oder auf Grund eines Antrages nach § 22 des Gesetzes über Hilfen und Schutzmaßnahmen bei psychischen Krankheiten (PsychKG) gerichtlich angeordnet worden ist. Ferner sind untergebrachte Personen in amtlichem Gewahrsam, die nach § 126a StPO einstweilig untergebracht oder nach § 23 PsychKG vorläufig behördlich untergebracht worden sind.

Zu § 16

66. „Menschenmenge" ist eine größere, nicht auf den ersten Blick zählbare und nicht nur zufällige Ansammlung von Personen. Sie ist aber nicht nur die „unübersehbare Menge". Die Menschenmenge kann in äußerer Ordnung auftreten.
67. „Gewalttat" ist die Gewalttätigkeit zum Beispiel im Sinne der §§ 124, 125 StGB, also die Einwirkung allein mit körperlicher Kraft, mit Hilfe von Gegenständen (zum Beispiel Steinen, Latten, Brandflaschen) oder mit Waffen auf Personen oder Sachen.
68. Von der Schusswaffe darf nur Gebrauch gemacht werden, wenn mit anderen Maßnahmen
    a) gegen einzelne Personen in der Menschenmenge (zum Beispiel Ingewahrsamnahme oder Festnahme einer Person, die zu Gewalttaten auffordert oder selbst bereits Gewalttaten begeht),
    b) gegen die Menschenmenge (zum Beispiel Abdrängen unter Einsatz von Wasserwerfern oder Tränengas oder Schlag- bzw. Mehrzweckstöcken oder berittenen Vollzugsdienstkräften) das polizeiliche Ziel nicht erreicht werden kann. Die Schädigung erkennbar Unbeteiligter ist nach Möglichkeit mit allen zur Verfügung stehenden Mitteln zu vermeiden.
69. Die Androhung des Schusswaffengebrauchs durch Zuruf ist, soweit irgend möglich, der Androhung durch Warnschuss vorzuziehen. Der Zuruf ergeht möglichst über Lautsprecher. Die Wiederholung der Androhung soll sicherstellen, dass sie von der Menge verstanden wird und Gelegenheit besteht, von Gewalttaten abzulassen und sich zu entfernen.
70. § 9 Absatz 2 Satz 1 und Absatz 3 gilt uneingeschränkt. Der Zweck des Schusswaffengebrauchs ist erreicht, wenn die Gewalttaten unterbleiben.

III. Abschnitt
Vorschriften über den Gebrauch von Hiebwaffen und Hilfsmitteln der körperlichen Gewalt

Zu § 19

71. Zum Begriff der dienstlichen Ausrüstung vgl. Nummer 11.
72. Die Vollzugsdienstkräfte der Schutzpolizei, der Kriminalpolizei und des Gewerbeaußendienstes sowie die Polizeibeschäftigten im Objektschutz oder Gefangenenbewachungsdienst und die Polizeibeschäftigten im Sicherheits- und Ordnungsdienst können mit Hiebwaffen (Schlag- bzw. Mehr-

zweckstöcke § 2 Absatz 4) und Hilfsmitteln der körperlichen Gewalt (§ 2 Absatz 3) dienstlich ausgerüstet werden.

73. Soweit erforderlich, können auch andere geeignete Gegenstände als Hilfsmittel der körperlichen Gewalt verwendet werden (vgl. Nummer 9).

74. Für den Gebrauch der in § 2 Absatz 3 einzeln genannten Hilfsmittel der körperlichen Gewalt gelten folgende Grundsätze:
   a) Fesseln sind insbesondere Knebelkette, Handfessel, Kunststofffesseln und kombinierte Hand- und Fußfessel. Stehen Fesseln nicht zur Verfügung, sind andere geeignete Gegenstände zur Fesselung zu verwenden (vgl. Nummer 9).
   b) Diensthunde müssen für ihre Aufgabe abgerichtet sein. Sie dürfen zur Anwendung unmittelbaren Zwanges nur von Vollzugsdienstkräften eingesetzt werden, die dafür besonders ausgebildet sind.
   c) entfallen
   d) Dienstfahrzeuge dürfen gegen Personen eingesetzt werden, um Straßen, Plätze oder andere Geländeteile zu räumen. Sie können auch zur Bildung einer Sperre eingesetzt werden, zum Beispiel um mit einem Kraftfahrzeug Flüchtende anzuhalten. Dienstfahrzeuge dürfen nicht in der Absicht eingesetzt werden, Personen zu verletzten.
   e) Wasserwerfer und Wasserarmaturen dürfen gegen Personen eingesetzt werden, wenn körperliche Gewalt keinen Erfolg verspricht und dadurch die Anwendung von Waffen vermieden werden kann.
   f) Zu den technischen Sperren gehören insbesondere Seil- oder Drahtabsperrungen, Absperrgerät, Stacheldrahtrollen wie auch Nagelgurte und Stop-Sticks. Nagelgurte und Stop-Sticks dürfen vornehmlich nur dann verwendet werden, wenn andere Hilfsmittel der körperlichen Gewalt für die Bildung einer Sperre offenkundig ungeeignet erscheinen und die Gefährdung unbeteiligter Personen bei Einsatz des Nagelgurtes oder der Stop-Sticks nach den Umständen als nahezu ausgeschlossen betrachtet werden kann. Die Verwendung von Nagelgurten oder Stop-Sticks kann insbesondere mit Blick auf die Durchsetzung polizeilicher Maßnahmen an Kontrollstellen (zum Beispiel nach § 111 StPO, §§ 21 Absatz 2 Nummer 4 ASOG Bln) in Betracht zu ziehen sein.

75. entfallen, vgl. Nummer 80b

76. Der Gebrauch des Schlag- bzw. Mehrzweckstocks gegen Personen kommt nur in Betracht, wenn besonders hartnäckiger oder gewaltsamer Widerstand zu brechen ist.
   a) Gezielte Schläge auf Kopf, Nierengegend oder Unterleib sind unzulässig. Der Schlagstockgebrauch gegen Störerinnen und Störer, die sich nach Aufforderung entfernen, hat zu unterbleiben. Der Schlag- bzw. Mehrzweckstockgebrauch ist grundsätzlich unzulässig gegen Personen, die am Boden liegen. Ausnahmsweise ist der Schlag- bzw. Mehrzweckstockgebrauch gegenüber am Boden liegenden Personen zulässig, sofern

besonders erheblicher Widerstand auf andere Weise nicht überwunden werden kann.

b) Auch nach Anordnung des Schlag- bzw. Mehrzweckstockgebrauchs hat die einzelne Vollzugsdienstkraft den Gebrauch einzustellen, wenn an seinem Standort der Zweck erreicht ist (zum Beispiel wenn Störerinnen und Störer sich entfernen).

Zu § 20

77. Die Fesselung von Untersuchungsgefangenen richtet sich nach dem Berliner Untersuchungshaftvollzugsgesetz (UHaftVollzG Bln), das gemäß § 1 Absatz 2 UHaftVollzG auf die Festnahme zur Sicherung der Hauptverhandlung (Hauptverhandlungshaft) nach § 127b StPO analog anzuwenden ist.

78. In allen anderen Fällen des Gewahrsams (vgl. Nummer 59) ist die Fesselung nur unter den Voraussetzungen des § 20 zulässig.

a) „Tätlicher Widerstand" ist nicht schon die Missachtung einer polizeilichen Anordnung durch ein passives Verhalten (zum Beispiel stehen bleiben, fallen lassen), sondern ist ein aktives Widersetzen (zum Beispiel um sich schlagen).

b) In Gewahrsam Genommene „versuchen zu fliehen", sofern das Verhalten ein unmittelbares Ansetzen zur Flucht erkennen lässt (Versuch, die Fesselung zu lösen).

„Besondere Umstände, die eine Flucht oder eine Befreiung besorgen lassen", können folgende konkrete Anhaltspunkte sein:

(1) frühere Fluchtversuche,
(2) aktiver Widerstand der betroffenen Person bei Ingewahrsamnahme,
(3) Vorbereitungshandlungen, die Fluchtabsichten erkennen lassen (versuchte Kontaktaufnahme),
(4) die örtlichen Verhältnisse, die eine Flucht begünstigen (unübersichtliches Gelände, belebte Straße),
(5) körperliche Überlegenheit gegenüber den begleitenden Vollzugsdienstkräften,
(6) Strafandrohung im Mindestmaß mit einer Freiheitsstrafe von einem Jahr oder darüber wegen der Handlung der oder des in Gewahrsam Genommenen.

c) Selbstbeschädigung ist nicht nur das Beibringen von Verletzungen, sondern auch die Vereitelung einer Heilmaßnahme (zum Beispiel Abreißen eines Verbandes).

79. Zweck der Fesselung ist es, durch eine Beschränkung der Bewegungsfreiheit die in § 20 Absatz 1 Buchstaben a bis c genannten Gefahren zu beseitigen.

a) Beeinträchtigungen, die über eine Beschränkung der Bewegungsfreiheit zu diesem Zweck hinausgehen, sind zu vermeiden. Es ist darauf zu achten, dass gesundheitliche Schäden (zum Beispiel durch Blutstauungen oder Frost) nicht eintreten.

b) Welche der in Nummer 74 Buchstabe a genannten Fesseln zu verwenden ist, richtet sich nach den äußeren Umständen (zum Beispiel Verwendung der Knebelkette nur bei ständiger Begleitung der oder des Gefangenen durch eine Vollzugsdienstkraft; Verwendung der Handfessel, wenn die oder der Gefangene sich allein in der Zelle befindet). Bei der Auswahl ist außerdem der Grad der Gefahr zu berücksichtigen.

Zu § 21

80. Der Gebrauch von Hiebwaffen und Hilfsmitteln der körperlichen Gewalt ist gegenüber einer Menschenmenge wiederholt anzudrohen. Die Wiederholung der Androhung soll sicherstellen, dass sie verstanden wird und Gelegenheit besteht, sich zu entfernen oder sich sonst in der geforderten Weise zu verhalten.

Zu § 21a

80a. Sprengmittel dürfen ausschließlich zur Anwendung unmittelbaren Zwanges gegen Sachen eingesetzt werden (§ 21a). Es werden die durch PDV 403 zugelassenen Sprengmittel verwendet. Die Sprengmittel sind von Dienstkräften des Spezialeinsatzkommandos, der technischen Einsatzeinheiten der Bereitschaftspolizei oder des Kriminaltechnischen Institutes des LKA nach den bestehenden Vorschriften zu lagern. Sie dürfen nur von Vollzugsdienstkräften eingesetzt werden, die den Sprengbefähigungsschein erworben haben.

Zu § 21b

80b. Reizstoffe dürfen eingesetzt werden, wenn die Anwendung milderer Mittel nicht zum Ziel führt oder offensichtlich keinen Erfolg verspricht und damit der Gebrauch von Waffen vermieden werden kann. Mildere Mittel sind körperliche Gewalt und die anderen Hilfsmittel der körperlichen Gewalt, sofern nicht im konkreten Anwendungsfall vorhersehbar ist, dass sie die körperliche Unversehrtheit stärker beeinträchtigen würden, als der Einsatz von Reizstoffen. Als Reizstoff ist grundsätzlich Pfefferspray, d. h. Pfefferextrakt (Oleoresin Capsicum-OC) oder Pelargonsäurevanillylamid (PAVA) einzusetzen (§ 21b).

Der Einsatz von Tränengas (CN-Chloracetophenon) ist nur zulässig, wenn er zwingend erforderlich ist. Das ist der Fall, wenn der Einsatz von Pfefferspray wegen der besonderen Umstände des Einzelfalles nicht möglich oder erkennbar nicht geeignet ist, den angestrebten Zweck zu erreichen. Danach kann Tränengas insbesondere durch Beimischung von CN–Chloracetophenon zum Wasser eines Wasserwerfers eingesetzt werden gegen eine

Menschenmenge, die sich beharrlich weigert, Anordnungen der Polizei nachzukommen oder Gewalttaten begeht. In geschlossenen Räumen ist vom Gebrauch von Tränengas abzusehen, wenn von vornherein erkennbar mit einer offenbar nicht geringfügigen Beeinträchtigung Unbeteiligter zu rechnen ist. Springende Reizstoffwurfkörper dürfen in geschlossenen Räumen nicht eingesetzt werden. Das gezielte Verschießen von Reizstoffwurfkörpern (RW) oder -patronen (RP) ist nur unter den Voraussetzungen des Schusswaffengebrauchs zulässig. Zur Bekämpfung von Schwerstkriminalität ist der Einsatz von o-Chlorbenzylidenmalondinitril (CS) nach Anordnung des Einsatzleiters im Einzelfall zulässig.

IV. Abschnitt
Zwangsuntersuchung, Zwangsbehandlung und Zwangsernährung

Zu § 22 und 23

81. Zum Begriff „Gefangene" vgl. Nummer 64 mit der Maßgabe, dass Maßnahmen gemäß §§ 22 und 23 nur gegenüber Personen angewendet werden dürfen, denen die Freiheit entzogen wurde.
82. Zwangsuntersuchung, Zwangsbehandlung und Zwangsernährung sind grundsätzlich Ärztinnen und Ärzten sowie entsprechend ausgebildetem Pflegepersonal vorbehalten. Vollzugshilfe durch Vollzugsdienstkräfte steht unter dem Vorbehalt ärztlicher Anordnung und Leitung (Absatz 3 Satz 1). Unaufschiebbare Maßnahmen können bei Lebensgefahr für Gefangene sofern erforderlich auch von Vollzugsdienstkräften getroffen werden. Sie haben zu unterbleiben, wenn sie gegenüber der durch den Aufschub bedingten Lebensgefahr eine zusätzliche Gefährdung für das Leben der zu behandelnden Personen bewirken würden.
83. § 81a StPO über die Entnahme von Blutproben bleibt unberührt.

V. Abschnitt
Inkrafttreten, Außerkrafttreten

Diese Ausführungsvorschriften treten am Tag nach der Veröffentlichung im Amtsblatt für Berlin in Kraft und fünf Jahre nach Inkrafttreten außer Kraft.

Gesetz über das Verfahren der Berliner Verwaltung (VwVfG Berlin)

vom 21. April 2016,
zuletzt geändert durch Artikel 5 des Gesetzes vom 11. Dezember 2025 (GVBl. S. 590)

– Auszüge –

§ 1
Anwendungsbereich

(1) Für die öffentlich-rechtliche Verwaltungstätigkeit der Behörden Berlins gilt das Verwaltungsverfahrensgesetz in der Fassung der Bekanntmachung vom 23. Januar 2003 (BGBl. I S. 102), das zuletzt durch Artikel 1 des Gesetzes vom 20. November 2015 (BGBl. I S. 2010) geändert worden ist, in der jeweils geltenden Fassung, soweit nicht in den §§ 2 bis 6 dieses Gesetzes etwas anderes bestimmt ist.
(2) Das Landesamt für Bürger- und Ordnungsangelegenheiten, die Bezirksämter und die landesunmittelbaren Träger der gesetzlichen Krankenversicherung und deren Landesverbände nehmen amtliche Beglaubigungen nach § 33 Absatz 1 Satz 2 und Absatz 4, § 34 Absatz 1 und 4 des Verwaltungsverfahrensgesetzes sowie § 29 Absatz 1 Satz 2 und Absatz 4, § 30 Absatz 1 und 4 des Zehnten Buches Sozialgesetzbuch vor.

§ 2
Ausnahmen vom Anwendungsbereich

[...]
(5) [1]Über § 41 Absatz 4 des Verwaltungsverfahrensgesetzes hinaus kann in besonderen Eilfällen die öffentliche Bekanntgabe einer Allgemeinverfügung auch dadurch erfolgen, dass ihr verfügender Teil an geeigneter Stelle im Internetauftritt des Landes Berlin, durch die Tagespresse, durch Anschlag, durch den Rundfunk oder auf andere geeignete Art zugänglich gemacht wird. [2]Dabei ist anzugeben, wo die Allgemeinverfügung und ihre Begründung eingesehen werden können. [3]In diesen Fällen ist die Allgemeinverfügung unverzüglich im Amtsblatt für Berlin abzudrucken und dort anzugeben, auf welche Art und zu welchem Zeitpunkt der verfügende Teil der Allgemeinverfügung zugänglich gemacht wurde. [4]In Fällen des Satzes 1 kann bestimmt werden, dass die Allgemeinverfügung mit der Zugänglichmachung als bekannt gegeben gilt.

§ 3
Personenbezogene Daten, Betriebs- und Geschäftsgeheimnisse

(1) Die Verarbeitung personenbezogener Daten ist zulässig, soweit dies zur Erfüllung der Aufgaben im Anwendungsbereich dieses Gesetzes erforderlich ist.
(2) [1]Die Behörden dürfen Angaben über Betriebs- und Geschäftsgeheimnisse nicht unbefugt offenbaren. [2]Sie unterliegen, soweit sie personenbezogene Daten verarbeiten, neben den Bestimmungen der Verordnung (EU) 2016/679 des Europäischen Parlaments und des Rates vom 27. April 2016 zum Schutz natürlicher Personen bei der Verarbeitung personenbezogener Daten, zum freien Datenverkehr und zur Aufhebung der Richtlinie 95/46/EG (Datenschutz-Grundverordnung) (ABl. L 119 vom 4.5.2016, S. 1; L 314 vom 22.11.2016, S. 72; L 127 vom 23.5.2018, S. 2) den Vorschriften des Berliner Datenschutzgesetzes vom 13. Juni 2018 (GVBl. S. 418), das durch Artikel 13 des Gesetzes vom 12. Oktober 2020 (GVBl. S. 807) geändert worden ist, in der jeweils geltenden Fassung.
(3) [1]§ 26 Absatz 2 Satz 3 des Verwaltungsverfahrensgesetzes findet mit der Maßgabe Anwendung, dass auch eine Pflicht zur Angabe von Betriebs- und Geschäftsgeheimnissen nur besteht, soweit sie durch Rechtsvorschrift besonders vorgesehen ist. [2]Die Beteiligten können die Auskunft auf solche Fragen, zu denen sie durch Rechtsvorschrift verpflichtet sind, verweigern, wenn eine Beantwortung sie selbst oder in § 383 Absatz 1 Nummer 1 bis 3 der Zivilprozessordnung bezeichnete Angehörige der Gefahr strafgerichtlicher Verfolgung oder eines Verfahrens nach dem Gesetz über Ordnungswidrigkeiten aussetzen würde.
[…]

§ 5
Förmliches Verfahren

Das förmliche Verfahren findet statt
a) in den Angelegenheiten, die vom Senat durch Rechtsverordnung oder sonst durch Rechtsvorschrift bestimmt werden,
b) in den sonstigen Angelegenheiten, in denen durch Rechtsvorschrift die Durchführung einer mündlichen Verhandlung vorgeschrieben ist.

§ 6
Akteneinsicht durch Beteiligte

(1) [1]Die Behörde hat den Beteiligten Einsicht in die das Verfahren betreffenden Akten zu gestatten. [2]Bis zum Abschluss des Verwaltungsverfahrens gilt Satz 1 nicht für Entwürfe zu Entscheidungen sowie für die Arbeiten zu ihrer unmittelbaren Vorbereitung.
(2) Die Regelungen der §§ 5 bis 12 des Berliner Informationsfreiheitsgesetzes gelten entsprechend.
(3) Die Akteneinsicht erfolgt bei der Behörde, die die Akten führt.

(4) Für Nichtbeteiligte gilt das Berliner Informationsfreiheitsgesetz.
(5) § 72 Absatz 1 des Verwaltungsverfahrensgesetzes ist mit der Maßgabe anzuwenden, dass die Regelungen des Berliner Informationsfreiheitsgesetzes uneingeschränkt auch im Planfeststellungsverfahren gelten.

§ 7
Zustellung

Für das Zustellungsverfahren der Behörden Berlins gilt das Verwaltungszustellungsgesetz vom 12. August 2005 (BGBl. I S. 2354), das zuletzt durch Artikel 17 des Gesetzes vom 10. Oktober 2013 (BGBl. I S. 3786) geändert worden ist, in der jeweils geltenden Fassung.

§ 8
Vollstreckung; Verordnungsermächtigung

(1) Für das Vollstreckungsverfahren der Behörden Berlins gilt das Verwaltungs-Vollstreckungsgesetz in der im Bundesgesetzblatt Teil III, Gliederungsnummer 201-4, veröffentlichten bereinigten Fassung, das zuletzt durch Artikel 5 des Gesetzes vom 10. August 2021 (BGBl. I S. 3436) geändert worden ist, in der jeweils geltenden Fassung.
(2) § 7 des Verwaltungs-Vollstreckungsgesetzes gilt mit der Maßgabe, dass für Maßnahmen im Straßenverkehr auch die Polizei Berlin, die Bezirksämter von Berlin und die Berliner Verkehrsbetriebe (BVG) Vollzugsbehörden sind.
(3) [1]§ 10 des Verwaltungs-Vollstreckungsgesetzes gilt mit der Maßgabe, dass
1. die Vollzugsbehörde
   a) die Handlung auch selbst vornehmen kann,
   b) dem Pflichtigen mit oder nach der Festsetzung des Zwangsmittels in besonderen Einzelfällen eine Vorauszahlung bis zur Höhe der voraussichtlich entstehenden Kosten einer Ersatzvornahme auferlegen kann,
2. Rechtsbehelfe gegen die Leistungsbescheide zur Erhebung der Kosten der Ersatzvornahme oder der Vorauszahlung keine aufschiebende Wirkung haben.

[2]Die Anordnung und Durchsetzung der Vorauszahlung hindert nicht die Anwendung des Zwangsmittels. [3]In den Fällen des § 6 Absatz 2 des Verwaltungs-Vollstreckungsgesetzes ist von der Auferlegung einer Vorauszahlung abzusehen.
(4) [1]§ 11 Absatz 1 des Verwaltungs-Vollstreckungsgesetzes gilt mit der Maßgabe, dass ein Zwangsgeld auch zur Durchsetzung vertretbarer Handlungen verhängt werden kann. [2]§ 11 Absatz 1 Satz 2 des Verwaltungs-Vollstreckungsgesetzes findet keine Anwendung. [3]§ 11 Absatz 3 des VerwaltungsVollstreckungsgesetzes gilt mit der Maßgabe, dass die Höhe des Zwangsgeldes höchstens 100000 Euro beträgt.
(5) § 12 des Verwaltungs-Vollstreckungsgesetzes gilt mit der Maßgabe, dass die Selbstvornahme bereits eine Form der Ersatzvornahme ist.

(6) § 19 Absatz 1 des Verwaltungs-Vollstreckungsgesetzes gilt mit der Maßgabe, dass für Amtshandlungen im Zusammenhang mit Vollstreckungsmaßnahmen nach § 10 des Verwaltungs-Vollstreckungsgesetzes zur Deckung des Verwaltungsaufwands Gebühren nach dem Gesetz über Gebühren und Beiträge vom 22. Mai 1957 (GVBl. S. 516), das zuletzt durch Artikel 3 des Gesetzes vom 5. Juni 2019 (GVBl. S. 284) geändert worden ist, in der jeweils geltenden Fassung erhoben werden.

(7) [1]Landesunmittelbare Körperschaften und Anstalten des öffentlichen Rechts, die den Vollstreckungsbehörden des Landes Berlin im Sinne von § 4 Buchstabe b des Verwaltungs-Vollstreckungsgesetzes Vollstreckungsanordnungen übermitteln, sind verpflichtet, für jede übermittelte Vollstreckungsanordnung einen Pauschalbetrag für den nicht durch vereinnahmte Gebühren und Auslagen gedeckten Verwaltungsaufwand (Vollstreckungspauschale) zu zahlen. [2]Die Vollstreckungspauschale wird für ab dem 1. Januar 2016 übermittelte Vollstreckungsanordnungen erhoben.

(8) Die Vollstreckungspauschale bemisst sich nach dem um den Gesamtbetrag der im Berechnungszeitraum aufgrund von Vollstreckungsanordnungen vereinnahmten Gebühren und Auslagen geminderten Verwaltungsaufwand, der den Vollstreckungsbehörden für die Vollstreckung der Vollstreckungsanordnungen der juristischen Personen nach Absatz 7 entsteht, geteilt durch die Anzahl aller in diesem Zeitraum von diesen Anordnungsbehörden übermittelten Vollstreckungsanordnungen.

(9) Die für Finanzen zuständige Senatsverwaltung wird ermächtigt, im Einvernehmen mit den für Rundfunkangelegenheiten, für Wirtschaft sowie für Hochschulen zuständigen Senatsverwaltungen durch Rechtsverordnung die Höhe der Vollstreckungspauschale zu bestimmen sowie den Berechnungszeitraum, die Entstehung und die Fälligkeit der Vollstreckungspauschale, den Abrechnungszeitraum, das Abrechnungsverfahren und die abrechnende Stelle zu regeln.

(10) Die Höhe der Vollstreckungspauschale ist durch die für Finanzen zuständige Senatsverwaltung nach Maßgabe des Absatzes 8 alle drei Jahre zu überprüfen. Sie ist durch Rechtsverordnung nach Absatz 9 anzupassen, wenn die nach Maßgabe des Absatzes 8 berechnete Vollstreckungspauschale mehr als 20 Prozent von der Vollstreckungspauschale in der geltenden Fassung abweicht.

(11) Die juristischen Personen nach Absatz 7 sind nicht berechtigt, die Vollstreckungsschuldnerin oder den Vollstreckungsschuldner mit der Vollstreckungspauschale zu belasten.

(12) Die Vollstreckungspauschale nach Absatz 7 ist auch im Falle der Vollstreckungshilfe auf Ersuchen einer Vollstreckungsbehörde des Bundes oder anderer Bundesländer von diesen zu erheben, sofern die ersuchende Behörde nicht ihrerseits auf die Erhebung von Kosten für uneinbringliche Gebühren und Auslagen sowie für den entstehenden, durch Kosten der Vollstreckung nicht gedeckten Verwaltungsaufwand verzichtet.

§ 8a
Betretens- und Durchsuchungsrechte

(1) Für den Vollzug von Verwaltungsakten, die auf Vornahme einer Handlung oder auf Duldung oder Unterlassung gerichtet sind, ist die Vollzugsbehörde befugt, das Besitztum der pflichtigen Person zu betreten und zu durchsuchen, soweit es der Zweck der Vollstreckung erfordert. Hierbei darf sie verschlossene Räume und Behältnisse öffnen oder öffnen lassen.

(2) [1]Die Wohnung der pflichtigen Person darf ohne deren Einwilligung, außer bei Gefahr im Verzug, nur auf Grund einer gerichtlichen Anordnung durchsucht werden, die bei der Vollstreckung vorzuzeigen ist. [2]Die Wohnung umfasst die Wohn- und Nebenräume, Arbeits-, Betriebs- und Geschäftsräume sowie anderes befriedetes Besitztum, das mit ihnen in Verbindung steht. [3]Für die gerichtliche Anordnung ist das Verwaltungsgericht zuständig. [4]Zur Nachtzeit von 21 bis 6 Uhr darf die Wohnung nur durchsucht werden, wenn anderenfalls der Erfolg der Vollstreckungsmaßnahme gefährdet wäre.

(3) [1]Willigt die pflichtige Person in die Durchsuchung ein, ist gegen sie eine Anordnung nach Absatz 2 Satz 1 ergangen oder ist diese wegen Gefahr im Verzug entbehrlich, so haben Personen, die Mitgewahrsam an der Wohnung haben, die Durchsuchung zu dulden. [2]Unbillige Härten ihnen gegenüber sind zu vermeiden.

(4) Soweit der Zweck der Vollstreckung es erfordert, dürfen Hilfspersonen, hinzugezogene Zeuginnen und Zeugen, Sachverständige, Polizeivollzugsbeamtinnen und Polizeivollzugsbeamte sowie sonstige Personen, die sich durch einen schriftlichen Auftrag der Vollstreckungsbehörde ausweisen können, zusammen mit der Vollzugsbehörde die Wohnung betreten.

(5) Das Grundrecht der Unverletzlichkeit der Wohnung (Artikel 13 Absatz 1 des Grundgesetzes, Artikel 28 Absatz 2 Satz 1 der Verfassung von Berlin) wird insoweit eingeschränkt.

[…]

Polizeibenutzungsgebührenordnung (PolBenGebO)

In der Fassung vom 7. Januar 1980 (GVBl. S. 379) zuletzt geändert durch Verordnung vom 8. Juli 2025 (GVBl. S. 290)

– Auszüge –

[…]

§ 1 Gebührentatbestände

(1) Für die Benutzung polizeilicher Einrichtungen und die damit in Zusammenhang stehende Inanspruchnahme von Leistungen werden Benutzungsgebühren nach dieser Gebührenordnung und dem anliegenden Gebührenverzeichnis erhoben.

(2) Unterliegen die zu erbringenden Leistungen der Umsatzsteuer, ist die Umsatzsteuer in Höhe des jeweils maßgeblichen Steuersatzes zuzüglich zu den Benutzungsgebühren zu zahlen.

§ 2 Ausschluß der Gebührenerhebung

Benutzungsgebühren werden nicht erhoben, wenn das private Interesse an der Benutzung der Einrichtung und der damit in Zusammenhang stehenden Inanspruchnahme von Leistungen so gering ist, daß es völlig hinter dem öffentlichen Interesse an der Benutzung und Inanspruchnahme zurücktritt.

§ 3 Zeitberechnung

(1) [1]Bei der Berechnung der Benutzungsgebühr nach Tagen oder halben Stunden gelten jeder angefangene Kalendertag als ganzer Tag und jede angefangene halbe Stunde als weitere halbe Stunde. [2]Bei der Berechnung nach halben Stunden bleiben Überschreitungen um nicht mehr als fünf Minuten unberücksichtigt.

(2) Die Zeit des An- und Abmarschweges sowie der An- und Abfahrt sind mitzuberücksichtigen.

[…]

Anlage zu § 1 – Gebührenverzeichnis

[Red. Anmerkung: Darstellung wurde zur besseren Lesbarkeit angepasst und weicht von der amtlichen Darstellung ab.]

Tarifstelle
Art der Benutzung polizeilicher Einrichtungen und die damit in Zusammenhang stehende Inanspruchnahme von Leistungen / Berechnungseinheit / Gebühr

1
Gewahrsam für hilflose, nicht vorläufig festgenommene Personen, die alkoholisiert sind oder unter der Einwirkung von berauschenden Mitteln stehen
a) nach vorangegangener ärztlicher Untersuchung zur Feststellung der Verwahrfähigkeit in der Zeit nach 7.00 Uhr bis 19.00 Uhr / je Einzelfall / € 187,00
b) nach vorangegangener ärztlicher Untersuchung zur Feststellung der Verwahrfähigkeit in der Zeit nach 19.00 Uhr bis 7.00 Uhr / je Einzelfall / € 146,00
c) ohne ärztliche Untersuchung bei bereits festgestellter Verwahrfähigkeit / je Einzelfall / € 118,00

2.1
Transport hilfloser, nicht vorläufig festgenommener Personen, die alkoholisiert sind oder unter der Einwirkung von berauschenden Mitteln stehen, sowie Transport von Personen zur Feststellung von Alkohol- oder Rauschmittelbeeinflussung.
a) mit polizeieigenem Kraftfahrzeug (werden mehrere Personen transportiert, so wird die zu erhebende Gebühr gleichmäßig verteilt) / je halbe Einsatzstunde / € 63,00
b) mit polizeieigenem Streifenboot (werden mehrere Personen transportiert, so wird die zu erhebende Gebühr gleichmäßig verteilt) / je halbe Einsatzstunde / € 123,00
Erfolgt der Transport mit polizeieigenem Streifenboot und mit polizeieigenem Kraftfahrzeug, wird nur die Gebühr zu b) erhoben.

2.2
Transport weiterer hilfloser, nicht vorläufig festgenommener Personen mit polizeieigenem Kraftfahrzeug (werden mehrere Personen transportiert, so wird die zu erhebende Gebühr gleichmäßig verteilt). / je halbe Einsatzstunde / € 83,00
Bei einem Transport ohne einen sich anschließenden Gewahrsam wird zusätzlich eine Kostenpauschale für die Einziehung durch die örtlichen Zahlstellen erhoben. / je Einzelfall / € 33,00

3
Ungerechtfertigtes Alarmieren der Polizei

3.1
Einsatz auf Grund Falschalarm
Führt die Auslösung einer Alarm-, Gefahrenmelde-, Signal-, Warn- oder Notrufanlage oder eines entsprechenden Notrufsystems einschließlich technischer Störungen oder Unterbrechungen des Übertragungsweges zu einem Polizeieinsatz und kann die Polizei keine Anhaltspunkte für eine Straftat oder eine Gefahrenlage als Ursache für die Auslö-

sung feststellen, liegt ein Falschalarm vor. / je halbe Einsatzstunde und eingesetztem Fahrzeug / € 83,00
Zudem wird eine Kostenpauschale erhoben. / je Falschalarm / € 45,00

3.2
Einsatz auf Grund Fehlalarmierung
Eine Fehlalarmierung liegt vor bei einer absichtlich oder wissentlich
- missbräuchlichen Alarmierung durch Notruf oder Notzeichen
- vorgetäuschten Gefahren- oder Notlage
- einer wider besseren Wissens erfolgten Vortäuschung einer begangenen oder bevorstehenden Straftat oder bestehenden oder bevorstehenden Gefahrenlage.

Eine Fehlalarmierung wird nach dieser Gebührenordnung mindestens als halbstündiger Einsatz von vier Einsatzkräften sowie zwei Einsatz-Kraftfahrzeugen und höchstens als zweistündiger Einsatz von 150 Einsatzkräften samt notwendiger Fahrzeuge abgerechnet.
/ vier Einsatzkräfte, zwei Einsatzfahrzeuge, je halbe Stunde / mind. € 166,00
/ 150 Einsatzkräfte, notwendige Fahrzeuge, zwei Stunden, je Einsatzfall / max. € 23.500,00
Zudem wird eine Kostenpauschale erhoben. / je Fehlalarmierung / € 43,00

4.1
Umsetzen von Fahrzeugen, sofern sich die Maßnahme gegen die nach den §§ 13 und 14 des Allgemeinen Sicherheits- und Ordnungsgesetzes Verantwortlichen richtet oder die Gebührenpflicht nach § 9 des Gesetzes über Gebühren und Beiträge entstanden ist
a) durchgeführte Umsetzung eines Pkw, Kombinationsfahrzeuges, Transporters oder Motorrades bis 3,5 t zulässiger Gesamtmasse und anderer Fahrzeuge in entsprechender Größe / je Einsatzfall / € 236,00
b) begonnene Umsetzung eines Pkw, Kombinationsfahrzeuges, Transporters oder Motorrades bis 3,5 t zulässiger Gesamtmasse und anderer Fahrzeuge in entsprechender Größe / je Einsatzfall / € 207,00
c) Leerfahrt eines Abschleppfahrzeuges zur Umsetzung eines Pkw, Kombinationsfahrzeuges, Transporters oder Motorrades bis 3,5 t zulässiger Gesamtmasse und anderer Fahrzeuge in entsprechender Größe / je Einsatzfall / € 171,00
d) besonders aufwändige, durchgeführte Umsetzung eines Pkw, Kombinationsfahrzeuges, Transporters oder Motorrades bis 3,5 t zulässiger Gesamtmasse und anderer Fahrzeuge in entsprechender Größe / je halbe Einsatzstunde / € 221,00
Zudem wird für jede besonders aufwändige, durchgeführte Umsetzung eine Kostenpauschale erhoben. / je Einsatzfall / € 32,00
e) durchgeführte Umsetzung eines Pkw, Kombinationsfahrzeuges oder Transporters mit einer zulässigen Gesamtmasse über 3,5 t und anderer Fahrzeuge in entsprechender Größe / je Einsatzfall / € 596,00
f) begonnene Umsetzung eines Pkw, Kombinationsfahrzeuges oder Transporters mit einer zulässigen Gesamtmasse über 3,5 t und anderer Fahrzeuge in entsprechender Größe / je Einsatzfall / € 433,00
g) Leerfahrt eines Abschleppfahrzeuges zur Umsetzung eines Pkw, Kombinationsfahrzeuges oder Transporters mit einer zulässigen Gesamtmasse über 3,5 t und anderer Fahrzeuge in entsprechender Größe / je Einsatzfall / € 280,00

h) besonders aufwändige, durchgeführte Umsetzung eines Pkw, Kombinationsfahrzeuges, Transporters oder Motorrades über 3,5 t zulässiger Gesamtmasse und anderer Fahrzeuge in entsprechender Größe / je halbe Einsatzstunde / € 356,00
Zudem wird für jede besonders aufwändige, durchgeführte Umsetzung eine Kostenpauschale erhoben. / je Einsatzfall / € 32,00
i) vermiedene Beauftragung eines Abschleppunternehmens für Fahrzeuge aller Art / je Einsatzfall / € 60,00
j) Umstellen von Elektrokleinstfahrzeugen (eKF, z.B. E-Scooter) durch Mitarbeitende der Polizei Berlin / je Einsatzfall bis fünf eKF / € 62,00
k) durchgeführte Umsetzung von Elektrokleinstfahrzeugen (E-Scooter) / je Einsatzfall ab sechs eKF / € 219,00

4.2
Umsetzen von Fahrzeugen unter Beteiligung der Berliner Verkehrsbetriebe (BVG) von Flächen des öffentlichen Personennahverkehrs (ÖPNV) nach fernmündlicher Anordnung der Polizei, sofern sich die Maßnahme gegen die nach den §§ 13 und 14 des Allgemeinen Sicherheits- und Ordnungsgesetzes Verantwortlichen richtet oder die Gebührenpflicht nach § 9 des Gesetzes über die Gebühren und Beiträge entstanden ist
a) durchgeführte Umsetzung eines Pkw, Kombinationsfahrzeuges, Transporters oder Motorrades bis 3,5 t zulässiger Gesamtmasse und anderer Fahrzeuge in entsprechender Größe / je Einsatzfall / € 184,00
b) begonnene Umsetzung eines Pkw, Kombinationsfahrzeuges, Transporters oder Motorrades bis 3,5 t zulässiger Gesamtmasse und anderer Fahrzeuge in entsprechender Größe / je Einsatzfall / € 168,00
c) Leerfahrt eines Abschleppfahrzeuges zur Umsetzung eines Pkw, Kombinationsfahrzeuges, Transporters oder Motorrades bis 3,5 t zulässiger Gesamtmasse und anderer Fahrzeuge in entsprechender Größe / je Einsatzfall / € 145,00
d) durchgeführte Umsetzung eines Pkw, Kombinationsfahrzeuges oder Transporters mit einer zulässigen Gesamtmasse über 3,5 t und anderer Fahrzeuge in entsprechender Größe / je Einsatzfall / € 544,00
e) begonnene Umsetzung eines Pkw, Kombinationsfahrzeuges oder Transporters mit einer zulässigen Gesamtmasse über 3,5 t und anderer Fahrzeuge in entsprechender Größe / je Einsatzfall / € 394,00
f) Leerfahrt eines Abschleppfahrzeuges zur Umsetzung eines Pkw, Kombinationsfahrzeuges oder Transporters mit einer zulässigen Gesamtmasse über 3,5 t und anderer Fahrzeuge in entsprechender Größe / je Einsatzfall / € 254,00

4.3
Umsetzen von Fahrzeugen nach Anordnung durch Mitarbeiter und Mitarbeiterinnen der bezirklichen Ordnungsämter, sofern sich die Maßnahme gegen die nach den §§ 13 und 14 des Allgemeinen Sicherheits- und Ordnungsgesetzes Verantwortlichen richtet oder die Gebührenpflicht nach § 9 des Gesetzes über Gebühren und Beiträge entstanden ist
a) durchgeführte Umsetzung eines Pkw, Kombinationsfahrzeuges, Transporters oder Motorrades bis 3,5 t zulässiger Gesamtmasse und anderer Fahrzeuge in entsprechender Größe / je Einsatzfall / € 271,00

b) begonnene Umsetzung eines Pkw, Kombinationsfahrzeuges, Transporters oder Motorrades bis 3,5 t zulässiger Gesamtmasse und anderer Fahrzeuge in entsprechender Größe / je Einsatzfall / € 233,00
c) Leerfahrt eines Abschleppfahrzeuges zur Umsetzung eines Pkw, Kombinationsfahrzeuges, Transporters oder Motorrades bis 3,5 t zulässiger Gesamtmasse und anderer Fahrzeuge in entsprechender Größe / je Einsatzfall / € 188,00
d) durchgeführte Umsetzung eines Pkw, Kombinationsfahrzeuges oder Transporters mit einer zulässigen Gesamtmasse über 3,5 t und anderer Fahrzeuge in entsprechender Größe / je Einsatzfall / € 631,00
e) begonnene Umsetzung eines Pkw, Kombinationsfahrzeuges oder Transporters mit einer zulässigen Gesamtmasse über 3,5 t und anderer Fahrzeuge in entsprechender Größe / je Einsatzfall / € 459,00
f) Leerfahrt eines Abschleppfahrzeuges zur Umsetzung eines Pkw, Kombinationsfahrzeuges oder Transporters mit einer zulässigen Gesamtmasse über 3,5 t und anderer Fahrzeuge in entsprechender Größe / je Einsatzfall / € 298,00
g) vermiedene Beauftragung eines Abschleppunternehmens zu Fahrzeugen aller Art / je Einsatzfall / € 77,00
h) Umstellen von Elektrokleinstfahrzeugen (E-Scooter) durch Mitarbeitende der bezirklichen Ordnungsämter / je Einsatzfall bis fünf eKF / € 68,00
i) durchgeführte Umsetzung von Elektrokleinstfahrzeugen (E-Scooter) / je Einsatzfall ab sechs eKF / € 242,00
Eine Umsetzung gilt bei Fahrzeugen, die durch ein Abschleppfahrzeug auf der Ladefläche oder in der Hubbrille umgesetzt werden sollen, als durchgeführt, wenn das umzusetzende Fahrzeug vom Abschleppunternehmen verladen und das Abschleppfahrzeug abfahrbereit ist. In allen anderen Fällen (z.B. Versetzen durch den Kran, mittels Handwagen, manuelles Umsetzen) gilt die Umsetzung als durchgeführt, wenn das Fahrzeug an dem neuen Standort abgestellt worden ist.
Eine Umsetzung gilt als begonnen, wenn von den Mitarbeiterinnen und Mitarbeitern des Abschleppunternehmens am Einsatzort erste Arbeitsschritte zur Umsetzung des Fahrzeugs mittels technischer Hilfsmittel (z.B. Stützfuß ausfahren, Klammern anlegen, Hubbrille ansetzen, Einsatz von Wagenhebern, Nachschlüsseln oder Werkzeug) eingeleitet wurden. Es ist dabei unerheblich, ob eine Verbindung zwischen dem technischen Hilfsmittel und dem umzusetzenden Fahrzeug entstanden ist.
Eine Leerfahrt liegt vor, wenn der Abschleppauftrag von der zuständigen Stelle erteilt wurde, unabhängig davon, ob das Abschleppunternehmen bereits am Einsatzort erschienen ist. Bei mehreren in unmittelbarer Nähe abgestellten Fahrzeugen wird im Falle einer Leerfahrt für jedes Fahrzeug nur eine Gebühr in Höhe eines gleichen Anteils an dem Gebührensatz für eine Leerfahrt erhoben.
Eine besonders aufwändige Umsetzung liegt insbesondere vor, wenn das umzusetzende Fahrzeug sich nicht mehr frei zugänglich im Straßengraben oder in einer Grünfläche, etwa nach einem Unfall befindet oder die sonstigen vorbereitenden Maßnahmen, etwa das Sichern von Ladungen oder ausgetretenen Flüssigkeiten, das Einsammeln abgetrennter Fahrzeugteile oder das Herausziehen aus dem Straßengraben, zur Abschleppung außergewöhnlich sind.
Eine vermiedene Beauftragung eines Abschleppunternehmens liegt vor, wenn die oder der Fahrzeugverantwortliche vor Beauftragung des Unternehmens im Rahmen einer notwendigen Umsetzungsanordnung mit dem Ziel, das Fahrzeug selbst zu entfernen oder

entfernen zu lassen, erreicht und dadurch die Umsetzungsanordnung vermieden werden konnte. Dazu gehören die Aufsuche der oder des Verantwortlichen an ihrem oder seinem Aufenthaltsort (Wohnung, Haus, Ladengeschäft oder an einer sonstigen Örtlichkeit) sowie die sonstige Kontaktaufnahme (mittels elektronischer Hilfsmittel); dies gilt auch, wenn die Aufsuche oder sonstige Kontaktaufnahme auf Veranlassung der Dienstkraft durch Dritte (z.B. Nachbarn, Bekannte) erfolgt.
Das Umstellen von Elektrokleinstfahrzeugen (eKF) – z.B. E-Scooter – erfolgt durch Mitarbeitende der Polizei Berlin oder der bezirklichen Ordnungsämter. Diese sind grundsätzlich gehalten, bis zu fünf behindernd, gefährdend oder verkehrswidrig abgestellte Elektrokleinstfahrzeuge eigenständig umzustellen. Ab sechs behindernd, gefährdend oder verkehrswidrig abgestellten Elektrokleinstfahrzeugen können diese mit Hilfe von Abschleppunternehmen umgesetzt werden.

5

Sicherstellung und Verwahrung von Fahrzeugen aller Art und Fahrzeugteilen
a) Transport von sichergestellten Fahrzeugen bis 3,5 t zulässiger Gesamtmasse sowie Teilen von Fahrzeugen der entsprechenden Größe / je erste halbe Einsatzstunde / € 156,00 / je weitere halbe Einsatzstunde / € 104,00
b) Transport von sichergestellten Fahrzeugen über 3,5 t zulässiger Gesamtmasse sowie Teilen von Fahrzeugen der entsprechenden Größe / je erste halbe Einsatzstunde / € 292,00 / je weitere halbe Einsatzstunde / € 240,00
c) Transport von sichergestellten Booten / je halbe Einsatzstunde / € 123,00
Bei Leerfahrten (Transportauftrag war erteilt und das Transportfahrzeug war unterwegs) werden die Gebühren zu Buchstaben a) bis c) in gleicher Höhe erhoben.
d) Verwahrung von

1. Fahrrädern / je Tag / € 0,25
2. Fahrrädern mit Hilfsmotor und Mopeds, Motorrädern ohne Beiwagen, Elektrokleinstfahrzeugen / je Tag / € 0,50
3. Motorrädern mit Beiwagen, Fahrradanhängern und Krankenfahr-stühlen / je Tag / € 1,25
4. Personenkraftwagen, Dreiradfahrzeugen sowie Lastkraftwagen, Anhängern und anderen Fahrzeugen in entsprechender Größe (bis 2,5 m Breite und bis zu 5,0 m Länge) / je Tag / € 3,00
5. Personenkraftwagen, Dreiradfahrzeugen sowie Lastkraftwagen, Anhängern und anderen Fahrzeugen in entsprechender Größe (bis 2,5 m Breite und über 5,0 m bis zu 7,0 m Länge) / je Tag / € 4,00
6. Lastkraftwagen, Anhänger und andere Fahrzeuge in entsprechender Größe (bis 4 m Breite und bis zu 15,0 m Länge) / je Tag / € 15,00
7. Lastkraftwagen, Anhänger und andere Fahrzeuge in entsprechender Größe (bis 4 m Breite und über 15,0 m bis zu 25,0 m Länge) / je Tag / € 25,00
8. Kanadiern, Paddel- und Ruderbooten / je Tag / € 1,25
9. Segel- und Motorbooten bis zu 5 m Länge / je Tag / € 2,50
10. Segel- und Motorbooten über 5 m Länge / je Tag / € 3,75
11. Arbeitsmaschinen und Fahrzeugteilen/ je m^2 Lagerfläche und Tag / € 0,25

Zudem wird eine Kostenpauschale erhoben. / je Einzelfall / € 56,00
Bei Leerfahrten wird die Kostenpauschale nur in Höhe der Hälfte des Betrages erhoben.

6

Begleitung von Schwerlast-, Großraum- und gefährlichen Transporten
a) je Begleitfahrzeug (Kraftrad oder Begleitwagen) / je halbe Einsatzstunde / € 41,00
Zudem wird eine Kostenpauschale erhoben. / je Einzelfall / € 88,00
Zur Begleitung gehören auch die Fahrzeiten der An- und Abfahrt, sowie die bei der Durchführung einer Begleitung geleisteten Warte- und Kontrollzeiten bei der Übernahme.
b) Fehleinsatz je Begleitfahrzeug / je halbe Einsatzstunde / € 41,00
Zudem wird eine Kostenpauschale erhoben. / je Einzelfall / € 88,00
Ein Fehleinsatz liegt vor, wenn eine Polizeibegleitung angemeldet wurde, die Einsatzkräfte bereits zum Übernahmeort angefahren sind und der Einsatz abgemeldet oder abgebrochen wird oder der zu begleitende Transport nicht am Ort erscheint.

7

Eigentumssicherung nach Straftaten, Unglücksfällen, Havarien sowie zur Nachlasssicherung, auch bei Anscheinsgefahr. Eigentumssicherung insbesondere bei unverschlossenen Türen oder Fenstern von Wohnungen oder Geschäftsräumen im Zusammenhang mit Maßnahmen nach den §§ 15, 36 des Allgemeinen Sicherheits- und Ordnungsgesetzes zuzüglich der durch die Eigentumssicherung entstandenen Auslagen. / je Einsatzfall / € 161,00

8.1

Unmittelbare Ausführung von Maßnahmen und Ersatzvornahmen zur Gefahrenabwehr für Personen, Sachen oder Tiere gemäß den §§ 14, 15 und 36 des Allgemeinen Sicherheits- und Ordnungsgesetzes, insbesondere Sicherung von Gefahrenstellen auf öffentlichem Straßenland oder Baustellensicherungen, für Personen und Tiere in Notlagen, sofern nicht eine speziellere Tarifstelle einschlägig ist, zuzüglich der durch die Ersatzvornahme entstandenen Auslagen. / je Einsatzfall / € 157,00

8.2

Beauftragung der Berliner Stadtreinigung (BSR) zur unmittelbaren Ausführung von Maßnahmen und Ersatzvornahmen, zuzüglich der durch die Beauftragung entstandenen Auslagen (z.B. Beseitigung von Betriebsstoffen nach Verkehrsunfällen). / je Einsatzfall / € 83,00

8.3

Durchführung von Maßnahmen zur Rettung, Bergung oder zum Lösen von Fixierungen von Personen, wenn

- diese die einsatzveranlassende Gefahrenlage vorsätzlich oder grob fahrlässig herbeigeführt haben oder
- der Einsatz deshalb notwendig geworden ist oder fortgesetzt werden musste, weil die Betroffenen die Polizei nicht rechtzeitig über den Wegfall der Gefahrenlage in Kenntnis gesetzt haben.

/ sechs Einsatzkräfte, drei Einsatzfahrzeuge, je halbe Stunde / mind. € 249,00
Eine Rettung, Bergung oder das Lösen von Fixierungen von Personen wird nach dieser Gebührenordnung mindestens als halbstündiger Einsatz von drei Einsatz-Kraftfahrzeugen sowie sechs Einsatzkräften und höchstens als achtstündiger Einsatz von drei Einsatz-

Kraftfahrzeugen sowie sechs Einsatzkräften abgerechnet. / sechs Einsatzkräfte, drei Einsatzfahrzeuge Fahrzeuge, acht Stunden / max. € 3.900,00
Zudem wird eine Kostenpauschale erhoben. / je Einzelfall / € 66,00

9

Sofern mit polizeieigenen Waagen die Überschreitung des, nach dem § 34 Straßenverkehrs-Zulassungs-Ordnung (StVZO) bzw. bei ausländischen Fahrzeugen nach dem § 31d StVZO vorgegebenen, zulässigen Gesamtgewichtes festgestellt wird, fällt für das Wiegen dieser Fahrzeuge und Anhänger folgende Gebühr an:

a) für Fahrzeuge/Anhänger mit zwei Achsen / je Einzelfall / € 58,00
b) für Fahrzeuge/Anhänger mit drei Achsen / je Einzelfall / € 72,00
c) für Fahrzeuge/Anhänger mit vier Achsen / je Einzelfall / € 86,00
d) für Fahrzeuge / Anhänger mit fünf oder mehr Achsen / je Einzelfall / € 100,00

Landes-Immissionsschutzgesetz Berlin (LImSchG Bln)

vom 7. Dezember 2023 (GVBl. S. 406)

ERSTER TEIL
Allgemeine Vorschriften

§ 1
Geltungsbereich und Begriffsbestimmungen

(1) Dieses Gesetz gilt für die Errichtung, den Betrieb, die Änderung, die Stilllegung und die Beseitigung von nicht genehmigungsbedürftigen Anlagen im Sinne des § 22 des Bundes-Immissionsschutzgesetzes sowie für das Verhalten von Personen, soweit hierdurch schädliche Umwelteinwirkungen verursacht werden können.
(2) Für die Begriffe der schädlichen Umwelteinwirkung, der Immission, der Emission, der Luftverunreinigung, der Anlage und des Standes der Technik im Sinne dieses Gesetzes gelten die Bestimmungen in § 3 des Bundes-Immissionsschutzgesetzes. Anlagen im Sinne dieses Gesetzes sind auch Fahrzeuge, soweit sie nicht zum Personen- oder Güterverkehr auf öffentlichen Verkehrswegen, auf Flugplätzen oder im Luftraum eingesetzt werden.
(3) Nachtzeit im Sinne dieses Gesetzes ist die Zeit von 22 bis 6 Uhr, für den Betrieb von Baustellen und Baumaschinen die Zeit von 20 bis 7 Uhr und für den Betrieb von Freizeitanlagen an Sonn- und gesetzlichen Feiertagen die Zeiten von 0 bis 7 Uhr und 22 bis 24 Uhr.
(4) Freizeitanlagen im Sinne dieses Gesetzes sind ortsfeste Einrichtungen und Grundstücke, die dazu bestimmt sind, von Personen zur Gestaltung ihrer Freizeit genutzt zu werden. Dies gilt auch bei einer nur vorübergehenden Nutzung zur Freizeitgestaltung. Soweit auf Freizeitanlagen Veranstaltungen im Freien durchgeführt werden, sind die für Veranstaltungen im Freien geltenden Vorschriften anzuwenden.
(5) Veranstaltungen im Sinne dieses Gesetzes sind Zusammenkünfte, die im öffentlichen Interesse liegen. Hierzu zählen insbesondere musikalische, szenische, filmische oder karnevalistische Darbietungen, Feste, Tanzveranstaltungen sowie sonstige Zusammenkünfte, die der politischen Bildung, der Informationsvermittlung oder kulturellen, sportlichen, historischen, religiösen oder staatlichen Zwecken dienen. Keine Veranstaltungen in diesem Sinne sind Versammlungen nach dem Versammlungsgesetz, Sportveranstaltungen, die auf Sportanlagen im Sinne des § 1 Absatz 2 der Sportanlagenlärmschutzverordnung vom 18. Juli 1991 (BGBl. I S. 1588, 1790), die zuletzt durch Artikel 1 der Verordnung vom 8. Oktober 2021 (BGBl. I S. 4644) geändert worden ist, in der jeweils geltenden Fassung durchgeführt werden, sowie private und betriebliche Feiern.

§ 2
Allgemeine Immissionsschutzpflichten

(1) Jede Person hat sich so zu verhalten, dass schädliche Umwelteinwirkungen vermieden und, wenn sie unvermeidbar sind, gemindert werden, soweit dies im Einzelfall möglich und zumutbar ist.
(2) Wer eine andere Person zu einer Verrichtung bestellt, hat durch geeignete Maßnahmen für die Einhaltung dieses Gesetzes zu sorgen.
(3) Bei der Errichtung und dem Betrieb von Anlagen ist Vorsorge gegen schädliche Umwelteinwirkungen insbesondere durch die dem Stand der Technik entsprechende Maßnahmen zu treffen, soweit dies im Einzelfall möglich und zumutbar ist.

ZWEITER TEIL
Schutz vor Geräuschen

§ 3
Nacht-, Sonn- und Feiertagsruhe

(1) In der Nachtzeit ist es verboten, Geräusche zu verursachen, die eine andere Person erheblich belästigen können.
(2) An Sonn- und gesetzlichen Feiertagen ist es verboten, Geräusche zu verursachen, die eine andere Person erheblich belästigen. Absatz 1 sowie weitergehende landesrechtliche Vorschriften zum Schutz der Sonn- und Feiertagsruhe bleiben unberührt.
(3) Die Absätze 1 und 2 finden keine Anwendung auf Geräusche, die verursacht werden durch

1. das Glockenläuten zu kirchlichen Zwecken,
2. Maßnahmen, die der Abwehr einer Gefahr für die öffentliche Sicherheit oder Ordnung dienen,
3. Maßnahmen, die der Winterglätte- oder Schneebekämpfung dienen, und
4. Ernte- und Bestellarbeiten landwirtschaftlicher Betriebe zwischen 5 und 6 Uhr sowie zwischen 22 und 23 Uhr.

§ 4
Tonwiedergabegeräte und Musikinstrumente

Es ist verboten, Tonwiedergabegeräte und Musikinstrumente in einer Lautstärke zu benutzen, die eine andere Person erheblich belästigt. § 3 Absatz 1 bleibt unberührt.

§ 5
Feuerwerke

(1) Ein Feuerwerk im Freien darf unter Verwendung von pyrotechnischen Gegenständen der Kategorie F2, F3, F4, T1, T2, P1 oder P2 im Sinne des § 3a

Absatz 1 des Sprengstoffgesetzes in der Fassung der Bekanntmachung vom 10. September 2002 (BGBl. I S. 3518), das zuletzt durch Artikel 11 des Gesetzes vom 2. März 2023 (BGBl. 2023 I Nr. 56) geändert worden ist, in der jeweils geltenden Fassung nicht in der Zeit von 22 bis 6 Uhr abgebrannt werden. Abweichend hiervon muss das Feuerwerk in den Monaten Mai, Juni und Juli bis 22 Uhr 30 Minuten beendet sein. In dem Zeitraum, für den die mitteleuropäische Sommerzeit (MESZ) eingeführt ist, darf das Ende des Feuerwerks bis 22 Uhr 30 Minuten MESZ, im Mai, Juni und Juli bis 23 Uhr MESZ hinausgeschoben werden.

(2) Absatz 1 gilt nicht für das Abbrennen eines Feuerwerks

1. am 31. Dezember und bis 6 Uhr am 1. Januar oder
2. unter Verwendung von pyrotechnischen Gegenständen der Kategorie T1 oder T2 im Rahmen ihrer bestimmungsgemäßen Verwendung gemäß § 3 Absatz 1 Nummer 6 des Sprengstoffgesetzes.

(3) § 3 findet auf das Abbrennen eines Feuerwerks keine Anwendung.

(4) Die zuständige Behörde kann das Abbrennen eines Feuerwerks insbesondere hinsichtlich seiner Häufigkeit und Dauer sowie der verwendeten pyrotechnischen Gegenstände und deren Anzahl beschränken, soweit dies zum Schutz der Allgemeinheit und der Nachbarschaft vor schädlichen Umwelteinwirkungen durch Geräusche erforderlich ist.

(5) § 7 Absatz 4, § 8 Absatz 3 in Verbindung mit § 7 Absatz 4 sowie das Sprengstoffgesetz und die hiernach erlassenen Rechtsverordnungen bleiben unberührt.

§ 6
Geräte und Maschinen

(1) § 7 Absatz 1 Satz 1 und 2 und Absatz 2 der Geräte- und Maschinenlärmschutzverordnung vom 29. August 2002 (BGBl. I S. 3478), die zuletzt durch Artikel 14 des Gesetzes vom 27. Juli 2021 (BGBl. I S. 3146) geändert worden ist, in der jeweils geltenden Fassung gilt entsprechend über die dort genannten Gebiete hinaus auch für Dorfgebiete, Mischgebiete, urbane Gebiete und Kerngebiete im Sinne der Baunutzungsverordnung in der Fassung der Bekanntmachung vom 21. November 2017 (BGBl. I S. 3786), die zuletzt durch Artikel 2 des Gesetzes vom 3. Juli 2023 (BGBl. 2023 I Nr. 176) geändert worden ist, in der jeweils geltenden Fassung, sowie für öffentliche Grün- und Erholungsanlagen im Sinne des § 1 Absatz 1 des Grünanlagengesetzes vom 24. November 1997 (GVBl. S. 612), das zuletzt durch Gesetz vom 27. September 2021 (GVBl. S. 1124) geändert worden ist, in der jeweils geltenden Fassung.

(2) Absatz 1 gilt nicht, soweit Geräte oder Maschinen nach dem Anhang der Geräte- und Maschinenlärmschutzverordnung auf Betriebsstätten oder sonstigen ortsfesten Einrichtungen eingesetzt werden, die dem Anwendungsbereich der Technischen Anleitung zum Schutz gegen Lärm vom 26. August 1998

(GMBl S. 503), die durch Allgemeine Verwaltungsvorschrift vom 1. Juni 2017 (BAnz AT vom 8. Juni 2017 B5) geändert worden ist, unterfallen.

(3) Abweichend von Absatz 1 und § 7 Absatz 1 Satz 1 der Geräte- und Maschinenlärmschutzverordnung dürfen in den dort jeweils genannten Gebieten und öffentlichen Grün- und Erholungsanlagen

1. Geräte und Maschinen nach dem Anhang der Geräte- und Maschinenlärmschutzverordnung auf Landesstraßen und nicht bundeseigenen Schienenwegen an Werktagen nur in der Zeit von 22 bis 6 Uhr nicht betrieben werden,
2. kombinierte Hochdruckspül- und Saugfahrzeuge, Altglassammelbehälter, Hochdruckspülfahrzeuge, rollbare Müllbehälter und Saugfahrzeuge nach dem Anhang der Geräte- und Maschinenlärmschutzverordnung im Rahmen der Daseinsvorsorge an Werktagen auch in der Zeit von 6 bis 7 Uhr betrieben werden,
3. Freischneider, Grastrimmer, Graskantenschneider, Laubbläser und Laubsammler nach dem Anhang der Geräte- und Maschinenlärmschutzverordnung an Werktagen zur Sicherstellung des Betriebs von Sportanlagen im Sinne des § 1 Absatz 2 der Sportanlagenlärmschutzverordnung auch in der Zeit von 13 bis 15 Uhr betrieben werden und
4. Laubbläser nach dem Anhang der Geräte- und Maschinenlärmschutzverordnung nur von September bis Februar eingesetzt werden, es sei denn, sie werden im Rahmen der Daseinsvorsorge oder zur Sicherstellung des Betriebs von Sportanlagen im Sinne des § 1 Absatz 2 der Sportanlagenlärmschutzverordnung betrieben.

Im Übrigen bleiben die Regelungen von Absatz 1 und von § 7 Absatz 1 Satz 1 der Geräte- und Maschinenlärmschutzverordnung unberührt.

§ 7
Veranstaltungen im Freien

(1) Eine Veranstaltung im Freien bedarf der Genehmigung, wenn die von ihr verursachten Geräuschimmissionen

1. die in einer Rechtsverordnung nach § 17 geregelten Immissionsrichtwerte für Veranstaltungen überschreiten, bei denen die zulässige Anzahl der Veranstaltungstage nicht begrenzt ist, oder
2. ein besonderes Störpotential nach DIN 45680, Ausgabe März 1997, und dem dazugehörigen Beiblatt 1 aufweisen.

(2) Die Genehmigung kann erteilt werden, wenn das öffentliche Interesse an der Veranstaltung die Ruheschutzinteressen Dritter überwiegt.

(3) Die Genehmigung ist widerruflich zu erteilen und soll zum Schutz der Allgemeinheit und der Nachbarschaft vor schädlichen Umwelteinwirkungen mit Nebenbestimmungen versehen werden.

(4) Wird bei einer Veranstaltung im Freien ein Feuerwerk abgebrannt, kann nach Zustimmung der für die Entgegennahme von Anzeigen nach § 23 Ab-

satz 3 der Ersten Verordnung zum Sprengstoffgesetz in der Fassung der Bekanntmachung vom 31. Januar 1991 (BGBl. I S. 169), die zuletzt durch Artikel 1 der Verordnung vom 20. Dezember 2021 (BGBl. I S. 5238) geändert worden ist, zuständigen Behörde im Rahmen der Genehmigung eine Ausnahme von den Anforderungen des § 5 Absatz 1 zugelassen werden.
(5) Soweit eine Veranstaltung im Freien genehmigt wurde, finden die §§ 3 und 4 keine Anwendung.
(6) Veranstaltungen in Zelten gelten als Veranstaltungen im Freien.

§ 8
Sonstiger Betrieb von Anlagen

(1) Der sonstige Betrieb einer Anlage einschließlich der Außengastronomie bedarf während der Nachtzeit und an Sonn- und Feiertagen der Genehmigung, wenn die von ihm verursachten Geräuschimmissionen
1. die in den nach § 11 Absatz 1 maßgeblichen Regelwerken enthaltenen Immissionsrichtwerte überschreiten, bei denen die zulässige Anzahl der Betriebstage nicht begrenzt ist, oder
2. ein besonderes Störpotential nach DIN 45680, Ausgabe März 1997, und dem dazugehörigen Beiblatt 1 aufweisen.

(2) Die Genehmigung kann erteilt werden, wenn die Überschreitung der Immissionsrichtwerte geringfügig ist oder das Interesse an dem Betrieb der Anlage die Ruheschutzinteressen Dritter überwiegt. Bei der Genehmigung für den Betrieb von Außengastronomie sind die örtlichen Gegebenheiten in besonderem Maße zu berücksichtigen.
(3) § 7 Absatz 3 bis 5 gilt entsprechend.

§ 9
Antragsverfahren

(1) Die Genehmigungen nach den §§ 7 und 8 sind schriftlich oder elektronisch bei der zuständigen Behörde zu beantragen. Der Antrag soll mindestens vier Wochen vor Beginn des Vorhabens gestellt werden und kann anderenfalls zurückgewiesen werden.
(2) Dem Antrag sind die Unterlagen beizufügen, die zur Prüfung der Voraussetzungen der Genehmigungserteilung erforderlich sind, insbesondere eine Beschreibung des Vorhabens. Reichen die Unterlagen für die Prüfung nicht aus, sind sie auf Verlangen der zuständigen Behörde innerhalb der gesetzten Frist zu ergänzen. Insbesondere kann die zuständige Behörde die Vorlage von Prognosen der Geräuschimmissionen verlangen. Wird dem Verlangen nicht nachgekommen, kann der Antrag zurückgewiesen werden.
(3) Die Genehmigung darf öffentlich bekannt gegeben werden.

§ 10
Anzeigeverfahren bei Allgemeinverfügungen

(1) Die zuständige Behörde kann durch Allgemeinverfügung festlegen, dass bestimmte Vorhaben keiner Genehmigung nach den §§ 7 oder 8 bedürfen, sofern die Voraussetzungen des § 7 Absatz 2 oder des § 8 Absatz 2 vorliegen.
(2) Die Allgemeinverfügung ist widerruflich zu erlassen und soll zum Schutz der Allgemeinheit und der Nachbarschaft vor schädlichen Umwelteinwirkungen mit Nebenbestimmungen versehen werden.
(3) Die Allgemeinverfügung ist öffentlich bekannt zu geben.
(4) Wer beabsichtigt, ein Vorhaben nach Absatz 1 durchzuführen, hat dies der zuständigen Behörde im Regelfall spätestens vier Wochen vor Beginn des Vorhabens schriftlich oder elektronisch anzuzeigen. Der Anzeige sind alle Unterlagen beizufügen, die für die Prüfung erforderlich sein können, ob das Vorhaben die Regelungen der Allgemeinverfügung nach Absatz 1 einhält. Die zuständige Behörde bestätigt den Eingang der Anzeige und der Unterlagen schriftlich oder elektronisch und teilt dabei mit, ob zusätzliche Unterlagen für die Prüfung erforderlich sind.
(5) Die zuständige Behörde kann im Einzelfall Nachweise verlangen, die die Einhaltung der Regelungen der Allgemeinverfügung nach Absatz 1 belegen.
(6) Die zuständige Behörde kann im Einzelfall Maßnahmen zum Schutz vor Geräuschimmissionen verlangen, soweit die Regelungen der Allgemeinverfügung nach Absatz 1 den Schutz der Allgemeinheit oder der Nachbarschaft vor schädlichen Umwelteinwirkungen nicht hinreichend sicherstellen.
(7) Die zuständige Behörde kann das Vorhaben untersagen, wenn
1. die Anzeige nicht fristgerecht erfolgt ist,
2. die zur Prüfung erforderlichen Unterlagen fehlen oder unvollständig sind und trotz behördlicher Aufforderung gemäß Absatz 4 Satz 3 nicht nachgereicht wurden,
3. das Vorhaben nicht von der Allgemeinverfügung nach Absatz 1 erfasst ist,
4. das Vorhaben den Regelungen der Allgemeinverfügung nach Absatz 1 widerspricht,
5. gegen die Anordnungen nach Absatz 5 und 6 verstoßen wird oder
6. ausnahmsweise die Ruheschutzinteressen Dritter überwiegen.

(8) Die Anzeige nach Absatz 4 kann im Internet veröffentlicht werden.

§ 11
Ermittlung und Beurteilung von Geräuschimmissionen

(1) Soweit in anderen Vorschriften die Ermittlung und Beurteilung der Geräuschimmissionen nicht geregelt ist, erfolgen diese nach der Technischen Anleitung zum Schutz gegen Lärm. Der zuständigen Behörde bleibt eine abschließende einzelfallbezogene Bewertung der Zumutbarkeit vorbehalten. Die Technische Anleitung zum Schutz gegen Lärm findet keine Anwendung auf die Er-

mittlung und Beurteilung der durch den Betrieb von Freizeitanlagen verursachten Geräuschimmissionen.
(2) Geräuscheinwirkungen, die durch Kinder hervorgerufen werden, sind als Ausdruck natürlicher kindlicher Entfaltung im Regelfall keine schädlichen Umwelteinwirkungen.

DRITTER TEIL
Schutz vor sonstigen Immissionen, besondere Emissionsquellen

§ 12
Sonstige Immissionen

Zum Schutz vor anderen Immissionen als Luftverunreinigungen, Geräuschen oder von Funkanlagen ausgehenden nichtionisierenden Strahlen gelten für Anlagen, die nicht gewerblichen Zwecken dienen und nicht im Rahmen wirtschaftlicher Unternehmungen Verwendung finden, die § 22 Absatz 1 Satz 1, §§ 24, 25 Absatz 1 und 2, §§ 26, 29 Absatz 2 und § 30 Satz 2 des Bundes-Immissionsschutzgesetzes entsprechend.

§ 13
Staub

Bei der Errichtung, dem Betrieb, der Änderung, Stilllegung und Beseitigung von Anlagen und bei sonstigen Betätigungen sind die Entstehung und Ausbreitung von Stäuben durch die dem Stand der Technik entsprechenden Maßnahmen zu verhindern. Soweit die Entstehung oder Ausbreitung von Stäuben nicht verhindert werden können, sind sie auf ein Mindestmaß zu beschränken.

§ 14
Tiere

Tiere sind unter Beachtung der Vorschriften des Tierschutzes so zu halten, dass niemand durch die Geräusch-, Geruchs- oder Schadstoffimmissionen, die durch sie hervorgerufen werden, erheblich belästigt wird. Die Vorschriften für die landwirtschaftliche Tierhaltung bleiben unberührt.

§ 15
Motoren, Geräte und Maschinen

Es ist verboten, geräusch- oder abgaserzeugende Motoren, Geräte und Maschinen unnötig zu betreiben.

VIERTER TEIL
Gemeinsame Vorschriften

§ 16
Anordnungen

Die zuständige Behörde kann die zur Durchführung dieses Gesetzes und der auf Grund dieses Gesetzes erlassenen Rechtsverordnungen erforderlichen Anordnungen treffen. Die Anordnung darf öffentlich bekannt gegeben werden.

§ 17
Rechtsverordnungen

Die für den Umweltschutz zuständige Senatsverwaltung wird ermächtigt, durch Rechtsverordnung zur Vorsorge sowie zum Schutz der Allgemeinheit und der Nachbarschaft vor schädlichen Umwelteinwirkungen Anforderungen an die Errichtung, die Beschaffenheit und den Betrieb nicht genehmigungsbedürftiger Anlagen festzulegen sowie Regelungen zu verhaltensbezogenen Geräuschen zu treffen. Insbesondere können

1. technische und organisatorische Anforderungen an nicht genehmigungsbedürftige Anlagen,
2. Anforderungen an bestimmte Verhaltensweisen, Tätigkeiten und die Verwendung von Werkzeugen, Maschinen oder Geräten,
3. Emissionsgrenzwerte und Immissionsrichtwerte,
4. Vorgaben für die Ermittlung und Beurteilung von Geräuschimmissionen,
5. Kriterien für die Zumutbarkeit von Geräuschimmissionen,
6. Anforderungen an die Genehmigung von Veranstaltungen im Freien nach § 7 oder dem sonstigen Betrieb von Anlagen nach § 8,
7. Anforderungen an das Abbrennen von Feuerwerken sowie
8. Schutzmaßnahmen gegen schädliche Umwelteinwirkungen festgelegt und das Verwaltungsverfahren geregelt werden.

§ 18
Ausführungsvorschriften

Die für den Umweltschutz zuständige Senatsverwaltung wird ermächtigt, zur Durchführung dieses Gesetzes und der auf Grund dieses Gesetzes erlassenen Rechtsverordnungen Ausführungsvorschriften zu erlassen.

§ 19
Überwachung

(1) Die zuständigen Behörden haben die Durchführung dieses Gesetzes und der auf Grund dieses Gesetzes erlassenen Rechtsverordnungen zu überwachen.
(2) Eigentümerinnen und Eigentümer sowie Betreiberinnen und Betreiber von Anlagen sowie Eigentümerinnen und Eigentümer sowie Besitzerinnen und Be-

sitzer von Grundstücken, auf denen Anlagen betrieben oder Tätigkeiten ausgeübt werden, die Emissionen verursachen können, haben den Angehörigen der zuständigen Behörden und deren Beauftragten,

1. den Zutritt zu den Grundstücken und zur Verhütung dringender Gefahren für die öffentliche Sicherheit oder Ordnung auch zu den Wohnräumen zu gestatten,
2. die Vornahme von Prüfungen und Messungen zu gestatten, insbesondere die hierfür benötigten Arbeitskräfte und Hilfsmittel, soweit vorhanden, bereitzustellen, sowie
3. Auskünfte zu erteilen und Unterlagen vorzulegen,

soweit dies zur Durchführung dieses Gesetzes oder der auf Grund dieses Gesetzes erlassenen Rechtsverordnungen erforderlich ist. Im Falle bergbaulicher Tätigkeit treten die Bergwerksunternehmerinnen und Bergwerksunternehmer an die Stelle der in Satz 1 genannten Personen.

(3) Die auskunftspflichtige Person kann die Auskunft auf solche Fragen verweigern, deren Beantwortung sie selbst oder eine oder einen der in § 383 Absatz 1 Nummer 1 bis 3 der Zivilprozessordnung bezeichneten Angehörigen der Gefahr strafrechtlicher Verfolgung oder eines Verfahrens nach dem Gesetz über Ordnungswidrigkeiten aussetzen würde.

(4) Soweit zur Durchführung dieses Gesetzes oder der auf Grund dieses Gesetzes erlassenen Rechtsverordnungen Immissionen zu ermitteln sind, haben auch die Eigentümerinnen und Eigentümer sowie Besitzerinnen und Besitzer von Grundstücken, auf denen Anlagen nicht betrieben werden, den Angehörigen der zuständigen Behörden und deren Beauftragten

1. den Zutritt zu den Grundstücken und zur Verhütung dringender Gefahren für die öffentliche Sicherheit oder Ordnung auch zu den Wohnräumen und
2. die Vornahme von Prüfungen

zu gestatten. Bei der Ausübung der Befugnisse nach Satz 1 ist auf die berechtigten Belange der Eigentümerinnen und Eigentümer sowie Besitzerinnen und Besitzer Rücksicht zu nehmen. Für entstandene Schäden hat das Land Berlin Ersatz zu leisten. Waren die Schäden unvermeidbare Folge der Überwachungsmaßnahmen und haben die Überwachungsmaßnahmen zu Anordnungen gegen die Betreiberin oder den Betreiber einer Anlage oder die Person, die die betreffende Tätigkeit ausgeübt hat, geführt, so haben diese dem Land Berlin die Ersatzleistung zu erstatten.

(5) Das Grundrecht der Unverletzlichkeit der Wohnung (Artikel 13 des Grundgesetzes, Artikel 28 Absatz 2 der Verfassung von Berlin) wird in den Fällen der Absätze 2 und 4 eingeschränkt.

§ 20
Ordnungswidrigkeiten

(1) Ordnungswidrig handelt, wer vorsätzlich oder fahrlässig
1. entgegen § 3 Absatz 1 in der Nachtzeit Geräusche verursacht, die eine andere Person erheblich belästigen können,
2. entgegen § 3 Absatz 2 an Sonn- und gesetzlichen Feiertagen Geräusche verursacht, die eine andere Person erheblich belästigen,
3. entgegen § 4 ein Tonwiedergabegerät oder ein Musikinstrument in einer Lautstärke benutzt, die eine andere Person erheblich belästigt,
4. ein Feuerwerk ganz oder teilweise außerhalb der in § 5 Absatz 1 vorgesehenen Zeiten abbrennt,
5. einer vollziehbaren Anordnung nach § 5 Absatz 4, § 10 Absatz 6 oder § 16 zuwiderhandelt,
6. entgegen § 6 ein Gerät oder eine Maschine betreibt,
7. ohne erforderliche Genehmigung nach § 7 oder § 8 ein Vorhaben durchführt, das nicht von einer Allgemeinverfügung nach § 10 Absatz 1 erfasst ist,
8. einer vollziehbaren Auflage nach § 7 Absatz 3, § 8 Absatz 3 in Verbindung mit § 7 Absatz 3 oder § 10 Absatz 2 zuwiderhandelt,
9. entgegen § 10 Absatz 4 Satz 1 ein Vorhaben nicht anzeigt,
10. ein Vorhaben durchführt, das nach § 10 Absatz 7 untersagt worden ist,
11. entgegen § 14 ein Tier außerhalb landwirtschaftlicher Tierhaltungen so hält, dass eine andere Person durch Geräusch-, Geruchs- oder Schadstoffimmissionen, die durch das Tier hervorgerufen werden, erheblich belästigt wird,
12. entgegen § 15 geräusch- oder abgaserzeugende Motoren, Geräte oder Maschinen unnötig betreibt,
13. entgegen § 19 Absatz 2 oder Absatz 4 Satz 1 Auskünfte nicht, nicht richtig, nicht vollständig oder nicht rechtzeitig erteilt, eine Maßnahme nicht duldet, Unterlagen nicht vorlegt oder sonst einer dort genannten Verpflichtung zuwiderhandelt,
14. einer auf Grund dieses Gesetzes erlassenen Rechtsverordnung zuwiderhandelt, soweit die Rechtsverordnung für einen bestimmten Tatbestand auf diese Bußgeldvorschrift verweist.

(2) Die Ordnungswidrigkeit kann im Fall von Absatz 1 Nummer 6 mit einer Geldbuße bis zu fünfzigtausend Euro, in den übrigen Fällen mit einer Geldbuße bis zu zwanzigtausend Euro geahndet werden.

§ 21
Einziehung

Sachen, auf die sich eine Ordnungswidrigkeit nach § 20 bezieht, dürfen eingezogen werden. Hierzu zählen insbesondere:
1. Musikinstrumente,
2. elektroakustische Übertragungs- und Verstärkeranlagen oder Teile davon,

3. Tonwiedergabegeräte oder Teile davon,
4. Schreckschusspistolen,
5. elektrisch oder mit Verbrennungsmotoren angetriebene Maschinen oder Geräte,
6. Baumaschinen oder Teile davon,
7. Fahrgeschäfte oder Teile davon,
8. mit Druckluft oder Gas betriebene Signalhörner,
9. pyrotechnische Gegenstände.

Tiere dürfen ebenfalls eingezogen werden.

§ 22
Datenverarbeitung

Die zuständige Behörde darf personenbezogene Daten verarbeiten, soweit dies zur Erfüllung der Aufgaben oder in Ausübung der öffentlichen Gewalt, die ihr durch dieses Gesetz übertragen worden sind, erforderlich ist.

§ 23
Kosten

Kosten, die durch Prüfungen im Rahmen von Antragsverfahren entstehen, trägt die Antragstellerin oder der Antragsteller. Entsprechendes gilt für Anzeigeverfahren. Kosten, die durch sonstige Überwachungsmaßnahmen nach § 19 Absatz 2 oder 4 entstehen, trägt die nach § 19 Absatz 2 auskunftspflichtige Person, wenn die Ermittlungen ergeben, dass

1. Auflagen oder Anordnungen nach diesem Gesetz oder den auf dieses Gesetz gestützten Rechtsverordnungen nicht erfüllt worden oder
2. Auflagen oder Anordnungen nach diesem Gesetz oder den auf dieses Gesetz gestützten Rechtsverordnungen geboten sind.

Versammlungsfreiheitsgesetz Berlin (VersFG Berlin)

vom 23. Februar 2021
Verkündet als Artikel 1 des Gesetzes über die Versammlungsfreiheit im Land Berlin vom 23. Februar 2021 (GVBl. S. 180)

Abschnitt 1
Allgemeine Regelungen

§ 1
Versammlungsfreiheit

Jede Person hat das Recht, sich ohne Anmeldung oder Erlaubnis friedlich und ohne Waffen mit anderen zu versammeln und Versammlungen zu veranstalten.

§ 2
Begriff der öffentlichen Versammlung, Anwendungsbereich

(1) Versammlung im Sinne dieses Gesetzes ist eine örtliche Zusammenkunft von mindestens zwei Personen zur gemeinschaftlichen, überwiegend auf die Teilhabe an der öffentlichen Meinungsbildung gerichteten Erörterung oder Kundgebung. Aufzug ist eine sich fortbewegende Versammlung.
(2) Eine Versammlung ist öffentlich, wenn die Teilnahme nicht auf einen individuell bestimmten Personenkreis beschränkt ist.
(3) Soweit nichts anderes bestimmt ist, gilt dieses Gesetz sowohl für öffentliche als auch für nichtöffentliche Versammlungen.

§ 3
Schutz- und Gewährleistungsaufgabe, Deeskalationsgebot

(1) Die Berliner Verwaltung wirkt im Rahmen ihrer Zuständigkeit darauf hin, friedliche Versammlungen zu schützen und die Ausübung der Versammlungsfreiheit zu gewährleisten.
(2) Aufgabe der zuständigen Behörde ist es,
1. die Durchführung einer nach Maßgabe dieses Gesetzes zulässigen Versammlung zu unterstützen, den ungehinderten Zugang zur Versammlung zu ermöglichen und ihre Durchführung vor Störungen zu schützen,
2. von der Versammlung oder im Zusammenhang mit dem Versammlungsgeschehen von Dritten ausgehende Gefahren für die öffentliche Sicherheit abzuwehren und
3. die freie Berichterstattung der Medien bei Versammlungen zu gewährleisten.

(3) Soweit dies erforderlich ist, stellt die zuständige Behörde bei der Wahrnehmung ihrer Aufgaben nach Absatz 2 einen schonenden Ausgleich zwischen der

Versammlungsfreiheit und den Grundrechten Dritter her. Dies gilt auch bei Versammlungen, die sich örtlich und zeitlich überschneiden würden. Die Durchführung einer Gegenversammlung soll in Hör- und Sichtweite der Ausgangsversammlung ermöglicht werden.
(4) Bei der Erfüllung ihrer Aufgaben wirkt die zuständige Behörde darauf hin, bei konfliktträchtigen Einsatzlagen Gewaltbereitschaft und drohende oder bestehende Konfrontationen zielgruppenorientiert zu verhindern oder abzuschwächen, um eine nachhaltige Befriedung der jeweiligen Lage zu ermöglichen. Konfliktmanagement ist Bestandteil des Deeskalationsgebotes.

§ 4
Kooperation

(1) Soweit es nach Art und Umfang der Versammlung erforderlich ist, bietet die zuständige Behörde der Person, die eine öffentliche Versammlung veranstaltet oder der die Leitung übertragen worden ist, rechtzeitig ein Kooperationsgespräch an, um die Gefahrenprognose und sonstige Umstände, die für die ordnungsgemäße Durchführung der Versammlung wesentlich sind, zu erörtern. Die Behörden sind grundsätzlich zur Kooperation mit den Veranstalterinnen und Veranstaltern von Versammlungen verpflichtet. Bestehen tatsächliche Anhaltspunkte für Gefahren, die gemäß den §§ 14 Absatz 1, 22 Absatz 1 zu einem Verbot oder Beschränkungen führen können, gibt die zuständige Behörde Gelegenheit, durch ergänzende Angaben oder Veränderungen der beabsichtigten Versammlung ein Verbot oder Beschränkungen zu vermeiden.
(2) Die zuständige Behörde informiert die Person, die eine öffentliche Versammlung veranstaltet oder der die Leitung übertragen worden ist, über die Gefahrenlage und -prognose sowie deren Änderungen, soweit dieses nach Art und Umfang der Versammlung erforderlich ist.

§ 5
Veranstaltung einer Versammlung

Wer zu einer Versammlung einlädt oder die Versammlung nach § 12 anzeigt, veranstaltet eine Versammlung. In der Einladung zu einer Versammlung ist der oder die Veranstaltende anzugeben.

§ 6
Versammlungsleitung

(1) Wer eine Versammlung veranstaltet, leitet die Versammlung. Veranstalten mehrere Personen eine Versammlung, bestimmen diese die Versammlungsleitung. Veranstaltet eine Vereinigung die Versammlung, so wird sie von der Person geleitet, die für die Vereinigung handlungsbefugt ist.
(2) Die Versammlungsleitung ist übertragbar.

(3) Gibt es keine Person, die die Versammlung veranstaltet, kann die Versammlung eine Versammlungsleitung bestimmen.
(4) Die Vorschriften dieses Gesetzes über die Versammlungsleitung gelten für nichtöffentliche Versammlungen nur, wenn eine Versammlungsleitung bestimmt ist.

§ 7
Rechte der Versammlungsleitung

(1) Die Versammlungsleitung sorgt für den ordnungsgemäßen Ablauf der Versammlung und unterstützt einen friedlichen Verlauf. Sie darf die Versammlung jederzeit unterbrechen oder schließen.
(2) Die Versammlungsleitung kann sich der Hilfe von Ordnerinnen und Ordnern bedienen. Diese müssen bei Versammlungen unter freiem Himmel gut sichtbar mit der Bezeichnung „Ordnerin" oder „Ordner" gekennzeichnet sein. Die Vorschriften dieses Gesetzes für Teilnehmende der Versammlung gelten auch für Ordnerinnen und Ordner.
(3) Die zur Aufrechterhaltung der Ordnung in der Versammlung getroffenen Anweisungen der Versammlungsleitung und der Ordnerinnen und Ordner sind von den Teilnehmenden zu befolgen.
(4) Die Versammlungsleitung darf Personen, die die Ordnung der Versammlung erheblich stören, aus der Versammlung ausschließen. Wer aus der Versammlung ausgeschlossen wird, hat sich unverzüglich zu entfernen.

§ 8
Störungsverbot

Es ist verboten, eine Versammlung mit dem Ziel zu stören, deren Durchführung erheblich zu behindern oder zu vereiteln.

§ 9
Waffen- und Uniformverbot

(1) Es ist verboten,
1. Waffen oder
2. sonstige Gegenstände, die ihrer Art nach zur Verletzung von Personen oder zur Herbeiführung erheblicher Schäden an Sachen geeignet und den Umständen nach dazu bestimmt sind,

bei Versammlungen oder auf dem Weg zu oder von Versammlungen mit sich zu führen, zu Versammlungen hinzuschaffen oder sie zur Verwendung bei Versammlungen bereitzuhalten oder zu verteilen.
(2) Es ist verboten, in einer Versammlung durch das Tragen von Uniformen oder Uniformteilen oder sonst ein einheitliches Erscheinungsbild vermittelnden Kleidungsstücken in einer Art und Weise aufzutreten, die dazu geeignet

und bestimmt ist, im Zusammenwirken mit anderen teilnehmenden Personen Gewaltbereitschaft zu vermitteln und dadurch einschüchternd zu wirken.
(3) Die zuständige Behörde trifft zur Durchsetzung der Verbote nach Absatz 1 Nummer 2 und Absatz 2 Anordnungen, in denen die vom Verbot erfassten Gegenstände oder Verhaltensweisen bezeichnet sind.

§ 10
Anwendbarkeit des Allgemeinen Sicherheits- und Ordnungsgesetzes

(1) Soweit dieses Gesetz die Abwehr von Gefahren gegenüber einzelnen Teilnehmenden nicht regelt, sind Maßnahmen gegen sie nach dem Allgemeinen Sicherheit- und Ordnungsgesetz zulässig, wenn von ihnen nach den zum Zeitpunkt der Maßnahme erkennbaren Umständen vor oder bei der Durchführung der Versammlung oder im Anschluss an sie eine unmittelbare Gefahr für die öffentliche Sicherheit ausgeht.
(2) Für Versammlungen in geschlossenen Räumen gilt Absatz 1 für den Fall, dass von den Teilnehmenden eine unmittelbare Gefahr im Sinne von § 22 Absatz 1 ausgeht.
(3) Maßnahmen vor Beginn der Versammlung, die die Teilnahme an der Versammlung unterbinden sollen, setzen eine Teilnahmeuntersagung nach § 16 Absatz 1 oder § 22 voraus.

§ 11
Anwesenheit der Polizei

Die Polizei kann anwesend sein
1. bei Versammlungen unter freiem Himmel, wenn dies zur polizeilichen Aufgabenerfüllung nach diesem Gesetz erforderlich ist,
2. bei Versammlungen in geschlossenen Räumen, wenn dies zur Abwehr einer unmittelbaren Gefahr im Sinne von § 22 Absatz 1 erforderlich ist.

Nach Satz 1 anwesende Polizeikräfte haben sich der Versammlungsleitung zu erkennen zu geben; bei Versammlungen unter freiem Himmel genügt es, wenn dies durch die polizeiliche Einsatzleitung erfolgt. Auf diese findet § 9 keine Anwendung.

Abschnitt 2
Versammlungen unter freiem Himmel

§ 12
Anzeige- und Veröffentlichungspflicht

(1) Wer eine öffentliche Versammlung unter freiem Himmel veranstalten will, hat dies der zuständigen Behörde spätestens 48 Stunden vor der Einladung zu der Versammlung anzuzeigen. Veranstalten mehrere Personen eine Versamm-

lung, ist nur eine Anzeige abzugeben. Die Anzeige muss schriftlich, elektronisch oder zur Niederschrift erfolgen.
(2) Die Anzeige muss insbesondere den geplanten Ablauf der Versammlung nach Ort, Zeit und Thema bezeichnen, bei Aufzügen auch den beabsichtigten Streckenverlauf. Sie muss Name und Anschrift sowie Angaben zu Erreichbarkeit der anzeigenden Person und der Person, die sie leiten soll, enthalten.
(3) Wird die Versammlungsleitung erst später bestimmt, sind Name, Anschrift und Angaben über die Erreichbarkeit der vorgesehenen Person der zuständigen Behörde unverzüglich mitzuteilen.
(4) Wenn die Versammlungsleitung sich der Hilfe von Ordnerinnen und Ordnern bedient, ist ihr Einsatz unter Angabe der Zahl der dafür voraussichtlich eingesetzten Personen der zuständigen Behörde mitzuteilen.
(5) Wesentliche Änderungen der Angaben nach den Absätzen 1 bis 4 sind der zuständigen Behörde unverzüglich mitzuteilen.
(6) Wenn der Zweck der Versammlung durch eine Einhaltung der Frist nach Absatz 1 Satz 1 gefährdet würde (Eilversammlung), ist die Versammlung spätestens mit der Einladung bei der zuständigen Behörde oder bei der Polizei anzuzeigen. Die Anzeige kann in diesem Fall auch telefonisch erfolgen.
(7) Die Anzeigepflicht entfällt, wenn sich die Versammlung auf Grund eines spontanen Entschlusses augenblicklich bildet (Spontanversammlung).
(8) Die zuständige Behörde hat Ort, Zeit und Thema der angezeigten Versammlung zu veröffentlichen. Sofern es sich um einen Aufzug handelt, hat sie auch den Streckenverlauf zu veröffentlichen.

§ 13
Erlaubnisfreiheit

Für eine öffentliche Versammlung unter freiem Himmel sind keine behördlichen Erlaubnisse erforderlich, die sich auf die Benutzung der öffentlichen Verkehrsflächen beziehen.

§ 14
Beschränkungen, Verbot, Auflösung

(1) Die zuständige Behörde kann die Durchführung einer Versammlung unter freiem Himmel beschränken oder verbieten und die Versammlung nach deren Beginn auflösen, wenn nach den zur Zeit des Erlasses der Maßnahmen erkennbaren Umständen die öffentliche Sicherheit bei Durchführung der Versammlung unmittelbar gefährdet ist.
(2) Eine Versammlung kann insbesondere verboten, beschränkt oder nach deren Beginn aufgelöst werden, wenn
1. nach den zur Zeit des Erlasses der Verfügung erkennbaren Umständen die unmittelbare Gefahr besteht, dass in der Versammlung in einer Weise, die geeignet ist, den öffentlichen Frieden zu stören,

a) gegen eine nationale, durch rassistische Zuschreibung beschriebene, religiöse oder durch ihre ethnische Herkunft bestimmte Gruppe, gegen Teile der Bevölkerung oder gegen einen Einzelnen wegen seiner Zugehörigkeit zu einer vorbezeichneten Gruppe oder zu einem Teil der Bevölkerung zum Hass aufgestachelt, zu Gewalt- oder Willkürmaßnahmen aufgefordert oder
b) die Menschenwürde anderer dadurch angegriffen wird, dass eine vorbezeichnete Gruppe, Teile der Bevölkerung oder ein Einzelner wegen seiner Zugehörigkeit zu einer vorbezeichneten Gruppe oder zu einem Teil der Bevölkerung beschimpft, böswillig verächtlich gemacht oder verleumdet wird,

2. nach den zur Zeit des Erlasses der Verfügung erkennbaren Umständen die unmittelbare Gefahr besteht, dass in einer Weise, die geeignet ist, den öffentlichen Frieden zu stören, durch die Versammlung die nationalsozialistische Gewalt- und Willkürherrschaft gebilligt, verherrlicht oder gerechtfertigt, geleugnet oder verharmlost wird, auch durch das Gedenken an führende Repräsentanten des Nationalsozialismus,
3. die Versammlung an einem in der Anlage zu diesem Gesetz genannten Tag oder einem Ort stattfindet, dem ein an die nationalsozialistische Gewalt- und Willkürherrschaft erinnernder Sinngehalt mit gewichtiger Symbolkraft zukommt, und nach den zur Zeit des Erlasses der Verfügung erkennbaren Umständen die unmittelbare Gefahr besteht, dass durch die Versammlung die Würde der Opfer beeinträchtigt wird, oder
4. die Versammlung durch die erkennbare Bezugnahme auf andere nationale oder internationale Versammlungen oder Kampagnen sich deren Inhalt zu eigen macht und dadurch die Voraussetzungen der Nummer 1 zutreffen.

Gleiches gilt, wenn die Versammlung auf Grund der konkreten Art und Weise ihrer Durchführung

1. geeignet oder dazu bestimmt ist, Gewaltbereitschaft zu vermitteln oder
2. in ihrem Gesamtgepräge an die Riten und Symbole der nationalsozialistischen Gewaltherrschaft anknüpft

und dadurch einschüchternd wirkt oder in erheblicher Weise gegen das sittliche Empfinden der Bürgerinnen und Bürger und grundlegende soziale oder ethische Anschauungen verstößt.

(3) Verbot oder Auflösung setzen voraus, dass Beschränkungen nicht ausreichen.

(4) Geht eine unmittelbare Gefahr für die öffentliche Sicherheit von Dritten aus, sind Maßnahmen der Gefahrenabwehr gegen diese zu richten. Kann dadurch die Gefahr auch unter Heranziehung von landes- oder bundesweit verfügbaren Polizeikräften nicht abgewehrt werden, dürfen Maßnahmen nach Absatz 1 auch zulasten der Versammlung ergriffen werden, von der die Gefahr nicht ausgeht. Ein Verbot oder die Auflösung dieser Versammlung setzt Gefahren für Leben oder Gesundheit von Personen oder für Sachgüter von erheblichem Wert voraus.

(5) Sollen eine beschränkende Verfügung oder ein Verbot ausgesprochen werden, sind die Voraussetzungen und die Ermessenserwägungen unverzüglich der Veranstalterin oder dem Veranstalter oder der Versammlungsleitung bekannt zu geben. Die Bekanntgabe einer nach Versammlungsbeginn erfolgenden beschränkenden Verfügung oder einer Auflösung muss unter Angabe des Grundes der Maßnahme und auch gegenüber den Teilnehmenden der Versammlung erfolgen, sofern dies möglich und zumutbar ist.
(6) Eine verbotene Versammlung soll aufgelöst werden. Sobald die Versammlung für aufgelöst erklärt ist, haben alle anwesenden Personen sich unverzüglich zu entfernen. Es ist verboten, anstelle der aufgelösten Versammlung eine Ersatzversammlung am gleichen Ort durchzuführen.
(7) Es ist verboten, öffentlich, im Internet oder durch Verbreiten von Schriften, Ton- oder Bildträgern, Datenspeichern, Abbildungen oder anderen Darstellungen zur Teilnahme an einer Versammlung unter freiem Himmel aufzufordern, deren Durchführung durch ein vollziehbares Verbot untersagt oder deren vollziehbare Auflösung angeordnet worden ist.
(8) Durch Rechtsverordnung kann der Senat weitere Orte im Sinne von Absatz 2 Satz 1 Nummer 3 bestimmen, wenn die dort genannten Voraussetzungen vorliegen.

§ 15
Befriedeter Bezirk

(1) Für den Tagungsort des Abgeordnetenhauses von Berlin wird ein befriedeter Bezirk gebildet. Dieser wird durch folgende Straßen begrenzt:
Niederkirchnerstraße von der Wilhelmstraße bis zur Stresemannstraße, einschließlich der Gehwege, und die jeweils angrenzenden Kreuzungsbereiche von Niederkirchnerstraße und Stresemannstraße sowie von Niederkirchnerstraße, Wilhelmstraße und Zimmerstraße.
(2) Innerhalb des befriedeten Bezirks können unbeschadet von § 14 von der Präsidentin oder dem Präsidenten des Abgeordnetenhauses Versammlungen unter freiem Himmel zu Sitzungszeiten des Abgeordnetenhauses, seiner Ausschüsse oder Organe verboten oder beschränkt werden, wenn eine Beeinträchtigung deren Tätigkeiten oder eine Behinderung des freien Zugangs zum Abgeordnetenhaus zu besorgen ist. Die Präsidentin oder der Präsident des Abgeordnetenhauses unterrichtet den Ältestenrat sowie die Behörde, bei der nach § 12 die Versammlung anzuzeigen ist, unverzüglich über eine Entscheidung nach Satz 1.
(3) Die Behörde, bei der nach § 12 die Versammlung anzuzeigen ist, unterrichtet die Präsidentin oder den Präsidenten des Abgeordnetenhauses unverzüglich über die Anzeige von Versammlungen innerhalb des befriedeten Bezirks sowie für die Entscheidung nach Absatz 2 relevanten Erkenntnisse.

§ 16
Untersagung der Teilnahme oder Anwesenheit und Ausschluss von Personen

(1) Die zuständige Behörde kann einer Person die Teilnahme an oder Anwesenheit in einer Versammlung unter freiem Himmel vor deren Beginn untersagen oder beschränken, wenn von ihr nach den zur Zeit des Erlasses der Verfügung erkennbaren Umständen bei Durchführung der Versammlung eine unmittelbare Gefahr für die öffentliche Sicherheit ausgeht.
(2) Wer durch sein Verhalten in der Versammlung die öffentliche Sicherheit unmittelbar gefährdet, ohne dass die Versammlungsleitung dies unterbindet, oder wer einer Anweisung nach § 7 Absatz 3 zuwiderhandelt, kann von der zuständigen Behörde ausgeschlossen werden. Wer aus der Versammlung ausgeschlossen wird, hat sich unverzüglich zu entfernen.

§ 17
Durchsuchung und Identitätsfeststellung

(1) Bestehen tatsächliche Anhaltspunkte dafür, dass am Ort der Versammlung oder auf unmittelbarem Weg dorthin Waffen mitgeführt werden oder der Einsatz von Gegenständen im Sinne von § 9 Absatz 1 Nummer 2 und Absatz 2 oder § 19 oder von Gegenständen, deren Verwendung oder Mitnahme durch Beschränkungen nach § 14 Absatz 1 untersagt wurde, die öffentliche Sicherheit bei Durchführung einer öffentlichen Versammlung unter freiem Himmel unmittelbar gefährden wird, können Personen und Sachen durchsucht werden. Aufgefundene Gegenstände im Sinne von Satz 1 können sichergestellt werden. Die Sicherstellung und die Durchführung der Durchsuchung richten sich nach dem Allgemeinen Sicherheits- und Ordnungsgesetz.
(2) Identitätsfeststellungen sowie weitere polizei- und ordnungsrechtliche oder strafprozessuale Maßnahmen sind am Ort der Versammlung oder auf dem unmittelbaren Weg dorthin nur zulässig, soweit sich tatsächliche Anhaltspunkte für einen gegenwärtigen oder bevorstehenden Verstoß gegen die §§ 9, 19, nach § 14 Absatz 1 erlassene Beschränkungen oder für die Begehung strafbarer Handlungen ergeben. Diese Anhaltspunkte sind der betroffenen Person auf Aufforderung mitzuteilen.
(3) Durchsuchungen und Identitätsfeststellungen nach den Absätzen 1 und 2 sind so durchzuführen, dass dadurch die Teilnahme an der Versammlung nicht unverhältnismäßig behindert oder wesentlich verzögert wird.

§ 18
Bild- und Tonübertragungen und -aufzeichnungen

(1) Die Polizei darf von Teilnehmenden bei oder im Zusammenhang mit einer öffentlichen Versammlung unter freiem Himmel oder einem Aufzug Bild- und Tonaufnahmen nur offen und nur dann anfertigen, wenn Tatsachen die An-

nahme rechtfertigen, dass von diesen Personen eine erhebliche Gefahr für die öffentliche Sicherheit ausgeht. Die Maßnahmen dürfen auch durchgeführt werden, wenn Dritte unvermeidbar betroffen werden.

(2) Die Polizei darf Übersichtsaufnahmen von Versammlungen unter freiem Himmel sowie ihrem Umfeld nur anfertigen, wenn dies wegen der Größe oder Unübersichtlichkeit der Versammlung im Einzelfall zur Lenkung und Leitung des Polizeieinsatzes erforderlich ist. Die Übersichtsaufnahmen sind offen anzufertigen und dürfen weder aufgezeichnet werden noch zur Identifikation der Teilnehmenden genutzt werden. Die Versammlungsleitung ist unverzüglich über die Anfertigung von Übersichtsaufnahmen in Kenntnis zu setzen.

(3) Die Aufzeichnungen nach Absatz 1 sind nach Beendigung der öffentlichen Versammlung oder zeitlich und sachlich damit unmittelbar im Zusammenhang stehender Ereignisse unverzüglich zu löschen, soweit sie nicht erforderlich sind:

1. zur Verfolgung von Straftaten von Teilnehmenden in oder im Zusammenhang mit der Versammlung oder von Ordnungswidrigkeiten nach § 27 Absatz 1 Nummer 6,
2. im Einzelfall zur Gefahrenabwehr, wenn von der betroffenen Person in oder im Zusammenhang mit der Versammlung die konkrete Gefahr einer Verletzung von Strafgesetzen ausging und zu besorgen ist, dass bei einer künftigen Versammlung von dieser Person erneut die Gefahr der Verletzung von Strafgesetzen ausgehen wird,
3. zur befristeten Dokumentation polizeilichen Handelns, sofern eine Gefahr der öffentlichen Sicherheit eingetreten ist oder
4. zum Zwecke der polizeilichen Aus- und Fortbildung; hierzu ist eine eigene Fassung herzustellen, die eine Identifizierung der darauf abgebildeten Personen unumkehrbar ausschließt.

Die Aufzeichnungen, die aus den in Satz 1 Nummer 2 genannten Gründen nicht gelöscht wurden, sind spätestens nach Ablauf von drei Monaten nach ihrer Anfertigung zu löschen, sofern sie nicht inzwischen zur Durchführung eines Straf- oder Ordnungswidrigkeitsverfahrens zu dem in Satz 1 Nummer 1 aufgeführten Zweck genutzt werden. Die Löschung der Aufzeichnungen ist zu dokumentieren. Außer zu den in den Nummern 1 bis 4 genannten Zwecken dürfen Aufzeichnungen nicht genutzt werden.

(4) Die von einer Aufzeichnung nach Absatz 1 betroffene Person ist über die Maßnahme zu unterrichten, sobald ihre Identität bekannt ist und sofern die nach Absatz 3 Satz 1 Nummer 1 bis 3 zulässigen Verwendungszwecke der Aufzeichnung nicht gefährdet werden. Bei einem durch die Maßnahme unvermeidbar betroffenen Dritten im Sinne des Absatzes 1 Satz 2 unterbleibt die Unterrichtung, wenn die Identifikation nur mit unverhältnismäßigen Ermittlungen möglich wäre oder überwiegend schutzwürdige Interessen anderer Betroffener entgegenstehen.

(5) Die Gründe für die Anfertigung von Bild- und Tonaufzeichnungen nach Absatz 1 und für ihre Verwendung nach Absatz 3 sowie für die Anfertigung von Übersichtsaufnahmen nach Absatz 2 sind zu dokumentieren. Werden von Aufzeichnungen eigene Fassungen für die Verwendung zur polizeilichen Aus- und Fortbildung erstellt, sind die Anzahl der hergestellten Fassungen sowie der Ort der Aufbewahrung zu dokumentieren.

§ 19
Vermummungs- und Schutzausrüstungsverbot

(1) Es ist verboten, bei oder im Zusammenhang mit einer Versammlung unter freiem Himmel Gegenstände zu verwenden,
1. die zur Identitätsverschleierung geeignet und den Umständen nach darauf gerichtet sind, eine zu Zwecken der Verfolgung einer Straftat oder einer Ordnungswidrigkeit durchgeführte Feststellung der Identität zu verhindern, oder
2. die als Schutzausrüstung geeignet und den Umständen nach darauf gerichtet sind, Vollstreckungsmaßnahmen eines Trägers von Hoheitsgewalt abzuwehren.

(2) Die zuständige Behörde trifft zur Durchsetzung des Verbots Anordnungen, in denen die vom Verbot erfassten Gegenstände bezeichnet sind.

§ 20
Privatrechtlich betriebene öffentliche Verkehrsflächen

(1) Öffentliche Versammlungen dürfen auf privatrechtlich betriebenen Verkehrsflächen von Grundstücken durchgeführt werden, wenn diese der Allgemeinheit geöffnet sind und die Grundstücke sich im Eigentum von Unternehmen befinden, die überwiegend oder ausschließlich im Eigentum der öffentlichen Hand stehen oder von ihr beherrscht werden.

(2) Werden Verkehrsflächen, die der Allgemeinheit geöffnet sind, von Unternehmen betrieben, die nicht von der öffentlichen Hand beherrscht werden oder stehen diese Verkehrsflächen überwiegend oder ausschließlich im Eigentum von Privaten, können öffentliche Versammlungen dort nur durchgeführt werden, soweit überwiegende Interessen der privaten Eigentümerinnen und Eigentümer der Durchführung nicht entgegenstehen. Eine Zustimmung der Eigentümerinnen und Eigentümer ist insoweit nicht erforderlich.

(3) Die Behörde, bei der nach § 12 die Versammlung anzuzeigen ist, unterrichtet die Eigentümerinnen und Eigentümer von Verkehrsflächen nach den Absätzen 1 und 2 unverzüglich über die auf dieser Fläche angezeigten Versammlungen. Eigentümerinnen und Eigentümer von Verkehrsflächen nach Absatz 2 ist Gelegenheit zur Stellungnahme zu geben. Die Sätze 1 und 2 finden keine Anwendung bei Spontanversammlungen nach § 12 Absatz 7.

Abschnitt 3
Versammlungen in geschlossenen Räumen

§ 21
Einladung, Ausschluss

(1) Wer eine öffentliche Versammlung in geschlossenen Räumen veranstaltet, darf in der Einladung bestimmte Personen oder Personenkreise von der Teilnahme ausschließen.
(2) Die Leitung einer öffentlichen Versammlung in geschlossenen Räumen darf die Anwesenheit von Vertretenden der Medien, die sich als solche durch anerkannten Presseausweis oder durch sonstigen geeigneten Nachweis ausgewiesen haben, nicht unterbinden.

§ 22
Beschränkungen, Verbot, Auflösung

(1) Die zuständige Behörde kann die Durchführung einer Versammlung in geschlossenen Räumen beschränken, verbieten oder die Versammlung nach deren Beginn auch auflösen, wenn nach den zur Zeit des Erlasses der Maßnahmen erkennbaren Umständen eine unmittelbare Gefahr
1. eines unfriedlichen Verlaufs der Versammlung,
2. für Leben oder Gesundheit von Personen oder
3. dafür besteht, dass in der Versammlung Äußerungen erfolgen, die ein Verbrechen oder ein von Amts wegen zu verfolgendes Vergehen darstellen.

(2) Verbot oder Auflösung setzen voraus, dass Beschränkungen nicht ausreichen.
(3) Geht eine unmittelbare Gefahr für die in Absatz 1 genannten Rechtsgüter von Dritten aus, sind Maßnahmen der Gefahrenabwehr gegen diese zu richten. Kann dadurch die Gefahr auch unter Heranziehung von landes- und bundesweit verfügbaren Polizeikräften nicht abgewehrt werden, dürfen Maßnahmen nach Absatz 1 auch zulasten der Versammlung ergriffen werden, von der die Gefahr nicht ausgeht.
(4) Sollen eine beschränkende Verfügung oder ein Verbot ausgesprochen werden, so sind diese nach Feststellung der Voraussetzungen, die diese Verfügung rechtfertigen, unverzüglich der Veranstalterin oder dem Veranstalter oder der Versammlungsleitung bekannt zu geben. Die Bekanntgabe einer nach Versammlungsbeginn erfolgenden beschränkenden Verfügung oder einer Auflösung muss unter Angabe des Grundes der Maßnahme und auch gegenüber den Teilnehmenden der Versammlung erfolgen.
(5) Eine verbotene Versammlung soll aufgelöst werden. Sobald die Versammlung für aufgelöst erklärt ist, haben alle anwesenden Personen sich unverzüglich zu entfernen. Es ist verboten, anstelle der aufgelösten Versammlung eine Ersatzversammlung am gleichen Ort durchzuführen.
(6) Es ist verboten, öffentlich, im Internet oder durch Verbreiten von Schriften, Ton- oder Bildträgern, Datenspeichern, Abbildungen oder anderen Darstellun-

gen zur Teilnahme an einer Versammlung in geschlossenen Räumen aufzufordern, deren Durchführung durch ein vollziehbares Verbot untersagt oder deren vollziehbare Auflösung angeordnet worden ist.

§ 23
Hausrecht

Die eine Versammlung leitende Person übt gegenüber anderen Personen als den Teilnehmenden das Hausrecht aus.

§ 24
Durchsuchung und Identitätsfeststellung

(1) Bestehen tatsächliche Anhaltspunkte dafür, dass am Ort der Versammlung oder auf unmittelbarem Weg dorthin Waffen mitgeführt werden oder der Einsatz von Gegenständen im Sinne von § 9 Absatz 1 Nummer 2 und Absatz 2 oder von Gegenständen, deren Verwendung oder Mitnahme durch Beschränkungen nach § 22 Absatz 1 untersagt wurde, bei Durchführung einer öffentlichen Versammlung in geschlossenen Räumen Gefahren gemäß § 22 Absatz 1 verursacht, können Personen und Sachen durchsucht werden. Aufgefundene Gegenstände im Sinne von Satz 1 können sichergestellt werden. Die Sicherstellung und die Durchführung der Durchsuchung richten sich nach dem Allgemeinen Sicherheits- und Ordnungsgesetz.
(2) Identitätsfeststellungen sowie weitere polizei- und ordnungsrechtliche oder strafprozessuale Maßnahmen sind am Ort der Versammlung oder auf unmittelbarem Weg dorthin nur zulässig, soweit sich am Ort der Versammlung oder auf unmittelbarem Weg dorthin tatsächliche Anhaltspunkte für einen gegenwärtigen oder bevorstehenden Verstoß gegen § 9 oder nach § 22 Absatz 1 erlassene Beschränkungen oder für die Begehung strafbarer Handlungen ergeben. Diese Anhaltspunkte sind der betroffenen Person auf Aufforderung mitzuteilen.

§ 25
Bild- und Tonübertragungen und -aufzeichnungen

(1) Unter den Voraussetzungen des § 22 Absatz 1 darf die Polizei Bild- und Tonaufnahmen sowie entsprechende Aufzeichnungen von Teilnehmenden bei oder im Zusammenhang mit einer öffentlichen Versammlung in geschlossenen Räumen anfertigen. Die Aufnahmen und Aufzeichnungen dürfen auch angefertigt werden, wenn Dritte unvermeidbar betroffen werden. Die Aufnahmen und Aufzeichnungen sind offen vorzunehmen.
(2) Die Aufzeichnungen nach Absatz 1 sind nach Beendigung der öffentlichen Versammlung oder zeitlich und sachlich damit unmittelbar im Zusammenhang stehender Ereignisse unverzüglich zu löschen. Dies gilt nicht, soweit sie erforderlich sind:

1. zur Verfolgung von Straftaten in oder im Zusammenhang mit der Versammlung, von der eine Gefahr im Sinne von § 22 Absatz 1 ausging,
2. im Einzelfall zur Gefahrenabwehr, wenn von der betroffenen Person in oder im Zusammenhang mit der Versammlung eine Gefahr im Sinne von § 22 Absatz 1 ausging und zu besorgen ist, dass bei einer künftigen Versammlung von dieser Person erneut Gefahren im Sinne von § 22 Absatz 1 ausgehen werden.

Die Aufzeichnungen, die aus den in Satz 1 Nummer 2 genannten Gründen nicht gelöscht wurden, sind spätestens nach Ablauf von drei Monaten nach ihrer Anfertigung zu löschen, sofern sie nicht inzwischen zur Durchführung eines Strafverfahrens zu dem in Satz 1 Nummer 1 aufgeführten Zweck genutzt werden. Die Löschung der Aufzeichnungen ist zu dokumentieren.

(3) Die von einer Aufzeichnung nach Absatz 1 betroffene Person ist über die Maßnahme zu unterrichten, sobald ihre Identität bekannt ist und sofern die nach Absatz 2 zulässigen Verwendungszwecke der Aufzeichnung nicht gefährdet werden. Bei einem durch die Maßnahme unvermeidbar betroffenen Dritten im Sinne des Absatzes 1 Satz 2 unterbleibt die Unterrichtung, wenn die Identifikation nur mit unverhältnismäßigen Ermittlungen möglich wäre oder überwiegend schutzwürdige Interessen anderer Betroffener entgegenstehen.

(4) Die Gründe für die Anfertigung von Bild- und Tonaufzeichnungen nach Absatz 1 und für ihre Verwendung nach Absatz 2 sind zu dokumentieren. Außer zu den in Absatz 2 genannten Zwecken dürfen Aufzeichnungen nicht genutzt werden.

Abschnitt 4
Straftaten, Ordnungswidrigkeiten, Einziehung, Kosten

§ 26
Straftaten

(1) Wer in der Absicht, nicht verbotene Versammlungen zu verhindern oder sonst ihre Durchführung zu vereiteln, Gewalttätigkeiten vornimmt oder androht, wird mit Freiheitsstrafe bis zu zwei Jahren oder mit Geldstrafe bestraft.

(2) Mit Freiheitsstrafe bis zu einem Jahr oder mit Geldstrafe wird bestraft, wer

1. Waffen bei einer Versammlung, auf dem Weg zu einer Versammlung oder im Anschluss an eine Versammlung mit sich führt, zu der Versammlung hinschafft oder sie zur Verwendung bei ihr bereithält oder verteilt, wenn die Tat nicht nach § 52 Absatz 3 Nummer 9 des Waffengesetzes mit Strafe bedroht ist. Ebenso wird bestraft, wer eine Ordnerin oder einen Ordner in Versammlungen einsetzt, die oder der Waffen mit sich führt,
2. gegen die Leitung oder die Ordnerinnen oder Ordner einer Versammlung in der rechtmäßigen Ausübung von Ordnungsaufgaben Gewalt anwendet oder damit droht,

3. gegen eine Anordnung zur Durchsetzung des Vermummungs- und Schutzausrüstungsverbots nach § 19 Absatz 1 verstößt oder
4. gegen eine Anordnung zur Durchsetzung des Waffenverbots nach § 9 Absatz 1 Nummer 2 verstößt.

§ 27
Ordnungswidrigkeiten

(1) Ordnungswidrig handelt, wer
1. als veranstaltende oder leitende Person eine öffentliche Versammlung unter freiem Himmel ohne eine gemäß § 12 erforderliche Anzeige oder wesentlich anders als in der Anzeige angegeben durchführt,
2. öffentlich zur Teilnahme an einer Versammlung aufruft, deren Durchführung vollziehbar verboten oder deren Auflösung vollziehbar angeordnet ist,
3. trotz einer behördlichen Anordnung, dies zu unterlassen, absichtlich allein oder im Zusammenwirken mit anderen, nicht verbotene Versammlungen oder Aufzüge verhindert oder sonst ihre Durchführung vereitelt,
4. unter den Voraussetzungen der §§ 14 Absatz 1 bis 3, 15 Absatz 2 oder 22 Absatz 1 und 2 von der zuständigen Behörde oder im Verfahren des gerichtlichen Eilrechtsschutzes erlassenen vollziehbaren beschränkenden Verfügungen, Verboten oder Auflösungen als Leiterin oder Leiter oder Veranstalterin oder Veranstalter zuwiderhandelt,
5. unter den Voraussetzungen der §§ 14 Absatz 1 bis 3, 15 Absatz 2 oder 22 Absatz 1 und 2 von der zuständigen Behörde oder im Verfahren des gerichtlichen Eilrechtsschutzes erlassenen vollziehbaren beschränkenden Verfügungen, Verboten oder Auflösungen als Teilnehmerin oder Teilnehmer zuwiderhandelt,
6. gegen Anordnungen zur Durchsetzung des Uniformverbots (§ 9 Absatz 2) verstößt,
7. ungeachtet einer gemäß § 16 Absatz 1 ausgesprochenen Untersagung der Teilnahme an oder Anwesenheit in der Versammlung anwesend ist oder sich nach einem gemäß § 16 Absatz 2 angeordneten Ausschluss aus der Versammlung nicht unverzüglich entfernt oder
8. sich trotz einer unter den Voraussetzungen der §§ 14, 15 oder 22 erfolgten Auflösung einer Versammlung nicht unverzüglich entfernt.

(2) Die Ordnungswidrigkeit kann in den Fällen des Absatzes 1 Nummer 1, 5 und 8 mit einer Geldbuße bis zu eintausend Euro, in den Fällen des Absatzes 1 Nummer 3 bis zu eintausendfünfhundert Euro und in den Fällen des Absatzes 1 Nummer 2, 4, 6 und 7 bis zweitausendfünfhundert Euro geahndet werden.

§ 28
Einziehung

Gegenstände, auf die sich eine Straftat nach § 26 oder eine Ordnungswidrigkeit nach § 27 bezieht, können eingezogen werden. § 74a des Strafgesetzbuches und § 23 des Gesetzes über Ordnungswidrigkeiten sind anzuwenden.

§ 29
Kosten

Amtshandlungen nach diesem Gesetz sind kostenfrei.

Abschnitt 5
Datenverarbeitung

§ 30
Datenverarbeitung durch die zuständige Behörde

(1) Die zuständige Behörde kann die nach § 12 Absatz 1 bis 3 erhobenen personenbezogenen Daten verarbeiten, soweit dies zur Erfüllung ihrer Aufgaben nach diesem Gesetz erforderlich ist.
(2) Die zuständige Behörde kann die nach § 12 Absatz 1 bis 3 erhobenen personenbezogenen Daten sowie Informationen zum Verlauf der Versammlung auch zur Beurteilung der Gefahrenlage bei zukünftigen Versammlungen heranziehen, soweit dies erforderlich ist. Zu diesem Zweck dürfen die in Satz 1 genannten Daten zwei Jahre über den Zeitpunkt der Beendigung der Versammlung hinaus gespeichert werden.
(3) Die zuständige Behörde kann die nach § 12 Absatz 1 bis 3 erhobenen personenbezogenen Daten zur Erfüllung ihrer Unterrichtungspflichten nach § 15 Absatz 3 und § 20 Absatz 3 an die Präsidentin oder den Präsidenten des Abgeordnetenhauses und die Eigentümerin oder den Eigentümer der in § 20 Absatz 2 genannten Verkehrsfläche übermitteln.
(4) Im Übrigen bleiben die Vorschriften über die Datenverarbeitung im Berliner Datenschutzgesetz und im Allgemeinen Sicherheits- und Ordnungsgesetz unberührt.

Abschnitt 6
Schlussbestimmungen

§ 31
Zuständigkeitsregelungen

Die Polizei Berlin ist sachlich und örtlich zuständig für die Durchführung dieses Gesetzes.

§ 32
Einschränkung von Grundrechten

Das Grundrecht der Versammlungsfreiheit (Artikel 26 der Verfassung von Berlin), der informationellen Selbstbestimmung (Artikel 33 der Verfassung von Berlin), der Freiheit der Person (Artikel 8 der Verfassung von Berlin), der Freizügigkeit (Artikel 17 der Verfassung von Berlin) sowie die entsprechenden Grundrechte des Grundgesetzes (Artikel 8, Artikel 2 Absatz 2, Artikel 11 Absatz 1, Artikel 2 Absatz 1 in Verbindung mit Artikel 1) werden nach Maßgabe dieses Gesetzes eingeschränkt.

Anlage

zu § 14 Absatz 2 Satz 1 Nummer 3:

(1) Orte nach § 14 Absatz 2 Satz 1 Nummer 3 sind

1. das Denkmal für die ermordeten Juden Europas;
2. die Neue Wache – Zentrale Gedenkstätte der Bundesrepublik Deutschland für die Opfer von Krieg und Gewaltherrschaft, Unter den Linden;
3. der Bebelplatz mit dem Denkmal zur Erinnerung an die Bücherverbrennung am 10. Mai 1933;
4. die Gedenkstätte Plötzensee, Hüttigpfad;
5. das internationale Dokumentations- und Begegnungszentrum „Topographie des Terrors", Stresemannstraße/Niederkirchnerstraße;
6. die Gedenk- und Bildungsstätte „Haus der Wannsee-Konferenz", Am Großen Wannsee;
7. das Mahnmal „Gleis 17", Bahnhof Grunewald;
8. die Stätte des Gedenkens an das als Sammellager missbrauchte jüdische Altersheim in der Großen Hamburger Straße und die von dort deportierten Menschen;
9. die jüdischen Friedhöfe in der Heerstraße, der Schönhauser Allee, in Weißensee, Herbert-Baum-Straße;
10. das Jüdische Museum Berlin, Lindenstraße;
11. die Gedenkstätte auf dem Vorplatz des Gemeindehauses der Jüdischen Gemeinde zu Berlin, Fasanenstraße;
12. die Gedenkstätte auf dem Parkfriedhof Marzahn für die Opfer des Sinti- und Roma-Sammellagers, das von 1936 bis 1945 nördlich des Friedhofs eingerichtet war, Wiesenburger Weg;
13. die Gedenkstätte „Köpenicker Blutwoche", Puchanstraße;
14. die Gedenkstätte am Ort des ehemaligen Zwangsarbeiterlagers in Schöneweide, Britzer Straße;
15. das Museum „Blindenwerkstatt Otto Weidt" mit der Gedenkstätte „Stille Helden", Rosenthaler Straße;
16. das Deutsch-Russische Museum in Karlshorst, Zwieseler Straße;

17. das Denkmal für die im Nationalsozialismus ermordeten Homosexuellen, Ebertstraße;
18. das Denkmal für die im Nationalsozialismus ermordeten Sinti und Roma Europas, Simsonweg;
19. das Mahnmal Spiegelwand auf dem Hermann-Ehlers-Platz;
20. die Gedenkstätte Zwangslager, Otto-Rosenberg-Platz, Berlin-Marzahn;
21. der Güterbahnhof Moabit, Ellen-Epstein-Straße;
22. der Gedenk- und Informationsort für die Opfer der nationalsozialistischen „Euthanasie"-Morde, Tiergartenstraße und
23. der Gedenkort SA-Gefängnis Papestraße, Werner-Voß-Damm.

(2) Tage nach § 14 Absatz 2 Satz 1 Nummer 3 sind

1. der 27. Januar, Tag des Gedenkens an die Opfer des Nationalsozialismus (Holocaust-Gedenktag);
2. der 8. Mai, Tag der Befreiung;
3. der 9. Mai, Tag des Sieges über den Faschismus und
4. der 9. November, Gedenken an die Reichspogromnacht 1938.

Gesetz über Hilfen und Schutzmaßnahmen bei psychischen Krankheiten (PsychKG)

vom 17. Juni 2016,
zuletzt geändert durch Artikel 10 des Gesetzes vom 27. September 2021
(GVBl. S. 1117)

– Auszüge –

§ 1
Anwendungsbereich

(1) Dieses Gesetz regelt
1. die Hilfen für psychisch erkrankte Personen, die erforderlich sind, um die Erkrankung zu heilen, deren Verschlimmerung zu verhüten und Krankheitsbeschwerden zu lindern sowie der gesellschaftlichen Ausgrenzung der Personen entgegenzuwirken, ihre soziale Wiedereingliederung zu ermöglichen und eine Unterbringung zu vermeiden,
2. die Unterbringung psychisch erkrankter Personen, die aufgrund ihrer Erkrankung sich selbst oder bedeutende Rechtsgüter anderer erheblich gefährden, sowie
3. die strafrechtsbezogene Unterbringung in einem psychiatrischen Krankenhaus oder in einer Entziehungsanstalt.

(2) Psychisch erkrankte Personen im Sinne dieses Gesetzes sind
1. Personen mit psychischen Erkrankungen einschließlich einer Abhängigkeit von stoffgebundenen oder nicht stoffgebundenen Suchtmitteln und
2. Personen mit psychischen Störungen von erheblichem Ausmaß mit Krankheitswert.

(3) Untergebrachte Personen
1. im Sinne des Dritten Teils sind die in einer Einrichtung nach § 18 Absatz 1 untergebrachten Personen,
2. im Sinne des Vierten Teils sind die in der klinisch-forensischen Einrichtung nach § 44 Absatz 1 untergebrachten Personen,
3. im Sinne des Fünften Teils sind die in einer Einrichtung nach § 18 Absatz 1 oder in der klinisch-forensischen Einrichtung nach § 44 Absatz 1 untergebrachten Personen.

(4) Rechtliche Vertretung im Sinne dieses Gesetzes bezeichnet eine Person,
1. die als rechtliche Betreuerin oder rechtlicher Betreuer oder als Vormund bestellt wurde,
2. die rechtsgeschäftlich von der betroffenen Person bevollmächtigt wurde oder
3. der die elterliche Sorge obliegt.

(5) Versorgungsregion im Sinne dieses Gesetzes ist der Bezirk.

(6) Psychosoziale Arbeitsgemeinschaften im Sinne dieses Gesetzes sind Gremien, die die Aufgabe haben, die Zusammenarbeit aller an der Versorgung psychisch erkrankter Personen beteiligten Personen, Institutionen, Behörden und Verbände innerhalb der Versorgungsregion zu fördern und damit eine gemeindenahe und bedarfsgerechte psychiatrische Versorgung mit zu entwickeln und aufrechtzuerhalten.

(7) Gemeindepsychiatrische Verbünde im Sinne dieses Gesetzes sind vertragliche Zusammenschlüsse der wesentlichen psychiatrischen Leistungserbringer in einer Versorgungsregion, um mit Hilfe verbindlich vereinbarter gemeinsamer Qualitätsstandards die Versorgung psychisch erkrankter Personen zu gewährleisten.

§ 2
Anwendungsgrundsätze

(1) Bei allen Hilfen und Maßnahmen aufgrund dieses Gesetzes ist auf die individuelle Situation und auf die besonderen Bedürfnisse der psychisch erkrankten Person oder der untergebrachten Person Rücksicht zu nehmen. Die Würde und die persönliche Integrität der Person sind zu achten und zu schützen. Ihre individuelle Autonomie einschließlich der Freiheit, Entscheidungen selbstbestimmt zu treffen, und ihre Unabhängigkeit sind zu respektieren.

(2) Einschränkungen der Rechte einer psychisch erkrankten Person oder einer untergebrachten Person unterliegen dem Grundsatz der Verhältnismäßigkeit.

[...]

§ 15
Begriff und Voraussetzungen der Unterbringung

(1) Eine Unterbringung im Sinne des Teils 3 liegt vor, wenn eine psychisch erkrankte Person gegen ihren Willen oder gegen den Willen der für sie aufenthaltsbestimmungsberechtigten Person oder im Zustand der Willenlosigkeit in eine Einrichtung nach § 18 Absatz 1 eingewiesen oder in der Einrichtung zurückgehalten wird oder verbleiben soll.

(2) Eine psychisch erkrankte Person darf nur untergebracht werden, wenn und solange durch ihr krankheitsbedingtes Verhalten eine gegenwärtige und erhebliche Gefahr für ihr Leben oder ihre Gesundheit oder für besonders bedeutende Rechtsgüter Dritter besteht und diese Gefahr nicht anders abgewendet werden kann. Kann die Gefahr bereits durch eine ambulante Behandlung, auch im Rahmen einer psychiatrischen Institutsambulanz, oder durch eine teilstationäre Behandlung beseitigt werden, so ist die Unterbringung nicht anzuordnen oder zu beenden. Die fehlende Bereitschaft, sich behandeln zu lassen, rechtfertigt für sich allein nicht die Unterbringung.

(3) Von einer gegenwärtigen Gefahr im Sinne von Absatz 2 Satz 1 ist dann auszugehen, wenn infolge der psychischen Erkrankung ein Schaden stiftendes Ereignis unmittelbar bevorsteht oder bereits begonnen hat oder wenn sein Eintritt zwar unvorhersehbar, aber wegen der besonderen Umstände des Einzelfalls jederzeit zu erwarten ist.
(4) Die Unterbringung darf nicht angeordnet oder muss wieder beendet werden, wenn bereits eine strafrechtsbezogene Unterbringung angeordnet worden ist.

§ 16
Zweck der Unterbringung

Zweck der Unterbringung ist die Abwehr einer der in § 15 Absatz 2 Satz 1 genannten Gefahren. Zugleich dient sie der Heilung, Besserung oder Linderung oder der Verhütung einer Verschlimmerung der psychischen Krankheit oder der psychischen Störung der untergebrachten Person.

§ 17
Rechtsstellung der untergebrachten Person

Eine in Einrichtungen nach § 18 Absatz 1 untergebrachte Person ist in ihrer Würde und in ihrer persönlichen Integrität zu achten und zu schützen. Die untergebrachte Person unterliegt nur den in diesem Gesetz vorgesehenen Beschränkungen ihrer Freiheit, soweit sie sich zwingend aus den Zwecken der Unterbringung oder aus den Anforderungen an ein geordnetes Zusammenleben in der Einrichtung ergeben. Die in § 2 formulierten Grundsätze sind anzuwenden.

§ 18
Einrichtungen, Gliederung und Ausstattung

(1) Die Unterbringung erfolgt in psychiatrischen Krankenhäusern, in psychiatrischen Fachabteilungen in Krankenhäusern oder in für psychisch erkrankte Menschen geeigneten Heimen (Einrichtungen) oder in Teilen von solchen Einrichtungen.
(2) Die Einrichtungen sind baulich so zu gestalten, organisatorisch so zu gliedern und personell so auszustatten, dass eine auf die unterschiedlichen Anforderungen der untergebrachten Personen abgestimmte Behandlung ermöglicht und deren Wiedereingliederung in die Gesellschaft gefördert wird. Den besonderen Erfordernissen von Kindern, Jugendlichen und Heranwachsenden ist Rechnung zu tragen.
(3) Die Einrichtungen haben eine Behandlung der untergebrachten Personen nach dem jeweils allgemein anerkannten Stand der medizinischen, psychotherapeutischen, pflegerischen und heilpädagogischen Erkenntnisse zu gewährleisten. Sie haben über die hierfür erforderlichen Fachkräfte zu verfügen.

(4) Die Einrichtungen müssen über die Voraussetzungen zur Durchführung von freiheitsentziehenden Maßnahmen verfügen. Gesicherte Freiflächen sind in angemessener Größe vorzuhalten und zur Freizeitgestaltung zur Verfügung zu stellen. Kinder, Jugendliche und Heranwachsende sind von Erwachsenen abgegrenzt unterzubringen. Geschlechts- und kultursensible sowie behinderungsbedingte Aspekte sind zu berücksichtigen. Bei der Durchführung von freiheitsentziehenden Maßnahmen ist das Entweichen der untergebrachten Personen durch geeignete Maßnahmen zu verhindern.
(5) Die mit hoheitlicher Gewalt nach § 19 beliehenen Einrichtungen melden der für das Gesundheitswesen zuständigen Senatsverwaltung halbjährlich zum 30. Juni und 31. Dezember Daten über Aufnahmen und Entlassungen, Grund und Dauer der Unterbringungen sowie Art, Anzahl und Dauer von Zwangsbehandlungen nach § 28 Absatz 6 und Absatz 7 und die Anzahl besonderer Sicherungsmaßnahmen nach § 39 Absatz 2, getrennt nach den Nummern 1 bis 5.
[…]

§ 22
Antrag auf Unterbringung

Eine Unterbringung wird mit dem schriftlichen Antrag des Sozialpsychiatrischen Dienstes oder des Kinder- und Jugendpsychiatrischen Dienstes des Bezirksamtes an das zuständige Gericht eingeleitet.

§ 23
Vorläufige behördliche Unterbringung

(1) Bestehen dringende Anhaltspunkte für die Annahme, dass die Voraussetzungen für eine Unterbringung vorliegen, und kann eine gerichtliche Entscheidung nicht rechtzeitig herbeigeführt werden, kann das Bezirksamt eine vorläufige Unterbringung längstens bis zum Ablauf des auf die Anordnung folgenden Tages anordnen. Eine vorläufige behördliche Unterbringung erfolgt ausschließlich in einem psychiatrischen Krankenhaus oder einer psychiatrischen Fachabteilung eines Krankenhauses.
(2) Kann das Bezirksamt die Unterbringung nach Absatz 1 nicht rechtzeitig anordnen, ist die Anordnung einer vorläufigen Unterbringung auch durch die Polizei Berlin oder durch ein psychiatrisches Krankenhaus oder eine psychiatrische Fachabteilung eines Krankenhauses im Sinne des § 18 Absatz 1 bis zum Ablauf des auf die Anordnung folgenden Tages zulässig. Die Anordnung einer vorläufigen Unterbringung durch die Polizei Berlin ist nur zulässig, wenn sie auch eine Ärztin oder ein Arzt für erforderlich hält. Hierbei kann es sich auch um die aufnehmende Ärztin oder den aufnehmenden Arzt des Krankenhauses handeln, in der die betroffene Person vorläufig untergebracht werden soll. Das Krankenhaus unterrichtet das Bezirksamt, in dessen Bezirk es liegt, unverzüglich über die vorläufige Unterbringung.

(3) Die aufnehmende Ärztin oder der aufnehmende Arzt des Krankenhauses hat nach der Aufnahmeuntersuchung der betroffenen Person unverzüglich zu prüfen, ob die Voraussetzungen für eine Unterbringung vorliegen. Liegen sie nicht vor, ist die Person zu entlassen.
(4) Das Bezirksamt hat unverzüglich die gerichtliche Anordnung der Unterbringung zu beantragen, wenn es die Unterbringung für erforderlich hält. Die betroffene Person ist darüber zu informieren.
(5) Der betroffenen Person ist Gelegenheit zu geben, eine Angehörige oder einen Angehörigen oder eine sonstige Person ihres Vertrauens zu benachrichtigen. Ist sie selbst zu einer solchen Benachrichtigung nicht in der Lage, übernimmt dies der zuständige Dienst des aufnehmenden Krankenhauses, sofern dies nicht dem mutmaßlichen Willen der betroffenen Person widerspricht. Bei minderjährigen Personen sind die rechtliche Vertretung und das Jugendamt zu unterrichten. Entsprechend ist bei psychisch erkrankten Personen zu verfahren, für die eine Betreuerin oder ein Betreuer nach Buch 4 Abschnitt 3 Titel 2 des Bürgerlichen Gesetzbuchs mit dem Aufgabenkreis des Rechts der Aufenthaltsbestimmung bestellt ist oder die eine Person zur rechtsgeschäftlichen Vertretung schriftlich und unter ausdrücklicher Einbeziehung der freiheitsentziehenden Unterbringung bevollmächtigt haben.
(6) Personenbezogene Daten, die der Polizei Berlin bei der vorläufigen Unterbringung nach Absatz 2 bekannt werden, dürfen nur zur Durchführung dieses Gesetzes und zur Aufklärung von Straftaten verwendet werden.
(7) Die psychisch erkrankte Person ist in verständlicher Art und Weise über ihre Rechte, den gerichtlichen Rechtsschutz und die Möglichkeit zur Beschwerde gemäß § 11 aufzuklären. Die Gründe für die vorläufige behördliche Unterbringung gegen den Willen der betreffenden Person sind, einschließlich des erfolglos gebliebenen Versuches, die Einwilligung zu erreichen, und der Aufklärung über die Möglichkeit zur Beschwerde, zu dokumentieren.

§ 24
Örtliche Zuständigkeit des Bezirksamtes

(1) Soweit Maßnahmen des Bezirksamtes nach diesem Abschnitt 3 vorgesehen sind, ist hierfür das Bezirksamt zuständig, in dessen Bezirk die betroffene Person ihren gewöhnlichen Aufenthalt hat oder zuletzt hatte oder in dem der Anlass für ein Tätigwerden entsteht.
(2) Befindet sich die betroffene Person bereits in einem psychiatrischen Krankenhaus oder in einer psychiatrischen Fachabteilung eines Krankenhauses, so ist zunächst das Bezirksamt zuständig, in dessen Bezirk das Krankenhaus liegt.
(3) Das nach Absatz 2 tätig gewordene Bezirksamt gibt das Verfahren umgehend an das nach Absatz 1 zuständige Bezirksamt ab. Zur Durchführung eines einfachen und zweckmäßigen Verfahrens kann das Bezirksamt, in dessen Bezirk das Krankenhaus liegt, das Verfahren ausnahmsweise weiterführen, sofern dies nicht den Interessen der betroffenen Person entgegensteht.

§ 25
Durchführung der Unterbringung

Die Durchführung der Unterbringung zur Gefahrenabwehr einer psychisch erkrankten Person erfolgt durch das zuständige Bezirksamt. Bei einer Unterbringungsanordnung durch die Polizei Berlin veranlasst dieser auch die Beförderung in die Einrichtung. Ist die vorläufige Unterbringung nach § 23 Absatz 2 von einem psychiatrischen Krankenhaus oder einer psychiatrischen Fachabteilung eines Krankenhauses angeordnet worden, so hat das Krankenhaus auch die Unterbringung vorzunehmen.

§ 26
Gerichtliche Verfahrensvorschriften

Für das gerichtliche Verfahren gelten die Vorschriften des Gesetzes über das Verfahren in Familiensachen und in den Angelegenheiten der freiwilligen Gerichtsbarkeit vom 17. Dezember 2008 (BGBl. I S. 2586, 2587), das zuletzt durch Artikel 2 des Gesetzes vom 20. November 2015 (BGBl. I S. 2018) geändert worden ist, in der jeweils geltenden Fassung.

[...]

§ 73
Festnahmerecht

Eine untergebrachte Person, die entwichen ist, eine Entweichung während einer Ausführung versucht oder sich sonst ohne Erlaubnis außerhalb der klinisch-forensischen Einrichtung aufhält, kann durch Mitarbeiterinnen oder Mitarbeiter der klinisch-forensischen Einrichtung oder auf ihre Veranlassung hin durch die Polizei als Vollzugshilfe festgenommen und in die klinisch-forensische Einrichtung zurückgebracht werden. Die Anwendung unmittelbaren Zwangs gemäß § 80 ist zulässig.

[...]

Gesetz zum Schutz personenbezogener Daten in der Berliner Verwaltung – Berliner Datenschutzgesetz (BlnDSG)

vom 13. Juni 2018,
zuletzt geändert durch Artikel 4 des Gesetzes vom 11. Dezember 2025 (GVBl. S. 590)

– Auszüge –

[*Red. Anmerkung: Auszüge aus der Datenschutz-Grundverordnung (DSGVO) finden Sie im Anschluss an das BlnDSG.*]

TEIL 1
Gemeinsame Bestimmungen

Kapitel 1
Allgemeine Bestimmungen

§ 1
Zweck

(1) Dieses Gesetz trifft in den Teilen 1 und 2 sowohl ergänzende als auch abweichende Regelungen zur Durchführung der Verordnung (EU) 2016/679 des Europäischen Parlaments und des Rates vom 27. April 2016 zum Schutz natürlicher Personen bei der Verarbeitung personenbezogener Daten, zum freien Datenverkehr und zur Aufhebung der Richtlinie 95/46/EG (Datenschutz-Grundverordnung) (ABl. L 119 vom 4.5.2016, S. 1; L 314 vom 22.11.2016, S. 72; L 127 vom 23.5.2018, S. 2) in der jeweils geltenden Fassung.
(2) Darüber hinaus erfolgt in den Teilen 1 und 3 dieses Gesetzes die Umsetzung der Richtlinie (EU) 2016/680 des Europäischen Parlaments und des Rates vom 27. April 2016 zum Schutz natürlicher Personen bei der Verarbeitung personenbezogener Daten durch die zuständigen Behörden zum Zwecke der Verhütung, Ermittlung, Aufdeckung oder Verfolgung von Straftaten oder der Strafvollstreckung sowie zum freien Datenverkehr und zur Aufhebung des Rahmenbeschlusses 2008/977/JI des Rates (ABl. L 119 vom 4.5.2016, S. 89; L 127 vom 23.5.2018, S. 9).
(3) In den Teilen 1 und 4 trifft dieses Gesetz Regelungen für die Verarbeitung personenbezogener Daten, die weder in den Anwendungsbereich der Verordnung (EU) 2016/679 noch der Richtlinie (EU) 2016/680 fallen.

§ 2
Anwendungsbereich

(1) Dieses Gesetz gilt für die Verarbeitung personenbezogener Daten durch Behörden und sonstige öffentliche Stellen (insbesondere nichtrechtsfähige Anstalten, Krankenhausbetriebe, Eigenbetriebe und Gerichte) des Landes Berlin und der landesunmittelbaren Körperschaften, Anstalten und Stiftungen des öffentlichen Rechts im Sinne des § 44 des Landesorganisationsgesetzes vom 10. Juli 2025 (GVBl. S. 270) in der jeweils geltenden Fassung (öffentliche Stellen).

(2) Als öffentliche Stellen gelten ungeachtet der Beteiligung nicht-öffentlicher Stellen auch Vereinigungen des privaten Rechts, die Aufgaben der öffentlichen Verwaltung wahrnehmen und an denen das Land Berlin mit absoluter Mehrheit der Anteile oder mit absoluter Mehrheit der Stimmen beteiligt ist. Nehmen nicht-öffentliche Stellen hoheitliche Aufgaben der öffentlichen Verwaltung wahr, sind sie insoweit öffentliche Stellen im Sinne dieses Gesetzes.

(3) Das Abgeordnetenhaus, seine Mitglieder, die Fraktionen sowie ihre jeweiligen Verwaltungen und Beschäftigten unterliegen nicht den Bestimmungen dieses Gesetzes, soweit sie zur Wahrnehmung parlamentarischer Aufgaben personenbezogene Daten verarbeiten.

(4) Für die Verarbeitung personenbezogener Daten durch die für die Verhütung, Ermittlung, Aufdeckung, Verfolgung oder Ahndung von Straftaten oder Ordnungswidrigkeiten einschließlich des Schutzes vor und der Abwehr von Gefahren für die öffentliche Sicherheit zuständigen öffentlichen Stellen gelten nur Teil 1 und Teil 3 dieses Gesetzes, soweit diese Stellen personenbezogene Daten zum Zweck der Erfüllung dieser Aufgaben verarbeiten.

(5) Die Vorschriften dieses Gesetzes finden keine Anwendung, soweit das Recht der Europäischen Union, im Besonderen die Verordnung (EU) 2016/679 in der jeweils geltenden Fassung, unmittelbar gilt.

(6) Abweichend von den Absätzen 1 und 2 gelten öffentliche Stellen, soweit diese als Unternehmen am Wettbewerb teilnehmen, als nicht-öffentliche Stellen. Insoweit sind für sie nur die Regelungen der §§ 4 bis 6 und § 20 sowie § 22 anwendbar. Im Übrigen finden für sie die für nicht-öffentliche Stellen geltenden Vorschriften des Bundesdatenschutzgesetzes vom 30. Juni 2017 (BGBl. I S. 2097) in der jeweils geltenden Fassung Anwendung mit Ausnahme von § 4 und § 38 des Bundesdatenschutzgesetzes.

(7) Abweichend von Absatz 1 gilt § 19 auch für nicht-öffentliche Stellen, soweit diese personenbezogene Daten in Ausübung des Rechts auf freie Meinungsäußerung und Informationsfreiheit zu journalistischen, künstlerischen oder literarischen Zwecken verarbeiten. Dies gilt nicht, soweit die Verarbeitung ausschließlich zur Ausübung persönlicher oder familiärer Tätigkeiten erfolgt.

(8) Besondere Rechtsvorschriften über den Datenschutz gehen den Bestimmungen dieses Gesetzes vor. Regeln sie einen Sachverhalt, für den dieses Ge-

setz gilt, nicht oder nicht abschließend, finden die Vorschriften dieses Gesetzes Anwendung.

(9) Für Verarbeitungen personenbezogener Daten im Rahmen von Tätigkeiten, die nicht in den Anwendungsbereich der Verordnung (EU) 2016/679 und der Richtlinie (EU) 2016/680 fallen, finden die Verordnung (EU) 2016/679 und Teil 1 und 2 dieses Gesetzes entsprechend Anwendung, soweit nicht in Teil 4 oder in einem anderen Gesetz Abweichendes geregelt ist.

(10) Bei Verarbeitungen zu Zwecken gemäß Artikel 2 der Verordnung (EU) 2016/679 stehen die Vertragsstaaten des Abkommens über den Europäischen Wirtschaftsraum und die Schweiz den Mitgliedsstaaten der Europäischen Union gleich. Andere Staaten gelten insoweit als Drittstaaten.

(11) Bei Verarbeitungen zu Zwecken gemäß Artikel 1 Absatz 1 der Richtlinie (EU) 2016/680 stehen die bei der Umsetzung, Anwendung und Entwicklung des Schengen-Besitzstands assoziierten Staaten den Mitgliedstaaten der Europäischen Union gleich. Andere Staaten gelten insoweit als Drittstaaten.

[...]

§ 3
Verarbeitung personenbezogener Daten

Außerhalb des Anwendungsbereichs der Richtlinie (EU) 2016/680 ist die nicht in besonderen Rechtsvorschriften geregelte Verarbeitung personenbezogener Daten zulässig, wenn sie zur Erfüllung der in der Zuständigkeit des Verantwortlichen liegenden Aufgabe oder in Ausübung öffentlicher Gewalt, die dem Verantwortlichen übertragen wurde, erforderlich ist und

1. schutzwürdige Belange der betroffenen Personen wegen der Kategorien der personenbezogenen Daten, wegen der Zwecke der Verarbeitung, wegen der Dauer der Verarbeitung oder wegen ihrer Offenkundigkeit nicht entgegenstehen oder
2. Bundesrecht vollzogen wird und dieses die Verarbeitung personenbezogener Daten nicht abschließend regelt.

[...]

§ 20
Videoüberwachung

(1) Die Verarbeitung personenbezogener Daten in öffentlich zugänglichen Räumen mit Hilfe optisch-elektronischer Einrichtungen (Videoüberwachung) ist zulässig, soweit sie zur Erfüllung einer im öffentlichen Interesse liegenden Aufgabe oder zur Wahrnehmung des Hausrechts erforderlich ist und keine Anhaltspunkte bestehen, dass schutzwürdige Interessen der betroffenen Personen überwiegen.

(2) Videoüberwachte Bereiche sind so zu kennzeichnen, dass Personen vor dem Betreten über den Umstand der Videoüberwachung sowie über den Namen und die Kontaktdaten des Verantwortlichen informiert werden.

(3) Eine Verarbeitung zu anderen Zwecken ist nur zulässig, soweit dies zur Abwehr von Gefahren für die öffentliche Sicherheit oder zur Verfolgung von Straftaten erforderlich ist.
(4) Für die Verarbeitung personenbezogener Daten aus öffentlich zugänglichen Räumen des öffentlichen Personennahverkehrs gilt abweichend von Absatz 3, dass
1. sie für einen anderen Zweck nur verarbeitet werden dürfen, soweit dies für die Verhütung oder Verfolgung von Straftaten erforderlich ist, und
2. für diesen Zweck ihre Übermittlung ausschließlich an die Polizei Berlin und an die Strafverfolgungsbehörden zulässig ist.

Der Verantwortliche hat durch ein mit der Polizei Berlin abzustimmendes Sicherheitskonzept zu gewährleisten, dass Aufzeichnungen spätestens nach 72 Stunden gelöscht werden, sofern deren Speicherung nicht für einen der Zwecke des Satzes 1 Nummer 1 erforderlich ist.
(5) Unbeschadet der Verpflichtung des Verantwortlichen zur Löschung auf Grund anderer Vorschriften sind nach Absatz 1 erhobene personenbezogene Daten unverzüglich zu löschen, wenn schutzwürdige Interessen der betroffenen Person einer weiteren Speicherung entgegenstehen.
[…]

§ 23
Informationspflicht bei Erhebung von personenbezogenen Daten

(1) Neben den in Artikel 13 Absatz 4 und Artikel 14 Absatz 5 der Verordnung (EU) 2016/679 genannten Ausnahmen besteht keine Pflicht zur Information der betroffenen Person über die Erhebung ihrer personenbezogenen Daten, sofern die Erteilung der Information hinter dem öffentlichen Interesse an der Geheimhaltung oder einem überwiegenden Geheimhaltungsinteresse Dritter aus zwingenden Gründen zurücktreten muss. Ein Fall des Satzes 1 liegt insbesondere vor, wenn die Erteilung der Information
1. die öffentliche Sicherheit gefährden oder sonst dem Wohle des Bundes oder eines Landes erhebliche Nachteile bereiten würde,
2. die Verfolgung von Straftaten und Ordnungswidrigkeiten gefährden würde oder
3. dazu führen würde, dass Tatsachen, die nach einer öffentlichen Interessen dienenden Rechtsvorschrift oder zum Schutz der Rechte und Freiheiten anderer Personen geheim zu halten sind, aufgedeckt werden.

(2) Die Entscheidung über das Absehen von der Information trifft die Leitung der öffentlichen Stelle oder eine von ihr bestimmte, bei der öffentlichen Stelle beschäftigte Person. Die Gründe für ein Absehen von der Information sind zu dokumentieren und der oder dem behördlichen Datenschutzbeauftragten mitzuteilen. Der Verantwortliche ergreift auch weitere geeignete Maßnahmen zum Schutz der berechtigten Interessen der betroffenen Person, einschließlich der Bereitstellung der in Artikel 13 Absatz 1 und 2 und Artikel 14 Absatz 1 und 2

der Verordnung (EU) 2016/679 genannten Informationen für die Öffentlichkeit in präziser, transparenter, verständlicher und leicht zugänglicher Form in einer klaren und einfachen Sprache.
(3) Unterbleibt die Information in den Fällen des Absatzes 1 wegen eines vorübergehenden Hinderungsgrundes, kommt der Verantwortliche der Informationspflicht unter Berücksichtigung der spezifischen Umstände der Verarbeitung innerhalb einer angemessenen Frist ab Fortfall des Hinderungsgrundes nach, spätestens jedoch nach Ablauf von zwei Wochen.
(4) Der Rechnungshof ist zur Erteilung von Informationen nach Artikel 14 der Verordnung (EU) 2016/679 nicht verpflichtet, soweit er im Rahmen seiner unabhängigen Tätigkeit personenbezogene Daten verarbeitet.
[...]

§ 28
Geldbußen

Gegen öffentliche Stellen im Sinne des § 2 Absatz 1 und 2 sowie Stellen, die nach § 2 Absatz 3 den Bestimmungen dieses Gesetzes unterliegen, werden keine Geldbußen verhängt.

§ 29
Ordnungswidrigkeiten, Strafvorschriften

(1) Ordnungswidrig handelt, wer entgegen den Vorschriften der Verordnung (EU) 2016/679, dieses Gesetzes sowie anderer Vorschriften über den Datenschutz personenbezogene Daten, die nicht offenkundig sind, unbefugt verarbeitet. Die Ordnungswidrigkeit kann mit einer Geldbuße bis zu 50 000 Euro geahndet werden.
(2) Wer die in Absatz 1 bezeichneten Handlungen gegen Entgelt oder in der Absicht begeht, sich oder eine andere Person zu bereichern oder eine andere Person zu schädigen, wird mit Freiheitsstrafe bis zu zwei Jahren oder Geldstrafe bestraft.
(3) Die Tat nach Absatz 2 wird nur auf Antrag verfolgt. Antragsberechtigt ist die betroffene Person, der Verantwortliche und die oder der Berliner Beauftragte für Datenschutz und Informationsfreiheit.
(4) Eine Meldung nach Artikel 33 der Verordnung (EU) 2016/679 oder eine Benachrichtigung nach Artikel 34 Absatz 1 der Verordnung (EU) 2016/679 darf in einem Straf- oder Bußgeldverfahren gegen die meldepflichtige oder benachrichtigende Person oder deren in § 52 Absatz 1 der Strafprozessordnung bezeichneten Angehörigen nur mit Zustimmung der meldepflichtigen oder benachrichtigenden Person verwendet werden.

TEIL 3
Bestimmungen für Verarbeitungen zu Zwecken gemäß Artikel 1 Absatz 1 der Richtlinie (EU) 2016/680

Kapitel 1
Anwendungsbereich, Begriffsbestimmungen und allgemeine Grundsätze für die Verarbeitung personenbezogener Daten

§ 30
Anwendungsbereich

(1) Die Vorschriften dieses Teils gelten für die Verarbeitung personenbezogener Daten durch die für die Verhütung, Ermittlung, Aufdeckung, Verfolgung oder Ahndung von Straftaten oder Ordnungswidrigkeiten, einschließlich des Schutzes vor und der Abwehr von Gefahren für die öffentliche Sicherheit, zuständigen öffentlichen Stellen, soweit sie Daten zum Zweck der Erfüllung dieser Aufgaben verarbeiten. Die öffentlichen Stellen gelten dabei als Verantwortliche.
(2) Absatz 1 findet zudem Anwendung auf diejenigen öffentlichen Stellen, die für die Vollstreckung von Strafen, von Maßnahmen im Sinne des § 11 Absatz 1 Nummer 8 des Strafgesetzbuches, von Erziehungsmaßregeln oder Zuchtmitteln im Sinne des Jugendgerichtsgesetzes und von Geldbußen zuständig sind.
(3) Soweit Teil 3 Vorschriften für Auftragsverarbeiter enthält, gilt er auch für diese.

§ 31
Begriffsbestimmungen

Es bezeichnen die Begriffe:

1. „personenbezogene Daten“ alle Informationen, die sich auf eine identifizierte oder identifizierbare natürliche Person (betroffene Person) beziehen; als identifizierbar wird eine natürliche Person angesehen, die direkt oder indirekt, insbesondere mittels Zuordnung zu einer Kennung wie einem Namen, zu einer Kennnummer, zu Standortdaten, zu einer Online-Kennung oder zu einem oder mehreren besonderen Merkmalen, die Ausdruck der physischen, physiologischen, genetischen, psychischen, wirtschaftlichen, kulturellen oder sozialen Identität dieser Person sind, identifiziert werden kann;
2. „Verarbeitung“ jeden mit oder ohne Hilfe automatisierter Verfahren ausgeführten Vorgang oder jede solche Vorgangsreihe im Zusammenhang mit personenbezogenen Daten wie das Erheben, das Erfassen, die Organisation, das Ordnen, die Speicherung, die Anpassung, die Veränderung, das Auslesen, das Abfragen, die Verwendung, die Offenlegung durch Übermittlung, Verbreitung oder eine andere Form der Bereitstellung, den Abgleich, die Verknüpfung, die Einschränkung, das Löschen oder die Vernichtung;

3. „Einschränkung der Verarbeitung“ die Markierung gespeicherter personenbezogener Daten mit dem Ziel, ihre künftige Verarbeitung einzuschränken;
4. „Profiling“ jede Art der automatisierten Verarbeitung personenbezogener Daten, bei der diese Daten verwendet werden, um bestimmte persönliche Aspekte, die sich auf eine natürliche Person beziehen, zu bewerten, insbesondere um Aspekte der Arbeitsleistung, der wirtschaftlichen Lage, der Gesundheit, der persönlichen Vorlieben, der Interessen, der Zuverlässigkeit, des Verhaltens, der Aufenthaltsorte oder der Ortswechsel dieser natürlichen Person zu analysieren oder vorherzusagen;
5. „Pseudonymisierung“ die Verarbeitung personenbezogener Daten in einer Weise, in der die Daten ohne Hinzuziehung zusätzlicher Informationen nicht mehr einer spezifischen betroffenen Person zugeordnet werden können, sofern diese zusätzlichen Informationen gesondert aufbewahrt werden und technischen und organisatorischen Maßnahmen unterliegen, die gewährleisten, dass die Daten keiner betroffenen Person zugewiesen werden können;
6. „Dateisystem“ jede strukturierte Sammlung personenbezogener Daten, die nach bestimmten Kriterien zugänglich sind, unabhängig davon, ob diese Sammlung zentral, dezentral oder nach funktionalen oder geografischen Gesichtspunkten geordnet geführt wird;
7. „Verantwortlicher“ die juristische Person, Behörde, Einrichtung oder andere Stelle, die allein oder gemeinsam mit anderen über die Zwecke und Mittel der Verarbeitung von personenbezogenen Daten entscheidet;
8. „Auftragsverarbeiter“ eine natürliche oder juristische Person, Behörde, Einrichtung oder andere Stelle, die personenbezogene Daten im Auftrag des Verantwortlichen verarbeitet;
9. „Empfänger“ eine natürliche oder juristische Person, Behörde, Einrichtung oder andere Stelle, der personenbezogene Daten offengelegt werden, unabhängig davon, ob es sich bei ihr um einen Dritten handelt oder nicht; Behörden, die im Rahmen eines bestimmten Untersuchungsauftrags nach dem Unionsrecht oder anderen Rechtsvorschriften personenbezogene Daten erhalten, gelten jedoch nicht als Empfänger; die Verarbeitung dieser Daten durch die genannten Behörden erfolgt im Einklang mit den geltenden Datenschutzvorschriften gemäß den Zwecken der Verarbeitung;
10. „Verletzung des Schutzes personenbezogener Daten“ eine Verletzung der Sicherheit, die zur unbeabsichtigten oder unrechtmäßigen Vernichtung, zum Verlust, zur Veränderung oder zur unbefugten Offenlegung von oder zum unbefugten Zugang zu personenbezogenen Daten geführt hat, die verarbeitet wurden;
11. „genetische Daten“ personenbezogene Daten zu den ererbten oder erworbenen genetischen Eigenschaften einer natürlichen Person, die eindeutige Informationen über die Physiologie oder die Gesundheit dieser Person liefern, insbesondere solche, die aus der Analyse einer biologischen Probe der Person gewonnen wurden;

12. „biometrische Daten" mit speziellen technischen Verfahren gewonnene personenbezogene Daten zu den physischen, physiologischen oder verhaltenstypischen Merkmalen einer natürlichen Person, die die eindeutige Identifizierung dieser natürlichen Person ermöglichen oder bestätigen, insbesondere Gesichtsbilder oder daktyloskopische Daten;
13. „Gesundheitsdaten" personenbezogene Daten, die sich auf die körperliche oder geistige Gesundheit einer natürlichen Person, einschließlich der Erbringung von Gesundheitsdienstleistungen, beziehen und aus denen Informationen über deren Gesundheitszustand hervorgehen;
14. „besondere Kategorien personenbezogener Daten"
    a) Daten, aus denen die rassische oder ethnische Herkunft, politische Meinungen, religiöse oder weltanschauliche Überzeugungen oder die Gewerkschaftszugehörigkeit hervorgehen,
    b) genetische Daten,
    c) biometrische Daten zur eindeutigen Identifizierung einer natürlichen Person,
    d) Gesundheitsdaten und
    e) Daten zum Sexualleben oder zur sexuellen Orientierung;
15. „Aufsichtsbehörde" eine von einem Mitgliedstaat gemäß Artikel 41 der Richtlinie (EU) 2016/680 eingerichtete unabhängige staatliche Stelle;
16. „internationale Organisation" eine völkerrechtliche Organisation und ihre nachgeordneten Stellen sowie jede sonstige Einrichtung, die durch eine von zwei oder mehr Staaten geschlossene Übereinkunft oder auf der Grundlage einer solchen Übereinkunft geschaffen wurde;
17. „Einwilligung" jede freiwillig für den bestimmten Fall, in informierter Weise und unmissverständlich abgegebene Willensbekundung in Form einer Erklärung oder einer sonstigen eindeutigen bestätigenden Handlung, mit der die betroffene Person zu verstehen gibt, dass sie mit der Verarbeitung der sie betreffenden personenbezogenen Daten einverstanden ist.

§ 32
Allgemeine Grundsätze für die Verarbeitung personenbezogener Daten

(1) Personenbezogene Daten müssen
1. auf rechtmäßige Weise und nach Treu und Glauben verarbeitet werden,
2. für festgelegte, eindeutige und rechtmäßige Zwecke erhoben und dürfen nicht in einer mit diesen Zwecken nicht zu vereinbarenden Weise verarbeitet werden,
3. dem Verarbeitungszweck entsprechen, für das Erreichen des Verarbeitungszwecks erforderlich sein und ihre Verarbeitung darf nicht außer Verhältnis zu diesem Zweck stehen,
4. sachlich richtig und erforderlichenfalls auf dem neuesten Stand sein; dabei sind alle angemessenen Maßnahmen zu treffen, damit personenbezogene

Daten, die im Hinblick auf die Zwecke ihrer Verarbeitung unrichtig sind, unverzüglich gelöscht oder berichtigt werden und

5. in einer Weise verarbeitet werden, die eine angemessene Sicherheit der personenbezogenen Daten gewährleistet; hierzu gehört auch ein durch geeignete technische und organisatorische Maßnahmen zu gewährleistender Schutz vor unbefugter oder unrechtmäßiger Verarbeitung, unbeabsichtigtem Verlust, unbeabsichtigter Zerstörung oder unbeabsichtigter Schädigung.

(2) Personenbezogene Daten dürfen nicht länger als es für die Zwecke, für die sie verarbeitet werden, erforderlich ist, in einer Form gespeichert werden, die die Identifizierung der betroffenen Personen ermöglicht.

(3) Der Verantwortliche ist für die Einhaltung der Absätze 1 und 2 verantwortlich und muss deren Einhaltung nachweisen können. Dies gilt entsprechend für die Regelungen in § 34 und § 35 Absatz 1 bis 3.

Kapitel 2
Rechtsgrundlagen der Verarbeitung

§ 33
Verarbeitung besonderer Kategorien personenbezogener Daten

(1) Die Verarbeitung besonderer Kategorien personenbezogener Daten ist nur zulässig, wenn sie erforderlich ist

1. zur Aufgabenerfüllung,
2. zur Wahrung lebenswichtiger Interessen einer natürlichen Person oder
3. wenn sie sich auf Daten bezieht, die von der betroffenen Person offensichtlich öffentlich gemacht wurden.

(2) Werden besondere Kategorien personenbezogener Daten verarbeitet, sind geeignete Garantien für die Rechtsgüter der betroffenen Personen vorzusehen. Geeignete Garantien können insbesondere sein

1. verbindliche Verfahrensvorschriften, die spezifische Anforderungen an die Datensicherheit oder die Datenschutzkontrolle festlegen,
2. die Festlegung von besonderen Aussonderungsprüffristen,
3. die Sensibilisierung der an Verarbeitungsvorgängen Beteiligten,
4. die Beschränkung des Zugangs zu den personenbezogenen Daten innerhalb der verantwortlichen Stelle,
5. die von anderen Daten getrennte Verarbeitung,
6. die Pseudonymisierung personenbezogener Daten,
7. die Verschlüsselung personenbezogener Daten oder
8. spezifische Verfahrensregelungen, die im Fall einer Übermittlung oder Verarbeitung für andere Zwecke die Rechtmäßigkeit der Verarbeitung sicherstellen.

§ 34
Verarbeitung zu anderen Zwecken

Eine Verarbeitung personenbezogener Daten zu einem anderen Zweck als zu demjenigen, zu dem sie erhoben wurden, ist zulässig, wenn es sich bei dem anderen Zweck um einen der in § 30 Absatz 1 und 2 genannten Zwecke handelt, der Verantwortliche befugt ist, Daten zu diesem Zweck zu verarbeiten, und die Verarbeitung zu diesem Zweck erforderlich und verhältnismäßig ist. Die Verarbeitung personenbezogener Daten zu einem anderen, in § 30 Absatz 1 und 2 nicht genannten Zweck ist zulässig, wenn sie in einer Rechtsvorschrift vorgesehen ist.

§ 35
Verarbeitung zu wissenschaftlichen, historischen, archivarischen und statistischen Zwecken

(1) Die Verarbeitung personenbezogener Daten, einschließlich besonderer Kategorien personenbezogener Daten, ist auch ohne Einwilligung für die Erfüllung einer der in § 30 Absatz 1 und 2 genannten Aufgaben zu im öffentlichen Interesse liegenden, wissenschaftlichen oder historischen Forschungszwecken oder für archivarische oder statistische Zwecke zulässig, wenn das öffentliche Interesse an der Durchführung des Vorhabens die schutzwürdigen Belange der betroffenen Person erheblich überwiegt und der jeweilige Zweck nicht auf andere Weise erreicht werden kann. Nach Satz 1 übermittelte Daten dürfen nicht für andere Zwecke verarbeitet werden.

(2) Der Verantwortliche sieht geeignete Garantien für die Rechte und Freiheiten der betroffenen Personen vor. Die Daten sind insbesondere zu anonymisieren, sobald dies nach dem jeweiligen Zweck möglich ist, es sei denn, berechtigte Interessen der betroffenen Person stehen dem entgegen. Bis eine Anonymisierung erfolgt, sind die Merkmale gesondert zu speichern, mit denen Einzelangaben über persönliche oder sachliche Verhältnisse einer bestimmten oder bestimmbaren Person zugeordnet werden können. Sie dürfen mit den Einzelangaben nur zusammengeführt werden, soweit der jeweilige Zweck dies erfordert. Sie sind zu löschen, sobald der jeweilige Zweck erreicht ist.

(3) Die in den §§ 41 bis 44 vorgesehenen Rechte der betroffenen Person sind insoweit beschränkt, als diese Rechte voraussichtlich die Verwirklichung der Forschungs- oder Statistikzwecke unmöglich machen oder ernsthaft beeinträchtigen und die Beschränkung für die Erfüllung der Forschungs- oder Statistikzwecke notwendig ist. Das Auskunftsrecht nach § 43 besteht darüber hinaus nicht, wenn die Daten für Zwecke der wissenschaftlichen Forschung erforderlich sind und die Auskunftserteilung einen unverhältnismäßigen Aufwand erfordern würde.

(4) Diese Regelung tritt am 30. September 2025 außer Kraft.

§ 35a
Verarbeitung zu besonderen Untersuchungszwecken

(1) Setzt der Senat Sachverständige oder sonstige Beauftragte mit der Untersuchung von in besonderem öffentlichen Interesse liegenden Sachverhalten ein, die die Aufgabenerfüllung der für die Verhütung, Ermittlung, Aufdeckung, Verfolgung oder Ahndung von Straftaten oder Ordnungswidrigkeiten, einschließlich des Schutzes vor und der Abwehr von Gefahren für die öffentliche Sicherheit, zuständigen öffentlichen Stellen sowie die Aufgabe des Verfassungsschutzes betreffen, ist die Verarbeitung personenbezogener Daten durch diese Sachverständigen oder sonstigen Beauftragten zulässig, soweit sie zur Erfüllung ihrer Aufgaben erforderlich ist. Die Regelungen zur Verarbeitung besonderer Kategorien personenbezogener Daten bleiben unberührt.
(2) Die Sachverständigen oder sonstigen Beauftragten sind unbeschadet ihrer Berichtspflicht gegenüber dem Senat auch nach Beendigung der Beauftragung zur Verschwiegenheit über alle Angelegenheiten verpflichtet, die ihnen bei Ausübung ihrer Tätigkeit bekannt werden.

§ 36
Einwilligung

(1) Soweit die Verarbeitung personenbezogener Daten nach einer Rechtsvorschrift auf der Grundlage einer Einwilligung erfolgen kann, muss der Verantwortliche die Einwilligung der betroffenen Person nachweisen können.
(2) Erfolgt die Einwilligung der betroffenen Person durch schriftliche oder elektronische Erklärung und betrifft diese Erklärung noch andere Sachverhalte, muss das Ersuchen um Einwilligung in verständlicher und leicht zugänglicher Form in einer klaren und einfachen Sprache so erfolgen, dass es von den anderen Sachverhalten klar zu unterscheiden ist.
(3) Die betroffene Person hat das Recht, ihre Einwilligung jederzeit zu widerrufen. Durch den Widerruf der Einwilligung wird die Rechtmäßigkeit der auf Grund der Einwilligung bis zum Widerruf erfolgten Verarbeitung nicht berührt. Die betroffene Person ist vor Abgabe der Einwilligung hiervon in Kenntnis zu setzen.
(4) Die Einwilligung ist nur wirksam, wenn sie auf der freien Entscheidung der betroffenen Person beruht. Bei der Beurteilung, ob die Einwilligung freiwillig erteilt wurde, müssen die Umstände der Erteilung berücksichtigt werden. Die betroffene Person ist auf den vorgesehenen Zweck der Verarbeitung hinzuweisen. Die betroffene Person ist unter Darlegung der Rechtsfolgen darauf hinzuweisen, dass sie die Einwilligung verweigern kann.
(5) Soweit besondere Kategorien personenbezogener Daten verarbeitet werden, muss sich die Einwilligung ausdrücklich auf diese Daten beziehen.

§ 37
Verarbeitung auf Weisung des Verantwortlichen

Jede einem Verantwortlichen oder einem Auftragsverarbeiter unterstellte Person, die Zugang zu personenbezogenen Daten hat, darf diese Daten ausschließlich auf Weisung des Verantwortlichen verarbeiten, es sei denn, dass sie nach einer Rechtsvorschrift zur Verarbeitung verpflichtet ist.

§ 38
Datengeheimnis

Mit Datenverarbeitung befasste Personen dürfen personenbezogene Daten nicht unbefugt verarbeiten (Datengeheimnis). Sie sind bei der Aufnahme ihrer Tätigkeit auf das Datengeheimnis zu verpflichten. Das Datengeheimnis besteht auch nach der Beendigung ihrer Tätigkeit fort.

§ 39
Automatisierte Einzelentscheidung

(1) Eine ausschließlich auf einer automatischen Verarbeitung beruhende Entscheidung, die mit einer nachteiligen Rechtsfolge für die betroffene Person verbunden ist oder sie erheblich beeinträchtigt, ist nur zulässig, wenn sie in einer Rechtsvorschrift vorgesehen ist, die geeignete Garantien für die Rechte und Freiheiten der betroffenen Person bietet, zumindest aber das Recht auf persönliches Eingreifen seitens des Verantwortlichen.
(2) Entscheidungen nach Absatz 1 dürfen nicht auf besonderen Kategorien personenbezogener Daten beruhen, sofern nicht geeignete Maßnahmen zum Schutz der Rechtsgüter sowie der berechtigten Interessen der betroffenen Personen getroffen wurden.
(3) Profiling, das zur Folge hat, dass betroffene Personen auf der Grundlage von besonderen Kategorien personenbezogener Daten diskriminiert werden, ist verboten.
[…]

Kapitel 3
Rechte der betroffenen Person

§ 41
Allgemeine Informationen zu Datenverarbeitungen

Der Verantwortliche hat für jedermann zugänglich zumindest Informationen zur Verfügung zu stellen über
1. die Zwecke der von ihm vorgenommenen Verarbeitungen,
2. die im Hinblick auf die Verarbeitung ihrer personenbezogenen Daten bestehenden Rechte der betroffenen Personen auf Auskunft, Berichtigung, Löschung und Einschränkung der Verarbeitung,

3. den Namen und die Kontaktdaten des Verantwortlichen und der oder des Datenschutzbeauftragten,
4. das Recht, die Berliner Beauftragte oder den Berliner Beauftragten für Datenschutz und Informationsfreiheit anzurufen und
5. die Erreichbarkeit der oder des Berliner Beauftragten für Datenschutz und Informationsfreiheit.

§ 42
Benachrichtigung betroffener Personen

(1) Ist die Benachrichtigung betroffener Personen über die Verarbeitung sie betreffender personenbezogener Daten in speziellen Rechtsvorschriften, insbesondere bei verdeckten Maßnahmen, vorgesehen oder angeordnet, so hat diese Benachrichtigung zumindest die folgenden Angaben zu enthalten:
1. die in § 41 genannten Angaben,
2. die Rechtsgrundlage der Verarbeitung,
3. die für die Daten geltende Speicherdauer oder, falls dies nicht möglich ist, die Kriterien für die Festlegung dieser Dauer,
4. gegebenenfalls die Kategorien von Empfängern der personenbezogenen Daten, bei Übermittlungen an Empfänger in Drittländern oder internationale Organisationen auch Angaben dazu sowie
5. erforderlichenfalls weitere Informationen, insbesondere, wenn die personenbezogenen Daten ohne Wissen der betroffenen Person erhoben wurden.

(2) In den Fällen des Absatzes 1 kann der Verantwortliche die Benachrichtigung insoweit und solange aufschieben, einschränken oder unterlassen, wie andernfalls
1. die Erfüllung der in § 30 Absatz 1 und 2 genannten Aufgaben,
2. die öffentliche Sicherheit oder
3. Rechtsgüter Dritter

gefährdet würden, wenn das Interesse an der Vermeidung dieser Gefahren das Informationsinteresse der betroffenen Person überwiegt.

(3) Bezieht sich die Benachrichtigung auf die Übermittlung personenbezogener Daten an Verfassungsschutzbehörden, den Bundesnachrichtendienst, den Militärischen Abschirmdienst und, soweit die Sicherheit des Bundes berührt wird, andere Behörden des Bundesministeriums der Verteidigung, ist sie nur mit Zustimmung dieser Stellen zulässig.

(4) Im Fall der Einschränkung nach Absatz 2 gilt § 43 Absatz 7 entsprechend.

§ 43
Auskunftsrecht

(1) Der Verantwortliche hat betroffenen Personen auf Antrag Auskunft darüber zu erteilen, ob er sie betreffende Daten verarbeitet. Betroffene Personen haben darüber hinaus das Recht, Informationen zu erhalten über

1. die personenbezogenen Daten, die Gegenstand der Verarbeitung sind, und die Kategorie, zu der sie gehören,
2. die verfügbaren Informationen über die Herkunft der Daten,
3. die Zwecke der Verarbeitung und deren Rechtsgrundlage,
4. die Empfänger oder die Kategorien von Empfängern, gegenüber denen die Daten offengelegt worden sind, bei Übermittlungen an Empfänger in Drittländern oder internationale Organisationen auch Angaben dazu,
5. die für die Daten geltende Speicherdauer oder, falls dies nicht möglich ist, die Kriterien für die Festlegung dieser Dauer,
6. das Bestehen eines Rechts auf Berichtigung, Löschung oder Einschränkung der Verarbeitung der Daten durch den Verantwortlichen,
7. das Recht nach § 46, die Berliner Beauftragte oder den Berliner Beauftragten für Datenschutz und Informationsfreiheit anzurufen,
8. Angaben zur Erreichbarkeit der oder des Berliner Beauftragten für Datenschutz und Informationsfreiheit sowie
9. das Bestehen einer automatisierten Entscheidungsfindung und Informationen über die involvierte Logik.

(2) Absatz 1 gilt nicht für personenbezogene Daten, die in der Verarbeitung eingeschränkt sind und die nur deshalb verarbeitet werden, weil sie auf Grund gesetzlicher Aufbewahrungsvorschriften nicht gelöscht werden dürfen, oder die ausschließlich Zwecken der Datensicherung oder der Datenschutzkontrolle dienen, wenn die Auskunftserteilung einen unverhältnismäßigen Aufwand erfordern würde und eine Verarbeitung zu anderen Zwecken durch geeignete technische und organisatorische Maßnahmen ausgeschlossen ist.

(3) Das Recht der betroffenen Person auf Auskunft über personenbezogene Daten, die durch eine öffentliche Stelle nicht automatisiert verarbeitet werden, besteht nur, soweit die betroffene Person Angaben macht, die das Auffinden der Daten ermöglichen, und der für die Erteilung der Auskunft erforderliche Aufwand nicht außer Verhältnis zu dem von der betroffenen Person geltend gemachten Informationsinteresse steht.

(4) Der Verantwortliche kann unter den Voraussetzungen des § 42 Absatz 2 von der Auskunft nach Absatz 1 Satz 1 absehen oder die Auskunftserteilung nach Absatz 1 Satz 2 teilweise oder vollständig einschränken.

(5) Bezieht sich die Auskunftserteilung auf die Übermittlung personenbezogener Daten an Verfassungsschutzbehörden, den Bundesnachrichtendienst, den Militärischen Abschirmdienst und, soweit die Sicherheit des Bundes berührt wird, andere Behörden des Bundesministeriums der Verteidigung, ist sie nur mit Zustimmung dieser Stellen zulässig.

(6) Der Verantwortliche hat die betroffene Person über das Absehen von oder die Einschränkung einer Auskunft unverzüglich schriftlich zu unterrichten. Dies gilt nicht, wenn bereits die Erteilung dieser Informationen eine Gefährdung im Sinne des § 42 Absatz 2 mit sich bringen würde. Die Unterrichtung nach Satz 1 ist zu begründen, es sei denn, dass die Mitteilung der Gründe den

mit dem Absehen von oder der Einschränkung der Auskunft verfolgten Zweck gefährden würde.
(7) Wird die betroffene Person nach Absatz 6 über das Absehen von oder die Einschränkung der Auskunft unterrichtet, kann sie ihr Auskunftsrecht auch über die Berliner Beauftragte oder den Berliner Beauftragten für Datenschutz und Informationsfreiheit ausüben. Der Verantwortliche hat die betroffene Person über diese Möglichkeit sowie darüber zu unterrichten, dass sie gemäß § 46 die Berliner Beauftragte oder den Berliner Beauftragten für Datenschutz und Informationsfreiheit anrufen oder gerichtlichen Rechtsschutz suchen kann. Macht die betroffene Person von ihrem Recht nach Satz 1 Gebrauch, ist die Auskunft auf ihr Verlangen der oder dem Berliner Beauftragten für Datenschutz und Informationsfreiheit zu erteilen, soweit nicht die zuständige oberste Landesbehörde im Einzelfall feststellt, dass dadurch die Sicherheit des Bundes oder eines Landes gefährdet würde. Die oder der Berliner Beauftragte für Datenschutz und Informationsfreiheit hat die betroffene Person zumindest darüber zu unterrichten, dass alle erforderlichen Prüfungen erfolgt sind oder eine Überprüfung durch sie oder ihn stattgefunden hat. Diese Mitteilung kann die Information enthalten, ob datenschutzrechtliche Verstöße festgestellt wurden. Die Mitteilung der oder des Berliner Beauftragten für Datenschutz und Informationsfreiheit an die betroffene Person darf keine Rückschlüsse auf den Erkenntnisstand des Verantwortlichen zulassen, sofern dieser keiner weitergehenden Auskunft zustimmt. Der Verantwortliche darf die Zustimmung nur insoweit und solange verweigern, wie er nach Absatz 4 von einer Auskunft absehen oder sie einschränken könnte. Die oder der Berliner Beauftragte für Datenschutz und Informationsfreiheit hat zudem die betroffene Person über ihr Recht auf gerichtlichen Rechtsschutz zu unterrichten.
(8) Der Verantwortliche hat die sachlichen und rechtlichen Gründe für die Entscheidung zu dokumentieren.

§ 44
Rechte auf Berichtigung und Löschung sowie Einschränkung der Verarbeitung

(1) Die betroffene Person hat das Recht, von dem Verantwortlichen unverzüglich die Berichtigung sie betreffender unrichtiger personenbezogener Daten zu verlangen. Insbesondere im Fall von Aussagen oder Beurteilungen betrifft die Frage der Richtigkeit nicht den Inhalt der Aussage oder Beurteilung. Wenn die Richtigkeit oder Unrichtigkeit der Daten nicht festgestellt werden kann, tritt an die Stelle der Berichtigung eine Einschränkung der Verarbeitung. In diesem Fall hat der Verantwortliche die betroffene Person zu unterrichten, bevor er die Einschränkung wieder aufhebt. Die betroffene Person kann zudem die Vervollständigung unvollständiger personenbezogener Daten verlangen, wenn dies unter Berücksichtigung der Verarbeitungszwecke angemessen ist.

(2) Die betroffene Person hat das Recht, von dem Verantwortlichen unverzüglich die Löschung sie betreffender Daten zu verlangen, wenn deren Verarbeitung unzulässig ist, deren Kenntnis für die Aufgabenerfüllung nicht mehr erforderlich ist oder diese zur Erfüllung einer rechtlichen Verpflichtung gelöscht werden müssen.

(3) Anstatt die personenbezogenen Daten zu löschen, kann der Verantwortliche deren Verarbeitung einschränken, wenn

1. Grund zu der Annahme besteht, dass eine Löschung schutzwürdige Interessen einer betroffenen Person beeinträchtigen würde,
2. die Daten zu Beweiszwecken in Verfahren, die Zwecken des § 30 Absatz 1 oder 2 dienen, weiter aufbewahrt werden müssen oder
3. eine Löschung wegen der besonderen Art der Speicherung nicht oder nur mit unverhältnismäßigem Aufwand möglich ist.

In ihrer Verarbeitung nach Satz 1 eingeschränkte Daten dürfen nur zu dem Zweck, der ihrer Löschung entgegenstand oder sonst mit Einwilligung der betroffenen Person verarbeitet werden.

(4) Bei automatisierten Dateisystemen ist technisch sicherzustellen, dass eine Einschränkung der Verarbeitung eindeutig erkennbar ist und eine Verarbeitung für andere Zwecke nicht ohne weitere Prüfung möglich ist.

(5) Hat der Verantwortliche eine Berichtigung vorgenommen, hat er der öffentlichen Stelle, die ihm die personenbezogenen Daten zuvor übermittelt hat, die Berichtigung mitzuteilen. In Fällen der Berichtigung, Löschung oder Einschränkung der Verarbeitung nach den Absätzen 1 bis 3 hat der Verantwortliche Empfängern, denen die Daten übermittelt wurden, diese Maßnahmen mitzuteilen. Die Empfänger haben die Daten in eigener Verantwortung zu berichtigen, zu löschen oder ihre Verarbeitung einzuschränken.

(6) Der Verantwortliche hat die betroffene Person über ein Absehen von der Berichtigung, Vervollständigung oder Löschung personenbezogener Daten oder über die an deren Stelle tretende Einschränkung der Verarbeitung schriftlich zu unterrichten. Dies gilt nicht, wenn bereits die Erteilung dieser Informationen eine Gefährdung im Sinne des § 42 Absatz 2 mit sich bringen würde. Die Unterrichtung nach Satz 1 ist zu begründen, es sei denn, dass die Mitteilung der Gründe den mit dem Absehen von der Unterrichtung verfolgten Zweck gefährden würde.

(7) § 43 Absatz 7 und 8 findet entsprechende Anwendung.

§ 45
Verfahren für die Ausübung der Rechte der betroffenen Person

(1) Der Verantwortliche hat mit betroffenen Personen unter Verwendung einer klaren und einfachen Sprache in präziser, verständlicher und leicht zugänglicher Form zu kommunizieren. Unbeschadet besonderer Formvorschriften und insbesondere der Anforderungen gemäß § 50 Absatz 3 Satz 1 Nummer 8 soll er

bei der Beantwortung von Anträgen grundsätzlich die für den Antrag gewählte Form verwenden.

(2) Bei Anträgen hat der Verantwortliche die betroffene Person unbeschadet des § 43 Absatz 6 und des § 44 Absatz 6 unverzüglich schriftlich darüber in Kenntnis zu setzen, wie verfahren wurde.

(3) Die Erteilung von Informationen nach § 41, die Benachrichtigungen nach den §§ 42 und 52 und die Bearbeitung von Anträgen nach den §§ 43 und 44 erfolgen unentgeltlich. Bei offenkundig unbegründeten oder exzessiven Anträgen nach den §§ 43 und 44 kann der Verantwortliche entweder eine angemessene Gebühr auf der Grundlage der Verwaltungskosten verlangen oder sich weigern, auf Grund des Antrags tätig zu werden. In diesem Fall muss der Verantwortliche den offenkundig unbegründeten oder exzessiven Charakter des Antrags belegen können.

(4) Hat der Verantwortliche begründete Zweifel an der Identität einer betroffenen Person, die einen Antrag nach den §§ 43 oder 44 gestellt hat, soll er von ihr zusätzliche Informationen anfordern, die zur Bestätigung ihrer Identität erforderlich sind.

§ 46
Anrufung der oder des Berliner Beauftragten für Datenschutz und Informationsfreiheit

(1) Jede betroffene Person kann sich unbeschadet anderweitiger Rechtsbehelfe mit einer Beschwerde an die Berliner Beauftragte oder den Berliner Beauftragten für Datenschutz und Informationsfreiheit wenden, wenn sie der Auffassung ist, bei der Verarbeitung ihrer personenbezogenen Daten durch öffentliche Stellen zu den in § 30 genannten Zwecken in ihren Rechten verletzt worden zu sein. Dies gilt nicht für die Verarbeitung von personenbezogenen Daten durch die Gerichte, soweit diese die Daten im Rahmen ihrer justiziellen Tätigkeit verarbeitet haben. Die oder der Berliner Beauftragte für Datenschutz und Informationsfreiheit hat die betroffene Person über den Stand und das Ergebnis der Beschwerde zu unterrichten und sie hierbei auf die Möglichkeit gerichtlichen Rechtsschutzes nach § 47 hinzuweisen.

(2) Die oder der Berliner Beauftragte für Datenschutz und Informationsfreiheit hat eine bei ihr oder ihm eingelegte Beschwerde über eine Verarbeitung, die in die Zuständigkeit einer Aufsichtsbehörde des Bundes, eines anderen Landes oder in einem anderen Mitgliedstaat der Europäischen Union fällt, unverzüglich an die zuständige Aufsichtsbehörde weiterzuleiten. Sie oder er hat in diesem Fall die betroffene Person über die Weiterleitung zu unterrichten und ihr auf deren Ersuchen weitere Unterstützung zu leisten.

§ 47
Rechtsschutz gegen Entscheidungen oder bei Untätigkeit der oder des Berliner Beauftragten für Datenschutz und Informationsfreiheit

(1) Jede natürliche oder juristische Person kann unbeschadet anderer Rechtsbehelfe gerichtlich gegen eine sie betreffende verbindliche Entscheidung der oder des Berliner Beauftragten für Datenschutz und Informationsfreiheit vorgehen.
(2) Absatz 1 gilt entsprechend zugunsten betroffener Personen, wenn sich die oder der Berliner Beauftragte für Datenschutz und Informationsfreiheit mit einer Beschwerde nach § 46 nicht befasst oder die betroffene Person nicht innerhalb von drei Monaten nach Einlegung der Beschwerde über den Stand oder das Ergebnis der Beschwerde in Kenntnis gesetzt hat.

Kapitel 4
Pflichten der Verantwortlichen und Auftragsverarbeiter

§ 48
Auftragsverarbeitung

(1) Werden personenbezogene Daten im Auftrag eines Verantwortlichen durch andere Personen oder Stellen verarbeitet, hat der Verantwortliche für die Einhaltung der Vorschriften dieses Gesetzes und anderer Vorschriften über den Datenschutz zu sorgen. Die Rechte der betroffenen Personen auf Auskunft, Berichtigung, Löschung, Einschränkung der Verarbeitung und Schadensersatz sind in diesem Fall gegenüber dem Verantwortlichen geltend zu machen.
(2) Ein Verantwortlicher darf nur solche Auftragsverarbeiter mit der Verarbeitung personenbezogener Daten beauftragen, die mit geeigneten technischen und organisatorischen Maßnahmen sicherstellen, dass die Verarbeitung im Einklang mit den gesetzlichen Anforderungen erfolgt und der Schutz der Rechte der betroffenen Personen gewährleistet wird.
(3) Auftragsverarbeiter dürfen ohne vorherige schriftliche Genehmigung des Verantwortlichen keine weiteren Auftragsverarbeiter hinzuziehen. Hat der Verantwortliche dem Auftragsverarbeiter eine allgemeine Genehmigung zur Hinzuziehung weiterer Auftragsverarbeiter erteilt, hat der Auftragsverarbeiter den Verantwortlichen über jede beabsichtigte Hinzuziehung oder Ersetzung zu informieren. Der Verantwortliche kann in diesem Fall die Hinzuziehung oder Ersetzung untersagen.
(4) Zieht ein Auftragsverarbeiter einen weiteren Auftragsverarbeiter hinzu, so hat er diesem dieselben Verpflichtungen aus seinem Vertrag mit dem Verantwortlichen nach Absatz 5 aufzuerlegen, die auch für ihn gelten, soweit diese Pflichten für den weiteren Auftragsverarbeiter nicht schon auf Grund anderer Vorschriften verbindlich sind. Erfüllt ein weiterer Auftragsverarbeiter diese

Verpflichtungen nicht, so haftet der ihn beauftragende Auftragsverarbeiter gegenüber dem Verantwortlichen für die Einhaltung der Pflichten des weiteren Auftragsverarbeiters.

(5) Die Verarbeitung durch einen Auftragsverarbeiter hat auf der Grundlage eines Vertrags oder eines anderen Rechtsinstruments zu erfolgen, der oder das den Auftragsverarbeiter an den Verantwortlichen bindet und der oder das den Gegenstand, die Dauer, die Art und den Zweck der Verarbeitung, die Art der personenbezogenen Daten, die Kategorien betroffener Personen und die Rechte und Pflichten des Verantwortlichen festlegt. Der Vertrag oder das andere Rechtsinstrument haben insbesondere vorzusehen, dass der Auftragsverarbeiter

1. nur auf dokumentierte Weisung des Verantwortlichen handelt; ist der Auftragsverarbeiter der Auffassung, dass eine Weisung rechtswidrig ist, hat er den Verantwortlichen unverzüglich zu informieren;
2. gewährleistet, dass sich die zur Verarbeitung der personenbezogenen Daten befugten Personen zur Vertraulichkeit verpflichtet haben, soweit sie keiner angemessenen gesetzlichen Verschwiegenheitspflicht unterliegen;
3. den Verantwortlichen mit geeigneten Mitteln dabei unterstützt, die Einhaltung der Bestimmungen über die Rechte der betroffenen Person zu gewährleisten;
4. alle personenbezogenen Daten nach Abschluss der Erbringung der Verarbeitungsleistungen nach Wahl des Verantwortlichen zurückgibt oder löscht und bestehende Kopien vernichtet, wenn nicht nach einer Rechtsvorschrift eine Verpflichtung zur Speicherung der Daten besteht;
5. dem Verantwortlichen alle erforderlichen Informationen, insbesondere die gemäß § 62 erstellten Protokolle, zum Nachweis der Einhaltung seiner Pflichten zur Verfügung stellt;
6. Überprüfungen, die von dem Verantwortlichen oder einer oder einem von diesem beauftragten Prüferin oder Prüfer durchgeführt werden, ermöglicht und dazu beiträgt;
7. die in den Absätzen 3 und 4 aufgeführten Bedingungen für die Inanspruchnahme der Dienste eines weiteren Auftragsverarbeiters einhält;
8. alle gemäß § 50 erforderlichen Maßnahmen ergreift und
9. unter Berücksichtigung der Art der Verarbeitung und der ihm zur Verfügung stehenden Informationen den Verantwortlichen bei der Einhaltung der in §§ 50 bis 53 und 55 genannten Pflichten unterstützt.

(6) Der Vertrag im Sinne des Absatzes 5 ist schriftlich oder elektronisch abzufassen.

(7) Die Absätze 1 bis 6 gelten entsprechend, wenn die Wartung automatisierter Verfahren durch Dritte im Auftrag vorgenommen wird und dabei ein Zugriff auf personenbezogene Daten nicht ausgeschlossen werden kann.

(8) Ein Auftragsverarbeiter, der die Zwecke und Mittel der Verarbeitung unter Verstoß gegen diese Vorschrift bestimmt, gilt in Bezug auf diese Verarbeitung als Verantwortlicher.

§ 49
Gemeinsam Verantwortliche

Legen zwei oder mehr Verantwortliche gemeinsam die Zwecke und die Mittel der Verarbeitung fest, gelten sie als gemeinsam Verantwortliche. Gemeinsam Verantwortliche haben ihre jeweiligen Aufgaben und datenschutzrechtlichen Verantwortlichkeiten in transparenter Form in einer Vereinbarung festzulegen, soweit diese nicht bereits in Rechtsvorschriften festgelegt sind. Aus der Vereinbarung muss insbesondere hervorgehen, wer welchen Informationspflichten nachzukommen hat und wie und gegenüber wem betroffene Personen ihre Rechte wahrnehmen können. Eine entsprechende Vereinbarung hindert die betroffene Person nicht, ihre Rechte gegenüber jedem der gemeinsam Verantwortlichen geltend zu machen.

§ 50
Anforderungen an die Sicherheit der Datenverarbeitung

(1) Der Verantwortliche und der Auftragsverarbeiter haben unter Berücksichtigung des Stands der Technik, der Implementierungskosten, der Art, des Umfangs, der Umstände und der Zwecke der Verarbeitung sowie der Eintrittswahrscheinlichkeit und der Schwere der mit der Verarbeitung verbundenen Gefahren für die Rechtsgüter der betroffenen Personen die erforderlichen technischen und organisatorischen Maßnahmen zu treffen, um bei der Verarbeitung personenbezogener Daten ein dem Risiko angemessenes Schutzniveau zu gewährleisten, insbesondere im Hinblick auf die Verarbeitung besonderer Kategorien personenbezogener Daten.

(2) Die in Absatz 1 genannten Maßnahmen können unter anderem die Pseudonymisierung und Verschlüsselung personenbezogener Daten umfassen, soweit solche Mittel in Anbetracht der Verarbeitungszwecke möglich sind. Die Maßnahmen nach Absatz 1 sollen dazu führen, dass

1. die Vertraulichkeit, Integrität, Verfügbarkeit und Belastbarkeit der Systeme und Dienste im Zusammenhang mit der Verarbeitung auf Dauer sichergestellt werden und
2. die Verfügbarkeit der personenbezogenen Daten und der Zugang zu ihnen bei einem physischen oder technischen Zwischenfall rasch wiederhergestellt werden können.

(3) Im Fall einer automatisierten Verarbeitung haben der Verantwortliche und der Auftragsverarbeiter nach einer Risikobewertung Maßnahmen zu ergreifen, die Folgendes bezwecken:

1. Verwehrung des Zugangs zu Verarbeitungsanlagen, mit denen die Verarbeitung durchgeführt wird, für Unbefugte (Zugangskontrolle),
2. Verhinderung des unbefugten Lesens, Kopierens, Veränderns, Löschens oder Entfernens von Datenträgern (Datenträgerkontrolle),
3. Verhinderung der unbefugten Eingabe von personenbezogenen Daten sowie der unbefugten Kenntnisnahme, Veränderung und Löschung von gespeicherten personenbezogenen Daten (Speicherkontrolle),
4. Verhinderung der Nutzung automatisierter Verarbeitungssysteme mit Hilfe von Einrichtungen zur Datenübertragung durch Unbefugte (Benutzerkontrolle),
5. Gewährleistung, dass die zur Benutzung eines automatisierten Verarbeitungssystems Berechtigten ausschließlich zu den von ihrer Zugangsberechtigung umfassten personenbezogenen Daten Zugang haben (Zugriffskontrolle),
6. Gewährleistung, dass überprüft und festgestellt werden kann, an welche Stellen personenbezogene Daten mit Hilfe von Einrichtungen zur Datenübertragung übermittelt oder zur Verfügung gestellt wurden oder werden können (Übertragungskontrolle),
7. Gewährleistung, dass nachträglich überprüft und festgestellt werden kann, welche personenbezogenen Daten zu welcher Zeit und von wem in automatisierte Verarbeitungssysteme eingegeben oder verändert worden sind (Eingabekontrolle),
8. Gewährleistung, dass bei der Übermittlung personenbezogener Daten sowie beim Transport von Datenträgern die Vertraulichkeit und Integrität der Daten geschützt werden (Transportkontrolle),
9. Gewährleistung, dass eingesetzte Systeme im Störungsfall wiederhergestellt werden können (Wiederherstellbarkeit),
10. Gewährleistung, dass alle Funktionen des Systems zur Verfügung stehen und auftretende Fehlfunktionen gemeldet werden (Zuverlässigkeit),
11. Gewährleistung, dass gespeicherte personenbezogene Daten nicht durch Fehlfunktionen des Systems beschädigt werden können (Datenintegrität),
12. Gewährleistung, dass personenbezogene Daten, die im Auftrag verarbeitet werden, nur entsprechend den Weisungen des Auftraggebers verarbeitet werden können (Auftragskontrolle),
13. Gewährleistung, dass personenbezogene Daten gegen Zerstörung oder Verlust geschützt sind (Verfügbarkeitskontrolle),
14. Gewährleistung, dass zu unterschiedlichen Zwecken erhobene personenbezogene Daten getrennt verarbeitet werden können (Trennbarkeit).

Eine geeignete Maßnahme, die zur Verwirklichung der Zwecke nach Satz 1 Nummer 2 bis 5 und 8 beiträgt, besteht in der Verwendung von dem Stand der Technik entsprechenden Verschlüsselungsverfahren.

(4) Vor einer Entscheidung über den Einsatz oder eine wesentliche Änderung einer automatisierten Verarbeitung personenbezogener Daten sind die zu tref-

fenden technischen und organisatorischen Maßnahmen auf der Grundlage einer Risikoanalyse zu ermitteln und in einem Datenschutzkonzept zu dokumentieren. Entsprechend der technischen Entwicklung und bei Änderungen der mit den Verarbeitungsvorgängen verbundenen Risiken ist die Ermittlung der Maßnahmen in angemessenen Abständen zu wiederholen.

(5) Werden Systeme und Dienste, die für automatisierte Verarbeitungen genutzt werden, gewartet, so ist durch geeignete technische und organisatorische Maßnahmen sicherzustellen, dass nur auf die für die Wartung unbedingt erforderlichen personenbezogenen Daten zugegriffen werden kann. Diese Maßnahmen müssen insbesondere Folgendes gewährleisten:

1. die Wartung darf nur durch autorisiertes Personal erfolgen,
2. jeder Wartungsvorgang darf nur mit Wissen und Wollen der speichernden Stelle erfolgen,
3. die unbefugte Entfernung oder Übertragung personenbezogener Daten im Rahmen der Wartung ist zu verhindern,
4. es ist sicherzustellen, dass alle Wartungsvorgänge kontrolliert und nach der Durchführung nachvollzogen werden können.

Soweit eine Wartung durch Auftragsverarbeiter erfolgt, muss der Vertrag oder das Rechtsinstrument nach § 48 Absatz 5 Regelungen enthalten, die sicherstellen, dass der Auftragsverarbeiter keine personenbezogenen Daten, die ihm zur Kenntnis gelangen, an andere Stellen übermittelt. Die Durchführung von Wartungsarbeiten mit der Möglichkeit der Kenntniserlangung personenbezogener Daten durch Stellen außerhalb des Geltungsbereichs der Richtlinie (EU) 2016/680 ist nur zulässig, wenn sie erforderlich sind und bei einer Übermittlung die Voraussetzungen des § 64 oder 65 vorliegen.

§ 51
Meldung von Verletzungen des Schutzes personenbezogener Daten an die Berliner Beauftragte oder den Berliner Beauftragten für Datenschutz und Informationsfreiheit

(1) Der Verantwortliche hat eine Verletzung des Schutzes personenbezogener Daten unverzüglich und möglichst innerhalb von 72 Stunden, nachdem sie ihm bekannt geworden ist, der oder dem Berliner Beauftragten für Datenschutz und Informationsfreiheit zu melden, es sei denn, dass die Verletzung voraussichtlich zu keiner Gefahr für die Rechtsgüter natürlicher Personen führt. Erfolgt die Meldung an die Berliner Beauftragte oder den Berliner Beauftragten für Datenschutz und Informationsfreiheit nicht innerhalb von 72 Stunden, ist die Verzögerung zu begründen.

(2) Ein Auftragsverarbeiter hat eine Verletzung des Schutzes personenbezogener Daten unverzüglich dem Verantwortlichen zu melden.

(3) Die Meldung nach Absatz 1 hat zumindest folgende Informationen zu enthalten:

1. eine Beschreibung der Art der Verletzung des Schutzes personenbezogener Daten, die, soweit möglich, Angaben zu den Kategorien und der ungefähren Anzahl der betroffenen Personen, zu den betroffenen Kategorien personenbezogener Daten und zu der ungefähren Anzahl der betroffenen personenbezogenen Datensätze zu enthalten hat,
2. den Namen und die Kontaktdaten der oder des Datenschutzbeauftragten oder einer sonstigen Person oder Stelle, die weitere Informationen erteilen kann,
3. eine Beschreibung der wahrscheinlichen Folgen der Verletzung und
4. eine Beschreibung der von dem Verantwortlichen ergriffenen oder vorgeschlagenen Maßnahmen zur Behandlung der Verletzung und der getroffenen Maßnahmen zur Abmilderung ihrer möglichen nachteiligen Auswirkungen.

(4) Wenn die Informationen nach Absatz 3 nicht zusammen mit der Meldung übermittelt werden können, hat der Verantwortliche sie unverzüglich nachzureichen, sobald sie ihm vorliegen.

(5) Der Verantwortliche hat Verletzungen des Schutzes personenbezogener Daten zu dokumentieren. Die Dokumentation hat alle mit den Vorfällen zusammenhängenden Tatsachen, deren Auswirkungen und die ergriffenen Abhilfemaßnahmen zu umfassen.

(6) Soweit von einer Verletzung des Schutzes personenbezogener Daten personenbezogene Daten betroffen sind, die von einem oder an einen Verantwortlichen in einem anderen Mitgliedstaat der Europäischen Union übermittelt wurden, sind die in Absatz 3 genannten Informationen dem dortigen Verantwortlichen unverzüglich zu übermitteln.

(7) Weitere Pflichten des Verantwortlichen zu Benachrichtigungen über Verletzungen des Schutzes personenbezogener Daten bleiben unberührt.

§ 52
Benachrichtigung betroffener Personen bei Verletzungen des Schutzes personenbezogener Daten

(1) Hat eine Verletzung des Schutzes personenbezogener Daten voraussichtlich eine erhebliche Gefahr für Rechtsgüter betroffener Personen zur Folge, so hat der Verantwortliche die betroffenen Personen unverzüglich über den Vorfall zu benachrichtigen.

(2) Die Benachrichtigung nach Absatz 1 hat in klarer und einfacher Sprache die Art der Verletzung des Schutzes personenbezogener Daten zu beschreiben und zumindest die in § 51 Absatz 3 Nummer 2 bis 4 genannten Informationen und Maßnahmen zu enthalten.

(3) Von der Benachrichtigung nach Absatz 1 kann abgesehen werden, wenn

1. der Verantwortliche geeignete technische und organisatorische Sicherheitsvorkehrungen getroffen hat und diese Vorkehrungen auf die von der Verletzung des Schutzes personenbezogener Daten betroffenen Daten ange-

wandt wurden; dies gilt insbesondere für Vorkehrungen, durch die die Daten für unbefugte Personen unzugänglich gemacht wurden;
2. der Verantwortliche durch im Anschluss an die Verletzung getroffene Maßnahmen sichergestellt hat, dass aller Wahrscheinlichkeit nach keine erhebliche Gefahr im Sinne des Absatzes 1 mehr besteht, oder
3. dies mit einem unverhältnismäßigen Aufwand verbunden wäre; in diesem Fall hat stattdessen eine öffentliche Bekanntmachung oder eine ähnliche Maßnahme zu erfolgen, durch die die betroffenen Personen vergleichbar wirksam informiert werden.

(4) Wenn der Verantwortliche die betroffenen Personen über eine Verletzung des Schutzes personenbezogener Daten nicht benachrichtigt hat, kann die oder der Berliner Beauftragte für Datenschutz und Informationsfreiheit förmlich feststellen, dass ihrer oder seiner Auffassung nach die in Absatz 3 genannten Voraussetzungen nicht erfüllt sind. Hierbei hat sie oder er die Wahrscheinlichkeit zu berücksichtigen, dass die Verletzung eine erhebliche Gefahr im Sinne des Absatzes 1 zur Folge hat.

(5) Die Benachrichtigung der betroffenen Personen nach Absatz 1 kann unter den in § 42 Absatz 2 genannten Voraussetzungen aufgeschoben, eingeschränkt oder unterlassen werden, soweit nicht die Interessen der betroffenen Person auf Grund der von der Verletzung ausgehenden erheblichen Gefahr im Sinne des Absatzes 1 überwiegen.

§ 53
Durchführung einer Datenschutz-Folgenabschätzung

(1) Hat eine Form der Verarbeitung, insbesondere bei Verwendung neuer Technologien, auf Grund der Art, des Umfangs, der Umstände und der Zwecke der Verarbeitung voraussichtlich eine erhebliche Gefahr für die Rechtsgüter betroffener Personen zur Folge, so hat der Verantwortliche vorab eine Abschätzung der Folgen der vorgesehenen Verarbeitungsvorgänge für die betroffenen Personen durchzuführen.

(2) Für die Untersuchung mehrerer ähnlicher Verarbeitungsvorgänge mit ähnlich hohem Gefahrenpotential kann eine gemeinsame Datenschutz-Folgenabschätzung vorgenommen werden.

(3) Der Verantwortliche hat die Datenschutzbeauftragte oder den Datenschutzbeauftragten an der Durchführung der Folgenabschätzung zu beteiligen.

(4) Die Folgenabschätzung hat den Rechten der von der Verarbeitung betroffenen Personen Rechnung zu tragen und zumindest Folgendes zu enthalten:
1. eine systematische Beschreibung der geplanten Verarbeitungsvorgänge und der Zwecke der Verarbeitung,
2. eine Bewertung der Notwendigkeit und Verhältnismäßigkeit der Verarbeitungsvorgänge in Bezug auf deren Zweck,
3. eine Bewertung der Gefahren für die Rechtsgüter der betroffenen Personen und

4. die Maßnahmen, mit denen bestehenden Gefahren abgeholfen werden soll, einschließlich der Garantien, der Sicherheitsvorkehrungen und der Verfahren, durch die der Schutz personenbezogener Daten sichergestellt und die Einhaltung der gesetzlichen Vorgaben nachgewiesen werden sollen.

(5) Soweit erforderlich, hat der Verantwortliche eine Überprüfung durchzuführen, ob die Verarbeitung den Maßgaben folgt, die sich aus der Folgenabschätzung ergeben haben.

§ 54
Zusammenarbeit mit der oder dem Berliner Beauftragten für Datenschutz und Informationsfreiheit

Der Verantwortliche hat mit der oder dem Berliner Beauftragten für Datenschutz und Informationsfreiheit bei der Erfüllung ihrer oder seiner Aufgaben zusammenzuarbeiten.

§ 55
Anhörung der oder des Berliner Beauftragten für Datenschutz und Informationsfreiheit

(1) Der Verantwortliche hat vor der Inbetriebnahme von neu anzulegenden Dateisystemen die Berliner Beauftragte oder den Berliner Beauftragten für Datenschutz und Informationsfreiheit anzuhören, wenn

1. aus einer Datenschutz-Folgenabschätzung nach § 53 hervorgeht, dass die Verarbeitung trotz Abhilfemaßnahmen eine erhebliche Gefahr für die Rechtsgüter der betroffenen Personen zur Folge hätte oder
2. die Form der Verarbeitung, insbesondere bei der Verwendung neuer Technologien, Mechanismen oder Verfahren, eine erhebliche Gefahr für die Rechtsgüter der betroffenen Personen zur Folge hat.

Die oder der Berliner Beauftragte für Datenschutz und Informationsfreiheit kann eine Liste der Verarbeitungsvorgänge erstellen, die der Pflicht zur Anhörung nach Satz 1 unterliegen.

(2) Der oder dem Berliner Beauftragten für Datenschutz und Informationsfreiheit sind im Falle des Absatzes 1 vorzulegen:

1. die nach § 53 durchgeführte Datenschutz-Folgenabschätzung,
2. gegebenenfalls Angaben zu den jeweiligen Zuständigkeiten des Verantwortlichen, der gemeinsam Verantwortlichen und der an der Verarbeitung beteiligten Auftragsverarbeiter,
3. Angaben zu den Zwecken und Mitteln der beabsichtigten Verarbeitung,
4. Angaben zu den zum Schutz der Rechtsgüter der betroffenen Personen vorgesehenen Maßnahmen und Garantien und
5. Name und Kontaktdaten der oder des Datenschutzbeauftragten. Auf Anforderung sind ihr oder ihm zudem alle sonstigen Informationen zu übermitteln, die sie oder er benötigt, um die Rechtmäßigkeit der Verarbeitung sowie insbesondere die in Bezug auf den Schutz der personenbezogenen

Daten der betroffenen Personen bestehenden Gefahren und die diesbezüglichen Garantien bewerten zu können.

(3) Falls die oder der Berliner Beauftragte für Datenschutz und Informationsfreiheit der Auffassung ist, dass die geplante Verarbeitung gegen gesetzliche Vorgaben verstoßen würde, insbesondere weil der Verantwortliche das Risiko nicht ausreichend ermittelt oder keine ausreichenden Abhilfemaßnahmen getroffen hat, kann sie oder er dem Verantwortlichen und gegebenenfalls dem Auftragsverarbeiter innerhalb eines Zeitraums von sechs Wochen nach Einleitung der Anhörung schriftliche Empfehlungen unterbreiten, welche Maßnahmen noch ergriffen werden sollten. Die oder der Berliner Beauftragte für Datenschutz und Informationsfreiheit kann diese Frist um einen Monat verlängern, wenn die geplante Verarbeitung besonders komplex ist. Sie oder er hat in diesem Fall innerhalb eines Monats nach Einleitung der Anhörung den Verantwortlichen und gegebenenfalls den Auftragsverarbeiter über die Fristverlängerung zu informieren.

(4) Hat die beabsichtigte Verarbeitung erhebliche Bedeutung für die Aufgabenerfüllung des Verantwortlichen und ist sie daher besonders dringlich, kann er mit der Verarbeitung nach Beginn der Anhörung, aber vor Ablauf der in Absatz 3 Satz 1 genannten Frist beginnen. In diesem Fall sind die Empfehlungen der oder des Berliner Beauftragten für Datenschutz und Informationsfreiheit im Nachhinein zu berücksichtigen und sind die Art und Weise der Verarbeitung daraufhin gegebenenfalls anzupassen.

§ 56
Verzeichnis von Verarbeitungstätigkeiten

(1) Der Verantwortliche hat ein Verzeichnis aller Kategorien von Verarbeitungstätigkeiten zu führen, die in seine Zuständigkeit fallen. Dieses Verzeichnis hat die folgenden Angaben zu enthalten:

1. den Namen und die Kontaktdaten des Verantwortlichen und gegebenenfalls des gemeinsam mit ihm Verantwortlichen sowie den Namen und die Kontaktdaten der oder des Datenschutzbeauftragten,
2. die Zwecke der Verarbeitung,
3. die Herkunft regelmäßig empfangener personenbezogener Daten,
4. Angaben über die Rechtsgrundlage der Verarbeitung,
5. die Kategorien von Empfängern, gegenüber denen die personenbezogenen Daten offengelegt worden sind oder noch offengelegt werden sollen,
6. eine Beschreibung der Kategorien betroffener Personen und der Kategorien personenbezogener Daten,
7. gegebenenfalls die Verwendung von Profiling,
8. gegebenenfalls die Kategorien von Übermittlungen personenbezogener Daten an Stellen in einem Drittstaat oder an eine internationale Organisation sowie geplante Übermittlungen,

9. die vorgesehenen Fristen für die Löschung oder die Überprüfung der Erforderlichkeit der Speicherung der verschiedenen Kategorien personenbezogener Daten,
10. eine allgemeine Beschreibung der technischen und organisatorischen Maßnahmen gemäß § 50 und
11. Kategorien zugriffsberechtigter Personen oder Personengruppen.

(2) Der Auftragsverarbeiter hat ein Verzeichnis aller Kategorien von Verarbeitungen zu führen, die er im Auftrag eines Verantwortlichen durchführt, das Folgendes zu enthalten hat:

1. den Namen und die Kontaktdaten des Auftragsverarbeiters, jedes Verantwortlichen, in dessen Auftrag der Auftragsverarbeiter tätig ist, sowie gegebenenfalls der oder des Datenschutzbeauftragten,
2. gegebenenfalls Übermittlungen von personenbezogenen Daten an Stellen in einem Drittstaat oder an eine internationale Organisation unter Angabe des Staates oder der Organisation und
3. eine allgemeine Beschreibung der technischen und organisatorischen Maßnahmen gemäß § 50.

(3) Die in den Absätzen 1 und 2 genannten Verzeichnisse sind schriftlich oder elektronisch zu führen.

(4) Verantwortliche und Auftragsverarbeiter haben auf Anforderung ihre Verzeichnisse der oder dem Berliner Beauftragten für Datenschutz und Informationsfreiheit zur Verfügung zu stellen.

§ 57
Datenschutz durch Technikgestaltung und datenschutzfreundliche Voreinstellungen

(1) Der Verantwortliche hat sowohl zum Zeitpunkt der Festlegung der Mittel für die Verarbeitung als auch zum Zeitpunkt der Verarbeitung selbst angemessene Vorkehrungen zu treffen, die geeignet sind, die Datenschutzgrundsätze wirksam umzusetzen, und die sicherstellen, dass die gesetzlichen Anforderungen eingehalten und die Rechte der betroffenen Personen geschützt werden. Er hat hierbei den Stand der Technik, die Implementierungskosten und die Art, den Umfang, die Umstände und die Zwecke der Verarbeitung sowie die unterschiedliche Eintrittswahrscheinlichkeit und Schwere der mit der Verarbeitung verbundenen Gefahren für die Rechtsgüter der betroffenen Personen zu berücksichtigen. Insbesondere sind die Verarbeitung personenbezogener Daten und die Auswahl und Gestaltung von Datenverarbeitungssystemen an dem Ziel auszurichten, so wenig personenbezogene Daten wie möglich zu verarbeiten (Datensparsamkeit). Personenbezogene Daten sind zum frühestmöglichen Zeitpunkt zu anonymisieren oder zu pseudonymisieren, soweit dies nach dem Verarbeitungszweck möglich ist.

(2) Der Verantwortliche hat geeignete technische und organisatorische Maßnahmen zu treffen, die sicherstellen, dass durch Voreinstellungen grundsätzlich

nur solche personenbezogenen Daten verarbeitet werden können, deren Verarbeitung für den jeweiligen bestimmten Verarbeitungszweck erforderlich ist. Dies betrifft die Menge der erhobenen Daten, den Umfang ihrer Verarbeitung, ihre Speicherfrist und ihre Zugänglichkeit. Die Maßnahmen müssen insbesondere gewährleisten, dass die Daten durch Voreinstellungen nicht automatisiert einer unbestimmten Anzahl von Personen zugänglich gemacht werden können.

§ 58
Unterscheidung zwischen verschiedenen Kategorien betroffener Personen

Der Verantwortliche hat bei der Verarbeitung personenbezogener Daten so weit wie möglich zwischen den verschiedenen Kategorien betroffener Personen zu unterscheiden. Dies betrifft insbesondere folgende Kategorien:

1. Personen, gegen die ein begründeter Verdacht besteht, dass sie eine Straftat begangen haben,
2. Personen, gegen die ein begründeter Verdacht besteht, dass sie in naher Zukunft eine Straftat begehen werden,
3. strafrechtlich Verurteilte,
4. Opfer einer Straftat oder Personen, bei denen bestimmte Tatsachen darauf hindeuten, dass sie Opfer einer Straftat sein könnten, und
5. andere Personen im Zusammenhang mit einer Straftat oder Personen, die mit den in den Nummern 1 bis 3 genannten Personen in Kontakt oder in Verbindung stehen.

§ 59
Unterscheidung zwischen Tatsachen und persönlichen Einschätzungen

Der Verantwortliche hat bei der Verarbeitung so weit wie möglich danach zu unterscheiden, ob personenbezogene Daten auf Tatsachen oder auf persönlichen Einschätzungen beruhen. Zu diesem Zweck soll er, soweit dies im Rahmen der jeweiligen Verarbeitung möglich und angemessen ist, Beurteilungen, die auf persönlichen Einschätzungen beruhen, als solche kenntlich machen. Es muss außerdem feststellbar sein, welche Stelle die Unterlagen führt, die der auf einer persönlichen Einschätzung beruhenden Beurteilung zugrunde liegen.

§ 60
Verfahren bei Übermittlungen

(1) Der Verantwortliche hat angemessene Maßnahmen zu ergreifen, um zu gewährleisten, dass personenbezogene Daten, die unrichtig oder nicht mehr aktuell sind, nicht übermittelt oder sonst zur Verfügung gestellt werden. Zu diesem Zweck hat er, soweit dies mit angemessenem Aufwand möglich ist, die Qualität der Daten vor ihrer Übermittlung oder Bereitstellung zu überprüfen. Bei jeder Übermittlung personenbezogener Daten hat er zudem, soweit dies

möglich und angemessen ist, Informationen beizufügen, die es dem Empfänger gestatten, die Richtigkeit, die Vollständigkeit und die Zuverlässigkeit der Daten sowie deren Aktualität zu beurteilen.
(2) Gelten für die Verarbeitung von personenbezogenen Daten besondere Bedingungen, so hat bei Datenübermittlungen die übermittelnde Stelle den Empfänger auf diese Bedingungen und die Pflicht zu ihrer Beachtung hinzuweisen. Die Hinweispflicht kann dadurch erfüllt werden, dass die Daten entsprechend markiert werden.
(3) Die übermittelnde Stelle darf auf Empfänger in anderen Mitgliedstaaten der Europäischen Union und auf Einrichtungen und sonstige Stellen, die nach den Kapiteln 4 und 5 des Titels V des Dritten Teils des Vertrags über die Arbeitsweise der Europäischen Union errichtet wurden, keine Bedingungen anwenden, die nicht auch für entsprechende innerstaatliche Datenübermittlungen gelten.

§ 61
Berichtigung und Löschung personenbezogener Daten sowie Einschränkung der Verarbeitung

(1) Der Verantwortliche hat personenbezogene Daten zu berichtigen, wenn sie unrichtig sind und unvollständige Daten zu vervollständigen, wenn dies unter Berücksichtigung der Verarbeitungszwecke angemessen ist.
(2) Der Verantwortliche hat personenbezogene Daten unverzüglich zu löschen, wenn ihre Verarbeitung unzulässig ist, sie zur Erfüllung einer rechtlichen Verpflichtung gelöscht werden müssen oder ihre Kenntnis für seine Aufgabenerfüllung nicht mehr erforderlich ist.
(3) § 44 Absatz 3 bis 5 ist entsprechend anzuwenden. Sind unrichtige personenbezogene Daten oder personenbezogene Daten unrechtmäßig übermittelt worden, ist auch dies dem Empfänger mitzuteilen.
(4) Unbeschadet von in Rechtsvorschriften festgesetzten Höchstspeicher- oder Löschfristen hat der Verantwortliche für die Löschung von personenbezogenen Daten oder eine regelmäßige Überprüfung der Notwendigkeit ihrer Speicherung angemessene Fristen vorzusehen und durch verfahrensrechtliche Vorkehrungen sicherzustellen, dass diese Fristen eingehalten werden.

§ 62
Protokollierung

(1) In automatisierten Verarbeitungssystemen haben Verantwortliche und Auftragsverarbeiter mindestens die folgenden Verarbeitungsvorgänge zu protokollieren:
1. Erhebung,
2. Veränderung,
3. Abfrage,
4. Offenlegung einschließlich Übermittlung,

5. Kombination und
6. Löschung.

(2) Die Protokolle über Abfragen und Offenlegungen müssen es ermöglichen, die Begründung, das Datum und die Uhrzeit dieser Vorgänge und so weit wie möglich die Identität der Person, die die personenbezogenen Daten abgefragt oder offengelegt hat, und die Identität des Empfängers der Daten festzustellen.

(3) Die Protokolle dürfen ausschließlich für die Überprüfung der Rechtmäßigkeit der Datenverarbeitung durch die Datenschutzbeauftragte oder den Datenschutzbeauftragten, die Berliner Beauftragte oder den Berliner Beauftragten für Datenschutz und Informationsfreiheit und die betroffene Person sowie für die Eigenüberwachung, für die Gewährleistung der Integrität und Sicherheit der personenbezogenen Daten und für Strafverfahren verwendet werden.

(4) Die Protokolldaten sind nach Ablauf von zwei Jahren seit ihrer Erstellung zu löschen.

(5) Der Verantwortliche und der Auftragsverarbeiter haben die Protokolle der oder dem Berliner Beauftragten für Datenschutz und Informationsfreiheit auf Anforderung zur Verfügung zu stellen.

§ 63
Vertrauliche Meldung von Verstößen

Der Verantwortliche hat zu ermöglichen, dass ihm vertrauliche Meldungen über in seinem Verantwortungsbereich erfolgende Verstöße gegen Datenschutzvorschriften zugeleitet werden können.

[...]

§ 64
Allgemeine Voraussetzungen

(1) Die Übermittlung personenbezogener Daten an Stellen in Drittstaaten oder an internationale Organisationen ist bei Vorliegen der übrigen für Datenübermittlungen geltenden Voraussetzungen zulässig, wenn

1. die Stelle oder internationale Organisation für die in § 30 Absatz 1 und 2 genannten Zwecke zuständig ist und
2. die Europäische Kommission gemäß Artikel 36 Absatz 3 der Richtlinie (EU) 2016/680 einen Angemessenheitsbeschluss gefasst hat.

(2) Die Übermittlung personenbezogener Daten hat trotz des Vorliegens eines Angemessenheitsbeschlusses im Sinne des Absatzes 1 Nummer 2 und des zu berücksichtigenden öffentlichen Interesses an der Datenübermittlung zu unterbleiben, wenn im Einzelfall ein datenschutzrechtlich angemessener und die elementaren Menschenrechte wahrender Umgang mit den Daten beim Empfänger nicht hinreichend gesichert ist oder sonst überwiegende schutzwürdige Interessen einer betroffenen Person entgegenstehen. Bei seiner Beurteilung hat der Verantwortliche maßgeblich zu berücksichtigen, ob der Empfänger im Einzelfall einen angemessenen Schutz der übermittelten Daten garantiert.

(3) Wenn personenbezogene Daten, die aus einem anderen Mitgliedstaat der Europäischen Union übermittelt oder zur Verfügung gestellt wurden, nach Absatz 1 übermittelt werden sollen, muss diese Übermittlung zuvor von der zuständigen Stelle des anderen Mitgliedstaats genehmigt werden. Übermittlungen ohne vorherige Genehmigung sind nur dann zulässig, wenn die Übermittlung erforderlich ist, um eine unmittelbare und ernsthafte Gefahr für die öffentliche Sicherheit eines Staates oder für die wesentlichen Interessen eines Mitgliedstaats abzuwehren, und die vorherige Genehmigung nicht rechtzeitig eingeholt werden kann. Im Fall des Satzes 2 ist die Stelle des anderen Mitgliedstaats, die für die Erteilung der Genehmigung zuständig gewesen wäre, unverzüglich über die Übermittlung zu unterrichten.
(4) Der Verantwortliche, der Daten nach Absatz 1 übermittelt, hat durch geeignete Maßnahmen sicherzustellen, dass der Empfänger die übermittelten Daten nur dann an andere Drittstaaten oder andere internationale Organisationen weiterübermittelt, wenn der Verantwortliche diese Übermittlung zuvor genehmigt hat. Bei der Entscheidung über die Erteilung der Genehmigung hat der Verantwortliche alle maßgeblichen Faktoren zu berücksichtigen, insbesondere die Schwere der Straftat, den Zweck der ursprünglichen Übermittlung und das in dem Drittstaat oder der internationalen Organisation, an den oder an die die Daten weiterübermittelt werden sollen, bestehende Schutzniveau für personenbezogene Daten. Eine Genehmigung darf nur dann erfolgen, wenn auch eine direkte Übermittlung an den anderen Drittstaat oder die andere internationale Organisation zulässig wäre. Die Zuständigkeit für die Erteilung der Genehmigung kann auch abweichend geregelt werden.

§ 65
Datenübermittlung bei geeigneten Garantien

(1) Liegt entgegen § 64 Absatz 1 Nummer 2 kein Beschluss nach Artikel 36 Absatz 3 der Richtlinie (EU) 2016/680 vor, ist eine Übermittlung bei Vorliegen der übrigen Voraussetzungen des § 64 auch dann zulässig, wenn
1. in einem rechtsverbindlichen Instrument geeignete Garantien für den Schutz personenbezogener Daten vorgesehen sind oder
2. der Verantwortliche nach Beurteilung aller Umstände, die bei der Übermittlung eine Rolle spielen, zu der Auffassung gelangt ist, dass geeignete Garantien für den Schutz personenbezogener Daten bestehen.

(2) Der Verantwortliche hat Übermittlungen nach Absatz 1 Nummer 2 zu dokumentieren. Die Dokumentation hat den Zeitpunkt der Übermittlung, die Identität des Empfängers, den Grund der Übermittlung und die übermittelten personenbezogenen Daten zu enthalten. Sie ist der oder dem Berliner Beauftragten für Datenschutz und Informationsfreiheit auf Anforderung zur Verfügung zu stellen.
(3) Der Verantwortliche hat die Berliner Beauftragte oder den Berliner Beauftragten für Datenschutz und Informationsfreiheit jährlich über Übermittlungen

zu unterrichten, die auf Grund einer Beurteilung nach Absatz 1 Nummer 2 erfolgt sind. In der Unterrichtung kann er die Empfänger und die Übermittlungszwecke angemessen kategorisieren.

§ 66
Datenübermittlung ohne geeignete Garantien

(1) Liegt entgegen § 64 Absatz 1 Nummer 2 kein Beschluss nach Artikel 36 Absatz 3 der Richtlinie (EU) 2016/680 vor und liegen auch keine geeigneten Garantien im Sinne des § 65 Absatz 1 vor, ist eine Übermittlung bei Vorliegen der übrigen Voraussetzungen des § 64 auch dann zulässig, wenn die Übermittlung erforderlich ist

1. zum Schutz lebenswichtiger Interessen einer natürlichen Person,
2. zur Wahrung berechtigter Interessen der betroffenen Person,
3. zur Abwehr einer gegenwärtigen und erheblichen Gefahr für die öffentliche Sicherheit eines Staates,
4. im Einzelfall für die in § 30 genannten Zwecke oder
5. im Einzelfall zur Geltendmachung, Ausübung oder Verteidigung von Rechtsansprüchen im Zusammenhang mit den in § 30 genannten Zwecken.

(2) Der Verantwortliche hat von einer Übermittlung nach Absatz 1 abzusehen, wenn die Grundrechte der betroffenen Person das öffentliche Interesse an der Übermittlung überwiegen.

(3) Für Übermittlungen nach Absatz 1 gilt § 65 Absatz 2 und 3 entsprechend.

§ 67
Sonstige Datenübermittlung an Empfänger in Drittstaaten

(1) Der Verantwortliche kann bei Vorliegen der übrigen für die Datenübermittlung in Drittstaaten geltenden Voraussetzungen im besonderen Einzelfall personenbezogene Daten unmittelbar an nicht in § 64 Absatz 1 Nummer 1 genannte Stellen in Drittstaaten übermitteln, wenn die Übermittlung für die Erfüllung seiner Aufgaben erforderlich ist und

1. im konkreten Fall keine Grundrechte der betroffenen Person das öffentliche Interesse an einer Übermittlung überwiegen,
2. er die Übermittlung an die in § 64 Absatz 1 Nummer 1 genannten Stellen für wirkungslos oder ungeeignet hält, insbesondere weil sie nicht rechtzeitig durchgeführt werden kann, und
3. er dem Empfänger die Zwecke der Verarbeitung mitteilt und ihn darauf hinweist, dass die übermittelten Daten nur in dem Umfang verarbeitet werden dürfen, in dem ihre Verarbeitung für diese Zwecke erforderlich ist.

(2) Im Fall des Absatzes 1 hat der Verantwortliche die in § 64 Absatz 1 Nummer 1 genannten Behörden unverzüglich über die Übermittlung zu unterrichten, sofern dies nicht wirkungslos oder ungeeignet ist.

(3) Für Übermittlungen nach Absatz 1 gilt § 65 Absatz 2 und 3 entsprechend.

(4) Bei Übermittlungen nach Absatz 1 hat der Verantwortliche den Empfänger zu verpflichten, die übermittelten personenbezogenen Daten nur für den Zweck zu verarbeiten, für den sie übermittelt worden sind.
(5) Abkommen im Bereich der justiziellen Zusammenarbeit in Strafsachen und der polizeilichen Zusammenarbeit bleiben unberührt.
[...]

§ 69
Schadensersatz und Entschädigung

(1) Hat ein Verantwortlicher einer betroffenen Person durch eine Verarbeitung personenbezogener Daten, die nach einer nach Maßgabe der Richtlinie (EU) 2016/680 erlassenen Vorschrift rechtswidrig war, einen Schaden zugefügt, ist er oder sein Rechtsträger der betroffenen Person zum Schadensersatz verpflichtet. Die Ersatzpflicht entfällt, soweit bei einer nicht-automatisierten Verarbeitung der Schaden nicht auf ein Verschulden des Verantwortlichen zurückzuführen ist.
(2) Wegen eines Schadens, der nicht Vermögensschaden ist, kann die betroffene Person eine angemessene Entschädigung in Geld verlangen.
(3) Lässt sich bei einer automatisierten Verarbeitung personenbezogener Daten nicht ermitteln, welcher von mehreren beteiligten Verantwortlichen den Schaden verursacht hat, so haftet jeder Verantwortliche beziehungsweise sein Rechtsträger.
(4) Hat bei der Entstehung des Schadens ein Verschulden der betroffenen Person mitgewirkt, ist § 254 des Bürgerlichen Gesetzbuchs entsprechend anzuwenden.
(5) Auf die Verjährung finden die für unerlaubte Handlungen geltenden Verjährungsvorschriften des Bürgerlichen Gesetzbuchs entsprechende Anwendung.

§ 70
Ordnungswidrigkeiten, Strafvorschriften

Für Verarbeitungen personenbezogener Daten durch öffentliche Stellen im Rahmen von Tätigkeiten nach § 30 Absatz 1 Satz 1 oder Absatz 2 findet § 29 entsprechende Anwendung.
[...]

Datenschutz-Grundverordnung (DSGVO)

Verordnung (EU) 2016/679 des Europäischen Parlaments und des Rates vom 27. April 2016 zum Schutz natürlicher Personen bei der Verarbeitung personenbezogener Daten, zum freien Datenverkehr und zur Aufhebung der Richtlinie 95/46/EG (Datenschutz-Grundverordnung) (ABl. EU Nr. L 119 S. 1; Nr. L 314 S. 72)

– Auszüge –

Art. 1 – Gegenstand und Ziele

(1) Diese Verordnung enthält Vorschriften zum Schutz natürlicher Personen bei der Verarbeitung personenbezogener Daten und zum freien Verkehr solcher Daten.
(2) Diese Verordnung schützt die Grundrechte und Grundfreiheiten natürlicher Personen und insbesondere deren Recht auf Schutz personenbezogener Daten.
(3) Der freie Verkehr personenbezogener Daten in der Union darf aus Gründen des Schutzes natürlicher Personen bei der Verarbeitung personenbezogener Daten weder eingeschränkt noch verboten werden.

Art. 2 – Sachlicher Anwendungsbereich

(1) Diese Verordnung gilt für die ganz oder teilweise automatisierte Verarbeitung personenbezogener Daten sowie für die nichtautomatisierte Verarbeitung personenbezogener Daten, die in einem Dateisystem gespeichert sind oder gespeichert werden sollen.
(2) Diese Verordnung findet keine Anwendung auf die Verarbeitung personenbezogener Daten
a) im Rahmen einer Tätigkeit, die nicht in den Anwendungsbereich des Unionsrechts fällt,
b) durch die Mitgliedstaaten im Rahmen von Tätigkeiten, die in den Anwendungsbereich von Titel V Kapitel 2 EUV fallen,
c) durch natürliche Personen zur Ausübung ausschließlich persönlicher oder familiärer Tätigkeiten,
d) durch die zuständigen Behörden zum Zwecke der Verhütung, Ermittlung, Aufdeckung oder Verfolgung von Straftaten oder der Strafvollstreckung, einschließlich des Schutzes vor und der Abwehr von Gefahren für die öffentliche Sicherheit.

(3) [...]
[...]

Art. 5 – Grundsätze für die Verarbeitung personenbezogener Daten

(1) Personenbezogene Daten müssen

a) auf rechtmäßige Weise, nach Treu und Glauben und in einer für die betroffene Person nachvollziehbaren Weise verarbeitet werden („Rechtmäßigkeit, Verarbeitung nach Treu und Glauben, Transparenz“);
b) für festgelegte, eindeutige und legitime Zwecke erhoben werden und dürfen nicht in einer mit diesen Zwecken nicht zu vereinbarenden Weise weiterverarbeitet werden; eine Weiterverarbeitung für im öffentlichen Interesse liegende Archivzwecke, für wissenschaftliche oder historische Forschungszwecke oder für statistische Zwecke gilt gemäß Artikel 89 Absatz 1 nicht als unvereinbar mit den ursprünglichen Zwecken („Zweckbindung“);
c) dem Zweck angemessen und erheblich sowie auf das für die Zwecke der Verarbeitung notwendige Maß beschränkt sein („Datenminimierung“);
d) sachlich richtig und erforderlichenfalls auf dem neuesten Stand sein; es sind alle angemessenen Maßnahmen zu treffen, damit personenbezogene Daten, die im Hinblick auf die Zwecke ihrer Verarbeitung unrichtig sind, unverzüglich gelöscht oder berichtigt werden („Richtigkeit“);
e) in einer Form gespeichert werden, die die Identifizierung der betroffenen Personen nur so lange ermöglicht, wie es für die Zwecke, für die sie verarbeitet werden, erforderlich ist; personenbezogene Daten dürfen länger gespeichert werden, soweit die personenbezogenen Daten vorbehaltlich der Durchführung geeigneter technischer und organisatorischer Maßnahmen, die von dieser Verordnung zum Schutz der Rechte und Freiheiten der betroffenen Person gefordert werden, ausschließlich für im öffentlichen Interesse liegende Archivzwecke oder für wissenschaftliche und historische Forschungszwecke oder für statistische Zwecke gemäß Artikel 89 Absatz 1 verarbeitet werden („Speicherbegrenzung“);
f) in einer Weise verarbeitet werden, die eine angemessene Sicherheit der personenbezogenen Daten gewährleistet, einschließlich Schutz vor unbefugter oder unrechtmäßiger Verarbeitung und vor unbeabsichtigtem Verlust, unbeabsichtigter Zerstörung oder unbeabsichtigter Schädigung durch geeignete technische und organisatorische Maßnahmen („Integrität und Vertraulichkeit“);

(2) Der Verantwortliche ist für die Einhaltung des Absatzes 1 verantwortlich und muss dessen Einhaltung nachweisen können („Rechenschaftspflicht“).

Art. 6 – Rechtmäßigkeit der Verarbeitung

(1) Die Verarbeitung ist nur rechtmäßig, wenn mindestens eine der nachstehenden Bedingungen erfüllt ist:

a) Die betroffene Person hat ihre Einwilligung zu der Verarbeitung der sie betreffenden personenbezogenen Daten für einen oder mehrere bestimmte Zwecke gegeben;

b) die Verarbeitung ist für die Erfüllung eines Vertrags, dessen Vertragspartei die betroffene Person ist, oder zur Durchführung vorvertraglicher Maßnahmen erforderlich, die auf Anfrage der betroffenen Person erfolgen;
c) die Verarbeitung ist zur Erfüllung einer rechtlichen Verpflichtung erforderlich, der der Verantwortliche unterliegt;
d) die Verarbeitung ist erforderlich, um lebenswichtige Interessen der betroffenen Person oder einer anderen natürlichen Person zu schützen;
e) die Verarbeitung ist für die Wahrnehmung einer Aufgabe erforderlich, die im öffentlichen Interesse liegt oder in Ausübung öffentlicher Gewalt erfolgt, die dem Verantwortlichen übertragen wurde;
f) die Verarbeitung ist zur Wahrung der berechtigten Interessen des Verantwortlichen oder eines Dritten erforderlich, sofern nicht die Interessen oder Grundrechte und Grundfreiheiten der betroffenen Person, die den Schutz personenbezogener Daten erfordern, überwiegen, insbesondere dann, wenn es sich bei der betroffenen Person um ein Kind handelt.

Unterabsatz 1 Buchstabe f gilt nicht für die von Behörden in Erfüllung ihrer Aufgaben vorgenommene Verarbeitung.

(2) Die Mitgliedstaaten können spezifischere Bestimmungen zur Anpassung der Anwendung der Vorschriften dieser Verordnung in Bezug auf die Verarbeitung zur Erfüllung von Absatz 1 Buchstaben c und e beibehalten oder einführen, indem sie spezifische Anforderungen für die Verarbeitung sowie sonstige Maßnahmen präziser bestimmen, um eine rechtmäßig und nach Treu und Glauben erfolgende Verarbeitung zu gewährleisten, einschließlich für andere besondere Verarbeitungssituationen gemäß Kapitel IX.

(3) [1]Die Rechtsgrundlage für die Verarbeitungen gemäß Absatz 1 Buchstaben c und e wird festgelegt durch

a) Unionsrecht oder
b) das Recht der Mitgliedstaaten, dem der Verantwortliche unterliegt.

[2]Der Zweck der Verarbeitung muss in dieser Rechtsgrundlage festgelegt oder hinsichtlich der Verarbeitung gemäß Absatz 1 Buchstabe e für die Erfüllung einer Aufgabe erforderlich sein, die im öffentlichen Interesse liegt oder in Ausübung öffentlicher Gewalt erfolgt, die dem Verantwortlichen übertragen wurde. [3]Diese Rechtsgrundlage kann spezifische Bestimmungen zur Anpassung der Anwendung der Vorschriften dieser Verordnung enthalten, unter anderem Bestimmungen darüber, welche allgemeinen Bedingungen für die Regelung der Rechtmäßigkeit der Verarbeitung durch den Verantwortlichen gelten, welche Arten von Daten verarbeitet werden, welche Personen betroffen sind, an welche Einrichtungen und für welche Zwecke die personenbezogenen Daten offengelegt werden dürfen, welcher Zweckbindung sie unterliegen, wie lange sie gespeichert werden dürfen und welche Verarbeitungsvorgänge und -verfahren angewandt werden dürfen, einschließlich Maßnahmen zur Gewährleistung einer rechtmäßig und nach Treu und Glauben erfolgenden Verarbeitung, wie solche für sonstige besondere Verarbeitungssituationen gemäß Kapitel IX. [4]Das Unionsrecht oder

das Recht der Mitgliedstaaten müssen ein im öffentlichen Interesse liegendes Ziel verfolgen und in einem angemessenen Verhältnis zu dem verfolgten legitimen Zweck stehen.

[...]

Art. 13 – Informationspflicht bei Erhebung von personenbezogenen Daten bei der betroffenen Person

(1) Werden personenbezogene Daten bei der betroffenen Person erhoben, so teilt der Verantwortliche der betroffenen Person zum Zeitpunkt der Erhebung dieser Daten Folgendes mit:

a) den Namen und die Kontaktdaten des Verantwortlichen sowie gegebenenfalls seines Vertreters;
b) gegebenenfalls die Kontaktdaten des Datenschutzbeauftragten;
c) die Zwecke, für die die personenbezogenen Daten verarbeitet werden sollen, sowie die Rechtsgrundlage für die Verarbeitung;
d) wenn die Verarbeitung auf Artikel 6 Absatz 1 Buchstabe f beruht, die berechtigten Interessen, die von dem Verantwortlichen oder einem Dritten verfolgt werden;
e) gegebenenfalls die Empfänger oder Kategorien von Empfängern der personenbezogenen Daten und
f) gegebenenfalls die Absicht des Verantwortlichen, die personenbezogenen Daten an ein Drittland oder eine internationale Organisation zu übermitteln, sowie das Vorhandensein oder das Fehlen eines Angemessenheitsbeschlusses der Kommission oder im Falle von Übermittlungen gemäß Artikel 46 oder Artikel 47 oder Artikel 49 Absatz 1 Unterabsatz 2 einen Verweis auf die geeigneten oder angemessenen Garantien und die Möglichkeit, wie eine Kopie von ihnen zu erhalten ist, oder wo sie verfügbar sind.

(2) Zusätzlich zu den Informationen gemäß Absatz 1 stellt der Verantwortliche der betroffenen Person zum Zeitpunkt der Erhebung dieser Daten folgende weitere Informationen zur Verfügung, die notwendig sind, um eine faire und transparente Verarbeitung zu gewährleisten:

a) die Dauer, für die die personenbezogenen Daten gespeichert werden oder, falls dies nicht möglich ist, die Kriterien für die Festlegung dieser Dauer;
b) das Bestehen eines Rechts auf Auskunft seitens des Verantwortlichen über die betreffenden personenbezogenen Daten sowie auf Berichtigung oder Löschung oder auf Einschränkung der Verarbeitung oder eines Widerspruchsrechts gegen die Verarbeitung sowie des Rechts auf Datenübertragbarkeit;
c) wenn die Verarbeitung auf Artikel 6 Absatz 1 Buchstabe a oder Artikel 9 Absatz 2 Buchstabe a beruht, das Bestehen eines Rechts, die Einwilligung jederzeit zu widerrufen, ohne dass die Rechtmäßigkeit der aufgrund der Einwilligung bis zum Widerruf erfolgten Verarbeitung berührt wird;
d) das Bestehen eines Beschwerderechts bei einer Aufsichtsbehörde;

e) ob die Bereitstellung der personenbezogenen Daten gesetzlich oder vertraglich vorgeschrieben oder für einen Vertragsabschluss erforderlich ist, ob die betroffene Person verpflichtet ist, die personenbezogenen Daten bereitzustellen, und welche möglichen Folgen die Nichtbereitstellung hätte und
f) das Bestehen einer automatisierten Entscheidungsfindung einschließlich Profiling gemäß Artikel 22 Absätze 1 und 4 und – zumindest in diesen Fällen – aussagekräftige Informationen über die involvierte Logik sowie die Tragweite und die angestrebten Auswirkungen einer derartigen Verarbeitung für die betroffene Person.

(3) Beabsichtigt der Verantwortliche, die personenbezogenen Daten für einen anderen Zweck weiterzuverarbeiten als den, für den die personenbezogenen Daten erhoben wurden, so stellt er der betroffenen Person vor dieser Weiterverarbeitung Informationen über diesen anderen Zweck und alle anderen maßgeblichen Informationen gemäß Absatz 2 zur Verfügung.

(4) Die Absätze 1, 2 und 3 finden keine Anwendung, wenn und soweit die betroffene Person bereits über die Informationen verfügt.

Art. 14 – Informationspflicht, wenn die personenbezogenen Daten nicht bei der betroffenen Person erhoben wurden

(1) Werden personenbezogene Daten nicht bei der betroffenen Person erhoben, so teilt der Verantwortliche der betroffenen Person Folgendes mit:
a) den Namen und die Kontaktdaten des Verantwortlichen sowie gegebenenfalls seines Vertreters;
b) zusätzlich die Kontaktdaten des Datenschutzbeauftragten;
c) die Zwecke, für die die personenbezogenen Daten verarbeitet werden sollen, sowie die Rechtsgrundlage für die Verarbeitung;
d) die Kategorien personenbezogener Daten, die verarbeitet werden;
e) gegebenenfalls die Empfänger oder Kategorien von Empfängern der personenbezogenen Daten;
f) gegebenenfalls die Absicht des Verantwortlichen, die personenbezogenen Daten an einen Empfänger in einem Drittland oder einer internationalen Organisation zu übermitteln, sowie das Vorhandensein oder das Fehlen eines Angemessenheitsbeschlusses der Kommission oder im Falle von Übermittlungen gemäß Artikel 46 oder Artikel 47 oder Artikel 49 Absatz 1 Unterabsatz 2 einen Verweis auf die geeigneten oder angemessenen Garantien und die Möglichkeit, eine Kopie von ihnen zu erhalten, oder wo sie verfügbar sind.

(2) Zusätzlich zu den Informationen gemäß Absatz 1 stellt der Verantwortliche der betroffenen Person die folgenden Informationen zur Verfügung, die erforderlich sind, um der betroffenen Person gegenüber eine faire und transparente Verarbeitung zu gewährleisten:
a) die Dauer, für die die personenbezogenen Daten gespeichert werden oder, falls dies nicht möglich ist, die Kriterien für die Festlegung dieser Dauer;

b) wenn die Verarbeitung auf Artikel 6 Absatz 1 Buchstabe f beruht, die berechtigten Interessen, die von dem Verantwortlichen oder einem Dritten verfolgt werden;
c) das Bestehen eines Rechts auf Auskunft seitens des Verantwortlichen über die betreffenden personenbezogenen Daten sowie auf Berichtigung oder Löschung oder auf Einschränkung der Verarbeitung und eines Widerspruchsrechts gegen die Verarbeitung sowie des Rechts auf Datenübertragbarkeit;
d) wenn die Verarbeitung auf Artikel 6 Absatz 1 Buchstabe a oder Artikel 9 Absatz 2 Buchstabe a beruht, das Bestehen eines Rechts, die Einwilligung jederzeit zu widerrufen, ohne dass die Rechtmäßigkeit der aufgrund der Einwilligung bis zum Widerruf erfolgten Verarbeitung berührt wird;
e) das Bestehen eines Beschwerderechts bei einer Aufsichtsbehörde;
f) aus welcher Quelle die personenbezogenen Daten stammen und gegebenenfalls ob sie aus öffentlich zugänglichen Quellen stammen;
g) das Bestehen einer automatisierten Entscheidungsfindung einschließlich Profiling gemäß Artikel 22 Absätze 1 und 4 und – zumindest in diesen Fällen – aussagekräftige Informationen über die involvierte Logik sowie die Tragweite und die angestrebten Auswirkungen einer derartigen Verarbeitung für die betroffene Person.

(3) Der Verantwortliche erteilt die Informationen gemäß den Absätzen 1 und 2
a) unter Berücksichtigung der spezifischen Umstände der Verarbeitung der personenbezogenen Daten innerhalb einer angemessenen Frist nach Erlangung der personenbezogenen Daten, längstens jedoch innerhalb eines Monats,
b) falls die personenbezogenen Daten zur Kommunikation mit der betroffenen Person verwendet werden sollen, spätestens zum Zeitpunkt der ersten Mitteilung an sie, oder,
c) falls die Offenlegung an einen anderen Empfänger beabsichtigt ist, spätestens zum Zeitpunkt der ersten Offenlegung.

(4) Beabsichtigt der Verantwortliche, die personenbezogenen Daten für einen anderen Zweck weiterzuverarbeiten als den, für den die personenbezogenen Daten erlangt wurden, so stellt er der betroffenen Person vor dieser Weiterverarbeitung Informationen über diesen anderen Zweck und alle anderen maßgeblichen Informationen gemäß Absatz 2 zur Verfügung.

(5) Die Absätze 1 bis 4 finden keine Anwendung, wenn und soweit
a) die betroffene Person bereits über die Informationen verfügt,
b) die Erteilung dieser Informationen sich als unmöglich erweist oder einen unverhältnismäßigen Aufwand erfordern würde; dies gilt insbesondere für die Verarbeitung für im öffentlichen Interesse liegende Archivzwecke, für wissenschaftliche oder historische Forschungszwecke oder für statistische Zwecke vorbehaltlich der in Artikel 89 Absatz 1 genannten Bedingungen und Garantien oder soweit die in Absatz 1 des vorliegenden Artikels genannte Pflicht voraussichtlich die Verwirklichung der Ziele dieser Verarbei-

tung unmöglich macht oder ernsthaft beeinträchtigt. In diesen Fällen ergreift der Verantwortliche geeignete Maßnahmen zum Schutz der Rechte und Freiheiten sowie der berechtigten Interessen der betroffenen Person, einschließlich der Bereitstellung dieser Informationen für die Öffentlichkeit,

c) die Erlangung oder Offenlegung durch Rechtsvorschriften der Union oder der Mitgliedstaaten, denen der Verantwortliche unterliegt und die geeignete Maßnahmen zum Schutz der berechtigten Interessen der betroffenen Person vorsehen, ausdrücklich geregelt ist oder
d) die personenbezogenen Daten gemäß dem Unionsrecht oder dem Recht der Mitgliedstaaten dem Berufsgeheimnis, einschließlich einer satzungsmäßigen Geheimhaltungspflicht, unterliegen und daher vertraulich behandelt werden müssen.

Art. 15 – Auskunftsrecht der betroffenen Person

(1) Die betroffene Person hat das Recht, von dem Verantwortlichen eine Bestätigung darüber zu verlangen, ob sie betreffende personenbezogene Daten verarbeitet werden; ist dies der Fall, so hat sie ein Recht auf Auskunft über diese personenbezogenen Daten und auf folgende Informationen:

a) die Verarbeitungszwecke;
b) die Kategorien personenbezogener Daten, die verarbeitet werden;
c) die Empfänger oder Kategorien von Empfängern, gegenüber denen die personenbezogenen Daten offengelegt worden sind oder noch offengelegt werden, insbesondere bei Empfängern in Drittländern oder bei internationalen Organisationen;
d) falls möglich die geplante Dauer, für die die personenbezogenen Daten gespeichert werden, oder, falls dies nicht möglich ist, die Kriterien für die Festlegung dieser Dauer;
e) das Bestehen eines Rechts auf Berichtigung oder Löschung der sie betreffenden personenbezogenen Daten oder auf Einschränkung der Verarbeitung durch den Verantwortlichen oder eines Widerspruchsrechts gegen diese Verarbeitung;
f) das Bestehen eines Beschwerderechts bei einer Aufsichtsbehörde;
g) wenn die personenbezogenen Daten nicht bei der betroffenen Person erhoben werden, alle verfügbaren Informationen über die Herkunft der Daten;
h) das Bestehen einer automatisierten Entscheidungsfindung einschließlich Profiling gemäß Artikel 22 Absätze 1 und 4 und – zumindest in diesen Fällen – aussagekräftige Informationen über die involvierte Logik sowie die Tragweite und die angestrebten Auswirkungen einer derartigen Verarbeitung für die betroffene Person.

(2) Werden personenbezogene Daten an ein Drittland oder an eine internationale Organisation übermittelt, so hat die betroffene Person das Recht, über die

geeigneten Garantien gemäß Artikel 46 im Zusammenhang mit der Übermittlung unterrichtet zu werden.
(3) [1]Der Verantwortliche stellt eine Kopie der personenbezogenen Daten, die Gegenstand der Verarbeitung sind, zur Verfügung. [2]Für alle weiteren Kopien, die die betroffene Person beantragt, kann der Verantwortliche ein angemessenes Entgelt auf der Grundlage der Verwaltungskosten verlangen. [3]Stellt die betroffene Person den Antrag elektronisch, so sind die Informationen in einem gängigen elektronischen Format zur Verfügung zu stellen, sofern sie nichts anderes angibt.
(4) Das Recht auf Erhalt einer Kopie gemäß Absatz 3 darf die Rechte und Freiheiten anderer Personen nicht beeinträchtigen.
[...]

Art. 21 – Widerspruchsrecht

(1) [1]Die betroffene Person hat das Recht, aus Gründen, die sich aus ihrer besonderen Situation ergeben, jederzeit gegen die Verarbeitung sie betreffender personenbezogener Daten, die aufgrund von Artikel 6 Absatz 1 Buchstaben e oder f erfolgt, Widerspruch einzulegen; dies gilt auch für ein auf diese Bestimmungen gestütztes Profiling. [2]Der Verantwortliche verarbeitet die personenbezogenen Daten nicht mehr, es sei denn, er kann zwingende schutzwürdige Gründe für die Verarbeitung nachweisen, die die Interessen, Rechte und Freiheiten der betroffenen Person überwiegen, oder die Verarbeitung dient der Geltendmachung, Ausübung oder Verteidigung von Rechtsansprüchen.
(2) [...]
(4) Die betroffene Person muss spätestens zum Zeitpunkt der ersten Kommunikation mit ihr ausdrücklich auf das in den Absätzen 1 und 2 genannte Recht hingewiesen werden; dieser Hinweis hat in einer verständlichen und von anderen Informationen getrennten Form zu erfolgen.
[...]

Art. 23 – Beschränkungen

(1) Durch Rechtsvorschriften der Union oder der Mitgliedstaaten, denen der Verantwortliche oder der Auftragsverarbeiter unterliegt, können die Pflichten und Rechte gemäß den Artikeln 12 bis 22 und Artikel 34 sowie Artikel 5, insofern dessen Bestimmungen den in den Artikeln 12 bis 22 vorgesehenen Rechten und Pflichten entsprechen, im Wege von Gesetzgebungsmaßnahmen beschränkt werden, sofern eine solche Beschränkung den Wesensgehalt der Grundrechte und Grundfreiheiten achtet und in einer demokratischen Gesellschaft eine notwendige und verhältnismäßige Maßnahme darstellt, die Folgendes sicherstellt:
a) die nationale Sicherheit;
b) die Landesverteidigung;

c) die öffentliche Sicherheit;
d) die Verhütung, Ermittlung, Aufdeckung oder Verfolgung von Straftaten oder die Strafvollstreckung, einschließlich des Schutzes vor und der Abwehr von Gefahren für die öffentliche Sicherheit;
e) den Schutz sonstiger wichtiger Ziele des allgemeinen öffentlichen Interesses der Union oder eines Mitgliedstaats, insbesondere eines wichtigen wirtschaftlichen oder finanziellen Interesses der Union oder eines Mitgliedstaats, etwa im Währungs-, Haushalts- und Steuerbereich sowie im Bereich der öffentlichen Gesundheit und der sozialen Sicherheit;
f) den Schutz der Unabhängigkeit der Justiz und den Schutz von Gerichtsverfahren;
g) die Verhütung, Aufdeckung, Ermittlung und Verfolgung von Verstößen gegen die berufsständischen Regeln reglementierter Berufe;
h) Kontroll-, Überwachungs- und Ordnungsfunktionen, die dauernd oder zeitweise mit der Ausübung öffentlicher Gewalt für die unter den Buchstaben a, b, c, d, e und g genannten Zwecke verbunden sind;
i) den Schutz der betroffenen Person oder der Rechte und Freiheiten anderer Personen;
j) die Durchsetzung zivilrechtlicher Ansprüche.

(2) Jede Gesetzgebungsmaßnahme im Sinne des Absatzes 1 muss insbesondere gegebenenfalls spezifische Vorschriften enthalten zumindest in Bezug auf

a) die Zwecke der Verarbeitung oder die Verarbeitungskategorien,
b) die Kategorien personenbezogener Daten,
c) den Umfang der vorgenommenen Beschränkungen,
d) die Garantien gegen Missbrauch oder unrechtmäßigen Zugang oder unrechtmäßige Übermittlung;
e) die Angaben zu dem Verantwortlichen oder den Kategorien von Verantwortlichen,
f) die jeweiligen Speicherfristen sowie die geltenden Garantien unter Berücksichtigung von Art, Umfang und Zwecken der Verarbeitung oder der Verarbeitungskategorien,
g) die Risiken für die Rechte und Freiheiten der betroffenen Personen und
h) das Recht der betroffenen Personen auf Unterrichtung über die Beschränkung, sofern dies nicht dem Zweck der Beschränkung abträglich ist.

[...]

Teil 2:
Regelungen des Bundes und EMRK

Grundgesetz für die Bundesrepublik Deutschland (GG)

vom 23. Mai 1949 (BGBl. S. 1),
zuletzt geändert durch Gesetz zur Änderung des Grundgesetzes
vom 22. März 2025 (BGBl. 2025 I Nr. 94)

– Auszug –

Präambel

Im Bewußtsein seiner Verantwortung vor Gott und den Menschen,
von dem Willen beseelt, als gleichberechtigtes Glied in einem vereinten Europa dem Frieden der Welt zu dienen, hat sich das Deutsche Volk kraft seiner verfassungsgebenden Gewalt dieses Grundgesetz gegeben.
Die Deutschen in den Ländern Baden-Württemberg, Bayern, Berlin, Brandenburg, Bremen, Hamburg, Hessen, Mecklenburg-Vorpommern, Niedersachsen, Nordrhein-Westfalen, Rheinland-Pfalz, Saarland, Sachsen, Sachsen-Anhalt, Schleswig-Holstein und Thüringen haben in freier Selbstbestimmung die Einheit und Freiheit Deutschlands vollendet. Damit gilt dieses Grundgesetz für das gesamte Deutsche Volk.

I. Die Grundrechte

Art. 1

(1) [1]Die Würde des Menschen ist unantastbar. [2]Sie zu achten und zu schützen ist Verpflichtung aller staatlichen Gewalt.
(2) Das Deutsche Volk bekennt sich darum zu unverletzlichen und unveräußerlichen Menschenrechten als Grundlage jeder menschlichen Gemeinschaft, des Friedens und der Gerechtigkeit in der Welt.
(3) Die nachfolgenden Grundrechte binden Gesetzgebung, vollziehende Gewalt und Rechtsprechung als unmittelbar geltendes Recht.

Art. 2

(1) Jeder hat das Recht auf die freie Entfaltung seiner Persönlichkeit, soweit er nicht die Rechte anderer verletzt und nicht gegen die verfassungsmäßige Ordnung oder das Sittengesetz verstößt.
(2) [1]Jeder hat das Recht auf Leben und körperliche Unversehrtheit. [2]Die Freiheit der Person ist unverletzlich. [3]In diese Rechte darf nur auf Grund eines Gesetzes eingegriffen werden.

Art. 3

(1) Alle Menschen sind vor dem Gesetz gleich.
(2) [1]Männer und Frauen sind gleichberechtigt. [2]Der Staat fördert die tatsächliche Durchsetzung der Gleichberechtigung von Frauen und Männern und wirkt auf die Beseitigung bestehender Nachteile hin.
(3) [1]Niemand darf wegen seines Geschlechtes, seiner Abstammung, seiner Rasse, seiner Sprache, seiner Heimat und Herkunft, seines Glaubens, seiner religiösen oder politischen Anschauungen benachteiligt oder bevorzugt werden. [2]Niemand darf wegen seiner Behinderung benachteiligt werden.

Art. 4

(1) Die Freiheit des Glaubens, des Gewissens und die Freiheit des religiösen und weltanschaulichen Bekenntnisses sind unverletzlich.
(2) Die ungestörte Religionsausübung wird gewährleistet.
(3) [1]Niemand darf gegen sein Gewissen zum Kriegsdienst mit der Waffe gezwungen werden. [2]Das Nähere regelt ein Bundesgesetz.

Art. 5

(1) [1]Jeder hat das Recht, seine Meinung in Wort, Schrift und Bild frei zu äußern und zu verbreiten und sich aus allgemein zugänglichen Quellen ungehindert zu unterrichten. [2]Die Pressefreiheit und die Freiheit der Berichterstattung durch Rundfunk und Film werden gewährleistet. [3]Eine Zensur findet nicht statt.
(2) Diese Rechte finden ihre Schranken in den Vorschriften der allgemeinen Gesetze, den gesetzlichen Bestimmungen zum Schutze der Jugend und in dem Recht der persönlichen Ehre.
(3) [1]Kunst und Wissenschaft, Forschung und Lehre sind frei. [2]Die Freiheit der Lehre entbindet nicht von der Treue zur Verfassung.

Art. 6

(1) Ehe und Familie stehen unter dem besonderen Schutze der staatlichen Ordnung.
(2) [1]Pflege und Erziehung der Kinder sind das natürliche Recht der Eltern und die zuvörderst ihnen obliegende Pflicht. [2]Über ihre Betätigung wacht die staatliche Gemeinschaft.
(3) Gegen den Willen der Erziehungsberechtigten dürfen Kinder nur auf Grund eines Gesetzes von der Familie getrennt werden, wenn die Erziehungsberechtigten versagen oder wenn die Kinder aus anderen Gründen zu verwahrlosen drohen.
(4) Jede Mutter hat Anspruch auf den Schutz und die Fürsorge der Gemeinschaft.

(5) Den unehelichen Kindern sind durch die Gesetzgebung die gleichen Bedingungen für ihre leibliche und seelische Entwicklung und ihre Stellung in der Gesellschaft zu schaffen wie den ehelichen Kindern.

Art. 7

(1) Das gesamte Schulwesen steht unter der Aufsicht des Staates.
(2) Die Erziehungsberechtigten haben das Recht, über die Teilnahme des Kindes am Religionsunterricht zu bestimmen.
(3) [1]Der Religionsunterricht ist in den öffentlichen Schulen mit Ausnahme der bekenntnisfreien Schulen ordentliches Lehrfach. [2]Unbeschadet des staatlichen Aufsichtsrechtes wird der Religionsunterricht in Übereinstimmung mit den Grundsätzen der Religionsgemeinschaften erteilt. [3]Kein Lehrer darf gegen seinen Willen verpflichtet werden, Religionsunterricht zu erteilen.
(4) [1]Das Recht zur Errichtung von privaten Schulen wird gewährleistet. [2]Private Schulen als Ersatz für öffentliche Schulen bedürfen der Genehmigung des Staates und unterstehen den Landesgesetzen. [3]Die Genehmigung ist zu erteilen, wenn die privaten Schulen in ihren Lehrzielen und Einrichtungen sowie in der wissenschaftlichen Ausbildung ihrer Lehrkräfte nicht hinter den öffentlichen Schulen zurückstehen und eine Sonderung der Schüler nach den Besitzverhältnissen der Eltern nicht gefördert wird. [4]Die Genehmigung ist zu versagen, wenn die wirtschaftliche und rechtliche Stellung der Lehrkräfte nicht genügend gesichert ist.
(5) Eine private Volksschule ist nur zuzulassen, wenn die Unterrichtsverwaltung ein besonderes pädagogisches Interesse anerkennt oder, auf Antrag von Erziehungsberechtigten, wenn sie als Gemeinschaftsschule, als Bekenntnis- oder Weltanschauungsschule errichtet werden soll und eine öffentliche Volksschule dieser Art in der Gemeinde nicht besteht.
(6) Vorschulen bleiben aufgehoben.

Art. 8

(1) Alle Deutschen haben das Recht, sich ohne Anmeldung oder Erlaubnis friedlich und ohne Waffen zu versammeln.
(2) Für Versammlungen unter freiem Himmel kann dieses Recht durch Gesetz oder auf Grund eines Gesetzes beschränkt werden.

Art. 9

(1) Alle Deutschen haben das Recht, Vereine und Gesellschaften zu bilden.
(2) Vereinigungen, deren Zwecke oder deren Tätigkeit den Strafgesetzen zuwiderlaufen oder die sich gegen die verfassungsmäßige Ordnung oder gegen den Gedanken der Völkerverständigung richten, sind verboten.
(3) [1]Das Recht, zur Wahrung und Förderung der Arbeits- und Wirtschaftsbedingungen Vereinigungen zu bilden, ist für jedermann und für alle Berufe ge-

währleistet. [2]Abreden, die dieses Recht einschränken oder zu behindern suchen, sind nichtig, hierauf gerichtete Maßnahmen sind rechtswidrig. [3]Maßnahmen nach den Artikeln 12a, 35 Abs. 2 und 3, Artikel 87a Abs. 4 und Artikel 91 dürfen sich nicht gegen Arbeitskämpfe richten, die zur Wahrung und Förderung der Arbeits- und Wirtschaftsbedingungen von Vereinigungen im Sinne des Satzes 1 geführt werden.

Art. 10

(1) Das Briefgeheimnis sowie das Post- und Fernmeldegeheimnis sind unverletzlich.
(2) [1]Beschränkungen dürfen nur auf Grund eines Gesetzes angeordnet werden. [2]Dient die Beschränkung dem Schutze der freiheitlichen demokratischen Grundordnung oder des Bestandes oder der Sicherung des Bundes oder eines Landes, so kann das Gesetz bestimmen, daß sie dem Betroffenen nicht mitgeteilt wird und daß an die Stelle des Rechtsweges die Nachprüfung durch von der Volksvertretung bestellte Organe und Hilfsorgane tritt.

Art. 11

(1) Alle Deutschen genießen Freizügigkeit im ganzen Bundesgebiet.
(2) Dieses Recht darf nur durch Gesetz oder auf Grund eines Gesetzes und nur für die Fälle eingeschränkt werden, in denen eine ausreichende Lebensgrundlage nicht vorhanden ist und der Allgemeinheit daraus besondere Lasten entstehen würden oder in denen es zur Abwehr einer drohenden Gefahr für den Bestand oder die freiheitliche demokratische Grundordnung des Bundes oder eines Landes, zur Bekämpfung von Seuchengefahr, Naturkatastrophen oder besonders schweren Unglücksfällen, zum Schutze der Jugend vor Verwahrlosung oder um strafbaren Handlungen vorzubeugen, erforderlich ist.

Art. 12

(1) [1]Alle Deutschen haben das Recht, Beruf, Arbeitsplatz und Ausbildungsstätte frei zu wählen. [2]Die Berufsausübung kann durch Gesetz oder auf Grund eines Gesetzes geregelt werden.
(2) Niemand darf zu einer bestimmten Arbeit gezwungen werden, außer im Rahmen einer herkömmlichen allgemeinen, für alle gleichen öffentlichen Dienstleistungspflicht.
(3) Zwangsarbeit ist nur bei einer gerichtlich angeordneten Freiheitsentziehung zulässig.

Art. 12a

(1) Männer können vom vollendeten achtzehnten Lebensjahr an zum Dienst in den Streitkräften, im Bundesgrenzschutz oder in einem Zivilschutzverband verpflichtet werden.

(2) [1]Wer aus Gewissensgründen den Kriegsdienst mit der Waffe verweigert, kann zu einem Ersatzdienst verpflichtet werden. [2]Die Dauer des Ersatzdienstes darf die Dauer des Wehrdienstes nicht übersteigen. [3]Das Nähere regelt ein Gesetz, das die Freiheit der Gewissensentscheidung nicht beeinträchtigen darf und auch eine Möglichkeit des Ersatzdienstes vorsehen muß, die in keinem Zusammenhang mit den Verbänden der Streitkräfte und des Bundesgrenzschutzes steht.
(3) [1]Wehrpflichtige, die nicht zu einem Dienst nach Absatz 1 oder 2 herangezogen sind, können im Verteidigungsfalle durch Gesetz oder auf Grund eines Gesetzes zu zivilen Dienstleistungen für Zwecke der Verteidigung einschließlich des Schutzes der Zivilbevölkerung in Arbeitsverhältnisse verpflichtet werden; Verpflichtungen in öffentlich-rechtliche Dienstverhältnisse sind nur zur Wahrnehmung polizeilicher Aufgaben oder solcher hoheitlichen Aufgaben der öffentlichen Verwaltung, die nur in einem öffentlich-rechtlichen Dienstverhältnis erfüllt werden können, zulässig. [2]Arbeitsverhältnisse nach Satz 1 können bei den Streitkräften, im Bereich ihrer Versorgung sowie bei der öffentlichen Verwaltung begründet werden; Verpflichtungen in Arbeitsverhältnisse im Bereiche der Versorgung der Zivilbevölkerung sind nur zulässig, um ihren lebensnotwendigen Bedarf zu decken oder ihren Schutz sicherzustellen.
(4) [1]Kann im Verteidigungsfalle der Bedarf an zivilen Dienstleistungen im zivilen Sanitäts- und Heilwesen sowie in der ortsfesten militärischen Lazarettorganisation nicht auf freiwilliger Grundlage gedeckt werden, so können Frauen vom vollendeten achtzehnten bis zum vollendeten fünfundfünfzigsten Lebensjahr durch Gesetz oder auf Grund eines Gesetzes zu derartigen Dienstleistungen herangezogen werden. [2]Sie dürfen auf keinen Fall zum Dienst mit der Waffe verpflichtet werden.
(5) [1]Für die Zeit vor dem Verteidigungsfalle können Verpflichtungen nach Absatz 3 nur nach Maßgabe des Artikels 80a Abs. 1 begründet werden. [2]Zur Vorbereitung auf Dienstleistungen nach Absatz 3, für die besondere Kenntnisse oder Fertigkeiten erforderlich sind, kann durch Gesetz oder auf Grund eines Gesetzes die Teilnahme an Ausbildungsveranstaltungen zur Pflicht gemacht werden. [3]Satz 1 findet insoweit keine Anwendung.
(6) [1]Kann im Verteidigungsfalle der Bedarf an Arbeitskräften für die in Absatz 3 Satz 2 genannten Bereiche auf freiwilliger Grundlage nicht gedeckt werden, so kann zur Sicherung dieses Bedarfs die Freiheit der Deutschen, die Ausübung eines Berufs oder den Arbeitsplatz aufzugeben, durch Gesetz oder auf Grund eines Gesetzes eingeschränkt werden. [2]Vor Eintritt des Verteidigungsfalles gilt Absatz 5 Satz 1 entsprechend.

Art. 13

(1) Die Wohnung ist unverletzlich.

(2) Durchsuchungen dürfen nur durch den Richter, bei Gefahr im Verzuge auch durch die in den Gesetzen vorgesehenen anderen Organe angeordnet und nur in der dort vorgeschriebenen Form durchgeführt werden.

(3) [1]Begründen bestimmte Tatsachen den Verdacht, daß jemand eine durch Gesetz einzeln bestimmte besonders schwere Straftat begangen hat, so dürfen zur Verfolgung der Tat auf Grund richterlicher Anordnung technische Mittel zur akustischen Überwachung von Wohnungen, in denen der Beschuldigte sich vermutlich aufhält, eingesetzt werden, wenn die Erforschung des Sachverhalts auf andere Weise unverhältnismäßig erschwert oder aussichtslos wäre. [2]Die Maßnahme ist zu befristen. [3]Die Anordnung erfolgt durch einen mit drei Richtern besetzten Spruchkörper. [4]Bei Gefahr im Verzuge kann sie auch durch einen einzelnen Richter getroffen werden.

(4) [1]Zur Abwehr dringender Gefahren für die öffentliche Sicherheit, insbesondere einer gemeinen Gefahr oder einer Lebensgefahr, dürfen technische Mittel zur Überwachung von Wohnungen nur auf Grund richterlicher Anordnung eingesetzt werden. [2]Bei Gefahr im Verzuge kann die Maßnahme auch durch eine andere gesetzlich bestimmte Stelle angeordnet werden; eine richterliche Entscheidung ist unverzüglich nachzuholen.

(5) [1]Sind technische Mittel ausschließlich zum Schutze der bei einem Einsatz in Wohnungen tätigen Personen vorgesehen, kann die Maßnahme durch eine gesetzlich bestimmte Stelle angeordnet werden. [2]Eine anderweitige Verwertung der hierbei erlangten Erkenntnisse ist nur zum Zwecke der Strafverfolgung oder der Gefahrenabwehr und nur zulässig, wenn zuvor die Rechtmäßigkeit der Maßnahme richterlich festgestellt ist; bei Gefahr im Verzuge ist die richterliche Entscheidung unverzüglich nachzuholen.

(6) [1]Die Bundesregierung unterrichtet den Bundestag jährlich über den nach Absatz 3 sowie über den im Zuständigkeitsbereich des Bundes nach Absatz 4 und, soweit richterlich überprüfungsbedürftig, nach Absatz 5 erfolgten Einsatz technischer Mittel. [2]Ein vom Bundestag gewähltes Gremium übt auf der Grundlage dieses Berichts die parlamentarische Kontrolle aus. [3]Die Länder gewährleisten eine gleichwertige parlamentarische Kontrolle.

(7) Eingriffe und Beschränkungen dürfen im übrigen nur zur Abwehr einer gemeinen Gefahr oder einer Lebensgefahr für einzelne Personen, auf Grund eines Gesetzes auch zur Verhütung dringender Gefahren für die öffentliche Sicherheit und Ordnung, insbesondere zur Behebung der Raumnot, zur Bekämpfung von Seuchengefahr oder zum Schutze gefährdeter Jugendlicher vorgenommen werden.

Art. 14

(1) [1]Das Eigentum und das Erbrecht werden gewährleistet. [2]Inhalt und Schranken werden durch die Gesetze bestimmt.
(2) [1]Eigentum verpflichtet. [2]Sein Gebrauch soll zugleich dem Wohle der Allgemeinheit dienen.
(3) [1]Eine Enteignung ist nur zum Wohle der Allgemeinheit zulässig. [2]Sie darf nur durch Gesetz oder auf Grund eines Gesetzes erfolgen, das Art und Ausmaß der Entschädigung regelt. [3]Die Entschädigung ist unter gerechter Abwägung der Interessen der Allgemeinheit und der Beteiligten zu bestimmen. [4]Wegen der Höhe der Entschädigung steht im Streitfalle der Rechtsweg vor den ordentlichen Gerichten offen.

Art. 15

[1]Grund und Boden, Naturschätze und Produktionsmittel können zum Zwecke der Vergesellschaftung durch ein Gesetz, das Art und Ausmaß der Entschädigung regelt, in Gemeineigentum oder in andere Formen der Gemeinwirtschaft überführt werden. [2]Für die Entschädigung gilt Artikel 14 Abs. 3 Satz 3 und 4 entsprechend.

Art. 16

(1) [1]Die deutsche Staatsangehörigkeit darf nicht entzogen werden. [2]Der Verlust der Staatsangehörigkeit darf nur auf Grund eines Gesetzes und gegen den Willen des Betroffenen nur dann eintreten, wenn der Betroffene dadurch nicht staatenlos wird.
(2) [1]Kein Deutscher darf an das Ausland ausgeliefert werden. [2]Durch Gesetz kann eine abweichende Regelung für Auslieferungen an einen Mitgliedstaat der Europäischen Union oder an einen internationalen Gerichtshof getroffen werden, soweit rechtsstaatliche Grundsätze gewahrt sind.

Art. 16a

(1) Politisch Verfolgte genießen Asylrecht.
(2) [1]Auf Absatz 1 kann sich nicht berufen, wer aus einem Mitgliedstaat der Europäischen Gemeinschaften oder aus einem anderen Drittstaat einreist, in dem die Anwendung des Abkommens über die Rechtsstellung der Flüchtlinge und der Konvention zum Schutze der Menschenrechte und Grundfreiheiten sichergestellt ist. [2]Die Staaten außerhalb der Europäischen Gemeinschaften, auf die die Voraussetzungen des Satzes 1 zutreffen, werden durch Gesetz, das der Zustimmung des Bundesrates bedarf, bestimmt. [3]In den Fällen des Satzes 1 können aufenthaltsbeendende Maßnahmen unabhängig von einem hiergegen eingelegten Rechtsbehelf vollzogen werden.
(3) [1]Durch Gesetz, das der Zustimmung des Bundesrates bedarf, können Staaten bestimmt werden, bei denen auf Grund der Rechtslage, der Rechtsanwen-

dung und der allgemeinen politischen Verhältnisse gewährleistet erscheint, daß dort weder politische Verfolgung noch unmenschliche oder erniedrigende Bestrafung oder Behandlung stattfindet. [2]Es wird vermutet, daß ein Ausländer aus einem solchen Staat nicht verfolgt wird, solange er nicht Tatsachen vorträgt, die die Annahme begründen, daß er entgegen dieser Vermutung politisch verfolgt wird.
(4) [1]Die Vollziehung aufenthaltsbeendender Maßnahmen wird in den Fällen des Absatzes 3 und in anderen Fällen, die offensichtlich unbegründet sind oder als offensichtlich unbegründet gelten, durch das Gericht nur ausgesetzt, wenn ernstliche Zweifel an der Rechtmäßigkeit der Maßnahme bestehen; der Prüfungsumfang kann eingeschränkt werden und verspätetes Vorbringen unberücksichtigt bleiben. [2]Das Nähere ist durch Gesetz zu bestimmen.
(5) Die Absätze 1 bis 4 stehen völkerrechtlichen Verträgen von Mitgliedstaaten der Europäischen Gemeinschaften untereinander und mit dritten Staaten nicht entgegen, die unter Beachtung der Verpflichtungen aus dem Abkommen über die Rechtsstellung der Flüchtlinge und der Konvention zum Schutze der Menschenrechte und Grundfreiheiten, deren Anwendung in den Vertragsstaaten sichergestellt sein muß, Zuständigkeitsregelungen für die Prüfung von Asylbegehren einschließlich der gegenseitigen Anerkennung von Asylentscheidungen treffen.

Art. 17

Jedermann hat das Recht, sich einzeln oder in Gemeinschaft mit anderen schriftlich mit Bitten oder Beschwerden an die zuständigen Stellen und an die Volksvertretung zu wenden.

Art. 17a

(1) Gesetze über Wehrdienst und Ersatzdienst können bestimmen, daß für die Angehörigen der Streitkräfte und des Ersatzdienstes während der Zeit des Wehr- oder Ersatzdienstes das Grundrecht, seine Meinung in Wort, Schrift und Bild frei zu äußern und zu verbreiten (Artikel 5 Abs. 1 Satz 1 erster Halbsatz), das Grundrecht der Versammlungsfreiheit (Artikel 8) und das Petitionsrecht (Artikel 17), soweit es das Recht gewährt, Bitten oder Beschwerden in Gemeinschaft mit anderen vorzubringen, eingeschränkt werden.
(2) Gesetze, die der Verteidigung einschließlich des Schutzes der Zivilbevölkerung dienen, können bestimmen, daß die Grundrechte der Freizügigkeit (Artikel 11) und der Unverletzlichkeit der Wohnung (Artikel 13) eingeschränkt werden.

Art 18

[1]Wer die Freiheit der Meinungsäußerung, insbesondere die Pressefreiheit (Artikel 5 Abs. 1), die Lehrfreiheit (Artikel 5 Abs. 3), die Versammlungsfreiheit

(Artikel 8), die Vereinigungsfreiheit (Artikel 9), das Brief-, Post- und Fernmeldegeheimnis (Artikel 10), das Eigentum (Artikel 14) oder das Asylrecht (Artikel 16a) zum Kampfe gegen die freiheitliche demokratische Grundordnung mißbraucht, verwirkt diese Grundrechte. [2]Die Verwirkung und ihr Ausmaß werden durch das Bundesverfassungsgericht ausgesprochen.

Art. 19

(1) [1]Soweit nach diesem Grundgesetz ein Grundrecht durch Gesetz oder auf Grund eines Gesetzes eingeschränkt werden kann, muß das Gesetz allgemein und nicht nur für den Einzelfall gelten. [2]Außerdem muß das Gesetz das Grundrecht unter Angabe des Artikels nennen.
(2) In keinem Falle darf ein Grundrecht in seinem Wesensgehalt angetastet werden.
(3) Die Grundrechte gelten auch für inländische juristische Personen, soweit sie ihrem Wesen nach auf diese anwendbar sind.
(4) [1]Wird jemand durch die öffentliche Gewalt in seinen Rechten verletzt, so steht ihm der Rechtsweg offen. [2]Soweit eine andere Zuständigkeit nicht begründet ist, ist der ordentliche Rechtsweg gegeben. [3]Artikel 10 Abs. 2 Satz 2 bleibt unberührt.

II. Der Bund und die Länder

Art. 20

(1) Die Bundesrepublik Deutschland ist ein demokratischer und sozialer Bundesstaat.
(2) [1]Alle Staatsgewalt geht vom Volke aus. [2]Sie wird vom Volke in Wahlen und Abstimmungen und durch besondere Organe der Gesetzgebung, der vollziehenden Gewalt und der Rechtsprechung ausgeübt.
(3) Die Gesetzgebung ist an die verfassungsmäßige Ordnung, die vollziehende Gewalt und die Rechtsprechung sind an Gesetz und Recht gebunden.
(4) Gegen jeden, der es unternimmt, diese Ordnung zu beseitigen, haben alle Deutschen das Recht zum Widerstand, wenn andere Abhilfe nicht möglich ist.

Art. 20a

Der Staat schützt auch in Verantwortung für die künftigen Generationen die natürlichen Lebensgrundlagen und die Tiere im Rahmen der verfassungsmäßigen Ordnung durch die Gesetzgebung und nach Maßgabe von Gesetz und Recht durch die vollziehende Gewalt und die Rechtsprechung.

Art. 21

(1) [1]Die Parteien wirken bei der politischen Willensbildung des Volkes mit. [2]Ihre Gründung ist frei. [3]Ihre innere Ordnung muß demokratischen Grundsät-

zen entsprechen. [4]Sie müssen über die Herkunft und Verwendung ihrer Mittel sowie über ihr Vermögen öffentlich Rechenschaft geben.
(2) Parteien, die nach ihren Zielen oder nach dem Verhalten ihrer Anhänger darauf ausgehen, die freiheitliche demokratische Grundordnung zu beeinträchtigen oder zu beseitigen oder den Bestand der Bundesrepublik Deutschland zu gefährden, sind verfassungswidrig.
(3) Parteien, die nach ihren Zielen oder dem Verhalten ihrer Anhänger darauf ausgerichtet sind, die freiheitliche demokratische Grundordnung zu beeinträchtigen oder zu beseitigen oder den Bestand der Bundesrepublik Deutschland zu gefährden, sind von staatlicher Finanzierung ausgeschlossen. Wird der Ausschluss festgestellt, so entfällt auch eine steuerliche Begünstigung dieser Parteien und von Zuwendungen an diese Parteien.
(4) Über die Frage der Verfassungswidrigkeit nach Absatz 2 sowie über den Ausschluss von staatlicher Finanzierung nach Absatz 3 entscheidet das Bundesverfassungsgericht.
(5) Das Nähere regeln Bundesgesetze.

Art. 22

(1) [1]Die Hauptstadt der Bundesrepublik Deutschland ist Berlin. [2]Die Repräsentation des Gesamtstaates in der Hauptstadt ist Aufgabe des Bundes. [3]Das Nähere wird durch Bundesgesetz geregelt.
(2) Die Bundesflagge ist schwarz-rot-gold.

Art. 23

(1) [1]Zur Verwirklichung eines vereinten Europas wirkt die Bundesrepublik Deutschland bei der Entwicklung der Europäischen Union mit, die demokratischen, rechtsstaatlichen, sozialen und föderativen Grundsätzen und dem Grundsatz der Subsidiarität verpflichtet ist und einen diesem Grundgesetz im wesentlichen vergleichbaren Grundrechtsschutz gewährleistet. [2]Der Bund kann hierzu durch Gesetz mit Zustimmung des Bundesrates Hoheitsrechte übertragen. [3]Für die Begründung der Europäischen Union sowie für Änderungen ihrer vertraglichen Grundlagen und vergleichbare Regelungen, durch die dieses Grundgesetz seinem Inhalt nach geändert oder ergänzt wird oder solche Änderungen oder Ergänzungen ermöglicht werden, gilt Artikel 79 Abs. 2 und 3.
(1a) [1]Der Bundestag und der Bundesrat haben das Recht, wegen Verstoßes eines Gesetzgebungsakts der Europäischen Union gegen das Subsidiaritätsprinzip vor dem Gerichtshof der Europäischen Union Klage zu erheben. [2]Der Bundestag ist hierzu auf Antrag eines Viertels seiner Mitglieder verpflichtet. [3]Durch Gesetz, das der Zustimmung des Bundesrates bedarf, können für die Wahrnehmung der Rechte, die dem Bundestag und dem Bundesrat in den vertraglichen Grundlagen der Europäischen Union eingeräumt sind, Ausnahmen von Artikel 42 Abs. 2 Satz 1 und Artikel 52 Abs. 3 Satz 1 zugelassen werden.

(2) [1]In Angelegenheiten der Europäischen Union wirken der Bundestag und durch den Bundesrat die Länder mit. [2]Die Bundesregierung hat den Bundestag und den Bundesrat umfassend und zum frühestmöglichen Zeitpunkt zu unterrichten.

(3) [1]Die Bundesregierung gibt dem Bundestag Gelegenheit zur Stellungnahme vor ihrer Mitwirkung an Rechtsetzungsakten der Europäischen Union. [2]Die Bundesregierung berücksichtigt die Stellungnahmen des Bundestages bei den Verhandlungen. [3]Das Nähere regelt ein Gesetz.

(4) Der Bundesrat ist an der Willensbildung des Bundes zu beteiligen, soweit er an einer entsprechenden innerstaatlichen Maßnahme mitzuwirken hätte oder soweit die Länder innerstaatlich zuständig wären.

(5) [1]Soweit in einem Bereich ausschließlicher Zuständigkeiten des Bundes Interessen der Länder berührt sind oder soweit im übrigen der Bund das Recht zur Gesetzgebung hat, berücksichtigt die Bundesregierung die Stellungnahme des Bundesrates. [2]Wenn im Schwerpunkt Gesetzgebungsbefugnisse der Länder, die Einrichtung ihrer Behörden oder ihre Verwaltungsverfahren betroffen sind, ist bei der Willensbildung des Bundes insoweit die Auffassung des Bundesrates maßgeblich zu berücksichtigen; dabei ist die gesamtstaatliche Verantwortung des Bundes zu wahren. [3]In Angelegenheiten, die zu Ausgabenerhöhungen oder Einnahmeminderungen für den Bund führen können, ist die Zustimmung der Bundesregierung erforderlich.

(6) [1]Wenn im Schwerpunkt ausschließliche Gesetzgebungsbefugnisse der Länder auf den Gebieten der schulischen Bildung, der Kultur oder des Rundfunks betroffen sind, wird die Wahrnehmung der Rechte, die der Bundesrepublik Deutschland als Mitgliedstaat der Europäischen Union zustehen, vom Bund auf einen vom Bundesrat benannten Vertreter der Länder übertragen. [2]Die Wahrnehmung der Rechte erfolgt unter Beteiligung und in Abstimmung mit der Bundesregierung; dabei ist die gesamtstaatliche Verantwortung des Bundes zu wahren.

(7) Das Nähere zu den Absätzen 4 bis 6 regelt ein Gesetz, das der Zustimmung des Bundesrates bedarf.

Art. 24

(1) Der Bund kann durch Gesetz Hoheitsrechte auf zwischenstaatliche Einrichtungen übertragen.

(1a) Soweit die Länder für die Ausübung der staatlichen Befugnisse und die Erfüllung der staatlichen Aufgaben zuständig sind, können sie mit Zustimmung der Bundesregierung Hoheitsrechte auf grenznachbarschaftliche Einrichtungen übertragen.

(2) Der Bund kann sich zur Wahrung des Friedens einem System gegenseitiger kollektiver Sicherheit einordnen; er wird hierbei in die Beschränkungen seiner

Hoheitsrechte einwilligen, die eine friedliche und dauerhafte Ordnung in Europa und zwischen den Völkern der Welt herbeiführen und sichern.
(3) Zur Regelung zwischenstaatlicher Streitigkeiten wird der Bund Vereinbarungen über eine allgemeine, umfassende, obligatorische, internationale Schiedsgerichtsbarkeit beitreten.

Art. 25

[1]Die allgemeinen Regeln des Völkerrechtes sind Bestandteil des Bundesrechtes. [2]Sie gehen den Gesetzen vor und erzeugen Rechte und Pflichten unmittelbar für die Bewohner des Bundesgebietes.
[...]

Art 33

(1) Jeder Deutsche hat in jedem Lande die gleichen staatsbürgerlichen Rechte und Pflichten.
(2) Jeder Deutsche hat nach seiner Eignung, Befähigung und fachlichen Leistung gleichen Zugang zu jedem öffentlichen Amte.
(3) [1]Der Genuß bürgerlicher und staatsbürgerlicher Rechte, die Zulassung zu öffentlichen Ämtern sowie die im öffentlichen Dienste erworbenen Rechte sind unabhängig von dem religiösen Bekenntnis. [2]Niemandem darf aus seiner Zugehörigkeit oder Nichtzugehörigkeit zu einem Bekenntnisse oder einer Weltanschauung ein Nachteil erwachsen.
(4) Die Ausübung hoheitsrechtlicher Befugnisse ist als ständige Aufgabe in der Regel Angehörigen des öffentlichen Dienstes zu übertragen, die in einem öffentlich-rechtlichen Dienst- und Treueverhältnis stehen.
(5) Das Recht des öffentlichen Dienstes ist unter Berücksichtigung der hergebrachten Grundsätze des Berufsbeamtentums zu regeln und fortzuentwickeln.

Art 34

[1]Verletzt jemand in Ausübung eines ihm anvertrauten öffentlichen Amtes die ihm einem Dritten gegenüber obliegende Amtspflicht, so trifft die Verantwortlichkeit grundsätzlich den Staat oder die Körperschaft, in deren Dienst er steht. [2]Bei Vorsatz oder grober Fahrlässigkeit bleibt der Rückgriff vorbehalten. [3]Für den Anspruch auf Schadensersatz und für den Rückgriff darf der ordentliche Rechtsweg nicht ausgeschlossen werden.

Art 35

(1) Alle Behörden des Bundes und der Länder leisten sich gegenseitig Rechts- und Amtshilfe.
(2) Zur Aufrechterhaltung oder Wiederherstellung der öffentlichen Sicherheit oder Ordnung kann ein Land in Fällen von besonderer Bedeutung Kräfte und Einrichtungen des Bundesgrenzschutzes zur Unterstützung seiner Polizei an-

fordern, wenn die Polizei ohne diese Unterstützung eine Aufgabe nicht oder nur unter erheblichen Schwierigkeiten erfüllen könnte. Zur Hilfe bei einer Naturkatastrophe oder bei einem besonders schweren Unglücksfall kann ein Land Polizeikräfte anderer Länder, Kräfte und Einrichtungen anderer Verwaltungen sowie des Bundesgrenzschutzes und der Streitkräfte anfordern.
(3) Gefährdet die Naturkatastrophe oder der Unglücksfall das Gebiet mehr als eines Landes, so kann die Bundesregierung, soweit es zur wirksamen Bekämpfung erforderlich ist, den Landesregierungen die Weisung erteilen, Polizeikräfte anderen Ländern zur Verfügung zu stellen, sowie Einheiten des Bundesgrenzschutzes und der Streitkräfte zur Unterstützung der Polizeikräfte einsetzen. Maßnahmen der Bundesregierung nach Satz 1 sind jederzeit auf Verlangen des Bundesrates, im übrigen unverzüglich nach Beseitigung der Gefahr aufzuheben.
[...]

Art 70

(1) Die Länder haben das Recht der Gesetzgebung, soweit dieses Grundgesetz nicht dem Bunde Gesetzgebungsbefugnisse verleiht.
(2) Die Abgrenzung der Zuständigkeit zwischen Bund und Ländern bemißt sich nach den Vorschriften dieses Grundgesetzes über die ausschließliche und die konkurrierende Gesetzgebung.

Art 71

Im Bereiche der ausschließlichen Gesetzgebung des Bundes haben die Länder die Befugnis zur Gesetzgebung nur, wenn und soweit sie hierzu in einem Bundesgesetze ausdrücklich ermächtigt werden.

Art 72

(1) Im Bereich der konkurrierenden Gesetzgebung haben die Länder die Befugnis zur Gesetzgebung, solange und soweit der Bund von seiner Gesetzgebungszuständigkeit nicht durch Gesetz Gebrauch gemacht hat.
(2) Auf den Gebieten des Artikels 74 Abs. 1 Nr. 4, 7, 11, 13, 15, 19a, 20, 22, 25 und 26 hat der Bund das Gesetzgebungsrecht, wenn und soweit die Herstellung gleichwertiger Lebensverhältnisse im Bundesgebiet oder die Wahrung der Rechts- oder Wirtschaftseinheit im gesamtstaatlichen Interesse eine bundesgesetzliche Regelung erforderlich macht.
(3) [1]Hat der Bund von seiner Gesetzgebungszuständigkeit Gebrauch gemacht, können die Länder durch Gesetz hiervon abweichende Regelungen treffen über:

1. das Jagdwesen (ohne das Recht der Jagdscheine);
2. den Naturschutz und die Landschaftspflege (ohne die allgemeinen Grundsätze des Naturschutzes, das Recht des Artenschutzes oder des Meeresnaturschutzes);

3. die Bodenverteilung;
4. die Raumordnung;
5. den Wasserhaushalt (ohne stoff- oder anlagenbezogene Regelungen);
6. die Hochschulzulassung und die Hochschulabschlüsse;
7. die Grundsteuer.

[2]Bundesgesetze auf diesen Gebieten treten frühestens sechs Monate nach ihrer Verkündung in Kraft, soweit nicht mit Zustimmung des Bundesrates anderes bestimmt ist. [3]Auf den Gebieten des Satzes 1 geht im Verhältnis von Bundes- und Landesrecht das jeweils spätere Gesetz vor.

(4) Durch Bundesgesetz kann bestimmt werden, daß eine bundesgesetzliche Regelung, für die eine Erforderlichkeit im Sinne des Absatzes 2 nicht mehr besteht, durch Landesrecht ersetzt werden kann.

Art 73

(1) Der Bund hat die ausschließliche Gesetzgebung über:

1. die auswärtigen Angelegenheiten sowie die Verteidigung einschließlich des Schutzes der Zivilbevölkerung;
2. die Staatsangehörigkeit im Bunde;
3. die Freizügigkeit, das Paßwesen, das Melde- und Ausweiswesen, die Ein- und Auswanderung und die Auslieferung;

[...]

9. den gewerblichen Rechtsschutz, das Urheberrecht und das Verlagsrecht;

9a. die Abwehr von Gefahren des internationalen Terrorismus durch das Bundeskriminalpolizeiamt in Fällen, in denen eine länderübergreifende Gefahr vorliegt, die Zuständigkeit einer Landespolizeibehörde nicht erkennbar ist oder die oberste Landesbehörde um eine Übernahme ersucht;

10. die Zusammenarbeit des Bundes und der Länder
    a) in der Kriminalpolizei,
    b) zum Schutze der freiheitlichen demokratischen Grundordnung, des Bestandes und der Sicherheit des Bundes oder eines Landes (Verfassungsschutz) und
    c) zum Schutze gegen Bestrebungen im Bundesgebiet, die durch Anwendung von Gewalt oder darauf gerichtete Vorbereitungshandlungen auswärtige Belange der Bundesrepublik Deutschland gefährden,

    sowie die Einrichtung eines Bundeskriminalpolizeiamtes und die internationale Verbrechensbekämpfung;
11. die Statistik für Bundeszwecke;
12. das Waffen- und das Sprengstoffrecht;

[...]

(2) Gesetze nach Absatz 1 Nr. 9a bedürfen der Zustimmung des Bundesrates.

Art 74

(1) Die konkurrierende Gesetzgebung erstreckt sich auf folgende Gebiete:

1. das bürgerliche Recht, das Strafrecht, die Gerichtsverfassung, das gerichtliche Verfahren (ohne das Recht des Untersuchungshaftvollzugs), die Rechtsanwaltschaft, das Notariat und die Rechtsberatung;
2. das Personenstandswesen;
3. das Vereinsrecht;
4. das Aufenthalts- und Niederlassungsrecht der Ausländer;

[...]

Art. 92

Die rechtsprechende Gewalt ist den Richtern anvertraut; sie wird durch das Bundesverfassungsgericht, durch die in diesem Grundgesetze vorgesehenen Bundesgerichte und durch die Gerichte der Länder ausgeübt.

Art. 93

(1) Das Bundesverfassungsgericht ist ein allen übrigen Verfassungsorganen gegenüber selbständiger und unabhängiger Gerichtshof des Bundes.
(2) Das Bundesverfassungsgericht besteht aus Bundesrichtern und anderen Mitgliedern; es gliedert sich in zwei Senate. In jeden Senat werden je zur Hälfte vom Bundestag und vom Bundesrat acht Richter gewählt; sie dürfen weder dem Bundestag, dem Bundesrat, der Bundesregierung noch entsprechenden Organen eines Landes angehören. Durch Bundesgesetz nach Absatz 5 kann vorgesehen werden, dass das Wahlrecht vom anderen Wahlorgan ausgeübt werden kann, wenn innerhalb einer zu bestimmenden Frist nach dem Ende der Amtszeit oder dem vorzeitigen Ausscheiden eines Richters eine Wahl seines Nachfolgers nicht zustande kommt.
(3) Die Amtszeit der Mitglieder des Bundesverfassungsgerichts dauert zwölf Jahre, längstens bis zum Ende des Monats, in dem das Mitglied das 68. Lebensjahr vollendet. Nach Ablauf der Amtszeit führen die Richter ihre Amtsgeschäfte bis zur Ernennung des Nachfolgers fort. Eine anschließende oder spätere Wiederwahl ist ausgeschlossen.
(4) Das Bundesverfassungsgericht gibt sich eine Geschäftsordnung, die das Plenum beschließt.
(5) Ein Bundesgesetz regelt die Verfassung und das Verfahren des Bundesverfassungsgerichts. Es kann für Verfassungsbeschwerden die vorherige Erschöpfung des Rechtsweges zur Voraussetzung machen und ein besonderes Annahmeverfahren vorsehen.

Art. 94

(1) Das Bundesverfassungsgericht entscheidet:

1. über die Auslegung dieses Grundgesetzes aus Anlass von Streitigkeiten über den Umfang der Rechte und Pflichten eines obersten Bundesorgans oder anderer Beteiligter, die durch dieses Grundgesetz oder in der Geschäftsordnung eines obersten Bundesorgans mit eigenen Rechten ausgestattet sind;
2. bei Meinungsverschiedenheiten oder Zweifeln über die förmliche und sachliche Vereinbarkeit von Bundesrecht oder Landesrecht mit diesem Grundgesetz oder die Vereinbarkeit von Landesrecht mit sonstigem Bundesrecht auf Antrag der Bundesregierung, einer Landesregierung oder eines Viertels der Mitglieder des Bundestages;

2a. bei Meinungsverschiedenheiten, ob ein Gesetz den Voraussetzungen des Artikels 72 Absatz 2 entspricht, auf Antrag des Bundesrates, einer Landesregierung oder der Volksvertretung eines Landes;

3. bei Meinungsverschiedenheiten über Rechte und Pflichten des Bundes und der Länder, insbesondere bei der Ausführung von Bundesrecht durch die Länder und bei der Ausübung der Bundesaufsicht;
4. in anderen öffentlich-rechtlichen Streitigkeiten zwischen dem Bund und den Ländern, zwischen verschiedenen Ländern oder innerhalb eines Landes, soweit nicht ein anderer Rechtsweg gegeben ist;

4a. über Verfassungsbeschwerden, die von jedermann mit der Behauptung erhoben werden können, durch die öffentliche Gewalt in einem seiner Grundrechte oder in einem seiner in Artikel 20 Absatz 4, 33, 38, 101, 103 und 104 enthaltenen Rechte verletzt zu sein;

4b. über Verfassungsbeschwerden von Gemeinden und Gemeindeverbänden wegen Verletzung des Rechts auf Selbstverwaltung nach Artikel 28 durch ein Gesetz, bei Landesgesetzen jedoch nur, soweit nicht Beschwerde beim Landesverfassungsgericht erhoben werden kann;

4c. über Beschwerden von Vereinigungen gegen ihre Nichtanerkennung als Partei für die Wahl zum Bundestag;

5. in den übrigen in diesem Grundgesetz vorgesehenen Fällen.

(2) [1]Das Bundesverfassungsgericht entscheidet außerdem auf Antrag des Bundesrates, einer Landesregierung oder der Volksvertretung eines Landes, ob im Falle des Artikels 72 Absatz 4 die Erforderlichkeit für eine bundesgesetzliche Regelung nach Artikel 72 Absatz 2 nicht mehr besteht oder Bundesrecht in den Fällen des Artikels 125a Absatz 2 Satz 1 nicht mehr erlassen werden könnte. [2]Die Feststellung, dass die Erforderlichkeit entfallen ist oder Bundesrecht nicht mehr erlassen werden könnte, ersetzt ein Bundesgesetz nach Artikel 72 Absatz 4 oder nach Artikel 125a Absatz 2 Satz 2. [3]Der Antrag nach Satz 1 ist nur zulässig, wenn eine Gesetzesvorlage nach Artikel 72 Absatz 4 oder nach Artikel 125a Absatz 2 Satz 2 im Bundestag abgelehnt oder über sie nicht innerhalb eines

Jahres beraten und Beschluss gefasst oder wenn eine entsprechende Gesetzesvorlage im Bundesrat abgelehnt worden ist.
(3) Das Bundesverfassungsgericht wird ferner in den ihm sonst durch Bundesgesetz zugewiesenen Fällen tätig.
(4) Die Entscheidungen des Bundesverfassungsgerichts binden die Verfassungsorgane des Bundes und der Länder sowie alle Gerichte und Behörden. Ein Bundesgesetz bestimmt, in welchen Fällen seine Entscheidungen Gesetzeskraft haben.

Art. 95

(1) Für die Gebiete der ordentlichen, der Verwaltungs-, der Finanz-, der Arbeits- und der Sozialgerichtsbarkeit errichtet der Bund als oberste Gerichtshöfe den Bundesgerichtshof, das Bundesverwaltungsgericht, den Bundesfinanzhof, das Bundesarbeitsgericht und das Bundessozialgericht.
(2) Über die Berufung der Richter dieser Gerichte entscheidet der für das jeweilige Sachgebiet zuständige Bundesminister gemeinsam mit einem Richterwahlausschuß, der aus den für das jeweilige Sachgebiet zuständigen Ministern der Länder und einer gleichen Anzahl von Mitgliedern besteht, die vom Bundestage gewählt werden.
(3) [1]Zur Wahrung der Einheitlichkeit der Rechtsprechung ist ein Gemeinsamer Senat der in Absatz 1 genannten Gerichte zu bilden. [2]Das Nähere regelt ein Bundesgesetz.
[...]

Art. 97

(1) Die Richter sind unabhängig und nur dem Gesetze unterworfen.
(2) [1]Die hauptamtlich und planmäßig endgültig angestellten Richter können wider ihren Willen nur kraft richterlicher Entscheidung und nur aus Gründen und unter den Formen, welche die Gesetze bestimmen, vor Ablauf ihrer Amtszeit entlassen oder dauernd oder zeitweise ihres Amtes enthoben oder an eine andere Stelle oder in den Ruhestand versetzt werden. [2]Die Gesetzgebung kann Altersgrenzen festsetzen, bei deren Erreichung auf Lebenszeit angestellte Richter in den Ruhestand treten. [3]Bei Veränderung der Einrichtung der Gerichte oder ihrer Bezirke können Richter an ein anderes Gericht versetzt oder aus dem Amte entfernt werden, jedoch nur unter Belassung des vollen Gehaltes.
[...]

Art. 101

(1) [1]Ausnahmegerichte sind unzulässig. [2]Niemand darf seinem gesetzlichen Richter entzogen werden.
(2) Gerichte für besondere Sachgebiete können nur durch Gesetz errichtet werden.

Art. 102

Die Todesstrafe ist abgeschafft.

Art. 103

(1) Vor Gericht hat jedermann Anspruch auf rechtliches Gehör.
(2) Eine Tat kann nur bestraft werden, wenn die Strafbarkeit gesetzlich bestimmt war, bevor die Tat begangen wurde.
(3) Niemand darf wegen derselben Tat auf Grund der allgemeinen Strafgesetze mehrmals bestraft werden.

Art. 104

(1) [1]Die Freiheit der Person kann nur auf Grund eines förmlichen Gesetzes und nur unter Beachtung der darin vorgeschriebenen Formen beschränkt werden. [2]Festgehaltene Personen dürfen weder seelisch noch körperlich mißhandelt werden.
(2) [1]Über die Zulässigkeit und Fortdauer einer Freiheitsentziehung hat nur der Richter zu entscheiden. [2]Bei jeder nicht auf richterlicher Anordnung beruhenden Freiheitsentziehung ist unverzüglich eine richterliche Entscheidung herbeizuführen. [3]Die Polizei darf aus eigener Machtvollkommenheit niemanden länger als bis zum Ende des Tages nach dem Ergreifen in eigenem Gewahrsam halten. [4]Das Nähere ist gesetzlich zu regeln.
(3) [1]Jeder wegen des Verdachtes einer strafbaren Handlung vorläufig Festgenommene ist spätestens am Tage nach der Festnahme dem Richter vorzuführen, der ihm die Gründe der Festnahme mitzuteilen, ihn zu vernehmen und ihm Gelegenheit zu Einwendungen zu geben hat. [2]Der Richter hat unverzüglich entweder einen mit Gründen versehenen schriftlichen Haftbefehl zu erlassen oder die Freilassung anzuordnen.
(4) Von jeder richterlichen Entscheidung über die Anordnung oder Fortdauer einer Freiheitsentziehung ist unverzüglich ein Angehöriger des Festgehaltenen oder eine Person seines Vertrauens zu benachrichtigen.
[...]

XI. Übergangs- und Schlußbestimmungen

Art. 116

(1) Deutscher im Sinne dieses Grundgesetzes ist vorbehaltlich anderweitiger gesetzlicher Regelung, wer die deutsche Staatsangehörigkeit besitzt oder als Flüchtling oder Vertriebener deutscher Volkszugehörigkeit oder als dessen Ehegatte oder Abkömmling in dem Gebiete des Deutschen Reiches nach dem Stande vom 31. Dezember 1937 Aufnahme gefunden hat.
(2) [1]Frühere deutsche Staatsangehörige, denen zwischen dem 30. Januar 1933 und dem 8. Mai 1945 die Staatsangehörigkeit aus politischen, rassischen oder religiösen Gründen entzogen worden ist, und ihre Abkömmlinge sind auf An-

trag wieder einzubürgern. [2]Sie gelten als nicht ausgebürgert, sofern sie nach dem 8. Mai 1945 ihren Wohnsitz in Deutschland genommen haben und nicht einen entgegengesetzten Willen zum Ausdruck gebracht haben.

[...]

Art. 146

Dieses Grundgesetz, das nach Vollendung der Einheit und Freiheit Deutschlands für das gesamte deutsche Volk gilt, verliert seine Gültigkeit an dem Tage, an dem eine Verfassung in Kraft tritt, die von dem deutschen Volke in freier Entscheidung beschlossen worden ist.

[...]

Europäische Konvention zum Schutz der Menschenrechte und Grundfreiheiten (EMRK)

vom 4. November 1950, in der Fassung der Bekanntmachung vom 22. Oktober 2010

– Auszüge –

[...]

Art. 5 – Recht auf Freiheit und Sicherheit

(1) Jede Person hat das Recht auf Freiheit und Sicherheit. Die Freiheit darf nur in den folgenden Fällen und nur auf die gesetzlich vorgeschriebene Weise entzogen werden:

a) rechtmäßige Freiheitsentziehung nach Verurteilung durch ein zuständiges Gericht;
b) rechtmäßige Festnahme oder Freiheitsentziehung wegen Nichtbefolgung einer rechtmäßigen gerichtlichen Anordnung oder zur Erzwingung der Erfüllung einer gesetzlichen Verpflichtung;
c) rechtmäßige Festnahme oder Freiheitsentziehung zur Vorführung vor die zuständige Gerichtsbehörde, wenn hinreichender Verdacht besteht, dass die betreffende Person eine Straftat begangen hat, oder wenn begründeter Anlass zu der Annahme besteht, dass es notwendig ist, sie an der Begehung einer Straftat oder an der Flucht nach Begehung einer solchen zu hindern;
d) rechtmäßige Freiheitsentziehung bei Minderjährigen zum Zweck überwachter Erziehung oder zur Vorführung vor die zuständige Behörde;
e) rechtmäßige Freiheitsentziehung mit dem Ziel, eine Verbreitung ansteckender Krankheiten zu verhindern, sowie bei psychisch Kranken, Alkohol- oder Rauschgiftsüchtigen und Landstreichern;
f) rechtmäßige Festnahme oder Freiheitsentziehung zur Verhinderung der unerlaubten Einreise sowie bei Personen, gegen die ein Ausweisungs- oder Auslieferungsverfahren im Gange ist.

(2) Jeder festgenommenen Person muss innerhalb möglichst kurzer Frist in einer ihr verständlichen Sprache mitgeteilt werden, welches die Gründe für ihre Festnahme sind und welche Beschuldigungen gegen sie erhoben werden.

(3) Jede Person, die nach Absatz 1 Buchstabe c von Festnahme oder Freiheitsentziehung betroffen ist, muss unverzüglich einem Richter oder einer anderen gesetzlich zur Wahrnehmung richterlicher Aufgaben ermächtigten Person vorgeführt werden; sie hat Anspruch auf ein Urteil innerhalb angemessener Frist oder auf Entlassung während des Verfahrens. Die Entlassung kann von der Leistung einer Sicherheit für das Erscheinen vor Gericht abhängig gemacht werden.

(4) Jede Person, die festgenommen oder der die Freiheit entzogen ist, hat das Recht zu beantragen, dass ein Gericht innerhalb kurzer Frist über die Rechtmäßigkeit der Freiheitsentziehung entscheidet und ihre Entlassung anordnet, wenn die Freiheitsentziehung nicht rechtmäßig ist.
(5) Jede Person, die unter Verletzung dieses Artikels von Festnahme oder Freiheitsentziehung betroffen ist, hat Anspruch auf Schadensersatz.

Art. 6 – Recht auf ein faires Verfahren

(1) Jede Person hat ein Recht darauf, dass über Streitigkeiten in Bezug auf ihre zivilrechtlichen Ansprüche und Verpflichtungen oder über eine gegen sie erhobene strafrechtliche Anklage von einem unabhängigen und unparteiischen, auf Gesetz beruhenden Gericht in einem fairen Verfahren, öffentlich und innerhalb angemessener Frist verhandelt wird. Das Urteil muss öffentlich verkündet werden; Presse und Öffentlichkeit können jedoch während des ganzen oder eines Teiles des Verfahrens ausgeschlossen werden, wenn dies im Interesse der Moral, der öffentlichen Ordnung oder der nationalen Sicherheit in einer demokratischen Gesellschaft liegt, wenn die Interessen von Jugendlichen oder der Schutz des Privatlebens der Prozessparteien es verlangen oder – soweit das Gericht es für unbedingt erforderlich hält – wenn unter besonderen Umständen eine öffentliche Verhandlung die Interessen der Rechtspflege beeinträchtigen würde.
(2) Jede Person, die einer Straftat angeklagt ist, gilt bis zum gesetzlichen Beweis ihrer Schuld als unschuldig.
(3) Jede angeklagte Person hat mindestens folgende Rechte:

a) innerhalb möglichst kurzer Frist in einer ihr verständlichen Sprache in allen Einzelheiten über Art und Grund der gegen sie erhobenen Beschuldigung unterrichtet zu werden;
b) ausreichende Zeit und Gelegenheit zur Vorbereitung ihrer Verteidigung zu haben;
c) sich selbst zu verteidigen, sich durch einen Verteidiger ihrer Wahl verteidigen zu lassen oder, falls ihr die Mittel zur Bezahlung fehlen, unentgeltlich den Beistand eines Verteidigers zu erhalten, wenn dies im Interesse der Rechtspflege erforderlich ist;
d) Fragen an Belastungszeugen zu stellen oder stellen zu lassen und die Ladung und Vernehmung von Entlastungszeugen unter denselben Bedingungen zu erwirken, wie sie für Belastungszeugen gelten;
e) unentgeltliche Unterstützung durch einen Dolmetscher zu erhalten, wenn sie die Verhandlungssprache des Gerichts nicht versteht oder spricht.

Art. 7 – Keine Strafe ohne Gesetz

(1) [1]Niemand darf wegen einer Handlung oder Unterlassung verurteilt werden, die zur Zeit ihrer Begehung nach innerstaatlichem oder internationalem Recht nicht strafbar war. [2]Es darf auch keine schwerere als die zur Zeit der Begehung angedrohte Strafe verhängt werden.
(2) Dieser Artikel schließt nicht aus, dass jemand wegen einer Handlung oder Unterlassung verurteilt oder bestraft wird, die zur Zeit ihrer Begehung nach den von den zivilisierten Völkern anerkannten allgemeinen Rechtsgrundsätzen strafbar war.

Art. 8 – Recht auf Achtung des Privat- und Familienlebens

(1) Jede Person hat das Recht auf Achtung ihres Privat- und Familienlebens, ihrer Wohnung und ihrer Korrespondenz.
(2) Eine Behörde darf in die Ausübung dieses Rechts nur eingreifen, soweit der Eingriff gesetzlich vorgesehen und in einer demokratischen Gesellschaft notwendig ist für die nationale oder öffentliche Sicherheit, für das wirtschaftliche Wohl des Landes, zur Aufrechterhaltung der Ordnung, zur Verhütung von Straftaten, zum Schutz der Gesundheit oder der Moral oder zum Schutz der Rechte und Freiheiten anderer.
[...]

Strafprozessordnung (StPO)

vom 7. April 1987 (BGBl. I S. 1074, 1319),
zuletzt geändert durch Artikel 3 des Gesetzes vom 11. Januar 2026
(BGBl. 2026 I Nr. 9)

– Auszüge –

[...]

§ 48
Zeugenpflichten; Ladung

(1) [1]Zeugen sind verpflichtet, zu dem zu ihrer Vernehmung bestimmten Termin vor dem Richter zu erscheinen. [2]Sie haben die Pflicht auszusagen, wenn keine im Gesetz zugelassene Ausnahme vorliegt.
(2) Die Ladung der Zeugen geschieht unter Hinweis auf verfahrensrechtliche Bestimmungen, die dem Interesse des Zeugen dienen, auf vorhandene Möglichkeiten der Zeugenbetreuung und auf die gesetzlichen Folgen des Ausbleibens.
(3) (weggefallen)

§ 48a
Besonders schutzbedürftige Zeugen; Beschleunigungsgebot

(1) [1]Ist der Zeuge zugleich der Verletzte, so sind die ihn betreffenden Verhandlungen, Vernehmungen und sonstigen Untersuchungshandlungen stets unter Berücksichtigung seiner besonderen Schutzbedürftigkeit durchzuführen. [2]Insbesondere ist zu prüfen,

1. ob die dringende Gefahr eines schwerwiegenden Nachteils für das Wohl des Zeugen Maßnahmen nach den §§ 168e oder 247a erfordert,
2. ob überwiegende schutzwürdige Interessen des Zeugen den Ausschluss der Öffentlichkeit nach § 171b Absatz 1 des Gerichtsverfassungsgesetzes erfordern und
3. inwieweit auf nicht unerlässliche Fragen zum persönlichen Lebensbereich des Zeugen nach § 68a Absatz 1 verzichtet werden kann.

[3]Dabei sind die persönlichen Verhältnisse des Zeugen sowie Art und Umstände der Straftat zu berücksichtigen.
(2) Bei Taten zum Nachteil eines minderjährigen Verletzten müssen die ihn betreffenden Verhandlungen, Vernehmungen und sonstigen Untersuchungshandlungen besonders beschleunigt durchgeführt werden, soweit dies unter Berücksichtigung der persönlichen Verhältnisse des Zeugen sowie der Art und Umstände der Straftat zu seinem Schutz oder zur Vermeidung von Beweisverlusten geboten ist.

§ 49
Vernehmung des Bundespräsidenten

[1]Der Bundespräsident ist in seiner Wohnung zu vernehmen. [2]Zur Hauptverhandlung wird er nicht geladen. [3]Das Protokoll über seine gerichtliche Vernehmung ist in der Hauptverhandlung zu verlesen.

§ 50
Vernehmung von Abgeordneten und Mitgliedern einer Regierung

(1) Die Mitglieder des Bundestages, des Bundesrates, eines Landtages oder einer zweiten Kammer sind während ihres Aufenthaltes am Sitz der Versammlung dort zu vernehmen.
(2) Die Mitglieder der Bundesregierung oder einer Landesregierung sind an ihrem Amtssitz oder, wenn sie sich außerhalb ihres Amtssitzes aufhalten, an ihrem Aufenthaltsort zu vernehmen.
(3) Zu einer Abweichung von den vorstehenden Vorschriften bedarf es
für die Mitglieder eines in Absatz 1 genannten Organs der Genehmigung dieses Organs,
für die Mitglieder der Bundesregierung der Genehmigung der Bundesregierung,
für die Mitglieder einer Landesregierung der Genehmigung der Landesregierung.
(4) [1]Die Mitglieder der in Absatz 1 genannten Organe der Gesetzgebung und die Mitglieder der Bundesregierung oder einer Landesregierung werden, wenn sie außerhalb der Hauptverhandlung vernommen worden sind, zu dieser nicht geladen. [2]Das Protokoll über ihre richterliche Vernehmung ist in der Hauptverhandlung zu verlesen.

§ 51
Folgen des Ausbleibens eines Zeugen

(1) [1]Einem ordnungsgemäß geladenen Zeugen, der nicht erscheint, werden die durch das Ausbleiben verursachten Kosten auferlegt. [2]Zugleich wird gegen ihn ein Ordnungsgeld und für den Fall, daß dieses nicht beigetrieben werden kann, Ordnungshaft festgesetzt. [3]Auch ist die zwangsweise Vorführung des Zeugen zulässig; § 135 gilt entsprechend. [4]Im Falle wiederholten Ausbleibens kann das Ordnungsmittel noch einmal festgesetzt werden.
(2) [1]Die Auferlegung der Kosten und die Festsetzung eines Ordnungsmittels unterbleiben, wenn das Ausbleiben des Zeugen rechtzeitig genügend entschuldigt wird. [2]Erfolgt die Entschuldigung nach Satz 1 nicht rechtzeitig, so unterbleibt die Auferlegung der Kosten und die Festsetzung eines Ordnungsmittels nur dann, wenn glaubhaft gemacht wird, daß den Zeugen an der Verspätung der Entschuldigung kein Verschulden trifft. [3]Wird der Zeuge nachträglich ge-

nügend entschuldigt, so werden die getroffenen Anordnungen unter den Voraussetzungen des Satzes 2 aufgehoben.
(3) Die Befugnis zu diesen Maßregeln steht auch dem Richter im Vorverfahren sowie dem beauftragten und ersuchten Richter zu.

§ 52
Zeugnisverweigerungsrecht der Angehörigen des Beschuldigten

(1) Zur Verweigerung des Zeugnisses sind berechtigt
1. der Verlobte des Beschuldigten;
2. der Ehegatte des Beschuldigten, auch wenn die Ehe nicht mehr besteht;
2a. der Lebenspartner des Beschuldigten, auch wenn die Lebenspartnerschaft nicht mehr besteht;
3. wer mit dem Beschuldigten in gerader Linie verwandt oder verschwägert, in der Seitenlinie bis zum dritten Grad verwandt oder bis zum zweiten Grad verschwägert ist oder war.

(2) [1]Haben Minderjährige wegen mangelnder Verstandesreife oder haben Minderjährige oder Betreute wegen einer psychischen Krankheit oder einer geistigen oder seelischen Behinderung von der Bedeutung des Zeugnisverweigerungsrechts keine genügende Vorstellung, so dürfen sie nur vernommen werden, wenn sie zur Aussage bereit sind und auch ihr gesetzlicher Vertreter der Vernehmung zustimmt. [2]Ist der gesetzliche Vertreter selbst Beschuldigter, so kann er über die Ausübung des Zeugnisverweigerungsrechts nicht entscheiden; das gleiche gilt für den nicht beschuldigten Elternteil, wenn die gesetzliche Vertretung beiden Eltern zusteht.
(3) [1]Die zur Verweigerung des Zeugnisses berechtigten Personen, in den Fällen des Absatzes 2 auch deren zur Entscheidung über die Ausübung des Zeugnisverweigerungsrechts befugte Vertreter, sind vor jeder Vernehmung über ihr Recht zu belehren. [2]Sie können den Verzicht auf dieses Recht auch während der Vernehmung widerrufen.

§ 53
Zeugnisverweigerungsrecht der Berufsgeheimnisträger

(1) [1]Zur Verweigerung des Zeugnisses sind ferner berechtigt
1. Geistliche über das, was ihnen in ihrer Eigenschaft als Seelsorger anvertraut worden oder bekanntgeworden ist;
2. Verteidiger des Beschuldigten über das, was ihnen in dieser Eigenschaft anvertraut worden oder bekanntgeworden ist;
3. Rechtsanwälte und Kammerrechtsbeistände, Patentanwälte, Notare, Wirtschaftsprüfer, vereidigte Buchprüfer, Steuerberater und Steuerbevollmächtigte, Ärzte, Zahnärzte, Psychotherapeuten, Psychologische Psychotherapeuten, Kinder- und Jugendlichenpsychotherapeuten, Apotheker und Hebammen über das, was ihnen in dieser Eigenschaft anvertraut worden oder

bekanntgeworden ist; für Syndikusrechtsanwälte (§ 46 Absatz 2 der Bundesrechtsanwaltsordnung) und Syndikuspatentanwälte (§ 41a Absatz 2 der Patentanwaltsordnung) gilt dies vorbehaltlich des § 53a nicht hinsichtlich dessen, was ihnen in dieser Eigenschaft anvertraut worden oder bekanntgeworden ist;

3a. Mitglieder oder Beauftragte einer anerkannten Beratungsstelle nach den §§ 3 und 8 Absatz 1 des Schwangerschaftskonfliktgesetzes über das, was ihnen in dieser Eigenschaft anvertraut worden oder bekanntgeworden ist;

3b. Berater für Fragen der Betäubungsmittelabhängigkeit in einer Beratungsstelle, die eine Behörde oder eine Körperschaft, Anstalt oder Stiftung des öffentlichen Rechts anerkannt oder bei sich eingerichtet hat, über das, was ihnen in dieser Eigenschaft anvertraut worden oder bekanntgeworden ist;

4. Mitglieder des Deutschen Bundestages, der Bundesversammlung, des Europäischen Parlaments aus der Bundesrepublik Deutschland oder eines Landtages über Personen, die ihnen in ihrer Eigenschaft als Mitglieder dieser Organe oder denen sie in dieser Eigenschaft Tatsachen anvertraut haben, sowie über diese Tatsachen selbst;

5. Personen, die bei der Vorbereitung, Herstellung oder Verbreitung von Druckwerken, Rundfunksendungen, Filmberichten oder der Unterrichtung oder Meinungsbildung dienenden Informations- und Kommunikationsdiensten berufsmäßig mitwirken oder mitgewirkt haben.

[2]Die in Satz 1 Nr. 5 genannten Personen dürfen das Zeugnis verweigern über die Person des Verfassers oder Einsenders von Beiträgen und Unterlagen oder des sonstigen Informanten sowie über die ihnen im Hinblick auf ihre Tätigkeit gemachten Mitteilungen, über deren Inhalt sowie über den Inhalt selbst erarbeiteter Materialien und den Gegenstand berufsbezogener Wahrnehmungen. [3]Dies gilt nur, soweit es sich um Beiträge, Unterlagen, Mitteilungen und Materialien für den redaktionellen Teil oder redaktionell aufbereitete Informations- und Kommunikationsdienste handelt.

(2) [1]Die in Absatz 1 Satz 1 Nr. 2 bis 3b Genannten dürfen das Zeugnis nicht verweigern, wenn sie von der Verpflichtung zur Verschwiegenheit entbunden sind. [2]Die Berechtigung zur Zeugnisverweigerung der in Absatz 1 Satz 1 Nr. 5 Genannten über den Inhalt selbst erarbeiteter Materialien und den Gegenstand entsprechender Wahrnehmungen entfällt, wenn die Aussage zur Aufklärung eines Verbrechens beitragen soll oder wenn Gegenstand der Untersuchung

1. eine Straftat des Friedensverrats und der Gefährdung des demokratischen Rechtsstaats oder des Landesverrats und der Gefährdung der äußeren Sicherheit (§§ 80a, 85, 87, 88, 95, auch in Verbindung mit § 97b, §§ 97a, 98 bis 100a des Strafgesetzbuchs),
2. eine Straftat gegen die sexuelle Selbstbestimmung nach den §§ 174 bis 174c, 176a, 176b, 177 Absatz 2 Nummer 1 des Strafgesetzbuches oder
3. eine Geldwäsche nach § 261 des Strafgesetzbuches, deren Vortat mit einer im Mindestmaß erhöhten Freiheitsstrafe bedroht ist,

ist und die Erforschung des Sachverhalts oder die Ermittlung des Aufenthaltsortes des Beschuldigten auf andere Weise aussichtslos oder wesentlich erschwert wäre. [3]Der Zeuge kann jedoch auch in diesen Fällen die Aussage verweigern, soweit sie zur Offenbarung der Person des Verfassers oder Einsenders von Beiträgen und Unterlagen oder des sonstigen Informanten oder der ihm im Hinblick auf seine Tätigkeit nach Absatz 1 Satz 1 Nr. 5 gemachten Mitteilungen oder deren Inhalts führen würde.

§ 53a
Zeugnisverweigerungsrecht der mitwirkenden Personen

(1) [1]Den Berufsgeheimnisträgern nach § 53 Absatz 1 Satz 1 Nummer 1 bis 4 stehen die Personen gleich, die im Rahmen

1. eines Vertragsverhältnisses einschließlich der gemeinschaftlichen Berufsausübung,
2. einer berufsvorbereitenden Tätigkeit oder
3. einer sonstigen Hilfstätigkeit

an deren beruflicher Tätigkeit mitwirken. [2]Über die Ausübung des Rechts dieser Personen, das Zeugnis zu verweigern, entscheiden die Berufsgeheimnisträger, es sei denn, dass diese Entscheidung in absehbarer Zeit nicht herbeigeführt werden kann.

(2) Die Entbindung von der Verpflichtung zur Verschwiegenheit (§ 53 Absatz 2 Satz 1) gilt auch für die nach Absatz 1 mitwirkenden Personen.

§ 54
Aussagegenehmigung für Angehörige des öffentlichen Dienstes

(1) Für die Vernehmung von Richtern, Beamten und anderen Personen des öffentlichen Dienstes als Zeugen über Umstände, auf die sich ihre Pflicht zur Amtsverschwiegenheit bezieht, und für die Genehmigung zur Aussage gelten die besonderen beamtenrechtlichen Vorschriften.

(2) Für die Mitglieder des Bundestages, eines Landtages, der Bundes- oder einer Landesregierung sowie für die Angestellten einer Fraktion des Bundestages und eines Landtages gelten die für sie maßgebenden besonderen Vorschriften.

(3) Der Bundespräsident kann das Zeugnis verweigern, wenn die Ablegung des Zeugnisses dem Wohl des Bundes oder eines deutschen Landes Nachteile bereiten würde.

(4) Diese Vorschriften gelten auch, wenn die vorgenannten Personen nicht mehr im öffentlichen Dienst oder Angestellte einer Fraktion sind oder ihre Mandate beendet sind, soweit es sich um Tatsachen handelt, die sich während ihrer Dienst-, Beschäftigungs- oder Mandatszeit ereignet haben oder ihnen während ihrer Dienst-, Beschäftigungs- oder Mandatszeit zur Kenntnis gelangt sind.

§ 55
Auskunftsverweigerungsrecht

(1) Jeder Zeuge kann die Auskunft auf solche Fragen verweigern, deren Beantwortung ihm selbst oder einem der in § 52 Abs. 1 bezeichneten Angehörigen die Gefahr zuziehen würde, wegen einer Straftat oder einer Ordnungswidrigkeit verfolgt zu werden.
(2) Der Zeuge ist über sein Recht zur Verweigerung der Auskunft zu belehren.

§ 56
Glaubhaftmachung des Verweigerungsgrundes

[1]Die Tatsache, auf die der Zeuge die Verweigerung des Zeugnisses in den Fällen der §§ 52, 53 und 55 stützt, ist auf Verlangen glaubhaft zu machen. [2]Es genügt die eidliche Versicherung des Zeugen.

§ 57
Belehrung

[1]Vor der Vernehmung werden die Zeugen zur Wahrheit ermahnt und über die strafrechtlichen Folgen einer unrichtigen oder unvollständigen Aussage belehrt. [2]Auf die Möglichkeit der Vereidigung werden sie hingewiesen. [3]Im Fall der Vereidigung sind sie über die Bedeutung des Eides und darüber zu belehren, dass der Eid mit oder ohne religiöse Beteuerung geleistet werden kann.

§ 58
Vernehmung; Gegenüberstellung

(1) Die Zeugen sind einzeln und in Abwesenheit der später zu hörenden Zeugen zu vernehmen.
(2) [1]Eine Gegenüberstellung mit anderen Zeugen oder mit dem Beschuldigten im Vorverfahren ist zulässig, wenn es für das weitere Verfahren geboten erscheint. [2]Bei einer Gegenüberstellung mit dem Beschuldigten ist dem Verteidiger die Anwesenheit gestattet. [3]Von dem Termin ist der Verteidiger vorher zu benachrichtigen. [4]Auf die Verlegung eines Termins wegen Verhinderung hat er keinen Anspruch. [5]Hat der Beschuldigte keinen Verteidiger, so ist er darauf hinzuweisen, dass er in den Fällen des § 140 die Bestellung eines Pflichtverteidigers nach Maßgabe des § 141 Absatz 1 und des § 142 Absatz 1 beantragen kann.

§ 58a
Aufzeichnung der Vernehmung in Bild und Ton

(1) [1]Die Vernehmung eines Zeugen kann in Bild und Ton aufgezeichnet werden. [2]Sie soll nach Würdigung der dafür jeweils maßgeblichen Umstände aufgezeichnet werden und als richterliche Vernehmung erfolgen, wenn
1. damit die schutzwürdigen Interessen von Personen unter 18 Jahren sowie von Personen, die als Kinder oder Jugendliche durch eine der in § 255a Ab-

satz 2 genannten Straftaten verletzt worden sind, besser gewahrt werden können oder
2. zu besorgen ist, dass der Zeuge in der Hauptverhandlung nicht vernommen werden kann und die Aufzeichnung zur Erforschung der Wahrheit erforderlich ist.

[3]Die Vernehmung muss nach Würdigung der dafür jeweils maßgeblichen Umstände aufgezeichnet werden und als richterliche Vernehmung erfolgen, wenn damit die schutzwürdigen Interessen von Personen, die durch Straftaten gegen die sexuelle Selbstbestimmung (§§ 174 bis 184j des Strafgesetzbuches) verletzt worden sind, besser gewahrt werden können und der Zeuge der Bild-Ton-Aufzeichnung vor der Vernehmung zugestimmt hat.

(2) [1]Die Verwendung der Bild-Ton-Aufzeichnung ist nur für Zwecke der Strafverfolgung und nur insoweit zulässig, als dies zur Erforschung der Wahrheit erforderlich ist. [2]§ 101 Abs. 8 gilt entsprechend. [3]Die §§ 147, 406e sind entsprechend anzuwenden, mit der Maßgabe, dass den zur Akteneinsicht Berechtigten Kopien der Aufzeichnung überlassen werden können. [4]Die Kopien dürfen weder vervielfältigt noch weitergegeben werden. [5]Sie sind an die Staatsanwaltschaft herauszugeben, sobald kein berechtigtes Interesse an der weiteren Verwendung besteht. [6]Die Überlassung der Aufzeichnung oder die Herausgabe von Kopien an andere als die vorbezeichneten Stellen bedarf der Einwilligung des Zeugen.

(3) [1]Widerspricht der Zeuge der Überlassung einer Kopie der Aufzeichnung seiner Vernehmung nach Absatz 2 Satz 3, so tritt an deren Stelle die Überlassung des Protokolls an die zur Akteneinsicht Berechtigten nach Maßgabe der §§ 147, 406e. [2]Das Recht zur Besichtigung der Aufzeichnung nach Maßgabe der §§ 147, 406e bleibt unberührt. [3]Der Zeuge ist auf sein Widerspruchsrecht nach Satz 1 hinzuweisen.

§ 58b
Vernehmung im Wege der Bild- und Tonübertragung

Die Vernehmung eines Zeugen außerhalb der Hauptverhandlung kann in der Weise erfolgen, dass dieser sich an einem anderen Ort als die vernehmende Person aufhält und die Vernehmung zeitgleich in Bild und Ton an den Ort, an dem sich der Zeuge aufhält, und in das Vernehmungszimmer übertragen wird.

§ 59
Vereidigung

(1) [1]Zeugen werden nur vereidigt, wenn es das Gericht wegen der ausschlaggebenden Bedeutung der Aussage oder zur Herbeiführung einer wahren Aussage nach seinem Ermessen für notwendig hält. [2]Der Grund dafür, dass der Zeuge vereidigt wird, braucht im Protokoll nicht angegeben zu werden, es sei denn, der Zeuge wird außerhalb der Hauptverhandlung vernommen.

(2) [1]Die Vereidigung der Zeugen erfolgt einzeln und nach ihrer Vernehmung. [2]Soweit nichts anderes bestimmt ist, findet sie in der Hauptverhandlung statt.

§ 60
Vereidigungsverbote

Von der Vereidigung ist abzusehen
1. bei Personen, die zur Zeit der Vernehmung das 18. Lebensjahr noch nicht vollendet haben oder die wegen mangelnder Verstandesreife oder wegen einer psychischen Krankheit oder einer geistigen oder seelischen Behinderung vom Wesen und der Bedeutung des Eides keine genügende Vorstellung haben;
2. bei Personen, die der Tat, welche den Gegenstand der Untersuchung bildet, oder der Beteiligung an ihr oder der Datenhehlerei, Begünstigung, Strafvereitelung oder Hehlerei verdächtig oder deswegen bereits verurteilt sind.

§ 61
Recht zur Eidesverweigerung

Die in § 52 Abs. 1 bezeichneten Angehörigen des Beschuldigten haben das Recht, die Beeidigung des Zeugnisses zu verweigern; darüber sind sie zu belehren.

§ 62
Vereidigung im vorbereitenden Verfahren

Im vorbereitenden Verfahren ist die Vereidigung zulässig, wenn
1. Gefahr im Verzug ist oder
2. der Zeuge voraussichtlich am Erscheinen in der Hauptverhandlung verhindert sein wird

und die Voraussetzungen des § 59 Abs. 1 vorliegen.

§ 63
Vereidigung bei Vernehmung durch den beauftragten oder ersuchten Richter

Wird ein Zeuge durch einen beauftragten oder ersuchten Richter vernommen, muss die Vereidigung, soweit sie zulässig ist, erfolgen, wenn es in dem Auftrag oder in dem Ersuchen des Gerichts verlangt wird.

§ 64
Eidesformel

(1) Der Eid mit religiöser Beteuerung wird in der Weise geleistet, dass der Richter an den Zeugen die Worte richtet:
„Sie schwören bei Gott dem Allmächtigen und Allwissenden, dass Sie nach bestem Wissen die reine Wahrheit gesagt und nichts verschwiegen haben“
und der Zeuge hierauf die Worte spricht:
„Ich schwöre es, so wahr mir Gott helfe“.
(2) Der Eid ohne religiöse Beteuerung wird in der Weise geleistet, dass der Richter an den Zeugen die Worte richtet:

„Sie schwören, dass Sie nach bestem Wissen die reine Wahrheit gesagt und nichts verschwiegen haben“
und der Zeuge hierauf die Worte spricht:
„Ich schwöre es“.
(3) Gibt ein Zeuge an, dass er als Mitglied einer Religions- oder Bekenntnisgemeinschaft eine Beteuerungsformel dieser Gemeinschaft verwenden wolle, so kann er diese dem Eid anfügen.
(4) Der Schwörende soll bei der Eidesleistung die rechte Hand erheben.

§ 65
Eidesgleiche Bekräftigung der Wahrheit von Aussagen

(1) [1]Gibt ein Zeuge an, dass er aus Glaubens- oder Gewissensgründen keinen Eid leisten wolle, so hat er die Wahrheit der Aussage zu bekräftigen. [2]Die Bekräftigung steht dem Eid gleich; hierauf ist der Zeuge hinzuweisen.
(2) Die Wahrheit der Aussage wird in der Weise bekräftigt, dass der Richter an den Zeugen die Worte richtet:
„Sie bekräftigen im Bewusstsein Ihrer Verantwortung vor Gericht, dass Sie nach bestem Wissen die reine Wahrheit gesagt und nichts verschwiegen haben“
und der Zeuge hierauf spricht: „Ja“.
(3) § 64 Abs. 3 gilt entsprechend.

§ 66
Eidesleistung bei Hör- oder Sprachbehinderung

(1) [1]Eine hör- oder sprachbehinderte Person leistet den Eid nach ihrer Wahl mittels Nachsprechens der Eidesformel, mittels Abschreibens und Unterschreibens der Eidesformel oder mit Hilfe einer die Verständigung ermöglichenden Person, die vom Gericht hinzuzuziehen ist. [2]Das Gericht hat die geeigneten technischen Hilfsmittel bereitzustellen. [3]Die hör- oder sprachbehinderte Person ist auf ihr Wahlrecht hinzuweisen.
(2) Das Gericht kann eine schriftliche Eidesleistung verlangen oder die Hinzuziehung einer die Verständigung ermöglichenden Person anordnen, wenn die hör- oder sprachbehinderte Person von ihrem Wahlrecht nach Absatz 1 keinen Gebrauch gemacht hat oder eine Eidesleistung in der nach Absatz 1 gewählten Form nicht oder nur mit unverhältnismäßigem Aufwand möglich ist.
(3) Die §§ 64 und 65 gelten entsprechend.

§ 67
Berufung auf einen früheren Eid

Wird der Zeuge, nachdem er eidlich vernommen worden ist, in demselben Vorverfahren oder in demselben Hauptverfahren nochmals vernommen, so kann der Richter statt der nochmaligen Vereidigung den Zeugen die Richtigkeit seiner Aussage unter Berufung auf den früher geleisteten Eid versichern lassen.

§ 68
Vernehmung zur Person; Beschränkung von Angaben, Zeugenschutz

(1) [1]Die Vernehmung beginnt damit, dass der Zeuge über Vornamen, Nachnamen, Geburtsnamen, Alter, Beruf und vollständige Anschrift befragt wird. [2]In richterlichen Vernehmungen in Anwesenheit des Beschuldigten und in der Hauptverhandlung wird außer bei Zweifeln über die Identität des Zeugen nicht die vollständige Anschrift, sondern nur dessen Wohn- oder Aufenthaltsort abgefragt. [3]Ein Zeuge, der Wahrnehmungen in amtlicher Eigenschaft gemacht hat, kann statt der vollständigen Anschrift den Dienstort angeben.

(2) [1]Einem Zeugen soll zudem gestattet werden, statt der vollständigen Anschrift seinen Geschäfts- oder Dienstort oder eine andere ladungsfähige Anschrift anzugeben, wenn ein begründeter Anlass zu der Besorgnis besteht, dass durch die Angabe der vollständigen Anschrift Rechtsgüter des Zeugen oder einer anderen Person gefährdet werden oder dass auf Zeugen oder eine andere Person in unlauterer Weise eingewirkt werden wird. [2]In richterlichen Vernehmungen in Anwesenheit des Beschuldigten und in der Hauptverhandlung soll dem Zeugen gestattet werden, seinen Wohn- oder Aufenthaltsort nicht anzugeben, wenn die Voraussetzungen des Satzes 1 bei dessen Angabe vorliegen.

(3) [1]Besteht ein begründeter Anlass zu der Besorgnis, dass durch die Offenbarung der Identität oder des Wohn- oder Aufenthaltsortes des Zeugen Leben, Leib oder Freiheit des Zeugen oder einer anderen Person gefährdet wird, so kann ihm gestattet werden, Angaben zur Person nicht oder nur über eine frühere Identität zu machen. [2]Er hat jedoch in der Hauptverhandlung auf Befragen anzugeben, in welcher Eigenschaft ihm die Tatsachen, die er bekundet, bekannt geworden sind. [3]Ist dem Zeugen unter den Voraussetzungen des Satzes 1 gestattet worden, Angaben zur Person nicht oder nur über eine frühere Identität zu machen, darf er sein Gesicht entgegen § 176 Absatz 2 Satz 1 des Gerichtsverfassungsgesetzes ganz oder teilweise verhüllen.

(4) [1]Liegen Anhaltspunkte dafür vor, dass die Voraussetzungen der Absätze 2 oder 3 vorliegen, ist der Zeuge auf die dort vorgesehenen Befugnisse hinzuweisen. [2]Im Fall des Absatzes 2 soll der Zeuge bei der Benennung einer ladungsfähigen Anschrift unterstützt werden. [3]Die Unterlagen, die die Feststellung des Wohn- oder Aufenthaltsortes, der vollständigen Anschrift oder der Identität des Zeugen gewährleisten, werden bei der Staatsanwaltschaft verwahrt. [4]Zu den Akten sind sie erst zu nehmen, wenn die Besorgnis der Gefährdung entfällt. [5]Wurde dem Zeugen eine Beschränkung seiner Angaben nach Absatz 2 Satz 1 gestattet, veranlasst die Staatsanwaltschaft von Amts wegen bei der Meldebehörde eine Auskunftssperre nach § 51 Absatz 1 des Bundesmeldegesetzes, wenn der Zeuge zustimmt.

(5) [1]Die Absätze 2 bis 4 gelten auch nach Abschluss der Zeugenvernehmung. [2]Soweit dem Zeugen gestattet wurde, Daten nicht anzugeben, ist bei Auskünf-

ten aus und Einsichtnahmen in Akten sicherzustellen, dass diese Daten anderen Personen nicht bekannt werden, es sei denn, dass eine Gefährdung im Sinne der Absätze 2 und 3 ausgeschlossen erscheint.

§ 68a
Beschränkung des Fragerechts aus Gründen des Persönlichkeitsschutzes

(1) Fragen nach Tatsachen, die dem Zeugen oder einer Person, die im Sinne des § 52 Abs. 1 sein Angehöriger ist, zur Unehre gereichen können oder deren persönlichen Lebensbereich betreffen, sollen nur gestellt werden, wenn es unerläßlich ist.

(2) [1]Fragen nach Umständen, die die Glaubwürdigkeit des Zeugen in der vorliegenden Sache betreffen, insbesondere nach seinen Beziehungen zu dem Beschuldigten oder der verletzten Person, sind zu stellen, soweit dies erforderlich ist. [2]Der Zeuge soll nach Vorstrafen nur gefragt werden, wenn ihre Feststellung notwendig ist, um über das Vorliegen der Voraussetzungen des § 60 Nr. 2 zu entscheiden oder um seine Glaubwürdigkeit zu beurteilen.

§ 68b
Zeugenbeistand

(1) [1]Zeugen können sich eines anwaltlichen Beistands bedienen. [2]Einem zur Vernehmung des Zeugen erschienenen anwaltlichen Beistand ist die Anwesenheit gestattet. [3]Er kann von der Vernehmung ausgeschlossen werden, wenn bestimmte Tatsachen die Annahme rechtfertigen, dass seine Anwesenheit die geordnete Beweiserhebung nicht nur unwesentlich beeinträchtigen würde. [4]Dies wird in der Regel der Fall sein, wenn aufgrund bestimmter Tatsachen anzunehmen ist, dass

1. der Beistand an der zu untersuchenden Tat oder an einer mit ihr im Zusammenhang stehenden Datenhehlerei, Begünstigung, Strafvereitelung oder Hehlerei beteiligt ist,
2. das Aussageverhalten des Zeugen dadurch beeinflusst wird, dass der Beistand nicht nur den Interessen des Zeugen verpflichtet erscheint, oder
3. der Beistand die bei der Vernehmung erlangten Erkenntnisse für Verdunkelungshandlungen im Sinne des § 112 Absatz 2 Nummer 3 nutzt oder in einer den Untersuchungszweck gefährdenden Weise weitergibt.

(2) [1]Einem Zeugen, der bei seiner Vernehmung keinen anwaltlichen Beistand hat und dessen schutzwürdigen Interessen nicht auf andere Weise Rechnung getragen werden kann, ist für deren Dauer ein solcher beizuordnen, wenn besondere Umstände vorliegen, aus denen sich ergibt, dass der Zeuge seine Befugnisse bei seiner Vernehmung nicht selbst wahrnehmen kann. [2]§ 142 Absatz 5 Satz 1 und 3 gilt entsprechend.

(3) [1]Entscheidungen nach Absatz 1 Satz 3 und Absatz 2 Satz 1 sind unanfechtbar. [2]Ihre Gründe sind aktenkundig zu machen, soweit dies den Untersuchungszweck nicht gefährdet.

§ 69
Vernehmung zur Sache

(1) [1]Der Zeuge ist zu veranlassen, das, was ihm von dem Gegenstand seiner Vernehmung bekannt ist, im Zusammenhang anzugeben. [2]Vor seiner Vernehmung ist dem Zeugen der Gegenstand der Untersuchung und die Person des Beschuldigten, sofern ein solcher vorhanden ist, zu bezeichnen.
(2) [1]Zur Aufklärung und zur Vervollständigung der Aussage sowie zur Erforschung des Grundes, auf dem das Wissen des Zeugen beruht, sind nötigenfalls weitere Fragen zu stellen. [2]Zeugen, die durch die Straftat verletzt sind, ist insbesondere Gelegenheit zu geben, sich zu den Auswirkungen, die die Tat auf sie hatte, zu äußern.
(3) Die Vorschrift des § 136a gilt für die Vernehmung des Zeugen entsprechend.

§ 70
Folgen unberechtigter Zeugnis- oder Eidesverweigerung

(1) [1]Wird das Zeugnis oder die Eidesleistung ohne gesetzlichen Grund verweigert, so werden dem Zeugen die durch die Weigerung verursachten Kosten auferlegt. [2]Zugleich wird gegen ihn ein Ordnungsgeld und für den Fall, daß dieses nicht beigetrieben werden kann, Ordnungshaft festgesetzt.
(2) Auch kann zur Erzwingung des Zeugnisses die Haft angeordnet werden, jedoch nicht über die Zeit der Beendigung des Verfahrens in dem Rechtszug, auch nicht über die Zeit von sechs Monaten hinaus.
(3) Die Befugnis zu diesen Maßregeln steht auch dem Richter im Vorverfahren sowie dem beauftragten und ersuchten Richter zu.
(4) Sind die Maßregeln erschöpft, so können sie in demselben oder in einem anderen Verfahren, das dieselbe Tat zum Gegenstand hat, nicht wiederholt werden.

§ 71
Zeugenentschädigung

Der Zeuge wird nach dem Justizvergütungs- und -entschädigungsgesetz entschädigt.

§ 72
Anwendung der Vorschriften über Zeugen auf Sachverständige

Auf Sachverständige ist der sechste Abschnitt über Zeugen entsprechend anzuwenden, soweit nicht in den nachfolgenden Paragraphen abweichende Vorschriften getroffen sind.
[...]

§ 81
Unterbringung des Beschuldigten zur Vorbereitung eines Gutachtens

(1) Zur Vorbereitung eines Gutachtens über den psychischen Zustand des Beschuldigten kann das Gericht nach Anhörung eines Sachverständigen und des Verteidigers anordnen, daß der Beschuldigte in ein öffentliches psychiatrisches Krankenhaus gebracht und dort beobachtet wird.

(2) [1]Das Gericht trifft die Anordnung nach Absatz 1 nur, wenn der Beschuldigte der Tat dringend verdächtig ist. [2]Das Gericht darf diese Anordnung nicht treffen, wenn sie zu der Bedeutung der Sache und der zu erwartenden Strafe oder Maßregel der Besserung und Sicherung außer Verhältnis steht.

(3) Im vorbereitenden Verfahren entscheidet das Gericht, das für die Eröffnung des Hauptverfahrens zuständig wäre.

(4) [1]Gegen den Beschluß ist sofortige Beschwerde zulässig. [2]Sie hat aufschiebende Wirkung.

(5) Die Unterbringung in einem psychiatrischen Krankenhaus nach Absatz 1 darf die Dauer von insgesamt sechs Wochen nicht überschreiten.

§ 81a
Körperliche Untersuchung des Beschuldigten; Zulässigkeit körperlicher Eingriffe

(1) [1]Eine körperliche Untersuchung des Beschuldigten darf zur Feststellung von Tatsachen angeordnet werden, die für das Verfahren von Bedeutung sind. [2]Zu diesem Zweck sind Entnahmen von Blutproben und andere körperliche Eingriffe, die von einem Arzt nach den Regeln der ärztlichen Kunst zu Untersuchungszwecken vorgenommen werden, ohne Einwilligung des Beschuldigten zulässig, wenn kein Nachteil für seine Gesundheit zu befürchten ist.

(2) [1]Die Anordnung steht dem Richter, bei Gefährdung des Untersuchungserfolges durch Verzögerung auch der Staatsanwaltschaft und ihren Ermittlungspersonen (§ 152 des Gerichtsverfassungsgesetzes) zu. [2]Die Entnahme einer Blutprobe bedarf abweichend von Satz 1 keiner richterlichen Anordnung, wenn bestimmte Tatsachen den Verdacht begründen, dass eine Straftat nach § 315a Absatz 1 Nummer 1, Absatz 2 und 3, § 315c Absatz 1 Nummer 1 Buchstabe a, Absatz 2 und 3 oder § 316 des Strafgesetzbuchs begangen worden ist.

(3) Dem Beschuldigten entnommene Blutproben oder sonstige Körperzellen dürfen nur für Zwecke des der Entnahme zugrundeliegenden oder eines anderen anhängigen Strafverfahrens verwendet werden; sie sind unverzüglich zu vernichten, sobald sie hierfür nicht mehr erforderlich sind.

§ 81b
Erkennungsdienstliche Maßnahmen bei dem Beschuldigten

(1) Soweit es für die Zwecke der Durchführung des Strafverfahrens oder für die Zwecke des Erkennungsdienstes notwendig ist, dürfen Lichtbilder und Fingerabdrücke des Beschuldigten auch gegen seinen Willen aufgenommen und Messungen und ähnliche Maßnahmen an ihm vorgenommen werden.

(2) [1]Über die Fälle des Absatzes 1 hinaus sind die Fingerabdrücke des Beschuldigten für die Erstellung eines Datensatzes gemäß Artikel 5 Absatz 1 Buchstabe b der Verordnung (EU) 2019/816 des Europäischen Parlaments und des Rates vom 17. April 2019 zur Einrichtung eines zentralisierten Systems für die Ermittlung der Mitgliedstaaten, in denen Informationen zu Verurteilungen von Drittstaatsangehörigen und Staatenlosen (ECRIS-TCN) vorliegen, zur Ergänzung des Europäischen Strafregisterinformationssystems und zur Änderung der Verordnung (EU) 2018/1726 (ABl. L 135 vom 22.5.2019, S. 1), die durch die Verordnung (EU) 2019/818 (ABl. L 135 vom 22.5.2019, S. 85) geändert worden ist, auch gegen dessen Willen aufzunehmen, sofern

1. es sich bei dem Beschuldigten um einen Drittstaatsangehörigen im Sinne des Artikels 3 Nummer 7 der Verordnung (EU) 2019/816 handelt,
2. der Beschuldigte rechtskräftig zu einer Freiheitsstrafe oder Jugendstrafe verurteilt oder gegen ihn rechtskräftig allein eine freiheitsentziehende Maßregel der Besserung und Sicherung angeordnet worden ist,
3. keine Fingerabdrücke des Beschuldigten vorhanden sind, die im Rahmen eines Strafverfahrens aufgenommen worden sind, und
4. die entsprechende Eintragung im Bundeszentralregister noch nicht getilgt ist.

[2]Wenn auf Grund bestimmter Tatsachen und bei Würdigung der Umstände des Einzelfalles die Gefahr besteht, dass der Beschuldigte sich dieser Maßnahme entziehen werde, dann dürfen die Fingerabdrücke abweichend von Satz 1 Nummer 2 bereits vor der Rechtskraft der Entscheidung aufgenommen werden.

(3) Für die Erstellung eines Datensatzes gemäß Artikel 5 Absatz 1 Buchstabe b der Verordnung (EU) 2019/816 sind die nach Absatz 1 für die Zwecke der Durchführung des Strafverfahrens, die nach Absatz 2 oder die nach § 163b Absatz 1 Satz 3 aufgenommenen Fingerabdrücke an das Bundeskriminalamt zu übermitteln.

(4) [1]Für die Erstellung eines Datensatzes gemäß Artikel 5 Absatz 1 Buchstabe b der Verordnung (EU) 2019/816 darf das Bundeskriminalamt die nach den Absätzen 1 und 2 sowie die nach § 163b Absatz 1 Satz 3 aufgenommenen und ihm übermittelten Fingerabdrücke verarbeiten. [2]Bei den nach Absatz 1 für die Zwecke der Durchführung des Strafverfahrens, den nach Absatz 2 Satz 2 und den nach § 163b Absatz 1 Satz 3 aufgenommenen Fingerabdrücken ist eine über die Speicherung hinausgehende Verarbeitung nach Satz 1 unzulässig, solange die Entscheidung noch nicht rechtskräftig ist. [3]Die Verarbeitung nach Satz 1 ist ferner unzulässig, wenn

1. der Beschuldigte rechtskräftig freigesprochen wurde,
2. das Verfahren nicht nur vorläufig eingestellt wurde oder
3. die alleinige Anordnung einer freiheitsentziehenden Maßregel der Besserung und Sicherung gegen den Beschuldigten rechtskräftig unterbleibt.

[4]Satz 3 gilt entsprechend in den Fällen des Absatzes 2 Satz 2, wenn der Beschuldigte rechtskräftig zu einer anderen Strafe als Freiheitsstrafe oder Jugendstrafe verurteilt wurde. [5]Ist die Verarbeitung der Fingerabdrücke nach Satz 3 oder 4 unzulässig, so sind die Fingerabdrücke zu löschen.

(5) [1]Für die Verarbeitung für andere Zwecke als die Erstellung eines Datensatzes gemäß Artikel 5 Absatz 1 Buchstabe b der Verordnung (EU) 2019/816 gelten die §§ 481 bis 485. [2]Die Verarbeitung der nach Absatz 2 Satz 2 aufgenommenen Fingerabdrücke ist jedoch erst zulässig, wenn die Entscheidung rechtskräftig und die Verarbeitung für die Erstellung eines Datensatzes nicht nach Absatz 4 Satz 3 oder 4 unzulässig ist. [3]Die übrigen Bestimmungen über die Verarbeitung der nach Absatz 1 oder 2 oder nach § 163b aufgenommenen Fingerabdrücke bleiben unberührt.

§ 81c
Untersuchung anderer Personen

(1) Andere Personen als Beschuldigte dürfen, wenn sie als Zeugen in Betracht kommen, ohne ihre Einwilligung nur untersucht werden, soweit zur Erforschung der Wahrheit festgestellt werden muß, ob sich an ihrem Körper eine bestimmte Spur oder Folge einer Straftat befindet.

(2) [1]Bei anderen Personen als Beschuldigten sind Untersuchungen zur Feststellung der Abstammung und die Entnahme von Blutproben ohne Einwilligung des zu Untersuchenden zulässig, wenn kein Nachteil für seine Gesundheit zu befürchten und die Maßnahme zur Erforschung der Wahrheit unerläßlich ist. [2]Die Untersuchungen und die Entnahme von Blutproben dürfen stets nur von einem Arzt vorgenommen werden.

(3) [1]Untersuchungen oder Entnahmen von Blutproben können aus den gleichen Gründen wie das Zeugnis verweigert werden. [2]Haben Minderjährige wegen mangelnder Verstandesreife oder haben Minderjährige oder Betreute wegen einer psychischen Krankheit oder einer geistigen oder seelischen Behinderung von der Bedeutung ihres Weigerungsrechts keine genügende Vorstellung, so entscheidet der gesetzliche Vertreter; § 52 Abs. 2 Satz 2 und Abs. 3 gilt entsprechend. [3]Ist der gesetzliche Vertreter von der Entscheidung ausgeschlossen (§ 52 Abs. 2 Satz 2) oder aus sonstigen Gründen an einer rechtzeitigen Entscheidung gehindert und erscheint die sofortige Untersuchung oder Entnahme von Blutproben zur Beweissicherung erforderlich, so sind diese Maßnahmen nur auf besondere Anordnung des Gerichts und, wenn dieses nicht rechtzeitig erreichbar ist, der Staatsanwaltschaft zulässig. [4]Der die Maßnahmen anordnende Beschluß ist unanfechtbar. [5]Die nach Satz 3 erhobenen Beweise dürfen

im weiteren Verfahren nur mit Einwilligung des hierzu befugten gesetzlichen Vertreters verwertet werden.
(4) Maßnahmen nach den Absätzen 1 und 2 sind unzulässig, wenn sie dem Betroffenen bei Würdigung aller Umstände nicht zugemutet werden können.
(5) [1]Die Anordnung steht dem Gericht, bei Gefährdung des Untersuchungserfolges durch Verzögerung auch der Staatsanwaltschaft und ihren Ermittlungspersonen (§ 152 des Gerichtsverfassungsgesetzes) zu; Absatz 3 Satz 3 bleibt unberührt. [2]§ 81a Abs. 3 gilt entsprechend.
(6) [1]Bei Weigerung des Betroffenen gilt die Vorschrift des § 70 entsprechend. [2]Unmittelbarer Zwang darf nur auf besondere Anordnung des Richters angewandt werden. [3]Die Anordnung setzt voraus, daß der Betroffene trotz Festsetzung eines Ordnungsgeldes bei der Weigerung beharrt oder daß Gefahr im Verzuge ist.

§ 81d
Durchführung körperlicher Untersuchungen durch Personen gleichen Geschlechts

(1) [1]Kann die körperliche Untersuchung das Schamgefühl verletzen, so wird sie von einer Person gleichen Geschlechts oder von einer Ärztin oder einem Arzt vorgenommen. [2]Bei berechtigtem Interesse soll dem Wunsch, die Untersuchung einer Person oder einem Arzt bestimmten Geschlechts zu übertragen, entsprochen werden. [3]Auf Verlangen der betroffenen Person soll eine Person des Vertrauens zugelassen werden. [4]Die betroffene Person ist auf die Regelungen der Sätze 2 und 3 hinzuweisen.
(2) Diese Vorschrift gilt auch dann, wenn die betroffene Person in die Untersuchung einwilligt.

§ 81e
Molekulargenetische Untersuchung

(1) [1]An dem durch Maßnahmen nach § 81a Absatz 1 oder § 81c erlangten Material dürfen mittels molekulargenetischer Untersuchung das DNA-Identifizierungsmuster, die Abstammung und das Geschlecht der Person festgestellt und diese Feststellungen mit Vergleichsmaterial abgeglichen werden, soweit dies zur Erforschung des Sachverhalts erforderlich ist. [2]Andere Feststellungen dürfen nicht erfolgen; hierauf gerichtete Untersuchungen sind unzulässig.
(2) [1]Nach Absatz 1 zulässige Untersuchungen dürfen auch an aufgefundenem, sichergestelltem oder beschlagnahmtem Material durchgeführt werden. [2]Ist unbekannt, von welcher Person das Spurenmaterial stammt, dürfen zusätzlich Feststellungen über die Augen-, Haar- und Hautfarbe sowie das Alter der Person getroffen werden. [3]Absatz 1 Satz 2 und § 81a Abs. 3 erster Halbsatz gelten entsprechend. [4]Ist bekannt, von welcher Person das Material stammt, gilt § 81f Absatz 1 entsprechend.

§ 81f
Verfahren bei der molekulargenetischen Untersuchung

(1) [1]Untersuchungen nach § 81e Abs. 1 dürfen ohne Einwilligung der betroffenen Person nur durch das Gericht, bei Gefahr im Verzug auch durch die Staatsanwaltschaft und ihre Ermittlungspersonen (§ 152 des Gerichtsverfassungsgesetzes) angeordnet werden. [2]Die einwilligende Person ist darüber zu belehren, für welchen Zweck die zu erhebenden Daten verwendet werden. [3]Die Einwilligung ist schriftlich zu erklären oder von der Staatsanwaltschaft oder ihren Ermittlungspersonen in Gegenwart der einwilligenden Person zu protokollieren oder auf sonstige Weise zu dokumentieren.

(2) [1]Mit der Untersuchung nach § 81e sind in der schriftlichen Anordnung Sachverständige zu beauftragen, die öffentlich bestellt oder nach dem Verpflichtungsgesetz verpflichtet oder Amtsträger sind, die der ermittlungsführenden Behörde nicht angehören oder einer Organisationseinheit dieser Behörde angehören, die von der ermittlungsführenden Dienststelle organisatorisch und sachlich getrennt ist. [2]Diese haben durch technische und organisatorische Maßnahmen zu gewährleisten, daß unzulässige molekulargenetische Untersuchungen und unbefugte Kenntnisnahme Dritter ausgeschlossen sind. [3]Dem Sachverständigen ist das Untersuchungsmaterial ohne Mitteilung des Namens, der Anschrift und des Geburtstages und -monats der betroffenen Person zu übergeben. [4]Ist der Sachverständige eine nichtöffentliche Stelle, finden die Vorschriften der Verordnung (EU) 2016/679 des Europäischen Parlaments und des Rates vom 27. April 2016 zum Schutz natürlicher Personen bei der Verarbeitung personenbezogener Daten, zum freien Datenverkehr und zur Aufhebung der Richtlinie 95/46/EG (Datenschutz-Grundverordnung) (ABl. L 119 vom 4.5.2016, S. 1; L 314 vom 22.11.2016, S. 72; L 127 vom 23.5.2018, S. 2) und des Bundesdatenschutzgesetzes auch dann Anwendung, wenn die personenbezogenen Daten nicht automatisiert verarbeitet und die Daten nicht in einem Dateisystem gespeichert sind oder gespeichert werden sollen.

§ 81g
DNA-Identitätsfeststellung

(1) [1]Ist der Beschuldigte einer Straftat von erheblicher Bedeutung oder einer Straftat gegen die sexuelle Selbstbestimmung verdächtig, dürfen ihm zur Identitätsfeststellung in künftigen Strafverfahren Körperzellen entnommen und zur Feststellung des DNA-Identifizierungsmusters sowie des Geschlechts molekulargenetisch untersucht werden, wenn wegen der Art oder Ausführung der Tat, der Persönlichkeit des Beschuldigten oder sonstiger Erkenntnisse Grund zu der Annahme besteht, dass gegen ihn künftig Strafverfahren wegen einer Straftat von erheblicher Bedeutung zu führen sind. [2]Die wiederholte Begehung sonstiger Straftaten kann im Unrechtsgehalt einer Straftat von erheblicher Bedeutung gleichstehen.

(2) [1]Die entnommenen Körperzellen dürfen nur für die in Absatz 1 genannte molekulargenetische Untersuchung verwendet werden; sie sind unverzüglich zu vernichten, sobald sie hierfür nicht mehr erforderlich sind. [2]Bei der Untersuchung dürfen andere Feststellungen als diejenigen, die zur Ermittlung des DNA-Identifizierungsmusters sowie des Geschlechts erforderlich sind, nicht getroffen werden; hierauf gerichtete Untersuchungen sind unzulässig.
(3) [1]Die Entnahme der Körperzellen darf ohne Einwilligung des Beschuldigten nur durch das Gericht, bei Gefahr im Verzug auch durch die Staatsanwaltschaft und ihre Ermittlungspersonen (§ 152 des Gerichtsverfassungsgesetzes) angeordnet werden. [2]Die molekulargenetische Untersuchung der Körperzellen darf ohne Einwilligung des Beschuldigten nur durch das Gericht angeordnet werden. [3]Die einwilligende Person ist darüber zu belehren, für welchen Zweck die zu erhebenden Daten verwendet werden. [4]§ 81f Absatz 1 Satz 3 und Absatz 2 gilt entsprechend. [5]In der schriftlichen Begründung des Gerichts sind einzelfallbezogen darzulegen
1. die für die Beurteilung der Erheblichkeit der Straftat bestimmenden Tatsachen,
2. die Erkenntnisse, auf Grund derer Grund zu der Annahme besteht, dass gegen den Beschuldigten künftig Strafverfahren zu führen sein werden, sowie
3. die Abwägung der jeweils maßgeblichen Umstände.

(4) Die Absätze 1 bis 3 gelten entsprechend, wenn die betroffene Person wegen der Tat rechtskräftig verurteilt oder nur wegen
1. erwiesener oder nicht auszuschließender Schuldunfähigkeit,
2. auf Geisteskrankheit beruhender Verhandlungsunfähigkeit oder
3. fehlender oder nicht auszuschließender fehlender Verantwortlichkeit (§ 3 des Jugendgerichtsgesetzes)

nicht verurteilt worden ist und die entsprechende Eintragung im Bundeszentralregister oder Erziehungsregister noch nicht getilgt ist.
(5) [1]Die erhobenen Daten dürfen beim Bundeskriminalamt gespeichert und nach Maßgabe des Bundeskriminalamtgesetzes verwendet werden. [2]Das Gleiche gilt
1. unter den in Absatz 1 genannten Voraussetzungen für die nach § 81e Abs. 1 erhobenen Daten eines Beschuldigten sowie
2. für die nach § 81e Abs. 2 Satz 1 erhobenen Daten.

[3]Die Daten dürfen nur für Zwecke eines Strafverfahrens, der Gefahrenabwehr und der internationalen Rechtshilfe hierfür übermittelt werden. [4]Im Fall des Satzes 2 Nr. 1 ist der Beschuldigte unverzüglich von der Speicherung zu benachrichtigen und darauf hinzuweisen, dass er die gerichtliche Entscheidung beantragen kann.

§ 81h
DNA-Reihenuntersuchung

(1) [1]Begründen bestimmte Tatsachen den Verdacht, dass ein Verbrechen gegen das Leben, die körperliche Unversehrtheit, die persönliche Freiheit oder die sexuelle Selbstbestimmung begangen worden ist, dürfen Personen, die bestimmte, auf den Täter vermutlich zutreffende Prüfungsmerkmale erfüllen, mit ihrer Einwilligung

1. Körperzellen entnommen,
2. diese zur Feststellung des DNA-Identifizierungsmusters und des Geschlechts molekulargenetisch untersucht und
3. die festgestellten DNA-Identifizierungsmuster mit den DNA-Identifizierungsmustern von Spurenmaterial automatisiert abgeglichen werden,

soweit dies zur Feststellung erforderlich ist, ob das Spurenmaterial von diesen Personen oder von ihren Verwandten in gerader Linie oder in der Seitenlinie bis zum dritten Grad stammt, und die Maßnahme insbesondere im Hinblick auf die Anzahl der von ihr betroffenen Personen nicht außer Verhältnis zur Schwere der Tat steht. [2]Die Einwilligung ist schriftlich zu erklären oder von der Staatsanwaltschaft oder ihren Ermittlungspersonen in Gegenwart der einwilligenden Person zu protokollieren oder auf sonstige Weise zu dokumentieren.

(2) [1]Eine Maßnahme nach Absatz 1 bedarf der gerichtlichen Anordnung. [2]Diese ergeht schriftlich. [3]Sie muss die betroffenen Personen anhand bestimmter Prüfungsmerkmale bezeichnen und ist zu begründen. [4]Einer vorherigen Anhörung der betroffenen Personen bedarf es nicht. [5]Die Entscheidung, mit der die Maßnahme angeordnet wird, ist nicht anfechtbar.

(3) [1]Für die Durchführung der Maßnahme gilt § 81f Absatz 2 entsprechend. [2]Die entnommenen Körperzellen sind unverzüglich zu vernichten, sobald sie für die Untersuchung nach Absatz 1 nicht mehr benötigt werden. [3]Soweit die Aufzeichnungen über die durch die Maßnahme festgestellten DNA-Identifizierungsmuster zur Erforschung des Sachverhalts nicht mehr erforderlich sind, sind sie unverzüglich zu löschen. [4]Die Vernichtung und die Löschung sind zu dokumentieren.

(4) [1]Die betroffenen Personen sind schriftlich darüber zu belehren, dass die Maßnahme nur mit ihrer Einwilligung durchgeführt werden darf. [2]Vor Erteilung der Einwilligung sind sie schriftlich auch darauf hinzuweisen, dass

1. die entnommenen Körperzellen ausschließlich zur Feststellung des DNA-Identifizierungsmusters, der Abstammung und des Geschlechts untersucht werden und dass sie unverzüglich vernichtet werden, sobald sie hierfür nicht mehr erforderlich sind,
2. das Untersuchungsergebnis mit den DNA-Identifizierungsmustern von Spurenmaterial automatisiert daraufhin abgeglichen wird, ob das Spurenmaterial von ihnen oder von ihren Verwandten in gerader Linie oder in der Seitenlinie bis zum dritten Grad stammt,

3. das Ergebnis des Abgleichs zu Lasten der betroffenen Person oder mit ihr in gerader Linie oder in der Seitenlinie bis zum dritten Grad verwandter Personen verwertet werden darf und
4. die festgestellten DNA-Identifizierungsmuster nicht zur Identitätsfeststellung in künftigen Strafverfahren beim Bundeskriminalamt gespeichert werden.

§ 82
Form der Erstattung eines Gutachtens im Vorverfahren

Im Vorverfahren hängt es von der Anordnung des Richters ab, ob die Sachverständigen ihr Gutachten schriftlich oder mündlich zu erstatten haben.

§ 83
Anordnung einer neuen Begutachtung

(1) Der Richter kann eine neue Begutachtung durch dieselben oder durch andere Sachverständige anordnen, wenn er das Gutachten für ungenügend erachtet.
(2) Der Richter kann die Begutachtung durch einen anderen Sachverständigen anordnen, wenn ein Sachverständiger nach Erstattung des Gutachtens mit Erfolg abgelehnt ist.
(3) In wichtigeren Fällen kann das Gutachten einer Fachbehörde eingeholt werden.

§ 84
Sachverständigenvergütung

Der Sachverständige erhält eine Vergütung nach dem Justizvergütungs- und -entschädigungsgesetz.

§ 85
Sachverständige Zeugen

Soweit zum Beweis vergangener Tatsachen oder Zustände, zu deren Wahrnehmung eine besondere Sachkunde erforderlich war, sachkundige Personen zu vernehmen sind, gelten die Vorschriften über den Zeugenbeweis.

§ 86
Richterlicher Augenschein

Findet die Einnahme eines richterlichen Augenscheins statt, so ist im Protokoll der vorgefundene Sachbestand festzustellen und darüber Auskunft zu geben, welche Spuren oder Merkmale, deren Vorhandensein nach der besonderen Beschaffenheit des Falles vermutet werden konnte, gefehlt haben.

§ 87
Leichenschau, Leichenöffnung, Ausgrabung der Leiche

(1) [1]Die Leichenschau wird von der Staatsanwaltschaft, auf Antrag der Staatsanwaltschaft auch vom Richter, unter Zuziehung eines Arztes vorgenommen.

[2]Ein Arzt wird nicht zugezogen, wenn dies zur Aufklärung des Sachverhalts offensichtlich entbehrlich ist.
(2) [1]Die Leichenöffnung wird von zwei Ärzten vorgenommen. [2]Einer der Ärzte muß Gerichtsarzt oder Leiter eines öffentlichen gerichtsmedizinischen oder pathologischen Instituts oder ein von diesem beauftragter Arzt des Instituts mit gerichtsmedizinischen Fachkenntnissen sein. [3]Dem Arzt, welcher den Verstorbenen in der dem Tod unmittelbar vorausgegangenen Krankheit behandelt hat, ist die Leichenöffnung nicht zu übertragen. [4]Er kann jedoch aufgefordert werden, der Leichenöffnung beizuwohnen, um aus der Krankheitsgeschichte Aufschlüsse zu geben. [5]Die Staatsanwaltschaft kann an der Leichenöffnung teilnehmen. [6]Auf ihren Antrag findet die Leichenöffnung im Beisein des Richters statt.
(3) Zur Besichtigung oder Öffnung einer schon beerdigten Leiche ist ihre Ausgrabung statthaft.
(4) [1]Die Leichenöffnung und die Ausgrabung einer beerdigten Leiche werden vom Richter angeordnet; die Staatsanwaltschaft ist zu der Anordnung befugt, wenn der Untersuchungserfolg durch Verzögerung gefährdet würde. [2]Wird die Ausgrabung angeordnet, so ist zugleich die Benachrichtigung eines Angehörigen des Toten anzuordnen, wenn der Angehörige ohne besondere Schwierigkeiten ermittelt werden kann und der Untersuchungszweck durch die Benachrichtigung nicht gefährdet wird.

§ 88
Identifizierung des Verstorbenen vor Leichenöffnung

(1) [1]Vor der Leichenöffnung soll die Identität des Verstorbenen festgestellt werden. [2]Zu diesem Zweck können insbesondere Personen, die den Verstorbenen gekannt haben, befragt und Maßnahmen erkennungsdienstlicher Art durchgeführt werden. [3]Zur Feststellung der Identität und des Geschlechts sind die Entnahme von Körperzellen und deren molekulargenetische Untersuchung zulässig; für die molekulargenetische Untersuchung gilt § 81f Abs. 2 entsprechend.
(2) Ist ein Beschuldigter vorhanden, so soll ihm die Leiche zur Anerkennung vorgezeigt werden.

§ 89
Umfang der Leichenöffnung

Die Leichenöffnung muß sich, soweit der Zustand der Leiche dies gestattet, stets auf die Öffnung der Kopf-, Brust- und Bauchhöhle erstrecken.

§ 90
Öffnung der Leiche eines Neugeborenen

Bei Öffnung der Leiche eines neugeborenen Kindes ist die Untersuchung insbesondere auch darauf zu richten, ob es nach oder während der Geburt gelebt hat und ob es reif oder wenigstens fähig gewesen ist, das Leben außerhalb des Mutterleibes fortzusetzen.

§ 91
Untersuchung der Leiche bei Verdacht einer Vergiftung

(1) Liegt der Verdacht einer Vergiftung vor, so ist die Untersuchung der in der Leiche oder sonst gefundenen verdächtigen Stoffe durch einen Chemiker oder durch eine für solche Untersuchungen bestehende Fachbehörde vorzunehmen.
(2) Es kann angeordnet werden, daß diese Untersuchung unter Mitwirkung oder Leitung eines Arztes stattzufinden hat.

§ 92
Gutachten bei Verdacht einer Geld- oder Wertzeichenfälschung

(1) [1]Liegt der Verdacht einer Geld- oder Wertzeichenfälschung vor, so sind das Geld oder die Wertzeichen erforderlichenfalls der Behörde vorzulegen, von der echtes Geld oder echte Wertzeichen dieser Art in Umlauf gesetzt werden. [2]Das Gutachten dieser Behörde ist über die Unechtheit oder Verfälschung sowie darüber einzuholen, in welcher Art die Fälschung mutmaßlich begangen worden ist.
(2) Handelt es sich um Geld oder Wertzeichen eines fremden Währungsgebietes, so kann an Stelle des Gutachtens der Behörde des fremden Währungsgebietes das einer deutschen erfordert werden.

§ 93
Schriftgutachten

Zur Ermittlung der Echtheit oder Unechtheit eines Schriftstücks sowie zur Ermittlung seines Urhebers kann eine Schriftvergleichung unter Zuziehung von Sachverständigen vorgenommen werden.

§ 94
Sicherstellung und Beschlagnahme von Gegenständen zu Beweiszwecken

(1) Gegenstände, die als Beweismittel für die Untersuchung von Bedeutung sein können, sind in Verwahrung zu nehmen oder in anderer Weise sicherzustellen.
(2) Befinden sich die Gegenstände in dem Gewahrsam einer Person und werden sie nicht freiwillig herausgegeben, so bedarf es der Beschlagnahme.
(3) Die Absätze 1 und 2 gelten auch für Führerscheine, die der Einziehung unterliegen.
(4) Die Herausgabe beweglicher Sachen richtet sich nach den §§ 111n und 111o.

§ 95
Herausgabepflicht

(1) Wer einen Gegenstand der vorbezeichneten Art in seinem Gewahrsam hat, ist verpflichtet, ihn auf Erfordern vorzulegen und auszuliefern.

(2) [1]Im Falle der Weigerung können gegen ihn die in § 70 bestimmten Ordnungs- und Zwangsmittel festgesetzt werden. [2]Das gilt nicht bei Personen, die zur Verweigerung des Zeugnisses berechtigt sind.

§ 95a
Zurückstellung der Benachrichtigung des Beschuldigten; Offenbarungsverbot

(1) Bei der gerichtlichen Anordnung oder Bestätigung der Beschlagnahme eines Gegenstandes, den eine nicht beschuldigte Person im Gewahrsam hat, kann die Benachrichtigung des von der Beschlagnahme betroffenen Beschuldigten zurückgestellt werden, solange sie den Untersuchungszweck gefährden würde, wenn

1. bestimmte Tatsachen den Verdacht begründen, dass der Beschuldigte als Täter oder Teilnehmer eine Straftat von auch im Einzelfall erheblicher Bedeutung, insbesondere eine in § 100a Absatz 2 bezeichnete Straftat, begangen, in Fällen, in denen der Versuch strafbar ist, zu begehen versucht, oder durch eine Straftat vorbereitet hat und
2. die Erforschung des Sachverhalts oder die Ermittlung des Aufenthaltsortes des Beschuldigten auf andere Weise wesentlich erschwert oder aussichtslos wäre.

(2) [1]Die Zurückstellung der Benachrichtigung des Beschuldigten nach Absatz 1 darf nur durch das Gericht angeordnet werden. [2]Die Zurückstellung ist auf höchstens sechs Monate zu befristen. [3]Eine Verlängerung der Anordnung durch das Gericht um jeweils nicht mehr als drei Monate ist zulässig, wenn die Voraussetzungen der Anordnung fortbestehen.

(3) [1]Wird binnen drei Tagen nach der nichtgerichtlichen Beschlagnahme eines Gegenstandes, den eine unverdächtige Person im Gewahrsam hat, die gerichtliche Bestätigung der Beschlagnahme sowie die Zurückstellung der Benachrichtigung des Beschuldigten nach Absatz 1 beantragt, kann von einer Belehrung des von der Beschlagnahme betroffenen Beschuldigten nach § 98 Absatz 2 Satz 5 abgesehen werden. [2]Im Verfahren nach § 98 Absatz 2 bedarf es der vorherigen Anhörung des Beschuldigten durch das Gericht (§ 33 Absatz 3) nicht.

(4) [1]Die nach Absatz 1 zurückgestellte Benachrichtigung des Beschuldigten erfolgt, sobald dies ohne Gefährdung des Untersuchungszweckes möglich ist. [2]Bei der Benachrichtigung ist der Beschuldigte auf die Möglichkeit des nachträglichen Rechtsschutzes nach Absatz 5 und die dafür vorgesehene Frist hinzuweisen.

(5) [1]Der Beschuldigte kann bei dem für die Anordnung der Maßnahme zuständigen Gericht auch nach Beendigung der Zurückstellung nach Absatz 1 bis zu zwei Wochen nach seiner Benachrichtigung nach Absatz 4 die Überprüfung der Rechtmäßigkeit der Beschlagnahme, der Art und Weise ihres Vollzugs und der Zurückstellung der Benachrichtigung beantragen. [2]Gegen die gerichtliche Entscheidung ist die sofortige Beschwerde statthaft. [3]Ist die öffentliche Klage erhoben und der Angeklagte benachrichtigt worden, entscheidet über den Antrag das mit der Sache befasste Gericht in der das Verfahren abschließenden Entscheidung.
(6) [1]Wird die Zurückstellung der Benachrichtigung des Beschuldigten nach Absatz 1 angeordnet, kann unter Würdigung aller Umstände und nach Abwägung der Interessen der Beteiligten im Einzelfall zugleich angeordnet werden, dass der Betroffene für die Dauer der Zurückstellung gegenüber dem Beschuldigten und Dritten die Beschlagnahme sowie eine ihr vorausgehende Durchsuchung nach den §§ 103 und 110 oder Herausgabeanordnung nach § 95 nicht offenbaren darf. [2]Absatz 2 gilt mit der Maßgabe entsprechend, dass bei Gefahr im Verzug auch die Staatsanwaltschaft und ihre Ermittlungspersonen (§ 152 des Gerichtsverfassungsgesetzes) die Anordnung nach Satz 1 treffen können, wenn nach Absatz 3 von der Belehrung abgesehen und die gerichtliche Bestätigung der Beschlagnahme und die Zurückstellung der Benachrichtigung des Beschuldigten beantragt wird. [3]Treffen die Staatsanwaltschaft oder ihre Ermittlungspersonen eine solche Anordnung, ist die gerichtliche Bestätigung binnen drei Tagen zu beantragen.
(7) Im Falle des Verstoßes gegen das Offenbarungsverbot des Absatzes 6 gilt § 95 Absatz 2 entsprechend.

§ 96
Amtlich verwahrte Schriftstücke

[1]Die Vorlegung oder Auslieferung von Akten oder anderen in amtlicher Verwahrung befindlichen Schriftstücken durch Behörden und öffentliche Beamte darf nicht gefordert werden, wenn deren oberste Dienstbehörde erklärt, daß das Bekanntwerden des Inhalts dieser Akten oder Schriftstücke dem Wohl des Bundes oder eines deutschen Landes Nachteile bereiten würde. [2]Satz 1 gilt entsprechend für Akten und sonstige Schriftstücke, die sich im Gewahrsam eines Mitglieds des Bundestages oder eines Landtages beziehungsweise eines Angestellten einer Fraktion des Bundestages oder eines Landtages befinden, wenn die für die Erteilung einer Aussagegenehmigung zuständige Stelle eine solche Erklärung abgegeben hat.

§ 97
Beschlagnahmeverbot

(1) Der Beschlagnahme unterliegen nicht

1. schriftliche Mitteilungen zwischen dem Beschuldigten und den Personen, die nach § 52 oder § 53 Abs. 1 Satz 1 Nr. 1 bis 3b das Zeugnis verweigern dürfen;
2. Aufzeichnungen, welche die in § 53 Abs. 1 Satz 1 Nr. 1 bis 3b Genannten über die ihnen vom Beschuldigten anvertrauten Mitteilungen oder über andere Umstände gemacht haben, auf die sich das Zeugnisverweigerungsrecht erstreckt;
3. andere Gegenstände einschließlich der ärztlichen Untersuchungsbefunde, auf die sich das Zeugnisverweigerungsrecht der in § 53 Abs. 1 Satz 1 Nr. 1 bis 3b Genannten erstreckt.

(2) [1]Diese Beschränkungen gelten nur, wenn die Gegenstände im Gewahrsam der zur Verweigerung des Zeugnisses Berechtigten sind, es sei denn, es handelt sich um eine elektronische Gesundheitskarte im Sinne des § 291a des Fünften Buches Sozialgesetzbuch. [2]Die Beschränkungen der Beschlagnahme gelten nicht, wenn bestimmte Tatsachen den Verdacht begründen, dass die zeugnisverweigerungsberechtigte Person an der Tat oder an einer Datenhehlerei, Begünstigung, Strafvereitelung oder Hehlerei beteiligt ist, oder wenn es sich um Gegenstände handelt, die durch eine Straftat hervorgebracht oder zur Begehung einer Straftat gebraucht oder bestimmt sind oder die aus einer Straftat herrühren.

(3) Die Absätze 1 und 2 sind entsprechend anzuwenden, soweit die Personen, die nach § 53a Absatz 1 Satz 1 an der beruflichen Tätigkeit der in § 53 Absatz 1 Satz 1 Nummer 1 bis 3b genannten Personen mitwirken, das Zeugnis verweigern dürfen.

(4) [1]Soweit das Zeugnisverweigerungsrecht der in § 53 Abs. 1 Satz 1 Nr. 4 genannten Personen reicht, ist die Beschlagnahme von Gegenständen unzulässig. [2]Dieser Beschlagnahmeschutz erstreckt sich auch auf Gegenstände, die von den in § 53 Abs. 1 Satz 1 Nr. 4 genannten Personen den an ihrer Berufstätigkeit nach § 53a Absatz 1 Satz 1 mitwirkenden Personen anvertraut sind. [3]Satz 1 gilt entsprechend, soweit die Personen, die nach § 53a Absatz 1 Satz 1 an der beruflichen Tätigkeit der in § 53 Absatz 1 Satz 1 Nummer 4 genannten Personen mitwirken, das Zeugnis verweigern dürften.

(5) [1]Soweit das Zeugnisverweigerungsrecht der in § 53 Abs. 1 Satz 1 Nr. 5 genannten Personen reicht, ist die Beschlagnahme von Verkörperungen eines Inhalts (§ 11 Absatz 3 des Strafgesetzbuches), die sich im Gewahrsam dieser Personen oder der Redaktion, des Verlages, der Druckerei oder der Rundfunkanstalt befinden, unzulässig. [2]Absatz 2 Satz 2 und § 160a Abs. 4 Satz 2 gelten entsprechend, die Beteiligungsregelung in Absatz 2 Satz 2 jedoch nur dann, wenn die bestimmten Tatsachen einen dringenden Verdacht der Beteiligung begründen;

die Beschlagnahme ist jedoch auch in diesen Fällen nur zulässig, wenn sie unter Berücksichtigung der Grundrechte aus Artikel 5 Abs. 1 Satz 2 des Grundgesetzes nicht außer Verhältnis zur Bedeutung der Sache steht und die Erforschung des Sachverhaltes oder die Ermittlung des Aufenthaltsortes des Täters auf andere Weise aussichtslos oder wesentlich erschwert wäre.

§ 98
Verfahren bei der Beschlagnahme

(1) [1]Beschlagnahmen dürfen nur durch das Gericht, bei Gefahr im Verzug auch durch die Staatsanwaltschaft und ihre Ermittlungspersonen (§ 152 des Gerichtsverfassungsgesetzes) angeordnet werden. [2]Die Beschlagnahme nach § 97 Abs. 5 Satz 2 in den Räumen einer Redaktion, eines Verlages, einer Druckerei oder einer Rundfunkanstalt darf nur durch das Gericht angeordnet werden.
(2) [1]Der Beamte, der einen Gegenstand ohne gerichtliche Anordnung beschlagnahmt hat, soll binnen drei Tagen die gerichtliche Bestätigung beantragen, wenn bei der Beschlagnahme weder der davon Betroffene noch ein erwachsener Angehöriger anwesend war oder wenn der Betroffene und im Falle seiner Abwesenheit ein erwachsener Angehöriger des Betroffenen gegen die Beschlagnahme ausdrücklichen Widerspruch erhoben hat. [2]Der Betroffene kann jederzeit die gerichtliche Entscheidung beantragen. [3]Die Zuständigkeit des Gerichts bestimmt sich nach § 162. [4]Der Betroffene kann den Antrag auch bei dem Amtsgericht einreichen, in dessen Bezirk die Beschlagnahme stattgefunden hat; dieses leitet den Antrag dem zuständigen Gericht zu. [5]Der Betroffene ist über seine Rechte zu belehren.
(3) Ist nach erhobener öffentlicher Klage die Beschlagnahme durch die Staatsanwaltschaft oder eine ihrer Ermittlungspersonen erfolgt, so ist binnen drei Tagen dem Gericht von der Beschlagnahme Anzeige zu machen; die beschlagnahmten Gegenstände sind ihm zur Verfügung zu stellen.
(4) [1]Wird eine Beschlagnahme in einem Dienstgebäude oder einer nicht allgemein zugänglichen Einrichtung oder Anlage der Bundeswehr erforderlich, so wird die vorgesetzte Dienststelle der Bundeswehr um ihre Durchführung ersucht. [2]Die ersuchende Stelle ist zur Mitwirkung berechtigt. [3]Des Ersuchens bedarf es nicht, wenn die Beschlagnahme in Räumen vorzunehmen ist, die ausschließlich von anderen Personen als Soldaten bewohnt werden.

§ 98a
Rasterfahndung

(1) Liegen zureichende tatsächliche Anhaltspunkte dafür vor, daß eine Straftat von erheblicher Bedeutung
1. auf dem Gebiet des unerlaubten Betäubungsmittel- oder Waffenverkehrs, der Geld- oder Wertzeichenfälschung,
2. auf dem Gebiet des Staatsschutzes (§§ 74a, 120 des Gerichtsverfassungsgesetzes),

3. auf dem Gebiet der gemeingefährlichen Straftaten,
4. gegen Leib oder Leben, die sexuelle Selbstbestimmung oder die persönliche Freiheit,
5. gewerbs- oder gewohnheitsmäßig oder
6. von einem Bandenmitglied oder in anderer Weise organisiert

begangen worden ist, so dürfen, unbeschadet §§ 94, 110, 161, personenbezogene Daten von Personen, die bestimmte, auf den Täter vermutlich zutreffende Prüfungsmerkmale erfüllen, mit anderen Daten maschinell abgeglichen werden, um Nichtverdächtige auszuschließen oder Personen festzustellen, die weitere für die Ermittlungen bedeutsame Prüfungsmerkmale erfüllen. Die Maßnahme darf nur angeordnet werden, wenn die Erforschung des Sachverhalts oder die Ermittlung des Aufenthaltsortes des Täters auf andere Weise erheblich weniger erfolgversprechend oder wesentlich erschwert wäre.

(2) Zu dem in Absatz 1 bezeichneten Zweck hat die speichernde Stelle die für den Abgleich erforderlichen Daten aus den Datenbeständen auszusondern und den Strafverfolgungsbehörden zu übermitteln.

(3) Soweit die zu übermittelnden Daten von anderen Daten nur mit unverhältnismäßigem Aufwand getrennt werden können, sind auf Anordnung auch die anderen Daten zu übermitteln. Ihre Nutzung ist nicht zulässig.

(4) Auf Anforderung der Staatsanwaltschaft hat die speichernde Stelle die Stelle, die den Abgleich durchführt, zu unterstützen.

(5) § 95 Abs. 2 gilt entsprechend.

§ 98b
Verfahren bei der Rasterfahndung

(1) [1]Der Abgleich und die Übermittlung der Daten dürfen nur durch das Gericht, bei Gefahr im Verzug auch durch die Staatsanwaltschaft angeordnet werden. [2]Hat die Staatsanwaltschaft die Anordnung getroffen, so beantragt sie unverzüglich die gerichtliche Bestätigung. [3]Die Anordnung tritt außer Kraft, wenn sie nicht binnen drei Werktagen vom Gericht bestätigt wird. [4]Die Anordnung ergeht schriftlich. [5]Sie muß den zur Übermittlung Verpflichteten bezeichnen und ist auf die Daten und Prüfungsmerkmale zu beschränken, die für den Einzelfall benötigt werden. [6]Die Übermittlung von Daten, deren Verwendung besondere bundesgesetzliche oder entsprechende landesgesetzliche Verwendungsregelungen entgegenstehen, darf nicht angeordnet werden. [7]Die §§ 96, 97, 98 Abs. 1 Satz 2 gelten entsprechend.

(2) Ordnungs- und Zwangsmittel (§ 95 Abs. 2) dürfen nur durch das Gericht, bei Gefahr im Verzug auch durch die Staatsanwaltschaft angeordnet werden; die Festsetzung von Haft bleibt dem Gericht vorbehalten.

(3) [1]Sind die Daten auf Datenträgern übermittelt worden, so sind diese nach Beendigung des Abgleichs unverzüglich zurückzugeben. [2]Personenbezogene Daten, die auf andere Datenträger übertragen wurden, sind unverzüglich zu löschen, sobald sie für das Strafverfahren nicht mehr benötigt werden.

(4) Nach Beendigung einer Maßnahme nach § 98a ist die Stelle zu unterrichten, die für die Kontrolle der Einhaltung der Vorschriften über den Datenschutz bei öffentlichen Stellen zuständig ist.

§ 98c
Maschineller Abgleich mit vorhandenen Daten

Zur Aufklärung einer Straftat oder zur Ermittlung des Aufenthaltsortes einer Person, nach der für Zwecke eines Strafverfahrens gefahndet wird, dürfen personenbezogene Daten aus einem Strafverfahren mit anderen zur Strafverfolgung oder Strafvollstreckung oder zur Gefahrenabwehr gespeicherten Daten maschinell abgeglichen werden. Entgegenstehende besondere bundesgesetzliche oder entsprechende landesgesetzliche Verwendungsregelungen bleiben unberührt.

§ 99
Postbeschlagnahme und Auskunftsverlangen

(1)[1]Zulässig ist die Beschlagnahme der an den Beschuldigten gerichteten Postsendungen und Telegramme, die sich im Gewahrsam von Personen oder Unternehmen befinden, die geschäftsmäßig Post- oder Telekommunikationsdienste erbringen oder daran mitwirken. [2]Ebenso ist eine Beschlagnahme von Postsendungen und Telegrammen zulässig, bei denen aus vorliegenden Tatsachen zu schließen ist, daß sie von dem Beschuldigten herrühren oder für ihn bestimmt sind und daß ihr Inhalt für die Untersuchung Bedeutung hat.

(2) [1]Unter den Voraussetzungen des Absatzes 1 ist es auch zulässig, von Personen oder Unternehmen, die geschäftsmäßig Postdienste erbringen oder daran mitwirken, Auskunft über Postsendungen zu verlangen, die an den Beschuldigten gerichtet sind, von ihm herrühren oder für ihn bestimmt sind. [2]Die Auskunft umfasst ausschließlich die aufgrund von Rechtsvorschriften außerhalb des Strafrechts erhobenen Daten, sofern sie Folgendes betreffen:

1. Namen und Anschriften von Absendern, Empfängern und, soweit abweichend, von denjenigen Personen, welche die jeweilige Postsendung eingeliefert oder entgegengenommen haben,
2. Art des in Anspruch genommenen Postdienstes,
3. Maße und Gewicht der jeweiligen Postsendung,
4. die vom Postdienstleister zugeteilte Sendungsnummer der jeweiligen Postsendung sowie, sofern der Empfänger eine Abholstation mit Selbstbedienungs-Schließfächern nutzt, dessen persönliche Postnummer,
5. Zeit- und Ortsangaben zum jeweiligen Postsendungsverlauf sowie
6. Bildaufnahmen von der Postsendung, die zu Zwecken der Erbringung der Postdienstleistung erstellt wurden.

[3]Auskunft über den Inhalt der Postsendung darf darüber hinaus nur verlangt werden, wenn die in Satz 1 bezeichneten Personen oder Unternehmen davon

auf rechtmäßige Weise Kenntnis erlangt haben.[4]Auskunft nach den Sätzen 2 und 3 müssen sie auch über solche Postsendungen erteilen, die sich noch nicht oder nicht mehr in ihrem Gewahrsam befinden.

§ 100
Verfahren bei der Postbeschlagnahme und Auskunftsverlangen

(1) Zur Anordnung der Maßnahmen nach § 99 ist nur das Gericht, bei Gefahr im Verzug auch die Staatsanwaltschaft befugt.
(2) Anordnungen der Staatsanwaltschaft nach Absatz 1 treten, auch wenn sie eine Auslieferung nach § 99 Absatz 1 oder eine Auskunftserteilung nach § 99 Absatz 2 noch nicht zur Folge gehabt haben, außer Kraft, wenn sie nicht binnen drei Werktagen gerichtlich bestätigt werden.
(3) [1]Die Öffnung der ausgelieferten Postsendungen steht dem Gericht zu. [2]Es kann diese Befugnis der Staatsanwaltschaft übertragen, soweit dies erforderlich ist, um den Untersuchungserfolg nicht durch Verzögerung zu gefährden. [3]Die Übertragung ist nicht anfechtbar; sie kann jederzeit widerrufen werden. [4]Solange eine Anordnung nach Satz 2 nicht ergangen ist, legt die Staatsanwaltschaft die ihr ausgelieferten Postsendungen sofort, und zwar verschlossene Postsendungen ungeöffnet, dem Gericht vor.
(4) [1]Über eine von der Staatsanwaltschaft verfügte Maßnahme nach § 99 entscheidet das nach § 98 zuständige Gericht. [2]Über die Öffnung einer ausgelieferten Postsendung entscheidet das Gericht, das die Beschlagnahme angeordnet oder bestätigt hat.
(5) [1]Postsendungen, deren Öffnung nicht angeordnet worden ist, sind unverzüglich an den vorgesehenen Empfänger weiterzuleiten. [2]Dasselbe gilt, soweit nach der Öffnung die Zurückbehaltung nicht erforderlich ist.
(6) Der Teil einer zurückbehaltenen Postsendung, dessen Vorenthaltung nicht mit Rücksicht auf die Untersuchung geboten erscheint, ist dem vorgesehenen Empfänger abschriftlich mitzuteilen.

§ 100a
Telekommunikationsüberwachung

(1) [1]Auch ohne Wissen der Betroffenen darf die Telekommunikation überwacht und aufgezeichnet werden, wenn

1. bestimmte Tatsachen den Verdacht begründen, dass jemand als Täter oder Teilnehmer eine in Absatz 2 bezeichnete schwere Straftat begangen, in Fällen, in denen der Versuch strafbar ist, zu begehen versucht, oder durch eine Straftat vorbereitet hat,
2. die Tat auch im Einzelfall schwer wiegt und
3. die Erforschung des Sachverhalts oder die Ermittlung des Aufenthaltsortes des Beschuldigten auf andere Weise wesentlich erschwert oder aussichtslos wäre.

[2]Die Überwachung und Aufzeichnung der Telekommunikation darf auch in der Weise erfolgen, dass mit technischen Mitteln in von dem Betroffenen genutzte informationstechnische Systeme eingegriffen wird, wenn dies notwendig ist, um die Überwachung und Aufzeichnung insbesondere in unverschlüsselter Form zu ermöglichen. [3]Auf dem informationstechnischen System des Betroffenen gespeicherte Inhalte und Umstände der Kommunikation dürfen überwacht und aufgezeichnet werden, wenn sie auch während des laufenden Übertragungsvorgangs im öffentlichen Telekommunikationsnetz in verschlüsselter Form hätten überwacht und aufgezeichnet werden können.[1]

(2) Schwere Straftaten im Sinne des Absatzes 1 Nr. 1 sind:

1. aus dem Strafgesetzbuch:
   a) Straftaten des Friedensverrats, des Hochverrats und der Gefährdung des demokratischen Rechtsstaates sowie des Landesverrats und der Gefährdung der äußeren Sicherheit nach den §§ 80a bis 82, 84 bis 86, 87 bis 89a, 89c Absatz 1 bis 4, 94 bis 100a,
   b) Bestechlichkeit und Bestechung von Mandatsträgern nach § 108e,
   c) Straftaten gegen die Landesverteidigung nach den §§ 109d bis 109h,
   d) Straftaten gegen die öffentliche Ordnung nach § 127 Absatz 3 und 4 sowie den §§ 129 bis 130,
   e) Geld- und Wertzeichenfälschung nach den §§ 146 und 151, jeweils auch in Verbindung mit § 152, sowie nach § 152a Abs. 3 und § 152b Abs. 1 bis 4,
   f) Straftaten gegen die sexuelle Selbstbestimmung in den Fällen der §§ 176, 176c, 176d und, unter den in § 177 Absatz 6 Satz 2 Nummer 2 genannten Voraussetzungen, des § 177,
   g) Verbreitung, Erwerb und Besitz kinder- und jugendpornographischer Inhalte nach § 184b, § 184c Absatz 2,
   h) Mord und Totschlag nach den §§ 211 und 212,
   i) Straftaten gegen die persönliche Freiheit nach den §§ 232, 232a Absatz 1 bis 5, den §§ 232b, 233 Absatz 2, den §§ 233a, 234 bis 234b, 239a und 239b,
   j) Bandendiebstahl nach § 244 Abs. 1 Nr. 2, Wohnungseinbruchdiebstahl nach § 244 Absatz 4 und schwerer Bandendiebstahl nach § 244a,
   k) Straftaten des Raubes und der Erpressung nach den §§ 249 bis 255,
   l) gewerbsmäßige Hehlerei, Bandenhehlerei und gewerbsmäßige Bandenhehlerei nach den §§ 260 und 260a,

1 Nach BVerfG vom 24.6.2025 – 1 BvR 180/23 (Tenor zu 1.) gilt: „§ 100a Absatz 1 Sätze 2 und 3 in Verbindung mit § 100a Absatz 1 Satz 1 Nummer 1, Absatz 2 Nummer 1 Buchstaben a, c, d und t, Nummer 6 und Nummer 7 Buchstabe b der Strafprozessordnung […] verstoßen nach Maßgabe der Gründe gegen Artikel 2 Absatz 1 in Verbindung mit Artikel 1 Absatz 1 des Grundgesetzes sowie – nur bezogen auf § 100a Absatz 1 Satz 2 der Strafprozessordnung – auch gegen Artikel 10 Absatz 1 des Grundgesetzes und sind nichtig.“

m) Geldwäsche nach § 261, wenn die Vortat eine der in den Nummern 1 bis 11 genannten schweren Straftaten ist,
n) Betrug und Computerbetrug unter den in § 263 Abs. 3 Satz 2 genannten Voraussetzungen und im Falle des § 263 Abs. 5, jeweils auch in Verbindung mit § 263a Abs. 2,
o) Subventionsbetrug unter den in § 264 Abs. 2 Satz 2 genannten Voraussetzungen und im Falle des § 264 Abs. 3 in Verbindung mit § 263 Abs. 5,
p) Sportwettbetrug und Manipulation von berufssportlichen Wettbewerben unter den in § 265e Satz 2 genannten Voraussetzungen,
q) Vorenthalten und Veruntreuen von Arbeitsentgelt unter den in § 266a Absatz 4 Satz 2 Nummer 3 oder 4 genannten Voraussetzungen,
r) Straftaten der Urkundenfälschung unter den in § 267 Abs. 3 Satz 2 genannten Voraussetzungen und im Fall des § 267 Abs. 4, jeweils auch in Verbindung mit § 268 Abs. 5 oder § 269 Abs. 3, sowie nach § 275 Abs. 2 und § 276 Abs. 2,
s) Bankrott unter den in § 283a Satz 2 genannten Voraussetzungen,
t) Straftaten gegen den Wettbewerb nach § 298 und, unter den in § 300 Satz 2 genannten Voraussetzungen, nach § 299,
u) gemeingefährliche Straftaten in den Fällen der §§ 306 bis 306c, 307 Abs. 1 bis 3, des § 308 Absatz 1 bis 4, des § 309 Abs. 1 bis 4, des § 310 Abs. 1, der §§ 313, 314, 315 Abs. 3, des § 315b Abs. 3 sowie der §§ 316a und 316c,
v) Bestechlichkeit und Bestechung nach den §§ 332 und 334,

2. aus der Abgabenordnung:
   a) Steuerhinterziehung unter den in § 370 Absatz 3 Satz 2 Nummer 1 genannten Voraussetzungen, sofern der Täter als Mitglied einer Bande, die sich zur fortgesetzten Begehung von Taten nach § 370 Absatz 1 verbunden hat, handelt, oder unter den in § 370 Absatz 3 Satz 2 Nummer 5 genannten Voraussetzungen,
   b) gewerbsmäßiger, gewaltsamer und bandenmäßiger Schmuggel nach § 373,
   c) Steuerhehlerei im Falle des § 374 Abs. 2,
3. aus dem Anti-Doping-Gesetz:
   Straftaten nach § 4 Absatz 4 Nummer 2 Buchstabe b,
4. aus dem Asylgesetz:
   a) Verleitung zur missbräuchlichen Asylantragstellung nach § 84 Abs. 3,
   b) gewerbs- und bandenmäßige Verleitung zur missbräuchlichen Asylantragstellung nach § 84a,
5. aus dem Aufenthaltsgesetz:
   a) Einschleusen von Ausländern und Personen, auf die das Freizügigkeitsgesetz/EU Anwendung findet, nach § 96 Absatz 1, 2 und 4,
   b) Einschleusen mit Todesfolge und gewerbs- und bandenmäßiges Einschleusen nach § 97,

5a. aus dem Ausgangsstoffgesetz:
Straftaten nach § 13 Absatz 2,
6. aus dem Außenwirtschaftsgesetz:
vorsätzliche Straftaten nach den §§ 17 und 18 des Außenwirtschaftsgesetzes,
7. aus dem Betäubungsmittelgesetz:
 a) Straftaten nach einer in § 29 Abs. 3 Satz 2 Nr. 1 in Bezug genommenen Vorschrift unter den dort genannten Voraussetzungen,
 b) Straftaten nach den §§ 29a, 30 Abs. 1 Nr. 1, 2 und 4 sowie den §§ 30a und 30b,
7a. aus dem Konsumcannabisgesetz:
 a) Straftaten nach einer in § 34 Absatz 3 Satz 2 Nummer 1 in Bezug genommenen Vorschrift unter den dort genannten Voraussetzungen,
 b) Straftaten nach § 34 Absatz 4,
7b. aus dem Medizinal-Cannabisgesetz:
 a) Straftaten nach einer in § 25 Absatz 4 Satz 2 Nummer 1 in Bezug genommenen Vorschrift unter den dort genannten Voraussetzungen,
 b) Straftaten nach § 25 Absatz 5,
8. aus dem Grundstoffüberwachungsgesetz:
Straftaten nach § 19 Abs. 1 unter den in § 19 Abs. 3 Satz 2 genannten Voraussetzungen,
9. aus dem Gesetz über die Kontrolle von Kriegswaffen:
 a) Straftaten nach § 19 Abs. 1 bis 3 und § 20 Abs. 1 und 2 sowie § 20a Abs. 1 bis 3, jeweils auch in Verbindung mit § 21,
 b) Straftaten nach § 22a Abs. 1 bis 3,
9a. aus dem Neue-psychoaktive-Stoffe-Gesetz:
Straftaten nach § 4 Absatz 3 Nummer 1 Buchstabe a,
9b. aus dem Sprengstoffgesetz:
Straftaten nach § 40 Absatz 3a,
10. aus dem Völkerstrafgesetzbuch:
 a) Völkermord nach § 6,
 b) Verbrechen gegen die Menschlichkeit nach § 7,
 c) Kriegsverbrechen nach den §§ 8 bis 12,
 d) Verbrechen der Aggression nach § 13,
11. aus dem Waffengesetz:
 a) Straftaten nach § 51 Abs. 1 bis 3,
 b) Straftaten nach § 52 Abs. 1 Nr. 1 und 2 Buchstabe c und d sowie Absatz 5 und 6,
12. aus dem Schwarzarbeitsbekämpfungsgesetz:
Straftaten nach § 9.

(3) Die Anordnung darf sich nur gegen den Beschuldigten oder gegen Personen richten, von denen auf Grund bestimmter Tatsachen anzunehmen ist, dass sie für den Beschuldigten bestimmte oder von ihm herrührende Mitteilungen

entgegennehmen oder weitergeben oder dass der Beschuldigte ihren Anschluss oder ihr informationstechnisches System benutzt.

(4) [1]Auf Grund der Anordnung einer Überwachung und Aufzeichnung der Telekommunikation hat jeder, der Telekommunikationsdienste erbringt oder daran mitwirkt, dem Gericht, der Staatsanwaltschaft und ihren im Polizeidienst tätigen Ermittlungspersonen (§ 152 des Gerichtsverfassungsgesetzes) diese Maßnahmen zu ermöglichen und die erforderlichen Auskünfte unverzüglich zu erteilen. [2]Ob und in welchem Umfang hierfür Vorkehrungen zu treffen sind, bestimmt sich nach dem Telekommunikationsgesetz und der Telekommunikations-Überwachungsverordnung. § 95 Absatz 2 gilt entsprechend.

(5) [1]Bei Maßnahmen nach Absatz 1 Satz 2 und 3 ist technisch sicherzustellen, dass

1. ausschließlich überwacht und aufgezeichnet werden können:
   a) die laufende Telekommunikation (Absatz 1 Satz 2), oder
   b) Inhalte und Umstände der Kommunikation, die ab dem Zeitpunkt der Anordnung nach § 100e Absatz 1 auch während des laufenden Übertragungsvorgangs im öffentlichen Telekommunikationsnetz hätten überwacht und aufgezeichnet werden können (Absatz 1 Satz 3),
2. an dem informationstechnischen System nur Veränderungen vorgenommen werden, die für die Datenerhebung unerlässlich sind, und
3. die vorgenommenen Veränderungen bei Beendigung der Maßnahme, soweit technisch möglich, automatisiert rückgängig gemacht werden.

[2]Das eingesetzte Mittel ist nach dem Stand der Technik gegen unbefugte Nutzung zu schützen. [3]Kopierte Daten sind nach dem Stand der Technik gegen Veränderung, unbefugte Löschung und unbefugte Kenntnisnahme zu schützen.

(6) Bei jedem Einsatz des technischen Mittels sind zu protokollieren

1. die Bezeichnung des technischen Mittels und der Zeitpunkt seines Einsatzes,
2. die Angaben zur Identifizierung des informationstechnischen Systems und die daran vorgenommenen nicht nur flüchtigen Veränderungen,
3. die Angaben, die die Feststellung der erhobenen Daten ermöglichen, und
4. die Organisationseinheit, die die Maßnahme durchführt.

§ 100b
Online-Durchsuchung

(1) Auch ohne Wissen des Betroffenen darf mit technischen Mitteln in ein von dem Betroffenen genutztes informationstechnisches System eingegriffen und dürfen Daten daraus erhoben werden (Online-Durchsuchung), wenn

1. bestimmte Tatsachen den Verdacht begründen, dass jemand als Täter oder Teilnehmer eine in Absatz 2 bezeichnete besonders schwere Straftat begangen oder in Fällen, in denen der Versuch strafbar ist, zu begehen versucht hat,

2. die Tat auch im Einzelfall besonders schwer wiegt und
3. die Erforschung des Sachverhalts oder die Ermittlung des Aufenthaltsortes des Beschuldigten auf andere Weise wesentlich erschwert oder aussichtslos wäre.

(2) Besonders schwere Straftaten im Sinne des Absatzes 1 Nummer 1 sind:

1. aus dem Strafgesetzbuch:
   a) Straftaten des Hochverrats und der Gefährdung des demokratischen Rechtsstaates sowie des Landesverrats und der Gefährdung der äußeren Sicherheit nach den §§ 81, 82, 89a, 89c Absatz 1 bis 4, nach den §§ 94, 95 Absatz 3 und § 96 Absatz 1, jeweils auch in Verbindung mit § 97b, sowie nach den §§ 97a, 98 Absatz 1 Satz 2, § 99 Absatz 2 und den §§ 100, 100a Absatz 4,
   b) Betreiben krimineller Handelsplattformen im Internet in den Fällen des § 127 Absatz 3 und 4, sofern der Zweck der Handelsplattform im Internet darauf ausgerichtet ist, in den Buchstaben a und c bis o sowie in den Nummern 2 bis 10 genannte besonders schwere Straftaten zu ermöglichen oder zu fördern,
   c) Bildung krimineller Vereinigungen nach § 129 Absatz 1 in Verbindung mit Absatz 5 Satz 3 und Bildung terroristischer Vereinigungen nach § 129a Absatz 1, 2, 4, 5 Satz 1 erste Alternative, jeweils auch in Verbindung mit § 129b Absatz 1,
   d) Geld- und Wertzeichenfälschung nach den §§ 146 und 151, jeweils auch in Verbindung mit § 152, sowie nach § 152a Absatz 3 und § 152b Absatz 1 bis 4,
   e) Straftaten gegen die sexuelle Selbstbestimmung in den Fällen des § 176 Absatz 1 und der §§ 176c, 176d und, unter den in § 177 Absatz 6 Satz 2 Nummer 2 genannten Voraussetzungen, des § 177,
   f) Verbreitung, Erwerb und Besitz kinderpornografischer Inhalte in den Fällen des § 184b Absatz 1 Satz 1 und Absatz 2,
   g) Mord und Totschlag nach den §§ 211, 212,
   h) Straftaten gegen die persönliche Freiheit in den Fällen des § 232 Absatz 2 und 3, des § 232a Absatz 1, 3, 4 und 5 zweiter Halbsatz, des § 232b Absatz 1 und 3 sowie Absatz 4, dieser in Verbindung mit § 232a Absatz 4 und 5 zweiter Halbsatz, des § 233 Absatz 2, des § 233a Absatz 1, 3 und 4 zweiter Halbsatz, der §§ 234 und 234a Absatz 1 und 2 sowie der §§ 239a und 239b,
   i) Bandendiebstahl nach § 244 Absatz 1 Nummer 2 und schwerer Bandendiebstahl nach § 244a,
   j) schwerer Raub und Raub mit Todesfolge nach § 250 Absatz 1 oder Absatz 2, § 251,
   k) räuberische Erpressung nach § 255 und besonders schwerer Fall einer Erpressung nach § 253 unter den in § 253 Absatz 4 Satz 2 genannten Voraussetzungen,

l) gewerbsmäßige Hehlerei, Bandenhehlerei und gewerbsmäßige Bandenhehlerei nach den §§ 260, 260a,
m) besonders schwerer Fall der Geldwäsche nach § 261 unter den in § 261 Absatz 5 Satz 2 genannten Voraussetzungen, wenn die Vortat eine der in den Nummern 1 bis 7 genannten besonders schweren Straftaten ist,
n) Computerbetrug in den Fällen des § 263a Absatz 2 in Verbindung mit § 263 Absatz 5,
o) besonders schwerer Fall der Bestechlichkeit und Bestechung nach § 335 Absatz 1 unter den in § 335 Absatz 2 Nummer 1 bis 3 genannten Voraussetzungen,

2. aus dem Asylgesetz:
a) Verleitung zur missbräuchlichen Asylantragstellung nach § 84 Absatz 3,
b) gewerbs- und bandenmäßige Verleitung zur missbräuchlichen Asylantragstellung nach § 84a Absatz 1,

3. aus dem Aufenthaltsgesetz:
a) Einschleusen von Ausländern nach § 96 Absatz 2,
b) Einschleusen mit Todesfolge oder gewerbs- und bandenmäßiges Einschleusen nach § 97,

4. aus dem Außenwirtschaftsgesetz:
a) Straftaten nach § 17 Absatz 1, 2 und 3, jeweils auch in Verbindung mit Absatz 6 oder 7,
b) Straftaten nach § 18 Absatz 7 und 8, jeweils auch in Verbindung mit Absatz 10,

5. aus dem Betäubungsmittelgesetz:
a) besonders schwerer Fall einer Straftat nach § 29 Absatz 1 Satz 1 Nummer 1, 5, 6, 10, 11 oder 13, Absatz 3 unter der in § 29 Absatz 3 Satz 2 Nummer 1 genannten Voraussetzung,
b) eine Straftat nach den §§ 29a, 30 Absatz 1 Nummer 1, 2, 4, § 30a,

5a. aus dem Konsumcannabisgesetz:
Straftaten nach § 34 Absatz 4 Nummer 1, 3 oder Nummer 4,

5b. aus dem Medizinal-Cannabisgesetz:
Straftaten nach § 25 Absatz 5 Nummer 1, 3 oder Nummer 4,

6. aus dem Gesetz über die Kontrolle von Kriegswaffen:
a) eine Straftat nach § 19 Absatz 2 oder § 20 Absatz 1, jeweils auch in Verbindung mit § 21,
b) besonders schwerer Fall einer Straftat nach § 22a Absatz 1 in Verbindung mit Absatz 2,

7. aus dem Grundstoffüberwachungsgesetz:
Straftaten nach § 19 Absatz 3,

8. aus dem Neue-psychoaktive-Stoffe-Gesetz:
Straftaten nach § 4 Absatz 3 Nummer 1,

9. aus dem Völkerstrafgesetzbuch:
a) Völkermord nach § 6,

b) Verbrechen gegen die Menschlichkeit nach § 7,
c) Kriegsverbrechen nach den §§ 8 bis 12,
d) Verbrechen der Aggression nach § 13,

10. aus dem Waffengesetz:
a) besonders schwerer Fall einer Straftat nach § 51 Absatz 1 in Verbindung mit Absatz 2,
b) besonders schwerer Fall einer Straftat nach § 52 Absatz 1 Nummer 1 in Verbindung mit Absatz 5.

(3) [1]Die Maßnahme darf sich nur gegen den Beschuldigten richten. [2]Ein Eingriff in informationstechnische Systeme anderer Personen ist nur zulässig, wenn auf Grund bestimmter Tatsachen anzunehmen ist, dass
1. der in der Anordnung nach § 100e Absatz 3 bezeichnete Beschuldigte informationstechnische Systeme der anderen Person benutzt, und
2. die Durchführung des Eingriffs in informationstechnische Systeme des Beschuldigten allein nicht zur Erforschung des Sachverhalts oder zur Ermittlung des Aufenthaltsortes eines Mitbeschuldigten führen wird.

[3]Die Maßnahme darf auch durchgeführt werden, wenn andere Personen unvermeidbar betroffen werden.

(4) § 100a Absatz 5 und 6 gilt mit Ausnahme von Absatz 5 Satz 1 Nummer 1 entsprechend.

§ 100c
Akustische Wohnraumüberwachung

(1) Auch ohne Wissen der Betroffenen darf das in einer Wohnung nichtöffentlich gesprochene Wort mit technischen Mitteln abgehört und aufgezeichnet werden, wenn
1. bestimmte Tatsachen den Verdacht begründen, dass jemand als Täter oder Teilnehmer eine in § 100b Absatz 2 bezeichnete besonders schwere Straftat begangen oder in Fällen, in denen der Versuch strafbar ist, zu begehen versucht hat,
2. die Tat auch im Einzelfall besonders schwer wiegt,
3. auf Grund tatsächlicher Anhaltspunkte anzunehmen ist, dass durch die Überwachung Äußerungen des Beschuldigten erfasst werden, die für die Erforschung des Sachverhalts oder die Ermittlung des Aufenthaltsortes eines Mitbeschuldigten von Bedeutung sind, und
4. die Erforschung des Sachverhalts oder die Ermittlung des Aufenthaltsortes eines Mitbeschuldigten auf andere Weise unverhältnismäßig erschwert oder aussichtslos wäre.

(2) [1]Die Maßnahme darf sich nur gegen den Beschuldigten richten und nur in Wohnungen des Beschuldigten durchgeführt werden. [2]In Wohnungen anderer Personen ist die Maßnahme nur zulässig, wenn auf Grund bestimmter Tatsachen anzunehmen ist, dass

1. der in der Anordnung nach § 100e Absatz 3 bezeichnete Beschuldigte sich dort aufhält und
2. die Maßnahme in Wohnungen des Beschuldigten allein nicht zur Erforschung des Sachverhalts oder zur Ermittlung des Aufenthaltsortes eines Mitbeschuldigten führen wird.

[3]Die Maßnahme darf auch durchgeführt werden, wenn andere Personen unvermeidbar betroffen werden.

§ 100d
Kernbereich privater Lebensgestaltung; Zeugnisverweigerungsberechtigte

(1) Liegen tatsächliche Anhaltspunkte für die Annahme vor, dass durch eine Maßnahme nach den §§ 100a bis 100c allein Erkenntnisse aus dem Kernbereich privater Lebensgestaltung erlangt werden, ist die Maßnahme unzulässig.

(2) [1]Erkenntnisse aus dem Kernbereich privater Lebensgestaltung, die durch eine Maßnahme nach den §§ 100a bis 100c erlangt wurden, dürfen nicht verwertet werden. [2]Aufzeichnungen über solche Erkenntnisse sind unverzüglich zu löschen. [3]Die Tatsache ihrer Erlangung und Löschung ist zu dokumentieren.

(3) [1]Bei Maßnahmen nach § 100b ist, soweit möglich, technisch sicherzustellen, dass Daten, die den Kernbereich privater Lebensgestaltung betreffen, nicht erhoben werden. [2]Erkenntnisse, die durch Maßnahmen nach § 100b erlangt wurden und den Kernbereich privater Lebensgestaltung betreffen, sind unverzüglich zu löschen oder von der Staatsanwaltschaft dem anordnenden Gericht zur Entscheidung über die Verwertbarkeit und Löschung der Daten vorzulegen. [3]Die Entscheidung des Gerichts über die Verwertbarkeit ist für das weitere Verfahren bindend.

(4) [1]Maßnahmen nach § 100c dürfen nur angeordnet werden, soweit auf Grund tatsächlicher Anhaltspunkte anzunehmen ist, dass durch die Überwachung Äußerungen, die dem Kernbereich privater Lebensgestaltung zuzurechnen sind, nicht erfasst werden. [2]Das Abhören und Aufzeichnen ist unverzüglich zu unterbrechen, wenn sich während der Überwachung Anhaltspunkte dafür ergeben, dass Äußerungen, die dem Kernbereich privater Lebensgestaltung zuzurechnen sind, erfasst werden. [3]Ist eine Maßnahme unterbrochen worden, so darf sie unter den in Satz 1 genannten Voraussetzungen fortgeführt werden. [4]Im Zweifel hat die Staatsanwaltschaft über die Unterbrechung oder Fortführung der Maßnahme unverzüglich eine Entscheidung des Gerichts herbeizuführen; § 100e Absatz 5 gilt entsprechend. [5]Auch soweit für bereits erlangte Erkenntnisse ein Verwertungsverbot nach Absatz 2 in Betracht kommt, hat die Staatsanwaltschaft unverzüglich eine Entscheidung des Gerichts herbeizuführen. [6]Absatz 3 Satz 3 gilt entsprechend.

(5) [1]In den Fällen des § 53 sind Maßnahmen nach den §§ 100b und 100c unzulässig; ergibt sich während oder nach Durchführung der Maßnahme, dass ein Fall des § 53 vorliegt, gilt Absatz 2 entsprechend. [2]In den Fällen der §§ 52 und

53a dürfen aus Maßnahmen nach den §§ 100b und 100c gewonnene Erkenntnisse nur verwertet werden, wenn dies unter Berücksichtigung der Bedeutung des zugrunde liegenden Vertrauensverhältnisses nicht außer Verhältnis zum Interesse an der Erforschung des Sachverhalts oder der Ermittlung des Aufenthaltsortes eines Beschuldigten steht. [3]§ 160a Absatz 4 gilt entsprechend.

§ 100e
Verfahren bei Maßnahmen nach den §§ 100a bis 100c

(1) [1]Maßnahmen nach § 100a dürfen nur auf Antrag der Staatsanwaltschaft durch das Gericht angeordnet werden. [2]Bei Gefahr im Verzug kann die Anordnung auch durch die Staatsanwaltschaft getroffen werden. [3]Soweit die Anordnung der Staatsanwaltschaft nicht binnen drei Werktagen von dem Gericht bestätigt wird, tritt sie außer Kraft. [4]Die Anordnung ist auf höchstens drei Monate zu befristen. [5]Eine Verlängerung um jeweils nicht mehr als drei Monate ist zulässig, soweit die Voraussetzungen der Anordnung unter Berücksichtigung der gewonnenen Ermittlungsergebnisse fortbestehen.
(2) [1]Maßnahmen nach den §§ 100b und 100c dürfen nur auf Antrag der Staatsanwaltschaft durch die in § 74a Absatz 4 des Gerichtsverfassungsgesetzes genannte Kammer des Landgerichts angeordnet werden, in dessen Bezirk die Staatsanwaltschaft ihren Sitz hat. [2]Bei Gefahr im Verzug kann diese Anordnung auch durch den Vorsitzenden getroffen werden. [3]Dessen Anordnung tritt außer Kraft, wenn sie nicht binnen drei Werktagen von der Strafkammer bestätigt wird. [4]Die Anordnung ist auf höchstens einen Monat zu befristen. [5]Eine Verlängerung um jeweils nicht mehr als einen Monat ist zulässig, soweit die Voraussetzungen unter Berücksichtigung der gewonnenen Ermittlungsergebnisse fortbestehen. [6]Ist die Dauer der Anordnung auf insgesamt sechs Monate verlängert worden, so entscheidet über weitere Verlängerungen das Oberlandesgericht.
(3) [1]Die Anordnung ergeht schriftlich. [2]In ihrer Entscheidungsformel sind anzugeben:

1. soweit möglich, der Name und die Anschrift des Betroffenen, gegen den sich die Maßnahme richtet,
2. der Tatvorwurf, auf Grund dessen die Maßnahme angeordnet wird,
3. Art, Umfang, Dauer und Endzeitpunkt der Maßnahme,
4. die Art der durch die Maßnahme zu erhebenden Informationen und ihre Bedeutung für das Verfahren,
5. bei Maßnahmen nach § 100a die Rufnummer oder eine andere Kennung des zu überwachenden Anschlusses oder des Endgerätes, sofern sich nicht aus bestimmten Tatsachen ergibt, dass diese zugleich einem anderen Endgerät zugeordnet ist; im Fall des § 100a Absatz 1 Satz 2 und 3 eine möglichst genaue Bezeichnung des informationstechnischen Systems, in das eingegriffen werden soll,

6. bei Maßnahmen nach § 100b eine möglichst genaue Bezeichnung des informationstechnischen Systems, aus dem Daten erhoben werden sollen,
7. bei Maßnahmen nach § 100c die zu überwachende Wohnung oder die zu überwachenden Wohnräume.

(4) [1]In der Begründung der Anordnung oder Verlängerung von Maßnahmen nach den §§ 100a bis 100c sind deren Voraussetzungen und die wesentlichen Abwägungsgesichtspunkte darzulegen. [2]Insbesondere sind einzelfallbezogen anzugeben:
1. die bestimmten Tatsachen, die den Verdacht begründen,
2. die wesentlichen Erwägungen zur Erforderlichkeit und Verhältnismäßigkeit der Maßnahme,
3. bei Maßnahmen nach § 100c die tatsächlichen Anhaltspunkte im Sinne des § 100d Absatz 4 Satz 1.

(5) [1]Liegen die Voraussetzungen der Anordnung nicht mehr vor, so sind die auf Grund der Anordnung ergriffenen Maßnahmen unverzüglich zu beenden. [2]Das anordnende Gericht ist nach Beendigung der Maßnahme über deren Ergebnisse zu unterrichten. [3]Bei Maßnahmen nach den §§ 100b und 100c ist das anordnende Gericht auch über den Verlauf zu unterrichten. [4]Liegen die Voraussetzungen der Anordnung nicht mehr vor, so hat das Gericht den Abbruch der Maßnahme anzuordnen, sofern der Abbruch nicht bereits durch die Staatsanwaltschaft veranlasst wurde. [5]Die Anordnung des Abbruchs einer Maßnahme nach den §§ 100b und 100c kann auch durch den Vorsitzenden erfolgen.

(6) Die durch Maßnahmen nach den §§ 100b und 100c erlangten und verwertbaren personenbezogenen Daten dürfen für andere Zwecke nach folgenden Maßgaben verwendet werden:
1. Die Daten dürfen in anderen Strafverfahren ohne Einwilligung der insoweit überwachten Personen nur zur Aufklärung einer Straftat, auf Grund derer Maßnahmen nach § 100b oder § 100c angeordnet werden könnten, oder zur Ermittlung des Aufenthalts der einer solchen Straftat beschuldigten Person verwendet werden.
2. [1]Die Verwendung der Daten, auch solcher nach § 100d Absatz 5 Satz 1 zweiter Halbsatz, zu Zwecken der Gefahrenabwehr ist nur zur Abwehr einer im Einzelfall bestehenden Lebensgefahr oder einer dringenden Gefahr für Leib oder Freiheit einer Person, für die Sicherheit oder den Bestand des Staates oder für Gegenstände von bedeutendem Wert, die der Versorgung der Bevölkerung dienen, von kulturell herausragendem Wert oder in § 305 des Strafgesetzbuches genannt sind, zulässig. [2]Die Daten dürfen auch zur Abwehr einer im Einzelfall bestehenden dringenden Gefahr für sonstige bedeutende Vermögenswerte verwendet werden. [3]Sind die Daten zur Abwehr der Gefahr oder für eine vorgerichtliche oder gerichtliche Überprüfung der zur Gefahrenabwehr getroffenen Maßnahmen nicht mehr erforderlich, so sind Aufzeichnungen über diese Daten von der für die Gefahrenabwehr zuständigen Stelle unverzüglich zu löschen. [4]Die Löschung ist

aktenkundig zu machen. [5]Soweit die Löschung lediglich für eine etwaige vorgerichtliche oder gerichtliche Überprüfung zurückgestellt ist, dürfen die Daten nur für diesen Zweck verwendet werden; für eine Verwendung zu anderen Zwecken sind sie zu sperren.

3. Sind verwertbare personenbezogene Daten durch eine entsprechende polizeirechtliche Maßnahme erlangt worden, dürfen sie in einem Strafverfahren ohne Einwilligung der insoweit überwachten Personen nur zur Aufklärung einer Straftat, auf Grund derer die Maßnahmen nach § 100b oder § 100c angeordnet werden könnten, oder zur Ermittlung des Aufenthalts der einer solchen Straftat beschuldigten Person verwendet werden.

§ 100f
Akustische Überwachung außerhalb von Wohnraum

(1) Auch ohne Wissen der betroffenen Personen darf außerhalb von Wohnungen das nichtöffentlich gesprochene Wort mit technischen Mitteln abgehört und aufgezeichnet werden, wenn bestimmte Tatsachen den Verdacht begründen, dass jemand als Täter oder Teilnehmer eine in § 100a Abs. 2 bezeichnete, auch im Einzelfall schwerwiegende Straftat begangen oder in Fällen, in denen der Versuch strafbar ist, zu begehen versucht hat, und die Erforschung des Sachverhalts oder die Ermittlung des Aufenthaltsortes eines Beschuldigten auf andere Weise aussichtslos oder wesentlich erschwert wäre.

(2) [1]Die Maßnahme darf sich nur gegen einen Beschuldigten richten. [2]Gegen andere Personen darf die Maßnahme nur angeordnet werden, wenn auf Grund bestimmter Tatsachen anzunehmen ist, dass sie mit einem Beschuldigten in Verbindung stehen oder eine solche Verbindung hergestellt wird, die Maßnahme zur Erforschung des Sachverhalts oder zur Ermittlung des Aufenthaltsortes eines Beschuldigten führen wird und dies auf andere Weise aussichtslos oder wesentlich erschwert wäre.

(3) Die Maßnahme darf auch durchgeführt werden, wenn Dritte unvermeidbar betroffen werden.

(4) § 100d Absatz 1 und 2 sowie § 100e Absatz 1, 3, 5 Satz 1 gelten entsprechend.

§ 100g
Erhebung von Verkehrsdaten

(1) [1]Begründen bestimmte Tatsachen den Verdacht, dass jemand als Täter oder Teilnehmer

1. eine Straftat von auch im Einzelfall erheblicher Bedeutung, insbesondere eine in § 100a Absatz 2 bezeichnete Straftat, begangen hat, in Fällen, in denen der Versuch strafbar ist, zu begehen versucht hat oder durch eine Straftat vorbereitet hat oder
2. eine Straftat mittels Telekommunikation begangen hat,

so dürfen Verkehrsdaten (§§ 9 und 12 des Telekommunikation-Digitale-Dienste-Datenschutz-Gesetzes und § 2a Absatz 1 des Gesetzes über die Errichtung einer Bundesanstalt für den Digitalfunk der Behörden und Organisationen mit Sicherheitsaufgaben) erhoben werden, soweit dies für die Erforschung des Sachverhalts erforderlich ist und die Erhebung der Daten in einem angemessenen Verhältnis zur Bedeutung der Sache steht. [2]Im Fall des Satzes 1 Nummer 2 ist die Maßnahme nur zulässig, wenn die Erforschung des Sachverhalts auf andere Weise aussichtslos wäre. [3]Die Erhebung gespeicherter (retrograder) Standortdaten ist nach diesem Absatz nur unter den Voraussetzungen des Absatzes 2 zulässig. [4]Im Übrigen ist die Erhebung von Standortdaten nur für künftig anfallende Verkehrsdaten oder in Echtzeit und nur im Fall des Satzes 1 Nummer 1 zulässig, soweit sie für die Erforschung des Sachverhalts oder die Ermittlung des Aufenthaltsortes des Beschuldigten erforderlich ist.

(2) [1]Begründen bestimmte Tatsachen den Verdacht, dass jemand als Täter oder Teilnehmer eine der in Satz 2 bezeichneten besonders schweren Straftaten begangen hat oder in Fällen, in denen der Versuch strafbar ist, eine solche Straftat zu begehen versucht hat, und wiegt die Tat auch im Einzelfall besonders schwer, dürfen die nach § 176 des Telekommunikationsgesetzes gespeicherten Verkehrsdaten erhoben werden, soweit die Erforschung des Sachverhalts oder die Ermittlung des Aufenthaltsortes des Beschuldigten auf andere Weise wesentlich erschwert oder aussichtslos wäre und die Erhebung der Daten in einem angemessenen Verhältnis zur Bedeutung der Sache steht. [2]Besonders schwere Straftaten im Sinne des Satzes 1 sind:

1. aus dem Strafgesetzbuch:
   a) Straftaten des Hochverrats und der Gefährdung des demokratischen Rechtsstaates sowie des Landesverrats und der Gefährdung der äußeren Sicherheit nach den §§ 81, 82, 89a, nach den §§ 94, 95 Absatz 3 und § 96 Absatz 1, jeweils auch in Verbindung mit § 97b, sowie nach den §§ 97a, 98 Absatz 1 Satz 2, § 99 Absatz 2 und den §§ 100, 100a Absatz 4,
   b) besonders schwerer Fall des Landfriedensbruchs nach § 125a sowie Betreiben krimineller Handelsplattformen im Internet in den Fällen des § 127 Absatz 3 und 4,
   c) Bildung krimineller Vereinigungen nach § 129 Absatz 1 in Verbindung mit Absatz 5 Satz 3 sowie Bildung terroristischer Vereinigungen nach § 129a Absatz 1, 2, 4, 5 Satz erste Alternative, jeweils auch in Verbindung mit § 129b Absatz 1,
   d) Straftaten gegen die sexuelle Selbstbestimmung in den Fällen der §§ 176, 176c, 176d und, unter den in § 177 Absatz 6 Satz 2 Nummer 2 genannten Voraussetzungen, des § 177,
   e) Verbreitung, Erwerb und Besitz kinder- und jugendpornographischer Inhalte in den Fällen des § 184b Absatz 1 Satz 1, Absatz 2 und 3 sowie des § 184c Absatz 2,
   f) Mord und Totschlag nach den §§ 211 und 212,

g) Straftaten gegen die persönliche Freiheit in den Fällen der §§ 234, 234a Absatz 1, 2, §§ 239a, 239b und Zwangsprostitution und Zwangsarbeit nach § 232a Absatz 3, 4 oder 5 zweiter Halbsatz, § 232b Absatz 3 oder 4 in Verbindung mit § 232a Absatz 4 oder 5 zweiter Halbsatz und Ausbeutung unter Ausnutzung einer Freiheitsberaubung nach § 233a Absatz 3 oder 4 zweiter Halbsatz,
h) Einbruchdiebstahl in eine dauerhaft genutzte Privatwohnung nach § 244 Absatz 4, schwerer Bandendiebstahl nach § 244a Absatz 1, schwerer Raub nach § 250 Absatz 1 oder Absatz 2, Raub mit Todesfolge nach § 251, räuberische Erpressung nach § 255 und besonders schwerer Fall einer Erpressung nach § 253 unter den in § 253 Absatz 4 Satz 2 genannten Voraussetzungen, gewerbsmäßige Bandenhehlerei nach § 260a Absatz 1, besonders schwerer Fall der Geldwäsche nach § 261 unter den in § 261 Absatz 5 Satz 2 genannten Voraussetzungen, wenn die Vortat eine der in den Nummern 1 bis 8 genannten besonders schweren Straftaten ist,
i) gemeingefährliche Straftaten in den Fällen der §§ 306 bis 306c, 307 Absatz 1 bis 3, des § 308 Absatz 1 bis 3, des § 309 Absatz 1 bis 4, des § 310 Absatz 1, der §§ 313, 314, 315 Absatz 3, des § 315b Absatz 3 sowie der §§ 316a und 316c,

2. aus dem Aufenthaltsgesetz:
   a) Einschleusen von Ausländern nach § 96 Absatz 2,
   b) Einschleusen mit Todesfolge oder gewerbs- und bandenmäßiges Einschleusen nach § 97,
3. aus dem Außenwirtschaftsgesetz:
   Straftaten nach § 17 Absatz 1 bis 3 und § 18 Absatz 7 und 8,
4. aus dem Betäubungsmittelgesetz:
   a) besonders schwerer Fall einer Straftat nach § 29 Absatz 1 Satz 1 Nummer 1, 5, 6, 10, 11 oder 13, Absatz 3 unter der in § 29 Absatz 3 Satz 2 Nummer 1 genannten Voraussetzung,
   b) eine Straftat nach den §§ 29a, 30 Absatz 1 Nummer 1, 2, 4, § 30a,
5. aus dem Grundstoffüberwachungsgesetz:
   eine Straftat nach § 19 Absatz 1 unter den in § 19 Absatz 3 Satz 2 genannten Voraussetzungen,
6. aus dem Gesetz über die Kontrolle von Kriegswaffen:
   a) eine Straftat nach § 19 Absatz 2 oder § 20 Absatz 1, jeweils auch in Verbindung mit § 21,
   b) besonders schwerer Fall einer Straftat nach § 22a Absatz 1 in Verbindung mit Absatz 2,
7. aus dem Völkerstrafgesetzbuch:
   a) Völkermord nach § 6,
   b) Verbrechen gegen die Menschlichkeit nach § 7,
   c) Kriegsverbrechen nach den §§ 8 bis 12,
   d) Verbrechen der Aggression nach § 13,

8. aus dem Waffengesetz:
   a) besonders schwerer Fall einer Straftat nach § 51 Absatz 1 in Verbindung mit Absatz 2,
   b) besonders schwerer Fall einer Straftat nach § 52 Absatz 1 Nummer 1 in Verbindung mit Absatz 5.

(3) [1]Die Erhebung aller in einer Funkzelle angefallenen Verkehrsdaten (Funkzellenabfrage) ist nur zulässig,
1. wenn die Voraussetzungen des Absatzes 1 Satz 1 Nummer 1 erfüllt sind,
2. soweit die Erhebung der Daten in einem angemessenen Verhältnis zur Bedeutung der Sache steht und
3. soweit die Erforschung des Sachverhalts oder die Ermittlung des Aufenthaltsortes des Beschuldigten auf andere Weise aussichtslos oder wesentlich erschwert wäre.

[2]Auf nach § 176 des Telekommunikationsgesetzes gespeicherte Verkehrsdaten darf für eine Funkzellenabfrage nur unter den Voraussetzungen des Absatzes 2 zurückgegriffen werden.

(4) [1]Die Erhebung von Verkehrsdaten nach Absatz 2, auch in Verbindung mit Absatz 3 Satz 2, die sich gegen eine der in § 53 Absatz 1 Satz 1 Nummer 1 bis 5 genannten Personen richtet und die voraussichtlich Erkenntnisse erbringen würde, über die diese das Zeugnis verweigern dürfte, ist unzulässig. [2]Dennoch erlangte Erkenntnisse dürfen nicht verwendet werden. [3]Aufzeichnungen hierüber sind unverzüglich zu löschen. [4]Die Tatsache ihrer Erlangung und der Löschung der Aufzeichnungen ist aktenkundig zu machen. [5]Die Sätze 2 bis 4 gelten entsprechend, wenn durch eine Ermittlungsmaßnahme, die sich nicht gegen eine in § 53 Absatz 1 Satz 1 Nummer 1 bis 5 genannte Person richtet, von dieser Person Erkenntnisse erlangt werden, über die sie das Zeugnis verweigern dürfte. [6]§ 160a Absatz 3 und 4 gilt entsprechend.

(5) Erfolgt die Erhebung von Verkehrsdaten nicht beim Erbringer von Telekommunikationsdiensten, bestimmt sie sich nach Abschluss des Kommunikationsvorgangs nach den allgemeinen Vorschriften.

§ 100h
Weitere Maßnahmen außerhalb von Wohnraum

(1) [1]Auch ohne Wissen der betroffenen Personen dürfen außerhalb von Wohnungen
1. Bildaufnahmen hergestellt werden,
2. sonstige besondere für Observationszwecke bestimmte technische Mittel verwendet werden,

wenn die Erforschung des Sachverhalts oder die Ermittlung des Aufenthaltsortes eines Beschuldigten auf andere Weise weniger erfolgversprechend oder erschwert wäre. [2]Eine Maßnahme nach Satz 1 Nr. 2 ist nur zulässig, wenn Gegenstand der Untersuchung eine Straftat von erheblicher Bedeutung ist.

(2) [1]Die Maßnahmen dürfen sich nur gegen einen Beschuldigten richten. [2]Gegen andere Personen sind

1. Maßnahmen nach Absatz 1 Nr. 1 nur zulässig, wenn die Erforschung des Sachverhalts oder die Ermittlung des Aufenthaltsortes eines Beschuldigten auf andere Weise erheblich weniger erfolgversprechend oder wesentlich erschwert wäre,
2. Maßnahmen nach Absatz 1 Nr. 2 nur zulässig, wenn auf Grund bestimmter Tatsachen anzunehmen ist, dass sie mit einem Beschuldigten in Verbindung stehen oder eine solche Verbindung hergestellt wird, die Maßnahme zur Erforschung des Sachverhalts oder zur Ermittlung des Aufenthaltsortes eines Beschuldigten führen wird und dies auf andere Weise aussichtslos oder wesentlich erschwert wäre.

(3) Die Maßnahmen dürfen auch durchgeführt werden, wenn Dritte unvermeidbar mitbetroffen werden.

(4) § 100d Absatz 1 und 2 gilt entsprechend.

§ 100i
Technische Ermittlungsmaßnahmen bei Mobilfunkendgeräten

(1) Begründen bestimmte Tatsachen den Verdacht, dass jemand als Täter oder Teilnehmer eine Straftat von auch im Einzelfall erheblicher Bedeutung, insbesondere eine in § 100a Abs. 2 bezeichnete Straftat, begangen hat, in Fällen, in denen der Versuch strafbar ist, zu begehen versucht hat oder durch eine Straftat vorbereitet hat, so dürfen durch technische Mittel

1. die Gerätenummer eines Mobilfunkendgerätes und die Kartennummer der darin verwendeten Karte sowie
2. der Standort eines Mobilfunkendgerätes

ermittelt werden, soweit dies für die Erforschung des Sachverhalts oder die Ermittlung des Aufenthaltsortes des Beschuldigten erforderlich ist.

(2) [1]Personenbezogene Daten Dritter dürfen anlässlich solcher Maßnahmen nur erhoben werden, wenn dies aus technischen Gründen zur Erreichung des Zwecks nach Absatz 1 unvermeidbar ist. [2]Über den Datenabgleich zur Ermittlung der gesuchten Geräte- und Kartennummer hinaus dürfen sie nicht verwendet werden und sind nach Beendigung der Maßnahme unverzüglich zu löschen.

(3) [1]§ 100a Abs. 3 und § 100e Absatz 1 Satz 1 bis 3, Absatz 3 Satz 1 und Absatz 5 Satz 1 gelten entsprechend. [2]Die Anordnung ist auf höchstens sechs Monate zu befristen. [3]Eine Verlängerung um jeweils nicht mehr als sechs weitere Monate ist zulässig, soweit die in Absatz 1 bezeichneten Voraussetzungen fortbestehen.

§ 100j
Bestandsdatenauskunft

(1) [1]Soweit dies für die Erforschung des Sachverhalts oder die Ermittlung des Aufenthaltsortes eines Beschuldigten erforderlich ist, darf Auskunft verlangt werden

1. über Bestandsdaten gemäß § 3 Nummer 6 des Telekommunikationsgesetzes und über die nach § 172 des Telekommunikationsgesetzes erhobenen Daten (§ 174 Absatz 1 Satz 1 des Telekommunikationsgesetzes) von demjenigen, der geschäftsmäßig Telekommunikationsdienste erbringt oder daran mitwirkt, und
2. über Bestandsdaten gemäß § 2 Absatz 2 Nummer 2 des Telekommunikation-Digitale-Dienste-Datenschutz-Gesetzes (§ 22 Absatz 1 Satz 1 des Telekommunikation-Digitale-Dienste-Datenschutz-Gesetzes) von demjenigen, der geschäftsmäßig eigene oder fremde digitale Dienste zur Nutzung bereithält oder den Zugang zur Nutzung vermittelt.

[2]Bezieht sich das Auskunftsverlangen nach Satz 1 Nummer 1 auf Daten, mittels derer der Zugriff auf Endgeräte oder auf Speichereinrichtungen, die in diesen Endgeräten oder hiervon räumlich getrennt eingesetzt werden, geschützt wird (§ 174 Absatz 1 Satz 2 des Telekommunikationsgesetzes), darf die Auskunft nur verlangt werden, wenn die gesetzlichen Voraussetzungen für die Nutzung der Daten vorliegen. [3]Bezieht sich das Auskunftsverlangen nach Satz 1 Nummer 2 auf als Bestandsdaten erhobene Passwörter oder andere Daten, mittels derer der Zugriff auf Endgeräte oder auf Speichereinrichtungen, die in diesen Endgeräten oder hiervon räumlich getrennt eingesetzt werden, geschützt wird (§ 23 des Telekommunikation-Digitale-Dienste-Datenschutz-Gesetzes), darf die Auskunft nur verlangt werden, wenn die gesetzlichen Voraussetzungen für ihre Nutzung zur Verfolgung einer besonders schweren Straftat nach § 100b Absatz 2 Nummer 1 Buchstabe a, c, e, f, g, h oder m, Nummer 3 Buchstabe b erste Alternative oder Nummer 5, 5a, 5b, 6, 9 oder 10 vorliegen.

(2) Die Auskunft nach Absatz 1 darf auch anhand einer zu einem bestimmten Zeitpunkt zugewiesenen Internetprotokoll-Adresse verlangt werden (§ 174 Absatz 1 Satz 3, § 177 Absatz 1 Nummer 3 des Telekommunikationsgesetzes und § 22 Absatz 1 Satz 3 und 4 des Telekommunikation-Digitale-Dienste-Datenschutz-Gesetzes). [2]Das Vorliegen der Voraussetzungen für ein Auskunftsverlangen nach Satz 1 ist aktenkundig zu machen.

(3) [1]Auskunftsverlangen nach Absatz 1 Satz 2 und 3 dürfen nur auf Antrag der Staatsanwaltschaft durch das Gericht angeordnet werden. [2]Im Fall von Auskunftsverlangen nach Absatz 1 Satz 2 kann die Anordnung bei Gefahr im Verzug auch durch die Staatsanwaltschaft oder ihre Ermittlungspersonen (§ 152 des Gerichtsverfassungsgesetzes) getroffen werden. [3]In diesem Fall ist die gerichtliche Entscheidung unverzüglich nachzuholen. [4]Die Sätze 1 bis 3 finden bei Auskunftsverlangen nach Absatz 1 Satz 2 keine Anwendung, wenn die betroffene Person vom Auskunftsverlangen bereits Kenntnis hat oder haben muss

oder wenn die Nutzung der Daten bereits durch eine gerichtliche Entscheidung gestattet wird. [5]Das Vorliegen der Voraussetzungen nach Satz 4 ist aktenkundig zu machen.

(4) [1]Die betroffene Person ist in den Fällen des Absatzes 1 Satz 2 und 3 und des Absatzes 2 über die Beauskunftung zu benachrichtigen. [2]Die Benachrichtigung erfolgt, soweit und sobald hierdurch der Zweck der Auskunft nicht vereitelt wird. [3]Sie unterbleibt, wenn ihr überwiegende schutzwürdige Belange Dritter oder der betroffenen Person selbst entgegenstehen. [4]Wird die Benachrichtigung nach Satz 2 zurückgestellt oder nach Satz 3 von ihr abgesehen, sind die Gründe aktenkundig zu machen.

(5) [1]Auf Grund eines Auskunftsverlangens nach Absatz 1 oder 2 hat derjenige, der geschäftsmäßig Telekommunikationsdienste oder Telemediendienste[2] erbringt oder daran mitwirkt, die zur Auskunftserteilung erforderlichen Daten unverzüglich zu übermitteln. [2]§ 95 Absatz 2 gilt entsprechend.

§ 100k
Erhebung von Nutzungsdaten bei digitalen Diensten

(1) [1]Begründen bestimmte Tatsachen den Verdacht, dass jemand als Täter oder Teilnehmer eine Straftat von auch im Einzelfall erheblicher Bedeutung, insbesondere eine in § 100a Absatz 2 bezeichnete Straftat, begangen hat, in Fällen, in denen der Versuch strafbar ist, zu begehen versucht hat oder durch eine Straftat vorbereitet hat, dürfen von demjenigen, der geschäftsmäßig eigene oder fremde digitale Dienste zur Nutzung bereithält oder den Zugang zur Nutzung vermittelt, Nutzungsdaten (§ 2 Absatz 2 Nummer 3 des Telekommunikation-Digitale-Dienste-Datenschutz-Gesetzes) erhoben werden, soweit dies für die Erforschung des Sachverhalts erforderlich ist und die Erhebung der Daten in einem angemessenen Verhältnis zur Bedeutung der Sache steht. [2]Die Erhebung gespeicherter (retrograder) Standortdaten ist nur unter den Voraussetzungen von § 100g Absatz 2 zulässig. [3]Im Übrigen ist die Erhebung von Standortdaten nur für künftig anfallende Nutzungsdaten oder in Echtzeit zulässig, soweit sie für die Erforschung des Sachverhalts oder die Ermittlung des Aufenthaltsortes des Beschuldigten erforderlich ist.

(2) [1]Soweit die Straftat nicht von Absatz 1 erfasst wird, dürfen Nutzungsdaten auch dann erhoben werden, wenn bestimmte Tatsachen den Verdacht begründen, dass jemand als Täter oder Teilnehmer mittels Telemedien eine der folgenden Straftaten begangen hat und die Erforschung des Sachverhalts auf andere Weise aussichtslos wäre:

1. aus dem Strafgesetzbuch
   a) Verwenden von Kennzeichen verfassungswidriger Organisationen nach § 86a,

---

2 Red. Anm.: gemeint sind wohl Digitale Dienste.

b) Anleitung zur Begehung einer schweren staatsgefährdenden Gewalttat nach § 91,
c) Öffentliche Aufforderung zu Straftaten nach § 111,
d) Straftaten gegen die öffentliche Ordnung nach den §§ 126, 131 und 140,
e) Beschimpfung von Bekenntnissen, Religionsgesellschaften und Weltanschauungsvereinigungen nach § 166,
f) Verbreitung, Erwerb und Besitz kinderpornographischer Inhalte nach § 184b,
g) Beleidigung, üble Nachrede und Verleumdung nach den §§ 185 bis 187 und Verunglimpfung des Andenkens Verstorbener nach § 189,
h) Verletzungen des persönlichen Lebens- und Geheimbereichs nach den §§ 201a, 202a und 202c,
i) Nachstellung nach § 238,
j) Bedrohung nach § 241,
k) Vorbereitung eines Computerbetruges nach § 263a Absatz 3,
l) Datenveränderung und Computersabotage nach den §§ 303a und 303b Absatz 1,

2. aus dem Gesetz über Urheberrecht und verwandte Schutzrechte Straftaten nach den §§ 106 bis 108b,
3. aus dem Bundesdatenschutzgesetz nach § 42.

[2]Satz 1 gilt nicht für die Erhebung von Standortdaten.

(3) Abweichend von Absatz 1 und 2 darf die Staatsanwaltschaft ausschließlich zur Identifikation des Nutzers Auskunft über die nach § 2 Absatz 2 Nummer 3 Buchstabe a des Telekommunikation-Digitale-Dienste-Datenschutz-Gesetzes erhobenen Daten verlangen, wenn ihr der Inhalt der Nutzung des digitalen Dienstes nach § 1 Absatz 4 Nummer 1 des Digitale-Dienste-Gesetzes bereits bekannt ist.

(4) Die Erhebung von Nutzungsdaten nach Absatz 1 und 2 ist nur zulässig, wenn aufgrund von Tatsachen die Annahme gerechtfertigt ist, dass die betroffene Person den digitalen Dienst nach § 1 Absatz 4 Nummer 1 des Digitale-Dienste-Gesetzes nutzt, den derjenige, gegen den sich die Anordnung richtet, geschäftsmäßig zur Nutzung bereithält oder zu dem er den Zugang zur Nutzung vermittelt.

(5) Erfolgt die Erhebung von Nutzungsdaten oder Inhalten der Nutzung eines digitalen Dienstes nach § 1 Absatz 4 Nummer 1 des Digitale-Dienste-Gesetzes nicht bei einem Diensteanbieter, der geschäftsmäßig digitale Dienste zur Nutzung bereithält, bestimmt sie sich nach Abschluss des Kommunikationsvorgangs nach den allgemeinen Vorschriften.

§ 101
Verfahrensregelungen bei verdeckten Maßnahmen

(1) Für Maßnahmen nach den §§ 98a, 99, 100a bis 100f, 100h, 100i, 110a, 163d bis 163g gelten, soweit nichts anderes bestimmt ist, die nachstehenden Regelungen.

(2) [1]Entscheidungen und sonstige Unterlagen über Maßnahmen nach den §§ 100b, 100c, 100f, 100h Abs. 1 Nr. 2 und § 110a werden bei der Staatsanwaltschaft verwahrt. [2]Zu den Akten sind sie erst zu nehmen, wenn die Voraussetzungen für eine Benachrichtigung nach Absatz 5 erfüllt sind.

(3) [1]Personenbezogene Daten, die durch Maßnahmen nach Absatz 1 erhoben wurden, sind entsprechend zu kennzeichnen. [2]Nach einer Übermittlung an eine andere Stelle ist die Kennzeichnung durch diese aufrechtzuerhalten.

(4) [1]Von den in Absatz 1 genannten Maßnahmen sind im Falle

1. des § 98a die betroffenen Personen, gegen die nach Auswertung der Daten weitere Ermittlungen geführt wurden,
2. des § 99 der Absender und der Adressat der Postsendung,
3. des § 100a die Beteiligten der überwachten Telekommunikation,
4. des § 100b die Zielperson sowie die erheblich mitbetroffenen Personen,
5. des § 100c
   a) der Beschuldigte, gegen den sich die Maßnahme richtete,
   b) sonstige überwachte Personen,
   c) Personen, die die überwachte Wohnung zur Zeit der Durchführung der Maßnahme innehatten oder bewohnten,
6. des § 100f die Zielperson sowie die erheblich mitbetroffenen Personen,
7. des § 100h Abs. 1 die Zielperson sowie die erheblich mitbetroffenen Personen,
8. des § 100i die Zielperson,
9. des § 110a
   a) die Zielperson,
   b) die erheblich mitbetroffenen Personen,
   c) die Personen, deren nicht allgemein zugängliche Wohnung der Verdeckte Ermittler betreten hat,
10. des § 163d die betroffenen Personen, gegen die nach Auswertung der Daten weitere Ermittlungen geführt wurden,
11. des § 163e die Zielperson und die Person, deren personenbezogene Daten gemeldet worden sind,
12. des § 163f die Zielperson sowie die erheblich mitbetroffenen Personen
13. des § 163g die Zielperson

zu benachrichtigen. [2]Dabei ist auf die Möglichkeit nachträglichen Rechtsschutzes nach Absatz 7 und die dafür vorgesehene Frist hinzuweisen. [3]Die Benachrichtigung unterbleibt, wenn ihr überwiegende schutzwürdige Belange einer betroffenen Person entgegenstehen. [4]Zudem kann die Benachrichtigung einer in

Satz 1 Nummer 2 und 3 bezeichneten Person, gegen die sich die Maßnahme nicht gerichtet hat, unterbleiben, wenn diese von der Maßnahme nur unerheblich betroffen wurde und anzunehmen ist, dass sie kein Interesse an einer Benachrichtigung hat. [5]Nachforschungen zur Feststellung der Identität einer in Satz 1 bezeichneten Person sind nur vorzunehmen, wenn dies unter Berücksichtigung der Eingriffsintensität der Maßnahme gegenüber dieser Person, des Aufwands für die Feststellung ihrer Identität sowie der daraus für diese oder andere Personen folgenden Beeinträchtigungen geboten ist.

(5) [1]Die Benachrichtigung erfolgt, sobald dies ohne Gefährdung des Untersuchungszwecks, des Lebens, der körperlichen Unversehrtheit und der persönlichen Freiheit einer Person und von bedeutenden Vermögenswerten, im Fall des § 110a auch der Möglichkeit der weiteren Verwendung des Verdeckten Ermittlers möglich ist. [2]Wird die Benachrichtigung nach Satz 1 zurückgestellt, sind die Gründe aktenkundig zu machen.

(6) [1]Erfolgt die nach Absatz 5 zurückgestellte Benachrichtigung nicht binnen zwölf Monaten nach Beendigung der Maßnahme, bedürfen weitere Zurückstellungen der gerichtlichen Zustimmung. [2]Das Gericht bestimmt die Dauer weiterer Zurückstellungen. [3]Es kann dem endgültigen Absehen von der Benachrichtigung zustimmen, wenn die Voraussetzungen für eine Benachrichtigung mit an Sicherheit grenzender Wahrscheinlichkeit auch in Zukunft nicht eintreten werden. [4]Sind mehrere Maßnahmen in einem engen zeitlichen Zusammenhang durchgeführt worden, so beginnt die in Satz 1 genannte Frist mit der Beendigung der letzten Maßnahme. [5]Bei Maßnahmen nach den §§ 100b und 100c beträgt die in Satz 1 genannte Frist sechs Monate.

(7) [1]Gerichtliche Entscheidungen nach Absatz 6 trifft das für die Anordnung der Maßnahme zuständige Gericht, im Übrigen das Gericht am Sitz der zuständigen Staatsanwaltschaft. [2]Die in Absatz 4 Satz 1 genannten Personen können bei dem nach Satz 1 zuständigen Gericht auch nach Beendigung der Maßnahme bis zu zwei Wochen nach ihrer Benachrichtigung die Überprüfung der Rechtmäßigkeit der Maßnahme sowie der Art und Weise ihres Vollzugs beantragen. [3]Gegen die Entscheidung ist die sofortige Beschwerde statthaft. [4]Ist die öffentliche Klage erhoben und der Angeklagte benachrichtigt worden, entscheidet über den Antrag das mit der Sache befasste Gericht in der das Verfahren abschließenden Entscheidung.

(8) [1]Sind die durch die Maßnahme erlangten personenbezogenen Daten zur Strafverfolgung und für eine etwaige gerichtliche Überprüfung der Maßnahme nicht mehr erforderlich, so sind sie unverzüglich zu löschen. [2]Die Löschung ist aktenkundig zu machen. [3]Soweit die Löschung lediglich für eine etwaige gerichtliche Überprüfung der Maßnahme zurückgestellt ist, dürfen die Daten ohne Einwilligung der betroffenen Person nur zu diesem Zweck verwendet werden; ihre Verarbeitung ist entsprechend einzuschränken.

§ 101a
Gerichtliche Entscheidung; Datenkennzeichnung und -auswertung; Benachrichtigungspflichten bei Verkehrs- und Nutzungsdaten

(1) [1]Bei Erhebungen von Verkehrsdaten nach § 100g gelten § 100a Absatz 3 und 4 und § 100e entsprechend mit der Maßgabe, dass

1. in der Entscheidungsformel nach § 100e Absatz 3 auch die zu übermittelnden Daten und der Zeitraum, für den sie übermittelt werden sollen, eindeutig anzugeben sind,
2. der nach § 100a Absatz 4 Satz 1 zur Auskunft Verpflichtete auch mitzuteilen hat, welche der von ihm übermittelten Daten nach § 176 des Telekommunikationsgesetzes gespeichert wurden.

[2]In den Fällen des § 100g Absatz 2, auch in Verbindung mit § 100g Absatz 3 Satz 2, findet abweichend von Satz 1 § 100e Absatz 1 Satz 2 keine Anwendung. [3]Bei Funkzellenabfragen nach § 100g Absatz 3 genügt abweichend von § 100e Absatz 3 Satz 2 Nummer 5 eine räumlich und zeitlich eng begrenzte und hinreichend bestimmte Bezeichnung der Telekommunikation.

(1a) Bei der Erhebung und Beauskunftung von Nutzungsdaten eines digitalen Dienstes nach § 1 Absatz 4 Nummer 1 des Digitale-Dienste-Gesetzes nach § 100k gilt § 100a Absatz 3 und 4, bei der Erhebung von Nutzungsdaten nach § 100k Absatz 1 und 2 zudem § 100e Absatz 1 und 3 bis 5 entsprechend mit der Maßgabe, dass in der Entscheidungsformel nach § 100e Absatz 3 Satz 2 an die Stelle der Rufnummer (§ 100e Absatz 3 Satz 2 Nummer 5), soweit möglich eine eindeutige Kennung des Nutzerkontos des Betroffenen, ansonsten eine möglichst genaue Bezeichnung des digitalen Dienstes nach § 1 Absatz 4 Nummer 1 des Digitale-Dienste-Gesetzes tritt, auf den sich das Auskunftsverlangen bezieht.

(2) Wird eine Maßnahme nach § 100g oder § 100k Absatz 1 oder Absatz 2 angeordnet oder verlängert, sind in der Begründung einzelfallbezogen insbesondere die wesentlichen Erwägungen zur Erforderlichkeit und Angemessenheit der Maßnahme, auch hinsichtlich des Umfangs der zu erhebenden Daten und des Zeitraums, für den sie erhoben werden sollen, darzulegen.

(3) [1]Personenbezogene Daten, die durch Maßnahmen nach § 100g oder § 100k Absatz 1 oder Absatz 2 erhoben wurden, sind entsprechend zu kennzeichnen und unverzüglich auszuwerten. [2]Bei der Kennzeichnung ist erkennbar zu machen, ob es sich um Daten handelt, die nach § 176 des Telekommunikationsgesetzes gespeichert waren. [3]Nach einer Übermittlung an eine andere Stelle ist die Kennzeichnung durch diese aufrechtzuerhalten. [4]Für die Löschung personenbezogener Daten gilt § 101 Absatz 8 entsprechend.

(4) [1]Verwertbare personenbezogene Daten, die durch Maßnahmen nach § 100g Absatz 2, auch in Verbindung mit § 100g Absatz 1 Satz 3 oder Absatz 3 Satz 2, erhoben wurden, dürfen ohne Einwilligung der Beteiligten der betroffenen Te-

lekommunikation nur für folgende andere Zwecke und nur nach folgenden Maßgaben verwendet werden:

1. in anderen Strafverfahren zur Aufklärung einer Straftat, auf Grund derer eine Maßnahme nach § 100g Absatz 2, auch in Verbindung mit § 100g Absatz 1 Satz 3 oder Absatz 3 Satz 2, angeordnet werden könnte, oder zur Ermittlung des Aufenthalts der einer solchen Straftat beschuldigten Person,
2. Übermittlung zu Zwecken der Abwehr von konkreten Gefahren für Leib, Leben oder Freiheit einer Person oder für den Bestand des Bundes oder eines Landes (§ 177 Absatz 1 Nummer 2 des Telekommunikationsgesetzes).

[2]Die Stelle, die die Daten weiterleitet, macht die Weiterleitung und deren Zweck aktenkundig. [3]Sind die Daten nach Satz 1 Nummer 2 nicht mehr zur Abwehr der Gefahr oder nicht mehr für eine vorgerichtliche oder gerichtliche Überprüfung der zur Gefahrenabwehr getroffenen Maßnahmen erforderlich, so sind Aufzeichnungen über diese Daten von der für die Gefahrenabwehr zuständigen Stelle unverzüglich zu löschen. [4]Die Löschung ist aktenkundig zu machen. [5]Soweit die Löschung lediglich für eine etwaige vorgerichtliche oder gerichtliche Überprüfung zurückgestellt ist, dürfen die Daten nur für diesen Zweck verwendet werden; für eine Verwendung zu anderen Zwecken sind sie zu sperren.

(5) Sind verwertbare personenbezogene Daten, die nach § 176 des Telekommunikationsgesetzes gespeichert waren, durch eine entsprechende polizeirechtliche Maßnahme erlangt worden, dürfen sie in einem Strafverfahren ohne Einwilligung der Beteiligten der betroffenen Telekommunikation nur zur Aufklärung einer Straftat, auf Grund derer eine Maßnahme nach § 100g Absatz 2, auch in Verbindung mit Absatz 3 Satz 2, angeordnet werden könnte, oder zur Ermittlung des Aufenthalts der einer solchen Straftat beschuldigten Person verwendet werden.

(6) [1]Die Beteiligten der betroffenen Telekommunikation und die betroffenen Nutzer des digitalen Dienstes nach § 1 Absatz 4 Nummer 1 des Digitale-Dienste-Gesetzes sind von der Erhebung der Verkehrsdaten nach § 100g oder der Nutzungsdaten nach § 100k Absatz 1 und 2 zu benachrichtigen. [2]§ 101 Absatz 4 Satz 2 bis 5 und Absatz 5 bis 7 gilt entsprechend mit der Maßgabe, dass

1. das Unterbleiben der Benachrichtigung nach § 101 Absatz 4 Satz 3 der Anordnung des zuständigen Gerichts bedarf;
2. abweichend von § 101 Absatz 6 Satz 1 die Zurückstellung der Benachrichtigung nach § 101 Absatz 5 Satz 1 stets der Anordnung des zuständigen Gerichts bedarf und eine erstmalige Zurückstellung auf höchstens zwölf Monate zu befristen ist.

(7) [1]Die betroffene Person ist in den Fällen des § 100k Absatz 3 über die Beauskunftung zu benachrichtigen. [2]Die Benachrichtigung erfolgt, soweit und sobald hierdurch der Zweck der Beauskunftung nicht vereitelt wird. [3]Sie unterbleibt, wenn ihr überwiegende schutzwürdige Belange Dritter oder der betroffenen Person selbst entgegenstehen. [4]Wird die Benachrichtigung nach Satz 2

zurückgestellt oder nach Satz 3 von ihr abgesehen, sind die Gründe aktenkundig zu machen.
[...]

§ 102
Durchsuchung bei Beschuldigten

Bei dem, welcher als Täter oder Teilnehmer einer Straftat oder der Datenhehlerei, Begünstigung, Strafvereitelung oder Hehlerei verdächtig ist, kann eine Durchsuchung der Wohnung und anderer Räume sowie seiner Person und der ihm gehörenden Sachen sowohl zum Zweck seiner Ergreifung als auch dann vorgenommen werden, wenn zu vermuten ist, daß die Durchsuchung zur Auffindung von Beweismitteln führen werde.

§ 103
Durchsuchung bei anderen Personen

(1) [1]Bei anderen Personen sind Durchsuchungen nur zur Ergreifung des Beschuldigten oder zur Verfolgung von Spuren einer Straftat oder zur Beschlagnahme bestimmter Gegenstände und nur dann zulässig, wenn Tatsachen vorliegen, aus denen zu schließen ist, daß die gesuchte Person, Spur oder Sache sich in den zu durchsuchenden Räumen befindet. [2]Zum Zwecke der Ergreifung eines Beschuldigten, der dringend verdächtig ist, eine Straftat nach § 89a oder § 89c Absatz 1 bis 4 des Strafgesetzbuchs oder nach § 129a, auch in Verbindung mit § 129b Abs. 1, des Strafgesetzbuches oder eine der in dieser Vorschrift bezeichneten Straftaten begangen zu haben, ist eine Durchsuchung von Wohnungen und anderen Räumen auch zulässig, wenn diese sich in einem Gebäude befinden, von dem auf Grund von Tatsachen anzunehmen ist, daß sich der Beschuldigte in ihm aufhält.
(2) Die Beschränkungen des Absatzes 1 Satz 1 gelten nicht für Räume, in denen der Beschuldigte ergriffen worden ist oder die er während der Verfolgung betreten hat.

§ 104
Durchsuchung von Räumen zur Nachtzeit

(1) Zur Nachtzeit dürfen die Wohnung, die Geschäftsräume und das befriedete Besitztum nur in folgenden Fällen durchsucht werden:
1. bei Verfolgung auf frischer Tat,
2. bei Gefahr im Verzug,
3. wenn bestimmte Tatsachen den Verdacht begründen, dass während der Durchsuchung auf ein elektronisches Speichermedium zugegriffen werden wird, das als Beweismittel in Betracht kommt, und ohne die Durchsuchung zur Nachtzeit die Auswertung des elektronischen Speichermediums, insbesondere in unverschlüsselter Form, aussichtslos oder wesentlich erschwert wäre oder

4. zur Wiederergreifung eines entwichenen Gefangenen.

(2) Diese Beschränkung gilt nicht für Räume, die zur Nachtzeit jedermann zugänglich oder die der Polizei als Herbergen oder Versammlungsorte bestrafter Personen, als Niederlagen von Sachen, die mittels Straftaten erlangt sind, oder als Schlupfwinkel des Glücksspiels, des unerlaubten Betäubungsmittel-, Cannabis- und Waffenhandels oder der Prostitution bekannt sind.

(3) Die Nachtzeit umfasst den Zeitraum von 21 bis 6 Uhr.

§ 105
Verfahren bei der Durchsuchung

(1) [1]Durchsuchungen dürfen nur durch den Richter, bei Gefahr im Verzug auch durch die Staatsanwaltschaft und ihre Ermittlungspersonen (§ 152 des Gerichtsverfassungsgesetzes) angeordnet werden. [2]Durchsuchungen nach § 103 Abs. 1 Satz 2 ordnet der Richter an; die Staatsanwaltschaft ist hierzu befugt, wenn Gefahr im Verzug ist.

(2) [1]Wenn eine Durchsuchung der Wohnung, der Geschäftsräume oder des befriedeten Besitztums ohne Beisein des Richters oder des Staatsanwalts stattfindet, so sind, wenn möglich, ein Gemeindebeamter oder zwei Mitglieder der Gemeinde, in deren Bezirk die Durchsuchung erfolgt, zuzuziehen. [2]Die als Gemeindemitglieder zugezogenen Personen dürfen nicht Polizeibeamte oder Ermittlungspersonen der Staatsanwaltschaft sein.

(3) [1]Wird eine Durchsuchung in einem Dienstgebäude oder einer nicht allgemein zugänglichen Einrichtung oder Anlage der Bundeswehr erforderlich, so wird die vorgesetzte Dienststelle der Bundeswehr um ihre Durchführung ersucht. [2]Die ersuchende Stelle ist zur Mitwirkung berechtigt. [3]Des Ersuchens bedarf es nicht, wenn die Durchsuchung von Räumen vorzunehmen ist, die ausschließlich von anderen Personen als Soldaten bewohnt werden.

§ 106
Hinzuziehung des Inhabers eines Durchsuchungsobjekts

(1) [1]Der Inhaber der zu durchsuchenden Räume oder Gegenstände darf der Durchsuchung beiwohnen. [2]Ist er abwesend, so ist, wenn möglich, sein Vertreter oder ein erwachsener Angehöriger, Hausgenosse oder Nachbar zuzuziehen.

(2) [1]Dem Inhaber oder der in dessen Abwesenheit zugezogenen Person ist in den Fällen des § 103 Abs. 1 der Zweck der Durchsuchung vor deren Beginn bekanntzumachen. [2]Diese Vorschrift gilt nicht für die Inhaber der in § 104 Abs. 2 bezeichneten Räume.

§ 107
Durchsuchungsbescheinigung; Beschlagnahmeverzeichnis

[1]Dem von der Durchsuchung Betroffenen ist nach deren Beendigung auf Verlangen eine schriftliche Mitteilung zu machen, die den Grund der Durchsuchung (§§ 102, 103) sowie im Falle des § 102 die Straftat bezeichnen muß.

[2]Auch ist ihm auf Verlangen ein Verzeichnis der in Verwahrung oder in Beschlag genommenen Gegenstände, falls aber nichts Verdächtiges gefunden wird, eine Bescheinigung hierüber zu geben.

§ 108
Beschlagnahme anderer Gegenstände

(1) [1]Werden bei Gelegenheit einer Durchsuchung Gegenstände gefunden, die zwar in keiner Beziehung zu der Untersuchung stehen, aber auf die Verübung einer anderen Straftat hindeuten, so sind sie einstweilen in Beschlag zu nehmen. [2]Der Staatsanwaltschaft ist hiervon Kenntnis zu geben. [3]Satz 1 findet keine Anwendung, soweit eine Durchsuchung nach § 103 Abs. 1 Satz 2 stattfindet.
(2) Werden bei einem Arzt Gegenstände im Sinne von Absatz 1 Satz 1 gefunden, die den Schwangerschaftsabbruch einer Patientin betreffen, ist ihre Verwertung zu Beweiszwecken in einem Strafverfahren gegen die Patientin wegen einer Straftat nach § 218 des Strafgesetzbuches unzulässig.
(3) Werden bei einer in § 53 Abs. 1 Satz 1 Nr. 5 genannten Person Gegenstände im Sinne von Absatz 1 Satz 1 gefunden, auf die sich das Zeugnisverweigerungsrecht der genannten Person erstreckt, ist die Verwertung des Gegenstandes zu Beweiszwecken in einem Strafverfahren nur insoweit zulässig, als Gegenstand dieses Strafverfahrens eine Straftat ist, die im Höchstmaß mit mindestens fünf Jahren Freiheitsstrafe bedroht ist und bei der es sich nicht um eine Straftat nach § 353b des Strafgesetzbuches handelt.

§ 109
Kenntlichmachung beschlagnahmter Gegenstände

Die in Verwahrung oder in Beschlag genommenen Gegenstände sind genau zu verzeichnen und zur Verhütung von Verwechslungen durch amtliche Siegel oder in sonst geeigneter Weise kenntlich zu machen.

§ 110
Durchsicht von Papieren und elektronischen Speichermedien

(1) Die Durchsicht der Papiere des von der Durchsuchung Betroffenen steht der Staatsanwaltschaft und auf deren Anordnung ihren Ermittlungspersonen (§ 152 des Gerichtsverfassungsgesetzes) zu.
(2) [1]Im Übrigen sind Beamte zur Durchsicht der aufgefundenen Papiere nur dann befugt, wenn der Inhaber die Durchsicht genehmigt. [2]Andernfalls haben sie die Papiere, deren Durchsicht sie für geboten erachten, in einem Umschlag, der in Gegenwart des Inhabers mit dem Amtssiegel zu verschließen ist, an die Staatsanwaltschaft abzuliefern.
(3) [1]Nach Maßgabe der Absätze 1 und 2 ist auch die Durchsicht von elektronischen Speichermedien bei dem von der Durchsuchung Betroffenen zulässig. [2]Diese Durchsicht darf auch auf hiervon räumlich getrennte Speichermedien

erstreckt werden, soweit auf sie von dem elektronischen Speichermedium aus zugegriffen werden kann, wenn andernfalls der Verlust der gesuchten Daten zu befürchten ist. [3]Daten, die für die Untersuchung von Bedeutung sein können, dürfen gesichert werden.
(4) Werden Papiere zur Durchsicht mitgenommen oder Daten vorläufig gesichert, gelten die §§ 95a und 98 Absatz 2 entsprechend.

§ 110a
Verdeckter Ermittler

(1) [1]Verdeckte Ermittler dürfen zur Aufklärung von Straftaten eingesetzt werden, wenn zureichende tatsächliche Anhaltspunkte dafür vorliegen, daß eine Straftat von erheblicher Bedeutung
1. auf dem Gebiet des unerlaubten Betäubungsmittel- oder Waffenverkehrs, der Geld- oder Wertzeichenfälschung,
2. auf dem Gebiet des Staatsschutzes (§§ 74a, 120 des Gerichtsverfassungsgesetzes),
3. gewerbs- oder gewohnheitsmäßig oder
4. von einem Bandenmitglied oder in anderer Weise organisiert

begangen worden ist. [2]Zur Aufklärung von Verbrechen dürfen Verdeckte Ermittler auch eingesetzt werden, soweit auf Grund bestimmter Tatsachen die Gefahr der Wiederholung besteht. [3]Der Einsatz ist nur zulässig, soweit die Aufklärung auf andere Weise aussichtslos oder wesentlich erschwert wäre. [4]Zur Aufklärung von Verbrechen dürfen Verdeckte Ermittler außerdem eingesetzt werden, wenn die besondere Bedeutung der Tat den Einsatz gebietet und andere Maßnahmen aussichtslos wären. [5]§ 100d Absatz 1 und 2 gilt entsprechend.
(2) Verdeckte Ermittler sind Beamte des Polizeidienstes, die unter einer ihnen verliehenen, auf Dauer angelegten, veränderten Identität (Legende) ermitteln. Sie dürfen unter der Legende am Rechtsverkehr teilnehmen.
(3) Soweit es für den Aufbau oder die Aufrechterhaltung der Legende unerläßlich ist, dürfen entsprechende Urkunden hergestellt, verändert und gebraucht werden.

§ 110b
Verfahren beim Einsatz eines Verdeckten Ermittlers

(1) [1]Der Einsatz eines Verdeckten Ermittlers ist erst nach Zustimmung der Staatsanwaltschaft zulässig. [2]Besteht Gefahr im Verzug und kann die Entscheidung der Staatsanwaltschaft nicht rechtzeitig eingeholt werden, so ist sie unverzüglich herbeizuführen; die Maßnahme ist zu beenden, wenn nicht die Staatsanwaltschaft binnen drei Werktagen zustimmt. [3]Die Zustimmung ist schriftlich zu erteilen und zu befristen. [4]Eine Verlängerung ist zulässig, solange die Voraussetzungen für den Einsatz fortbestehen.

(2) [1]Einsätze,
1. die sich gegen einen bestimmten Beschuldigten richten oder
2. bei denen der Verdeckte Ermittler eine Wohnung betritt, die nicht allgemein zugänglich ist,

bedürfen der Zustimmung des Gerichts. [2]Bei Gefahr im Verzug genügt die Zustimmung der Staatsanwaltschaft. [3]Kann die Entscheidung der Staatsanwaltschaft nicht rechtzeitig eingeholt werden, so ist sie unverzüglich herbeizuführen. [4]Die Maßnahme ist zu beenden, wenn nicht das Gericht binnen drei Werktagen zustimmt. [5]Absatz 1 Satz 3 und 4 gilt entsprechend.

(3) [1]Die Identität des Verdeckten Ermittlers kann auch nach Beendigung des Einsatzes geheimgehalten werden. [2]Die Staatsanwaltschaft und das Gericht, die für die Entscheidung über die Zustimmung zu dem Einsatz zuständig sind, können verlangen, daß die Identität ihnen gegenüber offenbart wird. [3]Im übrigen ist in einem Strafverfahren die Geheimhaltung der Identität nach Maßgabe des § 96 zulässig, insbesondere dann, wenn Anlaß zu der Besorgnis besteht, daß die Offenbarung Leben, Leib oder Freiheit des Verdeckten Ermittlers oder einer anderen Person oder die Möglichkeit der weiteren Verwendung des Verdeckten Ermittlers gefährden würde.

§ 110c
Befugnisse des Verdeckten Ermittlers

Verdeckte Ermittler dürfen unter Verwendung ihrer Legende eine Wohnung mit dem Einverständnis des Berechtigten betreten. Das Einverständnis darf nicht durch ein über die Nutzung der Legende hinausgehendes Vortäuschen eines Zutrittsrechts herbeigeführt werden. Im übrigen richten sich die Befugnisse des Verdeckten Ermittlers nach diesem Gesetz und anderen Rechtsvorschriften.

§ 110d
Besonderes Verfahren bei Einsätzen zur Ermittlung von Straftaten nach den §§ 176e und 184b des Strafgesetzbuches

[1]Einsätze, bei denen entsprechend § 176e Absatz 5 oder § 184b Absatz 6 des Strafgesetzbuches Handlungen im Sinne des § 176e Absatz 1 und 3 oder § 184b Absatz 1 Satz 1 Nummer 1, 2 und 4 sowie Satz 2 des Strafgesetzbuches vorgenommen werden, bedürfen der Zustimmung des Gerichts. [2]In dem Antrag ist darzulegen, dass die handelnden Polizeibeamten auf den Einsatz umfassend vorbereitet wurden. [3]Bei Gefahr im Verzug genügt die Zustimmung der Staatsanwaltschaft. [4]Die Maßnahme ist zu beenden, wenn nicht das Gericht binnen drei Werktagen zustimmt. [5]Die Zustimmung ist schriftlich zu erteilen und zu befristen. [6]Eine Verlängerung ist zulässig, solange die Voraussetzungen für den Einsatz fortbestehen.

§ 111
Errichtung von Kontrollstellen an öffentlich zugänglichen Orten

(1) [1]Begründen bestimmte Tatsachen den Verdacht, daß eine Straftat nach § 89a oder § 89c Absatz 1 bis 4 des Strafgesetzbuchs oder nach § 129a, auch in Verbindung mit § 129b Abs. 1, des Strafgesetzbuches, eine der in dieser Vorschrift bezeichneten Straftaten oder eine Straftat nach § 250 Abs. 1 Nr. 1 des Strafgesetzbuches begangen worden ist, so können auf öffentlichen Straßen und Plätzen und an anderen öffentlich zugänglichen Orten Kontrollstellen eingerichtet werden, wenn Tatsachen die Annahme rechtfertigen, daß diese Maßnahme zur Ergreifung des Täters oder zur Sicherstellung von Beweismitteln führen kann, die der Aufklärung der Straftat dienen können. [2]An einer Kontrollstelle ist jedermann verpflichtet, seine Identität feststellen und sich sowie mitgeführte Sachen durchsuchen zu lassen.
(2) Die Anordnung, eine Kontrollstelle einzurichten, trifft der Richter; die Staatsanwaltschaft und ihre Ermittlungspersonen (§ 152 des Gerichtsverfassungsgesetzes) sind hierzu befugt, wenn Gefahr im Verzug ist.
(3) Für die Durchsuchung und die Feststellung der Identität nach Absatz 1 gelten § 106 Abs. 2 Satz 1, § 107 Satz 2 erster Halbsatz, die §§ 108, 109, 110 Abs. 1 und 2 sowie die §§ 163b und 163c entsprechend.

§ 111a
Vorläufige Entziehung der Fahrerlaubnis

(1) [1]Sind dringende Gründe für die Annahme vorhanden, daß die Fahrerlaubnis entzogen werden wird (§ 69 des Strafgesetzbuches), so kann der Richter dem Beschuldigten durch Beschluß die Fahrerlaubnis vorläufig entziehen. [2]Von der vorläufigen Entziehung können bestimmte Arten von Kraftfahrzeugen ausgenommen werden, wenn besondere Umstände die Annahme rechtfertigen, daß der Zweck der Maßnahme dadurch nicht gefährdet wird.
(2) Die vorläufige Entziehung der Fahrerlaubnis ist aufzuheben, wenn ihr Grund weggefallen ist oder wenn das Gericht im Urteil die Fahrerlaubnis nicht entzieht.
(3) [1]Die vorläufige Entziehung der Fahrerlaubnis wirkt zugleich als Anordnung oder Bestätigung der Beschlagnahme des von einer deutschen Behörde ausgestellten Führerscheins. [2]Dies gilt auch, wenn der Führerschein von einer Behörde eines Mitgliedstaates der Europäischen Union oder eines anderen Vertragsstaates des Abkommens über den Europäischen Wirtschaftsraum ausgestellt worden ist, sofern der Inhaber seinen ordentlichen Wohnsitz im Inland hat.
(4) Ist ein Führerschein beschlagnahmt, weil er nach § 69 Abs. 3 Satz 2 des Strafgesetzbuches eingezogen werden kann, und bedarf es einer richterlichen Entscheidung über die Beschlagnahme, so tritt an deren Stelle die Entscheidung über die vorläufige Entziehung der Fahrerlaubnis.

(5) [1]Ein Führerschein, der in Verwahrung genommen, sichergestellt oder beschlagnahmt ist, weil er nach § 69 Abs. 3 Satz 2 des Strafgesetzbuches eingezogen werden kann, ist dem Beschuldigten zurückzugeben, wenn der Richter die vorläufige Entziehung der Fahrerlaubnis wegen Fehlens der in Absatz 1 bezeichneten Voraussetzungen ablehnt, wenn er sie aufhebt oder wenn das Gericht im Urteil die Fahrerlaubnis nicht entzieht. [2]Wird jedoch im Urteil ein Fahrverbot nach § 44 des Strafgesetzbuches verhängt, so kann die Rückgabe des Führerscheins aufgeschoben werden, wenn der Beschuldigte nicht widerspricht.
(6) [1]In anderen als in Absatz 3 Satz 2 genannten ausländischen Führerscheinen ist die vorläufige Entziehung der Fahrerlaubnis zu vermerken. [2]Bis zur Eintragung dieses Vermerkes kann der Führerschein beschlagnahmt werden (§ 94 Abs. 3, § 98).

§ 111b
Beschlagnahme zur Sicherung der Einziehung oder Unbrauchbarmachung

(1) [1]Ist die Annahme begründet, dass die Voraussetzungen der Einziehung oder Unbrauchbarmachung eines Gegenstandes vorliegen, so kann er zur Sicherung der Vollstreckung beschlagnahmt werden. [2]Liegen dringende Gründe für diese Annahme vor, so soll die Beschlagnahme angeordnet werden. [3]§ 94 Absatz 3 bleibt unberührt.
(2) Die §§ 102 bis 110 gelten entsprechend.

§ 111c
Vollziehung der Beschlagnahme

(1) Die Beschlagnahme einer beweglichen Sache wird dadurch vollzogen, dass die Sache in Gewahrsam genommen wird. [2]Die Beschlagnahme kann auch dadurch vollzogen werden, dass sie durch Siegel oder in anderer Weise kenntlich gemacht wird.
(2) [1]Die Beschlagnahme einer Forderung oder eines anderen Vermögensrechtes, das nicht den Vorschriften über die Zwangsvollstreckung in das unbewegliche Vermögen unterliegt, wird durch Pfändung vollzogen. [2]Die Vorschriften der Zivilprozessordnung über die Zwangsvollstreckung in Forderungen und andere Vermögensrechte sind insoweit sinngemäß anzuwenden. [3]Die Aufforderung zur Abgabe der in § 840 Absatz 1 der Zivilprozessordnung bezeichneten Erklärungen ist in den Pfändungsbeschluss aufzunehmen.
(3) [1]Die Beschlagnahme eines Grundstücks oder eines Rechts, das den Vorschriften über die Zwangsvollstreckung in das unbewegliche Vermögen unterliegt, wird durch ihre Eintragung im Grundbuch vollzogen. [2]Die Vorschriften des Gesetzes über die Zwangsversteigerung und Zwangsverwaltung über den Umfang der Beschlagnahme bei der Zwangsversteigerung gelten entsprechend.

(4) [1]Die Beschlagnahme eines Schiffes, eines Schiffsbauwerks oder eines Luftfahrzeugs wird nach Absatz 1 vollzogen. [2]Ist der Gegenstand im Schiffs- oder Schiffsbauregister oder im Register für Pfandrechte an Luftfahrzeugen eingetragen, ist die Beschlagnahme in diesem Register einzutragen. [3]Zu diesem Zweck können eintragungsfähige Schiffsbauwerke oder Luftfahrzeuge zur Eintragung angemeldet werden; die Vorschriften, die bei der Anmeldung durch eine Person, die auf Grund eines vollstreckbaren Titels eine Eintragung im Register verlangen kann, anzuwenden sind, gelten hierbei entsprechend.

§ 111d
Wirkung der Vollziehung der Beschlagnahme; Rückgabe beweglicher Sachen

(1) [1]Die Vollziehung der Beschlagnahme eines Gegenstandes hat die Wirkung eines Veräußerungsverbotes im Sinne des § 136 des Bürgerlichen Gesetzbuchs. [2]Die Wirkung der Beschlagnahme wird von der Eröffnung des Insolvenzverfahrens über das Vermögen des Betroffenen nicht berührt; Maßnahmen nach § 111c können in einem solchen Verfahren nicht angefochten werden.
(2) [1]Eine beschlagnahmte bewegliche Sache kann dem Betroffenen zurückgegeben werden, wenn er einen den Wert der Sache entsprechenden Geldbetrag beibringt. [2]Der beigebrachte Betrag tritt an die Stelle der Sache. [3]Sie kann dem Betroffenen auch unter dem Vorbehalt jederzeitigen Widerrufs zur vorläufigen weiteren Benutzung bis zum Abschluss des Verfahrens überlassen werden; die Maßnahme kann davon abhängig gemacht werden, dass der Betroffene Sicherheit leistet oder bestimmte Auflagen erfüllt.
(3) [1]Beschlagnahmtes Bargeld kann hinterlegt oder auf ein Konto der Justiz eingezahlt werden. [2]Der mit der Einzahlung entstandene Auszahlungsanspruch tritt an die Stelle des Bargeldes.

§ 111e
Vermögensarrest zur Sicherung der Wertersatzeinziehung

(1) [1]Ist die Annahme begründet, dass die Voraussetzungen der Einziehung von Wertersatz vorliegen, so kann zur Sicherung der Vollstreckung der Vermögensarrest in das bewegliche und unbewegliche Vermögen des Betroffenen angeordnet werden. [2]Liegen dringende Gründe für diese Annahme vor, so soll der Vermögensarrest angeordnet werden.
(2) Der Vermögensarrest kann auch zur Sicherung der Vollstreckung einer Geldstrafe und der voraussichtlichen Kosten des Strafverfahrens angeordnet werden, wenn gegen den Beschuldigten ein Urteil ergangen oder ein Strafbefehl erlassen worden ist.
(3) Zur Sicherung der Vollstreckungskosten ergeht kein Arrest.
(4) [1]In der Anordnung ist der zu sichernde Anspruch unter Angabe des Geldbetrages zu bezeichnen. [2]Zudem ist in der Anordnung ein Geldbetrag festzu-

setzen, durch dessen Hinterlegung der Betroffene die Vollziehung des Arrestes abwenden und die Aufhebung der Vollziehung des Arrestes verlangen kann; § 108 Absatz 1 der Zivilprozessordnung gilt entsprechend.
(5) Die §§ 102 bis 110 gelten entsprechend.
(6) Die Möglichkeit einer Anordnung nach § 324 der Abgabenordnung steht einer Anordnung nach Absatz 1 nicht entgegen.

§ 111f
Vollziehung des Vermögensarrestes

(1) [1]Der Vermögensarrest in eine bewegliche Sache, in eine Forderung oder ein anderes Vermögensrecht, das nicht der Zwangsvollstreckung in das unbewegliche Vermögen unterliegt, wird durch Pfändung vollzogen. [2]Die §§ 928 und 930 der Zivilprozessordnung gelten sinngemäß. [3]§ 111c Absatz 2 Satz 3 gilt entsprechend.
(2) [1]Der Vermögensarrest in ein Grundstück oder ein Recht, das den Vorschriften über die Zwangsvollstreckung in das unbewegliche Vermögen unterliegt, wird durch Eintragung einer Sicherungshypothek bewirkt. [2]Die §§ 928 und 932 der Zivilprozessordung gelten sinngemäß.
(3) [1]Der Vermögensarrest in ein Schiff, ein Schiffsbauwerk oder ein Luftfahrzeug wird nach Absatz 1 bewirkt. [2]Ist der Gegenstand im Schiffs- oder Schiffsbauregister oder im Register für Pfandrechte an Luftfahrzeugen eingetragen, gelten die §§ 928 und 931 der Zivilprozessordung sinngemäß.
(4) In den Fällen der Absätze 2 und 3 Satz 2 wird auch das Veräußerungsverbot nach § 111h Absatz 1 Satz 1 in Verbindung mit § 136 des Bürgerlichen Gesetzbuchs eingetragen.

§ 111g
Aufhebung der Vollziehung des Vermögensarrestes

(1) Hinterlegt der Betroffene den nach § 111e Absatz 4 festgesetzten Geldbetrag, wird die Vollziehungsmaßnahme aufgehoben.
(2) Ist der Arrest wegen einer Geldstrafe oder der voraussichtlich entstehenden Kosten des Strafverfahrens angeordnet worden, so ist eine Vollziehungsmaßnahme auf Antrag des Beschuldigten aufzuheben, soweit der Beschuldigte den Pfandgegenstand zur Aufbringung der Kosten seiner Verteidigung, seines Unterhalts oder des Unterhalts seiner Familie benötigt.

§ 111h
Wirkung der Vollziehung des Vermögensarrestes

(1) [1]Die Vollziehung des Vermögensarrestes in einen Gegenstand hat die Wirkung eines Veräußerungsverbots im Sinne des § 136 des Bürgerlichen Gesetzbuchs. [2]Für das Sicherungsrecht, das in Vollziehung des Vermögensarrestes entsteht, gilt § 80 Absatz 2 Satz 2 der Insolvenzordnung.

(2) [1]Zwangsvollstreckungen in Gegenstände, die im Wege der Arrestvollziehung nach § 111f gesichert worden sind, sind während der Dauer der Arrestvollziehung nicht zulässig. [2]Die Vollziehung einer Arrestanordnung nach § 324 der Abgabenordnung bleibt unberührt, soweit der Arrestanspruch aus der Straftat erwachsen ist.

§ 111i
Insolvenzverfahren

(1) [1]Ist jemandem aus der Tat ein Anspruch auf Ersatz des Wertes des Erlangten erwachsen und wird das Insolvenzverfahren über das Vermögen des Arrestschuldners eröffnet, so erlischt das Sicherungsrecht nach § 111h Absatz 1 an dem Gegenstand oder an dem durch dessen Verwertung erzielten Erlös, sobald dieser vom Insolvenzbeschlag erfasst wird. [2]Das Sicherungsrecht erlischt nicht an Gegenständen, die in einem Staat belegen sind, in dem die Eröffnung des Insolvenzverfahrens nicht anerkannt wird. [3]Die Sätze 1 und 2 gelten entsprechend für das Pfandrecht an der nach § 111g Absatz 1 hinterlegten Sicherheit.
(2) [1]Sind mehrere Anspruchsberechtigte im Sinne des Absatzes 1 Satz 1 vorhanden und reicht der Wert des in Vollziehung des Vermögensarrestes gesicherten Gegenstandes oder des durch seine Verwertung erzielten Erlöses zur Befriedigung der von ihnen geltend gemachten Ansprüche nicht aus, so stellt die Staatsanwaltschaft einen Antrag auf Eröffnung des Insolvenzverfahrens über das Vermögen des Arrestschuldners. [2]Die Staatsanwaltschaft sieht von der Stellung eines Eröffnungsantrags ab, wenn begründete Zweifel daran bestehen, dass das Insolvenzverfahren auf Grund des Antrags eröffnet wird.
(3) [1]Verbleibt bei der Schlussverteilung ein Überschuss, so erwirbt der Staat bis zur Höhe des Vermögensarrestes ein Pfandrecht am Anspruch des Schuldners auf Herausgabe des Überschusses. [2]In diesem Umfang hat der Insolvenzverwalter den Überschuss an die Staatsanwaltschaft herauszugeben.

§ 111j
Verfahren bei der Anordnung der Beschlagnahme und des Vermögensarrestes

(1) [1]Beschlagnahme und Vermögensarrest werden durch das Gericht angeordnet. [2]Bei Gefahr im Verzug kann die Anordnung auch durch die Staatsanwaltschaft erfolgen. [3]Unter der Voraussetzung des Satzes 2 sind zur Beschlagnahme einer beweglichen Sache auch die Ermittlungspersonen der Staatsanwaltschaft (§ 152 des Gerichtsverfassungsgesetzes) befugt.
(2) [1]Hat die Staatsanwaltschaft die Beschlagnahme oder den Arrest angeordnet, so beantragt sie innerhalb einer Woche die gerichtliche Bestätigung der Anordnung. [2]Dies gilt nicht, wenn die Beschlagnahme einer beweglichen Sache ange-

ordnet ist. [3]Der Betroffene kann in allen Fällen die Entscheidung des Gerichts beantragen. [4]Die Zuständigkeit des Gerichts bestimmt sich nach § 162.

§ 111k
Verfahren bei der Vollziehung der Beschlagnahme und des Vermögensarrestes

(1) [1]Beschlagnahme und Vermögensarrest werden durch die Staatsanwaltschaft vollzogen. [2]Die erforderlichen Eintragungen in das Grundbuch und in die in § 111c Absatz 4 genannten Register sowie die in § 111c Absatz 4 genannten Anmeldungen werden auf Ersuchen der Staatsanwaltschaft bewirkt. [3]Soweit ein Arrest nach den Vorschriften über die Pfändung in bewegliche Sachen zu vollziehen ist, kann dies durch die in § 2 des Justizbeitreibungsgesetzes bezeichnete Behörde, den Gerichtsvollzieher, die Staatsanwaltschaft oder durch deren Ermittlungspersonen (§ 152 des Gerichtsverfassungsgesetzes) vollzogen werden. [4]Die Beschlagnahme beweglicher Sachen kann auch durch die Ermittlungspersonen der Staatsanwaltschaft (§ 152 des Gerichtsverfassungsgesetzes) vollzogen werden. [5]§ 98 Absatz 4 gilt entsprechend.
(2) [1]Für die Zustellung gilt § 37 Absatz 1 mit der Maßgabe, dass auch die Ermittlungspersonen der Staatsanwaltschaft (§ 152 des Gerichtsverfassungsgesetzes) mit der Ausführung beauftragt werden können. [2]Für Zustellungen an ein im Inland zum Geschäftsbetrieb befugtes Kreditinstitut gelten die §§ 173 und 175 der Zivilprozessordnung entsprechend.
(3) Gegen Maßnahmen, die in Vollziehung der Beschlagnahme oder des Vermögensarrestes getroffen werden, kann der Betroffene die Entscheidung des nach § 162 zuständigen Gerichts beantragen.

§ 111l
Mitteilungen

(1) Die Staatsanwaltschaft teilt die Vollziehung der Beschlagnahme oder des Vermögensarrests demjenigen mit, dem ein Anspruch auf Rückgewähr des Erlangten oder auf Ersatz des Wertes des Erlangten aus der Tat erwachsen ist.
(2) In den Fällen der Beschlagnahme einer beweglichen Sache ist die Mitteilung mit dem Hinweis auf den Regelungsgehalt des Verfahrens über die Herausgabe nach den §§ 111n und 111o zu verbinden.
(3) [1]Wird ein Vermögensarrest vollzogen, so fordert die Staatsanwaltschaft den Anspruchsinhaber zugleich mit der Mitteilung auf zu erklären, ob und in welcher Höhe er den Anspruch auf Ersatz des Wertes des Erlangten, der ihm aus der Tat erwachsen ist, geltend machen wolle. [2]Die Mitteilung ist mit dem Hinweis auf den Regelungsgehalt des § 111h Absatz 2 und der Verfahren nach § 111i Absatz 2, § 459h Absatz 2 sowie § 459k zu verbinden.
(4) [1]Die Mitteilung kann durch einmalige Bekanntmachung im Bundesanzeiger erfolgen, wenn eine Mitteilung gegenüber jedem einzelnen mit unverhältnismä-

ßigem Aufwand verbunden wäre. [2]Zusätzlich kann die Mitteilung auch in anderer geeigneter Weise veröffentlicht werden. [3]Gleiches gilt, wenn unbekannt ist, wem ein Anspruch auf Rückgewähr des Erlangten oder auf Ersatz des Wertes des Erlangten aus der Tat erwachsen ist, oder wenn der Anspruchsinhaber unbekannten Aufenthalts ist. [4]Personendaten dürfen nur veröffentlicht werden, soweit ihre Angabe zur Wahrung der Rechte der Anspruchsinhaber unerlässlich ist. [5]Nach Beendigung der Sicherungsmaßnahmen veranlasst die Staatsanwaltschaft die Löschung der Bekanntmachung.

§ 111m
Verwaltung beschlagnahmter oder gepfändeter Gegenstände

(1) [1]Die Verwaltung von Gegenständen, die nach § 111c beschlagnahmt oder auf Grund eines Vermögensarrestes nach § 111f gepfändet worden sind, obliegt der Staatsanwaltschaft. [2]Sie kann ihre Ermittlungspersonen (§ 152 des Gerichtsverfassungsgesetzes) oder den Gerichtsvollzieher mit der Verwaltung beauftragen. 3In geeigneten Fällen kann auch eine andere Person mit der Verwaltung beauftragt werden.
(2) Gegen Maßnahmen, die im Rahmen der Verwaltung nach Absatz 1 getroffen werden, kann der Betroffene die Entscheidung des nach § 162 zuständigen Gerichts beantragen.

§ 111n
Herausgabe beweglicher Sachen

(1) [1]Wird eine bewegliche Sache, die nach § 94 beschlagnahmt oder auf andere Weise sichergestellt oder nach § 111c Absatz 1 beschlagnahmt worden ist, für Zwecke des Strafverfahrens nicht mehr benötigt, so wird sie an den letzten Gewahrsamsinhaber herausgegeben.
(2) Abweichend von Absatz 1 wird die Sache an denjenigen herausgegeben, dem sie durch die Straftat unmittelbar entzogen worden ist, wenn dieser bekannt ist.
(3) Steht der Herausgabe nach Absatz 1 oder Absatz 2 der Anspruch eines Dritten entgegen, wird die Sache an den Dritten herausgegeben, wenn dieser bekannt ist.
Die Herausgabe erfolgt nur, wenn ihre Voraussetzungen offenkundig sind.

§ 111o
Verfahren bei der Herausgabe

(1) Über die Herausgabe entscheidet im vorbereitenden Verfahren und nach rechtskräftigem Abschluss des Verfahrens die Staatsanwaltschaft, im Übrigen das mit der Sache befasste Gericht.
(2) Gegen die Verfügung der Staatsanwaltschaft können die Betroffenen die Entscheidung des nach § 162 zuständigen Gerichts beantragen.

§ 111p
Notveräußerung

(1) [1]Ein Gegenstand, der nach § 111c beschlagnahmt oder nach § 111f gepfändet worden ist, kann veräußert werden, wenn sein Verderb oder ein erheblicher Wertverlust droht oder seine Aufbewahrung, Pflege oder Erhaltung mit erheblichen Kosten oder Schwierigkeiten verbunden ist (Notveräußerung). [2]Der Erlös tritt an die Stelle des veräußerten Gegenstandes.
(2) [1]Die Notveräußerung wird durch die Staatsanwaltschaft angeordnet. [2]Ihren Ermittlungspersonen (§ 152 des Gerichtsverfassungsgesetzes) steht diese Befugnis zu, wenn der Gegenstand zu verderben droht, bevor die Entscheidung der Staatsanwaltschaft herbeigeführt werden kann.
(3) [1]Die von der Beschlagnahme oder Pfändung Betroffenen sollen vor der Anordnung gehört werden. [2]Die Anordnung sowie Zeit und Ort der Veräußerung sind ihnen, soweit dies ausführbar erscheint, mitzuteilen.
(4) [1]Die Durchführung der Notveräußerung obliegt der Staatsanwaltschaft. [2]Die Staatsanwaltschaft kann damit auch ihre Ermittlungspersonen (§ 152 des Gerichtsverfassungsgesetzes) beauftragen. [3]Für die Notveräußerung gelten im Übrigen die Vorschriften der Zivilprozessordnung über die Verwertung von Gegenständen sinngemäß.
(5) [1]Gegen die Notveräußerung und ihre Durchführung kann der Betroffene die Entscheidung des nach § 162 zuständigen Gerichts beantragen. [2]Das Gericht, in dringenden Fällen der Vorsitzende, kann die Aussetzung der Veräußerung anordnen.

§ 111q
Beschlagnahme von Verkörperungen eines Inhalts und Vorrichtungen

(1) Die Beschlagnahme einer Verkörperung eines Inhalts (§ 11 Absatz 3 des Strafgesetzbuches) oder einer Vorrichtung im Sinne des § 74d des Strafgesetzbuches darf nach § 111b Absatz 1 nicht angeordnet werden, wenn ihre nachteiligen Folgen, insbesondere die Gefährdung des öffentlichen Interesses an unverzögerter Verbreitung, offenbar außer Verhältnis zu der Bedeutung der Sache stehen.
(2) [1]Ausscheidbare Teile der Verkörperung, die nichts Strafbares enthalten, sind von der Beschlagnahme auszuschließen. [2]Die Beschlagnahme kann in der Anordnung weiter beschränkt werden.
(3) Die Beschlagnahme kann dadurch abgewendet werden, dass der Betroffene den Teil eines Inhalts, der zur Beschlagnahme Anlass gibt, von der Vervielfältigung oder der Verbreitung ausschließt.
(4) [1]Die Beschlagnahme einer periodisch erscheinenden Verkörperung eines Inhalts (§ 11 Absatz 3 des Strafgesetzbuches) oder einer zu deren Herstellung gebrauchten oder bestimmten Vorrichtung im Sinne des § 74d des Strafgesetzbu-

ches ordnet das Gericht an. ²Die Beschlagnahme einer Verkörperung eines anderen Inhalts (§ 11 Absatz 3 des Strafgesetzbuches) oder einer zu deren Herstellung gebrauchten oder bestimmten Vorrichtung im Sinne des § 74d des Strafgesetzbuches kann bei Gefahr in Verzug auch die Staatsanwaltschaft anordnen. ³Die Anordnung der Staatsanwaltschaft tritt außer Kraft, wenn sie nicht binnen drei Tagen von dem Gericht bestätigt wird. ⁴In der Anordnung der Beschlagnahme ist der genaue Inhalt, der zur Beschlagnahme Anlass gibt, zu bezeichnen.

(5) ¹Eine Beschlagnahme nach Absatz 4 ist aufzuheben, wenn nicht binnen zwei Monaten die öffentliche Klage erhoben oder die selbständige Einziehung beantragt ist. ²Reicht die in Satz 1 bezeichnete Frist wegen des besonderen Umfanges der Ermittlungen nicht aus, kann das Gericht auf Antrag der Staatsanwaltschaft die Frist um weitere zwei Monate verlängern. ³Der Antrag kann einmal wiederholt werden. ⁴Vor Erhebung der öffentlichen Klage oder vor Beantragung der selbständigen Einziehung ist die Beschlagnahme aufzuheben, wenn die Staatsanwaltschaft dies beantragt.

§ 112
Voraussetzungen der Untersuchungshaft; Haftgründe

(1) ¹Die Untersuchungshaft darf gegen den Beschuldigten angeordnet werden, wenn er der Tat dringend verdächtig ist und ein Haftgrund besteht. ²Sie darf nicht angeordnet werden, wenn sie zu der Bedeutung der Sache und der zu erwartenden Strafe oder Maßregel der Besserung und Sicherung außer Verhältnis steht.

(2) Ein Haftgrund besteht, wenn auf Grund bestimmter Tatsachen

1. festgestellt wird, daß der Beschuldigte flüchtig ist oder sich verborgen hält,
2. bei Würdigung der Umstände des Einzelfalles die Gefahr besteht, daß der Beschuldigte sich dem Strafverfahren entziehen werde (Fluchtgefahr), oder
3. das Verhalten des Beschuldigten den dringenden Verdacht begründet, er werde
   a) Beweismittel vernichten, verändern, beiseiteschaffen, unterdrücken oder fälschen oder
   b) auf Mitbeschuldigte, Zeugen oder Sachverständige in unlauterer Weise einwirken oder
   c) andere zu solchem Verhalten veranlassen,

und wenn deshalb die Gefahr droht, daß die Ermittlung der Wahrheit erschwert werde (Verdunkelungsgefahr).

(3) Gegen den Beschuldigten, der einer Straftat nach § 6 Absatz 1 Nummer 1 oder § 13 Absatz 1 des Völkerstrafgesetzbuches oder § 129a Abs. 1 oder Abs. 2, auch in Verbindung mit § 129b Abs. 1, oder nach den §§ 176c, 176d, 211, 212, 226, 306b oder 306c des Strafgesetzbuches oder, soweit durch die Tat Leib oder Leben eines anderen gefährdet worden ist, nach § 308 Absatz 1 bis 4 des Strafgesetzbuches dringend verdächtig ist, darf die Untersuchungshaft auch angeordnet werden, wenn ein Haftgrund nach Absatz 2 nicht besteht.

§ 112a
Haftgrund der Wiederholungsgefahr

(1) [1]Ein Haftgrund besteht auch, wenn der Beschuldigte dringend verdächtig ist,
1. eine Straftat nach den §§ 174, 174a, 176 bis 176d, 177, 178, 184b Absatz 2 oder nach § 238 Abs. 2 und 3 des Strafgesetzbuches oder
2. wiederholt oder fortgesetzt eine die Rechtsordnung schwerwiegend beeinträchtigende Straftat nach den §§ 89a, 89c Absatz 1 bis 4, nach § 125a, nach den §§ 224 bis 227, nach den §§ 243, 244, 249 bis 255, 260, nach § 263, nach den §§ 306 bis 306c oder § 316a des Strafgesetzbuches oder nach § 29 Absatz 1 Satz 1 Nummer 1, 10 oder Abs. 3, § 29a Abs. 1, § 30 Abs. 1, § 30a Abs. 1 des Betäubungsmittelgesetzes oder nach einer in § 34 Absatz 3 Satz 2 Nummer 1, 3 oder Nummer 4 des Konsumcannabisgesetzes in Bezug genommenen Vorschrift unter den dort genannten Voraussetzungen oder nach § 34 Absatz 4 des Konsumcannabisgesetzes oder nach einer in § 25 Absatz 4 Satz 2 Nummer 1, 3 oder Nummer 4 des Medizinal-Cannabisgesetzes in Bezug genommenen Vorschrift unter den dort genannten Voraussetzungen oder nach § 25 Absatz 5 des Medizinal-Cannabisgesetzes oder nach § 4 Absatz 3 Nummer 1 Buchstabe a des Neue-psychoaktive-Stoffe-Gesetzes

begangen zu haben, und bestimmte Tatsachen die Gefahr begründen, daß er vor rechtskräftiger Aburteilung weitere erhebliche Straftaten gleicher Art begehen oder die Straftat fortsetzen werde, die Haft zur Abwendung der drohenden Gefahr erforderlich und in den Fällen der Nummer 2 eine Freiheitsstrafe von mehr als einem Jahr zu erwarten ist. [2]In die Beurteilung des dringenden Verdachts einer Tatbegehung im Sinne des Satzes 1 Nummer 2 sind auch solche Taten einzubeziehen, die Gegenstand anderer, auch rechtskräftig abgeschlossener, Verfahren sind oder waren.

(2) Absatz 1 findet keine Anwendung, wenn die Voraussetzungen für den Erlaß eines Haftbefehls nach § 112 vorliegen und die Voraussetzungen für die Aussetzung des Vollzugs des Haftbefehls nach § 116 Abs. 1, 2 nicht gegeben sind.

§ 113
Untersuchungshaft bei leichteren Taten

(1) Ist die Tat nur mit Freiheitsstrafe bis zu sechs Monaten oder mit Geldstrafe bis zu einhundertachtzig Tagessätzen bedroht, so darf die Untersuchungshaft wegen Verdunkelungsgefahr nicht angeordnet werden.

(2) In diesen Fällen darf die Untersuchungshaft wegen Fluchtgefahr nur angeordnet werden, wenn der Beschuldigte
1. sich dem Verfahren bereits einmal entzogen hatte oder Anstalten zur Flucht getroffen hat,
2. im Geltungsbereich dieses Gesetzes keinen festen Wohnsitz oder Aufenthalt hat oder
3. sich über seine Person nicht ausweisen kann.

§ 114
Haftbefehl

(1) Die Untersuchungshaft wird durch schriftlichen Haftbefehl des Richters angeordnet.

(2) In dem Haftbefehl sind anzuführen

1. der Beschuldigte,
2. die Tat, deren er dringend verdächtig ist, Zeit und Ort ihrer Begehung, die gesetzlichen Merkmale der Straftat und die anzuwendenden Strafvorschriften,
3. der Haftgrund sowie
4. die Tatsachen, aus denen sich der dringende Tatverdacht und der Haftgrund ergibt, soweit nicht dadurch die Staatssicherheit gefährdet wird.

(3) Wenn die Anwendung des § 112 Abs. 1 Satz 2 naheliegt oder der Beschuldigte sich auf diese Vorschrift beruft, sind die Gründe dafür anzugeben, daß sie nicht angewandt wurde.

§ 114a
Aushändigung des Haftbefehls; Übersetzung

[1]Dem Beschuldigten ist bei der Verhaftung eine Abschrift des Haftbefehls auszuhändigen; beherrscht er die deutsche Sprache nicht hinreichend, erhält er zudem eine Übersetzung in einer für ihn verständlichen Sprache. [2]Ist die Aushändigung einer Abschrift und einer etwaigen Übersetzung nicht möglich, ist ihm unverzüglich in einer für ihn verständlichen Sprache mitzuteilen, welches die Gründe für die Verhaftung sind und welche Beschuldigungen gegen ihn erhoben werden. [3]In diesem Fall ist die Aushändigung der Abschrift des Haftbefehls sowie einer etwaigen Übersetzung unverzüglich nachzuholen.

§ 114b
Belehrung des verhafteten Beschuldigten

(1) [1]Der verhaftete Beschuldigte ist unverzüglich und schriftlich in einer für ihn verständlichen Sprache über seine Rechte zu belehren. [2]Ist eine schriftliche Belehrung erkennbar nicht ausreichend, hat zudem eine mündliche Belehrung zu erfolgen. [3]Entsprechend ist zu verfahren, wenn eine schriftliche Belehrung nicht möglich ist; sie soll jedoch nachgeholt werden, sofern dies in zumutbarer Weise möglich ist. [4]Der Erhalt der Belehrung ist durch den Beschuldigten schriftlich zu bestätigen oder von der Staatsanwaltschaft oder ihren Ermittlungspersonen in Gegenwart des Beschuldigten zu protokollieren oder auf sonstige Weise zu dokumentieren.

(2) [1]In der Belehrung nach Absatz 1 ist der Beschuldigte darauf hinzuweisen, dass er

1. unverzüglich, spätestens am Tag nach der Ergreifung, dem Gericht vorzuführen ist, das ihn zu vernehmen und über seine weitere Inhaftierung zu entscheiden hat,

2. das Recht hat, sich zur Beschuldigung zu äußern oder nicht zur Sache auszusagen,
3. zu seiner Entlastung einzelne Beweiserhebungen beantragen kann,
4. jederzeit, auch schon vor seiner Vernehmung, einen von ihm zu wählenden Verteidiger befragen kann; dabei sind ihm Informationen zur Verfügung zu stellen, die es ihm erleichtern, einen Verteidiger zu kontaktieren; auf bestehende anwaltliche Notdienste ist dabei hinzuweisen

4a. in den Fällen des § 140 die Bestellung eines Pflichtverteidigers nach Maßgabe des § 141 Absatz 1 und des § 142 Absatz 1 beantragen kann; dabei ist auf die mögliche Kostenfolge des § 465 hinzuweisen,

5. das Recht hat, die Untersuchung durch einen Arzt oder eine Ärztin seiner Wahl zu verlangen,
6. einen Angehörigen oder eine Person seines Vertrauens benachrichtigen kann, soweit der Zweck der Untersuchung dadurch nicht erheblich gefährdet wird,
7. nach Maßgabe des § 147 Absatz 4 beantragen kann, die Akten einzusehen und unter Aufsicht amtlich verwahrte Beweisstücke zu besichtigen, soweit er keinen Verteidiger hat, und
8. bei Aufrechterhaltung der Untersuchungshaft nach Vorführung vor den zuständigen Richter
   a) eine Beschwerde gegen den Haftbefehl einlegen oder eine Haftprüfung (§ 117 Absatz 1 und 2) und eine mündliche Verhandlung (§ 118 Absatz 1 und 2) beantragen kann,
   b) bei Unstatthaftigkeit der Beschwerde eine gerichtliche Entscheidung nach § 119 Absatz 5 beantragen kann und
   c) gegen behördliche Entscheidungen und Maßnahmen im Untersuchungshaftvollzug eine gerichtliche Entscheidung nach § 119a Absatz 1 beantragen kann.

[2]Der Beschuldigte ist auf das Akteneinsichtsrecht des Verteidigers nach § 147 hinzuweisen. [3]Ein Beschuldigter, der der deutschen Sprache nicht hinreichend mächtig ist, ist in einer ihm verständlichen Sprache darauf hinzuweisen, dass er nach Maßgabe des § 187 Absatz 1 bis 3 des Gerichtsverfassungsgesetzes für das gesamte Strafverfahren die unentgeltliche Hinzuziehung eines Dolmetschers oder Übersetzers beanspruchen kann; ein hör- oder sprachbehinderter Beschuldigter ist auf sein Wahlrecht nach § 186 Absatz 1 und 2 des Gerichtsverfassungsgesetzes hinzuweisen. [4]Ein ausländischer Staatsangehöriger ist darüber zu belehren, dass er die Unterrichtung der konsularischen Vertretung seines Heimatstaates verlangen und dieser Mitteilungen zukommen lassen kann.

§ 114c
Benachrichtigung von Angehörigen

(1) Einem verhafteten Beschuldigten ist unverzüglich Gelegenheit zu geben, einen Angehörigen oder eine Person seines Vertrauens zu benachrichtigen, sofern der Zweck der Untersuchung dadurch nicht erheblich gefährdet wird.
(2) [1]Wird gegen einen verhafteten Beschuldigten nach der Vorführung vor das Gericht Haft vollzogen, hat das Gericht die unverzügliche Benachrichtigung eines seiner Angehörigen oder einer Person seines Vertrauens anzuordnen. [2]Die gleiche Pflicht besteht bei jeder weiteren Entscheidung über die Fortdauer der Haft.

§ 114d
Mitteilungen an die Vollzugsanstalt

(1) [1]Das Gericht übermittelt der für den Beschuldigten zuständigen Vollzugsanstalt mit dem Aufnahmeersuchen eine Abschrift des Haftbefehls. [2]Darüber hinaus teilt es ihr mit

1. die das Verfahren führende Staatsanwaltschaft und das nach § 126 zuständige Gericht,
2. die Personen, die nach § 114c benachrichtigt worden sind,
3. Entscheidungen und sonstige Maßnahmen nach § 119 Abs. 1 und 2,
4. weitere im Verfahren ergehende Entscheidungen, soweit dies für die Erfüllung der Aufgaben der Vollzugsanstalt erforderlich ist,
5. Hauptverhandlungstermine und sich aus ihnen ergebende Erkenntnisse, die für die Erfüllung der Aufgaben der Vollzugsanstalt erforderlich sind,
6. den Zeitpunkt der Rechtskraft des Urteils sowie
7. andere Daten zur Person des Beschuldigten, die für die Erfüllung der Aufgaben der Vollzugsanstalt erforderlich sind, insbesondere solche über seine Persönlichkeit und weitere relevante Strafverfahren.

[3]Die Sätze 1 und 2 gelten bei Änderungen der mitgeteilten Tatsachen entsprechend. [4]Mitteilungen unterbleiben, soweit die Tatsachen der Vollzugsanstalt bereits anderweitig bekannt geworden sind.
(2) [1]Die Staatsanwaltschaft unterstützt das Gericht bei der Erfüllung seiner Aufgaben nach Absatz 1 und teilt der Vollzugsanstalt von Amts wegen insbesondere Daten nach Absatz 1 Satz 2 Nr. 7 sowie von ihr getroffene Entscheidungen und sonstige Maßnahmen nach § 119 Abs. 1 und 2 mit. [2]Zudem übermittelt die Staatsanwaltschaft der Vollzugsanstalt eine Abschrift der Anklageschrift und teilt dem nach § 126 Abs. 1 zuständigen Gericht die Anklageerhebung mit.

§ 114e
Übermittlung von Erkenntnissen durch die Vollzugsanstalt

[1]Die Vollzugsanstalt übermittelt dem Gericht und der Staatsanwaltschaft von Amts wegen beim Vollzug der Untersuchungshaft erlangte Erkenntnisse, so-

weit diese aus Sicht der Vollzugsanstalt für die Erfüllung der Aufgaben der Empfänger von Bedeutung sind und diesen nicht bereits anderweitig bekannt geworden sind. [2]Sonstige Befugnisse der Vollzugsanstalt, dem Gericht und der Staatsanwaltschaft Erkenntnisse mitzuteilen, bleiben unberührt.

§ 115
Vorführung vor den zuständigen Richter

(1) Wird der Beschuldigte auf Grund des Haftbefehls ergriffen, so ist er unverzüglich dem zuständigen Gericht vorzuführen.

(2) Das Gericht hat den Beschuldigten unverzüglich nach der Vorführung, spätestens am nächsten Tage, über den Gegenstand der Beschuldigung zu vernehmen.

(3) [1]Bei der Vernehmung ist der Beschuldigte auf die ihn belastenden Umstände und sein Recht hinzuweisen, sich zur Beschuldigung zu äußern oder nicht zur Sache auszusagen. [2]Ihm ist Gelegenheit zu geben, die Verdachts- und Haftgründe zu entkräften und die Tatsachen geltend zu machen, die zu seinen Gunsten sprechen.

(4) [1]Wird die Haft aufrechterhalten, so ist der Beschuldigte über das Recht der Beschwerde und die anderen Rechtsbehelfe (§ 117 Abs. 1, 2, § 118 Abs. 1, 2, § 119 Abs. 5, § 119a Abs. 1) zu belehren. [2]§ 304 Abs. 4 und 5 bleibt unberührt.

§ 115a
Vorführung vor den Richter des nächsten Amtsgerichts

(1) Kann der Beschuldigte nicht spätestens am Tag nach der Ergreifung dem zuständigen Gericht vorgeführt werden, so ist er unverzüglich, spätestens am Tage nach der Ergreifung, dem nächsten Amtsgericht vorzuführen.

(2) [1]Das Gericht hat den Beschuldigten unverzüglich nach der Vorführung, spätestens am nächsten Tage, zu vernehmen. [2]Bei der Vernehmung wird, soweit möglich, § 115 Abs. 3 angewandt. [3]Ergibt sich bei der Vernehmung, dass der Haftbefehl aufgehoben, seine Aufhebung durch die Staatsanwaltschaft beantragt (§ 120 Abs. 3) oder der Ergriffene nicht die in dem Haftbefehl bezeichnete Person ist, so ist der Ergriffene freizulassen. [4]Erhebt dieser sonst gegen den Haftbefehl oder dessen Vollzug Einwendungen, die nicht offensichtlich unbegründet sind, oder hat das Gericht Bedenken gegen die Aufrechterhaltung der Haft, so teilt es diese dem zuständigen Gericht und der zuständigen Staatsanwaltschaft unverzüglich und auf dem nach den Umständen angezeigten schnellsten Wege mit; das zuständige Gericht prüft unverzüglich, ob der Haftbefehl aufzuheben oder außer Vollzug zu setzen ist.

(3) [1]Wird der Beschuldigte nicht freigelassen, so ist er auf sein Verlangen dem zuständigen Gericht zur Vernehmung nach § 115 vorzuführen. [2]Der Beschuldigte ist auf dieses Recht hinzuweisen und gemäß § 115 Abs. 4 zu belehren.

§ 116
Aussetzung des Vollzugs des Haftbefehls

(1) [1]Der Richter setzt den Vollzug eines Haftbefehls, der lediglich wegen Fluchtgefahr gerechtfertigt ist, aus, wenn weniger einschneidende Maßnahmen die Erwartung hinreichend begründen, daß der Zweck der Untersuchungshaft auch durch sie erreicht werden kann. [2]In Betracht kommen namentlich
1. die Anweisung, sich zu bestimmten Zeiten bei dem Richter, der Strafverfolgungsbehörde oder einer von ihnen bestimmten Dienststelle zu melden,
2. die Anweisung, den Wohn- oder Aufenthaltsort oder einen bestimmten Bereich nicht ohne Erlaubnis des Richters oder der Strafverfolgungsbehörde zu verlassen,
3. die Anweisung, die Wohnung nur unter Aufsicht einer bestimmten Person zu verlassen,
4. die Leistung einer angemessenen Sicherheit durch den Beschuldigten oder einen anderen.

(2) [1]Der Richter kann auch den Vollzug eines Haftbefehls, der wegen Verdunkelungsgefahr gerechtfertigt ist, aussetzen, wenn weniger einschneidende Maßnahmen die Erwartung hinreichend begründen, daß sie die Verdunkelungsgefahr erheblich vermindern werden. [2]In Betracht kommt namentlich die Anweisung, mit Mitbeschuldigten, Zeugen oder Sachverständigen keine Verbindung aufzunehmen.

(3) Der Richter kann den Vollzug eines Haftbefehls, der nach § 112a erlassen worden ist, aussetzen, wenn die Erwartung hinreichend begründet ist, daß der Beschuldigte bestimmte Anweisungen befolgen und daß dadurch der Zweck der Haft erreicht wird.

(4) Der Richter ordnet in den Fällen der Absätze 1 bis 3 den Vollzug des Haftbefehls an, wenn
1. der Beschuldigte den ihm auferlegten Pflichten oder Beschränkungen gröblich zuwiderhandelt,
2. der Beschuldigte Anstalten zur Flucht trifft, auf ordnungsgemäße Ladung ohne genügende Entschuldigung ausbleibt oder sich auf andere Weise zeigt, daß das in ihn gesetzte Vertrauen nicht gerechtfertigt war, oder
3. neu hervorgetretene Umstände die Verhaftung erforderlich machen.

§ 116a
Aussetzung gegen Sicherheitsleistung

(1) [1]Die Sicherheit ist durch Hinterlegung in barem Geld, in Wertpapieren, durch Pfandbestellung oder durch Bürgschaft geeigneter Personen zu leisten. [2]Davon abweichende Regelungen in einer auf Grund des Gesetzes über den Zahlungsverkehr mit Gerichten und Justizbehörden erlassenen Rechtsverordnung bleiben unberührt.

(2) Der Richter setzt Höhe und Art der Sicherheit nach freiem Ermessen fest.

(3) Der Beschuldigte, der die Aussetzung des Vollzugs des Haftbefehls gegen Sicherheitsleistung beantragt und nicht im Geltungsbereich dieses Gesetzes wohnt, ist verpflichtet, eine im Bezirk des zuständigen Gerichts wohnende Person zum Empfang von Zustellungen zu bevollmächtigen.

§ 116b
Verhältnis von Untersuchungshaft zu anderen freiheitsentziehenden Maßnahmen

[1]Die Vollstreckung der Untersuchungshaft geht der Vollstreckung der Auslieferungshaft, der vorläufigen Auslieferungshaft, der Abschiebungshaft und der Zurückweisungshaft vor. [2]Die Vollstreckung anderer freiheitsentziehender Maßnahmen geht der Vollstreckung von Untersuchungshaft vor, es sei denn, das Gericht trifft eine abweichende Entscheidung, weil der Zweck der Untersuchungshaft dies erfordert.

§ 117
Haftprüfung

(1) Solange der Beschuldigte in Untersuchungshaft ist, kann er jederzeit die gerichtliche Prüfung beantragen, ob der Haftbefehl aufzuheben oder dessen Vollzug nach § 116 auszusetzen ist (Haftprüfung).
(2) [1]Neben dem Antrag auf Haftprüfung ist die Beschwerde unzulässig. [2]Das Recht der Beschwerde gegen die Entscheidung, die auf den Antrag ergeht, wird dadurch nicht berührt.
(3) Der Richter kann einzelne Ermittlungen anordnen, die für die künftige Entscheidung über die Aufrechterhaltung der Untersuchungshaft von Bedeutung sind, und nach Durchführung dieser Ermittlungen eine neue Prüfung vornehmen.
(4) (weggefallen)
(5) (weggefallen)

§ 118
Verfahren bei der Haftprüfung

(1) Bei der Haftprüfung wird auf Antrag des Beschuldigten oder nach dem Ermessen des Gerichts von Amts wegen nach mündlicher Verhandlung entschieden.
(2) Ist gegen den Haftbefehl Beschwerde eingelegt, so kann auch im Beschwerdeverfahren auf Antrag des Beschuldigten oder von Amts wegen nach mündlicher Verhandlung entschieden werden.
(3) Ist die Untersuchungshaft nach mündlicher Verhandlung aufrechterhalten worden, so hat der Beschuldigte einen Anspruch auf eine weitere mündliche Verhandlung nur, wenn die Untersuchungshaft mindestens drei Monate und seit der letzten mündlichen Verhandlung mindestens zwei Monate gedauert hat.

(4) Ein Anspruch auf mündliche Verhandlung besteht nicht, solange die Hauptverhandlung andauert oder wenn ein Urteil ergangen ist, das auf eine Freiheitsstrafe oder eine freiheitsentziehende Maßregel der Besserung und Sicherung erkennt.
(5) Die mündliche Verhandlung ist unverzüglich durchzuführen; sie darf ohne Zustimmung des Beschuldigten nicht über zwei Wochen nach dem Eingang des Antrags anberaumt werden.

§ 118a
Mündliche Verhandlung bei der Haftprüfung

(1) Von Ort und Zeit der mündlichen Verhandlung sind die Staatsanwaltschaft sowie der Beschuldigte und der Verteidiger zu benachrichtigen.
(2) [1]Der Beschuldigte ist zu der Verhandlung vorzuführen, es sei denn, daß er auf die Anwesenheit in der Verhandlung verzichtet hat oder daß der Vorführung weite Entfernung oder Krankheit des Beschuldigten oder andere nicht zu beseitigende Hindernisse entgegenstehen. [2]Das Gericht kann anordnen, dass unter den Voraussetzungen des Satzes 1 die mündliche Verhandlung in der Weise erfolgt, dass sich der Beschuldigte an einem anderen Ort als das Gericht aufhält und die Verhandlung zeitgleich in Bild und Ton an den Ort, an dem sich der Beschuldigte aufhält, und in das Sitzungszimmer übertragen wird. [3]Wird der Beschuldigte zur mündlichen Verhandlung nicht vorgeführt und nicht nach Satz 2 verfahren, so muss ein Verteidiger seine Rechte in der Verhandlung wahrnehmen.
(3) [1]In der mündlichen Verhandlung sind die anwesenden Beteiligten zu hören. [2]Art und Umfang der Beweisaufnahme bestimmt das Gericht. [3]Über die Verhandlung ist ein Protokoll aufzunehmen; die §§ 271 bis 273 gelten entsprechend.
(4) [1]Die Entscheidung ist am Schluß der mündlichen Verhandlung zu verkünden. [2]Ist dies nicht möglich, so ist die Entscheidung spätestens binnen einer Woche zu erlassen.
[...]

§ 119
Haftgrundbezogene Beschränkungen während der Untersuchungshaft

(1) [1]Soweit dies zur Abwehr einer Flucht-, Verdunkelungs- oder Wiederholungsgefahr (§§ 112, 112a) erforderlich ist, können einem inhaftierten Beschuldigten Beschränkungen auferlegt werden. [2]Insbesondere kann angeordnet werden, dass
1. der Empfang von Besuchen und die Telekommunikation der Erlaubnis bedürfen,
2. Besuche, Telekommunikation sowie der Schrift- und Paketverkehr zu überwachen sind,

3. die Übergabe von Gegenständen bei Besuchen der Erlaubnis bedarf,
4. der Beschuldigte von einzelnen oder allen anderen Inhaftierten getrennt wird,
5. die gemeinsame Unterbringung und der gemeinsame Aufenthalt mit anderen Inhaftierten eingeschränkt oder ausgeschlossen werden.

[3]Die Anordnungen trifft das Gericht. [4]Kann dessen Anordnung nicht rechtzeitig herbeigeführt werden, kann die Staatsanwaltschaft oder die Vollzugsanstalt eine vorläufige Anordnung treffen. [5]Die Anordnung ist dem Gericht binnen drei Werktagen zur Genehmigung vorzulegen, es sei denn, sie hat sich zwischenzeitlich erledigt. [6]Der Beschuldigte ist über Anordnungen in Kenntnis zu setzen. [7]Die Anordnung nach Satz 2 Nr. 2 schließt die Ermächtigung ein, Besuche und Telekommunikation abzubrechen sowie Schreiben und Pakete anzuhalten.

(2) [1]Die Ausführung der Anordnungen obliegt der anordnenden Stelle. [2]Das Gericht kann die Ausführung von Anordnungen widerruflich auf die Staatsanwaltschaft übertragen, die sich bei der Ausführung der Hilfe durch ihre Ermittlungspersonen und die Vollzugsanstalt bedienen kann. [3]Die Übertragung ist unanfechtbar.

(3) [1]Ist die Überwachung der Telekommunikation nach Absatz 1 Satz 2 Nr. 2 angeordnet, ist die beabsichtigte Überwachung den Gesprächspartnern des Beschuldigten unmittelbar nach Herstellung der Verbindung mitzuteilen. [2]Die Mitteilung kann durch den Beschuldigten selbst erfolgen. [3]Der Beschuldigte ist rechtzeitig vor Beginn der Telekommunikation über die Mitteilungspflicht zu unterrichten.

(4) [1]Die §§ 148, 148a bleiben unberührt. [2]Sie gelten entsprechend für den Verkehr des Beschuldigten mit

1. der für ihn zuständigen Bewährungshilfe,
2. der für ihn zuständigen Führungsaufsichtsstelle,
3. der für ihn zuständigen Gerichtshilfe,
4. den Volksvertretungen des Bundes und der Länder,
5. dem Bundesverfassungsgericht und dem für ihn zuständigen Landesverfassungsgericht,
6. dem für ihn zuständigen Bürgerbeauftragten eines Landes,
7. dem oder der Bundesbeauftragten für den Datenschutz und die Informationsfreiheit, den für die Kontrolle der Einhaltung der Vorschriften über den Datenschutz in den Ländern zuständigen Stellen der Länder und den Aufsichtsbehörden nach § 40 des Bundesdatenschutzgesetzes,
8. dem Europäischen Parlament,
9. dem Europäischen Gerichtshof für Menschenrechte,
10. dem Europäischen Gerichtshof,
11. dem Europäischen Datenschutzbeauftragten,
12. dem Europäischen Bürgerbeauftragten,

13. dem Europäischen Ausschuss zur Verhütung von Folter und unmenschlicher oder erniedrigender Behandlung oder Strafe,
14. der Europäischen Kommission gegen Rassismus und Intoleranz,
15. dem Menschenrechtsausschuss der Vereinten Nationen,
16. den Ausschüssen der Vereinten Nationen für die Beseitigung der Rassendiskriminierung und für die Beseitigung der Diskriminierung der Frau,
17. dem Ausschuss der Vereinten Nationen gegen Folter, dem zugehörigen Unterausschuss zur Verhütung von Folter und den entsprechenden Nationalen Präventionsmechanismen,
18. den in § 53 Abs. 1 Satz 1 Nr. 1 und 4 genannten Personen in Bezug auf die dort bezeichneten Inhalte,
19. soweit das Gericht nichts anderes anordnet,
    a) den Beiräten bei den Justizvollzugsanstalten und
    b) der konsularischen Vertretung seines Heimatstaates.

[3]Die Maßnahmen, die erforderlich sind, um das Vorliegen der Voraussetzungen nach den Sätzen 1 und 2 festzustellen, trifft die nach Absatz 2 zuständige Stelle.

(5) [1]Gegen nach dieser Vorschrift ergangene Entscheidungen oder sonstige Maßnahmen kann gerichtliche Entscheidung beantragt werden, soweit nicht das Rechtsmittel der Beschwerde statthaft ist. [2]Der Antrag hat keine aufschiebende Wirkung. [3]Das Gericht kann jedoch vorläufige Anordnungen treffen.

(6) [1]Die Absätze 1 bis 5 gelten auch, wenn gegen einen Beschuldigten, gegen den Untersuchungshaft angeordnet ist, eine andere freiheitsentziehende Maßnahme vollstreckt wird (§ 116b). [2]Die Zuständigkeit des Gerichts bestimmt sich auch in diesem Fall nach § 126.

§ 119a
Gerichtliche Entscheidung über eine Maßnahme der Vollzugsbehörde

(1) [1]Gegen eine behördliche Entscheidung oder Maßnahme im Untersuchungshaftvollzug kann gerichtliche Entscheidung beantragt werden. [2]Eine gerichtliche Entscheidung kann zudem beantragt werden, wenn eine im Untersuchungshaftvollzug beantragte behördliche Entscheidung nicht innerhalb von drei Wochen ergangen ist.

(2) [1]Der Antrag auf gerichtliche Entscheidung hat keine aufschiebende Wirkung. [2]Das Gericht kann jedoch vorläufige Anordnungen treffen.

(3) Gegen die Entscheidung des Gerichts kann auch die für die vollzugliche Entscheidung oder Maßnahme zuständige Stelle Beschwerde erheben.

§ 120
Aufhebung des Haftbefehls

(1) [1]Der Haftbefehl ist aufzuheben, sobald die Voraussetzungen der Untersuchungshaft nicht mehr vorliegen oder sich ergibt, daß die weitere Untersu-

chungshaft zu der Bedeutung der Sache und der zu erwartenden Strafe oder Maßregel der Besserung und Sicherung außer Verhältnis stehen würde. [2]Er ist namentlich aufzuheben, wenn der Beschuldigte freigesprochen oder die Eröffnung des Hauptverfahrens abgelehnt oder das Verfahren nicht bloß vorläufig eingestellt wird.
(2) Durch die Einlegung eines Rechtsmittels darf die Freilassung des Beschuldigten nicht aufgehalten werden.
(3) [1]Der Haftbefehl ist auch aufzuheben, wenn die Staatsanwaltschaft es vor Erhebung der öffentlichen Klage beantragt. [2]Gleichzeitig mit dem Antrag kann die Staatsanwaltschaft die Freilassung des Beschuldigten anordnen.

§ 121
Fortdauer der Untersuchungshaft über sechs Monate

(1) Solange kein Urteil ergangen ist, das auf Freiheitsstrafe oder eine freiheitsentziehende Maßregel der Besserung und Sicherung erkennt, darf der Vollzug der Untersuchungshaft wegen derselben Tat über sechs Monate hinaus nur aufrechterhalten werden, wenn die besondere Schwierigkeit oder der besondere Umfang der Ermittlungen oder ein anderer wichtiger Grund das Urteil noch nicht zulassen und die Fortdauer der Haft rechtfertigen.
(2) In den Fällen des Absatzes 1 ist der Haftbefehl nach Ablauf der sechs Monate aufzuheben, wenn nicht der Vollzug des Haftbefehls nach § 116 ausgesetzt wird oder das Oberlandesgericht die Fortdauer der Untersuchungshaft anordnet.
(3) [1]Werden die Akten dem Oberlandesgericht vor Ablauf der in Absatz 2 bezeichneten Frist vorgelegt, so ruht der Fristenlauf bis zu dessen Entscheidung. [2]Hat die Hauptverhandlung begonnen, bevor die Frist abgelaufen ist, so ruht der Fristenlauf auch bis zur Verkündung des Urteils. [3]Wird die Hauptverhandlung ausgesetzt und werden die Akten unverzüglich nach der Aussetzung dem Oberlandesgericht vorgelegt, so ruht der Fristenlauf ebenfalls bis zu dessen Entscheidung.
(4) [1]In den Sachen, in denen eine Strafkammer nach § 74a des Gerichtsverfassungsgesetzes zuständig ist, entscheidet das nach § 120 des Gerichtsverfassungsgesetzes zuständige Oberlandesgericht. [2]In den Sachen, in denen ein Oberlandesgericht nach den §§ 120 oder 120b des Gerichtsverfassungsgesetzes zuständig ist, tritt an dessen Stelle der Bundesgerichtshof.

§ 122
Besondere Haftprüfung durch das Oberlandesgericht

(1) In den Fällen des § 121 legt das zuständige Gericht die Akten durch Vermittlung der Staatsanwaltschaft dem Oberlandesgericht zur Entscheidung vor, wenn es die Fortdauer der Untersuchungshaft für erforderlich hält oder die Staatsanwaltschaft es beantragt.

(2) [1]Vor der Entscheidung sind der Beschuldigte und der Verteidiger zu hören. [2]Das Oberlandesgericht kann über die Fortdauer der Untersuchungshaft nach mündlicher Verhandlung entscheiden; geschieht dies, so gilt § 118a entsprechend.

(3) [1]Ordnet das Oberlandesgericht die Fortdauer der Untersuchungshaft an, so gilt § 114 Abs. 2 Nr. 4 entsprechend. [2]Für die weitere Haftprüfung (§ 117 Abs. 1) ist das Oberlandesgericht zuständig, bis ein Urteil ergeht, das auf Freiheitsstrafe oder eine freiheitsentziehende Maßregel der Besserung und Sicherung erkennt. [3]Es kann die Haftprüfung dem Gericht, das nach den allgemeinen Vorschriften dafür zuständig ist, für die Zeit von jeweils höchstens drei Monaten übertragen. [4]In den Fällen des § 118 Abs. 1 entscheidet das Oberlandesgericht über einen Antrag auf mündliche Verhandlung nach seinem Ermessen.

(4) [1]Die Prüfung der Voraussetzungen nach § 121 Abs. 1 ist auch im weiteren Verfahren dem Oberlandesgericht vorbehalten. [2]Die Prüfung muß jeweils spätestens nach drei Monaten wiederholt werden.

(5) Das Oberlandesgericht kann den Vollzug des Haftbefehls nach § 116 aussetzen.

(6) Sind in derselben Sache mehrere Beschuldigte in Untersuchungshaft, so kann das Oberlandesgericht über die Fortdauer der Untersuchungshaft auch solcher Beschuldigter entscheiden, für die es nach § 121 und den vorstehenden Vorschriften noch nicht zuständig wäre.

(7) Ist der Bundesgerichtshof zur Entscheidung zuständig, so tritt dieser an die Stelle des Oberlandesgerichts.

§ 122a
Höchstdauer der Untersuchungshaft bei Wiederholungsgefahr

In den Fällen des § 121 Abs. 1 darf der Vollzug der Haft nicht länger als ein Jahr aufrechterhalten werden, wenn sie auf den Haftgrund des § 112a gestützt ist.

§ 123
Aufhebung der Vollzugsaussetzung dienender Maßnahmen

(1) Eine Maßnahme, die der Aussetzung des Haftvollzugs dient (§ 116), ist aufzuheben, wenn

1. der Haftbefehl aufgehoben wird oder
2. die Untersuchungshaft oder die erkannte Freiheitsstrafe oder freiheitsentziehende Maßregel der Besserung und Sicherung vollzogen wird.

(2) Unter denselben Voraussetzungen wird eine noch nicht verfallene Sicherheit frei.

(3) Wer für den Beschuldigten Sicherheit geleistet hat, kann deren Freigabe dadurch erlangen, daß er entweder binnen einer vom Gericht zu bestimmenden Frist die Gestellung des Beschuldigten bewirkt oder die Tatsachen, die den Ver-

dacht einer vom Beschuldigten beabsichtigten Flucht begründen, so rechtzeitig mitteilt, daß der Beschuldigte verhaftet werden kann.

§ 124
Verfall der geleisteten Sicherheit

(1) Eine noch nicht frei gewordene Sicherheit verfällt der Staatskasse, wenn der Beschuldigte sich der Untersuchung oder dem Antritt der erkannten Freiheitsstrafe oder freiheitsentziehenden Maßregel der Besserung und Sicherung entzieht.
(2) [1]Vor der Entscheidung sind der Beschuldigte sowie derjenige, welcher für den Beschuldigten Sicherheit geleistet hat, zu einer Erklärung aufzufordern. [2]Gegen die Entscheidung steht ihnen nur die sofortige Beschwerde zu. [3]Vor der Entscheidung über die Beschwerde ist ihnen und der Staatsanwaltschaft Gelegenheit zur mündlichen Begründung ihrer Anträge sowie zur Erörterung über durchgeführte Ermittlungen zu geben.
(3) Die den Verfall aussprechende Entscheidung hat gegen denjenigen, welcher für den Beschuldigten Sicherheit geleistet hat, die Wirkungen eines von dem Zivilrichter erlassenen, für vorläufig vollstreckbar erklärten Endurteils und nach Ablauf der Beschwerdefrist die Wirkungen eines rechtskräftigen Zivilendurteils.

§ 125
Zuständigkeit für den Erlass des Haftbefehls

(1) Vor Erhebung der öffentlichen Klage erläßt der Richter bei dem Amtsgericht, in dessen Bezirk ein Gerichtsstand begründet ist oder der Beschuldigte sich aufhält, auf Antrag der Staatsanwaltschaft oder, wenn ein Staatsanwalt nicht erreichbar und Gefahr im Verzug ist, von Amts wegen den Haftbefehl.
(2) [1]Nach Erhebung der öffentlichen Klage erläßt den Haftbefehl das Gericht, das mit der Sache befaßt ist, und, wenn Revision eingelegt ist, das Gericht, dessen Urteil angefochten ist. [2]In dringenden Fällen kann auch der Vorsitzende den Haftbefehl erlassen.

§ 126
Zuständigkeit für weitere gerichtliche Entscheidungen

(1) [1]Vor Erhebung der öffentlichen Klage ist für die weiteren gerichtlichen Entscheidungen und Maßnahmen, die sich auf die Untersuchungshaft, die Aussetzung ihres Vollzugs (§ 116), ihre Vollstreckung (§ 116b) sowie auf Anträge nach § 119a beziehen, das Gericht zuständig, das den Haftbefehl erlassen hat. [2]Hat das Beschwerdegericht den Haftbefehl erlassen, so ist das Gericht zuständig, das die vorangegangene Entscheidung getroffen hat. [3]Wird das vorbereitende Verfahren an einem anderen Ort geführt oder die Untersuchungshaft an einem anderen Ort vollzogen, so kann das Gericht seine Zuständigkeit auf Antrag der

Staatsanwaltschaft auf das für diesen Ort zuständige Amtsgericht übertragen. 4Ist der Ort in mehrere Gerichtsbezirke geteilt, so bestimmt die Landesregierung durch Rechtsverordnung das zuständige Amtsgericht. 5Die Landesregierung kann diese Ermächtigung auf die Landesjustizverwaltung übertragen.
(2) 1Nach Erhebung der öffentlichen Klage ist das Gericht zuständig, das mit der Sache befaßt ist. 2Während des Revisionsverfahrens ist das Gericht zuständig, dessen Urteil angefochten ist. 3Einzelne Maßnahmen, insbesondere nach § 119, ordnet der Vorsitzende an. 4In dringenden Fällen kann er auch den Haftbefehl aufheben oder den Vollzug aussetzen (§ 116), wenn die Staatsanwaltschaft zustimmt; andernfalls ist unverzüglich die Entscheidung des Gerichts herbeizuführen.
(3) Das Revisionsgericht kann den Haftbefehl aufheben, wenn es das angefochtene Urteil aufhebt und sich bei dieser Entscheidung ohne weiteres ergibt, daß die Voraussetzungen des § 120 Abs. 1 vorliegen.
(4) Die §§ 121 und 122 bleiben unberührt.
(5)1Soweit nach den Gesetzen der Länder über den Vollzug der Untersuchungshaft eine Maßnahme der vorherigen gerichtlichen Anordnung oder der gerichtlichen Genehmigung bedarf, ist das Amtsgericht zuständig, in dessen Bezirk die Maßnahme durchgeführt wird. 2Unterhält ein Land für den Vollzug der Untersuchungshaft eine Einrichtung auf dem Gebiet eines anderen Landes, können die beteiligten Länder vereinbaren, dass das Amtsgericht zuständig ist, in dessen Bezirk die für die Einrichtung zuständige Aufsichtsbehörde ihren Sitz hat. 3Für das Verfahren gilt § 121b des Strafvollzugsgesetzes entsprechend.

§ 126a
Einstweilige Unterbringung

(1) Sind dringende Gründe für die Annahme vorhanden, daß jemand eine rechtswidrige Tat im Zustand der Schuldunfähigkeit oder verminderten Schuldfähigkeit (§§ 20, 21 des Strafgesetzbuches) begangen hat und daß seine Unterbringung in einem psychiatrischen Krankenhaus oder einer Entziehungsanstalt angeordnet werden wird, so kann das Gericht durch Unterbringungsbefehl die einstweilige Unterbringung in einer dieser Anstalten anordnen, wenn die öffentliche Sicherheit es erfordert.
(2) 1Für die einstweilige Unterbringung gelten die §§ 114 bis 115a, 116 Abs. 3 und 4, §§ 117 bis 119a, 123, 125 und 126 entsprechend. 2Die §§ 121, 122 gelten entsprechend mit der Maßgabe, dass das Oberlandesgericht prüft, ob die Voraussetzungen der einstweiligen Unterbringung weiterhin vorliegen.
(3) 1Der Unterbringungsbefehl ist aufzuheben, wenn die Voraussetzungen der einstweiligen Unterbringung nicht mehr vorliegen oder wenn das Gericht im Urteil die Unterbringung in einem psychiatrischen Krankenhaus oder einer Entziehungsanstalt nicht anordnet. 2Durch die Einlegung eines Rechtsmittels darf die Freilassung nicht aufgehalten werden. 3§ 120 Abs. 3 gilt entsprechend.

(4) Hat der Untergebrachte einen gesetzlichen Vertreter oder einen Bevollmächtigten im Sinne des § 1831 Absatz 5 und des § 1820 Abs. 2 Nummer 2 des Bürgerlichen Gesetzbuches, so sind Entscheidungen nach Absatz 1 bis 3 auch diesem bekannt zu geben.

§ 127
Vorläufige Festnahme

(1) [1]Wird jemand auf frischer Tat betroffen oder verfolgt, so ist, wenn er der Flucht verdächtig ist oder seine Identität nicht sofort festgestellt werden kann, jedermann befugt, ihn auch ohne richterliche Anordnung vorläufig festzunehmen. [2]Die Feststellung der Identität einer Person durch die Staatsanwaltschaft oder die Beamten des Polizeidienstes bestimmt sich nach § 163b Abs. 1.
(2) Die Staatsanwaltschaft und die Beamten des Polizeidienstes sind bei Gefahr im Verzug auch dann zur vorläufigen Festnahme befugt, wenn die Voraussetzungen eines Haftbefehls oder eines Unterbringungsbefehls vorliegen.
(3) [1]Ist eine Straftat nur auf Antrag verfolgbar, so ist die vorläufige Festnahme auch dann zulässig, wenn ein Antrag noch nicht gestellt ist. [2]Dies gilt entsprechend, wenn eine Straftat nur mit Ermächtigung oder auf Strafverlangen verfolgbar ist.
(4) Für die vorläufige Festnahme durch die Staatsanwaltschaft und die Beamten des Polizeidienstes gelten die §§ 114a bis 114c entsprechend.

§ 127a
Absehen von der Anordnung oder Aufrechterhaltung der vorläufigen Festnahme

(1) Hat der Beschuldigte im Geltungsbereich dieses Gesetzes keinen festen Wohnsitz oder Aufenthalt und liegen die Voraussetzungen eines Haftbefehls nur wegen Fluchtgefahr vor, so kann davon abgesehen werden, seine Festnahme anzuordnen oder aufrechtzuerhalten, wenn
1. nicht damit zu rechnen ist, daß wegen der Tat eine Freiheitsstrafe verhängt oder eine freiheitsentziehende Maßregel der Besserung und Sicherung angeordnet wird und
2. der Beschuldigte eine angemessene Sicherheit für die zu erwartende Geldstrafe und die Kosten des Verfahrens leistet.

(2) § 116a Abs. 1 und 3 gilt entsprechend.

§ 127b
Vorläufige Festnahme und Haftbefehl bei beschleunigtem Verfahren

(1) [1]Die Staatsanwaltschaft und die Beamten des Polizeidienstes sind zur vorläufigen Festnahme eines auf frischer Tat Betroffenen oder Verfolgten auch dann befugt, wenn

1. eine unverzügliche Entscheidung im beschleunigten Verfahren wahrscheinlich ist und
2. auf Grund bestimmter Tatsachen zu befürchten ist, daß der Festgenommene der Hauptverhandlung fernbleiben wird.

[2]Die §§ 114a bis 114c gelten entsprechend.

(2) [1]Ein Haftbefehl (§ 128 Abs. 2 Satz 2) darf aus den Gründen des Absatzes 1 gegen den der Tat dringend Verdächtigen nur ergehen, wenn die Durchführung der Hauptverhandlung binnen einer Woche nach der Festnahme zu erwarten ist. [2]Der Haftbefehl ist auf höchstens eine Woche ab dem Tage der Festnahme zu befristen.

(3) Über den Erlaß des Haftbefehls soll der für die Durchführung des beschleunigten Verfahrens zuständige Richter entscheiden.

§ 128
Vorführung bei vorläufiger Festnahme

(1) [1]Der Festgenommene ist, sofern er nicht wieder in Freiheit gesetzt wird, unverzüglich, spätestens am Tage nach der Festnahme, dem Richter bei dem Amtsgericht, in dessen Bezirk er festgenommen worden ist, vorzuführen. [2]Der Richter vernimmt den Vorgeführten gemäß § 115 Abs. 3.

(2) [1]Hält der Richter die Festnahme nicht für gerechtfertigt oder ihre Gründe für beseitigt, so ordnet er die Freilassung an. [2]Andernfalls erläßt er auf Antrag der Staatsanwaltschaft oder, wenn ein Staatsanwalt nicht erreichbar ist, von Amts wegen einen Haftbefehl oder einen Unterbringungsbefehl. [3]§ 115 Abs. 4 gilt entsprechend.

§ 129
Vorführung bei vorläufiger Festnahme nach Anklageerhebung

Ist gegen den Festgenommenen bereits die öffentliche Klage erhoben, so ist er entweder sofort oder auf Verfügung des Richters, dem er zunächst vorgeführt worden ist, dem zuständigen Gericht vorzuführen; dieses hat spätestens am Tage nach der Festnahme über Freilassung, Verhaftung oder einstweilige Unterbringung des Festgenommenen zu entscheiden.

§ 130
Haftbefehl vor Stellung eines Strafantrags

[1]Wird wegen Verdachts einer Straftat, die nur auf Antrag verfolgbar ist, ein Haftbefehl erlassen, bevor der Antrag gestellt ist, so ist der Antragsberechtigte, von mehreren wenigstens einer, sofort von dem Erlaß des Haftbefehls in Kenntnis zu setzen und davon zu unterrichten, daß der Haftbefehl aufgehoben werden wird, wenn der Antrag nicht innerhalb einer vom Richter zu bestimmenden Frist, die eine Woche nicht überschreiten soll, gestellt wird. [2]Wird innerhalb der Frist Strafantrag nicht gestellt, so ist der Haftbefehl aufzuheben. [3]Dies gilt ent-

sprechend, wenn eine Straftat nur mit Ermächtigung oder auf Strafverlangen verfolgbar ist. [4]§ 120 Abs. 3 ist anzuwenden.

§ 131
Ausschreibung zur Festnahme

(1) Auf Grund eines Haftbefehls oder eines Unterbringungsbefehls können der Richter oder die Staatsanwaltschaft und, wenn Gefahr im Verzug ist, ihre Ermittlungspersonen (§ 152 des Gerichtsverfassungsgesetzes) die Ausschreibung zur Festnahme veranlassen.

(2) [1]Liegen die Voraussetzungen eines Haftbefehls oder Unterbringungsbefehls vor, dessen Erlass nicht ohne Gefährdung des Fahndungserfolges abgewartet werden kann, so können die Staatsanwaltschaft und ihre Ermittlungspersonen (§ 152 des Gerichtsverfassungsgesetzes) Maßnahmen nach Absatz 1 veranlassen, wenn dies zur vorläufigen Festnahme erforderlich ist. [2]Die Entscheidung über den Erlass des Haft- oder Unterbringungsbefehls ist unverzüglich, spätestens binnen einer Woche herbeizuführen.

(3) [1]Bei einer Straftat von erheblicher Bedeutung können in den Fällen der Absätze 1 und 2 der Richter und die Staatsanwaltschaft auch Öffentlichkeitsfahndungen veranlassen, wenn andere Formen der Aufenthaltsermittlung erheblich weniger Erfolg versprechend oder wesentlich erschwert wären. [2]Unter den gleichen Voraussetzungen steht diese Befugnis bei Gefahr im Verzug und wenn der Richter oder die Staatsanwaltschaft nicht rechtzeitig erreichbar ist auch den Ermittlungspersonen der Staatsanwaltschaft (§ 152 des Gerichtsverfassungsgesetzes) zu. [3]In den Fällen des Satzes 2 ist die Entscheidung der Staatsanwaltschaft unverzüglich herbeizuführen. [4]Die Anordnung tritt außer Kraft, wenn diese Bestätigung nicht binnen 24 Stunden erfolgt.

(4) [1]Der Beschuldigte ist möglichst genau zu bezeichnen und soweit erforderlich zu beschreiben; eine Abbildung darf beigefügt werden. [2]Die Tat, derer er verdächtig ist, Ort und Zeit ihrer Begehung sowie Umstände, die für die Ergreifung von Bedeutung sein können, können angegeben werden.

(5) Die §§ 115 und 115a gelten entsprechend.

§ 131a
Ausschreibung zur Aufenthaltsermittlung

(1) Die Ausschreibung zur Aufenthaltsermittlung eines Beschuldigten oder eines Zeugen darf angeordnet werden, wenn sein Aufenthalt nicht bekannt ist.

(2) Absatz 1 gilt auch für Ausschreibungen des Beschuldigten, soweit sie zur Sicherstellung eines Führerscheins, zur erkennungsdienstlichen Behandlung, zur Anfertigung einer DNA-Analyse oder zur Feststellung seiner Identität erforderlich sind.

(3) Auf Grund einer Ausschreibung zur Aufenthaltsermittlung eines Beschuldigten oder Zeugen darf bei einer Straftat von erheblicher Bedeutung auch eine Öf-

fentlichkeitsfahndung angeordnet werden, wenn der Beschuldigte der Begehung der Straftat dringend verdächtig ist und die Aufenthaltsermittlung auf andere Weise erheblich weniger Erfolg versprechend oder wesentlich erschwert wäre.
(4) [1]§ 131 Abs. 4 gilt entsprechend. [2]Bei der Aufenthaltsermittlung eines Zeugen ist erkennbar zu machen, dass die gesuchte Person nicht Beschuldigter ist. [3]Die Öffentlichkeitsfahndung nach einem Zeugen unterbleibt, wenn überwiegende schutzwürdige Interessen des Zeugen entgegenstehen. [4]Abbildungen des Zeugen dürfen nur erfolgen, soweit die Aufenthaltsermittlung auf andere Weise aussichtslos oder wesentlich erschwert wäre.
(5) Ausschreibungen nach den Absätzen 1 und 2 dürfen in allen Fahndungshilfsmitteln der Strafverfolgungsbehörden vorgenommen werden.

§ 131b
Veröffentlichung von Abbildungen des Beschuldigten oder Zeugen

(1) Die Veröffentlichung von Abbildungen eines Beschuldigten, der einer Straftat von erheblicher Bedeutung verdächtig ist, ist auch zulässig, wenn die Aufklärung einer Straftat, insbesondere die Feststellung der Identität eines unbekannten Täters auf andere Weise erheblich weniger Erfolg versprechend oder wesentlich erschwert wäre.
(2) [1]Die Veröffentlichung von Abbildungen eines Zeugen und Hinweise auf das der Veröffentlichung zugrunde liegende Strafverfahren sind auch zulässig, wenn die Aufklärung einer Straftat von erheblicher Bedeutung, insbesondere die Feststellung der Identität des Zeugen, auf andere Weise aussichtslos oder wesentlich erschwert wäre. [2]Die Veröffentlichung muss erkennbar machen, dass die abgebildete Person nicht Beschuldigter ist.
(3) § 131 Abs. 4 Satz 1 erster Halbsatz und Satz 2 gilt entsprechend.

§ 131c
Anordnung und Bestätigung von Fahndungsmaßnahmen

(1) [1]Fahndungen nach § 131a Abs. 3 und § 131b dürfen nur durch den Richter, bei Gefahr im Verzug auch durch die Staatsanwaltschaft und ihre Ermittlungspersonen (§ 152 des Gerichtsverfassungsgesetzes) angeordnet werden. [2]Fahndungen nach § 131a Abs. 1 und 2 bedürfen der Anordnung durch die Staatsanwaltschaft; bei Gefahr im Verzug dürfen sie auch durch ihre Ermittlungspersonen (§ 152 des Gerichtsverfassungsgesetzes) angeordnet werden.
(2) [1]In Fällen andauernder Veröffentlichung in elektronischen Medien sowie bei wiederholter Veröffentlichung im Fernsehen oder in periodischen Druckwerken tritt die Anordnung der Staatsanwaltschaft und ihrer Ermittlungspersonen (§ 152 des Gerichtsverfassungsgesetzes) nach Absatz 1 Satz 1 außer Kraft, wenn sie nicht binnen einer Woche von dem Richter bestätigt wird. [2]Im Übrigen treten Fahndungsanordnungen der Ermittlungspersonen der Staatsan-

waltschaft (§ 152 des Gerichtsverfassungsgesetzes) außer Kraft, wenn sie nicht binnen einer Woche von der Staatsanwaltschaft bestätigt werden.

§ 132
Sicherheitsleistung, Zustellungsbevollmächtigter

(1) [1]Hat der Beschuldigte, der einer Straftat dringend verdächtig ist, im Geltungsbereich dieses Gesetzes keinen festen Wohnsitz oder Aufenthalt, liegen aber die Voraussetzungen eines Haftbefehls nicht vor, so kann, um die Durchführung des Strafverfahrens sicherzustellen, angeordnet werden, daß der Beschuldigte

1. eine angemessene Sicherheit für die zu erwartende Geldstrafe und die Kosten des Verfahrens leistet und
2. eine im Bezirk des zuständigen Gerichts wohnende Person zum Empfang von Zustellungen bevollmächtigt.

[2]§ 116a Abs. 1 gilt entsprechend.

(2) Die Anordnung dürfen nur der Richter, bei Gefahr im Verzuge auch die Staatsanwaltschaft und ihre Ermittlungspersonen (§ 152 des Gerichtsverfassungsgesetzes) treffen.

(3) [1]Befolgt der Beschuldigte die Anordnung nicht, so können Beförderungsmittel und andere Sachen, die der Beschuldigte mit sich führt und die ihm gehören, beschlagnahmt werden. [2]Die §§ 94 und 98 gelten entsprechend.

[...]

§ 133
Ladung

(1) Der Beschuldigte ist zur Vernehmung schriftlich zu laden.

(2) Die Ladung kann unter der Androhung geschehen, daß im Falle des Ausbleibens seine Vorführung erfolgen werde.

§ 134
Vorführung

(1) Die sofortige Vorführung des Beschuldigten kann verfügt werden, wenn Gründe vorliegen, die den Erlaß eines Haftbefehls rechtfertigen würden.

(2) In dem Vorführungsbefehl ist der Beschuldigte genau zu bezeichnen und die ihm zur Last gelegte Straftat sowie der Grund der Vorführung anzugeben.

§ 135
Sofortige Vernehmung

[1]Der Beschuldigte ist unverzüglich dem Richter vorzuführen und von diesem zu vernehmen. [2]Er darf auf Grund des Vorführungsbefehls nicht länger festgehalten werden als bis zum Ende des Tages, der dem Beginn der Vorführung folgt.

§ 136
Vernehmung

(1) [1]Bei Beginn der Vernehmung ist dem Beschuldigten zu eröffnen, welche Tat ihm zu Last gelegt wird und welche Strafvorschriften in Betracht kommen. [2]Er ist darauf hinzuweisen, daß es ihm nach dem Gesetz freistehe, sich zu der Beschuldigung zu äußern oder nicht zur Sache auszusagen und jederzeit, auch schon vor seiner Vernehmung, einen von ihm zu wählenden Verteidiger zu befragen. [3]Möchte der Beschuldigte vor seiner Vernehmung einen Verteidiger befragen, sind ihm Informationen zur Verfügung zu stellen, die es ihm erleichtern, einen Verteidiger zu kontaktieren. [4]Auf bestehende anwaltliche Notdienste ist dabei hinzuweisen. [5]Er ist ferner darüber zu belehren, daß er zu seiner Entlastung einzelne Beweiserhebungen beantragen und unter den Voraussetzungen des § 140 die Bestellung eines Pflichtverteidigers nach Maßgabe des § 141 Absatz 1 und des § 142 Absatz 1 beantragen kann; zu Letzterem ist er dabei auf die Kostenfolge des § 465 hinzuweisen. [6]In geeigneten Fällen soll der Beschuldigte auch darauf, dass er sich schriftlich äußern kann, sowie auf die Möglichkeit eines Täter-Opfer-Ausgleichs hingewiesen werden.

(2) Die Vernehmung soll dem Beschuldigten Gelegenheit geben, die gegen ihn vorliegenden Verdachtsgründe zu beseitigen und die zu seinen Gunsten sprechenden Tatsachen geltend zu machen.

(3) Bei der Vernehmung des Beschuldigten ist zugleich auf die Ermittlung seiner persönlichen Verhältnisse Bedacht zu nehmen.

(4) [1]Die Vernehmung des Beschuldigten kann in Bild und Ton aufgezeichnet werden. [2]Sie ist aufzuzeichnen, wenn

1. dem Verfahren ein vorsätzlich begangenes Tötungsdelikt zugrunde liegt und der Aufzeichnung weder die äußeren Umstände noch die besondere Dringlichkeit der Vernehmung entgegenstehen, oder
2. die schutzwürdigen Interessen von Beschuldigten, die erkennbar unter eingeschränkten geistigen Fähigkeiten oder einer schwerwiegenden seelischen Störung leiden, durch die Aufzeichnung besser gewahrt werden können.

[3]§ 58a Absatz 2 gilt entsprechend.

(5) § 58b gilt entsprechend.

§ 136a
Verbotene Vernehmungsmethoden; Beweisverwertungsverbote

(1) [1]Die Freiheit der Willensentschließung und der Willensbetätigung des Beschuldigten darf nicht beeinträchtigt werden durch Mißhandlung, durch Ermüdung, durch körperlichen Eingriff, durch Verabreichung von Mitteln, durch Quälerei, durch Täuschung oder durch Hypnose. [2]Zwang darf nur angewandt werden, soweit das Strafverfahrensrecht dies zuläßt. [3]Die Drohung mit einer nach seinen Vorschriften unzulässigen Maßnahme und das Versprechen eines gesetzlich nicht vorgesehenen Vorteils sind verboten.

(2) Maßnahmen, die das Erinnerungsvermögen oder die Einsichtsfähigkeit des Beschuldigten beeinträchtigen, sind nicht gestattet.
(3) [1]Das Verbot der Absätze 1 und 2 gilt ohne Rücksicht auf die Einwilligung des Beschuldigten. [2]Aussagen, die unter Verletzung dieses Verbots zustande gekommen sind, dürfen auch dann nicht verwertet werden, wenn der Beschuldigte der Verwertung zustimmt.

§ 137
Recht des Beschuldigten auf Hinzuziehung eines Verteidigers

(1) [1]Der Beschuldigte kann sich in jeder Lage des Verfahrens des Beistandes eines Verteidigers bedienen. [2]Die Zahl der gewählten Verteidiger darf drei nicht übersteigen.
(2) [1]Hat der Beschuldigte einen gesetzlichen Vertreter, so kann auch dieser selbständig einen Verteidiger wählen. [2]Absatz 1 Satz 2 gilt entsprechend.
[...]

§ 140
Notwendige Verteidigung

(1) Ein Fall der notwendigen Verteidigung liegt vor, wenn
1. zu erwarten ist, dass die Hauptverhandlung im ersten Rechtszug vor dem Oberlandesgericht, dem Landgericht oder dem Schöffengericht stattfindet;
2. dem Beschuldigten ein Verbrechen zur Last gelegt wird;
3. das Verfahren zu einem Berufsverbot führen kann;
4. der Beschuldigte nach den §§ 115, 115a, 128 Absatz 1 oder § 129 einem Gericht zur Entscheidung über Haft oder einstweilige Unterbringung vorzuführen ist;
5. der Beschuldigte sich auf Grund richterlicher Anordnung oder mit richterlicher Genehmigung in einer Anstalt befindet;
6. zur Vorbereitung eines Gutachtens über den psychischen Zustand des Beschuldigten seine Unterbringung nach § 81 in Frage kommt;
7. zu erwarten ist, dass ein Sicherungsverfahren durchgeführt wird;
8. der bisherige Verteidiger durch eine Entscheidung von der Mitwirkung in dem Verfahren ausgeschlossen ist;
9. dem Verletzten nach den §§ 397a und 406h Absatz 3 und 4 ein Rechtsanwalt beigeordnet worden ist;
10. bei einer richterlichen Vernehmung die Mitwirkung eines Verteidigers auf Grund der Bedeutung der Vernehmung zur Wahrung der Rechte des Beschuldigten geboten erscheint;
11. ein seh-, hör- oder sprachbehinderter Beschuldigter die Bestellung beantragt.

(2) Ein Fall der notwendigen Verteidigung liegt auch vor, wenn wegen der Schwere der Tat, der Schwere der zu erwartenden Rechtsfolge oder wegen der

Schwierigkeit der Sach- oder Rechtslage die Mitwirkung eines Verteidigers geboten erscheint oder wenn ersichtlich ist, dass sich der Beschuldigte nicht selbst verteidigen kann.

§ 141
Zeitpunkt der Bestellung eines Pflichtverteidigers

(1) [1]In den Fällen der notwendigen Verteidigung wird dem Beschuldigten, dem der Tatvorwurf eröffnet worden ist und der noch keinen Verteidiger hat, unverzüglich ein Pflichtverteidiger bestellt, wenn der Beschuldigte dies nach Belehrung ausdrücklich beantragt. [2]Über den Antrag ist spätestens vor einer Vernehmung des Beschuldigten oder einer Gegenüberstellung mit ihm zu entscheiden.
(2) [1]Unabhängig von einem Antrag wird dem Beschuldigten, der noch keinen Verteidiger hat, in den Fällen der notwendigen Verteidigung ein Pflichtverteidiger bestellt, sobald

1. er einem Gericht zur Entscheidung über Haft oder einstweilige Unterbringung vorgeführt werden soll;
2. bekannt wird, dass der Beschuldigte, dem der Tatvorwurf eröffnet worden ist, sich auf Grund richterlicher Anordnung oder mit richterlicher Genehmigung in einer Anstalt befindet;
3. im Vorverfahren ersichtlich ist, dass sich der Beschuldigte, insbesondere bei einer Vernehmung des Beschuldigten oder einer Gegenüberstellung mit ihm, nicht selbst verteidigen kann, oder
4. er gemäß § 201 zur Erklärung über die Anklageschrift aufgefordert worden ist; ergibt sich erst später, dass die Mitwirkung eines Verteidigers notwendig ist, so wird er sofort bestellt.

[2]Erfolgt die Vorführung in den Fällen des Satzes 1 Nummer 1 zur Entscheidung über den Erlass eines Haftbefehls nach § 127b Absatz 2 oder über die Vollstreckung eines Haftbefehls gemäß § 230 Absatz 2 oder § 329 Absatz 3, so wird ein Pflichtverteidiger nur bestellt, wenn der Beschuldigte dies nach Belehrung ausdrücklich beantragt. [3]In den Fällen des Satzes 1 Nummer 2 und 3 kann die Bestellung unterbleiben, wenn beabsichtigt ist, das Verfahren alsbald einzustellen und keine anderen Untersuchungshandlungen als die Einholung von Registerauskünften oder die Beiziehung von Urteilen oder Akten vorgenommen werden sollen.

§ 141a
Vernehmungen und Gegenüberstellungen vor der Bestellung eines Pflichtverteidigers

[1]Im Vorverfahren dürfen Vernehmungen des Beschuldigten oder Gegenüberstellungen mit dem Beschuldigten vor der Bestellung eines Pflichtverteidigers abweichend von § 141 Absatz 2 und, wenn der Beschuldigte hiermit ausdrücklich einverstanden ist, auch abweichend von § 141 Absatz 1 durchgeführt werden, soweit dies

1. zur Abwehr einer gegenwärtigen Gefahr für Leib oder Leben oder für die Freiheit einer Person dringend erforderlich ist oder
2. zur Abwendung einer erheblichen Gefährdung eines Strafverfahrens zwingend geboten ist.

[2]Das Recht des Beschuldigten, jederzeit, auch schon vor der Vernehmung, einen von ihm zu wählenden Verteidiger zu befragen, bleibt unberührt.

[...]

§ 147
Akteneinsichtsrecht, Besichtigungsrecht; Auskunftsrecht des Beschuldigten

(1) Der Verteidiger ist befugt, die Akten, die dem Gericht vorliegen oder diesem im Falle der Erhebung der Anklage vorzulegen wären, einzusehen sowie amtlich verwahrte Beweisstücke zu besichtigen.

(2) [1]Ist der Abschluss der Ermittlungen noch nicht in den Akten vermerkt, kann dem Verteidiger die Einsicht in die Akten oder einzelne Aktenteile sowie die Besichtigung von amtlich verwahrten Beweisgegenständen versagt werden, soweit dies den Untersuchungszweck gefährden kann. [2]Liegen die Voraussetzungen von Satz 1 vor und befindet sich der Beschuldigte in Untersuchungshaft oder ist diese im Fall der vorläufigen Festnahme beantragt, sind dem Verteidiger die für die Beurteilung der Rechtmäßigkeit der Freiheitsentziehung wesentlichen Informationen in geeigneter Weise zugänglich zu machen; in der Regel ist insoweit Akteneinsicht zu gewähren.

(3) Die Einsicht in die Protokolle über die Vernehmung des Beschuldigten und über solche richterlichen Untersuchungshandlungen, bei denen dem Verteidiger die Anwesenheit gestattet worden ist oder hätte gestattet werden müssen, sowie in die Gutachten von Sachverständigen darf dem Verteidiger in keiner Lage des Verfahrens versagt werden.

(4) [1]Der Beschuldigte, der keinen Verteidiger hat, ist in entsprechender Anwendung der Absätze 1 bis 3 befugt, die Akten einzusehen und unter Aufsicht amtlich verwahrte Beweisstücke zu besichtigen, soweit der Untersuchungszweck auch in einem anderen Strafverfahren nicht gefährdet werden kann und überwiegende schutzwürdige Interessen Dritter nicht entgegenstehen. [2]Werden die Akten nicht elektronisch geführt, können ihm an Stelle der Einsichtnahme in die Akten Kopien aus den Akten bereitgestellt werden.

(5) [1]Über die Gewährung der Akteneinsicht entscheidet im vorbereitenden Verfahren und nach rechtskräftigem Abschluss des Verfahrens die Staatsanwaltschaft, im Übrigen der Vorsitzende des mit der Sache befassten Gerichts. [2]Versagt die Staatsanwaltschaft die Akteneinsicht, nachdem sie den Abschluss der Ermittlungen in den Akten vermerkt hat, versagt sie die Einsicht nach Absatz 3 oder befindet sich der Beschuldigte nicht auf freiem Fuß, so kann gerichtliche Entscheidung durch das nach § 162 zuständige Gericht beantragt werden. [3]Die §§ 297 bis 300, 302, 306 bis 309, 311a und 473a gelten entsprechend. [4]Diese

Entscheidungen werden nicht mit Gründen versehen, soweit durch deren Offenlegung der Untersuchungszweck gefährdet werden könnte.
(6) [1]Ist der Grund für die Versagung der Akteneinsicht nicht vorher entfallen, so hebt die Staatsanwaltschaft die Anordnung spätestens mit dem Abschluß der Ermittlungen auf.
[2]Dem Verteidiger oder dem Beschuldigten, der keinen Verteidiger hat, ist Mitteilung zu machen, sobald das Recht zur Akteneinsicht wieder uneingeschränkt besteht.

§ 148
Kommunikation des Beschuldigten mit dem Verteidiger

(1) Dem Beschuldigten ist, auch wenn er sich nicht auf freiem Fuß befindet, schriftlicher und mündlicher Verkehr mit dem Verteidiger gestattet.
(2) [1]Ist ein nicht auf freiem Fuß befindlicher Beschuldigter einer Tat nach § 129a, auch in Verbindung mit § 129b Abs. 1, des Strafgesetzbuches dringend verdächtig, soll das Gericht anordnen, dass im Verkehr mit Verteidigern Schriftstücke und andere Gegenstände zurückzuweisen sind, sofern sich der Absender nicht damit einverstanden erklärt, dass sie zunächst dem nach § 148a zuständigen Gericht vorgelegt werden. [2]Besteht kein Haftbefehl wegen einer Straftat nach § 129a, auch in Verbindung mit § 129b Abs. 1, des Strafgesetzbuches, trifft die Entscheidung das Gericht, das für den Erlass eines Haftbefehls zuständig wäre. [3]Ist der schriftliche Verkehr nach Satz 1 zu überwachen, sind für Gespräche mit Verteidigern Vorrichtungen vorzusehen, die die Übergabe von Schriftstücken und anderen Gegenständen ausschließen.

§ 148a
Durchführung von Überwachungsmaßnahmen

(1) [1]Für die Durchführung von Überwachungsmaßnahmen nach § 148 Abs. 2 ist der Richter bei dem Amtsgericht zuständig, in dessen Bezirk die Vollzugsanstalt liegt. [2]Ist eine Anzeige nach § 138 des Strafgesetzbuches zu erstatten, so sind Schriftstücke oder andere Gegenstände, aus denen sich die Verpflichtung zur Anzeige ergibt, vorläufig in Verwahrung zu nehmen; die Vorschriften über die Beschlagnahme bleiben unberührt.
(2) [1]Der Richter, der mit Überwachungsmaßnahmen betraut ist, darf mit dem Gegenstand der Untersuchung weder befaßt sein noch befaßt werden. [2]Der Richter hat über Kenntnisse, die er bei der Überwachung erlangt, Verschwiegenheit zu bewahren; § 138 des Strafgesetzbuches bleibt unberührt.
[...]

§ 151
Anklagegrundsatz

Die Eröffnung einer gerichtlichen Untersuchung ist durch die Erhebung einer Klage bedingt.

§ 152
Anklagebehörde; Legalitätsgrundsatz

(1) Zur Erhebung der öffentlichen Klage ist die Staatsanwaltschaft berufen.

(2) Sie ist, soweit nicht gesetzlich ein anderes bestimmt ist, verpflichtet, wegen aller verfolgbaren Straftaten einzuschreiten, sofern zureichende tatsächliche Anhaltspunkte vorliegen.

§ 152a
Landesgesetzliche Vorschriften über die Strafverfolgung von Abgeordneten

Landesgesetzliche Vorschriften über die Voraussetzungen, unter denen gegen Mitglieder eines Organs der Gesetzgebung eine Strafverfolgung eingeleitet oder fortgesetzt werden kann, sind auch für die anderen Länder der Bundesrepublik Deutschland und den Bund wirksam.

§ 153
Absehen von der Verfolgung bei Geringfügigkeit

(1) [1]Hat das Verfahren ein Vergehen zum Gegenstand, so kann die Staatsanwaltschaft mit Zustimmung des für die Eröffnung des Hauptverfahrens zuständigen Gerichts von der Verfolgung absehen, wenn die Schuld des Täters als gering anzusehen wäre und kein öffentliches Interesse an der Verfolgung besteht. [2]Der Zustimmung des Gerichtes bedarf es nicht bei einem Vergehen, das nicht mit einer im Mindestmaß erhöhten Strafe bedroht ist und bei dem die durch die Tat verursachten Folgen gering sind.

(2) [1]Ist die Klage bereits erhoben, so kann das Gericht in jeder Lage des Verfahrens unter den Voraussetzungen des Absatzes 1 mit Zustimmung der Staatsanwaltschaft und des Angeschuldigten das Verfahren einstellen. [2]Der Zustimmung des Angeschuldigten bedarf es nicht, wenn die Hauptverhandlung aus den in § 205 angeführten Gründen nicht durchgeführt werden kann oder in den Fällen des § 231 Abs. 2 und der §§ 232 und 233 in seiner Abwesenheit durchgeführt wird. [3]Die Entscheidung ergeht durch Beschluß. [4]Der Beschluß ist nicht anfechtbar.

§ 153a
Absehen von der Verfolgung unter Auflagen und Weisungen

(1) [1]Mit Zustimmung des für die Eröffnung des Hauptverfahrens zuständigen Gerichts und des Beschuldigten kann die Staatsanwaltschaft bei einem Vergehen vorläufig von der Erhebung der öffentlichen Klage absehen und zugleich dem Beschuldigten Auflagen und Weisungen erteilen, wenn diese geeignet sind, das öffentliche Interesse an der Strafverfolgung zu beseitigen, und die Schwere der Schuld nicht entgegensteht. [2]Als Auflagen oder Weisungen kommen insbesondere in Betracht,

1. zur Wiedergutmachung des durch die Tat verursachten Schadens eine bestimmte Leistung zu erbringen,
2. einen Geldbetrag zugunsten einer gemeinnützigen Einrichtung oder der Staatskasse zu zahlen,
3. sonst gemeinnützige Leistungen zu erbringen,
4. Unterhaltspflichten in einer bestimmten Höhe nachzukommen,
5. sich ernsthaft zu bemühen, einen Ausgleich mit dem Verletzten zu erreichen (Täter-Opfer-Ausgleich) und dabei seine Tat ganz oder zum überwiegenden Teil wieder gut zu machen oder deren Wiedergutmachung zu erstreben,
6. an einem sozialen Trainingskurs teilzunehmen,
7. an einem Aufbauseminar nach § 2b Abs. 2 Satz 2 oder an einem Fahreignungsseminar nach § 4a des Straßenverkehrsgesetzes teilzunehmen oder
8. sich psychiatrisch, psycho- oder sozialtherapeutisch betreuen und behandeln zu lassen (Therapieweisung).

[3]Zur Erfüllung der Auflagen und Weisungen setzt die Staatsanwaltschaft dem Beschuldigten eine Frist, die in den Fällen des Satzes 2 Nummer 1 bis 3, 5 und 7 höchstens sechs Monate, in den Fällen des Satzes 2 Nummer 4, 6 und 8 höchstens ein Jahr beträgt. [4]Die Staatsanwaltschaft kann Auflagen und Weisungen nachträglich aufheben und die Frist einmal für die Dauer von drei Monaten verlängern; mit Zustimmung des Beschuldigten kann sie auch Auflagen und Weisungen nachträglich auferlegen und ändern. [5]Erfüllt der Beschuldigte die Auflagen und Weisungen, so kann die Tat nicht mehr als Vergehen verfolgt werden. [6]Erfüllt der Beschuldigte die Auflagen und Weisungen nicht, so werden Leistungen, die er zu ihrer Erfüllung erbracht hat, nicht erstattet. [7]§ 153 Abs. 1 Satz 2 gilt in den Fällen des Satzes 2 Nummer 1 bis 6 entsprechend. [8]§ 246a Absatz 2 gilt entsprechend.

(2) [1]Ist die Klage bereits erhoben, so kann das Gericht mit Zustimmung der Staatsanwaltschaft und des Angeschuldigten das Verfahren vorläufig einstellen und zugleich dem Angeschuldigten die in Absatz 1 Satz 1 und 2 bezeichneten Auflagen und Weisungen erteilen. [2]Absatz 1 Satz 3 bis 6 und 8 gilt entsprechend. [3]Die Entscheidung nach Satz 1 ergeht durch Beschluß. [4]Der Beschluß ist nicht anfechtbar. [5]Satz 4 gilt auch für eine Feststellung, daß gemäß Satz 1 erteilte Auflagen und Weisungen erfüllt worden sind.

(3) Während des Laufes der für die Erfüllung der Auflagen und Weisungen gesetzten Frist ruht die Verjährung.

(4) [1]§ 155b findet im Fall des Absatzes 1 Satz 2 Nummer 6, auch in Verbindung mit Absatz 2, entsprechende Anwendung mit der Maßgabe, dass personenbezogene Daten aus dem Strafverfahren, die nicht den Beschuldigten betreffen, an die mit der Durchführung des sozialen Trainingskurses befasste Stelle nur übermittelt werden dürfen, soweit die betroffenen Personen in die Übermittlung eingewilligt haben. [2]Satz 1 gilt entsprechend, wenn nach sonstigen strafrechtlichen Vorschriften die Weisung erteilt wird, an einem sozialen Trainingskurs teilzunehmen.

§ 153b
Absehen von der Verfolgung bei möglichem Absehen von Strafe

(1) Liegen die Voraussetzungen vor, unter denen das Gericht von Strafe absehen könnte, so kann die Staatsanwaltschaft mit Zustimmung des Gerichts, das für die Hauptverhandlung zuständig wäre, von der Erhebung der öffentlichen Klage absehen.
(2) Ist die Klage bereits erhoben, so kann das Gericht bis zum Beginn der Hauptverhandlung mit Zustimmung der Staatsanwaltschaft und des Angeschuldigten das Verfahren einstellen.

§ 153c
Absehen von der Verfolgung bei Auslandstaten

(1) [1]Die Staatsanwaltschaft kann von der Verfolgung von Straftaten absehen,

1. die außerhalb des räumlichen Geltungsbereichs dieses Gesetzes begangen sind oder die ein Teilnehmer an einer außerhalb des räumlichen Geltungsbereichs dieses Gesetzes begangenen Handlung in diesem Bereich begangen hat,
2. die ein Ausländer im Inland auf einem ausländischen Schiff oder Luftfahrzeug begangen hat,
3. wenn in den Fällen der §§ 129 und 129a, jeweils auch in Verbindung mit § 129b Abs. 1, des Strafgesetzbuches die Vereinigung nicht oder nicht überwiegend im Inland besteht und die im Inland begangenen Beteiligungshandlungen von untergeordneter Bedeutung sind oder sich auf die bloße Mitgliedschaft beschränken.

[2]Für Taten, die nach dem Völkerstrafgesetzbuch strafbar sind, gilt § 153f.
(2) Die Staatsanwaltschaft kann von der Verfolgung einer Tat absehen, wenn wegen der Tat im Ausland schon eine Strafe gegen den Beschuldigten vollstreckt worden ist und die im Inland zu erwartende Strafe nach Anrechnung der ausländischen nicht ins Gewicht fiele oder der Beschuldigte wegen der Tat im Ausland rechtskräftig freigesprochen worden ist.
(3) Die Staatsanwaltschaft kann auch von der Verfolgung von Straftaten absehen, die im räumlichen Geltungsbereich dieses Gesetzes durch eine außerhalb dieses Bereichs ausgeübte Tätigkeit begangen sind, wenn die Durchführung des Verfahrens die Gefahr eines schweren Nachteils für die Bundesrepublik Deutschland herbeiführen würde oder wenn der Verfolgung sonstige überwiegende öffentliche Interessen entgegenstehen.
(4) Ist die Klage bereits erhoben, so kann die Staatsanwaltschaft in den Fällen des Absatzes 1 Nr. 1, 2 und des Absatzes 3 die Klage in jeder Lage des Verfahrens zurücknehmen und das Verfahren einstellen, wenn die Durchführung des Verfahrens die Gefahr eines schweren Nachteils für die Bundesrepublik Deutschland herbeiführen würde oder wenn der Verfolgung sonstige überwiegende öffentliche Interessen entgegenstehen.

(5) Hat das Verfahren Straftaten der in § 74a Abs. 1 Nr. 2 bis 6 und § 120 Abs. 1 Nr. 2 bis 7 des Gerichtsverfassungsgesetzes bezeichneten Art zum Gegenstand, so stehen diese Befugnisse dem Generalbundesanwalt zu.

§ 153d
Absehen von der Verfolgung bei Staatsschutzdelikten wegen überwiegender öffentlicher Interessen

(1) Der Generalbundesanwalt kann von der Verfolgung von Straftaten der in § 74a Abs. 1 Nr. 2 bis 6 und in § 120 Abs. 1 Nr. 2 bis 7 des Gerichtsverfassungsgesetzes bezeichneten Art absehen, wenn die Durchführung des Verfahrens die Gefahr eines schweren Nachteils für die Bundesrepublik Deutschland herbeiführen würde oder wenn der Verfolgung sonstige überwiegende öffentliche Interessen entgegenstehen.
(2) Ist die Klage bereits erhoben, so kann der Generalbundesanwalt unter den in Absatz 1 bezeichneten Voraussetzungen die Klage in jeder Lage des Verfahrens zurücknehmen und das Verfahren einstellen.

§ 153e
Absehen von der Verfolgung bei Staatsschutzdelikten wegen tätiger Reue

(1) [1]Hat das Verfahren Straftaten der in § 74a Abs. 1 Nr. 2 bis 4 und in § 120 Abs. 1 Nr. 2 bis 7 des Gerichtsverfassungsgesetzes bezeichneten Art zum Gegenstand, so kann der Generalbundesanwalt mit Zustimmung des nach § 120 des Gerichtsverfassungsgesetzes zuständigen Oberlandesgerichts von der Verfolgung einer solchen Tat absehen, wenn der Täter nach der Tat, bevor ihm deren Entdeckung bekanntgeworden ist, dazu beigetragen hat, eine Gefahr für den Bestand oder die Sicherheit der Bundesrepublik Deutschland oder die verfassungsmäßige Ordnung abzuwenden. [2]Dasselbe gilt, wenn der Täter einen solchen Beitrag dadurch geleistet hat, daß er nach der Tat sein mit ihr zusammenhängendes Wissen über Bestrebungen des Hochverrats, der Gefährdung des demokratischen Rechtsstaates oder des Landesverrats und der Gefährdung der äußeren Sicherheit einer Dienststelle offenbart hat.
(2) Ist die Klage bereits erhoben, so kann das nach § 120 des Gerichtsverfassungsgesetzes zuständige Oberlandesgericht mit Zustimmung des Generalbundesanwalts das Verfahren unter den in Absatz 1 bezeichneten Voraussetzungen einstellen.

§ 153f
Absehen von der Verfolgung bei Straftaten nach dem Völkerstrafgesetzbuch

(1) [1]Die Staatsanwaltschaft kann von der Verfolgung einer Tat, die nach den §§ 6 bis 15 des Völkerstrafgesetzbuches strafbar ist, in den Fällen des § 153c Abs. 1 Nr. 1 und 2 absehen, wenn sich der Beschuldigte nicht im Inland aufhält

und ein solcher Aufenthalt auch nicht zu erwarten ist. [2]Ist in den Fällen des § 153c Abs. 1 Nr. 1 der Beschuldigte Deutscher, so gilt dies jedoch nur dann, wenn die Tat vor einem internationalen Gerichtshof oder durch einen Staat, auf dessen Gebiet die Tat begangen oder dessen Angehöriger durch die Tat verletzt wurde, verfolgt wird.

(2) [1]Die Staatsanwaltschaft kann insbesondere von der Verfolgung einer Tat, die nach den §§ 6 bis 12, 14 und 15 des Völkerstrafgesetzbuches strafbar ist, in den Fällen des § 153c Abs. 1 Nr. 1 und 2 absehen, wenn

1. kein Tatverdacht gegen einen Deutschen besteht,
2. die Tat nicht gegen einen Deutschen begangen wurde,
3. kein Tatverdächtiger sich im Inland aufhält und ein solcher Aufenthalt auch nicht zu erwarten ist und
4. die Tat vor einem internationalen Gerichtshof oder durch einen Staat, auf dessen Gebiet die Tat begangen wurde, dessen Angehöriger der Tat verdächtig ist oder dessen Angehöriger durch die Tat verletzt wurde, verfolgt wird.

[2]Dasselbe gilt, wenn sich ein wegen einer im Ausland begangenen Tat beschuldigter Ausländer im Inland aufhält, aber die Voraussetzungen nach Satz 1 Nr. 2 und 4 erfüllt sind und die Überstellung an einen internationalen Gerichtshof oder die Auslieferung an den verfolgenden Staat zulässig und beabsichtigt ist.

(3) Ist in den Fällen des Absatzes 1 oder 2 die öffentliche Klage bereits erhoben, so kann die Staatsanwaltschaft die Klage in jeder Lage des Verfahrens zurücknehmen und das Verfahren einstellen.

§ 154
Teileinstellung bei mehreren Taten

(1) Die Staatsanwaltschaft kann von der Verfolgung einer Tat absehen,

1. wenn die Strafe oder die Maßregel der Besserung und Sicherung, zu der die Verfolgung führen kann, neben einer Strafe oder Maßregel der Besserung und Sicherung, die gegen den Beschuldigten wegen einer anderen Tat rechtskräftig verhängt worden ist oder die er wegen einer anderen Tat zu erwarten hat, nicht beträchtlich ins Gewicht fällt oder
2. darüber hinaus, wenn ein Urteil wegen dieser Tat in angemessener Frist nicht zu erwarten ist und wenn eine Strafe oder Maßregel der Besserung und Sicherung, die gegen den Beschuldigten rechtskräftig verhängt worden ist oder die er wegen einer anderen Tat zu erwarten hat, zur Einwirkung auf den Täter und zur Verteidigung der Rechtsordnung ausreichend erscheint.

(2) Ist die öffentliche Klage bereits erhoben, so kann das Gericht auf Antrag der Staatsanwaltschaft das Verfahren in jeder Lage vorläufig einstellen.

(3) Ist das Verfahren mit Rücksicht auf eine wegen einer anderen Tat bereits rechtskräftig erkannten Strafe oder Maßregel der Besserung und Sicherung vorläufig eingestellt worden, so kann es, falls nicht inzwischen Verjährung eingetreten ist, wieder aufgenommen werden, wenn die rechtskräftig erkannte Strafe oder Maßregel der Besserung und Sicherung nachträglich wegfällt.

(4) Ist das Verfahren mit Rücksicht auf eine wegen einer anderen Tat zu erwartende Strafe oder Maßregel der Besserung und Sicherung vorläufig eingestellt worden, so kann es, falls nicht inzwischen Verjährung eingetreten ist, binnen drei Monaten nach Rechtskraft des wegen der anderen Tat ergehenden Urteils wieder aufgenommen werden.
(5) Hat das Gericht das Verfahren vorläufig eingestellt, so bedarf es zur Wiederaufnahme eines Gerichtsbeschlusses.

§ 154a
Beschränkung der Verfolgung

(1) [1]Fallen einzelne abtrennbare Teile einer Tat oder einzelne von mehreren Gesetzesverletzungen, die durch dieselbe Tat begangen worden sind,
1. für die zu erwartende Strafe oder Maßregel der Besserung und Sicherung oder
2. neben einer Strafe oder Maßregel der Besserung und Sicherung, die gegen den Beschuldigten wegen einer anderen Tat rechtskräftig verhängt worden ist oder die er wegen einer anderen Tat zu erwarten hat,

nicht beträchtlich ins Gewicht, so kann die Verfolgung auf die übrigen Teile der Tat oder die übrigen Gesetzesverletzungen beschränkt werden. [2]§ 154 Abs. 1 Nr. 2 gilt entsprechend. [3]Die Beschränkung ist aktenkundig zu machen.
(2) Nach Einreichung der Anklageschrift kann das Gericht in jeder Lage des Verfahrens mit Zustimmung der Staatsanwaltschaft die Beschränkung vornehmen.
(3) [1]Das Gericht kann in jeder Lage des Verfahrens ausgeschiedene Teile einer Tat oder Gesetzesverletzungen in das Verfahren wieder einbeziehen. [2]Einem Antrag der Staatsanwaltschaft auf Einbeziehung ist zu entsprechen. [3]Werden ausgeschiedene Teile einer Tat wieder einbezogen, so ist § 265 Abs. 4 entsprechend anzuwenden.

§ 154b
Absehen von der Verfolgung bei Auslieferung und Ausweisung

(1) Von der Erhebung der öffentlichen Klage kann abgesehen werden, wenn der Beschuldigte wegen der Tat einer ausländischen Regierung ausgeliefert wird.
(2) Dasselbe gilt, wenn er wegen einer anderen Tat einer ausländischen Regierung ausgeliefert oder an einen internationalen Strafgerichtshof überstellt wird und die Strafe oder die Maßregel der Besserung und Sicherung, zu der die inländische Verfolgung führen kann, neben der Strafe oder der Maßregel der Besserung und Sicherung, die gegen ihn im Ausland rechtskräftig verhängt worden ist oder die er im Ausland zu erwarten hat, nicht ins Gewicht fällt.
(3) Von der Erhebung der öffentlichen Klage kann auch abgesehen werden, wenn der Beschuldigte aus dem Geltungsbereich dieses Bundesgesetzes abgeschoben, zurückgeschoben oder zurückgewiesen wird.

(4) [1]Ist in den Fällen der Absätze 1 bis 3 die öffentliche Klage bereits erhoben, so stellt das Gericht auf Antrag der Staatsanwaltschaft das Verfahren vorläufig ein. [2]§ 154 Abs. 3 bis 5 gilt mit der Maßgabe entsprechend, daß die Frist in Absatz 4 ein Jahr beträgt.

§ 154c
Absehen von der Verfolgung des Opfers einer Nötigung oder Erpressung

(1) Ist eine Nötigung oder Erpressung (§§ 240, 253 des Strafgesetzbuches) durch die Drohung begangen worden, eine Straftat zu offenbaren, so kann die Staatsanwaltschaft von der Verfolgung der Tat, deren Offenbarung angedroht worden ist, absehen, wenn nicht wegen der Schwere der Tat eine Sühne unerläßlich ist.
(2) Zeigt das Opfer einer Nötigung oder Erpressung (§§ 240, 253 des Strafgesetzbuches) diese an (§ 158) und wird hierdurch bedingt ein vom Opfer begangenes Vergehen bekannt, so kann die Staatsanwaltschaft von der Verfolgung des Vergehens absehen, wenn nicht wegen der Schwere der Tat eine Sühne unerlässlich ist.

§ 154d
Verfolgung bei zivil- oder verwaltungsrechtlicher Vorfrage

[1]Hängt die Erhebung der öffentlichen Klage wegen eines Vergehens von der Beurteilung einer Frage ab, die nach bürgerlichem Recht oder nach Verwaltungsrecht zu beurteilen ist, so kann die Staatsanwaltschaft zur Austragung der Frage im bürgerlichen Streitverfahren oder im Verwaltungsstreitverfahren eine Frist bestimmen. [2]Hiervon ist der Anzeigende zu benachrichtigen. [3]Nach fruchtlosem Ablauf der Frist kann die Staatsanwaltschaft das Verfahren einstellen.

§ 154e
Absehen von der Verfolgung bei falscher Verdächtigung oder Beleidigung

(1) Von der Erhebung der öffentlichen Klage wegen einer falschen Verdächtigung oder Beleidigung (§§ 164, 185 bis 188 des Strafgesetzbuches) soll abgesehen werden, solange wegen der angezeigten oder behaupteten Handlung ein Straf- oder Disziplinarverfahren anhängig ist.
(2) Ist die öffentliche Klage oder eine Privatklage bereits erhoben, so stellt das Gericht das Verfahren bis zum Abschluß des Straf- oder Disziplinarverfahrens wegen der angezeigten oder behaupteten Handlung ein.
(3) Bis zum Abschluß des Straf- oder Disziplinarverfahrens wegen der angezeigten oder behaupteten Handlung ruht die Verjährung der Verfolgung der falschen Verdächtigung oder Beleidigung.

§ 154f
Einstellung des Verfahrens bei vorübergehenden Hindernissen

Steht der Eröffnung oder Durchführung des Hauptverfahrens für längere Zeit die Abwesenheit des Beschuldigten oder ein anderes in seiner Person liegendes Hindernis entgegen und ist die öffentliche Klage noch nicht erhoben, so kann die Staatsanwaltschaft das Verfahren vorläufig einstellen, nachdem sie den Sachverhalt so weit wie möglich aufgeklärt und die Beweise so weit wie nötig gesichert hat.

§ 155
Umfang der gerichtlichen Untersuchung und Entscheidung

(1) Die Untersuchung und Entscheidung erstreckt sich nur auf die in der Klage bezeichnete Tat und auf die durch die Klage beschuldigten Personen.
(2) Innerhalb dieser Grenzen sind die Gerichte zu einer selbständigen Tätigkeit berechtigt und verpflichtet; insbesondere sind sie bei Anwendung des Strafgesetzes an die gestellten Anträge nicht gebunden.

§ 155a
Täter-Opfer-Ausgleich

[1]Die Staatsanwaltschaft und das Gericht sollen in jedem Stadium des Verfahrens die Möglichkeiten prüfen, einen Ausgleich zwischen Beschuldigtem und Verletztem zu erreichen. [2]In geeigneten Fällen sollen sie darauf hinwirken. [3]Gegen den ausdrücklichen Willen des Verletzten darf die Eignung nicht angenommen werden.
[...]

§ 156
Anklagerücknahme

Die öffentliche Klage kann nach Eröffnung des Hauptverfahrens nicht zurückgenommen werden.

§ 157
Bezeichnung als Angeschuldigter oder Angeklagter

Im Sinne dieses Gesetzes ist
Angeschuldigter der Beschuldigte, gegen den die öffentliche Klage erhoben ist,
Angeklagter der Beschuldigte oder Angeschuldigte, gegen den die Eröffnung des Hauptverfahrens beschlossen ist.

§ 158
Strafanzeige; Strafantrag

(1) [1]Die Anzeige einer Straftat und der Strafantrag können bei der Staatsanwaltschaft, den Behörden und Beamten des Polizeidienstes und den Amtsgerichten

angebracht werden. [2]Die Anzeige und der Strafantrag sind durch die aufnehmende Stelle zu protokollieren oder auf sonstige Weise zu dokumentieren. [3]Dem Verletzten ist auf Antrag der Eingang seiner Anzeige schriftlich zu bestätigen. [4]Die Bestätigung soll eine kurze Zusammenfassung der Angaben des Verletzten zu Tatzeit, Tatort und angezeigter Tat enthalten. [5]Die Bestätigung kann versagt werden, soweit der Untersuchungszweck, auch in einem anderen Strafverfahren, gefährdet erscheint.

(2) Bei Straftaten, deren Verfolgung nur auf Antrag eintritt, müssen die Identität und der Verfolgungswille der antragstellenden Person sichergestellt sein.

(3) [1]Zeigt ein im Inland wohnhafter Verletzter eine in einem anderen Mitgliedstaat der Europäischen Union begangene Straftat an, so übermittelt die Staatsanwaltschaft die Anzeige auf Antrag des Verletzten an die zuständige Strafverfolgungsbehörde des anderen Mitgliedstaats, wenn für die Tat das deutsche Strafrecht nicht gilt oder von der Verfolgung der Tat nach § 153c Absatz 1 Satz 1 Nummer 1, auch in Verbindung mit § 153f, abgesehen wird. [2]Von der Übermittlung kann abgesehen werden, wenn

1. die Tat und die für ihre Verfolgung wesentlichen Umstände der zuständigen ausländischen Behörde bereits bekannt sind oder
2. der Unrechtsgehalt der Tat gering ist und der verletzten Person die Anzeige im Ausland möglich gewesen wäre.

(4) [1]Ist der Verletzte der deutschen Sprache nicht mächtig, erhält er die notwendige Hilfe bei der Verständigung, um die Anzeige in einer ihm verständlichen Sprache anzubringen. [2]Die schriftliche Anzeigebestätigung nach Absatz 1 Satz 3 und 4 ist dem Verletzten in diesen Fällen auf Antrag in eine ihm verständliche Sprache zu übersetzen; Absatz 1 Satz 5 bleibt unberührt.

§ 159
Anzeigepflicht bei Leichenfund und Verdacht auf unnatürlichen Tod

(1) Sind Anhaltspunkte dafür vorhanden, daß jemand eines nicht natürlichen Todes gestorben ist, oder wird der Leichnam eines Unbekannten gefunden, so sind die Polizei- und Gemeindebehörden zur sofortigen Anzeige an die Staatsanwaltschaft oder an das Amtsgericht verpflichtet.

(2) Zur Bestattung ist die schriftliche Genehmigung der Staatsanwaltschaft erforderlich.

§ 160
Pflicht zur Sachverhaltsaufklärung

(1) Sobald die Staatsanwaltschaft durch eine Anzeige oder auf anderem Wege von dem Verdacht einer Straftat Kenntnis erhält, hat sie zu ihrer Entschließung darüber, ob die öffentliche Klage zu erheben ist, den Sachverhalt zu erforschen.

(2) Die Staatsanwaltschaft hat nicht nur die zur Belastung, sondern auch die zur Entlastung dienenden Umstände zu ermitteln und für die Erhebung der Beweise Sorge zu tragen, deren Verlust zu besorgen ist.
(3) [1]Die Ermittlungen der Staatsanwaltschaft sollen sich auch auf die Umstände erstrecken, die für die Bestimmung der Rechtsfolgen der Tat von Bedeutung sind. [2]Dazu kann sie sich der Gerichtshilfe bedienen.
(4) Eine Maßnahme ist unzulässig, soweit besondere bundesgesetzliche oder entsprechende landesgesetzliche Verwendungsregelungen entgegenstehen.

§ 160a
Maßnahmen bei zeugnisverweigerungsberechtigten Berufsgeheimnisträgern

(1) [1]Eine Ermittlungsmaßnahme, die sich gegen eine in § 53 Absatz 1 Satz 1 Nummer 1, 2 oder Nummer 4 genannte Person, einen Rechtsanwalt oder einen Kammerrechtsbeistand richtet und voraussichtlich Erkenntnisse erbringen würde, über die diese das Zeugnis verweigern dürfte, ist unzulässig. [2]Dennoch erlangte Erkenntnisse dürfen nicht verwendet werden. [3]Aufzeichnungen hierüber sind unverzüglich zu löschen. [4]Die Tatsache ihrer Erlangung und der Löschung der Aufzeichnungen ist aktenkundig zu machen.[5]Die Sätze 2 bis 4 gelten entsprechend, wenn durch eine Ermittlungsmaßnahme, die sich nicht gegen eine in Satz 1 in Bezug genommene Person richtet, von dieser Person Erkenntnisse erlangt werden, über die sie das Zeugnis verweigern dürfte.
(2) [1]Soweit durch eine Ermittlungsmaßnahme eine in § 53 Abs. 1 Satz 1 Nr. 3 bis 3b oder Nr. 5 genannte Person betroffen wäre und dadurch voraussichtlich Erkenntnisse erlangt würden, über die diese Person das Zeugnis verweigern dürfte, ist dies im Rahmen der Prüfung der Verhältnismäßigkeit besonders zu berücksichtigen; betrifft das Verfahren keine Straftat von erheblicher Bedeutung, ist in der Regel nicht von einem Überwiegen des Strafverfolgungsinteresses auszugehen. [2]Soweit geboten, ist die Maßnahme zu unterlassen oder, soweit dies nach der Art der Maßnahme möglich ist, zu beschränken. [3]Für die Verwertung von Erkenntnissen zu Beweiszwecken gilt Satz 1 entsprechend. [4]Die Sätze 1 bis 3 gelten nicht für Rechtsanwälte und Kammerrechtsbeistände.
(3) Die Absätze 1 und 2 sind entsprechend anzuwenden, soweit die in § 53a Genannten das Zeugnis verweigern dürften.
(4) [1]Die Absätze 1 bis 3 sind nicht anzuwenden, wenn bestimmte Tatsachen den Verdacht begründen, dass die zeugnisverweigerungsberechtigte Person an der Tat oder an einer Datenhehlerei, Begünstigung, Strafvereitelung oder Hehlerei beteiligt ist. [2]Ist die Tat nur auf Antrag oder nur mit Ermächtigung verfolgbar, ist Satz 1 in den Fällen des § 53 Abs. 1 Satz 1 Nr. 5 anzuwenden, sobald und soweit der Strafantrag gestellt oder die Ermächtigung erteilt ist.
(5) Die §§ 97, 100d Absatz 5 und § 100g Absatz 4 bleiben unberührt.

§ 160b
Erörterung des Verfahrensstands mit den Verfahrensbeteiligten

[1]Die Staatsanwaltschaft kann den Stand des Verfahrens mit den Verfahrensbeteiligten erörtern, soweit dies geeignet erscheint, das Verfahren zu fördern. [2]Der wesentliche Inhalt dieser Erörterung ist aktenkundig zu machen.

§ 161
Allgemeine Ermittlungsbefugnis der Staatsanwaltschaft

(1) [1]Zu dem in § 160 Abs. 1 bis 3 bezeichneten Zweck ist die Staatsanwaltschaft befugt, von allen Behörden Auskunft zu verlangen und Ermittlungen jeder Art entweder selbst vorzunehmen oder durch die Behörden und Beamten des Polizeidienstes vornehmen zu lassen, soweit nicht andere gesetzliche Vorschriften ihre Befugnisse besonders regeln. [2]Die Behörden und Beamten des Polizeidienstes sind verpflichtet, dem Ersuchen oder Auftrag der Staatsanwaltschaft zu genügen, und in diesem Falle befugt, von allen Behörden Auskunft zu verlangen.

(2) Soweit in diesem Gesetz die Löschung personenbezogener Daten ausdrücklich angeordnet wird, ist § 58 Absatz 3 des Bundesdatenschutzgesetzes nicht anzuwenden.

(3) [1]Ist eine Maßnahme nach diesem Gesetz nur bei Verdacht bestimmter Straftaten zulässig, so dürfen die auf Grund einer entsprechenden Maßnahme nach anderen Gesetzen erlangten personenbezogenen Daten ohne Einwilligung der von der Maßnahme betroffenen Personen zu Beweiszwecken im Strafverfahren nur zur Aufklärung solcher Straftaten verwendet werden, zu deren Aufklärung eine solche Maßnahme nach diesem Gesetz hätte angeordnet werden dürfen. [2]§ 100e Absatz 6 Nummer 3 bleibt unberührt.

(4) In oder aus einer Wohnung erlangte personenbezogene Daten aus einem Einsatz technischer Mittel zur Eigensicherung im Zuge nicht offener Ermittlungen auf polizeirechtlicher Grundlage dürfen unter Beachtung des Grundsatzes der Verhältnismäßigkeit zu Beweiszwecken nur verwendet werden (Artikel 13 Abs. 5 des Grundgesetzes), wenn das Amtsgericht (§ 162 Abs. 1), in dessen Bezirk die anordnende Stelle ihren Sitz hat, die Rechtmäßigkeit der Maßnahme festgestellt hat; bei Gefahr im Verzug ist die richterliche Entscheidung unverzüglich nachzuholen.

§ 161a
Vernehmung von Zeugen und Sachverständigen durch die Staatsanwaltschaft

(1) [1]Zeugen und Sachverständige sind verpflichtet, auf Ladung vor der Staatsanwaltschaft zu erscheinen und zur Sache auszusagen oder ihr Gutachten zu erstatten. [2]Soweit nichts anderes bestimmt ist, gelten die Vorschriften des sechsten und siebenten Abschnitts des ersten Buches über Zeugen und Sach-

verständige entsprechend. [3]Die eidliche Vernehmung bleibt dem Richter vorbehalten.
(2) [1]Bei unberechtigtem Ausbleiben oder unberechtigter Weigerung eines Zeugen oder Sachverständigen steht die Befugnis zu den in den §§ 51, 70 und 77 vorgesehenen Maßregeln der Staatsanwaltschaft zu. [2]Jedoch bleibt die Festsetzung der Haft dem nach § 162 zuständigen Gericht vorbehalten.
(3) [1]Gegen Entscheidungen der Staatsanwaltschaft nach Absatz 2 Satz 1 kann gerichtliche Entscheidung durch das nach § 162 zuständige Gericht beantragt werden. [2]Gleiches gilt, wenn die Staatsanwaltschaft Entscheidungen im Sinne des § 68b getroffen hat. [3]Die §§ 297 bis 300, 302, 306 bis 309, 311a und 473a gelten jeweils entsprechend. [4]Gerichtliche Entscheidungen nach den Sätzen 1 und 2 sind unanfechtbar.
(4) Ersucht eine Staatsanwaltschaft eine andere Staatsanwaltschaft um die Vernehmung eines Zeugen oder Sachverständigen, so stehen die Befugnisse nach Absatz 2 Satz 1 auch der ersuchten Staatsanwaltschaft zu.
(5) § 185 Absatz 1 und 2 des Gerichtsverfassungsgesetzes gilt entsprechend.

§ 162
Ermittlungsrichter

(1) [1]Erachtet die Staatsanwaltschaft die Vornahme einer gerichtlichen Untersuchungshandlung für erforderlich, so stellt sie ihre Anträge vor Erhebung der öffentlichen Klage bei dem Amtsgericht, in dessen Bezirk sie oder ihre den Antrag stellende Zweigstelle ihren Sitz hat. [2]Hält sie daneben den Erlass eines Haft- oder Unterbringungsbefehls für erforderlich, so kann sie, unbeschadet der §§ 125, 126a, auch einen solchen Antrag bei dem in Satz 1 bezeichneten Gericht stellen. [3]Für gerichtliche Vernehmungen und Augenscheinnahmen ist das Amtsgericht zuständig, in dessen Bezirk diese Untersuchungshandlungen vorzunehmen sind, wenn die Staatsanwaltschaft dies zur Beschleunigung des Verfahrens oder zur Vermeidung von Belastungen Betroffener dort beantragt.
(2) Das Gericht hat zu prüfen, ob die beantragte Handlung nach den Umständen des Falles gesetzlich zulässig ist.
(3) [1]Nach Erhebung der öffentlichen Klage ist das Gericht zuständig, das mit der Sache befasst ist. [2]Während des Revisionsverfahrens ist das Gericht zuständig, dessen Urteil angefochten ist. [3]Nach rechtskräftigem Abschluss des Verfahrens gelten die Absätze 1 und 2 entsprechend. [4]Nach einem Antrag auf Wiederaufnahme ist das für die Entscheidungen im Wiederaufnahmeverfahren zuständige Gericht zuständig.

§ 163
Aufgaben der Polizei im Ermittlungsverfahren

(1) [1]Die Behörden und Beamten des Polizeidienstes haben Straftaten zu erforschen und alle keinen Aufschub gestattenden Anordnungen zu treffen, um die

Verdunkelung der Sache zu verhüten. [2]Zu diesem Zweck sind sie befugt, alle Behörden um Auskunft zu ersuchen, bei Gefahr im Verzug auch, die Auskunft zu verlangen, sowie Ermittlungen jeder Art vorzunehmen, soweit nicht andere gesetzliche Vorschriften ihre Befugnisse besonders regeln.

(2) [1]Die Behörden und Beamten des Polizeidienstes übersenden ihre Verhandlungen ohne Verzug der Staatsanwaltschaft. [2]Erscheint die schleunige Vornahme richterlicher Untersuchungshandlungen erforderlich, so kann die Übersendung unmittelbar an das Amtsgericht erfolgen.

(3) [1]Zeugen sind verpflichtet, auf Ladung vor Ermittlungspersonen der Staatsanwaltschaft zu erscheinen und zur Sache auszusagen, wenn der Ladung ein Auftrag der Staatsanwaltschaft zugrunde liegt. [2]Soweit nichts anderes bestimmt ist, gelten die Vorschriften des Sechsten Abschnitts des Ersten Buches entsprechend. [3]Die eidliche Vernehmung bleibt dem Gericht vorbehalten.

(4) [1]Die Staatsanwaltschaft entscheidet

1. über die Zeugeneigenschaft oder das Vorliegen von Zeugnis- oder Auskunftsverweigerungsrechten, sofern insoweit Zweifel bestehen oder im Laufe der Vernehmung aufkommen,
2. über eine Gestattung nach § 68 Absatz 3 Satz 1, Angaben zur Person nicht oder nur über eine frühere Identität zu machen,
3. über die Beiordnung eines Zeugenbeistands nach § 68b Absatz 2 und
4. bei unberechtigtem Ausbleiben oder unberechtigter Weigerung des Zeugen über die Verhängung der in den §§ 51 und 70 vorgesehenen Maßregeln; dabei bleibt die Festsetzung der Haft dem nach § 162 zuständigen Gericht vorbehalten.

[2]Im Übrigen trifft die erforderlichen Entscheidungen die die Vernehmung leitende Person.

(5) [1]Gegen Entscheidungen von Beamten des Polizeidienstes nach § 68b Absatz 1 Satz 3 sowie gegen Entscheidungen der Staatsanwaltschaft nach Absatz 4 Satz 1 Nummer 3 und 4 kann gerichtliche Entscheidung durch das nach § 162 zuständige Gericht beantragt werden. [2]Die §§ 297 bis 300, 302, 306 bis 309, 311a und 473a gelten jeweils entsprechend. [3]Gerichtliche Entscheidungen nach Satz 1 sind unanfechtbar.

(6) [1]Für die Belehrung des Sachverständigen durch Beamte des Polizeidienstes gelten § 52 Absatz 3 und § 55 Absatz 2 entsprechend. [2]In den Fällen des § 81c Absatz 3 Satz 1 und 2 gilt § 52 Absatz 3 auch bei Untersuchungen durch Beamte des Polizeidienstes sinngemäß.

(7) § 185 Absatz 1 und 2 des Gerichtsverfassungsgesetzes gilt entsprechend.

§ 163a
Vernehmung des Beschuldigten

(1) [1]Der Beschuldigte ist spätestens vor dem Abschluß der Ermittlungen zu vernehmen, es sei denn, daß das Verfahren zur Einstellung führt. [2]In einfachen Sachen genügt es, daß ihm Gelegenheit gegeben wird, sich schriftlich zu äußern.

(2) Beantragt der Beschuldigte zu seiner Entlastung die Aufnahme von Beweisen, so sind sie zu erheben, wenn sie von Bedeutung sind.
(3) [1]Der Beschuldigte ist verpflichtet, auf Ladung vor der Staatsanwaltschaft zu erscheinen. [2]Die §§ 133 bis 136a und 168c Abs. 1 und 5 gelten entsprechend. [3]Über die Rechtmäßigkeit der Vorführung entscheidet auf Antrag des Beschuldigten das nach § 162 zuständige Gericht. [4]Die §§ 297 bis 300, 302, 306 bis 309, 311a und 473a gelten entsprechend. [5]Die Entscheidung des Gerichts ist unanfechtbar.
(4) [1]Bei der Vernehmung des Beschuldigten durch Beamte des Polizeidienstes ist dem Beschuldigten zu eröffnen, welche Tat ihm zur Last gelegt wird. [2]Im übrigen sind bei der Vernehmung des Beschuldigten durch Beamte des Polizeidienstes § 136 Absatz 1 Satz 2 bis 6, Absatz 2 bis 5 und § 136a anzuwenden. [3]§ 168c Absatz 1 und 5 gilt für den Verteidiger entsprechend.
(5) Die §§ 186 und 187 Absatz 1 bis 3 sowie § 189 Absatz 4 des Gerichtsverfassungsgesetzes gelten entsprechend.

§ 163b
Maßnahmen zur Identitätsfeststellung

(1) [1]Ist jemand einer Straftat verdächtig, so können die Staatsanwaltschaft und die Beamten des Polizeidienstes die zur Feststellung seiner Identität erforderlichen Maßnahmen treffen; § 163a Abs. 4 Satz 1 gilt entsprechend. [2]Der Verdächtige darf festgehalten werden, wenn die Identität sonst nicht oder nur unter erheblichen Schwierigkeiten festgestellt werden kann. [3]Unter den Voraussetzungen von Satz 2 sind auch die Durchsuchung der Person des Verdächtigen und der von ihm mitgeführten Sachen sowie die Durchführung erkennungsdienstlicher Maßnahmen zulässig.
(2) [1]Wenn und soweit dies zur Aufklärung einer Straftat geboten ist, kann auch die Identität einer Person festgestellt werden, die einer Straftat nicht verdächtig ist; § 69 Abs. 1 Satz 2 gilt entsprechend. [2]Maßnahmen der in Absatz 1 Satz 2 bezeichneten Art dürfen nicht getroffen werden, wenn sie zur Bedeutung der Sache außer Verhältnis stehen; Maßnahmen der in Absatz 1 Satz 3 bezeichneten Art dürfen nicht gegen den Willen der betroffenen Person getroffen werden.

§ 163c
Freiheitsentziehung zur Identitätsfeststellung

(1) [1]Eine von einer Maßnahme nach § 163b betroffene Person darf in keinem Fall länger als zur Feststellung ihrer Identität unerläßlich festgehalten werden. [2]Die festgehaltene Person ist unverzüglich dem Richter bei dem Amtsgericht, in dessen Bezirk sie ergriffen worden ist, zum Zwecke der Entscheidung über Zulässigkeit und Fortdauer der Freiheitsentziehung vorzuführen, es sei denn, daß die Herbeiführung der richterlichen Entscheidung voraussichtlich längere Zeit in

Anspruch nehmen würde, als zur Feststellung der Identität notwendig wäre. [3]Die §§ 114a bis 114c gelten entsprechend.
(2) Eine Freiheitsentziehung zum Zwecke der Feststellung der Identität darf die Dauer von insgesamt zwölf Stunden nicht überschreiten.
(3) Ist die Identität festgestellt, so sind in den Fällen des § 163b Abs. 2 die im Zusammenhang mit der Feststellung angefallenen Unterlagen zu vernichten.

§ 163d
Speicherung und Abgleich von Daten aus Kontrollen

(1) [1]Begründen bestimmte Tatsachen den Verdacht, daß
1. eine der in § 111 bezeichneten Straftaten oder
2. eine der in § 100a Abs. 2 Nr. 6 bis 9 und 11 bezeichneten Straftaten

begangen worden ist, so dürfen die anläßlich einer grenzpolizeilichen Kontrolle, im Falle der Nummer 1 auch die bei einer Personenkontrolle nach § 111 anfallenden Daten über die Identität von Personen sowie Umstände, die für die Aufklärung der Straftat oder für die Ergreifung des Täters von Bedeutung sein können, in einem Dateisystem gespeichert werden, wenn Tatsachen die Annahme rechtfertigen, daß die Auswertung der Daten zur Ergreifung des Täters oder zur Aufklärung der Straftat führen kann und die Maßnahme nicht außer Verhältnis zur Bedeutung der Sache steht. [2]Dies gilt auch, wenn im Falle des Satzes 1 Pässe und Personalausweise automatisch gelesen werden. [3]Die Übermittlung der Daten ist nur an Strafverfolgungsbehörden zulässig.
(2) [1]Maßnahmen der in Absatz 1 bezeichneten Art dürfen nur durch den Richter, bei Gefahr im Verzug auch durch die Staatsanwaltschaft und ihre Ermittlungspersonen (§ 152 des Gerichtsverfassungsgesetzes) angeordnet werden. [2]Hat die Staatsanwaltschaft oder eine ihrer Ermittlungspersonen die Anordnung getroffen, so beantragt die Staatsanwaltschaft unverzüglich die richterliche Bestätigung der Anordnung. [3]§ 100e Absatz 1 Satz 3 gilt entsprechend.
(3) [1]Die Anordnung ergeht schriftlich. [2]Sie muß die Personen, deren Daten gespeichert werden sollen, nach bestimmten Merkmalen oder Eigenschaften so genau bezeichnen, wie dies nach der zur Zeit der Anordnung vorhandenen Kenntnis von dem oder den Tatverdächtigen möglich ist. [3]Art und Dauer der Maßnahmen sind festzulegen. [4]Die Anordnung ist räumlich zu begrenzen und auf höchstens drei Monate zu befristen. [5]Eine einmalige Verlängerung um nicht mehr als drei weitere Monate ist zulässig, soweit die in Absatz 1 bezeichneten Voraussetzungen fortbestehen.
(4) [1]Liegen die Voraussetzungen für den Erlaß der Anordnung nicht mehr vor oder ist der Zweck der sich aus der Anordnung ergebenden Maßnahmen erreicht, so sind diese unverzüglich zu beenden. [2]Die durch die Maßnahmen erlangten personenbezogenen Daten sind unverzüglich zu löschen, sobald sie für das Strafverfahren nicht oder nicht mehr benötigt werden; eine Speicherung, die die Laufzeit der Maßnahmen (Absatz 3) um mehr als drei Monate überschreitet, ist unzulässig. [3]Über die Löschung ist die Staatsanwaltschaft zu unterrichten.

§ 163e
Ausschreibung zur Beobachtung bei polizeilichen Kontrollen

(1) [1]Die Ausschreibung zur Beobachtung anläßlich von polizeilichen Kontrollen, die die Feststellung der Personalien zulassen, kann angeordnet werden, wenn zureichende tatsächliche Anhaltspunkte dafür vorliegen, daß eine Straftat von erheblicher Bedeutung begangen wurde. [2]Die Anordnung darf sich nur gegen den Beschuldigten richten und nur dann getroffen werden, wenn die Erforschung des Sachverhalts oder die Ermittlung des Aufenthaltsortes des Täters auf andere Weise erheblich weniger erfolgversprechend oder wesentlich erschwert wäre. [3]Gegen andere Personen ist die Maßnahme zulässig, wenn auf Grund bestimmter Tatsachen anzunehmen ist, daß sie mit dem Täter in Verbindung stehen oder eine solche Verbindung hergestellt wird, daß die Maßnahme zur Erforschung des Sachverhalts oder zur Ermittlung des Aufenthaltsortes des Täters führen wird und dies auf andere Weise erheblich weniger erfolgversprechend oder wesentlich erschwert wäre.

(2) Das Kennzeichen eines Kraftfahrzeuges, die Identifizierungsnummer oder äußere Kennzeichnung eines Wasserfahrzeuges, Luftfahrzeuges oder eines Containers kann ausgeschrieben werden, wenn das Fahrzeug auf eine nach Absatz 1 ausgeschriebene Person zugelassen ist oder das Fahrzeug oder der Container von ihr oder einer bisher namentlich nicht bekannten Person genutzt wird, die einer Straftat von erheblicher Bedeutung verdächtig ist.

(3) Im Falle eines Antreffens können auch personenbezogene Daten eines Begleiters der ausgeschriebenen Person, des Führers eines nach Absatz 2 ausgeschriebenen Fahrzeuges oder des Nutzers eines nach Absatz 2 ausgeschriebenen Containers gemeldet werden.

(4) [1]Die Ausschreibung zur polizeilichen Beobachtung darf nur durch das Gericht angeordnet werden. [2]Bei Gefahr im Verzug kann die Anordnung auch durch die Staatsanwaltschaft getroffen werden. [3]Hat die Staatsanwaltschaft die Anordnung getroffen, so beantragt sie unverzüglich die gerichtliche Bestätigung der Anordnung. [4]§ 100e Absatz 1 Satz 3 gilt entsprechend. [5]Die Anordnung ist auf höchstens ein Jahr zu befristen. [6]Eine Verlängerung um jeweils nicht mehr als drei Monate ist zulässig, soweit die Voraussetzungen der Anordnung fortbestehen.

§ 163f
Längerfristige Observation

(1) [1]Liegen zureichende tatsächliche Anhaltspunkte dafür vor, dass eine Straftat von erheblicher Bedeutung begangen worden ist, so darf eine planmäßig angelegte Beobachtung des Beschuldigten angeordnet werden, die

1. durchgehend länger als 24 Stunden dauern oder
2. an mehr als zwei Tagen stattfinden

soll (längerfristige Observation).

[2]Die Maßnahme darf nur angeordnet werden, wenn die Erforschung des Sachverhalts oder die Ermittlung des Aufenthaltsortes des Täters auf andere Weise erheblich weniger Erfolg versprechend oder wesentlich erschwert wäre. [3]Gegen andere Personen ist die Maßnahme zulässig, wenn auf Grund bestimmter Tatsachen anzunehmen ist, dass sie mit dem Täter in Verbindung stehen oder eine solche Verbindung hergestellt wird, dass die Maßnahme zur Erforschung des Sachverhalts oder zur Ermittlung des Aufenthaltsortes des Täters führen wird und dies auf andere Weise erheblich weniger Erfolg versprechend oder wesentlich erschwert wäre.
(2) [1]Die Maßnahme darf auch durchgeführt werden, wenn Dritte unvermeidbar betroffen werden. [2]§ 100d Absatz 1 und 2 gilt entsprechend.
(3) [1]Die Maßnahme darf nur durch das Gericht, bei Gefahr im Verzug auch durch die Staatsanwaltschaft und ihre Ermittlungspersonen (§ 152 des Gerichtsverfassungsgesetzes) angeordnet werden. [2]Die Anordnung der Staatsanwaltschaft oder ihrer Ermittlungspersonen tritt außer Kraft, wenn sie nicht binnen drei Werktagen von dem Gericht bestätigt wird. [3]§ 100e Absatz 1 Satz 4 und 5, Absatz 3 Satz 1 gilt entsprechend.

§ 163g
Automatische Kennzeichenerfassung

(1) [1]Örtlich begrenzt dürfen im öffentlichen Verkehrsraum ohne das Wissen der betroffenen Personen Kennzeichen von Kraftfahrzeugen sowie Ort, Datum, Uhrzeit und Fahrtrichtung durch den Einsatz technischer Mittel automatisch erhoben werden, wenn zureichende tatsächliche Anhaltspunkte dafür vorliegen, dass eine Straftat von erheblicher Bedeutung begangen worden ist, und die Annahme gerechtfertigt ist, dass diese Maßnahme zur Ermittlung der Identität oder des Aufenthaltsorts des Beschuldigten führen kann. [2]Die automatische Datenerhebung darf nur vorübergehend und nicht flächendeckend erfolgen.
(2) [1]Die nach Absatz 1 erhobenen Kennzeichen von Kraftfahrzeugen dürfen automatisch abgeglichen werden mit Kennzeichen von Kraftfahrzeugen,
1. die auf den Beschuldigten zugelassen sind oder von ihm genutzt werden oder
2. die auf andere Personen als den Beschuldigten zugelassen sind oder von ihnen genutzt werden, wenn aufgrund bestimmter Tatsachen anzunehmen ist, dass sie mit dem Beschuldigten in Verbindung stehen oder eine solche Verbindung hergestellt wird, und die Ermittlung des Aufenthaltsortes des Beschuldigten auf andere Weise erheblich weniger erfolgversprechend oder wesentlich erschwert wäre.

[2]Der automatische Abgleich hat unverzüglich nach der automatischen Datenerhebung nach Absatz 1 zu erfolgen. [3]Im Trefferfall ist unverzüglich die Übereinstimmung zwischen den nach Absatz 1 erhobenen Kennzeichen und den in Satz 1 bezeichneten weiteren Kennzeichen manuell zu überprüfen. [4]Wenn kein

Treffer vorliegt oder die manuelle Überprüfung den Treffer nicht bestätigt, sind die nach Absatz 1 erhobenen Daten sofort und spurenlos zu löschen.
(3) [1]Die Anordnung der Maßnahmen nach den Absätzen 1 und 2 ergeht schriftlich durch die Staatsanwaltschaft. [2]Sie muss das Vorliegen der Voraussetzungen der Maßnahmen darlegen und diejenigen Kennzeichen, mit denen die automatisch erhobenen Daten nach Absatz 2 Satz 1 abgeglichen werden sollen, genau bezeichnen. [3]Die örtliche Begrenzung im öffentlichen Verkehrsraum (Absatz 1 Satz 1) ist zu benennen und die Anordnung ist zu befristen. [4]Bei Gefahr im Verzug darf die Anordnung auch mündlich und durch die Ermittlungspersonen der Staatsanwaltschaft (§ 152 des Gerichtsverfassungsgesetzes) ergehen; in diesem Fall sind die schriftlichen Darlegungen nach den Sätzen 2 und 3 binnen drei Tagen vom Anordnenden nachzuholen.
(4) Liegen die Voraussetzungen der Anordnung nicht mehr vor oder ist der Zweck der Maßnahmen erreicht, sind diese unverzüglich zu beenden.

§ 164
Festnahme von Störern

Bei Amtshandlungen an Ort und Stelle ist der Beamte, der sie leitet, befugt, Personen, die seine amtliche Tätigkeit vorsätzlich stören oder sich den von ihm innerhalb seiner Zuständigkeit getroffenen Anordnungen widersetzen, festnehmen und bis zur Beendigung seiner Amtsverrichtungen, jedoch nicht über den nächstfolgenden Tag hinaus, festhalten zu lassen.

§ 165
Richterliche Untersuchungshandlungen bei Gefahr im Verzug

Bei Gefahr im Verzug kann der Richter die erforderlichen Untersuchungshandlungen auch ohne Antrag vornehmen, wenn ein Staatsanwalt nicht erreichbar ist.

§ 166
Beweisanträge des Beschuldigten bei richterlichen Vernehmungen

(1) Wird der Beschuldigte von dem Richter vernommen und beantragt er bei dieser Vernehmung zu seiner Entlastung einzelne Beweiserhebungen, so hat der Richter diese, soweit er sie für erheblich erachtet, vorzunehmen, wenn der Verlust der Beweise zu besorgen ist oder die Beweiserhebung die Freilassung des Beschuldigten begründen kann.
(2) Der Richter kann, wenn die Beweiserhebung in einem anderen Amtsbezirk vorzunehmen ist, den Richter des letzteren um ihre Vornahme ersuchen.

§ 167
Weitere Verfügung der Staatsanwaltschaft

In den Fällen der §§ 165 und 166 gebührt der Staatsanwaltschaft die weitere Verfügung.
[...]

§ 168b
Protokoll über ermittlungsbehördliche Untersuchungshandlungen

(1) Das Ergebnis der Untersuchungshandlungen der Ermittlungsbehörden ist aktenkundig zu machen.

(2) [1]Über die Vernehmung des Beschuldigten, der Zeugen und Sachverständigen soll ein Protokoll nach § 168a aufgenommen werden, soweit dies ohne erhebliche Verzögerung der Ermittlungen geschehen kann. [2]Wird über die Vernehmung des Beschuldigten kein Protokoll gefertigt, ist die Teilnahme seines Verteidigers an der Vernehmung aktenkundig zu machen.

(3) [1]Die in § 163a vorgeschriebenen Belehrungen des Beschuldigten vor seiner Vernehmung sowie die in § 58 Absatz 2 Satz 5 vorgeschriebene Belehrung vor einer Gegenüberstellung sind zu dokumentieren. [2]Dies gilt auch für die Entscheidung des Beschuldigten darüber, ob er vor seiner Vernehmung einen von ihm zu wählenden Verteidiger befragen möchte, und für das Einverständnis des Beschuldigten gemäß § 141a Satz 1.

§ 168c
Anwesenheitsrecht bei richterlichen Vernehmungen

(1) [1]Bei der richterlichen Vernehmung des Beschuldigten ist der Staatsanwaltschaft und dem Verteidiger die Anwesenheit gestattet. [2]Diesen ist nach der Vernehmung Gelegenheit zu geben, sich dazu zu erklären oder Fragen an den Beschuldigten zu stellen. [3]Ungeeignete oder nicht zur Sache gehörende Fragen oder Erklärungen können zurückgewiesen werden.

(2) [1]Bei der richterlichen Vernehmung eines Zeugen oder Sachverständigen ist der Staatsanwaltschaft, dem Beschuldigten und dem Verteidiger die Anwesenheit gestattet. [2]Diesen ist nach der Vernehmung Gelegenheit zu geben, sich dazu zu erklären oder Fragen an die vernommene Person zu stellen. [3]Ungeeignete oder nicht zur Sache gehörende Fragen oder Erklärungen können zurückgewiesen werden. [4]§ 241a gilt entsprechend.

(3) [1]Der Richter kann einen Beschuldigten von der Anwesenheit bei der Verhandlung ausschließen, wenn dessen Anwesenheit den Untersuchungszweck gefährden würde. [2]Dies gilt namentlich dann, wenn zu befürchten ist, daß ein Zeuge in Gegenwart des Beschuldigten nicht die Wahrheit sagen werde.

(4) Hat ein nicht in Freiheit befindlicher Beschuldigter einen Verteidiger, so steht ihm ein Anspruch auf Anwesenheit nur bei solchen Terminen zu, die an der Gerichtsstelle des Ortes abgehalten werden, wo er in Haft ist.

(5) [1]Von den Terminen sind die zur Anwesenheit Berechtigten vorher zu benachrichtigen. [2]In den Fällen des Absatz 2 unterbleibt die Benachrichtigung, soweit sie den Untersuchungserfolg gefährden würde. [3]Auf die Verlegung eines Termins wegen Verhinderung haben die zur Anwesenheit Berechtigten keinen Anspruch.

§ 168d
Anwesenheitsrecht bei Einnahme eines richterlichen Augenscheins

(1) [1]Bei der Einnahme eines richterlichen Augenscheins ist der Staatsanwaltschaft, dem Beschuldigten und dem Verteidiger die Anwesenheit bei der Verhandlung gestattet. [2]§ 168c Abs. 3 Satz 1, Abs. 4 und 5 gilt entsprechend.
(2) [1]Werden bei der Einnahme eines richterlichen Augenscheins Sachverständige zugezogen, so kann der Beschuldigte beantragen, daß die von ihm für die Hauptverhandlung vorzuschlagenden Sachverständigen zu dem Termin geladen werden, und, wenn der Richter den Antrag ablehnt, sie selbst laden lassen. [2]Den vom Beschuldigten benannten Sachverständigen ist die Teilnahme am Augenschein und an den erforderlichen Untersuchungen insoweit gestattet, als dadurch die Tätigkeit der vom Richter bestellten Sachverständigen nicht behindert wird.

§ 168e
Vernehmung von Zeugen getrennt von Anwesenheitsberechtigten

[1]Besteht die dringende Gefahr eines schwerwiegenden Nachteils für das Wohl des Zeugen, wenn er in Gegenwart der Anwesenheitsberechtigten vernommen wird, und kann sie nicht in anderer Weise abgewendet werden, so soll der Richter die Vernehmung von den Anwesenheitsberechtigten getrennt durchführen. [2]Die Vernehmung wird diesen zeitgleich in Bild und Ton übertragen. [3]Die Mitwirkungsbefugnisse der Anwesenheitsberechtigten bleiben im übrigen unberührt. [4]Die §§ 58a und 241a finden entsprechende Anwendung. [5]Die Entscheidung nach Satz 1 ist unanfechtbar.

§ 169
Ermittlungsrichter des Oberlandesgerichts und des Bundesgerichtshofes

(1) [1]In Sachen, die nach den §§ 120 oder 120b des Gerichtsverfassungsgesetzes zur Zuständigkeit des Oberlandesgerichts im ersten Rechtszug gehören, können die im vorbereitenden Verfahren dem Richter beim Amtsgericht obliegenden Geschäfte auch durch Ermittlungsrichter dieses Oberlandesgerichts wahrgenommen werden. [2]Führt der Generalbundesanwalt die Ermittlungen, so sind an deren Stelle Ermittlungsrichter des Bundesgerichtshofes zuständig.
(2) Der für eine Sache zuständige Ermittlungsrichter des Oberlandesgerichts kann Untersuchungshandlungen auch dann anordnen, wenn sie nicht im Bezirk dieses Gerichts vorzunehmen sind.

§ 169a
Vermerk über den Abschluss der Ermittlungen

Erwägt die Staatsanwaltschaft, die öffentliche Klage zu erheben, so vermerkt sie den Abschluß der Ermittlungen in den Akten.

§ 170
Entscheidung über eine Anklageerhebung

(1) Bieten die Ermittlungen genügenden Anlaß zur Erhebung der öffentlichen Klage, so erhebt die Staatsanwaltschaft sie durch Einreichung einer Anklageschrift bei dem zuständigen Gericht.

(2) [1]Andernfalls stellt die Staatsanwaltschaft das Verfahren ein. [2]Hiervon setzt sie den Beschuldigten in Kenntnis, wenn er als solcher vernommen worden ist oder ein Haftbefehl gegen ihn erlassen war; dasselbe gilt, wenn er um einen Bescheid gebeten hat oder wenn ein besonderes Interesse an der Bekanntgabe ersichtlich ist.

§ 171
Einstellungsbescheid

[1]Gibt die Staatsanwaltschaft einem Antrag auf Erhebung der öffentlichen Klage keine Folge oder verfügt sie nach dem Abschluß der Ermittlungen die Einstellung des Verfahrens, so hat sie den Antragsteller unter Angabe der Gründe zu bescheiden. [2]In dem Bescheid ist der Antragsteller, der zugleich der Verletzte ist, über die Möglichkeit der Anfechtung und die dafür vorgesehene Frist (§ 172 Abs. 1) zu belehren. [3]§ 187 Absatz 1 Satz 1 und Absatz 2 des Gerichtsverfassungsgesetzes gilt entsprechend für Verletzte, die nach § 395 der Strafprozessordnung berechtigt wären, sich der öffentlichen Klage mit der Nebenklage anzuschließen, soweit sie einen Antrag auf Übersetzung stellen.

§ 172
Beschwerde des Verletzten; Klageerzwingungsverfahren

(1) [1]Ist der Antragsteller zugleich der Verletzte, so steht ihm gegen den Bescheid nach § 171 binnen zwei Wochen nach der Bekanntmachung die Beschwerde an den vorgesetzten Beamten der Staatsanwaltschaft zu. [2]Durch die Einlegung der Beschwerde bei der Staatsanwaltschaft wird die Frist gewahrt. [3]Sie läuft nicht, wenn die Belehrung nach § 171 Satz 2 unterblieben ist.

(2) [1]Gegen den ablehnenden Bescheid des vorgesetzten Beamten der Staatsanwaltschaft kann der Antragsteller binnen einem Monat nach der Bekanntmachung gerichtliche Entscheidung beantragen. [2]Hierüber und über die dafür vorgesehene Form ist er zu belehren; die Frist läuft nicht, wenn die Belehrung unterblieben ist. [3]Der Antrag ist nicht zulässig, wenn das Verfahren ausschließlich eine Straftat zum Gegenstand hat, die vom Verletzten im Wege der Privatklage verfolgt werden kann, oder wenn die Staatsanwaltschaft nach § 153 Abs. 1, § 153a Abs. 1 Satz 1, 7 oder § 153b Abs. 1 von der Verfolgung der Tat abgesehen hat; dasselbe gilt in den Fällen der §§ 153c bis 154 Abs. 1 sowie der §§ 154b und 154c.

(3) [1]Der Antrag auf gerichtliche Entscheidung muß die Tatsachen, welche die Erhebung der öffentlichen Klage begründen sollen, und die Beweismittel angeben.

[2]Er muß von einem Rechtsanwalt unterzeichnet sein; für die Prozeßkostenhilfe gelten dieselben Vorschriften wie in bürgerlichen Rechtsstreitigkeiten. [3]Der Antrag ist bei dem für die Entscheidung zuständigen Gericht einzureichen.
(4) [1]Zur Entscheidung über den Antrag ist das Oberlandesgericht zuständig. [2]Die §§ 120 und 120b des Gerichtsverfassungsgesetzes sind sinngemäß anzuwenden.

§ 173
Verfahren des Gerichts nach Antragstellung

(1) Auf Verlangen des Gerichts hat ihm die Staatsanwaltschaft die bisher von ihr geführten Verhandlungen vorzulegen.
(2) Das Gericht kann den Antrag unter Bestimmung einer Frist dem Beschuldigten zur Erklärung mitteilen.
(3) Das Gericht kann zur Vorbereitung seiner Entscheidung Ermittlungen anordnen und mit ihrer Vornahme einen beauftragten oder ersuchten Richter betrauen.

§ 174
Verwerfung des Antrags

(1) Ergibt sich kein genügender Anlaß zur Erhebung der öffentlichen Klage, so verwirft das Gericht den Antrag und setzt den Antragsteller, die Staatsanwaltschaft und den Beschuldigten von der Verwerfung in Kenntnis.
(2) Ist der Antrag verworfen, so kann die öffentliche Klage nur auf Grund neuer Tatsachen oder Beweismittel erhoben werden.

§ 175
Anordnung der Anklageerhebung

[1]Erachtet das Gericht nach Anhörung des Beschuldigten den Antrag für begründet, so beschließt es die Erhebung der öffentlichen Klage. [2]Die Durchführung dieses Beschlusses liegt der Staatsanwaltschaft ob.

§ 176
Sicherheitsleistung durch den Antragsteller

(1) [1]Durch Beschluß des Gerichts kann dem Antragsteller vor der Entscheidung über den Antrag die Leistung einer Sicherheit für die Kosten auferlegt werden, die durch das Verfahren über den Antrag voraussichtlich der Staatskasse und dem Beschuldigten erwachsen. [2]Die Sicherheitsleistung ist durch Hinterlegung in barem Geld oder in Wertpapieren zu bewirken. [3]Davon abweichende Regelungen in einer auf Grund des Gesetzes über den Zahlungsverkehr mit Gerichten und Justizbehörden erlassenen Rechtsverordnung bleiben unberührt. [4]Die Höhe der zu leistenden Sicherheit wird vom Gericht nach freiem

Ermessen festgesetzt. [5]Es hat zugleich eine Frist zu bestimmen, binnen welcher die Sicherheit zu leisten ist.
(2) Wird die Sicherheit in der bestimmten Frist nicht geleistet, so hat das Gericht den Antrag für zurückgenommen zu erklären.

§ 177
Kosten

Die durch das Verfahren über den Antrag veranlaßten Kosten sind in den Fällen der §§ 174 und 176 Abs. 2 dem Antragsteller aufzuerlegen.
[...]

§ 199
Entscheidung über die Eröffnung des Hauptverfahrens

(1) Das für die Hauptverhandlung zuständige Gericht entscheidet darüber, ob das Hauptverfahren zu eröffnen oder das Verfahren vorläufig einzustellen ist.
(2) [1]Die Anklageschrift enthält den Antrag, das Hauptverfahren zu eröffnen. [2]Mit ihr werden die Akten dem Gericht vorgelegt.
[...]

§ 230
Ausbleiben des Angeklagten

(1) Gegen einen ausgebliebenen Angeklagten findet eine Hauptverhandlung nicht statt.
(2) Ist das Ausbleiben des Angeklagten nicht genügend entschuldigt, so ist die Vorführung anzuordnen oder ein Haftbefehl zu erlassen, soweit dies zur Durchführung der Hauptverhandlung geboten ist.

§ 231
Anwesenheitspflicht des Angeklagten

(1) [1]Der erschienene Angeklagte darf sich aus der Verhandlung nicht entfernen. [2]Der Vorsitzende kann die geeigneten Maßregeln treffen, um die Entfernung zu verhindern; auch kann er den Angeklagten während einer Unterbrechung der Verhandlung in Gewahrsam halten lassen.
(2) Entfernt der Angeklagte sich dennoch oder bleibt er bei der Fortsetzung einer unterbrochenen Hauptverhandlung aus, so kann diese in seiner Abwesenheit zu Ende geführt werden, wenn er über die Anklage schon vernommen war, das Gericht seine fernere Anwesenheit nicht für erforderlich erachtet und er in der Ladung darauf hingewiesen worden ist, dass die Verhandlung in diesen Fällen in seiner Abwesenheit zu Ende geführt werden kann.

§ 231a
Herbeiführung der Verhandlungsunfähigkeit durch den Angeklagten

(1) [1]Hat sich der Angeklagte vorsätzlich und schuldhaft in einen seine Verhandlungsfähigkeit ausschließenden Zustand versetzt und verhindert er dadurch wissentlich die ordnungsmäßige Durchführung oder Fortsetzung der Hauptverhandlung in seiner Gegenwart, so wird die Hauptverhandlung, wenn er noch nicht über die Anklage vernommen war, in seiner Abwesenheit durchgeführt oder fortgesetzt, soweit das Gericht seine Anwesenheit nicht für unerläßlich hält. [2]Nach Satz 1 ist nur zu verfahren, wenn der Angeklagte nach Eröffnung des Hauptverfahrens Gelegenheit gehabt hat, sich vor dem Gericht oder einem beauftragten Richter zur Anklage zu äußern.

(2) Sobald der Angeklagte wieder verhandlungsfähig ist, hat ihn der Vorsitzende, solange mit der Verkündung des Urteils noch nicht begonnen worden ist, von dem wesentlichen Inhalt dessen zu unterrichten, was in seiner Abwesenheit verhandelt worden ist.

(3) [1]Die Verhandlung in Abwesenheit des Angeklagten nach Absatz 1 beschließt das Gericht nach Anhörung eines Arztes als Sachverständigen. [2]Der Beschluß kann bereits vor Beginn der Hauptverhandlung gefaßt werden. [3]Gegen den Beschluß ist sofortige Beschwerde zulässig; sie hat aufschiebende Wirkung. [4]Eine bereits begonnene Hauptverhandlung ist bis zur Entscheidung über die sofortige Beschwerde zu unterbrechen; die Unterbrechung darf, auch wenn die Voraussetzungen des § 229 Abs. 2 nicht vorliegen, bis zu dreißig Tagen dauern.

(4) Dem Angeklagten, der keinen Verteidiger hat, ist ein Verteidiger zu bestellen, sobald eine Verhandlung ohne den Angeklagten nach Absatz 1 in Betracht kommt.

§ 231b
Fortsetzung nach Entfernung des Angeklagten zur Aufrechterhaltung der Ordnung

(1) [1]Wird der Angeklagte wegen ordnungswidrigen Benehmens aus dem Sitzungszimmer entfernt oder zur Haft abgeführt (§ 177 des Gerichtsverfassungsgesetzes), so kann in seiner Abwesenheit verhandelt werden, wenn das Gericht seine fernere Anwesenheit nicht für unerläßlich hält und solange zu befürchten ist, daß die Anwesenheit des Angeklagten den Ablauf der Hauptverhandlung in schwerwiegender Weise beeinträchtigen würde. [2]Dem Angeklagten ist in jedem Fall Gelegenheit zu geben, sich zur Anklage zu äußern.

(2) Sobald der Angeklagte wieder vorgelassen ist, ist nach § 231a Abs. 2 zu verfahren.

[...]

§ 232
Durchführung der Hauptverhandlung trotz Ausbleibens des Angeklagten

(1) [1]Die Hauptverhandlung kann ohne den Angeklagten durchgeführt werden, wenn er ordnungsgemäß geladen und in der Ladung darauf hingewiesen worden ist, daß in seiner Abwesenheit verhandelt werden kann, und wenn nur Geldstrafe bis zu einhundertachtzig Tagessätzen, Verwarnung mit Strafvorbehalt, Fahrverbot, Einziehung, Vernichtung oder Unbrauchbarmachung, allein oder nebeneinander, zu erwarten ist. [2]Eine höhere Strafe oder eine Maßregel der Besserung und Sicherung darf in diesem Verfahren nicht verhängt werden. [3]Die Entziehung der Fahrerlaubnis ist zulässig, wenn der Angeklagte in der Ladung auf diese Möglichkeit hingewiesen worden ist.
(2) Auf Grund einer Ladung durch öffentliche Bekanntmachung findet die Hauptverhandlung ohne den Angeklagten nicht statt.
(3) Das Protokoll über eine richterliche Vernehmung des Angeklagten wird in der Hauptverhandlung verlesen.
(4) Das in Abwesenheit des Angeklagten ergehende Urteil muß ihm mit den Urteilsgründen durch Übergabe zugestellt werden, wenn es nicht nach § 145a Abs. 1 dem Verteidiger zugestellt wird.

§ 233
Entbindung des Angeklagten von der Pflicht zum Erscheinen

(1) [1]Der Angeklagte kann auf seinen Antrag von der Verpflichtung zum Erscheinen in der Hauptverhandlung entbunden werden, wenn nur Freiheitsstrafe bis zu sechs Monaten, Geldstrafe bis zu einhundertachtzig Tagessätzen, Verwarnung mit Strafvorbehalt, Fahrverbot, Einziehung, Vernichtung oder Unbrauchbarmachung, allein oder nebeneinander, zu erwarten ist. [2]Eine höhere Strafe oder eine Maßregel der Besserung und Sicherung darf in seiner Abwesenheit nicht verhängt werden. [3]Die Entziehung der Fahrerlaubnis ist zulässig.
(2) [1]Wird der Angeklagte von der Verpflichtung zum Erscheinen in der Hauptverhandlung entbunden, so muß er durch einen beauftragten oder ersuchten Richter über die Anklage vernommen werden. [2]Dabei wird er über die bei Verhandlung in seiner Abwesenheit zulässigen Rechtsfolgen belehrt sowie befragt, ob er seinen Antrag auf Befreiung vom Erscheinen in der Hauptverhandlung aufrechterhalte. [3]Statt eines Ersuchens oder einer Beauftragung nach Satz 1 kann außerhalb der Hauptverhandlung auch das Gericht die Vernehmung über die Anklage in der Weise durchführen, dass sich der Angeklagte an einem anderen Ort als das Gericht aufhält und die Vernehmung zeitgleich in Bild und Ton an den Ort, an dem sich der Angeklagte aufhält, und in das Sitzungszimmer übertragen wird.
(3) [1]Von dem zum Zweck der Vernehmung anberaumten Termin sind die Staatsanwaltschaft und der Verteidiger zu benachrichtigen; ihrer Anwesenheit

bei der Vernehmung bedarf es nicht. 2Das Protokoll über die Vernehmung ist in der Hauptverhandlung zu verlesen.

§ 234
Vertretung des abwesenden Angeklagten

Soweit die Hauptverhandlung ohne Anwesenheit des Angeklagten stattfinden kann, ist er befugt, sich durch einen Verteidiger mit nachgewiesener Vertretungsvollmacht vertreten zu lassen.
[...]

§ 236
Anordnung des persönlichen Erscheinens des Angeklagten

Das Gericht ist stets befugt, das persönliche Erscheinen des Angeklagten anzuordnen und durch einen Vorführungsbefehl oder Haftbefehl zu erzwingen.
[...]

§ 243
Gang der Hauptverhandlung

(1) 1Die Hauptverhandlung beginnt mit dem Aufruf der Sache. 2Der Vorsitzende stellt fest, ob der Angeklagte und der Verteidiger anwesend und die Beweismittel herbeigeschafft, insbesondere die geladenen Zeugen und Sachverständigen erschienen sind.
(2) 1Die Zeugen verlassen den Sitzungssaal. 2Der Vorsitzende vernimmt den Angeklagten über seine persönlichen Verhältnisse.
(3) 1Darauf verliest der Staatsanwalt den Anklagesatz. 2Dabei legt er in den Fällen des § 207 Abs. 3 die neue Anklageschrift zugrunde. 3In den Fällen des § 207 Abs. 2 Nr. 3 trägt der Staatsanwalt den Anklagesatz mit der dem Eröffnungsbeschluß zugrunde liegenden rechtlichen Würdigung vor; außerdem kann er seine abweichende Rechtsauffassung äußern. 4In den Fällen des § 207 Abs. 2 Nr. 4 berücksichtigt er die Änderungen, die das Gericht bei der Zulassung der Anklage zur Hauptverhandlung beschlossen hat.
(4) 1Der Vorsitzende teilt mit, ob Erörterungen nach den §§ 202a, 212 stattgefunden haben, wenn deren Gegenstand die Möglichkeit einer Verständigung (§ 257c) gewesen ist und wenn ja, deren wesentlichen Inhalt. 2Diese Pflicht gilt auch im weiteren Verlauf der Hauptverhandlung, soweit sich Änderungen gegenüber der Mitteilung zu Beginn der Hauptverhandlung ergeben haben.
(5) 1Sodann wird der Angeklagte darauf hingewiesen, daß es ihm freistehe, sich zu der Anklage zu äußern oder nicht zur Sache auszusagen. 2Ist der Angeklagte zur Äußerung bereit, so wird er nach Maßgabe des § 136 Abs. 2 zur Sache vernommen. 3Auf Antrag erhält der Verteidiger in besonders umfangreichen erstinstanzlichen Verfahren vor dem Land- oder Oberlandesgericht, in denen die Hauptverhandlung voraussichtlich länger als zehn Tage dauern wird, Gelegenheit, vor der Vernehmung des Angeklagten für diesen eine Erklärung zur An-

klage abzugeben, die den Schlussvortrag nicht vorwegnehmen darf. [4]Der Vorsitzende kann dem Verteidiger aufgeben, die weitere Erklärung schriftlich einzureichen, wenn ansonsten der Verfahrensablauf erheblich verzögert würde; § 249 Absatz 2 Satz 1 gilt entsprechend. [5]Vorstrafen des Angeklagten sollen nur insoweit festgestellt werden, als sie für die Entscheidung von Bedeutung sind. [6]Wann sie festgestellt werden, bestimmt der Vorsitzende.

§ 244
Beweisaufnahme; Untersuchungsgrundsatz; Ablehnung von Beweisanträgen

(1) Nach der Vernehmung des Angeklagten folgt die Beweisaufnahme.

(2) Das Gericht hat zur Erforschung der Wahrheit die Beweisaufnahme von Amts wegen auf alle Tatsachen und Beweismittel zu erstrecken, die für die Entscheidung von Bedeutung sind.

(3) [1]Ein Beweisantrag liegt vor, wenn der Antragsteller ernsthaft verlangt, Beweis über eine bestimmt behauptete konkrete Tatsache, die die Schuld- oder Rechtsfolgenfrage betrifft, durch ein bestimmt bezeichnetes Beweismittel zu erheben und dem Antrag zu entnehmen ist, weshalb das bezeichnete Beweismittel die behauptete Tatsache belegen können soll. [2]Ein Beweisantrag ist abzulehnen, wenn die Erhebung des Beweises unzulässig ist. [3]Im Übrigen darf ein Beweisantrag nur abgelehnt werden, wenn

1. eine Beweiserhebung wegen Offenkundigkeit überflüssig ist,
2. die Tatsache, die bewiesen werden soll, für die Entscheidung ohne Bedeutung ist,
3. die Tatsache, die bewiesen werden soll, schon erwiesen ist,
4. das Beweismittel völlig ungeeignet ist,
5. das Beweismittel unerreichbar ist oder
6. eine erhebliche Behauptung, die zur Entlastung des Angeklagten bewiesen werden soll, so behandelt werden kann, als wäre die behauptete Tatsache wahr.

(4) [1]Ein Beweisantrag auf Vernehmung eines Sachverständigen kann, soweit nichts anderes bestimmt ist, auch abgelehnt werden, wenn das Gericht selbst die erforderliche Sachkunde besitzt. [2]Die Anhörung eines weiteren Sachverständigen kann auch dann abgelehnt werden, wenn durch das frühere Gutachten das Gegenteil der behaupteten Tatsache bereits erwiesen ist; dies gilt nicht, wenn die Sachkunde des früheren Gutachters zweifelhaft ist, wenn sein Gutachten von unzutreffenden tatsächlichen Voraussetzungen ausgeht, wenn das Gutachten Widersprüche enthält oder wenn der neue Sachverständige über Forschungsmittel verfügt, die denen eines früheren Gutachters überlegen erscheinen.

(5) [1]Ein Beweisantrag auf Einnahme eines Augenscheins kann abgelehnt werden, wenn der Augenschein nach dem pflichtgemäßen Ermessen des Gerichts zur Erforschung der Wahrheit nicht erforderlich ist. [2]Unter derselben Voraussetzung kann auch ein Beweisantrag auf Vernehmung eines Zeugen abgelehnt

werden, dessen Ladung im Ausland zu bewirken wäre. Ein Beweisantrag auf Verlesung eines Ausgangsdokuments kann abgelehnt werden, wenn nach pflichtgemäßem Ermessen des Gerichts kein Anlass besteht, an der inhaltlichen Übereinstimmung mit dem übertragenen Dokument zu zweifeln.

(6) [1]Die Ablehnung eines Beweisantrages bedarf eines Gerichtsbeschlusses. [2]Einer Ablehnung nach Satz 1 bedarf es nicht, wenn die beantragte Beweiserhebung nichts Sachdienliches zu Gunsten des Antragstellers erbringen kann, der Antragsteller sich dessen bewusst ist und er die Verschleppung des Verfahrens bezweckt; die Verfolgung anderer verfahrensfremder Ziele steht der Verschleppungsabsicht nicht entgegen. [3]Nach Abschluss der von Amts wegen vorgesehenen Beweisaufnahme kann der Vorsitzende eine angemessene Frist zum Stellen von Beweisanträgen bestimmen. [4]Beweisanträge, die nach Fristablauf gestellt werden, können im Urteil beschieden werden; dies gilt nicht, wenn die Stellung des Beweisantrags vor Fristablauf nicht möglich war. [5]Wird ein Beweisantrag nach Fristablauf gestellt, sind die Tatsachen, die die Einhaltung der Frist unmöglich gemacht haben, mit dem Antrag glaubhaft zu machen.

[...]

§ 250
Grundsatz der persönlichen Vernehmung

[1]Beruht der Beweis einer Tatsache auf der Wahrnehmung einer Person, so ist diese in der Hauptverhandlung zu vernehmen. [2]Die Vernehmung darf nicht durch Verlesung des über eine frühere Vernehmung aufgenommenen Protokolls oder einer Erklärung ersetzt werden.

§ 251
Urkundenbeweis durch Verlesung von Protokollen

(1) Die Vernehmung eines Zeugen, Sachverständigen oder Mitbeschuldigten kann durch die Verlesung eines Protokolls über eine Vernehmung oder einer Urkunde, die eine von ihm erstellte Erklärung enthält, ersetzt werden,

1. wenn der Angeklagte einen Verteidiger hat und der Staatsanwalt, der Verteidiger und der Angeklagte damit einverstanden sind;
2. wenn die Verlesung lediglich der Bestätigung eines Geständnisses des Angeklagten dient und der Angeklagte, der keinen Verteidiger hat, sowie der Staatsanwalt der Verlesung zustimmen;
3. wenn der Zeuge, Sachverständige oder Mitbeschuldigte verstorben ist oder aus einem anderen Grunde in absehbarer Zeit gerichtlich nicht vernommen werden kann;
4. soweit das Protokoll oder die Urkunde das Vorliegen oder die Höhe eines Vermögensschadens betrifft.

(2) Die Vernehmung eines Zeugen, Sachverständigen oder Mitbeschuldigten darf durch die Verlesung des Protokolls über seine frühere richterliche Vernehmung auch ersetzt werden, wenn

1. dem Erscheinen des Zeugen, Sachverständigen oder Mitbeschuldigten in der Hauptverhandlung für eine längere oder ungewisse Zeit Krankheit, Gebrechlichkeit oder andere nicht zu beseitigende Hindernisse entgegenstehen;
2. dem Zeugen oder Sachverständigen das Erscheinen in der Hauptverhandlung wegen großer Entfernung unter Berücksichtigung der Bedeutung seiner Aussage nicht zugemutet werden kann;
3. der Staatsanwalt, der Verteidiger und der Angeklagte mit der Verlesung einverstanden sind.

(3) Soll die Verlesung anderen Zwecken als unmittelbar der Urteilsfindung, insbesondere zur Vorbereitung der Entscheidung darüber dienen, ob die Ladung und Vernehmung einer Person erfolgen sollen, so dürfen Protokolle und Urkunden auch sonst verlesen werden.

(4) [1]In den Fällen der Absätze 1 und 2 beschließt das Gericht, ob die Verlesung angeordnet wird. [2]Der Grund der Verlesung wird bekanntgegeben. [3]Wird das Protokoll über eine richterliche Vernehmung verlesen, so wird festgestellt, ob der Vernommene vereidigt worden ist. [4]Die Vereidigung wird nachgeholt, wenn sie dem Gericht notwendig erscheint und noch ausführbar ist.

§ 252
Verbot der Protokollverlesung nach Zeugnisverweigerung

Die Aussage eines vor der Hauptverhandlung vernommenen Zeugen, der erst in der Hauptverhandlung von seinem Recht, das Zeugnis zu verweigern, Gebrauch macht, darf nicht verlesen werden.

§ 253
Protokollverlesung zur Gedächtnisunterstützung

(1) Erklärt ein Zeuge oder Sachverständiger, daß er sich einer Tatsache nicht mehr erinnere, so kann der hierauf bezügliche Teil des Protokolls über seine frühere Vernehmung zur Unterstützung seines Gedächtnisses verlesen werden.

(2) Dasselbe kann geschehen, wenn ein in der Vernehmung hervortretender Widerspruch mit der früheren Aussage nicht auf andere Weise ohne Unterbrechung der Hauptverhandlung festgestellt oder behoben werden kann.

§ 254
Verlesung eines richterlichen Protokolls bei Geständnissen oder Widersprüchen

(1) Erklärungen des Angeklagten, die in einem richterlichen Protokoll oder in einer Bild-Ton-Aufzeichnung einer Vernehmung enthalten sind, können zum

Zweck der Beweisaufnahme über ein Geständnis verlesen beziehungsweise vorgeführt werden.
(2) Dasselbe kann geschehen, wenn ein in der Vernehmung hervortretender Widerspruch mit der früheren Aussage nicht auf andere Weise ohne Unterbrechung der Hauptverhandlung festgestellt oder behoben werden kann.
[...]

§ 268
Urteilsverkündung

(1) Das Urteil ergeht im Namen des Volkes.
(2) [1]Das Urteil wird durch Verlesung der Urteilsformel und Eröffnung der Urteilsgründe verkündet. [2]Die Eröffnung der Urteilsgründe geschieht durch Verlesung oder durch mündliche Mitteilung ihres wesentlichen Inhalts. [3]Bei der Entscheidung, ob die Urteilsgründe verlesen werden oder ihr wesentlicher Inhalt mündlich mitgeteilt wird, sowie im Fall der mündlichen Mitteilung des wesentlichen Inhalts der Urteilsgründe soll auf die schutzwürdigen Interessen von Prozessbeteiligten, Zeugen oder Verletzten Rücksicht genommen werden. [4]Die Verlesung der Urteilsformel hat in jedem Falle der Mitteilung der Urteilsgründe voranzugehen.
(3) [1]Das Urteil soll am Schluß der Verhandlung verkündet werden. [2]Es muß spätestens zwei Wochen danach verkündet werden, andernfalls mit der Hauptverhandlung von neuem zu beginnen ist. [3]§ 229 Absatz 3, 4 Satz 2 und Absatz 5 gilt entsprechend.

§ 268a
Aussetzung der Vollstreckung von Strafen oder Maßregeln zur Bewährung

(1) Wird in dem Urteil die Strafe zur Bewährung ausgesetzt oder der Angeklagte mit Strafvorbehalt verwarnt, so trifft das Gericht die in den §§ 56a bis 56d und 59a des Strafgesetzbuches bezeichneten Entscheidungen durch Beschluß; dieser ist mit dem Urteil zu verkünden.
(2) Absatz 1 gilt entsprechend, wenn in dem Urteil eine Maßregel der Besserung und Sicherung zur Bewährung ausgesetzt oder neben der Strafe Führungsaufsicht angeordnet wird und das Gericht Entscheidungen nach den §§ 68a bis 68c des Strafgesetzbuches trifft.
(3) [1]Der Vorsitzende belehrt den Angeklagten über die Bedeutung der Aussetzung der Strafe oder Maßregel zur Bewährung, der Verwarnung mit Strafvorbehalt oder der Führungsaufsicht, über die Dauer der Bewährungszeit oder der Führungsaufsicht, über die Auflagen und Weisungen sowie über die Möglichkeit des Widerrufs der Aussetzung oder der Verurteilung zu der vorbehaltenen Strafe (§ 56f Abs. 1, §§ 59b, 67g Abs. 1 des Strafgesetzbuches). [2]Erteilt das Gericht dem Angeklagten Weisungen nach § 68b Abs. 1 des Strafgesetzbuches, so belehrt der Vorsitzende ihn auch über die Möglichkeit einer Bestrafung nach

§ 145a des Strafgesetzbuches. 3Die Belehrung ist in der Regel im Anschluß an die Verkündung des Beschlusses nach den Absätzen 1 oder 2 zu erteilen. 4Wird die Unterbringung in einem psychiatrischen Krankenhaus zur Bewährung ausgesetzt, so kann der Vorsitzende von der Belehrung über die Möglichkeit des Widerrufs der Aussetzung absehen.

§ 268b
Beschluss über die Fortdauer der Untersuchungshaft

1Bei der Urteilsfällung ist zugleich von Amts wegen über die Fortdauer der Untersuchungshaft oder einstweiligen Unterbringung zu entscheiden. 2Der Beschluß ist mit dem Urteil zu verkünden.

§ 268c
Belehrung bei Anordnung eines Fahrverbots

1Wird in dem Urteil ein Fahrverbot angeordnet, so belehrt der Vorsitzende den Angeklagten über den Beginn der Verbotsfrist (§ 44 Abs. 3 Satz 1 des Strafgesetzbuches). 2Die Belehrung wird im Anschluß an die Urteilsverkündung erteilt. 3Ergeht das Urteil in Abwesenheit des Angeklagten, so ist er schriftlich zu belehren.

§ 268d
Belehrung bei vorbehaltener Sicherungsverwahrung

Ist in dem Urteil die Anordnung der Sicherungsverwahrung nach § 66a Absatz 1 oder 2 des Strafgesetzbuches vorbehalten, so belehrt der Vorsitzende den Angeklagten über die Bedeutung des Vorbehalts sowie über den Zeitraum, auf den sich der Vorbehalt erstreckt.
[...]

§ 359
Wiederaufnahme zugunsten des Verurteilten

Die Wiederaufnahme eines durch rechtskräftiges Urteil abgeschlossenen Verfahrens zugunsten des Verurteilten ist zulässig,
1. wenn eine in der Hauptverhandlung zu seinen Ungunsten als echt vorgebrachte Urkunde unecht oder verfälscht war;
2. wenn der Zeuge oder Sachverständige sich bei einem zuungunsten des Verurteilten abgelegten Zeugnis oder abgegebenen Gutachten einer vorsätzlichen oder fahrlässigen Verletzung der Eidespflicht oder einer vorsätzlichen falschen uneidlichen Aussage schuldig gemacht hat;
3. wenn bei dem Urteil ein Richter oder Schöffe mitgewirkt hat, der sich in Beziehung auf die Sache einer strafbaren Verletzung seiner Amtspflichten schuldig gemacht hat, sofern die Verletzung nicht vom Verurteilten selbst veranlaßt ist;

4. wenn ein zivilgerichtliches Urteil, auf welches das Strafurteil gegründet ist, durch ein anderes rechtskräftig gewordenes Urteil aufgehoben ist;
5. wenn neue Tatsachen oder Beweismittel beigebracht sind, die allein oder in Verbindung mit den früher erhobenen Beweisen die Freisprechung des Angeklagten oder in Anwendung eines milderen Strafgesetzes eine geringere Bestrafung oder eine wesentlich andere Entscheidung über eine Maßregel der Besserung und Sicherung zu begründen geeignet sind,
6. wenn der Europäische Gerichtshof für Menschenrechte eine Verletzung der Europäischen Konvention zum Schutze der Menschenrechte und Grundfreiheiten oder ihrer Protokolle festgestellt hat und das Urteil auf dieser Verletzung beruht.

[...]

§ 362
Wiederaufnahme zuungunsten des Verurteilten

Die Wiederaufnahme eines durch rechtskräftiges Urteil abgeschlossenen Verfahrens zuungunsten des Angeklagten ist zulässig,

1. wenn eine in der Hauptverhandlung zu seinen Gunsten als echt vorgebrachte Urkunde unecht oder verfälscht war;
2. wenn der Zeuge oder Sachverständige sich bei einem zugunsten des Angeklagten abgelegten Zeugnis oder abgegebenen Gutachten einer vorsätzlichen oder fahrlässigen Verletzung der Eidespflicht oder einer vorsätzlichen falschen uneidlichen Aussage schuldig gemacht hat;
3. wenn bei dem Urteil ein Richter oder Schöffe mitgewirkt hat, der sich in Beziehung auf die Sache einer strafbaren Verletzung seiner Amtspflichten schuldig gemacht hat;
4. wenn von dem Freigesprochenen vor Gericht oder außergerichtlich ein glaubwürdiges Geständnis der Straftat abgelegt wird.

[Red. Anmerkung: § 362 Nr. 5 wurde vom BVerfG für nichtig erklärt.]

§ 363
Unzulässigkeit

(1) Eine Wiederaufnahme des Verfahrens zu dem Zweck, eine andere Strafbemessung auf Grund desselben Strafgesetzes herbeizuführen, ist nicht zulässig.
(2) Eine Wiederaufnahme des Verfahrens zu dem Zweck, eine Milderung der Strafe wegen verminderter Schuldfähigkeit (§ 21 des Strafgesetzbuches) herbeizuführen, ist gleichfalls ausgeschlossen.

§ 364
Behauptung einer Straftat

[1]Ein Antrag auf Wiederaufnahme des Verfahrens, der auf die Behauptung einer Straftat gegründet werden soll, ist nur dann zulässig, wenn wegen dieser Tat

eine rechtskräftige Verurteilung ergangen ist oder wenn die Einleitung oder Durchführung eines Strafverfahrens aus anderen Gründen als wegen Mangels an Beweis nicht erfolgen kann. [2]Dies gilt nicht im Falle des § 359 Nr. 5.
[...]

§ 373b
Begriff des Verletzten

(1) Im Sinne dieses Gesetzes sind Verletzte diejenigen, die durch die Tat, ihre Begehung unterstellt oder rechtskräftig festgestellt, in ihren Rechtsgütern unmittelbar beeinträchtigt worden sind oder unmittelbar einen Schaden erlitten haben.
(2) Verletzten im Sinne des Absatzes 1 gleichgestellt sind
1. der Ehegatte oder der Lebenspartner,
2. der in einem gemeinsamen Haushalt lebende Lebensgefährte,
3. die Verwandten in gerader Linie,
4. die Geschwister und
5. die Unterhaltsberechtigten

einer Person, deren Tod eine direkte Folge der Tat, ihre Begehung unterstellt oder rechtskräftig festgestellt, gewesen ist.
[...]

§ 374
Zulässigkeit; Privatklageberechtigte

(1) Im Wege der Privatklage können vom Verletzten verfolgt werden, ohne daß es einer vorgängigen Anrufung der Staatsanwaltschaft bedarf,
1. ein Hausfriedensbruch (§ 123 des Strafgesetzbuches),
2. eine Beleidigung (§§ 185 bis 189 des Strafgesetzbuches), wenn sie nicht gegen eine der in § 194 Abs. 4 des Strafgesetzbuches genannten politischen Körperschaften gerichtet ist,
2a. eine Verletzung des höchstpersönlichen Lebensbereichs und von Persönlichkeitsrechten durch Bildaufnahmen (§ 201a Absatz 1 und 2 des Strafgesetzbuches),
3. eine Verletzung des Briefgeheimnisses (§ 202 des Strafgesetzbuches),
4. eine Körperverletzung (§§ 223 und 229 des Strafgesetzbuches),
5. eine Nötigung (§ 240 Absatz 1 bis 3 des Strafgesetzbuches) oder eine Bedrohung (§ 241 Absatz 1 bis 3 des Strafgesetzbuches),
5a. eine Bestechlichkeit oder Bestechung im geschäftlichen Verkehr (§ 299 des Strafgesetzbuches),
6. eine Sachbeschädigung (§ 303 des Strafgesetzbuches),
6a. eine Straftat nach § 323a des Strafgesetzbuches, wenn die im Rausch begangene Tat ein in den Nummern 1 bis 6 genanntes Vergehen ist,
7. eine Straftat nach § 16 des Gesetzes gegen den unlauteren Wettbewerb und § 23 des Gesetzes zum Schutz von Geschäftsgeheimnissen,

8. eine Straftat nach § 142 Abs. 1 des Patentgesetzes, § 25 Abs. 1 des Gebrauchsmustergesetzes, § 10 Abs. 1 des Halbleiterschutzgesetzes, § 39 Abs. 1 des Sortenschutzgesetzes, § 143 Abs. 1 und § 144 Absatz 1 des Markengesetzes, § 51 Abs. 1 und § 65 Abs. 1 des Designgesetzes, den §§ 106 bis 108 sowie § 108b Abs. 1 und 2 des Urheberrechtsgesetzes und § 33 des Gesetzes betreffend das Urheberrecht an Werken der bildenden Künste und der Photographie.

(2) [1]Die Privatklage kann auch erheben, wer neben dem Verletzten oder an seiner Stelle berechtigt ist, Strafantrag zu stellen. [2]Die in § 77 Abs. 2 des Strafgesetzbuches genannten Personen können die Privatklage auch dann erheben, wenn der vor ihnen Berechtigte den Strafantrag gestellt hat.

(3) Hat der Verletzte einen gesetzlichen Vertreter, so wird die Befugnis zur Erhebung der Privatklage durch diesen und, wenn Körperschaften, Gesellschaften und andere Personenvereine, die als solche in bürgerlichen Rechtsstreitigkeiten klagen können, die Verletzten sind, durch dieselben Personen wahrgenommen, durch die sie in bürgerlichen Rechtsstreitigkeiten vertreten werden.

§ 375
Mehrere Privatklageberechtigte

(1) Sind wegen derselben Straftat mehrere Personen zur Privatklage berechtigt, so ist bei Ausübung dieses Rechts ein jeder von dem anderen unabhängig.

(2) Hat jedoch einer der Berechtigten die Privatklage erhoben, so steht den übrigen nur der Beitritt zu dem eingeleiteten Verfahren, und zwar in der Lage zu, in der es sich zur Zeit der Beitrittserklärung befindet.

(3) Jede in der Sache selbst ergangene Entscheidung äußert zugunsten des Beschuldigten ihre Wirkung auch gegenüber solchen Berechtigten, welche die Privatklage nicht erhoben haben.

§ 376
Anklageerhebung bei Privatklagedelikten

Die öffentliche Klage wird wegen der in § 374 bezeichneten Straftaten von der Staatsanwaltschaft nur dann erhoben, wenn dies im öffentlichen Interesse liegt.

§ 377
Beteiligung der Staatsanwaltschaft; Übernahme der Verfolgung

(1) [1]Im Privatklageverfahren ist der Staatsanwalt zu einer Mitwirkung nicht verpflichtet. [2]Das Gericht legt ihm die Akten vor, wenn es die Übernahme der Verfolgung durch ihn für geboten hält.

(2) [1]Auch kann die Staatsanwaltschaft in jeder Lage der Sache bis zum Eintritt der Rechtskraft des Urteils durch eine ausdrückliche Erklärung die Verfolgung übernehmen. [2]In der Einlegung eines Rechtsmittels ist die Übernahme der Verfolgung enthalten.

[...]

§ 383
Eröffnungs- oder Zurückweisungsbeschluss; Einstellung bei geringer Schuld

(1) [1]Nach Eingang der Erklärung des Beschuldigten oder Ablauf der Frist entscheidet das Gericht darüber, ob das Hauptverfahren zu eröffnen oder die Klage zurückzuweisen ist, nach Maßgabe der Vorschriften, die bei einer von der Staatsanwaltschaft unmittelbar erhobenen Anklage anzuwenden sind. [2]In dem Beschluß, durch den das Hauptverfahren eröffnet wird, bezeichnet das Gericht den Angeklagten und die Tat gemäß § 200 Abs. 1 Satz 1.
(2) [1]Ist die Schuld des Täters gering, so kann das Gericht das Verfahren einstellen. [2]Die Einstellung ist auch noch in der Hauptverhandlung zulässig. [3]Der Beschluß kann mit sofortiger Beschwerde angefochten werden.
[...]

§ 385
Stellung des Privatklägers; Ladung; Akteneinsicht

(1) [1]Soweit in dem Verfahren auf erhobene öffentliche Klage die Staatsanwaltschaft zuzuziehen und zu hören ist, wird in dem Verfahren auf erhobene Privatklage der Privatkläger zugezogen und gehört. [2]Alle Entscheidungen, die dort der Staatsanwaltschaft bekanntgemacht werden, sind hier dem Privatkläger bekanntzugeben.
(2) Zwischen der Zustellung der Ladung des Privatklägers zur Hauptverhandlung und dem Tag der letzteren muß eine Frist von mindestens einer Woche liegen.
(3) [1]Für den Privatkläger kann ein Rechtsanwalt die Akten, die dem Gericht vorliegen oder von der Staatsanwaltschaft im Falle der Erhebung einer Anklage vorzulegen wären, einsehen sowie amtlich verwahrte Beweisstücke besichtigen, soweit der Untersuchungszweck in einem anderen Strafverfahren nicht gefährdet werden kann und überwiegende schutzwürdige Interessen des Beschuldigten oder Dritter nicht entgegenstehen. Der Privatkläger, der nicht durch einen Rechtsanwalt vertreten wird, ist in entsprechender Anwendung des Satzes 1 befugt, die Akten einzusehen und amtlich verwahrte Beweisstücke unter Aufsicht zu besichtigen. Werden die Akten nicht elektronisch geführt, können dem Privatkläger, der nicht durch einen Rechtsanwalt vertreten wird, an Stelle der Einsichtnahme in die Akten Kopien aus den Akten übermittelt werden. § 406e Absatz 5 gilt entsprechend.
(4) In den Fällen der §§ 154a und 421 ist deren Absatz 3 Satz 2 nicht anzuwenden. (5) [1]Im Revisionsverfahren ist ein Antrag des Privatklägers nach § 349 Abs. 2 nicht erforderlich. [2]§ 349 Abs. 3 ist nicht anzuwenden.
[...]

§ 395
Befugnis zum Anschluss als Nebenkläger

(1) Der erhobenen öffentlichen Klage oder dem Antrag im Sicherungsverfahren kann sich mit der Nebenklage anschließen, wer verletzt ist durch eine rechtswidrige Tat nach

1. den §§ 174 bis 182, 184i bis 184k des Strafgesetzbuches,
2. den §§ 211 und 212 des Strafgesetzbuches, die versucht wurde,

2a. den §§ 6 bis 8, 11 und 12 des Völkerstrafgesetzbuches gegen das Leben, die versucht wurde, sofern auch hier ein unmittelbarer Zusammenhang zwischen der verfahrensgegenständlichen Tat und der Rechtsgutverletzung besteht,

3. den §§ 221, 223 bis 226a und 340 des Strafgesetzbuches,
4. den §§ 232 bis 238, 239 Absatz 3, §§ 239a, 239b und 240 Absatz 4 des Strafgesetzbuches,

4a. den §§ 6 bis 8 und 10 bis 12 des Völkerstrafgesetzbuches in seinen Rechten auf körperliche Unversehrtheit, Freiheit oder auf religiöse, sexuelle oder reproduktive Selbstbestimmung oder als Kind in seinem Recht auf ungestörte körperliche und seelische Entwicklung, sofern auch hier ein unmittelbarer Zusammenhang zwischen der verfahrensgegenständlichen Tat und der Rechtsgutverletzung besteht,

5. § 4 des Gewaltschutzgesetzes,
6. § 142 des Patentgesetzes, § 25 des Gebrauchsmustergesetzes, § 10 des Halbleiterschutzgesetzes, § 39 des Sortenschutzgesetzes, den §§ 143 und 144 des Markengesetzes, den §§ 51 und 65 des Designgesetzes, den §§ 106 bis 108b des Urheberrechtsgesetzes, § 33 des Gesetzes betreffend das Urheberrecht an Werken der bildenden Künste und der Photographie, § 16 des Gesetzes gegen den unlauteren Wettbewerb und § 23 des Gesetzes zum Schutz von Geschäftsgeheimnissen.

(2) Die gleiche Befugnis steht Personen zu,

1. deren Kinder, Eltern, Geschwister, Ehegatten oder Lebenspartner durch eine rechtswidrige Tat getötet wurden oder
2. die durch einen Antrag auf gerichtliche Entscheidung (§ 172) die Erhebung der öffentlichen Klage herbeigeführt haben.

(3) Wer durch eine andere rechtswidrige Tat, insbesondere nach den §§ 185 bis 189, 229, 244 Absatz 1 Nummer 3, Absatz 4, §§ 249 bis 255 und 316a des Strafgesetzbuches, verletzt ist, kann sich der erhobenen öffentlichen Klage mit der Nebenklage anschließen, wenn dies aus besonderen Gründen, insbesondere wegen der schweren Folgen der Tat, zur Wahrnehmung seiner Interessen geboten erscheint.

(4) [1]Der Anschluss ist in jeder Lage des Verfahrens zulässig. [2]Er kann nach ergangenem Urteil auch zur Einlegung von Rechtsmitteln geschehen.

(5) [1]Wird die Verfolgung nach § 154a beschränkt, so berührt dies nicht das Recht, sich der erhobenen öffentlichen Klage als Nebenkläger anzuschließen. [2]Wird der Nebenkläger zum Verfahren zugelassen, entfällt eine Beschränkung nach § 154a Absatz 1 oder 2, soweit sie die Nebenklage betrifft.
[...]

§ 403
Geltendmachung eines Anspruchs im Adhäsionsverfahren

[1]Der Verletzte oder sein Erbe kann gegen den Beschuldigten einen aus der Straftat erwachsenen vermögensrechtlichen Anspruch, der zur Zuständigkeit der ordentlichen Gerichte gehört und noch nicht anderweit gerichtlich anhängig gemacht ist, im Strafverfahren geltend machen, im Verfahren vor dem Amtsgericht ohne Rücksicht auf den Wert des Streitgegenstandes. [2]Das gleiche Recht steht auch anderen zu, die einen solchen Anspruch geltend machen.
[...]

§ 406e
Akteneinsicht

(1) [1]Für den Verletzten kann ein Rechtsanwalt die Akten, die dem Gericht vorliegen oder diesem im Falle der Erhebung der öffentlichen Klage vorzulegen wären, einsehen sowie amtlich verwahrte Beweisstücke besichtigen, soweit er hierfür ein berechtigtes Interesse darlegt. [2]In den in § 395 genannten Fällen bedarf es der Darlegung eines berechtigten Interesses nicht.
(2) [1]Die Einsicht in die Akten ist zu versagen, soweit überwiegende schutzwürdige Interessen des Beschuldigten oder anderer Personen entgegenstehen. [2]Sie kann versagt werden, soweit der Untersuchungszweck, auch in einem anderen Strafverfahren, gefährdet erscheint. [3]Sie kann auch versagt werden, wenn durch sie das Verfahren erheblich verzögert würde, es sei denn, dass die Staatsanwaltschaft in den in § 395 genannten Fällen den Abschluss der Ermittlungen in den Akten vermerkt hat.
(3) [1]Der Verletzte, der nicht durch einen Rechtsanwalt vertreten wird, ist in entsprechender Anwendung der Absätze 1 und 2 befugt, die Akten einzusehen und amtlich verwahrte Beweisstücke unter Aufsicht zu besichtigen. [2]Werden die Akten nicht elektronisch geführt, können ihm an Stelle der Einsichtnahme in die Akten Kopien aus den Akten übermittelt werden. [3]§ 480 Absatz 1 Satz 3 und 4 gilt entsprechend.
(4) Die Absätze 1 bis 3 gelten auch für die in § 403 Satz 2 Genannten.
(5) [1]Über die Gewährung der Akteneinsicht entscheidet im vorbereitenden Verfahren und nach rechtskräftigem Abschluß des Verfahrens die Staatsanwaltschaft, im übrigen der Vorsitzende des mit der Sache befaßten Gerichts. [2]Gegen die Entscheidung der Staatsanwaltschaft nach Satz 1 kann gerichtliche Entscheidung durch das nach § 162 zuständige Gericht beantragt werden. [3]Die §§ 297 bis 300, 302, 306 bis 309, 311a und 473a gelten entsprechend. [4]Die Entscheidung

des Gerichts ist unanfechtbar, solange die Ermittlungen noch nicht abgeschlossen sind. [5]Diese Entscheidungen werden nicht mit Gründen versehen, soweit durch deren Offenlegung der Untersuchungszweck gefährdet werden könnte.
[...]

§ 406f
Verletztenbeistand

(1) [1]Verletzte können sich des Beistands eines Rechtsanwalts bedienen oder sich durch einen solchen vertreten lassen. [2]Einem zur Vernehmung des Verletzten erschienenen anwaltlichen Beistand ist die Anwesenheit gestattet.
(2) [1]Bei einer Vernehmung von Verletzten ist auf deren Antrag einer zur Vernehmung erschienenen Person ihres Vertrauens die Anwesenheit zu gestatten, es sei denn, dass dies den Untersuchungszweck gefährden könnte. [2]Die Entscheidung trifft die die Vernehmung leitende Person; die Entscheidung ist nicht anfechtbar. [3]Die Gründe einer Ablehnung sind aktenkundig zu machen.
[...]

§ 407
Zulässigkeit [Strafbefehl]

(1) [1]Im Verfahren vor dem Strafrichter und im Verfahren, das zur Zuständigkeit des Schöffengerichts gehört, können bei Vergehen auf schriftlichen Antrag der Staatsanwaltschaft die Rechtsfolgen der Tat durch schriftlichen Strafbefehl ohne Hauptverhandlung festgesetzt werden. [2]Die Staatsanwaltschaft stellt diesen Antrag, wenn sie nach dem Ergebnis der Ermittlungen eine Hauptverhandlung nicht für erforderlich erachtet. [3]Der Antrag ist auf bestimmte Rechtsfolgen zu richten. [4]Durch ihn wird die öffentliche Klage erhoben.
(2) [1]Durch Strafbefehl dürfen nur die folgenden Rechtsfolgen der Tat, allein oder nebeneinander, festgesetzt werden:
1. Geldstrafe, Verwarnung mit Strafvorbehalt, Fahrverbot, Einziehung, Vernichtung, Unbrauchbarmachung, Bekanntgabe der Verurteilung und Geldbuße gegen eine juristische Person oder Personenvereinigung,
2. Entziehung der Fahrerlaubnis, bei der die Sperre nicht mehr als zwei Jahre beträgt,
2a. Verbot des Haltens oder Betreuens von sowie des Handels oder des sonstigen berufsmäßigen Umgangs mit Tieren jeder oder einer bestimmten Art für die Dauer von einem Jahr bis zu drei Jahren sowie
3. Absehen von Strafe.

[2]Hat der Angeschuldigte einen Verteidiger, so kann auch Freiheitsstrafe bis zu einem Jahr festgesetzt werden, wenn deren Vollstreckung zur Bewährung ausgesetzt wird.
(3) Der vorherigen Anhörung des Angeschuldigten durch das Gericht (§ 33 Abs. 3) bedarf es nicht.
[...]

§ 409
Inhalt des Strafbefehls

(1) [1]Der Strafbefehl enthält

1. die Angaben zur Person des Angeklagten und etwaiger Nebenbeteiligter,
2. den Namen des Verteidigers,
3. die Bezeichnung der Tat, die dem Angeklagten zur Last gelegt wird, Zeit und Ort ihrer Begehung und die Bezeichnung der gesetzlichen Merkmale der Straftat,
4. die angewendeten Vorschriften nach Paragraph, Absatz, Nummer, Buchstabe und mit der Bezeichnung des Gesetzes,
5. die Beweismittel,
6. die Festsetzung der Rechtsfolgen,
7. die Belehrung über die Möglichkeit des Einspruchs und die dafür vorgeschriebene Frist und Form sowie den Hinweis, daß der Strafbefehl rechtskräftig und vollstreckbar wird, soweit gegen ihn kein Einspruch nach § 410 eingelegt wird.

[2]Wird gegen den Angeklagten eine Freiheitsstrafe verhängt, wird er mit Strafvorbehalt verwarnt oder wird gegen ihn ein Fahrverbot angeordnet, so ist er zugleich nach § 268a Abs. 3 oder § 268c Satz 1 zu belehren. [3]§ 267 Abs. 6 Satz 2 gilt entsprechend.

(2) Der Strafbefehl wird auch dem gesetzlichen Vertreter des Angeklagten mitgeteilt.

§ 410
Einspruch; Form und Frist des Einspruchs; Rechtskraft

(1) [1]Der Angeklagte kann gegen den Strafbefehl innerhalb von zwei Wochen nach Zustellung bei dem Gericht, das den Strafbefehl erlassen hat, schriftlich oder zu Protokoll der Geschäftsstelle Einspruch einlegen. [2]Die §§ 297 bis 300 und § 302 Abs. 1 Satz 1, Abs. 2 gelten entsprechend.

(2) Der Einspruch kann auf bestimmte Beschwerdepunkte beschränkt werden.

(3) Soweit gegen einen Strafbefehl nicht rechtzeitig Einspruch erhoben worden ist, steht er einem rechtskräftigen Urteil gleich.

[...]

§ 417
Zulässigkeit [des beschleunigten Verfahrens]

Im Verfahren vor dem Strafrichter und dem Schöffengericht stellt die Staatsanwaltschaft schriftlich oder mündlich den Antrag auf Entscheidung im beschleunigten Verfahren, wenn die Sache auf Grund des einfachen Sachverhalts oder der klaren Beweislage zur sofortigen Verhandlung geeignet ist.

§ 418
Durchführung der Hauptverhandlung [im beschleunigten Verfahren]

(1) [1]Stellt die Staatsanwaltschaft den Antrag, so wird die Hauptverhandlung sofort oder in kurzer Frist durchgeführt, ohne daß es einer Entscheidung über die Eröffnung des Hauptverfahrens bedarf. [2]Zwischen dem Eingang des Antrags bei Gericht und dem Beginn der Hauptverhandlung sollen nicht mehr als sechs Wochen liegen.
(2) [1]Der Beschuldigte wird nur dann geladen, wenn er sich nicht freiwillig zur Hauptverhandlung stellt oder nicht dem Gericht vorgeführt wird. [2]Mit der Ladung wird ihm mitgeteilt, was ihm zur Last gelegt wird. [3]Die Ladungsfrist beträgt vierundzwanzig Stunden.
(3) [1]Der Einreichung einer Anklageschrift bedarf es nicht. [2]Wird eine solche nicht eingereicht, so wird die Anklage bei Beginn der Hauptverhandlung mündlich erhoben und ihr wesentlicher Inhalt in das Sitzungsprotokoll aufgenommen. [3]§ 408a gilt entsprechend.
(4) Ist eine Freiheitsstrafe von mindestens sechs Monaten zu erwarten, so wird dem Beschuldigten, der noch keinen Verteidiger hat, für das beschleunigte Verfahren vor dem Amtsgericht ein Verteidiger bestellt.
[...]

§ 443
Vermögensbeschlagnahme

(1) [1]Das im Geltungsbereich dieses Gesetzes befindliche Vermögen oder einzelne Vermögensgegenstände eines Beschuldigten, gegen den wegen einer Straftat nach

1. den §§ 81 bis 83 Abs. 1, § 89a oder § 89c Absatz 1 bis 4, den §§ 94 oder 96 Abs. 1, den §§ 97a oder 100, den §§ 129 oder 129a, auch in Verbindung mit § 129b Abs. 1, des Strafgesetzbuches,
2. einer in § 330 Abs. 1 Satz 1 des Strafgesetzbuches in Bezug genommenen Vorschrift unter der Voraussetzung, daß der Beschuldigte verdächtig ist, vorsätzlich Leib oder Leben eines anderen oder fremde Sachen von bedeutendem Wert gefährdet zu haben, oder unter einer der in § 330 Abs. 1 Satz 2 Nr. 1 bis 3 des Strafgesetzbuches genannten Voraussetzungen oder nach § 330 Abs. 2, § 330a Abs. 1, 2 des Strafgesetzbuches,
3. den §§ 51, 52 Abs. 1 Nr. 1, 2 Buchstabe c und d, Abs. 5, 6 des Waffengesetzes, den §§ 17 und 18 des Außenwirtschaftsgesetzes, wenn die Tat vorsätzlich begangen wird, oder nach § 19 Abs. 1 bis 3, § 20 Abs. 1 oder 2, jeweils auch in Verbindung mit § 21, oder § 22a Abs. 1 bis 3 des Gesetzes über die Kontrolle von Kriegswaffen,
4. einer in § 29 Abs. 3 Satz 2 Nr. 1 des Betäubungsmittelgesetzes in Bezug genommenen Vorschrift unter den dort genannten Voraussetzungen oder ei-

ner Straftat nach den §§ 29a, 30 Abs. 1 Nr. 1, 2, 4, § 30a oder § 30b des Betäubungsmittelgesetzes,
5. einer in § 34 Absatz 3 Satz 2 Nummer 1, 3 oder Nummer 4 des Konsumcannabisgesetzes in Bezug genommenen Vorschrift unter den dort genannten Voraussetzungen oder einer Straftat nach § 34 Absatz 4 des Konsumcannabisgesetzes oder
6. einer in § 25 Absatz 4 Satz 2 Nummer 1, 3 oder Nummer 4 des Medizinal-Cannabisgesetzes in Bezug genommenen Vorschrift unter den dort genannten Voraussetzungen oder einer Straftat nach § 25 Absatz 5 des Medizinal-Cannabisgesetzes

die öffentliche Klage erhoben oder Haftbefehl erlassen worden ist, können mit Beschlag belegt werden. [2]Die Beschlagnahme umfaßt auch das Vermögen, das dem Beschuldigten später zufällt. [3]Die Beschlagnahme ist spätestens nach Beendigung der Hauptverhandlung des ersten Rechtszuges aufzuheben.

(2) [1]Die Beschlagnahme wird durch den Richter angeordnet. [2]Bei Gefahr im Verzug kann die Staatsanwaltschaft die Beschlagnahme vorläufig anordnen; die vorläufige Anordnung tritt außer Kraft, wenn sie nicht binnen drei Tagen vom Richter bestätigt wird.

(3) Die Vorschriften der §§ 291 bis 293 gelten entsprechend.

[...]

§ 457
Ermittlungshandlungen; Vorführungsbefehl, Vollstreckungshaftbefehl

(1) § 161 gilt sinngemäß für die in diesem Abschnitt bezeichneten Zwecke.

(2) [1]Die Vollstreckungsbehörde ist befugt, zur Vollstreckung einer Freiheitsstrafe einen Vorführungs- oder Haftbefehl zu erlassen, wenn der Verurteilte auf die an ihn ergangene Ladung zum Antritt der Strafe sich nicht gestellt hat oder der Flucht verdächtig ist. [2]Sie kann einen Vorführungs- oder Haftbefehl auch erlassen, wenn ein Strafgefangener entweicht oder sich sonst dem Vollzug entzieht.

(3) [1]Im übrigen hat in den Fällen des Absatzes 2 die Vollstreckungsbehörde die gleichen Befugnisse wie die Strafverfolgungsbehörde, soweit die Maßnahmen bestimmt und geeignet sind, den Verurteilten festzunehmen. [2]Bei der Prüfung der Verhältnismäßigkeit ist auf die Dauer der noch zu vollstreckenden Freiheitsstrafe besonders Bedacht zu nehmen. [3]Die notwendig werdenden gerichtlichen Entscheidungen trifft das Gericht des ersten Rechtszuges.

[...]

§ 473a
Kosten und notwendige Auslagen bei gesonderter Entscheidung über die Rechtmäßigkeit einer Ermittlungsmaßnahme

[1]Hat das Gericht auf Antrag des Betroffenen in einer gesonderten Entscheidung über die Rechtmäßigkeit einer Ermittlungsmaßnahme oder ihres Vollzu-

ges zu befinden, bestimmt es zugleich, von wem die Kosten und die notwendigen Auslagen der Beteiligten zu tragen sind. [2]Diese sind, soweit die Maßnahme oder ihr Vollzug für rechtswidrig erklärt wird, der Staatskasse, im Übrigen dem Antragsteller aufzuerlegen. [3]§ 304 Absatz 3 und § 464 Absatz 3 Satz 1 gelten entsprechend.

[...]

§ 474
Auskünfte und Akteneinsicht für Justizbehörden und andere öffentliche Stellen

(1) Gerichte, Staatsanwaltschaften und andere Justizbehörden erhalten Akteneinsicht, wenn dies für Zwecke der Rechtspflege erforderlich ist.

(2) [1]Im Übrigen sind Auskünfte aus Akten an öffentliche Stellen zulässig, soweit

1. die Auskünfte zur Feststellung, Durchsetzung oder zur Abwehr von Rechtsansprüchen im Zusammenhang mit der Straftat erforderlich sind,
2. diesen Stellen in sonstigen Fällen auf Grund einer besonderen Vorschrift von Amts wegen personenbezogene Daten aus Strafverfahren übermittelt werden dürfen oder soweit nach einer Übermittlung von Amts wegen die Übermittlung weiterer personenbezogener Daten zur Aufgabenerfüllung erforderlich ist oder
3. die Auskünfte zur Vorbereitung von Maßnahmen erforderlich sind, nach deren Erlass auf Grund einer besonderen Vorschrift von Amts wegen personenbezogene Daten aus Strafverfahren an diese Stellen übermittelt werden dürfen.

[2]Die Erteilung von Auskünften an die Nachrichtendienste richtet sich nach § 18 des Bundesverfassungsschutzgesetzes, § 12 des Sicherheitsüberprüfungsgesetzes, § 10 des MAD-Gesetzes und § 10 des BND-Gesetzes sowie den entsprechenden landesrechtlichen Vorschriften.

(3) Unter den Voraussetzungen des Absatzes 2 kann Akteneinsicht gewährt werden, wenn die Erteilung von Auskünften einen unverhältnismäßigen Aufwand erfordern würde oder die Akteneinsicht begehrende Stelle unter Angabe von Gründen erklärt, dass die Erteilung einer Auskunft zur Erfüllung ihrer Aufgabe nicht ausreichen würde.

(4) Unter den Voraussetzungen der Absätze 1 oder 3 können amtlich verwahrte Beweisstücke besichtigt werden.

(5) Akten, die noch in Papierform vorliegen, können in den Fällen der Absätze 1 und 3 zur Einsichtnahme übersandt werden.

(6) Landesgesetzliche Regelungen, die parlamentarischen Ausschüssen ein Recht auf Akteneinsicht einräumen, bleiben unberührt.

§ 475
Auskünfte und Akteneinsicht für Privatpersonen und sonstige Stellen

(1) [1]Für eine Privatperson und für sonstige Stellen kann, unbeschadet des § 57 des Bundesdatenschutzgesetzes, ein Rechtsanwalt Auskünfte aus Akten erhalten, die dem Gericht vorliegen oder diesem im Falle der Erhebung der öffentlichen Klage vorzulegen wären, soweit er hierfür ein berechtigtes Interesse darlegt. [2]Auskünfte sind zu versagen, wenn der hiervon Betroffene ein schutzwürdiges Interesse an der Versagung hat.

(2) Unter den Voraussetzungen des Absatzes 1 kann Akteneinsicht gewährt werden, wenn die Erteilung von Auskünften einen unverhältnismäßigen Aufwand erfordern oder nach Darlegung dessen, der Akteneinsicht begehrt, zur Wahrnehmung des berechtigten Interesses nicht ausreichen würde.

(3) Unter den Voraussetzungen des Absatzes 2 können amtlich verwahrte Beweisstücke besichtigt werden.

(4) Unter den Voraussetzungen des Absatzes 1 können auch Privatpersonen und sonstigen Stellen Auskünfte aus den Akten erteilt werden.

[...]

§ 477
Datenübermittlung von Amts wegen

(1) Von Amts wegen dürfen personenbezogene Daten aus Strafverfahren Strafverfolgungsbehörden und Strafgerichten für Zwecke der Strafverfolgung sowie den zuständigen Behörden und Gerichten für Zwecke der Verfolgung von Ordnungswidrigkeiten übermittelt werden, soweit diese Daten aus der Sicht der übermittelnden Stelle hierfür erforderlich sind.

(2) Eine von Amts wegen erfolgende Übermittlung personenbezogener Daten aus Strafverfahren ist auch zulässig, wenn die Kenntnis der Daten aus der Sicht der übermittelnden Stelle erforderlich ist für

1. die Vollstreckung von Strafen oder von Maßnahmen im Sinne des § 11 Absatz 1 Nummer 8 des Strafgesetzbuches oder für die Vollstreckung oder Durchführung von Erziehungsmaßregeln oder von Zuchtmitteln im Sinne des Jugendgerichtsgesetzes,
2. den Vollzug von freiheitsentziehenden Maßnahmen oder
3. Entscheidungen in Strafsachen, insbesondere über die Strafaussetzung zur Bewährung oder deren Widerruf, oder in Bußgeld- oder Gnadensachen.

§ 478
Form der Datenübermittlung

Auskünfte nach den §§ 474 bis 476 und Datenübermittlungen von Amts wegen nach § 477 können auch durch Überlassung von Kopien aus den Akten erfolgen.

[...]

§ 479
Übermittlungsverbote und Verwendungsbeschränkungen

(1) Auskünfte nach den §§ 474 bis 476 und Datenübermittlungen von Amts wegen nach § 477 sind zu versagen, wenn ihnen Zwecke des Strafverfahrens, auch die Gefährdung des Untersuchungszwecks in einem anderen Strafverfahren, oder besondere bundesgesetzliche oder landesgesetzliche Verwendungsregelungen entgegenstehen.

(2) [1]Ist eine Maßnahme nach diesem Gesetz nur bei Verdacht bestimmter Straftaten zulässig, so gilt für die Verwendung der auf Grund einer solchen Maßnahme erlangten Daten in anderen Strafverfahren § 161 Absatz 3 entsprechend. [2]Darüber hinaus dürfen verwertbare personenbezogene Daten, die durch eine Maßnahme der nach Satz 1 bezeichneten Art erlangt worden sind, ohne Einwilligung der von der Maßnahme betroffenen Personen nur verwendet werden

1. zu Zwecken der Gefahrenabwehr, soweit sie dafür durch eine entsprechende Maßnahme nach den für die zuständige Stelle geltenden Gesetzen erhoben werden könnten,
2. zur Abwehr einer Gefahr für Leib, Leben oder Freiheit einer Person oder für die Sicherheit oder den Bestand des Bundes oder eines Landes oder für bedeutende Vermögenswerte, wenn sich aus den Daten im Einzelfall jeweils konkrete Ansätze zur Abwehr einer solchen Gefahr erkennen lassen,
3. für Zwecke, für die eine Übermittlung nach § 18 des Bundesverfassungsschutzgesetzes zulässig ist, sowie
4. nach Maßgabe des § 476.

[3]§ 100i Absatz 2 Satz 2 und § 108 Absatz 2 und 3 bleiben unberührt.

(3) Wenn in den Fällen der §§ 474 bis 476

1. der Angeklagte freigesprochen, die Eröffnung des Hauptverfahrens abgelehnt oder das Verfahren eingestellt wurde oder
2. die Verurteilung nicht in ein Führungszeugnis für Behörden aufgenommen wird und seit der Rechtskraft der Entscheidung mehr als zwei Jahre verstrichen sind,

dürfen Auskünfte aus den Akten und Akteneinsicht an nichtöffentliche Stellen nur gewährt werden, wenn ein rechtliches Interesse an der Kenntnis der Information glaubhaft gemacht ist und der frühere Beschuldigte kein schutzwürdiges Interesse an der Versagung hat.

(4) [1]Die Verantwortung für die Zulässigkeit der Übermittlung trägt die übermittelnde Stelle. [2]Abweichend hiervon trägt in den Fällen der §§ 474 bis 476 der Empfänger die Verantwortung für die Zulässigkeit der Übermittlung, sofern dieser eine öffentliche Stelle oder ein Rechtsanwalt ist. [3]Die übermittelnde Stelle prüft in diesem Falle nur, ob das Übermittlungsersuchen im Rahmen der Aufgaben des Empfängers liegt, es sei denn, dass ein besonderer Anlass zu einer weitergehenden Prüfung der Zulässigkeit der Übermittlung vorliegt.

(5) § 32f Absatz 5 Satz 2 und 3 gilt mit folgenden Maßgaben entsprechend:
1. Eine Verwendung der nach den §§ 474 und 475 erlangten personenbezogenen Daten für andere Zwecke ist zulässig, wenn dafür Auskunft oder Akteneinsicht gewährt werden dürfte und im Falle des § 475 die Stelle, die Auskunft oder Akteneinsicht gewährt hat, zustimmt;
2. eine Verwendung der nach § 477 erlangten personenbezogenen Daten für andere Zwecke ist zulässig, wenn dafür eine Übermittlung nach § 477 erfolgen dürfte.

§ 480
Entscheidung über die Datenübermittlung

(1) [1]Über die Übermittlungen nach den §§ 474 bis 477 entscheidet im vorbereitenden Verfahren und nach rechtskräftigem Abschluss des Verfahrens die Staatsanwaltschaft, im Übrigen der Vorsitzende des mit der Sache befassten Gerichts. [2]Die Staatsanwaltschaft ist auch nach Erhebung der öffentlichen Klage befugt, personenbezogene Daten zu übermitteln. [3]Die Staatsanwaltschaft kann die Behörden des Polizeidienstes, die die Ermittlungen geführt haben oder führen, ermächtigen, in den Fällen des § 475 Akteneinsicht und Auskünfte zu erteilen. [4]Gegen deren Entscheidung kann die Entscheidung der Staatsanwaltschaft eingeholt werden. [5]Die Übermittlung personenbezogener Daten zwischen Behörden des Polizeidienstes oder eine entsprechende Akteneinsicht ist ohne Entscheidung nach Satz 1 zulässig, sofern keine Zweifel an der Zulässigkeit der Übermittlung oder der Akteneinsicht bestehen.
(2) [1]Aus beigezogenen Akten, die nicht Aktenbestandteil sind, dürfen Übermittlungen nur mit Zustimmung der Stelle erfolgen, um deren Akten es sich handelt; Gleiches gilt für die Akteneinsicht. [2]In den Fällen der §§ 474 bis 476 sind Auskünfte und Akteneinsicht nur zulässig, wenn der Antragsteller die Zustimmung nachweist.
(3) [1]In den Fällen des § 475 kann gegen die Entscheidung der Staatsanwaltschaft nach Absatz 1 gerichtliche Entscheidung durch das nach § 162 zuständige Gericht beantragt werden. [2]Die §§ 297 bis 300, 302, 306 bis 309, 311a und 473a gelten entsprechend. [3]Die Entscheidung des Gerichts ist unanfechtbar, solange die Ermittlungen noch nicht abgeschlossen sind. [4]Diese Entscheidungen werden nicht mit Gründen versehen, soweit durch deren Offenlegung der Untersuchungszweck gefährdet werden könnte.
(4) Die übermittelnde Stelle hat die Übermittlung und deren Zweck aktenkundig zu machen.

§ 481
Verwendung personenbezogener Daten für polizeiliche Zwecke

(1) [1]Die Polizeibehörden dürfen nach Maßgabe der Polizeigesetze personenbezogene Daten aus Strafverfahren verwenden. [2]Zu den dort genannten Zwecken

dürfen Strafverfolgungsbehörden und Gerichte an Polizeibehörden personenbezogene Daten aus Strafverfahren übermitteln oder Akteneinsicht gewähren. [3]Mitteilungen nach Satz 2 können auch durch Bewährungshelfer und Führungsaufsichtsstellen erfolgen, wenn dies zur Abwehr einer Gefahr für ein bedeutendes Rechtsgut erforderlich und eine rechtzeitige Übermittlung durch die in Satz 2 genannten Stellen nicht gewährleistet ist. [4]Die Sätze 1 und 2 gelten nicht in den Fällen, in denen die Polizei ausschließlich zum Schutz privater Rechte tätig wird.
(2) Die Verwendung ist unzulässig, soweit besondere bundesgesetzliche oder entsprechende landesgesetzliche Verwendungsregelungen entgegenstehen.
(3) Hat die Polizeibehörde Zweifel, ob eine Verwendung personenbezogener Daten nach dieser Bestimmung zulässig ist, gilt § 478 Absatz 1 Satz 1 und 2 entsprechend.

§ 482
Mitteilung des Aktenzeichens und des Verfahrensausgangs an die Polizei

(1) Die Staatsanwaltschaft teilt der Polizeibehörde, die mit der Angelegenheit befasst war, ihr Aktenzeichen mit.
(2) [1]Sie unterrichtet die Polizeibehörde in den Fällen des Absatzes 1 über den Ausgang des Verfahrens durch Mitteilung der Entscheidungsformel, der entscheidenden Stelle sowie des Datums und der Art der Entscheidung. [2]Die Übersendung der Mitteilung zum Bundeszentralregister ist zulässig, im Falle des Erforderns auch des Urteils oder einer mit Gründen versehenen Einstellungsentscheidung.
(3) In Verfahren gegen Unbekannt sowie bei Verkehrsstrafsachen, soweit sie nicht unter die §§ 142, 315 bis 315c des Strafgesetzbuches fallen, wird der Ausgang des Verfahrens nach Absatz 2 von Amts wegen nicht mitgeteilt.
(4) Wird ein Urteil übersandt, das angefochten worden ist, so ist anzugeben, wer Rechtsmittel eingelegt hat.
[...]

§ 483
Datenverarbeitung für Zwecke des Strafverfahrens

(1) [1]Gerichte, Strafverfolgungsbehörden einschließlich Vollstreckungsbehörden, Bewährungshelfer, Aufsichtsstellen bei Führungsaufsicht und die Gerichtshilfe dürfen personenbezogene Daten in Dateisystemen verarbeiten, soweit dies für Zwecke des Strafverfahrens erforderlich ist. [2]Die Polizei darf unter der Voraussetzung des Satzes 1 personenbezogene Daten auch in einem Informationssystem verarbeiten, welches nach Maßgabe eines anderen Gesetzes errichtet ist. [3]Für dieses Informationssystem wird mindestens festgelegt:

1. die Kennzeichnung der personenbezogenen Daten durch die Bezeichnung
   a) des Verfahrens, in dem die Daten erhoben wurden,
   b) der Maßnahme, wegen der die Daten erhoben wurden, sowie der Rechtsgrundlage der Erhebung und
   c) der Straftat, zu deren Aufklärung die Daten erhoben wurden,
2. die Zugriffsberechtigungen,
3. die Fristen zur Prüfung, ob gespeicherte Daten zu löschen sind sowie die Speicherungsdauer der Daten.

(2) Die Daten dürfen auch für andere Strafverfahren, die internationale Rechtshilfe in Strafsachen und Gnadensachen genutzt werden.

(3) Erfolgt in einem Dateisystem der Polizei die Speicherung zusammen mit Daten, deren Speicherung sich nach den Polizeigesetzen richtet, so ist für die Verarbeitung personenbezogener Daten und die Rechte der Betroffenen das für die speichernde Stelle geltende Recht maßgeblich.

§ 484
Datenverarbeitung für Zwecke künftiger Strafverfahren; Verordnungsermächtigung

(1) Strafverfolgungsbehörden dürfen für Zwecke künftiger Strafverfahren
1. die Personendaten des Beschuldigten und, soweit erforderlich, andere zur Identifizierung geeignete Merkmale,
2. die zuständige Stelle und das Aktenzeichen,
3. die nähere Bezeichnung der Straftaten, insbesondere die Tatzeiten, die Tatorte und die Höhe etwaiger Schäden,
4. die Tatvorwürfe durch Angabe der gesetzlichen Vorschriften,
5. die Einleitung des Verfahrens sowie die Verfahrenserledigungen bei der Staatsanwaltschaft und bei Gericht nebst Angabe der gesetzlichen Vorschriften

in Dateisystemen verarbeiten.

(2) [1]Weitere personenbezogene Daten von Beschuldigten und Tatbeteiligten dürfen sie in Dateisystemen nur verarbeiten, soweit dies erforderlich ist, weil wegen der Art oder Ausführung der Tat, der Persönlichkeit des Beschuldigten oder Tatbeteiligten oder sonstiger Erkenntnisse Grund zu der Annahme besteht, dass weitere Strafverfahren gegen den Beschuldigten zu führen sind. [2]Wird der Beschuldigte rechtskräftig freigesprochen, die Eröffnung des Hauptverfahrens gegen ihn unanfechtbar abgelehnt oder das Verfahren nicht nur vorläufig eingestellt, so ist die Verarbeitung nach Satz 1 unzulässig, wenn sich aus den Gründen der Entscheidung ergibt, dass die betroffene Person die Tat nicht oder nicht rechtswidrig begangen hat.

(3) [1]Das Bundesministerium der Justiz und für Verbraucherschutz und die Landesregierungen bestimmen für ihren jeweiligen Geschäftsbereich durch Rechtsverordnung das Nähere über die Art der Daten, die nach Absatz 2 für Zwecke künftiger Strafverfahren gespeichert werden dürfen. [2]Dies gilt nicht für Daten

in Dateisystemen, die nur vorübergehend vorgehalten und innerhalb von drei Monaten nach ihrer Erstellung gelöscht werden. [3]Die Landesregierungen können die Ermächtigung durch Rechtsverordnung auf die zuständigen Landesministerien übertragen.
(4) Die Verarbeitung personenbezogener Daten, die für Zwecke künftiger Strafverfahren von der Polizei gespeichert sind oder werden, richtet sich, ausgenommen die Verarbeitung für Zwecke eines Strafverfahrens, nach den Polizeigesetzen.

§ 485
Datenverarbeitung für Zwecke der Vorgangsverwaltung

[1]Gerichte, Strafverfolgungsbehörden einschließlich Vollstreckungsbehörden, Bewährungshelfer, Aufsichtsstellen bei Führungsaufsicht und die Gerichtshilfe dürfen personenbezogene Daten in Dateisystemen verarbeiten, soweit dies für Zwecke der Vorgangsverwaltung erforderlich ist. [2]Eine Nutzung für die in § 483 bezeichneten Zwecke ist zulässig. [3]Eine Nutzung für die in § 484 bezeichneten Zwecke ist zulässig, soweit die Speicherung auch nach dieser Vorschrift zulässig wäre. [4]§ 483 Absatz 1 Satz 2 und Absatz 3 ist entsprechend anwendbar.

§ 486
Gemeinsame Dateisysteme

[1]Die personenbezogenen Daten können für die in den §§ 483 bis 485 genannten Stellen in gemeinsamen Dateisystemen gespeichert werden. [2]Dies gilt für Fälle des § 483 Absatz 1 Satz 2, auch in Verbindung mit § 485 Satz 4, entsprechend.

§ 487
Übermittlung gespeicherter Daten; Auskunft

(1) [1]Die nach den §§ 483 bis 485 gespeicherten Daten dürfen den zuständigen Stellen übermittelt werden, soweit dies für die in diesen Vorschriften genannten Zwecke, für Zwecke eines Gnadenverfahrens, des Vollzugs von freiheitsentziehenden Maßnahmen oder der internationalen Rechtshilfe in Strafsachen erforderlich ist. [2]§ 479 Absatz 1 und 2 und § 485 Satz 3 gelten entsprechend. [3]Bewährungshelfer und Führungsaufsichtsstellen dürfen personenbezogene Daten von Verurteilten, die unter Aufsicht gestellt sind, an die Einrichtungen des Justiz- und Maßregelvollzugs übermitteln, wenn diese Daten für den Vollzug der Freiheitsentziehung, insbesondere zur Förderung der Vollzugs- und Behandlungsplanung oder der Entlassungsvorbereitung, erforderlich sind; das Gleiche gilt für Mitteilungen an Vollstreckungsbehörden, soweit diese Daten für die in § 477 Absatz 2 Nummer 1 oder 3 genannten Zwecke erforderlich sind.
(2) [1]Außerdem kann, unbeschadet des § 57 des Bundesdatenschutzgesetzes, Auskunft erteilt werden, soweit nach den Vorschriften dieses Gesetzes Akten-

einsicht oder Auskunft aus den Akten gewährt werden könnte. [2]Entsprechendes gilt für Mitteilungen nach den §§ 477 und 481 Absatz 1 Satz 2 sowie für andere besondere gesetzliche Bestimmungen, die die Übermittlung personenbezogener Daten aus Strafverfahren anordnen oder erlauben.

(3) [1]Die Verantwortung für die Zulässigkeit der Übermittlung trägt die übermittelnde Stelle. [2]Erfolgt die Übermittlung auf Ersuchen des Empfängers, trägt dieser die Verantwortung. [3]In diesem Falle prüft die übermittelnde Stelle nur, ob das Übermittlungsersuchen im Rahmen der Aufgaben des Empfängers liegt, es sei denn, dass besonderer Anlass zu einer weitergehenden Prüfung der Zulässigkeit der Übermittlung besteht.

(4) [1]Die nach den §§ 483 bis 485 gespeicherten Daten dürfen auch für wissenschaftliche Zwecke übermittelt werden. [2]§ 476 gilt entsprechend.

(5) Besondere gesetzliche Bestimmungen, die die Übermittlung von Daten aus einem Strafverfahren anordnen oder erlauben, bleiben unberührt.

(6) [1]Die Daten dürfen nur zu dem Zweck verwendet werden, für den sie übermittelt worden sind. [2]Eine Verwendung für andere Zwecke ist zulässig, soweit die Daten auch dafür hätten übermittelt werden dürfen.

§ 488
Automatisierte Verfahren für Datenübermittlungen

(1) [1]Die Einrichtung eines automatisierten Abrufverfahrens oder eines automatisierten Anfrage- und Auskunftsverfahrens ist für Übermittlungen nach § 487 Abs. 1 zwischen den in § 483 Abs. 1 genannten Stellen zulässig, soweit diese Form der Datenübermittlung unter Berücksichtigung der schutzwürdigen Interessen der betroffenen Personen wegen der Vielzahl der Übermittlungen oder wegen ihrer besonderen Eilbedürftigkeit angemessen ist. [2]Die beteiligten Stellen haben zu gewährleisten, dass dem jeweiligen Stand der Technik entsprechende Maßnahmen zur Sicherstellung von Datenschutz und Datensicherheit getroffen werden, die insbesondere die Vertraulichkeit und Unversehrtheit der Daten gewährleisten; im Falle der Nutzung allgemein zugänglicher Netze sind dem jeweiligen Stand der Technik entsprechende Verschlüsselungsverfahren anzuwenden.

(2) [1]Bei der Festlegung zur Einrichtung eines automatisierten Abrufverfahrens haben die beteiligten Stellen zu gewährleisten, dass die Zulässigkeit des Abrufverfahrens kontrolliert werden kann. [2]Hierzu haben sie Folgendes schriftlich festzulegen:

1. den Anlass und den Zweck des Abrufverfahrens,
2. die Dritten, an die übermittelt wird,
3. die Art der zu übermittelnden Daten und
4. die nach § 64 des Bundesdatenschutzgesetzes erforderlichen technischen und organisatorischen Maßnahmen.

[3]Die Festlegung bedarf der Zustimmung der für die speichernde und die abrufende Stelle jeweils zuständigen Bundes- und Landesministerien. [4]Die speichernde Stelle übersendet die Festlegungen der Stelle, die für die Kontrolle der

Einhaltung der Vorschriften über den Datenschutz bei öffentlichen Stellen zuständig ist.

(3) [1]Die Verantwortung für die Zulässigkeit des einzelnen Abrufs trägt der Empfänger. [2]Die speichernde Stelle prüft die Zulässigkeit der Abrufe nur, wenn dazu Anlass besteht. [3]Die speichernde Stelle hat zu gewährleisten, dass die Übermittlung personenbezogener Daten festgestellt und überprüft werden kann. [4]Im Rahmen der Protokollierung nach § 76 des Bundesdatenschutzgesetzes hat sie ergänzend zu den dort in Absatz 2 aufgeführten Daten die abgerufenen Daten, die Kennung der abrufenden Stelle und das Aktenzeichen des Empfängers zu protokollieren. [5]Die Protokolldaten sind nach zwölf Monaten zu löschen.

(4) Die Absätze 2 und 3 gelten für das automatisierte Anfrage- und Auskunftsverfahren entsprechend.

§ 489
Löschung und Einschränkung der Verarbeitung von Daten

(1) Zu löschen sind, unbeschadet der anderen, in § 75 Absatz 2 des Bundesdatenschutzgesetzes genannten Gründe für die Pflicht zur Löschung,
1. die nach § 483 gespeicherten Daten mit der Erledigung des Verfahrens, soweit ihre Speicherung nicht nach den §§ 484 und 485 zulässig ist,
2. die nach § 484 gespeicherten Daten, soweit die dortigen Voraussetzungen nicht mehr vorliegen und ihre Speicherung nicht nach § 485 zulässig ist, und
3. die nach § 485 gespeicherten Daten, sobald ihre Speicherung zur Vorgangsverwaltung nicht mehr erforderlich ist.

(2) [1]Als Erledigung des Verfahrens gilt die Erledigung bei der Staatsanwaltschaft oder, sofern die öffentliche Klage erhoben wurde, bei Gericht. [2]Ist eine Strafe oder eine sonstige Sanktion angeordnet worden, so ist der Abschluss der Vollstreckung oder der Erlass maßgeblich. [3]Wird das Verfahren eingestellt und hindert die Einstellung die Wiederaufnahme der Verfolgung nicht, so ist das Verfahren mit Eintritt der Verjährung als erledigt anzusehen.

(3) [1]Der Verantwortliche prüft nach festgesetzten Fristen, ob gespeicherte Daten zu löschen sind. [2]Die Frist zur Überprüfung der Notwendigkeit der Speicherung nach § 75 Absatz 4 des Bundesdatenschutzgesetzes beträgt für die nach § 484 gespeicherten Daten
1. bei Beschuldigten, die zur Tatzeit das achtzehnte Lebensjahr vollendet hatten, zehn Jahre,
2. bei Jugendlichen fünf Jahre,
3. in den Fällen des rechtskräftigen Freispruchs, der unanfechtbaren Ablehnung der Eröffnung des Hauptverfahrens und der nicht nur vorläufigen Verfahrenseinstellung drei Jahre,
4. bei nach § 484 Absatz 1 gespeicherten Daten zu Personen, die zur Tatzeit nicht strafmündig waren, zwei Jahre.

(4) Der Verantwortliche kann in der Errichtungsanordnung nach § 490 kürzere Prüffristen festlegen.

(5) Die Fristen nach Absatz 3 beginnen mit dem Tag, an dem das letzte Ereignis eingetreten ist, das zur Speicherung der Daten geführt hat, jedoch nicht vor

1. Entlassung der betroffenen Person aus einer Justizvollzugsanstalt oder
2. Beendigung einer mit Freiheitsentziehung verbundenen Maßregel der Besserung und Sicherung.

(6) [1]§ 58 Absatz 3 Satz 1 Nummer 1 und 3 des Bundesdatenschutzgesetzes gilt für die Löschung nach Absatz 1 entsprechend. [2]Darüber hinaus ist an Stelle der Löschung personenbezogener Daten deren Verarbeitung einzuschränken, soweit die Daten für laufende Forschungsarbeiten benötigt werden. [3]Die Verarbeitung personenbezogener Daten ist ferner einzuschränken, soweit sie nur zu Zwecken der Datensicherung oder der Datenschutzkontrolle gespeichert sind. [4]Daten, deren Verarbeitung nach den Sätzen 1 oder 2 eingeschränkt ist, dürfen nur zu dem Zweck verwendet werden, für den ihre Löschung unterblieben ist. [5]Sie dürfen auch verwendet werden, soweit dies zur Behebung einer bestehenden Beweisnot unerlässlich ist.

(7) Anstelle der Löschung der Daten sind die Datenträger an ein Staatsarchiv abzugeben, soweit besondere archivrechtliche Regelungen dies vorsehen.

§ 490
Errichtungsanordnung für automatisierte Dateisysteme

[1]Der Verantwortliche legt für jedes automatisierte Dateisystem in einer Errichtungsanordnung mindestens fest:

1. die Bezeichnung des Dateisystems,
2. die Rechtsgrundlage und den Zweck des Dateisystems,
3. den Personenkreis, über den Daten in dem Dateisystem verarbeitet werden,
4. die Art der zu verarbeitenden Daten,
5. die Anlieferung oder Eingabe der zu verarbeitenden Daten,
6. die Voraussetzungen, unter denen in dem Dateisystem verarbeitete Daten an welche Empfänger und in welchem Verfahren übermittelt werden,
7. Prüffristen und Speicherungsdauer.

[2]Dies gilt nicht für Dateisysteme, die nur vorübergehend vorgehalten und innerhalb von drei Monaten nach ihrer Erstellung gelöscht werden, und Informationssysteme gemäß § 483 Absatz 1 Satz 2.

§ 491
Auskunft an betroffene Personen

(1) [1]Ist die betroffene Person bei einem gemeinsamen Dateisystem nicht in der Lage, den Verantwortlichen festzustellen, so kann sie sich zum Zweck der Auskunft nach § 57 des Bundesdatenschutzgesetzes an jede beteiligte speicherungsberechtigte Stelle wenden. [2]Über die Erteilung einer Auskunft entscheidet die ersuchte speicherungsberechtigte Stelle im Einvernehmen mit dem Verantwortlichen.

(2) [1]Für den Auskunftsanspruch betroffener Personen gilt § 57 des Bundesdatenschutzgesetzes.

[...]

§ 496
Verwendung personenbezogener Daten in einer elektronischen Akte

(1) Das Verarbeiten und Nutzen personenbezogener Daten in einer elektronischen Akte oder in elektronischen Aktenkopien ist zulässig, soweit dies für die Zwecke des Strafverfahrens erforderlich ist.

(2) Dabei sind

1. die organisatorischen und technischen Maßnahmen zu treffen, die erforderlich sind, um den besonderen Anforderungen des Datenschutzes und der Datensicherheit gerecht zu werden, und
2. die Grundsätze einer ordnungsgemäßen Datenverarbeitung einzuhalten, insbesondere die Daten ständig verfügbar zu halten und Vorkehrungen gegen einen Datenverlust zu treffen.

(3) Elektronische Akten und elektronische Aktenkopien sind keine Dateisysteme im Sinne des Zweiten Abschnitts.

§ 497
Datenverarbeitung im Auftrag

(1) Mit der dauerhaften rechtsverbindlichen Speicherung elektronischer Akten dürfen nichtöffentliche Stellen nur dann beauftragt werden, wenn eine öffentliche Stelle den Zutritt und den Zugang zu den Datenverarbeitungsanlagen, in denen die elektronischen Akten rechtsverbindlich gespeichert werden, tatsächlich und ausschließlich kontrolliert.

(2) [1]Eine Begründung von Unterauftragsverhältnissen durch nichtöffentliche Stellen im Rahmen des dauerhaften rechtsverbindlichen Speicherns der elektronischen Akte ist zulässig, wenn der Auftraggeber im Einzelfall zuvor eingewilligt hat. [2]Die Einwilligung darf nur erteilt werden, wenn der Zutritt und der Zugang zu den Datenverarbeitungsanlagen in dem Unterauftragsverhältnis entsprechend Absatz 1 vertraglich geregelt sind.

(3) [1]Eine Pfändung von Einrichtungen, in denen eine nichtöffentliche Stelle im Auftrag einer öffentlichen Stelle Daten verarbeitet, ist unzulässig. [2]Eine Beschlagnahme solcher Einrichtungen setzt voraus, dass die öffentliche Stelle im Einzelfall eingewilligt hat.

§ 498
Verwendung personenbezogener Daten aus elektronischen Akten

(1) Das Verarbeiten und Nutzen personenbezogener Daten aus elektronischen Akten oder elektronischen Aktenkopien ist zulässig, soweit eine Rechtsvorschrift die Verwendung personenbezogener Daten aus einem Strafverfahren erlaubt oder anordnet.

(2) Der maschinelle Abgleich personenbezogener Daten mit elektronischen Akten oder elektronischen Aktenkopien gemäß § 98c ist unzulässig, es sei denn, er erfolgt mit einzelnen, zuvor individualisierten Akten oder Aktenkopien.

§ 499
Löschung elektronischer Aktenkopien

Elektronische Aktenkopien sind unverzüglich zu löschen, wenn sie nicht mehr erforderlich sind.

[...]

§ 500
Entsprechende Anwendung [des Bundesdatenschutzgesetzes]

(1) Soweit öffentliche Stellen der Länder im Anwendungsbereich dieses Gesetzes personenbezogene Daten verarbeiten, ist Teil 3 des Bundesdatenschutzgesetzes entsprechend anzuwenden.

(2) Absatz 1 gilt

1. nur, soweit nicht in diesem Gesetz etwas anderes bestimmt ist, und
2. nur mit der Maßgabe, dass die Landesbeauftragte oder der Landesbeauftragte an die Stelle der oder des Bundesbeauftragten tritt.

Gesetz über Ordnungswidrigkeiten (OWiG)

vom 19. Februar 1987 (BGBl. I S. 602),
zuletzt geändert durch Artikel 4 des Gesetzes vom 17. Juli 2025
(BGBl. 2025 I Nr. 163)

– Auszüge –

§ 1
Begriffsbestimmung

(1) Eine Ordnungswidrigkeit ist eine rechtswidrige und vorwerfbare Handlung, die den Tatbestand eines Gesetzes verwirklicht, das die Ahndung mit einer Geldbuße zuläßt.
(2) Eine mit Geldbuße bedrohte Handlung ist eine rechtswidrige Handlung, die den Tatbestand eines Gesetzes im Sinne des Absatzes 1 verwirklicht, auch wenn sie nicht vorwerfbar begangen ist.

§ 2
Sachliche Geltung

Dieses Gesetz gilt für Ordnungswidrigkeiten nach Bundesrecht und nach Landesrecht.
[...]

§ 17
Höhe der Geldbuße

(1) Die Geldbuße beträgt mindestens fünf Euro und, wenn das Gesetz nichts anderes bestimmt, höchstens eintausend Euro.
(2) Droht das Gesetz für vorsätzliches und fahrlässiges Handeln Geldbuße an, ohne im Höchstmaß zu unterscheiden, so kann fahrlässiges Handeln im Höchstmaß nur mit der Hälfte des angedrohten Höchstbetrages der Geldbuße geahndet werden.
(3) [1]Grundlage für die Zumessung der Geldbuße sind die Bedeutung der Ordnungswidrigkeit und der Vorwurf, der den Täter trifft. [2]Auch die wirtschaftlichen Verhältnisse des Täters kommen in Betracht; bei geringfügigen Ordnungswidrigkeiten bleiben sie jedoch in der Regel unberücksichtigt.
(4) [1]Die Geldbuße soll den wirtschaftlichen Vorteil, den der Täter aus der Ordnungswidrigkeit gezogen hat, übersteigen. [2]Reicht das gesetzliche Höchstmaß hierzu nicht aus, so kann es überschritten werden.
[...]

§ 21
Zusammentreffen von Straftat und Ordnungswidrigkeit

(1) [1]Ist eine Handlung gleichzeitig Straftat und Ordnungswidrigkeit, so wird nur das Strafgesetz angewendet. [2]Auf die in dem anderen Gesetz angedrohten Nebenfolgen kann erkannt werden.
(2) Im Falle des Absatzes 1 kann die Handlung jedoch als Ordnungswidrigkeit geahndet werden, wenn eine Strafe nicht verhängt wird.

§ 22
Einziehung von Gegenständen

(1) Als Nebenfolge einer Ordnungswidrigkeit dürfen Gegenstände nur eingezogen werden, soweit das Gesetz es ausdrücklich zuläßt.
(2) Die Einziehung ist nur zulässig, wenn
1. die Gegenstände zur Zeit der Entscheidung dem Täter gehören oder zustehen oder
2. die Gegenstände nach ihrer Art und den Umständen die Allgemeinheit gefährden oder die Gefahr besteht, daß sie der Begehung von Handlungen dienen werden, die mit Strafe oder mit Geldbuße bedroht sind.

(3) Unter den Voraussetzungen des Absatzes 2 Nr. 2 ist die Einziehung der Gegenstände auch zulässig, wenn der Täter nicht vorwerfbar gehandelt hat.

§ 23
Erweiterte Voraussetzungen der Einziehung

Verweist das Gesetz auf diese Vorschrift, so dürfen die Gegenstände abweichend von § 22 Abs. 2 Nr. 1 auch dann eingezogen werden, wenn derjenige, dem sie zur Zeit der Entscheidung gehören oder zustehen,
1. wenigstens leichtfertig dazu beigetragen hat, daß die Sache oder das Recht Mittel oder Gegenstand der Handlung oder ihrer Vorbereitung gewesen ist, oder
2. die Gegenstände in Kenntnis der Umstände, welche die Einziehung zugelassen hätten, in verwerflicher Weise erworben hat.

§ 24
Grundsatz der Verhältnismäßigkeit

(1) Die Einziehung darf in den Fällen des § 22 Abs. 2 Nr. 1 und des § 23 nicht angeordnet werden, wenn sie zur Bedeutung der begangenen Handlung und zum Vorwurf, der den von der Einziehung betroffenen Täter oder in den Fällen des § 23 den Dritten trifft, außer Verhältnis steht.
(2) [1]In den Fällen der §§ 22 und 23 wird angeordnet, daß die Einziehung vorbehalten bleibt, und eine weniger einschneidende Maßnahme getroffen, wenn der Zweck der Einziehung auch durch sie erreicht werden kann. [2]In Betracht kommt namentlich die Anweisung,

1. die Gegenstände unbrauchbar zu machen,
2. an den Gegenständen bestimmte Einrichtungen oder Kennzeichen zu beseitigen oder die Gegenstände sonst zu ändern oder
3. über die Gegenstände in bestimmter Weise zu verfügen.

[3]Wird die Anweisung befolgt, so wird der Vorbehalt der Einziehung aufgehoben; andernfalls wird die Einziehung nachträglich angeordnet.
(3) Die Einziehung kann auf einen Teil der Gegenstände beschränkt werden.

§ 25
Einziehung des Wertersatzes

(1) Hat der Täter den Gegenstand, der ihm zur Zeit der Handlung gehörte oder zustand und dessen Einziehung hätte angeordnet werden können, vor der Anordnung der Einziehung verwertet, namentlich veräußert oder verbraucht, oder hat er die Einziehung des Gegenstandes sonst vereitelt, so kann die Einziehung eines Geldbetrages gegen den Täter bis zu der Höhe angeordnet werden, die dem Wert des Gegenstandes entspricht.
(2) Eine solche Anordnung kann auch neben der Einziehung eines Gegenstandes oder an deren Stelle getroffen werden, wenn ihn der Täter vor der Anordnung der Einziehung mit dem Recht eines Dritten belastet hat, dessen Erlöschen ohne Entschädigung nicht angeordnet werden kann oder im Falle der Einziehung nicht angeordnet werden könnte (§ 26 Abs. 2, § 28); wird die Anordnung neben der Einziehung getroffen, so bemißt sich die Höhe des Wertersatzes nach dem Wert der Belastung des Gegenstandes.
(3) Der Wert des Gegenstandes und der Belastung kann geschätzt werden.
(4) Ist die Anordnung der Einziehung eines Gegenstandes nicht ausführbar oder unzureichend, weil nach der Anordnung eine der in den Absätzen 1 oder 2 bezeichneten Voraussetzungen eingetreten oder bekanntgeworden ist, so kann die Einziehung des Wertersatzes nachträglich angeordnet werden.
(5) Für die Bewilligung von Zahlungserleichterungen gilt § 18.

§ 26
Wirkung der Einziehung

(1) Wird ein Gegenstand eingezogen, so geht das Eigentum an der Sache oder das eingezogene Recht mit der Rechtskraft der Entscheidung auf den Staat oder, soweit das Gesetz dies bestimmt, auf die Körperschaft oder Anstalt des öffentlichen Rechts über, deren Organ oder Stelle die Einziehung angeordnet hat.
(2) [1]Rechte Dritter an dem Gegenstand bleiben bestehen. [2]Das Erlöschen dieser Rechte wird jedoch angeordnet, wenn die Einziehung darauf gestützt wird, daß die Voraussetzungen des § 22 Abs. 2 Nr. 2 vorliegen. [3]Das Erlöschen des Rechts eines Dritten kann auch dann angeordnet werden, wenn diesem eine Entschädigung nach § 28 Abs. 2 Nr. 1 oder 2 nicht zu gewähren ist.

(3) [1]Vor der Rechtskraft wirkt die Anordnung der Einziehung als Veräußerungsverbot im Sinne des § 136 des Bürgerlichen Gesetzbuches; das Verbot umfaßt auch andere Verfügungen als Veräußerungen. [2]Die gleiche Wirkung hat die Anordnung des Vorbehalts der Einziehung, auch wenn sie noch nicht rechtskräftig ist.

§ 27
Selbständige Anordnung

(1) Kann wegen der Ordnungswidrigkeit aus tatsächlichen Gründen keine bestimmte Person verfolgt oder eine Geldbuße gegen eine bestimmte Person nicht festgesetzt werden, so kann die Einziehung des Gegenstandes oder des Wertersatzes selbständig angeordnet werden, wenn die Voraussetzungen, unter denen die Maßnahme zugelassen ist, im übrigen vorliegen.
(2) [1]Unter den Voraussetzungen des § 22 Abs. 2 Nr. 2 oder Abs. 3 ist Absatz 1 auch dann anzuwenden, wenn
1. die Verfolgung der Ordnungswidrigkeit verjährt ist oder
2. sonst aus rechtlichen Gründen keine bestimmte Person verfolgt werden kann und das Gesetz nichts anderes bestimmt.

[2]Die Einziehung darf jedoch nicht angeordnet werden, wenn Antrag oder Ermächtigung fehlen.
(3) Absatz 1 ist auch anzuwenden, wenn nach § 47 die Verfolgungsbehörde von der Verfolgung der Ordnungswidrigkeit absieht oder das Gericht das Verfahren einstellt.

§ 28
Entschädigung

(1) [1]Stand das Eigentum an der Sache oder das eingezogene Recht zur Zeit der Rechtskraft der Entscheidung über die Einziehung einem Dritten zu oder war der Gegenstand mit dem Recht eines Dritten belastet, das durch die Entscheidung erloschen oder beeinträchtigt ist, so wird der Dritte unter Berücksichtigung des Verkehrswertes angemessen in Geld entschädigt. [2]Die Entschädigungspflicht trifft den Staat oder die Körperschaft oder Anstalt des öffentlichen Rechts, auf die das Eigentum an der Sache oder das eingezogene Recht übergegangen ist.
(2) Eine Entschädigung wird nicht gewährt, wenn
1. der Dritte wenigstens leichtfertig dazu beigetragen hat, daß die Sache oder das Recht Mittel oder Gegenstand der Handlung oder ihrer Vorbereitung gewesen ist,
2. der Dritte den Gegenstand oder das Recht an dem Gegenstand in Kenntnis der Umstände, welche die Einziehung zulassen, in verwerflicher Weise erworben hat oder

3. es nach den Umständen, welche die Einziehung begründet haben, auf Grund von Rechtsvorschriften außerhalb des Ordnungswidrigkeitenrechts zulässig wäre, den Gegenstand dem Dritten ohne Entschädigung dauernd zu entziehen.

(3) In den Fällen des Absatzes 2 kann eine Entschädigung gewährt werden, soweit es eine unbillige Härte wäre, sie zu versagen.

§ 29
Sondervorschrift für Organe und Vertreter

(1) Hat jemand
1. als vertretungsberechtigtes Organ einer juristischen Person oder als Mitglied eines solchen Organs,
2. als Vorstand eines nicht rechtsfähigen Vereins oder als Mitglied eines solchen Vorstandes,
3. als vertretungsberechtigter Gesellschafter einer rechtsfähigen Personengesellschaft,
4. als Generalbevollmächtigter oder in leitender Stellung als Prokurist oder Handlungsbevollmächtigter einer juristischen Person oder einer in Nummer 2 oder 3 genannten Personenvereinigung oder
5. als sonstige Person, die für die Leitung des Betriebs oder Unternehmens einer juristischen Person oder einer in Nummer 2 oder 3 genannten Personenvereinigung verantwortlich handelt, wozu auch die Überwachung der Geschäftsführung oder die sonstige Ausübung von Kontrollbefugnissen in leitender Stellung gehört,

eine Handlung vorgenommen, die ihm gegenüber unter den übrigen Voraussetzungen der §§ 22 bis 25 und 28 die Einziehung eines Gegenstandes oder des Wertersatzes zulassen oder den Ausschluß der Entschädigung begründen würde, so wird seine Handlung bei Anwendung dieser Vorschriften dem Vertretenen zugerechnet.

(2) § 9 Abs. 3 gilt entsprechend.

§ 29a
Einziehung des Wertes von Taterträgen

(1) Hat der Täter durch eine mit Geldbuße bedrohte Handlung oder für sie etwas erlangt und wird gegen ihn wegen der Handlung eine Geldbuße nicht festgesetzt, so kann gegen ihn die Einziehung eines Geldbetrages bis zu der Höhe angeordnet werden, die dem Wert des Erlangten entspricht.

(2) [1]Die Anordnung der Einziehung eines Geldbetrages bis zu der in Absatz 1 genannten Höhe kann sich gegen einen anderen, der nicht Täter ist, richten, wenn
1. er durch eine mit Geldbuße bedrohte Handlung etwas erlangt hat und der Täter für ihn gehandelt hat,

2. ihm das Erlangte
a) unentgeltlich oder ohne rechtlichen Grund übertragen wurde oder
b) übertragen wurde und er erkannt hat oder hätte erkennen müssen, dass das Erlangte aus einer mit Geldbuße bedrohten Handlung herrührt, oder
3. das Erlangte auf ihn
   a) als Erbe übergegangen ist oder
   b) als Pflichtteilsberechtigter oder Vermächtnisnehmer übertragen worden ist.

[2]Satz 1 Nummer 2 und 3 findet keine Anwendung, wenn das Erlangte zuvor einem Dritten, der nicht erkannt hat oder hätte erkennen müssen, dass das Erlangte aus einer mit Geldbuße bedrohten Handlung herrührt, entgeltlich und mit rechtlichem Grund übertragen wurde.

(3) [1]Bei der Bestimmung des Wertes des Erlangten sind die Aufwendungen des Täters oder des anderen abzuziehen. [2]Außer Betracht bleibt jedoch das, was für die Begehung der Tat oder für ihre Vorbereitung aufgewendet oder eingesetzt worden ist.

(4) [1]Umfang und Wert des Erlangten einschließlich der abzuziehenden Aufwendungen können geschätzt werden. [2]§ 18 gilt entsprechend.

(5) Wird gegen den Täter ein Bußgeldverfahren nicht eingeleitet oder wird es eingestellt, so kann die Einziehung selbständig angeordnet werden.

§ 30
Geldbuße gegen juristische Personen und Personenvereinigungen

(1) Hat jemand
1. als vertretungsberechtigtes Organ einer juristischen Person oder als Mitglied eines solchen Organs,
2. als Vorstand eines nicht rechtsfähigen Vereins oder als Mitglied eines solchen Vorstandes,
3. als vertretungsberechtigter Gesellschafter einer rechtsfähigen Personengesellschaft,
4. als Generalbevollmächtigter oder in leitender Stellung als Prokurist oder Handlungsbevollmächtigter einer juristischen Person oder einer in Nummer 2 oder 3 genannten Personenvereinigung oder
5. als sonstige Person, die für die Leitung des Betriebs oder Unternehmens einer juristischen Person oder einer in Nummer 2 oder 3 genannten Personenvereinigung verantwortlich handelt, wozu auch die Überwachung der Geschäftsführung oder die sonstige Ausübung von Kontrollbefugnissen in leitender Stellung gehört,

eine Straftat oder Ordnungswidrigkeit begangen, durch die Pflichten, welche die juristische Person oder die Personenvereinigung treffen, verletzt worden sind oder die juristische Person oder die Personenvereinigung bereichert worden ist oder werden sollte, so kann gegen diese eine Geldbuße festgesetzt werden.

(2) [1]Die Geldbuße beträgt
1. im Falle einer vorsätzlichen Straftat bis zu zehn Millionen Euro,
2. im Falle einer fahrlässigen Straftat bis zu fünf Millionen Euro.

[2]Im Falle einer Ordnungswidrigkeit bestimmt sich das Höchstmaß der Geldbuße nach dem für die Ordnungswidrigkeit angedrohten Höchstmaß der Geldbuße. [3]Verweist das Gesetz auf diese Vorschrift, so verzehnfacht sich das Höchstmaß der Geldbuße nach Satz 2 für die im Gesetz bezeichneten Tatbestände. [4]Satz 2 gilt auch im Falle einer Tat, die gleichzeitig Straftat und Ordnungswidrigkeit ist, wenn das für die Ordnungswidrigkeit angedrohte Höchstmaß der Geldbuße das Höchstmaß nach Satz 1 übersteigt.

(2a) [1]Im Falle einer Gesamtrechtsnachfolge oder einer partiellen Gesamtrechtsnachfolge durch Aufspaltung (§ 123 Absatz 1 des Umwandlungsgesetzes) kann die Geldbuße nach Absatz 1 und 2 gegen den oder die Rechtsnachfolger festgesetzt werden. [2]Die Geldbuße darf in diesen Fällen den Wert des übernommenen Vermögens sowie die Höhe der gegenüber dem Rechtsvorgänger angemessenen Geldbuße nicht übersteigen. [3]Im Bußgeldverfahren tritt der Rechtsnachfolger oder treten die Rechtsnachfolger in die Verfahrensstellung ein, in der sich der Rechtsvorgänger zum Zeitpunkt des Wirksamwerdens der Rechtsnachfolge befunden hat.

(3) § 17 Abs. 4 und § 18 gelten entsprechend.

(4) [1]Wird wegen der Straftat oder Ordnungswidrigkeit ein Straf- oder Bußgeldverfahren nicht eingeleitet oder wird es eingestellt oder wird von Strafe abgesehen, so kann die Geldbuße selbständig festgesetzt werden. [2]Durch Gesetz kann bestimmt werden, daß die Geldbuße auch in weiteren Fällen selbständig festgesetzt werden kann. [3]Die selbständige Festsetzung einer Geldbuße gegen die juristische Person oder Personenvereinigung ist jedoch ausgeschlossen, wenn die Straftat oder Ordnungswidrigkeit aus rechtlichen Gründen nicht verfolgt werden kann; § 33 Abs. 1 Satz 2 bleibt unberührt.

(5) Die Festsetzung einer Geldbuße gegen die juristische Person oder Personenvereinigung schließt es aus, gegen sie wegen derselben Tat die Einziehung nach den §§ 73 oder 73c des Strafgesetzbuches oder nach § 29a anzuordnen.

(6) Bei Erlass eines Bußgeldbescheids ist zur Sicherung der Geldbuße § 111e Absatz 2 der Strafprozessordnung mit der Maßgabe anzuwenden, dass an die Stelle des Urteils der Bußgeldbescheid tritt.

[...]

§ 46
Anwendung der Vorschriften über das Strafverfahren

(1) Für das Bußgeldverfahren gelten, soweit dieses Gesetz nichts anderes bestimmt, sinngemäß die Vorschriften der allgemeinen Gesetze über das Strafverfahren, namentlich der Strafprozeßordnung, des Gerichtsverfassungsgesetzes und des Jugendgerichtsgesetzes.

(2) Die Verfolgungsbehörde hat, soweit dieses Gesetz nichts anderes bestimmt, im Bußgeldverfahren dieselben Rechte und Pflichten wie die Staatsanwaltschaft bei der Verfolgung von Straftaten.

(3) [1]Anstaltsunterbringung, Verhaftung und vorläufige Festnahme, Beschlagnahme von Postsendungen und Telegrammen sowie Auskunftsersuchen über Umstände, die dem Post- und Fernmeldegeheimnis unterliegen, sind unzulässig. [2]§ 160 Abs. 3 Satz 2 der Strafprozeßordnung über die Gerichtshilfe ist nicht anzuwenden. [3]Ein Klageerzwingungsverfahren findet nicht statt. [4]Die Vorschriften über die Beteiligung des Verletzten am Verfahren und über das länderübergreifende staatsanwaltschaftliche Verfahrensregister sind nicht anzuwenden; dies gilt nicht für § 406e der Strafprozeßordnung.

(4) [1]§ 81a Abs. 1 Satz 2 der Strafprozeßordnung ist mit der Einschränkung anzuwenden, daß nur die Entnahme von Blutproben und andere geringfügige Eingriffe zulässig sind. [2]Die Entnahme einer Blutprobe bedarf abweichend von § 81a Absatz 2 Satz 1 der Strafprozessordnung keiner richterlichen Anordnung, wenn bestimmte Tatsachen den Verdacht begründen, dass eine Ordnungswidrigkeit begangen worden ist

1. nach den §§ 24a und 24c des Straßenverkehrsgesetzes oder
2. nach § 7 Absatz 1 des Binnenschifffahrtsaufgabengesetzes in Verbindung mit einer Vorschrift einer auf Grund des § 3 Absatz 1 Satz 1 Nummer 1 des Binnenschifffahrtsaufgabengesetzes erlassenen Rechtsverordnung, sofern diese Vorschrift das Verhalten im Verkehr im Sinne des § 3 Absatz 1 Satz 1 Nummer 1 Buchstabe a Doppelbuchstabe aa des Binnenschifffahrtsaufgabengesetzes regelt.

[3]In einem Strafverfahren entnommene Blutproben und sonstige Körperzellen, deren Entnahme im Bußgeldverfahren nach Satz 1 zulässig gewesen wäre, dürfen verwendet werden. [4]Die Verwendung von Blutproben und sonstigen Körperzellen zur Durchführung einer Untersuchung im Sinne des § 81e der Strafprozeßordnung ist unzulässig.

(4a) § 100j Absatz 1 Satz 1 Nummer 2 der Strafprozessordnung, auch in Verbindung mit § 100j Absatz 2 der Strafprozessordnung, ist mit der Einschränkung anzuwenden, dass die Erhebung von Bestandsdaten nur zur Verfolgung von Ordnungswidrigkeiten zulässig ist, die gegenüber natürlichen Personen mit Geldbußen im Höchstmaß von mehr als fünfzehntausend Euro bedroht sind.

(5) [1]Die Anordnung der Vorführung des Betroffenen und der Zeugen, die einer Ladung nicht nachkommen, bleibt dem Richter vorbehalten. [2]Die Haft zur Erzwingung des Zeugnisses (§ 70 Abs. 2 der Strafprozessordnung) darf sechs Wochen nicht überschreiten.

(6) Im Verfahren gegen Jugendliche und Heranwachsende kann von der Heranziehung der Jugendgerichtshilfe (§ 38 des Jugendgerichtsgesetzes) abgesehen werden, wenn ihre Mitwirkung für die sachgemäße Durchführung des Verfahrens entbehrlich ist.

(7) Im gerichtlichen Verfahren entscheiden beim Amtsgericht Abteilungen für Bußgeldsachen, beim Landgericht Kammern für Bußgeldsachen und beim Oberlandesgericht sowie beim Bundesgerichtshof Senate für Bußgeldsachen.
(8) Die Vorschriften zur Durchführung des § 191a Absatz 1 Satz 1 bis 4 des Gerichtsverfassungsgesetzes im Bußgeldverfahren sind in der Rechtsverordnung nach § 191a Abs. 2 des Gerichtsverfassungsgesetzes zu bestimmen.

§ 47
Verfolgung von Ordnungswidrigkeiten

(1) [1]Die Verfolgung von Ordnungswidrigkeiten liegt im pflichtgemäßen Ermessen der Verfolgungsbehörde. [2]Solange das Verfahren bei ihr anhängig ist, kann sie es einstellen.
(2) [1]Ist das Verfahren bei Gericht anhängig und hält dieses eine Ahndung nicht für geboten, so kann es das Verfahren mit Zustimmung der Staatsanwaltschaft in jeder Lage einstellen. [2]Die Zustimmung ist nicht erforderlich, wenn durch den Bußgeldbescheid eine Geldbuße bis zu einhundert Euro verhängt worden ist und die Staatsanwaltschaft erklärt hat, sie nehme an der Hauptverhandlung nicht teil. [3]Der Beschluß ist nicht anfechtbar.
(3) Die Einstellung des Verfahrens darf nicht von der Zahlung eines Geldbetrages an eine gemeinnützige Einrichtung oder sonstige Stelle abhängig gemacht oder damit in Zusammenhang gebracht werden.
[...]

§ 49
Akteneinsicht des Betroffenen und der Verwaltungsbehörde

(1) Die Verwaltungsbehörde gewährt dem Betroffenen auf Antrag Einsicht in die Akten, soweit der Untersuchungszweck, auch in einem anderen Straf- oder Bußgeldverfahren, nicht gefährdet werden kann und nicht überwiegende schutzwürdige Interessen Dritter entgegenstehen. Werden die Akten nicht elektronisch geführt, können an Stelle der Einsichtnahme in die Akten Kopien aus den Akten übermittelt werden.
(2) [1]Ist die Staatsanwaltschaft Verfolgungsbehörde, so ist die sonst zuständige Verwaltungsbehörde befugt, die Akten, die dem Gericht vorliegen oder im gerichtlichen Verfahren vorzulegen wären, einzusehen sowie sichergestellte und beschlagnahmte Gegenstände zu besichtigen. [2]Akten, die in Papierform geführt werden, werden der Verwaltungsbehörde auf Antrag zur Einsichtnahme übersandt.
[...]

§ 53
Aufgaben der Polizei

(1) [1]Die Behörden und Beamten des Polizeidienstes haben nach pflichtgemäßem Ermessen Ordnungswidrigkeiten zu erforschen und dabei alle unauf-

schiebbaren Anordnungen zu treffen, um die Verdunkelung der Sache zu verhüten. [2]Sie haben bei der Erforschung von Ordnungswidrigkeiten, soweit dieses Gesetz nichts anderes bestimmt, dieselben Rechte und Pflichten wie bei der Verfolgung von Straftaten. [3]Ihre Akten übersenden sie unverzüglich der Verwaltungsbehörde, in den Fällen des Zusammenhangs (§ 42) der Staatsanwaltschaft.

(2) Die Beamten des Polizeidienstes, die zu Ermittlungspersonen der Staatsanwaltschaft bestellt sind (§ 152 des Gerichtsverfassungsgesetzes), können nach den für sie geltenden Vorschriften der Strafprozeßordnung Beschlagnahmen, Durchsuchungen, Untersuchungen und sonstige Maßnahmen anordnen.

[...]

§ 55
Anhörung des Betroffenen

(1) § 163a Abs. 1 der Strafprozeßordnung ist mit der Einschränkung anzuwenden, daß es genügt, wenn dem Betroffenen Gelegenheit gegeben wird, sich zu der Beschuldigung zu äußern.

(2) [1]Der Betroffene braucht nicht darauf hingewiesen zu werden, daß er auch schon vor seiner Vernehmung einen von ihm zu wählenden Verteidiger befragen kann. [2]§ 136 Absatz 1 Satz 3 bis 5 der Strafprozeßordnung ist nicht anzuwenden.

§ 56
Verwarnung durch die Verwaltungsbehörde

(1) [1]Bei geringfügigen Ordnungswidrigkeiten kann die Verwaltungsbehörde den Betroffenen verwarnen und ein Verwarnungsgeld von fünf bis fünfundfünfzig Euro erheben. [2]Sie kann eine Verwarnung ohne Verwarnungsgeld erteilen.

(2) [1]Die Verwarnung nach Absatz 1 Satz 1 ist nur wirksam, wenn der Betroffene nach Belehrung über sein Weigerungsrecht mit ihr einverstanden ist und das Verwarnungsgeld entsprechend der Bestimmung der Verwaltungsbehörde entweder sofort zahlt oder innerhalb einer Frist, die eine Woche betragen soll, bei der hierfür bezeichneten Stelle oder bei der Post zur Überweisung an diese Stelle einzahlt. [2]Eine solche Frist soll bewilligt werden, wenn der Betroffene das Verwarnungsgeld nicht sofort zahlen kann oder wenn es höher ist als zehn Euro.

(3) [1]Über die Verwarnung nach Absatz 1 Satz 1, die Höhe des Verwarnungsgeldes und die Zahlung oder die etwa bestimmte Zahlungsfrist wird eine Bescheinigung erteilt. [2]Kosten (Gebühren und Auslagen) werden nicht erhoben.

(4) Ist die Verwarnung nach Absatz 1 Satz 1 wirksam, so kann die Tat nicht mehr unter den tatsächlichen und rechtlichen Gesichtspunkten verfolgt werden, unter denen die Verwarnung erteilt worden ist.

§ 57
Verwarnung durch Beamte des Außen- und Polizeidienstes

(1) Personen, die ermächtigt sind, die Befugnis nach § 56 für die Verwaltungsbehörde im Außendienst wahrzunehmen, haben sich entsprechend auszuweisen.
(2) Die Befugnis nach § 56 steht auch den hierzu ermächtigten Beamten des Polizeidienstes zu, die eine Ordnungswidrigkeit entdecken oder im ersten Zugriff verfolgen und sich durch ihre Dienstkleidung oder in anderer Weise ausweisen.

§ 58
Ermächtigung zur Erteilung der Verwarnung

(1) [1]Die Ermächtigung nach § 57 Abs. 2 erteilt die oberste Dienstbehörde des Beamten oder die von ihr bestimmte Stelle. [2]Die oberste Dienstbehörde soll sich wegen der Frage, bei welchen Ordnungswidrigkeiten Ermächtigungen erteilt werden sollen, mit der zuständigen Behörde ins Benehmen setzen. [3]Zuständig ist bei Ordnungswidrigkeiten, für deren Verfolgung und Ahndung eine Verwaltungsbehörde des Bundes zuständig ist, das fachlich zuständige Bundesministerium, sonst die fachlich zuständige oberste Landesbehörde.
(2) Soweit bei bestimmten Ordnungswidrigkeiten im Hinblick auf ihre Häufigkeit und Gleichartigkeit eine möglichst gleichmäßige Behandlung angezeigt ist, sollen allgemeine Ermächtigungen an Verwaltungsangehörige und Beamte des Polizeidienstes zur Erteilung einer Verwarnung nähere Bestimmungen darüber enthalten, in welchen Fällen und unter welchen Voraussetzungen die Verwarnung erteilt und in welcher Höhe das Verwarnungsgeld erhoben werden soll.
[...]

§ 65
Allgemeines

Die Ordnungswidrigkeit wird, soweit dieses Gesetz nichts anderes bestimmt, durch Bußgeldbescheid geahndet.

§ 66
Inhalt des Bußgeldbescheides

(1) Der Bußgeldbescheid enthält
1. die Angaben zur Person des Betroffenen und etwaiger Nebenbeteiligter,
2. den Namen und die Anschrift des Verteidigers,
3. die Bezeichnung der Tat, die dem Betroffenen zur Last gelegt wird, Zeit und Ort ihrer Begehung, die gesetzlichen Merkmale der Ordnungswidrigkeit und die angewendeten Bußgeldvorschriften,
4. die Beweismittel,
5. die Geldbuße und die Nebenfolgen.

(2) Der Bußgeldbescheid enthält ferner
1. den Hinweis, daß
   a) der Bußgeldbescheid rechtskräftig und vollstreckbar wird, wenn kein Einspruch nach § 67 eingelegt wird,
   b) bei einem Einspruch auch eine für den Betroffenen nachteiligere Entscheidung getroffen werden kann,
2. die Aufforderung an den Betroffenen, spätestens zwei Wochen nach Rechtskraft oder einer etwa bestimmten späteren Fälligkeit (§ 18)
   a) die Geldbuße oder die bestimmten Teilbeträge an die zuständige Kasse zu zahlen oder
   b) im Falle der Zahlungsunfähigkeit der Vollstreckungsbehörde (§ 92) schriftlich oder zur Niederschrift darzutun, warum ihm die fristgemäße Zahlung nach seinen wirtschaftlichen Verhältnissen nicht zuzumuten ist, und
3. die Belehrung, daß Erzwingungshaft (§ 96) angeordnet werden kann, wenn der Betroffene seiner Pflicht nach Nummer 2 nicht genügt.

(3) Über die Angaben nach Absatz 1 Nr. 3 und 4 hinaus braucht der Bußgeldbescheid nicht begründet zu werden.

[...]

§ 84
Wirkung der Rechtskraft

(1) Ist der Bußgeldbescheid rechtskräftig geworden oder hat das Gericht über die Tat als Ordnungswidrigkeit oder als Straftat rechtskräftig entschieden, so kann dieselbe Tat nicht mehr als Ordnungswidrigkeit verfolgt werden.

(2) [1]Das rechtskräftige Urteil über die Tat als Ordnungswidrigkeit steht auch ihrer Verfolgung als Straftat entgegen. [2]Dem rechtskräftigen Urteil stehen der Beschluß nach § 72 und der Beschluß des Beschwerdegerichts über die Tat als Ordnungswidrigkeit gleich.

§ 85
Wiederaufnahme des Verfahrens

(1) Für die Wiederaufnahme eines durch rechtskräftige Bußgeldentscheidung abgeschlossenen Verfahrens gelten die §§ 359 bis 373a der Strafprozeßordnung entsprechend, soweit die nachstehenden Vorschriften nichts anderes bestimmen.

(2) [1]Die Wiederaufnahme des Verfahrens zugunsten des Betroffenen, die auf neue Tatsachen oder Beweismittel gestützt wird (§ 359 Nr. 5 der Strafprozeßordnung), ist nicht zulässig, wenn
1. gegen den Betroffenen lediglich eine Geldbuße bis zu zweihundertfünfzig Euro festgesetzt ist oder
2. seit Rechtskraft der Bußgeldentscheidung drei Jahre verstrichen sind.

[2]Satz 1 Nr. 1 gilt entsprechend, wenn eine Nebenfolge vermögensrechtlicher Art angeordnet ist, deren Wert zweihundertfünfzig Euro nicht übersteigt.

(3) [1]Die Wiederaufnahme des Verfahrens zuungunsten des Betroffenen ist unter den Voraussetzungen des § 362 der Strafprozeßordnung nur zu dem Zweck zulässig, die Verurteilung nach einem Strafgesetz herbeizuführen. [2]Zu diesem Zweck ist sie auch zulässig, wenn neue Tatsachen oder Beweismittel beigebracht sind, die allein oder in Verbindung mit den früher erhobenen Beweisen geeignet sind, die Verurteilung des Betroffenen wegen eines Verbrechens zu begründen.
(4) [1]Im Wiederaufnahmeverfahren gegen den Bußgeldbescheid entscheidet das nach § 68 zuständige Gericht. [2]Wird ein solches Wiederaufnahmeverfahren von dem Betroffenen beantragt oder werden der Verwaltungsbehörde Umstände bekannt, die eine Wiederaufnahme des Verfahrens zulassen, so übersendet sie die Akten der Staatsanwaltschaft. [3]§ 69 Abs. 4 Satz 1 gilt entsprechend.

§ 86
Aufhebung des Bußgeldbescheides im Strafverfahren

(1) [1]Ist gegen den Betroffenen ein Bußgeldbescheid ergangen und wird er später wegen derselben Handlung in einem Strafverfahren verurteilt, so wird der Bußgeldbescheid insoweit aufgehoben. [2]Dasselbe gilt, wenn es im Strafverfahren nicht zu einer Verurteilung kommt, jedoch die Feststellungen, die das Gericht in der abschließenden Entscheidung trifft, dem Bußgeldbescheid entgegenstehen.
(2) Geldbeträge, die auf Grund des aufgehobenen Bußgeldbescheides gezahlt oder beigetrieben worden sind, werden zunächst auf eine erkannte Geldstrafe, dann auf angeordnete Nebenfolgen, die zu einer Geldzahlung verpflichten, und zuletzt auf die Kosten des Strafverfahrens angerechnet.
(3) Die Entscheidungen nach den Absätzen 1 und 2 werden in dem Urteil oder in der sonstigen abschließenden Entscheidung getroffen.
[...]

§ 111
Falsche Namensangabe

(1) Ordnungswidrig handelt, wer einer zuständigen Behörde, einem zuständigen Amtsträger oder einem zuständigen Soldaten der Bundeswehr über seinen Vor-, Familien- oder Geburtsnamen, den Ort oder Tag seiner Geburt, seinen Familienstand, seinen Beruf, seinen Wohnort, seine Wohnung oder seine Staatsangehörigkeit eine unrichtige Angabe macht oder die Angabe verweigert.
(2) Ordnungswidrig handelt auch der Täter, der fahrlässig nicht erkennt, daß die Behörde, der Amtsträger oder der Soldat zuständig ist.
(3) Die Ordnungswidrigkeit kann, wenn die Handlung nicht nach anderen Vorschriften geahndet werden kann, in den Fällen des Absatzes 1 mit einer Geldbuße bis zu eintausend Euro, in den Fällen des Absatzes 2 mit einer Geldbuße bis zu fünfhundert Euro geahndet werden.
[...]

§ 113
Unerlaubte Ansammlung

(1) Ordnungswidrig handelt, wer sich einer öffentlichen Ansammlung anschließt oder sich nicht aus ihr entfernt, obwohl ein Träger von Hoheitsbefugnissen die Menge dreimal rechtmäßig aufgefordert hat, auseinanderzugehen.
(2) Ordnungswidrig handelt auch der Täter, der fahrlässig nicht erkennt, daß die Aufforderung rechtmäßig ist.
(3) Die Ordnungswidrigkeit kann in den Fällen des Absatzes 1 mit einer Geldbuße bis zu eintausend Euro, in den Fällen des Absatzes 2 mit einer Geldbuße bis zu fünfhundert Euro geahndet werden.
[...]

§ 116
Öffentliche Aufforderung zu Ordnungswidrigkeiten

(1) Ordnungswidrig handelt, wer öffentlich, in einer Versammlung oder durch Verbreiten eines Inhalts (§ 11 Absatz 3 des Strafgesetzbuches) zu einer mit Geldbuße bedrohten Handlung auffordert.
(2) [1]Die Ordnungswidrigkeit kann mit einer Geldbuße geahndet werden. [2]Das Höchstmaß der Geldbuße bestimmt sich nach dem Höchstmaß der Geldbuße für die Handlung, zu der aufgefordert wird.

§ 117
Unzulässiger Lärm

(1) Ordnungswidrig handelt, wer ohne berechtigten Anlaß oder in einem unzulässigen oder nach den Umständen vermeidbaren Ausmaß Lärm erregt, der geeignet ist, die Allgemeinheit oder die Nachbarschaft erheblich zu belästigen oder die Gesundheit eines anderen zu schädigen.
(2) Die Ordnungswidrigkeit kann mit einer Geldbuße bis zu fünftausend Euro geahndet werden, wenn die Handlung nicht nach anderen Vorschriften geahndet werden kann.

§ 118
Belästigung der Allgemeinheit

(1) Ordnungswidrig handelt, wer eine grob ungehörige Handlung vornimmt, die geeignet ist, die Allgemeinheit zu belästigen oder zu gefährden und die öffentliche Ordnung zu beeinträchtigen.
(2) Die Ordnungswidrigkeit kann mit einer Geldbuße geahndet werden, wenn die Handlung nicht nach anderen Vorschriften geahndet werden kann.

§ 119
Grob anstößige und belästigende Handlungen

(1) Ordnungswidrig handelt, wer

1. öffentlich in einer Weise, die geeignet ist, andere zu belästigen, oder
2. in grob anstößiger Weise dadurch, dass er einen Inhalt (§ 11 Absatz 3 des Strafgesetzbuches) verbreitet oder der Öffentlichkeit zugänglich macht

Gelegenheit zu sexuellen Handlungen anbietet, ankündigt, anpreist oder Erklärungen solchen Inhalts bekanntgibt.

(2) Ordnungswidrig handelt auch, wer auf die in Absatz 1 bezeichnete Weise Mittel oder Gegenstände, die dem sexuellen Gebrauch dienen, anbietet, ankündigt, anpreist oder Erklärungen solchen Inhalts bekanntgibt.

(3) Ordnungswidrig handelt ferner, wer einen sexuellen Inhalt (§ 11 Absatz 3 des Strafgesetzbuches) an Orten der Öffentlichkeit zugänglich macht, an denen dies grob anstößig wirkt.

(4) Die Ordnungswidrigkeit kann in den Fällen des Absatzes 1 Nr. 1 mit einer Geldbuße bis zu eintausend Euro, in den übrigen Fällen mit einer Geldbuße bis zu zehntausend Euro geahndet werden.

[...]

§ 121
Halten gefährlicher Tiere

(1) Ordnungswidrig handelt, wer vorsätzlich oder fahrlässig

1. ein gefährliches Tier einer wildlebenden Art oder ein bösartiges Tier sich frei umherbewegen läßt oder
2. als Verantwortlicher für die Beaufsichtigung eines solchen Tieres es unterläßt, die nötigen Vorsichtsmaßnahmen zu treffen, um Schäden durch das Tier zu verhüten.

(2) Die Ordnungswidrigkeit kann mit einer Geldbuße geahndet werden.

[...]

Strafgesetzbuch (StGB)

vom 13. November 1998 (BGBl. I S. 3322),
zuletzt geändert durch Artikel 13 des Gesetzes vom 11. Januar 2026
(BGBl. 2026 I Nr. 9)

– Auszüge –

§ 1
Keine Strafe ohne Gesetz

Eine Tat kann nur bestraft werden, wenn die Strafbarkeit gesetzlich bestimmt war, bevor die Tat begangen wurde.

§ 2
Zeitliche Geltung

(1) Die Strafe und ihre Nebenfolgen bestimmen sich nach dem Gesetz, das zur Zeit der Tat gilt.
(2) Wird die Strafdrohung während der Begehung der Tat geändert, so ist das Gesetz anzuwenden, das bei Beendigung der Tat gilt.
(3) Wird das Gesetz, das bei Beendigung der Tat gilt, vor der Entscheidung geändert, so ist das mildeste Gesetz anzuwenden.
(4) [1]Ein Gesetz, das nur für eine bestimmte Zeit gelten soll, ist auf Taten, die während seiner Geltung begangen sind, auch dann anzuwenden, wenn es außer Kraft getreten ist. [2]Dies gilt nicht, soweit ein Gesetz etwas anderes bestimmt.
(5) Für Einziehung und Unbrauchbarmachung gelten die Absätze 1 bis 4 entsprechend.
(6) Über Maßregeln der Besserung und Sicherung ist, wenn gesetzlich nichts anderes bestimmt ist, nach dem Gesetz zu entscheiden, das zur Zeit der Entscheidung gilt.

§ 3
Geltung für Inlandstaten

Das deutsche Strafrecht gilt für Taten, die im Inland begangen werden.

§ 4
Geltung für Taten auf deutschen Schiffen und Luftfahrzeugen

Das deutsche Strafrecht gilt, unabhängig vom Recht des Tatorts, für Taten, die auf einem Schiff oder in einem Luftfahrzeug begangen werden, das berechtigt ist, die Bundesflagge oder das Staatszugehörigkeitszeichen der Bundesrepublik Deutschland zu führen.

§ 5
Auslandstaten mit besonderem Inlandsbezug

Das deutsche Strafrecht gilt, unabhängig vom Recht des Tatorts, für folgende Taten, die im Ausland begangen werden:

1. weggefallen
2. Hochverrat (§§ 81 bis 83);
3. Gefährdung des demokratischen Rechtsstaates
   a) in den Fällen des § 86 Absatz 1 und 2, wenn Propagandamittel im Inland wahrnehmbar verbreitet oder der inländischen Öffentlichkeit zugänglich gemacht werden und der Täter Deutscher ist oder seine Lebensgrundlage im Inland hat,
   b) in den Fällen des § 86a Absatz 1 Nummer 1, wenn ein Kennzeichen im Inland wahrnehmbar verbreitet oder in einer der inländischen Öffentlichkeit zugänglichen Weise oder in einem im Inland wahrnehmbar verbreiteten Inhalt (§ 11 Absatz 3) verwendet wird und der Täter Deutscher ist oder seine Lebensgrundlage im Inland hat,
   c) in den Fällen der §§ 89, 90a Abs. 1 und des § 90b, wenn der Täter Deutscher ist und seine Lebensgrundlage im räumlichen Geltungsbereich dieses Gesetzes hat, und
   d) in den Fällen der §§ 90 und 90a Abs. 2;
4. Landesverrat und Gefährdung der äußeren Sicherheit (§§ 94 bis 100a);
5. Straftaten gegen die Landesverteidigung
   a) in den Fällen der §§ 109 und 109e bis 109g und
   b) in den Fällen der §§ 109a, 109d und 109h, wenn der Täter Deutscher ist und seine Lebensgrundlage im räumlichen Geltungsbereich dieses Gesetzes hat;

5a. Widerstand gegen die Staatsgewalt und Straftaten gegen die öffentliche Ordnung
   a) in den Fällen des § 111, wenn die Aufforderung im Inland wahrnehmbar ist und der Täter Deutscher ist oder seine Lebensgrundlage im Inland hat,
   b) in den Fällen des § 127, wenn der Zweck der Handelsplattform darauf ausgerichtet ist, die Begehung von rechtswidrigen Taten im Inland zu ermöglichen oder zu fördern und der Täter Deutscher ist oder seine Lebensgrundlage im Inland hat,

   und
   c) in den Fällen des § 130 Absatz 2 Nummer 1, auch in Verbindung mit Absatz 6, wenn ein in Absatz 2 Nummer 1 oder Absatz 3 bezeichneter Inhalt (§ 11 Absatz 3) in einer Weise, die geeignet ist, den öffentlichen Frieden zu stören, im Inland wahrnehmbar verbreitet oder der inländischen Öffentlichkeit zugänglich gemacht wird und der Täter Deutscher ist oder seine Lebensgrundlage im Inland hat;

6. Straftaten gegen die persönliche Freiheit
   a) in den Fällen der §§ 234a und 241a, wenn die Tat sich gegen eine Person richtet, die zur Zeit der Tat Deutsche ist und ihren Wohnsitz oder gewöhnlichen Aufenthalt im Inland hat,
   b) in den Fällen des § 235 Absatz 2 Nummer 2, wenn die Tat sich gegen eine Person richtet, die zur Zeit der Tat ihren Wohnsitz oder gewöhnlichen Aufenthalt im Inland hat, und
   c) in den Fällen des § 237, wenn der Täter zur Zeit der Tat Deutscher ist oder seine Lebensgrundlage im Inland hat oder wenn die Tat sich gegen eine Person richtet, die zur Zeit der Tat ihren Wohnsitz oder gewöhnlichen Aufenthalt im Inland hat;
7. Verletzung von Betriebs- oder Geschäftsgeheimnissen eines im räumlichen Geltungsbereich dieses Gesetzes liegenden Betriebs, eines Unternehmens, das dort seinen Sitz hat, oder eines Unternehmens mit Sitz im Ausland, das von einem Unternehmen mit Sitz im räumlichen Geltungsbereich dieses Gesetzes abhängig ist und mit diesem einen Konzern bildet;
8. Straftaten gegen die sexuelle Selbstbestimmung in den Fällen des § 174 Absatz 1, 2 und 4, der §§ 176 bis 178 und des § 182, wenn der Täter zur Zeit der Tat Deutscher ist oder seine Lebensgrundlage im Inland hat;
9. Straftaten gegen das Leben
   a) in den Fällen des § 218 Absatz 2 Satz 2 Nummer 1 und Absatz 4 Satz 1, wenn der Täter zur Zeit der Tat Deutscher ist oder seine Lebensgrundlage im Inland hat, und
   b) in den übrigen Fällen des § 218, wenn der Täter zur Zeit der Tat Deutscher ist und seine Lebensgrundlage im Inland hat;

9a. Straftaten gegen die körperliche Unversehrtheit
   a) in den Fällen des § 226 Absatz 1 Nummer 1 in Verbindung mit Absatz 2 bei Verlust der Fortpflanzungsfähigkeit, wenn der Täter zur Zeit der Tat Deutscher ist oder seine Lebensgrundlage im Inland hat, und
   b) in den Fällen des § 226a, wenn der Täter zur Zeit der Tat Deutscher ist oder seine Lebensgrundlage im Inland hat oder wenn die Tat sich gegen eine Person richtet, die zur Zeit der Tat ihren Wohnsitz oder gewöhnlichen Aufenthalt im Inland hat;

10. falsche uneidliche Aussage, Meineid und falsche Versicherung an Eides Statt (§§ 153 bis 156) in einem Verfahren, das im räumlichen Geltungsbereich dieses Gesetzes bei einem Gericht oder einer anderen deutschen Stelle anhängig ist, die zur Abnahme von Eiden oder eidesstattlichen Versicherungen zuständig ist;

10a. Sportwettbetrug und Manipulation von berufssportlichen Wettbewerben (§§ 265c und 265d), wenn sich die Tat auf einen Wettbewerb bezieht, der im Inland stattfindet;

11. Straftaten gegen die Umwelt in den Fällen der §§ 324, 326, 330 und 330a, die im Bereich der deutschen ausschließlichen Wirtschaftszone begangen

werden, soweit völkerrechtliche Übereinkommen zum Schutze des Meeres ihre Verfolgung als Straftaten gestatten;

11a. Straftaten nach § 328 Abs. 2 Nr. 3 und 4, Abs. 4 und 5, auch in Verbindung mit § 330, wenn der Täter zur Zeit der Tat Deutscher ist;

12. Taten, die ein deutscher Amtsträger oder für den öffentlichen Dienst besonders Verpflichteter während eines dienstlichen Aufenthalts oder in Beziehung auf den Dienst begeht;

13. Taten, die ein Ausländer als Amtsträger oder für den öffentlichen Dienst besonders Verpflichteter begeht;

14. Taten, die jemand gegen einen Amtsträger, einen für den öffentlichen Dienst besonders Verpflichteten oder einen Soldaten der Bundeswehr während der Ausübung ihres Dienstes oder in Beziehung auf ihren Dienst begeht;

15. Straftaten im Amt nach den §§ 331 bis 337, wenn
    a) der Täter zur Zeit der Tat Deutscher ist,
    b) der Täter zur Zeit der Tat Europäischer Amtsträger ist und seine Dienststelle ihren Sitz im Inland hat,
    c) die Tat gegenüber einem Amtsträger, einem für den öffentlichen Dienst besonders Verpflichteten oder einem Soldaten der Bundeswehr begangen wird oder
    d) die Tat gegenüber einem Europäischen Amtsträger oder Schiedsrichter, der zur Zeit der Tat Deutscher ist, oder einer nach § 335a gleichgestellten Person begangen wird, die zur Zeit der Tat Deutsche ist;

16. Bestechlichkeit und Bestechung von Mandatsträgern (§ 108e), wenn
    a) der Täter zur Zeit der Tat Mitglied einer deutschen Volksvertretung oder Deutscher ist oder
    b) die Tat gegenüber einem Mitglied einer deutschen Volksvertretung oder einer Person, die zur Zeit der Tat Deutsche ist, begangen wird;

17. Organ- und Gewebehandel (§ 18 des Transplantationsgesetzes), wenn der Täter zur Zeit der Tat Deutscher ist.

§ 6
Auslandstaten gegen international geschützte Rechtsgüter

Das deutsche Strafrecht gilt weiter, unabhängig vom Recht des Tatorts, für folgende Taten, die im Ausland begangen werden:

1. weggefallen
2. Kernenergie-, Sprengstoff- und Strahlungsverbrechen in den Fällen der §§ 307 und 308 Absatz 1 bis 5, des § 309 Abs. 2 und des § 310;
3. Angriffe auf den Luft- und Seeverkehr (§ 316c);
4. Menschenhandel (§ 232);
5. unbefugter Vertrieb von Betäubungsmitteln;
6. Verbreitung pornographischer Inhalte in den Fällen der §§ 184a, 184b Absatz 1 und 2 und § 184c Absatz 1 und 2;

7. Geld- und Wertpapierfälschung (§§ 146, 151 und 152), Fälschung von Zahlungskarten mit Garantiefunktion (§ 152b Abs. 1 bis 4) sowie deren Vorbereitung (§§ 149, 151, 152 und 152b Abs. 5);
8. Subventionsbetrug (§ 264);
9. Taten, die auf Grund eines für die Bundesrepublik Deutschland verbindlichen zwischenstaatlichen Abkommens auch dann zu verfolgen sind, wenn sie im Ausland begangen werden.

§ 7
Geltung für Auslandstaten in anderen Fällen

(1) Das deutsche Strafrecht gilt für Taten, die im Ausland gegen einen Deutschen begangen werden, wenn die Tat am Tatort mit Strafe bedroht ist oder der Tatort keiner Strafgewalt unterliegt.
(2) Für andere Taten, die im Ausland begangen werden, gilt das deutsche Strafrecht, wenn die Tat am Tatort mit Strafe bedroht ist oder der Tatort keiner Strafgewalt unterliegt und wenn der Täter
1. zur Zeit der Tat Deutscher war oder es nach der Tat geworden ist oder
2. zur Zeit der Tat Ausländer war, im Inland betroffen und, obwohl das Auslieferungsgesetz seine Auslieferung nach der Art der Tat zuließe, nicht ausgeliefert wird, weil ein Auslieferungsersuchen innerhalb angemessener Frist nicht gestellt oder abgelehnt wird oder die Auslieferung nicht ausführbar ist.

§ 8
Zeit der Tat

[1]Eine Tat ist zu der Zeit begangen, zu welcher der Täter oder der Teilnehmer gehandelt hat oder im Falle des Unterlassens hätte handeln müssen. [2]Wann der Erfolg eintritt, ist nicht maßgebend.

§ 9
Ort der Tat

(1) Eine Tat ist an jedem Ort begangen, an dem der Täter gehandelt hat oder im Falle des Unterlassens hätte handeln müssen oder an dem der zum Tatbestand gehörende Erfolg eingetreten ist oder nach der Vorstellung des Täters eintreten sollte.
(2) [1]Die Teilnahme ist sowohl an dem Ort begangen, an dem die Tat begangen ist, als auch an jedem Ort, an dem der Teilnehmer gehandelt hat oder im Falle des Unterlassens hätte handeln müssen oder an dem nach seiner Vorstellung die Tat begangen werden sollte. [2]Hat der Teilnehmer an einer Auslandstat im Inland gehandelt, so gilt für die Teilnahme das deutsche Strafrecht, auch wenn die Tat nach dem Recht des Tatorts nicht mit Strafe bedroht ist.

§ 10
Sondervorschriften für Jugendliche und Heranwachsende

Für Taten von Jugendlichen und Heranwachsenden gilt dieses Gesetz nur, soweit im Jugendgerichtsgesetz nichts anderes bestimmt ist.

§ 11
Personen- und Sachbegriffe

(1) Im Sinne dieses Gesetzes ist

1. Angehöriger:
   wer zu den folgenden Personen gehört:
   a) Verwandte und Verschwägerte gerader Linie, der Ehegatte, der Lebenspartner, der Verlobte, Geschwister, Ehegatten oder Lebenspartner der Geschwister, Geschwister der Ehegatten oder Lebenspartner, und zwar auch dann, wenn die Ehe oder die Lebenspartnerschaft, welche die Beziehung begründet hat, nicht mehr besteht oder wenn die Verwandtschaft oder Schwägerschaft erloschen ist,
   b) Pflegeeltern und Pflegekinder;
2. Amtsträger:
   wer nach deutschem Recht
   a) Beamter oder Richter ist,
   b) in einem sonstigen öffentlich-rechtlichen Amtsverhältnis steht oder
   c) sonst dazu bestellt ist, bei einer Behörde oder bei einer sonstigen Stelle oder in deren Auftrag Aufgaben der öffentlichen Verwaltung unbeschadet der zur Aufgabenerfüllung gewählten Organisationsform wahrzunehmen;

2a. Europäischer Amtsträger:
   wer
   a) Mitglied der Europäischen Kommission, der Europäischen Zentralbank, des Rechnungshofs oder eines Gerichts der Europäischen Union ist,
   b) Beamter oder sonstiger Bediensteter der Europäischen Union oder einer auf der Grundlage des Rechts der Europäischen Union geschaffenen Einrichtung ist oder
   c) mit der Wahrnehmung von Aufgaben der Europäischen Union oder von Aufgaben einer auf der Grundlage des Rechts der Europäischen Union geschaffenen Einrichtung beauftragt ist;

3. Richter:
   wer nach deutschem Recht Berufsrichter oder ehrenamtlicher Richter ist;
4. für den öffentlichen Dienst besonders Verpflichteter:
   wer, ohne Amtsträger zu sein,
   a) bei einer Behörde oder bei einer sonstigen Stelle, die Aufgaben der öffentlichen Verwaltung wahrnimmt, oder

b) bei einem Verband oder sonstigen Zusammenschluß, Betrieb oder Unternehmen, die für eine Behörde oder für eine sonstige Stelle Aufgaben der öffentlichen Verwaltung ausführen,

beschäftigt oder für sie tätig und auf die gewissenhafte Erfüllung seiner Obliegenheiten auf Grund eines Gesetzes förmlich verpflichtet ist;

5. rechtswidrige Tat:
   nur eine solche, die den Tatbestand eines Strafgesetzes verwirklicht;
6. Unternehmen einer Tat:
   deren Versuch und deren Vollendung;
7. Behörde:
   auch ein Gericht;
8. Maßnahme:
   jede Maßregel der Besserung und Sicherung, die Einziehung und die Unbrauchbarmachung;
9. Entgelt:
   jede in einem Vermögensvorteil bestehende Gegenleistung.

(2) Vorsätzlich im Sinne dieses Gesetzes ist eine Tat auch dann, wenn sie einen gesetzlichen Tatbestand verwirklicht, der hinsichtlich der Handlung Vorsatz voraussetzt, hinsichtlich einer dadurch verursachten besonderen Folge jedoch Fahrlässigkeit ausreichen läßt.

(3) Inhalte im Sinne der Vorschriften, die auf diesen Absatz verweisen, sind solche, die in Schriften, auf Ton- oder Bildträgern, in Datenspeichern, Abbildungen oder anderen Verkörperungen enthalten sind oder auch unabhängig von einer Speicherung mittels Informations- oder Kommunikationstechnik übertragen werden.

§ 12
Verbrechen und Vergehen

(1) Verbrechen sind rechtswidrige Taten, die im Mindestmaß mit Freiheitsstrafe von einem Jahr oder darüber bedroht sind.

(2) Vergehen sind rechtswidrige Taten, die im Mindestmaß mit einer geringeren Freiheitsstrafe oder die mit Geldstrafe bedroht sind.

(3) Schärfungen oder Milderungen, die nach den Vorschriften des Allgemeinen Teils oder für besonders schwere oder minder schwere Fälle vorgesehen sind, bleiben für die Einteilung außer Betracht.

[...]

§ 19
Schuldunfähigkeit des Kindes

Schuldunfähig ist, wer bei Begehung der Tat noch nicht vierzehn Jahre alt ist.

§ 20
Schuldunfähigkeit wegen seelischer Störungen

Ohne Schuld handelt, wer bei Begehung der Tat wegen einer krankhaften seelischen Störung, wegen einer tiefgreifenden Bewußtseinsstörung oder wegen einer Intelligenzminderung oder einer schweren anderen seelischen Störung unfähig ist, das Unrecht der Tat einzusehen oder nach dieser Einsicht zu handeln.

§ 21
Verminderte Schuldfähigkeit

Ist die Fähigkeit des Täters, das Unrecht der Tat einzusehen oder nach dieser Einsicht zu handeln, aus einem der in § 20 bezeichneten Gründe bei Begehung der Tat erheblich vermindert, so kann die Strafe nach § 49 Abs. 1 gemildert werden.

[...]

§ 32
Notwehr

(1) Wer eine Tat begeht, die durch Notwehr geboten ist, handelt nicht rechtswidrig.

(2) Notwehr ist die Verteidigung, die erforderlich ist, um einen gegenwärtigen rechtswidrigen Angriff von sich oder einem anderen abzuwenden.

§ 33
Überschreitung der Notwehr

Überschreitet der Täter die Grenzen der Notwehr aus Verwirrung, Furcht oder Schrecken, so wird er nicht bestraft.

§ 34
Rechtfertigender Notstand

Wer in einer gegenwärtigen, nicht anders abwendbaren Gefahr für Leben, Leib, Freiheit, Ehre, Eigentum oder ein anderes Rechtsgut eine Tat begeht, um die Gefahr von sich oder einem anderen abzuwenden, handelt nicht rechtswidrig, wenn bei Abwägung der widerstreitenden Interessen, namentlich der betroffenen Rechtsgüter und des Grades der ihnen drohenden Gefahren, das geschützte Interesse das beeinträchtigte wesentlich überwiegt. Dies gilt jedoch nur, soweit die Tat ein angemessenes Mittel ist, die Gefahr abzuwenden.

§ 35
Entschuldigender Notstand

(1) Wer in einer gegenwärtigen, nicht anders abwendbaren Gefahr für Leben, Leib oder Freiheit eine rechtswidrige Tat begeht, um die Gefahr von sich, einem Angehörigen oder einer anderen ihm nahestehenden Person abzuwenden,

handelt ohne Schuld. Dies gilt nicht, soweit dem Täter nach den Umständen, namentlich weil er die Gefahr selbst verursacht hat oder weil er in einem besonderen Rechtsverhältnis stand, zugemutet werden konnte, die Gefahr hinzunehmen; jedoch kann die Strafe nach § 49 Abs. 1 gemildert werden, wenn der Täter nicht mit Rücksicht auf ein besonderes Rechtsverhältnis die Gefahr hinzunehmen hatte.
(2) Nimmt der Täter bei Begehung der Tat irrig Umstände an, welche ihn nach Absatz 1 entschuldigen würden, so wird er nur dann bestraft, wenn er den Irrtum vermeiden konnte. Die Strafe ist nach § 49 Abs. 1 zu mildern.
[...]

§ 38
Dauer der Freiheitsstrafe

(1) Die Freiheitsstrafe ist zeitig, wenn das Gesetz nicht lebenslange Freiheitsstrafe androht.
(2) Das Höchstmaß der zeitigen Freiheitsstrafe ist fünfzehn Jahre, ihr Mindestmaß ein Monat.

§ 39
Bemessung der Freiheitsstrafe

Freiheitsstrafe unter einem Jahr wird nach vollen Wochen und Monaten, Freiheitsstrafe von längerer Dauer nach vollen Monaten und Jahren bemessen.

§ 40
Verhängung in Tagessätzen

(1) [1]Die Geldstrafe wird in Tagessätzen verhängt. [2]Sie beträgt mindestens fünf und, wenn das Gesetz nichts anderes bestimmt, höchstens dreihundertsechzig volle Tagessätze.
(2) [1]Die Höhe eines Tagessatzes bestimmt das Gericht unter Berücksichtigung der persönlichen und wirtschaftlichen Verhältnisse des Täters. [2]Dabei geht es in der Regel von dem Nettoeinkommen aus, das der Täter durchschnittlich an einem Tag hat oder haben könnte. [3]Es achtet dabei ferner darauf, dass dem Täter mindestens das zum Leben unerlässliche Minimum seines Einkommens verbleibt. [4]Ein Tagessatz wird auf mindestens einen und höchstens dreißigtausend Euro festgesetzt.
(3) Die Einkünfte des Täters, sein Vermögen und andere Grundlagen für die Bemessung eines Tagessatzes können geschätzt werden.
(4) In der Entscheidung werden Zahl und Höhe der Tagessätze angegeben.

§ 41
Geldstrafe neben Freiheitsstrafe

Hat der Täter sich durch die Tat bereichert oder zu bereichern versucht, so kann neben einer Freiheitsstrafe eine sonst nicht oder nur wahlweise ange-

drohte Geldstrafe verhängt werden, wenn dies auch unter Berücksichtigung der persönlichen und wirtschaftlichen Verhältnisse des Täters angebracht ist.
[...]

§ 43
Ersatzfreiheitsstrafe

[1]An die Stelle einer uneinbringlichen Geldstrafe tritt Ersatzfreiheitsstrafe. [2]Zwei Tagessätzen entspricht ein Tag Ersatzfreiheitsstrafe. [3]Das Mindestmaß der Ersatzfreiheitsstrafe ist ein Tag.

§ 44
Fahrverbot

(1) [1]Wird jemand wegen einer Straftat zu einer Freiheitsstrafe oder einer Geldstrafe verurteilt, so kann ihm das Gericht für die Dauer von einem Monat bis zu sechs Monaten verbieten, im Straßenverkehr Kraftfahrzeuge jeder oder einer bestimmten Art zu führen. [2]Auch wenn die Straftat nicht bei oder im Zusammenhang mit dem Führen eines Kraftfahrzeugs oder unter Verletzung der Pflichten eines Kraftfahrzeugführers begangen wurde, kommt die Anordnung eines Fahrverbots namentlich in Betracht, wenn sie zur Einwirkung auf den Täter oder zur Verteidigung der Rechtsordnung erforderlich erscheint oder hierdurch die Verhängung einer Freiheitsstrafe oder deren Vollstreckung vermieden werden kann. [3]Ein Fahrverbot ist in der Regel anzuordnen, wenn in den Fällen einer Verurteilung nach § 315c Abs. 1 Nr. 1 Buchstabe a, Abs. 3 oder § 316 die Entziehung der Fahrerlaubnis nach § 69 unterbleibt.
(2) [1]Das Fahrverbot wird wirksam, wenn der Führerschein nach Rechtskraft des Urteils in amtliche Verwahrung gelangt, spätestens jedoch mit Ablauf von einem Monat seit Eintritt der Rechtskraft. [2]Für seine Dauer werden von einer deutschen Behörde ausgestellte nationale und internationale Führerscheine amtlich verwahrt. [3]Dies gilt auch, wenn der Führerschein von einer Behörde eines Mitgliedstaates der Europäischen Union oder eines anderen Vertragsstaates des Abkommens über den Europäischen Wirtschaftsraum ausgestellt worden ist, sofern der Inhaber seinen ordentlichen Wohnsitz im Inland hat. [4]In anderen ausländischen Führerscheinen wird das Fahrverbot vermerkt.
(3) [1]Ist ein Führerschein amtlich zu verwahren oder das Fahrverbot in einem ausländischen Führerschein zu vermerken, so wird die Verbotsfrist erst von dem Tage an gerechnet, an dem dies geschieht. [2]In die Verbotsfrist wird die Zeit nicht eingerechnet, in welcher der Täter auf behördliche Anordnung in einer Anstalt verwahrt worden ist.
(4) [1]Werden gegen den Täter mehrere Fahrverbote rechtskräftig verhängt, so sind die Verbotsfristen nacheinander zu berechnen. [2]Die Verbotsfrist auf Grund des früher wirksam gewordenen Fahrverbots läuft zuerst. [3]Werden Fahrverbote gleichzeitig wirksam, so läuft die Verbotsfrist auf Grund des frü-

her angeordneten Fahrverbots zuerst, bei gleichzeitiger Anordnung ist die frühere Tat maßgebend.

[...]

§ 46
Grundsätze der Strafzumessung

(1) [1]Die Schuld des Täters ist Grundlage für die Zumessung der Strafe. [2]Die Wirkungen, die von der Strafe für das künftige Leben des Täters in der Gesellschaft zu erwarten sind, sind zu berücksichtigen.

(2) [1]Bei der Zumessung wägt das Gericht die Umstände, die für und gegen den Täter sprechen, gegeneinander ab. [2]Dabei kommen namentlich in Betracht:

die Beweggründe und die Ziele des Täters, besonders auch rassistische, fremdenfeindliche, antisemitische, geschlechtsspezifische, gegen die sexuelle Orientierung gerichtete oder sonstige menschenverachtende,

die Gesinnung, die aus der Tat spricht, und der bei der Tat aufgewendete Wille,

das Maß der Pflichtwidrigkeit,

die Art der Ausführung und die verschuldeten Auswirkungen der Tat,

das Vorleben des Täters, seine persönlichen und wirtschaftlichen Verhältnisse sowie

sein Verhalten nach der Tat, besonders sein Bemühen, den Schaden wiedergutzumachen, sowie das Bemühen des Täters, einen Ausgleich mit dem Verletzten zu erreichen.

(3) Umstände, die schon Merkmale des gesetzlichen Tatbestandes sind, dürfen nicht berücksichtigt werden.

[...]

§ 63
Unterbringung in einem psychiatrischen Krankenhaus

[1]Hat jemand eine rechtswidrige Tat im Zustand der Schuldunfähigkeit (§ 20) oder der verminderten Schuldfähigkeit (§ 21) begangen, so ordnet das Gericht die Unterbringung in einem psychiatrischen Krankenhaus an, wenn die Gesamtwürdigung des Täters und seiner Tat ergibt, daß von ihm infolge seines Zustandes erhebliche rechtswidrige Taten, durch welche die Opfer seelisch oder körperlich erheblich geschädigt oder erheblich gefährdet werden oder schwerer wirtschaftlicher Schaden angerichtet wird, zu erwarten sind und er deshalb für die Allgemeinheit gefährlich ist. [2]Handelt es sich bei der begangenen rechtswidrigen Tat nicht um eine im Sinne von Satz 1 erhebliche Tat, so trifft das Gericht eine solche Anordnung nur, wenn besondere Umstände die Erwartung rechtfertigen, dass der Täter infolge seines Zustandes derartige erhebliche rechtswidrige Taten begehen wird.

§ 64
Unterbringung in einer Entziehungsanstalt

[1]Hat eine Person den Hang, alkoholische Getränke oder andere berauschende Mittel im Übermaß zu sich zu nehmen, und wird sie wegen einer rechtswidrigen Tat, die überwiegend auf ihren Hang zurückgeht, verurteilt oder nur deshalb nicht verurteilt, weil ihre Schuldunfähigkeit erwiesen oder nicht auszuschließen ist, so soll das Gericht die Unterbringung in einer Entziehungsanstalt anordnen, wenn die Gefahr besteht, dass sie infolge ihres Hanges erhebliche rechtswidrige Taten begehen wird; der Hang erfordert eine Substanzkonsumstörung, infolge derer eine dauernde und schwerwiegende Beeinträchtigung der Lebensgestaltung, der Gesundheit, der Arbeits- oder der Leistungsfähigkeit eingetreten ist und fortdauert. [2]Die Anordnung ergeht nur, wenn aufgrund tatsächlicher Anhaltspunkte zu erwarten ist, die Person durch die Behandlung in einer Entziehungsanstalt innerhalb der Frist nach § 67d Absatz 1 Satz 1 oder 3 zu heilen oder über eine erhebliche Zeit vor dem Rückfall in den Hang zu bewahren und von der Begehung erheblicher rechtswidriger Taten abzuhalten, die auf ihren Hang zurückgehen.

§ 66
Unterbringung in der Sicherungsverwahrung

(1) [1]Das Gericht ordnet neben der Strafe die Sicherungsverwahrung an, wenn
1. jemand zu Freiheitsstrafe von mindestens zwei Jahren wegen einer vorsätzlichen Straftat verurteilt wird, die
   a) sich gegen das Leben, die körperliche Unversehrtheit, die persönliche Freiheit oder die sexuelle Selbstbestimmung richtet,
   b) unter den Ersten, Siebenten, Zwanzigsten oder Achtundzwanzigsten Abschnitt des Besonderen Teils oder unter das Völkerstrafgesetzbuch oder das Betäubungsmittelgesetz fällt und im Höchstmaß mit Freiheitsstrafe von mindestens zehn Jahren bedroht ist oder
   c) den Tatbestand des § 145a erfüllt, soweit die Führungsaufsicht auf Grund einer Straftat der in den Buchstaben a oder b genannten Art eingetreten ist, oder den Tatbestand des § 323a, soweit die im Rausch begangene rechtswidrige Tat eine solche der in den Buchstaben a oder b genannten Art ist,
2. der Täter wegen Straftaten der in Nummer 1 genannten Art, die er vor der neuen Tat begangen hat, schon zweimal jeweils zu einer Freiheitsstrafe von mindestens einem Jahr verurteilt worden ist,
3. er wegen einer oder mehrerer dieser Taten vor der neuen Tat für die Zeit von mindestens zwei Jahren Freiheitsstrafe verbüßt oder sich im Vollzug einer freiheitsentziehenden Maßregel der Besserung und Sicherung befunden hat und

4. die Gesamtwürdigung des Täters und seiner Taten ergibt, dass er infolge eines Hanges zu erheblichen Straftaten, namentlich zu solchen, durch welche die Opfer seelisch oder körperlich schwer geschädigt werden, zum Zeitpunkt der Verurteilung für die Allgemeinheit gefährlich ist.

[2]Für die Einordnung als Straftat im Sinne von Satz 1 Nummer 1 Buchstabe b gilt § 12 Absatz 3 entsprechend, für die Beendigung der in Satz 1 Nummer 1 Buchstabe c genannten Führungsaufsicht § 68b Absatz 1 Satz 4.

(2) Hat jemand drei Straftaten der in Absatz 1 Satz 1 Nummer 1 genannten Art begangen, durch die er jeweils Freiheitsstrafe von mindestens einem Jahr verwirkt hat, und wird er wegen einer oder mehrerer dieser Taten zu Freiheitsstrafe von mindestens drei Jahren verurteilt, so kann das Gericht unter der in Absatz 1 Satz 1 Nummer 4 bezeichneten Voraussetzung neben der Strafe die Sicherungsverwahrung auch ohne frühere Verurteilung oder Freiheitsentziehung (Absatz 1 Satz 1 Nummer 2 und 3) anordnen.

(3) [1]Wird jemand wegen eines die Voraussetzungen nach Absatz 1 Satz 1 Nummer 1 Buchstabe a oder b erfüllenden Verbrechens oder wegen einer Straftat nach § 89a Absatz 1 bis 3, § 89c Absatz 1 bis 3, § 129a Absatz 5 Satz 1 erste Alternative, auch in Verbindung mit § 129b Absatz 1, den §§ 174 bis 174c, 176a, 176b, 177 Absatz 2 Nummer 1, Absatz 3 und 6, §§ 180, 182, 224, 225 Abs. 1 oder 2 oder wegen einer vorsätzlichen Straftat nach § 323a, soweit die im Rausch begangene Tat eine der vorgenannten rechtswidrigen Taten ist, zu Freiheitsstrafe von mindestens zwei Jahren verurteilt, so kann das Gericht neben der Strafe die Sicherungsverwahrung anordnen, wenn der Täter wegen einer oder mehrerer solcher Straftaten, die er vor der neuen Tat begangen hat, schon einmal zu Freiheitsstrafe von mindestens drei Jahren verurteilt worden ist und die in Absatz 1 Satz 1 Nummer 3 und 4 genannten Voraussetzungen erfüllt sind. [2]Hat jemand zwei Straftaten der in Satz 1 bezeichneten Art begangen, durch die er jeweils Freiheitsstrafe von mindestens zwei Jahren verwirkt hat und wird er wegen einer oder mehrerer dieser Taten zu Freiheitsstrafe von mindestens drei Jahren verurteilt, so kann das Gericht unter den in Absatz 1 Satz 1 Nummer 4 bezeichneten Voraussetzungen neben der Strafe die Sicherungsverwahrung auch ohne frühere Verurteilung oder Freiheitsentziehung (Absatz 1 Satz 1 Nummer 2 und 3) anordnen. [3]Die Absätze 1 und 2 bleiben unberührt.

(4) [1]Im Sinne des Absatzes 1 Satz 1 Nummer 2 gilt eine Verurteilung zu Gesamtstrafe als eine einzige Verurteilung. [2]Ist Untersuchungshaft oder eine andere Freiheitsentziehung auf Freiheitsstrafe angerechnet, so gilt sie als verbüßte Strafe im Sinne des Absatzes 1 Satz 1 Nummer 3. [3]Eine frühere Tat bleibt außer Betracht, wenn zwischen ihr und der folgenden Tat mehr als fünf Jahre verstrichen sind; bei Straftaten gegen die sexuelle Selbstbestimmung beträgt die Frist fünfzehn Jahre. [4]In die Frist wird die Zeit nicht eingerechnet, in welcher der Täter auf behördliche Anordnung in einer Anstalt verwahrt worden ist. [5]Eine Tat, die außerhalb des räumlichen Geltungsbereichs dieses Gesetzes abgeurteilt worden ist, steht einer innerhalb dieses Bereichs abgeurteilten Tat

gleich, wenn sie nach deutschem Strafrecht eine Straftat der in Absatz 1 Satz 1 Nummer 1, in den Fällen des Absatzes 3 der in Absatz 3 Satz 1 bezeichneten Art wäre.
[...]

§ 69
Entziehung der Fahrerlaubnis

(1) [1]Wird jemand wegen einer rechtswidrigen Tat, die er bei oder im Zusammenhang mit dem Führen eines Kraftfahrzeuges oder unter Verletzung der Pflichten eines Kraftfahrzeugführers begangen hat, verurteilt oder nur deshalb nicht verurteilt, weil seine Schuldunfähigkeit erwiesen oder nicht auszuschließen ist, so entzieht ihm das Gericht die Fahrerlaubnis, wenn sich aus der Tat ergibt, daß er zum Führen von Kraftfahrzeugen ungeeignet ist. [2]Einer weiteren Prüfung nach § 62 bedarf es nicht.
(2) Ist die rechtswidrige Tat in den Fällen des Absatzes 1 ein Vergehen
1. der Gefährdung des Straßenverkehrs (§ 315c),
1a. des verbotenen Kraftfahrzeugrennens (§ 315d),
2. der Trunkenheit im Verkehr (§ 316),
3. des unerlaubten Entfernens vom Unfallort (§ 142), obwohl der Täter weiß oder wissen kann, daß bei dem Unfall ein Mensch getötet oder nicht unerheblich verletzt worden oder an fremden Sachen bedeutender Schaden entstanden ist, oder
4. des Vollrausches (§ 323a), der sich auf eine der Taten nach den Nummern 1 bis 3 bezieht,

so ist der Täter in der Regel als ungeeignet zum Führen von Kraftfahrzeugen anzusehen.
(3) [1]Die Fahrerlaubnis erlischt mit der Rechtskraft des Urteils. [2]Ein von einer deutschen Behörde ausgestellter Führerschein wird im Urteil eingezogen.

§ 69a
Sperre für die Erteilung einer Fahrerlaubnis

(1) [1]Entzieht das Gericht die Fahrerlaubnis, so bestimmt es zugleich, daß für die Dauer von sechs Monaten bis zu fünf Jahren keine neue Fahrerlaubnis erteilt werden darf (Sperre). [2]Die Sperre kann für immer angeordnet werden, wenn zu erwarten ist, daß die gesetzliche Höchstfrist zur Abwehr der von dem Täter drohenden Gefahr nicht ausreicht. [3]Hat der Täter keine Fahrerlaubnis, so wird nur die Sperre angeordnet.
(2) Das Gericht kann von der Sperre bestimmte Arten von Kraftfahrzeugen ausnehmen, wenn besondere Umstände die Annahme rechtfertigen, daß der Zweck der Maßregel dadurch nicht gefährdet wird.
(3) Das Mindestmaß der Sperre beträgt ein Jahr, wenn gegen den Täter in den letzten drei Jahren vor der Tat bereits einmal eine Sperre angeordnet worden ist.

(4) [1]War dem Täter die Fahrerlaubnis wegen der Tat vorläufig entzogen (§ 111a der Strafprozeßordnung), so verkürzt sich das Mindestmaß der Sperre um die Zeit, in der die vorläufige Entziehung wirksam war. [2]Es darf jedoch drei Monate nicht unterschreiten.
(5) [1]Die Sperre beginnt mit der Rechtskraft des Urteils. 2In die Frist wird die Zeit einer wegen der Tat angeordneten vorläufigen Entziehung eingerechnet, soweit sie nach Verkündung des Urteils verstrichen ist, in dem die der Maßregel zugrunde liegenden tatsächlichen Feststellungen letztmals geprüft werden konnten.
(6) Im Sinne der Absätze 4 und 5 steht der vorläufigen Entziehung der Fahrerlaubnis die Verwahrung, Sicherstellung oder Beschlagnahme des Führerscheins (§ 94 der Strafprozeßordnung) gleich.
(7) [1]Ergibt sich Grund zu der Annahme, daß der Täter zum Führen von Kraftfahrzeugen nicht mehr ungeeignet ist, so kann das Gericht die Sperre vorzeitig aufheben. [2]Die Aufhebung ist frühestens zulässig, wenn die Sperre drei Monate, in den Fällen des Absatzes 3 ein Jahr gedauert hat; Absatz 5 Satz 2 und Absatz 6 gelten entsprechend.

§ 69b
Wirkung der Entziehung bei einer ausländischen Fahrerlaubnis

(1) [1]Darf der Täter auf Grund einer im Ausland erteilten Fahrerlaubnis im Inland Kraftfahrzeuge führen, ohne daß ihm von einer deutschen Behörde eine Fahrerlaubnis erteilt worden ist, so hat die Entziehung der Fahrerlaubnis die Wirkung einer Aberkennung des Rechts, von der Fahrerlaubnis im Inland Gebrauch zu machen. [2]Mit der Rechtskraft der Entscheidung erlischt das Recht zum Führen von Kraftfahrzeugen im Inland. [3]Während der Sperre darf weder das Recht, von der ausländischen Fahrerlaubnis wieder Gebrauch zu machen, noch eine inländische Fahrerlaubnis erteilt werden.
(2) [1]Ist der ausländische Führerschein von einer Behörde eines Mitgliedstaates der Europäischen Union oder eines anderen Vertragsstaates des Abkommens über den Europäischen Wirtschaftsraum ausgestellt worden und hat der Inhaber seinen ordentlichen Wohnsitz im Inland, so wird der Führerschein im Urteil eingezogen und an die ausstellende Behörde zurückgesandt. [2]In anderen Fällen werden die Entziehung der Fahrerlaubnis und die Sperre in den ausländischen Führerscheinen vermerkt.
[...]

§ 73
Einziehung von Taterträgen bei Tätern und Teilnehmern

(1) Hat der Täter oder Teilnehmer durch eine rechtswidrige Tat oder für sie etwas erlangt, so ordnet das Gericht dessen Einziehung an.
(2) Hat der Täter oder Teilnehmer Nutzungen aus dem Erlangten gezogen, so ordnet das Gericht auch deren Einziehung an.

(3) Das Gericht kann auch die Einziehung der Gegenstände anordnen, die der Täter oder Teilnehmer erworben hat
1. durch Veräußerung des Erlangten oder als Ersatz für dessen Zerstörung, Beschädigung oder Entziehung oder
2. auf Grund eines erlangten Rechts.

§ 73a
Erweiterte Einziehung von Taterträgen bei Tätern und Teilnehmern

(1) Ist eine rechtswidrige Tat begangen worden, so ordnet das Gericht die Einziehung von Gegenständen des Täters oder Teilnehmers auch dann an, wenn diese Gegenstände durch andere rechtswidrige Taten oder für sie erlangt worden sind.
(2) Hat sich der Täter oder Teilnehmer vor der Anordnung der Einziehung nach Absatz 1 an einer anderen rechtswidrigen Tat beteiligt und ist erneut über die Einziehung seiner Gegenstände zu entscheiden, berücksichtigt das Gericht hierbei die bereits ergangene Anordnung.

§ 73b
Einziehung von Taterträgen bei anderen

(1) [1]Die Anordnung der Einziehung nach den §§ 73 und 73a richtet sich gegen einen anderen, der nicht Täter oder Teilnehmer ist, wenn
1. er durch die Tat etwas erlangt hat und der Täter oder Teilnehmer für ihn gehandelt hat,
2. ihm das Erlangte
   a) unentgeltlich oder ohne rechtlichen Grund übertragen wurde oder
   b) übertragen wurde und er erkannt hat oder hätte erkennen müssen, dass das Erlangte aus einer rechtswidrigen Tat herrührt, oder
3. das Erlangte auf ihn
   a) als Erbe übergegangen ist oder
   b) als Pflichtteilsberechtigter oder Vermächtnisnehmer übertragen worden ist.

[2]Satz 1 Nummer 2 und 3 findet keine Anwendung, wenn das Erlangte zuvor einem Dritten, der nicht erkannt hat oder hätte erkennen müssen, dass das Erlangte aus einer rechtswidrigen Tat herrührt, entgeltlich und mit rechtlichem Grund übertragen wurde.
(2) Erlangt der andere unter den Voraussetzungen des Absatzes 1 Satz 1 Nummer 2 oder Nummer 3 einen Gegenstand, der dem Wert des Erlangten entspricht, oder gezogene Nutzungen, so ordnet das Gericht auch deren Einziehung an.
(3) Unter den Voraussetzungen des Absatzes 1 Satz 1 Nummer 2 oder Nummer 3 kann das Gericht auch die Einziehung dessen anordnen, was erworben wurde

1. durch Veräußerung des erlangten Gegenstandes oder als Ersatz für dessen Zerstörung, Beschädigung oder Entziehung oder
2. auf Grund eines erlangten Rechts.

§ 73c
Einziehung des Wertes von Taterträgen

[1]Ist die Einziehung eines Gegenstandes wegen der Beschaffenheit des Erlangten oder aus einem anderen Grund nicht möglich oder wird von der Einziehung eines Ersatzgegenstandes nach § 73 Absatz 3 oder nach § 73b Absatz 3 abgesehen, so ordnet das Gericht die Einziehung eines Geldbetrages an, der dem Wert des Erlangten entspricht. [2]Eine solche Anordnung trifft das Gericht auch neben der Einziehung eines Gegenstandes, soweit dessen Wert hinter dem Wert des zunächst Erlangten zurückbleibt.

§ 73d
Bestimmung des Wertes des Erlangten; Schätzung

(1) [1]Bei der Bestimmung des Wertes des Erlangten sind die Aufwendungen des Täters, Teilnehmers oder des anderen abzuziehen. [2]Außer Betracht bleibt jedoch das, was für die Begehung der Tat oder für ihre Vorbereitung aufgewendet oder eingesetzt worden ist, soweit es sich nicht um Leistungen zur Erfüllung einer Verbindlichkeit gegenüber dem Verletzten der Tat handelt.
(2) Umfang und Wert des Erlangten einschließlich der abzuziehenden Aufwendungen können geschätzt werden.

§ 73e
Ausschluss der Einziehung des Tatertrages oder des Wertersatzes

(1) [1]Die Einziehung nach den §§ 73 bis 73c ist ausgeschlossen, soweit der Anspruch, der dem Verletzten aus der Tat auf Rückgewähr des Erlangten oder auf Ersatz des Wertes des Erlangten erwachsen ist, erloschen ist. [2]Dies gilt nicht für Ansprüche, die durch Verjährung erloschen sind.
(2) In den Fällen des § 73b, auch in Verbindung mit § 73c, ist die Einziehung darüber hinaus ausgeschlossen, soweit der Wert des Erlangten zur Zeit der Anordnung nicht mehr im Vermögen des Betroffenen vorhanden ist, es sei denn, dem Betroffenen waren die Umstände, welche die Anordnung der Einziehung gegen den Täter oder Teilnehmer ansonsten zugelassen hätten, zum Zeitpunkt des Wegfalls der Bereicherung bekannt oder infolge von Leichtfertigkeit unbekannt.

§ 74
Einziehung von Tatprodukten, Tatmitteln und Tatobjekten bei Tätern und Teilnehmern

(1) Gegenstände, die durch eine vorsätzliche Tat hervorgebracht (Tatprodukte) oder zu ihrer Begehung oder Vorbereitung gebraucht worden oder bestimmt gewesen sind (Tatmittel), können eingezogen werden.
(2) Gegenstände, auf die sich eine Straftat bezieht (Tatobjekte), unterliegen der Einziehung nach der Maßgabe besonderer Vorschriften.
(3) [1]Die Einziehung ist nur zulässig, wenn die Gegenstände zur Zeit der Entscheidung dem Täter oder Teilnehmer gehören oder zustehen. [2]Das gilt auch für die Einziehung, die durch eine besondere Vorschrift über Absatz 1 hinaus vorgeschrieben oder zugelassen ist.

§ 74a
Einziehung von Tatprodukten, Tatmitteln und Tatobjekten bei anderen

Verweist ein Gesetz auf diese Vorschrift, können Gegenstände abweichend von § 74 Absatz 3 auch dann eingezogen werden, wenn derjenige, dem sie zur Zeit der Entscheidung gehören oder zustehen,
1. mindestens leichtfertig dazu beigetragen hat, dass sie als Tatmittel verwendet worden oder Tatobjekt gewesen sind, oder
2. sie in Kenntnis der Umstände, welche die Einziehung zugelassen hätten, in verwerflicher Weise erworben hat.

§ 74b
Sicherungseinziehung

(1) Gefährden Gegenstände nach ihrer Art und nach den Umständen die Allgemeinheit oder besteht die Gefahr, dass sie der Begehung rechtswidriger Taten dienen werden, können sie auch dann eingezogen werden, wenn
1. der Täter oder Teilnehmer ohne Schuld gehandelt hat oder
2. die Gegenstände einem anderen als dem Täter oder Teilnehmer gehören oder zustehen.

(2) [1]In den Fällen des Absatzes 1 Nummer 2 wird der andere aus der Staatskasse unter Berücksichtigung des Verkehrswertes des eingezogenen Gegenstandes angemessen in Geld entschädigt. [2]Das Gleiche gilt, wenn der eingezogene Gegenstand mit dem Recht eines anderen belastet ist, das durch die Entscheidung erloschen oder beeinträchtigt ist.
(3) [1]Eine Entschädigung wird nicht gewährt, wenn
1. der nach Absatz 2 Entschädigungsberechtigte
   a) mindestens leichtfertig dazu beigetragen hat, dass der Gegenstand als Tatmittel verwendet worden oder Tatobjekt gewesen ist, oder

b) den Gegenstand oder das Recht an dem Gegenstand in Kenntnis der Umstände, welche die Einziehung zulassen, in verwerflicher Weise erworben hat oder

2. es nach den Umständen, welche die Einziehung begründet haben, auf Grund von Rechtsvorschriften außerhalb des Strafrechts zulässig wäre, dem Entschädigungsberechtigten den Gegenstand oder das Recht an dem Gegenstand ohne Entschädigung dauerhaft zu entziehen.

[2]Abweichend von Satz 1 kann eine Entschädigung jedoch gewährt werden, wenn es eine unbillige Härte wäre, sie zu versagen.

§ 74c
Einziehung des Wertes von Tatprodukten, Tatmitteln und Tatobjekten bei Tätern und Teilnehmern

(1) Ist die Einziehung eines bestimmten Gegenstandes nicht möglich, weil der Täter oder Teilnehmer diesen veräußert, verbraucht oder die Einziehung auf andere Weise vereitelt hat, so kann das Gericht gegen ihn die Einziehung eines Geldbetrages anordnen, der dem Wert des Gegenstandes entspricht.

(2) [1]Eine solche Anordnung kann das Gericht auch neben oder statt der Einziehung eines Gegenstandes treffen, wenn ihn der Täter oder Teilnehmer vor der Entscheidung über die Einziehung mit dem Recht eines Dritten belastet hat, dessen Erlöschen nicht oder ohne Entschädigung nicht angeordnet werden kann (§ 74b Absatz 2 und 3 und § 75 Absatz 2). [2]Trifft das Gericht die Anordnung neben der Einziehung, bemisst sich die Höhe des Wertersatzes nach dem Wert der Belastung des Gegenstandes.

(3) Der Wert des Gegenstandes und der Belastung kann geschätzt werden.

§ 74d
Einziehung von Verkörperungen eines Inhalts und Unbrauchbarmachung

(1) [1]Verkörperungen eines Inhalts (§ 11 Absatz 3), dessen vorsätzliche Verbreitung den Tatbestand eines Strafgesetzes verwirklichen würde, werden eingezogen, wenn der Inhalt durch eine rechtswidrige Tat verbreitet oder zur Verbreitung bestimmt worden ist. [2]Zugleich wird angeordnet, dass die zur Herstellung der Verkörperungen gebrauchten oder bestimmten Vorrichtungen, die Vorlage für die Vervielfältigung waren oder sein sollten, unbrauchbar gemacht werden.

(2) Die Einziehung erstreckt sich nur auf die Verkörperungen, die sich im Besitz der bei der Verbreitung oder deren Vorbereitung mitwirkenden Personen befinden oder öffentlich ausgelegt oder beim Verbreiten durch Versenden noch nicht dem Empfänger ausgehändigt worden sind.

(3) [1]Absatz 1 gilt entsprechend für Verkörperungen eines Inhalts (§ 11 Absatz 3), dessen vorsätzliche Verbreitung nur bei Hinzutreten weiterer Tatumstände den Tatbestand eines Strafgesetzes verwirklichen würde. [2]Die Einziehung und Unbrauchbarmachung werden jedoch nur angeordnet, soweit

1. die Verkörperungen und die in Absatz 1 Satz 2 bezeichneten Vorrichtungen sich im Besitz des Täters, des Teilnehmers oder eines anderen befinden, für den der Täter oder Teilnehmer gehandelt hat, oder von diesen Personen zur Verbreitung bestimmt sind und
2. die Maßnahmen erforderlich sind, um ein gesetzwidriges Verbreiten durch die in Nummer 1 bezeichneten Personen zu verhindern.

(4) Dem Verbreiten im Sinne der Absätze 1 bis 3 steht es gleich, wenn ein Inhalt (§ 11 Absatz 3) der Öffentlichkeit zugänglich gemacht wird.

(5) [1]Stand das Eigentum an der Sache zur Zeit der Rechtskraft der Entscheidung über die Einziehung oder Unbrauchbarmachung einem anderen als dem Täter oder Teilnehmer zu oder war der Gegenstand mit dem Recht eines Dritten belastet, das durch die Entscheidung erloschen oder beeinträchtigt ist, wird dieser aus der Staatskasse unter Berücksichtigung des Verkehrswertes angemessen in Geld entschädigt. [2]§ 74b Absatz 3 gilt entsprechend.

§ 74e
Sondervorschrift für Organe und Vertreter

[1]Hat jemand
1. als vertretungsberechtigtes Organ einer juristischen Person oder als Mitglied eines solchen Organs,
2. als Vorstand eines nicht rechtsfähigen Vereins oder als Mitglied eines solchen Vorstandes,
3. als vertretungsberechtigter Gesellschafter einer rechtsfähigen Personengesellschaft,
4. als Generalbevollmächtigter oder in leitender Stellung als Prokurist oder Handlungsbevollmächtigter einer juristischen Person oder einer in Nummer 2 oder 3 genannten Personenvereinigung oder
5. als sonstige Person, die für die Leitung des Betriebs oder Unternehmens einer juristischen Person oder einer in Nummer 2 oder 3 genannten Personenvereinigung verantwortlich handelt, wozu auch die Überwachung der Geschäftsführung oder die sonstige Ausübung von Kontrollbefugnissen in leitender Stellung gehört,

eine Handlung vorgenommen, die ihm gegenüber unter den übrigen Voraussetzungen der §§ 74 bis 74c die Einziehung eines Gegenstandes oder des Wertersatzes zulassen oder den Ausschluss der Entschädigung begründen würde, wird seine Handlung bei Anwendung dieser Vorschriften dem Vertretenen zugerechnet. [2]§ 14 Absatz 3 gilt entsprechend.

§ 74f
Grundsatz der Verhältnismäßigkeit

(1) [1]Ist die Einziehung nicht vorgeschrieben, so darf sie in den Fällen der §§ 74 und 74a nicht angeordnet werden, wenn sie zur begangenen Tat und zum Vor-

wurf, der den von der Einziehung Betroffenen trifft, außer Verhältnis stünde. [2]In den Fällen der §§ 74 bis 74b und 74d ordnet das Gericht an, dass die Einziehung vorbehalten bleibt, wenn ihr Zweck auch durch eine weniger einschneidende Maßnahme erreicht werden kann. [3]In Betracht kommt insbesondere die Anweisung,

1. die Gegenstände unbrauchbar zu machen,
2. an den Gegenständen bestimmte Einrichtungen oder Kennzeichen zu beseitigen oder die Gegenstände sonst zu ändern oder
3. über die Gegenstände in bestimmter Weise zu verfügen.

[4]Wird die Anweisung befolgt, wird der Vorbehalt der Einziehung aufgehoben; andernfalls ordnet das Gericht die Einziehung nachträglich an. [5]Ist die Einziehung nicht vorgeschrieben, kann sie auf einen Teil der Gegenstände beschränkt werden.

(2) In den Fällen der Unbrauchbarmachung nach § 74d Absatz 1 Satz 2 und Absatz 3 gilt Absatz 1 Satz 2 und 3 entsprechend.

§ 75
Wirkung der Einziehung

(1) [1]Wird die Einziehung eines Gegenstandes angeordnet, so geht das Eigentum an der Sache oder das Recht mit der Rechtskraft der Entscheidung auf den Staat über, wenn der Gegenstand

1. dem von der Anordnung Betroffenen zu dieser Zeit gehört oder zusteht oder
2. einem anderen gehört oder zusteht, der ihn für die Tat oder andere Zwecke in Kenntnis der Tatumstände gewährt hat.

[2]In anderen Fällen geht das Eigentum an der Sache oder das Recht mit Ablauf von sechs Monaten nach der Mitteilung der Rechtskraft der Einziehungsanordnung auf den Staat über, es sei denn, dass vorher derjenige, dem der Gegenstand gehört oder zusteht, sein Recht bei der Vollstreckungsbehörde anmeldet.

(2) [1]Im Übrigen bleiben Rechte Dritter an dem Gegenstand bestehen. [2]In den in § 74b bezeichneten Fällen ordnet das Gericht jedoch das Erlöschen dieser Rechte an. [3]In den Fällen der §§ 74 und 74a kann es das Erlöschen des Rechts eines Dritten anordnen, wenn der Dritte

1. wenigstens leichtfertig dazu beigetragen hat, dass der Gegenstand als Tatmittel verwendet worden oder Tatobjekt gewesen ist, oder
2. das Recht an dem Gegenstand in Kenntnis der Umstände, welche die Einziehung zulassen, in verwerflicher Weise erworben hat.

(3) Bis zum Übergang des Eigentums an der Sache oder des Rechts wirkt die Anordnung der Einziehung oder die Anordnung des Vorbehalts der Einziehung als Veräußerungsverbot im Sinne des § 136 des Bürgerlichen Gesetzbuchs.

(4) In den Fällen des § 111d Absatz 1 Satz 2 der Strafprozessordnung findet § 91 der Insolvenzordnung keine Anwendung.

§ 76
Nachträgliche Anordnung der Einziehung des Wertersatzes

Ist die Anordnung der Einziehung eines Gegenstandes unzureichend oder nicht ausführbar, weil nach der Anordnung eine der in den §§ 73c oder 74c bezeichneten Voraussetzungen eingetreten oder bekanntgeworden ist, so kann das Gericht die Einziehung des Wertersatzes nachträglich anordnen.

§ 76a
Selbständige Einziehung

(1) [1]Kann wegen der Straftat keine bestimmte Person verfolgt oder verurteilt werden, so ordnet das Gericht die Einziehung oder die Unbrauchbarmachung selbständig an, wenn die Voraussetzungen, unter denen die Maßnahme vorgeschrieben ist, im Übrigen vorliegen. [2]Ist sie zugelassen, so kann das Gericht die Einziehung unter den Voraussetzungen des Satzes 1 selbständig anordnen. [3]Die Einziehung wird nicht angeordnet, wenn Antrag, Ermächtigung oder Strafverlangen fehlen oder bereits rechtskräftig über sie entschieden worden ist.
(2) [1]Unter den Voraussetzungen der §§ 73, 73b und 73c ist die selbständige Anordnung der Einziehung des Tatertrages und die selbständige Einziehung des Wertes des Tatertrages auch dann zulässig, wenn die Verfolgung der Straftat verjährt ist. [2]Unter den Voraussetzungen der §§ 74b und 74d gilt das Gleiche für die selbständige Anordnung der Sicherungseinziehung, der Einziehung von Verkörperungen eines Inhalts und der Unbrauchbarmachung.
(3) Absatz 1 ist auch anzuwenden, wenn das Gericht von Strafe absieht oder wenn das Verfahren nach einer Vorschrift eingestellt wird, die dies nach dem Ermessen der Staatsanwaltschaft oder des Gerichts oder im Einvernehmen beider zulässt.
(4) [1]Ein wegen des Verdachts einer in Satz 3 genannten Straftat sichergestellter Gegenstand sowie daraus gezogene Nutzungen sollen auch dann selbständig eingezogen werden, wenn der Gegenstand aus einer rechtswidrigen Tat herrührt und der von der Sicherstellung Betroffene nicht wegen der ihr zugrundeliegenden Straftat verfolgt oder verurteilt werden kann. [2]Wird die Einziehung eines Gegenstandes angeordnet, so geht das Eigentum an der Sache oder das Recht mit der Rechtskraft der Entscheidung auf den Staat über; § 75 Absatz 3 gilt entsprechend. [3]Straftaten im Sinne des Satzes 1 sind
1. aus diesem Gesetz:
   a) Vorbereitung einer schweren staatsgefährdenden Gewalttat nach § 89a und Terrorismusfinanzierung nach § 89c Absatz 1 bis 4,
   b) Bildung krimineller Vereinigungen nach § 129 Absatz 1 und Bildung terroristischer Vereinigungen nach § 129a Absatz 1, 2, 4, 5, jeweils auch in Verbindung mit § 129b Absatz 1,
   c) Zuhälterei nach § 181a Absatz 1, auch in Verbindung mit Absatz 3,
   d) Verbreitung, Erwerb und Besitz kinderpornografischer Inhalte in den Fällen des § 184b Absatz 2,

e) gewerbs- und bandenmäßige Begehung des Menschenhandels, der Zwangsprostitution und der Zwangsarbeit nach den §§ 232 bis 232b sowie bandenmäßige Ausbeutung der Arbeitskraft und Ausbeutung unter Ausnutzung einer Freiheitsberaubung nach den §§ 233 und 233a,
f) Geldwäsche nach § 261 Absatz 1 und 2,

2. aus der Abgabenordnung:
   a) Steuerhinterziehung unter den in § 370 Absatz 3 Nummer 5 genannten Voraussetzungen,
   b) gewerbsmäßiger, gewaltsamer und bandenmäßiger Schmuggel nach § 373,
   c) Steuerhehlerei im Fall des § 374 Absatz 2,
3. aus dem Asylgesetz:
   a) Verleitung zur missbräuchlichen Asylantragstellung nach § 84 Absatz 3,
   b) gewerbs- und bandenmäßige Verleitung zur missbräuchlichen Asylantragstellung nach § 84a,
4. aus dem Aufenthaltsgesetz:
   a) Einschleusen von Ausländern nach § 96 Absatz 2,
   b) Einschleusen mit Todesfolge sowie gewerbs- und bandenmäßiges Einschleusen nach § 97,
5. aus dem Außenwirtschaftsgesetz:
   vorsätzliche Straftaten nach den §§ 17 und 18,
6. aus dem Betäubungsmittelgesetz:
   a) Straftaten nach einer in § 29 Absatz 3 Satz 2 Nummer 1 in Bezug genommenen Vorschrift unter den dort genannten Voraussetzungen,
   b) Straftaten nach den §§ 29a, 30 Absatz 1 Nummer 1, 2 und 4 sowie den §§ 30a und 30b,

6a. aus dem Konsumcannabisgesetz:
   a) Straftaten nach einer in § 34 Absatz 3 Satz 2 Nummer 1 oder Nummer 4 in Bezug genommenen Vorschrift unter den dort genannten Voraussetzungen,
   b) Straftaten nach § 34 Absatz 4,

6b. aus dem Medizinal-Cannabisgesetz:
   a) Straftaten nach einer in § 25 Absatz 4 Satz 2 Nummer 1 oder Nummer 4 in Bezug genommenen Vorschrift unter den dort genannten Voraussetzungen,
   b) Straftaten nach § 25 Absatz 5,

7. aus dem Gesetz über die Kontrolle von Kriegswaffen:
   a) Straftaten nach § 19 Absatz 1 bis 3 und § 20 Absatz 1 und 2 sowie § 20a Absatz 1 bis 3, jeweils auch in Verbindung mit § 21,
   b) Straftaten nach § 22a Absatz 1 bis 3,
8. aus dem Waffengesetz:
   a) Straftaten nach § 51 Absatz 1 bis 3,
   b) Straftaten nach § 52 Absatz 1 Nummer 1 und 2 Buchstabe c und d sowie Absatz 5 und 6.

§ 76b
Verjährung der Einziehung von Taterträgen und des Wertes von Taterträgen

(1) [1]Die erweiterte und die selbständige Einziehung des Tatertrages oder des Wertes des Tatertrages nach den §§ 73a und 76a verjähren in 30 Jahren. [2]Die Verjährung beginnt mit der Beendigung der rechtswidrigen Tat, durch oder für die der Täter oder Teilnehmer oder der andere im Sinne des § 73b etwas erlangt hat. [3]Die §§ 78b und 78c gelten entsprechend.
(2) In den Fällen des § 78 Absatz 2 und des § 5 des Völkerstrafgesetzbuches verjähren die erweiterte und die selbständige Einziehung des Tatertrages oder des Wertes des Tatertrages nach den §§ 73a und 76a nicht.

§ 77
Antragsberechtigte

(1) Ist die Tat nur auf Antrag verfolgbar, so kann, soweit das Gesetz nichts anderes bestimmt, der Verletzte den Antrag stellen.
(2) [1]Stirbt der Verletzte, so geht sein Antragsrecht in den Fällen, die das Gesetz bestimmt, auf den Ehegatten, den Lebenspartner und die Kinder über. [2]Hat der Verletzte weder einen Ehegatten, oder einen Lebenspartner noch Kinder hinterlassen oder sind sie vor Ablauf der Antragsfrist gestorben, so geht das Antragsrecht auf die Eltern und, wenn auch sie vor Ablauf der Antragsfrist gestorben sind, auf die Geschwister und die Enkel über. [3]Ist ein Angehöriger an der Tat beteiligt oder ist seine Verwandtschaft erloschen, so scheidet er bei dem Übergang des Antragsrechts aus. [4]Das Antragsrecht geht nicht über, wenn die Verfolgung dem erklärten Willen des Verletzten widerspricht.
(3) Ist der Antragsberechtigte geschäftsunfähig oder beschränkt geschäftsfähig, so können der gesetzliche Vertreter in den persönlichen Angelegenheiten und derjenige, dem die Sorge für die Person des Antragsberechtigten zusteht, den Antrag stellen.
(4) Sind mehrere antragsberechtigt, so kann jeder den Antrag selbständig stellen.

§ 77a
Antrag des Dienstvorgesetzten

(1) Ist die Tat von einem Amtsträger, einem für den öffentlichen Dienst besonders Verpflichteten oder einem Soldaten der Bundeswehr oder gegen ihn begangen und auf Antrag des Dienstvorgesetzten verfolgbar, so ist derjenige Dienstvorgesetzte antragsberechtigt, dem der Betreffende zur Zeit der Tat unterstellt war.
(2) [1]Bei Berufsrichtern ist an Stelle des Dienstvorgesetzten antragsberechtigt, wer die Dienstaufsicht über den Richter führt. [2]Bei Soldaten ist Dienstvorgesetzter der Disziplinarvorgesetzte.

(3) [1]Bei einem Amtsträger oder einem für den öffentlichen Dienst besonders Verpflichteten, der keinen Dienstvorgesetzten hat oder gehabt hat, kann die Dienststelle, für die er tätig war, den Antrag stellen. [2]Leitet der Amtsträger oder der Verpflichtete selbst diese Dienststelle, so ist die staatliche Aufsichtsbehörde antragsberechtigt.
(4) Bei Mitgliedern der Bundesregierung ist die Bundesregierung, bei Mitgliedern einer Landesregierung die Landesregierung antragsberechtigt.

§ 77b
Antragsfrist

(1) [1]Eine Tat, die nur auf Antrag verfolgbar ist, wird nicht verfolgt, wenn der Antragsberechtigte es unterläßt, den Antrag bis zum Ablauf einer Frist von drei Monaten zu stellen. [2]Fällt das Ende der Frist auf einen Sonntag, einen allgemeinen Feiertag oder einen Sonnabend, so endet die Frist mit Ablauf des nächsten Werktags.
(2) [1]Die Frist beginnt mit Ablauf des Tages, an dem der Berechtigte von der Tat und der Person des Täters Kenntnis erlangt. [2]Für den Antrag des gesetzlichen Vertreters und des Sorgeberechtigten kommt es auf dessen Kenntnis an.
(3) Sind mehrere antragsberechtigt oder mehrere an der Tat beteiligt, so läuft die Frist für und gegen jeden gesondert.
(4) Ist durch Tod des Verletzten das Antragsrecht auf Angehörige übergegangen, so endet die Frist frühestens drei Monate und spätestens sechs Monate nach dem Tod des Verletzten.
(5) Der Lauf der Frist ruht, wenn ein Antrag auf Durchführung eines Sühneversuchs gemäß § 380 der Strafprozeßordnung bei der Vergleichsbehörde eingeht, bis zur Ausstellung der Bescheinigung nach § 380 Abs. 1 Satz 3 der Strafprozeßordnung.

§ 77c
Wechselseitig begangene Taten

[1]Hat bei wechselseitig begangenen Taten, die miteinander zusammenhängen und nur auf Antrag verfolgbar sind, ein Berechtigter die Strafverfolgung des anderen beantragt, so erlischt das Antragsrecht des anderen, wenn er es nicht bis zur Beendigung des letzten Wortes im ersten Rechtszug ausübt. [2]Er kann den Antrag auch dann noch stellen, wenn für ihn die Antragsfrist schon verstrichen ist.

§ 77d
Zurücknahme des Antrags

(1) [1]Der Antrag kann zurückgenommen werden. [2]Die Zurücknahme kann bis zum rechtskräftigen Abschluß des Strafverfahrens erklärt werden. [3]Ein zurückgenommener Antrag kann nicht nochmals gestellt werden.

(2) [1]Stirbt der Verletzte oder der im Falle seines Todes Berechtigte, nachdem er den Antrag gestellt hat, so können der Ehegatte, der Lebenspartner, die Kinder, die Eltern, die Geschwister und die Enkel des Verletzten in der Rangfolge des § 77 Abs. 2 den Antrag zurücknehmen. [2]Mehrere Angehörige des gleichen Ranges können das Recht nur gemeinsam ausüben. [3]Wer an der Tat beteiligt ist, kann den Antrag nicht zurücknehmen.

§ 77e
Ermächtigung und Strafverlangen

Ist eine Tat nur mit Ermächtigung oder auf Strafverlangen verfolgbar, so gelten die §§ 77 und 77d entsprechend.

[...]

§ 89a
Vorbereitung einer schweren staatsgefährdenden Gewalttat

(1) [1]Wer eine schwere staatsgefährdende Gewalttat vorbereitet, wird mit Freiheitsstrafe von sechs Monaten bis zu zehn Jahren bestraft. [2]Eine schwere staatsgefährdende Gewalttat ist eine Straftat gegen das Leben in den Fällen des § 211 oder des § 212 oder gegen die persönliche Freiheit in den Fällen des § 239a oder des § 239b, die nach den Umständen bestimmt und geeignet ist, den Bestand oder die Sicherheit eines Staates oder einer internationalen Organisation zu beeinträchtigen oder Verfassungsgrundsätze der Bundesrepublik Deutschland zu beseitigen, außer Geltung zu setzen oder zu untergraben.

(2) Absatz 1 ist nur anzuwenden, wenn der Täter eine schwere staatsgefährdende Gewalttat vorbereitet, indem er

1. eine andere Person unterweist oder sich unterweisen lässt in der Herstellung von oder im Umgang mit Schusswaffen, Sprengstoffen, Spreng- oder Brandvorrichtungen, Kernbrenn- oder sonstigen radioaktiven Stoffen, Stoffen, die Gift enthalten oder hervorbringen können, anderen gesundheitsschädlichen Stoffen, zur Ausführung der Tat erforderlichen besonderen Vorrichtungen oder in sonstigen Fertigkeiten, die der Begehung einer der in Absatz 1 genannten Straftaten dienen,
2. Waffen, Stoffe oder Vorrichtungen der in Nummer 1 bezeichneten Art herstellt, sich oder einem anderen verschafft, verwahrt oder einem anderen überlässt oder
3. Gegenstände oder Stoffe sich verschafft oder verwahrt, die für die Herstellung von Waffen, Stoffen oder Vorrichtungen der in Nummer 1 bezeichneten Art wesentlich sind.

(2a) Absatz 1 ist auch anzuwenden, wenn der Täter eine schwere staatsgefährdende Gewalttat vorbereitet, indem er es unternimmt, zum Zweck der Begehung einer schweren staatsgefährdenden Gewalttat oder der in Absatz 2 Nummer 1 genannten Handlungen aus der Bundesrepublik Deutschland auszureisen, um sich in einen Staat zu begeben, in dem Unterweisungen von Personen im Sinne des Absatzes 2 Nummer 1 erfolgen.

(3) [1]Absatz 1 gilt auch, wenn die Vorbereitung im Ausland begangen wird. [2]Wird die Vorbereitung außerhalb der Mitgliedstaaten der Europäischen Union begangen, gilt dies nur, wenn sie durch einen Deutschen oder einen Ausländer mit Lebensgrundlage im Inland begangen wird oder die vorbereitete schwere staatsgefährdende Gewalttat im Inland oder durch oder gegen einen Deutschen begangen werden soll.

(4) [1]In den Fällen des Absatzes 3 Satz 2 bedarf die Verfolgung der Ermächtigung durch das Bundesministerium der Justiz und für Verbraucherschutz. [2]Wird die Vorbereitung in einem anderen Mitgliedstaat der Europäischen Union begangen, bedarf die Verfolgung der Ermächtigung durch das Bundesministerium der Justiz und für Verbraucherschutz, wenn die Vorbereitung weder durch einen Deutschen erfolgt noch die vorbereitete schwere staatsgefährdende Gewalttat im Inland noch durch oder gegen einen Deutschen begangen werden soll.

(5) In minder schweren Fällen ist die Strafe Freiheitsstrafe von drei Monaten bis zu fünf Jahren.

(6) Das Gericht kann Führungsaufsicht anordnen (§ 68 Abs. 1).

(7) [1]Das Gericht kann die Strafe nach seinem Ermessen mildern (§ 49 Abs. 2) oder von einer Bestrafung nach dieser Vorschrift absehen, wenn der Täter freiwillig die weitere Vorbereitung der schweren staatsgefährdenden Gewalttat aufgibt und eine von ihm verursachte und erkannte Gefahr, dass andere diese Tat weiter vorbereiten oder sie ausführen, abwendet oder wesentlich mindert oder wenn er freiwillig die Vollendung dieser Tat verhindert. [2]Wird ohne Zutun des Täters die bezeichnete Gefahr abgewendet oder wesentlich gemindert oder die Vollendung der schweren staatsgefährdenden Gewalttat verhindert, genügt sein freiwilliges und ernsthaftes Bemühen, dieses Ziel zu erreichen.

[…]

§ 89c
Terrorismusfinanzierung

(1) [1]Wer Vermögenswerte sammelt, entgegennimmt oder zur Verfügung stellt mit dem Wissen oder in der Absicht, dass diese von einer anderen Person zur Begehung

1. eines Mordes (§ 211), eines Totschlags (§ 212), eines Völkermordes (§ 6 des Völkerstrafgesetzbuches), eines Verbrechens gegen die Menschlichkeit (§ 7 des Völkerstrafgesetzbuches), eines Kriegsverbrechens (§§ 8, 9, 10, 11 oder 12 des Völkerstrafgesetzbuches), einer Körperverletzung nach § 224 oder einer Körperverletzung, die einem anderen Menschen schwere körperliche oder seelische Schäden, insbesondere der in § 226 bezeichneten Art, zufügt,
2. eines erpresserischen Menschenraubes (§ 239a) oder einer Geiselnahme (§ 239b),

3. von Straftaten nach den §§ 303b, 305, 305a oder gemeingefährlicher Straftaten in den Fällen der §§ 306 bis 306c oder 307 Absatz 1 bis 3, des § 308 Absatz 1 bis 5, des § 309 Absatz 1 bis 5, der §§ 313, 314 oder 315 Absatz 1, 3 oder 4, des § 316b Absatz 1 oder 3 oder des § 316c Absatz 1 bis 3 oder des § 317 Absatz 1,
4. von Straftaten gegen die Umwelt in den Fällen des § 330a Absatz 1 bis 3,
5. von Straftaten nach § 19 Absatz 1 bis 3, § 20 Absatz 1 oder 2, § 20a Absatz 1 bis 3, § 19 Absatz 2 Nummer 2 oder Absatz 3 Nummer 2, § 20 Absatz 1 oder 2 oder § 20a Absatz 1 bis 3, jeweils auch in Verbindung mit § 21, oder nach § 22a Absatz 1 bis 3 des Gesetzes über die Kontrolle von Kriegswaffen,
6. von Straftaten nach § 51 Absatz 1 bis 3 des Waffengesetzes,
7. einer Straftat nach § 328 Absatz 1 oder 2 oder § 310 Absatz 1 oder 2,
8. einer Straftat nach § 89a Absatz 2a

verwendet werden sollen, wird mit Freiheitsstrafe von sechs Monaten bis zu zehn Jahren bestraft. [2]Satz 1 ist in den Fällen der Nummern 1 bis 7 nur anzuwenden, wenn die dort bezeichnete Tat dazu bestimmt ist, die Bevölkerung auf erhebliche Weise einzuschüchtern, eine Behörde oder eine internationale Organisation rechtswidrig mit Gewalt oder durch Drohung mit Gewalt zu nötigen oder die politischen, verfassungsrechtlichen, wirtschaftlichen oder sozialen Grundstrukturen eines Staates oder einer internationalen Organisation zu beseitigen oder erheblich zu beeinträchtigen, und durch die Art ihrer Begehung oder ihre Auswirkungen einen Staat oder eine internationale Organisation erheblich schädigen kann.

(2) Ebenso wird bestraft, wer unter der Voraussetzung des Absatzes 1 Satz 2 Vermögenswerte sammelt, entgegennimmt oder zur Verfügung stellt, um selbst eine der in Absatz 1 Satz 1 genannten Straftaten zu begehen.

(3) [1]Die Absätze 1 und 2 gelten auch, wenn die Tat im Ausland begangen wird. [2]Wird sie außerhalb der Mitgliedstaaten der Europäischen Union begangen, gilt dies nur, wenn sie durch einen Deutschen oder einen Ausländer mit Lebensgrundlage im Inland begangen wird oder die finanzierte Straftat im Inland oder durch oder gegen einen Deutschen begangen werden soll.

(4) [1]In den Fällen des Absatzes 3 Satz 2 bedarf die Verfolgung der Ermächtigung durch das Bundesministerium der Justiz und für Verbraucherschutz. [2]Wird die Tat in einem anderen Mitgliedstaat der Europäischen Union begangen, bedarf die Verfolgung der Ermächtigung durch das Bundesministerium der Justiz und für Verbraucherschutz, wenn die Tat weder durch einen Deutschen begangen wird noch die finanzierte Straftat im Inland noch durch oder gegen einen Deutschen begangen werden soll.

(5) Sind die Vermögenswerte bei einer Tat nach Absatz 1 oder 2 geringwertig, so ist auf Freiheitsstrafe von drei Monaten bis zu fünf Jahren zu erkennen.

(6) Das Gericht mildert die Strafe (§ 49 Absatz 1) oder kann von Strafe absehen, wenn die Schuld des Täters gering ist.

(7) [1]Das Gericht kann die Strafe nach seinem Ermessen mildern (§ 49 Absatz 2) oder von einer Bestrafung nach dieser Vorschrift absehen, wenn der Täter freiwillig die weitere Vorbereitung der Tat aufgibt und eine von ihm verursachte und erkannte Gefahr, dass andere diese Tat weiter vorbereiten oder sie ausführen, abwendet oder wesentlich mindert oder wenn er freiwillig die Vollendung dieser Tat verhindert. [2]Wird ohne Zutun des Täters die bezeichnete Gefahr abgewendet oder wesentlich gemindert oder die Vollendung der Tat verhindert, genügt sein freiwilliges und ernsthaftes Bemühen, dieses Ziel zu erreichen.

[...]

§ 113
Widerstand gegen Vollstreckungsbeamte

(1) Wer einem Amtsträger oder Soldaten der Bundeswehr, der zur Vollstreckung von Gesetzen, Rechtsverordnungen, Urteilen, Gerichtsbeschlüssen oder Verfügungen berufen ist, bei der Vornahme einer solchen Diensthandlung mit Gewalt oder durch Drohung mit Gewalt Widerstand leistet, wird mit Freiheitsstrafe bis zu drei Jahren oder mit Geldstrafe bestraft.

(2) [1]In besonders schweren Fällen ist die Strafe Freiheitsstrafe von sechs Monaten bis zu fünf Jahren. [2]Ein besonders schwerer Fall liegt in der Regel vor, wenn

1. der Täter oder ein anderer Beteiligter eine Waffe oder ein anderes gefährliches Werkzeug bei sich führt,
2. der Täter durch eine Gewalttätigkeit den Angegriffenen in die Gefahr des Todes oder einer schweren Gesundheitsschädigung bringt oder
3. die Tat mit einem anderen Beteiligten gemeinschaftlich begangen wird.

(3) [1]Die Tat ist nicht nach dieser Vorschrift strafbar, wenn die Diensthandlung nicht rechtmäßig ist. [2]Dies gilt auch dann, wenn der Täter irrig annimmt, die Diensthandlung sei rechtmäßig.

(4) [1]Nimmt der Täter bei Begehung der Tat irrig an, die Diensthandlung sei nicht rechtmäßig, und konnte er den Irrtum vermeiden, so kann das Gericht die Strafe nach seinem Ermessen mildern (§ 49 Abs. 2) oder bei geringer Schuld von einer Bestrafung nach dieser Vorschrift absehen. [2]Konnte der Täter den Irrtum nicht vermeiden und war ihm nach den ihm bekannten Umständen auch nicht zuzumuten, sich mit Rechtsbehelfen gegen die vermeintlich rechtswidrige Diensthandlung zu wehren, so ist die Tat nicht nach dieser Vorschrift strafbar; war ihm dies zuzumuten, so kann das Gericht die Strafe nach seinem Ermessen mildern (§ 49 Abs. 2) oder von einer Bestrafung nach dieser Vorschrift absehen.

§ 114
Tätlicher Angriff auf Vollstreckungsbeamte

(1) Wer einen Amtsträger oder Soldaten der Bundeswehr, der zur Vollstreckung von Gesetzen, Rechtsverordnungen, Urteilen, Gerichtsbeschlüssen oder

Verfügungen berufen ist, bei einer Diensthandlung tätlich angreift, wird mit Freiheitsstrafe von drei Monaten bis zu fünf Jahren bestraft.
(2) § 113 Absatz 2 gilt entsprechend.
(3) § 113 Absatz 3 und 4 gilt entsprechend, wenn die Diensthandlung eine Vollstreckungshandlung im Sinne des § 113 Absatz 1 ist.

§ 115
Widerstand gegen oder tätlicher Angriff auf Personen, die Vollstreckungsbeamten gleichstehen

(1) Zum Schutz von Personen, die die Rechte und Pflichten eines Polizeibeamten haben oder Ermittlungspersonen der Staatsanwaltschaft sind, ohne Amtsträger zu sein, gelten die §§ 113 und 114 entsprechend.
(2) Zum Schutz von Personen, die zur Unterstützung bei der Diensthandlung hinzugezogen sind, gelten die §§ 113 und 114 entsprechend.
(3) [1]Nach § 113 wird auch bestraft, wer bei Unglücksfällen, gemeiner Gefahr oder Not Hilfeleistende der Feuerwehr, des Katastrophenschutzes, eines Rettungsdienstes, eines ärztlichen Notdienstes oder einer Notaufnahme durch Gewalt oder durch Drohung mit Gewalt behindert. [2]Nach § 114 wird bestraft, wer die Hilfeleistenden in diesen Situationen tätlich angreift.
[...]

§ 120
Gefangenenbefreiung

(1) Wer einen Gefangenen befreit, ihn zum Entweichen verleitet oder dabei fördert, wird mit Freiheitsstrafe bis zu drei Jahren oder mit Geldstrafe bestraft.
(2) Ist der Täter als Amtsträger oder als für den öffentlichen Dienst besonders Verpflichteter gehalten, das Entweichen des Gefangenen zu verhindern, so ist die Strafe Freiheitsstrafe bis zu fünf Jahren oder Geldstrafe.
(3) Der Versuch ist strafbar.
(4) Einem Gefangenen im Sinne der Absätze 1 und 2 steht gleich, wer sonst auf behördliche Anordnung in einer Anstalt verwahrt wird.
[...]

§ 125
Landfriedensbruch

(1) Wer sich an
1. Gewalttätigkeiten gegen Menschen oder Sachen oder
2. Bedrohungen von Menschen mit einer Gewalttätigkeit,

die aus einer Menschenmenge in einer die öffentliche Sicherheit gefährdenden Weise mit vereinten Kräften begangen werden, als Täter oder Teilnehmer beteiligt oder wer auf die Menschenmenge einwirkt, um ihre Bereitschaft zu solchen Handlungen zu fördern, wird mit Freiheitsstrafe bis zu drei Jahren oder mit Geldstrafe bestraft.

(2) [1]Soweit die in Absatz 1 Nr. 1, 2 bezeichneten Handlungen in § 113 mit Strafe bedroht sind, gilt § 113 Abs. 3, 4 sinngemäß. [2]Dies gilt auch in Fällen des § 114, wenn die Diensthandlung eine Vollstreckungshandlung im Sinne des § 113 Absatz 1 ist.

§ 125a
Besonders schwerer Fall des Landfriedensbruchs

[1]In besonders schweren Fällen des § 125 Abs. 1 ist die Strafe Freiheitsstrafe von sechs Monaten bis zu zehn Jahren. [2]Ein besonders schwerer Fall liegt in der Regel vor, wenn der Täter

1. eine Schußwaffe bei sich führt,
2. eine andere Waffe oder ein anderes gefährliches Werkzeug bei sich führt,
3. durch eine Gewalttätigkeit einen anderen in die Gefahr des Todes oder einer schweren Gesundheitsschädigung bringt oder
4. plündert oder bedeutenden Schaden an fremden Sachen anrichtet.

§ 126
Störung des öffentlichen Friedens durch Androhung von Straftaten

(1) Wer in einer Weise, die geeignet ist, den öffentlichen Frieden zu stören,

1. einen der in § 125a Satz 2 Nr. 1 bis 4 bezeichneten Fälle des Landfriedensbruchs,
2. eine Straftat gegen die sexuelle Selbstbestimmung in den Fällen des § 177 Absatz 4 bis 8 oder des § 178,
3. einen Mord (§ 211), Totschlag (§ 212) oder Völkermord (§ 6 des Völkerstrafgesetzbuches) oder ein Verbrechen gegen die Menschlichkeit (§ 7 des Völkerstrafgesetzbuches) oder ein Kriegsverbrechen (§§ 8, 9, 10, 11 oder 12 des Völkerstrafgesetzbuches),
4. eine gefährliche Körperverletzung (§ 224) oder eine schwere Körperverletzung (§ 226),
5. eine Straftat gegen die persönliche Freiheit in den Fällen des § 232 Absatz 3 Satz 2, des § 232a Absatz 3, 4 oder 5, des § 232b Absatz 3 oder 4, des § 233a Absatz 3 oder 4, jeweils soweit es sich um Verbrechen handelt, der §§ 234 bis 234b, 239a oder 239b,
6. einen Raub oder eine räuberische Erpressung (§§ 249 bis 251 oder 255),
7. ein gemeingefährliches Verbrechen in den Fällen der §§ 306 bis 306c oder 307 Abs. 1 bis 3, des § 308 Absatz 1 bis 4, des § 309 Abs. 1 bis 4, der §§ 313, 314 oder 315 Abs. 3, des § 315b Abs. 3, des § 316a Abs. 1 oder 3, des § 316c Abs. 1 oder 3 oder des § 318 Abs. 3 oder 4 oder
8. ein gemeingefährliches Vergehen in den Fällen des § 309 Abs. 6, des § 311 Abs. 1, des § 316b Abs. 1, des § 317 Abs. 1 oder des § 318 Abs. 1

androht, wird mit Freiheitsstrafe bis zu drei Jahren oder mit Geldstrafe bestraft.

(2) Ebenso wird bestraft, wer in einer Weise, die geeignet ist, den öffentlichen Frieden zu stören, wider besseres Wissen vortäuscht, die Verwirklichung einer der in Absatz 1 genannten rechtswidrigen Taten stehe bevor.
[...]

§ 129a
Bildung terroristischer Vereinigungen

(1) Wer eine Vereinigung (§ 129 Absatz 2) gründet, deren Zwecke oder deren Tätigkeit darauf gerichtet sind,

1. Mord (§ 211) oder Totschlag (§ 212) oder Völkermord (§ 6 des Völkerstrafgesetzbuches) oder Verbrechen gegen die Menschlichkeit (§ 7 des Völkerstrafgesetzbuches) oder Kriegsverbrechen (§§ 8, 9, 10, 11 oder § 12 des Völkerstrafgesetzbuches) oder
2. Straftaten gegen die persönliche Freiheit in den Fällen des § 239a oder des § 239b

zu begehen, oder wer sich an einer solchen Vereinigung als Mitglied beteiligt, wird mit Freiheitsstrafe von einem Jahr bis zu zehn Jahren bestraft.
(2) Ebenso wird bestraft, wer eine Vereinigung gründet, deren Zwecke oder deren Tätigkeit darauf gerichtet sind,

1. einem anderen Menschen schwere körperliche oder seelische Schäden, insbesondere der in § 226 bezeichneten Art, zuzufügen,
2. Straftaten nach den §§ 303b, 305, 305a oder gemeingefährliche Straftaten in den Fällen der §§ 306 bis 306c oder 307 Abs. 1 bis 3, des § 308 Absatz 1 bis 5, des § 309 Abs. 1 bis 5, der §§ 313, 314 oder 315 Abs. 1, 3 oder 4, des § 316b Abs. 1 oder 3 oder des § 316c Abs. 1 bis 3 oder des § 317 Abs. 1,
3. Straftaten gegen die Umwelt in den Fällen des § 330a Abs. 1 bis 3,
4. Straftaten nach § 19 Abs. 1 bis 3, § 20 Abs. 1 oder 2, § 20a Abs. 1 bis 3, § 19 Abs. 2 Nr. 2 oder Abs. 3 Nr. 2, § 20 Abs. 1 oder 2 oder § 20a Abs. 1 bis 3, jeweils auch in Verbindung mit § 21, oder nach § 22a Abs. 1 bis 3 des Gesetzes über die Kontrolle von Kriegswaffen oder
5. Straftaten nach § 51 Abs. 1 bis 3 des Waffengesetzes

zu begehen, oder wer sich an einer solchen Vereinigung als Mitglied beteiligt, wenn eine der in den Nummern 1 bis 5 bezeichneten Taten bestimmt ist, die Bevölkerung auf erhebliche Weise einzuschüchtern, eine Behörde oder eine internationale Organisation rechtswidrig mit Gewalt oder durch Drohung mit Gewalt zu nötigen oder die politischen, verfassungsrechtlichen, wirtschaftlichen oder sozialen Grundstrukturen eines Staates oder einer internationalen Organisation zu beseitigen oder erheblich zu beeinträchtigen, und durch die Art ihrer Begehung oder ihre Auswirkungen einen Staat oder eine internationale Organisation erheblich schädigen kann.
(3) Sind die Zwecke oder die Tätigkeit der Vereinigung darauf gerichtet, eine der in Absatz 1 und 2 bezeichneten Straftaten anzudrohen, ist auf Freiheitsstrafe von sechs Monaten bis zu fünf Jahren zu erkennen.

(4) Gehört der Täter zu den Rädelsführern oder Hintermännern, so ist in den Fällen der Absätze 1 und 2 auf Freiheitsstrafe nicht unter drei Jahren, in den Fällen des Absatzes 3 auf Freiheitsstrafe von einem Jahr bis zu zehn Jahren zu erkennen.

(5) [1]Wer eine in Absatz 1, 2 oder Absatz 3 bezeichnete Vereinigung unterstützt, wird in den Fällen der Absätze 1 und 2 mit Freiheitsstrafe von sechs Monaten bis zu zehn Jahren, in den Fällen des Absatzes 3 mit Freiheitsstrafe bis zu fünf Jahren oder mit Geldstrafe bestraft. [2]Wer für eine in Absatz 1 oder Absatz 2 bezeichnete Vereinigung um Mitglieder oder Unterstützer wirbt, wird mit Freiheitsstrafe von sechs Monaten bis zu fünf Jahren bestraft.

(6) Das Gericht kann bei Beteiligten, deren Schuld gering und deren Mitwirkung von untergeordneter Bedeutung ist, in den Fällen der Absätze 1, 2, 3 und 5 die Strafe nach seinem Ermessen (§ 49 Abs. 2) mildern.

(7) § 129 Absatz 7 gilt entsprechend.

(8) Neben einer Freiheitsstrafe von mindestens sechs Monaten kann das Gericht die Fähigkeit, öffentliche Ämter zu bekleiden, und die Fähigkeit, Rechte aus öffentlichen Wahlen zu erlangen, aberkennen (§ 45 Abs. 2).

(9) In den Fällen der Absätze 1, 2, 4 und 5 kann das Gericht Führungsaufsicht anordnen (§ 68 Abs. 1).

§ 129b
Kriminelle und terroristische Vereinigungen im Ausland; Einziehung

(1) [1]Die §§ 129 und 129a gelten auch für Vereinigungen im Ausland. [2]Bezieht sich die Tat auf eine Vereinigung außerhalb der Mitgliedstaaten der Europäischen Union, so gilt dies nur, wenn sie durch eine im räumlichen Geltungsbereich dieses Gesetzes ausgeübte Tätigkeit begangen wird oder wenn der Täter oder das Opfer Deutscher ist oder sich im Inland befindet. [3]In den Fällen des Satzes 2 wird die Tat nur mit Ermächtigung des Bundesministeriums der Justiz und für Verbraucherschutz verfolgt. [4]Die Ermächtigung kann für den Einzelfall oder allgemein auch für die Verfolgung künftiger Taten erteilt werden, die sich auf eine bestimmte Vereinigung beziehen. [5]Bei der Entscheidung über die Ermächtigung zieht das Ministerium in Betracht, ob die Bestrebungen der Vereinigung gegen die Grundwerte einer die Würde des Menschen achtenden staatlichen Ordnung oder gegen das friedliche Zusammenleben der Völker gerichtet sind und bei Abwägung aller Umstände als verwerflich erscheinen.

(2) In den Fällen der §§ 129 und 129a, jeweils auch in Verbindung mit Absatz 1, ist § 74a anzuwenden.

§ 130
Volksverhetzung

(1) Wer in einer Weise, die geeignet ist, den öffentlichen Frieden zu stören,
1. gegen eine nationale, rassische, religiöse oder durch ihre ethnische Herkunft bestimmte Gruppe, gegen Teile der Bevölkerung oder gegen einen Einzelnen wegen dessen Zugehörigkeit zu einer vorbezeichneten Gruppe oder zu einem Teil der Bevölkerung zum Hass aufstachelt, zu Gewalt- oder Willkürmaßnahmen auffordert oder
2. die Menschenwürde anderer dadurch angreift, dass er eine vorbezeichnete Gruppe, Teile der Bevölkerung oder einen Einzelnen wegen dessen Zugehörigkeit zu einer vorbezeichneten Gruppe oder zu einem Teil der Bevölkerung beschimpft, böswillig verächtlich macht oder verleumdet,

wird mit Freiheitsstrafe von drei Monaten bis zu fünf Jahren bestraft.

(2) Mit Freiheitsstrafe bis zu drei Jahren oder mit Geldstrafe wird bestraft, wer
1. einen Inhalt (§ 11 Absatz 3) verbreitet oder der Öffentlichkeit zugänglich macht oder einer Person unter achtzehn Jahren einen Inhalt (§ 11 Absatz 3) anbietet, überlässt oder zugänglich macht, der
   a) zum Hass gegen eine in Absatz 1 Nummer 1 bezeichnete Gruppe, gegen Teile der Bevölkerung oder gegen einen Einzelnen wegen dessen Zugehörigkeit zu einer in Absatz 1 Nummer 1 bezeichneten Gruppe oder zu einem Teil der Bevölkerung aufstachelt,
   b) zu Gewalt- oder Willkürmaßnahmen gegen in Buchstabe a genannte Personen oder Personenmehrheiten auffordert oder
   c) die Menschenwürde von in Buchstabe a genannten Personen oder Personenmehrheiten dadurch angreift, dass diese beschimpft, böswillig verächtlich gemacht oder verleumdet werden oder
2. einen in Nummer 1 Buchstabe a bis c bezeichneten Inhalt (§ 11 Absatz 3) herstellt, bezieht, liefert, vorrätig hält, anbietet, bewirbt oder es unternimmt, diesen ein- oder auszuführen, um ihn im Sinne der Nummer 1 zu verwenden oder einer anderen Person eine solche Verwendung zu ermöglichen.

(3) Mit Freiheitsstrafe bis zu fünf Jahren oder mit Geldstrafe wird bestraft, wer eine unter der Herrschaft des Nationalsozialismus begangene Handlung der in § 6 Abs. 1 des Völkerstrafgesetzbuches bezeichneten Art in einer Weise, die geeignet ist, den öffentlichen Frieden zu stören, öffentlich oder in einer Versammlung billigt, leugnet oder verharmlost.

(4) Mit Freiheitsstrafe bis zu drei Jahren oder mit Geldstrafe wird bestraft, wer öffentlich oder in einer Versammlung den öffentlichen Frieden in einer die Würde der Opfer verletzenden Weise dadurch stört, dass er die nationalsozialistische Gewalt- und Willkürherrschaft billigt, verherrlicht oder rechtfertigt.

(5) Mit Freiheitsstrafe bis zu drei Jahren oder mit Geldstrafe wird bestraft, wer eine Handlung der in den §§ 6 bis 12 des Völkerstrafgesetzbuches bezeichneten Art gegen eine der in Absatz 1 Nummer 1 bezeichneten Personenmehrheiten

oder gegen einen Einzelnen wegen dessen Zugehörigkeit zu einer dieser Personenmehrheiten öffentlich oder in einer Versammlung in einer Weise billigt, leugnet oder gröblich verharmlost, die geeignet ist, zu Hass oder Gewalt gegen eine solche Person oder Personenmehrheit aufzustacheln und den öffentlichen Frieden zu stören.

(6) Absatz 2 gilt auch für einen in den Absätzen 3 bis 5 bezeichneten Inhalt (§ 11 Absatz 3).

(7) In den Fällen des Absatzes 2 Nummer 1, auch in Verbindung mit Absatz 6, ist der Versuch strafbar.

(8) In den Fällen des Absatzes 2, auch in Verbindung mit den Absätzen 6 und 7, sowie in den Fällen der Absätze 3 bis 5 gilt § 86 Absatz 4 entsprechend.

[...]

§ 201
Verletzung der Vertraulichkeit des Wortes

(1) Mit Freiheitsstrafe bis zu drei Jahren oder mit Geldstrafe wird bestraft, wer unbefugt

1. das nichtöffentlich gesprochene Wort eines anderen auf einen Tonträger aufnimmt oder
2. eine so hergestellte Aufnahme gebraucht oder einem Dritten zugänglich macht.

(2) [1]Ebenso wird bestraft, wer unbefugt

1. das nicht zu seiner Kenntnis bestimmte nichtöffentlich gesprochene Wort eines anderen mit einem Abhörgerät abhört oder
2. das nach Absatz 1 Nr. 1 aufgenommene oder nach Absatz 2 Nr. 1 abgehörte nichtöffentlich gesprochene Wort eines anderen im Wortlaut oder seinem wesentlichen Inhalt nach öffentlich mitteilt.

[2]Die Tat nach Satz 1 Nr. 2 ist nur strafbar, wenn die öffentliche Mitteilung geeignet ist, berechtigte Interessen eines anderen zu beeinträchtigen. [3]Sie ist nicht rechtswidrig, wenn die öffentliche Mitteilung zur Wahrnehmung überragender öffentlicher Interessen gemacht wird.

(3) Mit Freiheitsstrafe bis zu fünf Jahren oder mit Geldstrafe wird bestraft, wer als Amtsträger oder als für den öffentlichen Dienst besonders Verpflichteter die Vertraulichkeit des Wortes verletzt (Absätze 1 und 2).

(4) Der Versuch ist strafbar.

(5) [1]Die Tonträger und Abhörgeräte, die der Täter oder Teilnehmer verwendet hat, können eingezogen werden. [2]§ 74a ist anzuwenden.

§ 201a
Verletzung des höchstpersönlichen Lebensbereichs und von Persönlichkeitsrechten durch Bildaufnahmen

(1) Mit Freiheitsstrafe bis zu zwei Jahren oder mit Geldstrafe wird bestraft, wer

1. von einer anderen Person, die sich in einer Wohnung oder einem gegen Einblick besonders geschützten Raum befindet, unbefugt eine Bildaufnahme herstellt oder überträgt und dadurch den höchstpersönlichen Lebensbereich der abgebildeten Person verletzt,
2. eine Bildaufnahme, die die Hilflosigkeit einer anderen Person zur Schau stellt, unbefugt herstellt oder überträgt und dadurch den höchstpersönlichen Lebensbereich der abgebildeten Person verletzt,
3. eine Bildaufnahme, die in grob anstößiger Weise eine verstorbene Person zur Schau stellt, unbefugt herstellt oder überträgt,
4. eine durch eine Tat nach den Nummern 1 bis 3 hergestellte Bildaufnahme gebraucht oder einer dritten Person zugänglich macht oder
5. eine befugt hergestellte Bildaufnahme der in den Nummern 1 bis 3 bezeichneten Art wissentlich unbefugt einer dritten Person zugänglich macht und in den Fällen der Nummern 1 und 2 dadurch den höchstpersönlichen Lebensbereich der abgebildeten Person verletzt.

(2) [1]Ebenso wird bestraft, wer unbefugt von einer anderen Person eine Bildaufnahme, die geeignet ist, dem Ansehen der abgebildeten Person erheblich zu schaden, einer dritten Person zugänglich macht. [2]Dies gilt unter den gleichen Voraussetzungen auch für eine Bildaufnahme von einer verstorbenen Person.

(3) Mit Freiheitsstrafe bis zu zwei Jahren oder mit Geldstrafe wird bestraft, wer eine Bildaufnahme, die die Nacktheit einer anderen Person unter achtzehn Jahren zum Gegenstand hat,

1. herstellt oder anbietet, um sie einer dritten Person gegen Entgelt zu verschaffen, oder
2. sich oder einer dritten Person gegen Entgelt verschafft.

(4) Absatz 1 Nummer 2 und 3, auch in Verbindung mit Absatz 1 Nummer 4 oder 5, Absatz 2 und 3 gelten nicht für Handlungen, die in Wahrnehmung überwiegender berechtigter Interessen erfolgen, namentlich der Kunst oder der Wissenschaft, der Forschung oder der Lehre, der Berichterstattung über Vorgänge des Zeitgeschehens oder der Geschichte oder ähnlichen Zwecken dienen.

(5) [1]Die Bildträger sowie Bildaufnahmegeräte oder andere technische Mittel, die der Täter oder Teilnehmer verwendet hat, können eingezogen werden. [2]§ 74a ist anzuwenden.

[...]

§ 203
Verletzung von Privatgeheimnissen

(1) Wer unbefugt ein fremdes Geheimnis, namentlich ein zum persönlichen Lebensbereich gehörendes Geheimnis oder ein Betriebs- oder Geschäftsgeheimnis, offenbart, das ihm als

1. Arzt, Zahnarzt, Tierarzt, Apotheker oder Angehörigen eines anderen Heilberufs, der für die Berufsausübung oder die Führung der Berufsbezeichnung eine staatlich geregelte Ausbildung erfordert,
2. Berufspsychologen mit staatlich anerkannter wissenschaftlicher Abschlußprüfung,
3. Rechtsanwalt, Kammerrechtsbeistand, Patentanwalt, Notar, Verteidiger in einem gesetzlich geordneten Verfahren, Wirtschaftsprüfer, vereidigtem Buchprüfer, Steuerberater, Steuerbevollmächtigten,

3a. Organ oder Mitglied eines Organs einer Wirtschaftsprüfungs-, Buchprüfungs- oder einer Berufsausübungsgesellschaft von Steuerberatern und Steuerbevollmächtigten, einer Berufsausübungsgesellschaft von Rechtsanwälten oder europäischen niedergelassenen Rechtsanwälten oder einer Berufsausübungsgesellschaft von Patentanwälten oder niedergelassenen europäischen Patentanwälten im Zusammenhang mit der Beratung und Vertretung der Wirtschaftsprüfungs-, Buchprüfungs- oder Berufsausübungsgesellschaft im Bereich der Wirtschaftsprüfung, Buchprüfung oder Hilfeleistung in Steuersachen oder ihrer rechtsanwaltlichen oder patentanwaltlichen Tätigkeit,

4. Ehe-, Familien-, Erziehungs- oder Jugendberater sowie Berater für Suchtfragen in einer Beratungsstelle, die von einer Behörde oder Körperschaft, Anstalt oder Stiftung des öffentlichen Rechts anerkannt ist,
5. Mitglied oder Beauftragten einer anerkannten Beratungsstelle nach den §§ 3 und 8 Absatz 1 des Schwangerschaftskonfliktgesetzes,
6. staatlich anerkanntem Sozialarbeiter oder staatlich anerkanntem Sozialpädagogen oder
7. Angehörigen eines Unternehmens der privaten Kranken-, Unfall- oder Lebensversicherung oder einer privatärztlichen, steuerberaterlichen oder anwaltlichen Verrechnungsstelle

anvertraut worden oder sonst bekanntgeworden ist, wird mit Freiheitsstrafe bis zu einem Jahr oder mit Geldstrafe bestraft.

(2) [1]Ebenso wird bestraft, wer unbefugt ein fremdes Geheimnis, namentlich ein zum persönlichen Lebensbereich gehörendes Geheimnis oder ein Betriebs- oder Geschäftsgeheimnis, offenbart, das ihm als

1. Amtsträger oder Europäischer Amtsträger,
2. für den öffentlichen Dienst besonders Verpflichteten,
3. Person, die Aufgaben oder Befugnisse nach dem Personalvertretungsrecht wahrnimmt,

4. Mitglied eines für ein Gesetzgebungsorgan des Bundes oder eines Landes tätigen Untersuchungsausschusses, sonstigen Ausschusses oder Rates, das nicht selbst Mitglied des Gesetzgebungsorgans ist, oder als Hilfskraft eines solchen Ausschusses oder Rates,
5. öffentlich bestelltem Sachverständigen, der auf die gewissenhafte Erfüllung seiner Obliegenheiten auf Grund eines Gesetzes förmlich verpflichtet worden ist, oder
6. Person, die auf die gewissenhafte Erfüllung ihrer Geheimhaltungspflicht bei der Durchführung wissenschaftlicher Forschungsvorhaben auf Grund eines Gesetzes förmlich verpflichtet worden ist,

anvertraut worden oder sonst bekanntgeworden ist. [2]Einem Geheimnis im Sinne des Satzes 1 stehen Einzelangaben über persönliche oder sachliche Verhältnisse eines anderen gleich, die für Aufgaben der öffentlichen Verwaltung erfaßt worden sind; Satz 1 ist jedoch nicht anzuwenden, soweit solche Einzelangaben anderen Behörden oder sonstigen Stellen für Aufgaben der öffentlichen Verwaltung bekanntgegeben werden und das Gesetz dies nicht untersagt.

(3) [1]Kein Offenbaren im Sinne dieser Vorschrift liegt vor, wenn die in den Absätzen 1 und 2 genannten Personen Geheimnisse den bei ihnen berufsmäßig tätigen Gehilfen oder den bei ihnen zur Vorbereitung auf den Beruf tätigen Personen zugänglich machen. [2]Die in den Absätzen 1 und 2 Genannten dürfen fremde Geheimnisse gegenüber sonstigen Personen offenbaren, die an ihrer beruflichen oder dienstlichen Tätigkeit mitwirken, soweit dies für die Inanspruchnahme der Tätigkeit der sonstigen mitwirkenden Personen erforderlich ist; das Gleiche gilt für sonstige mitwirkende Personen, wenn diese sich weiterer Personen bedienen, die an der beruflichen oder dienstlichen Tätigkeit der in den Absätzen 1 und 2 Genannten mitwirken.

(4) [1]Mit Freiheitsstrafe bis zu einem Jahr oder mit Geldstrafe wird bestraft, wer unbefugt ein fremdes Geheimnis offenbart, das ihm bei der Ausübung oder bei Gelegenheit seiner Tätigkeit als mitwirkende Person oder als bei den in den Absätzen 1 und 2 genannten Personen tätiger Datenschutzbeauftragter bekannt geworden ist. [2]Ebenso wird bestraft, wer

1. als in den Absätzen 1 und 2 genannte Person nicht dafür Sorge getragen hat, dass eine sonstige mitwirkende Person, die unbefugt ein fremdes, ihr bei der Ausübung oder bei Gelegenheit ihrer Tätigkeit bekannt gewordenes Geheimnis offenbart, zur Geheimhaltung verpflichtet wurde; dies gilt nicht für sonstige mitwirkende Personen, die selbst eine in den Absätzen 1 oder 2 genannte Person sind,
2. als im Absatz 3 genannte mitwirkende Person sich einer weiteren mitwirkenden Person, die unbefugt ein fremdes, ihr bei der Ausübung oder bei Gelegenheit ihrer Tätigkeit bekannt gewordenes Geheimnis offenbart, bedient und nicht dafür Sorge getragen hat, dass diese zur Geheimhaltung verpflichtet wurde; dies gilt nicht für sonstige mitwirkende Personen, die selbst eine in den Absätzen 1 oder 2 genannte Person sind, oder

3. nach dem Tod der nach Satz 1 oder nach den Absätzen 1 oder 2 verpflichteten Person ein fremdes Geheimnis unbefugt offenbart, das er von dem Verstorbenen erfahren oder aus dessen Nachlass erlangt hat.

(5) Die Absätze 1 bis 4 sind auch anzuwenden, wenn der Täter das fremde Geheimnis nach dem Tod des Betroffenen unbefugt offenbart.

(6) Handelt der Täter gegen Entgelt oder in der Absicht, sich oder einen anderen zu bereichern oder einen anderen zu schädigen, so ist die Strafe Freiheitsstrafe bis zu zwei Jahren oder Geldstrafe.

[...]

§ 233
Ausbeutung der Arbeitskraft

(1) Mit Freiheitsstrafe bis zu drei Jahren oder mit Geldstrafe wird bestraft, wer eine andere Person unter Ausnutzung ihrer persönlichen oder wirtschaftlichen Zwangslage oder ihrer Hilflosigkeit, die mit dem Aufenthalt in einem fremden Land verbunden ist, oder wer eine andere Person unter einundzwanzig Jahren ausbeutet

1. durch eine Beschäftigung nach § 232 Absatz 1 Satz 2,
2. bei der Ausübung der Bettelei oder
3. bei der Begehung von mit Strafe bedrohten Handlungen durch diese Person.

(2) Auf Freiheitsstrafe von sechs Monaten bis zu zehn Jahren ist zu erkennen, wenn

1. das Opfer zur Zeit der Tat unter achtzehn Jahren alt ist,
2. der Täter das Opfer bei der Tat körperlich schwer misshandelt oder durch die Tat oder eine während der Tat begangene Handlung wenigstens leichtfertig in die Gefahr des Todes oder einer schweren Gesundheitsschädigung bringt,
3. der Täter das Opfer durch das vollständige oder teilweise Vorenthalten der für die Tätigkeit des Opfers üblichen Gegenleistung in wirtschaftliche Not bringt oder eine bereits vorhandene wirtschaftliche Not erheblich vergrößert oder
4. der Täter als Mitglied einer Bande handelt, die sich zur fortgesetzten Begehung solcher Taten verbunden hat.

(3) Der Versuch ist strafbar.

(4) In minder schweren Fällen des Absatzes 1 ist auf Freiheitsstrafe bis zu zwei Jahren oder auf Geldstrafe zu erkennen, in minder schweren Fällen des Absatzes 2 auf Freiheitsstrafe von drei Monaten bis zu fünf Jahren.

(5) [1]Mit Freiheitsstrafe bis zu zwei Jahren oder mit Geldstrafe wird bestraft, wer einer Tat nach Absatz 1 Nummer 1 Vorschub leistet durch die

1. Vermittlung einer ausbeuterischen Beschäftigung (§ 232 Absatz 1 Satz 2),
2. Vermietung von Geschäftsräumen oder
3. Vermietung von Räumen zum Wohnen an die auszubeutende Person.

[2]Satz 1 gilt nicht, wenn die Tat bereits nach anderen Vorschriften mit schwererer Strafe bedroht ist.

§ 240
Nötigung

(1) Wer einen Menschen rechtswidrig mit Gewalt oder durch Drohung mit einem empfindlichen Übel zu einer Handlung, Duldung oder Unterlassung nötigt, wird mit Freiheitsstrafe bis zu drei Jahren oder mit Geldstrafe bestraft.
(2) Rechtswidrig ist die Tat, wenn die Anwendung der Gewalt oder die Androhung des Übels zu dem angestrebten Zweck als verwerflich anzusehen ist.
(3) Der Versuch ist strafbar.
(4) [1]In besonders schweren Fällen ist die Strafe Freiheitsstrafe von sechs Monaten bis zu fünf Jahren. [2]Ein besonders schwerer Fall liegt in der Regel vor, wenn der Täter
1. eine Schwangere zum Schwangerschaftsabbruch nötigt oder
2. seine Befugnisse oder seine Stellung als Amtsträger mißbraucht.

§ 241
Bedrohung

(1) Wer einen Menschen mit der Begehung einer gegen ihn oder eine ihm nahestehende Person gerichteten rechtswidrigen Tat gegen die sexuelle Selbstbestimmung, die körperliche Unversehrtheit, die persönliche Freiheit oder gegen eine Sache von bedeutendem Wert bedroht, wird mit Freiheitsstrafe bis zu einem Jahr oder mit Geldstrafe bestraft.
(2) Wer einen Menschen mit der Begehung eines gegen ihn oder eine ihm nahestehende Person gerichteten Verbrechens bedroht, wird mit Freiheitsstrafe bis zu zwei Jahren oder mit Geldstrafe bestraft.
(3) Ebenso wird bestraft, wer wider besseres Wissen einem Menschen vortäuscht, daß die Verwirklichung eines gegen ihn oder eine ihm nahestehende Person gerichteten Verbrechens bevorstehe.
(4) Wird die Tat öffentlich, in einer Versammlung oder durch Verbreiten eines Inhalts (§ 11 Absatz 3) begangen, ist in den Fällen des Absatzes 1 auf Freiheitsstrafe bis zu zwei Jahren oder auf Geldstrafe und in den Fällen der Absätze 2 und 3 auf Freiheitsstrafe bis zu drei Jahren oder auf Geldstrafe zu erkennen.
(5) Die für die angedrohte Tat geltenden Vorschriften über den Strafantrag sind entsprechend anzuwenden.
[...]

§ 258
Strafvereitelung

(1) Wer absichtlich oder wissentlich ganz oder zum Teil vereitelt, daß ein anderer dem Strafgesetz gemäß wegen einer rechtswidrigen Tat bestraft oder einer Maßnahme (§ 11 Abs. 1 Nr. 8) unterworfen wird, wird mit Freiheitsstrafe bis zu fünf Jahren oder mit Geldstrafe bestraft.

(2) Ebenso wird bestraft, wer absichtlich oder wissentlich die Vollstreckung einer gegen einen anderen verhängten Strafe oder Maßnahme ganz oder zum Teil vereitelt.
(3) Die Strafe darf nicht schwerer sein als die für die Vortat angedrohte Strafe.
(4) Der Versuch ist strafbar.
(5) Wegen Strafvereitelung wird nicht bestraft, wer durch die Tat zugleich ganz oder zum Teil vereiteln will, daß er selbst bestraft oder einer Maßnahme unterworfen wird oder daß eine gegen ihn verhängte Strafe oder Maßnahme vollstreckt wird.
(6) Wer die Tat zugunsten eines Angehörigen begeht, ist straffrei.

§ 258a
Strafvereitelung im Amt

(1) Ist in den Fällen des § 258 Abs. 1 der Täter als Amtsträger zur Mitwirkung bei dem Strafverfahren oder dem Verfahren zur Anordnung der Maßnahme (§ 11 Abs. 1 Nr. 8) oder ist er in den Fällen des § 258 Abs. 2 als Amtsträger zur Mitwirkung bei der Vollstreckung der Strafe oder Maßnahme berufen, so ist die Strafe Freiheitsstrafe von sechs Monaten bis zu fünf Jahren, in minder schweren Fällen Freiheitsstrafe bis zu drei Jahren oder Geldstrafe.
(2) Der Versuch ist strafbar.
(3) § 258 Abs. 3 und 6 ist nicht anzuwenden.
[...]

§ 261
Geldwäsche

(1) [1]Wer einen Gegenstand, der aus einer rechtswidrigen Tat herrührt,
1. verbirgt,
2. in der Absicht, dessen Auffinden, dessen Einziehung oder die Ermittlung von dessen Herkunft zu vereiteln, umtauscht, überträgt oder verbringt,
3. sich oder einem Dritten verschafft oder
4. verwahrt oder für sich oder einen Dritten verwendet, wenn er dessen Herkunft zu dem Zeitpunkt gekannt hat, zu dem er ihn erlangt hat,

wird mit Freiheitsstrafe bis zu fünf Jahren oder mit Geldstrafe bestraft. [2]In den Fällen des Satzes 1 Nummer 3 und 4 gilt dies nicht in Bezug auf einen Gegenstand, den ein Dritter zuvor erlangt hat, ohne hierdurch eine rechtswidrige Tat zu begehen. [3]Wer als Strafverteidiger ein Honorar für seine Tätigkeit annimmt, handelt in den Fällen des Satzes 1 Nummer 3 und 4 nur dann vorsätzlich, wenn er zu dem Zeitpunkt der Annahme des Honorars sichere Kenntnis von dessen Herkunft hatte.
(2) Ebenso wird bestraft, wer Tatsachen, die für das Auffinden, die Einziehung oder die Ermittlung der Herkunft eines Gegenstands nach Absatz 1 von Bedeutung sein können, verheimlicht oder verschleiert.
(3) Der Versuch ist strafbar.

(4) Wer eine Tat nach Absatz 1 oder Absatz 2 als Verpflichteter nach § 2 des Geldwäschegesetzes begeht, wird mit Freiheitsstrafe von drei Monaten bis zu fünf Jahren bestraft.

(5) [1]In besonders schweren Fällen ist die Strafe Freiheitsstrafe von sechs Monaten bis zu zehn Jahren. [2]Ein besonders schwerer Fall liegt in der Regel vor, wenn der Täter gewerbsmäßig handelt oder als Mitglied einer Bande, die sich zur fortgesetzten Begehung von Geldwäsche verbunden hat.

(6) [1]Wer in den Fällen des Absatzes 1 oder 2 leichtfertig nicht erkennt, dass es sich um einen Gegenstand nach Absatz 1 handelt, wird mit Freiheitsstrafe bis zu zwei Jahren oder mit Geldstrafe bestraft. [2]Satz 1 gilt in den Fällen des Absatzes 1 Satz 1 Nummer 3 und 4 nicht für einen Strafverteidiger, der ein Honorar für seine Tätigkeit annimmt.

(7) Wer wegen Beteiligung an der Vortat strafbar ist, wird nach den Absätzen 1 bis 6 nur dann bestraft, wenn er den Gegenstand in den Verkehr bringt und dabei dessen rechtswidrige Herkunft verschleiert.

(8) Nach den Absätzen 1 bis 6 wird nicht bestraft,

1. wer die Tat freiwillig bei der zuständigen Behörde anzeigt oder freiwillig eine solche Anzeige veranlasst, wenn nicht die Tat zu diesem Zeitpunkt bereits ganz oder zum Teil entdeckt war und der Täter dies wusste oder bei verständiger Würdigung der Sachlage damit rechnen musste, und
2. in den Fällen des Absatzes 1 oder des Absatzes 2 unter den in Nummer 1 genannten Voraussetzungen die Sicherstellung des Gegenstandes bewirkt.

(9) Einem Gegenstand im Sinne des Absatzes 1 stehen Gegenstände, die aus einer im Ausland begangenen Tat herrühren, gleich, wenn die Tat nach deutschem Strafrecht eine rechtswidrige Tat wäre und

1. am Tatort mit Strafe bedroht ist oder
2. nach einer der folgenden Vorschriften und Übereinkommen der Europäischen Union mit Strafe zu bedrohen ist:
   a) Artikel 2 oder Artikel 3 des Übereinkommens vom 26. Mai 1997 aufgrund von Artikel K.3 Absatz 2 Buchstabe c des Vertrags über die Europäische Union über die Bekämpfung der Bestechung, an der Beamte der Europäischen Gemeinschaften oder der Mitgliedstaaten der Europäischen Union beteiligt sind (BGBl. 2002 II S. 2727, 2729),
   b) Artikel 1 des Rahmenbeschlusses 2002/946/JI des Rates vom 28. November 2002 betreffend die Verstärkung des strafrechtlichen Rahmens für die Bekämpfung der Beihilfe zur unerlaubten Ein- und Durchreise und zum unerlaubten Aufenthalt (ABl. L 328 vom 5.12.2002, S. 1),
   c) Artikel 2 oder Artikel 3 des Rahmenbeschlusses 2003/568/JI des Rates vom 22. Juli 2003 zur Bekämpfung der Bestechung im privaten Sektor (ABl. L 192 vom 31.7.2003, S. 54),
   d) Artikel 2 oder Artikel 3 des Rahmenbeschlusses 2004/757/JI des Rates vom 25. Oktober 2004 zur Festlegung von Mindestvorschriften über die Tatbestandsmerkmale strafbarer Handlungen und die Strafen im Bereich

des illegalen Drogenhandels (ABl. L 335 vom 11.11.2004, S. 8), der zuletzt durch die Delegierte Richtlinie (EU) 2019/369 (ABl. L 66 vom 7.3.2019, S. 3) geändert worden ist,

e) Artikel 2 Buchstabe a des Rahmenbeschlusses 2008/841/JI des Rates vom 24. Oktober 2008 zur Bekämpfung der organisierten Kriminalität (ABl. L 300 vom 11.11.2008, S. 42),

f) Artikel 2 oder Artikel 3 der Richtlinie 2011/36/EU des Europäischen Parlaments und des Rates vom 5. April 2011 zur Verhütung und Bekämpfung des Menschenhandels und zum Schutz seiner Opfer sowie zur Ersetzung des Rahmenbeschlusses 2002/629/JI des Rates (ABl. L 101 vom 15.4.2011, S. 1),

g) den Artikeln 3 bis 8 der Richtlinie 2011/93/EU des Europäischen Parlaments und des Rates vom 13. Dezember 2011 zur Bekämpfung des sexuellen Missbrauchs und der sexuellen Ausbeutung von Kindern sowie der Kinderpornografie sowie zur Ersetzung des Rahmenbeschlusses 2004/68/JI des Rates (ABl. L 335 vom 17.12.2011, S. 1; L 18 vom 21.1.2012, S. 7) oder

h) den Artikeln 4 bis 9 Absatz 1 und 2 Buchstabe b oder den Artikeln 10 bis 14 der Richtlinie (EU) 2017/541 des Europäischen Parlaments und des Rates vom 15. März 2017 zur Terrorismusbekämpfung und zur Ersetzung des Rahmenbeschlusses 2002/475/JI des Rates und zur Änderung des Beschlusses 2005/671/JI des Rates (ABl. L 88 vom 31.3.2017, S. 6).

(10) [1]Gegenstände, auf die sich die Straftat bezieht, können eingezogen werden. [2]§ 74a ist anzuwenden. [3]Die §§ 73 bis 73e bleiben unberührt und gehen einer Einziehung nach § 74 Absatz 2, auch in Verbindung mit den §§ 74a und 74c, vor.

[...]

§ 315d
Verbotene Kraftfahrzeugrennen

(1) Wer im Straßenverkehr

1. ein nicht erlaubtes Kraftfahrzeugrennen ausrichtet oder durchführt,
2. als Kraftfahrzeugführer an einem nicht erlaubten Kraftfahrzeugrennen teilnimmt oder
3. sich als Kraftfahrzeugführer mit nicht angepasster Geschwindigkeit und grob verkehrswidrig und rücksichtslos fortbewegt, um eine höchstmögliche Geschwindigkeit zu erreichen,

wird mit Freiheitsstrafe bis zu zwei Jahren oder mit Geldstrafe bestraft.

(2) Wer in den Fällen des Absatzes 1 Nummer 2 oder 3 Leib oder Leben eines anderen Menschen oder fremde Sachen von bedeutendem Wert gefährdet, wird mit Freiheitsstrafe bis zu fünf Jahren oder mit Geldstrafe bestraft.

(3) Der Versuch ist in den Fällen des Absatzes 1 Nummer 1 strafbar.

(4) Wer in den Fällen des Absatzes 2 die Gefahr fahrlässig verursacht, wird mit Freiheitsstrafe bis zu drei Jahren oder mit Geldstrafe bestraft.
(5) Verursacht der Täter in den Fällen des Absatzes 2 durch die Tat den Tod oder eine schwere Gesundheitsschädigung eines anderen Menschen oder eine Gesundheitsschädigung einer großen Zahl von Menschen, so ist die Strafe Freiheitsstrafe von einem Jahr bis zu zehn Jahren, in minder schweren Fällen Freiheitsstrafe von sechs Monaten bis zu fünf Jahren.
[...]

§ 315f
Einziehung

[1]Kraftfahrzeuge, auf die sich eine Tat nach § 315d Absatz 1 Nummer 2 oder Nummer 3, Absatz 2, 4 oder 5 bezieht, können eingezogen werden. [2]§ 74a ist anzuwenden.
[...]

§ 323c
Unterlassene Hilfeleistung; Behinderung von hilfeleistenden Personen

(1) Wer bei Unglücksfällen oder gemeiner Gefahr oder Not nicht Hilfe leistet, obwohl dies erforderlich und ihm den Umständen nach zuzumuten, insbesondere ohne erhebliche eigene Gefahr und ohne Verletzung anderer wichtiger Pflichten möglich ist, wird mit Freiheitsstrafe bis zu einem Jahr oder mit Geldstrafe bestraft.
(2) Ebenso wird bestraft, wer in diesen Situationen eine Person behindert, die einem Dritten Hilfe leistet oder leisten will.
[...]

§ 331
Vorteilsannahme

(1) Ein Amtsträger, ein Europäischer Amtsträger oder ein für den öffentlichen Dienst besonders Verpflichteter, der für die Dienstausübung einen Vorteil für sich oder einen Dritten fordert, sich versprechen läßt oder annimmt, wird mit Freiheitsstrafe bis zu drei Jahren oder mit Geldstrafe bestraft.
(2) [1]Ein Richter, Mitglied eines Gerichts der Europäischen Union oder Schiedsrichter, der einen Vorteil für sich oder einen Dritten als Gegenleistung dafür fordert, sich versprechen läßt oder annimmt, daß er eine richterliche Handlung vorgenommen hat oder künftig vornehme, wird mit Freiheitsstrafe bis zu fünf Jahren oder mit Geldstrafe bestraft. [2]Der Versuch ist strafbar.
(3) Die Tat ist nicht nach Absatz 1 strafbar, wenn der Täter einen nicht von ihm geforderten Vorteil sich versprechen läßt oder annimmt und die zuständige Behörde im Rahmen ihrer Befugnisse entweder die Annahme vorher geneh-

migt hat oder der Täter unverzüglich bei ihr Anzeige erstattet und sie die Annahme genehmigt.

§ 332
Bestechlichkeit

(1) [1]Ein Amtsträger, ein Europäischer Amtsträger oder ein für den öffentlichen Dienst besonders Verpflichteter, der einen Vorteil für sich oder einen Dritten als Gegenleistung dafür fordert, sich versprechen läßt oder annimmt, daß er eine Diensthandlung vorgenommen hat oder künftig vornehme und dadurch seine Dienstpflichten verletzt hat oder verletzen würde, wird mit Freiheitsstrafe von sechs Monaten bis zu fünf Jahren bestraft. [2]In minder schweren Fällen ist die Strafe Freiheitsstrafe bis zu drei Jahren oder Geldstrafe. [3]Der Versuch ist strafbar.
(2) [1]Ein Richter, Mitglied eines Gerichts der Europäischen Union oder Schiedsrichter, der einen Vorteil für sich oder einen Dritten als Gegenleistung dafür fordert, sich versprechen läßt oder annimmt, daß er eine richterliche Handlung vorgenommen hat oder künftig vornehme und dadurch seine richterlichen Pflichten verletzt hat oder verletzen würde, wird mit Freiheitsstrafe von einem Jahr bis zu zehn Jahren bestraft. [2]In minder schweren Fällen ist die Strafe Freiheitsstrafe von sechs Monaten bis zu fünf Jahren.
(3) Falls der Täter den Vorteil als Gegenleistung für eine künftige Handlung fordert, sich versprechen läßt oder annimmt, so sind die Absätze 1 und 2 schon dann anzuwenden, wenn er sich dem anderen gegenüber bereit gezeigt hat,
1. bei der Handlung seine Pflichten zu verletzen oder,
2. soweit die Handlung in seinem Ermessen steht, sich bei Ausübung des Ermessens durch den Vorteil beeinflussen zu lassen.

§ 333
Vorteilsgewährung

(1) Wer einem Amtsträger, einem Europäischen Amtsträger, einem für den öffentlichen Dienst besonders Verpflichteten oder einem Soldaten der Bundeswehr für die Dienstausübung einen Vorteil für diesen oder einen Dritten anbietet, verspricht oder gewährt, wird mit Freiheitsstrafe bis zu drei Jahren oder mit Geldstrafe bestraft.
(2) Wer einem Richter, Mitglied eines Gerichts der Europäischen Union oder Schiedsrichter einen Vorteil für diesen oder einen Dritten als Gegenleistung dafür anbietet, verspricht oder gewährt, daß er eine richterliche Handlung vorgenommen hat oder künftig vornehme, wird mit Freiheitsstrafe bis zu fünf Jahren oder mit Geldstrafe bestraft.
(3) Die Tat ist nicht nach Absatz 1 strafbar, wenn die zuständige Behörde im Rahmen ihrer Befugnisse entweder die Annahme des Vorteils durch den Empfänger vorher genehmigt hat oder sie auf unverzügliche Anzeige des Empfängers genehmigt.

§ 334
Bestechung

(1) [1]Wer einem Amtsträger, einem Europäischen Amtsträger, einem für den öffentlichen Dienst besonders Verpflichteten oder einem Soldaten der Bundeswehr einen Vorteil für diesen oder einen Dritten als Gegenleistung dafür anbietet, verspricht oder gewährt, daß er eine Diensthandlung vorgenommen hat oder künftig vornehme und dadurch seine Dienstpflichten verletzt hat oder verletzen würde, wird mit Freiheitsstrafe von drei Monaten bis zu fünf Jahren bestraft. [2]In minder schweren Fällen ist die Strafe Freiheitsstrafe bis zu zwei Jahren oder Geldstrafe.

(2) [1]Wer einem Richter, Mitglied eines Gerichts der Europäischen Union oder Schiedsrichter einen Vorteil für diesen oder einen Dritten als Gegenleistung dafür anbietet, verspricht oder gewährt, daß er eine richterliche Handlung

1. vorgenommen und dadurch seine richterlichen Pflichten verletzt hat oder
2. künftig vornehme und dadurch seine richterlichen Pflichten verletzen würde,

wird in den Fällen der Nummer 1 mit Freiheitsstrafe von drei Monaten bis zu fünf Jahren, in den Fällen der Nummer 2 mit Freiheitsstrafe von sechs Monaten bis zu fünf Jahren bestraft. [2]Der Versuch ist strafbar.

(3) Falls der Täter den Vorteil als Gegenleistung für eine künftige Handlung anbietet, verspricht oder gewährt, so sind die Absätze 1 und 2 schon dann anzuwenden, wenn er den anderen zu bestimmen versucht, daß dieser

1. bei der Handlung seine Pflichten verletzt oder,
2. soweit die Handlung in seinem Ermessen steht, sich bei der Ausübung des Ermessens durch den Vorteil beeinflussen läßt.

§ 335
Besonders schwere Fälle der Bestechlichkeit und Bestechung

(1) In besonders schweren Fällen wird

1. eine Tat nach
   a) § 332 Abs. 1 Satz 1, auch in Verbindung mit Abs. 3, und
   b) § 334 Abs. 1 Satz 1 und Abs. 2, jeweils auch in Verbindung mit Abs. 3,
   mit Freiheitsstrafe von einem Jahr bis zu zehn Jahren und
2. eine Tat nach § 332 Abs. 2, auch in Verbindung mit Abs. 3, mit Freiheitsstrafe nicht unter zwei Jahren

bestraft.

(2) Ein besonders schwerer Fall im Sinne des Absatzes 1 liegt in der Regel vor, wenn

1. die Tat sich auf einen Vorteil großen Ausmaßes bezieht,
2. der Täter fortgesetzt Vorteile annimmt, die er als Gegenleistung dafür gefordert hat, daß er eine Diensthandlung künftig vornehme, oder
3. der Täter gewerbsmäßig oder als Mitglied einer Bande handelt, die sich zur fortgesetzten Begehung solcher Taten verbunden hat.

[...]

§ 336
Unterlassen der Diensthandlung

Der Vornahme einer Diensthandlung oder einer richterlichen Handlung im Sinne der §§ 331 bis 335a steht das Unterlassen der Handlung gleich.

[...]

§ 340
Körperverletzung im Amt

(1) [1]Ein Amtsträger, der während der Ausübung seines Dienstes oder in Beziehung auf seinen Dienst eine Körperverletzung begeht oder begehen läßt, wird mit Freiheitsstrafe von drei Monaten bis zu fünf Jahren bestraft. [2]In minder schweren Fällen ist die Strafe Freiheitsstrafe bis zu fünf Jahren oder Geldstrafe.

(2) Der Versuch ist strafbar.

(3) Die §§ 224 bis 229 gelten für Straftaten nach Absatz 1 Satz 1 entsprechend.

[...]

§ 343
Aussageerpressung

(1) Wer als Amtsträger, der zur Mitwirkung an

1. einem Strafverfahren, einem Verfahren zur Anordnung einer behördlichen Verwahrung,
2. einem Bußgeldverfahren oder
3. einem Disziplinarverfahren oder einem ehrengerichtlichen oder berufsgerichtlichen Verfahren

berufen ist, einen anderen körperlich mißhandelt, gegen ihn sonst Gewalt anwendet, ihm Gewalt androht oder ihn seelisch quält, um ihn zu nötigen, in dem Verfahren etwas auszusagen oder zu erklären oder dies zu unterlassen, wird mit Freiheitsstrafe von einem Jahr bis zu zehn Jahren bestraft.

(2) In minder schweren Fällen ist die Strafe Freiheitsstrafe von sechs Monaten bis zu fünf Jahren.

§ 344
Verfolgung Unschuldiger

(1) [1]Wer als Amtsträger, der zur Mitwirkung an einem Strafverfahren, abgesehen von dem Verfahren zur Anordnung einer nicht freiheitsentziehenden Maßnahme (§ 11 Abs. 1 Nr. 8), berufen ist, absichtlich oder wissentlich einen Unschuldigen oder jemanden, der sonst nach dem Gesetz nicht strafrechtlich verfolgt werden darf, strafrechtlich verfolgt oder auf eine solche Verfolgung hinwirkt, wird mit Freiheitsstrafe von einem Jahr bis zu zehn Jahren, in minder schweren Fällen mit Freiheitsstrafe von drei Monaten bis zu fünf Jahren bestraft. [2]Satz 1 gilt sinngemäß für einen Amtsträger, der zur Mitwirkung an einem Verfahren zur Anordnung einer behördlichen Verwahrung berufen ist.

(2) [1]Wer als Amtsträger, der zur Mitwirkung an einem Verfahren zur Anordnung einer nicht freiheitsentziehenden Maßnahme (§ 11 Abs. 1 Nr. 8) berufen ist, absichtlich oder wissentlich jemanden, der nach dem Gesetz nicht strafrechtlich verfolgt werden darf, strafrechtlich verfolgt oder auf eine solche Verfolgung hinwirkt, wird mit Freiheitsstrafe von drei Monaten bis zu fünf Jahren bestraft. [2]Satz 1 gilt sinngemäß für einen Amtsträger, der zur Mitwirkung an
1. einem Bußgeldverfahren oder
2. einem Disziplinarverfahren oder einem ehrengerichtlichen oder berufsgerichtlichen Verfahren

berufen ist. [3]Der Versuch ist strafbar.

§ 345
Vollstreckung gegen Unschuldige

(1) Wer als Amtsträger, der zur Mitwirkung bei der Vollstreckung einer Freiheitsstrafe, einer freiheitsentziehenden Maßregel der Besserung und Sicherung oder einer behördlichen Verwahrung berufen ist, eine solche Strafe, Maßregel oder Verwahrung vollstreckt, obwohl sie nach dem Gesetz nicht vollstreckt werden darf, wird mit Freiheitsstrafe von einem Jahr bis zu zehn Jahren, in minder schweren Fällen mit Freiheitsstrafe von drei Monaten bis zu fünf Jahren bestraft.
(2) Handelt der Täter leichtfertig, so ist die Strafe Freiheitsstrafe bis zu einem Jahr oder Geldstrafe.
(3) [1]Wer, abgesehen von den Fällen des Absatzes 1, als Amtsträger, der zur Mitwirkung bei der Vollstreckung einer Strafe oder einer Maßnahme (§ 11 Abs. 1 Nr. 8) berufen ist, eine Strafe oder Maßnahme vollstreckt, obwohl sie nach dem Gesetz nicht vollstreckt werden darf, wird mit Freiheitsstrafe von drei Monaten bis zu fünf Jahren bestraft. [2]Ebenso wird bestraft, wer als Amtsträger, der zur Mitwirkung bei der Vollstreckung
1. eines Jugendarrestes,
2. einer Geldbuße oder Nebenfolge nach dem Ordnungswidrigkeitenrecht,
3. eines Ordnungsgeldes oder einer Ordnungshaft oder
4. einer Disziplinarmaßnahme oder einer ehrengerichtlichen oder berufsgerichtlichen Maßnahme

berufen ist, eine solche Rechtsfolge vollstreckt, obwohl sie nach dem Gesetz nicht vollstreckt werden darf. [3]Der Versuch ist strafbar.
[...]

§ 348
Falschbeurkundung im Amt

(1) Ein Amtsträger, der, zur Aufnahme öffentlicher Urkunden befugt, innerhalb seiner Zuständigkeit eine rechtlich erhebliche Tatsache falsch beurkundet oder in öffentliche Register, Bücher oder Dateien falsch einträgt oder eingibt, wird mit Freiheitsstrafe bis zu fünf Jahren oder mit Geldstrafe bestraft.

(2) Der Versuch ist strafbar.

[...]

§ 352
Gebührenüberhebung

(1) Ein Amtsträger, Anwalt oder sonstiger Rechtsbeistand, welcher Gebühren oder andere Vergütungen für amtliche Verrichtungen zu seinem Vorteil zu erheben hat, wird, wenn er Gebühren oder Vergütungen erhebt, von denen er weiß, daß der Zahlende sie überhaupt nicht oder nur in geringerem Betrag schuldet, mit Freiheitsstrafe bis zu einem Jahr oder mit Geldstrafe bestraft.

(2) Der Versuch ist strafbar.

§ 353
Abgabenüberhebung; Leistungskürzung

(1) Ein Amtsträger, der Steuern, Gebühren oder andere Abgaben für eine öffentliche Kasse zu erheben hat, wird, wenn er Abgaben, von denen er weiß, daß der Zahlende sie überhaupt nicht oder nur in geringerem Betrag schuldet, erhebt und das rechtswidrig Erhobene ganz oder zum Teil nicht zur Kasse bringt, mit Freiheitsstrafe von drei Monaten bis zu fünf Jahren bestraft.

(2) Ebenso wird bestraft, wer als Amtsträger bei amtlichen Ausgaben an Geld oder Naturalien dem Empfänger rechtswidrig Abzüge macht und die Ausgaben als vollständig geleistet in Rechnung stellt.

[...]

§ 353d
Verbotene Mitteilungen über Gerichtsverhandlungen

Mit Freiheitsstrafe bis zu einem Jahr oder mit Geldstrafe wird bestraft, wer

1. entgegen einem gesetzlichen Verbot über eine Gerichtsverhandlung, bei der die Öffentlichkeit ausgeschlossen war, oder über den Inhalt eines die Sache betreffenden amtlichen Dokuments öffentlich eine Mitteilung macht,
2. entgegen einer vom Gericht auf Grund eines Gesetzes auferlegten Schweigepflicht Tatsachen unbefugt offenbart, die durch eine nichtöffentliche Gerichtsverhandlung oder durch ein die Sache betreffendes amtliches Dokument zu seiner Kenntnis gelangt sind, oder
3. die Anklageschrift oder andere amtliche Dokumente eines Strafverfahrens, eines Bußgeldverfahrens oder eines Disziplinarverfahrens, ganz oder in wesentlichen Teilen, im Wortlaut öffentlich mitteilt, bevor sie in öffentlicher Verhandlung erörtert worden sind oder das Verfahren abgeschlossen ist.

[...]

§ 357
Verleitung eines Untergebenen zu einer Straftat

(1) Ein Vorgesetzter, welcher seine Untergebenen zu einer rechtswidrigen Tat im Amt verleitet oder zu verleiten unternimmt oder eine solche rechtswidrige Tat seiner Untergebenen geschehen läßt, hat die für diese rechtswidrige Tat angedrohte Strafe verwirkt.
(2) Dieselbe Bestimmung findet auf einen Amtsträger Anwendung, welchem eine Aufsicht oder Kontrolle über die Dienstgeschäfte eines anderen Amtsträgers übertragen ist, sofern die von diesem letzteren Amtsträger begangene rechtswidrige Tat die zur Aufsicht oder Kontrolle gehörenden Geschäfte betrifft.

§ 358
Nebenfolgen

Neben einer Freiheitsstrafe von mindestens sechs Monaten wegen einer Straftat nach den §§ 332, 335, 339, 340, 343, 344, 345 Abs. 1 und 3, §§ 348, 352 bis 353b Abs. 1, §§ 355 und 357 kann das Gericht die Fähigkeit, öffentliche Ämter zu bekleiden (§ 45 Abs. 2), aberkennen.

Bürgerliches Gesetzbuch (BGB)

vom 2. Januar 2002 (BGBl. I S. 42, 2909; 2003 I S. 738), zuletzt geändert durch Artikel 1 des Gesetzes vom 17. Juli 2025 (BGBl. 2025 I Nr. 163)

– Auszüge –

§ 2
Eintritt der Volljährigkeit

Die Volljährigkeit tritt mit der Vollendung des 18. Lebensjahres ein.

[...]

§ 90
Begriff der Sache

Sachen im Sinne des Gesetzes sind nur körperliche Gegenstände.

§ 90a
Tiere

[1]Tiere sind keine Sachen. [2]Sie werden durch besondere Gesetze geschützt. [3]Auf sie sind die für Sachen geltenden Vorschriften entsprechend anzuwenden, soweit nicht etwas anderes bestimmt ist.

[...]

§ 229
Selbsthilfe

Wer zum Zwecke der Selbsthilfe eine Sache wegnimmt, zerstört oder beschädigt oder wer zum Zwecke der Selbsthilfe einen Verpflichteten, welcher der Flucht verdächtig ist, festnimmt oder den Widerstand des Verpflichteten gegen eine Handlung, die dieser zu dulden verpflichtet ist, beseitigt, handelt nicht widerrechtlich, wenn obrigkeitliche Hilfe nicht rechtzeitig zu erlangen ist und ohne sofortiges Eingreifen die Gefahr besteht, dass die Verwirklichung des Anspruchs vereitelt oder wesentlich erschwert werde.

§ 230
Grenzen der Selbsthilfe

(1) Die Selbsthilfe darf nicht weiter gehen, als zur Abwendung der Gefahr erforderlich ist.

(2) Im Falle der Wegnahme von Sachen ist, sofern nicht Zwangsvollstreckung erwirkt wird, der dingliche Arrest zu beantragen.

(3) Im Falle der Festnahme des Verpflichteten ist, sofern er nicht wieder in Freiheit gesetzt wird, der persönliche Sicherheitsarrest bei dem Amtsgericht zu

beantragen, in dessen Bezirk die Festnahme erfolgt ist; der Verpflichtete ist unverzüglich dem Gericht vorzuführen.
(4) Wird der Arrestantrag verzögert oder abgelehnt, so hat die Rückgabe der weggenommenen Sachen und die Freilassung des Festgenommenen unverzüglich zu erfolgen.

§ 231
Irrtümliche Selbsthilfe

Wer eine der im § 229 bezeichneten Handlungen in der irrigen Annahme vornimmt, dass die für den Ausschluss der Widerrechtlichkeit erforderlichen Voraussetzungen vorhanden seien, ist dem anderen Teil zum Schadensersatz verpflichtet, auch wenn der Irrtum nicht auf Fahrlässigkeit beruht.
[...]

§ 249
Art und Umfang des Schadensersatzes

(1) Wer zum Schadensersatz verpflichtet ist, hat den Zustand herzustellen, der bestehen würde, wenn der zum Ersatz verpflichtende Umstand nicht eingetreten wäre.
(2) Ist wegen Verletzung einer Person oder wegen Beschädigung einer Sache Schadensersatz zu leisten, so kann der Gläubiger statt der Herstellung den dazu erforderlichen Geldbetrag verlangen. Bei der Beschädigung einer Sache schließt der nach Satz 1 erforderliche Geldbetrag die Umsatzsteuer nur mit ein, wenn und soweit sie tatsächlich angefallen ist.
[...]

§ 823
Schadensersatzpflicht

(1) Wer vorsätzlich oder fahrlässig das Leben, den Körper, die Gesundheit, die Freiheit, das Eigentum oder ein sonstiges Recht eines anderen widerrechtlich verletzt, ist dem anderen zum Ersatz des daraus entstehenden Schadens verpflichtet.
(2) Die gleiche Verpflichtung trifft denjenigen, welcher gegen ein den Schutz eines anderen bezweckendes Gesetz verstößt. Ist nach dem Inhalt des Gesetzes ein Verstoß gegen dieses auch ohne Verschulden möglich, so tritt die Ersatzpflicht nur im Falle des Verschuldens ein.
[...]

§ 828
Minderjährige

(1) Wer nicht das siebente Lebensjahr vollendet hat, ist für einen Schaden, den er einem anderen zufügt, nicht verantwortlich.

(2) Wer das siebente, aber nicht das zehnte Lebensjahr vollendet hat, ist für den Schaden, den er bei einem Unfall mit einem Kraftfahrzeug, einer Schienenbahn oder einer Schwebebahn einem anderen zufügt, nicht verantwortlich. Dies gilt nicht, wenn er die Verletzung vorsätzlich herbeigeführt hat.
(3) Wer das 18. Lebensjahr noch nicht vollendet hat, ist, sofern seine Verantwortlichkeit nicht nach Absatz 1 oder 2 ausgeschlossen ist, für den Schaden, den er einem anderen zufügt, nicht verantwortlich, wenn er bei der Begehung der schädigenden Handlung nicht die zur Erkenntnis der Verantwortlichkeit erforderliche Einsicht hat.
[...]

§ 839
Haftung bei Amtspflichtverletzung

(1) [1]Verletzt ein Beamter vorsätzlich oder fahrlässig die ihm einem Dritten gegenüber obliegende Amtspflicht, so hat er dem Dritten den daraus entstehenden Schaden zu ersetzen. [2]Fällt dem Beamten nur Fahrlässigkeit zur Last, so kann er nur dann in Anspruch genommen werden, wenn der Verletzte nicht auf andere Weise Ersatz zu erlangen vermag.
(2) [1]Verletzt ein Beamter bei dem Urteil in einer Rechtssache seine Amtspflicht, so ist er für den daraus entstehenden Schaden nur dann verantwortlich, wenn die Pflichtverletzung in einer Straftat besteht. [2]Auf eine pflichtwidrige Verweigerung oder Verzögerung der Ausübung des Amts findet diese Vorschrift keine Anwendung.
(3) Die Ersatzpflicht tritt nicht ein, wenn der Verletzte vorsätzlich oder fahrlässig unterlassen hat, den Schaden durch Gebrauch eines Rechtsmittels abzuwenden.
[...]

§ 854
Erwerb des Besitzes

(1) Der Besitz einer Sache wird durch die Erlangung der tatsächlichen Gewalt über die Sache erworben.
(2) Die Einigung des bisherigen Besitzers und des Erwerbers genügt zum Erwerb, wenn der Erwerber in der Lage ist, die Gewalt über die Sache auszuüben.

§ 855
Besitzdiener

Übt jemand die tatsächliche Gewalt über eine Sache für einen anderen in dessen Haushalt oder Erwerbsgeschäft oder in einem ähnlichen Verhältnis aus, vermöge dessen er den sich auf die Sache beziehenden Weisungen des anderen Folge zu leisten hat, so ist nur der andere Besitzer.

§ 856
Beendigung des Besitzes

(1) Der Besitz wird dadurch beendigt, dass der Besitzer die tatsächliche Gewalt über die Sache aufgibt oder in anderer Weise verliert.
(2) Durch eine ihrer Natur nach vorübergehende Verhinderung in der Ausübung der Gewalt wird der Besitz nicht beendigt.

§ 857
Vererblichkeit

Der Besitz geht auf den Erben über.

§ 858
Verbotene Eigenmacht

(1) Wer dem Besitzer ohne dessen Willen den Besitz entzieht oder ihn im Besitz stört, handelt, sofern nicht das Gesetz die Entziehung oder die Störung gestattet, widerrechtlich (verbotene Eigenmacht).
(2) [1]Der durch verbotene Eigenmacht erlangte Besitz ist fehlerhaft. [2]Die Fehlerhaftigkeit muss der Nachfolger im Besitz gegen sich gelten lassen, wenn er Erbe des Besitzers ist oder die Fehlerhaftigkeit des Besitzes seines Vorgängers bei dem Erwerb kennt.

§ 859
Selbsthilfe des Besitzers

(1) Der Besitzer darf sich verbotener Eigenmacht mit Gewalt erwehren.
(2) Wird eine bewegliche Sache dem Besitzer mittels verbotener Eigenmacht weggenommen, so darf er sie dem auf frischer Tat betroffenen oder verfolgten Täter mit Gewalt wieder abnehmen.
(3) Wird dem Besitzer eines Grundstücks der Besitz durch verbotene Eigenmacht entzogen, so darf er sofort nach der Entziehung sich des Besitzes durch Entsetzung des Täters wieder bemächtigen.
(4) Die gleichen Rechte stehen dem Besitzer gegen denjenigen zu, welcher nach § 858 Abs. 2 die Fehlerhaftigkeit des Besitzes gegen sich gelten lassen muss.
[...]

§ 866
Mitbesitz

Besitzen mehrere eine Sache gemeinschaftlich, so findet in ihrem Verhältnis zueinander ein Besitzschutz insoweit nicht statt, als es sich um die Grenzen des den einzelnen zustehenden Gebrauchs handelt.
[...]

§ 868
Mittelbarer Besitz

Besitzt jemand eine Sache als Nießbraucher, Pfandgläubiger, Pächter, Mieter, Verwahrer oder in einem ähnlichen Verhältnis, vermöge dessen er einem anderen gegenüber auf Zeit zum Besitz berechtigt oder verpflichtet ist, so ist auch der andere Besitzer (mittelbarer Besitz).

§ 869
Ansprüche des mittelbaren Besitzers

[1]Wird gegen den Besitzer verbotene Eigenmacht verübt, so stehen die in den §§ 861, 862 bestimmten Ansprüche auch dem mittelbaren Besitzer zu. [2]Im Falle der Entziehung des Besitzes ist der mittelbare Besitzer berechtigt, die Wiedereinräumung des Besitzes an den bisherigen Besitzer zu verlangen; kann oder will dieser den Besitz nicht wieder übernehmen, so kann der mittelbare Besitzer verlangen, dass ihm selbst der Besitz eingeräumt wird. [3]Unter der gleichen Voraussetzung kann er im Falle des § 867 verlangen, dass ihm die Aufsuchung und Wegschaffung der Sache gestattet wird.
[...]

§ 903
Befugnisse des Eigentümers

[1]Der Eigentümer einer Sache kann, soweit nicht das Gesetz oder Rechte Dritter entgegenstehen, mit der Sache nach Belieben verfahren und andere von jeder Einwirkung ausschließen. [2]Der Eigentümer eines Tieres hat bei der Ausübung seiner Befugnisse die besonderen Vorschriften zum Schutz der Tiere zu beachten.

§ 904
Notstand

[1]Der Eigentümer einer Sache ist nicht berechtigt, die Einwirkung eines anderen auf die Sache zu verbieten, wenn die Einwirkung zur Abwendung einer gegenwärtigen Gefahr notwendig und der drohende Schaden gegenüber dem aus der Einwirkung dem Eigentümer entstehenden Schaden unverhältnismäßig groß ist. [2]Der Eigentümer kann Ersatz des ihm entstehenden Schadens verlangen.

§ 905
Begrenzung des Eigentums

[1]Das Recht des Eigentümers eines Grundstücks erstreckt sich auf den Raum über der Oberfläche und auf den Erdkörper unter der Oberfläche. [2]Der Eigentümer kann jedoch Einwirkungen nicht verbieten, die in solcher Höhe oder Tiefe vorgenommen werden, dass er an der Ausschließung kein Interesse hat.

§ 906
Zuführung unwägbarer Stoffe

(1) [1]Der Eigentümer eines Grundstücks kann die Zuführung von Gasen, Dämpfen, Gerüchen, Rauch, Ruß, Wärme, Geräusch, Erschütterungen und ähnliche von einem anderen Grundstück ausgehende Einwirkungen insoweit nicht verbieten, als die Einwirkung die Benutzung seines Grundstücks nicht oder nur unwesentlich beeinträchtigt. [2]Eine unwesentliche Beeinträchtigung liegt in der Regel vor, wenn die in Gesetzen oder Rechtsverordnungen festgelegten Grenz- oder Richtwerte von den nach diesen Vorschriften ermittelten und bewerteten Einwirkungen nicht überschritten werden. [3]Gleiches gilt für Werte in allgemeinen Verwaltungsvorschriften, die nach § 48 des Bundes-Immissionsschutzgesetzes erlassen worden sind und den Stand der Technik wiedergeben.
(2) [1]Das Gleiche gilt insoweit, als eine wesentliche Beeinträchtigung durch eine ortsübliche Benutzung des anderen Grundstücks herbeigeführt wird und nicht durch Maßnahmen verhindert werden kann, die Benutzern dieser Art wirtschaftlich zumutbar sind. [2]Hat der Eigentümer hiernach eine Einwirkung zu dulden, so kann er von dem Benutzer des anderen Grundstücks einen angemessenen Ausgleich in Geld verlangen, wenn die Einwirkung eine ortsübliche Benutzung seines Grundstücks oder dessen Ertrag über das zumutbare Maß hinaus beeinträchtigt.
(3) Die Zuführung durch eine besondere Leitung ist unzulässig.
[...]

§ 958
Eigentumserwerb an beweglichen herrenlosen Sachen

(1) Wer eine herrenlose bewegliche Sache in Eigenbesitz nimmt, erwirbt das Eigentum an der Sache.
(2) Das Eigentum wird nicht erworben, wenn die Aneignung gesetzlich verboten ist oder wenn durch die Besitzergreifung das Aneignungsrecht eines anderen verletzt wird.

§ 959
Aufgabe des Eigentums

Eine bewegliche Sache wird herrenlos, wenn der Eigentümer in der Absicht, auf das Eigentum zu verzichten, den Besitz der Sache aufgibt.
[...]

§ 979
Verwertung; Verordnungsermächtigung

(1) [1]Die Behörde oder die Verkehrsanstalt kann die an sie abgelieferte Sache öffentlich versteigern lassen. [2]Die öffentlichen Behörden und die Verkehrsanstalten des *Reichs*, der *Bundesstaaten* und der Gemeinden können die Versteigerung durch einen ihrer Beamten vornehmen lassen.

(1a) Die Versteigerung kann nach Maßgabe der nachfolgenden Vorschriften auch als allgemein zugängliche Versteigerung im Internet über eine Versteigerungsplattform erfolgen.
(1b) [1]Die Bundesregierung wird ermächtigt, durch Rechtsverordnung ohne Zustimmung des Bundesrates für ihren Bereich Versteigerungsplattformen zur Versteigerung von Fundsachen zu bestimmen; sie kann diese Ermächtigung durch Rechtsverordnung auf die fachlich zuständigen obersten Bundesbehörden übertragen. [2]Die Landesregierungen werden ermächtigt, durch Rechtsverordnung für ihren Bereich entsprechende Regelungen zu treffen; sie können die Ermächtigung auf die fachlich zuständigen obersten Landesbehörden übertragen. [3]Die Länder können Versteigerungsplattformen bestimmen, die sie länderübergreifend nutzen. [4]Sie können eine Übertragung von Abwicklungsaufgaben auf die zuständige Stelle eines anderen Landes vereinbaren.
(2) Der Erlös tritt an die Stelle der Sache.

§ 980
Öffentliche Bekanntmachung des Fundes

(1) Die Versteigerung ist erst zulässig, nachdem die Empfangsberechtigten in einer öffentlichen Bekanntmachung des Fundes zur Anmeldung ihrer Rechte unter Bestimmung einer Frist aufgefordert worden sind und die Frist verstrichen ist; sie ist unzulässig, wenn eine Anmeldung rechtzeitig erfolgt ist.
(2) Die Bekanntmachung ist nicht erforderlich, wenn der Verderb der Sache zu besorgen oder die Aufbewahrung mit unverhältnismäßigen Kosten verbunden ist.

§ 981
Empfang des Versteigerungserlöses

(1) Sind seit dem Ablauf der in der öffentlichen Bekanntmachung bestimmten Frist drei Jahre verstrichen, so fällt der Versteigerungserlös, wenn nicht ein Empfangsberechtigter sein Recht angemeldet hat, bei *Reichs*behörden und *Reichs*anstalten an den *Reichs*fiskus, bei Landesbehörden und Landesanstalten an den Fiskus des *Bundesstaats,* bei Gemeindebehörden und Gemeindeanstalten an die Gemeinde, bei Verkehrsanstalten, die von einer Privatperson betrieben werden, an diese.
(2) [1]Ist die Versteigerung ohne die öffentliche Bekanntmachung erfolgt, so beginnt die dreijährige Frist erst, nachdem die Empfangsberechtigten in einer öffentlichen Bekanntmachung des Fundes zur Anmeldung ihrer Rechte aufgefordert worden sind. [2]Das Gleiche gilt, wenn gefundenes Geld abgeliefert worden ist.
(3) Die Kosten werden von dem herauszugebenden Betrag abgezogen.

§ 982
Ausführungsvorschriften

Die in den §§ 980, 981 vorgeschriebene Bekanntmachung erfolgt bei *Reichs*behörden und *Reichs*anstalten nach den von dem *Bundesrat,* in den übrigen Fällen nach den von der Zentralbehörde des *Bundesstaats* erlassenen Vorschriften.

§ 983
Unanbringbare Sachen bei Behörden

Ist eine öffentliche Behörde im Besitz einer Sache, zu deren Herausgabe sie verpflichtet ist, ohne dass die Verpflichtung auf Vertrag beruht, so finden, wenn der Behörde der Empfangsberechtigte oder dessen Aufenthalt unbekannt ist, die Vorschriften der §§ 979 bis 982 entsprechende Anwendung.
[...]

§ 985
Herausgabeanspruch

Der Eigentümer kann von dem Besitzer die Herausgabe der Sache verlangen.

§ 986
Einwendungen des Besitzers

(1) [1]Der Besitzer kann die Herausgabe der Sache verweigern, wenn er oder der mittelbare Besitzer, von dem er sein Recht zum Besitz ableitet, dem Eigentümer gegenüber zum Besitz berechtigt ist. [2]Ist der mittelbare Besitzer dem Eigentümer gegenüber zur Überlassung des Besitzes an den Besitzer nicht befugt, so kann der Eigentümer von dem Besitzer die Herausgabe der Sache an den mittelbaren Besitzer oder, wenn dieser den Besitz nicht wieder übernehmen kann oder will, an sich selbst verlangen.
(2) Der Besitzer einer Sache, die nach § 931 durch Abtretung des Anspruchs auf Herausgabe veräußert worden ist, kann dem neuen Eigentümer die Einwendungen entgegensetzen, welche ihm gegen den abgetretenen Anspruch zustehen.
[...]

§ 1004
Beseitigungs- und Unterlassungsanspruch

(1) [1]Wird das Eigentum in anderer Weise als durch Entziehung oder Vorenthaltung des Besitzes beeinträchtigt, so kann der Eigentümer von dem Störer die Beseitigung der Beeinträchtigung verlangen. [2]Sind weitere Beeinträchtigungen zu besorgen, so kann der Eigentümer auf Unterlassung klagen.
(2) Der Anspruch ist ausgeschlossen, wenn der Eigentümer zur Duldung verpflichtet ist.
[...]

§ 1006
Eigentumsvermutung für Besitzer

(1) [1]Zugunsten des Besitzers einer beweglichen Sache wird vermutet, dass er Eigentümer der Sache sei. [2]Dies gilt jedoch nicht einem früheren Besitzer gegenüber, dem die Sache gestohlen worden, verloren gegangen oder sonst abhanden gekommen ist, es sei denn, dass es sich um Geld oder Inhaberpapiere handelt.
(2) Zugunsten eines früheren Besitzers wird vermutet, dass er während der Dauer seines Besitzes Eigentümer der Sache gewesen sei.
(3) Im Falle eines mittelbaren Besitzes gilt die Vermutung für den mittelbaren Besitzer.
[...]

§ 1626
Elterliche Sorge, Grundsätze

(1) [1]Die Eltern haben die Pflicht und das Recht, für das minderjährige Kind zu sorgen (elterliche Sorge). [2]Die elterliche Sorge umfasst die Sorge für die Person des Kindes (Personensorge) und das Vermögen des Kindes (Vermögenssorge).
(2) [1]Bei der Pflege und Erziehung berücksichtigen die Eltern die wachsende Fähigkeit und das wachsende Bedürfnis des Kindes zu selbständigem verantwortungsbewusstem Handeln. [2]Sie besprechen mit dem Kind, soweit es nach dessen Entwicklungsstand angezeigt ist, Fragen der elterlichen Sorge und streben Einvernehmen an.
(3) [1]Zum Wohl des Kindes gehört in der Regel der Umgang mit beiden Elternteilen. [2]Gleiches gilt für den Umgang mit anderen Personen, zu denen das Kind Bindungen besitzt, wenn ihre Aufrechterhaltung für seine Entwicklung förderlich ist.

§ 1626a
Elterliche Sorge nicht miteinander verheirateter Eltern; Sorgeerklärungen

(1) Sind die Eltern bei der Geburt des Kindes nicht miteinander verheiratet, so steht ihnen die elterliche Sorge gemeinsam zu,
1. wenn sie erklären, dass sie die Sorge gemeinsam übernehmen wollen (Sorgeerklärungen),
2. wenn sie einander heiraten oder
3. soweit ihnen das Familiengericht die elterliche Sorge gemeinsam überträgt.

(2) [1]Das Familiengericht überträgt gemäß Absatz 1 Nummer 3 auf Antrag eines Elternteils die elterliche Sorge oder einen Teil der elterlichen Sorge beiden Eltern gemeinsam, wenn die Übertragung dem Kindeswohl nicht widerspricht. [2]Trägt der andere Elternteil keine Gründe vor, die der Übertragung der gemeinsamen elterlichen Sorge entgegenstehen können, und sind solche Gründe auch

sonst nicht ersichtlich, wird vermutet, dass die gemeinsame elterliche Sorge dem Kindeswohl nicht widerspricht.
(3) Im Übrigen hat die Mutter die elterliche Sorge.
[...]

§ 1631
Inhalt und Grenzen der Personensorge

(1) Die Personensorge umfasst insbesondere die Pflicht und das Recht, das Kind zu pflegen, zu erziehen, zu beaufsichtigen und seinen Aufenthalt zu bestimmen.
(2) Das Kind hat ein Recht auf Pflege und Erziehung unter Ausschluss von Gewalt, körperlichen Bestrafungen, seelischen Verletzungen und anderen entwürdigenden Maßnahmen.
(3) Das Familiengericht hat die Eltern auf Antrag bei der Ausübung der Personensorge in geeigneten Fällen zu unterstützen.
[...]

Verwaltungsgerichtsordnung (VwGO)

vom 19. März 1991 (BGBl. I S. 686), zuletzt geändert durch Artikel 4 des Gesetzes vom 11. Januar 2026 (BGBl. 2026 I Nr. 9)

– Auszüge –

[...]

§ 58

(1) Die Frist für ein Rechtsmittel oder einen anderen Rechtsbehelf beginnt nur zu laufen, wenn der Beteiligte über den Rechtsbehelf, die Verwaltungsbehörde oder das Gericht, bei denen der Rechtsbehelf anzubringen ist, den Sitz und die einzuhaltende Frist schriftlich oder elektronisch belehrt worden ist.
(2) [1]Ist die Belehrung unterblieben oder unrichtig erteilt, so ist die Einlegung des Rechtsbehelfs nur innerhalb eines Jahres seit Zustellung, Eröffnung oder Verkündung zulässig, außer wenn die Einlegung vor Ablauf der Jahresfrist infolge höherer Gewalt unmöglich war oder eine schriftliche oder elektronische Belehrung dahin erfolgt ist, daß ein Rechtsbehelf nicht gegeben sei. [2]§ 60 Abs. 2 gilt für den Fall höherer Gewalt entsprechend.
[...]

§ 68

(1) [1]Vor Erhebung der Anfechtungsklage sind Rechtmäßigkeit und Zweckmäßigkeit des Verwaltungsakts in einem Vorverfahren nachzuprüfen. [2]Einer solchen Nachprüfung bedarf es nicht, wenn ein Gesetz dies bestimmt oder wenn
1. der Verwaltungsakt von einer obersten Bundesbehörde oder von einer obersten Landesbehörde erlassen worden ist, außer wenn ein Gesetz die Nachprüfung vorschreibt, oder
2. der Abhilfebescheid oder der Widerspruchsbescheid erstmalig eine Beschwer enthält.

(2) Für die Verpflichtungsklage gilt Absatz 1 entsprechend, wenn der Antrag auf Vornahme des Verwaltungsakts abgelehnt worden ist.

§ 69

Das Vorverfahren beginnt mit der Erhebung des Widerspruchs.

§ 70

(1) [1]Der Widerspruch ist innerhalb eines Monats, nachdem der Verwaltungsakt dem Beschwerten bekanntgegeben worden ist, schriftlich, in elektronischer Form nach § 3a Absatz 2 des Verwaltungsverfahrensgesetzes, schriftformersetzend nach § 3a Absatz 3 des Verwaltungsverfahrensgesetzes und § 9a Absatz 5

des Onlinezugangsgesetzes oder zur Niederschrift bei der Behörde zu erheben, die den Verwaltungsakt erlassen hat. [2]Die Frist wird auch durch Einlegung bei der Behörde, die den Widerspruchsbescheid zu erlassen hat, gewahrt.
(2) §§ 58 und 60 Abs. 1 bis 4 gelten entsprechend.

§ 71
Anhörung

Ist die Aufhebung oder Änderung eines Verwaltungsakts im Widerspruchsverfahren erstmalig mit einer Beschwer verbunden, soll der Betroffene vor Erlaß des Abhilfebescheids oder des Widerspruchsbescheids gehört werden.

§ 72

Hält die Behörde den Widerspruch für begründet, so hilft sie ihm ab und entscheidet über die Kosten.

§ 73

(1) [1]Hilft die Behörde dem Widerspruch nicht ab, so ergeht ein Widerspruchsbescheid. [2]Diesen erläßt
1. die nächsthöhere Behörde, soweit nicht durch Gesetz eine andere höhere Behörde bestimmt wird,
2. wenn die nächsthöhere Behörde eine oberste Bundes- oder oberste Landesbehörde ist, die Behörde, die den Verwaltungsakt erlassen hat,
3. in Selbstverwaltungsangelegenheiten die Selbstverwaltungsbehörde, soweit nicht durch Gesetz anderes bestimmt wird.

[3]Abweichend von Satz 2 Nr. 1 kann durch Gesetz bestimmt werden, dass die Behörde, die den Verwaltungsakt erlassen hat, auch für die Entscheidung über den Widerspruch zuständig ist.
(2) [1]Vorschriften, nach denen im Vorverfahren des Absatzes 1 Ausschüsse oder Beiräte an die Stelle einer Behörde treten, bleiben unberührt. [2]Die Ausschüsse oder Beiräte können abweichend von Absatz 1 Nr. 1 auch bei der Behörde gebildet werden, die den Verwaltungsakt erlassen hat.
(3) [1]Der Widerspruchsbescheid ist zu begründen, mit einer Rechtsmittelbelehrung zu versehen und zuzustellen. [2]Zugestellt wird von Amts wegen nach den Vorschriften des Verwaltungszustellungsgesetzes. [3]Der Widerspruchsbescheid bestimmt auch, wer die Kosten trägt.

§ 74

(1) [1]Die Anfechtungsklage muß innerhalb eines Monats nach Zustellung des Widerspruchsbescheids erhoben werden. [2]Ist nach § 68 ein Widerspruchsbescheid nicht erforderlich, so muß die Klage innerhalb eines Monats nach Bekanntgabe des Verwaltungsakts erhoben werden.

(2) Für die Verpflichtungsklage gilt Absatz 1 entsprechend, wenn der Antrag auf Vornahme des Verwaltungsakts abgelehnt worden ist.

§ 75

[1]Ist über einen Widerspruch oder über einen Antrag auf Vornahme eines Verwaltungsakts ohne zureichenden Grund in angemessener Frist sachlich nicht entschieden worden, so ist die Klage abweichend von § 68 zulässig. [2]Die Klage kann nicht vor Ablauf von drei Monaten seit der Einlegung des Widerspruchs oder seit dem Antrag auf Vornahme des Verwaltungsakts erhoben werden, außer wenn wegen besonderer Umstände des Falles eine kürzere Frist geboten ist. [3]Liegt ein zureichender Grund dafür vor, daß über den Widerspruch noch nicht entschieden oder der beantragte Verwaltungsakt noch nicht erlassen ist, so setzt das Gericht das Verfahren bis zum Ablauf einer von ihm bestimmten Frist, die verlängert werden kann, aus. [4]Wird dem Widerspruch innerhalb der vom Gericht gesetzten Frist stattgegeben oder der Verwaltungsakt innerhalb dieser Frist erlassen, so ist die Hauptsache für erledigt zu erklären.
[...]

§ 77

(1) Alle bundesrechtlichen Vorschriften in anderen Gesetzen über Einspruchs- oder Beschwerdeverfahren sind durch die Vorschriften dieses Abschnitts ersetzt.
(2) Das gleiche gilt für landesrechtliche Vorschriften über Einspruchs- oder Beschwerdeverfahren als Voraussetzung der verwaltungsgerichtlichen Klage.

§ 78

(1) Die Klage ist zu richten
1. gegen den Bund, das Land oder die Körperschaft, deren Behörde den angefochtenen Verwaltungsakt erlassen oder den beantragten Verwaltungsakt unterlassen hat; zur Bezeichnung des Beklagten genügt die Angabe der Behörde,
2. sofern das Landesrecht dies bestimmt, gegen die Behörde selbst, die den angefochtenen Verwaltungsakt erlassen oder den beantragten Verwaltungsakt unterlassen hat.

(2) Wenn ein Widerspruchsbescheid erlassen ist, der erstmalig eine Beschwer enthält (§ 68 Abs. 1 Satz 2 Nr. 2), ist Behörde im Sinne des Absatzes 1 die Widerspruchsbehörde.

§ 79

(1) Gegenstand der Anfechtungsklage ist
1. der ursprüngliche Verwaltungsakt in der Gestalt, die er durch den Widerspruchsbescheid gefunden hat,

2. der Abhilfebescheid oder Widerspruchsbescheid, wenn dieser erstmalig eine Beschwer enthält.

(2) [1]Der Widerspruchsbescheid kann auch dann alleiniger Gegenstand der Anfechtungsklage sein, wenn und soweit er gegenüber dem ursprünglichen Verwaltungsakt eine zusätzliche selbständige Beschwer enthält. [2]Als eine zusätzliche Beschwer gilt auch die Verletzung einer wesentlichen Verfahrensvorschrift, sofern der Widerspruchsbescheid auf dieser Verletzung beruht. [3]§ 78 Abs. 2 gilt entsprechend.

§ 80

(1) [1]Widerspruch und Anfechtungsklage haben aufschiebende Wirkung. [2]Das gilt auch bei rechtsgestaltenden und feststellenden Verwaltungsakten sowie bei Verwaltungsakten mit Doppelwirkung (§ 80a).

(2) [1]Die aufschiebende Wirkung entfällt nur

1. bei der Anforderung von öffentlichen Abgaben und Kosten,
2. bei unaufschiebbaren Anordnungen und Maßnahmen von Polizeivollzugsbeamten,
3. in anderen durch Bundesgesetz oder für Landesrecht durch Landesgesetz vorgeschriebenen Fällen, insbesondere für Widersprüche und Klagen Dritter gegen Verwaltungsakte, die Investitionen oder die Schaffung von Arbeitsplätzen betreffen,

3a. für Widersprüche und Klagen Dritter gegen Verwaltungsakte, die die Zulassung von Vorhaben betreffend Bundesverkehrswege und Mobilfunknetze zum Gegenstand haben und die nicht unter Nummer 3 fallen,

4. in den Fällen, in denen die sofortige Vollziehung im öffentlichen Interesse oder im überwiegenden Interesse eines Beteiligten von der Behörde, die den Verwaltungsakt erlassen oder über den Widerspruch zu entscheiden hat, besonders angeordnet wird.

[2]Die Länder können auch bestimmen, daß Rechtsbehelfe keine aufschiebende Wirkung haben, soweit sie sich gegen Maßnahmen richten, die in der Verwaltungsvollstreckung durch die Länder nach Bundesrecht getroffen werden.

(3) [1]In den Fällen des Absatzes 2 Satz 1 Nummer 4 ist das besondere Interesse an der sofortigen Vollziehung des Verwaltungsakts schriftlich zu begründen. [2]Einer besonderen Begründung bedarf es nicht, wenn die Behörde bei Gefahr im Verzug, insbesondere bei drohenden Nachteilen für Leben, Gesundheit oder Eigentum vorsorglich eine als solche bezeichnete Notstandsmaßnahme im öffentlichen Interesse trifft.

(4) [1]Die Behörde, die den Verwaltungsakt erlassen oder über den Widerspruch zu entscheiden hat, kann in den Fällen des Absatzes 2 die Vollziehung aussetzen, soweit nicht bundesgesetzlich etwas anderes bestimmt ist. [2]Bei der Anforderung von öffentlichen Abgaben und Kosten kann sie die Vollziehung auch gegen Sicherheit aussetzen. [3]Die Aussetzung soll bei öffentlichen Abgaben und

Kosten erfolgen, wenn ernstliche Zweifel an der Rechtmäßigkeit des angegriffenen Verwaltungsakts bestehen oder wenn die Vollziehung für den Abgaben- oder Kostenpflichtigen eine unbillige, nicht durch überwiegende öffentliche Interessen gebotene Härte zur Folge hätte.

(5) [1]Auf Antrag kann das Gericht der Hauptsache die aufschiebende Wirkung in den Fällen des Absatzes 2 Satz 1 Nummer 1 bis 3a ganz oder teilweise anordnen, im Falle des Absatzes 2 Satz 1 Nummer 4 ganz oder teilweise wiederherstellen. [2]Der Antrag ist schon vor Erhebung der Anfechtungsklage zulässig. [3]Ist der Verwaltungsakt im Zeitpunkt der Entscheidung schon vollzogen, so kann das Gericht die Aufhebung der Vollziehung anordnen. [4]Die Wiederherstellung der aufschiebenden Wirkung kann von der Leistung einer Sicherheit oder von anderen Auflagen abhängig gemacht werden. [5]Sie kann auch befristet werden.

(6) [1]In den Fällen des Absatzes 2 Satz 1 Nummer 1 ist der Antrag nach Absatz 5 nur zulässig, wenn die Behörde einen Antrag auf Aussetzung der Vollziehung ganz oder zum Teil abgelehnt hat. [2]Das gilt nicht, wenn

1. die Behörde über den Antrag ohne Mitteilung eines zureichenden Grundes in angemessener Frist sachlich nicht entschieden hat oder
2. eine Vollstreckung droht.

(7) [1]Das Gericht der Hauptsache kann Beschlüsse über Anträge nach Absatz 5 jederzeit ändern oder aufheben. [2]Jeder Beteiligte kann die Änderung oder Aufhebung wegen veränderter oder im ursprünglichen Verfahren ohne Verschulden nicht geltend gemachter Umstände beantragen.

(8) In dringenden Fällen kann der Vorsitzende entscheiden.

§ 80a

(1) Legt ein Dritter einen Rechtsbehelf gegen den an einen anderen gerichteten, diesen begünstigenden Verwaltungsakt ein, kann die Behörde

1. auf Antrag des Begünstigten nach § 80 Absatz 2 Satz 1 Nummer 4 die sofortige Vollziehung anordnen,
2. auf Antrag des Dritten nach § 80 Abs. 4 die Vollziehung aussetzen und einstweilige Maßnahmen zur Sicherung der Rechte des Dritten treffen.

(2) Legt ein Betroffener gegen einen an ihn gerichteten belastenden Verwaltungsakt, der einen Dritten begünstigt, einen Rechtsbehelf ein, kann die Behörde auf Antrag des Dritten nach § 80 Absatz 2 Satz 1 Nummer 4 die sofortige Vollziehung anordnen.

(3) [1]Das Gericht kann auf Antrag Maßnahmen nach den Absätzen 1 und 2 ändern oder aufheben oder solche Maßnahmen treffen. [2]§ 80 Abs. 5 bis 8 gilt entsprechend.

§ 80b

(1) [1]Die aufschiebende Wirkung des Widerspruchs und der Anfechtungsklage endet mit der Unanfechtbarkeit oder, wenn die Anfechtungsklage im ersten

Rechtszug abgewiesen worden ist, drei Monate nach Ablauf der gesetzlichen Begründungsfrist des gegen die abweisende Entscheidung gegebenen Rechtsmittels. [2]Dies gilt auch, wenn die Vollziehung durch die Behörde ausgesetzt oder die aufschiebende Wirkung durch das Gericht wiederhergestellt oder angeordnet worden ist, es sei denn, die Behörde hat die Vollziehung bis zur Unanfechtbarkeit ausgesetzt.
(2) Das Rechtsmittelgericht kann auf Antrag anordnen, daß die aufschiebende Wirkung fortdauert.
(3) § 80 Abs. 5 bis 8 und die §§ 80a und 80c gelten entsprechend.
[...]

§ 114

Soweit die Verwaltungsbehörde ermächtigt ist, nach ihrem Ermessen zu handeln, prüft das Gericht auch, ob der Verwaltungsakt oder die Ablehnung oder Unterlassung des Verwaltungsakts rechtswidrig ist, weil die gesetzlichen Grenzen des Ermessens überschritten sind oder von dem Ermessen in einer dem Zweck der Ermächtigung nicht entsprechenden Weise Gebrauch gemacht ist. Die Verwaltungsbehörde kann ihre Ermessenserwägungen hinsichtlich des Verwaltungsaktes auch noch im verwaltungsgerichtlichen Verfahren ergänzen.
[...]

§ 123

(1) [1]Auf Antrag kann das Gericht, auch schon vor Klageerhebung, eine einstweilige Anordnung in bezug auf den Streitgegenstand treffen, wenn die Gefahr besteht, daß durch eine Veränderung des bestehenden Zustands die Verwirklichung eines Rechts des Antragstellers vereitelt oder wesentlich erschwert werden könnte. [2]Einstweilige Anordnungen sind auch zur Regelung eines vorläufigen Zustands in bezug auf ein streitiges Rechtsverhältnis zulässig, wenn diese Regelung, vor allem bei dauernden Rechtsverhältnissen, um wesentliche Nachteile abzuwenden oder drohende Gewalt zu verhindern oder aus anderen Gründen nötig erscheint.
(2) [1]Für den Erlaß einstweiliger Anordnungen ist das Gericht der Hauptsache zuständig. [2]Dies ist das Gericht des ersten Rechtszugs und, wenn die Hauptsache im Berufungsverfahren anhängig ist, das Berufungsgericht. [3]§ 80 Abs. 8 ist entsprechend anzuwenden.
(3) Für den Erlaß einstweiliger Anordnungen gelten §§ 920, 921, 923, 926, 928 bis 932, 938, 939, 941 und 945 der Zivilprozeßordnung entsprechend.
(4) Das Gericht entscheidet durch Beschluß.
(5) Die Vorschriften der Absätze 1 bis 3 gelten nicht für die Fälle der §§ 80 und 80a.
[..]

Verwaltungsverfahrensgesetz (VwVfG)

vom 23. Januar 2003 (BGBl. I S. 102),
zuletzt geändert durch Artikel 2 des Gesetzes vom 15. Juli 2024
(BGBl. 2024 I Nr. 236)

– Auszüge –

[Red. Anmerkung: Bitte bzgl. des Anwendungsbereichs auch das VwVfG Bln beachten.]

[...]

§ 1
Anwendungsbereich

(1) [...]

(4) Behörde im Sinne dieses Gesetzes ist jede Stelle, die Aufgaben der öffentlichen Verwaltung wahrnimmt.

[...]

§ 3
Örtliche Zuständigkeit

(1) Örtlich zuständig ist

1. in Angelegenheiten, die sich auf unbewegliches Vermögen oder ein ortsgebundenes Recht oder Rechtsverhältnis beziehen, die Behörde, in deren Bezirk das Vermögen oder der Ort liegt;
2. in Angelegenheiten, die sich auf den Betrieb eines Unternehmens oder einer seiner Betriebsstätten, auf die Ausübung eines Berufs oder auf eine andere dauernde Tätigkeit beziehen, die Behörde, in deren Bezirk das Unternehmen oder die Betriebsstätte betrieben oder der Beruf oder die Tätigkeit ausgeübt wird oder werden soll;
3. in anderen Angelegenheiten, die
   a) eine natürliche Person betreffen, die Behörde, in deren Bezirk die natürliche Person ihren gewöhnlichen Aufenthalt hat oder zuletzt hatte,
   b) eine juristische Person oder eine Vereinigung betreffen, die Behörde, in deren Bezirk die juristische Person oder die Vereinigung ihren Sitz hat oder zuletzt hatte;
4. in Angelegenheiten, bei denen sich die Zuständigkeit nicht aus den Nummern 1 bis 3 ergibt, die Behörde, in deren Bezirk der Anlass für die Amtshandlung hervortritt.

(2) [1]Sind nach Absatz 1 mehrere Behörden zuständig, so entscheidet die Behörde, die zuerst mit der Sache befasst worden ist, es sei denn, die gemeinsame fachlich zuständige Aufsichtsbehörde bestimmt, dass eine andere örtlich zuständige Behörde zu entscheiden hat. [2]Sie kann in den Fällen, in denen eine gleiche Angelegenheit sich auf mehrere Betriebsstätten eines Betriebs oder Unternehmens bezieht, eine der nach Absatz 1 Nr. 2 zuständigen Behörden als

gemeinsame zuständige Behörde bestimmen, wenn dies unter Wahrung der Interessen der Beteiligten zur einheitlichen Entscheidung geboten ist. [3]Diese Aufsichtsbehörde entscheidet ferner über die örtliche Zuständigkeit, wenn sich mehrere Behörden für zuständig oder für unzuständig halten oder wenn die Zuständigkeit aus anderen Gründen zweifelhaft ist. [4]Fehlt eine gemeinsame Aufsichtsbehörde, so treffen die fachlich zuständigen Aufsichtsbehörden die Entscheidung gemeinsam.
(3) Ändern sich im Lauf des Verwaltungsverfahrens die die Zuständigkeit begründenden Umstände, so kann die bisher zuständige Behörde das Verwaltungsverfahren fortführen, wenn dies unter Wahrung der Interessen der Beteiligten der einfachen und zweckmäßigen Durchführung des Verfahrens dient und die nunmehr zuständige Behörde zustimmt.
(4) [1]Bei Gefahr im Verzug ist für unaufschiebbare Maßnahmen jede Behörde örtlich zuständig, in deren Bezirk der Anlass für die Amtshandlung hervortritt. [2]Die nach Absatz 1 Nr. 1 bis 3 örtlich zuständige Behörde ist unverzüglich zu unterrichten.

§ 3a
Elektronische Kommunikation

(1) Die Übermittlung elektronischer Dokumente ist zulässig, soweit der Empfänger hierfür einen Zugang eröffnet.
(2) [1]Eine durch Rechtsvorschrift angeordnete Schriftform kann, soweit nicht durch Rechtsvorschrift etwas anderes bestimmt ist, durch die elektronische Form ersetzt werden. [2]Der elektronischen Form genügt ein elektronisches Dokument, das mit einer qualifizierten elektronischen Signatur versehen ist. [3]Die Signierung mit einem Pseudonym, das die Identifizierung der Person des Signaturschlüsselinhabers nicht unmittelbar durch die Behörde ermöglicht, ist nicht zulässig.
(3) Die Schriftform kann auch ersetzt werden
1. durch unmittelbare Abgabe der Erklärung in einem elektronischen Formular, das von der Behörde in einem Eingabegerät oder über öffentlich zugängliche Netze zur Verfügung gestellt wird; bei einer Eingabe über öffentlich zugängliche Netze muss ein elektronischer Identitätsnachweis nach § 18 des Personalausweisgesetzes, nach § 12 des eID-Karte-Gesetzes oder nach § 78 Absatz 5 des Aufenthaltsgesetzes erfolgen;
2. durch Übermittlung einer von dem Erklärenden elektronisch signierten Erklärung an die Behörde
   a) aus einem besonderen elektronischen Anwaltspostfach nach den §§ 31a und 31b der Bundesrechtsanwaltsordnung oder aus einem entsprechenden, auf gesetzlicher Grundlage errichteten elektronischen Postfach;
   b) aus einem elektronischen Postfach einer Behörde oder einer juristischen Person des öffentlichen Rechts, das nach Durchführung eines Identifizierungsverfahrens nach den Regelungen der auf Grund des § 130a Ab-

satz 2 Satz 2 der Zivilprozessordnung erlassenen Rechtsverordnung eingerichtet wurde;

c) aus einem elektronischen Postfach einer natürlichen oder juristischen Person oder einer sonstigen Vereinigung, das nach Durchführung eines Identifizierungsverfahrens nach den Regelungen der auf Grund des § 130a Absatz 2 Satz 2 der Zivilprozessordnung erlassenen Rechtsverordnung eingerichtet wurde;

d) mit der Versandart nach § 5 Absatz 5 des De-Mail-Gesetzes;

3. bei elektronischen Verwaltungsakten oder sonstigen elektronischen Dokumenten der Behörde,

   a) indem diese mit dem qualifizierten elektronischen Siegel der Behörde versehen werden;

   b) durch Versendung einer De-Mail-Nachricht nach § 5 Absatz 5 des De-Mail-Gesetzes, bei der die Bestätigung des akkreditierten Diensteanbieters die erlassende Behörde als Nutzer des De-Mail-Kontos erkennen lässt.

(4) [1]Ist ein der Behörde übermitteltes elektronisches Dokument für sie zur Bearbeitung nicht geeignet, teilt sie dies dem Absender unter Angabe der für sie geltenden technischen Rahmenbedingungen unverzüglich mit. [2]Macht ein Empfänger geltend, er könne das von der Behörde übermittelte elektronische Dokument nicht bearbeiten, hat sie es ihm erneut in einem geeigneten elektronischen Format oder als Schriftstück zu übermitteln.

(5) [1]Ermöglicht die Behörde die unmittelbare Abgabe einer Erklärung in einem elektronischen Formular, das von der Behörde in einem Eingabegerät oder über öffentlich zugängliche Netze zur Verfügung gestellt wird, so hat sie dem Erklärenden vor Abgabe der Erklärung Gelegenheit zu geben, die gesamte Erklärung auf Vollständigkeit und Richtigkeit zu prüfen. [2]Nach der Abgabe ist dem Erklärenden eine Kopie der Erklärung zur Verfügung zu stellen.

[...]

§ 4
Amtshilfepflicht

(1) Jede Behörde leistet anderen Behörden auf Ersuchen ergänzende Hilfe (Amtshilfe).

(2) Amtshilfe liegt nicht vor, wenn

1. Behörden einander innerhalb eines bestehenden Weisungsverhältnisses Hilfe leisten;
2. die Hilfeleistung in Handlungen besteht, die der ersuchten Behörde als eigene Aufgabe obliegen.

§ 5
Voraussetzungen und Grenzen der Amtshilfe

(1) Eine Behörde kann um Amtshilfe insbesondere dann ersuchen, wenn sie
1. aus rechtlichen Gründen die Amtshandlung nicht selbst vornehmen kann;
2. aus tatsächlichen Gründen, besonders weil die zur Vornahme der Amtshandlung erforderlichen Dienstkräfte oder Einrichtungen fehlen, die Amtshandlung nicht selbst vornehmen kann;
3. zur Durchführung ihrer Aufgaben auf die Kenntnis von Tatsachen angewiesen ist, die ihr unbekannt sind und die sie selbst nicht ermitteln kann;
4. zur Durchführung ihrer Aufgaben Urkunden oder sonstige Beweismittel benötigt, die sich im Besitz der ersuchten Behörde befinden;
5. die Amtshandlung nur mit wesentlich größerem Aufwand vornehmen könnte als die ersuchte Behörde.

(2) [1]Die ersuchte Behörde darf Hilfe nicht leisten, wenn
1. sie hierzu aus rechtlichen Gründen nicht in der Lage ist;
2. durch die Hilfeleistung dem Wohl des Bundes oder eines Landes erhebliche Nachteile bereitet würden.

[2]Die ersuchte Behörde ist insbesondere zur Vorlage von Urkunden oder Akten sowie zur Erteilung von Auskünften nicht verpflichtet, wenn die Vorgänge nach einem Gesetz oder ihrem Wesen nach geheim gehalten werden müssen.

(3) Die ersuchte Behörde braucht Hilfe nicht zu leisten, wenn
1. eine andere Behörde die Hilfe wesentlich einfacher oder mit wesentlich geringerem Aufwand leisten kann;
2. sie die Hilfe nur mit unverhältnismäßig großem Aufwand leisten könnte;
3. sie unter Berücksichtigung der Aufgaben der ersuchenden Behörde durch die Hilfeleistung die Erfüllung ihrer eigenen Aufgaben ernstlich gefährden würde.

(4) Die ersuchte Behörde darf die Hilfe nicht deshalb verweigern, weil sie das Ersuchen aus anderen als den in Absatz 3 genannten Gründen oder weil sie die mit der Amtshilfe zu verwirklichende Maßnahme für unzweckmäßig hält.

(5) [1]Hält die ersuchte Behörde sich zur Hilfe nicht für verpflichtet, so teilt sie der ersuchenden Behörde ihre Auffassung mit. [2]Besteht diese auf der Amtshilfe, so entscheidet über die Verpflichtung zur Amtshilfe die gemeinsame fachlich zuständige Aufsichtsbehörde oder, sofern eine solche nicht besteht, die für die ersuchte Behörde fachlich zuständige Aufsichtsbehörde.

§ 6
Auswahl der Behörde

Kommen für die Amtshilfe mehrere Behörden in Betracht, so soll nach Möglichkeit eine Behörde der untersten Verwaltungsstufe des Verwaltungszweigs ersucht werden, dem die ersuchende Behörde angehört.

§ 7
Durchführung der Amtshilfe

(1) Die Zulässigkeit der Maßnahme, die durch die Amtshilfe verwirklicht werden soll, richtet sich nach dem für die ersuchende Behörde, die Durchführung der Amtshilfe nach dem für die ersuchte Behörde geltenden Recht.
(2) [1]Die ersuchende Behörde trägt gegenüber der ersuchten Behörde die Verantwortung für die Rechtmäßigkeit der zu treffenden Maßnahme. [2]Die ersuchte Behörde ist für die Durchführung der Amtshilfe verantwortlich.

§ 8
Kosten der Amtshilfe

(1) [1]Die ersuchende Behörde hat der ersuchten Behörde für die Amtshilfe keine Verwaltungsgebühr zu entrichten. [2]Auslagen hat sie der ersuchten Behörde auf Anforderung zu erstatten, wenn sie im Einzelfall 35 Euro übersteigen. [3]Leisten Behörden desselben Rechtsträgers einander Amtshilfe, so werden die Auslagen nicht erstattet.
(2) Nimmt die ersuchte Behörde zur Durchführung der Amtshilfe eine kostenpflichtige Amtshandlung vor, so stehen ihr die von einem Dritten hierfür geschuldeten Kosten (Verwaltungsgebühren, Benutzungsgebühren und Auslagen) zu.
[...]

§ 9
Begriff des Verwaltungsverfahrens

Das Verwaltungsverfahren im Sinne dieses Gesetzes ist die nach außen wirkende Tätigkeit der Behörden, die auf die Prüfung der Voraussetzungen, die Vorbereitung und den Erlass eines Verwaltungsaktes oder auf den Abschluss eines öffentlich-rechtlichen Vertrags gerichtet ist; es schließt den Erlass des Verwaltungsaktes oder den Abschluss des öffentlich-rechtlichen Vertrags ein.

§ 10
Nichtförmlichkeit des Verwaltungsverfahrens

[1]Das Verwaltungsverfahren ist an bestimmte Formen nicht gebunden, soweit keine besonderen Rechtsvorschriften für die Form des Verfahrens bestehen. [2]Es ist einfach, zweckmäßig und zügig durchzuführen.

§ 11
Beteiligungsfähigkeit

Fähig, am Verfahren beteiligt zu sein, sind
1. natürliche und juristische Personen,
2. Vereinigungen, soweit ihnen ein Recht zustehen kann,
3. Behörden.

§ 12
Handlungsfähigkeit

(1) Fähig zur Vornahme von Verfahrenshandlungen sind

1. natürliche Personen, die nach bürgerlichem Recht geschäftsfähig sind,
2. natürliche Personen, die nach bürgerlichem Recht in der Geschäftsfähigkeit beschränkt sind, soweit sie für den Gegenstand des Verfahrens durch Vorschriften des bürgerlichen Rechts als geschäftsfähig oder durch Vorschriften des öffentlichen Rechts als handlungsfähig anerkannt sind,
3. juristische Personen und Vereinigungen (§ 11 Nr. 2) durch ihre gesetzlichen Vertreter oder durch besonders Beauftragte,
4. Behörden durch ihre Leiter, deren Vertreter oder Beauftragte.

(2) Betrifft ein Einwilligungsvorbehalt nach § 1825 des Bürgerlichen Gesetzbuchs den Gegenstand des Verfahrens, so ist ein geschäftsfähiger Betreuter nur insoweit zur Vornahme von Verfahrenshandlungen fähig, als er nach den Vorschriften des bürgerlichen Rechts ohne Einwilligung des Betreuers handeln kann oder durch Vorschriften des öffentlichen Rechts als handlungsfähig anerkannt ist.

(3) Die §§ 53 und 55 der Zivilprozessordnung gelten entsprechend.

§ 13
Beteiligte

(1) Beteiligte sind

1. Antragsteller und Antragsgegner,
2. diejenigen, an die die Behörde den Verwaltungsakt richten will oder gerichtet hat,
3. diejenigen, mit denen die Behörde einen öffentlich-rechtlichen Vertrag schließen will oder geschlossen hat,
4. diejenigen, die nach Absatz 2 von der Behörde zu dem Verfahren hinzugezogen worden sind.

(2) [1]Die Behörde kann von Amts wegen oder auf Antrag diejenigen, deren rechtliche Interessen durch den Ausgang des Verfahrens berührt werden können, als Beteiligte hinzuziehen. [2]Hat der Ausgang des Verfahrens rechtsgestaltende Wirkung für einen Dritten, so ist dieser auf Antrag als Beteiligter zu dem Verfahren hinzuzuziehen; soweit er der Behörde bekannt ist, hat diese ihn von der Einleitung des Verfahrens zu benachrichtigen.

(3) Wer anzuhören ist, ohne dass die Voraussetzungen des Absatzes 1 vorliegen, wird dadurch nicht Beteiligter.

§ 14
Bevollmächtigte und Beistände

(1) [1]Ein Beteiligter kann sich durch einen Bevollmächtigten vertreten lassen. [2]Die Vollmacht ermächtigt zu allen das Verwaltungsverfahren betreffenden

Verfahrenshandlungen, sofern sich aus ihrem Inhalt nicht etwas anderes ergibt. [3]Der Bevollmächtigte hat auf Verlangen seine Vollmacht schriftlich nachzuweisen. [4]Ein Widerruf der Vollmacht wird der Behörde gegenüber erst wirksam, wenn er ihr zugeht.

(2) Die Vollmacht wird weder durch den Tod des Vollmachtgebers noch durch eine Veränderung in seiner Handlungsfähigkeit oder seiner gesetzlichen Vertretung aufgehoben; der Bevollmächtigte hat jedoch, wenn er für den Rechtsnachfolger im Verwaltungsverfahren auftritt, dessen Vollmacht auf Verlangen schriftlich beizubringen.

(3) [1]Ist für das Verfahren ein Bevollmächtigter bestellt, so soll sich die Behörde an ihn wenden. [2]Sie kann sich an den Beteiligten selbst wenden, soweit er zur Mitwirkung verpflichtet ist. [3]Wendet sich die Behörde an den Beteiligten, so soll der Bevollmächtigte verständigt werden. [4]Vorschriften über die Zustellung an Bevollmächtigte bleiben unberührt.

(4) [1]Ein Beteiligter kann zu Verhandlungen und Besprechungen mit einem Beistand erscheinen. [2]Das von dem Beistand Vorgetragene gilt als von dem Beteiligten vorgebracht, soweit dieser nicht unverzüglich widerspricht.

(5) Bevollmächtigte und Beistände sind zurückzuweisen, wenn sie entgegen § 3 des Rechtsdienstleistungsgesetzes Rechtsdienstleistungen erbringen.

(6) [1]Bevollmächtigte und Beistände können vom Vortrag zurückgewiesen werden, wenn sie hierzu ungeeignet sind; vom mündlichen Vortrag können sie nur zurückgewiesen werden, wenn sie zum sachgemäßen Vortrag nicht fähig sind. [2]Nicht zurückgewiesen werden können Personen, die nach § 67 Abs. 2 Satz 1 und 2 Nr. 3 bis 7 der Verwaltungsgerichtsordnung zur Vertretung im verwaltungsgerichtlichen Verfahren befugt sind.

(7) [1]Die Zurückweisung nach den Absätzen 5 und 6 ist auch dem Beteiligten, dessen Bevollmächtigter oder Beistand zurückgewiesen wird, mitzuteilen. [2]Verfahrenshandlungen des zurückgewiesenen Bevollmächtigten oder Beistands, die dieser nach der Zurückweisung vornimmt, sind unwirksam.

§ 15
Bestellung eines Empfangsbevollmächtigten

[1]Ein Beteiligter ohne Wohnsitz oder gewöhnlichen Aufenthalt, Sitz oder Geschäftsleitung im Inland hat der Behörde auf Verlangen innerhalb einer angemessenen Frist einen Empfangsbevollmächtigten im Inland zu benennen. [2]Unterlässt er dies, gilt ein an ihn gerichtetes Schriftstück am siebenten Tage nach der Aufgabe zur Post und ein elektronisch übermitteltes Dokument am vierten Tage nach der Absendung als zugegangen. [3]Dies gilt nicht, wenn feststeht, dass das Dokument den Empfänger nicht oder zu einem späteren Zeitpunkt erreicht hat. [4]Auf die Rechtsfolgen der Unterlassung ist der Beteiligte hinzuweisen.

§ 16
Bestellung eines Vertreters von Amts wegen

(1) Ist ein Vertreter nicht vorhanden, so hat das Betreuungsgericht, für einen minderjährigen Beteiligten das Familiengericht auf Ersuchen der Behörde einen geeigneten Vertreter zu bestellen

1. für einen Beteiligten, dessen Person unbekannt ist;
2. für einen abwesenden Beteiligten, dessen Aufenthalt unbekannt ist oder der an der Besorgung seiner Angelegenheiten verhindert ist;
3. für einen Beteiligten ohne Aufenthalt im Inland, wenn er der Aufforderung der Behörde, einen Vertreter zu bestellen, innerhalb der ihm gesetzten Frist nicht nachgekommen ist;
4. für einen Beteiligten, der infolge einer psychischen Krankheit oder körperlichen, geistigen oder seelischen Behinderung nicht in der Lage ist, in dem Verwaltungsverfahren selbst tätig zu werden;
5. bei herrenlosen Sachen, auf die sich das Verfahren bezieht, zur Wahrung der sich in Bezug auf die Sache ergebenden Rechte und Pflichten.

(2) Für die Bestellung des Vertreters ist in den Fällen des Absatzes 1 Nr. 4 das Gericht zuständig, in dessen Bezirk der Beteiligte seinen gewöhnlichen Aufenthalt hat; im Übrigen ist das Gericht zuständig, in dessen Bezirk die ersuchende Behörde ihren Sitz hat.

(3) [1]Der Vertreter hat gegen den Rechtsträger der Behörde, die um seine Bestellung ersucht hat, Anspruch auf eine angemessene Vergütung und auf die Erstattung seiner baren Auslagen. [2]Die Behörde kann von dem Vertretenen Ersatz ihrer Aufwendungen verlangen. [3]Sie bestimmt die Vergütung und stellt die Auslagen und Aufwendungen fest.

(4) Im Übrigen gelten für die Bestellung und für das Amt des Vertreters in den Fällen des Absatzes 1 Nr. 4 die Vorschriften über die Betreuung, in den übrigen Fällen die Vorschriften über die Pflegschaft entsprechend.

§ 17
Vertreter bei gleichförmigen Eingaben

(1) [1]Bei Anträgen und Eingaben, die in einem Verwaltungsverfahren von mehr als 50 Personen auf Unterschriftslisten unterzeichnet oder in Form vervielfältigter gleich lautender Texte eingereicht worden sind (gleichförmige Eingaben), gilt für das Verfahren derjenige Unterzeichner als Vertreter der übrigen Unterzeichner, der darin mit seinem Namen, seinem Beruf und seiner Anschrift als Vertreter bezeichnet ist, soweit er nicht von ihnen als Bevollmächtigter bestellt worden ist. [2]Vertreter kann nur eine natürliche Person sein.

(2) [1]Die Behörde kann gleichförmige Eingaben, die die Angaben nach Absatz 1 Satz 1 nicht deutlich sichtbar auf jeder mit einer Unterschrift versehenen Seite enthalten oder dem Erfordernis des Absatzes 1 Satz 2 nicht entsprechen, unberücksichtigt lassen. [2]Will die Behörde so verfahren, so hat sie dies durch orts-

übliche Bekanntmachung mitzuteilen. [3]Die Behörde kann ferner gleichförmige Eingaben insoweit unberücksichtigt lassen, als Unterzeichner ihren Namen oder ihre Anschrift nicht oder unleserlich angegeben haben.

(3) [1]Die Vertretungsmacht erlischt, sobald der Vertreter oder der Vertretene dies der Behörde schriftlich erklärt; der Vertreter kann eine solche Erklärung nur hinsichtlich aller Vertretenen abgeben. [2]Gibt der Vertretene eine solche Erklärung ab, so soll er der Behörde zugleich mitteilen, ob er seine Eingabe aufrechterhält und ob er einen Bevollmächtigten bestellt hat.

(4) [1]Endet die Vertretungsmacht des Vertreters, so kann die Behörde die nicht mehr Vertretenen auffordern, innerhalb einer angemessenen Frist einen gemeinsamen Vertreter zu bestellen. [2]Sind mehr als 50 Personen aufzufordern, so kann die Behörde die Aufforderung ortsüblich bekannt machen. [3]Wird der Aufforderung nicht fristgemäß entsprochen, so kann die Behörde von Amts wegen einen gemeinsamen Vertreter bestellen.

§ 18
Vertreter für Beteiligte bei gleichem Interesse

(1) [1]Sind an einem Verwaltungsverfahren mehr als 50 Personen im gleichen Interesse beteiligt, ohne vertreten zu sein, so kann die Behörde sie auffordern, innerhalb einer angemessenen Frist einen gemeinsamen Vertreter zu bestellen, wenn sonst die ordnungsmäßige Durchführung des Verwaltungsverfahrens beeinträchtigt wäre. [2]Kommen sie der Aufforderung nicht fristgemäß nach, so kann die Behörde von Amts wegen einen gemeinsamen Vertreter bestellen. [3]Vertreter kann nur eine natürliche Person sein.

(2) [1]Die Vertretungsmacht erlischt, sobald der Vertreter oder der Vertretene dies der Behörde schriftlich erklärt; der Vertreter kann eine solche Erklärung nur hinsichtlich aller Vertretenen abgeben. [2]Gibt der Vertretene eine solche Erklärung ab, so soll er der Behörde zugleich mitteilen, ob er seine Eingabe aufrechterhält und ob er einen Bevollmächtigten bestellt hat.

§ 19
Gemeinsame Vorschriften für Vertreter bei gleichförmigen Eingaben und bei gleichem Interesse

(1) [1]Der Vertreter hat die Interessen der Vertretenen sorgfältig wahrzunehmen. [2]Er kann alle das Verwaltungsverfahren betreffenden Verfahrenshandlungen vornehmen. [3]An Weisungen ist er nicht gebunden.

(2) § 14 Abs. 5 bis 7 gilt entsprechend.

(3) [1]Der von der Behörde bestellte Vertreter hat gegen deren Rechtsträger Anspruch auf angemessene Vergütung und auf Erstattung seiner baren Auslagen. [2]Die Behörde kann von den Vertretenen zu gleichen Anteilen Ersatz ihrer Aufwendungen verlangen. [3]Sie bestimmt die Vergütung und stellt die Auslagen und Aufwendungen fest.

§ 20
Ausgeschlossene Personen

(1) [1]In einem Verwaltungsverfahren darf für eine Behörde nicht tätig werden,
1. wer selbst Beteiligter ist;
2. wer Angehöriger eines Beteiligten ist;
3. wer einen Beteiligten kraft Gesetzes oder Vollmacht allgemein oder in diesem Verwaltungsverfahren vertritt;
4. wer Angehöriger einer Person ist, die einen Beteiligten in diesem Verfahren vertritt;
5. wer bei einem Beteiligten gegen Entgelt beschäftigt ist oder bei ihm als Mitglied des Vorstands, des Aufsichtsrates oder eines gleichartigen Organs tätig ist; dies gilt nicht für den, dessen Anstellungskörperschaft Beteiligte ist;
6. wer außerhalb seiner amtlichen Eigenschaft in der Angelegenheit ein Gutachten abgegeben hat oder sonst tätig geworden ist.

[2]Dem Beteiligten steht gleich, wer durch die Tätigkeit oder durch die Entscheidung einen unmittelbaren Vorteil oder Nachteil erlangen kann. [3]Dies gilt nicht, wenn der Vor- oder Nachteil nur darauf beruht, dass jemand einer Berufs- oder Bevölkerungsgruppe angehört, deren gemeinsame Interessen durch die Angelegenheit berührt werden.

(2) Absatz 1 gilt nicht für Wahlen zu einer ehrenamtlichen Tätigkeit und für die Abberufung von ehrenamtlich Tätigen.

(3) Wer nach Absatz 1 ausgeschlossen ist, darf bei Gefahr im Verzug unaufschiebbare Maßnahmen treffen.

(4) [1]Hält sich ein Mitglied eines Ausschusses (§ 88) für ausgeschlossen oder bestehen Zweifel, ob die Voraussetzungen des Absatzes 1 gegeben sind, ist dies dem Vorsitzenden des Ausschusses mitzuteilen. [2]Der Ausschuss entscheidet über den Ausschluss. [3]Der Betroffene darf an dieser Entscheidung nicht mitwirken. [4]Das ausgeschlossene Mitglied darf bei der weiteren Beratung und Beschlussfassung nicht zugegen sein.

(5) Angehörige im Sinne des Absatzes 1 Nr. 2 und 4 sind:
1. der Verlobte,
2. der Ehegatte,

2a. der Lebenspartner,

3. Verwandte und Verschwägerte gerader Linie,
4. Geschwister,
5. Kinder der Geschwister,
6. Ehegatten der Geschwister und Geschwister der Ehegatten,

6a. Lebenspartner der Geschwister und Geschwister der Lebenspartner,

7. Geschwister der Eltern,
8. Personen, die durch ein auf längere Dauer angelegtes Pflegeverhältnis mit häuslicher Gemeinschaft wie Eltern und Kind miteinander verbunden sind (Pflegeeltern und Pflegekinder).

Angehörige sind die in Satz 1 aufgeführten Personen auch dann, wenn
1. in den Fällen der Nummern 2, 3 und 6 die die Beziehung begründende Ehe nicht mehr besteht;
1a. in den Fällen der Nummern 2a, 3 und 6a die die Beziehung begründende Lebenspartnerschaft nicht mehr besteht;
2. in den Fällen der Nummern 3 bis 7 die Verwandtschaft oder Schwägerschaft durch Annahme als Kind erloschen ist;
3. im Falle der Nummer 8 die häusliche Gemeinschaft nicht mehr besteht, sofern die Personen weiterhin wie Eltern und Kind miteinander verbunden sind.

§ 21
Besorgnis der Befangenheit

(1) [1]Liegt ein Grund vor, der geeignet ist, Misstrauen gegen eine unparteiische Amtsausübung zu rechtfertigen, oder wird von einem Beteiligten das Vorliegen eines solchen Grundes behauptet, so hat, wer in einem Verwaltungsverfahren für eine Behörde tätig werden soll, den Leiter der Behörde oder den von diesem Beauftragten zu unterrichten und sich auf dessen Anordnung der Mitwirkung zu enthalten. [2]Betrifft die Besorgnis der Befangenheit den Leiter der Behörde, so trifft diese Anordnung die Aufsichtsbehörde, sofern sich der Behördenleiter nicht selbst einer Mitwirkung enthält.
(2) Für Mitglieder eines Ausschusses (§ 88) gilt § 20 Abs. 4 entsprechend.

§ 22
Beginn des Verfahrens

[1]Die Behörde entscheidet nach pflichtgemäßem Ermessen, ob und wann sie ein Verwaltungsverfahren durchführt. [2]Dies gilt nicht, wenn die Behörde auf Grund von Rechtsvorschriften
1. von Amts wegen oder auf Antrag tätig werden muss;
2. nur auf Antrag tätig werden darf und ein Antrag nicht vorliegt.

§ 23
Amtssprache

(1) Die Amtssprache ist deutsch.
(2) [1]Werden bei einer Behörde in einer fremden Sprache Anträge gestellt oder Eingaben, Belege, Urkunden oder sonstige Dokumente vorgelegt, soll die Behörde unverzüglich die Vorlage einer Übersetzung verlangen. [2]In begründeten Fällen kann die Vorlage einer beglaubigten oder von einem öffentlich bestellten oder beeidigten Dolmetscher oder Übersetzer angefertigten Übersetzung verlangt werden. [3]Wird die verlangte Übersetzung nicht unverzüglich vorgelegt, so kann die Behörde auf Kosten des Beteiligten selbst eine Übersetzung beschaffen. [4]Hat die Behörde Dolmetscher oder Übersetzer herangezogen, erhalten diese in

entsprechender Anwendung des Justizvergütungs- und -entschädigungsgesetzes eine Vergütung.
(3) Soll durch eine Anzeige, einen Antrag oder die Abgabe einer Willenserklärung eine Frist in Lauf gesetzt werden, innerhalb deren die Behörde in einer bestimmten Weise tätig werden muss, und gehen diese in einer fremden Sprache ein, so beginnt der Lauf der Frist erst mit dem Zeitpunkt, in dem der Behörde eine Übersetzung vorliegt.
(4) [1]Soll durch eine Anzeige, einen Antrag oder eine Willenserklärung, die in fremder Sprache eingehen, zugunsten eines Beteiligten eine Frist gegenüber der Behörde gewahrt, ein öffentlich-rechtlicher Anspruch geltend gemacht oder eine Leistung begehrt werden, so gelten die Anzeige, der Antrag oder die Willenserklärung als zum Zeitpunkt des Eingangs bei der Behörde abgegeben, wenn auf Verlangen der Behörde innerhalb einer von dieser zu setzenden angemessenen Frist eine Übersetzung vorgelegt wird. [2]Andernfalls ist der Zeitpunkt des Eingangs der Übersetzung maßgebend, soweit sich nicht aus zwischenstaatlichen Vereinbarungen etwas anderes ergibt. [3]Auf diese Rechtsfolge ist bei der Fristsetzung hinzuweisen.

§ 24
Untersuchungsgrundsatz

(1) [1]Die Behörde ermittelt den Sachverhalt von Amts wegen. [2]Sie bestimmt Art und Umfang der Ermittlungen; an das Vorbringen und an die Beweisanträge der Beteiligten ist sie nicht gebunden. [3]Setzt die Behörde automatische Einrichtungen zum Erlass von Verwaltungsakten ein, muss sie für den Einzelfall bedeutsame tatsächliche Angaben des Beteiligten berücksichtigen, die im automatischen Verfahren nicht ermittelt würden.
(2) Die Behörde hat alle für den Einzelfall bedeutsamen, auch die für die Beteiligten günstigen Umstände zu berücksichtigen.
(3) Die Behörde darf die Entgegennahme von Erklärungen oder Anträgen, die in ihren Zuständigkeitsbereich fallen, nicht deshalb verweigern, weil sie die Erklärung oder den Antrag in der Sache für unzulässig oder unbegründet hält.

§ 25
Beratung, Auskunft, frühe Öffentlichkeitsbeteiligung

(1) [1]Die Behörde soll die Abgabe von Erklärungen, die Stellung von Anträgen oder die Berichtigung von Erklärungen oder Anträgen anregen, wenn diese offensichtlich nur versehentlich oder aus Unkenntnis unterblieben oder unrichtig abgegeben oder gestellt worden sind. [2]Sie erteilt, soweit erforderlich, Auskunft über die den Beteiligten im Verwaltungsverfahren zustehenden Rechte und die ihnen obliegenden Pflichten.
(2) [1]Die Behörde erörtert, soweit erforderlich, bereits vor Stellung eines Antrags mit dem zukünftigen Antragsteller, welche Nachweise und Unterlagen von ihm

zu erbringen sind und in welcher Weise das Verfahren beschleunigt werden kann. [2]Soweit es der Verfahrensbeschleunigung dient, soll sie dem Antragsteller nach Eingang des Antrags unverzüglich Auskunft über die voraussichtliche Verfahrensdauer und die Vollständigkeit der Antragsunterlagen geben.

(3) [1]Die Behörde wirkt darauf hin, dass der Träger bei der Planung von Vorhaben, die nicht nur unwesentliche Auswirkungen auf die Belange einer größeren Zahl von Dritten haben können, die betroffene Öffentlichkeit frühzeitig über die Ziele des Vorhabens, die Mittel, es zu verwirklichen, und die voraussichtlichen Auswirkungen des Vorhabens unterrichtet (frühe Öffentlichkeitsbeteiligung). [2]Die frühe Öffentlichkeitsbeteiligung soll möglichst bereits vor Stellung eines Antrags stattfinden. [3]Der betroffenen Öffentlichkeit soll Gelegenheit zur Äußerung und zur Erörterung gegeben werden. [4]Das Ergebnis der vor Antragstellung durchgeführten frühen Öffentlichkeitsbeteiligung soll der betroffenen Öffentlichkeit und der Behörde spätestens mit der Antragstellung, im Übrigen unverzüglich mitgeteilt werden. [5]Satz 1 gilt nicht, soweit die betroffene Öffentlichkeit bereits nach anderen Rechtsvorschriften vor der Antragstellung zu beteiligen ist. [6]Beteiligungsrechte nach anderen Rechtsvorschriften bleiben unberührt.

§ 26
Beweismittel

(1) [1]Die Behörde bedient sich der Beweismittel, die sie nach pflichtgemäßem Ermessen zur Ermittlung des Sachverhalts für erforderlich hält. [2]Sie kann insbesondere

1. Auskünfte jeder Art einholen,
2. Beteiligte anhören, Zeugen und Sachverständige vernehmen oder die schriftliche oder elektronische Äußerung von Beteiligten, Sachverständigen und Zeugen einholen,
3. Urkunden und Akten beiziehen,
4. den Augenschein einnehmen.

(2) [1]Die Beteiligten sollen bei der Ermittlung des Sachverhalts mitwirken. [2]Sie sollen insbesondere ihnen bekannte Tatsachen und Beweismittel angeben. [3]Eine weitergehende Pflicht, bei der Ermittlung des Sachverhalts mitzuwirken, insbesondere eine Pflicht zum persönlichen Erscheinen oder zur Aussage, besteht nur, soweit sie durch Rechtsvorschrift besonders vorgesehen ist.

(3) [1]Für Zeugen und Sachverständige besteht eine Pflicht zur Aussage oder zur Erstattung von Gutachten, wenn sie durch Rechtsvorschrift vorgesehen ist. [2]Falls die Behörde Zeugen und Sachverständige herangezogen hat, erhalten sie auf Antrag in entsprechender Anwendung des Justizvergütungs- und -entschädigungsgesetzes eine Entschädigung oder Vergütung.

§ 27
Versicherung an Eides statt

(1) [1]Die Behörde darf bei der Ermittlung des Sachverhalts eine Versicherung an Eides statt nur verlangen und abnehmen, wenn die Abnahme der Versicherung über den betreffenden Gegenstand und in dem betreffenden Verfahren durch Gesetz oder Rechtsverordnung vorgesehen und die Behörde durch Rechtsvorschrift für zuständig erklärt worden ist. [2]Eine Versicherung an Eides statt soll nur gefordert werden, wenn andere Mittel zur Erforschung der Wahrheit nicht vorhanden sind, zu keinem Ergebnis geführt haben oder einen unverhältnismäßigen Aufwand erfordern. [3]Von eidesunfähigen Personen im Sinne des § 393 der Zivilprozessordnung darf eine eidesstattliche Versicherung nicht verlangt werden.

(2) [1]Wird die Versicherung an Eides statt von einer Behörde zur Niederschrift aufgenommen, so sind zur Aufnahme nur der Behördenleiter, sein allgemeiner Vertreter sowie Angehörige des öffentlichen Dienstes befugt, welche die Befähigung zum Richteramt haben. [2]Andere Angehörige des öffentlichen Dienstes kann der Behördenleiter oder sein allgemeiner Vertreter hierzu allgemein oder im Einzelfall schriftlich ermächtigen.

(3) [1]Die Versicherung besteht darin, dass der Versichernde die Richtigkeit seiner Erklärung über den betreffenden Gegenstand bestätigt und erklärt: „Ich versichere an Eides statt, dass ich nach bestem Wissen die reine Wahrheit gesagt und nichts verschwiegen habe.“ [2]Bevollmächtigte und Beistände sind berechtigt, an der Aufnahme der Versicherung an Eides statt teilzunehmen.

(4) [1]Vor der Aufnahme der Versicherung an Eides statt ist der Versichernde über die Bedeutung der eidesstattlichen Versicherung und die strafrechtlichen Folgen einer unrichtigen oder unvollständigen eidesstattlichen Versicherung zu belehren. [2]Die Belehrung ist in der Niederschrift zu vermerken.

(5) [1]Die Niederschrift hat ferner die Namen der anwesenden Personen sowie den Ort und den Tag der Niederschrift zu enthalten. [2]Die Niederschrift ist demjenigen, der die eidesstattliche Versicherung abgibt, zur Genehmigung vorzulesen oder auf Verlangen zur Durchsicht vorzulegen. [3]Die erteilte Genehmigung ist zu vermerken und von dem Versichernden zu unterschreiben. [4]Die Niederschrift ist sodann von demjenigen, der die Versicherung an Eides statt aufgenommen hat, sowie von dem Schriftführer zu unterschreiben.

§ 27a
Bekanntmachung im Internet

(1) [1]Ist durch Rechtsvorschrift eine öffentliche oder ortsübliche Bekanntmachung angeordnet, so ist diese dadurch zu bewirken, dass der Inhalt der Bekanntmachung auch auf einer Internetseite der Behörde oder ihres Verwaltungsträgers zugänglich gemacht wird. [2]Soweit durch Rechtsvorschrift nichts

anderes bestimmt ist, ist für die Einhaltung einer vorgeschriebenen Frist die Zugänglichmachung im Internet nach Satz 1 maßgeblich.
(2) Absatz 1 gilt nicht, wenn eine Zugänglichmachung im Internet, insbesondere aus technischen Gründen, nicht möglich ist.

§ 28
Anhörung Beteiligter

(1) Bevor ein Verwaltungsakt erlassen wird, der in Rechte eines Beteiligten eingreift, ist diesem Gelegenheit zu geben, sich zu den für die Entscheidung erheblichen Tatsachen zu äußern.
(2) Von der Anhörung kann abgesehen werden, wenn sie nach den Umständen des Einzelfalls nicht geboten ist, insbesondere wenn
1. eine sofortige Entscheidung wegen Gefahr im Verzug oder im öffentlichen Interesse notwendig erscheint;
2. durch die Anhörung die Einhaltung einer für die Entscheidung maßgeblichen Frist in Frage gestellt würde;
3. von den tatsächlichen Angaben eines Beteiligten, die dieser in einem Antrag oder einer Erklärung gemacht hat, nicht zu seinen Ungunsten abgewichen werden soll;
4. die Behörde eine Allgemeinverfügung oder gleichartige Verwaltungsakte in größerer Zahl oder Verwaltungsakte mit Hilfe automatischer Einrichtungen erlassen will;
5. Maßnahmen in der Verwaltungsvollstreckung getroffen werden sollen.

(3) Eine Anhörung unterbleibt, wenn ihr ein zwingendes öffentliches Interesse entgegensteht.

§ 29
Akteneinsicht durch Beteiligte

(1) [1]Die Behörde hat den Beteiligten Einsicht in die das Verfahren betreffenden Akten zu gestatten, soweit deren Kenntnis zur Geltendmachung oder Verteidigung ihrer rechtlichen Interessen erforderlich ist. [2]Satz 1 gilt bis zum Abschluss des Verwaltungsverfahrens nicht für Entwürfe zu Entscheidungen sowie die Arbeiten zu ihrer unmittelbaren Vorbereitung. [3]Soweit nach den §§ 17 und 18 eine Vertretung stattfindet, haben nur die Vertreter Anspruch auf Akteneinsicht.
(2) Die Behörde ist zur Gestattung der Akteneinsicht nicht verpflichtet, soweit durch sie die ordnungsgemäße Erfüllung der Aufgaben der Behörde beeinträchtigt, das Bekanntwerden des Inhalts der Akten dem Wohl des Bundes oder eines Landes Nachteile bereiten würde oder soweit die Vorgänge nach einem Gesetz oder ihrem Wesen nach, namentlich wegen der berechtigten Interessen der Beteiligten oder dritter Personen, geheim gehalten werden müssen.
(3) [1]Die Akteneinsicht erfolgt bei der Behörde, die die Akten führt. [2]Im Einzelfall kann die Einsicht auch bei einer anderen Behörde oder bei einer diplo-

matischen oder berufskonsularischen Vertretung der Bundesrepublik Deutschland im Ausland erfolgen; weitere Ausnahmen kann die Behörde, die die Akten führt, gestatten.

§ 30
Geheimhaltung

Die Beteiligten haben Anspruch darauf, dass ihre Geheimnisse, insbesondere die zum persönlichen Lebensbereich gehörenden Geheimnisse sowie die Betriebs- und Geschäftsgeheimnisse, von der Behörde nicht unbefugt offenbart werden.

§ 31
Fristen und Termine

(1) Für die Berechnung von Fristen und für die Bestimmung von Terminen gelten die §§ 187 bis 193 des Bürgerlichen Gesetzbuchs entsprechend, soweit nicht durch die Absätze 2 bis 5 etwas anderes bestimmt ist.
(2) Der Lauf einer Frist, die von einer Behörde gesetzt wird, beginnt mit dem Tag, der auf die Bekanntgabe der Frist folgt, außer wenn dem Betroffenen etwas anderes mitgeteilt wird.
(3) [1]Fällt das Ende einer Frist auf einen Sonntag, einen gesetzlichen Feiertag oder einen Sonnabend, so endet die Frist mit dem Ablauf des nächstfolgenden Werktags. [2]Dies gilt nicht, wenn dem Betroffenen unter Hinweis auf diese Vorschrift ein bestimmter Tag als Ende der Frist mitgeteilt worden ist.
(4) Hat eine Behörde Leistungen nur für einen bestimmten Zeitraum zu erbringen, so endet dieser Zeitraum auch dann mit dem Ablauf seines letzten Tages, wenn dieser auf einen Sonntag, einen gesetzlichen Feiertag oder einen Sonnabend fällt.
(5) Der von einer Behörde gesetzte Termin ist auch dann einzuhalten, wenn er auf einen Sonntag, gesetzlichen Feiertag oder Sonnabend fällt.
(6) Ist eine Frist nach Stunden bestimmt, so werden Sonntage, gesetzliche Feiertage oder Sonnabende mitgerechnet.
(7) [1]Fristen, die von einer Behörde gesetzt sind, können verlängert werden. [2]Sind solche Fristen bereits abgelaufen, so können sie rückwirkend verlängert werden, insbesondere wenn es unbillig wäre, die durch den Fristablauf eingetretenen Rechtsfolgen bestehen zu lassen. [3]Die Behörde kann die Verlängerung der Frist nach § 36 mit einer Nebenbestimmung verbinden.

§ 32
Wiedereinsetzung in den vorigen Stand

(1) [1]War jemand ohne Verschulden verhindert, eine gesetzliche Frist einzuhalten, so ist ihm auf Antrag Wiedereinsetzung in den vorigen Stand zu gewähren. [2]Das Verschulden eines Vertreters ist dem Vertretenen zuzurechnen.

(2) [1]Der Antrag ist innerhalb von zwei Wochen nach Wegfall des Hindernisses zu stellen. [2]Die Tatsachen zur Begründung des Antrags sind bei der Antragstellung oder im Verfahren über den Antrag glaubhaft zu machen. [3]Innerhalb der Antragsfrist ist die versäumte Handlung nachzuholen. [4]Ist dies geschehen, so kann Wiedereinsetzung auch ohne Antrag gewährt werden.
(3) Nach einem Jahr seit dem Ende der versäumten Frist kann die Wiedereinsetzung nicht mehr beantragt oder die versäumte Handlung nicht mehr nachgeholt werden, außer wenn dies vor Ablauf der Jahresfrist infolge höherer Gewalt unmöglich war.
(4) Über den Antrag auf Wiedereinsetzung entscheidet die Behörde, die über die versäumte Handlung zu befinden hat.
(5) Die Wiedereinsetzung ist unzulässig, wenn sich aus einer Rechtsvorschrift ergibt, dass sie ausgeschlossen ist.

§ 33
Beglaubigung von Dokumenten

(1) [1]Jede Behörde ist befugt, Abschriften von Urkunden, die sie selbst ausgestellt hat, zu beglaubigen. [2]Darüber hinaus sind die von der Bundesregierung durch Rechtsverordnung bestimmten Behörden im Sinne des § 1 Abs. 1 Nr. 1 und die nach Landesrecht zuständigen Behörden befugt, Abschriften zu beglaubigen, wenn die Urschrift von einer Behörde ausgestellt ist oder die Abschrift zur Vorlage bei einer Behörde benötigt wird, sofern nicht durch Rechtsvorschrift die Erteilung beglaubigter Abschriften aus amtlichen Registern und Archiven anderen Behörden ausschließlich vorbehalten ist; die Rechtsverordnung bedarf nicht der Zustimmung des Bundesrates.
(2) Abschriften dürfen nicht beglaubigt werden, wenn Umstände zu der Annahme berechtigen, dass der ursprüngliche Inhalt des Schriftstücks, dessen Abschrift beglaubigt werden soll, geändert worden ist, insbesondere wenn dieses Schriftstück Lücken, Durchstreichungen, Einschaltungen, Änderungen, unleserliche Wörter, Zahlen oder Zeichen, Spuren der Beseitigung von Wörtern, Zahlen und Zeichen enthält oder wenn der Zusammenhang eines aus mehreren Blättern bestehenden Schriftstücks aufgehoben ist.
(3) [1]Eine Abschrift wird beglaubigt durch einen Beglaubigungsvermerk, der unter die Abschrift zu setzen ist. [2]Der Vermerk muss enthalten

1. die genaue Bezeichnung des Schriftstücks, dessen Abschrift beglaubigt wird,
2. die Feststellung, dass die beglaubigte Abschrift mit dem vorgelegten Schriftstück übereinstimmt,
3. den Hinweis, dass die beglaubigte Abschrift nur zur Vorlage bei der angegebenen Behörde erteilt wird, wenn die Urschrift nicht von einer Behörde ausgestellt worden ist,
4. den Ort und den Tag der Beglaubigung, die Unterschrift des für die Beglaubigung zuständigen Bediensteten und das Dienstsiegel.

(4) Die Absätze 1 bis 3 gelten entsprechend für die Beglaubigung von

1. Ablichtungen, Lichtdrucken und ähnlichen in technischen Verfahren hergestellten Vervielfältigungen,
2. auf fototechnischem Wege von Schriftstücken hergestellten Negativen, die bei einer Behörde aufbewahrt werden,
3. Ausdrucken elektronischer Dokumente,
4. elektronischen Dokumenten,
   a) die zur Abbildung eines Schriftstücks hergestellt wurden,
   b) die ein anderes technisches Format als das Ausgangsdokument, das verbunden ist mit einer qualifizierten elektronischen Signatur oder einem qualifizierten elektronischen Siegel einer Behörde, erhalten haben.

(5) [1]Der Beglaubigungsvermerk muss zusätzlich zu den Angaben nach Absatz 3 Satz 2 bei der Beglaubigung

1. des Ausdrucks eines elektronischen Dokuments, das mit einer qualifizierten elektronischen Signatur oder einem qualifizierten elektronischen Siegel einer Behörde verbunden ist, die Feststellungen enthalten,
   a) wen die Signaturprüfung als Inhaber der Signatur ausweist oder welche Behörde die Signaturprüfung als Inhaber des Siegels ausweist,
   b) welchen Zeitpunkt die Signaturprüfung für die Anbringung der Signatur oder des Siegels ausweist und
   c) welche Zertifikate mit welchen Daten dieser Signatur oder diesem Siegel zu Grunde lagen;
2. eines elektronischen Dokuments den Namen des für die Beglaubigung zuständigen Bediensteten und die Bezeichnung der Behörde, die die Beglaubigung vornimmt, enthalten; die Unterschrift des für die Beglaubigung zuständigen Bediensteten und das Dienstsiegel nach Absatz 3 Satz 2 Nummer 4 werden durch eine dauerhaft überprüfbare qualifizierte elektronische Signatur oder durch ein dauerhaft überprüfbares qualifiziertes elektronisches Siegel der Behörde ersetzt.

[2]Wird ein elektronisches Dokument, das ein anderes technisches Format erhalten hat als das Ausgangsdokument, das mit einer qualifizierten elektronischen Signatur oder mit einem qualifizierten elektronischen Siegel einer Behörde verbunden ist, nach Satz 1 Nummer 2 beglaubigt, so muss der Beglaubigungsvermerk zusätzlich die Feststellungen nach Satz 1 Nummer 1 für das Ausgangsdokument enthalten.

(6) Die nach Absatz 4 hergestellten Dokumente stehen, sofern sie beglaubigt sind, beglaubigten Abschriften gleich.

(7) Jede Behörde soll von Urkunden, die sie selbst ausgestellt hat, auf Verlangen ein elektronisches Dokument nach Absatz 4 Nummer 4 Buchstabe a oder eine elektronische Abschrift fertigen und beglaubigen.

§ 34
Beglaubigung von Unterschriften

(1) [1]Die von der Bundesregierung durch Rechtsverordnung bestimmten Behörden im Sinne des § 1 Abs. 1 Nr. 1 und die nach Landesrecht zuständigen Behörden sind befugt, Unterschriften zu beglaubigen, wenn das unterzeichnete Schriftstück zur Vorlage bei einer Behörde oder bei einer sonstigen Stelle, der auf Grund einer Rechtsvorschrift das unterzeichnete Schriftstück vorzulegen ist, benötigt wird. [2]Dies gilt nicht für

1. Unterschriften ohne zugehörigen Text,
2. Unterschriften, die der öffentlichen Beglaubigung (§ 129 des Bürgerlichen Gesetzbuchs) bedürfen.

(2) Eine Unterschrift soll nur beglaubigt werden, wenn sie in Gegenwart des beglaubigenden Bediensteten vollzogen oder anerkannt wird.

(3) [1]Der Beglaubigungsvermerk ist unmittelbar bei der Unterschrift, die beglaubigt werden soll, anzubringen. [2]Er muss enthalten

1. die Bestätigung, dass die Unterschrift echt ist,
2. die genaue Bezeichnung desjenigen, dessen Unterschrift beglaubigt wird, sowie die Angabe, ob sich der für die Beglaubigung zuständige Bedienstete Gewissheit über diese Person verschafft hat und ob die Unterschrift in seiner Gegenwart vollzogen oder anerkannt worden ist,
3. den Hinweis, dass die Beglaubigung nur zur Vorlage bei der angegebenen Behörde oder Stelle bestimmt ist,
4. den Ort und den Tag der Beglaubigung, die Unterschrift des für die Beglaubigung zuständigen Bediensteten und das Dienstsiegel.

(4) Die Absätze 1 bis 3 gelten für die Beglaubigung von Handzeichen entsprechend.

(5) Die Rechtsverordnungen nach Absatz 1 und 4 bedürfen nicht der Zustimmung des Bundesrates.

Teil III
Verwaltungsakt

Abschnitt 1
Zustandekommen des Verwaltungsaktes

§ 35
Begriff des Verwaltungsaktes

[1]Verwaltungsakt ist jede Verfügung, Entscheidung oder andere hoheitliche Maßnahme, die eine Behörde zur Regelung eines Einzelfalls auf dem Gebiet des öffentlichen Rechts trifft und die auf unmittelbare Rechtswirkung nach außen gerichtet ist. [2]Allgemeinverfügung ist ein Verwaltungsakt, der sich an einen nach allgemeinen Merkmalen bestimmten oder bestimmbaren Personenkreis

richtet oder die öffentlich-rechtliche Eigenschaft einer Sache oder ihre Benutzung durch die Allgemeinheit betrifft.

§ 36
Nebenbestimmungen zum Verwaltungsakt

(1) Ein Verwaltungsakt, auf den ein Anspruch besteht, darf mit einer Nebenbestimmung nur versehen werden, wenn sie durch Rechtsvorschrift zugelassen ist oder wenn sie sicherstellen soll, dass die gesetzlichen Voraussetzungen des Verwaltungsaktes erfüllt werden.

(2) Unbeschadet des Absatzes 1 darf ein Verwaltungsakt nach pflichtgemäßem Ermessen erlassen werden mit

1. einer Bestimmung, nach der eine Vergünstigung oder Belastung zu einem bestimmten Zeitpunkt beginnt, endet oder für einen bestimmten Zeitraum gilt (Befristung);
2. einer Bestimmung, nach der der Eintritt oder der Wegfall einer Vergünstigung oder einer Belastung von dem ungewissen Eintritt eines zukünftigen Ereignisses abhängt (Bedingung);
3. einem Vorbehalt des Widerrufs

oder verbunden werden mit

4. einer Bestimmung, durch die dem Begünstigten ein Tun, Dulden oder Unterlassen vorgeschrieben wird (Auflage);
5. einem Vorbehalt der nachträglichen Aufnahme, Änderung oder Ergänzung einer Auflage.

(3) Eine Nebenbestimmung darf dem Zweck des Verwaltungsaktes nicht zuwiderlaufen.

§ 37
Bestimmtheit und Form des Verwaltungsaktes; Rechtsbehelfsbelehrung

(1) Ein Verwaltungsakt muss inhaltlich hinreichend bestimmt sein.

(2) [1]Ein Verwaltungsakt kann schriftlich, elektronisch, mündlich oder in anderer Weise erlassen werden. [2]Ein mündlicher Verwaltungsakt ist schriftlich oder elektronisch zu bestätigen, wenn hieran ein berechtigtes Interesse besteht und der Betroffene dies unverzüglich verlangt. [3]Ein elektronischer Verwaltungsakt ist unter denselben Voraussetzungen schriftlich zu bestätigen; § 3a Absatz 2 und 3 findet insoweit keine Anwendung.

(3) [1]Ein schriftlicher oder elektronischer Verwaltungsakt muss die erlassende Behörde erkennen lassen und die Unterschrift oder die Namenswiedergabe des Behördenleiters, seines Vertreters oder seines Beauftragten enthalten. [2]Wird für einen Verwaltungsakt, für den durch Rechtsvorschrift die Schriftform angeordnet ist, die elektronische Form verwendet, muss auch das der Signatur zugrunde liegende qualifizierte Zertifikat oder ein zugehöriges qualifiziertes Attributzer-

tifikat die erlassende Behörde erkennen lassen. [3]Im Fall des § 3a Absatz 3 Nummer 3 Buchstabe b muss die Bestätigung nach § 5 Absatz 5 des De-Mail-Gesetzes die erlassende Behörde als Nutzer des De-Mail-Kontos erkennen lassen.
(4) Für einen Verwaltungsakt kann für die nach § 3a Absatz 2 erforderliche Signatur oder für das nach § 3a Absatz 3 Nummer 3 Buchstabe a erforderliche Siegel durch Rechtsvorschrift die dauerhafte Überprüfbarkeit vorgeschrieben werden.
(5) [1]Bei einem schriftlichen Verwaltungsakt, der mit Hilfe automatischer Einrichtungen erlassen wird, können abweichend von Absatz 3 Unterschrift und Namenswiedergabe fehlen. [2]Zur Inhaltsangabe können Schlüsselzeichen verwendet werden, wenn derjenige, für den der Verwaltungsakt bestimmt ist oder der von ihm betroffen wird, auf Grund der dazu gegebenen Erläuterungen den Inhalt des Verwaltungsaktes eindeutig erkennen kann.
(6) [1]Einem schriftlichen oder elektronischen Verwaltungsakt, der der Anfechtung unterliegt, ist eine Erklärung beizufügen, durch die der Beteiligte über den Rechtsbehelf, der gegen den Verwaltungsakt gegeben ist, über die Behörde oder das Gericht, bei denen der Rechtsbehelf einzulegen ist, den Sitz und über die einzuhaltende Frist belehrt wird (Rechtsbehelfsbelehrung). [2]Die Rechtsbehelfsbelehrung ist auch der schriftlichen oder elektronischen Bestätigung eines Verwaltungsaktes und der Bescheinigung nach § 42a Absatz 3 beizufügen.

§ 38
Zusicherung

(1) [1]Eine von der zuständigen Behörde erteilte Zusage, einen bestimmten Verwaltungsakt später zu erlassen oder zu unterlassen (Zusicherung), bedarf zu ihrer Wirksamkeit der schriftlichen Form. [2]Ist vor dem Erlass des zugesicherten Verwaltungsaktes die Anhörung Beteiligter oder die Mitwirkung einer anderen Behörde oder eines Ausschusses auf Grund einer Rechtsvorschrift erforderlich, so darf die Zusicherung erst nach Anhörung der Beteiligten oder nach Mitwirkung dieser Behörde oder des Ausschusses gegeben werden.
(2) Auf die Unwirksamkeit der Zusicherung finden, unbeschadet des Absatzes 1 Satz 1, § 44, auf die Heilung von Mängeln bei der Anhörung Beteiligter und der Mitwirkung anderer Behörden oder Ausschüsse § 45 Abs. 1 Nr. 3 bis 5 sowie Abs. 2, auf die Rücknahme § 48, auf den Widerruf, unbeschadet des Absatzes 3, § 49 entsprechende Anwendung.
(3) Ändert sich nach Abgabe der Zusicherung die Sach- oder Rechtslage derart, dass die Behörde bei Kenntnis der nachträglich eingetretenen Änderung die Zusicherung nicht gegeben hätte oder aus rechtlichen Gründen nicht hätte geben dürfen, ist die Behörde an die Zusicherung nicht mehr gebunden.

§ 39
Begründung des Verwaltungsaktes

(1) [1]Ein schriftlicher oder elektronischer sowie ein schriftlich oder elektronisch bestätigter Verwaltungsakt ist mit einer Begründung zu versehen. [2]In der Begründung sind die wesentlichen tatsächlichen und rechtlichen Gründe mitzuteilen, die die Behörde zu ihrer Entscheidung bewogen haben. [3]Die Begründung von Ermessensentscheidungen soll auch die Gesichtspunkte erkennen lassen, von denen die Behörde bei der Ausübung ihres Ermessens ausgegangen ist.

(2) Einer Begründung bedarf es nicht,

1. soweit die Behörde einem Antrag entspricht oder einer Erklärung folgt und der Verwaltungsakt nicht in Rechte eines anderen eingreift;
2. soweit demjenigen, für den der Verwaltungsakt bestimmt ist oder der von ihm betroffen wird, die Auffassung der Behörde über die Sach- und Rechtslage bereits bekannt oder auch ohne Begründung für ihn ohne weiteres erkennbar ist;
3. wenn die Behörde gleichartige Verwaltungsakte in größerer Zahl oder Verwaltungsakte mit Hilfe automatischer Einrichtungen erlässt und die Begründung nach den Umständen des Einzelfalls nicht geboten ist;
4. wenn sich dies aus einer Rechtsvorschrift ergibt;
5. wenn eine Allgemeinverfügung öffentlich bekannt gegeben wird.

§ 40
Ermessen

Ist die Behörde ermächtigt, nach ihrem Ermessen zu handeln, hat sie ihr Ermessen entsprechend dem Zweck der Ermächtigung auszuüben und die gesetzlichen Grenzen des Ermessens einzuhalten.

§ 41
Bekanntgabe des Verwaltungsaktes

(1) [1]Ein Verwaltungsakt ist demjenigen Beteiligten bekannt zu geben, für den er bestimmt ist oder der von ihm betroffen wird. [2]Ist ein Bevollmächtigter bestellt, so kann die Bekanntgabe ihm gegenüber vorgenommen werden.

(2) [1]Ein schriftlicher Verwaltungsakt, der im Inland durch die Post übermittelt wird, gilt am vierten Tag nach der Aufgabe zur Post als bekannt gegeben. [2]Ein Verwaltungsakt, der im Inland oder in das Ausland elektronisch übermittelt wird, gilt am vierten Tag nach der Absendung als bekannt gegeben. [3]Dies gilt nicht, wenn der Verwaltungsakt nicht oder zu einem späteren Zeitpunkt zugegangen ist; im Zweifel hat die Behörde den Zugang des Verwaltungsaktes und den Zeitpunkt des Zugangs nachzuweisen.

(3) [1]Ein Verwaltungsakt darf öffentlich bekannt gegeben werden, wenn dies durch Rechtsvorschrift zugelassen ist. [2]Eine Allgemeinverfügung darf auch

dann öffentlich bekannt gegeben werden, wenn eine Bekanntgabe an die Beteiligten untunlich ist.
(4) [1]Die öffentliche Bekanntgabe eines schriftlichen oder elektronischen Verwaltungsaktes wird dadurch bewirkt, dass sein verfügender Teil ortsüblich bekannt gemacht wird. [2]In der ortsüblichen Bekanntmachung ist anzugeben, wo der Verwaltungsakt und seine Begründung eingesehen werden können. [3]Der Verwaltungsakt gilt zwei Wochen nach der ortsüblichen Bekanntmachung als bekannt gegeben. [4]In einer Allgemeinverfügung kann ein hiervon abweichender Tag, jedoch frühestens der auf die Bekanntmachung folgende Tag bestimmt werden.
(5) Vorschriften über die Bekanntgabe eines Verwaltungsaktes mittels Zustellung bleiben unberührt.

§ 42
Offenbare Unrichtigkeiten im Verwaltungsakt

[1]Die Behörde kann Schreibfehler, Rechenfehler und ähnliche offenbare Unrichtigkeiten in einem Verwaltungsakt jederzeit berichtigen. [2]Bei berechtigtem Interesse des Beteiligten ist zu berichtigen. [3]Die Behörde ist berechtigt, die Vorlage des Dokuments zu verlangen, das berichtigt werden soll.

§ 42a
Genehmigungsfiktion

(1) [1]Eine beantragte Genehmigung gilt nach Ablauf einer für die Entscheidung festgelegten Frist als erteilt (Genehmigungsfiktion), wenn dies durch Rechtsvorschrift angeordnet und der Antrag hinreichend bestimmt ist. [2]Die Vorschriften über die Bestandskraft von Verwaltungsakten und über das Rechtsbehelfsverfahren gelten entsprechend.
(2) [1]Die Frist nach Absatz 1 Satz 1 beträgt drei Monate, soweit durch Rechtsvorschrift nichts Abweichendes bestimmt ist. [2]Die Frist beginnt mit Eingang der vollständigen Unterlagen. [3]Sie kann einmal angemessen verlängert werden, wenn dies wegen der Schwierigkeit der Angelegenheit gerechtfertigt ist. [4]Die Fristverlängerung ist zu begründen und rechtzeitig mitzuteilen.
(3) Auf Verlangen ist demjenigen, dem der Verwaltungsakt nach § 41 Abs. 1 hätte bekannt gegeben werden müssen, der Eintritt der Genehmigungsfiktion schriftlich zu bescheinigen.

Abschnitt 2
Bestandskraft des Verwaltungsaktes

§ 43
Wirksamkeit des Verwaltungsaktes

(1) [1]Ein Verwaltungsakt wird gegenüber demjenigen, für den er bestimmt ist oder der von ihm betroffen wird, in dem Zeitpunkt wirksam, in dem er ihm bekannt gegeben wird. [2]Der Verwaltungsakt wird mit dem Inhalt wirksam, mit dem er bekannt gegeben wird.

(2) Ein Verwaltungsakt bleibt wirksam, solange und soweit er nicht zurückgenommen, widerrufen, anderweitig aufgehoben oder durch Zeitablauf oder auf andere Weise erledigt ist.

(3) Ein nichtiger Verwaltungsakt ist unwirksam.

§ 44
Nichtigkeit des Verwaltungsaktes

(1) Ein Verwaltungsakt ist nichtig, soweit er an einem besonders schwerwiegenden Fehler leidet und dies bei verständiger Würdigung aller in Betracht kommenden Umstände offensichtlich ist.

(2) Ohne Rücksicht auf das Vorliegen der Voraussetzungen des Absatzes 1 ist ein Verwaltungsakt nichtig,

1. der schriftlich oder elektronisch erlassen worden ist, die erlassende Behörde aber nicht erkennen lässt;
2. der nach einer Rechtsvorschrift nur durch die Aushändigung einer Urkunde erlassen werden kann, aber dieser Form nicht genügt;
3. den eine Behörde außerhalb ihrer durch § 3 Abs. 1 Nr. 1 begründeten Zuständigkeit erlassen hat, ohne dazu ermächtigt zu sein;
4. den aus tatsächlichen Gründen niemand ausführen kann;
5. der die Begehung einer rechtswidrigen Tat verlangt, die einen Straf- oder Bußgeldtatbestand verwirklicht;
6. der gegen die guten Sitten verstößt.

(3) Ein Verwaltungsakt ist nicht schon deshalb nichtig, weil

1. Vorschriften über die örtliche Zuständigkeit nicht eingehalten worden sind, außer wenn ein Fall des Absatzes 2 Nr. 3 vorliegt;
2. eine nach § 20 Abs. 1 Satz 1 Nr. 2 bis 6 ausgeschlossene Person mitgewirkt hat;
3. ein durch Rechtsvorschrift zur Mitwirkung berufener Ausschuss den für den Erlass des Verwaltungsaktes vorgeschriebenen Beschluss nicht gefasst hat oder nicht beschlussfähig war;
4. die nach einer Rechtsvorschrift erforderliche Mitwirkung einer anderen Behörde unterblieben ist.

(4) Betrifft die Nichtigkeit nur einen Teil des Verwaltungsaktes, so ist er im Ganzen nichtig, wenn der nichtige Teil so wesentlich ist, dass die Behörde den Verwaltungsakt ohne den nichtigen Teil nicht erlassen hätte.
(5) Die Behörde kann die Nichtigkeit jederzeit von Amts wegen feststellen; auf Antrag ist sie festzustellen, wenn der Antragsteller hieran ein berechtigtes Interesse hat.

§ 45
Heilung von Verfahrens- und Formfehlern

(1) Eine Verletzung von Verfahrens- oder Formvorschriften, die nicht den Verwaltungsakt nach § 44 nichtig macht, ist unbeachtlich, wenn
1. der für den Erlass des Verwaltungsaktes erforderliche Antrag nachträglich gestellt wird;
2. die erforderliche Begründung nachträglich gegeben wird;
3. die erforderliche Anhörung eines Beteiligten nachgeholt wird;
4. der Beschluss eines Ausschusses, dessen Mitwirkung für den Erlass des Verwaltungsaktes erforderlich ist, nachträglich gefasst wird;
5. die erforderliche Mitwirkung einer anderen Behörde nachgeholt wird.

(2) Handlungen nach Absatz 1 können bis zum Abschluss der letzten Tatsacheninstanz eines verwaltungsgerichtlichen Verfahrens nachgeholt werden.
(3) [1]Fehlt einem Verwaltungsakt die erforderliche Begründung oder ist die erforderliche Anhörung eines Beteiligten vor Erlass des Verwaltungsaktes unterblieben und ist dadurch die rechtzeitige Anfechtung des Verwaltungsaktes versäumt worden, so gilt die Versäumung der Rechtsbehelfsfrist als nicht verschuldet. [2]Das für die Wiedereinsetzungsfrist nach § 32 Abs. 2 maßgebende Ereignis tritt im Zeitpunkt der Nachholung der unterlassenen Verfahrenshandlung ein.

§ 46
Folgen von Verfahrens- und Formfehlern

Die Aufhebung eines Verwaltungsaktes, der nicht nach § 44 nichtig ist, kann nicht allein deshalb beansprucht werden, weil er unter Verletzung von Vorschriften über das Verfahren, die Form oder die örtliche Zuständigkeit zustande gekommen ist, wenn offensichtlich ist, dass die Verletzung die Entscheidung in der Sache nicht beeinflusst hat.

§ 47
Umdeutung eines fehlerhaften Verwaltungsaktes

(1) Ein fehlerhafter Verwaltungsakt kann in einen anderen Verwaltungsakt umgedeutet werden, wenn er auf das gleiche Ziel gerichtet ist, von der erlassenden Behörde in der geschehenen Verfahrensweise und Form rechtmäßig hätte erlassen werden können und wenn die Voraussetzungen für dessen Erlass erfüllt sind.

(2) [1]Absatz 1 gilt nicht, wenn der Verwaltungsakt, in den der fehlerhafte Verwaltungsakt umzudeuten wäre, der erkennbaren Absicht der erlassenden Behörde widerspräche oder seine Rechtsfolgen für den Betroffenen ungünstiger wären als die des fehlerhaften Verwaltungsaktes. [2]Eine Umdeutung ist ferner unzulässig, wenn der fehlerhafte Verwaltungsakt nicht zurückgenommen werden dürfte.
(3) Eine Entscheidung, die nur als gesetzlich gebundene Entscheidung ergehen kann, kann nicht in eine Ermessensentscheidung umgedeutet werden.
(4) § 28 ist entsprechend anzuwenden.

§ 48
Rücknahme eines rechtswidrigen Verwaltungsaktes

(1) [1]Ein rechtswidriger Verwaltungsakt kann, auch nachdem er unanfechtbar geworden ist, ganz oder teilweise mit Wirkung für die Zukunft oder für die Vergangenheit zurückgenommen werden. [2]Ein Verwaltungsakt, der ein Recht oder einen rechtlich erheblichen Vorteil begründet oder bestätigt hat (begünstigender Verwaltungsakt), darf nur unter den Einschränkungen der Absätze 2 bis 4 zurückgenommen werden.
(2) [1]Ein rechtswidriger Verwaltungsakt, der eine einmalige oder laufende Geldleistung oder teilbare Sachleistung gewährt oder hierfür Voraussetzung ist, darf nicht zurückgenommen werden, soweit der Begünstigte auf den Bestand des Verwaltungsaktes vertraut hat und sein Vertrauen unter Abwägung mit dem öffentlichen Interesse an einer Rücknahme schutzwürdig ist. [2]Das Vertrauen ist in der Regel schutzwürdig, wenn der Begünstigte gewährte Leistungen verbraucht oder eine Vermögensdisposition getroffen hat, die er nicht mehr oder nur unter unzumutbaren Nachteilen rückgängig machen kann. [3]Auf Vertrauen kann sich der Begünstigte nicht berufen, wenn er

1. den Verwaltungsakt durch arglistige Täuschung, Drohung oder Bestechung erwirkt hat;
2. den Verwaltungsakt durch Angaben erwirkt hat, die in wesentlicher Beziehung unrichtig oder unvollständig waren;
3. die Rechtswidrigkeit des Verwaltungsaktes kannte oder infolge grober Fahrlässigkeit nicht kannte.

[4]In den Fällen des Satzes 3 wird der Verwaltungsakt in der Regel mit Wirkung für die Vergangenheit zurückgenommen.
(3) [1]Wird ein rechtswidriger Verwaltungsakt, der nicht unter Absatz 2 fällt, zurückgenommen, so hat die Behörde dem Betroffenen auf Antrag den Vermögensnachteil auszugleichen, den dieser dadurch erleidet, dass er auf den Bestand des Verwaltungsaktes vertraut hat, soweit sein Vertrauen unter Abwägung mit dem öffentlichen Interesse schutzwürdig ist. [2]Absatz 2 Satz 3 ist anzuwenden. [3]Der Vermögensnachteil ist jedoch nicht über den Betrag des Interesses hinaus zu ersetzen, das der Betroffene an dem Bestand des Verwaltungsaktes hat. [4]Der auszugleichende Vermögensnachteil wird durch die Behörde festgesetzt. [5]Der

Anspruch kann nur innerhalb eines Jahres geltend gemacht werden; die Frist beginnt, sobald die Behörde den Betroffenen auf sie hingewiesen hat.

(4) [1]Erhält die Behörde von Tatsachen Kenntnis, welche die Rücknahme eines rechtswidrigen Verwaltungsaktes rechtfertigen, so ist die Rücknahme nur innerhalb eines Jahres seit dem Zeitpunkt der Kenntnisnahme zulässig. [2]Dies gilt nicht im Falle des Absatzes 2 Satz 3 Nr. 1.

(5) Über die Rücknahme entscheidet nach Unanfechtbarkeit des Verwaltungsaktes die nach § 3 zuständige Behörde; dies gilt auch dann, wenn der zurückzunehmende Verwaltungsakt von einer anderen Behörde erlassen worden ist.

§ 49
Widerruf eines rechtmäßigen Verwaltungsaktes

(1) Ein rechtmäßiger nicht begünstigender Verwaltungsakt kann, auch nachdem er unanfechtbar geworden ist, ganz oder teilweise mit Wirkung für die Zukunft widerrufen werden, außer wenn ein Verwaltungsakt gleichen Inhalts erneut erlassen werden müsste oder aus anderen Gründen ein Widerruf unzulässig ist.

(2) [1]Ein rechtmäßiger begünstigender Verwaltungsakt darf, auch nachdem er unanfechtbar geworden ist, ganz oder teilweise mit Wirkung für die Zukunft nur widerrufen werden,

1. wenn der Widerruf durch Rechtsvorschrift zugelassen oder im Verwaltungsakt vorbehalten ist;
2. wenn mit dem Verwaltungsakt eine Auflage verbunden ist und der Begünstigte diese nicht oder nicht innerhalb einer ihm gesetzten Frist erfüllt hat;
3. wenn die Behörde auf Grund nachträglich eingetretener Tatsachen berechtigt wäre, den Verwaltungsakt nicht zu erlassen, und wenn ohne den Widerruf das öffentliche Interesse gefährdet würde;
4. wenn die Behörde auf Grund einer geänderten Rechtsvorschrift berechtigt wäre, den Verwaltungsakt nicht zu erlassen, soweit der Begünstigte von der Vergünstigung noch keinen Gebrauch gemacht oder auf Grund des Verwaltungsaktes noch keine Leistungen empfangen hat, und wenn ohne den Widerruf das öffentliche Interesse gefährdet würde;
5. um schwere Nachteile für das Gemeinwohl zu verhüten oder zu beseitigen.

[2]§ 48 Abs. 4 gilt entsprechend.

(3) [1]Ein rechtmäßiger Verwaltungsakt, der eine einmalige oder laufende Geldleistung oder teilbare Sachleistung zur Erfüllung eines bestimmten Zwecks gewährt oder hierfür Voraussetzung ist, kann, auch nachdem er unanfechtbar geworden ist, ganz oder teilweise auch mit Wirkung für die Vergangenheit widerrufen werden,

1. wenn die Leistung nicht, nicht alsbald nach der Erbringung oder nicht mehr für den in dem Verwaltungsakt bestimmten Zweck verwendet wird;
2. wenn mit dem Verwaltungsakt eine Auflage verbunden ist und der Begünstigte diese nicht oder nicht innerhalb einer ihm gesetzten Frist erfüllt hat.

[2]§ 48 Abs. 4 gilt entsprechend.
(4) Der widerrufene Verwaltungsakt wird mit dem Wirksamwerden des Widerrufs unwirksam, wenn die Behörde keinen anderen Zeitpunkt bestimmt.
(5) Über den Widerruf entscheidet nach Unanfechtbarkeit des Verwaltungsaktes die nach § 3 zuständige Behörde; dies gilt auch dann, wenn der zu widerrufende Verwaltungsakt von einer anderen Behörde erlassen worden ist.
(6) [1]Wird ein begünstigender Verwaltungsakt in den Fällen des Absatzes 2 Nr. 3 bis 5 widerrufen, so hat die Behörde den Betroffenen auf Antrag für den Vermögensnachteil zu entschädigen, den dieser dadurch erleidet, dass er auf den Bestand des Verwaltungsaktes vertraut hat, soweit sein Vertrauen schutzwürdig ist. [2]§ 48 Abs. 3 Satz 3 bis 5 gilt entsprechend. [3]Für Streitigkeiten über die Entschädigung ist der ordentliche Rechtsweg gegeben.

§ 49a
Erstattung, Verzinsung

(1) [1]Soweit ein Verwaltungsakt mit Wirkung für die Vergangenheit zurückgenommen oder widerrufen worden oder infolge Eintritts einer auflösenden Bedingung unwirksam geworden ist, sind bereits erbrachte Leistungen zu erstatten. [2]Die zu erstattende Leistung ist durch schriftlichen Verwaltungsakt festzusetzen.
(2) [1]Für den Umfang der Erstattung mit Ausnahme der Verzinsung gelten die Vorschriften des Bürgerlichen Gesetzbuchs über die Herausgabe einer ungerechtfertigten Bereicherung entsprechend. [2]Auf den Wegfall der Bereicherung kann sich der Begünstigte nicht berufen, soweit er die Umstände kannte oder infolge grober Fahrlässigkeit nicht kannte, die zur Rücknahme, zum Widerruf oder zur Unwirksamkeit des Verwaltungsaktes geführt haben.
(3) [1]Der zu erstattende Betrag ist vom Eintritt der Unwirksamkeit des Verwaltungsaktes an mit fünf Prozentpunkten über dem Basiszinssatz jährlich zu verzinsen. [2]Von der Geltendmachung des Zinsanspruchs kann insbesondere dann abgesehen werden, wenn der Begünstigte die Umstände, die zur Rücknahme, zum Widerruf oder zur Unwirksamkeit des Verwaltungsaktes geführt haben, nicht zu vertreten hat und den zu erstattenden Betrag innerhalb der von der Behörde festgesetzten Frist leistet.
(4) [1]Wird eine Leistung nicht alsbald nach der Auszahlung für den bestimmten Zweck verwendet, so können für die Zeit bis zur zweckentsprechenden Verwendung Zinsen nach Absatz 3 Satz 1 verlangt werden. [2]Entsprechendes gilt, soweit eine Leistung in Anspruch genommen wird, obwohl andere Mittel anteilig oder vorrangig einzusetzen sind. [3]§ 49 Abs. 3 Satz 1 Nr. 1 bleibt unberührt.

[...]

§ 79
Rechtsbehelfe gegen Verwaltungsakte

Für förmliche Rechtsbehelfe gegen Verwaltungsakte gelten die Verwaltungsgerichtsordnung und die zu ihrer Ausführung ergangenen Rechtsvorschriften, soweit nicht durch Gesetz etwas anderes bestimmt ist; im Übrigen gelten die Vorschriften dieses Gesetzes.

[...]

Verwaltungs-Vollstreckungsgesetz (VwVG)

vom 27. April 1953 (BGBl. I S. 157),
zuletzt geändert durch Artikel 5 des Gesetzes vom 10. August 2021
(BGBl. I S. 3436)

[*Red. Anmerkung: In Berlin anwendbar nach Maßgabe des § 8 VwVfG Berlin.*]

– Auszüge –

§ 6
Zulässigkeit des Verwaltungszwanges

(1) Der Verwaltungsakt, der auf die Herausgabe einer Sache oder auf die Vornahme einer Handlung oder auf Duldung oder Unterlassung gerichtet ist, kann mit den Zwangsmitteln nach § 9 durchgesetzt werden, wenn er unanfechtbar ist oder wenn sein sofortiger Vollzug angeordnet oder wenn dem Rechtsmittel keine aufschiebende Wirkung beigelegt ist.
(2) Der Verwaltungszwang kann ohne vorausgehenden Verwaltungsakt angewendet werden, wenn der sofortige Vollzug zur Verhinderung einer rechtswidrigen Tat, die einen Straf- oder Bußgeldtatbestand verwirklicht, oder zur Abwendung einer drohenden Gefahr notwendig ist und die Behörde hierbei innerhalb ihrer gesetzlichen Befugnisse handelt.

§ 7
Vollzugsbehörden[1]

(1) Ein Verwaltungsakt wird von der Behörde vollzogen, die ihn erlassen hat; sie vollzieht auch Beschwerdeentscheidungen.
(2) Die Behörde der unteren Verwaltungsstufe kann für den Einzelfall oder allgemein mit dem Vollzug beauftragt werden.

§ 8
Örtliche Zuständigkeit

Muß eine Zwangsmaßnahme außerhalb des Bezirks der Vollzugsbehörde ausgeführt werden, so hat die entsprechende Bundesbehörde des Bezirks, in dem sie ausgeführt werden soll, auf Ersuchen der Vollzugsbehörde den Verwaltungszwang durchzuführen.

1 Anm. Red.: Gilt in Berlin gemäß § 8 Abs. 2 VwVfG Bln mit der Maßgabe, dass für Maßnahmen im Straßenverkehr auch die Polizei Berlin, die Bezirksämter von Berlin und die Berliner Verkehrsbetriebe (BVG) Vollzugsbehörden sind.

§ 9
Zwangsmittel

(1) Zwangsmittel sind:
a) Ersatzvornahme (§ 10),
b) Zwangsgeld (§ 11),
c) unmittelbarer Zwang (§ 12).
(2) Das Zwangsmittel muß in einem angemessenen Verhältnis zu seinem Zweck stehen. Dabei ist das Zwangsmittel möglichst so zu bestimmen, daß der Betroffene und die Allgemeinheit am wenigsten beeinträchtigt werden.

§ 10
Ersatzvornahme[2]

Wird die Verpflichtung, eine Handlung vorzunehmen, deren Vornahme durch einen anderen möglich ist (vertretbare Handlung), nicht erfüllt, so kann die Vollzugsbehörde einen anderen mit der Vornahme der Handlung auf Kosten des Pflichtigen beauftragen.

§ 11
Zwangsgeld

(1) Kann eine Handlung durch einen anderen nicht vorgenommen werden und hängt sie nur vom Willen des Pflichtigen ab, so kann der Pflichtige zur Vornahme der Handlung durch ein Zwangsgeld angehalten werden.[3] Bei vertretbaren Handlungen kann es verhängt werden, wenn die Ersatzvornahme untunlich ist, besonders, wenn der Pflichtige außerstande ist, die Kosten zu tragen, die aus der Ausführung durch einen anderen entstehen.[4]
(2) Das Zwangsgeld ist auch zulässig, wenn der Pflichtige der Verpflichtung zuwiderhandelt, eine Handlung zu dulden oder zu unterlassen.
(3) Die Höhe des Zwangsgeldes beträgt bis zu 25000 Euro.[5]

§ 12
Unmittelbarer Zwang[6]

Führt die Ersatzvornahme oder das Zwangsgeld nicht zum Ziel oder sind sie untunlich, so kann die Vollzugsbehörde den Pflichtigen zur Handlung, Duldung oder Unterlassung zwingen oder die Handlung selbst vornehmen.

---

2 Anm. Red.: Siehe auch § 8 Abs. 3 VwVfG Bln.
3 Anm. Red.: In Berlin gemäß § 8 Abs. 4 Satz 1 VwVfG Bln auch zur Durchsetzung vertretbarer Handlungen.
4 Anm. Red.: Der Satz findet in Berlin gemäß § 8 Abs. 4 Satz 2 VwVfG Bln keine Anwendung.
5 Anm. Red.: In Berlin gemäß § 8 Abs. 4 Satz 3 VwVfG Bln 100000 Euro.
6 Anm. Red.: In Berlin mit der Maßgabe, dass die Selbstvornahme bereits eine Form der Ersatzvornahme ist, § 8 Abs. 5 VwVfG Bln.

§ 13
Androhung der Zwangsmittel

(1) Die Zwangsmittel müssen, wenn sie nicht sofort angewendet werden können (§ 6 Abs. 2), schriftlich angedroht werden. Hierbei ist für die Erfüllung der Verpflichtung eine Frist zu bestimmen, innerhalb der der Vollzug dem Pflichtigen billigerweise zugemutet werden kann.
(2) Die Androhung kann mit dem Verwaltungsakt verbunden werden, durch den die Handlung, Duldung oder Unterlassung aufgegeben wird. Sie soll mit ihm verbunden werden, wenn der sofortige Vollzug angeordnet oder den Rechtsmitteln keine aufschiebende Wirkung beigelegt ist.
(3) Die Androhung muß sich auf ein bestimmtes Zwangsmittel beziehen. Unzulässig ist die gleichzeitige Androhung mehrerer Zwangsmittel und die Androhung, mit der sich die Vollzugsbehörde die Wahl zwischen mehreren Zwangsmitteln vorbehält.
(4) Soll die Handlung auf Kosten des Pflichtigen (Ersatzvornahme) ausgeführt werden, so ist in der Androhung der Kostenbetrag vorläufig zu veranschlagen. Das Recht auf Nachforderung bleibt unberührt, wenn die Ersatzvornahme einen höheren Kostenaufwand verursacht.
(5) Der Betrag des Zwangsgeldes ist in bestimmter Höhe anzudrohen.
(6) Die Zwangsmittel können auch neben einer Strafe oder Geldbuße angedroht und so oft wiederholt und hierbei jeweils erhöht oder gewechselt werden, bis die Verpflichtung erfüllt ist. Eine neue Androhung ist erst dann zulässig, wenn das zunächst angedrohte Zwangsmittel erfolglos ist.
(7) Die Androhung ist zuzustellen. Dies gilt auch dann, wenn sie mit dem zugrunde liegenden Verwaltungsakt verbunden ist und für ihn keine Zustellung vorgeschrieben ist.

§ 14
Festsetzung der Zwangsmittel

Wird die Verpflichtung innerhalb der Frist, die in der Androhung bestimmt ist, nicht erfüllt, so setzt die Vollzugsbehörde das Zwangsmittel fest. Bei sofortigem Vollzug (§ 6 Abs. 2) fällt die Festsetzung weg.

§ 15
Anwendung der Zwangsmittel

(1) Das Zwangsmittel wird der Festsetzung gemäß angewendet.
(2) Leistet der Pflichtige bei der Ersatzvornahme oder bei unmittelbarem Zwang Widerstand, so kann dieser mit Gewalt gebrochen werden. Die Polizei hat auf Verlangen der Vollzugsbehörde Amtshilfe zu leisten.
(3) Der Vollzug ist einzustellen, sobald sein Zweck erreicht ist.

§ 16
Ersatzzwangshaft

(1) Ist das Zwangsgeld uneinbringlich, so kann das Verwaltungsgericht auf Antrag der Vollzugsbehörde nach Anhörung des Pflichtigen durch Beschluß Ersatzzwangshaft anordnen, wenn bei Androhung des Zwangsgeldes hierauf hingewiesen worden ist. Das Grundrecht des Artikels 2 Abs. 2 Satz 2 des Grundgesetzes wird insoweit eingeschränkt.
(2) Die Ersatzzwangshaft beträgt mindestens einen Tag, höchstens zwei Wochen.
(3) Die Ersatzzwangshaft ist auf Antrag der Vollzugsbehörde von der Justizverwaltung nach den Bestimmungen der §§ 802g, 802h und 802j Abs. 2 der Zivilprozeßordnung zu vollstrecken.

§ 17
Vollzug gegen Behörden

Gegen Behörden und juristische Personen des öffentlichen Rechts sind Zwangsmittel unzulässig, soweit nicht etwas anderes bestimmt ist.

§ 18
Rechtsmittel

(1) Gegen die Androhung eines Zwangsmittels sind die Rechtsmittel gegeben, die gegen den Verwaltungsakt zulässig sind, dessen Durchsetzung erzwungen werden soll. Ist die Androhung mit dem zugrunde liegenden Verwaltungsakt verbunden, so erstreckt sich das Rechtsmittel zugleich auf den Verwaltungsakt, soweit er nicht bereits Gegenstand eines Rechtsmittel- oder gerichtlichen Verfahrens ist. Ist die Androhung nicht mit dem zugrunde liegenden Verwaltungsakt verbunden und ist dieser unanfechtbar geworden, so kann die Androhung nur insoweit angefochten werden, als eine Rechtsverletzung durch die Androhung selbst behauptet wird.
(2) Wird ein Zwangsmittel ohne vorausgehenden Verwaltungsakt angewendet (§ 6 Abs. 2), so sind hiergegen die Rechtsmittel zulässig, die gegen Verwaltungsakte allgemein gegeben sind.
[...]

Verwaltungszustellungsgesetz (VwZG)

vom 12. August 2005 (BGBl. I S. 2354),
zuletzt geändert durch Artikel 3 des Gesetzes
vom 15. Juli 2024 (BGBl. 2024 I S. 236)

[Red. Anmerkung: In Berlin anwendbar nach Maßgabe des § 7 VwVfG Berlin.]

– Auszüge –

§ 1
Anwendungsbereich

(1) Die Vorschriften dieses Gesetzes gelten für das Zustellungsverfahren der Bundesbehörden, der bundesunmittelbaren Körperschaften, Anstalten und Stiftungen des öffentlichen Rechts und der Landesfinanzbehörden.
(2) Zugestellt wird, soweit dies durch Rechtsvorschrift oder behördliche Anordnung bestimmt ist.

§ 2
Allgemeines

(1) Zustellung ist die Bekanntgabe eines schriftlichen oder elektronischen Dokuments in der in diesem Gesetz bestimmten Form.
(2) Die Zustellung wird durch einen Erbringer von Postdienstleistungen (Post), einen nach § 17 des De-Mail-Gesetzes akkreditierten Diensteanbieter oder durch die Behörde ausgeführt. Daneben gelten die in den §§ 9 und 10 geregelten Sonderarten der Zustellung.
(3) Die Behörde hat die Wahl zwischen den einzelnen Zustellungsarten. § 5 Absatz 5 Satz 2 bleibt unberührt.

§ 3
Zustellung durch die Post mit Zustellungsurkunde

(1) Soll durch die Post mit Zustellungsurkunde zugestellt werden, übergibt die Behörde der Post den Zustellungsauftrag, das zuzustellende Dokument in einem verschlossenen Umschlag und einen vorbereiteten Vordruck einer Zustellungsurkunde.
(2) Für die Ausführung der Zustellung gelten die §§ 177 bis 182 der Zivilprozessordnung entsprechend. Im Fall des § 181 Abs. 1 der Zivilprozessordnung kann das zuzustellende Dokument bei einer von der Post dafür bestimmten Stelle am Ort der Zustellung oder am Ort des Amtsgerichts, in dessen Bezirk der Ort der Zustellung liegt, niedergelegt werden oder bei der Behörde, die den Zustellungsauftrag erteilt hat, wenn sie ihren Sitz an einem der vorbezeichneten Orte hat. Für die Zustellungsurkunde, den Zustellungsauftrag, den verschlos-

senen Umschlag nach Absatz 1 und die schriftliche Mitteilung nach § 181 Abs. 1 Satz 3 der Zivilprozessordnung sind die Vordrucke nach der Zustellungsvordruckverordnung zu verwenden.

§ 4
Zustellung durch die Post mittels Einschreiben

(1) Ein Dokument kann durch die Post mittels Einschreiben durch Übergabe oder mittels Einschreiben mit Rückschein zugestellt werden.
(2) Zum Nachweis der Zustellung genügt der Rückschein. Im Übrigen gilt das Dokument am vierten Tag nach der Aufgabe zur Post als zugestellt, es sei denn, dass es nicht oder zu einem späteren Zeitpunkt zugegangen ist. Im Zweifel hat die Behörde den Zugang und dessen Zeitpunkt nachzuweisen. Der Tag der Aufgabe zur Post ist in den Akten zu vermerken.

§ 5
Zustellung durch die Behörde gegen Empfangsbekenntnis; elektronische Zustellung

(1) Bei der Zustellung durch die Behörde händigt der zustellende Bedienstete das Dokument dem Empfänger in einem verschlossenen Umschlag aus. Das Dokument kann auch offen ausgehändigt werden, wenn keine schutzwürdigen Interessen des Empfängers entgegenstehen. Der Empfänger hat ein mit dem Datum der Aushändigung versehenes Empfangsbekenntnis zu unterschreiben. Der Bedienstete vermerkt das Datum der Zustellung auf dem Umschlag des auszuhändigenden Dokuments oder bei offener Aushändigung auf dem Dokument selbst.
(2) Die §§ 177 bis 181 der Zivilprozessordnung sind anzuwenden. Zum Nachweis der Zustellung ist in den Akten zu vermerken:

1. im Fall der Ersatzzustellung in der Wohnung, in Geschäftsräumen und Einrichtungen nach § 178 der Zivilprozessordnung der Grund, der diese Art der Zustellung rechtfertigt,
2. im Fall der Zustellung bei verweigerter Annahme nach § 179 der Zivilprozessordnung, wer die Annahme verweigert hat und dass das Dokument am Ort der Zustellung zurückgelassen oder an den Absender zurückgesandt wurde sowie der Zeitpunkt und der Ort der verweigerten Annahme,
3. in den Fällen der Ersatzzustellung nach den §§ 180 und 181 der Zivilprozessordnung der Grund der Ersatzzustellung sowie wann und wo das Dokument in einen Briefkasten eingelegt oder sonst niedergelegt und in welcher Weise die Niederlegung schriftlich mitgeteilt wurde.

Im Fall des § 181 Abs. 1 der Zivilprozessordnung kann das zuzustellende Dokument bei der Behörde, die den Zustellungsauftrag erteilt hat, niedergelegt werden, wenn diese Behörde ihren Sitz am Ort der Zustellung oder am Ort des Amtsgerichts hat, in dessen Bezirk der Ort der Zustellung liegt.

(3) Zur Nachtzeit, an Sonntagen und allgemeinen Feiertagen darf nach den Absätzen 1 und 2 im Inland nur mit schriftlicher oder elektronischer Erlaubnis des Behördenleiters zugestellt werden. Die Nachtzeit umfasst die Stunden von 21 bis 6 Uhr. Die Erlaubnis ist bei der Zustellung abschriftlich mitzuteilen. Eine Zustellung, bei der diese Vorschriften nicht beachtet sind, ist wirksam, wenn die Annahme nicht verweigert wird.
(4) Das Dokument kann an Behörden, Körperschaften, Anstalten und Stiftungen des öffentlichen Rechts, an Rechtsanwälte, Patentanwälte, Notare, Steuerberater, Steuerbevollmächtigte, Wirtschaftsprüfer, vereidigte Buchprüfer, Berufsausübungsgesellschaften im Sinne der Bundesrechtsanwaltsordnung, der Patentanwaltsordnung und des Steuerberatungsgesetzes, Wirtschaftsprüfungsgesellschaften und Buchprüfungsgesellschaften auch auf andere Weise, auch elektronisch, gegen Empfangsbekenntnis zugestellt werden.
(5) Ein elektronisches Dokument kann im Übrigen unbeschadet des Absatzes 4 elektronisch zugestellt werden, soweit der Empfänger hierfür einen Zugang eröffnet. Es ist elektronisch zuzustellen, wenn auf Grund einer Rechtsvorschrift ein Verfahren auf Verlangen des Empfängers in elektronischer Form abgewickelt wird. Für die Übermittlung ist das Dokument mit einer qualifizierten elektronischen Signatur zu versehen und gegen unbefugte Kenntnisnahme Dritter zu schützen.
(6) Bei der elektronischen Zustellung ist die Übermittlung mit dem Hinweis „Zustellung gegen Empfangsbekenntnis" einzuleiten. Die Übermittlung muss die absendende Behörde, den Namen und die Anschrift des Zustellungsadressaten sowie den Namen des Bediensteten erkennen lassen, der das Dokument zur Übermittlung aufgegeben hat.
(7) Zum Nachweis der Zustellung nach den Absätzen 4 und 5 genügt das mit Datum und Unterschrift versehene Empfangsbekenntnis, das an die Behörde durch die Post oder elektronisch zurückzusenden ist. Ein elektronisches Dokument gilt in den Fällen des Absatzes 5 Satz 2 am vierten Tag nach der Absendung an den vom Empfänger hierfür eröffneten Zugang als zugestellt, wenn der Behörde nicht spätestens an diesem Tag ein Empfangsbekenntnis nach Satz 1 zugeht. Satz 2 gilt nicht, wenn der Empfänger nachweist, dass das Dokument nicht oder zu einem späteren Zeitpunkt zugegangen ist. Der Empfänger ist in den Fällen des Absatzes 5 Satz 2 vor der Übermittlung über die Rechtsfolgen nach den Sätzen 2 und 3 zu belehren. Zum Nachweis der Zustellung ist von der absendenden Behörde in den Akten zu vermerken, zu welchem Zeitpunkt und an welchen Zugang das Dokument gesendet wurde. Der Empfänger ist über den Eintritt der Zustellungsfiktion nach Satz 2 zu benachrichtigen.

§ 5a
Elektronische Zustellung gegen Abholbestätigung über De-Mail-Dienste

[vom Abdruck wurde abgesehen]

§ 6
Zustellung an gesetzliche Vertreter

(1) Bei Geschäftsunfähigen oder beschränkt Geschäftsfähigen ist an ihre gesetzlichen Vertreter zuzustellen. Gleiches gilt bei Personen, für die ein Betreuer bestellt ist, soweit der Aufgabenkreis des Betreuers reicht. Das zugestellte Dokument ist der betreuten Person nach Wahl der Behörde abschriftlich mitzuteilen oder elektronisch zu übermitteln.
(2) Bei Behörden wird an den Behördenleiter, bei juristischen Personen, nicht rechtsfähigen Personenvereinigungen und Zweckvermögen an ihre gesetzlichen Vertreter zugestellt. § 34 Abs. 2 der Abgabenordnung bleibt unberührt.
(3) Bei mehreren gesetzlichen Vertretern oder Behördenleitern genügt die Zustellung an einen von ihnen.
(4) Der zustellende Bedienstete braucht nicht zu prüfen, ob die Anschrift den Vorschriften der Absätze 1 bis 3 entspricht.

§ 7
Zustellung an Bevollmächtigte

(1) Zustellungen können an den allgemeinen oder für bestimmte Angelegenheiten bestellten Bevollmächtigten gerichtet werden. Sie sind an ihn zu richten, wenn er schriftliche Vollmacht vorgelegt hat. Ist ein Bevollmächtigter für mehrere Beteiligte bestellt, so genügt die Zustellung eines Dokuments an ihn für alle Beteiligten.
(2) Einem Zustellungsbevollmächtigten mehrerer Beteiligter sind so viele Ausfertigungen oder Abschriften zuzustellen, als Beteiligte vorhanden sind.
(3) Auf § 180 Abs. 2 der Abgabenordnung beruhende Regelungen und die §§ 183 und 183a der Abgabenordnung bleiben unberührt.

§ 8
Heilung von Zustellungsmängeln

Lässt sich die formgerechte Zustellung eines Dokuments nicht nachweisen oder ist es unter Verletzung zwingender Zustellungsvorschriften zugegangen, gilt es als in dem Zeitpunkt zugestellt, in dem es dem Empfangsberechtigten tatsächlich zugegangen ist, im Fall des § 5 Abs. 5 in dem Zeitpunkt, in dem der Empfänger das Empfangsbekenntnis zurückgesendet hat.

§ 9
Zustellung im Ausland

(1) Eine Zustellung im Ausland erfolgt
1. durch Einschreiben mit Rückschein, soweit die Zustellung von Dokumenten unmittelbar durch die Post völkerrechtlich zulässig ist,

2. auf Ersuchen der Behörde durch die Behörden des fremden Staates oder durch die zuständige diplomatische oder konsularische Vertretung der Bundesrepublik Deutschland,
3. auf Ersuchen der Behörde durch das Auswärtige Amt an eine Person, die das Recht der Immunität genießt und zu einer Vertretung der Bundesrepublik Deutschland im Ausland gehört, sowie an Familienangehörige einer solchen Person, wenn diese das Recht der Immunität genießen, oder
4. durch Übermittlung elektronischer Dokumente, soweit dies völkerrechtlich zulässig ist.

(2) Zum Nachweis der Zustellung nach Absatz 1 Nr. 1 genügt der Rückschein. Die Zustellung nach Absatz 1 Nr. 2 und 3 wird durch das Zeugnis der ersuchten Behörde nachgewiesen. Der Nachweis der Zustellung gemäß Absatz 1 Nr. 4 richtet sich nach § 5 Abs. 7 Satz 1 bis 3 und 5 sowie nach § 5a Absatz 3 und 4 Satz 1, 2 und 4.

(3) Die Behörde kann bei der Zustellung nach Absatz 1 Nr. 2 und 3 anordnen, dass die Person, an die zugestellt werden soll, innerhalb einer angemessenen Frist einen Zustellungsbevollmächtigten benennt, der im Inland wohnt oder dort einen Geschäftsraum hat. Wird kein Zustellungsbevollmächtigter benannt, können spätere Zustellungen bis zur nachträglichen Benennung dadurch bewirkt werden, dass das Dokument unter der Anschrift der Person, an die zugestellt werden soll, zur Post gegeben wird. Das Dokument gilt am siebenten Tag nach Aufgabe zur Post als zugestellt, wenn nicht feststeht, dass es den Empfänger nicht oder zu einem späteren Zeitpunkt erreicht hat. Die Behörde kann eine längere Frist bestimmen. In der Anordnung nach Satz 1 ist auf diese Rechtsfolgen hinzuweisen. Zum Nachweis der Zustellung ist in den Akten zu vermerken, zu welcher Zeit und unter welcher Anschrift das Dokument zur Post gegeben wurde. Ist durch Rechtsvorschrift angeordnet, dass ein Verwaltungsverfahren über eine einheitliche Stelle nach den Vorschriften des Verwaltungsverfahrensgesetzes abgewickelt werden kann, finden die Sätze 1 bis 6 keine Anwendung.

§ 10
Öffentliche Zustellung

(1) Die Zustellung kann durch öffentliche Bekanntmachung erfolgen, wenn
1. der Aufenthaltsort des Empfängers unbekannt ist und eine Zustellung an einen Vertreter oder Zustellungsbevollmächtigten nicht möglich ist,
2. bei juristischen Personen, die zur Anmeldung einer inländischen Geschäftsanschrift zum Handelsregister verpflichtet sind, eine Zustellung weder unter der eingetragenen Anschrift noch unter einer im Handelsregister eingetragenen Anschrift einer für Zustellungen empfangsberechtigten Person oder einer ohne Ermittlungen bekannten anderen inländischen Anschrift möglich ist,

3. bei eingetragenen Personengesellschaften eine Zustellung weder unter der eingetragenen Anschrift noch unter einer im Handels- oder Gesellschaftsregister eingetragenen Anschrift einer für Zustellungen empfangsberechtigten Person oder einer ohne Ermittlungen bekannten anderen Anschrift innerhalb eines Mitgliedstaates der Europäischen Union möglich ist oder
4. sie im Fall des § 9 nicht möglich ist oder keinen Erfolg verspricht.

Die Anordnung über die öffentliche Zustellung trifft ein zeichnungsberechtigter Bediensteter.

(2) Die öffentliche Zustellung erfolgt durch Bekanntmachung einer Benachrichtigung an der Stelle, die von der Behörde hierfür allgemein bestimmt ist, oder durch Veröffentlichung einer Benachrichtigung im Bundesanzeiger. Die Benachrichtigung muss

1. die Behörde, für die zugestellt wird,
2. den Namen und die letzte bekannte Anschrift des Zustellungsadressaten,
3. das Datum und das Aktenzeichen des Dokuments sowie
4. die Stelle, wo das Dokument eingesehen werden kann,

erkennen lassen. Die Benachrichtigung muss den Hinweis enthalten, dass das Dokument öffentlich zugestellt wird und Fristen in Gang gesetzt werden können, nach deren Ablauf Rechtsverluste drohen können. Bei der Zustellung einer Ladung muss die Benachrichtigung den Hinweis enthalten, dass das Dokument eine Ladung zu einem Termin enthält, dessen Versäumung Rechtsnachteile zur Folge haben kann. In den Akten ist zu vermerken, wann und wie die Benachrichtigung bekannt gemacht wurde. Das Dokument gilt als zugestellt, wenn seit dem Tag der Bekanntmachung der Benachrichtigung zwei Wochen vergangen sind.

Gerichtsverfassungsgesetz (GVG)

vom 9. Mai 1975 (BGBl. I S. 1077),
zuletzt geändert durch Artikel 14 des Gesetzes vom 27. Dezember 2024
(BGBl. 2024 I S. 438)

– Auszüge –

§ 1

Die richterliche Gewalt wird durch unabhängige, nur dem Gesetz unterworfene Gerichte ausgeübt.

[...]

§ 12

Die ordentliche Gerichtsbarkeit wird durch Amtsgerichte, Landgerichte, Oberlandesgerichte und durch den Bundesgerichtshof (den obersten Gerichtshof des Bundes für das Gebiet der ordentlichen Gerichtsbarkeit) ausgeübt.

§ 13

Vor die ordentlichen Gerichte gehören die bürgerlichen Rechtsstreitigkeiten, die Familiensachen und die Angelegenheiten der freiwilligen Gerichtsbarkeit (Zivilsachen) sowie die Strafsachen, für die nicht entweder die Zuständigkeit von Verwaltungsbehörden oder Verwaltungsgerichten begründet ist oder auf Grund von Vorschriften des Bundesrechts besondere Gerichte bestellt oder zugelassen sind.

[...]

§ 141

Bei jedem Gericht soll eine Staatsanwaltschaft bestehen.

§ 142

(1) Das Amt der Staatsanwaltschaft wird ausgeübt:

1. bei dem Bundesgerichtshof durch einen Generalbundesanwalt und durch einen oder mehrere Bundesanwälte;
2. bei den Oberlandesgerichten und den Landgerichten durch einen oder mehrere Staatsanwälte;
3. bei den Amtsgerichten durch einen oder mehrere Staatsanwälte oder Amtsanwälte.

(2) Die Zuständigkeit der Amtsanwälte erstreckt sich nicht auf das amtsrichterliche Verfahren zur Vorbereitung der öffentlichen Klage in den Strafsachen, die zur Zuständigkeit anderer Gerichte als der Amtsgerichte gehören.

(3) Referendaren kann die Wahrnehmung der Aufgaben eines Amtsanwalts und im Einzelfall die Wahrnehmung der Aufgaben eines Staatsanwalts unter dessen Aufsicht übertragen werden.

[...]

§ 146

Die Beamten der Staatsanwaltschaft haben den dienstlichen Anweisungen ihres Vorgesetzten nachzukommen.

[...]

§ 150

Die Staatsanwaltschaft ist in ihren amtlichen Verrichtungen von den Gerichten unabhängig.

§ 151

[1]Die Staatsanwälte dürfen richterliche Geschäfte nicht wahrnehmen. [2]Auch darf ihnen eine Dienstaufsicht über die Richter nicht übertragen werden.

§ 152

(1) Die Ermittlungspersonen der Staatsanwaltschaft sind in dieser Eigenschaft verpflichtet, den Anordnungen der Staatsanwaltschaft ihres Bezirks und der dieser vorgesetzten Beamten Folge zu leisten.

(2) [1]Die Landesregierungen werden ermächtigt, durch Rechtsverordnung diejenigen Beamten- und Angestelltengruppen zu bezeichnen, auf die diese Vorschrift anzuwenden ist. [2]Die Angestellten müssen im öffentlichen Dienst stehen, das 21. Lebensjahr vollendet haben und mindestens zwei Jahre in den bezeichneten Beamten- oder Angestelltengruppen tätig gewesen sein. [3]Die Landesregierungen können die Ermächtigung durch Rechtsverordnung auf die Landesjustizverwaltungen übertragen.

[...]

§ 167

(1) Die Polizeibeamten eines deutschen Landes sind ermächtigt, die Verfolgung eines Flüchtigen auf das Gebiet eines anderen deutschen Landes fortzusetzen und den Flüchtigen dort zu ergreifen.

(2) Der Ergriffene ist unverzüglich an das nächste Gericht oder die nächste Polizeibehörde des Landes, in dem er ergriffen wurde, abzuführen.

[...]

§ 184

[1]Die Gerichtssprache ist deutsch. [2]Das Recht der Sorben, in den Heimatkreisen der sorbischen Bevölkerung vor Gericht sorbisch zu sprechen, ist gewährleistet.

[...]

§ 185

(1) [1]Wird unter Beteiligung von Personen verhandelt, die der deutschen Sprache nicht mächtig sind, so ist ein Dolmetscher zuzuziehen. [2]Ein Nebenprotokoll in der fremden Sprache wird nicht geführt; jedoch sollen Aussagen und

Erklärungen in fremder Sprache, wenn und soweit der Richter dies mit Rücksicht auf die Wichtigkeit der Sache für erforderlich erachtet, auch in der fremden Sprache in das Protokoll oder in eine Anlage niedergeschrieben werden. [3]In den dazu geeigneten Fällen soll dem Protokoll eine durch den Dolmetscher zu beglaubigende Übersetzung beigefügt werden.

(1a) [1]Der Vorsitzende kann gestatten oder anordnen, dass der Dolmetscher per Bild- und Tonübertragung an der Verhandlung, Anhörung oder Vernehmung teilnimmt. [2]Der Vorsitzende kann zusätzlich anordnen, dass sich der Dolmetscher an demselben Ort aufhält wie die Person, die der deutschen Sprache nicht mächtig ist.

(2) Die Zuziehung eines Dolmetschers kann unterbleiben, wenn die beteiligten Personen sämtlich der fremden Sprache mächtig sind.

(3) In Familiensachen und in Angelegenheiten der freiwilligen Gerichtsbarkeit bedarf es der Zuziehung eines Dolmetschers nicht, wenn der Richter der Sprache, in der sich die beteiligten Personen erklären, mächtig ist.

(4)[1]Personen, die für Presse, Hörfunk, Fernsehen oder für andere Medien berichten und der deutschen Sprache nicht mächtig sind, dürfen sich in Gerichtsverhandlungen Verdolmetschungen bedienen.[2]Das Gericht kann die Nutzung gerichtlich bereitgestellter Verdolmetschungen zulassen.3§ 176 Absatz 1 bleibt unberührt.

§ 186

(1) [1]Die Verständigung mit einer hör- oder sprachbehinderten Person erfolgt nach ihrer Wahl mündlich, schriftlich oder mit Hilfe einer die Verständigung ermöglichenden Person, die vom Gericht hinzuzuziehen ist. [2]Für die mündliche und schriftliche Verständigung hat das Gericht die geeigneten technischen Hilfsmittel bereitzustellen. [3]Die hör- oder sprachbehinderte Person ist auf ihr Wahlrecht hinzuweisen.

(2) Das Gericht kann eine schriftliche Verständigung verlangen oder die Hinzuziehung einer Person als Dolmetscher anordnen, wenn die hör- oder sprachbehinderte Person von ihrem Wahlrecht nach Absatz 1 keinen Gebrauch gemacht hat oder eine ausreichende Verständigung in der nach Absatz 1 gewählten Form nicht oder nur mit unverhältnismäßigem Aufwand möglich ist.

(3) Das Bundesministerium der Justiz und für Verbraucherschutz bestimmt durch Rechtsverordnung, die der Zustimmung des Bundesrates bedarf,

1. den Umfang des Anspruchs auf Bereitstellung von geeigneten Kommunikationshilfen gemäß den Absätzen 1 und 2,
2. die Grundsätze einer angemessenen Vergütung für den Einsatz von Kommunikationshilfen gemäß den Absätzen 1 und 2,
3. die geeigneten Kommunikationshilfen, mit Hilfe derer die in den Absätzen 1 und 2 genannte Verständigung zu gewährleisten ist, und
4. ob und wie die Person mit Hör- oder Sprachbehinderung mitzuwirken hat.

§ 187

(1) [1]Das Gericht zieht für den Beschuldigten oder Verurteilten, der der deutschen Sprache nicht mächtig ist, einen Dolmetscher oder Übersetzer heran, soweit dies zur Ausübung seiner strafprozessualen Rechte erforderlich ist. [2]Das Gericht weist den Beschuldigten in einer ihm verständlichen Sprache darauf hin, dass er insoweit für das gesamte Strafverfahren die unentgeltliche Hinzuziehung eines Dolmetschers oder Übersetzers beanspruchen kann.
(2) [1]Erforderlich zur Ausübung der strafprozessualen Rechte des Beschuldigten, der der deutschen Sprache nicht mächtig ist, ist in der Regel die schriftliche Übersetzung von freiheitsentziehenden Anordnungen sowie von Anklageschriften, Strafbefehlen und nicht rechtskräftigen Urteilen. [2]Eine auszugsweise schriftliche Übersetzung ist ausreichend, wenn hierdurch die strafprozessualen Rechte des Beschuldigten gewahrt werden. [3]Die schriftliche Übersetzung ist dem Beschuldigten unverzüglich zur Verfügung zu stellen. [4]An die Stelle der schriftlichen Übersetzung kann eine mündliche Übersetzung der Unterlagen oder eine mündliche Zusammenfassung des Inhalts der Unterlagen treten, wenn hierdurch die strafprozessualen Rechte des Beschuldigten gewahrt werden. [5]Dies ist in der Regel dann anzunehmen, wenn der Beschuldigte einen Verteidiger hat.
(3) [1]Der Beschuldigte kann auf eine schriftliche Übersetzung nur wirksam verzichten, wenn er zuvor über sein Recht auf eine schriftliche Übersetzung nach den Absätzen 1 und 2 und über die Folgen eines Verzichts auf eine schriftliche Übersetzung belehrt worden ist. [2]Die Belehrung nach Satz 1 und der Verzicht des Beschuldigten sind zu dokumentieren.
(4) Absatz 1 gilt entsprechend für Personen, die nach § 395 der Strafprozessordnung berechtigt sind, sich der öffentlichen Klage mit der Nebenklage anzuschließen.
[...]

Jugendschutzgesetz (JuSchG)

**vom 23. Juli 2002 (BGBl. I S. 2730),
zuletzt geändert durch Artikel 12 des Gesetzes vom 6. Mai 2024
(BGBl. 2024 I S. 149)**

– Auszüge –

§ 1
Begriffsbestimmungen

(1) Im Sinne dieses Gesetzes
1. sind Kinder Personen, die noch nicht 14 Jahre alt sind,
2. sind Jugendliche Personen, die 14, aber noch nicht 18 Jahre alt sind,
3. ist personensorgeberechtigte Person, wem allein oder gemeinsam mit einer anderen Person nach den Vorschriften des Bürgerlichen Gesetzbuchs die Personensorge zusteht,
4. ist erziehungsbeauftragte Person, jede Person über 18 Jahren, soweit sie auf Dauer oder zeitweise auf Grund einer Vereinbarung mit der personensorgeberechtigten Person Erziehungsaufgaben wahrnimmt oder soweit sie ein Kind oder eine jugendliche Person im Rahmen der Ausbildung oder der Jugendhilfe betreut.

(1a) Medien im Sinne dieses Gesetzes sind Trägermedien und und digitale Dienste sowie abgrenzbare Inhalte innerhalb eines digitalen Dienstes im Sinne einer Bewertungseinheit.

(2) [1]Trägermedien im Sinne dieses Gesetzes sind Medien mit Texten, Bildern oder Tönen auf gegenständlichen Trägern, die zur Weitergabe geeignet, zur unmittelbaren Wahrnehmung bestimmt oder in einem Vorführ- oder Spielgerät eingebaut sind. [2]Dem gegenständlichen Verbreiten, Überlassen, Anbieten oder Zugänglichmachen von Trägermedien steht das elektronische Verbreiten, Überlassen, Anbieten oder Zugänglichmachen gleich, soweit es sich nicht um Rundfunk im Sinne des § 2 des Rundfunkstaatsvertrages handelt.

(3) Digitale Dienste im Sinne dieses Gesetzes sind digitale Dienste nach § 1 Absatz 4 Nummer 1 des Digitale-Dienste-Gesetzes.

(4) Versandhandel im Sinne dieses Gesetzes ist jedes entgeltliche Geschäft, das im Wege der Bestellung und Übersendung einer Ware durch Postversand oder elektronischen Versand ohne persönlichen Kontakt zwischen Lieferant und Besteller oder ohne dass durch technische oder sonstige Vorkehrungen sichergestellt ist, dass kein Versand an Kinder und Jugendliche erfolgt, vollzogen wird.

(5) Die Vorschriften der §§ 2 bis 14 dieses Gesetzes gelten nicht für verheiratete Jugendliche.

(6) Diensteanbieter im Sinne dieses Gesetzes sind Diensteanbieter nach dem Digitale-Dienste-Gesetz in der jeweils geltenden Fassung.

§ 2
Prüfungs- und Nachweispflicht

(1) [1]Soweit es nach diesem Gesetz auf die Begleitung durch eine erziehungsbeauftragte Person ankommt, haben die in § 1 Abs. 1 Nr. 4 genannten Personen ihre Berechtigung auf Verlangen darzulegen. [2]Veranstalter und Gewerbetreibende haben in Zweifelsfällen die Berechtigung zu überprüfen.
(2) [1]Personen, bei denen nach diesem Gesetz Altersgrenzen zu beachten sind, haben ihr Lebensalter auf Verlangen in geeigneter Weise nachzuweisen. [2]Veranstalter und Gewerbetreibende haben in Zweifelsfällen das Lebensalter zu überprüfen.

§ 3
Bekanntmachung der Vorschriften

(1) Veranstalter und Gewerbetreibende haben die nach den §§ 4 bis 13 für ihre Betriebseinrichtungen und Veranstaltungen geltenden Vorschriften sowie bei öffentlichen Filmveranstaltungen die Alterseinstufung von Filmen oder die Anbieterkennzeichnung nach § 14 Abs. 7 durch deutlich sichtbaren und gut lesbaren Aushang bekannt zu machen.
(2) [1]Zur Bekanntmachung der Alterseinstufung von Filmen und von Spielprogrammen dürfen Veranstalter und Gewerbetreibende nur die in § 14 Abs. 2 genannten Kennzeichnungen verwenden. [2]Wer einen Film für öffentliche Filmveranstaltungen weitergibt, ist verpflichtet, den Veranstalter bei der Weitergabe auf die Alterseinstufung oder die Anbieterkennzeichnung nach § 14 Abs. 7 hinzuweisen. [3]Für Filme und Spielprogramme, die nach § 14 Abs. 2 von der obersten Landesbehörde oder einer Organisation der freiwilligen Selbstkontrolle im Rahmen des Verfahrens nach § 14 Abs. 6 gekennzeichnet sind, darf bei der Ankündigung oder Werbung weder auf jugendbeeinträchtigende Inhalte hingewiesen werden noch darf die Ankündigung oder Werbung in jugendbeeinträchtigender Weise erfolgen.

§ 4
Gaststätten

(1) [1]Der Aufenthalt in Gaststätten darf Kindern und Jugendlichen unter 16 Jahren nur gestattet werden, wenn eine personensorgeberechtigte oder erziehungsbeauftragte Person sie begleitet oder wenn sie in der Zeit zwischen 5 Uhr und 23 Uhr eine Mahlzeit oder ein Getränk einnehmen. [2]Jugendlichen ab 16 Jahren darf der Aufenthalt in Gaststätten ohne Begleitung einer personensorgeberechtigten oder erziehungsbeauftragten Person in der Zeit von 24 Uhr und 5 Uhr morgens nicht gestattet werden.
(2) Absatz 1 gilt nicht, wenn Kinder oder Jugendliche an einer Veranstaltung eines anerkannten Trägers der Jugendhilfe teilnehmen oder sich auf Reisen befinden.

(3) Der Aufenthalt in Gaststätten, die als Nachtbar oder Nachtclub geführt werden, und in vergleichbaren Vergnügungsbetrieben darf Kindern und Jugendlichen nicht gestattet werden.
(4) Die zuständige Behörde kann Ausnahmen von Absatz 1 genehmigen.

§ 5
Tanzveranstaltungen

(1) Die Anwesenheit bei öffentlichen Tanzveranstaltungen ohne Begleitung einer personensorgeberechtigten oder erziehungsbeauftragten Person darf Kindern und Jugendlichen unter 16 Jahren nicht und Jugendlichen ab 16 Jahren längstens bis 24 Uhr gestattet werden.
(2) Abweichend von Absatz 1 darf die Anwesenheit Kindern bis 22 Uhr und Jugendlichen unter 16 Jahren bis 24 Uhr gestattet werden, wenn die Tanzveranstaltung von einem anerkannten Träger der Jugendhilfe durchgeführt wird oder der künstlerischen Betätigung oder der Brauchtumspflege dient.
(3) Die zuständige Behörde kann Ausnahmen genehmigen.

§ 6
Spielhallen, Glücksspiele

(1) Die Anwesenheit in öffentlichen Spielhallen oder ähnlichen vorwiegend dem Spielbetrieb dienenden Räumen darf Kindern und Jugendlichen nicht gestattet werden.
(2) Die Teilnahme an Spielen mit Gewinnmöglichkeit in der Öffentlichkeit darf Kindern und Jugendlichen nur auf Volksfesten, Schützenfesten, Jahrmärkten, Spezialmärkten oder ähnlichen Veranstaltungen und nur unter der Voraussetzung gestattet werden, dass der Gewinn in Waren von geringem Wert besteht.

§ 7
Jugendgefährdende Veranstaltungen und Betriebe

[1]Geht von einer öffentlichen Veranstaltung oder einem Gewerbebetrieb eine Gefährdung für das körperliche, geistige oder seelische Wohl von Kindern oder Jugendlichen aus, so kann die zuständige Behörde anordnen, dass der Veranstalter oder Gewerbetreibende Kindern und Jugendlichen die Anwesenheit nicht gestatten darf. [2]Die Anordnung kann Altersbegrenzungen, Zeitbegrenzungen oder andere Auflagen enthalten, wenn dadurch die Gefährdung ausgeschlossen oder wesentlich gemindert wird.

§ 8
Jugendgefährdende Orte

[1]Hält sich ein Kind oder eine jugendliche Person an einem Ort auf, an dem ihm oder ihr eine unmittelbare Gefahr für das körperliche, geistige oder seelische Wohl droht, so hat die zuständige Behörde oder Stelle die zur Abwendung der

Gefahr erforderlichen Maßnahmen zu treffen. [2]Wenn nötig, hat sie das Kind oder die jugendliche Person

1. zum Verlassen des Ortes anzuhalten,
2. der erziehungsberechtigten Person im Sinne des § 7 Abs. 1 Nr. 6 des Achten Buches Sozialgesetzbuch zuzuführen oder, wenn keine erziehungsberechtigte Person erreichbar ist, in die Obhut des Jugendamtes zu bringen.

[3]In schwierigen Fällen hat die zuständige Behörde oder Stelle das Jugendamt über den jugendgefährdenden Ort zu unterrichten.

§ 9
Alkoholische Getränke

(1) In Gaststätten, Verkaufsstellen oder sonst in der Öffentlichkeit dürfen

1. Bier, Wein, weinähnliche Getränke oder Schaumwein oder Mischungen von Bier, Wein, weinähnlichen Getränken oder Schaumwein mit nichtalkoholischen Getränken an Kinder und Jugendliche unter 16 Jahren,
2. andere alkoholische Getränke oder Lebensmittel, die andere alkoholische Getränke in nicht nur geringfügiger Menge enthalten, an Kinder und Jugendliche

weder abgegeben noch darf ihnen der Verzehr gestattet werden.

(2) Absatz 1 Nummer 1 gilt nicht, wenn Jugendliche von einer personensorgeberechtigten Person begleitet werden.

(3) [1]In der Öffentlichkeit dürfen alkoholische Getränke nicht in Automaten angeboten werden. [2]Dies gilt nicht, wenn ein Automat

1. an einem für Kinder und Jugendliche unzugänglichen Ort aufgestellt ist oder
2. in einem gewerblich genutzten Raum aufgestellt und durch technische Vorrichtungen oder durch ständige Aufsicht sichergestellt ist, dass Kinder und Jugendliche alkoholische Getränke nicht entnehmen können.

[3]§ 20 Nr. 1 des Gaststättengesetzes bleibt unberührt.

(4) [1]Alkoholhaltige Süßgetränke im Sinne des § 1 Abs. 2 und 3 des Alkopopsteuergesetzes dürfen gewerbsmäßig nur mit dem Hinweis „Abgabe an Personen unter 18 Jahren verboten, § 9 Jugendschutzgesetz" in den Verkehr gebracht werden. [2]Dieser Hinweis ist auf der Fertigpackung in der gleichen Schriftart und in der gleichen Größe und Farbe wie die Marken- oder Phantasienamen oder, soweit nicht vorhanden, wie die Verkehrsbezeichnung zu halten und bei Flaschen auf dem Frontetikett anzubringen.

§ 10
Rauchen in der Öffentlichkeit, Tabakwaren

(1) In Gaststätten, Verkaufsstellen oder sonst in der Öffentlichkeit dürfen Tabakwaren und andere nikotinhaltige Erzeugnisse und deren Behältnisse an Kin-

der oder Jugendliche weder abgegeben noch darf ihnen das Rauchen oder der Konsum nikotinhaltiger Produkte gestattet werden.

(2) [1]In der Öffentlichkeit dürfen Tabakwaren und andere nikotinhaltige Erzeugnisse und deren Behältnisse nicht in Automaten angeboten werden. [2]Dies gilt nicht, wenn ein Automat

1. an einem Kindern und Jugendlichen unzugänglichen Ort aufgestellt ist oder
2. durch technische Vorrichtungen oder durch ständige Aufsicht sichergestellt ist, dass Kinder und Jugendliche Tabakwaren und andere nikotinhaltige Erzeugnisse und deren Behältnisse nicht entnehmen können.

(3) Tabakwaren und andere nikotinhaltige Erzeugnisse und deren Behältnisse dürfen Kindern und Jugendlichen weder im Versandhandel angeboten noch an Kinder und Jugendliche im Wege des Versandhandels abgegeben werden.

(4) Die Absätze 1 bis 3 gelten auch für nikotinfreie Erzeugnisse, wie elektronische Zigaretten oder elektronische Shishas, in denen Flüssigkeit durch ein elektronisches Heizelement verdampft und die entstehenden Aerosole mit dem Mund eingeatmet werden, sowie für deren Behältnisse.

[...]

§ 11
Filmveranstaltungen

(1) Die Anwesenheit bei öffentlichen Filmveranstaltungen darf Kindern und Jugendlichen nur gestattet werden, wenn die Filme von der obersten Landesbehörde oder einer Organisation der freiwilligen Selbstkontrolle im Rahmen des Verfahrens nach § 14 Abs. 6 zur Vorführung vor ihnen freigegeben worden sind oder wenn es sich um Informations-, Instruktions- und Lehrfilme handelt, die vom Anbieter mit „Infoprogramm" oder „Lehrprogramm" gekennzeichnet sind.

(2) Abweichend von Absatz 1 darf die Anwesenheit bei öffentlichen Filmveranstaltungen mit Filmen, die für Kinder und Jugendliche ab zwölf Jahren freigegeben und gekennzeichnet sind, auch Kindern ab sechs Jahren gestattet werden, wenn sie von einer personensorgeberechtigten oder erziehungsbeauftragten Person begleitet sind.

(3) Unbeschadet der Voraussetzungen des Absatzes 1 darf die Anwesenheit bei öffentlichen Filmveranstaltungen nur mit Begleitung einer personensorgeberechtigten oder erziehungsbeauftragten Person gestattet werden

1. Kindern unter sechs Jahren,
2. Kindern ab sechs Jahren, wenn die Vorführung nach 20 Uhr beendet ist,
3. Jugendlichen unter 16 Jahren, wenn die Vorführung nach 22 Uhr beendet ist,
4. Jugendlichen ab 16 Jahren, wenn die Vorführung nach 24 Uhr beendet ist.

(4) [1]Die Absätze 1 bis 3 gelten für die öffentliche Vorführung von Filmen unabhängig von der Art der Aufzeichnung und Wiedergabe. [2]Sie gelten auch für Werbevorspanne und Beiprogramme. [3]Sie gelten nicht für Filme, die zu nicht-

gewerblichen Zwecken hergestellt werden, solange die Filme nicht gewerblich genutzt werden.

(5) Werbefilme oder Werbeprogramme, die für Tabakwaren oder alkoholische Getränke werben, dürfen unbeschadet der Voraussetzungen der Absätze 1 bis 4 nur nach 18 Uhr vorgeführt werden.

[...]

§ 27
Strafvorschriften

(1) Mit Freiheitsstrafe bis zu einem Jahr oder mit Geldstrafe wird bestraft, wer

1. entgegen § 15 Abs. 1 Nr. 1 bis 5 oder 6, jeweils auch in Verbindung mit Abs. 2, oder entgegen § 15 Absatz 1a ein dort genanntes Medium anbietet, überlässt, zugänglich macht, ausstellt, anschlägt, vorführt, einführt, ankündigt oder anpreist,
2. entgegen § 15 Abs. 1 Nr. 7, auch in Verbindung mit Abs. 2, ein Trägermedium herstellt, bezieht, liefert, vorrätig hält oder einführt,
3. entgegen § 15 Abs. 4 die Liste der jugendgefährdenden Medien abdruckt oder veröffentlicht,
4. entgegen § 15 Abs. 5 bei geschäftlicher Werbung einen dort genannten Hinweis gibt oder
5. einer vollziehbaren Entscheidung nach § 21 Abs. 8 Satz 1 Nr. 1 zuwiderhandelt.

(2) Ebenso wird bestraft, wer als Veranstalter oder Gewerbetreibender

1. eine in § 28 Abs. 1 Nr. 4 bis 18 oder 19 bezeichnete vorsätzliche Handlung begeht und dadurch wenigstens leichtfertig ein Kind oder eine jugendliche Person in der körperlichen, geistigen oder sittlichen Entwicklung schwer gefährdet oder
2. eine in § 28 Abs. 1 Nr. 4 bis 18 oder 19 bezeichnete vorsätzliche Handlung aus Gewinnsucht begeht oder beharrlich wiederholt.

(3) Wird die Tat in den Fällen

1. des Absatzes 1 Nr. 1 oder
2. des Absatzes 1 Nr. 3, 4 oder 5

fahrlässig begangen, so ist die Strafe Freiheitsstrafe bis zu sechs Monaten oder Geldstrafe bis zu hundertachtzig Tagessätzen.

(4) [1]Absatz 1 Nummer 1 und 2 und Absatz 3 Nummer 1 sind nicht anzuwenden, wenn eine personensorgeberechtigte Person oder eine Person, die im Einverständnis mit einer personensorgeberechtigten Person handelt, das Medium einem Kind oder einer jugendlichen Person anbietet, überlässt, zugänglich macht oder vorführt. [2]Dies gilt nicht, wenn die personensorgeberechtigte Person durch das Erteilen des Einverständnisses, das Anbieten, Überlassen, Zugänglichmachen oder Vorführen ihre Erziehungspflicht gröblich verletzt.

§ 28
Bußgeldvorschriften

(1) Ordnungswidrig handelt, wer als Veranstalter oder Gewerbetreibender vorsätzlich oder fahrlässig

1. entgegen § 3 Abs. 1 die für seine Betriebseinrichtung oder Veranstaltung geltenden Vorschriften nicht, nicht richtig oder nicht in der vorgeschriebenen Weise bekannt macht,
2. entgegen § 3 Abs. 2 Satz 1 eine Kennzeichnung verwendet,
3. entgegen § 3 Abs. 2 Satz 2 einen Hinweis nicht, nicht richtig oder nicht rechtzeitig gibt,
4. entgegen § 3 Abs. 2 Satz 3 einen Hinweis gibt, einen Film oder Spielprogramm ankündigt oder für einen Film oder Spielprogramm wirbt,
5. entgegen § 4 Abs. 1 oder 3 einem Kind oder einer jugendlichen Person den Aufenthalt in einer Gaststätte gestattet,
6. entgegen § 5 Abs. 1 einem Kind oder einer jugendlichen Person die Anwesenheit bei einer öffentlichen Tanzveranstaltung gestattet,
7. entgegen § 6 Abs. 1 einem Kind oder einer jugendlichen Person die Anwesenheit in einer öffentlichen Spielhalle oder einem dort genannten Raum gestattet,
8. entgegen § 6 Abs. 2 einem Kind oder einer jugendlichen Person die Teilnahme an einem Spiel mit Gewinnmöglichkeit gestattet,
9. einer vollziehbaren Anordnung nach § 7 Satz 1 zuwiderhandelt,
10. entgegen § 9 Abs. 1 ein alkoholisches Getränk an ein Kind oder eine jugendliche Person abgibt oder ihm oder ihr den Verzehr gestattet,
11. entgegen § 9 Abs. 3 Satz 1 ein alkoholisches Getränk in einem Automaten anbietet,

11a. entgegen § 9 Abs. 4 alkoholhaltige Süßgetränke in den Verkehr bringt,

12. entgegen § 10 Absatz 1, auch in Verbindung mit Absatz 4, ein dort genanntes Produkt an ein Kind oder eine jugendliche Person abgibt oder einem Kind oder einer jugendlichen Person das Rauchen oder den Konsum gestattet,
13. entgegen § 10 Absatz 2 Satz 1 oder Absatz 3, jeweils auch in Verbindung mit Absatz 4, ein dort genanntes Produkt anbietet oder abgibt,
14. entgegen § 11 Abs. 1 oder 3, jeweils auch in Verbindung mit Abs. 4 Satz 2, einem Kind oder einer jugendlichen Person die Anwesenheit bei einer öffentlichen Filmveranstaltung, einem Werbevorspann oder einem Beiprogramm gestattet,

14a. entgegen § 11 Absatz 5 oder 6 einen Werbefilm oder ein Werbeprogramm vorführt,

15. entgegen § 12 Abs. 1 einem Kind oder einer jugendlichen Person einen Bildträger zugänglich macht,
16. entgegen § 12 Abs. 3 Nr. 2 einen Bildträger anbietet oder überlässt,

17. entgegen § 12 Abs. 4 oder § 13 Abs. 2 einen Automaten oder ein Bildschirmspielgerät aufstellt,
18. entgegen § 12 Abs. 5 Satz 1 einen Bildträger vertreibt,
19. entgegen § 13 Abs. 1 einem Kind oder einer jugendlichen Person das Spielen an Bildschirmspielgeräten gestattet oder
20. entgegen § 15 Abs. 6 einen Hinweis nicht, nicht richtig oder nicht rechtzeitig gibt.

(2) Ordnungswidrig handelt, wer als Anbieter vorsätzlich oder fahrlässig
1. entgegen § 12 Abs. 2 Satz 1 und 2, auch in Verbindung mit Abs. 5 Satz 3 oder § 13 Abs. 3, einen Hinweis nicht, nicht richtig oder nicht in der vorgeschriebenen Weise gibt,
2. einer vollziehbaren Anordnung nach § 12 Abs. 2 Satz 3 Nr. 1, auch in Verbindung mit Abs. 5 Satz 3 oder § 13 Abs. 3, oder nach § 14 Abs. 7 Satz 3 zuwiderhandelt,
3. entgegen § 12 Abs. 5 Satz 2 einen Hinweis nicht, nicht richtig, nicht in der vorgeschriebenen Weise oder nicht rechtzeitig anbringt oder
4. entgegen § 14 Abs. 7 Satz 1 einen Film oder ein Film- oder Spielprogramm mit „Infoprogramm" oder „Lehrprogramm" kennzeichnet.

(3) Ordnungswidrig handelt, wer vorsätzlich oder fahrlässig
1. entgegen § 12 Abs. 2 Satz 4 einen Hinweis nicht, nicht richtig oder nicht in der vorgeschriebenen Weise gibt,
2. entgegen § 14a Absatz 1 Satz 2 einen Film oder ein Spielprogramm bereithält,
3. entgegen § 24 Abs. 5 Satz 2 eine Mitteilung verwendet,
4. einer vollziehbaren Anordnung nach § 24b Absatz 4 Satz 1 zuwiderhandelt oder
5. entgegen § 24d Satz 1 nicht sicherstellt, dass ein Empfangsbevollmächtigter im Inland benannt ist.

(4) [1]Ordnungswidrig handelt, wer als Person über 18 Jahren ein Verhalten eines Kindes oder einer jugendlichen Person herbeiführt oder fördert, das durch ein in Absatz 1 Nr. 5 bis 8, 10, 12, 14 bis 16 oder 19 oder in § 27 Abs. 1 Nr. 1 oder 2 bezeichnetes oder in § 12 Abs. 3 Nr. 1 enthaltenes Verbot oder durch eine vollziehbare Anordnung nach § 7 Satz 1 verhindert werden soll. [2]Hinsichtlich des Verbots in § 12 Abs. 3 Nr. 1 gilt dies nicht für die personensorgeberechtigte Person und für eine Person, die im Einverständnis mit der personensorgeberechtigten Person handelt.

(5) [1]Die Ordnungswidrigkeit kann in den Fällen des Absatzes 3 Nummer 4 mit einer Geldbuße bis zu fünf Millionen Euro und in den übrigen Fällen mit einer Geldbuße bis zu fünfzigtausend Euro geahndet werden. [2]§ 30 Absatz 2 Satz 3 des Gesetzes über Ordnungswidrigkeiten ist für die Fälle des Absatzes 3 Nummer 4 anzuwenden.

(6) In den Fällen des Absatzes 3 Nummer 2, 4 und 5 kann die Ordnungswidrigkeit auch dann geahndet werden, wenn sie nicht im Geltungsbereich dieses Gesetzes begangen wird.

(7) Verwaltungsbehörde im Sinne des § 36 Absatz 1 Nummer 1 des Gesetzes über Ordnungswidrigkeiten ist in den Fällen des Absatzes 3 Nummer 2, 4 und 5 die Bundeszentrale für Kinder- und Jugendmedienschutz.

[...]

Sozialgesetzbuch Achtes Buch – Kinder und Jugendhilfe (SGB VIII)

vom 11. September 2012 (BGBl. I S. 2022), zuletzt geändert durch Artikel 2 des Gesetzes vom 3. April 2025 (BGBl. 2025 I Nr. 107)

– Auszüge –

§ 1
Recht auf Erziehung, Elternverantwortung, Jugendhilfe

(1) Jeder junge Mensch hat ein Recht auf Förderung seiner Entwicklung und auf Erziehung zu einer selbstbestimmten, eigenverantwortlichen und gemeinschaftsfähigen Persönlichkeit.

(2) [1]Pflege und Erziehung der Kinder sind das natürliche Recht der Eltern und die zuvörderst ihnen obliegende Pflicht. [2]Über ihre Betätigung wacht die staatliche Gemeinschaft.

(3) Jugendhilfe soll zur Verwirklichung des Rechts nach Absatz 1 insbesondere
1. junge Menschen in ihrer individuellen und sozialen Entwicklung fördern und dazu beitragen, Benachteiligungen zu vermeiden oder abzubauen,
2. jungen Menschen ermöglichen oder erleichtern, entsprechend ihrem Alter und ihrer individuellen Fähigkeiten in allen sie betreffenden Lebensbereichen selbstbestimmt zu interagieren und damit gleichberechtigt am Leben in der Gesellschaft teilhaben zu können,
3. Eltern und andere Erziehungsberechtigte bei der Erziehung beraten und unterstützen,
4. Kinder und Jugendliche vor Gefahren für ihr Wohl schützen,
5. dazu beitragen, positive Lebensbedingungen für junge Menschen und ihre Familien sowie eine kinder- und familienfreundliche Umwelt zu erhalten oder zu schaffen.

[...]

§ 7
Begriffsbestimmungen

(1) Im Sinne dieses Buches ist
1. Kind, wer noch nicht 14 Jahre alt ist, soweit nicht die Absätze 2 bis 4 etwas anderes bestimmen,
2. Jugendlicher, wer 14, aber noch nicht 18 Jahre alt ist,
3. junger Volljähriger, wer 18, aber noch nicht 27 Jahre alt ist,
4. junger Mensch, wer noch nicht 27 Jahre alt ist,

5. Personensorgeberechtigter, wem allein oder gemeinsam mit einer anderen Person nach den Vorschriften des Bürgerlichen Gesetzbuchs die Personensorge zusteht,
6. Erziehungsberechtigter, der Personensorgeberechtigte und jede sonstige Person über 18 Jahre, soweit sie auf Grund einer Vereinbarung mit dem Personensorgeberechtigten nicht nur vorübergehend und nicht nur für einzelne Verrichtungen Aufgaben der Personensorge wahrnimmt.

(2) [1]Kinder, Jugendliche, junge Volljährige und junge Menschen mit Behinderungen im Sinne dieses Buches sind Menschen, die körperliche, seelische, geistige oder Sinnesbeeinträchtigungen haben, die sie in Wechselwirkung mit einstellungs- und umweltbedingten Barrieren an der gleichberechtigten Teilhabe an der Gesellschaft mit hoher Wahrscheinlichkeit länger als sechs Monate hindern können. [2]Eine Beeinträchtigung nach Satz 1 liegt vor, wenn der Körper- und Gesundheitszustand von dem für das Lebensalter typischen Zustand abweicht. [3]Kinder, Jugendliche, junge Volljährige und junge Menschen sind von Behinderung bedroht, wenn eine Beeinträchtigung nach Satz 1 zu erwarten ist.

(3) Kind im Sinne des § 1 Absatz 2 ist, wer noch nicht 18 Jahre alt ist.

(4) Werktage im Sinne der §§ 42a bis 42c sind die Wochentage Montag bis Freitag; ausgenommen sind gesetzliche Feiertage.

(5) Die Bestimmungen dieses Buches, die sich auf die Annahme als Kind beziehen, gelten nur für Personen, die das 18. Lebensjahr noch nicht vollendet haben.

[...]

§ 8a
Schutzauftrag bei Kindeswohlgefährdung

(1) [1]Werden dem Jugendamt gewichtige Anhaltspunkte für die Gefährdung des Wohls eines Kindes oder Jugendlichen bekannt, so hat es das Gefährdungsrisiko im Zusammenwirken mehrerer Fachkräfte einzuschätzen. [2]Soweit der wirksame Schutz dieses Kindes oder dieses Jugendlichen nicht in Frage gestellt wird, hat das Jugendamt die Erziehungsberechtigten sowie das Kind oder den Jugendlichen in die Gefährdungseinschätzung einzubeziehen und, sofern dies nach fachlicher Einschätzung erforderlich ist,

1. sich dabei einen unmittelbaren Eindruck von dem Kind und von seiner persönlichen Umgebung zu verschaffen sowie
2. Personen, die gemäß § 4 Absatz 3 des Gesetzes zur Kooperation und Information im Kinderschutz dem Jugendamt Daten übermittelt haben, in geeigneter Weise an der Gefährdungseinschätzung zu beteiligen.

[3]Hält das Jugendamt zur Abwendung der Gefährdung die Gewährung von Hilfen für geeignet und notwendig, so hat es diese den Erziehungsberechtigten anzubieten.

(2) [1]Hält das Jugendamt das Tätigwerden des Familiengerichts für erforderlich, so hat es das Gericht anzurufen; dies gilt auch, wenn die Erziehungsberechtig-

ten nicht bereit oder in der Lage sind, bei der Abschätzung des Gefährdungsrisikos mitzuwirken. [2]Besteht eine dringende Gefahr und kann die Entscheidung des Gerichts nicht abgewartet werden, so ist das Jugendamt verpflichtet, das Kind oder den Jugendlichen in Obhut zu nehmen.

(3) [1]Soweit zur Abwendung der Gefährdung das Tätigwerden anderer Leistungsträger, der Einrichtungen der Gesundheitshilfe oder der Polizei notwendig ist, hat das Jugendamt auf die Inanspruchnahme durch die Erziehungsberechtigten hinzuwirken. [2]Ist ein sofortiges Tätigwerden erforderlich und wirken die Personensorgeberechtigten oder die Erziehungsberechtigten nicht mit, so schaltet das Jugendamt die anderen zur Abwendung der Gefährdung zuständigen Stellen selbst ein.

(4) [1]In Vereinbarungen mit den Trägern von Einrichtungen und Diensten, die Leistungen nach diesem Buch erbringen, ist sicherzustellen, dass

1. deren Fachkräfte bei Bekanntwerden gewichtiger Anhaltspunkte für die Gefährdung eines von ihnen betreuten Kindes oder Jugendlichen eine Gefährdungseinschätzung vornehmen,
2. bei der Gefährdungseinschätzung eine insoweit erfahrene Fachkraft beratend hinzugezogen wird sowie
3. die Erziehungsberechtigten sowie das Kind oder der Jugendliche in die Gefährdungseinschätzung einbezogen werden, soweit hierdurch der wirksame Schutz des Kindes oder Jugendlichen nicht in Frage gestellt wird.

[2]In den Vereinbarungen sind die Kriterien für die Qualifikation der beratend hinzuzuziehenden insoweit erfahrenen Fachkraft zu regeln, die insbesondere auch den spezifischen Schutzbedürfnissen von Kindern und Jugendlichen mit Behinderungen Rechnung tragen. [3]Daneben ist in die Vereinbarungen insbesondere die Verpflichtung aufzunehmen, dass die Fachkräfte der Träger bei den Erziehungsberechtigten auf die Inanspruchnahme von Hilfen hinwirken, wenn sie diese für erforderlich halten, und das Jugendamt informieren, falls die Gefährdung nicht anders abgewendet werden kann.

(5) [1]In Vereinbarungen mit Kindertagespflegepersonen, die Leistungen nach diesem Buch erbringen, ist sicherzustellen, dass diese bei Bekanntwerden gewichtiger Anhaltspunkte für die Gefährdung eines von ihnen betreuten Kindes eine Gefährdungseinschätzung vornehmen und dabei eine insoweit erfahrene Fachkraft beratend hinzuziehen. [2]Die Erziehungsberechtigten sowie das Kind sind in die Gefährdungseinschätzung einzubeziehen, soweit hierdurch der wirksame Schutz des Kindes nicht in Frage gestellt wird. [3]Absatz 4 Satz 2 und 3 gilt entsprechend.

(6) [1]Werden einem örtlichen Träger gewichtige Anhaltspunkte für die Gefährdung des Wohls eines Kindes oder eines Jugendlichen bekannt, so sind dem für die Gewährung von Leistungen zuständigen örtlichen Träger die Daten mitzuteilen, deren Kenntnis zur Wahrnehmung des Schutzauftrags bei Kindeswohlgefährdung nach § 8a erforderlich ist. [2]Die Mitteilung soll im Rahmen eines Gespräches zwischen den Fachkräften der beiden örtlichen Träger erfol-

gen, an dem die Personensorgeberechtigten sowie das Kind oder der Jugendliche beteiligt werden sollen, soweit hierdurch der wirksame Schutz des Kindes oder des Jugendlichen nicht in Frage gestellt wird.

[...]

§ 42
Inobhutnahme von Kindern und Jugendlichen

(1) [1]Das Jugendamt ist berechtigt und verpflichtet, ein Kind oder einen Jugendlichen in seine Obhut zu nehmen, wenn

1. das Kind oder der Jugendliche um Obhut bittet oder
2. eine dringende Gefahr für das Wohl des Kindes oder des Jugendlichen die Inobhutnahme erfordert und
   a) die Personensorgeberechtigten nicht widersprechen oder
   b) eine familiengerichtliche Entscheidung nicht rechtzeitig eingeholt werden kann oder
3. ein ausländisches Kind oder ein ausländischer Jugendlicher unbegleitet nach Deutschland kommt und sich weder Personensorge- noch Erziehungsberechtigte im Inland aufhalten.

[2]Die Inobhutnahme umfasst die Befugnis, ein Kind oder einen Jugendlichen bei einer geeigneten Person, in einer geeigneten Einrichtung oder in einer sonstigen Wohnform vorläufig unterzubringen; im Fall von Satz 1 Nummer 2 auch ein Kind oder einen Jugendlichen von einer anderen Person wegzunehmen.

(2) [1]Das Jugendamt hat während der Inobhutnahme unverzüglich das Kind oder den Jugendlichen umfassend und in einer verständlichen, nachvollziehbaren und wahrnehmbaren Form über diese Maßnahme aufzuklären, die Situation, die zur Inobhutnahme geführt hat, zusammen mit dem Kind oder dem Jugendlichen zu klären und Möglichkeiten der Hilfe und Unterstützung aufzuzeigen. [2]Dem Kind oder dem Jugendlichen ist unverzüglich Gelegenheit zu geben, eine Person seines Vertrauens zu benachrichtigen. [3]Das Jugendamt hat während der Inobhutnahme für das Wohl des Kindes oder des Jugendlichen zu sorgen und dabei den notwendigen Unterhalt und die Krankenhilfe sicherzustellen; § 39 Absatz 4 Satz 2 gilt entsprechend. [4]Das Jugendamt ist während der Inobhutnahme berechtigt, alle Rechtshandlungen vorzunehmen, die zum Wohl des Kindes oder Jugendlichen notwendig sind; der mutmaßliche Wille der Personensorge- oder der Erziehungsberechtigten ist dabei angemessen zu berücksichtigen. [5]Im Fall des Absatzes 1 Satz 1 Nummer 3 gehört zu den Rechtshandlungen nach Satz 4, zu denen das Jugendamt verpflichtet ist, insbesondere die unverzügliche Stellung eines Asylantrags für das Kind oder den Jugendlichen in Fällen, in denen Tatsachen die Annahme rechtfertigen, dass das Kind oder der Jugendliche internationalen Schutz im Sinne des § 1 Absatz 1 Nummer 2 des Asylgesetzes benötigt; dabei ist das Kind oder der Jugendliche zu beteiligen.

(3) [1]Das Jugendamt hat im Fall des Absatzes 1 Satz 1 Nummer 1 und 2 die Personensorge- oder Erziehungsberechtigten unverzüglich von der Inobhutnahme zu unterrichten, sie in einer verständlichen, nachvollziehbaren und wahrnehmbaren Form umfassend über diese Maßnahme aufzuklären und mit ihnen das Gefährdungsrisiko abzuschätzen. [2]Widersprechen die Personensorge- oder Erziehungsberechtigten der Inobhutnahme, so hat das Jugendamt unverzüglich

1. das Kind oder den Jugendlichen den Personensorge- oder Erziehungsberechtigten zu übergeben, sofern nach der Einschätzung des Jugendamts eine Gefährdung des Kindeswohls nicht besteht oder die Personensorge- oder Erziehungsberechtigten bereit und in der Lage sind, die Gefährdung abzuwenden oder
2. eine Entscheidung des Familiengerichts über die erforderlichen Maßnahmen zum Wohl des Kindes oder des Jugendlichen herbeizuführen.

[3]Sind die Personensorge- oder Erziehungsberechtigten nicht erreichbar, so gilt Satz 2 Nummer 2 entsprechend. [4]Im Fall des Absatzes 1 Satz 1 Nummer 3 ist unverzüglich die Bestellung eines Vormunds oder Pflegers zu veranlassen. [5]Widersprechen die Personensorgeberechtigten der Inobhutnahme nicht, so ist unverzüglich ein Hilfeplanverfahren zur Gewährung einer Hilfe einzuleiten.

(4) Die Inobhutnahme endet mit

1. der Übergabe des Kindes oder Jugendlichen an die Personensorge- oder Erziehungsberechtigten,
2. der Entscheidung über die Gewährung von Hilfen nach dem Sozialgesetzbuch.

(5) [1]Freiheitsentziehende Maßnahmen im Rahmen der Inobhutnahme sind nur zulässig, wenn und soweit sie erforderlich sind, um eine Gefahr für Leib oder Leben des Kindes oder des Jugendlichen oder eine Gefahr für Leib oder Leben Dritter abzuwenden. [2]Die Freiheitsentziehung ist ohne gerichtliche Entscheidung spätestens mit Ablauf des Tages nach ihrem Beginn zu beenden.

(6) Ist bei der Inobhutnahme die Anwendung unmittelbaren Zwangs erforderlich, so sind die dazu befugten Stellen hinzuzuziehen.

§ 42a
Vorläufige Inobhutnahme von ausländischen Kindern und Jugendlichen nach unbegleiteter Einreise

(1) [1]Das Jugendamt ist berechtigt und verpflichtet, ein ausländisches Kind oder einen ausländischen Jugendlichen vorläufig in Obhut zu nehmen, sobald dessen unbegleitete Einreise nach Deutschland festgestellt wird. [2]Ein ausländisches Kind oder ein ausländischer Jugendlicher ist grundsätzlich dann als unbegleitet zu betrachten, wenn die Einreise nicht in Begleitung eines Personensorgeberechtigten oder Erziehungsberechtigten erfolgt; dies gilt auch, wenn das Kind oder der Jugendliche verheiratet ist. [3]§ 42 Absatz 1 Satz 2, Absatz 2 Satz 2 und 3, Absatz 5 sowie 6 gilt entsprechend.

(2) [1]Das Jugendamt hat während der vorläufigen Inobhutnahme zusammen mit dem Kind oder dem Jugendlichen einzuschätzen,
1. ob das Wohl des Kindes oder des Jugendlichen durch die Durchführung des Verteilungsverfahrens gefährdet würde,
2. ob sich eine mit dem Kind oder dem Jugendlichen verwandte Person im Inland oder im Ausland aufhält,
3. ob das Wohl des Kindes oder des Jugendlichen eine gemeinsame Inobhutnahme mit Geschwistern oder anderen unbegleiteten ausländischen Kindern oder Jugendlichen erfordert und
4. ob der Gesundheitszustand des Kindes oder des Jugendlichen die Durchführung des Verteilungsverfahrens innerhalb von 14 Werktagen nach Beginn der vorläufigen Inobhutnahme ausschließt; hierzu soll eine ärztliche Stellungnahme eingeholt werden.

[2]Auf der Grundlage des Ergebnisses der Einschätzung nach Satz 1 entscheidet das Jugendamt über die Anmeldung des Kindes oder des Jugendlichen zur Verteilung oder den Ausschluss der Verteilung.

(3) [1]Das Jugendamt ist während der vorläufigen Inobhutnahme berechtigt und verpflichtet, alle Rechtshandlungen vorzunehmen, die zum Wohl des Kindes oder des Jugendlichen notwendig sind. [2]Dabei ist das Kind oder der Jugendliche zu beteiligen und der mutmaßliche Wille der Personen- oder der Erziehungsberechtigten angemessen zu berücksichtigen.

(3a) Das Jugendamt hat dafür Sorge zu tragen, dass für die in Absatz 1 genannten Kinder oder Jugendlichen unverzüglich erkennungsdienstliche Maßnahmen nach § 49 Absatz 8 und 9 des Aufenthaltsgesetzes durchgeführt werden, wenn Zweifel über die Identität bestehen.

(4) [1]Das Jugendamt hat der nach Landesrecht für die Verteilung von unbegleiteten ausländischen Kindern und Jugendlichen zuständigen Stelle die vorläufige Inobhutnahme des Kindes oder des Jugendlichen innerhalb von sieben Werktagen nach Beginn der Maßnahme zur Erfüllung der in § 42b genannten Aufgaben mitzuteilen. [2]Zu diesem Zweck sind auch die Ergebnisse der Einschätzung nach Absatz 2 Satz 1 mitzuteilen. [3]Die nach Landesrecht zuständige Stelle hat gegenüber dem Bundesverwaltungsamt innerhalb von drei Werktagen das Kind oder den Jugendlichen zur Verteilung anzumelden oder den Ausschluss der Verteilung anzuzeigen.

(5) [1]Soll das Kind oder der Jugendliche im Rahmen eines Verteilungsverfahrens untergebracht werden, so umfasst die vorläufige Inobhutnahme auch die Pflicht,
1. die Begleitung des Kindes oder des Jugendlichen und dessen Übergabe durch eine insofern geeignete Person an das für die Inobhutnahme nach § 42 Absatz 1 Satz 1 Nummer 3 zuständige Jugendamt sicherzustellen sowie
2. dem für die Inobhutnahme nach § 42 Absatz 1 Satz 1 Nummer 3 zuständigen Jugendamt unverzüglich die personenbezogenen Daten zu übermitteln, die zur Wahrnehmung der Aufgaben nach § 42 erforderlich sind.

[2]Hält sich eine mit dem Kind oder dem Jugendlichen verwandte Person im Inland oder im Ausland auf, hat das Jugendamt auf eine Zusammenführung des Kindes oder des Jugendlichen mit dieser Person hinzuwirken, wenn dies dem Kindeswohl entspricht. [3]Das Kind oder der Jugendliche ist an der Übergabe und an der Entscheidung über die Familienzusammenführung angemessen zu beteiligen.
(6) Die vorläufige Inobhutnahme endet mit der Übergabe des Kindes oder des Jugendlichen an die Personensorge- oder Erziehungsberechtigten oder an das auf Grund der Zuweisungsentscheidung der zuständigen Landesbehörde nach § 88a Absatz 2 Satz 1 zuständige Jugendamt oder mit der Anzeige nach Absatz 4 Satz 3 über den Ausschluss des Verteilungsverfahrens nach § 42b Absatz 4.
[...]

§ 87
Örtliche Zuständigkeit für vorläufige Maßnahmen zum Schutz von Kindern und Jugendlichen

[1]Für die Inobhutnahme eines Kindes oder eines Jugendlichen (§ 42) ist der örtliche Träger zuständig, in dessen Bereich sich das Kind oder der Jugendliche vor Beginn der Maßnahme tatsächlich aufhält. [2]Die örtliche Zuständigkeit für die Inobhutnahme eines unbegleiteten ausländischen Kindes oder Jugendlichen richtet sich nach § 88a Absatz 2.
[...]

§ 88a
Örtliche Zuständigkeit für vorläufige Maßnahmen, Leistungen und die Amtsvormundschaft für unbegleitete ausländische Kinder und Jugendliche

(1) Für die vorläufige Inobhutnahme eines unbegleiteten ausländischen Kindes oder Jugendlichen (§ 42a) ist der örtliche Träger zuständig, in dessen Bereich sich das Kind oder der Jugendliche vor Beginn der Maßnahme tatsächlich aufhält, soweit Landesrecht nichts anderes regelt.
(2) [1]Die örtliche Zuständigkeit für die Inobhutnahme eines unbegleiteten ausländischen Kindes oder Jugendlichen (§ 42) richtet sich nach der Zuweisungsentscheidung gemäß § 42b Absatz 3 Satz 1 der nach Landesrecht für die Verteilung von unbegleiteten ausländischen Kindern oder Jugendlichen zuständigen Stelle. [2]Ist die Verteilung nach § 42b Absatz 4 ausgeschlossen, so bleibt die nach Absatz 1 begründete Zuständigkeit bestehen. [3]Ein anderer Träger kann aus Gründen des Kindeswohls oder aus sonstigen humanitären Gründen von vergleichbarem Gewicht die örtliche Zuständigkeit von dem zuständigen Träger übernehmen.
(3) [1]Für Leistungen an unbegleitete ausländische Kinder oder Jugendliche ist der örtliche Träger zuständig, in dessen Bereich sich die Person vor Beginn der Leistung tatsächlich aufhält. [2]Geht der Leistungsgewährung eine Inobhut-

nahme voraus, so bleibt die nach Absatz 2 begründete Zuständigkeit bestehen, soweit Landesrecht nichts anderes regelt.

(4) Die örtliche Zuständigkeit für die Vormundschaft oder Pflegschaft, die für unbegleitete ausländische Kinder oder Jugendliche durch Bestellung des Familiengerichts eintritt, richtet sich während

1. der vorläufigen Inobhutnahme (§ 42a) nach Absatz 1,
2. der Inobhutnahme (§ 42) nach Absatz 2 und
3. der Leistungsgewährung nach Absatz 3.

[...]

Gesetz über die allgemeine Freizügigkeit von Unionsbürgern – Freizügigkeitsgesetz/EU (FreizügG/EU)

vom 30. Juli 2004 (BGBl. I S. 1950, 1986),
zuletzt geändert durch Artikel 41 des Gesetzes vom 21. Februar 2024
(BGBl. 2024 I Nr. 54)

– Auszüge –

§ 1
Anwendungsbereich; Begriffsbestimmungen

(1) Dieses Gesetz regelt die Einreise und den Aufenthalt von

1. Unionsbürgern,
2. Staatsangehörigen der EWR-Staaten, die nicht Unionsbürger sind,
3. Staatsangehörigen des Vereinigten Königreichs Großbritannien und Nordirland nach dessen Austritt aus der Europäischen Union, denen nach dem Austrittsabkommen Rechte zur Einreise und zum Aufenthalt gewährt werden,
4. Familienangehörigen der in den Nummern 1 bis 3 genannten Personen,
5. nahestehenden Personen der in den Nummern 1 bis 3 genannten Personen sowie
6. Familienangehörigen und nahestehenden Personen von Deutschen, die von ihrem Recht auf Freizügigkeit nach Artikel 21 des Vertrages über die Arbeitsweise der Europäischen Union nachhaltig Gebrauch gemacht haben.

(2) Im Sinne dieses Gesetzes

1. sind Unionsbürger Staatsangehörige anderer Mitgliedstaaten der Europäischen Union, die nicht Deutsche sind,
2. ist Lebenspartner einer Person
   a) ein Lebenspartner im Sinne des Lebenspartnerschaftsgesetzes sowie
   b) eine Person, die auf der Grundlage der Rechtsvorschriften eines Mitgliedstaates der Europäischen Union oder eines EWR-Staates eine eingetragene Partnerschaft eingegangen ist,
3. sind Familienangehörige einer Person
   a) der Ehegatte,
   b) der Lebenspartner,
   c) die Verwandten in gerader absteigender Linie der Person oder des Ehegatten oder des Lebenspartners, die das 21. Lebensjahr noch nicht vollendet haben oder denen von diesen Unterhalt gewährt wird, und
   d) die Verwandten in gerader aufsteigender Linie der Person oder des Ehegatten oder des Lebenspartners, denen von diesen Unterhalt gewährt wird,

4. sind nahestehende Personen einer Person
   a) Verwandte im Sinne des § 1589 des Bürgerlichen Gesetzbuchs und die Verwandten des Ehegatten oder des Lebenspartners, die nicht Familienangehörige der Person im Sinne der Nummer 3 sind,
   b) ledige Kinder, die das 18. Lebensjahr noch nicht vollendet haben, unter Vormundschaft von oder in einem Pflegekindverhältnis zu der Person stehen und keine Familienangehörigen im Sinne von Nummer 3 Buchstabe c sind, sowie
   c) eine Lebensgefährtin oder ein Lebensgefährte, mit der oder dem die Person eine glaubhaft dargelegte, auf Dauer angelegte Gemeinschaft eingegangen ist, die keine weitere Lebensgemeinschaft gleicher Art zulässt, wenn die Personen beide weder verheiratet noch Lebenspartner einer Lebenspartnerschaft im Sinne der Nummer 2 sind,
5. ist das Austrittsabkommen das Abkommen über den Austritt des Vereinigten Königreichs Großbritannien und Nordirland aus der Europäischen Union und der Europäischen Atomgemeinschaft (ABl. L 29 vom 31.1.2020, S. 7) und
6. sind britische Staatsangehörige die in Artikel 2 Buchstabe d des Austrittsabkommens genannten Personen.

§ 2
Recht auf Einreise und Aufenthalt

(1) Freizügigkeitsberechtigte Unionsbürger und ihre Familienangehörigen haben das Recht auf Einreise und Aufenthalt nach Maßgabe dieses Gesetzes.

(2) Unionsrechtlich freizügigkeitsberechtigt sind:

1. Unionsbürger, die sich als Arbeitnehmer oder zur Berufsausbildung aufhalten wollen,

1a. Unionsbürger, die sich zur Arbeitsuche aufhalten, für bis zu sechs Monate und darüber hinaus nur, solange sie nachweisen können, dass sie weiterhin Arbeit suchen und begründete Aussicht haben, eingestellt zu werden,

2. Unionsbürger, wenn sie zur Ausübung einer selbständigen Erwerbstätigkeit berechtigt sind (niedergelassene selbständige Erwerbstätige),
3. Unionsbürger, die, ohne sich niederzulassen, als selbständige Erwerbstätige Dienstleistungen im Sinne des Artikels 57 des Vertrages über die Arbeitsweise der Europäischen Union erbringen wollen (Erbringer von Dienstleistungen), wenn sie zur Erbringung der Dienstleistung berechtigt sind,
4. Unionsbürger als Empfänger von Dienstleistungen,
5. nicht erwerbstätige Unionsbürger unter den Voraussetzungen des § 4,
6. Familienangehörige unter den Voraussetzungen der §§ 3 und 4,
7. Unionsbürger und ihre Familienangehörigen, die ein Daueraufenthaltsrecht erworben haben.

(3) [1]Das Recht nach Absatz 1 bleibt für Arbeitnehmer und selbständig Erwerbstätige unberührt bei
1. vorübergehender Erwerbsminderung infolge Krankheit oder Unfall,
2. unfreiwilliger durch die zuständige Agentur für Arbeit bestätigter Arbeitslosigkeit oder Einstellung einer selbständigen Tätigkeit infolge von Umständen, auf die der Selbständige keinen Einfluss hatte, nach mehr als einem Jahr Tätigkeit,
3. Aufnahme einer Berufsausbildung, wenn zwischen der Ausbildung und der früheren Erwerbstätigkeit ein Zusammenhang besteht; der Zusammenhang ist nicht erforderlich, wenn der Unionsbürger seinen Arbeitsplatz unfreiwillig verloren hat.

[2]Bei unfreiwilliger durch die zuständige Agentur für Arbeit bestätigter Arbeitslosigkeit nach weniger als einem Jahr Beschäftigung bleibt das Recht aus Absatz 1 während der Dauer von sechs Monaten unberührt.

(4) [1]Das Nichtbestehen des Rechts nach Absatz 1 kann festgestellt werden, wenn feststeht, dass die betreffende Person das Vorliegen einer Voraussetzung für dieses Recht durch die Verwendung von gefälschten oder verfälschten Dokumenten oder durch Vorspiegelung falscher Tatsachen vorgetäuscht hat. [2]Das Nichtbestehen des Rechts nach Absatz 1 kann bei einem Familienangehörigen, der nicht Unionsbürger ist, außerdem festgestellt werden, wenn feststeht, dass er dem Unionsbürger nicht zur Herstellung oder Wahrung der familiären Lebensgemeinschaft nachzieht oder ihn nicht zu diesem Zweck begleitet. [3]Einem Familienangehörigen, der nicht Unionsbürger ist, kann in diesen Fällen die Erteilung der Aufenthaltskarte oder des Visums versagt werden oder seine Aufenthaltskarte kann eingezogen werden. [4]Entscheidungen nach den Sätzen 1 bis 3 bedürfen der Schriftform. [5]Die Sätze 1, 2 und 4 sind auf nahestehende Personen, denen ein Recht zur Einreise und zum Aufenthalt im Bundesgebiet nach § 3a Absatz 1 verliehen worden ist, entsprechend anzuwenden.

§ 2aVisum, Dokumente, Visumverfahren

(1) [1]Unionsbürger bedürfen für die Einreise keines Visums und für den Aufenthalt keines Aufenthaltstitels. [2]Für ihren Aufenthalt von bis zu drei Monaten ist der Besitz eines gültigen Personalausweises oder Reisepasses ausreichend. [3]Satz 2 gilt auch für Familienangehörige, die nicht Unionsbürger sind, wenn sie im Besitz eines anerkannten oder sonst zugelassenen Passes oder Passersatzes sind und sie den Unionsbürger begleiten oder ihm nachziehen. [4]Soweit nach dem Europäischen Übereinkommen über die Regelung des Personenverkehrs zwischen den Mitgliedstaaten des Europarates vom 10. Februar 1959 (BGBl. 1959 II S. 389, 390) günstigere Regelungen Anwendung finden, bleiben diese unberührt.

(2) [1]Familienangehörige und nahestehende Personen, die nicht Unionsbürger sind, bedürfen für die Einreise eines Visums. [2]Für die Ausstellung des Visums werden keine Gebühren erhoben. [3]Satz 1 findet keine Anwendung auf Personen, die in entsprechender Anwendung des Aufenthaltsgesetzes oder einer

nach § 99 Absatz 1 Nummer 2 des Aufenthaltsgesetzes erlassenen Rechtsverordnung wegen ihrer Staatsangehörigkeit auch für einen Aufenthalt, der kein Kurzaufenthalt ist, visumfrei in das Bundesgebiet einreisen und sich darin aufhalten dürfen.

(3) Der Besitz einer gültigen Aufenthaltskarte, auch derjenigen eines anderen Mitgliedstaates der Europäischen Union oder eines EWR-Staates, entbindet nach Artikel 5 Absatz 2 der Richtlinie 2004/38/EG des Europäischen Parlaments und des Rates vom 29. April 2004 über das Recht der Unionsbürger und ihrer Familienangehörigen, sich im Hoheitsgebiet der Mitgliedstaaten frei zu bewegen und aufzuhalten und zur Änderung der Verordnung (EWG) Nr. 1612/68 und zur Aufhebung der Richtlinien 64/221/EWG, 68/360/EWG, 72/194/EWG, 73/148/EWG, 75/34/EWG, 75/35/EWG, 90/364/EWG, 90/365/EWG und 93/96/EWG (ABl. L 158 vom 30.4.2004, S. 77; L 229 vom 29.6.2004, S. 35; L 204 vom 4.8.2007, S. 28) von der Visumpflicht.

(4) [1]Ein Visum kann vor Einreise annulliert werden, indem eine Feststellung nach § 2 Absatz 4, § 5 Absatz 4 oder § 6 Absatz 1 erfolgt. [2]Die Feststellung bedarf der Schriftform. [3]§ 11 Absatz 8 Satz 1 und Absatz 12 Satz 2 bleibt unberührt. [4]Zuständig sind die Stelle, die das Visum ausgestellt hat, sowie die mit der polizeilichen Kontrolle des grenzüberschreitenden Verkehrs beauftragten Behörden.

(5) [1]Die zuständigen Landesbehörden unterrichten das Auswärtige Amt über Aufenthaltsrechte nach den §§ 2 und 16 dieses Gesetzes von Personen, die die Voraussetzungen nach § 1 Absatz 2 Nummer 2 oder Nummer 3 des Aufenthaltsgesetzes erfüllen. [2]Das Auswärtige Amt unterrichtet die zuständige Landesbehörde über ein Ende der Rechtsstellung nach § 1 Absatz 2 Nummer 2 oder Nummer 3 des Aufenthaltsgesetzes, wenn Tatsachen die Annahme rechtfertigen, dass sie Aufenthaltsrechte nach den §§ 2 und 16 dieses Gesetzes haben.

§ 3
Familienangehörige

(1) [1]Familienangehörige der in § 2 Abs. 2 Nr. 1 bis 5 genannten Unionsbürger haben das Recht nach § 2 Abs. 1, wenn sie den Unionsbürger begleiten oder ihm nachziehen. [2]Für Familienangehörige der in § 2 Abs. 2 Nr. 5 genannten Unionsbürger gilt dies nach Maßgabe des § 4.

(2) Familienangehörige, die nicht Unionsbürger sind, behalten beim Tod des Unionsbürgers ein Aufenthaltsrecht, wenn sie die Voraussetzungen des § 2 Abs. 2 Nr. 1 bis 3 oder Nr. 5 erfüllen und sich vor dem Tod des Unionsbürgers mindestens ein Jahr als seine Familienangehörigen im Bundesgebiet aufgehalten haben.

(3) Die Kinder eines freizügigkeitsberechtigten Unionsbürgers und der Elternteil, der die elterliche Sorge für die Kinder tatsächlich ausübt, behalten auch nach dem Tod oder Wegzug des Unionsbürgers, von dem sie ihr Aufenthaltsrecht ableiten, bis zum Abschluss einer Ausbildung ihr Aufenthaltsrecht, wenn

sich die Kinder im Bundesgebiet aufhalten und eine Ausbildungseinrichtung besuchen.

(4) Ehegatten oder Lebenspartner, die nicht Unionsbürger sind, behalten bei Scheidung oder Aufhebung der Ehe oder Aufhebung der Lebenspartnerschaft ein Aufenthaltsrecht, wenn sie die für Unionsbürger geltenden Voraussetzungen des § 2 Abs. 2 Nr. 1 bis 3 oder Nr. 5 erfüllen und wenn

1. die Ehe oder die Lebenspartnerschaft bis zur Einleitung des gerichtlichen Scheidungs- oder Aufhebungsverfahrens mindestens drei Jahre bestanden hat, davon mindestens ein Jahr im Bundesgebiet,
2. ihnen durch Vereinbarung der Ehegatten oder der Lebenspartner oder durch gerichtliche Entscheidung die elterliche Sorge für die Kinder des Unionsbürgers übertragen wurde,
3. es zur Vermeidung einer besonderen Härte erforderlich ist, insbesondere weil dem Ehegatten oder dem Lebenspartner wegen der Beeinträchtigung seiner schutzwürdigen Belange ein Festhalten an der Ehe oder der Lebenspartnerschaft nicht zugemutet werden konnte, oder
4. ihnen durch Vereinbarung der Ehegatten oder der Lebenspartner oder durch gerichtliche Entscheidung das Recht zum persönlichen Umgang mit dem minderjährigen Kind nur im Bundesgebiet eingeräumt wurde.

§ 3a
Aufenthalt nahestehender Personen

(1) Einer nahestehenden Person eines Unionsbürgers, die selbst nicht als Unionsbürger und nicht nach den §§ 3 oder 4 freizügigkeitsberechtigt ist, kann auf Antrag das Recht zur Einreise und zum Aufenthalt im Bundesgebiet verliehen werden, wenn

1. es sich um eine nahestehende Person im Sinne des § 1 Absatz 2 Nummer 4 Buchstabe a handelt und
   a) der Unionsbürger ihr zum Zeitpunkt der erstmaligen Antragstellung nachhaltig, in der Regel mindestens zwei Jahre, und nicht nur vorübergehend Unterhalt gewährt,
   b) der Unionsbürger mit ihr in dem Staat, in dem sie vor der Verlegung des Wohnsitzes in das Bundesgebiet gelebt hat oder lebt, in häuslicher Gemeinschaft gelebt hat und die häusliche Gemeinschaft zwischen dem Unionsbürger und ihr mindestens zwei Jahre bestanden hat oder
   c) nicht nur vorübergehend schwerwiegende gesundheitliche Gründe zum Antragszeitpunkt die persönliche Pflege von ihr durch den Unionsbürger zwingend erforderlich machen,
2. es sich um eine nahestehende Person im Sinne des § 1 Absatz 2 Nummer 4 Buchstabe b handelt und der Unionsbürger mit ihr im Bundesgebiet für längere Zeit in familiärer Gemeinschaft zusammenleben wird und sie vom Unionsbürger abhängig ist oder

3. es sich um eine nahestehende Person im Sinne des § 1 Absatz 2 Nummer 4 Buchstabe c handelt und der Unionsbürger mit ihr im Bundesgebiet nicht nur vorübergehend zusammenleben wird.

(2) Bei der Entscheidung über die Verleihung eines Rechts nach Absatz 1 ist nach einer eingehenden Untersuchung der persönlichen Umstände maßgeblich zu berücksichtigen, ob der Aufenthalt der nahestehenden Person unter Berücksichtigung ihrer Beziehung zum Unionsbürger sowie von anderen Gesichtspunkten, wie dem Grad der finanziellen oder physischen Abhängigkeit oder dem Grad der Verwandtschaft zwischen ihr und dem Unionsbürger, im Hinblick auf einen in Absatz 1 genannten Anlass des Aufenthalts erforderlich ist.

(3) § 3 Absatz 2 findet entsprechende Anwendung.

[...]

§ 5
Aufenthaltskarten, Bescheinigung über das Daueraufenthaltsrecht

(1) [1]Freizügigkeitsberechtigten Familienangehörigen, die nicht Unionsbürger sind, wird von Amts wegen innerhalb von sechs Monaten, nachdem sie die erforderlichen Angaben gemacht haben, eine Aufenthaltskarte für Familienangehörige von Unionsbürgern ausgestellt, die fünf Jahre gültig sein soll. [2]Eine Bescheinigung darüber, dass die erforderlichen Angaben gemacht worden sind, erhält der Familienangehörige unverzüglich.

(2) [1]Die zuständige Ausländerbehörde kann verlangen, dass die Voraussetzungen des Rechts nach § 2 Abs. 1 drei Monate nach der Einreise glaubhaft gemacht werden. [2]Für die Glaubhaftmachung erforderliche Angaben und Nachweise können von der zuständigen Meldebehörde bei der meldebehördlichen Anmeldung entgegengenommen werden. [3]Diese leitet die Angaben und Nachweise an die zuständige Ausländerbehörde weiter. [4]Eine darüber hinausgehende Verarbeitung oder Nutzung durch die Meldebehörde erfolgt nicht.

(3) Das Vorliegen oder der Fortbestand der Voraussetzungen des Rechts nach § 2 Absatz 1 kann aus besonderem Anlass überprüft werden.

(4) [1]Sind die Voraussetzungen des Rechts nach § 2 Abs. 1 innerhalb von fünf Jahren nach Begründung des ständigen rechtmäßigen Aufenthalts im Bundesgebiet entfallen oder liegen diese nicht vor, kann der Verlust des Rechts nach § 2 Abs. 1 festgestellt und bei Familienangehörigen, die nicht Unionsbürger sind, die Aufenthaltskarte eingezogen werden. [2]§ 4a Abs. 6 gilt entsprechend.

(5) [1]Auf Antrag wird Unionsbürgern unverzüglich ihr Daueraufenthaltsrecht bescheinigt. [2]Ihren daueraufenthaltsberechtigten Familienangehörigen, die nicht Unionsbürger sind, wird innerhalb von sechs Monaten nach Antragstellung eine Daueraufenthaltskarte ausgestellt.

(6) Für den Verlust des Daueraufenthaltsrechts nach § 4a Abs. 7 gilt Absatz 4 Satz 1 entsprechend.

(7) [1]Bei Verleihung des Rechts nach § 3a Absatz 1 stellt die zuständige Behörde eine Aufenthaltskarte für nahestehende Personen, die nicht Unionsbürger sind, aus, die fünf Jahre gültig sein soll. [2]Die Inhaber des Rechts dürfen eine Erwerbstätigkeit ausüben. [3]Absatz 5 Satz 2 findet entsprechende Anwendung.

§ 5a
Vorlage von Dokumenten

(1) [1]Die zuständige Behörde darf in den Fällen des § 5 Absatz 2 von einem Unionsbürger den gültigen Personalausweis oder Reisepass und im Fall des

1. § 2 Abs. 2 Nr. 1 eine Einstellungsbestätigung oder eine Beschäftigungsbescheinigung des Arbeitgebers,
2. § 2 Abs. 2 Nr. 2 einen Nachweis über seine selbständige Tätigkeit,
3. § 2 Abs. 2 Nr. 5 einen Nachweis über ausreichenden Krankenversicherungsschutz und ausreichende Existenzmittel

verlangen. [2]Ein nicht erwerbstätiger Unionsbürger im Sinne des § 2 Abs. 2 Nr. 5, der eine Bescheinigung vorlegt, dass er im Bundesgebiet eine Hochschule oder andere Ausbildungseinrichtung besucht, muss die Voraussetzungen nach Satz 1 Nr. 3 nur glaubhaft machen.

(2) Die zuständige Behörde darf von Familienangehörigen in den Fällen des § 5 Absatz 2 oder für die Ausstellung der Aufenthaltskarte einen anerkannten oder sonst zugelassenen gültigen Pass oder Passersatz und zusätzlich Folgendes verlangen:

1. einen Nachweis über das Bestehen der familiären Beziehung, bei Verwandten in absteigender und aufsteigender Linie einen urkundlichen Nachweis über Voraussetzungen des § 1 Absatz 2 Nummer 3,
2. eine Meldebestätigung des Unionsbürgers, den die Familienangehörigen begleiten oder dem sie nachziehen.

(3) Die zuständige Behörde verlangt in den Fällen des § 3a für die Ausstellung der Aufenthaltskarte über die in Absatz 2 genannten Nachweise hinaus

1. ein durch die zuständige Behörde des Ursprungs- oder Herkunftslands ausgestelltes Dokument, aus dem hervorgeht,
   a) in Fällen nach § 3a Absatz 1 Nummer 1 Buchstabe a, dass und seit wann die nahestehende Person vom Unionsbürger Unterhalt bezieht,
   b) in Fällen nach § 3a Absatz 1 Nummer 1 Buchstabe b, dass und wie lange die nahestehende Person mit dem Unionsbürger in häuslicher Gemeinschaft gelebt hat,
2. in Fällen nach § 3a Absatz 1 Nummer 1 Buchstabe c den Nachweis schwerwiegender gesundheitlicher Gründe, die die persönliche Pflege der nahestehenden Person durch den Unionsbürger zwingend erforderlich machen,
3. in Fällen nach § 3a Absatz 1 Nummer 2 den urkundlichen Nachweis des Bestehens der Vormundschaft oder des Pflegekindverhältnisses sowie einen Nachweis der Abhängigkeit der nahestehenden Person vom Unionsbürger und

4. in den Fällen nach § 3a Absatz 1 Nummer 3 den Nachweis über die Umstände für das Bestehen einer dauerhaften Beziehung nach § 1 Absatz 2 Nummer 4 Buchstabe c zwischen dem Unionsbürger und der nahestehenden Person.

[...]

§ 8
Ausweispflicht

(1) Die Personen, deren Einreise und Aufenthalt nach § 1 Absatz 1 durch dieses Gesetz geregelt ist, sind verpflichtet,

1. bei der Einreise in das oder der Ausreise aus dem Bundesgebiet einen Pass oder anerkannten Passersatz
   a) mit sich zu führen und
   b) einem zuständigen Beamten auf Verlangen zur Prüfung vorzulegen,
2. für die Dauer des Aufenthalts im Bundesgebiet den erforderlichen Pass oder Passersatz zu besitzen,
3. den Pass oder Passersatz sowie die Aufenthaltskarte, die Bescheinigung des Daueraufenthalts und die Daueraufenthaltskarte den mit der Ausführung dieses Gesetzes betrauten Behörden auf Verlangen vorzulegen, auszuhändigen und vorübergehend zu überlassen, soweit dies zur Durchführung oder Sicherung von Maßnahmen nach diesem Gesetz erforderlich ist.

(1a) Die Personen, deren Einreise und Aufenthalt nach § 1 Absatz 1 durch dieses Gesetz geregelt ist, sind verpflichtet, die in Absatz 1 Nummer 3 genannten Dokumente auf Verlangen einer zur Überprüfung der Identität befugten Behörde vorzulegen und es ihr zu ermöglichen, das Gesicht mit dem Lichtbild im Dokument abzugleichen.

(2) [1]Die mit dem Vollzug dieses Gesetzes betrauten Behörden dürfen unter den Voraussetzungen des Absatzes 1 Nr. 3 die auf dem elektronischen Speicher- und Verarbeitungsmedium eines Dokumentes nach Absatz 1 gespeicherten biometrischen und sonstigen Daten auslesen, die benötigten biometrischen Daten beim Inhaber des Dokumentes erheben und die biometrischen Daten miteinander vergleichen. [2]Biometrische Daten nach Satz 1 sind nur die Fingerabdrücke, das Lichtbild und die Irisbilder. [3]Die Polizeivollzugsbehörden, die Zollverwaltung und die Meldebehörden sind befugt, Maßnahmen nach Satz 1 zu treffen, soweit sie die Echtheit des Dokumentes oder die Identität des Inhabers überprüfen dürfen. [4]Die nach den Sätzen 1 und 3 erhobenen Daten sind unverzüglich nach Beendigung der Prüfung der Echtheit des Dokumentes oder der Identität des Inhabers zu löschen.

[...]

§ 12
Staatsangehörige der EWR-Staaten

Die nach diesem Gesetz für Unionsbürger, Familienangehörige von Unionsbürgern und nahestehende Personen von Unionsbürgern geltenden Regelungen finden jeweils auch für Staatsangehörige der EWR-Staaten, die nicht Unionsbürger sind, und für ihre Familienangehörigen und ihre nahestehenden Personen Anwendung.

[…]

§ 16
Rechtsstellung britischer Staatsangehöriger und ihrer Familienangehörigen

(1) [1]Das in Teil Zwei Titel II Kapitel 1 des Austrittsabkommens vorgesehene Recht auf Einreise und Aufenthalt im Bundesgebiet kann ausgeübt werden, ohne dass es hierfür eines Antrages bedarf. [2]Dieses Recht ist ein Aufenthaltsrecht im Sinne des Artikels 18 Absatz 4 des Austrittsabkommens.

(2) [1]Denjenigen,

1. die das Recht nach Absatz 1 ausüben oder
2. die das nach Artikel 24 Absatz 2, auch in Verbindung mit Artikel 25 Absatz 2, des Austrittsabkommens bestehende Recht ausüben, im Bundesgebiet zu wohnen,

wird von Amts wegen ein Aufenthaltsdokument im Sinne des Artikels 18 Absatz 4 des Austrittsabkommens (Aufenthaltsdokument-GB) ausgestellt. [2]Sie haben ihren Aufenthalt spätestens innerhalb von sechs Monaten nach dem Ende des Übergangszeitraums im Sinne des Teils Vier des Austrittsabkommens bei der zuständigen Ausländerbehörde anzuzeigen, wenn sie nicht bereits Inhaber einer Aufenthaltskarte oder Daueraufenthaltskarte sind. [3]Die Vorschriften des Artikels 18 Absatz 1 Unterabsatz 2 Buchstabe b Satz 2 Buchstabe c sowie i bis n des Austrittsabkommens finden entsprechende Anwendung.

(3) Britische Staatsangehörige, die nach Teil Zwei Titel II Kapitel 2 des Austrittsabkommens Rechte als Grenzgänger haben, sind verpflichtet, ein Dokument (Aufenthaltsdokument für Grenzgänger-GB) zu beantragen, mit dem diese Rechte bescheinigt werden.

(4) § 2 Absatz 4, § 2a Absatz 2 und 4 sowie § 5 Absatz 3 und 4 finden entsprechende Anwendung.

(5) Für die Anwendung anderer Gesetze als des Aufenthaltsgesetzes und dieses Gesetzes stehen Aufenthaltsrechte, auf die in den Absätzen 1 und 2 Bezug genommen wird, dem Freizügigkeitsrecht nach § 2 gleich, sofern im Austrittsabkommen oder durch Gesetz nichts Abweichendes bestimmt ist.

(6) [1]Aufenthaltskarten und Daueraufenthaltskarten werden eingezogen, sobald der Inhaber infolge des Austritts des Vereinigten Königreichs Großbritannien und Nordirland aus der Europäischen Union kein Recht nach § 2 Absatz 1 mehr besitzt. [2]Sie verlieren ab dem 1. Januar 2022 auf jeden Fall ihre Gültigkeit.

[…]

Asylgesetz (AsylG)

vom 2. September 2008 (BGBl. I S. 1798), zuletzt geändert durch Artikel 1 des Gesetzes vom 22. Dezember 2015 (BGBl. 2025 I Nr. 364)

– Auszüge –

§ 1
Geltungsbereich

(1) Dieses Gesetz gilt für Ausländer, die Folgendes beantragen:

1. Schutz vor politischer Verfolgung nach Artikel 16a Absatz 1 des Grundgesetzes oder
2. internationalen Schutz nach der Richtlinie 2011/95/EU des Europäischen Parlaments und des Rates vom 13. Dezember 2011 über Normen für die Anerkennung von Drittstaatsangehörigen oder Staatenlosen als Personen mit Anspruch auf internationalen Schutz, für einen einheitlichen Status für Flüchtlinge oder für Personen mit Anrecht auf subsidiären Schutz und für den Inhalt des zu gewährenden Schutzes (ABl. L 337 vom 20.12.2011, S. 9); der internationale Schutz im Sinne der Richtlinie 2011/95/EU umfasst den Schutz vor Verfolgung nach dem Abkommen vom 28. Juli 1951 über die Rechtsstellung der Flüchtlinge (BGBl. 1953 II S. 559, 560) und den subsidiären Schutz im Sinne der Richtlinie; der nach Maßgabe der Richtlinie 2004/83/EG des Rates vom 29. April 2004 über Mindestnormen für die Anerkennung und den Status von Drittstaatsangehörigen oder Staatenlosen als Flüchtlinge oder als Personen, die anderweitig internationalen Schutz benötigen, und über den Inhalt des zu gewährenden Schutzes (ABl. L 304 vom 30.9.2004, S. 12) gewährte internationale Schutz steht dem internationalen Schutz im Sinne der Richtlinie 2011/95/EU gleich; § 104 Absatz 9 des Aufenthaltsgesetzes bleibt unberührt.

(2) Dieses Gesetz gilt nicht für heimatlose Ausländer im Sinne des Gesetzes über die Rechtsstellung heimatloser Ausländer im Bundesgebiet in der im Bundesgesetzblatt Teil III, Gliederungsnummer 243-1, veröffentlichten bereinigten Fassung in der jeweils geltenden Fassung.

[...]

§ 3
Zuerkennung der Flüchtlingseigenschaft

(1) Ein Ausländer ist Flüchtling im Sinne des Abkommens vom 28. Juli 1951 über die Rechtsstellung der Flüchtlinge (BGBl. 1953 II S. 559, 560), wenn er sich

1. aus begründeter Furcht vor Verfolgung wegen seiner Rasse, Religion, Nationalität, politischen Überzeugung oder Zugehörigkeit zu einer bestimmten sozialen Gruppe

2. außerhalb des Landes (Herkunftsland) befindet,
   a) dessen Staatsangehörigkeit er besitzt und dessen Schutz er nicht in Anspruch nehmen kann oder wegen dieser Furcht nicht in Anspruch nehmen will oder
   b) in dem er als Staatenloser seinen vorherigen gewöhnlichen Aufenthalt hatte und in das er nicht zurückkehren kann oder wegen dieser Furcht nicht zurückkehren will.

(2) [1]Ein Ausländer ist nicht Flüchtling nach Absatz 1, wenn aus schwerwiegenden Gründen die Annahme gerechtfertigt ist, dass er

1. ein Verbrechen gegen den Frieden, ein Kriegsverbrechen oder ein Verbrechen gegen die Menschlichkeit begangen hat im Sinne der internationalen Vertragswerke, die ausgearbeitet worden sind, um Bestimmungen bezüglich dieser Verbrechen zu treffen,
2. vor seiner Aufnahme als Flüchtling eine schwere nichtpolitische Straftat außerhalb des Bundesgebiets begangen hat, insbesondere eine grausame Handlung, auch wenn mit ihr vorgeblich politische Ziele verfolgt wurden, oder
3. den Zielen und Grundsätzen der Vereinten Nationen zuwidergehandelt hat.

[2]Satz 1 gilt auch für Ausländer, die andere zu den darin genannten Straftaten oder Handlungen angestiftet oder sich in sonstiger Weise daran beteiligt haben.

(3) [1]Ein Ausländer ist auch nicht Flüchtling nach Absatz 1, wenn er

1. den Schutz oder Beistand einer Organisation oder einer Einrichtung der Vereinten Nationen mit Ausnahme des Hohen Kommissars der Vereinten Nationen für Flüchtlinge nach Artikel 1 Abschnitt D des Abkommens über die Rechtsstellung der Flüchtlinge genießt oder
2. von den zuständigen Behörden des Staates, in dem er seinen Aufenthalt genommen hat, als Person anerkannt wird, welche die Rechte und Pflichten, die mit dem Besitz der Staatsangehörigkeit dieses Staates verknüpft sind, beziehungsweise gleichwertige Rechte und Pflichten hat.

[2]Wird der Schutz oder Beistand nach Satz 1 Nummer 1 nicht länger gewährt, ohne dass die Lage des Betroffenen gemäß den einschlägigen Resolutionen der Generalversammlung der Vereinten Nationen endgültig erklärt worden ist, sind die Absätze 1 und 2 anwendbar.

(4) Einem Ausländer, der Flüchtling nach Absatz 1 ist, wird die Flüchtlingseigenschaft zuerkannt, es sei denn, er erfüllt die Voraussetzungen des § 60 Absatz 8 Nummer 2 oder 3 des Aufenthaltsgesetzes oder das Bundesamt hat nach § 60 Absatz 8a oder 8b des Aufenthaltsgesetzes von der Anwendung des § 60 Absatz 1 des Aufenthaltsgesetzes abgesehen.

§ 3a
Verfolgungshandlungen

(1) Als Verfolgung im Sinne des § 3 Absatz 1 gelten Handlungen, die
1. auf Grund ihrer Art oder Wiederholung so gravierend sind, dass sie eine schwerwiegende Verletzung der grundlegenden Menschenrechte darstellen, insbesondere der Rechte, von denen nach Artikel 15 Absatz 2 der Konvention vom 4. November 1950 zum Schutze der Menschenrechte und Grundfreiheiten (BGBl. 1952 II S. 685, 953) keine Abweichung zulässig ist, oder
2. in einer Kumulierung unterschiedlicher Maßnahmen, einschließlich einer Verletzung der Menschenrechte, bestehen, die so gravierend ist, dass eine Person davon in ähnlicher wie der in Nummer 1 beschriebenen Weise betroffen ist.

(2) Als Verfolgung im Sinne des Absatzes 1 können unter anderem die folgenden Handlungen gelten:
1. die Anwendung physischer oder psychischer Gewalt, einschließlich sexueller Gewalt,
2. gesetzliche, administrative, polizeiliche oder justizielle Maßnahmen, die als solche diskriminierend sind oder in diskriminierender Weise angewandt werden,
3. unverhältnismäßige oder diskriminierende Strafverfolgung oder Bestrafung,
4. Verweigerung gerichtlichen Rechtsschutzes mit dem Ergebnis einer unverhältnismäßigen oder diskriminierenden Bestrafung,
5. Strafverfolgung oder Bestrafung wegen Verweigerung des Militärdienstes in einem Konflikt, wenn der Militärdienst Verbrechen oder Handlungen umfassen würde, die unter die Ausschlussklauseln des § 3 Absatz 2 fallen,
6. Handlungen, die an die Geschlechtszugehörigkeit anknüpfen oder gegen Kinder gerichtet sind.

(3) Zwischen den in § 3 Absatz 1 Nummer 1 in Verbindung mit den in § 3b genannten Verfolgungsgründen und den in den Absätzen 1 und 2 als Verfolgung eingestuften Handlungen oder dem Fehlen von Schutz vor solchen Handlungen muss eine Verknüpfung bestehen.

§ 3b
Verfolgungsgründe

(1) Bei der Prüfung der Verfolgungsgründe nach § 3 Absatz 1 Nummer 1 ist Folgendes zu berücksichtigen:
1. der Begriff der Rasse umfasst insbesondere die Aspekte Hautfarbe, Herkunft und Zugehörigkeit zu einer bestimmten ethnischen Gruppe;
2. der Begriff der Religion umfasst insbesondere theistische, nichttheistische und atheistische Glaubensüberzeugungen, die Teilnahme oder Nichtteilnahme an religiösen Riten im privaten oder öffentlichen Bereich, allein oder in Gemeinschaft mit anderen, sonstige religiöse Betätigungen oder Mei-

nungsäußerungen und Verhaltensweisen Einzelner oder einer Gemeinschaft, die sich auf eine religiöse Überzeugung stützen oder nach dieser vorgeschrieben sind;
3. der Begriff der Nationalität beschränkt sich nicht auf die Staatsangehörigkeit oder das Fehlen einer solchen, sondern bezeichnet insbesondere auch die Zugehörigkeit zu einer Gruppe, die durch ihre kulturelle, ethnische oder sprachliche Identität, gemeinsame geografische oder politische Herkunft oder ihre Verwandtschaft mit der Bevölkerung eines anderen Staates bestimmt wird;
4. eine Gruppe gilt insbesondere als eine bestimmte soziale Gruppe, wenn
   a) die Mitglieder dieser Gruppe angeborene Merkmale oder einen gemeinsamen Hintergrund, der nicht verändert werden kann, gemein haben oder Merkmale oder eine Glaubensüberzeugung teilen, die so bedeutsam für die Identität oder das Gewissen sind, dass der Betreffende nicht gezwungen werden sollte, auf sie zu verzichten, und
   b) die Gruppe in dem betreffenden Land eine deutlich abgegrenzte Identität hat, da sie von der sie umgebenden Gesellschaft als andersartig betrachtet wird;

   als eine bestimmte soziale Gruppe kann auch eine Gruppe gelten, die sich auf das gemeinsame Merkmal der sexuellen Orientierung gründet; Handlungen, die nach deutschem Recht als strafbar gelten, fallen nicht darunter; eine Verfolgung wegen der Zugehörigkeit zu einer bestimmten sozialen Gruppe kann auch vorliegen, wenn sie allein an das Geschlecht oder die geschlechtliche Identität anknüpft;
5. unter dem Begriff der politischen Überzeugung ist insbesondere zu verstehen, dass der Ausländer in einer Angelegenheit, die die in § 3c genannten potenziellen Verfolger sowie deren Politiken oder Verfahren betrifft, eine Meinung, Grundhaltung oder Überzeugung vertritt, wobei es unerheblich ist, ob er auf Grund dieser Meinung, Grundhaltung oder Überzeugung tätig geworden ist.

(2) Bei der Bewertung der Frage, ob die Furcht eines Ausländers vor Verfolgung begründet ist, ist es unerheblich, ob er tatsächlich die Merkmale der Rasse oder die religiösen, nationalen, sozialen oder politischen Merkmale aufweist, die zur Verfolgung führen, sofern ihm diese Merkmale von seinem Verfolger zugeschrieben werden.

§ 3c
Akteure, von denen Verfolgung ausgehen kann

Die Verfolgung kann ausgehen von
1. dem Staat,
2. Parteien oder Organisationen, die den Staat oder einen wesentlichen Teil des Staatsgebiets beherrschen, oder

3. nichtstaatlichen Akteuren, sofern die in den Nummern 1 und 2 genannten Akteure einschließlich internationaler Organisationen erwiesenermaßen nicht in der Lage oder nicht willens sind, im Sinne des § 3d Schutz vor Verfolgung zu bieten, und dies unabhängig davon, ob in dem Land eine staatliche Herrschaftsmacht vorhanden ist oder nicht.

§ 3d
Akteure, die Schutz bieten können

(1) Schutz vor Verfolgung kann nur geboten werden
1. vom Staat oder
2. von Parteien oder Organisationen einschließlich internationaler Organisationen, die den Staat oder einen wesentlichen Teil des Staatsgebiets beherrschen,

sofern sie willens und in der Lage sind, Schutz gemäß Absatz 2 zu bieten.
(2) [1]Der Schutz vor Verfolgung muss wirksam und darf nicht nur vorübergehender Art sein. [2]Generell ist ein solcher Schutz gewährleistet, wenn die in Absatz 1 genannten Akteure geeignete Schritte einleiten, um die Verfolgung zu verhindern, beispielsweise durch wirksame Rechtsvorschriften zur Ermittlung, Strafverfolgung und Ahndung von Handlungen, die eine Verfolgung darstellen, und wenn der Ausländer Zugang zu diesem Schutz hat.
(3) Bei der Beurteilung der Frage, ob eine internationale Organisation einen Staat oder einen wesentlichen Teil seines Staatsgebiets beherrscht und den in Absatz 2 genannten Schutz bietet, sind etwaige in einschlägigen Rechtsakten der Europäischen Union aufgestellte Leitlinien heranzuziehen.

§ 3e
Interner Schutz

(1) Dem Ausländer wird die Flüchtlingseigenschaft nicht zuerkannt, wenn er
1. in einem Teil seines Herkunftslandes keine begründete Furcht vor Verfolgung oder Zugang zu Schutz vor Verfolgung nach § 3d hat und
2. sicher und legal in diesen Landesteil reisen kann, dort aufgenommen wird und vernünftigerweise erwartet werden kann, dass er sich dort niederlässt.

(2) [1]Bei der Prüfung der Frage, ob ein Teil des Herkunftslandes die Voraussetzungen nach Absatz 1 erfüllt, sind die dortigen allgemeinen Gegebenheiten und die persönlichen Umstände des Ausländers gemäß Artikel 4 der Richtlinie 2011/95/EU zum Zeitpunkt der Entscheidung über den Antrag zu berücksichtigen. [2]Zu diesem Zweck sind genaue und aktuelle Informationen aus relevanten Quellen, wie etwa Informationen des Hohen Kommissars der Vereinten Nationen für Flüchtlinge oder des Europäischen Unterstützungsbüros für Asylfragen, einzuholen.

§ 4
Subsidiärer Schutz

(1) [1]Ein Ausländer ist subsidiär Schutzberechtigter, wenn er stichhaltige Gründe für die Annahme vorgebracht hat, dass ihm in seinem Herkunftsland ein ernsthafter Schaden droht. [2]Als ernsthafter Schaden gilt:
1. die Verhängung oder Vollstreckung der Todesstrafe,
2. Folter oder unmenschliche oder erniedrigende Behandlung oder Bestrafung oder
3. eine ernsthafte individuelle Bedrohung des Lebens oder der Unversehrtheit einer Zivilperson infolge willkürlicher Gewalt im Rahmen eines internationalen oder innerstaatlichen bewaffneten Konflikts.

(2) [1]Ein Ausländer ist von der Zuerkennung subsidiären Schutzes nach Absatz 1 ausgeschlossen, wenn schwerwiegende Gründe die Annahme rechtfertigen, dass er
1. ein Verbrechen gegen den Frieden, ein Kriegsverbrechen oder ein Verbrechen gegen die Menschlichkeit im Sinne der internationalen Vertragswerke begangen hat, die ausgearbeitet worden sind, um Bestimmungen bezüglich dieser Verbrechen festzulegen,
2. eine schwere Straftat begangen hat,
3. sich Handlungen zuschulden kommen lassen hat, die den Zielen und Grundsätzen der Vereinten Nationen, wie sie in der Präambel und den Artikeln 1 und 2 der Charta der Vereinten Nationen (BGBl. 1973 II S. 430, 431) verankert sind, zuwiderlaufen oder
4. eine Gefahr für die Allgemeinheit oder für die Sicherheit der Bundesrepublik Deutschland darstellt.

[2]Diese Ausschlussgründe gelten auch für Ausländer, die andere zu den genannten Straftaten oder Handlungen anstiften oder sich in sonstiger Weise daran beteiligen.

(3) [1]Die §§ 3c bis 3e gelten entsprechend. [2]An die Stelle der Verfolgung, des Schutzes vor Verfolgung beziehungsweise der begründeten Furcht vor Verfolgung treten die Gefahr eines ernsthaften Schadens, der Schutz vor einem ernsthaften Schaden beziehungsweise die tatsächliche Gefahr eines ernsthaften Schadens; an die Stelle der Flüchtlingseigenschaft tritt der subsidiäre Schutz.

[…]

§ 13
Asylantrag

(1) Ein Asylantrag liegt vor, wenn sich dem schriftlich, mündlich oder auf andere Weise geäußerten Willen des Ausländers entnehmen lässt, dass er im Bundesgebiet Schutz vor politischer Verfolgung sucht oder dass er Schutz vor Abschiebung oder einer sonstigen Rückführung in einen Staat begehrt, in dem ihm eine Verfolgung im Sinne des § 3 Absatz 1 oder ein ernsthafter Schaden im Sinne des § 4 Absatz 1 droht.

(2) [1]Mit jedem Asylantrag wird die Anerkennung als Asylberechtigter sowie internationaler Schutz im Sinne des § 1 Absatz 1 Nummer 2 beantragt. [2]Der Ausländer kann den Asylantrag auf die Zuerkennung internationalen Schutzes beschränken. [3]Er ist über die Folgen einer Beschränkung des Antrags zu belehren. [4]§ 24 Absatz 2 bleibt unberührt.

(3) [1]Ein Ausländer, der nicht im Besitz der erforderlichen Einreisepapiere ist, hat an der Grenze um Asyl nachzusuchen (§ 18). [2]Im Falle der unerlaubten Einreise hat er sich unverzüglich bei einer Aufnahmeeinrichtung zu melden (§ 22) oder bei der Ausländerbehörde oder der Polizei um Asyl nachzusuchen (§ 19). [3]Der nachfolgende Asylantrag ist unverzüglich zu stellen.

§ 14
Antragstellung

(1) [1]Der Asylantrag ist bei der Außenstelle des Bundesamtes zu stellen, die der für die Aufnahme des Ausländers zuständigen Aufnahmeeinrichtung zugeordnet ist. [2]Das Bundesamt kann den Ausländer in Abstimmung mit der von der obersten Landesbehörde bestimmten Stelle verpflichten, seinen Asylantrag bei einer anderen Außenstelle zu stellen. [3]Der Ausländer ist vor der Antragstellung schriftlich und gegen Empfangsbestätigung darauf hinzuweisen, dass nach Rücknahme oder unanfechtbarer Ablehnung seines Asylantrages die Erteilung eines Aufenthaltstitels gemäß § 10 Abs. 3 des Aufenthaltsgesetzes Beschränkungen unterliegt. [4]In Fällen des Absatzes 2 Satz 1 Nr. 2 ist der Hinweis unverzüglich nachzuholen.

(2) [1]Der Asylantrag ist beim Bundesamt zu stellen, wenn der Ausländer

1. einen Aufenthaltstitel mit einer Gesamtgeltungsdauer von mehr als sechs Monaten besitzt,
2. sich in Haft oder sonstigem öffentlichem Gewahrsam, in einem Krankenhaus, einer Heil- oder Pflegeanstalt oder in einer Jugendhilfeeinrichtung befindet, oder
3. minderjährig ist und sein gesetzlicher Vertreter nicht verpflichtet ist, in einer Aufnahmeeinrichtung zu wohnen.

[2]Die Ausländerbehörde leitet einen bei ihr eingereichten schriftlichen Antrag unverzüglich dem Bundesamt zu. [3]Das Bundesamt bestimmt die für die Bearbeitung des Asylantrags zuständige Außenstelle.

(3) [1]Befindet sich der Ausländer in Haft oder sonstigem öffentlichem Gewahrsam oder lagen zum Zeitpunkt der Stellung des Asylantrags die Voraussetzungen der Abschiebungshaft vor, so steht die Stellung des Asylantrags der Anordnung oder Aufrechterhaltung von Abschiebungshaft nicht entgegen. [2]Dem Ausländer ist unverzüglich Gelegenheit zu geben, mit einem Rechtsbeistand seiner Wahl Verbindung aufzunehmen, es sei denn, er hat sich selbst vorher anwaltlichen Beistands versichert. [3]Die Abschiebungshaft endet mit der Zustellung der Entscheidung des Bundesamtes, spätestens jedoch vier Wochen nach Eingang des Asylantrags beim Bundesamt, es sei denn, es wurde auf Grund

von Rechtsvorschriften der Europäischen Gemeinschaft oder eines völkerrechtlichen Vertrages über die Zuständigkeit für die Durchführung von Asylverfahren ein Auf- oder Wiederaufnahmeersuchen an einen anderen Staat gerichtet oder der Asylantrag wurde abgelehnt.
[...]

§ 16
Sicherung, Feststellung und Überprüfung der Identität

(1) [1]Die Identität eines Ausländers, der um Asyl nachsucht, ist durch erkennungsdienstliche Maßnahmen zu sichern. [2]Nach Satz 1 dürfen nur Lichtbilder und Abdrucke aller zehn Finger aufgenommen werden; soweit ein Ausländer noch nicht das sechste Lebensjahr vollendet hat, dürfen nach Satz 1 nur Lichtbilder aufgenommen werden. [3]Zur Bestimmung des Herkunftsstaates oder der Herkunftsregion des Ausländers kann das gesprochene Wort außerhalb der förmlichen Anhörung des Ausländers auf Ton- oder Datenträger aufgezeichnet werden. [4]Diese Erhebung darf nur erfolgen, wenn der Ausländer vorher darüber in Kenntnis gesetzt wurde. [5]Die Sprachaufzeichnungen werden beim Bundesamt gespeichert.
(1a) [1]Zur Prüfung der Echtheit des Dokumentes oder der Identität des Ausländers dürfen die auf dem elektronischen Speichermedium eines Passes, anerkannten Passersatzes oder sonstigen Identitätspapiers gespeicherten biometrischen und sonstigen Daten ausgelesen, die benötigten biometrischen Daten erhoben und die biometrischen Daten miteinander verglichen werden. [2]Biometrische Daten nach Satz 1 sind nur die Fingerabdrücke, das Lichtbild und die Irisbilder.
(2) Zuständig für die Maßnahmen nach den Absätzen 1 und 1a sind das Bundesamt und, sofern der Ausländer dort um Asyl nachsucht, auch die in den §§ 18 und 19 bezeichneten Behörden sowie die Aufnahmeeinrichtung, bei der sich der Ausländer meldet.
(3) [1]Das Bundeskriminalamt leistet Amtshilfe bei der Auswertung der nach Absatz 1 Satz 1 erhobenen Daten zum Zwecke der Identitätsfeststellung. [2]Es darf hierfür auch von ihm zur Erfüllung seiner Aufgaben gespeicherte erkennungsdienstliche Daten verarbeiten. [3]Das Bundeskriminalamt darf den in Absatz 2 bezeichneten Behörden den Grund der Speicherung dieser Daten nicht mitteilen, soweit dies nicht nach anderen Rechtsvorschriften zulässig ist.
(3a) [1]Im Rahmen seiner Amtshilfe nach Absatz 3 Satz 1 darf das Bundeskriminalamt die nach Absatz 1 Satz 1 erhobenen Daten auch an die für die Überprüfung der Identität von Personen zuständigen öffentlichen Stellen von Drittstaaten mit Ausnahme des Herkunftsstaates der betroffenen Person sowie von Drittstaaten, in denen die betroffene Person eine Verfolgung oder einen ernsthaften Schaden zu befürchten hat, übermitteln. [2]Die Verantwortung für die Zulässigkeit der Übermittlung trägt das Bundeskriminalamt. [3]Das Bundeskriminalamt hat die Übermittlung und ihren Anlass aufzuzeichnen. [4]Die empfangende Stelle personenbezogener Daten ist darauf hinzuweisen, dass sie nur zu

dem Zweck verarbeitet werden dürfen, zu dem sie übermittelt worden sind. [5]Ferner ist ihr der beim Bundeskriminalamt vorgesehene Löschungszeitpunkt mitzuteilen. [6]Die Übermittlung unterbleibt, wenn tatsächliche Anhaltspunkte dafür vorliegen, dass

1. unter Berücksichtigung der Art der Daten und ihrer Erhebung die schutzwürdigen Interessen der betroffenen Person, insbesondere ihr Interesse, Schutz vor Verfolgung zu erhalten, das Allgemeininteresse an der Übermittlung überwiegen oder
2. die Übermittlung der Daten zu den Grundrechten, dem Abkommen vom 28. Juli 1951 über die Rechtsstellung der Flüchtlinge sowie der Konvention zum Schutz der Menschenrechte und Grundfreiheiten in Widerspruch stünde, insbesondere dadurch, dass durch die Verarbeitung der übermittelten Daten im Empfängerstaat Verletzungen von elementaren rechtsstaatlichen Grundsätzen oder Menschenrechtsverletzungen drohen.

(4) Die nach Absatz 1 Satz 1 erhobenen Daten werden vom Bundeskriminalamt getrennt von anderen erkennungsdienstlichen Daten gespeichert.

(5) [1]Die Verarbeitung der nach Absatz 1 erhobenen Daten ist auch zulässig zur Feststellung der Identität oder Zuordnung von Beweismitteln für Zwecke des Strafverfahrens oder zur Gefahrenabwehr. [2]Die Daten dürfen ferner für die Identifizierung unbekannter oder vermisster Personen verarbeitet werden.

(6) Die nach Absatz 1 erhobenen Daten sind zehn Jahre nach unanfechtbarem Abschluss des Asylverfahrens, die nach Absatz 1a erhobenen Daten unverzüglich nach Beendigung der Prüfung der Echtheit des Dokumentes oder der Identität des Ausländers zu löschen.

[...]

§ 19
Aufgaben der Ausländerbehörde und der Polizei

(1) Ein Ausländer, der bei einer Ausländerbehörde, bei der Bundespolizei oder bei der Polizei eines Landes um Asyl nachsucht, ist in den Fällen des § 14 Abs. 1 unverzüglich an die zuständige oder, soweit diese nicht bekannt ist, an die nächstgelegene Aufnahmeeinrichtung zur Meldung weiterzuleiten.

(2) In den Fällen des Absatzes 1 hat die Behörde, bei der ein Ausländer um Asyl nachsucht, diesen vor der Weiterleitung an die Aufnahmeeinrichtung erkennungsdienstlich zu behandeln (§ 16 Absatz 1).

(3) [1]Ein Ausländer, der aus einem sicheren Drittstaat (§ 26a) unerlaubt eingereist ist, kann ohne vorherige Weiterleitung an eine Aufnahmeeinrichtung nach Maßgabe des § 57 Abs. 1 und 2 des Aufenthaltsgesetzes dorthin zurückgeschoben werden. [2]In diesem Falle ordnet die Ausländerbehörde die Zurückschiebung an, sobald feststeht, dass sie durchgeführt werden kann.

(4) Vorschriften über die Festnahme oder Inhaftnahme bleiben unberührt.

§ 20
Weiterleitung an eine Aufnahmeeinrichtung

(1) [1]Der Ausländer ist verpflichtet, der Weiterleitung nach § 18 Abs. 1 oder § 19 Abs. 1 unverzüglich oder bis zu einem ihm von der Behörde genannten Zeitpunkt zu folgen. [2]Kommt der Ausländer der Verpflichtung nach Satz 1 nicht nach, so findet § 33 Absatz 1, 5 und 6 entsprechend Anwendung. [3]Dies gilt nicht, wenn der Ausländer unverzüglich nachweist, dass das Versäumnis auf Umstände zurückzuführen war, auf die er keinen Einfluss hatte. [4]Auf die Verpflichtung nach Satz 1 sowie die Rechtsfolgen einer Verletzung dieser Verpflichtung ist der Ausländer von der Behörde, bei der er um Asyl nachsucht, schriftlich und gegen Empfangsbestätigung hinzuweisen. [5]Kann der Hinweis nach Satz 4 nicht erfolgen, ist der Ausländer zu der Aufnahmeeinrichtung zu begleiten.
(2) [1]Die Behörde, die den Ausländer an eine Aufnahmeeinrichtung weiterleitet, teilt dieser unverzüglich die Weiterleitung, die Stellung des Asylgesuchs und den erfolgten Hinweis nach Absatz 1 Satz 4 schriftlich mit. [2]Die Aufnahmeeinrichtung unterrichtet unverzüglich, spätestens nach Ablauf einer Woche nach Eingang der Mitteilung nach Satz 1, die ihr zugeordnete Außenstelle des Bundesamtes darüber, ob der Ausländer in der Aufnahmeeinrichtung aufgenommen worden ist, und leitet ihr die Mitteilung nach Satz 1 zu.

§ 21
Verwahrung und Weitergabe von Unterlagen

(1) Die Behörden, die den Ausländer an eine Aufnahmeeinrichtung weiterleiten, nehmen die in § 15 Abs. 2 Nr. 4 und 5 bezeichneten Unterlagen in Verwahrung und leiten sie unverzüglich der Aufnahmeeinrichtung zu.
(2) Meldet sich der Ausländer unmittelbar bei der für seine Aufnahme zuständigen Aufnahmeeinrichtung, nimmt diese die Unterlagen in Verwahrung.
(3) Die für die Aufnahme des Ausländers zuständige Aufnahmeeinrichtung leitet die Unterlagen unverzüglich der ihr zugeordneten Außenstelle des Bundesamtes zu.
(4) Dem Ausländer sind auf Verlangen Abschriften der in Verwahrung genommenen Unterlagen auszuhändigen.
(5) Die Unterlagen sind dem Ausländer wieder auszuhändigen, wenn sie für die weitere Durchführung des Asylverfahrens oder für aufenthaltsbeendende Maßnahmen nicht mehr benötigt werden.
[...]

§ 47
Aufenthalt in Aufnahmeeinrichtungen

(1) [1]Ausländer, die den Asylantrag bei einer Außenstelle des Bundesamtes zu stellen haben (§ 14 Abs. 1), sind verpflichtet, bis zur Entscheidung des Bundesamtes über den Asylantrag und im Falle der Ablehnung des Asylantrags bis zur

Ausreise oder bis zum Vollzug der Abschiebungsandrohung oder -anordnung, längstens jedoch bis zu 18 Monate, bei minderjährigen Kindern und ihren Eltern oder anderen Sorgeberechtigten sowie ihren volljährigen, ledigen Geschwistern längstens jedoch bis zu sechs Monate, in der für ihre Aufnahme zuständigen Aufnahmeeinrichtung zu wohnen. [2]Das Gleiche gilt in den Fällen des § 14 Absatz 2 Satz 1 Nummer 2, wenn die Voraussetzungen dieser Vorschrift vor der Entscheidung des Bundesamtes entfallen. [3]Abweichend von Satz 1 ist der Ausländer verpflichtet, über 18 Monate hinaus in einer Aufnahmeeinrichtung zu wohnen, wenn er

1. seine Mitwirkungspflichten nach § 15 Absatz 2 Nummer 4 bis 7 ohne genügende Entschuldigung verletzt oder die unverschuldet unterbliebene Mitwirkungshandlung nicht unverzüglich nachgeholt hat,
2. wiederholt seine Mitwirkungspflicht nach § 15 Absatz 2 Nummer 1 und 3 ohne genügende Entschuldigung verletzt oder die unverschuldet unterbliebene Mitwirkungshandlung nicht unverzüglich nachgeholt hat,
3. vollziehbar ausreisepflichtig ist und gegenüber einer für den Vollzug des Aufenthaltsgesetzes zuständigen Behörde fortgesetzt über seine Identität oder Staatsangehörigkeit täuscht oder fortgesetzt falsche Angaben macht oder
4. vollziehbar ausreisepflichtig ist und fortgesetzt zumutbare Anforderungen an die Mitwirkung bei der Beseitigung von Ausreisehindernissen, insbesondere hinsichtlich der Identifizierung, der Vorlage eines Reisedokuments oder der Passersatzbeschaffung, nicht erfüllt.

[4]Satz 3 findet keine Anwendung bei minderjährigen Kindern und ihren Eltern oder anderen Sorgeberechtigten sowie ihren volljährigen, ledigen Geschwistern. [5]Die §§ 48 bis 50 bleiben unberührt.

(1a) [1]Abweichend von Absatz 1 sind Ausländer aus einem sicheren Herkunftsstaat (§ 29a oder § 29b) verpflichtet, bis zur Entscheidung des Bundesamtes über den Asylantrag und im Falle der Ablehnung des Asylantrags nach § 29a oder § 29b als offensichtlich unbegründet oder nach § 29 Absatz 1 Nummer 1 als unzulässig bis zur Ausreise oder bis zum Vollzug der Abschiebungsandrohung oder -anordnung in der für ihre Aufnahme zuständigen Aufnahmeeinrichtung zu wohnen. [2]Satz 1 gilt nicht bei minderjährigen Kindern und ihren Eltern oder anderen Sorgeberechtigten sowie ihren volljährigen, ledigen Geschwistern.[3]Die §§ 48 bis 50 bleiben unberührt.

(1b) [1]Die Länder können regeln, dass Ausländer abweichend von Absatz 1 verpflichtet sind, bis zur Entscheidung des Bundesamtes über den Asylantrag und im Falle der Ablehnung des Asylantrags als offensichtlich unbegründet oder als unzulässig bis zur Ausreise oder bis zum Vollzug der Abschiebungsandrohung oder -anordnung in der für ihre Aufnahme zuständigen Aufnahmeeinrichtung, längstens jedoch für 24 Monate, zu wohnen. [2]Die §§ 48 bis 50 bleiben unberührt.

(2) Sind Eltern eines minderjährigen ledigen Kindes verpflichtet, in einer Aufnahmeeinrichtung zu wohnen, so kann auch das Kind in der Aufnahmeeinrichtung wohnen, auch wenn es keinen Asylantrag gestellt hat.
(3) Für die Dauer der Pflicht, in einer Aufnahmeeinrichtung zu wohnen, ist der Ausländer verpflichtet, für die zuständigen Behörden und Gerichte erreichbar zu sein.
(4) [1]Die Aufnahmeeinrichtung weist den Ausländer innerhalb von 15 Tagen nach der Asylantragstellung möglichst schriftlich und in einer Sprache, deren Kenntnis vernünftigerweise vorausgesetzt werden kann, auf seine Rechte und Pflichten nach dem Asylbewerberleistungsgesetz hin. [2]Die Aufnahmeeinrichtung benennt in dem Hinweis nach Satz 1 auch, wer dem Ausländer Rechtsbeistand gewähren kann und welche Vereinigungen den Ausländer über seine Unterbringung und medizinische Versorgung beraten können.

§ 48
Beendigung der Verpflichtung, in einer Aufnahmeeinrichtung zu wohnen

Die Verpflichtung, in einer Aufnahmeeinrichtung zu wohnen, endet vor Ablauf des nach § 47 Absatz 1 Satz 1 bestimmten Zeitraums, wenn der Ausländer
1. verpflichtet ist, an einem anderen Ort oder in einer anderen Unterkunft Wohnung zu nehmen,
2. als Asylberechtigter anerkannt ist oder ihm internationaler Schutz im Sinne des § 1 Absatz 1 Nummer 2 zuerkannt wurde oder
3. nach der Antragstellung durch Eheschließung oder Begründung einer Lebenspartnerschaft im Bundesgebiet die Voraussetzungen für einen Rechtsanspruch auf Erteilung eines Aufenthaltstitels nach dem Aufenthaltsgesetz erfüllt.

[...]

§ 53
Unterbringung in Gemeinschaftsunterkünften

(1) [1]Ausländer, die einen Asylantrag gestellt haben und nicht oder nicht mehr verpflichtet sind, in einer Aufnahmeeinrichtung zu wohnen, sollen in der Regel in Gemeinschaftsunterkünften untergebracht werden. [2]Hierbei sind sowohl das öffentliche Interesse als auch Belange des Ausländers zu berücksichtigen.
(2) [1]Eine Verpflichtung, in einer Gemeinschaftsunterkunft zu wohnen, endet, wenn das Bundesamt einen Ausländer als Asylberechtigten anerkannt oder ein Gericht das Bundesamt zur Anerkennung verpflichtet hat, auch wenn ein Rechtsmittel eingelegt worden ist, sofern durch den Ausländer eine anderweitige Unterkunft nachgewiesen wird und der öffentlichen Hand dadurch Mehrkosten nicht entstehen. [2]Das Gleiche gilt, wenn das Bundesamt oder ein Gericht einem Ausländer internationalen Schutz im Sinne des § 1 Absatz 1 Nummer 2 zuerkannt

hat. [3]In den Fällen der Sätze 1 und 2 endet die Verpflichtung auch für die Familienangehörigen im Sinne des § 26 Absatz 1 bis 3 des Ausländers.
(3) § 44 Absatz 2a und 3 gilt entsprechend.
[...]

§ 59
Durchsetzung der räumlichen Beschränkung

(1) [1]Die Verlassenspflicht nach § 12 Abs. 3 des Aufenthaltsgesetzes kann, soweit erforderlich, auch ohne Androhung durch Anwendung unmittelbaren Zwangs durchgesetzt werden. [2]Reiseweg und Beförderungsmittel sollen vorgeschrieben werden.
(2) Der Ausländer ist festzunehmen und zur Durchsetzung der Verlassenspflicht auf richterliche Anordnung in Haft zu nehmen, wenn die freiwillige Erfüllung der Verlassenspflicht, auch in den Fällen des § 59a Absatz 2, nicht gesichert ist und andernfalls deren Durchsetzung wesentlich erschwert oder gefährdet würde.
(3) Zuständig für Maßnahmen nach den Absätzen 1 und 2 sind
1. die Polizeien der Länder,
2. die Grenzbehörde, bei der der Ausländer um Asyl nachsucht,
3. die Ausländerbehörde, in deren Bezirk sich der Ausländer aufhält,
4. die Aufnahmeeinrichtung, in der der Ausländer sich meldet, sowie
5. die Aufnahmeeinrichtung, die den Ausländer aufgenommen hat.

§ 59a
Erlöschen der räumlichen Beschränkung

(1) [1]Die räumliche Beschränkung nach § 56 erlischt, wenn sich der Ausländer seit drei Monaten ununterbrochen erlaubt, geduldet oder gestattet im Bundesgebiet aufhält. [2]Die räumliche Beschränkung erlischt abweichend von Satz 1 nicht, solange die Verpflichtung des Ausländers, in der für seine Aufnahme zuständigen Aufnahmeeinrichtung zu wohnen, fortbesteht.
(2) [1]Räumliche Beschränkungen bleiben auch nach Erlöschen der Aufenthaltsgestattung in Kraft bis sie aufgehoben werden, längstens aber bis zu dem in Absatz 1 bestimmten Zeitpunkt. [2]Abweichend von Satz 1 erlöschen räumliche Beschränkungen, wenn der Aufenthalt nach § 25 Absatz 1 Satz 3 oder § 25 Absatz 2 Satz 2 des Aufenthaltsgesetzes als erlaubt gilt oder ein Aufenthaltstitel erteilt wird.

§ 59b
Anordnung der räumlichen Beschränkung

(1) Eine räumliche Beschränkung der Aufenthaltsgestattung kann unabhängig von § 59a Absatz 1 durch die zuständige Ausländerbehörde angeordnet werden, wenn
1. der Ausländer wegen einer Straftat, mit Ausnahme solcher Straftaten, deren Tatbestand nur von Ausländern verwirklicht werden kann, rechtskräftig verurteilt worden ist,

2. Tatsachen die Schlussfolgerung rechtfertigen, dass der Ausländer gegen Vorschriften des Betäubungsmittelgesetzes verstoßen hat,
3. konkrete Maßnahmen zur Aufenthaltsbeendigung gegen den Ausländer bevorstehen oder
4. von dem Ausländer eine erhebliche Gefahr für die innere Sicherheit oder für Leib und Leben Dritter ausgeht.

(2) Die §§ 56, 58, 59 und 59a Absatz 2 gelten entsprechend.

[...]

§ 61
Erwerbstätigkeit

(1) [1]Für die Dauer der Pflicht, in einer Aufnahmeeinrichtung zu wohnen, darf der Ausländer keine Erwerbstätigkeit ausüben. [2]Abweichend von Satz 1 ist dem Ausländer die Ausübung einer Beschäftigung zu erlauben, wenn

1. das Asylverfahren nicht innerhalb von sechs Monaten nach der Stellung des Asylantrags unanfechtbar abgeschlossen ist,
2. die Bundesagentur für Arbeit zugestimmt hat oder durch Rechtsverordnung bestimmt ist, dass die Ausübung der Beschäftigung ohne Zustimmung der Bundesagentur für Arbeit zulässig ist,
3. der Ausländer nicht Staatsangehöriger eines sicheren Herkunftsstaates (§ 29a oder § 29b) ist und
4. der Asylantrag nicht als offensichtlich unbegründet oder als unzulässig abgelehnt wurde, es sei denn das Verwaltungsgericht hat die aufschiebende Wirkung der Klage gegen die Entscheidung des Bundesamtes angeordnet;

Ausländern, die seit mindestens sechs Monaten eine Duldung nach § 60a des Aufenthaltsgesetzes besitzen, soll die Ausübung einer Beschäftigung erlaubt werden, es sei denn, zum Zeitpunkt der Beantragung der Erlaubnis zur Ausübung einer Beschäftigung stehen konkrete Maßnahmen zur Aufenthaltsbeendigung, die in einem hinreichenden sachlichen und zeitlichen Zusammenhang zur Aufenthaltsbeendigung stehen, bevor; diese konkreten Maßnahmen zur Aufenthaltsbeendigung stehen bevor, wenn

1. eine ärztliche Untersuchung zur Feststellung der Reisefähigkeit veranlasst wurde,
2. der Ausländer einen Antrag zur Förderung mit staatlichen Mitteln einer freiwilligen Ausreise gestellt hat,
3. die Buchung von Transportmitteln für die Abschiebung eingeleitet wurde,
4. vergleichbar konkrete Vorbereitungsmaßnahmen zur Abschiebung des Ausländers eingeleitet wurden, es sei denn, es ist von vornherein absehbar, dass diese nicht zum Erfolg führen, oder
5. ein Verfahren zur Bestimmung des zuständigen Mitgliedstaates gemäß Artikel 20 Absatz 1 der Verordnung (EU) Nr. 604/2013 eingeleitet wurde.

[3]Die §§ 39, 40 Absatz 1 Nummer 1 und Absatz 2 und die §§ 41 und 42 des Aufenthaltsgesetzes gelten entsprechend für Ausländer nach Satz 2.

(2) [1]Im Übrigen kann einem Asylbewerber, der sich seit drei Monaten gestattet im Bundesgebiet aufhält, gemäß § 4a Absatz 4 des Aufenthaltsgesetzes die Ausübung einer Beschäftigung erlaubt werden, wenn die Bundesagentur für Arbeit zugestimmt hat oder durch Rechtsverordnung bestimmt ist, dass die Ausübung der Beschäftigung ohne Zustimmung der Bundesagentur für Arbeit zulässig ist. [2]Ein geduldeter oder rechtmäßiger Voraufenthalt wird auf die Wartezeit nach Satz 1 angerechnet. [3]Die §§ 39, 40 Absatz 1 Nummer 1 und Absatz 2 und die §§ 41 und 42 des Aufenthaltsgesetzes gelten entsprechend. [4]Einem Ausländer aus einem sicheren Herkunftsstaat gemäß § 29a oder § 29b, der nach dem 31. August 2015 einen Asylantrag gestellt hat, darf während des Asylverfahrens die Ausübung einer Beschäftigung nicht erlaubt werden. [5]Absatz 1 Satz 2 bleibt unberührt.

[…]

§ 63
Bescheinigung über die Aufenthaltsgestattung

(1) [1]Dem Ausländer wird nach der Asylantragstellung innerhalb von drei Arbeitstagen eine mit den Angaben zur Person und einem Lichtbild versehene Bescheinigung über die Aufenthaltsgestattung ausgestellt, wenn er nicht im Besitz eines Aufenthaltstitels ist. [2]Im Falle des Absatzes 3 Satz 2 ist der Ausländer bei der Asylantragstellung aufzufordern, innerhalb der Frist nach Satz 1 bei der zuständigen Ausländerbehörde die Ausstellung der Bescheinigung zu beantragen.

(2) [1]Die Bescheinigung ist zu befristen. [2]Solange der Ausländer verpflichtet ist, in einer Aufnahmeeinrichtung zu wohnen, beträgt die Frist längstens sechs und im Übrigen längstens zwölf Monate.

(3) [1]Zuständig für die Ausstellung der Bescheinigung ist das Bundesamt, solange der Ausländer verpflichtet ist, in einer Aufnahmeeinrichtung zu wohnen. [2]Im Übrigen ist die Ausländerbehörde zuständig, auf deren Bezirk die Aufenthaltsgestattung beschränkt ist oder in deren Bezirk der Ausländer Wohnung zu nehmen hat. [3]Auflagen und Änderungen der räumlichen Beschränkung sowie deren Anordnung (§ 59b) können auch von der Behörde vermerkt werden, die sie verfügt hat.

(4) Die Bescheinigung soll eingezogen werden, wenn die Aufenthaltsgestattung erloschen ist.

(5) [1]Die Bescheinigung enthält folgende Angaben:

1. das Datum der Ausstellung des Ankunftsnachweises gemäß § 63a Absatz 1 Satz 2 Nummer 12,
2. das Datum der Asylantragstellung und
3. die AZR-Nummer.

[2]Im Übrigen gilt § 78a Absatz 5 des Aufenthaltsgesetzes entsprechend.

§ 63a
Bescheinigung über die Meldung als Asylsuchender

(1) [1]Einem Ausländer, der um Asyl nachgesucht hat und nach den Vorschriften des Asylgesetzes oder des Aufenthaltsgesetzes erkennungsdienstlich behandelt worden ist, aber noch keinen Asylantrag gestellt hat, wird unverzüglich eine Bescheinigung über die Meldung als Asylsuchender (Ankunftsnachweis) ausgestellt. [2]Dieses Dokument enthält folgende sichtbar aufgebrachte Angaben:

1. Name und Vornamen,
2. Geburtsname,
3. Lichtbild,
4. Geburtsdatum,
5. Geburtsort,
6. Abkürzung der Staatsangehörigkeit,
7. Geschlecht,
8. Größe und Augenfarbe,
9. zuständige Aufnahmeeinrichtung,
10. Seriennummer der Bescheinigung (AKN-Nummer),
11. ausstellende Behörde,
12. Ausstellungsdatum,
13. Unterschrift des Inhabers,
14. Gültigkeitsdauer,
15. Verlängerungsvermerk,
16. das Geschäftszeichen der Registerbehörde (AZR-Nummer),
17. Vermerk mit den Namen und Vornamen der begleitenden minderjährigen Kinder und Jugendlichen,
18. Vermerk, dass die Angaben auf den eigenen Angaben des Inhabers beruhen,
19. Vermerk, dass der Inhaber mit dieser Bescheinigung nicht der Pass- und Ausweispflicht genügt,
20. maschinenlesbare Zone und
21. Barcode.

[3]Die Zone für das automatische Lesen enthält die in Satz 2 Nummer 1, 4, 6, 7, 10 und 14 genannten Angaben, die Abkürzung „MED“, Prüfziffern und Leerstellen. [4]Der automatisch erzeugte Barcode enthält die in Satz 3 genannten Angaben, eine digitale Signatur und die AZR-Nummer. [5]Die Unterschrift durch ein Kind ist zu leisten, wenn es zum Zeitpunkt der Ausstellung des Ankunftsnachweises das zehnte Lebensjahr vollendet hat.

(2) [1]Die Bescheinigung nach Absatz 1 ist auf längstens sechs Monate zu befristen. [2]Sie soll ausnahmsweise um jeweils längstens drei Monate verlängert werden, wenn

1. dem Ausländer bis zum Ablauf der Frist nach Satz 1 oder der verlängerten Frist nach Halbsatz 1 kein Termin bei der Außenstelle des Bundesamtes nach § 23 Absatz 1 genannt wurde,

2. der dem Ausländer nach § 23 Absatz 1 genannte Termin bei der Außenstelle des Bundesamtes außerhalb der Frist nach Satz 1 oder der verlängerten Frist nach Halbsatz 1 liegt oder
3. der Ausländer den ihm genannten Termin aus Gründen, die er nicht zu vertreten hat, nicht wahrnimmt.

(3) [1]Zuständig für die Ausstellung, Änderung der Anschrift und Verlängerung einer Bescheinigung nach Absatz 1 ist die Aufnahmeeinrichtung, auf die der Ausländer verteilt worden ist, sofern nicht die dieser Aufnahmeeinrichtung zugeordnete Außenstelle des Bundesamtes eine erkennungsdienstliche Behandlung des Ausländers oder die Verarbeitung seiner personenbezogenen Daten vornimmt. [2]Ist der Ausländer nicht mehr verpflichtet in der Aufnahmeeinrichtung zu wohnen, ist für die Verlängerung der Bescheinigung die Ausländerbehörde zuständig, in deren Bezirk der Ausländer sich aufzuhalten verpflichtet ist oder Wohnung zu nehmen hat; besteht eine solche Verpflichtung nicht, ist die Ausländerbehörde zuständig, in deren Bezirk sich der Ausländer tatsächlich aufhält.

(4) [1]Die Gültigkeit der Bescheinigung nach Absatz 1 endet mit Ablauf der Frist nach Absatz 2 Satz 1 oder der verlängerten Frist nach Absatz 2 Satz 2, mit Ausstellung der Bescheinigung über die Aufenthaltsgestattung nach § 63 oder mit dem Erlöschen der Aufenthaltsgestattung nach § 67. [2]Bei Ausstellung der Bescheinigung über die Aufenthaltsgestattung wird die Bescheinigung nach Absatz 1 eingezogen. [3]Zuständig für die Einziehung ist die Behörde, welche die Bescheinigung über die Aufenthaltsgestattung ausstellt.

(5) Der Inhaber ist verpflichtet, der zuständigen Aufnahmeeinrichtung, dem Bundesamt oder der Ausländerbehörde unverzüglich
1. den Ankunftsnachweis vorzulegen, wenn eine Eintragung unrichtig ist,
2. auf Verlangen den Ankunftsnachweis beim Empfang eines neuen Ankunftsnachweises oder der Aufenthaltsgestattung abzugeben,
3. den Verlust des Ankunftsnachweises anzuzeigen und im Falle des Wiederauffindens diesen vorzulegen,
4. auf Verlangen den Ankunftsnachweis abzugeben, wenn er eine einwandfreie Feststellung der Identität des Nachweisinhabers nicht zulässt oder er unerlaubt verändert worden ist.

§ 64
Ausweispflicht

(1) Der Ausländer genügt für die Dauer des Asylverfahrens seiner Ausweispflicht mit der Bescheinigung über die Aufenthaltsgestattung.

(2) Die Bescheinigung berechtigt nicht zum Grenzübertritt.

[...]

§ 66
Ausschreibung zur Aufenthaltsermittlung

(1) Der Ausländer kann zur Aufenthaltsermittlung im Ausländerzentralregister und in den Fahndungshilfsmitteln der Polizei ausgeschrieben werden, wenn sein Aufenthaltsort unbekannt ist und er

1. innerhalb einer Woche nicht in der Aufnahmeeinrichtung eintrifft, an die er weitergeleitet worden ist,
2. die Aufnahmeeinrichtung verlassen hat und innerhalb einer Woche nicht zurückgekehrt ist,
3. einer Zuweisungsverfügung oder einer Verfügung nach § 60 Abs. 2 Satz 1 innerhalb einer Woche nicht Folge geleistet hat oder
4. unter der von ihm angegebenen Anschrift oder der Anschrift der Unterkunft, in der er Wohnung zu nehmen hat, nicht erreichbar ist;

die in Nummer 4 bezeichneten Voraussetzungen liegen vor, wenn der Ausländer eine an die Anschrift bewirkte Zustellung nicht innerhalb von zwei Wochen in Empfang genommen hat.

(2) [1]Zuständig, die Ausschreibung zu veranlassen, sind die Aufnahmeeinrichtung, die Ausländerbehörde, in deren Bezirk sich der Ausländer aufzuhalten oder Wohnung zu nehmen hat, und das Bundesamt. [2]Die Ausschreibung darf nur von hierzu besonders ermächtigten Personen veranlasst werden.

§ 67
Erlöschen der Aufenthaltsgestattung

(1) [1]Die Aufenthaltsgestattung erlischt,

1. wenn der Ausländer nach § 18 Absatz 2 und 3 zurückgewiesen oder zurückgeschoben wird,
2. wenn der Ausländer innerhalb von zwei Wochen, nachdem ihm der Ankunftsnachweis ausgestellt worden ist, noch keinen Asylantrag gestellt hat,
3. im Falle der Rücknahme des Asylantrags mit der Zustellung der Entscheidung des Bundesamtes,
4. wenn eine nach diesem Gesetz oder nach § 60 Absatz 9 des Aufenthaltsgesetzes erlassene Abschiebungsandrohung vollziehbar geworden ist,
5. mit der Vollziehbarkeit einer Abschiebungsanordnung nach § 34a,

5a. mit der Bekanntgabe einer Abschiebungsanordnung nach § 58a des Aufenthaltsgesetzes,

6. im Übrigen, wenn die Entscheidung des Bundesamtes unanfechtbar geworden ist.

[2]Liegt in den Fällen des § 23 Absatz 1 der dem Ausländer genannte Termin bei der Außenstelle des Bundesamtes nach der sich aus Satz 1 Nummer 2 ergebenden Frist, dann erlischt die Aufenthaltsgestattung nach dieser Bestimmung erst, wenn der Ausländer bis zu diesem Termin keinen Asylantrag stellt.

(2) Die Aufenthaltsgestattung tritt wieder in Kraft, wenn
1. ein nach § 33 Absatz 1 eingestelltes Verfahren wieder aufgenommen wird oder
2. der Ausländer den Asylantrag nach Ablauf der in Absatz 1 Satz 1 Nummer 2 oder Satz 2 genannten Frist stellt.

[...]

Gesetz über den Aufenthalt, die Erwerbstätigkeit und die Integration von Ausländern im Bundesgebiet (Aufenthaltsgesetz – AufenthG)

vom 25. Februar 2008 (BGBl. I S. 162),
zuletzt geändert durch Artikel 2 des Gesetzes vom 27. Oktober 2025 (BGBl. 2025 I Nr. 256)

– Auszüge –

§ 1
Zweck des Gesetzes; Anwendungsbereich

(1) [1]Das Gesetz dient der Steuerung und Begrenzung des Zuzugs von Ausländern in die Bundesrepublik Deutschland. [2]Es ermöglicht und gestaltet Zuwanderung unter Berücksichtigung der Aufnahme- und Integrationsfähigkeit sowie der wirtschaftlichen und arbeitsmarktpolitischen Interessen der Bundesrepublik Deutschland. [3]Das Gesetz dient zugleich der Erfüllung der humanitären Verpflichtungen der Bundesrepublik Deutschland. [4]Es regelt hierzu die Einreise, den Aufenthalt, die Erwerbstätigkeit und die Integration von Ausländern. [5]Die Regelungen in anderen Gesetzen bleiben unberührt.

(2) Dieses Gesetz findet keine Anwendung auf Ausländer,

1. deren Rechtsstellung von dem Gesetz über die allgemeine Freizügigkeit von Unionsbürgern geregelt ist, soweit nicht durch Gesetz etwas anderes bestimmt ist,
2. die nach Maßgabe der §§ 18 bis 20 des Gerichtsverfassungsgesetzes nicht der deutschen Gerichtsbarkeit unterliegen,
3. soweit sie nach Maßgabe völkerrechtlicher Verträge für den diplomatischen und konsularischen Verkehr und für die Tätigkeit internationaler Organisationen und Einrichtungen von Einwanderungsbeschränkungen, von der Verpflichtung, ihren Aufenthalt der Ausländerbehörde anzuzeigen und dem Erfordernis eines Aufenthaltstitels befreit sind und wenn Gegenseitigkeit besteht, sofern die Befreiungen davon abhängig gemacht werden können.

[…]

§ 3
Passpflicht

(1) [1]Ausländer dürfen nur in das Bundesgebiet einreisen oder sich darin aufhalten, wenn sie einen anerkannten und gültigen Pass oder Passersatz besitzen, sofern sie von der Passpflicht nicht durch Rechtsverordnung befreit sind. [2]Für den Aufenthalt im Bundesgebiet erfüllen sie die Passpflicht auch durch den Besitz eines Ausweisersatzes (§ 48 Abs. 2).

(2) Das Bundesministerium des Innern, für Bau und Heimat oder die von ihm bestimmte Stelle kann in begründeten Einzelfällen vor der Einreise des Ausländers für den Grenzübertritt und einen anschließenden Aufenthalt von bis zu sechs Monaten Ausnahmen von der Passpflicht zulassen.

§ 4
Erfordernis eines Aufenthaltstitels

(1) [1]Ausländer bedürfen für die Einreise und den Aufenthalt im Bundesgebiet eines Aufenthaltstitels, sofern nicht durch Recht der Europäischen Union oder durch Rechtsverordnung etwas anderes bestimmt ist oder auf Grund des Abkommens vom 12. September 1963 zur Gründung einer Assoziation zwischen der Europäischen Wirtschaftsgemeinschaft und der Türkei (BGBl. 1964 II S. 509) (Assoziationsabkommen EWG/Türkei) ein Aufenthaltsrecht besteht. [2]Die Aufenthaltstitel werden erteilt als
1. Visum im Sinne des § 6 Absatz 1 Nummer 1 und Absatz 3,
2. Aufenthaltserlaubnis (§ 7),
2a. Blaue Karte EU (§ 18g),
2b. ICT-Karte (§ 19),
2c. Mobiler-ICT-Karte (§ 19b),
3. Niederlassungserlaubnis (§ 9) oder
4. Erlaubnis zum Daueraufenthalt – EU (§ 9a).

[3]Die für die Aufenthaltserlaubnis geltenden Rechtsvorschriften werden auch auf die Blaue Karte EU, die ICT-Karte und die Mobiler-ICT-Karte angewandt, sofern durch Gesetz oder Rechtsverordnung nichts anderes bestimmt ist.
(2) [1]Ein Ausländer, dem nach dem Assoziationsabkommen EWG/Türkei ein Aufenthaltsrecht zusteht, ist verpflichtet, das Bestehen des Aufenthaltsrechts durch den Besitz einer Aufenthaltserlaubnis nachzuweisen, sofern er weder eine Niederlassungserlaubnis noch eine Erlaubnis zum Daueraufenthalt – EU besitzt. [2]Die Aufenthaltserlaubnis wird auf Antrag ausgestellt.
[...]

§ 6
Visum

(1) Einem Ausländer können nach Maßgabe der Verordnung (EG) Nr. 810/2009 folgende Visa erteilt werden:
1. ein Visum für die Durchreise durch das Hoheitsgebiet der Schengen-Staaten oder für geplante Aufenthalte in diesem Gebiet von bis zu 90 Tagen je Zeitraum von 180 Tagen (Schengen-Visum),
2. ein Flughafentransitvisum für die Durchreise durch die internationalen Transitzonen der Flughäfen.

(2) [1]Schengen-Visa können nach Maßgabe der Verordnung (EG) Nr. 810/2009 bis zu einer Gesamtaufenthaltsdauer von 90 Tagen je Zeitraum von 180 Tagen verlängert werden. [2]Für weitere 90 Tage innerhalb des betreffenden Zeitraums

von 180 Tagen kann ein Schengen-Visum aus den in Artikel 33 der Verordnung (EG) Nr. 810/2009/EG genannten Gründen, zur Wahrung politischer Interessen der Bundesrepublik Deutschland oder aus völkerrechtlichen Gründen als nationales Visum verlängert werden.

(2a) Schengen-Visa berechtigen nicht zur Ausübung einer Erwerbstätigkeit, es sei denn, sie wurden zum Zweck der Erwerbstätigkeit erteilt.

(3) [1]Für längerfristige Aufenthalte ist ein Visum für das Bundesgebiet (nationales Visum) erforderlich, das vor der Einreise erteilt wird. [2]Die Erteilung richtet sich nach den für die Aufenthaltserlaubnis, die Blaue Karte EU, die ICT-Karte, die Niederlassungserlaubnis und die Erlaubnis zum Daueraufenthalt – EU geltenden Vorschriften. [3]Die Dauer des rechtmäßigen Aufenthalts mit einem nationalen Visum wird auf die Zeiten des Besitzes einer Aufenthaltserlaubnis, Blauen Karte EU, Niederlassungserlaubnis oder Erlaubnis zum Daueraufenthalt – EU angerechnet.

(4) Ein Ausnahme-Visum im Sinne des § 14 Absatz 2 wird als Visum im Sinne des Absatzes 1 Nummer 1 oder des Absatzes 3 erteilt.

§ 7
Aufenthaltserlaubnis

(1) [1]Die Aufenthaltserlaubnis ist ein befristeter Aufenthaltstitel. [2]Sie wird zu den in den nachfolgenden Abschnitten genannten Aufenthaltszwecken erteilt. [3]In begründeten Fällen kann eine Aufenthaltserlaubnis auch für einen von diesem Gesetz nicht vorgesehenen Aufenthaltszweck erteilt werden. [4]Die Aufenthaltserlaubnis nach Satz 3 berechtigt nicht zur Erwerbstätigkeit; sie kann nach § 4a Absatz 1 erlaubt werden.

(2) [1]Die Aufenthaltserlaubnis ist unter Berücksichtigung des beabsichtigten Aufenthaltszwecks zu befristen. [2]Ist eine für die Erteilung, die Verlängerung oder die Bestimmung der Geltungsdauer wesentliche Voraussetzung entfallen, so kann die Frist auch nachträglich verkürzt werden.

[...]

§ 9
Niederlassungserlaubnis

(1) [1]Die Niederlassungserlaubnis ist ein unbefristeter Aufenthaltstitel. [2]Sie kann nur in den durch dieses Gesetz ausdrücklich zugelassenen Fällen mit einer Nebenbestimmung versehen werden. [3]§ 47 bleibt unberührt.

(2) [1]Einem Ausländer ist die Niederlassungserlaubnis zu erteilen, wenn

1. er seit fünf Jahren die Aufenthaltserlaubnis besitzt,
2. sein Lebensunterhalt gesichert ist,
3. er mindestens 60 Monate Pflichtbeiträge oder freiwillige Beiträge zur gesetzlichen Rentenversicherung geleistet hat oder Aufwendungen für einen Anspruch auf vergleichbare Leistungen einer Versicherungs- oder Versorgungseinrichtung oder eines Versicherungsunternehmens nachweist; beruf-

liche Ausfallzeiten auf Grund von Kinderbetreuung oder häuslicher Pflege werden entsprechend angerechnet,
4. Gründe der öffentlichen Sicherheit oder Ordnung unter Berücksichtigung der Schwere oder der Art des Verstoßes gegen die öffentliche Sicherheit oder Ordnung oder der vom Ausländer ausgehenden Gefahr unter Berücksichtigung der Dauer des bisherigen Aufenthalts und dem Bestehen von Bindungen im Bundesgebiet nicht entgegenstehen,
5. ihm die Beschäftigung erlaubt ist, sofern er Arbeitnehmer ist,
6. er im Besitz der sonstigen für eine dauernde Ausübung seiner Erwerbstätigkeit erforderlichen Erlaubnisse ist,
7. er über ausreichende Kenntnisse der deutschen Sprache verfügt,
8. er über Grundkenntnisse der Rechts- und Gesellschaftsordnung und der Lebensverhältnisse im Bundesgebiet verfügt und
9. er über ausreichenden Wohnraum für sich und seine mit ihm in häuslicher Gemeinschaft lebenden Familienangehörigen verfügt.

[2]Die Voraussetzungen des Satzes 1 Nr. 7 und 8 sind nachgewiesen, wenn ein Integrationskurs erfolgreich abgeschlossen wurde. [3]Von diesen Voraussetzungen wird abgesehen, wenn der Ausländer sie wegen einer körperlichen, geistigen oder seelischen Krankheit oder Behinderung nicht erfüllen kann. [4]Im Übrigen kann zur Vermeidung einer Härte von den Voraussetzungen des Satzes 1 Nr. 7 und 8 abgesehen werden. [5]Ferner wird davon abgesehen, wenn der Ausländer sich auf einfache Art in deutscher Sprache mündlich verständigen kann und er nach § 44 Abs. 3 Nr. 2 keinen Anspruch auf Teilnahme am Integrationskurs hatte oder er nach § 44a Abs. 2 Nr. 3 nicht zur Teilnahme am Integrationskurs verpflichtet war. [6]Darüber hinaus wird von den Voraussetzungen des Satzes 1 Nr. 2 und 3 abgesehen, wenn der Ausländer diese aus den in Satz 3 genannten Gründen nicht erfüllen kann.

(3) [1]Bei Ehegatten, die in ehelicher Lebensgemeinschaft leben, genügt es, wenn die Voraussetzungen nach Absatz 2 Satz 1 Nr. 3, 5 und 6 durch einen Ehegatten erfüllt werden. [2]Von der Voraussetzung nach Absatz 2 Satz 1 Nr. 3 wird abgesehen, wenn sich der Ausländer in einer Ausbildung befindet, die zu einem anerkannten schulischen oder beruflichen Bildungsabschluss oder einem Hochschulabschluss führt. [3]Satz 1 gilt in den Fällen des § 26 Abs. 4 entsprechend.

(3a) [1]Dem Ehegatten eines Ausländers, der eine Niederlassungserlaubnis nach § 18c besitzt, ist eine Niederlassungserlaubnis zu erteilen, wenn
1. er in ehelicher Lebensgemeinschaft mit dem Ausländer lebt,
2. er seit drei Jahren die Aufenthaltserlaubnis besitzt,
3. er erwerbstätig im Umfang von mindestens 20 Stunden je Woche ist und
4. die Voraussetzungen nach Absatz 2 Satz 1 Nummer 2, 4 bis 9 vorliegen.

[2]Absatz 2 Satz 2 bis 6 gilt entsprechend. [3]Die Erteilung einer Niederlassungserlaubnis unter den Voraussetzungen des Absatzes 3 bleibt unberührt.

(4) Auf die für die Erteilung einer Niederlassungserlaubnis erforderlichen Zeiten des Besitzes einer Aufenthaltserlaubnis werden folgende Zeiten angerechnet:

1. die Zeit des früheren Besitzes einer Aufenthaltserlaubnis oder Niederlassungserlaubnis, wenn der Ausländer zum Zeitpunkt seiner Ausreise im Besitz einer Niederlassungserlaubnis war, abzüglich der Zeit der dazwischen liegenden Aufenthalte außerhalb des Bundesgebiets, die zum Erlöschen der Niederlassungserlaubnis führten; angerechnet werden höchstens vier Jahre,
2. höchstens sechs Monate für jeden Aufenthalt außerhalb des Bundesgebiets, der nicht zum Erlöschen der Aufenthaltserlaubnis führte,
3. die Zeit eines rechtmäßigen Aufenthalts zum Zweck des Studiums oder der Berufsausbildung im Bundesgebiet zur Hälfte.

[...]

§ 14
Unerlaubte Einreise; Ausnahme-Visum

(1) Die Einreise eines Ausländers in das Bundesgebiet ist unerlaubt, wenn er

1. einen erforderlichen Pass oder Passersatz gemäß § 3 Abs. 1 nicht besitzt,
2. den nach § 4 erforderlichen Aufenthaltstitel nicht besitzt,

2a. zwar ein nach § 4 erforderliches Visum bei Einreise besitzt, dieses aber durch Drohung, Bestechung oder Kollusion erwirkt oder durch unrichtige oder unvollständige Angaben erschlichen wurde und deshalb mit Wirkung für die Vergangenheit zurückgenommen oder annulliert wird, oder

3. nach § 11 Absatz 1, 6 oder 7 nicht einreisen darf, es sei denn, er besitzt eine Betretenserlaubnis nach § 11 Absatz 8.

(2) Die mit der polizeilichen Kontrolle des grenzüberschreitenden Verkehrs beauftragten Behörden können Ausnahme-Visa und Passersatzpapiere ausstellen.

[...]

§ 47
Verbot und Beschränkung der politischen Betätigung

(1) [1]Ausländer dürfen sich im Rahmen der allgemeinen Rechtsvorschriften politisch betätigen. [2]Die politische Betätigung eines Ausländers kann beschränkt oder untersagt werden, soweit sie

1. die politische Willensbildung in der Bundesrepublik Deutschland oder das friedliche Zusammenleben von Deutschen und Ausländern oder von verschiedenen Ausländergruppen im Bundesgebiet, die öffentliche Sicherheit und Ordnung oder sonstige erhebliche Interessen der Bundesrepublik Deutschland beeinträchtigt oder gefährdet,
2. den außenpolitischen Interessen oder den völkerrechtlichen Verpflichtungen der Bundesrepublik Deutschland zuwiderlaufen kann,

3. gegen die Rechtsordnung der Bundesrepublik Deutschland, insbesondere unter Anwendung von Gewalt, verstößt oder
4. bestimmt ist, Parteien, andere Vereinigungen, Einrichtungen oder Bestrebungen außerhalb des Bundesgebiets zu fördern, deren Ziele oder Mittel mit den Grundwerten einer die Würde des Menschen achtenden staatlichen Ordnung unvereinbar sind.

(2) Die politische Betätigung eines Ausländers wird untersagt, soweit sie
1. die freiheitliche demokratische Grundordnung oder die Sicherheit der Bundesrepublik Deutschland gefährdet oder den kodifizierten Normen des Völkerrechts widerspricht,
2. Gewaltanwendung als Mittel zur Durchsetzung politischer, religiöser oder sonstiger Belange öffentlich unterstützt, befürwortet oder hervorzurufen bezweckt oder geeignet ist oder
3. Vereinigungen, politische Bewegungen oder Gruppen innerhalb oder außerhalb des Bundesgebiets unterstützt, die im Bundesgebiet Anschläge gegen Personen oder Sachen oder außerhalb des Bundesgebiets Anschläge gegen Deutsche oder deutsche Einrichtungen veranlasst, befürwortet oder angedroht haben.

§ 47a
Mitwirkungspflichten; Lichtbildabgleich

[1]Ein Ausländer ist verpflichtet, seinen Pass, seinen Passersatz oder seinen Ausweisersatz auf Verlangen einer zur Identitätsfeststellung befugten Behörde vorzulegen und es ihr zu ermöglichen, sein Gesicht mit dem Lichtbild im Dokument abzugleichen. [2]Dies gilt auch für die Bescheinigung über die Aufenthaltsgestattung nach § 63 Absatz 1 Satz 1 des Asylgesetzes. [3]Ein Ausländer, der im Besitz eines Ankunftsnachweises im Sinne des § 63a Absatz 1 Satz 1 des Asylgesetzes oder eines der in § 48 Absatz 1 Nummer 2 genannten Dokumente ist, ist verpflichtet, den Ankunftsnachweis oder das Dokument auf Verlangen einer zur Überprüfung der darin enthaltenen Angaben befugten Behörde vorzulegen und es ihr zu ermöglichen, sein Gesicht mit dem Lichtbild im Dokument abzugleichen.

[…]

§ 48
Ausweisrechtliche Pflichten

(1) [1]Ein Ausländer ist verpflichtet,
1. seinen Pass, seinen Passersatz oder seinen Ausweisersatz und
2. seinen Aufenthaltstitel oder eine Bescheinigung über die Aussetzung der Abschiebung

auf Verlangen den mit dem Vollzug des Ausländerrechts betrauten Behörden vorzulegen, auszuhändigen und vorübergehend zu überlassen, soweit dies zur Durchführung oder Sicherung von Maßnahmen nach diesem Gesetz erforderlich ist. [2]Ein deutscher Staatsangehöriger, der zugleich eine ausländische Staatsangehörigkeit besitzt, ist verpflichtet, seinen ausländischen Pass oder Passersatz auf Verlangen den mit dem Vollzug des Ausländerrechts betrauten Behörden vorzulegen, auszuhändigen und vorübergehend zu überlassen, wenn

1. ihm nach § 7 Absatz 1 des Passgesetzes der deutsche Pass versagt, nach § 8 des Passgesetzes der deutsche Pass entzogen worden ist oder gegen ihn eine Anordnung nach § 6 Absatz 7 des Personalausweisgesetzes ergangen ist, wenn Anhaltspunkte die Annahme rechtfertigen, dass der Ausländer beabsichtigt, das Bundesgebiet zu verlassen oder
2. die Voraussetzungen für eine Untersagung der Ausreise nach § 10 Absatz 1 des Passgesetzes vorliegen und die Vorlage, Aushändigung und vorübergehende Überlassung des ausländischen Passes oder Passersatzes zur Durchführung oder Sicherung des Ausreiseverbots erforderlich sind.

(2) Ein Ausländer, der einen Pass oder Passersatz weder besitzt noch in zumutbarer Weise erlangen kann, genügt der Ausweispflicht mit der Bescheinigung über einen Aufenthaltstitel oder die Aussetzung der Abschiebung, wenn sie mit den Angaben zur Person und einem Lichtbild versehen und als Ausweisersatz bezeichnet ist.

[...]

§ 50
Ausreisepflicht

(1) Ein Ausländer ist zur Ausreise verpflichtet, wenn er einen erforderlichen Aufenthaltstitel nicht oder nicht mehr besitzt und ein Aufenthaltsrecht nach dem Assoziationsabkommen EWG/Türkei nicht oder nicht mehr besteht.

(2) Der Ausländer hat das Bundesgebiet und das Hoheitsgebiet der anderen Mitgliedstaaten der Europäischen Union und der anderen Schengen-Staaten unverzüglich oder, wenn ihm eine Ausreisefrist gesetzt ist, bis zum Ablauf der Frist zu verlassen.

[...]

§ 51
Beendigung der Rechtmäßigkeit des Aufenthalts; Fortgeltung von Beschränkungen

(1) Der Aufenthaltstitel erlischt in folgenden Fällen:

1. Ablauf seiner Geltungsdauer,
2. Eintritt einer auflösenden Bedingung,
3. Rücknahme des Aufenthaltstitels,
4. Widerruf des Aufenthaltstitels,
5. Ausweisung des Ausländers,

5a. Bekanntgabe einer Abschiebungsanordnung nach § 58a,

6. wenn der Ausländer aus einem seiner Natur nach nicht vorübergehenden Grunde ausreist,

7. wenn der Ausländer ausgereist und nicht innerhalb von sechs Monaten oder einer von der Ausländerbehörde bestimmten längeren Frist wieder eingereist ist,
8. wenn ein Ausländer nach Erteilung eines Aufenthaltstitels gemäß der §§ 22, 23 oder § 25 Abs. 3 bis 5 einen Asylantrag stellt;

ein für mehrere Einreisen oder mit einer Geltungsdauer von mehr als 90 Tagen erteiltes Visum erlischt nicht nach den Nummern 6 und 7.

(1a) [1]Die Gültigkeit einer nach § 19 erteilten ICT-Karte erlischt nicht nach Absatz 1 Nummer 6 und 7, wenn der Ausländer von der in der Richtlinie 2014/66/EU vorgesehenen Möglichkeit Gebrauch macht, einen Teil des unternehmensinternen Transfers in einem anderen Mitgliedstaat der Europäischen Union durchzuführen. [2]Die Gültigkeit einer nach § 16b oder § 18d erteilten Aufenthaltserlaubnis erlischt nicht nach Absatz 1 Nummer 6 und 7, wenn der Ausländer von der in der Richtlinie (EU) 2016/801 vorgesehenen Möglichkeit Gebrauch macht, einen Teil des Studiums oder des Forschungsvorhabens in einem anderen Mitgliedstaat der Europäischen Union durchzuführen.

(2) [1]Die Niederlassungserlaubnis eines Ausländers, der sich mindestens 15 Jahre rechtmäßig im Bundesgebiet aufgehalten hat sowie die Niederlassungserlaubnis seines mit ihm in ehelicher Lebensgemeinschaft lebenden Ehegatten erlöschen nicht nach Absatz 1 Nr. 6 und 7, wenn deren Lebensunterhalt gesichert ist und kein Ausweisungsinteresse nach § 54 Absatz 1 Nummer 2 bis 5 oder Absatz 2 Nummer 5 bis 7 besteht. [2]Die Niederlassungserlaubnis eines mit einem Deutschen in ehelicher Lebensgemeinschaft lebenden Ausländers erlischt nicht nach Absatz 1 Nr. 6 und 7, wenn kein Ausweisungsinteresse nach § 54 Absatz 1 Nummer 2 bis 5 oder Absatz 2 Nummer 5 bis 7 besteht. [3]Zum Nachweis des Fortbestandes der Niederlassungserlaubnis stellt die Ausländerbehörde am Ort des letzten gewöhnlichen Aufenthalts auf Antrag eine Bescheinigung aus.

(3) Der Aufenthaltstitel erlischt nicht nach Absatz 1 Nr. 7, wenn die Frist lediglich wegen Erfüllung der gesetzlichen Wehrpflicht im Heimatstaat überschritten wird und der Ausländer innerhalb von drei Monaten nach der Entlassung aus dem Wehrdienst wieder einreist.

[…]

§ 53
Ausweisung

(1) Ein Ausländer, dessen Aufenthalt die öffentliche Sicherheit und Ordnung, die freiheitliche demokratische Grundordnung oder sonstige erhebliche Interessen der Bundesrepublik Deutschland gefährdet, wird ausgewiesen, wenn die unter Berücksichtigung aller Umstände des Einzelfalles vorzunehmende Abwägung der Interessen an der Ausreise mit den Interessen an einem weiteren Verbleib des Ausländers im Bundesgebiet ergibt, dass das öffentliche Interesse an der Ausreise überwiegt.

(2) Bei der Abwägung nach Absatz 1 sind nach den Umständen des Einzelfalles insbesondere die Dauer seines Aufenthalts, seine persönlichen, wirtschaftlichen und sonstigen Bindungen im Bundesgebiet und im Herkunftsstaat oder in einem anderen zur Aufnahme bereiten Staat, die Folgen der Ausweisung für Familienangehörige und Lebenspartner sowie die Tatsache, ob sich der Ausländer rechtstreu verhalten hat, zu berücksichtigen.
[...]

§ 58
Abschiebung

(1) [1]Der Ausländer ist abzuschieben, wenn die Ausreisepflicht vollziehbar ist, eine Ausreisefrist nicht gewährt wurde oder diese abgelaufen ist, und die freiwillige Erfüllung der Ausreisepflicht nicht gesichert ist oder aus Gründen der öffentlichen Sicherheit und Ordnung eine Überwachung der Ausreise erforderlich erscheint. [2]Bei Eintritt einer der in § 59 Absatz 1 Satz 2 genannten Voraussetzungen innerhalb der Ausreisefrist soll der Ausländer vor deren Ablauf abgeschoben werden.
(1a) Vor der Abschiebung eines unbegleiteten minderjährigen Ausländers hat sich die Behörde zu vergewissern, dass dieser im Rückkehrstaat einem Mitglied seiner Familie, einer zur Personensorge berechtigten Person oder einer geeigneten Aufnahmeeinrichtung übergeben wird.
(1b) [1]Ein Ausländer, der eine Erlaubnis zum Daueraufenthalt – EU besitzt oder eine entsprechende Rechtsstellung in einem anderen Mitgliedstaat der Europäischen Union innehat und in einem anderen Mitgliedstaat der Europäischen Union international Schutzberechtigter ist, darf außer in den Fällen des § 60 Absatz 8 Satz 1 nur in den schutzgewährenden Mitgliedstaat abgeschoben werden. [2]Gleiches gilt, wenn ein Ausländer zuletzt Inhaber einer Blauen Karte EU war und in einem anderen Mitgliedstaat der Europäischen Union international Schutzberechtigter ist. [3]§ 60 Absatz 2, 3, 5 und 7 bleibt unberührt.
(2) [1]Die Ausreisepflicht ist vollziehbar, wenn der Ausländer
1. unerlaubt eingereist ist,
2. noch nicht die erstmalige Erteilung des erforderlichen Aufenthaltstitels oder noch nicht die Verlängerung beantragt hat oder trotz erfolgter Antragstellung der Aufenthalt nicht nach § 81 Abs. 3 als erlaubt oder der Aufenthaltstitel nach § 81 Abs. 4 nicht als fortbestehend gilt oder
3. auf Grund einer Rückführungsentscheidung eines anderen Mitgliedstaates der Europäischen Union gemäß Artikel 3 der Richtlinie 2001/40/EG des Rates vom 28. Mai 2001 über die gegenseitige Anerkennung von Entscheidungen über die Rückführung von Drittstaatsangehörigen (ABl. EG Nr. L 149 S. 34) ausreisepflichtig wird, sofern diese von der zuständigen Behörde anerkannt wird.

[2]Im Übrigen ist die Ausreisepflicht erst vollziehbar, wenn die Versagung des Aufenthaltstitels oder der sonstige Verwaltungsakt, durch den der Ausländer nach § 50 Abs. 1 ausreisepflichtig wird, vollziehbar ist.

(3) Die Überwachung der Ausreise ist insbesondere erforderlich, wenn der Ausländer

1. sich auf richterliche Anordnung in Haft oder in sonstigem öffentlichen Gewahrsam befindet,
2. innerhalb der ihm gesetzten Ausreisefrist nicht ausgereist ist,
3. auf Grund eines besonders schwerwiegenden Ausweisungsinteresses nach § 54 Absatz 1 in Verbindung mit § 53 ausgewiesen worden ist,
4. mittellos ist,
5. keinen Pass oder Passersatz besitzt,
6. gegenüber der Ausländerbehörde zum Zweck der Täuschung unrichtige Angaben gemacht oder die Angaben verweigert hat oder
7. zu erkennen gegeben hat, dass er seiner Ausreisepflicht nicht nachkommen wird.

(4) [1]Die die Abschiebung durchführende Behörde ist befugt, zum Zweck der Abschiebung den Ausländer zum Flughafen oder Grenzübergang zu verbringen und ihn zu diesem Zweck kurzzeitig festzuhalten. [2]Das Festhalten ist auf das zur Durchführung der Abschiebung unvermeidliche Maß zu beschränken.

(5) [1]Soweit der Zweck der Durchführung der Abschiebung es erfordert, kann die die Abschiebung durchführende Behörde die Wohnung des abzuschiebenden Ausländers zu dem Zweck seiner Ergreifung betreten, wenn Tatsachen vorliegen, aus denen zu schließen ist, dass sich der Ausländer dort befindet. [2]In Formen gemeinschaftlicher Unterbringung gilt Satz 1 auch für die Wohnung anderer Personen sowie für gemeinschaftlich genutzte Räumlichkeiten. [3]Die Wohnung umfasst die Wohn- und Nebenräume, Arbeits-, Betriebs- und Geschäftsräume sowie anderes befriedetes Besitztum.

(6) [1]Soweit der Zweck der Durchführung der Abschiebung es erfordert, kann die die Abschiebung durchführende Behörde eine Durchsuchung der Wohnung des abzuschiebenden Ausländers zu dem Zweck seiner Ergreifung vornehmen. [2]Bei anderen Personen sind Durchsuchungen nur zur Ergreifung des abzuschiebenden Ausländers zulässig, wenn Tatsachen vorliegen, aus denen zu schließen ist, dass der Ausländer sich in den zu durchsuchenden Räumen befindet. [3]Absatz 5 Satz 2 gilt entsprechend.

(7) [1]Zur Nachtzeit darf die Wohnung nur betreten oder durchsucht werden, wenn Tatsachen vorliegen, aus denen zu schließen ist, dass die Ergreifung des Ausländers zum Zweck seiner Abschiebung andernfalls vereitelt wird. [2]Die Organisation der Abschiebung ist keine Tatsache im Sinne von Satz 1, es sei denn, es handelt sich um Bedingungen, die durch die die Abschiebung durchführende Behörde nicht beeinflusst werden können.

(8) [1]Durchsuchungen nach Absatz 6 dürfen nur durch den Richter, bei Gefahr im Verzug auch durch die die Abschiebung durchführende Behörde angeord-

net werden. [2]Die Annahme von Gefahr im Verzug kann nach Betreten der Wohnung nach Absatz 5 nicht darauf gestützt werden, dass der Ausländer nicht angetroffen wurde.

(9) [1]Der Inhaber der zu durchsuchenden Räume darf der Durchsuchung beiwohnen. [2]Ist er abwesend, so ist, wenn möglich, sein Vertreter oder ein erwachsener Angehöriger, Hausgenosse oder Nachbar hinzuzuziehen. [3]Dem Inhaber oder der in dessen Abwesenheit hinzugezogenen Person ist in den Fällen des Absatzes 6 Satz 2 der Zweck der Durchsuchung vor deren Beginn bekannt zu machen. [4]Über die Durchsuchung ist eine Niederschrift zu fertigen. [5]Sie muss die verantwortliche Dienststelle, Grund, Zeit und Ort der Durchsuchung und, falls keine gerichtliche Anordnung ergangen ist, auch Tatsachen, welche die Annahme einer Gefahr im Verzug begründet haben, enthalten. [6]Dem Wohnungsinhaber oder seinem Vertreter ist auf Verlangen eine Abschrift der Niederschrift auszuhändigen. [7]Ist die Anfertigung der Niederschrift oder die Aushändigung einer Abschrift nach den besonderen Umständen des Falles nicht möglich oder würde sie den Zweck der Durchsuchung gefährden, so sind dem Wohnungsinhaber oder der hinzugezogenen Person lediglich die Durchsuchung unter Angabe der verantwortlichen Dienststelle sowie Zeit und Ort der Durchsuchung schriftlich zu bestätigen.

(10) [1]Weitergehende Regelungen der Länder, die den Regelungsgehalt der Absätze 5 bis 9 betreffen, bleiben unberührt. [2]Dies gilt entsprechend für Regelungen des Bundes und der Länder, die den Regelungsgehalt des Absatzes 4 betreffen.

[...]

§ 86
Erhebung personenbezogener Daten

[1]Die mit der Ausführung dieses Gesetzes betrauten Behörden dürfen zum Zweck der Ausführung dieses Gesetzes und ausländerrechtlicher Bestimmungen in anderen Gesetzen personenbezogene Daten erheben, soweit dies zur Erfüllung ihrer Aufgaben nach diesem Gesetz und nach ausländerrechtlichen Bestimmungen in anderen Gesetzen erforderlich ist. [2]Personenbezogene Daten, deren Verarbeitung nach Artikel 9 Absatz 1 der Verordnung (EU) 2016/679 untersagt ist, dürfen erhoben werden, soweit dies im Einzelfall zur Aufgabenerfüllung erforderlich ist.

[...]

§ 95
Strafvorschriften

(1) Mit Freiheitsstrafe bis zu einem Jahr oder mit Geldstrafe wird bestraft, wer

1. entgegen § 3 Abs. 1 in Verbindung mit § 48 Abs. 2 sich im Bundesgebiet aufhält,

2. ohne erforderlichen Aufenthaltstitel nach § 4 Absatz 1 Satz 1 sich im Bundesgebiet aufhält, wenn
   a) er vollziehbar ausreisepflichtig ist,
   b) ihm eine Ausreisefrist nicht gewährt wurde oder diese abgelaufen ist und
   c) dessen Abschiebung nicht ausgesetzt ist,
3. entgegen § 14 Abs. 1 Nr. 1 oder 2 in das Bundesgebiet einreist,
4. einer vollziehbaren Anordnung nach § 46 Abs. 2 Satz 1 oder 2 oder § 47 Abs. 1 Satz 2 oder Abs. 2 zuwiderhandelt,
5. entgegen § 49 Abs. 2 eine Angabe nicht, nicht richtig oder nicht vollständig macht, sofern die Tat nicht in Absatz 2 Nr. 2 mit Strafe bedroht ist,
6. entgegen § 49 Abs. 10 eine dort genannte Maßnahme nicht duldet,

6a. entgegen § 56 Absatz 1 Satz 1 eine Meldung nicht, nicht richtig oder nicht rechtzeitig macht,

6b. einer vollziehbaren Anordnung nach § 56 Absatz 1 Satz 2, Absatz 3 oder Absatz 4 zuwiderhandelt,

6c. einer räumlichen Beschränkung nach § 56 Absatz 2 zuwiderhandelt,

7. wiederholt einer räumlichen Beschränkung nach § 61 Abs. 1 oder Absatz 1c zuwiderhandelt oder
8. im Bundesgebiet einer überwiegend aus Ausländern bestehenden Vereinigung oder Gruppe angehört, deren Bestehen, Zielsetzung oder Tätigkeit vor den Behörden geheim gehalten wird, um ihr Verbot abzuwenden.

(1a) Ebenso wird bestraft, wer vorsätzlich eine in § 404 Abs. 2 Nr. 4 des Dritten Buches Sozialgesetzbuch oder in § 98 Abs. 3 Nr. 1 bezeichnete Handlung begeht, für den Aufenthalt im Bundesgebiet nach § 4 Abs. 1 Satz 1 eines Aufenthaltstitels bedarf und als Aufenthaltstitel nur ein Schengen-Visum nach § 6 Abs. 1 Nummer 1 besitzt.

(2) Mit Freiheitsstrafe bis zu drei Jahren oder mit Geldstrafe wird bestraft, wer

1. entgegen § 11 Absatz 1 oder in Zuwiderhandlung einer vollziehbaren Anordnung nach § 11 Absatz 6 Satz 1 oder Absatz 7 Satz 1
   a) in das Bundesgebiet einreist oder
   b) sich darin aufhält,

1a. einer vollstreckbaren gerichtlichen Anordnung nach § 56a Absatz 1 zuwiderhandelt und dadurch die kontinuierliche Feststellung seines Aufenthaltsortes durch eine in § 56a Absatz 3 genannte zuständige Stelle verhindert oder

2. unrichtige oder unvollständige Angaben macht oder benutzt, um für sich oder einen anderen einen Aufenthaltstitel oder eine Duldung zu beschaffen oder das Erlöschen oder die nachträgliche Beschränkung des Aufenthaltstitels oder der Duldung abzuwenden oder eine so beschaffte Urkunde wissentlich zur Täuschung im Rechtsverkehr gebraucht.

(3) In den Fällen des Absatzes 1 Nr. 3 und der Absätze 1a und 2 Nr. 1 Buchstabe a ist der Versuch strafbar.

(4) Gegenstände, auf die sich eine Straftat nach Absatz 2 Nr. 2 bezieht, können eingezogen werden.
(5) Artikel 31 Abs. 1 des Abkommens über die Rechtsstellung der Flüchtlinge bleibt unberührt.
(6) In den Fällen des Absatzes 1 Nr. 2 und 3 steht einem Handeln ohne erforderlichen Aufenthaltstitel ein Handeln auf Grund eines durch Drohung, Bestechung oder Kollusion erwirkten oder durch unrichtige oder unvollständige Angaben erschlichenen Aufenthaltstitels gleich.
(7) In Fällen des Absatzes 2 Nummer 1a wird die Tat nur auf Antrag einer dort genannten zuständigen Stelle verfolgt.

§ 96
Einschleusen von Ausländern und Personen, auf die das Freizügigkeitsgesetz/EU Anwendung findet

(1) [1]Mit Freiheitsstrafe von sechs Monaten bis zu zehn Jahren, in minder schweren Fällen mit Freiheitsstrafe bis zu fünf Jahren oder mit Geldstrafe wird bestraft, wer einen anderen anstiftet oder ihm dazu Hilfe leistet,
1. eine Handlung nach § 95 Abs. 1 Nr. 3 oder Abs. 2 Nr. 1 Buchstabe a zu begehen und
   a) dafür einen Vorteil erhält oder sich versprechen lässt oder
   b) wiederholt oder zugunsten von mehreren Ausländern handelt oder
2. eine Handlung nach § 95 Absatz 1 Nummer 1 oder Nummer 2, Absatz 1a oder Absatz 2 Nummer 1 Buchstabe b oder Nummer 2 zu begehen und dafür einen Vermögensvorteil erhält oder sich versprechen lässt oder
3. eine Handlung nach § 9 Absatz 1 des Freizügigkeitsgesetzes/EU zu begehen und dafür einen Vermögensvorteil erhält oder sich versprechen lässt.

[2]Ebenso wird bestraft, wer zugunsten eines Ausländers handelt, der keine vorsätzliche rechtswidrige Tat im Sinne des Satzes 1 Nummer 1 oder Nummer 2 begangen hat.
(2) [1]Mit Freiheitsstrafe nicht unter einem Jahr wird bestraft, wer in den Fällen des Absatzes 1
1. gewerbsmäßig handelt,
2. als Mitglied einer Bande, die sich zur fortgesetzten Begehung solcher Taten verbunden hat, handelt,
3. eine Schusswaffe bei sich führt, wenn sich die Tat auf eine Handlung nach § 95 Abs. 1 Nr. 3 oder Abs. 2 Nr. 1 Buchstabe a bezieht,
4. eine andere Waffe bei sich führt, um diese bei der Tat zu verwenden, wenn sich die Tat auf eine Handlung nach § 95 Abs. 1 Nr. 3 oder Abs. 2 Nr. 1 Buchstabe a bezieht,
5. den Geschleusten einer das Leben gefährdenden, unmenschlichen oder erniedrigenden Behandlung oder der Gefahr einer schweren Gesundheitsschädigung aussetzt oder

6. versucht, sich im Straßenverkehr in grob verkehrswidriger und rücksichtsloser Weise einer polizeilichen Kontrolle zu entziehen und dadurch Leib oder Leben eines anderen Menschen oder fremde Sachen von bedeutendem Wert gefährdet.

[2]Ebenso wird bestraft, wer in den Fällen des Absatzes 1 Satz 1 Nummer 1 zugunsten eines minderjährigen ledigen Ausländers handelt, der ohne Begleitung einer personensorgeberechtigten Person oder einer dritten Person, die die Fürsorge oder Obhut für ihn übernommen hat, in das Bundesgebiet einreist, auch wenn dieser keine vorsätzliche rechtswidrige Tat begangen hat. [3]In minder schweren Fällen des Satzes 2 ist die Strafe Freiheitsstrafe von sechs Monaten bis zu zehn Jahren.

(3) Der Versuch ist strafbar.

(4) Absatz 1 Satz 1 Nummer 1 Buchstabe a und Nummer 2, Satz 2, Absatz 2 Satz 1 Nummer 1, 2, 3, 5 und 6, Satz 2 und Absatz 3 sowie bei Einreise auf dem Landweg auch Absatz 1 Satz 1 Nummer 1 Buchstabe b sind auf Zuwiderhandlungen gegen Rechtsvorschriften über die Einreise und den Aufenthalt von Ausländern in das Hoheitsgebiet der Mitgliedstaaten der Europäischen Union, eines Schengen-Staates oder des Vereinigten Königreichs Großbritannien und Nordirland anzuwenden, wenn

1. sie den in § 95 Absatz 1 Nummer 2 oder Nummer 3 oder Absatz 2 Nummer 1 bezeichneten Handlungen entsprechen und
2. der Täter einen Ausländer unterstützt, der nicht die Staatsangehörigkeit eines Mitgliedstaates der Europäischen Union oder eines anderen Vertragsstaates des Abkommens über den Europäischen Wirtschaftsraum besitzt.

(5) § 74a des Strafgesetzbuchs ist anzuwenden.

[...]

Straßenverkehrs-Ordnung (StVO)

**vom 6. März 2013 (BGBl. I S. 367),
zuletzt geändert durch Artikel 24 der VO vom 11. Dezember 2024
(BGBl. 2024 I S. 411)**

– Auszüge –

[...]

§ 35
Sonderrechte

(1) Von den Vorschriften dieser Verordnung sind die Bundeswehr, die Bundespolizei, die Feuerwehr, der Katastrophenschutz, die Polizei und der Zolldienst befreit, soweit das zur Erfüllung hoheitlicher Aufgaben dringend geboten ist.

(1a) Absatz 1 gilt entsprechend für ausländische Beamte, die auf Grund völkerrechtlicher Vereinbarungen zur Nacheile oder Observation im Inland berechtigt sind.

(2) Dagegen bedürfen diese Organisationen auch unter den Voraussetzungen des Absatzes 1 der Erlaubnis,

1. wenn sie mehr als 30 Kraftfahrzeuge im geschlossenen Verband (§ 27) fahren lassen wollen,
2. im Übrigen bei jeder sonstigen übermäßigen Straßenbenutzung mit Ausnahme der nach § 29 Absatz 3 Satz 2.

[...]

(5a) Fahrzeuge des Rettungsdienstes sind von den Vorschriften dieser Verordnung befreit, wenn höchste Eile geboten ist, um Menschenleben zu retten oder schwere gesundheitliche Schäden abzuwenden.

[...]

(8) Die Sonderrechte dürfen nur unter gebührender Berücksichtigung der öffentlichen Sicherheit und Ordnung ausgeübt werden.

(9) Wer ohne Beifahrer ein Einsatzfahrzeug der Behörden und Organisationen mit Sicherheitsaufgaben (BOS) führt und zur Nutzung des BOS-Funks berechtigt ist, darf unbeschadet der Absätze 1 und 5a abweichend von § 23 Absatz 1a ein Funkgerät oder das Handteil eines Funkgerätes aufnehmen und halten.

§ 36
Zeichen und Weisungen der Polizeibeamten

(1) [1]Die Zeichen und Weisungen der Polizeibeamten sind zu befolgen. [2]Sie gehen allen anderen Anordnungen und sonstigen Regeln vor, entbinden den Verkehrsteilnehmer jedoch nicht von seiner Sorgfaltspflicht.

(2) An Kreuzungen ordnet an:

1. Seitliches Ausstrecken eines Armes oder beider Arme quer zur Fahrtrichtung: „Halt vor der Kreuzung".
   Der Querverkehr ist freigegeben.
   Wird dieses Zeichen gegeben, gilt es fort, solange in der gleichen Richtung gewinkt oder nur die Grundstellung beibehalten wird. [4]Der freigegebene Verkehr kann nach den Regeln des § 9 abbiegen, nach links jedoch nur, wenn er Schienenfahrzeuge dadurch nicht behindert.
2. Hochheben eines Arms:
   „Vor der Kreuzung auf das nächste Zeichen warten",
   für Verkehrsteilnehmer in der Kreuzung: „Kreuzung räumen".

(3) Diese Zeichen können durch Weisungen ergänzt oder geändert werden.

(4) An anderen Straßenstellen, wie an Einmündungen und an Fußgängerüberwegen, haben die Zeichen entsprechende Bedeutung.

(5) [1]Polizeibeamte dürfen Verkehrsteilnehmer zur Verkehrskontrolle einschließlich der Kontrolle der Verkehrstüchtigkeit und zu Verkehrserhebungen anhalten. [2]Das Zeichen zum Anhalten kann auch durch geeignete technische Einrichtungen am Einsatzfahrzeug, eine Winkerkelle oder eine rote Leuchte gegeben werden. [3]Mit diesen Zeichen kann auch ein vorausfahrender Verkehrsteilnehmer angehalten werden. [4]Die Verkehrsteilnehmer haben die Anweisungen der Polizeibeamten zu befolgen.

[...]

§ 38
Blaues Blinklicht und gelbes Blinklicht

(1) [1]Blaues Blinklicht zusammen mit dem Einsatzhorn darf nur verwendet werden, wenn höchste Eile geboten ist, um Menschenleben zu retten oder schwere gesundheitliche Schäden abzuwenden, eine Gefahr für die öffentliche Sicherheit oder Ordnung abzuwenden, flüchtige Personen zu verfolgen oder bedeutende Sachwerte zu erhalten.

[2]Es ordnet an:

„Alle übrigen Verkehrsteilnehmer haben sofort freie Bahn zu schaffen".

(2) Blaues Blinklicht allein darf nur von den damit ausgerüsteten Fahrzeugen und nur zur Warnung an Unfall- oder sonstigen Einsatzstellen, bei Einsatzfahrten oder bei der Begleitung von Fahrzeugen oder von geschlossenen Verbänden verwendet werden.

(3) [1]Gelbes Blinklicht warnt vor Gefahren. [2]Es kann ortsfest oder von Fahrzeugen aus verwendet werden. [3]Die Verwendung von Fahrzeugen aus ist nur zulässig, um vor Arbeits- oder Unfallstellen, vor ungewöhnlich langsam fahrenden Fahrzeugen oder vor Fahrzeugen mit ungewöhnlicher Breite oder Länge oder mit ungewöhnlich breiter oder langer Ladung zu warnen.

[...]

Gesetz über befriedete Bezirke für Verfassungsorgane des Bundes (BefBezG)

vom 8. Dezember 2008 (BGBl. I S. 2366), zuletzt geändert durch Artikel 151 der Verordnung vom 19. Juni 2020 (BGBl. I S. 1328)

§ 1
Befriedete Bezirke

Für den Deutschen Bundestag, den Bundesrat und das Bundesverfassungsgericht werden befriedete Bezirke gebildet. Die Abgrenzung der befriedeten Bezirke ergibt sich aus der Anlage zu diesem Gesetz.

§ 2
Schutz von Verfassungsorganen

Öffentliche Versammlungen unter freiem Himmel und Aufzüge sind innerhalb der befriedeten Bezirke nach § 1 verboten. Ebenso ist es verboten, zu Versammlungen oder Aufzügen nach Satz 1 aufzufordern.

§ 3
Zulassung von Versammlungen unter freiem Himmel und Aufzügen

(1) Öffentliche Versammlungen unter freiem Himmel und Aufzüge innerhalb der nach § 1 gebildeten befriedeten Bezirke sind zuzulassen, wenn eine Beeinträchtigung der Tätigkeit des Deutschen Bundestages und seiner Fraktionen, des Bundesrates oder des Bundesverfassungsgerichts sowie ihrer Organe und Gremien und eine Behinderung des freien Zugangs zu ihren in dem befriedeten Bezirk gelegenen Gebäuden nicht zu besorgen ist. Davon ist im Falle des Deutschen Bundestages und des Bundesrates in der Regel dann auszugehen, wenn die Versammlung oder der Aufzug an einem Tag durchgeführt werden soll, an dem Sitzungen der in Satz 1 genannten Stellen nicht stattfinden. Die Zulassung kann mit Auflagen verbunden werden.
(2) Anträge auf Zulassung von Versammlungen nach Absatz 1 sollen spätestens sieben Tage vor der beabsichtigten Versammlung oder dem Aufzug schriftlich, elektronisch oder zur Niederschrift beim Bundesministerium des Innern, für Bau und Heimat gestellt werden. Das Bundesministerium des Innern, für Bau und Heimat entscheidet jeweils im Einvernehmen mit dem Präsidenten oder der Präsidentin der in § 1 Satz 1 genannten Verfassungsorgane. Die Entscheidung nach Satz 2 ergeht schriftlich oder elektronisch.
(3) Durch die Zulassung werden die in den Ländern Berlin und Baden-Württemberg jeweils geltenden versammlungsrechtlichen Vorschriften nicht berührt.

§ 4
Bußgeldvorschriften

(1) Ordnungswidrig handelt, wer entgegen § 2 an einer öffentlichen Versammlung unter freiem Himmel oder einem Aufzug teilnimmt oder zu einer solchen Versammlung oder zu einem Aufzug auffordert.
(2) Die Ordnungswidrigkeit kann mit einer Geldbuße bis zu zwanzigtausend Euro geahndet werden.

§ 5
Einschränkung des Grundrechts der Versammlungsfreiheit

Das Grundrecht der Versammlungsfreiheit (Artikel 8 des Grundgesetzes) wird durch dieses Gesetz eingeschränkt.

Anlage (zu § 1 Satz 2)

1. Deutscher Bundestag

Die Abgrenzung des befriedeten Bezirks für den Deutschen Bundestag umfasst das Gebiet der Bundeshauptstadt Berlin, das umgrenzt wird durch die Wilhelmstraße bis zur Straße Unter den Linden, die Straße Unter den Linden bis zum Pariser Platz, den Pariser Platz, den Platz des 18. März bis zur Straße des 17. Juni, die Straße des 17. Juni bis zur Yitzhak-Rabin-Straße, die Yitzhak-Rabin-Straße, die Heinrich-von-Gagern-Straße, die öffentliche Grünanlage zwischen dem Bundeskanzleramt und dem Paul-Löbe-Haus, die Willy-Brandt-Straße, die Moltkebrücke, das nördliche Spreeufer bis zur Reinhardtstraße, die Reinhardtstraße bis zur Stadtbahntrasse, die Stadtbahntrasse bis zur Luisenstraße, die Luisenstraße und die Marschallbrücke. Soweit die genannten Straßen, Plätze und Brücken den befriedeten Bezirk umgrenzen, gehören sie nicht zu dem befriedeten Bezirk. Dies gilt nicht für die Wilhelmstraße, die öffentliche Grünanlage zwischen dem Bundeskanzleramt und dem Paul-Löbe-Haus und die Willy-Brandt-Straße.

2. Bundesrat

Die Abgrenzung des befriedeten Bezirks für den Bundesrat umfasst das Gebiet der Bundeshauptstadt Berlin, das umgrenzt wird durch den Potsdamer Platz, den Leipziger Platz und die Leipziger Straße vom Potsdamer Platz bis zur Wilhelmstraße, die Wilhelmstraße von der Leipziger Straße bis zur Niederkirchnerstraße, die Niederkirchnerstraße von der Wilhelmstraße bis zur Stresemannstraße und die Stresemannstraße von der Niederkirchnerstraße bis zum Potsdamer Platz. Soweit die genannten Straßen und Plätze den befriedeten Bezirk umgrenzen, gehören sie nicht zu dem befriedeten Bezirk. Dies gilt nicht für den Leipziger Platz, die Leipziger Straße und die Niederkirchnerstraße.

3. Bundesverfassungsgericht

Die Abgrenzung des befriedeten Bezirks für das Bundesverfassungsgericht umfasst das Gebiet der Stadt Karlsruhe, das umgrenzt wird durch den Zirkel von der Herrenstraße bis zur Hans-Thoma-Straße, die Hans-Thoma-Straße bis zur Bismarckstraße, die Gebäudenordseiten der Gebäude der Orangerie, der Schauhäuser des Botanischen Gartens, des Torbogengebäudes, der Badischen Weinstuben, die Schloßgartenmauer mit dem Mühlburger Tor von den Badischen Weinstuben zum Durmflügel des Schlosses, die Nordostseite des Durmflügels des Schlosses bis zum Südwestflügel des Schlosses, den Weg parallel zur verlängerten Waldstraße vom Südwestflügel des Schlosses bis zur Straße Unterführung Schloßplatz, die Straße Unterführung Schloßplatz bis zur Herrenstraße, die Herrenstraße bis zum Zirkel. Die genannten Straßen und Wege gehören zum befriedeten Bezirk, soweit sie ihn umgrenzen.

Telekommunikationsgesetz (TKG)

vom 23. Juni 2021 (BGBl. I S. 1858),
zuletzt geändert durch Artikel 12 des Gesetzes vom 9. Januar 2026
(BGBl. 2026 I Nr. 7)

– Auszüge –

§ 3
Begriffsbestimmungen

Im Sinne dieses Gesetzes ist oder sind

1. „Anbieter von Telekommunikationsdiensten" jeder, der Telekommunikationsdienste erbringt;

[...]

6. „Bestandsdaten" Daten eines Endnutzers, die erforderlich sind für die Begründung, inhaltliche Ausgestaltung, Änderung oder Beendigung eines Vertragsverhältnisses über Telekommunikationsdienste;
7. „Betreiber" ein Unternehmen, das ein öffentliches Telekommunikationsnetz oder eine zugehörige Einrichtung bereitstellt oder zur Bereitstellung hiervon befugt ist;

[...]

23. „Internetzugangsdienst" ein Internetzugangsdienst im Sinne der Begriffsbestimmung des Artikels 2 Absatz 2 Nummer 2 der Verordnung (EU) 2015/2120 des Europäischen Parlaments und des Rates vom 25. November 2015 über Maßnahmen zum Zugang zum offenen Internet und zu Endkundenentgelten für regulierte intra-EU-Kommunikation sowie zur Änderung der Richtlinie 2002/22/EG und der Verordnung (EU) Nr. 531/2012 (ABl. L 310 vom 26.11.2015, S. 1), die zuletzt durch die Verordnung (EU) 2018/1971 (ABl. L 321 vom 17.12.2018, S. 1) geändert worden ist;
24. „interpersoneller Telekommunikationsdienst" ein gewöhnlich gegen Entgelt erbrachter Dienst, der einen direkten interpersonellen und interaktiven Informationsaustausch über Telekommunikationsnetze zwischen einer endlichen Zahl von Personen ermöglicht, wobei die Empfänger von den Personen bestimmt werden, die die Telekommunikation veranlassen oder daran beteiligt sind; dazu zählen keine Dienste, die eine interpersonelle und interaktive Telekommunikation lediglich als untrennbar mit einem anderen Dienst verbundene untergeordnete Nebenfunktion ermöglichen;
25. „Kennung" einem Nutzer, einem Anschluss oder einem Endgerät zu einem bestimmten Zeitpunkt zugewiesene eindeutige Zeichenfolge, die eine eindeutige Identifizierung des Nutzers, des Anschlusses oder des Endgerätes ermöglicht;

[...]

40. „nummernunabhängiger interpersoneller Telekommunikationsdienst" ein interpersoneller Telekommunikationsdienst, der weder eine Verbindung zu öffentlich zugeteilten Nummerierungsressourcen, nämlich Nummern nationaler oder internationaler Nummernpläne, herstellt noch die Telekommunikation mit Nummern nationaler oder internationaler Nummernpläne ermöglicht;
41. „Nutzer" jede natürliche oder juristische Person, die einen öffentlich zugänglichen Telekommunikationsdienst für private oder geschäftliche Zwecke in Anspruch nimmt oder beantragt;
42. „öffentliches Telekommunikationsnetz" ein Telekommunikationsnetz, das ganz oder überwiegend der Erbringung öffentlich zugänglicher Telekommunikationsdienste dient, die die Übertragung von Informationen zwischen Netzabschlusspunkten ermöglichen;

[...]

44. „öffentlich zugängliche Telekommunikationsdienste" einem unbestimmten Personenkreis zur Verfügung stehende Telekommunikationsdienste;

[...]

55. „Sprachkommunikationsdienst" ein der Öffentlichkeit zur Verfügung gestellter Telekommunikationsdienst, der das Führen aus- und eingehender Inlands- oder Inlands- und Auslandsgespräche direkt oder indirekt über eine oder mehrere Nummern eines nationalen oder internationalen Nummernplans ermöglicht;
56. „Standortdaten" Daten, die in einem Telekommunikationsnetz oder von einem Telekommunikationsdienst verarbeitet werden und die den Standort des Endgeräts eines Nutzers eines öffentlich zugänglichen Telekommunikationsdienstes angeben;

[...]

58. „Teilnehmeranschluss" der physische von Signalen benutzte Verbindungspfad, mit dem der Netzabschlusspunkt mit einem Verteilerknoten oder mit einer gleichwertigen Einrichtung in festen öffentlichen Telekommunikationsnetzen verbunden wird;
59. „Telekommunikation" der technische Vorgang des Aussendens, Übermittelns und Empfangens von Signalen mittels Telekommunikationsanlagen;
60. „Telekommunikationsanlagen" technische Einrichtungen, Systeme oder Server, die als Nachrichten identifizierbare elektromagnetische oder optische Signale oder Daten im Rahmen der Erbringung eines Telekommunikationsdienstes senden, übertragen, vermitteln, empfangen, steuern oder kontrollieren können;
61. „Telekommunikationsdienste" in der Regel gegen Entgelt über Telekommunikationsnetze erbrachte Dienste, die – mit der Ausnahme von Diensten, die Inhalte über Telekommunikationsnetze und -dienste anbieten oder eine redaktionelle Kontrolle über sie ausüben – folgende Dienste umfassen:

a) Internetzugangsdienste,
b) interpersonelle Telekommunikationsdienste und
c) Dienste, die ganz oder überwiegend in der Übertragung von Signalen bestehen, wie Übertragungsdienste, die für Maschine-Maschine-Kommunikation und für den Rundfunk genutzt werden;

62. „Telekommunikationsendeinrichtung" eine direkt oder indirekt an die Schnittstelle eines öffentlichen Telekommunikationsnetzes angeschlossene Einrichtung zum Aussenden, Verarbeiten oder Empfangen von Nachrichten oder Daten; sowohl bei direkten als auch bei indirekten Anschlüssen kann die Verbindung über elektrisch leitenden Draht, über optische Faser oder elektromagnetisch hergestellt werden; bei einem indirekten Anschluss ist zwischen Telekommunikationsendeinrichtung und Schnittstelle des öffentlichen Telekommunikationsnetzes ein Gerät geschaltet;
63. „telekommunikationsgestützte Dienste" Dienste, die keinen räumlich und zeitlich trennbaren Leistungsfluss auslösen, sondern bei denen die Inhaltsleistung noch während der Telekommunikationsverbindung erbracht wird;

[...]

70. „Verkehrsdaten" Daten, deren Erhebung, Verarbeitung oder Nutzung bei der Erbringung eines Telekommunikationsdienstes erforderlich sind;
71. „Verletzung des Schutzes personenbezogener Daten" eine Verletzung der Datensicherheit, die zum Verlust, zur unrechtmäßigen Löschung, Veränderung, Speicherung, Weitergabe oder sonstigen unrechtmäßigen Verwendung personenbezogener Daten führt, sowie der unrechtmäßige Zugang zu diesen;

[...]

§ 170
Umsetzung von Überwachungsmaßnahmen, Erteilung von Auskünften

(1) Wer eine Telekommunikationsanlage betreibt, mit der öffentlich zugängliche Telekommunikationsdienste erbracht werden, hat

1. ab dem Zeitpunkt der Betriebsaufnahme auf eigene Kosten technische Einrichtungen zur Umsetzung gesetzlich vorgesehener Maßnahmen zur Überwachung der Telekommunikation vorzuhalten und organisatorische Vorkehrungen für deren unverzügliche Umsetzung zu treffen,
2. in Fällen, in denen die Überwachbarkeit nur durch das Zusammenwirken von zwei oder mehreren Telekommunikationsanlagen eines oder mehrerer Betreiber sichergestellt werden kann, ab dem Zeitpunkt der Betriebsaufnahme die dazu erforderlichen automatischen Steuerungsmöglichkeiten zur Erfassung und Ausleitung der zu überwachenden Telekommunikation in seiner Telekommunikationsanlage bereitzustellen sowie eine derartige Steuerung zu ermöglichen,

[…]

(5) Die Bundesregierung wird ermächtigt, durch Rechtsverordnung mit Zustimmung des Bundesrates

1. Regelungen zu treffen
   a) über die grundlegenden technischen Anforderungen und die organisatorischen Eckpunkte für die Umsetzung von Überwachungsmaßnahmen und die Erteilung von Auskünften einschließlich der Umsetzung von Überwachungsmaßnahmen und der Erteilung von Auskünften durch einen von dem Verpflichteten beauftragten Erfüllungsgehilfen und der Speicherung von Anordnungsdaten sowie zu den Mitwirkungspflichten bei technischen Ermittlungsmaßnahmen bei Mobilfunkendgeräten nach § 171,
   b) über den Regelungsrahmen für die Technische Richtlinie nach Absatz 6,
   c) für den Nachweis nach Absatz 1 Nummer 4,
   d) für die erneute Prüfung nach Absatz 1 Nummer 5,
   e) für die nähere Ausgestaltung der Duldungsverpflichtung nach Absatz 1 Nummer 6 und
   f) für die nähere Ausgestaltung der Sicherstellungspflichten nach Absatz 11 sowie
2. zu bestimmen,
   a) in welchen Fällen und unter welchen Bedingungen vorübergehend auf die Einhaltung bestimmter technischer Vorgaben verzichtet werden kann,
   b) dass die Bundesnetzagentur aus technischen Gründen Ausnahmen von der Erfüllung einzelner technischer Anforderungen zulassen kann und
   c) bei welchen Telekommunikationsanlagen und damit erbrachten Telekommunikationsdiensten aus grundlegenden technischen Erwägungen oder aus Gründen der Verhältnismäßigkeit abweichend von Absatz 1 Nummer 1 keine technischen Einrichtungen vorgehalten und keine organisatorischen Vorkehrungen getroffen werden müssen.

(6) [1]Die Bundesnetzagentur legt technische Einzelheiten zur Umsetzung von Maßnahmen zur Überwachung der Telekommunikation, insbesondere technische Einzelheiten, die zur Sicherstellung einer vollständigen Erfassung der zu überwachenden Telekommunikation und zur Auskunftserteilung sowie zur Gestaltung des Übergabepunktes zu den berechtigten Stellen und zur Speicherung der Anordnungsdaten sowie zu den Mitwirkungspflichten bei technischen Ermittlungsmaßnahmen bei Mobilfunkendgeräten nach § 171 erforderlich sind, in einer im Benehmen mit den berechtigten Stellen und unter Beteiligung der Verbände und der Hersteller zu erstellenden Technischen Richtlinie fest. [2]Dabei sind internationale technische Standards zu berücksichtigen; Abweichungen von den Standards sind zu begründen.

[…]

(8) [1]Wer nach Absatz 1 oder 2 in Verbindung mit der Rechtsverordnung nach Absatz 5 und der Technischen Richtlinie nach Absatz 6 verpflichtet ist, Vorkehrungen zu treffen, hat die Anforderungen spätestens ein Jahr, nachdem sie für ihn Geltung erlangen, zu erfüllen, sofern dort nicht für bestimmte Ver-

pflichtungen ein längerer Zeitraum festgelegt ist. [2]Nach dieser Richtlinie gestaltete mängelfreie technische Einrichtungen für bereits vom Verpflichteten angebotene Telekommunikationsdienste müssen im Falle einer Änderung der Richtlinie spätestens drei Jahre nach deren Inkrafttreten die geänderten Anforderungen erfüllen. [3]Stellt sich bei dem Nachweis nach Absatz 1 Nummer 4 oder einer erneuten Prüfung nach Absatz 1 Nummer 5 ein Mangel bei den von dem Verpflichteten getroffenen technischen oder organisatorischen Vorkehrungen heraus, hat er diesen Mangel nach Vorgaben der Bundesnetzagentur in angemessener Frist zu beseitigen; stellt sich im Betrieb, insbesondere anlässlich durchzuführender Überwachungsmaßnahmen, ein Mangel heraus, hat er diesen unverzüglich zu beseitigen. [4]Sofern für die technische Einrichtung eine Typmusterprüfung nach Absatz 7 durchgeführt worden ist und dabei Fristen für die Beseitigung von Mängeln festgelegt worden sind, hat die Bundesnetzagentur diese Fristen bei ihren Vorgaben zur Mängelbeseitigung nach Satz 3 zu berücksichtigen.

(9) [1]Jeder Betreiber einer Telekommunikationsanlage, der anderen im Rahmen seines Angebots für die Öffentlichkeit Netzabschlusspunkte seiner Telekommunikationsanlage überlässt, ist verpflichtet, den gesetzlich zur Überwachung der Telekommunikation berechtigten Stellen auf deren Anforderung Netzabschlusspunkte für die Übertragung der im Rahmen einer Überwachungsmaßnahme anfallenden Informationen unverzüglich und vorrangig bereitzustellen. [2]Die technische Ausgestaltung derartiger Netzabschlusspunkte kann in einer Rechtsverordnung nach Absatz 5 geregelt werden. [3]Für die Bereitstellung und Nutzung gelten mit Ausnahme besonderer Tarife oder Zuschläge für vorrangige oder vorzeitige Bereitstellung oder Entstörung die jeweils für die Allgemeinheit anzuwendenden Tarife. [4]Besondere vertraglich vereinbarte Rabatte bleiben von Satz 3 unberührt.

(10) [1]Telekommunikationsanlagen, die von den gesetzlich berechtigten Stellen betrieben werden und mittels derer in das Fernmeldegeheimnis oder in den Netzbetrieb eingegriffen werden soll, sind im Einvernehmen mit der Bundesnetzagentur technisch zu gestalten. [2]Die Bundesnetzagentur hat sich gegenüber der berechtigten Stelle zu der technischen Gestaltung innerhalb angemessener Frist zu äußern.

(11) Betreiber von öffentlichen Mobilfunknetzen, die Nutzer eines Betreibers von öffentlichen Mobilfunknetzen in der Europäischen Union nach Absprache anschließen und zu dessen Telekommunikationsanlage vermitteln, haben bei der durch sie bereitzustellenden Überwachungskopie sicherzustellen, dass eine durch den ausländischen Betreiber netzseitig aufgebrachte Verschlüsselung zu dessen Nutzern aufgehoben wird, soweit hierfür internationale technische Standards zur Verfügung stehen, die in der Technischen Richtlinie nach Absatz 6 beschrieben werden.

§ 171
Mitwirkung bei technischen Ermittlungsmaßnahmen bei Mobilfunkendgeräten

[1]Jeder Betreiber eines öffentlichen Mobilfunknetzes hat den berechtigten Stellen nach § 100i Absatz 1 der Strafprozessordnung, § 53 des Bundekriminalamtsgesetzes, § 12 Absatz 1 des MAD-Gesetzes, § 9 Absatz 4 des Bundesverfassungsschutzgesetzes, auch in Verbindung mit § 5 des BND-Gesetzes, oder nach Landesrecht nach Maßgabe der Rechtsverordnung nach § 170 Absatz 5 und der Technischen Richtlinie nach § 170 Absatz 6, ohne dass dies dem Endnutzer bekannt wird,

1. den Einsatz von technischen Mitteln der berechtigten Stellen in seinem Mobilfunknetz zu ermöglichen, die der Ermittlung folgender Informationen von Mobilfunkendgeräten dienen:
   a) des Standortes,
   b) der Gerätenummer,
   c) der Kennung zur Identifizierung des Anschlusses und
   d) der temporären oder dauerhaften Kennungen, die Mobilfunkendgeräten in seinem Mobilfunknetz zugewiesen sind,

   sowie
2. eine automatisierte Auskunft über die temporär und dauerhaft in seinem Mobilfunknetz zugewiesenen Kennungen unverzüglich zu erteilen.

[2]§ 170 Absatz 10 gilt entsprechend. [3]Verpflichtungen nach Maßgabe des § 170 bleiben unberührt. [4]Die Benachrichtigung des Endnutzers erfolgt ausschließlich durch die für die Maßnahme zuständige Behörde nach den jeweils geltenden Vorschriften.

§ 172
Daten für Auskunftsersuchen der Sicherheitsbehörden

(1) [1]Wer nummerngebundene interpersonelle Telekommunikationsdienste, Internetzugangsdienste oder Dienste, die ganz oder überwiegend in der Übertragung von Signalen bestehen, erbringt und dabei Rufnummern oder andere Anschlusskennungen vergibt oder Telekommunikationsanschlüsse für von anderen vergebene Rufnummern oder andere Anschlusskennungen bereitstellt, hat für die Auskunftsverfahren nach den §§ 173 und 174 vor der Freischaltung folgende Daten zu erheben und unverzüglich zu speichern, auch, soweit diese Daten für betriebliche Zwecke nicht erforderlich sind:

1. die Rufnummern,
2. andere von ihm vergebene Anschlusskennungen,
3. den Namen und die Anschrift des Anschlussinhabers,
4. bei natürlichen Personen deren Geburtsdatum,
5. bei Festnetzanschlüssen die Anschrift des Anschlusses,

6. in Fällen, in denen neben einem Mobilfunkanschluss auch ein Mobilfunkendgerät überlassen wird, die Gerätenummer dieses Gerätes sowie
7. das Datum der Vergabe der Rufnummer und, soweit abweichend, das Datum des Vertragsbeginns.

[2]Das Datum der Beendigung der Zuordnung der Rufnummer und, sofern davon abweichend, das Datum des Vertragsendes sind bei Bekanntwerden ebenfalls zu speichern. [3]Die Sätze 1 und 2 gelten auch, sofern die Daten nicht in Endnutzerverzeichnisse eingetragen werden. [4]Für das Auskunftsverfahren nach § 174 ist die Form der Datenspeicherung freigestellt.

(2) [1]Anbieter von im Voraus bezahlten Mobilfunkdiensten haben die Richtigkeit der nach Absatz 1 Satz 1 Nummer 3 und 4 erhobenen Daten, sofern die Daten in den vorgelegten Dokumenten oder eingesehenen Registern oder Verzeichnissen enthalten sind, vor der Freischaltung zu überprüfen durch

1. Vorlage eines Ausweises im Sinne des § 2 Absatz 1 des Personalausweisgesetzes,
2. Vorlage eines Passes im Sinne des § 1 Absatz 2 des Passgesetzes,
3. Vorlage eines sonstigen gültigen amtlichen Ausweises, der ein Lichtbild des Inhabers enthält und mit dem die Pass- und Ausweispflicht im Inland erfüllt wird, wozu insbesondere auch ein nach ausländerrechtlichen Bestimmungen anerkannter oder zugelassener Pass, Personalausweis oder Pass- oder Ausweisersatz zählt,
4. Vorlage eines Aufenthaltstitels,
5. Vorlage eines Ankunftsnachweises nach § 63a Absatz 1 des Asylgesetzes oder einer Bescheinigung über die Aufenthaltsgestattung nach § 63 Absatz 1 des Asylgesetzes,
6. Vorlage einer Bescheinigung über die Aussetzung der Abschiebung nach § 60a Absatz 4 des Aufenthaltsgesetzes oder
7. Vorlage eines Auszugs aus dem Handels- oder Genossenschaftsregister oder einem vergleichbaren amtlichen Register oder Verzeichnis, der Gründungsdokumente oder gleichwertiger beweiskräftiger Dokumente oder durch Einsichtnahme in diese Register oder Verzeichnisse und Abgleich mit den darin enthaltenen Daten, sofern es sich bei dem Anschlussinhaber um eine juristische Person oder Personengesellschaft handelt.

[2]Dazu darf ihnen abweichend von § 20 Absatz 2 Satz 2 des Personalausweisgesetzes und § 18 Absatz 3 Satz 2 des Passgesetzes ein Vertriebspartner eine elektronische Kopie des Personalausweises oder Reisepasses übersenden. [3]Die Überprüfung kann auch durch andere geeignete Verfahren erfolgen; die Bundesnetzagentur legt nach Anhörung der betroffenen Kreise fest, welche anderen Verfahren zur Überprüfung geeignet sind, wobei jeweils zum Zweck der Identifikation vor Freischaltung der vertraglich vereinbarten Mobilfunkdienstleistung ein Dokument im Sinne des Satzes 1 genutzt werden muss. [4]Verpflichtete haben vor Nutzung anderer geeigneter Verfahren die Feststellung der Übereinstimmung eines Verfahrens mit der Festlegung der Bundesnetzagentur

durch eine Konformitätsbewertungsstelle im Sinne der Begriffsbestimmung in Artikel 2 Nummer 13 der Verordnung (EG) Nr. 765/2008 des Europäischen Parlaments und des Rates vom 9. Juli 2008 über die Vorschriften für die Akkreditierung und Marktüberwachung im Zusammenhang mit der Vermarktung von Produkten und zur Aufhebung der Verordnung (EWG) Nr. 339/93 des Rates (ABl. L 218 vom 13.8.2008, S. 30) nachzuweisen, die gemäß jener Verordnung als zur Durchführung der Konformitätsbewertung von anderen geeigneten Verfahren nach Satz 3 akkreditiert worden ist. [5]Die Feststellung darf bei Nutzung des Verfahrens nicht älter als 24 Monate sein. [6]Bei der Überprüfung ist die Art des eingesetzten Verfahrens zu speichern; bei Überprüfung mittels eines Dokumentes im Sinne des Satzes 1 Nummer 1 bis 6 sind ferner Angaben zu Art, Nummer und ausstellender Stelle zu speichern. [7]Für die Identifizierung anhand eines elektronischen Identitätsnachweises nach § 18 des Personalausweisgesetzes, nach § 12 des eID-Karte-Gesetzes oder nach § 78 Absatz 5 des Aufenthaltsgesetzes gilt § 8 Absatz 2 Satz 5 des Geldwäschegesetzes entsprechend.

(3) Die Verpflichtung zur unverzüglichen Speicherung nach Absatz 1 Satz 1 gilt hinsichtlich der Daten nach Absatz 1 Satz 1 Nummer 1, 3, 4 und 7 entsprechend für denjenigen, der nummernunabhängige interpersonelle Telekommunikationsdienste erbringt und dabei Daten nach Absatz 1 Satz 1 Nummer 1, 3, 4 und 7 erhebt, wobei an die Stelle der Daten nach Absatz 1 Satz 1 Nummer 1 die entsprechenden Kennungen des Dienstes und an die Stelle des Anschlussinhabers nach Absatz 1 Satz 1 Nummer 3 der Nutzer des Dienstes tritt.

(4) Wird dem Verpflichteten nach den Absätzen 1 bis 3 eine Änderung bekannt, hat er die Daten unverzüglich zu berichtigen.

(5) [1]Bedient sich ein Verpflichteter nach den Absätzen 1 bis 3 zur Erhebung der Daten nach Absatz 1 Satz 1 und 2 und Absatz 3 oder Überprüfung der Daten nach Absatz 2 eines Dritten, bleibt er für die Erfüllung der Pflichten nach den Absätzen 1 bis 3 verantwortlich. [2]Es ist dem Dritten verboten, unrichtige Daten zu verwenden oder zu verarbeiten. [3]Werden dem Dritten im Rahmen des üblichen Geschäftsablaufs Änderungen der Daten nach Absatz 1 Satz 1 und 2 und Absatz 3 bekannt, hat er diese dem Anbieter des Telekommunikationsdienstes unverzüglich zu übermitteln.

(6) Die Daten nach den Absätzen 1 bis 3 sind mit Ablauf des auf die Beendigung des Vertragsverhältnisses folgenden Kalenderjahres zu löschen.

(7) Eine Entschädigung für die Datenerhebung und -speicherung wird nicht gewährt.

§ 173
Automatisiertes Auskunftsverfahren

(1) [1]Wer nummerngebundene interpersonelle Telekommunikationsdienste oder Dienste, die ganz oder überwiegend in der Übertragung von Signalen bestehen, erbringt und dabei Rufnummern vergibt, hat die nach § 172 Absatz 1, 2 und 4 erhobenen Daten unverzüglich in Kundendateien zu speichern, in die

auch Rufnummern und Rufnummernkontingente, die zur weiteren Vermarktung oder sonstigen Nutzung an andere Anbieter von Telekommunikationsdiensten vergeben werden, sowie bei portierten Rufnummern die aktuelle Portierungskennung aufzunehmen sind. [2]Der Verpflichtete kann auch eine andere Stelle nach Maßgabe des Artikels 28 der Verordnung (EU) 2016/679 des Europäischen Parlaments und des Rates vom 27. April 2016 zum Schutz natürlicher Personen bei der Verarbeitung personenbezogener Daten, zum freien Datenverkehr und zur Aufhebung der Richtlinie 95/46/EG (Datenschutz-Grundverordnung) (ABl. L 119 vom 4.5.2016, S. 1; L 314 vom 22.11.2016, S. 72; L 127 vom 23.5.2018, S. 2) beauftragen, die Kundendateien zu führen. [3]Für die Berichtigung und Löschung der in den Kundendateien gespeicherten Daten gilt § 172 Absatz 4 und 6 entsprechend. [4]In Fällen portierter Rufnummern sind die Rufnummer und die zugehörige Portierungskennung erst nach Ablauf des Jahres zu löschen, das dem Zeitpunkt folgt, zu dem die Rufnummer wieder an den Netzbetreiber zurückgegeben wurde, dem sie ursprünglich zugeteilt worden war.

(2) [1]Der Verpflichtete hat zu gewährleisten, dass

1. die Bundesnetzagentur jederzeit Daten aus den Kundendateien automatisiert im Inland abrufen kann,
2. der Abruf von Daten unter Verwendung unvollständiger Abfragedaten oder die Suche mittels einer Ähnlichenfunktion erfolgen kann.

[2]Der Verpflichtete und sein Beauftragter haben durch technische und organisatorische Maßnahmen sicherzustellen, dass ihnen die abgerufenen Daten nicht zur Kenntnis gelangen können.

(3) [1]Die Bundesnetzagentur darf Daten aus den Kundendateien nur abrufen, soweit die Kenntnis der Daten erforderlich ist

1. für die Verfolgung von Ordnungswidrigkeiten oder Verstößen nach diesem Gesetz oder nach dem Gesetz gegen den unlauteren Wettbewerb,
2. für die Erledigung von Auskunftsersuchen der in Absatz 4 genannten Stellen.

[2]Die ersuchende Stelle prüft unverzüglich, inwieweit sie die als Antwort übermittelten Daten benötigt; nicht benötigte Daten löscht sie unverzüglich; dies gilt auch für die Bundesnetzagentur für den Abruf von Daten nach Satz 1 Nummer 1.

(4) Auskünfte aus den Kundendateien nach Absatz 1 werden den folgenden Stellen nach Absatz 7 jederzeit erteilt, soweit die Auskünfte zur Erfüllung ihrer gesetzlichen Aufgaben erforderlich sind und die Ersuchen an die Bundesnetzagentur im automatisierten Auskunftsverfahren vorgelegt werden:

1. den Gerichten und Strafverfolgungsbehörden,
2. den Polizeivollzugsbehörden des Bundes und der Länder für Zwecke der Gefahrenabwehr,
3. dem Zollkriminalamt und den Zollfahndungsämtern für Zwecke eines Strafverfahrens sowie dem Zollkriminalamt zur Vorbereitung und Durchführung von Maßnahmen nach § 72 des Zollfahndungsdienstgesetzes,

4. den Verfassungsschutzbehörden des Bundes und der Länder, dem Militärischen Abschirmdienst, dem Bundesnachrichtendienst,
5. den Notrufabfragestellen nach § 164 sowie der Abfragestelle für die Rufnummer 124124,
6. der Bundesanstalt für Finanzdienstleistungsaufsicht,
7. den Behörden der Zollverwaltung für die in § 2 Absatz 1 des Schwarzarbeitsbekämpfungsgesetzes genannten Zwecke über zentrale Abfragestellen,
8. den nach Landesrecht für die Verfolgung und Ahndung von Ordnungswidrigkeiten zuständigen Behörden für die in § 2 Absatz 3 des Schwarzarbeitsbekämpfungsgesetzes genannten Zwecke über zentrale Abfragestellen sowie
9. den für die Verfolgung und Ahndung von Ordnungswidrigkeiten nach § 81 Absatz 1 bis 3 des Gesetzes gegen Wettbewerbsbeschränkungen zuständigen Kartellbehörden.

(5) [1]Das Bundesministerium für Digitales und Staatsmodernisierung wird ermächtigt, im Einvernehmen mit dem Bundeskanzleramt, dem Bundesministerium des Innern, dem Bundesministerium der Justiz und für Verbraucherschutz, dem Bundesministerium der Finanzen sowie dem Bundesministerium der Verteidigung eine Rechtsverordnung mit Zustimmung des Bundesrates zu erlassen, in der Folgendes geregelt wird:

1. die wesentlichen Anforderungen an die technischen Verfahren
   a) zur Übermittlung der Ersuchen an die Bundesnetzagentur,
   b) zur Abfrage der Daten durch die Bundesnetzagentur bei den Verpflichteten und deren Antwort an die Bundesnetzagentur einschließlich der für die Abfrage zu verwendenden Datenarten und
   c) zur Übermittlung der Ergebnisse des Abrufs von der Bundesnetzagentur an die ersuchenden Stellen,
2. die zu beachtenden Sicherheitsanforderungen,
3. für Auskünfte und Abrufe mit unvollständigen Abfragedaten und für die Suche mittels einer Ähnlichenfunktion
   a) die Mindestanforderungen an den Umfang der einzugebenden Daten zur möglichst genauen Bestimmung der gesuchten Person,
   b) die Zeichen, die in Ersuchen verwendet werden dürfen,
   c) Anforderungen an den Einsatz sprachwissenschaftlicher Verfahren, die gewährleisten, dass unterschiedliche Schreibweisen eines Personen-, Straßen- oder Ortsnamens sowie Abweichungen, die sich aus der Vertauschung, Auslassung oder Hinzufügung von Namensbestandteilen ergeben, in die Suche und das Suchergebnis einbezogen werden,
   d) die zulässige Menge der an die Bundesnetzagentur zu übermittelnden Antwortdatensätze sowie
4. wer abweichend von Absatz 1 Satz 1 aus Gründen der Verhältnismäßigkeit keine Kundendateien für das automatisierte Auskunftsverfahren vorhalten muss; in diesen Fällen gilt § 172 Absatz 1 Satz 4 entsprechend.

[2]Im Übrigen können in der Rechtsverordnung auch Einschränkungen der Abfragemöglichkeit für die in Absatz 4 Nummer 5 bis 9 genannten Stellen auf den für diese Stellen erforderlichen Umfang geregelt werden.

(6) [1]Die technischen Einzelheiten des automatisierten Auskunftsverfahrens legt die Bundesnetzagentur unter Beteiligung der betroffenen Verbände und der berechtigten Stellen in einer Technischen Richtlinie fest, die bei Bedarf an den Stand der Technik anzupassen ist. [2]Die Verpflichteten nach den Absätzen 1 und 2 und die berechtigten Stellen haben die Anforderungen der Technischen Richtlinie spätestens ein Jahr nach deren Inkrafttreten zu erfüllen, es sei denn, in der Technischen Richtlinie ist eine davon abweichende Umsetzungsfrist festgelegt worden. [3]Nach dieser Richtlinie gestaltete mängelfreie technische Einrichtungen müssen im Falle einer Änderung der Technischen Richtlinie spätestens drei Jahre nach deren Inkrafttreten die geänderten Anforderungen erfüllen.

(7) [1]Auf Ersuchen der in Absatz 4 genannten Stellen hat die Bundesnetzagentur die entsprechenden Datensätze aus den Kundendateien nach Absatz 1 abzurufen und als Ergebnis an die ersuchende Stelle zu übermitteln. [2]Sie prüft die Zulässigkeit der Übermittlung nur, soweit hierzu ein besonderer Anlass besteht. [3]Die Verantwortung für die Zulässigkeit der Übermittlung tragen

1. in den Fällen des Absatzes 3 Satz 1 Nummer 1 die Bundesnetzagentur und
2. in den Fällen des Absatzes 3 Satz 1 Nummer 2 die in Absatz 4 genannten Stellen.

(8) [1]Die Bundesnetzagentur protokolliert für Zwecke der Datenschutzkontrolle durch die jeweils zuständige Stelle bei jedem Abruf

1. den Zeitpunkt,
2. die bei der Durchführung des Abrufs verwendeten Daten,
3. die abgerufenen Daten,
4. ein die abrufende Person eindeutig bezeichnendes Datum sowie
5. die ersuchende Stelle, deren Aktenzeichen und ein die ersuchende Person eindeutig bezeichnendes Datum.

[2]Eine Verwendung der Protokolldaten für andere Zwecke ist unzulässig. [3]Die Protokolldaten sind nach einem Jahr zu löschen.

(9) [1]Der Verpflichtete nach den Absätzen 1 und 2 hat alle technischen Vorkehrungen in seinem Verantwortungsbereich auf seine Kosten zu treffen, die für die Erteilung der Auskünfte nach dieser Vorschrift erforderlich sind. [2]Dazu gehören auch die Anschaffung der zur Sicherstellung der Vertraulichkeit und des Schutzes vor unberechtigten Zugriffen erforderlichen Geräte, die Einrichtung eines geeigneten Telekommunikationsanschlusses sowie die laufende Bereitstellung dieser Vorkehrungen nach Maßgaben der Rechtsverordnung nach Absatz 5 und der Technischen Richtlinie nach Absatz 6. [3]Eine Entschädigung für im automatisierten Auskunftsverfahren erteilte Auskünfte wird den Verpflichteten nicht gewährt.

§ 174
Manuelles Auskunftsverfahren

(1) [1]Wer Telekommunikationsdienste erbringt oder daran mitwirkt, darf von ihm erhobene Bestandsdaten sowie die nach § 172 erhobenen Daten nach Maßgabe dieser Vorschrift zur Erfüllung von Auskunftspflichten gegenüber den in Absatz 3 genannten Stellen verwenden. [2]Dies gilt auch für Daten, mittels derer der Zugriff auf Endgeräte oder auf Speichereinrichtungen, die in diesen Endgeräten oder hiervon räumlich getrennt eingesetzt werden, geschützt wird. [3]Die in eine Auskunft aufzunehmenden Daten dürfen auch anhand einer zu einem bestimmten Zeitpunkt zugewiesenen Internetprotokoll-Adresse bestimmt werden; hierfür dürfen Verkehrsdaten auch automatisiert ausgewertet werden. [4]Für die Auskunftserteilung nach Satz 3 sind sämtliche unternehmensinternen Datenquellen zu berücksichtigen. [5]Der Verpflichtete hat die in seinem Verantwortungsbereich für die Auskunftserteilung erforderlichen Vorkehrungen auf eigene Kosten zu treffen.

(2) [1]Die Auskunft darf nur erteilt werden nach Maßgabe der nachfolgenden Absätze und soweit die um die Auskunft ersuchende Stelle dies im Einzelfall unter Angabe einer gesetzlichen Bestimmung verlangt, die ihr eine Erhebung der in Absatz 1 in Bezug genommenen Daten erlaubt. [2]Das Auskunftsverlangen ist schriftlich oder elektronisch zu stellen. [3]Bei Gefahr im Verzug darf die Auskunft auch erteilt werden, wenn das Verlangen in anderer Form gestellt wird. [4]In diesem Falle ist das Verlangen unverzüglich nachträglich schriftlich oder elektronisch zu bestätigen. [5]Die Verantwortung für die Zulässigkeit der Auskunft tragen die um Auskunft ersuchenden Stellen.

(3) Die Auskunft nach Absatz 1 Satz 1 darf nur erteilt werden

1. an die für die Verfolgung von Straftaten und Ordnungswidrigkeiten zuständigen Behörden, soweit zureichende tatsächliche Anhaltspunkte für eine Straftat oder Ordnungswidrigkeit vorliegen und die in die Auskunft aufzunehmenden Daten erforderlich sind, um den Sachverhalt zu erforschen, den Aufenthaltsort eines Beschuldigten oder Betroffenen zu ermitteln oder eine Strafe zu vollstrecken,
2. an die für die Abwehr von Gefahren für die öffentliche Sicherheit oder Ordnung zuständigen Behörden, wenn die in die Auskunft aufzunehmenden Daten im Einzelfall erforderlich sind
   a) zur Abwehr einer Gefahr für die öffentliche Sicherheit oder
   b) zum Schutz von Leib, Leben, Freiheit der Person, sexueller Selbstbestimmung, dem Bestand und der Sicherheit des Bundes oder eines Landes, der freiheitlich demokratischen Grundordnung, Gütern der Allgemeinheit, deren Bedrohung die Grundlagen der Existenz der Menschen berührt sowie nicht unerheblichen Sachwerten, wenn Tatsachen den Schluss auf ein wenigstens seiner Art nach konkretisiertes sowie zeitlich

absehbares Geschehen zulassen, an dem bestimmte Personen beteiligt sein werden, oder

c) zum Schutz von Leib, Leben, Freiheit der Person, sexueller Selbstbestimmung, dem Bestand und der Sicherheit des Bundes oder eines Landes, der freiheitlich demokratischen Grundordnung sowie Gütern der Allgemeinheit, deren Bedrohung die Grundlagen der Existenz der Menschen berührt, wenn das individuelle Verhalten einer Person die konkrete Wahrscheinlichkeit begründet, dass sie in einem übersehbaren Zeitraum eine gegen ein solches Rechtsgut gerichtete Straftat begehen wird, oder

d) zur Verhütung einer Straftat von erheblicher Bedeutung, sofern Tatsachen die Annahme rechtfertigen, dass eine Person innerhalb eines übersehbaren Zeitraums auf eine ihrer Art nach konkretisierte Weise als Täter oder Teilnehmer an der Begehung einer Tat beteiligt ist, oder

e) zur Verhütung einer schweren Straftat nach § 100a Absatz 2 der Strafprozessordnung, sofern das individuelle Verhalten einer Person die konkrete Wahrscheinlichkeit begründet, dass die Person innerhalb eines übersehbaren Zeitraums die Tat begehen wird,

[...].

(4) [1]Die Auskunft nach Absatz 1 Satz 2 darf nur unter den Voraussetzungen des Absatzes 3 und nur dann erteilt werden, wenn die Auskunft verlangende Stelle auch zur Nutzung der zu beauskunftenden Daten im Einzelfall berechtigt ist. [2]Die Verantwortung für die Berechtigung zur Nutzung der zu beauskunftenden Daten tragen die um Auskunft ersuchenden Stellen.

(5) Die Auskunft nach Absatz 1 Satz 3 darf nur erteilt werden an

1. die für die Verfolgung von Straftaten zuständigen Behörden, soweit zureichende tatsächliche Anhaltspunkte für eine Straftat vorliegen und die in die Auskunft aufzunehmenden Daten erforderlich sind, um den Sachverhalt zu erforschen, den Aufenthaltsort eines Beschuldigten zu ermitteln oder eine Strafe zu vollstrecken,
2. die für die Abwehr von Gefahren für die öffentliche Sicherheit oder Ordnung zuständigen Behörden, wenn die in die Auskunft aufzunehmenden Daten im Einzelfall erforderlich sind

   a) zum Schutz von Leib, Leben, Freiheit der Person, sexueller Selbstbestimmung, dem Bestand und der Sicherheit des Bundes oder eines Landes, der freiheitlich demokratischen Grundordnung, Gütern der Allgemeinheit, deren Bedrohung die Grundlagen der Existenz der Menschen berührt, sowie nicht unerheblicher Sachwerte oder zur Verhütung einer Straftat oder

   b) zum Schutz von Leib, Leben, Freiheit der Person, sexueller Selbstbestimmung, dem Bestand und der Sicherheit des Bundes oder eines Landes, der freiheitlich demokratischen Grundordnung sowie Gütern der

Allgemeinheit, deren Bedrohung die Grundlagen der Existenz der Menschen berührt, wenn Tatsachen den Schluss auf ein wenigstens seiner Art nach konkretisiertes sowie zeitlich absehbares Geschehen zulassen, an dem bestimmte Personen beteiligt sein werden, oder

c) zum Schutz von Leib, Leben, Freiheit der Person, sexueller Selbstbestimmung, dem Bestand und der Sicherheit des Bundes oder eines Landes, der freiheitlich demokratischen Grundordnung sowie Gütern der Allgemeinheit, deren Bedrohung die Grundlagen der Existenz der Menschen berührt, wenn das individuelle Verhalten einer Person die konkrete Wahrscheinlichkeit begründet, dass sie in einem übersehbaren Zeitraum eine gegen ein solches Rechtsgut gerichtete Straftat begehen wird, oder

d) zur Verhütung einer schweren Straftat nach § 100a Absatz 2 der Strafprozessordnung, sofern Tatsachen die Annahme rechtfertigen, dass eine Person innerhalb eines übersehbaren Zeitraums auf eine ihrer Art nach konkretisierten Weise als Täter oder Teilnehmer an der Begehung einer Tat beteiligt ist, oder

e) zur Verhütung einer schweren Straftat nach § 100a Absatz 2 der Strafprozessordnung, sofern das individuelle Verhalten einer Person die konkrete Wahrscheinlichkeit begründet, dass die Person innerhalb eines übersehbaren Zeitraums die Tat begehen wird,

[...].

(6) [1]Derjenige, der geschäftsmäßig Telekommunikationsdienste erbringt oder daran mitwirkt, hat die zu beauskunftenden Daten unverzüglich und vollständig zu übermitteln. [2]Über das Auskunftsersuchen und die Auskunftserteilung haben die Verpflichteten gegenüber den Betroffenen sowie Dritten Stillschweigen zu wahren.

(7) [1]Wer öffentlich zugängliche Telekommunikationsdienste erbringt, hat für die Entgegennahme der Auskunftsverlangen sowie für die Erteilung der zugehörigen Auskünfte gesicherte elektronische Schnittstellen nach Maßgabe der Verordnung nach § 170 Absatz 5 und der Technischen Richtlinie nach § 170 Absatz 6 bereitzuhalten, durch die auch die gegen die Kenntnisnahme der Daten durch Unbefugte gesicherte Übertragung gewährleistet ist. [2]Dabei haben Verpflichtete mit 100000 oder mehr Vertragspartnern die Schnittstelle sowie das E-Mail-basierte Übermittlungsverfahren nach der Technischen Richtlinie nach § 170 Absatz 6 bereitzuhalten. [3]Verpflichtete mit weniger als 100000 Vertragspartnern müssen nur das E-Mail-basierte Übermittlungsverfahren bereithalten. [4]Darüber hinaus gelten für die Entgegennahme der Auskunftsverlangen sowie für die Übermittlung der zugehörigen Auskünfte § 31 Absatz 2 Satz 2 bis 4 und Absatz 6 und 7, § 34 Absatz 1 Satz 1 und 3 und Absatz 2 sowie § 35 der Verordnung nach § 170 Absatz 5 entsprechend. [5]Die Verpflichteten haben dafür Sorge zu tragen, dass jedes Auskunftsverlangen durch eine verantwortliche

Fachkraft auf Einhaltung der in Absatz 2 genannten formalen Voraussetzungen geprüft und die weitere Bearbeitung des Verlangens erst nach einem positiven Prüfergebnis freigegeben wird. [6]Die Prüfung und Freigabe durch eine verantwortliche Fachkraft nach Satz 5 kann unterbleiben, sofern durch die technische Ausgestaltung der elektronischen Schnittstelle die Einhaltung der in Absatz 2 genannten formalen Voraussetzungen automatisch überprüft werden kann.

§ 175
Verpflichtete; Entschädigung

(1) [1]Die Verpflichtungen zur Speicherung von Verkehrsdaten, zur Verwendung der Daten und zur Datensicherheit nach den §§ 176 bis 181 beziehen sich auf Anbieter öffentlich zugänglicher Telekommunikationsdienste für Endnutzer, bei denen es sich nicht um nummernunabhängige interpersonelle Telekommunikationsdienste handelt. [2]Ein Anbieter nach Satz 1, der nicht alle der nach Maßgabe der §§ 176 bis 181 zu speichernden Daten selbst erzeugt oder verarbeitet, hat

1. sicherzustellen, dass die nicht von ihm selbst bei der Erbringung seines Dienstes erzeugten oder verarbeiteten Daten gemäß § 176 Absatz 1 gespeichert werden, und
2. der Bundesnetzagentur auf deren Verlangen unverzüglich mitzuteilen, wer diese Daten speichert.

(2) [1]Für notwendige Aufwendungen, die den Verpflichteten durch die Umsetzung der Vorgaben aus den §§ 176, 178 bis 181 entstehen, ist eine angemessene Entschädigung zu zahlen, soweit dies zur Abwendung oder zum Ausgleich unbilliger Härten geboten erscheint. [2]Für die Bemessung der Entschädigung sind die tatsächlich entstandenen Kosten maßgebend. [3]Über Anträge auf Entschädigung entscheidet die Bundesnetzagentur.

§ 176
Pflichten zur Speicherung von Verkehrsdaten

(1) Die in § 175 Absatz 1 Genannten sind verpflichtet, Daten wie folgt im Inland zu speichern:

1. Daten nach den Absätzen 2 und 3 für zehn Wochen,
2. Standortdaten nach Absatz 4 für vier Wochen.

(2) [1]Die Anbieter von Sprachkommunikationsdiensten speichern

1. die Rufnummer oder eine andere Kennung des anrufenden und des angerufenen Anschlusses sowie bei Um- oder Weiterschaltungen jedes weiteren beteiligten Anschlusses,
2. Datum und Uhrzeit von Beginn und Ende der Verbindung unter Angabe der zugrunde liegenden Zeitzone,
3. Angaben zu dem genutzten Dienst, wenn im Rahmen des Sprachkommunikationsdienstes unterschiedliche Dienste genutzt werden können,

4. im Falle mobiler Sprachkommunikationsdienste ferner
   a) die internationale Kennung mobiler Endnutzer für den anrufenden und den angerufenen Anschluss,
   b) die internationale Kennung des anrufenden und des angerufenen Endgerätes,
   c) Datum und Uhrzeit der ersten Aktivierung des Dienstes unter Angabe der zugrunde liegenden Zeitzone, wenn Dienste im Voraus bezahlt wurden,
5. im Falle von Internet-Sprachkommunikationsdiensten auch die Internetprotokoll-Adressen des anrufenden und des angerufenen Anschlusses und zugewiesene Benutzerkennungen.

[2]Satz 1 gilt entsprechend
1. bei der Übermittlung einer Kurz-, Multimedia- oder ähnlichen Nachricht; hierbei treten an die Stelle der Angaben nach Satz 1 Nummer 2 die Zeitpunkte der Versendung und des Empfangs der Nachricht;
2. für unbeantwortete oder wegen eines Eingriffs des Netzwerkmanagements erfolglose Anrufe, soweit der Anbieter öffentlich zugänglicher Sprachkommunikationsdienste die in Satz 1 genannten Verkehrsdaten für die in § 9 des Telekommunikation-Digitale-Dienste-Datenschutz-Gesetzes genannten Zwecke speichert oder protokolliert.

(3) Die Anbieter öffentlich zugänglicher Internetzugangsdienste speichern
1. die dem Endnutzer für eine Internetnutzung zugewiesene Internetprotokoll-Adresse,
2. eine eindeutige Kennung des Anschlusses, über den die Internetnutzung erfolgt, sowie eine zugewiesene Benutzerkennung,
3. Datum und Uhrzeit von Beginn und Ende der Internetnutzung unter der zugewiesenen Internetprotokoll-Adresse unter Angabe der zugrunde liegenden Zeitzone.

(4) [1]Im Falle der Nutzung mobiler Sprachkommunikationsdienste sind die Bezeichnungen der Funkzellen zu speichern, die durch den anrufenden und den angerufenen Anschluss bei Beginn der Verbindung genutzt wurden. [2]Bei öffentlich zugänglichen Internetzugangsdiensten ist im Falle der mobilen Nutzung die Bezeichnung der bei Beginn der Internetverbindung genutzten Funkzelle zu speichern. [3]Zusätzlich sind die Daten vorzuhalten, aus denen sich die geografische Lage und die Hauptstrahlrichtungen der die jeweilige Funkzelle versorgenden Funkantennen ergeben.

(5) Der Inhalt der Kommunikation, Daten über aufgerufene Internetseiten und Daten von Diensten der elektronischen Post dürfen aufgrund dieser Vorschrift nicht gespeichert werden.

(6) [1]Daten, die den in § 11 Absatz 5 des Telekommunikation-Digitale-Dienste-Datenschutz-Gesetzes genannten Verbindungen zugrunde liegen, dürfen aufgrund dieser Vorschrift nicht gespeichert werden. [2]Dies gilt entsprechend für Telefonverbindungen, die von den in § 11 Absatz 5 des Telekommunikation-

Digitale-Dienste-Datenschutz-Gesetzes genannten Stellen ausgehen. [3]§ 11 Absatz 6 des Telekommunikation-Digitale-Dienste-Datenschutz-Gesetzes gilt entsprechend.

(7) Die Speicherung der Daten hat so zu erfolgen, dass Auskunftsersuchen der berechtigten Stellen unverzüglich beantwortet werden können.

(8) Der nach § 175 Absatz 1 Verpflichtete hat die aufgrund des Absatzes 1 gespeicherten Daten unverzüglich, spätestens jedoch binnen einer Woche nach Ablauf der Speicherfristen nach Absatz 1, irreversibel zu löschen oder die irreversible Löschung sicherzustellen.

§ 177
Verwendung der Daten

(1) Die aufgrund des § 176 gespeicherten Daten dürfen

1. an eine Strafverfolgungsbehörde übermittelt werden, soweit diese die Übermittlung unter Berufung auf eine gesetzliche Bestimmung, die ihr eine Erhebung der in § 176 genannten Daten zur Verfolgung besonders schwerer Straftaten erlaubt, verlangt;
2. an eine Gefahrenabwehrbehörde der Länder übermittelt werden, soweit diese die Übermittlung unter Berufung auf eine gesetzliche Bestimmung, die ihr eine Erhebung der in § 176 genannten Daten zur Abwehr einer konkreten Gefahr für Leib, Leben oder Freiheit einer Person oder für den Bestand des Bundes oder eines Landes erlaubt, verlangt;
3. durch den Anbieter öffentlich zugänglicher Telekommunikationsdienste für eine Auskunft nach § 174 Absatz 1 Satz 3 verwendet werden.

(2) Für andere Zwecke als die in Absatz 1 genannten dürfen die aufgrund des § 176 gespeicherten Daten von den nach § 175 Absatz 1 Verpflichteten nicht verwendet werden.

(3) [1]Die Übermittlung der Daten erfolgt nach Maßgabe der Rechtsverordnung nach § 170 Absatz 5 und der Technischen Richtlinie nach § 170 Absatz 6. [2]Die Daten sind so zu kennzeichnen, dass erkennbar ist, dass es sich um Daten handelt, die nach § 176 gespeichert waren. [3]Nach Übermittlung an eine andere Stelle ist die Kennzeichnung durch diese aufrechtzuerhalten.

[...]

Telekommunikation-Digitale-Dienste-Datenschutz-Gesetz (TDDDG)

vom 23. Juni 2021 (BGBl. I S. 1982), zuletzt geändert durch Artikel 10 des Gesetzes vom 9. Januar 2026 (BGBl. 2026 I Nr. 7)

– Auszüge–

[...]

§ 1
Anwendungsbereich

(1) Dieses Gesetz regelt

1. das Fernmeldegeheimnis, einschließlich des Abhörverbotes und der Geheimhaltungspflicht der Betreiber von Funkanlagen,
2. besondere Vorschriften zum Schutz personenbezogener Daten bei der Nutzung von Telekommunikationsdiensten und digitalen Diensten,
3. die Anforderungen an den Schutz der Privatsphäre im Hinblick auf die Mitteilung ankommender Verbindungen, die Rufnummernunterdrückung und -anzeige und die automatische Anrufweiterschaltung,
4. die Anforderungen an die Aufnahme in Endnutzerverzeichnisse und die Bereitstellung von Endnutzerdaten an Auskunftsdienste, Dienste zur Unterrichtung über einen individuellen Gesprächswunsch eines anderen Nutzers und Anbieter von Endnutzerverzeichnissen,
5. die von Anbietern von digitalen Diensten zu beachtenden technischen und organisatorischen Vorkehrungen,
6. die Anforderungen an die Erteilung von Auskünften über Bestands- und Nutzungsdaten durch Anbieter von digitalen Diensten,
7. den Schutz der Privatsphäre bei Endeinrichtungen hinsichtlich der Anforderungen an die Speicherung von Informationen in Endeinrichtungen der Endnutzer und den Zugriff auf Informationen, die bereits in Endeinrichtungen der Endnutzer gespeichert sind, und
8. die Aufsichtsbehörden und die Aufsicht im Hinblick auf den Datenschutz und den Schutz der Privatsphäre in der Telekommunikation; bei digitalen Diensten bleiben die Aufsicht durch die nach Landesrecht zuständigen Behörden und § 40 des Bundesdatenschutzgesetzes unberührt.

(2) Dem Fernmeldegeheimnis unterliegende Einzelangaben über Verhältnisse einer bestimmten oder bestimmbaren juristischen Person oder Personengesellschaft, die mit der Fähigkeit ausgestattet ist, Rechte zu erwerben oder Verbindlichkeiten einzugehen, stehen den personenbezogenen Daten gleich.

(3) [1]Diesem Gesetz unterliegen alle Unternehmen und Personen, die im Geltungsbereich dieses Gesetzes eine Niederlassung haben oder Dienstleistungen

erbringen oder daran mitwirken oder Waren auf dem Markt bereitstellen. [2]§ 3 des Digitale-Dienste-Gesetzes bleibt unberührt.

§ 2
Begriffsbestimmungen

(1) Die Begriffsbestimmungen des Telekommunikationsgesetzes, des Digitale-Dienste-Gesetzes und der Verordnung (EU) 2016/679 des Europäischen Parlaments und des Rates vom 27. April 2016 zum Schutz natürlicher Personen bei der Verarbeitung personenbezogener Daten, zum freien Datenverkehr und zur Aufhebung der Richtlinie 95/46/EG (Datenschutz-Grundverordnung) gelten auch für dieses Gesetz, soweit in Absatz 2 keine abweichende Begriffsbestimmung getroffen wird.

(2) Im Sinne dieses Gesetzes ist oder sind

1. „Anbieter von digitalen Diensten" jede natürliche oder juristische Person, die eigene oder fremde digitale Dienste erbringt, an der Erbringung mitwirkt oder den Zugang zur Nutzung von eigenen oder fremden digitalen Diensten vermittelt,
2. „Bestandsdaten" im Sinne des Teils 3 dieses Gesetzes die personenbezogenen Daten, deren Verarbeitung zum Zweck der Begründung, inhaltlichen Ausgestaltung oder Änderung eines Vertragsverhältnisses zwischen dem Anbieter von digitalen Diensten und dem Nutzer über die Nutzung von digitalen Diensten erforderlich ist,
3. „Nutzungsdaten" die personenbezogenen Daten eines Nutzers von digitalen Diensten, deren Verarbeitung erforderlich ist, um die Inanspruchnahme von digitalen Diensten zu ermöglichen und abzurechnen; dazu gehören insbesondere
   a) Merkmale zur Identifikation des Nutzers,
   b) Angaben über Beginn und Ende sowie Umfang der jeweiligen Nutzung und
   c) Angaben über die vom Nutzer in Anspruch genommenen digitalen Dienste,
4. „Nachricht" jede Information, die zwischen einer endlichen Zahl von Beteiligten über einen Telekommunikationsdienst ausgetauscht oder weitergeleitet wird; davon ausgenommen sind Informationen, die als Teil eines Rundfunkdienstes über ein öffentliches Telekommunikationsnetz an die Öffentlichkeit weitergeleitet werden, soweit die Informationen nicht mit dem identifizierbaren Nutzer, der sie erhält, in Verbindung gebracht werden können,
5. „Dienst mit Zusatznutzen" jeder von einem Anbieter eines Telekommunikationsdienstes bereitgehaltene zusätzliche Dienst, der die Verarbeitung von Verkehrsdaten oder anderen Standortdaten als Verkehrsdaten in einem Maße erfordert, das über das für die Übermittlung einer Nachricht oder für die Entgeltabrechnung des Telekommunikationsdienstes erforderliche Maß hinausgeht,

6. „Endeinrichtung“ jede direkt oder indirekt an die Schnittstelle eines öffentlichen Telekommunikationsnetzes angeschlossene Einrichtung zum Aussenden, Verarbeiten oder Empfangen von Nachrichten; sowohl bei direkten als auch bei indirekten Anschlüssen kann die Verbindung über Draht, optische Faser oder elektromagnetisch hergestellt werden; bei einem indirekten Anschluss ist zwischen der Endeinrichtung und der Schnittstelle des öffentlichen Netzes ein Gerät geschaltet.

§ 3
Vertraulichkeit der Kommunikation – Fernmeldegeheimnis

(1) Dem Fernmeldegeheimnis unterliegen der Inhalt der Telekommunikation und ihre näheren Umstände, insbesondere die Tatsache, ob jemand an einem Telekommunikationsvorgang beteiligt ist oder war. Das Fernmeldegeheimnis erstreckt sich auch auf die näheren Umstände erfolgloser Verbindungsversuche.

(2) [1]Zur Wahrung des Fernmeldegeheimnisses sind verpflichtet

1. Anbieter von öffentlich zugänglichen Telekommunikationsdiensten sowie natürliche und juristische Personen, die an der Erbringung solcher Dienste mitwirken,
2. Anbieter von ganz oder teilweise geschäftsmäßig angebotenen Telekommunikationsdiensten sowie natürliche und juristische Personen, die an der Erbringung solcher Dienste mitwirken,
3. Betreiber öffentlicher Telekommunikationsnetze und
4. Betreiber von Telekommunikationsanlagen, mit denen geschäftsmäßig Telekommunikationsdienste erbracht werden.

[2]Die Pflicht zur Geheimhaltung besteht auch nach dem Ende der Tätigkeit fort, durch die sie begründet worden ist.

(3) [1]Den nach Absatz 2 Satz 1 Verpflichteten ist es untersagt, sich oder anderen über das für die Erbringung der Telekommunikationsdienste oder für den Betrieb ihrer Telekommunikationsnetze oder ihrer Telekommunikationsanlagen einschließlich des Schutzes ihrer technischen Systeme erforderliche Maß hinaus Kenntnis vom Inhalt oder von den näheren Umständen der Telekommunikation zu verschaffen. [2]Sie dürfen Kenntnisse über Tatsachen, die dem Fernmeldegeheimnis unterliegen, nur für den in Satz 1 genannten Zweck verwenden. [3]Eine Verwendung dieser Kenntnisse für andere Zwecke, insbesondere die Weitergabe an andere, ist nur zulässig, soweit dieses Gesetz oder eine andere gesetzliche Vorschrift dies vorsieht und sich dabei ausdrücklich auf Telekommunikationsvorgänge bezieht. [4]Die Anzeigepflicht nach § 138 des Strafgesetzbuches hat Vorrang.

(4) Befindet sich die Telekommunikationsanlage an Bord eines Wasser- oder Luftfahrzeugs, so besteht die Pflicht zur Wahrung des Fernmeldegeheimnisses nicht gegenüber der Person, die das Fahrzeug führt, und ihrer Stellvertretung.

[…]

§ 9
Verarbeitung von Verkehrsdaten

(1) [1]Nach § 3 Absatz 2 Satz 1 Verpflichtete dürfen folgende Verkehrsdaten nur verarbeiten, soweit dies zum Aufbau und zur Aufrechterhaltung der Telekommunikation, zur Entgeltabrechnung oder zum Aufbau weiterer Verbindungen erforderlich ist:

1. die Nummer oder Kennung der beteiligten Anschlüsse oder der Endeinrichtung, personenbezogene Berechtigungskennungen, bei Verwendung von Kundenkarten auch die Kartennummer, bei mobilen Anschlüssen auch die Standortdaten,
2. den Beginn und das Ende der jeweiligen Verbindung nach Datum und Uhrzeit und, soweit die Entgelte davon abhängen, die übermittelten Datenmengen,
3. den vom Nutzer in Anspruch genommenen Telekommunikationsdienst,
4. die Endpunkte von festgeschalteten Verbindungen, ihren Beginn und ihr Ende nach Datum und Uhrzeit und, soweit die Entgelte davon abhängen, die übermittelten Datenmengen und
5. sonstige zum Aufbau und zur Aufrechterhaltung der Telekommunikation sowie zur Entgeltabrechnung notwendige Verkehrsdaten.

[2]Im Übrigen sind Verkehrsdaten von den nach § 3 Absatz 2 Satz 1 Verpflichteten nach Beendigung der Verbindung unverzüglich zu löschen. [3]Eine über Satz 1 hinausgehende Verarbeitung der Verkehrsdaten ist unzulässig. [4]Die Pflicht zur Verarbeitung von Verkehrsdaten aufgrund von anderen Rechtsvorschriften bleibt unberührt.

(2) [1]Teilnehmerbezogene Verkehrsdaten nach Absatz 1 dürfen vom Anbieter des Telekommunikationsdienstes zum Zweck der Vermarktung von Telekommunikationsdiensten, zur bedarfsgerechten Gestaltung von Telekommunikationsdiensten oder zur Bereitstellung von Diensten mit Zusatznutzen im dazu erforderlichen Maß und im dazu erforderlichen Zeitraum nur verwendet werden, wenn der Endnutzer in diese Verwendung gemäß der Verordnung (EU) 2016/679 eingewilligt hat. [2]Die Daten anderer Endnutzer sind unverzüglich zu anonymisieren. [3]Eine zielnummernbezogene Verwendung der Verkehrsdaten zu den in Satz 1 genannten Zwecken ist nur zulässig, wenn der Endnutzer gemäß der Verordnung (EU) 2016/679 informiert wurde und er eingewilligt hat. [4]Hierbei sind die Daten anderer Endnutzer unverzüglich zu anonymisieren. [5]Außerdem ist der Endnutzer darauf hinzuweisen, dass er die Einwilligung nach den Sätzen 1 und 3 jederzeit widerrufen kann.

[...]

§ 22
Auskunftsverfahren bei Bestandsdaten

(1) [1]Wer geschäftsmäßig digitale Dienste erbringt, daran mitwirkt oder den Zugang zur Nutzung daran vermittelt, darf die Bestandsdaten nach Maßgabe dieser Vorschrift zur Erfüllung von Auskunftspflichten gegenüber den in Absatz 3 genannten Stellen verwenden. [2]Dies gilt nicht für Passwörter oder andere Daten, mittels derer der Zugriff auf Endgeräte oder auf Speichereinrichtungen, die in diesen Endgeräten oder hiervon räumlich getrennt eingesetzt werden, geschützt wird. [3]Die in eine Auskunft aufzunehmenden Bestandsdaten dürfen auch anhand einer zu einem bestimmten Zeitpunkt zugewiesenen Internetprotokoll-Adresse bestimmt werden; hierfür dürfen Nutzungsdaten auch automatisiert ausgewertet werden. [4]Für die Auskunftserteilung sind sämtliche unternehmensinternen Datenquellen zu berücksichtigen.

(2) [1]Die Auskunft darf nur erteilt werden nach Maßgabe der nachfolgenden Absätze und soweit die um die Auskunft ersuchende Stelle dies im Einzelfall unter Angabe einer gesetzlichen Bestimmung verlangt, die ihr eine Erhebung der in Absatz 1 in Bezug genommenen Daten erlaubt. [2]Das Auskunftsverlangen ist schriftlich oder elektronisch zu stellen. [3]Bei Gefahr im Verzug darf die Auskunft auch erteilt werden, wenn das Verlangen in anderer Form gestellt wird. [4]In diesem Fall ist das Verlangen unverzüglich nachträglich schriftlich oder elektronisch zu bestätigen. [5]Die Verantwortung für die Zulässigkeit der Auskunft tragen die um Auskunft ersuchenden Stellen.

(3) Die Auskunft nach Absatz 1 Satz 1 darf nur erteilt werden an

1. die für die Verfolgung von Straftaten und Ordnungswidrigkeiten zuständigen Behörden, soweit zureichende tatsächliche Anhaltspunkte für eine Straftat oder Ordnungswidrigkeit, die gegenüber einer natürlichen Person mit Geldbuße im Höchstmaß von mehr als fünfzehntausend Euro bedroht ist, vorliegen und die in die Auskunft aufzunehmenden Daten erforderlich sind, um den Sachverhalt zu erforschen, den Aufenthaltsort eines Beschuldigten oder Betroffenen zu ermitteln oder eine Strafe zu vollstrecken,
2. die für die Abwehr von Gefahren für die öffentliche Sicherheit oder Ordnung zuständigen Behörden, soweit die in die Auskunft aufzunehmenden Daten im Einzelfall erforderlich sind,
   a) zur Abwehr einer Gefahr für die öffentliche Sicherheit, oder
   b) zum Schutz von Leib, Leben, Freiheit der Person, sexueller Selbstbestimmung, dem Bestand und der Sicherheit des Bundes oder eines Landes, der freiheitlich demokratischen Grundordnung, Gütern der Allgemeinheit, deren Bedrohung die Grundlagen der Existenz der Menschen berührt, sowie nicht unerheblichen Sachwerten, wenn Tatsachen den Schluss auf ein wenigstens seiner Art nach konkretisiertes sowie zeitlich absehbares Geschehen zulassen, an dem bestimmte Personen beteiligt sein werden, oder

c) zum Schutz von Leib, Leben, Freiheit der Person, sexueller Selbstbestimmung, dem Bestand und der Sicherheit des Bundes oder eines Landes, der freiheitlich demokratischen Grundordnung sowie Gütern der Allgemeinheit, deren Bedrohung die Grundlagen der Existenz der Menschen berührt, wenn das individuelle Verhalten einer Person die konkrete Wahrscheinlichkeit begründet, dass sie in einem übersehbaren Zeitraum eine gegen ein solches Rechtsgut gerichtete Straftat begehen wird, oder
d) zur Verhütung einer Straftat von erheblicher Bedeutung, sofern Tatsachen die Annahme rechtfertigen, dass eine Person innerhalb eines übersehbaren Zeitraums auf eine ihrer Art nach konkretisierte Weise als Täter oder Teilnehmer an der Begehung einer Tat beteiligt ist, oder
e) zur Verhütung einer schweren Straftat im Sinne von § 100a Absatz 2 der Strafprozessordnung, sofern das individuelle Verhalten einer Person die konkrete Wahrscheinlichkeit begründet, dass die Person innerhalb eines übersehbaren Zeitraums die Tat begehen wird,

[...].

(4) Die Auskunft nach Absatz 1 Satz 3 darf nur erteilt werden an
1. die für die Verfolgung von Straftaten zuständigen Behörden, soweit zureichende tatsächliche Anhaltspunkte für eine Straftat vorliegen und die in die Auskunft aufzunehmenden Daten erforderlich sind, um den Sachverhalt zu erforschen, den Aufenthaltsort eines Beschuldigten zu ermitteln oder eine Strafe zu vollstrecken,
2. die für die Abwehr von Gefahren für die öffentliche Sicherheit oder Ordnung zuständigen Behörden, wenn die in die Auskunft aufzunehmenden Daten im Einzelfall erforderlich sind
   a) zum Schutz von Leib, Leben, Freiheit der Person, sexueller Selbstbestimmung, dem Bestand und der Sicherheit des Bundes oder eines Landes, der freiheitlich demokratischen Grundordnung, Gütern der Allgemeinheit, deren Bedrohung die Grundlagen der Existenz der Menschen berührt, sowie nicht unerheblicher Sachwerte oder zur Verhütung einer Straftat oder
   b) zum Schutz von Leib, Leben, Freiheit der Person, sexueller Selbstbestimmung, dem Bestand und der Sicherheit des Bundes oder eines Landes, der freiheitlich demokratischen Grundordnung sowie Gütern der Allgemeinheit, deren Bedrohung die Grundlagen der Existenz der Menschen berührt, sowie nicht unerheblicher Sachwerte, wenn Tatsachen den Schluss auf ein wenigstens seiner Art nach konkretisiertes sowie zeitlich absehbares Geschehen zulassen, an dem bestimmte Personen beteiligt sein werden, oder
   c) zum Schutz von Leib, Leben, Freiheit der Person, sexueller Selbstbestimmung, dem Bestand und der Sicherheit des Bundes oder eines Landes, der freiheitlich demokratischen Grundordnung sowie Gütern der

Allgemeinheit, deren Bedrohung die Grundlagen der Existenz der Menschen berührt, wenn das individuelle Verhalten einer Person die konkrete Wahrscheinlichkeit begründet, dass sie in einem übersehbaren Zeitraum eine gegen ein solches Rechtsgut gerichtete Straftat begehen wird, oder

d) zur Verhütung einer schweren Straftat nach § 100a Absatz 2 der Strafprozessordnung, sofern Tatsachen die Annahme rechtfertigen, dass eine Person innerhalb eines übersehbaren Zeitraums auf eine ihrer Art nach konkretisierten Weise als Täter oder Teilnehmer an der Begehung einer Tat beteiligt ist, oder

e) zur Verhütung einer schweren Straftat nach § 100a Absatz 2 der Strafprozessordnung, sofern das individuelle Verhalten einer Person die konkrete Wahrscheinlichkeit begründet, dass die Person innerhalb eines übersehbaren Zeitraums die Tat begehen wird,

[...].

(5) [1]Derjenige, der geschäftsmäßig digitale Dienste erbringt, daran mitwirkt oder den Zugang zur Nutzung daran vermittelt, hat die zu beauskunftenden Daten unverzüglich und vollständig zu übermitteln. [2]Eine Verschlüsselung der Daten bleibt unberührt. [3]Über das Auskunftsersuchen und die Auskunftserteilung haben die Verpflichteten gegenüber den Betroffenen sowie Dritten Stillschweigen zu wahren.

(6) [1]Wer geschäftsmäßig digitale Dienste erbringt oder daran mitwirkt, hat die in seinem Verantwortungsbereich für die Auskunftserteilung erforderlichen Vorkehrungen auf seine Kosten zu treffen. [2]Jedes Auskunftsverlangen ist durch eine verantwortliche Fachkraft auf Einhaltung der in Absatz 2 genannten formalen Voraussetzungen zu prüfen. [3]Die weitere Bearbeitung des Auskunftsverlangens darf erst nach einem positiven Prüfergebnis freigegeben werden.

§ 23
Auskunftsverfahren bei Passwörtern und anderen Zugangsdaten

(1) [1]Abweichend von § 22 darf derjenige, der geschäftsmäßig digitale Dienste erbringt, daran mitwirkt oder den Zugang zur Nutzung daran vermittelt, die als Bestandsdaten erhobenen Passwörter oder andere Daten, mittels derer der Zugriff auf Endgeräte oder auf Speichereinrichtungen, die in diesen Endgeräten oder hiervon räumlich getrennt eingesetzt werden, geschützt wird, nach Maßgabe dieser Vorschrift zur Erfüllung von Auskunftspflichten gegenüber den in Absatz 2 genannten Stellen verwenden. [2]Für die Auskunftserteilung sind sämtliche unternehmensinternen Datenquellen zu berücksichtigen.

(2) [1]Die Auskunft nach Absatz 1 Satz 1 darf nur erteilt werden an

1. zur Verfolgung von Straftaten zuständige Behörden, soweit diese im Einzelfall die Übermittlung unter Angabe einer gesetzlichen Bestimmung, die ihnen eine Erhebung und Nutzung der in Absatz 1 genannten Daten zur Verfolgung besonders schwerer Straftaten nach § 100b Absatz 2 Nummer 1

Buchstabe a, c, e, f, g, h oder m, Nummer 3 Buchstabe b erste Alternative, Nummer 5, 6, 9 oder 10 der Strafprozessordnung erlauben, nach Anordnung durch ein Gericht verlangen, oder
2. für die Abwehr von Gefahren für die öffentliche Sicherheit oder Ordnung zuständige Behörden, soweit diese im Einzelfall die Übermittlung unter Angabe einer gesetzlichen Bestimmung, die ihnen eine Erhebung und Nutzung der in Absatz 1 genannten Daten zur Abwehr einer konkreten Gefahr für Leib, Leben oder Freiheit der Person, für die sexuelle Selbstbestimmung, für den Bestand des Bundes oder eines Landes, die freiheitlich demokratische Grundordnung sowie Güter der Allgemeinheit, deren Bedrohung die Grundlagen der Existenz der Menschen berührt, erlauben, nach Anordnung durch ein Gericht verlangen.

[2]An andere öffentliche und nichtöffentliche Stellen dürfen Daten nach Absatz 1 nicht übermittelt werden. [3]Die Verantwortung für die Zulässigkeit der Auskunft tragen die um Auskunft ersuchenden Stellen.

(3) [1]Derjenige, der geschäftsmäßig digitale Dienste erbringt, daran mitwirkt oder den Zugang zur Nutzung daran vermittelt, hat die zu beauskunftenden Daten unverzüglich und vollständig zu übermitteln. [2]Eine Verschlüsselung der Daten bleibt unberührt. [3]Über das Auskunftsersuchen und die Auskunftserteilung haben die Verpflichteten gegenüber den Betroffenen sowie Dritten Stillschweigen zu wahren.

(4) [1]Wer geschäftsmäßig digitale Dienste erbringt oder daran mitwirkt, hat die in seinem Verantwortungsbereich für die Auskunftserteilung erforderlichen Vorkehrungen auf seine Kosten zu treffen. [2]Jedes Auskunftsverlangen ist durch eine verantwortliche Fachkraft auf Einhaltung der in Absatz 2 genannten formalen Voraussetzungen zu prüfen. [3]Die weitere Bearbeitung des Auskunftsverlangens darf erst nach einem positiven Prüfergebnis freigegeben werden.

§ 24
Auskunftsverfahren bei Nutzungsdaten

(1) [1]Wer geschäftsmäßig digitale Dienste erbringt, daran mitwirkt oder den Zugang zur Nutzung daran vermittelt, darf die Nutzungsdaten nach Maßgabe dieser Vorschrift zur Erfüllung von Auskunftspflichten gegenüber den in Absatz 3 genannten Stellen verwenden. [2]Für die Auskunftserteilung sind sämtliche unternehmensinternen Datenquellen zu berücksichtigen.

(2) [1]Die Auskunft darf nur erteilt werden nach Maßgabe der nachfolgenden Absätze und soweit die um die Auskunft ersuchende Stelle dies im Einzelfall unter Angabe einer gesetzlichen Bestimmung verlangt, die ihr eine Erhebung der in Absatz 1 in Bezug genommenen Daten erlaubt. [2]Das Auskunftsverlangen ist schriftlich oder elektronisch zu stellen. [3]Bei Gefahr im Verzug darf die Auskunft auch erteilt werden, wenn das Verlangen in anderer Form gestellt wird. [4]In diesem Fall ist das Verlangen unverzüglich nachträglich schriftlich

oder elektronisch zu bestätigen. [5]Die Verantwortung für die Zulässigkeit der Auskunft tragen die um Auskunft ersuchenden Stellen.

(3) Die Auskunft nach Absatz 1 Satz 1 darf nur erteilt werden an

1. die für die Verfolgung von Straftaten zuständigen Behörden, soweit zureichende tatsächliche Anhaltspunkte für eine Straftat vorliegen und die zu erhebenden Daten erforderlich sind, um den Sachverhalt zu erforschen, den Aufenthaltsort eines Beschuldigten zu ermitteln,
2. die für die Abwehr von Gefahren für die öffentliche Sicherheit oder Ordnung zuständigen Behörden, soweit dies im Einzelfall erforderlich ist,
   a) zur Abwehr einer Gefahr für
      aa) die öffentliche Sicherheit, wobei die Auskunft auf Nutzungsdaten nach § 2 Absatz 2 Nummer 3 Buchstabe a beschränkt ist, oder
      bb) Leib, Leben, Freiheit der Person, die sexuelle Selbstbestimmung, den Bestand und die Sicherheit des Bundes oder eines Landes, die freiheitlich demokratische Grundordnung, Güter der Allgemeinheit, deren Bedrohung die Grundlagen der Existenz der Menschen berührt, sowie nicht unerhebliche Sachwerte, oder
   b) zum Schutz von Leib, Leben, Freiheit der Person, sexueller Selbstbestimmung, dem Bestand und der Sicherheit des Bundes oder eines Landes, der freiheitlich demokratischen Grundordnung, Gütern der Allgemeinheit, deren Bedrohung die Grundlagen der Existenz der Menschen berührt, sowie nicht unerheblichen Sachwerten, wenn Tatsachen den Schluss auf ein wenigstens seiner Art nach konkretisiertes sowie zeitlich absehbares Geschehen zulassen, an dem bestimmte Personen beteiligt sein werden, oder
   c) zum Schutz von Leib, Leben, Freiheit der Person, sexueller Selbstbestimmung, dem Bestand und der Sicherheit des Bundes oder eines Landes, der freiheitlich demokratischen Grundordnung sowie Gütern der Allgemeinheit, deren Bedrohung die Grundlagen der Existenz der Menschen berührt, wenn das individuelle Verhalten einer Person die konkrete Wahrscheinlichkeit begründet, dass sie in einem übersehbaren Zeitraum eine gegen ein solches Rechtsgut gerichtete Straftat begehen wird, oder
   d) zur Verhütung einer Straftat von erheblicher Bedeutung, sofern Tatsachen die Annahme rechtfertigen, dass eine Person innerhalb eines übersehbaren Zeitraums auf eine ihrer Art nach konkretisierten Weise als Täter oder Teilnehmer an der Begehung einer Tat beteiligt ist, oder
   e) zur Verhütung einer schweren Straftat nach § 100a Absatz 2 der Strafprozessordnung, sofern das individuelle Verhalten einer Person die konkrete Wahrscheinlichkeit begründet, dass die Person innerhalb eines übersehbaren Zeitraums die Tat begehen wird,

   [...].

(4) [1]Derjenige, der geschäftsmäßig digitale Dienste erbringt, daran mitwirkt oder den Zugang zur Nutzung daran vermittelt, hat die zu beauskunftenden Daten unverzüglich und vollständig zu übermitteln. [2]Eine Verschlüsselung der Daten bleibt unberührt. [3]Über das Auskunftsersuchen und die Auskunftserteilung haben die Verpflichteten gegenüber den Betroffenen sowie Dritten Stillschweigen zu wahren.

(5) [1]Wer geschäftsmäßig digitale Dienste erbringt oder daran mitwirkt, hat die in seinem Verantwortungsbereich für die Auskunftserteilung erforderlichen Vorkehrungen auf seine Kosten zu treffen. [2]Jedes Auskunftsverlangen ist durch eine verantwortliche Fachkraft auf Einhaltung der in Absatz 2 genannten formalen Voraussetzungen zu prüfen. [3]Die weitere Bearbeitung des Auskunftsverlangens darf erst nach einem positiven Prüfergebnis freigegeben werden.

[...]

Waffengesetz (WaffG)

vom 11. Oktober 2002 (BGBl. I S. 3970, 4592; 2003 I S. 1957), zuletzt geändert durch Artikel 2 des Gesetzes vom 17. Juli 2025 (BGBl. 2025 I Nr. 171)

– Auszüge –

§ 1
Gegenstand und Zweck des Gesetzes, Begriffsbestimmungen

(1) Dieses Gesetz regelt den Umgang mit Waffen oder Munition unter Berücksichtigung der Belange der öffentlichen Sicherheit und Ordnung.

(2) Waffen sind

1. Schusswaffen oder ihnen gleichgestellte Gegenstände und
2. tragbare Gegenstände,
   a) die ihrem Wesen nach dazu bestimmt sind, die Angriffs- oder Abwehrfähigkeit von Menschen zu beseitigen oder herabzusetzen, insbesondere Hieb- und Stoßwaffen;
   b) die, ohne dazu bestimmt zu sein, insbesondere wegen ihrer Beschaffenheit, Handhabung oder Wirkungsweise geeignet sind, die Angriffs- oder Abwehrfähigkeit von Menschen zu beseitigen oder herabzusetzen, und die in diesem Gesetz genannt sind.

(3) [1]Umgang mit einer Waffe oder Munition hat, wer diese erwirbt, besitzt, überlässt, führt, verbringt, mitnimmt, damit schießt, herstellt, bearbeitet, instand setzt oder damit Handel treibt. [2]Umgang mit einer Schusswaffe hat auch, wer diese unbrauchbar macht.

(4) Die Begriffe der Waffen und Munition sowie die Einstufung von Gegenständen nach Absatz 2 Nr. 2 Buchstabe b als Waffen, die Begriffe der Arten des Umgangs und sonstige waffenrechtliche Begriffe sind in der Anlage 1 (Begriffsbestimmungen) zu diesem Gesetz näher geregelt.

[...]

§ 38
Ausweispflichten

(1) [1]Wer eine Waffe führt, muss folgende Dokumente mit sich führen:

1. seinen Personalausweis oder Pass und
   a) wenn es einer Erlaubnis zum Erwerb bedarf, die Waffenbesitzkarte oder, wenn es einer Erlaubnis zum Führen bedarf, den Waffenschein,
   b) im Fall des Verbringens einer Waffe oder von Munition gemäß § 29 den Erlaubnisschein,
   c) im Fall des Verbringens einer Waffe oder von Munition aus dem Geltungsbereich des Gesetzes gemäß § 30 den Erlaubnisschein oder eine Ablichtung hiervon sowie zusätzlich zum Erlaubnisschein oder der Ab-

lichtung hiervon die Bestätigung der Anzeige durch das Bundesverwaltungsamt, bei elektronischer Anzeigebestätigung einen Ausdruck der Bestätigung des Bundesverwaltungsamts,

d) im Fall der Mitnahme einer Waffe oder von Munition aus einem Drittstaat gemäß § 32 Absatz 1 den Erlaubnisschein, im Fall der Mitnahme auf Grund einer Erlaubnis nach § 32 Absatz 4 auch den Beleg für den Grund der Mitnahme,

e) im Fall der Mitnahme einer Schusswaffe oder von Munition nach Anlage 1 Abschnitt 3 (Kategorien A 1.2 bis C)

   aa) aus einem anderen Mitgliedstaat gemäß § 32 Absatz 1 und 2 den Erlaubnisschein und den Europäischen Feuerwaffenpass,

   bb) aus dem Geltungsbereich dieses Gesetzes gemäß § 32 Absatz 1a den Erlaubnisschein,

   cc) aus einem anderen Mitgliedstaat oder aus dem Geltungsbereich dieses Gesetzes gemäß § 32 Absatz 3 den Europäischen Feuerwaffenpass und einen Beleg für den Grund der Mitnahme,

f) im Fall der vorübergehenden Berechtigung zum Erwerb oder zum Führen auf Grund des § 12 Absatz 1 Nummer 1 und 2 oder § 28 Absatz 4 einen Beleg, aus dem der Name des Überlassers und des Besitzberechtigten sowie das Datum der Überlassung hervorgeht, oder

g) im Fall des Schießens mit einer Schießerlaubnis nach § 10 Absatz 5 diese und

2. in den Fällen des § 13 Absatz 6 den Jagdschein.

[2]In den Fällen des § 13 Absatz 3 sowie im Fall des Führens einer Waffe, die auf Grund einer unbefristeten Erlaubnis gemäß § 14 Absatz 6 erworben wurde, genügt an Stelle der Waffenbesitzkarte ein schriftlicher Nachweis darüber, dass die Antragsfrist noch nicht verstrichen oder ein Antrag gestellt worden ist. [3]Satz 1 gilt nicht in Fällen des § 12 Absatz 3 Nummer 1.

(2) Die nach Absatz 1 Satz 1 und 2 mitzuführenden Dokumente sind Polizeibeamten oder sonst zur Personenkontrolle Befugten auf Verlangen zur Prüfung auszuhändigen.

[…]

§ 42
Verbot des Führens von Waffen und Messern bei öffentlichen Veranstaltungen; Verordnungsermächtigungen für Verbotszonen

(1) [1]Wer an öffentlichen Vergnügungen, Volksfesten, Sportveranstaltungen, Messen, Ausstellungen, Märkten oder ähnlichen öffentlichen Veranstaltungen teilnimmt, darf keine Waffen im Sinne des § 1 Abs. 2 führen. [2]Dies gilt auch, wenn für die Teilnahme ein Eintrittsgeld zu entrichten ist, sowie für Theater-, Kino-, und Diskothekenbesuche und für Tanzveranstaltungen.

(5) [1]Die Landesregierungen können durch Rechtsverordnung das Führen von Waffen im Sinne des § 1 Absatz 2 und von Messern verbieten oder beschränken

1. auf bestimmten öffentlichen Straßen, Wegen oder Plätzen, soweit an dem jeweiligen Ort wiederholt begangen worden sind
   a) Straftaten unter Einsatz von Waffen oder
   b) Raubdelikte, Körperverletzungsdelikte, Bedrohungen, Nötigungen, Sexualdelikte, Freiheitsberaubungen oder Straftaten gegen das Leben,
2. auf bestimmten öffentlichen Straßen, Wegen oder Plätzen, auf denen Menschenansammlungen auftreten können,
3. in oder auf bestimmten Gebäuden oder Flächen mit öffentlichem Verkehr sowie in Verkehrsmitteln und Einrichtungen des öffentlichen Personenverkehrs, soweit diese nicht von § 42b Absatz 1 oder einer Rechtsverordnung nach § 42b Absatz 2 erfasst sind, in oder auf denen Menschenansammlungen auftreten können, und die einem Hausrecht unterliegen,
4. in bestimmten Jugend- und Bildungseinrichtungen sowie
5. auf bestimmten öffentlichen Straßen, Wegen oder Plätzen, die an die in den Nummern 3 und 4 genannten Orte oder Einrichtungen angrenzen,

wenn Tatsachen die Annahme rechtfertigen, dass im Fall der Nummer 1 auch künftig mit der Begehung solcher Straftaten zu rechnen ist oder im Fall der Nummern 2 bis 5 das Verbot oder die Beschränkung zur Abwehr von Gefahren für die öffentliche Sicherheit erforderlich ist. [2]In der Rechtsverordnung nach Satz 1 ist eine Ausnahme vom Verbot oder von der Beschränkung für Fälle vorzusehen, in denen für das Führen der Waffe oder des Messers ein berechtigtes Interesse vorliegt. [3]Ein berechtigtes Interesse liegt in der Regel vor

1. für das Führen von Waffen
   a) für Inhaber waffenrechtlicher Erlaubnisse, mit Ausnahme einer Erlaubnis nach § 10 Absatz 4 Satz 4,
   b) für Personen, die eine Waffe nicht zugriffsbereit von einem Ort zum anderen befördern,
   c) in den Fällen des Satzes 1 Nummer 3 für Personen, die eine Waffe mit Zustimmung eines anderen in dessen Hausrechtsbereich nach Satz 1 Nummer 3 führen, wenn das Führen dem Zweck des Aufenthaltes in dem Hausrechtsbereich dient oder im Zusammenhang damit steht,
   d) für Rettungskräfte und Einsatzkräfte im Zivil- und Katastrophenschutz im Zusammenhang mit der Tätigkeit;
2. für das Führen von Messern in den Fällen des Absatzes 4a Satz 2.

[4]Die Landesregierungen können die Ermächtigung nach Satz 1 in Verbindung mit Satz 2 durch Rechtsverordnung auf die zuständige oberste Landesbehörde übertragen; diese kann die Ermächtigung durch Rechtsverordnung weiter übertragen.

[...]

§ 55
Ausnahmen für oberste Bundes- und Landesbehörden, Bundeswehr, Polizei und Zollverwaltung, erheblich gefährdete Hoheitsträger sowie Bedienstete anderer Staaten

(1) [1]Dieses Gesetz ist, wenn es nicht ausdrücklich etwas anderes bestimmt, nicht anzuwenden auf

1. die obersten Bundes- und Landesbehörden und die Deutsche Bundesbank,
2. die Bundeswehr und die in der Bundesrepublik Deutschland stationierten ausländischen Streitkräfte,
3. die Polizeien des Bundes und der Länder,
4. die Zollverwaltung

und deren Bedienstete, soweit sie dienstlich tätig werden. [2]Bei Polizeibediensteten und bei Bediensteten der Zollverwaltung mit Vollzugsaufgaben gilt dies, soweit sie durch Dienstvorschriften hierzu ermächtigt sind, auch für den Besitz über dienstlich zugelassene Waffen oder Munition und für das Führen dieser Waffen außerhalb des Dienstes.

(2) [1]Personen, die wegen der von ihnen wahrzunehmenden hoheitlichen Aufgaben des Bundes oder eines Landes erheblich gefährdet sind, wird an Stelle einer Waffenbesitzkarte, eines Waffenscheins oder einer Ausnahmebewilligung nach § 42 Abs. 2 eine Bescheinigung über die Berechtigung zum Erwerb und Besitz von Waffen oder Munition sowie eine Bescheinigung zum Führen dieser Waffen erteilt. [2]Die Bescheinigung ist auf die voraussichtliche Dauer der Gefährdung zu befristen. [3]Die Bescheinigung erteilt für Hoheitsträger des Bundes das Bundesministerium des Innern, für Bau und Heimat oder eine von ihm bestimmte Stelle.

(3) Dieses Gesetz ist nicht anzuwenden auf Bedienstete anderer Staaten, die dienstlich mit Waffen oder Munition ausgestattet sind, wenn die Bediensteten im Rahmen einer zwischenstaatlichen Vereinbarung oder auf Grund einer Anforderung oder einer allgemein oder für den Einzelfall erteilten Zustimmung einer zuständigen inländischen Behörde oder Dienststelle im Geltungsbereich dieses Gesetzes tätig werden und die zwischenstaatliche Vereinbarung, die Anforderung oder die Zustimmung nicht etwas anderes bestimmt.

(4) Auf Waffen oder Munition, die für die in Absatz 1 Satz 1 bezeichneten Stellen in den Geltungsbereich dieses Gesetzes verbracht oder hergestellt und ihnen überlassen werden, ist § 40 nicht anzuwenden.

(5) [1]Die Bundesregierung kann durch Rechtsverordnung, die nicht der Zustimmung des Bundesrates bedarf, eine dem Absatz 1 Satz 1 entsprechende Regelung für sonstige Behörden und Dienststellen des Bundes treffen. [3]Die Bundesregierung kann die Befugnis nach Satz 1 durch Rechtsverordnung, die nicht der Zustimmung des Bundesrates bedarf, auf eine andere Bundesbehörde übertragen.

(6) [1]Die Landesregierungen können durch Rechtsverordnung eine dem Absatz 5 Satz 1 entsprechende Regelung für sonstige Behörden und Dienststellen des Landes treffen. [2]Die Landesregierungen können die Befugnis nach Satz 1 durch Rechtsverordnung auf andere Landesbehörden übertragen.

Personalausweisgesetz (PAuswG)

vom 18. Juni 2009 (BGBl. I S. 1346), zuletzt geändert durch Artikel 8 des Gesetzes vom 23. Oktober 2024 (BGBl. 2024 I S. 323)

– Auszüge –

§ 1
Ausweispflicht; Ausweisrecht

(1) [1]Deutsche im Sinne des Artikels 116 Abs. 1 des Grundgesetzes sind verpflichtet, einen gültigen Ausweis zu besitzen, sobald sie 16 Jahre alt sind und der allgemeinen Meldepflicht unterliegen oder, ohne ihr zu unterliegen, sich überwiegend in Deutschland aufhalten. [2]Sie müssen ihn auf Verlangen einer zur Feststellung der Identität berechtigten Behörde vorlegen und es ihr ermöglichen, ihr Gesicht mit dem Lichtbild des Ausweises abzugleichen. [3]Vom Ausweisinhaber darf nicht verlangt werden, den Personalausweis zu hinterlegen oder in sonstiger Weise den Gewahrsam aufzugeben. [4]Dies gilt nicht für zur Identitätsfeststellung berechtigte Behörden sowie in den Fällen der Einziehung und Sicherstellung.

(2) [1]Die Ausweispflicht gilt auch für Personen, die als Binnenschiffer oder Seeleute nach dem Bundesmeldegesetz einer besonderen Meldepflicht unterliegen. [2]Sie gilt nicht für Personen, gegen die eine Freiheitsstrafe vollzogen wird, wenn deren Vollzug noch länger als drei Monate andauert. [3]Die Ausweispflicht nach Absatz 1 Satz 1 und 2 erfüllt auch, wer einen gültigen Pass im Sinne des § 1 Absatz 2 des Passgesetzes besitzt, ihn auf Verlangen vorlegt und den Lichtbildabgleich ermöglicht.

(3) Die zuständige Personalausweisbehörde nach § 7 Abs. 1 und 2 kann Personen von der Ausweispflicht befreien,

1. für die ein Betreuer oder eine Betreuerin nicht nur durch einstweilige Anordnung bestellt ist oder die handlungs- oder einwilligungsunfähig sind und von einem oder von einer mit öffentlich beglaubigter Vollmacht Bevollmächtigten vertreten werden,
2. die voraussichtlich dauerhaft in einem Krankenhaus, einem Pflegeheim oder einer ähnlichen Einrichtung untergebracht sind oder
3. die sich wegen einer dauerhaften Behinderung nicht allein in der Öffentlichkeit bewegen können.

(4) Auf Antrag ist ein Ausweis auch auszustellen, wenn Personen

1. noch nicht 16 Jahre alt sind oder
2. Deutsche im Sinne des Artikels 116 Abs. 1 des Grundgesetzes sind, die der Meldepflicht deswegen nicht unterliegen, weil sie keine Wohnung in Deutschland haben.

[…]

§ 32
Bußgeldvorschriften

(1) Ordnungswidrig handelt, wer

1. entgegen § 1 Abs. 1 Satz 1, auch in Verbindung mit Abs. 2 Satz 1, einen Ausweis nicht besitzt,
2. entgegen § 1 Abs. 1 Satz 2, auch in Verbindung mit Abs. 2 Satz 1, einen Ausweis nicht oder nicht rechtzeitig vorlegt oder einen Abgleich mit dem Lichtbild nicht oder nicht rechtzeitig ermöglicht,
3. entgegen § 9 Abs. 2 Satz 2 einen dort genannten Antrag nicht oder nicht rechtzeitig stellt,
4. entgegen § 9 Abs. 3 Satz 1, auch in Verbindung mit Absatz 6 Satz 2, eine Angabe nicht richtig macht,
5. entgegen § 18 Abs. 2 Satz 4 einen elektronischen Identitätsnachweis nutzt,
6. entgegen § 20 Absatz 2 Satz 2 eine Kopie weitergibt oder
7. entgegen § 27 Abs. 1 Nr. 3, 4 oder Nr. 5 eine Anzeige nicht oder nicht rechtzeitig erstattet.

(2) Ordnungswidrig handelt, wer vorsätzlich oder fahrlässig

1. ohne Berechtigung nach § 21 Absatz 1 Satz 1 Daten anfragt,
2. entgegen § 21 Absatz 2 Satz 2, auch in Verbindung mit § 21a Satz 2 oder § 21b Absatz 2 Satz 2, eine Angabe nicht richtig macht,
3. entgegen § 21 Absatz 3 Satz 3 oder Absatz 5 Satz 1, jeweils auch in Verbindung mit § 21a Satz 2 oder § 21b Absatz 2 Satz 2, eine Berechtigung oder ein Berechtigungszertifikat verwendet,
4. entgegen § 21 Absatz 6, auch in Verbindung mit § 21a Satz 2 oder § 21b Absatz 2 Satz 2, eine Mitteilung nicht, nicht richtig, nicht vollständig oder nicht rechtzeitig macht oder
5. ohne Berechtigung nach § 21b Absatz 1 eine dort genannte Funktion nutzt.

(3) Die Ordnungswidrigkeit kann in den Fällen des Absatzes 1 Nummer 5 sowie des Absatzes 2 Nummer 1, 2, 3 und 5 mit einer Geldbuße bis zu dreißigtausend Euro und in den übrigen Fällen mit einer Geldbuße bis zu dreitausend Euro geahndet werden.

[...]